KB039512

미국
헌법의
이해

안경환 저
영미헌법연구회 해제

Understanding
the American
Constitution

박영사

발 간 사

이 책은 여러 면에서 여느 법학서와 구별됩니다. 우선 이 책은 특이한 방식으로 이루어진 공동작업의 소산입니다. 주저자는 안경환 서울대 법학대학원 명예교수입니다만, 안 선생님과 다양한 인연을 가진 제자들이 안 선생님의 다양한 주제의 논문들에 대해 해제를 달았습니다. 이런 공동작업은 오로지 안 선생님께서 2013년 8월 말 정년을 맞으신 것을 기념하기 위해 기획되었습니다. 제자들은 각자의 인연을 머리글로 삼고, 안 선생님의 글에 대해 다양한 목적을 가지고 해제를 시도하였습니다. 해제는 원래 쓰여진 시점으로부터의 공백을 메우기 위해 보완하는 내용을 담기도 하고, 원래의 글이 쓰여졌던 당시의 시점에서 그 가치를 평가하거나 추측하기도 하고, 그 속에 담긴 쟁점이나 관점 혹은 방법론에 대해 비판적인 의견을 제시하기도 하였습니다. 이 책의 공동작업으로서의 의미를 더하는 것은 해제들이 단순히 해제자들 개별적 생각으로 채워진 것은 아니라는 점입니다. 해제문은 안 선생님의 정년 1년여 전부터 안 선생님의 글을 모아서 읽고 토론하는 독서모임의 발제문에서 출발하였고 독서모임에 개진된 다양한 의견들이 음으로 양으로 반영된 것이기 때문입니다. 이러한 과정은 평소 정년기념논문집 발간과 같은 행사적 색채가 강한 이벤트에 대해 기꺼워하지 않으셨던 점을 잘 아는 제자들이 당신의 의사를 존중하면서도 제자된 도리로 선생님이 학문적 여정의 한 획을 긋게 된 시점을 기념하고자 한 고심의 산물입니다. 해제가 엄정한 학술논문의 형식보다는 개인적 소회에다 다양한 방식의 해설을 담는 방식으로 집필된 것도 결과보다는 과정을 중시하고자 한 기획의도를 감안한 것입니다.

한편 이 책의 내용은 최근에 쓰인 전혀 새로운 글이 아니라 시간의 무게가 켜켜이 쌓였으되 현재적 의미를 여전히 보유하고 있다는 점에서도 특색이 있습니다. 서울법대 역사상 처음으로 영미법 전임 교원이 되셨던 안 선생님은 영미법 중에서도 특히 미국헌법에 대한 연구와 강의에 상당한 심혈을 기울였습니다.
이 책에 수록된 안 선생님의 글은 1987년 취임 후 2013년 퇴임기까지 쓰여진 미
국헌법에 관한 글 중에서 오늘날에도 여전히 의미를 공유할 수 있는 글들을 선
별한 것입니다. 어떤 동기에서건 미국헌법에 관심을 가진 독자들은 미국헌법이
가장 오래된 성문헌법인 점에서 추정할 수 있듯이 미국헌법의 발전도 오랜 기간
서서히 이루어졌음을 안 선생님의 선구적인 글들에서 확인할 수 있을 것입니다.
다만 이처럼 오랜 기간에 걸쳐 작성된 글을 묶다보니 용어나 문체, 각주인용방
법에 있어 각 장별로 차이가 있는 점에 대하여는 독자들의 헤아림이 필요한 부
분입니다.

　　이 책의 또 다른 특색은 미국 헌법의 이해에 필요한 중요한 주제들에 대하
여 다양한 방법론과 인식론으로 접근하는 전범을 보여준다는 점입니다. 헌법철
학이나 헌법이론적 관점에서 종합적으로 고찰하는 방식에서부터 개별 헌법조문
에 대한 세밀한 주석이나 법사회학적 인식론에 토대를 둔 사회과학적 헌법이해
에 이르기까지 다양한 접근법을 보여주고 있습니다. 원래 체계적으로 기획되어
집필된 것이 아니라는 점에서 당연한 것이기는 하지만 평소 방법론이나 인식론
에 있어서 '교조적' 태도를 지양하고 균형잡힌 학문적 자세를 견지하고자 하셨던
안 선생님의 폭넓은 지적 경향이 반영된 것입니다. 독자들은 미국헌법을 이해하
는 방식이 다양하며 특정한 관점이나 방법론에만 집착하는 학문적 태도의 한계
를 체험할 수 있을 것으로 믿습니다.

　　미국헌법은 한국의 학문풍토에서 중심적 연구주제라고 하기는 힘듭니다. 한
국사회가 매우 미국화되어 있고 경제영역을 다루는 법학의 경우 현실적 동력을
반영하여 미국법에 대한 이해가 매우 중요하게 다루어지고 있음에 비할 때 그러
합니다. 헌법학의 방법론이나 인식론이 독일헌법학에 강하게 경도되어 있고, 현
실과 이념간의 간극이 적지 않았던 한국의 헌정사적 상황도 이러한 풍토에 영향
을 주었을 것입니다. 그러나 민주화를 위한 오랜 과정에서 미국헌법이 선구적으
로 발전시킨 입헌주의와 그 구체적 실현원리들, 예컨대 적법절차의 원리, 평등
보호의 실질적 실현, 표현의 자유의 엄격한 보호를 위한 다양한 법리 등은 한국
헌법학은 물론 법제의 발전에 지대한 공헌을 하였습니다. 특히 헌법재판의 지속
적 발전으로 미국헌법의 핵심원리나 경험은 수시로 한국의 헌정상황을 해결하
는 주요한 도구가 되고 있기에 미국헌법의 이해가 곧 한국헌법이해의 과정이 되

고 있습니다. 이런 점에서 이 책이 앞으로 미국헌법을 통해 헌법에 대한 인식의 지평을 넓히고자 하는 독자들에게 유용한 지침을 제공해 줄 수 있기를 기대합니다.

　이 책의 출간은 퇴임 후에도 학문활동이나 사회봉사활동의 끈을 놓치 않고 모범을 보여주고 계신 안경환 선생님과 함께 제자들이 학문적 자세와 삶의 지혜를 다시 한번 다지는 중요한 계기이자 새로운 출발점이라고 생각합니다. 독자들의 애정어린 질정과 함께 이 책이 이 나라 입헌주의의 발전에 조금이나마 기여하게 되기를 기원합니다.

2014. 4.
편집자 영미헌법연구회 회원 일동

차　례

제 1 장

자유주의와 미국헌법

미국헌법 이론사의 개관

제 2 장

Douglas 판사와 표현의 자유

제 3 장

William Rehnquist 판사의 법사상

제 4 장

THE INFLUENCE OF AMERICAN CONSTITUTIONALISM ON SOUTH KOREA

제 5 장

미국헌법사상과 한국의 헌법개혁

수출상품으로서의 미국헌법 −미국헌법의 보편성과 특수성−

제 6 장

미국 독립선언서 주석

제 9 장

제 10 장

제 14 장

미국 헌법상 "정치적 행위"

제 15 장

미국 연방헌법 수정 제2조(무기소장권)의 의미

제 16 장

제 17 장

제 18 장

미국법상 계약의 해석과 배심의 역할
-Parole Evidence Rule을 중심으로-

제 19 장

미국 연방헌법 수정 제9조의 의미

수록논문 출처

자유주의와 미국헌법, 「미국학」제13권, 서울대학교 미국학연구소, 1990, 15-26면.

미국헌법 이론사의 개관, 「헌법규범과 헌법현실: 권영성교수 정년기념논문집」, 권영성교수 정년기념
논문집 간행위원회, 2000, 495-508면.

Douglas 판사와 표현의 자유, 「대한변호사협회지」제119호, 대한변호사협회, 1986, 37-52면.

William Rehnguist 판사의 법사상, 「법률학의 제문제: 유기천박사 고희기념논문집」, 유기천박사 고희
기념논문집 편찬위원회, 1988, 943-965면.

The Influence of American Constitutionalism on South Korea, *Southern Illinois Law Journal* 22,
1997, pp.71-175.

미국헌법사상과 한국의 헌법개혁, 「헌법학연구」제12권 제3호, 한국헌법학회, 2006, 37-75면.

수출상품으로서의 미국헌법: 미국헌법의 보편성과 특수성, 「현대 공법학의 과제: 청담 최송화교수
화갑기념논문집」, 최송화교수 화갑기념논문집 간행위원회, 2002, 107-124면.

미국 독립선언서 주석, 「국제지역연구」제10권 제2호, 서울대학교 국제학연구소, 2001, 103-126면.

미국의 연방주의: 통상조항을 중심으로, 「미국헌법과 한국헌법」, 한국공법학회, 1989, 393-424면.

미국헌법의 경제조항, 「법과 경제(상): 전강 이종원박사 고희기념논문집」, 전강 이종원박사 고희기
념논문집 간행위원회, 1996, 589-608면.

표현의 자유와 사전제한: 미국헌법이론을 중심으로, 「인권과 정의」제153호, 대한변호사협회, 1989, 17-25면.

미국헌법과 저작권, 「저작권」제22호, 저작권심의조정위원회, 1993, 58-65면.

수정헌법 제1조와 저작권, 「저작권」제24호, 저작권심의조정위원회, 1993, 43-49면.

평등권: 미국헌법을 중심으로, 「헌법재판연구(I)」제6권, 헌법재판소, 1995, 37-166면.

마법의 상자 적법절차조항, 「사법행정」제28권 제9호, 한국사법행정학회, 1987, 95-98면.

민주법치주의의 실질화를 위한 적법절차, 「법제연구」제3호, 한국법제연구원, 1992, 89-103면.

미국헌법과 낙태: 역사적 배경과 사회적 문제점, 「현대법의 이론과 실제: 금랑 김철수교수 화갑기념
논문집」, 금랑 김철수교수 화갑기념논문집 간행위원회, 1993, 323-336면.

미국의 프라이버시 보호법제에 관한 연구, 「통신정책동향」제10호, 통신개발연구원, 1988, 6-21면.

미국 헌법상 "정치적 행위", 「한국 공법의 이론: 목촌 김도창교수 고희기념논문집」, 목촌 김도창교수
고희기념논문집 간행위원회, 1993, 99-111면.

미국 연방헌법 수정 제2조(무기소장권)의 의미, 「서울대학교 법학」제38권, 제3·4호, 서울대학교 법
학연구소, 1997, 129-149면.

Miranda 판결의 현대적 의의, 「저스티스」제22호, 한국법학원, 1989, 92-115면.

미국연방헌법 수정 제4조의 본래의 의미, 「인도주의적 형사법과 형사정책: 우범 이수성선생 화갑기
념논문집」, 우범 이수성선생 화갑기념논문집 간행위원회, 2000, 235-250면.

미국 연방헌법의 배심조항, 「미국헌법연구」제12호, 미국헌법학회, 2001, 77-101면.

미국법상 계약의 해석과 배심의 역할: Parole Evidence Rule을 중심으로, 「이십일세기 한국민사법학
의 과제와 전망: 심당 송상현교수 화갑기념논문집」, 심당 송상현교수 화갑기념논문집 간행위원회,
2002, 3-15면.

미국 연방헌법 수정 제9조의 의미, 「서울대학교 법학」제38권 제2호, 서울대학교 법학연구소, 1997, 32-56면.

제1장

자유주의와 미국헌법

I. 서 론

자유주의라는 용어만큼 명확하게 정의하기 힘든 용어도 드물다. 흔히 자유주의의 원조적 사상가로 인정되고 있는 18세기 영국의 제자백가(諸子百家)들[1]에서부터 20세기 후반의 정치철학자[2]에 이르기까지 자신의 주요 착안점에 따라 구구한 정의를 내리고 있다. 이와 같은 개념의 다의성에도 불구하고 자유주의가 미국헌법의 주된 사상적 뿌리라는 점에는 그 누구도 이의를 제기하지 않는다. 자유주의야말로 미국헌법의 탄생에 직접 기여한 국민의 정치적 결단을 대표하는 정치이념인 동시에 2백년 미국헌정사를 관류하는 지도이념이기도 하다.

자유주의의 이념을 국가의 기본조직과 국민의 일상생활에서의 정의를 가늠하는 척도로서 구체화시킨 기관은 법원이었다. 법원에 의한 헌법재판(사법심사)이라는 미국 특유의 메커니즘에 의해 자유주의의 이념은 구체화되어 왔다. 너무나 자주 인용되어 이제는 진부하게까지 느껴지는 토크빌의 말대로[3] 미국에서 일어나는 크고 작은 사건은 조만간에 헌법재판의 대상이 되고 이러한 헌법재판은 자유주의 이념의 현실적 구현의 과정이라고 본다면 미국헌법에 구현된 자유주의 정신을 도출해 내는 것은 좀 과장해서 말한다면 연방대법원으로 대표되는 미국법원의 모든 판결을 요약해 내는 결과가 된다.

본고에서는 미국헌법 성립 당시의 자유주의 즉 고전적 의미의 자유주의가 시대의 흐름에 따라 어떻게 변질 내지는 변용되었으며 법원이 어떻게 새로운 시대정신을 자유주의라는 헌법의 지도이념 속에 수용해왔나를 관찰한다. 그리하여

---

1) 이 글의 분석틀은 기본적으로 Rogers M. Smith, Liberalism and American Constitutional Law, Harvard University Press, 1985에 의존했다. 18세기 영국의 자유주의 사상가로는 로크, 벤담 등을 들 수 있다. 자세히는 Richard H. Fallon, "Jr.,What Is Republicanism, And Is It Worth Reviving?," 102 Harv. L. Rev. 1695, 1989 참조.
2) 존 롤즈, 로널드 드워킨 등이다. Fallon, 앞의 논문, pp. 1706~1707.
3) Alexis Tocqueville, Democracy in America, Doubleday & Company, Inc., 1969.

법원이 판결의 근거로 삼은 구체적인 헌법조항과 이슈 중에서 헌법원리로서의
자유주의 정신의 시대적 변천을 극명하게 보여주는 (1) 적법절차조항(Due
Process Clauses, 수정 제5조 및 14조), (2) 표현의 자유(Freedom of Expression, 수정
제1조), (3) 선거구 조정과 평등권(Apportionment and Equal Protection of Law, 수정
제14조), (4) 경제적 복지에 대한 국가의 책임 (Economic Welfare and Governmental
Responsibility)의 4대 이슈를 다룬다.

Ⅱ. 자유주의와 4대 헌법이슈

1. 법원과 4대 헌법이슈

이와 같은 4대 이슈에 관련하여 법원은 미국 건국의 헌법이념인 자유주의
이념을 변화하는 시대에 접목시킴에 있어 초기의 자유주의의 원리를 고집하는
대신 새로운 이론을 창안해 냈는데 그 이론 구성의 패턴은 문제된 이슈와 적용
된 헌법조항에 따라 특징 있는 양상을 보여 준다.[4]

먼저 적법절차조항의 해석에 관련하여 헌법에 명시되지 아니한 권리의 보호
나 가치관의 주기적 재생은 피상적인 관찰에 불과하고 현실적으로는 기존의 질
서와 가치에 대한 새로운 가치와 질서가 사회 주류로 등장할 때마다 비록 그것
이 기존의 법이론에 편승한다고 하더라도 언제나 중대한 변화가 수반되었다. 초
기의 자유주의자들과 노예폐지론자들이 주장한 합리주의적 자유(rationalistic lib-
erty)는 19세기에는 재산권으로, 이는 또다시 현대의 만민평등주의(egalitarianism)
와 자유지상주의(libertarianism)로 변질되었다. 이와 같은 반다수적(anti-major-
itarian) 이상의 대두는 경험주의와 국민적 합의에 대한 강조와 맥락을 함께 한다.
이와 같은 변화의 결정적인 예로 당초 진보당 지지자들에 의해 주창되었던 상대
주의적·민주적·실용주의적 정치관이 뉴딜 말기에 사회개혁 입법에 대한 법원의
지지로 구체화된 것을 들 수 있다. 경제적 자유방임이 헌법적 요건이라고 선언한
로크너(Lochner)[5] 판결도 신의 법이나 자연법상의 절대적 경제적 자유에 근거할

---

4) 미국헌법 전문 참조.

5) Lochner v. New York, 198 U.S. 45 (1905). 이 판결은 대략 1890~1937년의 기간 동안 연방대법
　원이 각종 사회개혁입법을 헌법이 보장하는 개인의 본질적인 경제적 자유를 침해했다는 이유

수도 있었다. 그러나 1950, 60년대에 다시 재생한 사법적극주의가 뉴딜말기의 합헌추정적 태도를 변경하여 입법에 대한 엄격심사의 자세를 견지할 때 과거의 논리에 의존할 수 없었다. 이제 법원은 실체적으로도 다른 가치를 추구했을 뿐만 아니라 그 방법론에 있어서도 변화하는 사회적 가치에 대한 보다 민주적이고도 실용적인 인식이라는 캐치프레이즈를 내걸었던 것이다. 이와 같이 사법적극주의의 근거를 경험론과 국민적 합의에서 구하고자 하는 노력으로 괄목할 만한 결과가 발생한 것이다. 즉 본질적인 가치의 실현을 강조하다보면 거의 절대적 자유와 평등을 앞세웠던 워렌(Warren) 법원6)보다는 훨씬 보수적이고 상대적인 민주원칙을 지향한 버거(Burger)법원7)의 공로를 인정해야 하게 되는 결과에 이르게 된다.

2. 4대 이슈에 관한 판결의 개관

4대 이슈에 관한 법원의 판결들을 검토해 보면 아래와 같은 결론에 이르게 된다. 첫째, 적법절차(due process) 관련 소송에서는 남북전쟁 및 산업혁명 후의 길드 시대(Guilded Age) 동안 자연법 이론이 재생되었으며 뉴딜 이후의 상대주의(relativism)과 사법자제(judicial restraint)의 태도가 오늘에 이르기까지 주류를 이루고 있다. 또한 적법절차의 내용에도 변화가 발생하여 자율과 평등에 대한 새로운 관심이 새로운 법적 권리를 창출하기에 이르렀다. 이러한 현상은 워렌 법원기에 현저했으나 버거 법원기 이후에 다소 후퇴하여 전통적 사회규범의 보장에 국한하는 양상을 보이고 있다.

둘째, 언론의 자유 분야는 제1차 세계대전 이후에 현저하게 확대 보호되는 경향을 보였다. 이는 정치의 민주적 과정의 실질적 보장을 위해서는 언론의 자유가 중요하다는 인식에 기인한다. 그러나 1950년대에 들어와서는 냉전논리의 만연으로 인하여 다소 위축되었으나 워렌 법원기 이후로는 정치적 의사의 표현 수단으로서보다는 개인의 자아실현의 수단으로서의 자기표현(self-expression)의 권리가 논의의 초점이 되었고 법원은 이 분야에서 현저한 사법적극주의의 길을 밟았다. 그러나 종합적인 관점에서 볼 때 전통적인 도덕적 가치관은 엄연히 살

로 무효 선언한 많은 판결의 상징이 되는 판결이다.
6) 연방대법원 역사상 가장 진보적인 판결이 많이 내려진, 얼 워렌(Earl Warren)이 원장으로 재직했던 1953-1969년의 기간을 지칭한다.
7) 1969-1987년.

아 있는 채로 개방적 민주주의의 중요성만은 확인되고 있다.

셋째로 선거구의 조정과 평등권의 문제는 1940년대 이후에 비로소 소송의 대상이 되었다. 고전적 자유주의자들은 재산에 대해서도 상당한 대표권을 인정했고 소위 일인 일표의 원칙(one man, one vote rule)의 엄격한 준수는 현대에 와서야 제기된 문제이다. 워렌 법원기 동안 이 원칙의 확립을 통한 정치적 평등의 제도적 보장에 주력했으나 버거-렌퀴스트(Rehnquist) 법원에 들어와서는 1940-50년의 상대주의 입장으로 후퇴한 듯한 인상을 주고 있다.

마지막으로, 경제적 복지에 관한 국가의 책임 문제는 (1) 합중국 탄생 당시의 지도이념인 자유주의와 결합한 중상주의(重商主義)시대, 기득권 존중의 사상에 근거한 사유재산 절대보호의 시대, (2) 주정부에 의한 각종 경제규제조치를 방임한 잭슨(Jackson) 민주주의 시대, (3) 로크너 판결로 상징되는 사법부에 의한 자유방임경제의 보호시대를 거쳐, (4) 1937년 이후의 국가경제의 총체적 발전을 위한 광범한 정부개입의 시대에 이르는 동안 지속적으로 논의되는 과제이다. 버거-렌퀴스트 법원은 워렌 법원이 확대한 복지수혜 기대권(entitlement)의 범위를 현저하게 축소하고 있는 형편이다.

Ⅲ. 적법절차 조항과 헌법의 해석

1. 실체적 적법절차(substantive due process)의 탄생

미국 연방헌법 수정 제14조의 소위 '적법절차 조항'은 '어떤 주(州)도 법의 적정한 절차없이 어떤 사람의 생명, 자유, 재산을 박탈하지 못한다'8)라고 규정하고 있다. '법의 적정한 절차'라는 용어의 유래는 마그나 카르타(Magna Carta)의 'per legum terrae'(law of the land, 나라의 법)에서 찾는 것이 정설이다. 본래의 의미는 '법에 의해 확립된 (positively established) 절차에 따라'라는 뜻이었으나 영국의 커먼로는 경우에 따라 보다 상위의 개념인 '정의와 조리'(justice and reason)를 포함할 수 있기에 보다 포괄적인 개념이다. 특히 에드워드 코크(Edward Coke)경은 자연법과 마그나 카르타의 법리를 17세기의 법제에 적용하면서 나라의 법

---

8) "—Nor shall any state deprive any person of life, liberty, or property, without due process of law."

(law of land)에는 일체의 제정법의 해석에 있어 지도원리가 되는 본질적인 자유의 원리가 포함되어 있다고 주장했다.9) 코크의 주장은 주로 이중위험 금지의 원칙 (prohibition of double jeopardy), 인신보호영장(habeas corpus), 청구권의 보장, 대배심(grand jury)에 의한 권리 등 절차적 권리에 중점을 두었으나 독점 (monopoly)으로부터 자유로울 권리, 동의 없이 과세 받지 아니할 권리 등 실체적 내용도 포함되어 있었다.10)

19세기 전반에도 수정 제5조의 적법절차11) 조항은 일체의 기본적 권리를 보장하나 그 방법은 특정한 절차의 보장을 통해서 이루어진다고 생각했다. 1856년의 Murray's Lessee12) 판결에서 연방대법원은 이러한 절차는 헌법 그 자체, 또는 영국과 미국의 커먼로와 제정법 아래 확립된 관행의 절차(modes of proceeding) 속에서 찾아볼 수 있다고 했다. 그러나 수정 제5조의 중요성은 형사정의 실현의 일차적 권한을 가진 주정부에 대해 적용이 부정됨으로써 그 의미가 반감되었다. 연방법원의 경우와는 대조적으로 주법원은 주헌법의 '나라의 법' 조항을 입법에 의한 자의적인 재산권의 침해를 방지하는 데 적극적으로 활용하였다. 19세기 중엽에는 금주운동(tempetance)과 노예제폐지운동이 고조됨에 따라 위기를 느낀 주류와 노예 소유자의 재산권을 주헌법상의 적법절차조항을 통해 보호해 줌에 법원은 인색하지 않았다. 동시에 노예폐지운동가는 노예제 그 자체가 자유와 재산의 적법절차를 위반한 것으로 위헌이라고 주장했으나 결과는 정반대로 그 악명 높은 Dred Scott v. Sandford13) 판결의 결과로 수정 제5조는 오히려 노예주의 실체적 재산권을 보장하는 상징이 되고 말았다.

수정 제14조의 제정(1868)으로 주정부도 연방헌법상의 적법절차조항의 준수자가 되도록 강제되었다. 도살업자의 독점적 영업권이 문제된 1873년의 Slaughter House 판결14)에서 원고 측 변호인, 전 대법관 존 캠벨(John Campbell)

---

9) Charles A. Miller, "The Forest of Due Process of Law: The American Constitutional Tradition," Ronald Pennock & John Chapman ed., Nomos XVIII: Due Process, New York Univ. Press, 1977, pp. 4-7.

10) Miller, 앞의 논문, p. 9.

11) 수정 제5조의 적법절차 조항은 연방의 행위에 대해서만 주장할 수 있을 뿐 주정부의 행위에는 적용되지 않는다.

12) Murray's Lessee v. Hoboken Land and Improvement Co., 18 How. 272, 277 (1856).

13) 60 U.S. 393 (1857).

14) Slaughter House Cases, 83 U.S.(16 Wall) 36 (1873).

은 이 조항은 권리장전(Bill of Rights)[15]상의 일체의 권리뿐만 아니라 인간의 일체의 자연권까지도 보장할 의무를 주정부에 부과하는 것이라고 주장했다. 원고 패소판결을 내린 법원은 판결의 근거를 적법절차조항 대신 특권 및 면책조항(privileges and immunities clause)[16]에다 두었고 그나마 주-연방간의 종래의 정치적 역학관계를 다치지 않게 하려는 의도가 역력히 보이는 소극적인 판결이었다. 반대의견을 집필한 두 판사[17]는 애덤 스미스(Adam Smith) 등의 이론을 근거로 이 조항은 일체의 불가양의 권리(inalienable rights)를 보장한 것이라고 주장했다. 이들의 주장은 후일 법원이 수정 제14조를 경제적 자유방임주의의 보루로 이용하는 데 재생되었다.

형사절차에 관련해서도 법원은 동일한 입장을 견지하였다. 1884년의 Hurtardo v. California[18] 판결에서 법원은 대배심에 의한 소추 없이 기소를 인정한 주법(州法)의 유효를 인정하면서 Murray's Lessee 판결의 수정 제5조 해석을 따르기를 거절하고 수정 제14조는 특정한 절차의 채택을 주에 강요한 것이 아니라 그저 '생명, 신체, 재산 그 자체'를 보장한 것으로 각 주는 이러한 자유와 정의의 원칙을 존중하는 범위 내에서 연방헌법상의 기준과 다른 어떠한 절차를 채택해도 무방하다고 판시했다.[19]

대략 1890년 경부터 법원은 적법절차조항의 실체적 내용에 대해 관심을 가지기 시작했고 이는 영업추구권, 계약자유권, 고용조건의 합의결정권 등 법원의 판단으로 볼 때 본질적인 자유라고 생각되는 자유를 제한하는 입법의 합리성을 심사하기 시작하였다. 1905년의 Lochner v. New York[20] 판결에서 법원은 제과업에 종사하는 근로자의 근로시간을 규율하는 주입법(州立法)을 '계약의 자유에 대한 부당한 간섭'으로 위헌이라고 선언했다. Slaughter House 판결에서의 반대의견과 같이 이와 같은 명시되지 아니한 권리도 '자유'와 '재산'의 개념 속에 포함되며 '불합리하게' 또는 '불필요하게' 제한될 수 없다고 판시했다. Lochner류의

---

15) 미연방헌법 수정 제1조-제10조의 별칭.
16) "No state shall make or enforce any law which abridge the privileges or immunities of citizen of the United States."
17) Joseph Bradley, 83 U.S.(16 Wall.) 118, 122 (1873)와 Stephen Field, 83 U.S.(16 Wall.) 96, 110 (1873).
18) 110 U.S. 516 (1884).
19) 110 U.S. 516, 532 (1884).
20) Lochner v. New York, 198 U.S. 45 (1905).

판결에서 법원이 경제적 자유방임의 '실체적' 자유의 권리를 수정 제14조 속에 포함시킨 것은 논리나 헌법의 구조적 해석의 범위를 초과한 것이다. 이는 19세기 말에 미국에서 일고 있던 다양한 정치적, 경제적, 사회적 지성의 영향이 판결에 반영된 것이다. 커먼로 전통, 애덤 스미스의 경제적 자유주의의 유산, 허버트 스펜서(Herbert Spencer)와 윌리엄 섬너(William Graham Sumner)의 사회적 진화론이 자연법을 근거로 광범한 개혁입법을 시도하던 인민당 및 진보당의 이상을 분쇄하는 데 기여한 것이다. 이러한 이론은 초기 자유주의자들의 자연법이론에 대한 상당한 수정이나, 헌법이 무엇보다도 경제적 자유를 보장하기 위해 제정되었다는 주장의 매력 때문에 수용되었던 것이다.

　　적법절차조항을 근거로 경제적 자유에 대한 보호를 계속하면서도 형사절차에 관련해서는 법원은 '본질적인 권리(fundamental rights)'의 존재를 인정함에 인색했다. 수정 제6조의 변호인의 조력을 받을 권리가 문제된 1932년의 Powell v. Alabama[21] 판결에서 비로소 이러한 권리의 존재를 인정했지만 권리장전상의 본질적인 권리가 구체적으로 무엇이냐를 결정하고 또 이러한 권리가 주법상의 절차에 적용되기 위해서는 수십년에 걸친 일련의 판결이 필요하였다. 형사절차에서 적법절차조항이 요구하는 최소한의 기준으로 제시된 것이 '본질적(근본적) 공정성'(fundamental fairness)[22]의 담보였다. 그러나 본질적인 권리나 본질적 공정성의 판단의 기준으로 '질서정연한 자유(ordered liberty)'[23] '미국의 정의시스템에 필수불가결한 존재(fundamental to our system of justice)'[24] 등등의 추상적인 문구 이외에는 제시하지 못함으로써 법원의 자의적인 판단을 막을 수 있는 설득력 있는 일관된 이론의 정립에는 실패했다.

　　실체적 적법절차의 진수는 아마도 1960년대 이후 오늘에 이르기까지 미국헌법의 중심 이슈가 되어온 프라이버시권(privacy)의 헌법적 근거가 되었다는 점에 있을 것이다. 1965년에 연방대법원은 Griswold v. Connecticut[25] 판결에서 피임약의 사용과 사용권고행위를 처벌하는 주법을 위헌으로 선언하면서 윌리엄 더

---

21) 287 U.S. 45 (1932).

22) Palko v. Connecticut, 302 U.S. 319 (1937); Duncan v. Louisiana, 391 U.S. 145 (1968); Rochin v. California, 342 U.S. 165 (1952).

23) Palko v. Connecticut, 302 U.S. 319 (1937).

24) Duncan v. Louisiana, 391 U.S. 145 (1968).

25) 381 U.S. 479 (1965).

글라스(William Douglas) 판사의 입을 빌어 권리장전에 명시되지 아니한 실체적
권리가 장전(章典)에 명시적으로 보장된 권리들의 반영(半影)(penumbras)에서 방
출된다고 했다. 이 판결에서는 과거 경제적 자유를 이유로 일련의 사회개혁입법
을 위헌 선언함에 근거가 되어 시대적으로 설득력을 잃은 실체적 적법절차 이론
대신에 권리장전의 반영속에 존재하는 프라이버시권의 존재를 인정하였지만 그
법이론의 구성의 기법은 동일했다. Griswold 판결이 프라이버시권을 탄생시켰지
만 그 전성기는 1973년의 Roe v. Wade[26] 판결에서 시작된다. 낙태를 형사 처벌
한 주법을 부녀자의 헌법상의 프라이버시권을 침해한 것으로 무효라고 선언하
여 오늘에 이르기까지 끊이지 않는 논란의 원인을 제공한 이 판결에서, 블랙먼
(Blackmun) 판사가 집필한 다수의견은 프라이버시권의 근거를 '수정 제14조의
개인적 자유'에서 구했다. Roe 판결 이후로 법원은 출산, 결혼, 가정생활 등의
영역에 있어 프라이버시권을 확대함으로써 가족법 상 새로운 헌법적 영역을 개
척했다.[27] 이러한 일련의 판결 중 하나에서 할란(John Harlan) 판사는 '위험하기
짝이 없는' 실체적 적법절차의 영역에서 판사의 자의와 재량의 남용을 방지하기
위해서는 '역사의 가르침(the teachings of history)'과 '미국사회의 근저에 자리 잡
고 있는 근본가치(solid recognition of the basic values that underlie our society)'를
기준으로 삼아 적당한 한계를 설정해야 한다고 했다.[28] 이러한 주장은 루이스
포웰(Lewis Powell) 판사, 알렉산더 비켈(Alexander Bickel), 아서 골드버그(Arthur
Goldberg) 등 많은 동조자를 얻었다.

2. 적법절차의 현주소

1960년대의 판결이 대체로 자유주의적 적극주의에 입각하여 미국사회의 근
본이 되는 원칙을 정립하기 위한 시도였다면 최근의 판결들은 미국사회의 근본
가치를 보다 보수적인 입장에서 추출하려고 하고 있다. 그리하여 '미국의 역사와
전통에 비추어 볼 때 명백하게 본질적인 것으로 인정된 권리'[29]만이 보호의 대

---

26) 410 U.S. 113 (1973).
27) Moore v. City of East Cleveland, 431 U.S. 494 (1977); Youngberg v. Romeo, 457. U.S. 307
   (1982).
28) Griswold v. Connecticut, 381 U.S. 479, 501 (1965)에서의 할란(Harlan) 대법관의 의견.
29) Moore v. City of East Cleveland, 431 U.S. 494 (1977); Village of Belle Terre v. Boraas, 416
   U.S. 1 (1974); Zablocki v. Redhail 434 U.S. 374 (1978); Hollenbaugh v. Carnegie Free Library,

상이 된다는 입장을 취함으로써 '경찰(국가권력)이 발조차 들여 놓을 수 없는 절
대적인 자율의 영역'[30])이 존재한다는 더글라스 류의 주장을 명백히 배척하고 있
다. 이와 같은 보수적 입장에서 미국의 전통적 가치를 추구하는 추세에 대한 반
응으로 1970년대에 들어와서 일종의 절충안이 제시되었다. 그 대표적인 예가 드
워킨이다. 그는 본질적인 가치관을 판결에 반영함에 있어 판결의 일관성을 확보
하고 법원의 책임 있는 사법을 담보하기 위해 판사는 단지 미국의 제도적, 사회
적 전통에 주목함에 그치지 말고 이러한 자료들로부터 역사의 발전추세로 보아
오늘날 가장 높은 가치를 부여해야 할 헌법이론을 모든 영역에 걸쳐 일관성을
유지할 것을 유념하면서 해석해내어야 한다고 주장했다. 판사는 불가피하게 가
치의 선택을 해야 하고 자신의 판단이 설득력을 갖추기 위해서는 자신이 선택한
자유주의의 이론이 오늘날의 가치관에 적합한 것인지를 확인해야 한다고 했다.
드워킨은 자신의 이론을 적법절차에 본격적으로 적용하지는 않았지만 대부분의
형사적 권리의 보장은 평등한 인격적 대우라는 본질적 권리의 개념에 의해 분석
될 수 있다고 주장했다.[31])

　　이상에서 개관해 본 바와 같이 적법절차의 핵심개념인 본질적 가치관의 접
근법은 자연법원리에서 출발하여 역사와 전통 이론을 거쳐 현대적 자유주의 이
론에 이르고 있다.

Ⅳ. 언론의 자유

　　언론의 자유는 초기 자유주의 사상가들이 가장 비중을 두었던 가치 중의 하
나였다. 고전적 자유주의자들에게 언론의 자유는 무엇보다도 '평화, 지적 진보,
그리고 개인적 자유'(peace and intellectual progress and personal freedom)라는 자유
주의의 이상을 실현하는 데 필수불가결한 전제조건인 동시에 직접적인 수단이
되기 때문이다. 미국의 판사들은 이와 같은 언론의 자유의 고전적 가치관과 더
불어 공리주의적 민주주의의 이상, 그리고 낭만적 평등주의의 이상을 자신의 판
결에 반영하여 왔다.

---

　　439 U.S. 1052 (1978).
30) 381 U.S. 481.
31) Ronald Dworkin, Taking Rights Seriously, Harvard University Press, 1978, pp. 56-57.

  미국헌법의 탄생에 가장 큰 영향을 미친 자유주의 사상가로 인정되고 있는
로크는 자연권으로서든 제도적인 권리로서든 언론의 자유 그 자체를 주장하지
않았고 보다 관념적인 영적·지적 양심의 자유(freedom of spiritual and intellectual
conscience)에 주된 관심을 가졌었다.[32] 언론의 자유에 관해 직접 자신의 입장을
밝힌 동시대의 밀턴이나 스피노자 같은 사상가는 대체로 로크의 입장에서 있었
다. 미국의 언론의 자유에 가장 심대한 영향을 미친 고전적 자유주의자는 밀이
다. 밀은 자신의 역저 『자유론(On Liberty)』에서 '효용'(utility)의 관점에서 '사상과
토론의 자유'(freedom of thought and discussion)를 주장하면서 덧붙이기를 여기의
효용이란 "가장 넓은 의미에서 진보적 존재로서의 인간의 항구적인 이익에 기초
해야 한다"라고 했다. '항구적인' 또는 '진보적인' 이익의 개념에서 보듯이 밀의
효용 개념은 모든 인간의 욕망과 쾌락에 동일한 가치를 부여한 것이 아니다. 그
럼에도 불구하고 밀의 시도는 가히 선구적인 것이었다. 사상과 토론의 자유의
최초의 주창자로서 그는 민주주의의 핵심 가치인 '진리의 상대성'에 관한 성찰과
더불어 진리의 포착과정에서 불가피하게 등장하는 여론의 효용을 강조했기 때
문이다. 밀이 강조한 것은 진리 그 자체가 아니라 진리의 발견에 이르는 과정으
로서의 '공개적이고도 제약 없는 논리와 지성의 토론장'의 확보였다.[33]

  밀의 영향이 미국연방대법원의 언론의 자유 관련판결에 반영된 최초의 예는
제1차 세계대전 중의 방첩법(Espionage Act of 1917) 위반 사건인 Schenk v. United
States[34] 판결에서 찾을 수 있다. Schenk는 제1차 세계대전 중 동법에 위반하여
징병을 거부할 것을 선동하는 팜플렛을 배포한 혐의로 유죄판결을 받자 자신의
헌법상의 언론의 자유를 이유로 이를 다투었다. 정부는 이러한 팜플렛이 실제로
징병업무에 차질을 초래했다는 증거를 제시하지 않은 채 종래 비판 없이 적용되
어 온 '자연적인 위험한 경향'(natural bad tendency)의 기준에 의존하였다. 판결문
을 집필한 올리버 홈즈(Oliver Wendell Holmes Jr.) 판사는 Schenk의 유죄를 확인
하였지만 언론의 자유에 대한 제한의 기준으로 종래의 '위험한 경향' 대신 '명백
하고도 현존하는 위험'(clear and present danger)이라는 새로운 기준을 제시했다.
그는 "어떤 주장이나 사상의 진실여부를 판가름하는 가장 확실한 방법은 사상의

---

32) Locke, A Letter Concerning Toleration, Hackett Publishing, 1983.
33) J.S. Mill, Three Essays, Oxford University Press, 1975, pp. 36-37, 134-139.
34) 249 U.S. 47 (1919).

공동시장에서 토론을 거쳐 살아남느냐 여부를 보는 것이다"라고 함으로써 소위
'사상의 공동시장'(marketplace of ideas) 이론을 제시했다. 홈즈의 이론은 루이스
브랜다이스(Louis Brandeis), 러니드 핸드(Learned Hand) 등에 의해 수용되어 언론
의 자유에 대한 확고한 법이론으로 미국은 물론 세계 각국의 헌법이론과 판결에
심대한 영향을 미치고 있다.

　　홈즈의 이론과 함께 언론의 자유의 발전에 결정적으로 기여한 헌법이론은
1937년의 Carolene Products[35] 판결에서 스톤(Stone)판사가 제시한 이른바 기본
권심사에 관한 '이중기준'(double standards)의 원칙이다. 이중기준이란 법원이 입
법의 합헌성을 심사함에 있어 특정한 이슈가 관련된 사건에서는 그 합헌성의 추
정을 여타의 법률의 경우보다 낮게 해야 한다는 것이다. 이러한 합헌성의 추정
이 낮아지는 법영역에 언론의 자유가 포함된다고 함으로써 언론의 자유는 여타
의 기본권보다도 '우월적 지위'(preferred position)를 차지하고 있다는 이론의 근
거를 제공해 주었다.

　　새로운 시대적 이상과 행태를 기존의 실정법 체제에 투영하려는 법원의 끊
임없는 노력은 '상징적 언론(표현)'(symbolic speech), '상업적 언론(표현)'(commer-
cial speech), 외설적 표현행위(obscenity) 등의 영역에서도 나타난다. 1969년의
Tinker v. Des Moine School District[36] 판결에서 법원은 월남전에 반대하는 자
신의 소신을 표현하기 위해 검은 완장을 차고 등교했다는 이유로 징계처분을 받
은 고등학생의 헌법적 권리를 인정하면서 이와 같은 행위는 종래의 '순수한 언
론(표현)행위(pure speech)' 대 '행동'(conduct)의 기준에 비추어 본다면 전자에 속
한다고 하여 특별한 헌법적 보호를 받는 언론행위의 영역에 획기적인 변화를 일
으켰다. 최근 국제적인 논란의 대상이 되고 있는 국기소각행위에 대한 헌법적
보호의 판결도 상징적 언론행위의 관점에서 생각한다면 이해할 수 있다. 영리추
구를 주된 목적으로 하는 상업적 언론행위나 외설적인 표현행위는 전통적으로
헌법의 보호 밖에 있었다. 그런데, 자본주의와 시장경제를 또 다른 근본 질서의
하나로 삼고 있는 미국의 헌법질서 아래서 이윤을 추구한다는 그 이유 하나로
기본권 중의 기본권인 언론의 자유가 부정될 수는 없다는 언론행위자의 입장과,
산업사회의 발전에 따라 개인이 자율적인 의사결정을 하기 위해서는 그 전제조

---

35) United States v. Carolene Products Co., 304 U.S. 144 (1938).
36) 393 U.S. 503 (1969).

건으로 판단의 자료가 제공되어 있지 않으면 안 된다는 점을 동시에 착안하여 상업적 언론행위에 대해서도 원칙적으로 일반의 언론행위와 동일한 보호를 하는 일면 소비자의 판단을 현혹시킬 위험을 방지하기 위한 최소한의 제한은 가능하게 했다. 외설적 표현행위에 대한 규제는 사회가 다원화됨에 따라 예술성과 외설성의 기준이 모호해 지게 되었고 또한 이에 대한 사전적 규제(prior restraint)는 검열자인 소수의 국가관리의 예술적 심미안의 수준과 도덕 감정의 기준으로 국민의 그것을 대치하는 결과가 되어 본질적으로 비민주적이라는 인식에서 사전적 규제로부터 사후적, 시간-장소-방법(Time-Place-Manner)의 규제로 전환하게 되었다.[37]

마지막으로 특기할 필요가 있는 판결은 언론의 자유의 한계로서의 명예훼손에 관한 이중기준의 설정에 기여한 1964년의 New York Times v. Sullivan[38] 판결이다. 이 판결에서 법원은 공무원의 공적인 행위에 대한 비판은 비록 그것이 허위라고 할지라도 이러한 허위사실의 적시가 '악의에서 또는 진실여부에 무관심하게 부주의한' 심리상태에서 행해지지 않은 이상 명예훼손의 책임이 없다고 선언하여 단순과실을 요건으로 삼는 일반인에 대한 명예훼손의 경우와 대비시켰다. 브레넌(Brennan)의 판결문은 민주국가의 주권자로서의 국민이 정부의 정책에 대해 자신의 의견을 개진하는 권리를 가짐은 지극히 당연한데도 과거에 이에 대해 행해졌던 박해의 역사에 대해 비판을 가하면서 이러한 비판권은 '수정 제1조의 핵심적 내용'이라고 선언하였다. 이러한 브레넌의 판결문은 마이클존(Meiklejohn)을 위시한 많은 학자들의 열렬한 지지 속에 민중민주주의적 자유주의의 가치관을 헌법상의 언론의 자유에 담는 법원의 작업을 계속하는데 견인차가 되었다.

V. 선거구 조정과 평등권

미국연방헌법은 적극적으로 선거권을 부여하지는 않으나 주법에 의해 부여

---

37) 예를 들면, Roth v. U.S. and Alberts v. California, 354 U.S. 476 (1957); Kingsley Int'l Picture Co. v. Regents, 360 U.S. 684 (1959); Stanley v. Georgia, 394 U.S. 557 (1969); Miller v. California, 413 U.S. 15 (1973); Paris Adult Theatre Ⅰ v. Slaton, 413 U.S. 49 (1973) 등이다.
38) 376 U.S. 254 (1964).

된 선거권의 침해에 대해서는 보호를 해 준다고 일반적으로 인식되고 있다. 20
세기에 들어와서 대법원은 선거권에 대한 각종 제한을 위헌 선언해 왔으나 선거
구의 변칙조정 문제를 다룬 것은 1960년대에 들어와서야 비롯된 일이었다. 선거
구의 조정문제에 대해 관심을 가지게 된 것은 미국 자유주의의 발전의 양상을
보여주는 증거이기도하다. 왜냐하면 여기에는 모든 국민의 참정권이 동일한 비
중으로 대표되어야 한다는 절대적 만민평등주의의 사상과 함께 다양한 사회계
층과 집단의 이익이 균형 있게 조화되어야 한다는 상대적 민주주의의 이념이 함
께 내재해 있기 때문이다.

　　많은 학자들이 일인일표원칙(一人一票原則)의 선구적 주창자는 로크라고 이
해하고 있다. 그러나 그는 정부가 다수국민의 선택에 의해 구성되어야 한다고
주장했을 뿐 구체적 세부상황은 특정 사회의 특수한 사정을 고려하여 선택할 수
있도록 각종 대안을 허용하였다. 입법부의 구성에 관해 논하면서 당시 영국의
선거제는 부패하고도 부정의스러운 것이라고 비난하면서도 인구만이 대표자 선
출의 유일한 기준이라고 주장하지는 않았다. 그 또한 초기의 많은 자유주의자들
과 마찬가지로 '재력'에 대해서도 상당한 대표권을 인정하고 있었던 것으로 보인
다.[39] 미국 연방헌법도 일인일표원칙을 상정하고 있지 않았으며 헌법비준을 지
지한 문헌인 페더럴리스트 페이퍼(Federalist Papers)에도 이에 관한 언급이 없다.
헌법은 오히려 연방국가의 특성을 고려하고 비준의 편의를 위해 인구에 의한 비
례적 대표의 원리를 무시하고 당시의 법아래서 재산으로 취급된 노예에 대해서
도 자유인의 3/5의 대표권을 인정하는 변칙을 택했다.[40] 그리하여 후일 일인일
표의 문제가 소송의 대상이 되었을 때 법원은 "불평등한 선거권을 허용한 제헌
당시의 정치철학을 주장할 시대는 이미 지났다. 수정 제14조, 제15조, 제17조 및
제19조가 과거의 잔재를 이미 깨끗이 말소시켰다"[41]라고 말하게 되었다. 1960년
대 이후에 선거구조정사건에서 법원이 유념한 만민평등주의의 이념은 초기의
자유주의 이론의 난점 때문에 현대에 들어와서 잉태된 새로운 사상이다. 자연법
원리에 대한 인식론상 실체적 불만이 국가의 궁극적인 정당성의 근거는 국민의

---

39) Robert McKay, Reapportionment: The Law and Politics of Equal Representation, The Twentieth
　　Century Fund, 1965, p. 21.
40) 미국 연방헌법 제1조 제2항 제3절.
41) Gray v. Saunders, 372 U.S. 368, 377 (1963)에서의 더글라스 대법관의 견해.

동의라는 생각을 낳게 되었고 이에 대의민주주의의 사활을 '평등하고도 공정한' 대표성의 확보에 걸게 된 것이다. 이와 같은 사상의 맹아는 역사적으로 보아 이미 잭슨시대의 각종 선거법 개혁에서 엿볼 수 있었고 남북전쟁 후 한동안 맥이 이어졌으나 헌법의 최종수호자인 대법원의 관심을 끌지는 못했었다.

1962년의 Baker v. Carr[42] 판결에서 법원은 선거구의 획정문제는 법원이 판단할 기준과 자료, 그리고 능력을 보유하지 아니한 일종의 '정치적 문제'로 사법판단적격(justiciability)을 보유하지 아니한다고 했다. 그러나 불과 2년 후의 Reynolds v. Sims 판결을 위시한 6건[43]의 선거구조정문제 판결을 통해 평등권조항을 매개로 거의 완벽한 일인일표의 원칙을 확립시켰다.

그러나 버거 법원에 들어와서는 "평등권조항은 다수에 의한 통치를 보장해 주는 것이 아니고 더더구나 비례적 대표성을 요구하지 않는다. 이 조항은 단지 특정 그룹의 국민에 대한 차별을 금지할 뿐이다"[44]라고 함으로써 선거구조정문제를 평등권의 이슈로부터 분리하려는 시도를 하고 있다.

VI. 경제적 복지와 국가의 책임

미국연방헌법이 비준될 당시 많은 자유주의 사상가들은 아직도 고전적 정치경제학의 원리에 집착하고 있었지만 시대는 이미 봉건적 농업사회에서 근대적 산업자본주의 사회에로의 돌이킬 수 없는 역사적 전환을 하고 있었다. 자유주의의 경제정책은 확립되지 않았고 의견의 대립은 불가피했다. 노동생산성의 향상, 교역의 촉진, 그리고 활발한 자본의 투자를 통해 번영을 달성한다는 자유주의의 이상은 과도기에 접어든 사회에 적확한 정책의 수립을 놓고 표류하고 있었다. 한편으로는 기득권의 보호를 통해 투자를 촉진시키고자 하는가 하면 또 한편으로는 보다 생산성 높은 기술 혁신에 장애가 되는, 시대에 뒤떨어진 재산의 이용

---

42) 396 U.S. 186 (1962).

43) 377 U.S. 533 (1964); Lucas v. Forty-fourth Colorado General Assembly, 377 U.S. 713 (1964); Roman v. Sincock, 377 U.S. 695(1964); Davis v. Mann, 377 U.S. 678 (1964); Maryland Committee for Fair Representation v. Tawes, 377 U.S. 656 (1964); WMCA, Inc. v. Lomenzo, 377 U.S. 633 (1964).

44) Gordon v. Lance, 403 U.S. 1, 4 (1971); Lockport v. Citizens for Community Action, 430 U.S. 259, 266 (1977).

형태와 방법을 억제하고자 했다. 이와 같은 역사적 배경아래 미국의 경제헌법은 다양하고도 체계 없는 초기 자유주의자들의 이상의 혼란이 투영되어 기득재산의 보호와 입법과 커먼로에 의한 기존 경제질서의 개혁이라는 상충되는 양대 이념이 동시에 지도적 역할을 해 왔다. 때때로 기득권의 수호자나 개혁의 주창자나 모두 자신에게 유리할 경우에는 자연법 또는 실정법을 가리지 않고 의존했다. 그리하여 미국의 경제헌법사는 어떤 일관된 원칙이나 입장을 견지하는 하나의 그룹도 찾아볼 수 없는 그야말로 혼돈의 역사이다. 다만 이와 같은 혼돈의 와중에서 국가 경제정책 수립의 최종 책임자인 연방정부의 역할이 전 미국사를 통해 강조되었고 이에 대한 법원의 태도가 결정적인 요소로 작용해 왔다는 사실은 주목할 가치가 있다.45)

헌법의 탄생 후에도 제퍼슨(Jefferson)-잭슨(Jackson)류의 농업경제수호자와 상공업 이해집단간의 세력 다툼은 계속되었다. 이 싸움은 주(州) 대 연방(聯邦)이라는 또 하나의 정치적 역학관계와 함께 연결되어 있어 쉽게 실마리가 풀릴 수 없었다. 그러나 존 마샬(John Marshall)을 수장(首長)으로 하는 연방대법원은 몇건의 결정적인 판결을 통해 연방정부의 권한 확대에 사법적 반석을 제공해 주었고 이는 200년 미국헌정사를 통해 돌이킬 수 없는 추세가 되었다. 법원이 연방권한의 확대에 이용한 법이론은 다양하지만 그 중에서도 특히 헌법 제1조 제8항의 소위 '통상조항'(通商條項, Commerce Clause)의 확대해석을 통해46) 연방입법의 합헌성을 확인해 주는 방법을 애용했다. 뉴딜 입법을 위시한 무수한 경제개혁입법이 통상조항에 의존하여 이루어졌으며 법원은 일시적인 부침을 거듭했지만 결정적인 순간마다 개혁의 지지자가 되어 주었다. 또한 통상조항은 경제적 영역 이외의 다른 영역에 있어서의 입법의 근거가 되었다. 인종차별철폐의 목적으로 제정된 민권법(Civil Rights Act)이나 조직범죄에 대한 대응책으로 제정된 연방의 형사법규까지도 통상조항을 근거로 제정되었고 형식논리상의 엄청난 하자에도 불구하고 법원은 이를 합헌으로 인정하곤 했다.47)

45) 이와 같은 연방법원의 역할에 관해서는 러셀 갤로웨이(Russell W. Galloway) 저, 안경환 역, 법은 누구편인가(The Rich and the Poor In Supreme Court History), 고시계, 1986 참조.
46) 미국연방헌법은 연방의회가 법을 제정할 수 있는 영역을 한정적으로 열거하고 명시적으로 연방에 위임되지 않은 권리는 주에 유보되어 있다고 (수정 제10조) 규정하였기에 이러한 논리의 조작이 필요하다.
47) 자세히는 안경환, "미국의 연방주의 -통상조항을 중심으로-," 미국헌법과 한국헌법, 한국공법

　　만민평등주의의 기치 아래 난숙한 자본주의의 고질적인 병폐인 빈부의 격차를 적극적 불평등해소정책을 통해 시정하겠다고 나선 1960년대의 법원은 전통적인 확정적 권리(right) 이외에 국가의 적극적인 복지정책을 촉구하고 이를 수혜할 것을 기대할 수 있는 일종의 기대권(entitlement)의 개념을 창안하기도 했다.

　　이 모든 법원의 조치가 고전적 자본주의가 변질되어 가는 과정에서 설 자리를 잃은 고전적 자유주의의 가치를 시대에 맞게 재생시키려는 노력의 일환이라고 해야 할 것이다.

학회편, 1989, 393면.

미국헌법 이론사의 개관

I. 머리말: 헌법이론과 헌법구조의 상관관계

미국헌법 이론사의 논의에서 불가분으로 유념해야 할 사항은 모든 이론적 논의가 몇 가지 미국에 특유한 헌법적 구조 내지는 제도와 연관되어 있다는 점이다. 첫째, 사법심사제도이다. 대부분의 학자들은 헌법의 아버지들이 연방사법부에 헌법의 해석권을 부여하는 데 어느 정도 합의가 존재했던 것으로 이해한다. 그리하여 사법부가 헌법의 해석을 통해 일정한 범위 내에서 다수정치에 의해 구성된 민주적 기관의 행위를 심사할 권한을 보유하는 것으로 이해했다. 알렉산더 해밀턴(Alexander Hamilton)이 페더럴리스트 페이퍼 제78번에서 주장한 바와 같이 연방사법부를 통해서만이 입법부의 권한을 효과적으로 제한할 수 있다는 공감대가 존재했던 것이다.[1] 1803년 Marbury v. Madison[2] 판결이 법원의 사법심사권을 공식적으로 행사했을 때 정면의 반론이 심각하게 제기되지 않았던 것도 이러한 배경이 깔려 있다. 둘째, 연방판사의 종신제이다. 연방헌법 제3조는 연방법원 판사의 봉급 감액의 금지와 함께 종신재직권을 보장하고 있다.[3] 판사의 독립적 지위를 보장함으로써 정치적 보복을 예방한다는 것이 이 조항의 입법취지이다. 법원이 국민의 대의기관인 의회의 행위를 위헌으로 선언하더라도 공개적인 비판 이상의 제재를 받지 아니하며, 그 판결이 아무리 불합리하다고 하더라도 상당한 기간 동안 나라의 최고법으로서의 효력을 보유한다. 또한 주와

---

1) B. Wright Ed., The Federalist. No. 78, 1961, p. 491.
2) 8 U.S. (Cranch) 1 (1803).
3) 연방헌법 제3조 제1항. "during good behavior"는 '적법한 직무 집행 기간 동안' 또는 '중대한 비행이 없는 한'으로 번역된다. 그 의미는 제2조 제4항의 대통령 등 고위 공무원의 탄핵사유인 "반역, 수뢰, 기타 범죄와 비행"(other crimes and misdemeanors)과 관련 지워 해석해야 한다. 이 조항의 연원은 영국의 Ann여왕 시절 제정된 Act of Settlement(1701)라고 일반적으로 인식된다. Edward Corwin's The Constitution and What It Means Today, 13th ed. revised by Chase & Ducat, Princeton University Press, 1973, pp. 159-160.

연방의 관계를 규정하는 연방주의(federalism) 헌정원리에 따라 권리장전에 의해 보장된 각종 기본권의 행사를 사법적으로 보장함으로써 다수적 정치권력에 대한 제약을 부과하고 있다.

헌법이론의 상당 부분이, 국민에 의해 직접 선출되지 아니하고 국민에 대해 직접 책임을 부담하지 아니하는 판사가, 국민에 의해 선출되어 국민의 이름으로 의회가 제정한 법률을 무효로 선언하는 제도의 정당성에 대한 입장과 관련되어 있다. 이러한 제도의 근본적 정당성을 옹호하는 입장과 이를 의심하는 입장의 차이에서 발생하는 헌법법리상의 논쟁이 미국의 민주주의와 헌법이론의 핵심이 된다. 이러한 논쟁은 많은 경우에 법원의 사법심사가 엄격한 '법적' 원리에 기초하여 행해져야 하는가, 아니면 바람직한 '정책적' 이상에 근거하여 행해질 수 있는가를 중심으로 전개된다. 또한 일부 이론은 추상적인 헌법조항을 적용함에 있어 어느 정도 법과 정책을 구분할 수 있을 것인가와 관련하여 전개된다.

II. 20세기 이전의 헌법이론

미국사 전반을 통해 헌법이론의 탄생은 대체로 중요한 정치적·사회적 사건이 발생한 후에 이에 대한 미묘한 반응으로 나타난 것이다. 이 점은 헌법의 비준과정에서 해밀턴의 논설에서도 제시되었다. "법원의 역할은 인민과 의회 사이의 중간자로서, 의회로 하여금 자신의 권한을 벗어나지 못하도록 하는 임무를 진다"라는 예언적 해설이 법원의 속성을 적시한다.[4]

잘 알려진 바와 같이 Marbury v. Madison 판결은 연방의회가 제정한 법률을 위헌으로 선언한 최초의 판결이다.[5] 연방대법원은 이 판결에서 1789년 법원조직법은 연방헌법 제3조가 규정하는 연방대법원의 원심관할권을 확장하려는 위헌적인 시도로 무효라고 선언했다.[6] 이 판결에서 직접 문제된 쟁점은 연방판사의 임명절차의 완료 여부라는 기술적인 문제였으나 대통령과 국무장관의 권한에 관련된 정치적인 문제를 정면으로 제기하지 않은 채 법원이 스스로 헌법해석

---

4) B. Wright Ed., The Federalist. No. 78, 1961, p. 491.

5) 주 차원에서는 위헌법률의 사법심사가 행해진 바 있다.

6) 구체적으로 대법원의 원심관할권(original jurisdiction)에 관한 연방헌법 제3조의 규정은 '한정적 열거'라는 해석을 근거로, 원심적 성격을 보유하는 직무집행명령(mandamus)의 신청에 대해 심사권을 인정한 동법의 조항을 침해했다고 판시했다.

권을 포함한 광범한 사법심사권을 보유함을 선언했다는 의미에서 '정치적' 판결의 선례를 세웠다. 마샬(Marshall)의 판결문에서 사법심사의 정당한 근거로 제시한 성문헌법의 속성, 헌법을 포함한 연방법을 해석, 적용할 연방법원의 특별한 권한과 의무, 헌법을 나라의 최고법으로 인정한 연방헌법 제4조, 직무 집행에 있어 연방헌법을 지지하고 수호할 선서 의무를 부과한 연방헌법 제6조 등에 관한 논쟁의 불씨를 후세에 상속시켰다.7)

1856년의 Dred Scott v. Sandford8) 판결을 계기로 논쟁의 불씨는 계속 유지되었다. 연방대법원 사상 최악의 판결 리스트에 오르기도 하는9) 이 판결에서 연방대법원은 Marbury 판결의 선언한 사법심사권을 행사하여 연방의회가 제정한 법률을 재차 위헌으로 선언했다. 판결문을 집필한 마샬의 후임자 로저 태니(Roger Taney) 원장은 노예와 그 후손은 헌법이 의미하는 미합중국의 시민이 아니라 재산에 불과하므로 소유주와 분리하여 독립적인 법적 취급을 내릴 수 없으며, 따라서 이러한 내용의 입법조치를 담은 미주리협정(Missouri Compromise)의 규정은 위헌이라고 선언했다.10) 태니의 다수의견은 노예제에 관련된 사료의 분석을 바탕으로 내린 결론이나, 같은 판결에서 반대의견을 집필한 벤자민 커티스(Benjamin Curtis) 판사는 동일한 사료에 근거하여 정반대의 결론에 이르렀던 것이다.

Dred Scott 판결은 사법부의 적정한 역할에 관한 논쟁의 장을 더욱 확대했고, 연방과 주의 적정한 관계라는 또 다른 문제와 복합되어 이날에 이르기까지 논쟁은 계속되고 있다. 연방정부는 노예제의 존속 내지는 영구화와 관련된 주 정부의 재량권을 입법조치를 통해 제약할 수 없다고 선언함으로써 연방대법원은 내전을 목전에 둔 지역 간의 갈등을 더욱 증폭시켰다. 사법적극주의를 비판하는 입장에서는 이 판결이야말로 헌법의 '본래의 의도'(original intent)를 무시하고 헌법 대신 판사 자신의 정치철학을 반영한 나쁜 선례로 인식한다.11)

---

7) Marbury 판결로부터 13년 후에 비로소 제2의 사법심사가 이루어졌다. Martin v. Hunter's Lesee, 14 U.S. (1. Wheat.) 304 (1816) 판결에서 연방대법원은 연방헌법의 구조와 문언으로부터 헌법에 관련된 주 법원의 판결을 심사할 권한을 부여받았다고 판시했다.
8) 60 U.S. (19 How.) 393 (1856).
9) 조엘 조셉(Joel D. Joseph) 저, 서울대학교 미국헌법연구회 편역, 재앙의 월요일, 사상최악의 판결들(Black Mondays – Worst Decisions of the Supreme Court), 교육과학사, 1993, 127면 이하.
10) 이 판결의 배경에 대한 상세한 기술은 안경환, "Dred Scott판결의 현장에서," 인권과 정의 제250호 대한변호사협회, 1997, 123-131면.
11) Robert Bork, The Tempting of America: The Political Seduction of the Law, Free Press, 1990,

어쨌든 Dred Scott 판결은 남북전쟁의 원인의 일부가 되었음은 물론, 종전
후 수정헌법조항(post-Civil War Amendments) 제13조 내지 제15조의 탄생을 강제
했다. 이 조항들이 제정된 직접적인 의도는 Dred Scott판결을 번복하여 새로이
자유민이 된 해방노예와 그 후손의 평등과 자유를 보장하기 위함에 있었지만,
이 조항들의 광범하고도 추상적인 문언을 (특히 수정 제14조)12) 근거로 인종문제
이외의 본질적 기본권을 주의 규제로부터 보호하는데 중요한 무기로 이용되었
다. 이러한 판결은 법원과 정계, 학계를 포함한 미국 전체에 지속적인 논쟁의 과
제로 이어지고 있다.13)

Ⅲ. 20세기의 헌법이론14)

남북전쟁 이후로는 사법심사가 빈번하게 행해지면서 다수정치와 법원의 역
할이라는 문제는 헌법이론의 중요한 논제로 정착되기 시작했다. 20세기에 내려
진 3건의 분수령적 판결이 헌법이론의 발전에 중대한 계기를 제공했다. 이들 판
결들의 배경과 관련된 쟁점들을 개관함으로써 20세기 미국헌법의 이론사를 개
관할 수 있다.

첫 번째 계기는 1905년의 Lochner 판결15)을 신호탄으로, 1930년대의 뉴딜
개혁입법을 위헌 선언한 일련의 판결들을 들 수 있다. 1937년 이전 보수법원이
취한 사법적극주의의 결과로 상품 노동시장에 대한 국가의 개입이 법원의 장벽
을 넘지 못하고 좌초했다.16) 이 시기에 보수법원이 건전한 자본주의의 적으로

---

pp. 28-34.

12) William Nelson, The Fourteenth Amendment: From Political Principle to Judicial Doctrine, Harvard University Press, 1988; Robin West, The Progressive Constitution—Fourteenth Amendment, Duke University Press, 1996; 김종철, 미국의 헌법해석논쟁— 적법절차조항을 그 예로, 서울대학교 석사학위 논문, 1990.

13) 전 연방대법원장 William Rehnquist의 비판은 The Supreme Court How It Works and How It is, William Morrow & Co., 1987; "The Notion of a Living Constitution," 54 Texas L. Rev. 693, 700-02, 1976.

14) 이 부분에서는 Michael Gerhardt & Thomas Rowe, Constitutional Theory — Arguments and Perspectives, The Michie Company, 1993에 크게 의존하였다.

15) Lochner v. New York, 198 U.S. 45 (1905).

16) 러셀 갤로웨이(Russell W. Galloway) 저, 안경환 역, 법은 누구편인가 개정판(The Rich and the Poor In Supreme Court History 2nd ed.), 교육과학사, 1993, 제7-8장.

선언했던 '국가의 개입'이 다름 아닌 국민 절대다수의 지지를 받고 있던 '민주적', '정치적' 기관인 의회와 대통령의 행위이고 보면 법원의 적정한 역할이 무엇인가에 대한 중대한 회의가 제기된 것은 당연한 귀결이었다.

Lochner판결은 제빵업에 종사하는 노동자의 최고 근로시간을 규율한 뉴욕 주법을 수정 제 14조의 적법절차조항이 보장하는 '자유'(liberty)의 개념 속에 내포된 '계약을 체결할 본질적 자유'에 대한 침해로 무효라고 선언한 판결이다. 이 판결은 연방대법원이 적법절차조항을 근거로 위헌 선언한 수많은 판결 중의 하나에 불과하지만 수정 제5조와 제14조가 헌법에 구체적으로 명시하지 아니한 경제적 자유를 절대적으로 보장한다는 상징으로 등장한 중요한 의미를 가진다. 펠릭스 프랑크퍼터(Felix Frankfurter) 판사를 포함한 당시의 많은 '진보적 지식인'들에게는 'Lochner시대(1930년대)'의 경험은 국가적 차원의 중요한 결정은 법원이 아닌 '민주적 기관'에 의해 행해져만 한다는 사법자제의 중요성을 인식시키는 계기가 되었다.

윌리엄 더글라스(William Douglas)와 같은 법현실주의자들은 판결의 의미는 선판례를 포함한 판결 그 자체로서는 파악할 수 없다는 주장을 폈다.[17] 이들은 선판례보다는 판결에 임하는 판사 자신의 개인적 사상과 가치관이 더욱 판결의 결과를 좌우한다는 소신을 펴게 되었다,

제2의 계기는 흑백의 분리교육을 위헌으로 선언한 1954년의 Brown 판결[18]이다. 오랜 세월에 걸쳐 선판례로 누차 확인된 "분리하되 평등"(separate but equal)의 원칙을 번복하고 분리교육 그 자체가 "원천적으로 불평등"(inherently unequal)하다고 선언한 이 판결은 기존의 미국의 정치적, 법적, 사회적 질서를 전면적으로 개편한 작업의 시발탄이 되었다.

이 판결은 헌법 문언의 해석, 입법사의 구속력, 제정자의 의도, 선판례의 구속력의 정도와 범위, 입법의 숨은 의도의 설득력, 헌법적 소송에 있어서의 도덕적 가치의 의미 등등 새로운 논쟁거리를 제공하였다. 당시의 '진보적 지식인'들도 이 판결에 대해 구구한 반응을 보였다. 예를 들어 콜롬비아(Columbia)대학

---

17) 안경환, "미국법의 이론적 조명 −윌리암 다글라스 판사의 법사상," 고시계, 1986 참조. 법현실주의 일반에 관한 국내문헌은 최봉철, "법현실주의," 미국지성사의 흐름 −법, 서울대학교미국학연구소 편 서울대학교 출판부, 1999, 3−64면.

18) Brown v, Board of Education, 347 U.S. 483 (1954).

의 허버트 웩슬러(Herbert Wechsler) 교수는 판결의 결과에 대해 지지하면서도 날카로운 비판을 제기했다: "사법과정의 핵심은 논리의 정교함에 있다. 논리정연한 판결은 제기된 모든 쟁점에 대해 직접 관련된 당해 사건의 결과를 초월하여 적용될 수 있는 보편적이고도 중립적인 원칙에 근거하여야만 된다." 웩슬러는 Brown 판결에서는 판결을 초월하는 이와 같은 "중립의 원칙"(neutral principles)을 발견할 수 없다고 결론을 내렸다.19) 이 글은 이 주제에 관해 오늘에 이르기까지 가장 인용의 빈도가 높은 저술로 남아 있다.

한편 예일(Yale)대학의 찰스 블랙(Charles Black) 교수는 결과와 법리, 두 가지 관점에서 모두 Brown 판결을 강력하게 지지하였다. 그는 수정 제14조의 평등보호조항은 "니그로 인종이 주법에 의해 중대하게 불이익을 당하지 않도록 해석되어야 한다"고 주장하면서, "인종간의 분리교육은 주법에 의한 흑인에 대한 집단적인 의도적 불이익의 부과"라고 결론을 내렸다.20)

오늘에 이르러서는 Brown 판결은 광범한 지지를 받고 있다. 그러나 판결의 결과에 대한 거의 압도적인 지지와는 별도로 판결이 선언한 법리에 대해서는 논쟁이 계속되고 있다. Brown 판결과 마찬가지로 워렌(Warren) 법원이 내린 수많은 다른 판결들도 법원의 기본자세와 법리에 대한 비판이 계속되고 있다. 이를테면 인구를 기준으로 한 선거구의 재조정에 관련된 판결들이나 연방 헌법의 권리장전의 규정을 주의 형사절차에 확대 적용한 일련의 판결에 대한 방법론상의 비판은 법원의 본연의 임무와 관련하여 상당한 설득력을 지닌다.21)

워렌 법원의 사법적극주의를 지지하는 법률가는 개인의 권리의 문제와 경제적 규제의 문제를 구분하여 전자의 경우에 사법심사의 정당성이 더욱 강화된다고 주장한다. 이러한 기본권의 '이중기준론'(doctrine of double standard)은 상당한 설득력을 가지지만 1950, 1960년대의 보편적인 정서는 구체적인 판결의 결과가 바람직한 것이었느냐에 무관하게 법원이 나라 전체의 중요한 문제를 해결함에 있어 적극적인 역할을 해야 한다는 주장에 대해 적대적이었다. 많은 학자들은 법원이 헌법이라는 가면 아래 사실상의 정치를 행한다는 비판을 제기했다. 법원

---

19) Herbert J. Wechsler, "Toward Neutral Principles of Constitutional Law," 73 Harvard L. Rev. 1, 19, 1959.

20) Charles Black, "The Lawfulness of the Segregation Decisions," 69 Yale L. J. 421, 1960.

21) R. Rotunda & J. Nowak, Treatise on Constitutional Law — Substance and Procedure — Vol. II 2d ed., West Publishing Co., 1992, Ch.15.

의 정치적 행위는 종국에는 법에 대한 불신을 조장할 뿐만 아니라 헌법의 핵심적 가치를 지극히 유동적인 정치적 상황에 내다 맡기는 불법적인 행위라는 것이 이들의 비판 요지였다.

이 시기의 대표적인 이론가의 한 사람인 알렉산더 비켈(Alexander Bickel)의 이론은 오랜 시일에 걸쳐 영향력을 미치고 있다. 비켈은 당초 Brown 판결의 지지자였으나 워렌 법원의 지나치게 급속한 행보에 대해 비판을 제기하고 나섰다. 1962년의 저서에서, 그는 사법심사는 본질적으로 "반민주적, 반다수주의적 제도"(anti-democratic, counter-majoritarian)[22]라고 주장했다. 비록 비켈이 사법심사는 미국의 민주주의의 정신에 어긋나는 제도라고 비판했지만 헌법의 광범하고도 추상적인 헌법 문언에 내포된 영속적인 사회적 가치를 국민에게 계몽할 권한과 책임이 있다고 주장한 점에서는 사법심사의 필요성을 인정한 셈이다. 그럼에도 불구하고 법원의 제한적인 정치적 역량을 감안하면 사법심사의 적법성은 정치적으로 민감한 문제에 관하여 법원과 개개 판사가 자발적으로 심사를 자제하는 '수동적인 미덕'에 의존하게 된다는 주장은 상당한 설득력을 보유한다. 1969년 워렌 법원의 종말에 이르기까지 비판의 강도를 늦추지 않은 비켈은 일련의 공개강좌를 통해 판사들이 진보의 과정을 직관적인 사법능력에 의존하였을 뿐만 아니라 이러한 직관에 대한 과도한 확신 때문에 워렌 법원의 빛나는 업적조차도 곧 망각과 방기의 대상으로 전락하였다고 탄식했다.[23]

1970년대 초에 대법원의 구성에 약간의 변동이 생기고 판결의 방향과 기법도 다소 변화가 생겼다. 그러나 사법심사의 적법성에 대한 논쟁은 여전히 계속되었다. 사실인즉 어떤 관점에서는 버거 법원은 전임법원보다 한 단계 더욱 강도를 높인 사법심사를 계속했고 그 논리와 기법에 있어서 더욱 큰 문제점을 노정하였다. 1971년 당시 예일대학의 신진교수 로버트 보크(Robert Bork)는 워렌 법원이 헌법의 "본래의 의도"(original intent)에 내재하고 그로부터 도출되는 "중립적 원칙"에 충실해야 할 의무를 위반하였다고 비판을 제기하였다. 그가 말하는 헌법의 "본래의 의미"는 제정과 비준 당시의 미국 국민이 이해했던 바대로의

---

22) Alexander Bickel, The Least Dangerous Branch: The Supreme court at the Bar of Politics, Yale University Press, 1962.

23) Alexander Bickel, The Supreme Court and the Idea of Progress, Yale University Press, 1969, pp. 173-74.

의미였다. 특히 그는 수정 제1조에 대해 집중적으로 논의하면서 이 조항은 순수
히 정치적인 의사의 표현 행위만을 보호하기 위해 제정된 것으로, 이 조항으로
부터 프라이버시권이라는 생경한 권리를 도출하는 것은 헌법의 본질을 자의적
으로 변질시키는 사법폭력이라고 규정하였다.[24] 그는 피임을 규율하는 주법률을
수정 제1조를 근거로 위헌 선언한 Griswold 판결[25]이야말로 헌법 제정 당시의
미국 국민이 이해하고 신봉하던 주와 연방 차원의 합법적인 다수정치적 의사 결
정과정의 본질을 유린하는 워렌 법원의 사법의 반란이라고 규정했다.

   제3의 계기를 마련한 판결은 버거 법원이 내린 1973년의 Roe v. Wade 판
결[26]이다. 이 판결은 Griswold 판결을 일부 선판례로 인용하면서 사실상 거의 대
부분의 주의 낙태규제법을 무효로 선언한 획기적인 판결이다. 이후 사반세기를
지속적인 논쟁으로 몰고 간 이 판결은 일부 지식인에게 Brown판결보다도 더욱
수용하기 힘든, 정교한 법리를 결여한 정치적 가치의 선언일 뿐이었다. 판사 자
신의 선호와 가치관을 헌법에 유입하는 사법정치의 폭거라는 비판이 계속되고
있다.

   Brown 판결과 Roe 판결의 차이는 여러 관점에서 논의할 수 있다. 가장 좁
게는 전자는 평등보호조항에 근거하여 인종간의 분리교육을 위헌 선언한 반면,
후자는 적법절차라는 불투명한 조항으로부터 여성의 본질적인 권리를 도출해
낸 법리적인 차이를 들 수 있다. 판결의 사회적 승인의 관점에서도 두 판결 사
이에 중대한 차이가 있다. 오늘날 Brown 판결 그 자체에 대한 이견은 거의 사라
진 반면, Roe 판결은 그 정당성 그 자체에 대한 시비가 끊임없이 계속되고 있는
것은 단순한 시차만의 문제가 아니다. 사법의 생명은 종국에는 사회의 발전과
통합에 어떻게 기여하는가에 달려 있기 때문이기도 하다.

   1970년대 후반에 들어와서도 Brown 판결과 Roe 판결의 법리적 정당성에
관한 논의가 계속되었고, 자연법이라는 이름의 불문헌법의 존재 가능성에 대한
논쟁으로 확대되었다. 1975년 스탠포드(Stanford) 대학의 토마스 그레이(Thomas
Grey) 교수는 미국헌법은 부분적으로 불문헌법을 수용하고 있음을 인정해야 한

 24) Robert Bork, "Neutral Principles and Some First Amendment Problems," 47 Ind. L. J. 1, 1971.
 25) 381 U.S. 479 (1965). 이 판결에서 수정 제1조 이외에도 수정 제9조 등 다른 헌법조항들이 근거
     로 열거되었다. 이 문제에 관해서는 안경환, "미국연방헌법 수정 제9조의 의미," 서울대학교 법
     학 제38권 제2호, 1997, 35-56면 참조.
 26) 410 U.S. 113 (1973).

다고 주장하였다.[27] 하버드(Harvard) 대학의 아치볼드 콕스(Archibold Cox) 교수는 '상당한 기간 동안 공동체의 본질을 관류하는 이론의 정립'에 실패한 버거법원의 판결들을 공격했다.[28] 한편 '사법의 정치화'를 강하게 반대한 라울 버거(Raoul Berger) 교수는 수정 제14조의 제정사의 밀도 있는 분석을 통해 Brown 판결에 대한 비판을 강화했다.[29]

　1980년대의 헌법이론 논쟁의 선두주자는 스탠포드(Stanford) 대학의 존 일리(John Ely)이다. 일련의 논문을 통해 제시된 그의 헌법론과 사법심사관의 진수는 1980년의 저서 Democracy and Distrust: A Theory of Judicial Review에 결집되어 있다.[30] 대체로 일리는 Brown 판결을 옹호하였다. 그가 파악한 판결의 논리는 "대표성 강화적"(representation-reinforcing) 사법심사이론이다. 내용인즉 다수 대중의 원활한 의회 통제를 구조적 또는 절차적으로 가로막는 장애를 제거하기 위해 필요한 경우이거나, 사회적 약자나 소수자의 효과적인 정치적 과정에의 참여에 장애를 제거하기 위해 필요한 경우에는 입법에 대한 사법심사가 정당화된다는 것이다. 이런 관점에서 볼 때 버거 법원의 Roe 판결은 정당화될 수 없다는 것이 일리의 주장이다. 즉 Roe 판결이 다룬 낙태의 문제는 이러한 민주적 절차보다는 판사의 자의적인 가치의 선택을 옹호하는 것으로 동의할 수가 없다는 것이 그의 비판이었다.[31]

　하버드(Harvard) 대학의 로렌스 트라이브(Laurence Tribe) 교수는 이러한 일리의 "대표성 강화"이론에 대해 강한 비판을 제기했다. 트라이브에 의하면 일리의 이론은 다양한 헌법의 실체적 요소와 소위 '절차지향적 조항'들의 의미가 실체적 내용을 파악하지 않고서는 확정할 수 없다는 치명적인 약점을 간과하였다고 비판했다.[32]

---

27) Thomas Grey, "Do We Have an Unwritten Constitution," 27 Stanford L. Rev. 703, 1975.

28) Archibold Cox, The Role of the Supreme Court in American Government, Harvard University Press, 1976, p. 113.

29) R. Berger, Government By Judiciary: The Transformation of the Fourteenth Amendment, Harvard University Press, 1977.

30) 이 저술에 관련된 국내 문헌은 음선필, 위헌법률심사의 어프로치에 관한 연구, 서울대학교 법학석사학위논문, 1987 참조.

31) 자세히는 John Ely, On Constitutional Ground, Princeton University Press, 1996, Ch. 8 참조. 이 책에 대한 필자의 서평은 서울대학교 법학 제38권 제3·4호, 1997, 149-153면 참조.

32) L. Tribe, "The Puzzling Persistence of Process-Based Constitutional Theories," 89 Yale L. J. 1063, 1980.

1980년대에 들어와서 이론의 논쟁은 더욱 심도와 강도를 더해 갔다. 레이건 (Reagan) 시대의 개막과 함께 많은 보수성향의 학자가 연방법원으로 진출하여 연방법원의 보수성이 더욱 강화되었고,33) 헌법 '문언'(text)과 제정자의 "본래의 의도"에 대한 충실이 양대 원칙으로 강조되었다. 한편 1960년대 후반, 1970년대 초반에 저항운동에 참여했던 청년시절을 거쳐 법학자가 된 일단의 지식인에 의해 법의 본질은 가면을 쓴 정치에 불과하다는 이른바 "비판법학운동"(critical legal studies movement)을 제기하여 법이 자족적인 과학이라는 랑델(Langdell) 이래 강화되어 온 형식주의적 법관에 대한 비판이 제기되었다. 이어 각종 학제적 연구가 탄생하였고, 법의 사회과학적 탐구,34) 경제적 분석,35) 문학36) 내지는 신학 이론의 법에 대한 적용이 시도되었다. 때를 같이하여 여성 법학자의 수가 증가 하자 헌법해석에도 여성학적 시각이 추가되었다. 소수인종 법학자의 증가는 비판인종법학을 탄생시켜 민권에 대한 보수적, 전통적 법이론에 대안 내지는 각주를 제시했다.

Ⅳ. 최근의 추세

이들 이론들 중에 연방대법원의 헌법판결에 결정적인 영향을 미치고 있는 이론은 전통적인 자유주의 헌법이론이다. 다만 최근에 들어 일부 분야의 판결에 있어서 법경제학의 영향은 상당한 정도 확인할 수 있다. 나머지 새로운 이론은 학계와 실무계에서 논쟁의 차원에 머무르고 있다고 말할 수 있다. 그러나 1987년 보크(Bork) 판사의 임명을 둘러싸고 벌어진 논쟁은 이 문제가 단순한 학술적 논쟁이 아님을 확인해 준다.37)

---

33) 이를테면 리차드 포스너(Richard Posner), 로버트 보크(Robert Bork), 랄프 윈터(Ralph Winter), 안토닌 스칼리아(Antonin Scalia), 스티븐 윌리엄스(Stephen Williams), 프랭크 이스터브룩 (Frank Easterbrook), 존 누넌(John Noonan), 더글라스 긴즈버그(Doulas Ginzburg), 파스코 보우만(Pasco Bowman) 등이 교수 출신의 판사들이다.

34) 자세히는 한상희, ""법과 사회" 운동의 전개와 한계," 서울대학교 미국학연구소 간, 미국사회의 지적흐름-법, 서울대학교 출판부, 1999, 65-136면.

35) 자세히는 김일중, "법과 경제의 접목: 경제학도가 본 진화과정," 서울대학교 미국학연구소 간, 앞의 책, 175-287면.

36) 자세히는 안경환, "미국에서의 법과 문학운동," 서울대학교 법학 제39권 제2호, 1998, 215-248면; 서울대학교 미국학연구소 간, 앞의 책, 331-375면.

37) 자세히는 Ronald Dworkin, Freedom's Law: Moral Reading of the American Constitution,

　　보크 판사의 인준 논의는 결정적으로 중요한 2가지 관점에서 논의거리를 제공한다. 첫째, 소위 "살아있는 헌법"(living Constitution)의 문제이다. 즉 '헌법의 해석'은 제정 당시의 문언의 의미와 구체적인 제정 작업에 참여한 제정자의 의도를 파악, 확정함에 한정해야 하는가, 아니면 (헌법의 개정자의 입장에 서서) 제정 당시의 상황적 한계를 넘어서 확장할 수 있는가의 논쟁이다.

　　둘째, 헌법 문언에 열거되지 아니한 권리가 존재하느냐의 문제이다. 다시 말하자면 헌법에 명시되지 아니한 권리가 존재한다는 해석을 통해 국가의 행위를 제한할 수 있는가의 문제이다. 사적결사(intimate association)나 생명창조(procreation)의 자율권을 내용으로 하는 프라이버시권이 구체적인 문언이 아닌 헌법의 구조나 정신으로부터 도출될 수 있다면 국가기관의 행위를 제약할 수 있는 본질적 근거는 무엇인가라는 의문을 제기한다.

　　상원이 보크의 인준을 거부한 사실이 이러한 논쟁에 대해 어떤 판단을 내렸고 그 결과로 1930년대의 "실체적 적법절차"와 유사한 새로운 "헌법적 시대"(constitutional moments)를 연 것은 아니다. 4년 후의 클래렌스 토마스(Clarence Thomas) 판사의 인준을 계기로 또다시 헌법이론의 문제가 제기되었다. 한 가지 이슈는 헌법소송에 있어서의 '자연법'(natural law)의 역할 문제였다. 노예제는 독립선언에 천명된, 사법적으로 적용할 수 있는 자연법적 원리에 위반된다는 주장을 담은 그의 논문들[38]이 Roe 판결에 관한 토마스의 입장과 관련하여 상원의 집중적인 비난의 대상이 되었다.[39]

　　대체적으로 보수 성향을 공유한다고 인식되고 있는 판사들간에도[40] 구체적

Harvard University Press, 1996. 이 책에 대한 필자의 서평은 서울대학교 법학, 제40권 제1호, 1999, 397-399면. 이 문제에 관련된 보크 자신의 견해는 Bork, 앞의 책 및 Slouching Toward Gomorrah - Modern Liberalism and American Decline, Regan Book, 1996 참조.

38) C. Thomas, "The Higher Law Background of the Privileges and Immunities Clause of the Fourteenth Amendment," 12 Harvard J. L. & Pub. Pol'y 63, 1989; "Toward a Plain Reading of the Constitution - the Declaration of Independence in Constitutional Representation," 30 Howard L. J. 983, 1987.

39) 일부 상원의원들은 연방고등법원판사로 임명되기 이전에 행한 강연의 내용을 문제삼아 만약 대법원판사에 임명되면 태아의 본질적인 권리를 자연법으로부터 도출하여 Roe v. Wade판결을 번복할 것을 우려했다.

40) 레이건 대통령이 임명한 렌퀴스트(Rehnquist)원장, 오코너(O'Connor), 스칼리아(Scalia), 케네디(Kennedy)와 부시(Bush)가 임명한 수터(Souter)와 토마스(Tomas)판사는 보수의 성향으로 분류될 수 있다.

판결에서의 입장과 그 판결의 법리에 대해 구구한 견해가 갈리고 있다. 일부는 전통적인 사법자제의 입장을 취하는가 하면 일부는 헌법문언과 경제이론의 결합을 통해 시장경제 지향의 사법적극주의를 주창한다. 일부는 비경제적 권리까지도 보호하는 자유지상주의적 입장을 취하기도 한다. 좌파 성향의 비판법학자들은 전통적인 자유주의적 헌법관의 부정형과 무원칙을 강하게 비판했으나 건설적인 대안을 제시하는 데는 실패했다는 것이 중론이다. 그러나 기존의 체계 내에서 대안을 찾는 것이 이들의 관심사가 아니었던 만큼 이러한 대안이론을 기대하는 것은 당초에 무리였다. 다만 마크 투쉬넷(Mark Tushnet)만이 예외로 볼 수 있다. 그가 미국헌법사에 자유주의와 공화주의라는 상호 대립되는 두 가지 이념적 전통을 추출해 냄으로써 비판적 분석을 시도한 점은 주목할 가치가 있다. 주류의 자유주의적 헌법요소를 공화주의의 요소와 변증법적으로 결합시킴으로써 헌법이론의 새로운 시도를 보였다는 평가를 받고 있다.[41]

공화주의 전통은 인간은 본질적으로 자신의 욕망을 자치 공동체의 운영에 참여함으로써만 성취할 수 있는 정치적 동물로 파악한다. 따라서 정치공동체의 가장 중요한 목적은 공동선을 증진시킴에 있다. 하버드 대학의 프랭크 미첼만(Frank Michelman), 시카고(Chicago) 대학의 카스 선스틴(Cass Sunstein) 등 비판법학운동으로부터 일정한 거리를 둔 진보적 학자들도 헌법판결은 사안에 직접, 간접으로 연관되는 시민공화주의의 가치를 유념하여 판단해야 한다면서 공화주의 전통의 부활을 주장했다.[42]

법여성학(feminist jurisprudence)의 주창자들 또한 전통적인 헌법이론으로는 진정한 남녀평등과 여성 특유의 문제에 대한 정의로운 해결이 불가능하다면서 비판과 대안을 제시했다.[43] 법여성학도 자유주의를 기저로 하는 기존의 법제를

---

41) Mark V. Tushnet, Red, White and Blue: A Critical Analysis of Constitutional Law, Harvard University Press, 1988.

42) Frank Michelman, "The Supreme Court, 1985 Term-Forward: Traces of Self-Government," 100 Harvard L. Rev.4, 1986; Frank Michelman, "Law's Republic", 97 Yale L. J. 1493, 1988; Cass Sunstein, "Beyond the Republican Revival," 97 Yale L. J. 1539 , 1988; Cass Sunstein, "Interest Groups in American Public Life," 38 Stan. L. Rev. 29, 1985; Wilson Carey McWilliams, "Symposium, Roads Not Taken: Undercurrents of Republican Thinking in Modern Constitutional Theory," 84 NW. U. L. Rev 1, 1989; Symposium, 97 Yale L. J. 1, 1988.

43) 법여성학의 전반적인 면모에 대해서는 Frances E. Olson, Feminist Legal Theory, Vol. 1-2, Darthmouth College Press, 1995. 간략한 요약으로는 Surya Shinha, Jurisprudence: Legal Philosophy, West Publishing Co., 1995, Ch. 13B 참조.

바라보는 시각의 차이에 따라 여러 가지 입장으로 나타난다. 기존의 법체제 내에서 여성의 평등한 지위의 확보에 주력하는 "평등 어프로치"(equality approach), 남녀의 생리적 차이와 사회적 차이를 감안한 "실질적 평등을 추구하는 어프로치"(difference approach) 남성과 여성의 본질적 윤리의 차이에 주목하여 대안을 주장하는 "상이한 목소리 어프로치"(different voice approach),[44] 기존의 법제를 남성의 지배와 여성의 복종으로 파악하여 전면적인 혁파를 주창하는 "급진적 지배 어프로치"(dominance approach)[45] 등 다양하다. 이러한 비판의 결과 포르노규제법의 제정과 낙태규제법의 폐지 운동에 상당한 기여를 했다.

소수인종 법학자들에 의해 주도된 비판인종법학 또한 평등권 논의에 입체성을 가미했다.

하버드 대학의 데릭 벨(Derrick Bell), 콜로라도(Colorado) 대학의 리차드 델가도(Richard Delgado), UCLA의 마리 마츠다(Mari Matsuda) 등이 진정한 인종간의 평등을 쟁취하기 위해 나름대로 독창적인 이론을 제시하기도 했다.

자유주의와 대의민주주의 헌정의 대원칙에 대한 리차드 파커(Richard Parker)[46]와 예일 대학의 아킬 아마르(Akhil Reed Amar)[47] 등의 "민중주권론"의 주장 또한 헌법이론의 논쟁의 폭을 확대했다. 특히 아마르는 건국 초기의 자료들을 새로운 시각으로 분석한 일련의 논문들을 통해 미국헌법의 기본적 성격과 헌법관에 새로운 논쟁의 장을 열었다.

20세기의 종장에 접어들면서 헌법이론은 "거대이론"(grand theory) 내지는 "단일이론"(unitary theory)을 탈피하고자 하는 경향이 현저하다. 헌법전체를 관류하는 헌법해석의 이론이 존재한다는 데 강한 의문을 품고 있다. 연방대법원의 스칼리아 판사도 헌법해석의 기초로 "본래의 의도"에 의존하는 것이 불완전하다는 점을 인정하지만 그럼에도 불구하고 다른 대체수단보다 가장 적법한 수단임을 강조했다.[48] 그런가 하면 하버드 대학의 리차드 펄론(Richard Fallon) 교수는

---

44) Carol Gilligan, In A Different Voice: Psychological Theory and Women's Development, Harvard University Press, 1962.
45) Catherine MacKinnon, Feminism Unmodified – Discourses of Life and Law, Harvard University Press, 1987.
46) R. Parker, Here the People Rule, Harvard University Press, 1994.
47) A. R. Amar, "Consent of the Governed, – Constitutional Amendment Outside Article V," 97 Columbia L. Rev. 457-508, 1994.
48) A. Scalia, "Originalism: The Lesser Evil," 57 U. Cin. L. Rev. 849, 1989.

헌법소송에 있어서 제기될 이론의 태양에 대하여 순위를 매기는 시도를 하기도 했다.[49] 텍사스(Texas) 대학의 필립 보빗(Philip Bobbit) 교수도 다른 정치적 관점에서 유사한 이론을 펼쳤다. 법학자들은 이제 헌법의 모든 세부적 문제를 통합하는 (불완전한) 거대이론의 정립에 골몰할 것이 아니라 보다 생산적이고도 의미 있는 미시적 작업에 주력해야 할 것이라고 주장했다.[50] 그도 펄론과 유사한, 헌법소송에서 제기할 수 있는 주장들과 이들 각각의 주장과 결합할 수 있는 이념적 근거를 제시하는 시도를 보였다.[51] 보수의 원전주의자 리차드 케이(Richard Kay)는 헌법해석의 출발점으로 먼저 표방하는 "규범"(rules)을 천명해야 하다고 주장하고[52] 시카고 소재 제7지구 연방고등법원장 리차드 포스너(Richard Posner) 판사[53]와 미네소타(Minnesota) 대학의 다니엘 파버(Daniel Farber) 교수[54]는 거대이론의 오류와 비현실성을 비판하면서 선판례, 관습, 문언, 사회정책 등 다양한 법원(法源)을 적재적소에 혼용하여 구체적인 사안을 해결하는 법실용주의(legal pragmatism)를 대안으로 제시하기도 한다.

V. 맺 음 말

이상의 예에서 보듯이 미국의 헌법이론은 '사법우위의 다층적 법이론'의 발전으로 표현할 수 있다.[55] 선험적 인식론에 바탕하여 정치, 법제도의 체계적 일관성을 추구하기보다는 시대 상황에 조응하는 구체적인 판결을 통해 기존의 체제 내에서 새로운 요소를 편입시켜온 실용적 접근법이 사법적 수단을 선호했음을 알 수 있다. 미국의 경우 자연법주의건 실증주의건 시대적 상황에 따라 서로 교차적으로 법원의 역할을 정당화 혹은 비판하는 수단이 되었기 때문에 다양한

---

49) R. Fallon, "A Constructive Coherence Theory of Constitutional Interpretation," 100 Harvard L. Rev. 1189, 1987.

50) Philip Bobbit, Constitutional Faith: Theory of Constitution, Oxford University Press, 1982.

51) Philip Bobbit, Constitutional Interpretation, Oxford University Press, 1991.

52) Richard Kay, "Preconstitutional Rules," 42 Ohio State L.J. 187, 1987.

53) Richard Posner, The Problems of Jurisprudence, Harvard University Press, 1990, Ch.5; The Problematics of Moral and Legal Theory, Harvard University Press, 1999, pp. 227-321.

54) D. Farber, "Legal Pragmatism and the Constitution," 72 Minn. L. Rev. 1331, 1988.

55) 자세히는 안경환·김종철, "영국법과 미국법의 비교연구(V) - 법이론(Legal Theoires)(1)," 서울대학교 법학 제40권 제1호, 1999, 211-240면; "영국법과 미국법의 비교연구(V) - 법이론(Legal Theoires)(2)," 서울대학교 법학 제40권 제2호, 1999, 152-179면 참조.

법이론들이 만개할 수 있는 계기가 되었다고 볼 수 있다. 근대입헌국가의 권력 분립의 이상이 사법과 정치의 분리를 필요조건으로 하였다면 양자 간의 관계를 어떻게 설정할 것인지는 각 나라들의 결단 (혹은 특수한 문화적 토양)에 의한 것이고 근대 서구법사상의 순수한 이론적 대립의 필연적 소산은 아닌 것이다. 미국의 헌법이론이 보여주는 다양한 면모는 이와 같은 정치적 선택을 해석하는 모습들이다. 미국의 경우는 판결을 통해 구체적인 법리와 함께 공동체를 관류하는 삶의 체계와 원리를 구현한다는 믿음이 법원과 판결의 비중을 높여주었다. 이러한 전통은 새로운 세기에도 한동안 지속될 것이라고 무리 없이 예견할 수 있다.

"자유주의와 미국헌법"[1990]
"미국헌법 이론사의 개관"[2000]

해 제

김 도 균*

I. 〈자유주의와 미국헌법〉(1990)

자유주의(liberalism)는 대한민국 정치공동체의 핵심적 이상일 수 있을까? 한국 사회의 경우 자유민주주의(liberal democracy)에 대한 옹호자이건 비판자이건 모두 공통되게 자유민주주의를 〈반공주의 + 시장절대주의〉로 이해하는 경향이 있는데, 이러한 사고야말로 우리의 공적 담론과 법적 담론을 빈약하게 만드는 원인들 중의 하나라고 생각한다. 자유민주주의가 자유주의와 민주주의의 특정한 결합방식을 뜻한다면, 자유주의 및 자유에 대하여 그리고 민주주의에 대하여 따로따로 깊은 성찰을 한 후, 자유주의와 민주주의의 결합들 중 특정한 견해의 우월성을 논증해야 할 것이다. 해제대상논문은 바로 그러한 문제의식을 담고 있다.

이 논문이 출간된 시기가 1990년이니 한국사회 구성원들 다수는 자유주의에 대해 강고한 흑백논리적 시각을 가지고 있었을 것이다. 이러한 지적 상황에서 해제대상논문이 자유주의의 다양한 흐름이 미연방대법원의 판결과 미국의 헌법철학에서 어떻게 구현되었는지를 검토한 것은 획기적인 시도가 아니었을까 싶다. 현재의 시점에서 그 시절을 돌아보며 해제대상논문에 담긴 문제의식과 논지를 검토하니 이 논문이 얼마나 큰 의미를 갖는지를 새삼 절감하게 된다.

해제대상논문은 미국 사회의 근본가치에 대한 이해를 둘러싸고 고전적 자유주의(이른바 '보수적 자유주의')와 새로운 정신의 자유주의(이른바 '진보적 자유주의')가 어떤 차이를 낳는지를 적법절차조항, 표현의 자유, 선거구 조정과 평등권, 경제적 복지에 대한 국가의 책임이라는 (헌)법적 사안을 실마리로 해서 간명하게

---

* 서울대학교 법학전문대학원 교수

보여준다. 당시의 독자들은 이 논문을 통해서 자유주의와 민주주의의 다양한 결합방식에 대해 성찰할 수 있지 않았을까. 자유주의와 민주주의의 특정한 결합방식(즉 특정한 자유민주주의관)만이 통용되던 지적 환경에서 이와는 다른, 새로운 결합방식이 가능하다는 시각으로 이동할 수 있게 헌법이론적 통로를 열어주었다는 점에서, 그리고 미국 연방대법원의 판결이라는 구체적인 법적 판단을 소재로 해서 그 가능성을 제시했다는 점에서 해제대상논문의 문제의식과 목표는 여전히 현재적이다. 자연법론을 주요 기둥으로 삼았던 고전적 자유주의와 민주주의를 핵심으로 하는 새로운 정신의 자유주의를 대비한 점도 인상적이다.

　해제대상논문에서 "상징적 언론"(symbolic speech)이란 개념은 '상징적 표현'으로 바꾸어도 좋겠고, "자연법원리에 대한 인식론상 실체적 불만"은 '자연법원리의 내용을 확정할 수 없지 않느냐는 인식론적 불만'으로 풀어서 이해하는 편이 나을 듯하다. 그리고 "민중민주주의적 자유주의 가치관"이란 개념은 지금으로서는 매우 낯설지만 당시 용어법이 반영된 것으로 보면 해제대상논문에 담긴 저자의 고민을 이해하는 열쇠로 볼 수도 있겠다.

Ⅱ. 〈미국헌법 이론사의 개관〉(2000)

　이 해제대상논문은 미국 헌법철학의 흐름을 사법심사제도의 민주적 정당성 문제를 중심으로 고찰하고 있다. 중요한 판결들을 소재로 해서 헌법해석의 방법론과 사법부의 역할에 대한 법철학적, 정치철학적 논쟁을 소개한 이 논문은 미국헌법철학 입문에 해당한다고 평가할 수 있지 않을까 싶다. 최근 한국 사회에서 헌법재판소 재판관과 대법관 인사청문회를 놓고 법적 사안이 아니라 정치적 사안에 대한 후보자들의 개인적 견해를 검증한다는 비판이 제기되고 있는데, 저자의 관점을 응용해보면 후보자들의 헌법철학이나 법철학에 대한 논의가 생산적일 수도 있다는 결론에 도달하게 될 것이다. 헌법의 이해를 둘러싼 자유주의와 공화주의 논쟁, 법여성학의 관점에서 제기된 헌법이론, 보수주의와 급진민주주의("민중주권주의")의 헌법이론 등을 다채롭게 소개했던 이 논문은 현대 미국의 헌법철학의 흐름을 개관하는 데 큰 역할을 하였다고 생각된다.

　해제대상논문의 문제의식과 목표를 수용하여 '한국 헌법이론사'를 개관한다면 어떻게 될까? 우리 법질서를 구성하는 근본적 가치들, 헌법해석과 법해석에 대한 우리 헌법재판소와 대법원의 판례도 축적되었고 학자들과 법실무가들의

논의도 깊이 있게 이루어진 만큼 한국 헌법이론사를 정리하는 작업이 이제라도
수행될 때가 되었다. 저자의 문제의식을 계승하는 후학들의 과제일 것이다.

[색인어] 자유주의(liberalism), 적법절차(due process of law), 사법심사(judicial
        review), 헌법해석(constitutional interpretation), 본래의 의도(original
        intent)

제 2 장

Douglas 판사와 표현의 자유

I. 서　　설

1. 연방대법원과 더글라스(Douglas) 판사

미국연방대법원(이하 "법원")은 아마도 지구상에 현존하는 어느 국가의 사법기관보다도 독립과 권위를 누리는 동시에 사회 전반에 심대한 영향을 미치는 기관일 것이다.[1] 1790년에 창설된 이래 오늘에 이르기까지 대법원을 거쳐 간 102인[2]의 판사 중에 윌리암 더글라스(William Orville Douglas)만큼 미국의 현대법원사에 깊은 영향을 끼친 인물은 없을 것이다. 우선 그는 법원사에 두 가지의 양적인 기록을 남겼다. 36년 7개월이라는 재직기간과 1,285편[3]에 달하는 집필 판결문 수는 전무후무의 대기록이다. 또한 더글라스 판사는 이러한 양적인 기록에 상응하는 질적인 공헌을 법원사에 남겼다. 더글라스가 판사로 재직했던 1939년부터 1975년까지의[4] 시기는 현대 미국의 정치사에 있어서 가장 중요한 시기일

---

1) Alexis de Tocqueville, A. Hacker ed., Democracy in America, 1964, p. 47.
2) 본 논문 작성 당시(1986년) 현직 판사 9인 포함.
3) 더글라스 판사의 판결문은 미연방대법원공식판례집(United States Report) 제306권 부터 제414권에 걸쳐 나타난다. 1285편의 의견 중에 다수의견(opinion of the court 또는 majority opinion)이 515편, 반대의견(dissenting opinion)이 535편, 그리고 다수에 대한 동조의견(concurring opinion) 및 복수의견(plurality opinion; 당해 판결에서는 최다수의 의견이나 5인에 미달하여 선판례로서의 구속력이 없는 의견)이 235편이다. 이 모든 숫자는 법원사상 최다기록이다. 또한 연평균 집필횟수도 42회 이상으로 보통 판사의 평균수치인 30회 내지 35회를 훨씬 상회한다.
4) 이 기간 동안 더글라스 판사는 6명의 대통령, 프랭클린 루즈벨트(Franklin D. Roosevelt, 1933-45), 해리 트루만(Harry Truman, 1945-53), 드와이트 아이젠하워(Dwight Eisenhower, 1953-61), 존 케네디(John F. Kennedy, 1961-63), 린든 존슨(Lyndon B. Johnson, 1963-69), 리차드 닉슨(Richard Nixon, 1969-74), 제럴드 포드(Gerald Ford, 1974-77)와 5인의 원장, 찰스 휴즈(Charles Hughes, 1930-41), 할란 스톤(Harlan Stone, 1941-46), 프레드 빈슨(Fred U. Vinson, 1946-53), 얼 워렌(Earl Warren, 1953-69), 워렌 버거(Warren Burger, 1969-1986)를 맞이했다.

뿐만 아니라 법원사에도 불멸의 사법금자탑이 이루어진 시기였다. 이 기간 동안 법원은 인종차별, 남녀평등, 극빈자의 권리, 형사피고인의 인권, 언론표현의 자유 등과 같은 지난 200여 년간 미국사회가 법적 해결을 유보 내지는 지연시켜왔던 근본적인 가치문제들에 대해 적극적인 판단을 내렸던 것이다.[5] 이러한 사법혁명의 과정에서 더글라스는 동료 판사 그 누구보다도 진보적 사법적극주의철학에 입각한 배분적 정의의 실현을 위해 법조 일생을 바친 인물이었다. 미증유의 다량의 판결문 이외에도 40여 권의 개인저술, 200편의 논문, 광범한 지역의 체험적 여행, 그리고 무수한 횟수의 강연을 통해 미국이 당면한 문제와 장래에 해결해야 할 과제에 대해 한치의 양보나 주저도 없이 자신의 소신을 전개했다.[6] 그는 단순히 판결을 통해서만 자신의 사상과 철학을 말할 뿐 세속의 격랑으로부터는 초연한, 전통적 의미의 고매한 인격의 법관은 아니었다. 그는 그가 살던 시대의 역사의 숨결을 몸소 호흡하면서 법관으로서 다하지 못한 역사적 사명감을 법학자로서, 문학자로서, 또는 시민으로서 수행한 전천후 진보주의자였던 것이다.

본고는 이러한 슈퍼스타, 더글라스의 민권수호적 진보철학이 가장 잘 나타난 법분야의 하나인 표현의 자유(freedom of expression)에 관한 그의 사상을, 그의 판결문과 표결양상을 중심으로 분석함을 목적으로 한다.

2. 수정헌법 제1조와 표현의 자유

연방의회는[7] 특정종교를 우대하거나 자유로운 종교행위를 금지하거나 언론 및 출판의 자유를 제한하거나 또는 평온하게 집회하고 피해의 구제를 위해 정부에 청원할 인민의 권리를 침해하는 어떤 법률도 제정할 수 없다.[8]

---

5) 특히 워렌(Warren) 법원기 동안 사법적극주의의 절정이 이루어졌다. Warren 법원의 진보적 사법적극주의의 업적에 관해서는 무수한 자료가 있는데 대표적인 것으로는 Alexander M. Bickel, politics and the Warren Court, Da Capo Press, 1973; Archibald Cox, The Warren Cort, Harvard Univ. press, 1968; Philip B. Kurland, Politics the Constitution, and the Warren Court, The Univ. of Chicago Press, 1969 등이 있다.

6) 더글라스 판사의 일생과 사상에 관한 수많은 출판물 중에 대표적인 것으로는 자서전 2권(Go East Young Man; The Early Years, Random House, 1974와 The Court Years: 1939-75, Random House, 1980)과 J. Simon, Independent Journey, Harper & Row, 1980, 그리고 E. Hoyt, William O. Douglas: A Biography, Erickson, 1978 등이 있다.

7) 수정 제1조는 문면상으로는 연방정부의 행위에 대해서만 적용되나 판례를 통해 주정부의 행위에 적용된다고 확인되었다.

8) "Congress shall make no law…"

문언으로 본 수정 제1조는 ① 종교의 자유, ② 언론출판의 자유, ③ 집회의 자유 및 ④ 청원권의 4개 영역만을 커버하는 것처럼 보인다. 그러나 수정 제1조는 보다 포괄적인 권리를 내포하는 것으로, 결사의 자유9)가 판례를 통해 도출되었고 언제라도 또 다른 개별적 권리가 산출될 가능성이 있다. 이러한 포괄적인 수정 제1조의 권리를 일컬어 흔히 "표현의 자유"라고 부른다.10)

방대하기 짝이 없는 표현의 자유에 관한 더글라스의 판결문을 분석하는 과정에서 재직기간의 경과에 따라 국가법익우선에서 민권수호에의 사상적 전환을 발견할 수 있고 또한 이러한 전향은 대략 ① 1939-45, ②1945-1956, ③ 1957-1975의 삼분기의 단계적 발전을 통해 이루어진 것이라는 결론을 도출할 수 있다.

각 분기에 따른 더글라스의 표현의 자유관의 특징을 결론적으로 요약하자면 제1분기인 2차대전기의 더글라스는 국가의 안보와 전쟁의 승리라는 모토 아래 행해진 민권에 대한 광범한 제한을 용인한 법원의 다수의견에 대체로 동조했고, 냉전기로 특징지어지는 제2분기는 표현의 자유는 신성불가침이라는 절대적 표현자유론의 배태기라고 할 수 있으며, 제3분기는 더글라스의 절대적 표현자유론의 전성기라고 할 수 있다.

Ⅱ. 전쟁법원과 국가법익 우위적 표현의 자유관(1939-1945)

그의 전임자 브랜다이스(Louis Brandeis)11)의 영향 아래 전쟁기 동안 경제부

---

9) Right of Association, 결사의 자유 문제는 충성검증 문제(loyal security review), 노동조합의 가입 및 활동 문제, 공직에 대한 자격제한 문제 등이 주요 이슈가 된다. 일반적인 고찰로는 Nowak, et al., Constitutional Law 2nd ed., West publishing, 1983, pp. 958-973 참조.

10) 개략적으로 본 표현의 자유의 문제는 언론의 자유, 출판의 자유, 종교의 자유, 결사의 자유, 집회의 자유, 양심 및 사상의 자유, 사생활의 자유 등등이 관련되어 있고 이러한 자유에 대한 제한을 둘러싸고 "명백하고도 현존하는 위험의 법칙"(clear and present danger rule), 사전검열 및 제한(censor and prior restraint), 상업적 언론(commercial speech), 상징적 언론(symbolic speech), 명예훼손 및 사생활침해(libel and invasion of privacy), 외설적 표현(obscenity), 공공장소차용권(access to public forum) 등등의 다양하고도 복잡한 제문제가 발생한다. 일반적 고찰로는 T. Emerson, "The First Amendment," 74 Columbia L. Rev. 352, 1974 참조.

11) 루이스 브랜다이스(Louis Brandeis, l856-1941)는 1916년부터 1939년까지 재직했던 더글라스 판사의 전임자로 더글라스 판사가 가장 존경하던 인물이었다. 경제부문에 있어서는 반기업, 민권부문에 있어서는 민권신장지향적 사상을 가졌었다. 브랜다이스 판사에 대한 더글라스 자신의 평가는 "The Lasting Influence of Mr. Justice Brandeis," 19 Temple Law Quarterly 361,

문의 판결에서 더글라스가 보여준 일관된 철학과 사법관[12]은 표현의 자유에 관
련된 동시대의 판결에서는 찾아볼 수 없다. 전쟁은 필연적으로 국가권력과 민권
의 예각적 충돌을 초래했고, 미숙한 신참판사 더글라스의 시력과 사고를 마비시
켰다. 헌법의 권리장전(Bill of Rights)[13]을 엄격하게 적용해야 한다고 주장한 전쟁
기간 중의 수많은 원외연설에도 불구하고[14] 실제의 판결에서 더글라스 판사는
국가안보를 지상목표로 믿은 다수의 의견에 무비판적으로 동조했다.[15]

전시의 더글라스의 표현의 자유관을 추적하는데 부딪치는 또 하나의 장벽은
판결의 결과에는 찬성하더라도 그 이유가 다를 때는 법원의 의견(opinion of the
court 또는 majority opinion)이라는 독립된 자신의 의견(동조의견)을 집필하는 더글
라스의 특징이 이 시기 동안의 표현의 자유 관련 판결에서는 전혀 찾아볼 수 없
다는 것이다. 포우(Powe) 교수의 관찰에 의하면 대체로 그는 "다수의견에 묵묵
히 동조했으며 예외적으로 표현의 자유에 관한 의견을 집필한 경우에도 다수의
견을 저술했으며, 동조의견이나 반대의견을 저술한 경우는 단 1회뿐이었다."[16]

개인의 표현의 자유에 대한 국가의 제한이라는 이슈에 관한 몇 건 안되는
더글라스 판사의 사법의견을 통해 나타난 그의 기본적 어프로치는 개인의 자유
와 국가의 권한이라는 양극개념을 절충적으로 조화시키는, 그것도 대체로 전시
상황의 특수성을 인정하여 국가의 권한행사에 일응 추정적 효력을 인정하는 방
법이었다.

20세기에 들어와 주정부의 행위에 대한 민권투쟁이 연방헌법상 권리장전
(Bill of Rights)의 주에 대한 적용문제를 둘러싸고 전개되었다.[17] 더글라스가 법원

361-370, 1946에 잘 나타나 있다.

12) L. Epstein, "Economic Predeliction of Justice Douglas," 24 Wisconsin. L. Rev. 531, 531-64,
    1949 참조.

13) 연방헌법 수정 제1조-제10조의 별칭. 때로는 구체적 권리를 포함하지 않는 수정 제9조-제10
    조를 제외한 전(前) 8조만을 지칭하기도 한다.

14) James Duram, William O. Douglas, Twayne publishers, 1981, p. 49. Herman Prichett는
    Douglas의 일관되지 않는 자세에도 불구하고 그의 헌법기록을 검토한 결과 더글라스를 블랙
    (Black), 머피(Murphy) 및 루트리지(Rutledge)와 함께 루즈벨트(Roosevelt) 법원의 민권우호자
    로 분류하고 있다. H. Prichett, The Rossevelt Court, Quardrangle Books, 1948, p. 130 참조.

15) James Duram, William O. Douglas, Twayne publishers, 1981

16) L. Powe, "Evolution to Absolutiom: Justice Douglas and The First Amendment," 74 Columbia L.
    Rev. 371, 373, 1973. 더글라스가 다수의견 이외의 의견을 집필한 유일한 판결은 Bakery Drivers
    Local v. Wohl, 315 U.S. 769, 775 (1942)이다. 여기에서 더글라스는 동조의견을 집필했다.

17) 초기의 판례는 권리장전은 주정부의 행위에는 적용되지 않는다고 했다. Barron v. The mayor

에 임명된 직후에 수정 제1조의 언론의 자유(freedom of speech) 및 종교행위의 자유(free exercise of religion)가 관련된 대량의 사건이 대법원에 상고접수되었다. 노동조합의 단체행동과 "여호와의 증인(Jehovah's witnesses)"들의 종교활동이 이러한 사법쟁송의 대종을 이루었다. 더글라스의 임관 이전에 이미 법원은 Lovell 판결[18] 및 Hague 판결[19]에서 종교적 목적을 위한 팸플릿 배포행위나 노동조합 결성을 목적으로 하는 공개집회를 금지하는 주법을 각각 위헌이라고 선언한 바 있었으나, 더글라스의 임관 후에는 더욱 복잡한 사건, 즉 "관련된 주의 법익 (relevant state interest)"이 중대하고도 설득력 있는 사건들이 대법원에 상륙했다.

1940年의 Thornhill 판결[20]에서 더글라스는 일체의 피케팅 행위를 금지한 주법을 수정 제1조 위반으로 판결한 다수의견에 묵묵히 동조했고[21] 그의 최초의 수정 제1조 판결문인 Wohl 판결의 판결문에서 피케팅은 순수한 언론행위 (speech)가 아니므로 공안과 질서유지를 위해 규제할 수 있다고 그 이유를 공개했다.

조직적인 그룹에 의한 피케팅 행위에는 순수한 언론행위 이외의 요소가 첨가되어 있다.[22] 일정지역을 순회함으로써, 또는 피케팅을 통하여 표시하고자 하는 주장

---

of Baltimore, 32 U.S.(7 Pet) 243 (1833). 그러나 1868년에 비준된 수정 제14조의 특권 및 면책 조항(Privileges and Immunities Clause)과 적법절차조항(Due Process Clause)은 주에도 적용된다는 것을 명시했고 그리하여 권리장전은 상기 2개 조항을 통해 주에도 적용된다는 주장이 가능하게 되었다. 구체적으로 권리장전의 어느 조항이 수정헌법 제14조를 통해 주에 적용되는가에 대해 블랙(Black) 판사의 전면적 적용설(total incorporation theory)과 프랑크퍼터 (Frankfurter) 판사의 선택적 적용설(selective incorporation theory)의 대립이 있었으나 프랑크퍼터 판사가 승리했다. 그리하여 판례는 "미국의 법제도에 본질적이고도 필수불가결한 (fundamental)" 조항만이 주에 적용된다는 원칙을 확립했다. 현금(現今)에 이르기까지 수정 제1조를 포함한 권리장전의 많은 조항들이 주에 적용된다는 판결을 받았고 3가지 조항은 적용되지 않는다는 판결을 받았다. 즉, ① 수정 제2조의 무기소장휴대권(right to bear arms), ② 수정 제5조의 대배심형사소추권(right to grand jury indictment), ③ 수정 제7조의 민사배심재판권 (right to civil jury trial)의 세 조항이 바로 주에 대한 적용이 부정된 조항들이다. 한편 수정 제3조의 군대의 민간가실(家室)차용금지조항과 과도벌금금지조항은 아직까지 대법원의 판결대상이 되지 않았다.

18) Lovell v. Griffin, 304 U.S. 444 (1938).
19) Hague v. CIO, 307 U.S. 496 (1939).
20) Thornhill v. Alabama, 310 U.S 88 (1940).
21) Thornhill v. Alabama, 310 U.S 88 (1940).
22) Teamsters Local 802 v. Wohl, 315 U.S. 776 (1942).

이 무엇이든 관계없이 피케팅의 시위행위 자체가 다른 폭력행위를 유발할 위험이 상존한다. 피케팅의 이러한 요소는 법적 규제의 대상이 됨에 의심이 없다.23)

피케팅을 일절 금지하는 입법은 수정 제1조가 금지하는 "사전제한행위(prior restraint)"임을 더글라스가 생각 못했을 리 없지만은 피케팅 행위가 사회안전에 끼칠 해악적 효과에 비중을 둔 것은 전시의 특수상황 하에서 국가에게 법익교량적 우선권을 인정한 것으로 보인다.

한편 Lovell 판결의 이슈가 재현된 판결24)에서 더글라스는 일체의 팸플릿을 금지하거나 호별방문을 위해서는 당국의 사전허가를 취득하도록 한 법규를 위헌선언한 다수에 찬동했다. 구체적 상황에 부합하는 세부적 요건을 규정한 법규는 수정 제1조의 위반이 아니나 필요 이상의 광범한 제한은 언론의 자유라는 특수한 기본권에 대한 용인할 수 없는 침해로 동조의 위반이라는 법익교량의 입장을 취했던 것이다.25) 또한 정부관리에게 특정 종교그룹이 진정으로 신앙심이 충만한 그룹인가를 심사할 권한을 부여한 법률을 위헌선언한 Cantwell 판결26)에서도 더글라스는 신교(信敎)의 자유의 절대성을 인정하는 듯한 다수의견에 동조했다.

그러나 Cantwell 판결의 불과 2주일 후에 선언된 최초의 "국기배례사건(flag salute cases)"인 Gobitis 판결27)에서 더글라스는 다수와 함께 국기에 대한 배례를 거절한 여호와의 증인의 유죄를 인정했다. 범국민적인 단결이 바로 국가안보의 요체라는 프랑크퍼터 판사의 판결이유에28) 더글라스는 이의를 달지 않았던 것이다.

Gobitis 판결의 이듬해인 1941년의 Cox 판결29)에서도 더글라스는 사전허가 없이 시위에 참가했다는 이유로 기소된 68명의 여호와의 증인에 대한 유죄를 확인하는 다수의견에 참가했다. 행정권에 의한 자의적인 법집행의 위험의 부재와 도로교통의 원활한 소통이라는 중요한 국가법익의 존재라는 두 가지 사실이 판결이유였는데 이 또한 국가법익 우선적 교량의 일례이다.

---

23) Teamsters Local 802 v. Wohl, 315 U.S. 776, 776-777 (1942).

24) Schnerider v. State, 308 U.S. 147 (1939).

25) Duram, 앞의 책, p. 51.

26) Cantwell v. Connecticut, 310 U.S. 296 (1940).

27) Minersville School District v. Gobitis, 310 U.S. 586 (1940).

28) Minersville School District v. Gobitis, 310 U.S. 586, 595 (1940).

29) Cox v. New Hampshire, 312 U.S. 569 (1941).

수정 제1조에 관해 더글라스가 집필한 제2의 판결문(법원의 의견)은 여호와의 증인들의 선교책자 판매행위가 문제된 1943년의 Murdock 판결[30]에서였다. 동판결에서 더글라스는 선교책자의 구입을 권유하는 인쇄물을 배포하는 행위는 수정 제1조의 보호를 받는 표현행위에 속한다고 암시했다. 더글라스는 외관상 상업적 언론행위(commercial speech)[31]처럼 보이더라도 책자판매자의 목적이 선교행위에 있다면 이는 수정 제1조의 보호를 받는다는 소위 목적기준의 테스트 (functional test)를 적용했다.[32]

그런데 이 테스트를 적용함에 있어 더글라스는 표현의 자유와 종교행위의 자유의 개념을 명확하게 구별하지 않은 채 상호혼용하는 듯한 인상을 남겼다.

장구한 역사를 가진 이런 형태의 선교활동은 교회당 내에서 올리는 기도나 제단에서 행하는 說敎나 마찬가지로 수정헌법 제1조의 보호를 받을 가치가 있다. …… 목회자들이 책자를 무상으로 배포하는 대신 "판매"한다는 사실 하나만으로 선교단이 장사꾼으로 바뀌는 것은 아니다.[33]

수정 제1조의 어느 조항을 선교책자 배포행위에 적용할 것인가에 관한 더글라스의 모호한 태도는 이듬해의 Follett 판결[34]을 기하여 확고하게 된다. 동판결에서 더글라스는 선교책자판매행위는 교구목사에 의해서 행해지든 또는 떠돌이 전도사에 의해서 행해지든 무관하게 종교적 행위(free exercise of religion)로 헌법의 보호를 받는다고 선언한 것이다.[35]

Murdock 판결 및 Follett 판결에서 더글라스가 취한 기본권우위적 법익교량의 태도는 이전에 더글라스가 견지한 기본노선을 크게 벗어나는 것은 사실이다. 이 점에 대해 포우 교수는 양 판결이 소수종교에 대한 박해위험이 내포된 것이

---

30) Murdock v. Pennsylvania, 319 U.S. 105 (1943).
31) 동판결 당시에는 순수한 상업적 언론행위는 수정 제1조의 보호범위 밖이었다. Valentine v. Chrestensen, 316 U.S. 52 (1942) 후속판례는 순수한 영리목적의 상업적 언론행위도 일정한 범위 내에서 수정 제1조의 보호를 받는다고 선언했다. 상업적 언론행위에 관한 일반적 고찰로는 Rotunda, The Commercial Speech Doctrine in Supreme Court. 1976 U. Ill. L. Forum 1080; Nowak et al. 앞의 책, pp. 923-943 참조.
32) 319 U.S. 105, 108.
33) 319 U.S. 105, 109.
34) Follett v. Town of McCormick, 321 U.S. 573 (1944).
35) Follett v. Town of McCormick, 321 U.S. 573, 577 (1944).

아닌 단순한 표현의 자유에 관한 것이었다면 입장을 달리했을 것이라고 추측한
다.36) 전 생애를 통해 더글라스는 소수자, 소외된 집단, 경제적·사회적 약자에
대한 강한 연민을 가지고 살았기에 전쟁으로 다소 마비된 민권의식에도 불구하
고 소수집단의 차별을 용납하지 못하는 핵심적 정의감만은 살아 있었다고 풀이
할 수가 있다.37)

　　제2의 국기배례사건인 Barnette 판결38)에서 더글라스는 Murdock 및 Follett
판결의 입장을 확인함과 동시에 판결의 이유를 이러한 관계법령들은 표면상 중
립적이지만 집행과정에서 소수종교의 박해를 목적으로 선택적으로 적용될 위험
을 내포한 가면이다39)라고 적시했다.

　　이상에서 본 여호와의 증인이 관련된 여러 판결에서 나타난 더글라스의 민
권위주적 태도에도 불구하고 1945년 이전의 더글라스는 개인의 권리와 국가의
권한 간의 충돌을 국가법익에 일응 우선적 지위를 부여하는 자세에서 비교절충
하는 입장을 지켰다. 1944년의 Prince 판결40)에서 법원은 매사추세츠주 아동복
리법을 위반하여 아홉 살 소년으로 하여금 선교책자를 판매시킨 여호와의 증인
을 유죄라고 판결했고 더글라스도 이에 찬동했다.41) 이런 경우에는 소수종교에
대한 박해의 위험이 적다고 판단했는지 아니면 아동착취행위의 방지라는 국가의
법익이 상대적으로 크다고 판단했는지 분명하지 않지만 어쨌든 결과는 마찬가지
로 국가권력과 민권의 절충에서 국가가 승리한 전형적인 답안으로 나타났다.

　　이상에서 논의된 주정부 관련 사건 대신에 연방정부의 행위가 위헌 여부의 논
란대상이 된 경우에도 더글라스의 자세는 마찬가지였다. 그는 대체로 독자적인 의
견을 발표함이 없이 다른 판사의 의견에 합세했다. 전쟁법원기에 그가 수정 제1
조↔연방정부의 권한의 이슈에 관해 자신의 의견을 저술한 것은 단 1회뿐이었다.42)

---

36) Powe, 전기논문 주 16, 378면.
37) 소수집단에 대한 참작과 연민의 정을 표시한 Douglas 자신의 말은 자서전 곳곳에 나타나 있다.
　　Go East young Man, 전기서 주 6, 75면. "소년시절에 이미 나는 각종의 소외된 인간집단들을
　　만났고 이들에게서 같은 감명을 받았다." "내 마음은 언제나 가난하고도 의지할 곳 없는 산업
　　노동자, 사회의 약자들 편에 있었다." 같은 책 78면.
38) West Virginia State Board of Education v. Barnette, 319 U.S. 624(1943).
39) Id. at 644.
40) Prince v. Massachusetts, 32 U.S. 158(1944).
41) Id.
42) United States v. Ballard. 322 U.S. 78 (1044)에서 다수의견을 집필한 것이 유일한 예이다. 하기
　　주 52 이하 본문 참조.

그의 표결양상을 관찰해 보면 주정부보다 연방정부에 더욱 호의적인 태도를 보이는 차이가 있을 뿐 국가법익 우선적 절충론이라는 기본적 자세에는 변함이 없다.[43] 연방통신위원회(Federal Communications Commission)에게 방송국의 허가권을 부여하는 것은 수정 제1조의 표현의 자유를 침해하는 행정행위라는 주장을 배척하는데 동조하기도 하고[44] 정부의 전쟁수행권을 표현의 자유를 근거로 제한하는 판결들에 반대하기도 했다.[45] 후자의 반대의견들은 강력하고도 효과적인 전시 정부라는 더글라스의 우선가치관을 단적으로 표현하는 것으로 주시할 필요가 있다.

첫 번째의 반대표결은 Viereck 판결[46]에서 던져졌다. 동판결은 외국대리인 등록법(Foreign Agents Registration Act)은 대리인이 외국의 본인(의뢰인)을 위한 정치적 선전행위를 함에 있어서는 그 내용을 공표해야 하나 대리인 자신을 위한 정치적 선전행위는 공표할 것을 요구하지 아니한다고 해석했다.[47] 더글라스는 블랙(Hugo Black) 판사와 함께 동법의 입법의도는 정치적 선전에 관한 어떠한 비밀도 불허하며 미국민으로 하여금 외국대리인이 이념중립적인 활동을 하는 것이 아니라는 것을 경고해 주는 데 있다면서 반대했던 것이다.[48]

전시의 국익보호라는 더글라스의 우선가치는 Hartzel 판결[49]의 반대표결에서도 나타난다. 피고인(Hartzel)은 미국의 참전 이전부터 계속적으로 게르만 민족의 우수성보다 독일의 승전을 희구하는 팸플릿을 군의 간부 및 입영대상자들에게 발송한 혐의로 하급심에서 간첩미수죄의 유죄판결을 받고 대법원에 상고했다. 다수의견은 간첩미수죄의 주관적 요건[50]이 흠결되었다면서 원심을 파기했다. 더글라스는 피고인의 행위는 국군의 작전을 방해하려는 기도이므로 간첩법(Espionage Act)에 의해 처벌할 수 있다고 하는 리드(Stanley Reed) 판사의 반대의

---

43) Warren 전기서 주 14, 52면.
44) N.B.C. v. United States, 319 U.S. 190 (1943).
45) Viereck v. United States, 318 U.S. 236 (1943).
46) Viereck v. United States, 318 U.S. 236 (1943).
47) Viereck v. United States, 318 U.S. 236, 241-244 (1943).
48) Viereck v. United States, 318 U.S. 236, 250 (1943).
49) Hartzel v. United States, 322 U.S. 680 (1944).
50) 미국법에서의 미수죄의 주관적 구성요건인 범죄의사(criminal intent, mens rea)는 해당 특정범죄의 결과를 야기시키려는 구체적 의사(specific intent)를 요구한다. R. Perkins & R. Boyce, Criminal Law, 3rd ed., The Foundation press, 1982, p. 611.

견에 합류했다.51) Viereck 및 Hartzel 판결에서 보여주듯이 주권(州權)↔표현의
자유의 경우와 마찬가지로 연방권↔표현의 자유의 경우에도 더글라스는 정부의
원활한 전쟁수행을 저해하는 행위를 용납하지 않는 입장을 분명히 했다.

    Ballard 판결52)이 연방권↔표현의 자유에 관한 더글라스의 유일한 저술이다.
하급심에서 피고인은 소위 "내가 하나님(I AM)"이라는 사이비종교집단의 교주였
는데 자신의 전지전능을 주장하는 전달책자를 우편판매했다는 이유로 "우편사
기(mail fraud)"의 유죄판결을 받았다. 더글라스의 판결문은 배심원은 피고인의
종교적 신앙의 진위(falsity) 여부는 심판할 수가 없고, 다만 신앙의 진지(sincerity)
여부는 심사할 수 있다면서 유죄판결을 번복했다.53)

    여기에서도 더글라스는 잭슨(Robert Jackson) 판사의 주장처럼54) 수정 제1조는
개인의 신앙에 관한 한 일체의 심사를 금지한다고 하지 않고 진위여부 대신 진지
도를 심사할 수 있다고 함으로써 국가의 간섭권 자체는 확보하는 입장을 취했다.

    이상에서 관찰한 바와 같이 전쟁법원의 전 기간을 통해 더글라스를 지배하
고 있었던 것은 승전을 위한 효과적인 정부를 유지하는 것이라는 범국민적 사명
감이었다. 민권의 기수로서의 그의 이미지에 상응하는 판결은 소수종교 박해55)
의 경우를 제외하고는 찾아볼 수가 없다. 이러한 태도는 종전과 동시에 민권수
호의 방향으로 급선회하기 시작했다.

Ⅲ. 절대적 표현자유론의 태동기(1945-1956)

    전후 대법원의 더글라스는 빠른 속도로 민권의 수호자로 변신하기 시작했
다. 경제문제에 관한 전쟁 중의 더글라스의 판결에 나타난 브렌다이스의 영향은
전후의 민권판결에서도 재현된다. 또한 풍부한 더글라스의 전후 민권판결들은
판사로서의 연륜이 깊어감에 따라 성숙해지는 그의 철학을 증언해 줌과 동시에
민권제한주의에서 민권지상주의에로 철학적 변신을 한 이유도 설명해 준다.56)

---

51) 322 U.S. 680, 690.
52) United States v. Ballard, 322 U.S. 78 (1944).
53) United States v. Ballard, 322 U.S. 78, 87 (1944).
54) United States v. Ballard, 322 U.S. 78, 92 (1944).
55) Murdock v. Pennsylvania, 319 U.S. 105 (1943).
56) 수많은 더글라스의 판결문을 어떻게 편집하느냐는 몹시도 힘든 일이다. 더글라스 판결편집서

전후의 더글라스는 블랙 판사와 함께 수정 제1조에 포함된 자유는 헌법 중에서도 "우월적 지위(preferred position)"를 누린다라는 표현의 자유의 가중적 가치를 주장하기 시작했다. 종전 이후의 더글라스 판결문은 은퇴시까지 당해 소송의 절차나 당사자뿐만 아니라 보다 많은 소외(訴外) 민중을 염두에 두고 쓴 것으로 언제나 자신의 철학적 근거를 분명히 표시하고 있다.[57]

냉전 초기의 더글라스의 사법의견은 공산주의에 대한 과잉반동으로 인하여 기본권에 대한 부당한 침해가 행해지지 않을까라는 우려로 가득 차 있다. 많은 주석가들이 지적하듯이 전시의 국가에 대한 적대적 행위가 전후에 제소된 경우에도 더글라스는 계속적으로 유죄를 인정하는 기본자세를 바꾸지 않았다.[58]

이와는 대조적으로 개인의 신조나 표현의 자유를 제한하는 입법에 대해서는 지극히 엄격한 기준을 적용하기 시작했다.[59] 이런 류의 사건에서는 수정 제1조는 "우월적 지위"를 보유한다는 그의 신념이 판결에 크게 영향을 미쳤으며 또한 소위 "명백하고 현존하는 위험(clear and present danger)"의 개념을 몹시도 축소해석하려는 그의 입장, 그리고 적법절차(due process)의 준수에 대한 그의 신념이 냉전시대의 각종 충성-안보 프로그램(loyalty-security program)을 통한 인권침해를 간과하지 못하게 만들었다.[60]

전후 재탄생한 더글라스의 첫 작품은 Esquire 판결[61]이다. 동사건은 잡지 에스콰이어에 실린 내용과 사진이 비도덕적이라는 이유로 제2종 우편물의 허가를 거절한 우편국장의 행위에 도전한 사건이었다. 국가의 언론내용심사권을 부정한 더글라스의 판결문은 헌법에 근거한 것이 아니라 관계법률의 해석에 근거한 것이지만 우편제도를 이용할 권리는 의사의 표현에 직결되는 수단이므로 정당한 근거 없이는 제한할 수 없다고 선언하여 후일 같은 취지의 헌법판결의[62] 계기를 제공해 주었다. 표현의 자유에는 내용의 자유가 포함된다는 더글라스의 주장을

중에 가장 대표적인 것은 그의 연구원(Clerk)이 저술한 Vern Countryman, Douglas of Supreme Court: A Selection of His Opinions, 1977이 있다.

57) Duram, 앞의 책, pp. 100-101.

58) Countryman ed., 앞의 책, p. 198; Haupt v. United States, 330 U.S. 631 (1947); Kawakita v. United States, 343 U.S. 717 (1952).

59) L. Epstein, "Justice Douglas and Civil Liberties," 26 Wisconsin L. Rev. 156, 156-57, 1951.

60) Duram, 앞의 책, p. 109.

61) Hannegan v. Esquire, 327 U.S. 146 (1946).

62) Powe, 앞의 논문, p. 385.

인용해 보자.

우리의 제도는 광범하고도 다양한 사상과 신조의 공존 하에 건설되어 있다. 어떤 글이 훌륭한 문학작품이며, 어떤 책이 교육적 가치가 있으며, 또 어떤 예술작품이 걸작인지는 시대에 따라 그리고 개인의 가치관에 따라 다르다. 세르반테스의 돈키호테, 셰익스피어의 비너스와 아도니스, 또는 졸라의 나나에 대해서도 구구한 평가가 있을 수 있다. 그러나 문학이나 예술이 정부의 관리가 설정한 기준에 합치해야 한다는 이론은 우리의 제도하에서는 설 땅이 없다. 그에게는 휴지조각에 불과할지 모르나 타인에게는 불멸의 명작일 수가 있다.63)

이듬해인 1947년에 더글라스는 다시 다수를 대표하여 출판행위에 적용할 "명백하고 현존하는 위험"의 원칙을 재정립하였다. Craig 판결64)에서 피고인인 언론인은 재판에 영향을 줄 목적으로 지방신문에 자극적인 기사를 게재한 혐의로 법정모욕죄로 기소되었다. 주법원의 유죄판결을 번복하면서 더글라스는 기록을 검토한 결과 판사의 직무집행을 방해할 만큼 "급박하고도 중대한 위협(imminent and serious threat)"이 존재하지 않았다고 판단했다.

사용된 언어가 격렬하다는 사실만으로 법정모욕죄가 성립될 수 없다. 격렬한 언어의 사용으로 급박하고도 중대한, 사법에 대한 위험의 불씨가 점화되어야 한다. 그 위험이 요원하거나 단지 논리적으로 가능한 것이 아닌, 직접적이고도 목전에 닥친 것이어야 한다.65)

그리하여 새로이 선언된 테스트는 출판언론의 자유를 최대한으로 보장하는 방향으로 정립되었다. 또한 더글라스는 법정모욕죄나 지나치게 여론에 민감한 판사를 기준으로 결정하는 것이 아니라 온갖 위협 속에서도 의연하게 자신의 직무를 수행해 나가는 판사66)를 기준으로 판단해야 한다고 부연했다.

표현의 자유에 관련된 더글라스의 판결 중 가장 중요한 것의 하나는 1949년

63) 327 U.S. 146, 157-58.
64) Craig v. Harvey, 331 U.S. 367 (1947).
65) Craig v. Harvey, 331 U.S. 367, 376 (1947).
66) Craig v. Harvey, 331 U.S. 367, 376 (1947).

의 Terminiello 판결[67]이다. 폭동상황에 있어서의 "명백하고 현존하는 위험"의 원칙을 다룬 동판결은 수정헌법 제1조의 사법적 확장을 예고하는 중대한 의미의 판결이었다. 피고인 터미넬로(Terminiello)는 800여 명의 지지청중을 상대로 강당에서 연설했는데, 이때 1,000명 이상의 반대군중이 강당 밖에서 입장객의 옷을 찢고 창을 벽돌로 깨는 등 폭력의 시위를 하고 있었다. 이러한 초긴장의 대치상태에도 불구하고 터미넬로는 강당 밖의 군중들을 일러 '사악한 벌레', '독사', '빈대'라고 매도하여 폭도들을 자극했다는 이유로 주법상의 질서교란죄로 유죄판결을 받았다.[68] 대법원은 이러한 상황 하에서의 터미넬로의 연설이 헌법에 보장된 언론행위냐 여부를 판단해야 했다.

어려움에 직면한 더글라스를 비롯한 5인의 다수는 적대적인 청중을 자극하는 언론이 수정 제1조의 범위 내에 있는가를 직접 판단하는 대신 사실심 판사의 배심설시(jury instruction)가 헌법에 보장된 언론행위를 지나치게 좁게 한정했다는 다소 기술적인 이유로 유죄판결을 번복했다.[69] 그럼에도 불구하고 더글라스의 판결문은 수정 제1조의 확대적용을 예고해주는 광범한 용어로 가득 차 있었다.

우리의 제도 아래서 언론의 기능은 논쟁을 장려하는데 있지, 이를 억제하는데 있는 것은 결코 아니다. 언론행위에 의해 분쟁이 생기고, 현실에 대한 불만이 토로되고, 민중이 분노할 바로 그때에 비로소 언론의 고유한 기능이 제대로 발휘된다고 해도 과언이 아니다. 때때로 언론은 도발적이고도 자극적이다. 편견과 예단에 차 있는 청중에게 다른 아이디어를 전달하는 과정에서 상당한 부작용이 발생할 수도 있다. 바로 이러한 이유 때문에 언론의 자유는 절대적인 것이 아니다. 그러나 단순한 공중의 불편, 성가심 또는 불안을 훨씬 상회하는 중대한 해악을 초래할 명백하고 현존하는 위험이 발생하지 않는 한 언론행위는 사전제한이나 사후처벌로부터 해방되어야 한다.[70]

Terminiello 판결이 내려진지 불과 2개월 후에 동판결의 다수 5인 중 2인이 사망했고[71] 이어서 새로 구성된 법원의 다수는 언론의 자유에 대해 덜 우호적인

---

67) Terminiello v. Chicago, 337 U.S. 1 (1949).

68) 400 Ill. 23, 79 N.E. 2d. 39 (1948).

69) 337 U.S. 1, 6.

70) 337 U.S. 1, 4.

71) 프랭크 머피(Frank Murphy) 및 와일리 루트리지(Wiley Rutledge)가 사망하고 톰 클락(Tom

태도를 보이기 시작했다. 더글라스는 이제 반대의견을 집필하는 소수자가 되어 명백하고 현존하는 위험의 원칙을 엄격하게 해석하는 자신의 자세를 고수했다. 1951년의 Feiner 판결[72]에서 새로운 다수는 Terminiello 판결에서 유보되었던 적대적 청중 앞에서의 도발적 언행이 합헌인가라는 문제를 판단했다.

다수의 판사는 이러한 사실적 배경 하의 도발적 연설은 폭력행위를 유발할 명백하고 현존하는 위험이 있으므로 연설자의 질서유지방해죄가 성립된다고 판결했다.[73] 더글라스는 사실관계를 다른 시각에서 관찰하여 경찰은 연사를 현장에서 격리시키기에 앞서 현장에서 보호하려는 노력을 했어야 했다고 주장했다.

> 만약 경찰이 연설훼방꾼의 입장을 우선적으로 고려한다면 이는 바로 언론의 검열관이 되는 것이다. 경찰의 검열은 본 법원이 무수히 빈번하게 무효라고 선언한 바 있는 시당국에 의한 사전검열이나 마찬가지의 악이다.[74]

Feiner 판결의 논쟁은 공산당의 정부전복음모 관련사건인 Dennis 판결[75]이 던진 파문에 가려 뒷전으로 가라앉았다. 빈슨 원장이 집필한 복수의견(plurality opinion)은 "명백하고 현존하는 위험의 원칙" 대신에 러니드 핸드(Learned Hand) 판사가 고안해 낸 새로운 "발생가능성 테스트"(not improbable test)를 채택하여 데니스의 유죄를 확인했다.[76] 더글라스의 반대의견은 동원칙을 고수하면서 동원칙의 적용 역사상 가장 진지하고도 논리적인 분석을 통해 지극히도 복잡한 유형의 사실관계에 맞추었다. 그가 내린 결론은 공산주의의 위협이 실제로 발생한

Clark) 및 셔먼 민튼(Sherman Minton)이 각각 승계했다.

72) Feiner v. New York, 340 U.S. 315 (1951).

73) Feiner v. New York, 340 U.S. 315, 320-321 (1951).

74) Feiner v. New York, 340 U.S. 315, 331 (1951).

75) Dennis v. United States, 341 U.S. 494 (1951).

76) 러니드 핸드(Learned Hand) 판사는 Dennis 판결의 항소심판결문 저자였다. 그 또한 단순히 "명백하고 현존하는 위험"의 원칙을 해석적용하려고 했으나 동원칙에 대한 그의 해석은 결국 대법원이 동원칙을 변경시키는 결과를 초래했다. 핸드 판사에 의하면 "구체적인 경우에 법원은 '해악의 위험도'(graviaty of evil)에서 '결과발생불확실성'(improbability)을 공제한 후에 문제된 언론자유의 제한이 해악의 발생을 방지하기 위하여 필요한가 여부를 심사해야 한다"고 한다. Dennis v. United States, 183 F 2d. 201 202 (2d cir. 1950). 대법원은 표면적으로 볼 때 선판례보다도 훨씬 더 언론자유에 대한 강한 제한을 인정하는 듯한 핸드 판사의 테스트를 채택했다. 341 U.S. 494, 510.

경우에는 정부는 언론행위를 규제할 수 있으나, 명백하고 현존하는 위험이 없는 단순한 예비음모행위는 벌할 수 없다는 일종의 절충론이었다.

> 수정 제1조는 파업의 방법을 교시하거나, 대통령의 암살을 기도하거나, 공문서를 절취하거나, 시가전의 전술을 가르치거나 하는 등등의 행위를 하는 공산주의자를 보호하지 않는다. …언론의 자유는 절대적인 것이 아니다. 테러행위 또는 기타의 반국가적 행위를 선동하는 것은 외설적 행위나 비도덕적인 행위나 마찬가지로 자유의 범위를 일탈하는 것이다.77)

그러나 피고인 데니스는 이러한 직접적인 위해행위에 가담한 것이 아니라고 더글라스는 판단했다. 즉, 소송기록의 검토를 통해 본 피고인의 행위도 실제로 정부전복을 모의한 것이 아니라 정부전복을 선동 교육하는 단체의 조직을 모의한 것에 불과하기에 목표의 해악이 현실적으로 발생가능하다는 명백하고도 객관적인 증거가 없고, 따라서 이런 정도의 행위는 수정 제1조의 범위 내라고 주장했다.78)

이듬해의 Beauharnais 판결79)에서도 Dennis 판결에서와 마찬가지로 "명백하고 현존하는 위험의 원칙"을 사수하려고 했으나80) 이미 대세는 기울어졌고 그리하여 더글라스는 동원칙을 버리고 대신 표현의 자유를 최대한으로 보장해 줄 새로운 법원칙을 찾아야 했다. 1953년의 Poulos 판결81)에서 더글라스가 집필한 반대의견에 이러한 태도가 명확하게 나타난다.

동판결에서 법원은 사전허가 없이 공원에서 종교집회를 한 피고인의 유죄를 확인했다. 상고심에 앞서 주법원은 문제의 시 조례는 허가권자의 재량을 극히 제한한 것이기는 하나 피고의 집회신청을 거부한 것은 재량의 남용이라고 판단한 바 있었다. 그럼에도 불구하고 주법원은 피고가 법원에 대해 시의 재량권남

---

77) 341 U.S. 494, 581. 외설적 행위는 "너무나도 분명하게"(beyond the pale) 수정 제1조의 범위 밖이라는 더글라스의 태도는 후일의 절대적 표현자유론과 몹시도 대조된다. 더글라스 자신은 후일 입장을 바꾸면서도 Dennis 판결에서의 자신의 의견에 대해서는 일체 언급이 없었다. Ginsberg v. New York, 390 U.S. 629, 653-54 n.4. (Douglas, J., dissenting).
78) 341 U.S. 494, 590.
79) Beauharnais v. Illinois, 343 U.S. 250 (1952).
80) Beauharnais v. Illinois, 343 U.S. 250, 268-275 (1952).
81) Poulos v. New Hampshire, 345 U.S. 395 (1953).

용에 대한 구제를 신청하지 않은 채 집회를 강행한 것을 불법이라고 판결했고
대법원도 이를 확인했다.[82] 더글라스는 강한 어조로 반대했다.

  수정 제1조가 의미하는 것은 동조에 의해 보호된 민권을 제한하는 "어떤 법"(no
  law)도 제정하지 못한다는 것이다. 그러기에 표현의 자유를 규제, 통제 또는 제한
  할 수 있는 권한을 국가는 일절 보유하지 않는다.[83]

더글라스에 의하면 언론자유에 대한 '합리적인' 규제조차도 수정 제1조의 위
반이라는 것이다.[84] 그는 국가의 언론규제권은 이미 한 단체가 집회를 할 것을
통보했는데도 불구하고 동시동소(同時同所)에서 다른 단체가 집회하고자 할 때
이를 금지하는 정도밖에 미치지 않는다고 했다.

Poulos 판결에서의 더글라스의 반대의견은 그의 변신을 공개선언한 것이다.
비슷한 내용은 시 조례를 전쟁 중의 Cox 판결[85]에서 합헌이라고 인정한 바 있
었던 더글라스는 동판결에서는 단지 집회허가의 취득이라는 단일 이슈가 관련
되었던 것으로 사실적 다르다고 양 사건을 구별함으로서 자신의 전향을 설명하
려 했다.[86] 그러나 Cox 판결문은 공공도로 이외의 공개장소의 이용에 관한 문제
에서도 언급했었기에 공원에서의 집회제한문제에 대해서도 선판례로서 적용될
여지가 충분했던 것이다. 그러나 더글라스는 Poulos 판결에서 공공장소(public
forum)에서의 집회에 대한 어떤 제한도 부정하는 새로운 입장을 선택한 것이다.
뿐만 아니라 반대의견은 더글라스의 또 하나의 변신을 알려주는 의미심장한 것
이었다.

즉, 동사건은 종교적 집회에 관한 것이었지마는 더글라스는 헌법의 종교행
위의 자유조항은 일언반구 언급도 하지 않고 오로지 언론의 자유 문제로만 취급
했다. 9년 전 Follett 판결에서 보여주었던 종교자유조항 선호의 인상을 완전히
불식시킨 것이다.[87]

---

82) Poulos v. New Hampshire, 345 U.S. 395, 402 (1953).
83) Poulos v. New Hampshire, 345 U.S. 395, 423 (1953).
84) Poulos v. New Hampshire, 345 U.S. 395, 425 (1953).
85) Cox v. New Hampshire, 312 U.S. 569 (1941).
86) 345 U.S. 395, 425 n. 1.
87) 319 U.S. 105 (1943).

1952년 이후에 법원에는 새로운 유형의 수정 제1조 문제가 대량 상륙했다. 영화나 문학작품의 외설성 문제가 바로 그것이다. 더글라스는 이 분야에서도 수정 제1조의 최대한 확대적용을 주장했다. Burstyn 판결[88])에서 더글라스는 영화의 사전검열(censor)을 허용한 법규는 "성물모독적"(sacrilegious)이라면서 위헌선언에 동조했다. 그러나 Burstyn 판결은 사전검열의 유효성에 관한 어떤 구체적인 기준도 제시하지 않았기에 과연 어떤 형태의 규제가 용납될 것인가 예측할 수가 없었다. 법원은 "주가 외설적인 영화의 상영을 금지하기 위해 명확한 심사기준 아래 사전검열할 법규를 제정할 수 있느냐의 문제를 판단하지 아니한다"라고 강조했던 것이다.[89])

더글라스는 이러한 유보를 부정하는 의견을 곧 발표했다. 2년 후의 Superior Films 판결[90])의 동조의견에서 더글라스는 수정 제1조는 어떠한 경우에도 사전검열을 인정하지 않는다는 것을 분명히 했다.

수정 제1조가 표현의 자유를 제한하는 "어떤 법률도(no law)" 제정할 수 없다고 한 것은 액면 그대로 일체의 법률을 금지한다는 뜻이지 경우에 따라서는 일정한 법률을(some law) 제정할 수도 있다는 뜻은 결코 아니다.[91])

즉, 수정 제1조는 절대적 표현의 자유를 보장한다는 주장을 공표한 것이다.

냉전시기의 "공산당 마녀사냥"(communist witch hunt)의 일환으로 실시한 이른바 충성–안보 프로그램(loyalty-security program) 관련 사건에 대한 더글라스의 태도는 특히 주목할 필요가 있다. 조셉 매카시(Joseph McCarthy), 리차드 닉슨(Richard Nixon) 그리고 윌리엄 제니어(William Jennier)와 같은 광적 우익분자들이 주동이 되어 실시한 안보충성선서제도와 빈번하게 자행되고 있던 의회의 반미 불순분자 조사활동은 더글라스가 그처럼 신봉하고 있던 양심과 사상의 자유에 대한 중대한 위험이 아닐 수 없었다. 1940년의 Smith법, 1947년의 Taft-Hartley법의 반공조항, 1950년의 McCarran법 등의 연방법에 의한 체포와 각주의 신구

---

88) Burstyn v. Wilson, 343 U.S. 459 (1952).
89) Burstyn v. Wilson, 343 U.S. 459, 506 (1952). 그는 이러한 내용의 주법의 유효를 암시하는 각주를 달았다. n. 20.
90) Superior Films, Inc., v. Department of Education, 346 U.S. 587 (1954).
91) Superior Films, Inc., v. Department of Education, 346 U.S. 587, 589 (1954).

(新舊) 반란법에 의한 기소가 홍수를 이루었다.[92]

이러한 법률들이 토론의 자유와 양심의 자유라는 민주주의의 근본적 가치관에 주는 위협은 말할 수 없이 심각한 것이었다. 더글라스는 일련의 안보 관련 판결에서 빈슨 법원의 다수가 취한 결과지향적인 논리에 심한 반발을 표시했다. 그는 "명백하고 현존하는 위험"이라는 법익교량의 원칙을 계속하여 고수하고자 했으나, 동원칙이 정부의 재량을 지나치게 광범위하게 인정하는 방향으로 사용되고 있음에 심한 불만을 가지고 있었다.

연방 충성안보프로그램의 해악적 요소를 가장 신랄하게 질타한 더글라스의 의견은 Nugent 판결[93]에서의 반대의견이다.

대질할 수도 없는 익명의 제보자의 신빙성 없는 제보로 수사하고 기소하는 풍조는 우리 사회에서 하루빨리 근절되어야 한다. 이러한 얼굴없는 사람들이 귀속으로 옮겨다니는 낭설을 "증언"이라고 하면서도 이에 대한 반대신문조차도 불허하는 푸닥거리는 결코 "청문회"(hearing)일 수가 없다. 인간의 생명이 걸려있건 평판 또는 개인의 지위나 권리, 그 어느 법익이 걸려있건 이러한 푸닥거리를 하루바삐 우리 사회에서 몰아내어야 한다.[94]

허먼 프리쳇(Herman Prichett)의 표현을 빌리면 "저작과 냉소"(biting and scornful)로 특징지어지는[95] 더글라스의 통렬한 반대의 질책은 2년 전의 Tenney 판결[96]에서도 이미 잘 나타난 바 있었다. 반정부행위를 조사하는 캘리포니아주 입법부의 위원회의 책임문제에 관한 동판결의 반대의견을 집필한 더글라스는 중요한 헌법문제가 제기되었음에도 사법자제를 이유로 법적 판단을 회피한 다수의견에 맹공을 퍼부었다. 소위 입법부의 면책특권이라는 것은 공산당 마녀사냥에는 적용되어서는 안되며, 따라서 위원회의 권한남용을 방지하기 위해 당연히 사법심사의 대상이 되어야 한다는 것이 더글라스의 주장이었다.[97]

---

92) Duram, 앞의 책, p. 108.
93) United States v. Nugent, 346 U.S. 1 (1953).
94) United States v. Nugent, 346 U.S. 1, 13 (1953).
95) Herman Prichett, Civil Liberties and the Vinson Court, Chicago Univesity Press, 1954, p. 247.
96) Tenney v. Brandhove, 341, U.S. 367 (951).
97) Tenney v. Brandhove, 341, U.S. 367, 369 (951). (Douglas J., dissenting).

또한 대학의 자유와 안보라는 이슈가 걸린 Adler 판결[98]에서도 더글라스는 명백하고 현존하는 위험의 요건을 엄격하게 해석했다. 동판결에서 법원은 과거에 반국가단체의 멤버였다는 혐의가 있을 때 주립대 교수에의 임용을 거부할 수 있는 권한을 대학평의회(Board of Regents)에 부여한 뉴욕주법은 합헌이라고 인정했던 것이다.[99] 대학의 자유가 침해당할 위기를 인식한 더글라스는 특히 동법의 조항 중 과거의 성분이 현재의 성분을 규정하는 종국적 증거가 된다는 규정에 몹시 분노했다. 더글라스는 대학에 마르크스 주의의 공개선전장이 될 필요가 없다는 데는 동의했으나 과거=현재라는 초등산술적 논리에는 도저히 동조할 수가 없었다.[100] "교수의 유죄는 사고 때문이 아니라 공개적 행위에 의해서만 성립한다"[101]라는 그의 결론은 너무나도 적절하게 더글라스의 사상의 자유관을 상징해 준다.

　이러한 신조는 사상범 재판에 있어서의 절차적 공정성을 누구보다도 강조한 판사가 되게 하였다. 더글라스가 발부한 로젠버그 부부(Rosenbergs)의 사형집행 중지명령은 당시는 물론 오늘도 흔히 논의되는 더글라스의 상징과도 같은 사건이었다.[102] 피고인 부부는 원자탄에 관한 군사기밀을 소련에 누출한 혐의로 1917년의 간첩법에 의해 사형판결을 받았다. 대법원은 2회에 걸쳐 상고심사를 거절했고 사형집행정지를 위한 인신보호영장(writ of habeas corpus)의 발부도 거절한 바 있었다. 대법원이 휴정기에 들어가고 사형집행예정일을 이틀 앞둔 1953년 6월 17일, 더글라스 판사는 피고인의 변호사가 새로운 중대한 헌법문제를 제기했다는 이유로 동문제의 사법판단이 있을 때까지 사형집행을 중지할 것을 명령했다.[103]

　변호인이 제기한 새로운 헌법문제는 다음과 같다. 1946년의 원자력법(The Atomic Energy Act)은 원자력에 관한 정보를 타국에 유출하는 것을 범죄로 규정하고 있지만, 피고인이 기소된 1913년의 간첩법과는 달리 배심원의 사형권고가 있

---

98) Adler v. Board of Education, 342 U.S. 511 (1952).

99) Adler v. Board of Education, 342 U.S. 511, 516 (1952).

100) Adler v. Board of Education, 342 U.S. 511, 517 (1952). (Douglas J., dissenting).

101) Adler v. Board of Education, 342 U.S. 511, 517 (1952).

102) 346 U.S. 273 (1953) 로젠버그(Rosenberg) 판결의 배경과 결과 그리고 더글라스(Douglas)의 역할에 대해서는 M. Parrish, "Cold War Justice: The Supreme Court and the Rosenbergs," 82 American Historical Review 805, 805-842, 1977 참조.

103) 연방대법원의 휴정기 동안에는 어느 판사도 직권으로 사형집행의 중지를 명할 수 있다.

고, 또 미국의 국익을 해칠 의도로 범죄가 행해진 경우에만 사형을 선고할 수가 있었다. 로젠버그에 대한 사실심에서 배심원의 사형권고도 없었으며, 또한 피고인의 범죄의견에 대한 검사의 제소도, 배심원의 평결도 없었다. 이런 경우에는 원자력법의 시행 후에 행해진 피고인들의 행위에 대해서 보다 유리한 신법이 적용되어야만 수정 제14조의 적법절차가 준수된다는 요지였다.[104]

더글라스는 이러한 주장을 받아들여 사형집행의 중지명령을 내렸던 것이다.[105] 불타는 여론의 압력 속에 황급히 이틀 만에 소집된 대법원판사 전원회의는 원자력법은 간첩법을 폐기시키지도 수정하지도 않았다는 결정으로 더글라스의 명령을 취소시켰다.[106] 더글라스의 반대는 한치의 양보도 없었다.

혹자는 피고인의 범죄의 "일부"가 구법 하에서 범해졌으므로 구법의 형이 적용되어야 한다고 주장한다. 그러나 동일한 행위를 규율하는 법규가 동시에 2개 존재하고 그중 하나는 사형에, 다른 하나는 징역에 처할 것을 규정했다면 법원은 둘 중 가벼운 형을 선고해야 한다는 것이 선판례임은 자명한 일이다.[107]

피고인이 최초의 상고시에 이 문제를 제기하지 않았기에 실기의 불이익을 감수해야 한다는 의견에 대해서도 더글라스는 '불법의 선고에는 시효가 없다. 누구도 변호인의 실수때문에 불법으로 죽을 수는 없는 것이다'[108]라고 반박했다.

로젠버그 부부는 헌법의 적법절차권을 부당하게 박탈당한 피해자라고 믿는 더글라스는 분명한 어조로 자신의 확신을 밝혔다.

이 문제를 토의하기 전에는 나는 다만 문제가 중대하고도 심각하다고 어렴풋이 짐작했을 뿐이었으나, 토의결과 나는 내가 옳다는 것을 확신하게 되었다. 그러기에 양심에 따른 나의 의무는 반대하는 것이다.[109]

최후의 희망인 대통령에 대한 사면청원마저 거절된 로젠버그 부부의 사형은

---

104) 346 U.S. 273, 273-74 (1953).
105) 346 U.S. 273, 313-23 (1953).
106) 346 U.S. 273, 277-96 (1953).
107) 346 U.S. 273, 312 (1953).
108) 346 U.S. 273, 312 (1953).
109) 346 U.S. 273, 313 (1953).

신속히 집행되었다. 더글라스는 결과에 몹시도 실망했으나 형사피고인의 절차적 권리의 중요성을(특히 사상의 자유나 언론의 자유가 관련된 사건에 있어서는) 절감하게 되었고 그가 로젠버그 사건에서 이루지 못한 정의를 워렌 법원기 동안 유감없이 실현하기 시작했다.

Ⅳ. 절대적 표현자유론의 전성기(1957-1975)

아치볼드 콕스(Archibold Cox)가 "개혁의 도구로서의 헌법판결"이라[110]고 명명한 워렌법원의 혁명적 판결에서 더글라스 판사는 선봉장으로 민권혁명을 주도했다. 그러나 버거가 이끄는 보수군단의 등원과 함께 의로운 반대자로 남아 인류평등주의와 개방사회라는 표현의 자유에 관한 그의 양대 신념을 직선적이고도 도전적인 언어로 전개하다가 역사의 이면으로 퇴진했다.

기술한 바와 같이 "명백하고 현존하는 위험"의 원칙을 버린 대신 새로이 채택한 민권보호적 테스트[111]를 적용할 기회를 기다리던 더글라스는 1957년의 Roth 판결[112]에서 표현의 자유에 대한 자신의 신철학을 재천명했다. 외설작품을 수정 제1조의 보호에서 제외시키는 동시에 외설의 법적 기준을 정립한[113] 동판결에 대한 더글라스의 반대의견은 "행동"을 수반하지 않는 순수한 "언론"은 일절 규제불가능이라는 절대적 표현자유론이었다.

국가는 반사회적 "행위"를 규제할 수는 있지만 '언론'을 다스릴 권한은 없다. 절대적 문구로 규정된 수정헌법 제1조는 예외를 인정하지 않는다. 그러므로 입법부는 물론 사법부도 언론과 침묵의 가치를 비교형량할 수 없다. 수정 제1조는 우월적 지위를 보유한다. ······

---

110) Archibold Cox, The Warren Court: Constitutional Decision Making As an Instrument of reform, Harvard Univ Press, 1968.

111) 345 U.S. 395 (1953).

112) Roth v. United States, 354 U.S. 476 (1957).

113) 외설의 판단기준으로 작품이 ① 성적 도전을 자극하고, ② 진지한 문학적·예술적·정치적 또는 과학적 가치가 결핍되어 있으며, ③ 동작품이 배포된 지역의 일반인의 도덕관에 반하면 헌법적 보호를 받지 못한다고 판결했다. 354 U.S. 476, 486-91 (1957). Roth 테스트는 버거(Burger) 법원의 Miller 판결[Miller v. California, 413 U.S. 15 (1973)]에 의해 더욱 세칙화되었으나 근본적으로 변경됨이 없이 현재까지 선판례로 남아있다.

나는 우리 국민이 종교·경제·정치 어느 분야에 있어서나 그릇된 사상을 선별하여 배척할 능력이 있음을 확신하듯이 저질의 문학작품도 가려낼 줄 아는 형안(炯眼)이 있음을 확신한다. 표현의 자유는 단지 불법의 행동과 분리불가할 정도로 밀착되어 있는 경우에만 규율할 수 있다.[114]

물론 Roth 판결 이전에도 더글라스는 언론행위의 신성불가침을 주장한 예가 있었지만[115] 간헐적으로 후퇴하기도 했기에 그의 절대적 표현자유론은 사실적 상황에 따라 유동적인 것으로 보였다. 이러한 불확실한 절대적 표현자유론은 Roth 판결 이후에는 조금의 예외도 인정하지 않는 그야말로 완전무결한 수정 제1조 신성론으로 정착한 것이다. 또한 Roth 판결에서 비로소 더글라스는 "언론＋행동"(speech bridgated with conduct)이라는 새로운 공식을 "명백하고 현존하는 위험"의 법칙의 대안으로 채택하여 수정 제1조 관련의 모든 사실적 상황에 적용하기 시작했던 것이다. 환언하면 Roth 판결 이후 은퇴 시까지 더글라스는 완전무결한 절대적 표현의 자유 신봉자로 머물렀다는 점에서 Roth 판결의 의미가 크다.

사실인즉 Roth 판결이 내려진 후에도 동 사건은 행동을 유발할 우려가 없는 외설물에 관한 사건이었기에 '언론＋행동'이라는 공식을 선언하기 용이했으며 또한 이러한 더글라스의 신 법칙은 Roth 류의 사실적 배경 하에서만 적용되는 것이 아닌가라는 예측도 있었다.[116] 그러나 1961년의 공산당 판결[117]에서의 더글라스의 반대의견은 집단행위 및 사상의 자유가 관계된 사실적 상황에서도 신 원칙이 적용됨을 분명히 하는 확인문서였다.

정당의 등록을 요구하는 법규는 수정헌법 제1조의 위반이라는 공산당의 주장을 배척한 그의 주장의 근거는 문제된 공산당의 행위에는 "언론" 이외에도 "행동"이라는 요소가 가미되어 있었기 때문이다.[118]

사실심에서 인정된 당의 행위는 단순한 토론, 불만의 토로, 항의 또는 선전행위에 국한되지 않고 언론 및 결사의 자유의 또 다른 측면이 포함되어 있다. 다시 말

---

114) 354 U.S. 476, 514 (1957).
115) 345 U.S. 395 (1953).
116) Powe, 앞의 논문, p. 394.
117) Communist Party v. Subversive Activities Control Board, 367 U.S. 1 (1961).
118) Communist Party v. Subversive Activities Control Board, 367 U.S. 1, 175 (1961).

하자면 미대륙에 소비에트 위성국가를 건설하기 위해서 언론의 자유를 이용할 뿐만 아니라 외세와 결탁한 간첩행위, 영업행위 또는 정부전복을 위한 세포조직행위 등 "행동"이라는 부가적 요소가 첨가되어 있다.119)

1964년에 더글라스는 공무원에 대한 명예훼손죄가 관련된 Garrison 판결120)의 동조의견을 통해 "명백하고 현존하는 위험의 원칙"에 대한 공개장례식을 집전했다. 루이지애나주 소재 연방검사 개리슨(Garrison)은 어느 주법원 판사와 다툰 후에 기자회견을 열어 동판사의 무능, 부정직함을 비방하는 발언을 했다. 주법원은 개리슨 검사를 루이지애나주의 형사명예훼손법을 근거로 유죄선고했는데 동법은 공무원의 직무행위에 대한 비방은 진실의 사실을 적시하는 경우에도 "실질적 악의(actual malice)"로 공표하는 한 형사책임을 면하지 못한다고 규정했었다.121)

동법이 언론의 자유에 대한 침해로 수정 제1조 위반이라는 개리슨의 주장을 주대법원은 일축했으나 연방대법원은 선판례122)를 근거로 공무원에 대한 명예훼손의 민·형사적 책임은 공연히 적시한 사실이 허위라야 하며 이 경우에도 공표자가 허위의 사실을 인식했거나 또는 사실의 진위에 무관하게 공표한다라는 중과실(reckless disregard of truth)이 존재하는 경우에만 성립한다고 판결했다.

더글라스의 동조의견은 "적시한 사실이 진실인 경우에 관하여는 헌법이 침묵을 지키고 있음은 소위 "명백하고 현존하는 위험"의 원칙이 헌법에 존재하지 않음과 마찬가지다"123)라면서 동 원칙의 사망을 선언했다. 계속해서 더글라스는

119) Communist Party v. Subversive Activities Control Board, 367 U.S. 1, 172-3 (1961). 더글라스는 정당의 등록을 요구한 법률은 수정헌법 제1조의 위반은 아니라고 했지만 수정헌법 제5조의 자기부죄금지 제2항(Self-incrimination Clause)의 위반이라고는 했을 것이라는 주장이 있다. Powe, 앞의 논문, p. 394 n. 128 참조. 공산당 판결에서 확인된 더글라스의 '언론＋행동'의 테스트는 이전의 노동 관련 판결에서 제시된바 있었다. 즉, 1949년의 Giboney 판결[Giboney v. Empire Storage & Ice Co., 336 U.S. 490 (1949)]에서 법원은 주의 반독점금지법 위반이 될 단체협약을 체결 촉구할 목적으로 행한 평화적 피케팅을 금지하는 가처분을 합헌이라고 판결했는데 더글라스는 이에 동조했다. "신청인 소유의 공장 주변에서 피고인들이 행한 피케팅 등의 집단행위는 그 목적이 오로지 신청인으로 하여금 비조합원에게는 제품을 판매하지 않겠다는 약속을 얻어내는데에 있었다. …이러한 행위는 주법에 위반되는 일련의 "행동"이다." Powe, 앞의 논문, p. 498.
120) Garrison v. Lousiana, 379 U.S. 64 (1964).
121) La. Rev. Stat., 1950 Tit. 14 §47-50 reproduced in 379 U.S. 65-66.
122) New York Times Co. v, Sullivan, 367 U.S. 254, 285-88 (1964).
123) 379 U.S. 64, 81 (1964).

언론＋행동의 공식을 재강조했다.

헌법에는 언론과 행동의 두 가지 개념만이 존재할 뿐이라는 사실을 인식할 때가
왔다. 이 두 가지 요소는 가끔 중복될 경우가 있다. 그러나 본인이 Roth 판결에서
발표했듯이 언론이 행동과 분리불가할 정도로 밀착되어 있지 않은 한 언론행위는
벌할 수가 없다.[124]

절대적 표현자유론의 행군은 계속된다. Roth 이전의 판결에서 자신이 선택
한 입장은 표현의 자유보호에 미흡하므로 과감하게 버린다는 것을 분명히 한 더
글라스는 한 걸음 더 나아가 소위 "상업적 언론행위(표현)"(commerical speech)의
원칙을 폐지할 것을 주장했다.[125] 동원칙은 1942년에[126] 선언된 것으로 순수한
상업적 언론행위는 수정 제1조의 범위 밖이라는 것인데, 더글라스는 언론의 목
적이나 내용에 따라 수정 제1조의 취급이 달라질 수가 없다는 내용중립적 원리
를 주장한 것이다.

언론의 목적이 영리에 있다고 해서 법적 취급의 결과가 달라지는 것은 아니다.
자유경제체제 하에서는 표현이라는 개념 자체에 '이익추구'라는 요소가 포함되어
있다. 표현의 자유의 행사를 통하여 생계를 유지하는 사람도 비영리적인 아이디어
를 선전하는 사람이나 마찬가지로 수정 제1조의 보호를 받아야 한다.[127]

또한 더글라스는 TV나 라디오방송국도 신문이나 잡지의 발행인이나 마찬가
지의 지위를 누린다고 선언하기도 했다.

결과적으로 더글라스의 절대적 표현자유론 아래서는 언론행위자가 누구이
든 언론의 내용에 대한 정부의 어떤 간섭도 허용되지 않는다. 뿐만 아니라 이

---

124) 더글라스는 후속 판결인 Brandenburg v. Ohio, 395 U.S. 444 (1969) 판결의 동조의견에서도 이
    러한 입장을 재천명했다. "명백하고 현존하는 위험의 원칙은 전시에는 존재의의가 있었을지
    모르나 지금과 같은 평화시에는 무의미한 원칙임에 의심이 없다." Brandenburg v. Ohio, 395
    U.S. 444, 452 (1969).
125) Commarano v. United States 358 U.S. 498, 514 (1959).
126) 316 U.S. 52 (1942).
127) 358 U.S. 498, 514. Pittsburgh Press Co. v. Pittsburgh Commission on Human Relations., 413.
    U.S. 376, 397 (1973) (Douglas, J., Concurring); Dunn & Bradstreet v. Grove, 404 U.S. 898
    (1971) (Douglas, J., dissenting).

원칙 아래서는 언어를 통한 표현이 아닌, 다분히 비언어적 표현인 소위 "상징적 언론(표현)"(symbolic speech)까지도 절대적 보호의 대상이 되는 것이다. 그리하여 월남전에 대한 국가의 정책에 항의하기 위해 흑색 완장을 차고 수업에 임한 13세 중학생의 행위128)가 상징적 언론으로 보호받는다는 판결에 동조했으며, 심지어 징병통지서를 불태우는 행위는 전쟁반대라는 언론행위 이외에도 독립된 국가의 법익을 저해하는 것이므로 수정 제1조의 범위 밖이라는 판결에도 반대하면서 이런 경우에도 언론과 행동과의 분리불가한 밀착도가 부족하기에 순수한 상징적 언론행위로 수정 제1조의 보호를 받아야 한다고 주장했다.129)

이상의 몇 가지 대표적인 판결에서 관찰해 보았듯이 수정 제1조가 관련되는 모든 사실적 상황 하에서 언론행위의 주체가 누구이냐 또한 언론의 내용에 관계없이, 국가의 규제를 절대불허하는 절대적 표현자유론이 더글라스가 1957년 이후 은퇴시까지 표방한 기본자세였다.

V. 결   론

표현의 자유에 대한 더글라스의 기본적 태도는 그의 전임자 브랜다이스와 마찬가지로 수정 제1조야말로 민주사회의 핵심이라는 전제에서 출발한다. 그는 동조의 조문에 명시된 종교, 언론, 출판, 집회 및 청원할 권리는 동조의 정신에 의해 보장된, 보다 광범한 표현의 자유의 구체적 예시에 불과하다고 믿었다. 그리하여 그는 시대에 따라 변화하는 일상의 다반사에서 수정 제1조의 정의가 실현될 수 있도록 그 범위를 확대해석하는데 골몰했었다.

제2차 대전의 종전과 동시에 채택을 시도한 수정 제1조의 우월적 지위를 인정하는 절대적 표현자유론은 워렌법원의 블랙 판사의 참여와 함께 1957년 이후에 일관되게 주장되었다. 행동과 분리불가능할 정도로 밀착되지 않은 언론행위는 신성불가침이라는 더글라스-블랙원칙은 버거법원에 의해 무참하게 배척되어 수정 제1조의 법리로 확립되지는 못했다. 그럼에도 불구하고 표현의 자유의 기능적 측면에서 볼 때 수정 제1조의 입법목적을 관철하는데 있어서 현금(現今)

128) Tinker v. Des Moines School District, 393 U.S. 503 (1969) (Douglas, J., concurring without opinion).
129) United states v. OBrien, 391 U.S. 367, 369 (1968).

에 이르기까지 주장된 그 어느 이론보다도 완벽한 이론임에 분명하다. 그가 열
망하던 절대적 표현자유의 사회는 현실에서는 도래불가능한 이념형의 세계일지
는 모르나 그가 드높여 주창한 인류평등주의와 개방적 민주사회라는 수정 제1조
의 양대 근본이념은 그가 살다간 시대를 초월하여 오래오래 전승될 것이다.

"Douglas 판사와 표현의 자유"[1986]

해 제

강 건 우*

I. 프롤로그 - 더글라스,[1] 낭만주의자 법률가

벌써 열 하고도 두어 해 전의 일이다. 해제자의 학부시절, 안경환 교수님께서는 더글라스 미국 연방대법원 판사(William O. Douglas, 1898-1980)[2]에 대한 애정을 드러내셨다. 자유와 민권에 있어서는 양보가 없었던 의지의 법률가, 자연과 사람을 사랑했던 낭만인, 교수님께서 말씀하신 더글라스는 그런 사람이었다. 그리고 한국과의 인연 또한 더글라스에 대한 언급에서 빠지지 않았다. 어느 것 하나 희망의 증거를 찾을 수 없었던 전쟁 중의 한국을 찾아 미래의 희망을 내다본 미국 최고법원의 판사가 있었다는 사실은 교수님이 아니었다면 이미 오래전에 한국에서 완전히 잊혀졌을지도 모를 일이다. 더글라스, 교수님의 표현대로 그는 정녕 낭만주의자 법률가[3]였다.

이 논문은 더글라스가 연방대법원 판사로 재임한 기간 동안 내려진 판결들을 통해 표현의 자유에 관하여 '법률가' 더글라스가 견지하였던 견해와 태도를 분석하면서도, 더글라스의 '낭만주의자'적 면모를 드러내는 일을 잊지 않았다. '단순히 판결을 통해서만 자신의 사상과 철학을 말해왔던' 전통적 법관과는 전혀 다른 유형의 법률가, 즉 "역사적 사명감을 법학자로서, 문학자로서, 또는 시민으

---

* 창원지방법원 판사
1) 현행 외래어표기법에 의하면 'Douglas'는 '더글러스'라고 표기함이 맞으나, 본 해제문에서는 해제대상논문의 표기인 '더글라스'를 그대로 따르기로 한다.
2) 더글라스는 1939년 4월부터 1975년 12월까지 37년간 미국 연방대법원 판사로 재임했다. 그의 재임기간은 미국 연방대법원 역사상 가장 오랜 기간이다. 프랭클린 루스벨트(Franklin D. Roosevelt) 대통령은 1939년 브랜다이스(Louis D. Brandeis) 판사의 후임으로 당시 미국 증권거래위원회(SEC, the Securities and Exchange Commission) 위원장이었던 더글라스를 임명했다.
3) 안경환, "산도, 나무도, 물고기도 투표권이 있다! — 윌리엄 더글라스가 그리운 까닭," 산림문학, 2011. 10.

로서 수행한 전천후 진보주의자"⁴⁾가 바로 더글라스였다.

Ⅱ. 해제대상논문의 의의

이 논문은 안경환 교수님께서 1986년 미국 변호사의 신분으로 기고하신 논문이다. 이 논문의 기초가 되고 있는 헌법적 주제, 즉 '미국 연방대법원의 사법심사제도'나 '언론의 자유' 어느 쪽도 당시 한국 법학, 한국 사회와는 친숙할 수 없었던 주제였다. 한국 법학의 전통적 환경, 즉 민법, 독일법 우위의 풍토 속에서 미국법은 영미법, 커먼로라는 추상적인 이름에 갇혀버렸고, 대통령 일인에 의한 행정부 우위의 체제가 심화되면서 사법심사제도라는 인류의 지혜 역시 주목받지 못했다. 언론의 자유 역시 법전 속의 박제 신세를 벗어나지 못하고 있었다. 법전 속에서조차 사회윤리와 공중도덕의 제한을 받는 언론·출판의 자유가 현실에서 힘을 쓸 리 만무했다.⁵⁾

더글라스 개인에 대한 한국 사회의 인식 수준 역시 어디 내놓을만한 형편이 못되기는 마찬가지였다. 신문지상의 짤막한 해외토픽에서나 가뭄에 콩 나듯 한 번씩 등장했던 더글라스에 관한 한국 언론의 키워드는 '용공(容共)'과 '사생활'의 수준을 넘지 못했다.⁶⁾

1986년의 한국 사회에서, 미국 연방대법원 판결에 대한 분석을 통하여 진보주의자 더글라스가 걸어온 길을 되짚어보는 동시에, 미국의 사법심사제도를 큰 틀에서 조망하고 언론의 자유라는 기본권의 의미를 살폈다는 점에서 이 논문은 그 내용적 가치 이상의 역사적 가치를 품고 있다고 할 것이다.

Ⅲ. 해   제

1. 더글라스 재임기의 의의

더글라스가 연방대법원 판사로 재임했던 1939년부터 1975년까지의 시기는 미국 헌정사에서 가장 중요한 시기로 평가된다. 그 중에서도 수퍼치프(Super

---

4) 해제대상논문, 40면.
5) 대한민국헌법(헌법 제9호, 1980.10.27 전부개정)
   제20조 제2항 언론·출판은 타인의 명예나 권리 또는 공중도덕이나 사회윤리를 침해하여서는 아니된다.
6) 이인철, "중공초청받은 미대법원판사 윌리암 더글라스," 동아일보(1966. 7. 23.자), 4면, "횡설수설," 동아일보(1966. 7. 20.자), 1면, "올해의 여성계 ②," 매일경제신문(1966. 12. 26.자), 3면.

Chief) 얼 워렌(Earl Warren, 1891-1974)이 대법원장으로 재직했던 시기(1953-1969)의 연방대법원은 개인적 인권의 보호, 형사사법제도의 운용, 정치적 민주주의의 확립과 증진 등 기본권과 헌법적 가치의 문제에 대하여 적극적으로 판단함으로써 인종차별, 형사피고인의 권리, 언론의 자유, 프라이버시권 등의 분야에서 미국 사회의 변화를 이끌어내기도 했다.[7] 더글라스는 워렌 법원의 구성원 중에서도 진보적 사법적극주의의 편에 가장 가까이 서 있었다.

이 논문은 더글라스의 재임기에 미국 연방대법원에서 내려진 표현의 자유 관련 판결에서 더글라스가 보여온 견해를 분석함으로써, 더글라스의 사상적 태도가 3단계에 걸쳐 '국가이익우선'에서 '민권수호'로 전환·발전됨을 보여주고 있다. 특히 제2차 세계대전기에 더글라스가 보여주었던 국가법익 우선적 태도가 종전 이후 매카시즘과 투쟁하면서 극적으로 변화하는 과정은 눈여겨볼만 하다. 개개의 판결에서 사람과 시대의 조응을 읽고, 판결을 통해 변화하는 사회의 모습을 함께 보는 이러한 분석방법은 안경환 교수님께서 소개한 연구서 「미국법의 역사」[8]와 「법은 누구 편인가」[9]가 채택한 방법론과도 일맥상통한다.

2. 언론의 자유에 대한 더글라스의 태도 변화[10]

(1) 전쟁법원기(1939년-1945년)

이 논문에서는, 이 시기 더글라스가 취한 태도에 대하여 '국가안보를 지상목표로 믿은 다수의견에 무비판적으로 동조했다'는 비판을 가하고 있다. 또한 종교의 자유와 관련하여 소수 종교의 박해 위험이 있는 경우[11]를 제외하면, 이 시기 더글라스는 '개인의 권리와 국가의 권한 간의 충돌을 국가법익에 일응 우선적

---

7) 워렌 법원은 뉴욕타임즈 대 설리번 판결(New York Times Co. v. Sullivan)을 통하여 신문이 논쟁의 여지가 있는 내용의 주장을 출판할 권리를 보호하였고, 미란다 판결(Miranda v. Arizona)을 통하여 범죄용의자를 신문하기 위하여 지켜야 할 새로운 규칙을 제정하였다. 또한 그리스월드 판결(Griswold v. Connecticut)에서는 프라이버시권이라는 더욱 폭넓은 권리를 통하여 기혼자들이 피임도구를 구입할 권리를 선언하기도 했다.
8) 로렌스 프리드먼 저, 안경환 역, 미국법의 역사(A History of American Law), 청림출판, 2006.
9) 러셀 갤로웨이 저, 안경환 역, 법은 누구 편인가(Justice for All? The Rich and Poor in Supreme Court History 1790-1990), 교육과학사, 1992.
10) 이 부분에서는 이 논문의 내용을 전반적으로 요약하면서, 중요한 의미가 있는 판결을 언급하기로 한다.
11) 이 논문은 대표적인 판결로 머독 판결[Murdock v. Pennsylvania, 319 U.S. 105(1943)]을 들고 있다. 여호와의 증인들의 선교책자 판매행위가 문제된 이 판결에서 더글라스는 선교책자의 구입을 권유하는 인쇄물 배포행위는 수정헌법 제1조의 보호를 받는 표현행위에 속한다고 판시했다.

지위를 부여하는 자세에서 비교절충하는 입장'을 취한 것으로 평가하고 있다.

그러나 전쟁이라는 비상상황 하에서 개인의 권리에 관한 보호의 폭을 넓히기 어려웠던 시기였음에도 불구하고, 연방대법원은 학교에서 국기에 대한 경례를 강제하는 경우에 있어서 놀랄 정도로 빨리 선판결을 번복하여 소수자의 신앙, 언론의 자유를 보호하기도 했다. 1940년 고비티스 판결(Minersville School District v. Gobitis)12)에서, 다수의견은 학교는 민주주의의 전통적인 이상에 대한 충성심을 가지도록 하기 위하여 만들어진 종교의식에 학생들을 참여하도록 강제할 권리가 있다고 판시했고, 더글라스도 다수의견에 참여했다. 그러나 3년 뒤 바네트 판결(West Virginia State Board of Education v. Barnette)13)에서 다수의견은 정반대의 결론을 내렸고, 더글라스는 휴고 블랙(Hugo Black, 1886-1971) 판사와 함께 동조의견에서 "강제에 의하여 나온 발언은 오직 자기 이익에 대한 충성의 증표일 뿐이다," "나라에 대한 사랑은 자유로운 정신에서 스스로 우러나오는 것이어야 하는 것인 동시에 국민이 선출한 대표가 헌법이 명시한 제한의 범위 내에서 제정한 현명한 법률에 따른 공정한 규제에서 나오는 것이다"라는 견해를 피력했다.14)

(2) 절대적 표현자유론의 태동기(1945년-1956년)

이 논문은 이 시기에 더글라스가 빠른 속도로 민권의 수호자로 변신하였다고 평가하면서, 이러한 변화의 원인으로 전임자 브랜다이스 판사의 영향, 판사로서의 깊어가는 연륜과 철학적 성숙을 들고 있다.

전후의 더글라스가 수정헌법 제1조에 포함된 자유는 헌법적 권리 중에서도 우선적 지위를 누린다는 견해를 확고히 해나갔으나, 쉔크 판결(Schenck v. United States)15) 이래 표현의 자유 제한에 관한 일응의 기준이 되어왔던 "명백·현존하는 원칙"이 시간이 지나면서 1951년 데니스 판결(Dennis v, United States)16) 등을

---

12) 310 U.S. 586 (1940).

13) 319 U.S. 624 (1943).

14) 이와 같은 연방대법원의 태도 변화에 대하여 제프리 투빈(Jeffrey Toobin)은 유럽을 뒤덮은 파시즘의 횡포로 인한 각성의 결과라고 평가한다. 제프리 투빈 저, 강건우 역, 더 나인, 라이프맵, 2010, 165면.

15) 249 U.S. 47 (1919).

16) 341 U.S. 494 (1951). 빈슨(Fred M. Vinson) 대법원장이 작성한 4인의 복수의견은 "발생가능성 테스트(not improbable test)"를 채택하여 무력이나 폭력에 의한 정부 전복 옹호와 그 모의를 처벌하는 스미스법(Smith Act)이 수정헌법 제1조에 위배되지 않는다고 판단하였다. 더글라스

통하여 점차 후퇴함에 따라,[17] 더글라스는 표현의 자유 보호를 위한 새로운 기준을 모색하게 되었다.

  이 논문에서 주목하고 있는 더글라스의 견해는 1953년 포울로 판결(Poulos v. New Hampshire)[18]에서의 반대의견이다. 다수의견은 주정부가 재량권을 남용하여 종교집회신청을 거부하였다고 하더라도 이에 대한 구제를 신청하지 않은 채 종교집회를 강행한 것은 불법임을 확인하였으나, 더글라스는 이 사건을 종교의 자유가 아닌 언론의 자유 문제로만 취급하면서, '수정헌법 제1조는 동조가 보호하고 있는 권리를 제한하는 어떤 법의 제정도 허용하지 아니하므로, 국가는 표현의 자유를 규제할 수 있는 권한을 일절 보유하지 않는다'는 취지의 반대의견을 피력하였다.

  이 시기에 등장한 새로운 표현의 자유 문제인 영화나 문학작품의 외설성 문제에 대하여도 더글라스는 수정헌법 제1조의 확장 적용을 주장했다. 슈피리어필름 판결(Superior Films, Inc. v. Department of Education)[19]의 동조의견에서 더글라스는 수정헌법 제1조가 어떠한 경우에도 사전검열을 인정하지 않는다는 점을 분명히 했다.

  그리고 매카시즘의 횡포가 극에 달하였던 이 시기, 더글라스는 일련의 안보 관련판결에서 명백·현존하는 위험 원칙을 계속하여 고수하면서 정부의 재량을 지나치게 광범위하게 인정하는 다수의견에 반대했으며, 사상범 재판에서 절차적 공정성을 강조했다. 로젠버그 부부에 대한 사형집행중지명령은 더글라스의 상징과도 같은 사건이었다.

  (3) 절대적 표현자유론의 전성기(1957년-1975년)

  이 시기는 더글라스의 전성기와 쇠퇴기를 포괄한다. 더글라스에게는 찬란한 영광과 더불어 쓸쓸한 퇴장이 함께한 시기였으나, 그의 절대적 표현자유론은 그

  는 반대의견을 통하여 명백하고도 현존하는 위험이 입증되지 않은 이상 단순한 예비음모행위를 벌할 수 없다는 견해를 피력했다.

17) 복수의견은 '명백·현존하는 위험(Clear and Present Danger) 원칙' 대신 '명백하고 발생가능한 위험(Clear and Probable Danger) 원칙'을 채택하였고, 급박성(immediacy)의 요건은 가능성 내지 중대성 요건으로 대체되었다. 변경된 기준에 의하면, 해악 발생의 가능성이 낮더라도 해악의 중대성을 이유로 언론제한이 가능하게 되었다. 임지봉, "명백·현존하는 위험의 원칙과 표현의 자유," 헌법실무연구, 제7권, 2006, 350면.

18) 345 U.S. 395 (1953).

19) 346 U.S. 587 (1954).

를 '시민의 권리를 옹호한 진보주의자'의 반열에 올려놓았다.[20]

1957년 로스 판결(Roth v. United States)[21]의 반대의견에서 더글라스는 행동을 수반하지 않는 순수한 언론은 일절 규제할 수 없다는 절대적 표현자유론을 피력했다. 더글라스는 절대적 표현의 자유의 적용 대상을 확장시켜, 순수한 상업적 언론행위,[22] 상징적 언론행위도 절대적 보호대상에 포함되어야 한다는 주장을 폈다. 특히 상징적 언론행위에 관하여, 팅커 판결(Tinker v. Des Moines School District)[23]에서는 월남전에 대한 국가 정책에 항의하기 위하여 흑색 완장을 차고 수업에 임한 13세 중학생의 행위가 상징적 언론으로 보호받는다는 판결에 동조하였고, 오브라이언 판결(United States v. O'Brien)[24]에서는 다수의견에 맞서 징병통지서를 불태우는 행위가 순수한 상징적 언론행위로서 수정헌법 제1조의 보호대상이라는 주장을 피력했다.

Ⅳ. 에필로그 – 떠나는 형제, 새로운 형제

1969년 수퍼치프 워렌이 떠났다. 1971년 가장 믿음직한 우군이었던 블랙도 떠났다. 그렇게 더글라스가 퇴장할 시간도 다가오고 있었다. 1968년 스스로 사임하면서까지 에이브 포타스(Abe Fortas)를 후임 원장으로 올려 미래를 대비하려 했던 워렌 원장의 승부수가 실패로 돌아간 시점에서 더글라스의 쓸쓸한 퇴장은 이미 예정되어 있었는지도 모른다. 민권의 상징 더글라스의 퇴장과정은 그래서 더욱 슬프고 안타깝다.

그러나 슬픔은 그리 오래 가지 않았다. '역사는 정해진 갈 길을 가게 되어있다. 그래서 역사는 긴 안목으로 보아야 하는 것이다'라는 안경환 교수님의 평소 가르침처럼, 더글라스의 퇴장 후 지난 30년간 거센 보수화의 바람 속에서도 연방대법원은 균형감을 잃지 않고 민권 옹호의 상징이 될만한 선례를 지켜냈다. 그리고 지난 30년의 중심에 더글라스의 후임자, 존 폴 스티븐스(John Paul

---

20) 1975년 타임지는 더글라스를 "연방대법원 역사상 가장 헌신적으로 시민의 자유를 옹호했던 진보주의자로서, 어떠한 경우에도 한 치의 양보가 없었던 사람(the most doctrinaire and committed civil libertarian ever to sit on the court)"이라고 평했다. 더글라스에 관한 위키디피아 내용(http://en.wikipedia.org/wiki/William_O._Douglas) 참조.

21) 354 U.S. 476 (1957).

22) Cammarano v. United States, 358 U.S. 498, 514 (1959).

23) 393, U.S. 503 (1969).

24) 391 U.S. 367, 369 (1968).

Stevens)[25]가 있었던 것은 결코 우연이 아닐 것이다. 스티븐스의 뒤를 이은 엘레나 케이건(Elena Kagan),[26] 그리고 앞으로 미국 연방대법원을 이끌어나갈 새로운 형제들에게 더 큰 기대를 걸어본다.

[색인어] 표현의 자유(freedom of expression), 상징적 표현(symbolic speech), 상업적 표현(commercial speech), 수정헌법 제1조(first amendment), 우월적 지위(preferred position)

---

25) 스티븐스는 1975년 12월부터 2010년 6월까지 34년여간 미국 연방대법원 판사로 재임했다. 그의 재임기간은 미국 연방대법원 역사상 세 번째로 오랜 기간이다.
26) 2010년 스티븐스의 후임으로 연방대법원 판사에 임명되었다.

William Rehnquist 판사의 법사상

I. 서

1971년 여름 당시의 미대통령 닉슨(Richard Nixon)은 은퇴한 할란(John Harlan) 판사[1]의 후임으로 렌퀴스트(William H. Rehnquist)를 임명하면서 당시의 지나치게 「좌경화」된 법원을 「바로잡을」 적격자라고 묘사했다.[2] 그러나 그가 중재자가 되기에는 당시의 법원은 너무나도 강한 워렌(Warren) 제국의 진보주의자들의 통치하에 있었다.[3] 상당수의 사건에 있어서 렌퀴스트는 흑인, 여성 또는 경제적 약자의 권한을 확대하는 판결의 소수반대의견을 집필하는 외로운 반대자의 지위에 머물렀을 뿐이었다.

그러나 이제 그는 더 이상 「외로운 유격대원」(Lone Ranger)[4]이 아니다. 그는 이제 명실공히 「사상최대의 보수군단」이라 불리는 대법원의 총수이다. 1986년 7월 레이건(Reagan) 대통령은 17년간의 원장경력을 뒤로 하고 역사의 인물이 된 버거(Warren Burger)의 후임으로, 재직 이래 실질적으로 버거 법원의 지적 대변인의 역할을 수행해 왔던 렌퀴스트를 승진, 임명했다. 1790년 대법원의 창설 이래 현임 대법원판사가 원장으로 승진하는 예는 몹시도 희귀했고[5] 레이건의 입

---

1) 존 할란(1899-1971): 1953년 아이젠하워(Eisenhower) 대통령에 의해 임명되어 1971년 사망 직적까지 재직했던 인물로 조부 존 마샬 할란(John Marshall Harlan, 1877-1911 재직)과는 달리 보수사법철학의 소유자로 평가됨. 자세히는 러셀 갤러웨이(Russell W. Galloway) 저, 안경환 역, 법은 누구 편인가(The Rich and the Poor in Supreme Court History), 고시계, 1985 참조.
2) 렌퀴스트의 경력과 판사임명 배경에 관한 국내자료로는 안경환, "해외법률가평전 - William H. Rehnquist," 고시계, 1986 참조.
3) 렌퀴스트의 임명 당시의 법원구성을 보면 더글라스(William Douglas), 브레넌(William Brennan), 마샬(Thurgood Marshall) 등의 소위 워렌(Warren) 진보주의자들에다 화이트(Byron White), 스튜어트(Potter Stewart)의 중도주의자집단 그리고 버거(Warren Burger), 블랙먼(Harry Blackmun)의 보수집단으로 나눌 수 있는데 보수주의자들은 법원경력이 일천했기에 버거(1969-), 블랙먼(1971-)의 영향력이 미미했다.
4) "Reagan's Mr. Right," Time, 1960. 6. 30, p. 24.
5) 법관승진제도가 없는 미국에서 연방대법원판사를 원장으로 승진시키는 것은 동료판사에 대한

장에서 볼 때는 이러한 변칙적 인사를 해 가면서까지 렌퀴스트를 원장에 임명해
야 할 실익이 충분하리만큼 렌퀴스트는 레이건의 보수철학의 사법적 대변인이
었던 것이다.[6] 물론 원장은 동료판사를 감독·명령할 권한도, 표결상의 특권도
보유하지 않으며, 그가 가진 권한이라고는 자신이 다수의 입장에 선 경우에 판
결문의 집필자를 선정할 수 있는 정도이다. 그러나 이러한 명목적인 권한도 활
용 여하에 따라서는 선판례의 범위에 상당한 영향을 미칠 수 있다.[7]

　　본고는 세기의 천재, 보수사법의 상징인물로 평가되고 있는 렌퀴스트의 재
직 17년간의 사법기록의 분석을 통해 미국의 사법정의의 시스템에 그가 미친 공
과를 평가함과 동시에 그의 주도하에 항행(航行)할 법원의 향후 여정을 예측함
에 그 목적이 있다.

　　분석기준으로 갤러웨이(Russell Galloway) 교수가 대법원판사 사법철학평가의
기준으로 사용하는 4대 지표를 사용하였다.[8] 즉 (i) 법원의 기본임무에 관한 소
신, 즉 사법적극주의자냐 사법자제주의자냐, (ii) 연방과 주의 권한에 관한 분쟁
에 있어 어느 쪽의 권한의 보호 내지는 확대에 주력하는 성향이 있느냐, (iii) 전
통적 약자에 대한 평등권의 적용에 있어 어느 정도의 적극성을 띠느냐, (iv) 국
가기능의 원활한 수행과 개인의 기본권의 보장이라는 양대 이념이 충돌하는 경
우 어느 쪽을 우선적으로 고려하느냐의 4가지 이슈에 중심을 맞추었다. 다만 본
고에서는 지면상의 제약 때문에 가장 첨예한 이슈인 (iv)에 대한 토의가 수록되
지 못했다. 이는 별개의 논문으로 다룰 기회가 있을 것이다.

　　분석방법으로는 산술적 통계를 기초로 한 가중치 분석이 가장 이상적인 계
량법학(jurimetrics)의 방법론이겠으나 자료의 불충분으로 주석가들에 의해 렌퀴
스트의 사상을 대표적으로 상징한다고 인용되고 있는 판결문 및 저술에 한정했

　　통솔력의 발휘에 지장이 있다는 이유로 기피하는 경향이 있다. 화이트(Edward White, 1910)
　　및 스톤(Harlan Stone, 1941)의 경우에 이어 렌퀴스트의 승진이 사상 세 번째의 사건이다.

6) "Reagan's Mr. Right," Time, 1986. 6. 30, pp. 24-35 참조.

7) 이러한 원장의 권한의 실질적인 영향력에 관한 전문을 근거로 한 사례로는 Woodward &
　　Armstrong, "The Brethren," Simon & Schusler, p. 179 참조.

8) Russell Galloway, "The Third Period of the Warren Court: Liberal Dominance(1962-69),"
　　Santa Clara L. Rev. 773, 1980; "The Second Period of the Warren Court: The Liberal Trend
　　Abates(1957-61)," 19 Santa Clara L. Rev. 947, 1979 등 참조. 렌퀴스트의 헌법해석원칙을 6가
　　지 사실유형별로 나누어(① 사법판단적격(justiciability), ② 국가행위(state action), ③ 기본권
　　A, ④ 기본권 B, ⑤ 연방주의, ⑥ 권력분립) 분석한 탁월한 논문이 있다. John Denvir, "Justice
　　Rehnquist and Constitutional Interpretation," 34 Hastings L. J. 1011, 1983 참조.

다. 그러므로 이러한 방법에 의한 결론은 분석대상이 된 사법문서의 '대표성'에 관련된 의문과 함께 자의적인 가능성의 소지가 충분히 존재한다는 것을 밝혀 둔다.

Ⅱ. 사법부의 역할에 관한 기본소신

1. 엄격해석론자(Strict Constructionist)

Marbury vs Madison[9] 이래로 헌법해석권을 인정받은 법원이 이를 행사함에 있어서 준수해야 할 근본적인 원칙을 두고 이른바 "엄격해석론자"(Strict Constructionist)와 "헌법진화론주의자"(Evolutionism)가 날카롭게 대립한다. 전자의 입장에서 판사의 임무는 헌법제정자(framers)의 의도에 합치되게 헌법을 해석·판결해야 한다. 이 견해를 극단적으로 고집하게 되면 문제의 헌법조항은 그 제정자가 염두에 두었던 사실적 배경에 한해서만 적용된다. 한편 후자의 입장에서 헌법은 그것 자체가 살아 있는 유기체(living organ)이므로 시대변천에 수반되는 사상과 사회조건의 변화를 수용할 수가 있고 따라서 판사는 구체적인 헌법조항의 적용에 있어 이러한 변화된 가치관을 고려할 수 있다.

빈번히 인용되는 1976년의 논문 "The Notion of Living Constitution"[10]에서 렌퀴스트는 엄격해석론의 기본적 입장을 분명히 천명하고 있다. "헌법의 개정을 수반하지 아니하는 단순한 여론의 변화를 이유로 헌법의 의미가 달리 해석되어서는 안된다"[11]라는 그의 주장은 엄격해석론자 중에서도 가장 엄격한 입장을 견지하는 듯한 인상을 풍긴다. 구체적으로 복역수(服役囚)를 전통적으로 "고립되고도 소외된 소수집단"(discreet and insular minority)으로 분류하여 '시대적 양심'에 근거한 헌법적 보호의 대상으로 삼아 교도소의 환경개선을 요구하는 항소이유서를 공격하면서 렌퀴스트는 이러한 시도는 "헌법의 문언이나 헌법제정자의 의도 대신 상이한 가치관으로 대치하는 오류"라고 했다.[12]

그러나 렌퀴스트의 엄격해석론은 최소한 이론상 완전무결한 극단적인 엄격

---

9) Marbury v. Madison, 1 Cranch 137; 2 L. Ed. 60 (1803).
10) William H. Rehnquist, "The Notion of a Living Constitution," 54 Texas Law Rev. 693, 1976.
11) Id., at 696-97.
12) Id., at 695.

해석론은 아니다. 그는 현시대의 가치관과 양심을 인간의 존엄과 가치의 현대적 판단척도로 삼을 수 없다는 점에는 전형적인 엄격해석론의 입장을 취하나, 헌법의 적용 대상에 제정자가 "예상했던" 상황뿐만 아니라 "예상하지 못했을지 모르는"(might not have foreseen) 상황도 포함될 수 있다고 주장한 점에서 헌법진화론과의 조화의 여지를 남겨 두고 있다.13)

뿐만 아니라 그의 엄격해석론은 대체로 민권사건에 관련되어, 그것도 국민의 기본권의 신장에 대한 제어책으로서 활용되고 있으며 그 반대의 경우나 민권과는 무관한 이슈에는 적용되지 않는다는 인상도 강하게 풍기고 있다.14)

또한 렌퀴스트의 엄격해석론의 철학상 기조는 대표민주정치체제 아래서의 법원의 역할은 선도적인 것이 아니라 보충적이어야 한다라는 사법자제론과 밀착하여 연결되어 있다.

2. 사법자제론자

법원에 의한 위헌심사(judicial review) 그 자체가 반민주적(anti-democratic)·반다수적(anti-majoritarian)15)이라는 전제 하에 "사법심사에 의한 입법의 무효화는 국민이 채택한 헌법의 문언과 연관하여서만 가능하다"라는 입장을 렌퀴스트는 견지한다. 이와 같은 원칙을 벗어나는 일은 민주적 사회의 기본적 정치질서를 무시하는 일이다. 왜냐하면 헌법과 법률은 실정법으로 제정되었기 때문에 도덕적 선(moral goodness)을 대변한다고 렌퀴스트는 강변한다.

이와 같은 렌퀴스트의 사법자제철학은 그가 집필한 수많은 판결문에서 수려한 필치로 전개되고 있다. 1977년의 Carey v. Population Services International16)에서의 그의 소수의견(dissenting opinion)이 그 일례이다. 동 판결은 Griswold v. Conneticut17)에서 더글라스(William Douglas)판사에 의해 창설된 프라이버시권에

---

13) "헌법의 문언이 일반적인 용어로 규정되어 있는 경우에는 헌법제정자는 스스로 제정 당시에 예상하지 못했을지 모르는 상황에 대하여 후세인의 지혜를 빌려 해석 적용하려 했을지도 모른다." Id., at 694. 실제로 그는 "살아있는 헌법"(living constitution)이론을 이러한 자신의 입장을 지칭하는 뜻으로 사용한다.

14) 후술 주권론에 관한 렌퀴스트의 입장 참조.

15) 이 용어의 최초의 사용자는 비켈(A. Bickel)로 알려지고 있다. Bickel, The Least Dangerous Branch, Bobbs-Merrill Company, Inc., 1962, p. 46.

16) Carey v. Population Services International, 431 U.S. 678 (1977).

17) Griswold v. Conneticut, 381 U.S. 479 (1965). 동 판결에서 인정된 피임약을 사용한 프라이버시

근거한 피임약(기구)(contraceptives) 사용권의 향유자의 범위에 16세 이하의 미성년자도 포함되느냐에 관한 사건이었다. 이와 같은 연령의 미성년자에 대한 피임약의 판매를 금지한 주법을 무효로 선언한 동 판결의 복수의견[18](plurality opinion)은 4인의 동조자를 대표한 브레넌(Brennan) 판사가 집필했는데 그는 이와 같은 의사결정권은 미성년자도 성년자나 마찬가지로 향유한다는 입장을 암시했다.[19]

　　렌퀴스트의 소수의견은 이와 같은 복수의견의 입장은 권리장전과 수정 제14조의 제정을 위하여 귀중한 피로 벙커 힐(Bunker Hill), 샤일로(Shiloh), 게티스버그(Gettysburg) 및 콜드 하버(Cold Harbor)를 물들였던 거룩한 선열들에 대한 더할 수 없는 모독이라고 주장했다.

　　만약 그들이 지하에서 그들이 귀중한 피를 흘려 쟁취한 헌법이, '뉴욕주의회의 판단과는 정반대로', 트럭주유소의 공중변소 한 구석에 설치되어 있는 자동판매기를 통해 탈선한 청소년의 성적 유희에 제공할 피임기구의 제조업자의 상업적 권리를 보호한다는 사실을 안다면 무엇이라고 할 것인가?[20]

　　이러한 렌퀴스트의 사법자제론과 헌법의 "본래적 의도"(original intent)에 대한 지나친 집착에 대해서는 날카로운 비평이 그치지 않고 있다. 하버드 대학의 샤피로(Shapiro) 교수의 말을 빌리면 이러한 입장은 최소한 세 가지 점에서 중대한 결합이 있다고 한다.

　　첫째, 이는 사법부의 민주적 기능은 전혀 도외시한다는 것이다. 렌퀴스트는 국민에 의해 선출되지 않고 국민에 대해 책임을 지지 않는 법관이, 국민에 의해 선출되고 국민에 의해 그 행적에 대한 심판을 받는 입법의원의 중지의

　　권의 향유자는 기혼부부에 한정되었다. 안경환, "프라이버시권과 이성," 법조칼럼, 사법행정, 1988. 3 참조.

18) 재적과반수 판사가 합의한 다수의견(majority opinion)에 미달하는 당해 판결에서의 최다의견을 지칭함. 복수의견은 다수의견과는 달리 선판례(precedent)로서의 효력을 보유하지 않는다.

19) 431 U.S. 678, 694-95(opinion of Brennan, J., joined by Stewart, Marshall & Blackmun J.J) 판결의 결과에 동조한 3인은 이러한 권리를 인정하는 것은 묵시적으로 미성년자의 성생활영위권(right of minors to engage in sexual activity)을 인정하는 결과가 된다라는 이유로 각각 별도의 의견을 집필했다. 431 U.S. 678, 702 (White, J., concurring): 431 U.S. 678, 703 (Powell, J., concurring): 431 U.S. 678, 712 (Stevens, J., concurring).

20) 431 U.S. 678, 715 (Rehnquist, J., dissenting).

산물인 법률을 무효 선언하는 것은 반민주적이라는 주장을 내세우나 이는 법관
의 임명절차라는 지극히 형식적이고도 국부적인 문제를 지나치게 확대 조명한
반면, 법원의 판결에 대해 법률전문가와 일반국민이 자유롭게 토론·비판하며
이러한 토론·비판을 법원이 경청하여 판결에 반영한다는 사실을 전적으로 도외
시한다.

둘째, 렌퀴스트의 "본래적 의도론"(orginal intent theory)은 헌법제정당시에
"예견하지 못한 상황"(unforeseen cases)과 헌법이 추상적이고도 일반적인 문구로
규정함으로써 후일의 변화된 조건과 가치관을 반영할 것으로 예견한 상황과의
구분이 과연 명확하게 구분될 수 있느냐는 의문이 제기된다.[21] 이는 특히 권리
장전(Bill of Rights)과 수정 제14조와 관련하여 제기되는 것으로 헌법의 문언은
성경이나 마찬가지로 판사가 의도하는 어떠한 판결도 정당화시킬 정도로 추상
적이다.

세 번째로, 지나친 법실증주의의 입장을 견지하는 나머지, 흔하지는 않으나
판사가 자신에게 강요되는 도덕적·윤리적 압력에 저항하기 위해서는 사직하지
않으면 안 되는, 중요한 상황이 존재한다는 것을 렌퀴스트는 간과하고 있다.[22]

그러나 렌퀴스트의 철학의 정당성 여부에 대해서는 판단을 보류하고서라도
실제의 판결에 있어 이러한 원칙을 항상 일관되게 적용한 것은 아니다. 경우에
따라서 렌퀴스트는 헌법제정자의 의도에 대해서는 관심을 거의 표시하지 않은
채 헌법문언의 광범한 해석을 통해 자신의 결론을 정당화시키곤 한다. 다만 이
러한 경우에도 헌법진화론주의자들의 주장처럼 시대상황의 변화와 도덕적 명령
을 헌법문언에 결부시키는 대신 일종의 '자연법'(natural law)적인 주의 권리나 권
력분립이론에 근거함으로써 스스로 표방하는 실정법주의에 정면으로 배치되는
입장을 취한다는 비난을 받고 있다.[23]

예를 들어 Nixon v. Administrator of General Service[24]에서 렌퀴스트는 총
무처장(General Services Administrator)에 대하여 전직 대통령이 보유한 문서 및 테

---

21) Thomas Kleven "The Constitutional Philosophy of Justice William H. Rehnquist," 8 Vermont
    L. Rev. 1, 6, 1983; David Shapiro, "William Hubbs Rehnquist," Israel & Friedman, ed., Justices
    of the United States Supreme Court Vol. Ⅲ, pp. 129-131.
22) David Shapiro, Id., p. 113.
23) David Shapiro, Id., p. 114.
24) 433 U.S. 545 (1977).

이프 레코드의 인도 등을 요구할 권한을 부여한 대통령기록보존에 관한 법
(Presidential Recordings and Materials Preservation Act)[25]의 합헌성을 지지한 다수의
견에 반대했는데, 그는 반대의 근거로 버거(Burger) 원장의 경우와 같이 사권법
(bill of attainder) 및 프라이버시(privacy) 권의 침해를 제시한 것이 아니라, 오로지
「입법부와 행정부간의 권력분립이라는 헌법의 원칙에 반하기 때문」이라고 했다.
이에 렌퀴스트는 헌법의 구체적 조항을 제시하는 대신 "'어떤' 헌법조항이나 선
판례도 단순히 의회가 이유 있다고 판단한다는 이유만으로 대통령의 권한행사
에 대한 제한을 가할 수 있다는 결론을 정당화시키지 않는다"라고 하면서 소극
적 엄격해석론의 입장을 견지했다.

　　이러한 예는 수없이 찾아볼 수 있다. 그러나 무엇보다도 렌퀴스트의 대명사
의 하나로 인식되고 있는 '사법자제론자'의 칭호를 정면으로 배신하는 것은 대(對)
연방 권한의 문제가 걸린 판결에서 주권론을 옹호하기 위해 렌퀴스트가 전개한
초능동적 활동이다.

Ⅲ. 주권의 수호자

　　렌퀴스트 판사의 판결문에는 주 대 연방의 관계에 있어서 주의 이익을 우선
적으로 고려하는 명백한 경향을 발견할 수 있다. 문제된 이슈가 연방의 권한의
근거와 범위(예를 들어 통상조항[26](Commerce Clause)이나 남북전쟁수정헌법(Civil War
Amendments)[27]의 시행조항 또는 연방법우선조항(Supremacy Clause)[28]에 근거한 연방의
권한독점(preemption)의 범위) 등에 관한 것일 때 렌퀴스트는 헌법과 연방법의 규정
을 좁게 해석한다. 반면 이슈가 연방의 권한에 대한 제한(예를 들어 수정 제10조[29] ·

---

25) 44 U.S. 9 A § 2107 § 104(a)(5)(1983).
26) 합중국의회는 "대 외국, 각 주간(interstate commerce)…통상을 규제할 권한을 보유한다."
　　Article 1, Section 8, Clause 3. 통상조항을 중심으로 한 주와 연방과의 관련에 대한 판례의 분
　　석논문으로는 안경환, "미국의 연방제도-통상조항을 중심으로," 미국헌법과 한국헌법, 대학출
　　판사, 1988 참조.
27) 수정 제13조, 제14조, 제15조를 지칭함. 각 조에는 "합중국의회는 적당한 입법에 의하여 본조를
　　시행할 권한을 가진다"라는 시행조항(enforcement clause)을 포함하고 있다.
28) "…연방법률…은 합중국의 최고법규로…각 주의 헌법 및 법률은 이에 위반될 수 없다." 헌법
　　제6조 2항.
29) "본 헌법에 의하여 합중국에 위반되지 아니하고 각 주에 의한 보유가 금지되지 아니한 권한은
　　각주 또는 인민에 속한다."

제11조[30])나 연방법원의 판단유보[31])(abstention) 또는 부당한 권한위임[32])(improper dele-
gation of power))에 관한 것일 때는 그는 헌법조항을 넓게 해석한다. 그 결과로
연방의 권한을 제한하는 작업에 있어서는 그의 기본노선인 사법자제란 찾아볼
수가 없고 오히려 맹렬한 사법적극주의자가 된다.[33])

1. 연방권의 제한적 해석

연방정부는 헌법에 의해 제한적인 권한을 부여받아 성립된 주권체이므로[34])
그 권한의 행사는 헌법의 구체적 조문에 근거하지 않으면 안 된다. 이러한 조항
을 좁게 해석함으로써 결과적으로 주의 권한의 확대에 기여하게 되는 경우가 허
다하다. 예를 들어 렌퀴스트는 수정 제15조 1항[35])은 오로지 인종을 이유로 하는
투표권의 의도적(purposeful) 부정이나 제한만을 금지하므로 연방의회는 동조 제
2항의 시행조항을 근거로 단순히 인종차별적 효과를 초래하는 지방의 선거법이
나 관행을 금지하지 못한다라고 주장했다.[36]) 그러나 수정 제15조는 그 문면상
의도적인 차별의 경우에 한정하고 있지 않고 있으며 렌퀴스트는 헌법제정자의
의도를 입증할 그 어떤 역사적 사실도 제시하지 않고 있다. 헌법제정자의 의도
가 명확하지 않은 경우에 사법적 집행을 제한적으로 해석하는 것은 헌법의 엄격
해석론의 기본자세와 일치한다고 할 수 있다.

이와 같은 연방권한의 제한적 해석의 예는 통상조항에 근거한 의회의 통상
규제권의 발동의 경우에도 볼 수 있다. 전통적으로 지배적인 법원의 자세는 주
내통상의 규제에 관한 한 연방의회의 입법권의 행사에 대해 의회 스스로의 판단

---

30) "합중국의 사법권은 합중국의 한 주에 대하여 타주의 시민 또는 어떤 외국시민 또는 시민이
   제기하고 개시한 커먼로 소송 또는 형평법상 소송에는 미치지 아니한다."
31) 연방법원과 주법원의 관계에 관련하여 주법원의 판단에 우선권을 주기 위해 연방법원이 판단
   을 유보한다는 원칙. 자세히는 안경환, "미연방사법권의 범위와 한계," 고시계, 1985. 5 참조.
32) 헌법에 의해 연방의회의 권한으로 주어진 권한은 타부처나 주에 위임할 수 없는 것이 원칙이
   고 위임하는 경우에는 구체적인 범위를 한정하여 해야 한다는 원칙이다.
33) 1982년까지 렌퀴스트가 연방 대 주의 권한에 관련하여 저술한 판결문은 50편이고 그 중 20
   편 이상이 사법적극주의의 입장을 견지했다고 하는 분석이 있다. Thomas Klevin, "The
   Constitutional Philosophy of Justice William H. Rehnquist," 8 Vermont L. Rev. 32, 1983.
34) 수정 제10조 참조.
35) 합중국이나 주는 인종, 피부색 또는 과거의 신분을 이유로 합중국 시민의 투표권을 거부하거나
   제한하지 못한다.
36) City of Rome v. United States, 446 U.S. 156, 206 (1930)(Rehnquist, J., Dissenting).

에 일임하다시피 했다.[37] 또한 의회의 통상규제권은 그것 자체가 '완전한'(ple-nary) 권리로 일체의 제한을 수반하지 않는다는 것이 확립된 원칙이다.[38] 그런데 렌퀴스트는 통상조항에 근거한 의회의 입법은 헌법의 기타 조항에 의한 제한을 받을 뿐만 아니라, 동 조항 그 자체에 내재하는 제한도 받아야 한다는 독자적인 견해를 피력했다.[39] 뿐만 아니라 그는 규제대상이 되는 행위는 주내통상과 '일정한 관련'(some nexus) 이상의, 이에 대해 '실질적인 영향'(substantial effect)을 미치는 것이라야 한다면서[40] 의회의 통상규제권의 발동요건을 강화하고자 했다. 통상조항도 문면상 이렇게 제한적이지 않을뿐더러 렌퀴스트는 여기에서도 헌법 제정자의 의도에 관한 어떤 역사적 증거도 제시하지 않는다. 통상조항의 취지로 볼 때 순수히 주내적 성격(intrastate)을 보유하는 행위에 대해서는 의회가 이를 규율할 권한이 없다는 것이 명백하지만 어떤 행위가 연방의 간섭을 정당화시킬 정도로 주내통상에 영향을 미치느냐에 관해 판단할 권한을 연방의회에 배타적으로 부여하려고 의도했다고 충분히 추정할 수 있다. 렌퀴스트의 주장은 지적으로 정당화될 수 있기는 하지만 분명히 자신의 완고한 주권론의 영향을 받은 사법적극주의의 입장이라고 할 수 있다.

우리 연방제도의 가장 위대한 '전제'(fiction)는 연방의회는 자신에게 위임된 (delegated) 권한만 행사할 뿐 잔여의 권한은 주와 국민에 속한다는 것이다. 법원이 통상조항을 해석하는 자세를 보면 이러한 전제의 범위가 어떤 것인가를 알 수 있다. 국민이 연방의회에게 '주간의 통상을 규제할' 권한을 '위임'했지만 진정한 연방제도는 의회의 희생 아래서만 존립가능하다는 것을 알 수 있다.[41]

너무나도 유명한 1976년 National League of Cities 판결[42]과 이를 명시적으로 반복한 1985년의 Garcia 판결[43]에서 전개된 렌퀴스트의 주권론은 이와 같은

37) 안경환, "미연방사법권의 범위와 한계," 고시계, 1985. 5 참조.
38) Gibbons Ogden, 22 U.S. 1 (1824); Hammer v. Dagenhart 247 U.S. 251 (1918); NLRB v. Jones & Laughlin, 301 U.S. 1 (1937).
39) Hodel v. Virginia Surface Mining & Reclamation Ass'n., Inc., 452 U.S. 264 (1981) (Rehnquist, J., concurring).
40) Id., at 310-11.
41) 452 U.S. 264, 307-308 (1981).
42) National League of Cities v. Usery, 426 U.S. 833 (1976).
43) Garcia v. San Antonio Metropolitan Transit Anthority, 469 U.S. 528 (1985).

'연방권의 희생 아래' 연방제도를 건설해야 한다는 입장을 재천명했다. National League of Cities 판결에서 연방대법원은 5:4의 결정으로 연방공정근로기준법 (Fair Labor Standards Act)의 최저임금 및 최고노동시간 관련조항의 적용대상에 주정부의 공무원을 포함시킨 것은 통상조항의 범위를 일탈하는 것으로 위헌이라고 판시했다. 렌퀴스트가 집필한 판결문은 순수한 법리면에서 상당한 수작으로 평가되는데 통상조항을 근거로 한 입법의 합헌성을 판정하는 소위 "삼부심사기준"(3 prong test)을 제시하였다.[44] 이러한 기준에 입각하여 렌퀴스트는 문제의 연방근로기준법은 전통적으로 주에 유보된 고유한 영역에 관하여 자주(自州)의 재원을 주 스스로의 판단에 따라 배분할 수 있는 자율권을 직접 제한하는 것으로 이를 준수할 경우에는 전통적인 주기능에 직접적인 장애가 발생할 것이므로 수정 제10조의 위반이라고 판정했다. National League 원칙의 통치는 몹시나 단명한 것이 되었다. 9년 후인 1985년의 Garcia 판결은 5:4의 결정으로 National League 판결을 정면으로 번복하면서 렌퀴스트의 주권론은 연방제도의 본질에 대한 오해에서 기인한다는 뜻을 암시했다. National League 판결에서의 자신의 입장을 바꾼 블랙먼(Blackmun) 판사가 집필한 판결문은 미국적 연방제도는 '전통적으로 주에 유보된 주의 고유한 기능'이란 연방↔주라는 대립적 관점에서가 아니라 연방정부의 형성에의 주의 능동적 참가라는 "정치적 과정"(political process)[45]의 관점에서 이해되어야 한다고 강조했다.

렌퀴스트의 반론은 몹시도 감정적이었다. 연방제도의 '진수'(essence)는 어디까지나 주는 '주로서' 자신에 고유한 합법적인 권한과 이익이 있고, 또 연방정부도 비록 연방법이 최고법이라 할지라도 이에 구속된다는 데 있으며 이를 침해하는 연방정부의 불법행위를 간과하는 것은 법원의 임무태만이라고 하면서 머지

44) 정확하게 말하면 National League 판결에 의해 제시되고 후속판결인 Hodel v. Virginia Surface Mining and Reclamation Association, 452 U.S. 264 (1981); E.E.O.C. v. Uyoming, 460 U.S. 226 (1983) 판결에 의해 구체화된 3부심사기준은 「① 주권 보유체로서의 주의 권한행사에 관해 규율할 것, ② 명백하게 주권체로서의 기본속성에 관한 규율일 것, ③ 연방법을 준수하는 경우에는 전통적으로 주에 유보된 본질적인 기능에 직접적인 장애가 발생할 것」이다.

45) 블랙먼이 강조한 '정치적 과정' 이론이란 연방의회의 구성 그 자체에 주가 능동적으로 참가하며(연방 상·하원의 선출) 행정부에 대한 연방의회의 정책결정에 사실상 영향력을 행사하는 등 주요한 역할을 수행한다는 점을 강조한 웩슬러(Herbert Wechsler) 및 초퍼(Josse Choper) 교수의 이론의 원용이다. 469 U.S. at 534 n. 11. 이와 같은 '정치적 과정'에 대해서는 법원이 적극적으로 간섭해서는 안된다는 것이 블랙먼의 주장이었다. 이와 같은 사법자제론은 최근의 블랙먼의 성향에서 크게 벗어나는 태도이다.

않아(법원의 인적 구성이 바뀌면) National League 원칙이 원상회복될 날이 올 것
이라면서 결의를 굳히기도 했다.46)

2. 연방의 입법독점(Federal Preemption)

연방법우선조항(Supremacy Clause)에 의해 연방법과 저촉되는 주법은 효력을
상실한다. 이것은 결과적으로 일정한 영역에 관하여 연방이 독점적인 입법권을
보유한다는 의미가 되고 이러한 효과를 연방에 의한 입법독점(Preemption)이라고
부른다.47) 연방의 입법독점현상의 발생원인은 두 가지가 있다. 첫째, 헌법의 문
언 자체가 특정권한을 연방정부에 배타적으로 부여했거나 또는 묵시적으로 주
의 행위를 금지한다고 판시된 경우이고, 둘째, 연방법률이나 조약에 의해 명시
또는 묵시적으로 규제영역을 독점할 경우이다. 렌퀴스트 판사는 일관되게 묵시
적으로(by implication) 연방의 영역에 귀속된 대상을 제한하려고 하였다. 이미 언
급한 통상조항을 근거로 제정한 각종 연방통상규제법에 대해 제한적 효과만을
부여하여 타주산(他州産) 상품을 차별하는 주법도 주의 목적에 정당하면 통상조
항의 위반이 아니라고 하며,48) 주간고속도로의 주내 정문을 통과하는 트럭에 대
하여 일반적으로 타주에서 통용되고 있는 규격과 다른 바퀴규격의 사용을 강제
하는 주법을 위헌선언하는 것은 "자주시민의 안전을 유지하는 주의 본질적인 권
리(fundamental right)의 침해"라고 주장하기도 했다.49)

3. 피소면책특권(수정 제11조) 및 주권면책특권

연방권한의 명시적 부여에 대한 헌법적 제한이라는 이슈가 관련된 사건에서
는 렌퀴스트는 또다시 합헌추정적 엄격해석론(deferential striet constructionism)의
태도를 버리고 연방권한을 제한하는 선도적 사법적극주의자가 된다는 것은 전

---

46) 이와 같은 렌퀴스트의 태도는 민권관련사건에서와는 달리 주권사건에서는 맹렬한 사법적극주
    의자가 된다는 주장을 더욱 뒷받침해 준다.

47) 자세히는 R. Rotunda et al., Treatise on Constitutional Law, West Publishing Co., Vol. Ⅰ, 1987,
    pp. 623-67; L. Tribe, American Constitutional Law, Foundation Press, 1978, pp. 319-404.

48) Hughes v. Oklahoma, 441 U.S. 322, 342-43 (1979)(Rehnquist, dissenting)(천연잉어의 타주 반
    출을 금지하는 주법의 위헌을 선언한 판결); City of Philadelphia v. New Jersey, 437 U.S. 617,
    632 (1978) (Rehnquist, J., dissenting)(타주로부터의 폐기물(waste)의 주내반입을 전면금지한
    주법의 위헌을 선언한 판결).

49) Kassel v. Consolidated Freight Corp., 450 U.S. 662, 687 (1981)(Rehnquist, J., dissenting).

술한 통상조항과 수정 제10조의 관련사건에서[50] 관찰한 바 있다.

연방권한을 제한하는 조항을 광범하게 해석하는 렌퀴스트의 태도는 수정 제
11조 관련사건에도 잘 나타나 있다. 동조는 명문으로 타주민이나 외국인이 일주
(一州)정부를 상대로 연방법원에 제소할 수 없다고 규정하고 있다.[51] 또한 판례
를 통하여 동조는 자주 시민도 주정부를 상대로 한 연방법원에의 제소행위를 금
지한다고 해석되었으며 렌퀴스트 자신도 이를 확인한 바 있다.[52] 후자의 경우가
명문으로 인정한 전자의 경우보다 주의 피소면책권(immunity)을 인정할 필요와
실익이 크다는 점을 쉽게 짐작할 수 있고,[53] 따라서 이러한 법원의 확대해석의
태도는 정당화된다. 그러나 수정 제11조의 명문은 주간소(州間訴)간에 한정될 뿐
순수한 주내분쟁(intrastate dispute)의 경우는 적용대상이 아니므로 헌법의 원문에
존재하지 않은 내용을 삽입시켜 해석하는 것은 분명히 헌법진화론주의적 입장
이다.[54]

주권면책(sovereign immunity)의 원리는 헌법의 명문에서가 아니라 묵시적으
로 내재된 원리라는 데 별반 이론이 없다.[55] 주권면책 관련사건에서의 렌퀴스트
의 사법의견은 주로 법원에 의해 발전된 주권면책의 예외에 집중되어 있다. 그
예외 중의 하나는 주에 의한 자발적인 면책의 포기(waiver)[56]이며 또 다른 예는
연방의회에 의한 면책의 취소(abrogation)[57]이다. 렌퀴스트는 이러한 예외상황을
극도로 제한하여 주정부의 주권면책권의 범위를 극대해석하고자 한다. 예를 들
어 Edelman v. Jordan 판결[58]에서 다수의견을 집필한 그는 부분적인 연방재원
에 의해 설립된 "노약자 및 신체장애자복지프로그램에 주정부가 자발적으로 참

---

50) 전기 주 42-46 본문 및 National League 및 Garcia 판결 참조.
51) 전기 주 30 참조.
52) Edelman v. Jordan, 415 U.S. 651, 662-63 (1974).
53) 자주 시민은 타주 시민의 경우보다 자주 법원에 의한 공정한 재판을 받을 가능성이 높다.
54) 헌법제정자들이 이러한 의도를 가졌었다는 약간의 역사적 기록이 있기는 하다. The Federalist,
    No. 81 pp. 511-12 참조.
55) Edelman 판결에서의 Brennan의 소수의견 참조. 415 U.S. 651, 687.
56) 기술적으로 말하자면 수정 제11조에서 유래하는 피소면책특권은 주가 포기할 수 없는 소송법
    상의 사물관할권(jurisdictional prerequisites)인 반면 주권면책특권은 적극적 항변(affirmative
    defense)으로 포기할 수 있다.
57) 뿐만 아니라 장래에 향하여 주 공무원에 의한 위헌적인 주법의 집행이 금지될 수도 있다.
    Expartc Young, 209 U.S. 123, 155-60 (1907).
58) 415 U.S. 651, 671-74 (1974).

가했다는 사실만으로 면책권을 포기한 것으로 간주할 수 없다는 입장을 밝혔다."[59] 뿐만 아니라 렌퀴스트는 연방의회는 수정 제14조의 실시를 위해 수정 제11조의 피소면책권을 취소할 수 있는 권한을 보유한다는 것을 인정하면서도[60] 1976년의 민권변호사비지급법(Civil Rights Attorncy's Fee Award Act of 1976)의 규정은 수정 제8조[61]를 근거로 한 복역수가 주의 교정국장을 상대로 제소한 경우에는 적용되지 아니한다[62]라고 주장했다. 그는 자신의 주장의 근거로 동법에 주의 피소면책특권을 취소한다는 명문이 없다는 사실을 내걸었는데,[63] 이는 입법사에 나타난 입법의도[64]에 반하는 것이었다.

4. 연방법원의 판단유보(Federal Abstention)

"판단유보"(Federal Abstention)란 비록 헌법을 포함한 연방법상의 이슈가 관련되어 있더라도 연방법원은 주법원에 우선적 판단권을 양보해야 한다라는 원칙이다.[65] 가장 대표적인 유형의 사건은 현재 진행 중인 주법원의 절차에 관한 것이다. 이 원칙은 당초 주법상의 형사피고인이 연방법원에 대해 구제를 요청함으로써 주법상의 소추절차를 방해하는 것을 방지함에 목적이 있었다.[66] 이 원칙이 민사사건에도 적용되느냐에 관하여 렌퀴스트는 현재 계류 중인 모든 민사사건에 적용된다고 주장하지는 않았지만 명백하게 그러한 방향으로 노력하고 있다는 인상을 강하게 풍긴다. 위헌의 다툼이 진행 중인 주의 공적 불법방해법(public nuisance statute)에 대한 연방의 효력정지가처분(federal injunction)은 판단유보(abstention)의 원리에 의해 금지된다고 하는가 하면[67] 채무불이행을 이유로

---

59) 그 결과 주 공무원에 의해 수혜자격이 없다고 판정될 신청자는 이러한 신청이 없었더라면 받을 수 있었던 혜택까지 부정되는 불이익을 받았는데도 구제가 금지되었다.
60) Fitzpatrick v. Bitzler, 424 U.S. 445, 456 (1976).
61) "···잔인하고도 비정상적인 처벌(cruel and unusual punishment)은 금지된다."
62) Hutto v. Finney, 437 U.S. 678, 710 (1978)(Rehnquist, J., dissenting).
63) 그는 이러한 취소의 의도는 법문상에 명시적으로 나타나야 한다는 포웰(Powell) 판사의 주장에 동조했다. 437 U.S. 678, 706-07 (Powell, J., Joined by Rehnquist).
64) 437 U.S. 678, 683-85 참조.
65) 보다 자세히는 ① 주법원의 절차와 판단에 일임하여 연방법원은 판단을 회피하는 경우와, ② 주법원의 절차가 종료될 때까지 순수하게 판단을 '유보'하는 경우로 나누어진다. R. Rotunda et al., 전게서 주 Vol. 1. pp. 81-199; 안경환, 앞의 논문 참조.
66) Younger v. Harris, 401 U.S. 37, 43-44 (1977).
67) Huffman v. Pursue, 420 U.S. 592 (1975). 형사절차에 관한 선판례를 민사사건에 확대적용하면서 Rehnquist는 문제의 절차는 "통상의 민사절차보다 형사소추에 더욱 가깝다"라는 이유를 들

하는 법정모욕죄(contempt of the court)의 위헌적인 소추의 위험이 있는 경우에도 연방의 금지가처분은 부당하다고 판시하기도 했다.[68] 뿐만 아니라 그는 위헌의 다툼이 있는 주법에 근거한 친권자의 동거후견권(custody)의 박탈행위에 대해서도 금지가처분을 발할 수 없다고 했다.[69]

두 번째 유형의 사건은 연방법원에 의한 구제신청의 전제조건으로서의 주법상의 구제제도의 소진(exhaustion)이란 문제에 관한 것이다. 전통적으로 법원은 이러한 주법상의 구제제도의 소진을 요구하지 않았지만[70] 렌퀴스트는 계속적으로 이와 같은 법원의 선판례의 범위를 축소시키려고 노력했다. 전술한 Huffman 판결[71]에서 주법상의 구제를 소진하지 아니했다는(연방법원에 제소했을 당시에는 이미 주의 사실심이 확정되었음에도 불구하고) 것이 판단유보의 일부 이유가 되었음을 암시했다. 또한 렌퀴스트는 파면된 주경찰관이 헌법상의 적법절차의 위반을 근거로 연방법원에 대해 구제를 신청하기에 앞서 주법원의 심사를 선행해야 한다고 하는 뜻을 암시했다.[72] 마지막으로 렌퀴스트는 주법에 근거한 세무행정의 위헌성을 주장하는 소송은 판단유보원칙에 내재하고 있는 "예양의 원칙"(principle of comity)에 의해 주법원에 우선제소되어야 한다고 했다.[73]

5. 소   결

이상에서 관찰한 바와 같이 연방 대 주의 권한문제에 관한 한 렌퀴스트는 자신이 주장하는 합헌추정적 엄격해석론자가 결코 아니다. 그의 헌법철학을 지배하는 기본자세는 강력한 주권의 수호자로서의 임무를 적극적으로 수행한다는 것이다. 그리하여 그는 주의 권한이 연방의 권한과 대립하는 경우에 연방권한의 근거규정을 축소해석하며 연방권한에 대한 제한규정은 확대해석하는 경향이 뚜렷하다. 이러한 논리의 유희과정에서 렌퀴스트는 엄격해석론과 진화론, 사법자

었다. 420 U.S. 592, 604.

68) Judice v. Vail, 430 U.S. 327, 334-35 (1977).

69) Moore v. Sims, 422 U.S. 415 (1979). 동 사건은 자녀 동거후견인(custody)에 관한 민사상의 절차였는데 렌퀴스트는 자녀학대(child abuse)라는 형사법상의 문제로 전환하는 논리를 폈다. 422 U.S. 415, 423.

70) Monroe v. Pape, 365 U.S. 167, 183 (1961).

71) 앞의 주 67 본문 참조.

72) City of Columbus v. Leonard, cert. dencid, 443 U.S. 905 (1979)(Rehnquist, J., dissenting).

73) Fair Assessment in Real Estate Ass'n v. McNary, 454 U.S. 100, 179 (1981).

제와 사법적극주의간을 자유롭게 왕래하면서 주권의 확장에 유리한 결과가 된
다면 그 어떠한 명분도 쉽게 버릴 수 있는 고도의 실리주의자가 되었다.

IV. 평등권의 방관자

1977년 렌퀴스트 판사는 대법원의 평등권관련판결은 인종(race)을 기준으로
하는 분류(classification)의 경우를 제외하고는 "기본적 원칙도 없는 끝없는 방황
을 통해 입법부의 판단에 자의적인 간섭을 하고 있다"고 비난했다.[74] 그의 날카
로운 소수의견은 성별(sex, gender), 적서자(嫡庶者, illegitimacy) 및 국적(alienage)
을 기준으로 하는 입법적 차별을 위헌으로 선언하는 경향이 지나치게 농후하다
고 생각한 법원의 다수에 대해 전개되었다. 그의 불평등사상을 요약하여 현상유
지적(status quo)·소극적 평등사법주의라고 부를 수 있다. 이 점에서 렌퀴스트는
브레넌(Brennan) 및 마샬(Marshall)의 적극적 차별해소정책(affirmative action) 지향
적 평등이론을 위헌적인 급진사상(unconstitutional radicalism)이라고 부르기를 서
슴치 않는다. 또한 입법부의 판단에 대해 경의를 보내는(deferential) 사법자제의
기본적 태도는 평등권관련판결에 더욱 강하게 반영되고 있다. 아마도 그는 그
와 대법원생활을 함께한 그 어느 누구보다도 평등권 문제에 관하여 전통적 약
자에 대한 냉담한 반응을 보였던 인물일 것이다. 이하 세부적 분류별로 검토해
본다.

1. 성차별(Sex-based Classificications)

대법원은 성별을 기준으로 한 차별이 위헌선언을 면하기 위해서는 "중요한
국가목적에 봉사하며 이러한 목적의 달성에 실질적으로 연관되어야 한다"[75]라
고 입법의 합헌심사 기준을 정립했다. 단순히 행정상의 편의를 위한 차별이나
또는 고래의 "광범하고도 정형적인 남녀차별"[76](gross and stereotyped distinctions
between the sexes)은 헌법상 인정되지 아니한다. 뿐만 아니라 이러한 기준 아래
국가는 이와 같은 중대한 국가목적의 달성을 성별중립적(sex neutral) 분류로 달

---

74) Trimble v. Gordon, 430 U.S. 762, 777 (1977).
75) Craig v. Boren, 429 U.S. 190, 197 (1977).
76) Frontiero v. Ricardson, 411 U.S. 677, 685 (1973).

성하는 것이 덜 효과적이라는 증거를 제시해야만 한다.[77]

렌퀴스트의 재직기간 동안 법원은 10여 건의 판결에서 성별을 기준으로 하는 차별법을 위헌선언했다.[78] 위헌선언된 법규 중에는 성별에 따라 최저음주연령을 차별규정한(남 21세, 여 18세) 오클라호마(Oklahoma)법,[79] 과부의 경우는 남편의 사망으로 자동적으로 수혜자의 자격이 부여되나 홀아비의 경우에는 아내의 생전에 자신의 생계의 반 이상을 의탁하고 있던 경우에 한해서 사회보장제도의 수혜자가 될 자격을 인정한 법,[80] 위자료(alimony)의 지급의무자를 부에 한정한 알라바마(Alabama)법,[81] 미혼모에게는 입양동의를 거부할 권리를 인정한 반면 미혼의 생부에게는 이러한 권리를 부정한 뉴욕주법[82] 등이다.

렌퀴스트는 대부분의 판결에서 반대의 입장을 견지했다.[83] 전술한 「살아있는 헌법」[84]에서 강력하게 주장된 바와 같이 헌법해석의 근본원칙은 1차적으로는 헌법의 문언, 부차적으로 헌법제정자의 의도라는 것이 렌퀴스트의 주장이다. 렌퀴스트가 확인한 수정 제14조의 원초적 제정 의도는 주에 의한 흑백차별을 금지함에 있다. 그러므로 법원이 인종 이외의 기준에 의한 차별에까지 엄격심사(strict scrutiny)[85]를 확대적용하는 것은 부당하다고 그는 주장한다. 그러므로 그는 인종을 기준으로 하는 차별취급은 위헌의 추정(presumptively unconstitutional)을 받으나 여타의 기준에 의한 분류에 관해서는 평등권의 원칙은 단지 "유사한

---

77) 예를 들어 Kirehberg v. Freenstra, 450 U.S. 455 (1981); Wengeler v. Druggist Mut. Ins. Co., 446 U.S. 142 (1980); Caban v. Mohammed, 441 U.S. 380 (1979); Orr v Orr, 440 U.S. 268 (1979); Califano v. Goldfarb, 430 U.S. 199 (1977); Craig v. Boren, 429 U.S. 190 (1077); Stanton v. Stanton, 421 U.S. 7 (1975); Weinberger v. Wiesenfield, 420 U.S. 636 (1975); Frontiero v. Richardson, 411 U.S. 677 (1973).

78) Wengler v. Druggist Mut. Ins. Co., 446 U.S. 142 (1980).

79) Craig v. Boren, 429 U.S. 636 (1975).

80) Weinberger v. Wiesenfield, 420 U.S. 638 (1975).

81) Orr v. Orr, 440 U.S. 268 (1979).

82) Caban v. Mohammed, 441 U.S. 380 (1979).

83) Rehnquist가 위헌선언에 찬동한 판결은 2건으로 Weinberger v. Wiesenfield, 420 U.S. 636 (1975) 판결과 Kirehberg v. Feenstra, 450 U.S. 455 (1981) 판결이다. 양판결 모두 전원일치로 결정되었다.

84) William H. Rehnquist, 앞의 책 참조.

85) 인종을 기준으로 하는 위헌의 "의심의 대상이 되는"(suspect) 분류에 적용되는 합법성 심사기준으로 ① 국가목적이 필수불가결(compelling)할 것, ② 이와 같은 국가목적의 달성에 직접적으로 연관될 수단일 것, ③ 가장 덜 침해적인 수단을 사용할 것이라는 3대 요건을 충족시켜야 한다.

상황에 처해진 사람들은 유사한 법적 취급을 받아야 한다"86)일 뿐이다.

또한 렌퀴스트는 법원이 채택한 중간 레벨의 기준(intermediate standard)87)도 지나치게 주관적이라는 이유로 채택을 거부한다. 어떤 국가목적이 중요하며 법률이 이러한 국가목적의 달성에 실질적으로 연관되어 있는지 법원이 어떻게 알 수 있는지 반문한다. 이러한 어휘들은 "무색투명하고 신축성이 지나쳐 법원의 자의적 간섭을 초래할 뿐"이라고 렌퀴스트는 비난한다.88) 중요한 목적에 관한 판단은 국민의 선량들에게 맡겨야 하는 원칙을 따라야 하고 현실적으로도 법원은 판단에 필요한 자료나 전문지식이 결여되어 있다는 것이 렌퀴스트의 지론이다. 이렇게 보면 렌퀴스트의 입장에서는 성별을 기준으로 하는 차별법규의 합헌성의 심사기준은 엄격심사도, 중간 레벨의 심사도 아닌 제삼의 합헌추정적 합리적 근거(deferential rational basis) 테스트가 적용될 뿐이다.89) 종전의 법원이 경제입법의 합헌성을 지지함에 사용했던 용어를 사용하면서90) 렌퀴스트는 입법부의 판단에 대해 극대의 존경을 보낸다. 그러므로 입법목적과 그 목적의 달성수단인 성별의 기준으로 한 차별 사이에 어떠한 논리적으로 상정할만한(conceivable) 관련을 발견할 수 있다면 입법의 합헌을 렌퀴스트는 지지할 것이다. 이러한 렌퀴스트의 접근방법은 분명히 결과지향적(result-oriented)으로 성별차별에 관한한 평등권조항의 존재의의를 부정하는 어프로치라는 비난을 면키 어렵다.91)

성차별사건에 있어 렌퀴스트는 중간 레벨 심사기준에 대한 반대의 이유로 특이한 논리를 전개하고 있다. 그의 주장에 의하면 비록 법원이 여성이 차별의 희생물이 된 경우에 합헌심사의 기준을 강화한다손치더라도 남성이 차별대상이 된 경우에는 입법의 합헌성을 다툴 수 없다고 한다.92) 미국사를 통해 남성이 차

---

86) "유사한 상황에 처해진"(similarly situated)이라는 용어의 유래는 F.S. Royster Guano Co. v. Virginia, 253 U.S. 412, 415 (1920) 판결이다.

87) 253 U.S. 412 (1920).

88) Craig v. Boren, 429 U.S. 190, 221 (1976)(Rehnquist, J., dissenting).

89) D. Shapiro. "Mr. Justice Rehnquist: A Preliminary View," 90 Harv. L. Rev. 293 (1976). 샤피로(Shapiro) 교수는 주장하기를 Rehnquist의 합리적 근거 테스트에 의하면 문제된 분류가 동법이 수행하고자 하는 목적의 달성에 장애가 되는 경우가 아니면 합헌으로 인정된다고 한다.

90) 예를 들어 렌퀴스트는 McGowan v. Maryland 판결, 366 U.S. 420 (1961) 및 F.S Royster Guanno Co. v. Virginia 판결, 253 U.S. 412 (1920)의 문구를 수시로 인용한다.

91) S. Davis, "Justice Rehnquist's Equal Protection Clause: An Interim Analysis," 63 Nebraska L. Rev. 288, 298, 1984.

92) Craig v. Boren, 429 U.S. 190, 218-221 (1976)(Rehnquist, J., dissenting).

별의 대상이 된 예가 없기 때문이라는 것을 그 이유로 제시함으로써 렌퀴스트는 과거의 차별대우를 보상하는 의미의 여성의 특별보호가 필요하다는 뜻을 묵시적으로 인정하고 있다. 그러나 이러한 특별보호는 헌법의 평등권조항을 근거로 할 수는 없다는 기이한 결론에 도달한다.

법원이 각종 성차별법률을 무효화시킨 많은 사건에서 렌퀴스트의 소수의견은 정당한 테스트의 적용 하에서는 대부분이 합헌일 것이라 주장한다. 대체의 경우 다수는 렌퀴스트의 주장에 귀를 기울이지 않았으나 2건의 성차별 관련 판결에서 법원은 합리적 근거 테스트를 채택했다. 한 건은 18세 이하의 여성과의 합의에 의한 성행위를 준강간(statutory rape)의 범죄로 규정한 캘리포니아(California) 주법의 합헌성을 다룬 것이다.[93] 캘리포니아 대법원은 엄격심사(strict scrutiny) 기준을 적용하여 이러한 분류에 의한 남성차별취급은 십대(teenager) 임신의 방지라는 필수불가결한 국가목적의 달성에 직접적으로 관련된 것으로 판단한 바 있었다. 연방대법원은 렌퀴스트의 주장을 채택하여 합리적 근거의 테스트를 적용함으로써 동법의 합헌성을 인정했다. 4인을 대표한 복수의견을 집필한 렌퀴스트는 성차별심사의 기본적 테스트인 중간 레벨 테스트에 명목적인 경의를 표했을 뿐이다. "전통적인 합리적 근거 테스트는 성별을 기준으로 하는 분류가 도전받은 경우에는 '다소' 날카로운 분석을 요구한다"라고,[94] 렌퀴스트가 인정한 동법의 목적은 미성년부녀와의 불법적인 성행위를 위축시키는 데 있었지만 이 밖에도 미성년임신의 단속, 미성년부녀의 건강보호, 도덕성의 앙양, 사회복지제도상의 부담가중의 예방 등 각종 합리적인 근거를 열거할 수 있었을 것이다. 여성만이 임신의 기능과 위험이 있으므로 성행위의 후유증에 관한한 남녀를 유사한 상황에 처한 사람으로 취급하지 않은 것이 분명하다.

그리하여 "유사한 상황에 처한"이라는 문구의 사용에 의해 렌퀴스트는 문제의 초점을 "중대한 국가목적의 달성에 실질적으로 연관되어 있는지" 여부의 문제로부터 가장 덜 엄격한 심사기준(minimum scrutiny)의 문제로 전환시켰다. 그 결과 중간 레벨의 심사기준 아래서는 성별중립적인 법규가 효력을 도전받고 있는 문제의 법규만큼 효과적일 것이냐가 중요할 것이나 렌퀴스트의 "유사한 상황"의 기준에 의하면 이러한 요소는 단지 성별중립적 법규가 중요한 국가목적의

---

93) Michael M. v. Superion Court, 450 U.S. 464 (1981).
94) 450 U.S. 464, 468 (1981).

달성에 실질적으로 연관되어 있느냐의 물음이 될 뿐이다.[95]

　법원이 렌퀴스트의 견해에 찬동한 두 번째의 판결은 장래의 징집을 목적으로 하는 등록 대상을 남자에 한정한 선택적 군복무법(The Military Selective Service Act)의 합헌성 여부를 다루었다.[96] 렌퀴스트는 주장하기를 통상의 경우에도 의회의 판단에 강한 합헌성의 추정을 부여해야 하거늘, 이와 같은 국방 및 군사에 관한 사항은 헌법이 의회에 인정한 권한이 광범할 뿐만 아니라 법원의 판단능력이 전적으로 결여된 것이나 마찬가지이므로 더욱 강한 합헌성의 추정을 부여해야 한다고 했다.[97]

　법원이 무효선언한 선판례상의 성차별과 구별하면서 렌퀴스트는 여성을 군무를 위한 등록에서 면제하는 정책은 여성에 대한 전통적 관념의 소산, 즉 여성은 전투(combat)에 부적합하다는 확립된 통념에 근거한 것이라고 하면서 이러한 남녀차별은 남녀가 서로 유사한 상황에 처해 있지 않다는 것을 전제로 한 것이라고 결론을 내렸다.[98] 이러한 태도는 합리적 근거의 기준의 인상을 강하게 풍기고 있지만 렌퀴스트는 특정한 기준을 적용하기를 명시적으로 거부했다.

　성차별영역에 있어서 렌퀴스트의 견해는 일정한 원칙이 없다는 비난을 면키 어렵다. 그의 극소심사-극대합헌추정(minimum scrutiny/maximum deference) 어프로치에 입각하면 남녀를 차별대우하는 그의 모든 법률이 합리적 근거를 보유하고 따라서 합헌이 된다. 이와 같은 렌퀴스트의 어프로치는 그 자신이 피하고자 하는 바로 그 결과-이미 기정된 결론을 정당화시키기 위해 "실체없는 추상"을 동원하여 입법에 대한 헌법적 공격을 방어하는 격이 된다는 비난을 면할 수 없다.[99]

2. 적서차별(Illegitimacy)

　적서(嫡庶)를 기준으로 상속,[100] 부(父)사망으로 인한 불법행위손해배상권,[101]

---

95) Brennan 판사는 소수의견에서 바로 이 점을 강조했다. 450 U.S. 464, 488-89 (1981)(Brennan, J., dissenting).
96) Rostker v. Goldberg, 453 U.S. 57 (1981).
97) 453 U.S. 57, 76 (1981).
98) 453 U.S. 57, 76 (1981).
99) Sue Davis, 앞의 논문, p. 301.
100) Lalli v. Lalli, 439 U.S. 259 (1978); Trimble v. Gordon, 430 U.S. 762 (1977).
101) Levy v. Lousiana 391 U.S. 68 (1968).

사회복지혜택[102] 또는 부양가족자격[103] 등에 차별취급을 규정한 입법에 대한 평등권위반심사에는 일률적인 중간 레벨 심사기준이 적용된 것은 아니다. 이 분야에 관해 법원이 내린 모든 위헌판결에서 렌퀴스트는 반대의 입장을 견지했다.[104]

법원의 다수가 채택한 적서차별법규의 심사기준에 대해서도 렌퀴스트는 남녀차별의 경우나 마찬가지로 강력한 반대의 목소리를 높인다. 그는 평등권조항은 주의 입법이 논리적(logical)일 것을 요구하는 것이 아니라 단지 "문제된 구별취급을 정당화시킬 수 있는 사실적 상황의 존재가 가능할(conceivable) 것을 요구할 뿐이다"라고 주장한다.[105] Trimble v. Gordon 판결[106]에서의 렌퀴스트의 소수의견이 그 자신의 적서기준의 차별대우와, 나아가서는 평등권 전반에 관한 자신의 철학을 잘 대변해 준다. 동 판결에서 합헌성의 도전을 받은 일리노이주법은 적자의 경우는 부모쌍방으로부터 법정상속의 상속자가 될 수 있도록 규정했으나 서자의 경우는 모에게서만 법정상속을 받을 수 있도록 하였다. 5:4의 결정으로 동법을 위헌선언한 동 판결에 대해 렌퀴스트는 명확한 심사기준을 제시하지 않았다고 비난했다. 뿐만 아니라 법원은 의회가 이러한 법을 제정한 입법동기나 의도에 초점을 맞추어 심사해서는 안 된다고 주장했다. 입법동기와 입법목적달성을 위해 의회가 채택한 수단과의 사이에는 언제나 약간의 간극이 존재하게 마련이므로 법원이 입법동기를 심사함으로써 허용할 수 있는 입법의 하자나 입법부가 취할 수 있었던 대안 등을 판정하는 역할을 담당하게 되었다는 것이다. 렌퀴스트에 의하면 문제의 핵심은 법원은 의회보다 현명한 판단을 내릴 무기도 지혜도 보유하지 않는다는 사실이다. "이와 같은 사법적 '간섭'(meddling)은 마치 '평등권조항'이 입법의원들의 교과과목이고 법원의 의견은 이들의 통상의 입법업무를 보다 잘 이해시키기 위해 발행하는 업무지침이어야 한다는 논리적 전제에 입각할 경우에만 가능하다."[107] 한마디로 말하자면 렌퀴스트의 입장에서

---

102) New Jersey Welfare Rights, Org. v. Cahill, 411 U.S. 619 (1973).
103) Mathew v. Lucas, 427 U.S. 495 (1976).
104) 적서기준의 차별취급법규에 대해 위헌선언한 판례는 Trimble v. Gordon, 430 U.S. 762 (1977); Jimenez v. Weinberger, 417 U.S. 628 (1974); Gomez v. Perez, 409 U.S. 535 (1973); New Jersey Welfare Rights Org. v. Cahill, 411 U.S. 619 (1973); Weber v. Aetna Casualty & Sur. Co., 406 U.S. 164 (1972) 등이다.
105) Weber v. Aetna Casualty & Sur. Co., 406 U.S. 164, 183 (1972).
106) 439 U.S. 762 (1977).
107) 439 U.S. 762, 784 (1977).

는 단순한 합리적 근거 테스트 이상으로 엄격한 기준을 요구하는 그 어떤 사법
심사도 필연적으로 민주적 입법절차에 대한 사법부의 가치관을 강제로 주입시
키려는 부당한 간섭이 된다.

3. 외국인(alienage)[108]

1971년 대법원은 획기적인 Graham 판결[109]에서 "국적을 기준으로 하는 차
별분류는 인종을 기준으로 하는 분류나 마찬가지로 위헌의 '의심의 대상'(sus-
pect)이 되는 분류로 엄격사법심사의 대상이 된다"라고 선언했다.[110] 그러나
대법원의 후속판결은 Graham 선언을 충실하게 준수하지 않았다. 외국인에 대
한 차별이 문제될 때마다 법원의 심사기준이나 Graham 원칙의 수용범위 여
부에 관한 명확한 정의가 제시되지 않았다. 문제를 더욱 모호하게 만드는 것
은 외국인의 신분(합법체류자 또는 거주자(resident alien)[111] 여부)에 따라, 또 차
별주체에 따라(연방법이냐 주법이냐) 다른 심사기준을 적용한다는 것이다.[112]
예를 들어 연방공무원의 자격요건으로 시민권(citizenship)을 요구하는 것은 주
공무원의 경우보다도 국가법익의 중대성에 비추어 보다 정당화될 수 있다.[113]
그러나 국적을 기준으로 하는 차별취급은 성별이나 적자성을 기준으로 하는
차별취급의 경우와는 다른 문제점을 제기한다. 첫째, 국적(citizenship)의 개념
자체가 우선적 대우를 받는 법정그룹의 존재를 전제로 하며, 둘째로 성별이
나 적서성과는 달리 국적은 불가변(immutable)한 개인적 특성이 아니라는 점
이다.

1973년 대법원은 거주외국인(resident alien)의 변호사 자격취득을 금지하는
코네티컷(Conneticut) 법률[114]과 특정분야의 행정공무원(Civil Service)의 자격취득

---

108) 외국인에 대한 미국법의 기본적 태도나 출발점은 다른 나라와는 판이하게 다르다. 그것은 역사
　　적으로 미국은 이민으로 성립된 나라이고 현재에도 이민으로 상당수 충원되므로 미국 내에 체
　　류하는 외국인(alien)은 내국인(citizen)이 되기 위한 일정한 조건을 충족시키는 과도기에 있다
　　는 논리적 전제에 입각하고 있다. 자세히는 Kyong Whan Ahn, Alien's Basic Human Rights
　　under the United States Law, Justice, 1985. 12, pp. 153-182 참조.
109) Graham v. Richardson, 403 U.S. 365 (1971).
110) 403 U.S. 365, 372 (1971).
111) 흔히 통상적으로 영주권자(permanent resident)로 불린다.
112) Kyong Whan Ahn, 앞의 논문 참조.
113) Hampton v. Mow Sun Wong, 426 U.S. 88, 101 (1976).
114) In re Griffiths, 413 U.S. 717 (1973).

96   제 3 장

요건으로 시민권을 요구하는 뉴욕(New York) 법의115) 위헌을 선언했다. 양 판결
에서 모두 소수의견을 집필한 렌퀴스트는 '시민권'의 중요성을 강조하면서 헌법
에 시민권자(내국인)와 비시민권자(외국인)을 구분취급한 곳이 11군데나 된다고
지적했다. 그에 의하면 "시민권은 단순한 물리적 존재(presence)나 거주(resi-
dence)보다 더욱 미국사회와 지속적이고도 본질적인 관계를 맺고 있다는 상징이
다."116) 그는 법원은 아무런 헌법상의 근거도 없이 자의적인 기준으로 특정 그
룹의 사람들에게 특별한 보호를 제공한다고 비난했다. 그의 입장에서 볼 때는
외국인은 내국인과 동등한 헌법적 보호를 주장하기 위해서는 귀화라는 과정을
거침으로써 미국의 정치적·사회적 구조에 대한 이해와 미국적 가치관에 대한
충성의 증거를 제시할 것을 요구하는 것은 결코 불합리하지 않은 것이다.117)

　　고용에 관한 주법규가 국적을 이유로 차별하는 경우에는 법원은 주의회의
지혜에 맡겼다. 예를 들면 1978년과 79년에는 주의 기마경찰관(trooper)의 자격
요건을 내국인에 한정한 법률이나118) 외국인의 공립학교교사 취임을 금지한
법119)을 각각 합헌으로 인정했다. 또한 1982년에는 법원은 치안유지관(peace
officer)의 권한이 주어지는 일체의 주·지방공무원의 자격요건으로 시민권을 요
구하는 것은 합헌으로 판정했다.120)

　　1973년의 Sugarman 판결121)에서 법원은 불과 2년 전의 Graham 판결122)의
엄격심사기준을 완화시켰다. "주의 헌법적 특권에 속하는 영역에 관한 문제에는
엄격심사가 요구하지 않는다"123)라는 설명과 함께. 그러나 후속판결들은 엄격심
사의 예외상황을 확대시킴으로써 원칙을 전적으로 붕괴시킨 결과가 되었고 외
국인 문제에 관한 한 렌퀴스트의 입장이 법원의 주류사상이 된 듯하다.

　　다만 1982년의 Plyer 판결124)은 미국법원의 인도주의와 함께 렌퀴스트의 평

115) Sugarman v. Dougall, 413 U.S. 634 (1973).
116) 413 U.S. 634, 652 (1973).
117) Board of Eng'rs., Architechs and Surveyors v. Flores de Oterz, 426 U.S. 572, 587
　　 (1976)(Rehnquist, J., dissenting).
118) Foley v. Connelie, 433 U.S. 291 (1978).
119) Ambach v. Norwick, 441 U.S. 68 (1979).
120) Cabell v. Chavez Salido, 454 U.S. 432 (1982).
121) Sugarman v. Dougall, 413 U.S. 643 (1973).
122) 413 U.S. 643 (1973).
123) 413 U.S. 643, 648 (1973).
124) Plyer v. Doe, 458 U.S. 1131 (1982).

등권철학의 기본자세를 흥미롭게 보여 준다. 불법체류중의 외국아동에게 무상의 무교육의 기회제공을 거부한 텍사스(Texas) 주법의 합헌성에 문제된 동 판결에서 브레넌(Brennan)이 대표한 법원의 다수는 교육의 중요성, 귀책사유가 없는 아동에 대한 인도적 배려 등을 근거로 동법의 위헌을 선언했다. 렌퀴스트의 반대의견은 어느 때나 마찬가지로 냉엄한 현상존중적 사법자제론의 입장을 재천명했다. "법원이 스스로 인정하듯이 불법체류외국인(illegal alien)이 위헌의 '의심대상'(suspect)이 되는 분류가 아닌 이상…당법원의 심사는 이와 같은 입법적 분류가 합법적인 국가목적과 합리적인 관련이 있느냐라는 점에 국한될 뿐이다."[125]

4. 소　결

성별, 적서 및 국적을 기준으로 하는 차별취급이 관련된 평등권 문제에 관한 렌퀴스트의 판결문은 그 자신의 기본적 사법철학을 명백하게 반영한다. 인종을 기준으로 하는 차별의 경우에는 엄격심사를 적용해야 한다는 주장도 헌법의 실증적 이해 -즉 수정 제14조의 본래의 입법취지에 충실해야 한다는- 라는 자신의 기본자세와 일관된다. 뿐만 아니라 미국의 헌법체계 아래서의 법원의 임무는 국민에 의해 선출된 기관이 자신에게 부여된 권한의 범위를 일탈하여 이를 행사하는 것을 감독하는 데 있을 뿐 스스로가 실체적 문제의 해결을 담당해서는 안 된다는 자신의 민주주의적 권력분립론과 일치한다. 렌퀴스트에 의하면 평등권조항은 결코 평등을 실체적으로 보장한 것이 아니기 때문이다.

V. 결　론

사법부의 역할, 연방주의 및 평등권의 삼대영역을 중심으로 분석한 렌퀴스트(William H. Rehnquist)는 강력한 주권의 수호자이자 평등권의 방관자라는 일반의 인식에 오류가 없다는 것이 증명되었다. 그러나 흔히 헌법의 원문과 본래의 의미에 집착하는 엄격해석론자이자 강력한 사법자제주의자라는 인식은 피상적인 관찰의 결과라는 것이 입증되었다. 그는 자신이 설정한 가치관의 선호에 따라 법원의 역할에 대한 기본적 자세를 바꿀 수 있는 실용주의자에 불과하다고 해야 옳다.

---

125) 458 U.S. 1247-49 (1982).

"William Rehnquist 판사의 법사상"[1988]

해 제

김 영 진*

－판사는 우리 사회를 위해 어떠한 역할을 수행할 수 있는가? 미국 연방대법원 판사들은 미국 사회를 위해 어떠한 판단을 행하였고 또 어떠한 의견을 표명하였는가? 그것은 왜 중요한가?

Ⅰ. 적어도 미국(헌)법을 공부해본 이들이라면 미국 연방대법원 대법관(이하 판사)들의 견해를 분석하는 작업이 연구자에게 필수 불가결한 영역임을 인정하면서도 한편으론 공부 도중 이 사람들은 도대체 어디서 온 천재들인가 속으로 한번쯤은 되내어 본 적이 있을 것이다. 개인적으로 공부를 하면서도 이와 관련하여 상상의 나래를 여러 번 펼치기도 했었던 것 같다. 안경환 교수님은 그의 학문 활동 초기부터 단촐한 분량이었지만 유려한 필치로 일련의 연재를 통해 우리들이 그저 궁금해하기만 해왔던 미국 연방대법원 판사들에 대한 개인사나 경력, 임명 배경 등을 해외법률가시리즈란 제하에 흥미롭게 그려내었으며 이를 상당한 횟수에 걸쳐 정기적으로 게재하였다.[1] 한편 이보다 앞서 안교수님은 초기 갤러웨이(Galloway)의 저술, The rich and poor in the Supreme Court history 의 번역[2] 작업을 통해 미연방대법원사의 통시적 개관 작업과 함께 갤러웨이가 내세웠던 대법관 사법철학 평가의 기준인 4대 지표[3]를 소개한 적도 있다. 나아

---

* 인천대학교 법과대학 조교수

1) 안교수님의 전체 저작물 문헌목록에 따르면 서울대학교에 임용되기 전인 1986년부터 해외법률가 평전 시리즈를 월간 고시계에 게재를 하는데 이 시리즈는 1988년까지 햇수로 3년간 계속해서 이어졌다.

2) 안경환, 법은 누구 편인가?, 고시계, 1985 참조.

3) 갤러웨이는 4대 지표에 대해 i) 사법적극주의와 사법자제주의, ii) 연방권한과 주권한 iii) 평등권 적용의 범위, iv) 국가기능의 수행과 개인의 기본권 보장으로 제시하는데 이 기준들은 이 논문(William Rehnquist 판사의 법사상) 서두에 소개되어 있다.

가 후일 미국 연방대법원 판사들에 대한 가장 논쟁적이고 도발적인 고찰중 하나
인 우드워드(Woodward)와 암스트롱(Armstrong)의 저술, The Brethren: inside the
Supreme Court의 우리말 번역 및 출판[4])과 그 이후 10여 년이 지나서 당해 도서
를 새롭게 재출간시켰던 시도[5])는 미국 연방대법원 판사들이 그들의 의사 결정
과정에서 어떠한 행적을 보였는지에 대해 교수님이 계속해서 깊은 관심을 유지
하였다는 방증에 해당한다고 본다. 이렇듯 미국 연방대법원 판사들을 다양한 각
도로 조명하면서 가졌던 교수님의 관심은 곧 미국(헌)법을 공부하는 우리 모두
의 공통적인 관심사를 학술적으로 잘 정리하여 축약시키면서 무엇이 정말 궁금
한가를 잘 모르는 이들을 대신하여 관련 질문을 공식적으로 던지고 그에 대한
해답을 도출하는 과정을 통해 연구자들이 지적(知的)으로 가려웠던 부분을 시원
하게 긁어주는 역할을 하였다고도 생각이 든다.

　Ⅱ. 안교수님의 전체 문헌목록 서지를 살펴보면 미국 연방대법원 판사들의
간략한 일대기 성격의 초기 게재문들이 본격적인 연구 논문으로 확장, 탈바꿈한
사례로 세 가지 문헌이 있음을 알 수 있다. 이 논문인 "William Rehnquist 판사
의 법사상"을 포함하여 더글라스(Douglas), 블랙(Black) 등 모두 1990년 이전, 즉
교수님의 학문 여정 초기에 쓰여진 연방 대법원 판사 3인에 대한 논문이 바로
그것이다.[6]) 사법진보주의의 대변자인 더글라스 판사의 경우는 그에게 매료되어
별도의 단행본으로까지 출간[7])을 하면서 그의 법사상을 상세히 다루었으면서도
한편으로 사법보수주의 철학의 영원한 신봉자였던 렌퀴스트(Rehnquist) 판사에
대해서도 독자적인 논문을 발표하였던 점은 언제나 소위 진보와 보수, 한쪽에
치우치지 않고 양자의 노선을 함께 아우르려고 노력했던 교수님의 평소 지론이

---

4) 안교수님은 "판사가 나라를 잡는다"와 "판사가 나라를 살린다"의 인상적인 책 제목을 달아 2권
　　으로 나누어 각각 1995년과 1996년에 출판을 하였다. 봅 우드워드, 스캇 암스트롱 (Bob
　　Woodward, Scott Armstrong) 저, 안경환 역, 판사가 나라를 잡는다 : 연방대법원비사, 철학과
　　현실사, 1995 및 동일 저자 및 역자, 판사가 나라를 살린다 : 연방대법원비사, 철학과 현실사,
　　1996 참조.
5) "지혜의 아홉 기둥: 미국을 움직이는 숨은 저력, 연방대법원"이란 제하로 1권으로 합쳐서 2008
　　년에 출판하였다. 전게 각주 동일저자 및 역자, 라이프맵, 2008 참조.
6) 더글라스와 표현의 자유는 1988년에, Hugo Black의 사법철학: William Douglas와의 대비는
　　1990년에 각각 발표되었다. Douglas 판사와 표현의 자유, 대한변호사협회지, 1986 및 Hugo
　　Black의 사법철학: William Douglas와의 대비, 동서의 법철학과 사회철학, 1990 참조.
7) 안경환, 미국법의 이론적 조명: 윌리엄 더글라스 판사의 법사상, 고시계, 1986 참조.

나 소신으로 미루어 보건대 충분히 수긍이 가는 저작 활동이었다고 평가할 수
있겠다.[8] 또한 평소 교수로서 본연의 역할인 강의, 연구, 학내보직 등에 충실하
느라 필요불가결한 면이 있었기에 한국 사회의 문제가 벌어지고 있는 현장 참여
에 대해 마음은 가되 솔직히 몸이 가지 않았다는 교수님의 고백[9]도 그렇다면 학
자로서 당신이 기여할 수 있는 바는 무엇인가라는 생각하에 다양한 저술활동에
매진하지 않으셨을까란 추정을 하게 만든다.[10]

Ⅲ. 저자는 이 논문에서 각종 판결문에 드러난 렌퀴스트의 태도를 편향되지
않고 담담하게 기술하고 정리한다. 렌퀴스트가 왜 보수 사법철학의 대변자였으
며 엄격해석론자로서 원초적 의도론(original intent theory)을 적극 지지하면서 따
라서 한편으로 진화주의자(evolutionist)들의 논증 도구였던 살아있는 헌법론
(living constitution theory)을 비판하지만 또 한편으론 이 이론을 (극적으로) 수용하
는 태도를 취했던 바에 대해서도 설명을 한다. 심지어 반대 진영까지도 탄복을
자아내게 하는 렌퀴스트 판사의 논리정연하고 설득력 있는 이론 전개에 대한 부
연 서술은 왜 저자가 더글라스를 동경하면서도 동시에 렌퀴스트를 주목하셨는
지를 알게 한다. 한편 이 논문 서두에서 저자가 갤러웨이의 기준을 채택하였다
고 명백히 언급한 후 논지 전개와 구성에 있어서 일관성있게 하나의 단일한 분
석 틀 또는 분석 방법론을 따른 것도 후학들이 연구 논문을 집필함에 있어서 배
워야 할 부분으로 생각된다.

어느 한쪽으로 치우침없이 사물이나 현상을 바라보려는 저자의 시선은 렌퀴
스트에 대한 하버드 대학 샤피로(Shapiro) 교수의 거침없는 비판도 지면을 할애

---

8) 그래서 후일 국가인권위원회 위원장 공직 임용 당시 언론의 평가에 있어서 한편으로는 "유연
   하다," "합리적이다," "균형감각이 있다"는 소리를 들었지만 다른 한편으로 심지어 모(某) 시민
   단체로부터는 성향을 명확하게 알 수 없는 기회주의자라고까지 극단적 평가를 들었던 안교수님
   이었지만 이는 그의 진정한 성품과 성향을 근처에서 직접 뵈면서 접하지 못하고, 공직을 맡은
   인사에 대해 제대로 알지도 못하면서 얄팍한 평을 선정적으로 달기에 급급했던, 참으로 왜곡된
   평가였다고 본다. 언론 등의 평가는 안경환, 안경환의 시대유감, 라이프맵, 2012, 62면 참조.
9) 안경환, 앞의 책, 61면 참조.
10) 해제자의 관점에서는 지난 제18대 대선시기, 민주당 새정치위원회 위원장으로 활동하셨던 부
    분은 적어도 외견상으로는 분명히 안교수님의 정치적 성향을 대외적으로 표현한 것으로 볼 수
    도 있겠지만 이를 두고 만약 혹자들이 안교수님을 소위 중도 실용노선에서 급진 진보노선으로
    전향 또는 선회하였다고 언급한다면 안교수님의 진정한 모습을 모르는 일방적 추정이라 언급
    하고 싶다.

하여 조목조목 여과없이 소개를 한다. 또한 사법자제론자이면서도 대(對) 연방과
의 관계에 있어서 주권(州權)을 옹호하고 주(州)의 이익을 우선적으로 고려한 렌
퀴스트의 일견 모호해 보이는 태도에도 초점을 맞춘다. 구체적으로 렌퀴스트는
연방권은 제한적으로 해석되어야 하고 주권면책특권은 인정되어야 하며 연방법
원의 판단 유보(federal abstention)를 통해 비록 연방법상의 이슈가 관련되어 있더
라도 주법원에 우선적 판단권을 양보해야 한다는 원칙을 옹호한다. 그에 따르면
일응 분명히 헌법의 엄격해석론과 사법자제론, 주권옹호론은 확고한 연결 고리
를 분명히 갖고 움직이는 것이라는 평가도 가능하겠다.[11] 그러나 사법자제론과
주권옹호론은 그 작동의 태양에 있어서 소극과 적극, 또는 수동과 능동이란 서
로 상반된 모습을 띠기에 양자를 동시에 따르는 것이 과연 논리적으로 일관성
있는가 하는 의문을 자아내기도 한다. 따라서 저자는 적어도 연방 대(對) 주의
권한 문제에 관해서만큼은 렌퀴스트가 합헌추정적 엄격해석론자가 아니라고 결
론을 내리며 주권의 확장을 위해서는 자유롭게 이론을 왕래하면서 명분에 집착
하지 않는 실리주의를 취하였다고 평가한다. 이러한 다면적이고 종합적인 고찰
은 렌퀴스트가 판결문을 통해 논리정연하게 그의 천재성[12]을 드러낸 것에 대한
단순한 찬사에만 그치지 않는 대신 어떻게 렌퀴스트는 일응 모순적으로도 보일
수 있는 그의 행보를 나름의 논리를 갖추고 정교하게 추구할 수 있었는지, 그것
이 곧 판사가 한사람의 지식인으로서, 또 공동체 구성원의 일원으로서 소속된
사회를 향해 지적인 차원에서 포효할 수 있는 의미심장한 사자후는 아닌지 생각
하게 만든다.

　또한 저자는 렌퀴스트의 평등권 사상을 요약하여 현상유지적, 소극적 평등
사법주의라고 명명을 하고 계시는데 이 또한 렌퀴스트의 법사상을 한 줄로 적확
하게 요약한 것이라 하겠다. 사법부자제론을 추종하는 렌퀴스트의 기본태도가
평등권 관련 판결에 논리 일관적으로 그대로 투영이 된 것으로 해석한다면 렌퀴
스트를 설명함에 있어서 충분히 수긍이 가는 지적이라 하겠다. 렌퀴스트는 성별

11) 논자에 따라서는 미국 수정헌법 조항을 엄격해석해보니 주권에 관해서는 연방권보다 우선적
　　보호의 지위를 부여할 수 있다는 해석도 충분히 주장할 수 있을 것이다.
12) 렌퀴스트의 천재성은 흥미롭게도 연방대법원 잭슨 판사의 대필 의혹 그 자체가 우회적으로 드
　　러내는 것이기도 하다. 또한 버거(Burger)원장 시절, 많은 판결문을 렌퀴스트로 하여금 작성하
　　게 하였고 원장 자신의 이름으로 발표된 판결문 중에도 렌퀴스트가 작성했거나 관여한 건수가
　　비일비재하였다고 한다. 안경환, 해외법률가 평전, William H. Rehnquist, 고시계, 1986 참조.

(性別)을 기준으로 하는 차별 취급이 관련된 평등권문제에 있어서 합헌추정적 합리적 근거(deferential rational basis)테스트 같은 합헌심사기준을 고유한 논증도구로 제시함으로써 입법부의 판단을 극도로 존중하고 극소의 심사(minimum scrutiny/maximun deference)만을 가하는 방법론을 채택한다. 적서(嫡庶)와 국적(國籍)에 따른 차별 취급에도 동일한 맥락으로 논리전개는 이루어지는데 그의 주장의 요지는 반다수적(anti-majoritarian) 성격이 강한 법원이 아무런 헌법상 근거없이 특정 그룹의 사람들에게 특별한 보호를 제공하는 태도를 취해서는 안된다는 것이며 이는 민주주의적 권력분립론과도 일치하게 된다. 렌퀴스트의 주장은 논리적인 흠결을 잘 찾아낼 수 없을 정도로 견고해 보이지만 결과는 언제나 상당히 보수적으로 귀결되는데 저자는 이에 대해 렌퀴스트는 가치관의 선호에 따라 법원의 역할에 대한 자세를 바꿀 수 있는 실용주의자라고 표현하고 있는 점도 상당히 흥미로운 지점이다.

한편 이 논문에서 렌퀴스트란 인물의 법사상을 탐구하면서 렌퀴스트가 법원 판사 서기(clerk) 신분일때 당시의 잭슨 판사 대신 대필을 하면서 언급하였다고 일컬어지는 "분리하되 평등(separate but equal)" 법리가 소개되지 않은 점도 주목할 수 있겠다. 이는 해제자로 하여금 렌퀴스트가 어떠한 평등권 사상을 가지고 있었는지 판단할 척도로서의 한 부분이 누락된 듯한 느낌을 갖게 해서 일말의 허전한 감을 금할 수 없는 지점이다. 그러나 렌퀴스트의 대법관 상원인준 청문회에서 "separate but equal"은 자신이 쓴 메모임은 사실이지만 잭슨 판사의 주문대로 써주었을 뿐 자신의 견해는 아니라고 답변했었던 역사적 사실[13]을 고려한다면 이 논문에서 렌퀴스트와 "separate but equal"의 관련성은 의도적으로 누락시킬 수밖에 없었던 것은 아닐는지 추정해본다.

Ⅳ. 안교수님이 그의 학문 여정 초기부터 저술해온 미국 연방대법원 판사들에 대한 일련의 저작물들은 그 형식과 접근법이 다양함에도 불구하고 결국 우리

---

13) 1971년 발행된 뉴스위크(Newsweek)지는 1952년 당시 잭슨 판사의 서기(clerk)신분이었던 렌퀴스트가 분리정책 관련 사건(segregation case)에 대하여 메모를 작성하였고 렌퀴스트의 이니셜이 있었다고 공개하였다. 이는 곧 잭슨판사로 하여금 Brown v. Board of Education의 변호사들이 만든 논변을 배척하도록 만들었고 대신 Plessy v. Ferguson에서 지지한 "separate but equal"시설이 합헌이라는 판단을 지지하도록 하는데 일조한 것으로도 해석이 가능하다. http://www.nytimes.com/2005/09/11/weekinreview/11lipt.html 참조.

한국사회에서 법관들이 수행해 나가야 할 과제에 대해 집필당시였던 80년대 말, 민주화에 대한 열망이 폭발하던 시점을 살아가던 신진법학자로서 당신만의 관점을 갖고 선구자적인 제시를 감행한 것이라고 해제자는 생각한다. 고유한 논증방식의 제공과 함께 자유롭게 이론을 왕래하며 판결문을 통해 유감없이 본인의 천재성을 발현시킨 미국 연방대법원 판사 렌퀴스트의 경우도 그 시점의 교수님에게 얼마나 흥미로운 연구논문 주제였을까 하는 점에 생각이 미치게 되니 이러한 관점은 해제자의 앞으로 진행될 연구에 대한 의욕에도 상당한 자극이 됨을 덧붙이며 이 글을 갈음한다.

[색인어] 원초적 의도론(original intent theory), 살아있는 헌법론(living consti-
         tution theory), 엄격해석론(strict constructionism), 합헌추정적 합리적
         근거 심사기준(deferential rational basis test)

제4장

THE INFLUENCE OF AMERICAN CONSTITUTIONALISM ON SOUTH KOREA

THE INFLUENCE OF AMERICAN CONSTITUTIONALISM ON SOUTH KOREA*

I. INTRODUCTION

Official contact between America and Korea dates back to the late 19th Century. With the execution of the Treaty of Peace, Commerce and Navigation in 1882[1] the two countries entered into a long history of communication and cooperation. Sporadic references to American constitutionalism are found in late 19th century publications. In the Dynasty Era, early Korean intellectuals who traveled to America published their observations on the enlightening United States Constitution. For example, Kil-Jun Ryu (1856-1914), in his seminal work of 1895, Learnings from a Journey to the West (SeoYu KyonMun), commented on novel terms such as 'inalienable freedom and rights of the people,' and 'government for the people.'[2]

Philip Jasion (Jae-Phil So, 1863-1951) published a series of articles on American democracy and the United States Constitution in The Independence Newspaper (TongNip ShinMun), which he founded.[3] His articles called for the

* This article was written during the period (1996-97) when the author was a visiting scholar at the School of Law, Southern Illinois University at Carbondale. A synopsis of this article was presented in a special lecture on February 27, 1997 at the same school. The author extends special gratitude to Professors Heija Ryoo of SIUC Law Library and In-Sup Han of the Seoul National University for their assistance in research, and to the SeoAm Foundation for financial support.

1) Treaty of Peace, Amity, Commerce and Navigation, May 22, 1882, U.S.-Korea, 23 Stat. 720.
2) Tscholsu Kim, Constitutional Amendments, Reviews And Projections (1986) (in Korean).
3) For the important roles So and The TongNip ShinMun played in educating the general public

establishment of a national parliament, general elections and local autonomy. They also called for legislation guaranteeing the basic rights of the people, including the right to due process of law.[4] American advisors to the Yi Dynasty Court and American diplomats who communicated with the Kingdom of Korea in this period are also believed to have been instrumental in intro- ducing American constitutionalism to Korea.[5]

Korea did not look to American law during the Dark Era, from 1919-1945, when Korea was a Japanese colony. Woodrow Wilson's 1918 call for national self-determination provided momentum for the independence movement in Korean, which culminated in a nationwide uprising on March 1, 1919. Under Japanese rule, Korea's legal system had been developed for Japan's ex- ploitative purposes. Japan's own creative adaptation of continental European law and state theory was oppressively stamped in Korean minds until 1945.[6]

With a call for freedom and equality signed by 33 national leaders, a Korean Declaration of Independence borrowed many passages from the American Declaration of Independence.[7] In 1919, the Provisional Government

---

and the officials of the Yi Dynasty Court, see Vipan Chandra, Imperialism, Resistance And Reform in The Late Nineteenth-century Korean Enlightenment And Independence CLUB (1988), 104-125 (1988).

4) Kim, supra note 2, at 13-15.

5) These advisors include Judge Owen N. Denny (1838-1900), Charles W. LeGendre (1880-1899), and General Clarence W. Greathouse (1846-1899). For a sketchy account of their activities, see Chong-Ko Choi, On the Reception of Western Law in Korea, 9 KOREAN J. COMP. L. 122 (1981); Traditional Korean Law and Its Modernization, 64 Transactions of Legal Asiatic Soc'y 72 (1989); Bakyoung-sa, The Reception of Western Law in Korea (1982) (In Korean); Young I. Lew, American Advisors in Korea: 1885-1894; Young I. Lew, The United States And Korean-American Relations, 1866-1876 (1979). The activities of Judge Denny have been studied by an American scholar. See Robert Ray Swartout, Mandarins, Gunboats And Power Politics: Owen Nickerson Denny And The International Rivalries in Korea (1980).

6) Lawrence W. Beer, Constitutionalism and Rights in Japan and Korea,, in Constitutionalism And Rights—the Influence of The U.s. Constitution Abroad 243, 244 (Louis Henkin & Albert Rosenthal eds., 1989).

7) Id. at 243. See also Sang-hyn Song, Korean Law in The Global Economy 75-98 (1996) (hereinafter SONG); Edward J Baker, The Role of Legal Reforms And Rules of Law in The

of Korea was established in Shanghai, China. The first Constitutional Charter of this provisional government borrowed many passages from the American Constitution.[8]

Following the American victory in Japan in August, 1945, the United States Military Government in Korea (USAMGIK) operated in the southern part of the Korean peninsula until the birth of the Republic of Korea in 1948. During the period of the USAMGIK, core values of American democracy were introduced to Korea. Many laws were promulgated in the form of ordinances of the USAMGIK, which carried strong overtones of American ideas of law and democracy. The military Government came to Korea without concrete ideas as to what to do with this new nation.[9]

The USAMGIK tried to de-Japanize Korean law by replacing Japanese influences with American law, without much success. With the exception of changes to criminal procedures, introduced in March, 1948, the legal system in Korea remained basically Japanese.[10] The influence of Japanese law still persists, particularly in criminal law and public law.[11]

Near the end of its three-year rule, on April 4, 1948, USAMGIK issued the "Ordinance of the Rights of the Korean People" which contained "inherent liberties." It included twelve major liberties found in the American Bill of

---

Japanese Annexation, 1905-19. Japanese colonial experience in Korea reinforced the negative aspect of law. Western laws introduced by the colonial authorities were used as a means to advance colonial interests. Dae-Kye Yoon, New Developments in Korean Constitutionalism: Changes and Prospects, 4 PACIF. RIM L. & P.J. 395, 397 (1995).

8) Provisions declaring the principle of popular sovereignty, the separation of powers, and enumerating some basic rights of citizens were incorporated in the Charter, apparently due to the strong influence of America-based patriots. Kim, supra note 2, at 46.

9) "United States military government operations have been carried out on every continent. ⋯ In the case of Korea, one of the least known lands in the Far East ⋯ there was no preparation." E. Grant Meade, American Military Government in Korea 11 (1951).

10) One of the main causes was the paucity of indigenous professionals exposed to non-Japanese legal training. BEER, supra note 6, at 246. See also Hahm Pyong-choon, Korean Jurisprudence, Politics And Culture 151-53 (1986) (hereinafter HAHM).

11) Kun Yang, Law and Society Studies in Korea: Beyond Hahm Theses, 23 LAW & SOC'Y REV. 891, 897 (1989).

Rights, although the exercise of First Amendment rights (freedom of press, speech, assembly and association) were qualified by the phrase "provided that, they are not inflammatory to the extent of inciting disorder or the overthrow of the government." The fact that this ordinance was issued not at the beginning of, but toward the end of, USAMGIK rule, and just a month before the general election was significant: clearly, it was meant to be an American gift to the Korean legal system.12)

As with the numerous post-World War II countries, Korea has been under the significant influence of American constitutionalism since its birth as a republic. The Korean constitution imitated most American constitutional characteristics: a single-document national constitution with a preamble of guiding principles; a list of individual rights and freedoms; the creation of a constitutional assembly with authority to write a basic law legitimatizing the government structure and all other laws; a separation of the powers of the national government among three branches, each with a distinctive role and specific and limited prerogatives; a rigorous amendment process; and free, popular and competitive elections, decided through secret balloting by all citizens.13)

Since the early 1960s, Korean courts have frequently attempted to import and apply the constitutional concepts and principles involving individual liberties and freedom developed by the United States Supreme Court. This is not surprising, as the nature and contents of the most basic rights provided by the Korean Constitution arguably originate from the provisions of the United States Constitution. This influence became more conspicuous after 1988 when Korea took the road toward full democracy, and judicial review became the daily business of the Constitutional Court.

This article traces the influence of American constitutionalism on South

---

12) HAHM, supra note 10, at 151. The Constitution of 1948 faithfully incorporated the contents of this Ordinance.
13) Lawrence W. Beer, The Influence of American Constitutionalism in Asia, in American Constitutionalism Abroad 114 (George Athan Billias ed., 1990).

Korea,[14] focusing on post-1988 developments. Part II examines factors which enabled judicial activism to blossom after 1988. Part III highlights some characteristic decisions evidencing the Constitutional Court's activism. Part IV discusses, in depth, American influence on several specific areas of law in Korea. Throughout the article, the author maintains the position that judicial activism in Korea is to be cherished and encouraged.

II. PARTICIPATORY DEMOCRACY[15] AND JUDICIAL ACTIVISM: POST 1988 DEVELOPMENTS

1. The Transition to Taking the Korean Constitution Seriously

The year 1987 is an indelible landmark in the history of Korean democratization. It marked a farewell to the era of top-down politics and an ambitious leap toward bottom-up democracy. On June 29, Roh Tae-Woo, the Chairman and presidential candidate of the ruling party, was forced to issue a declaration containing a package of proposals for democratic reform.[16] He proposed a speedy amendment to the Constitution, allowing direct presidential elections, and providing for a peaceful transfer of power to occur in February, 1988. His proposal included many dramatic measures including the revision of presidential election laws guaranteeing free candidacy and fair competition, the pardon of political prisoners, the extension of habeas corpus, the imple-

---

14) Hereinafter referred to simply as "Korea."

15) The term "participatory democracy" here has been borrowed from Paul Craig to denote "a strong democracy" which he defined as: "[A system based on] the idea of a self-governing community of citizens who are united less by homogenous interests than by civic education and who are made capable of common purpose and mutual action by virtue of their civic attitudes and participatory institutions rather than their altruism or their good nature." P. P. Craig, Public Law And Democracy in the United Kingdom And The United States 367 (1990).

16) For detailed accounts of the political events leading to the June Uprising in 1987, and the birth of the 1988 Constitution, see James M. West and Edward J. Baker, The 1987 Constitutional Reforms in South Korea: Electoral Process and Judicial Independence, 1 Harv. Hum. Rts. Y.B. 135 (1988).

mentation of nationwide local autonomy, and social reforms aimed at stamping out violent crimes and corruption.[17]

The New York Times described the event as bringing Korea to "the threshold of a remarkable political achievement: the passage from backward-ness to prosperity and democratic rule."[18] Roh's concession was a clear vic-tory for the Korean people (or "Minjung"),[19] who for a long time had staged an all-out war against repressive regimes. Roh's submission to the popular will resulted in new constitutional amendments. The most significant contribution of these 1988 amendments may be the establishment of the Constitutional Court.

These amendments made the Constitution a working document, mandating that constitutional adjudication be a routine business of the court. Prior to 1988, interests in the Constitution were mainly limited to concerns over governmental structure, in particular how the President should be elected and the length of his term in office. The Bill of Rights remained mainly in university textbooks for academic discussion. The Constitution had been a document for politicians, not for the people. As far as the bill of rights was concerned, the Constitution was merely a sleeping document, and "constitu-tional rights" were no more than a collection of fine, abstract words.

2. Emerging Judicial Activism

As many observers have pointed out, Korea is not a country where an active judiciary is expected or tolerated.[20] There have been significant changes, however, in recent years. Courts have declared many statutes void, and governmental actions are now constantly challenged in court. What are the reasons lying behind such a dramatic change? At least five factors may be

---

17) Id. at 150.

18) The New York Times, June 30, 1987, at A7.

19) For the possible diverse definitions of "Minjung," and its role in the democratization of Korea, see South Korea's Minjung Movement: The Culture And Politics Of Dissidence (Kenneth M. Wells ed.,1995). "The June Uprising is the long awaited triumph of the Minjung." Id. at 1.

20) E.g, HAHM, supra note 10, at 109, 112.

responsible the increasing judicial activism: 1) easier access to constitutional adjudication; 2) growing judicial independence; 3) a rapid growth in the size of the bar; 4) Korea's economic integration into the world economy; and, most importantly, 5) changes in the attitudes of the Korean people toward litigation and the Constitution.

(1) The Constitutional Court as a Battlefield for Justice

In the first instance, institutional changes have paved the way for easier access to constitutional adjudication. Three articles of the 1988 Constitution laid the foundation for establishment of the Constitutional Court.[21] Follow-up legislation, the Constitutional Court Act,[22] became effective on August 5, 1988 and the nine-member Constitutional Court began its operation on September 15, 1989.[23] The official commentary to the Constitution declares that "the creation of the Constitutional Court is intended to more effectively preserve and defend the Constitution, while avoiding the politicization of the courts of law due to their involvement in constitutional controversies."[24]

Since its inception, the Constitutional Court has played an activist role, often to the embarrassment of the ruling party and its rival institution, the Supreme Court.[25] In 1992, an attempt was made by the ruling party to curtail the Constitutional Court's jurisdiction by amending the Constitutional Court Act, but the plan had to be withdrawn due to strong public criticism.[26]

In the period since September 1989, the Constitutional Court decided some

---

21) S. KOREA CONST. art. 111-13 (Korean Overseas Information Service, Constitution – The Republic of Korea, Oct. 1, 1987) (hereinafter "S. KOREA CONST. art. xx").
22) The Constitutional Court Act, Law no. 4017 (1988), translated in I Current Laws of The Republic of Korea 91 (1994) (hereinafter "CCA art. xx").
23) For a general introductory account of the Constitutional Court and its activities for the first two years, see James West & Dae Kyu Yoon, The Constitutional Court of the Republic of Korea: Transforming the Jurisprudence of the Vortex? 40 AM. J. OF COMP. L. 73 (1992).
24) S. KOREA CONST. cmt.
25) See infra notes 95-145 and accompanying text.
26) Kun Yang, Judicial Review and Social Change in the Korean Democratizing Process, 41 AM. J. COMP. L. 8 (1992).

3,155 cases, declaring 54 statutes constitutionally defective,[27] and it granted redress in 57 constitutional petitions. The statistics are impressive and exceed all the projections made at the Court's birth.[28]

The two core jurisdictions of the Constitutional Court are its powers to adjudicate the constitutionality of statutes and Constitutional Petitions.[29] The Constitutional Court's power of constitutional review coexists with the Supreme Court's power to adjudicate the constitutionality of presidential decrees, ministerial ordinances and other forms of administrative regulation.[30] The Constitutional Court renders judgment on the constitutionality of a statute only upon the request of the court with original jurisdiction over the case. Procedurally, the Supreme Court channels the request. The request may originate, however, in a district court, a family court, a military tribunal, one of the four High Courts of appellate jurisdiction, or the Supreme Court itself.[31] At the request of a party, or sua sponte, when resolution of such a question is a prerequisite to a case decision, the court is constitutionally mandated to refer questions concerning the constitutionality of a statute to the Constitutional Court.[32]

Constitutional Petition is allowed in two circumstances: 1) when existing

---

27) This number includes decisions expressly finding a statute unconstitutional, and modified decisions of "de facto unconstitutionality." The Constitutional Court has invented many so-called "modified decisions" to circumvent Article 113 of the Constitution, which requires a two-thirds majority of the Justices to declare a statute unconstitutional, and a tradition of "institutional courtesy," maintained by the Court in order to not appear to be directly assaulting political institutions in a majoritarian democracy. The author labels these modified decisions as ones of "de facto unconstitutionality."

28) "At best, the Constitution [sic] Court will reflect and coordinate a separation of powers instituted through political processes. It cannot be relied upon to discharge the threshold task of overcoming South Korea's long −entrenched military− executive supremacy." West & Baker, supra note 16, at 165.

29) The Constitutional Court also has jurisdiction over impeachment, the dissolution of political parties, and competence disputes between the state organs. S. KOREA CONST. art. 111(1).

30) S. KOREA CONST. art. 107(1)(2).

31) CCA art. 41(1).

32) CCA art. 41(5).

laws do not provide adequate remedies through ordinary court processes for unconstitutional state action or inaction, and,[33] 2) when a party's request for referral to the Constitutional Court has been refused.[34] That party may renew its unconstitutionality claim through an immediate petition to the Constitutional Court.

The two kinds of petitions are distinct. The first, if granted, vindicates individual rights against governmental infringement and involves fact-finding by the Constitutional Court itself. The second category, if granted, stays ongoing litigation pending the constitutional judgment. Most constitutional petitions are from the first category, and most of these involve abuse of the discretionary power of prosecution.

By its nature, the constitutional petition carries overtones of an equitable remedy. In that respect, the originally German legal device has adopted many precedents developed under the Anglo-American system. The Constitutional Court itself proudly characterized the petition as "the flower of constitutional adjudication,"[35] and analogized it to the "ShinMoonKo," a large drum set outside the Palace in the early 15th century to be beaten by anyone who wanted to make a direct appeal to the King.[36] As such, the constituional petition has become a battle cry for ordinary citizens in their fight for justice, and even cartoon slang for "an appeal to Heaven."

(2) Some Changes in the Minds of Judges

Second, judicial activism is increasing as many judges become more independent. Traditionally, the Korean legal system was modeled after the European civil law system. As Dean Song argues, the role of civil law judges can be described as that of a "kind of expert clerk," or of a distinguished bureaucrat at best.[37] This is particularly true in Korea, where traditionally, civil

---

33) CCA art. 68(1).

34) CCA art. 68(2).

35) Sep. 27, 1993, 92 HonMa 284, 5-2 KCCR 353.

36) Constitutional Justice in Korea 29 (1996) (Official Bulletin of the Constitutional Court).

37) SONG, supra note 7, at 300. On "The Roles of Judges in Korea," he argues that the role of civil law judges is "person proof," and devoid of all creative powers. Id. at 302.

service was regarded as the only meaningful occupation. Often judges regard themselves as civil servants; by and large their job consists of "uncreative and mechanical tasks almost exclusively to the private sphere of social life."[38]

Additionally, judges are subject to strict hierarchical control: there are at least sixteen promotional steps for judges.[39] While judges above the appellate level still adhere to this traditional rigid hierarchy, young judges frequently are outside of this hierarchical control.

Under the Korean system, a statute takes precedence over a court decision in its authority as the 'source of law,'[40] and the doctrine of stare decisis does not have a solid tradition.[41] Since any court has independent legal power to interpret the law as it sees fit, judges of lower courts, at least in theory, can render a decision contrary to the ruling of higher courts.[42] More frequently than ever before, young judges are now exercising this prerogative and are interpreting statutes in challenging ways.

Apparently, the general mood of political democratization has greatly affected judges' attitudes. In every sector of life, Korea is undergoing a silent revolution, moving toward greater democracy. Judicial independence is now

---

38) SONG, supra note 7, at 302.

39) Dae Kyu Yoon, Law And Political Authority in South Korea 19-24 (1990). The strict hierarchy of the judiciary is exemplified by a petition case filed by an incumbent judge. In 1992, one judge filed a constitutional petition against the Chief Justice of the Supreme Court for the annulment of his transfer from one local district court to another. He argued that, in accordance with a firmly established, inside rule, he was entitled to be transferred to a district court in the Seoul area after serving for a certain period at a local district. Setting aside the merits of his argument, this case vividly illustrates common perceptions of judges regarding the nature of their profession. Dec. 23, 1993, 92 HonMa 247, 5-2 KCCR 682.

40) Article 1 of the Civil Code establishes sources of law. In order of precedence, the sources are: statutes, customary law, and principles of law (racta ratio). Judicial decisions are not mentioned among the sources found in the Civil Code.

41) Chin Kim, Korean Law Study Guide 8 (1987).

42) A judge who gains notoriety for not conforming with the positions of higher courts may jeopardize his professional career. Under a strict, multi-step hierarchy system, career-minded judges thus have to comply with the interpretive guidelines set by the Supreme Court. SONG, supra note 7, at 303.

beginning to be accepted as a public virtue, and as a valued attribute for judges. Often, when the public has cried for judicial reform, young judges have responded by issuing statements urging the Chief Justice to take measures for democratic reforms, answering the demand from the bottom as well as from the outside.[43]

While law students, these young judges had been exposed to the legendary achievements of the American judiciary. Since the early 1970s, many Korean constitutional law textbooks have introduced some of the major decisions of the United States Supreme Court. From the 1980s, many articles and monographs highlighting the activities of the U.S. Supreme Court as an institution of social reform have been published or translated.[44] Moreover, since the mid-1970s, the Ministry of Court Administration annually selects ten to twenty junior judges of high standing and sends them for one-year periods of overseas legal education and training. Approximately three quarters of these elite judges go to prominent American law schools. These young judges have supplied the fresh blood of American judicial activism to their own stagnant institution.[45] These junior judges apparently have reaped the bounty of timely

---

43) The spirit of participatory democracy is also found among the "embryo jurists" – the trainees of the Judicial Training Center. A controversy arose recently when more than half of the trainees participated in fundraising to support the general strike of the MinJu-NoChong, a nationwide labor union unrecognized by the law. The Hankyoreh Shinmun, Jan. 25, 1997.

44) Carl Van Doren, The Great Rehearsal (1948); Edward S. Corwin, The Constitution And What It Means Today (1950); Robert G. Mcclosky, Essays in Constitutional Law (1957); Archibald Cox, The Warren Court (1965); C. Herman Prichett, Courts, Judges And Politics (1978); William O. Douglas, Points Of Rebellion (1971); Russell W. Galloway, The Rich And The Poor in Supreme Court History (1982), Russell W. Galloway, justice For All? (1992); Michael G. Karmen, a Machine That Would Go of Itself – The Constitution in American Culture (1986); Bob Woodward & Scott Armstrong, The Brethren (1979).

45) The author does not argue that all of these young judges themselves turned into judicial activists. He does argue, however, that their exposure to American judicial activism did serve as a substantial factor in making the Korean judiciary more responsive to public causes. Among senior jurists, the advocates of judicial activism are rare, but do exist. For example, Hoe-Chang Lee, former Justice of the Supreme Court, who later successfully entered into politics and won the ruling party's nomination as its presidential candidate for the December, 1997 election, had been noted for his advocacy of judicial activism. In his special lecture in

institutional reform. Having been given the power to refer a case at any level to constitutional adjudication,[46] many young judges exercise this power with little reservation.[47]

Additionally, a trend of writing dissenting opinions has developed among Korean judges, which also has helped foster judicial independence. Until recently, lower court dissent was almost unknown in Korea. Before 1960, there was little dissent even in the Supreme Court.[48] There was no legislative prohibition against dissent. The paucity of such opinions resulted simply from a self-imposed practice of the court. Coherence and harmony were the core institutional values of the judiciary, and the court felt strongly that it was necessary to maintain an outlook of ordered solidarity in the eyes of the public.[49]

In 1961, the Court Organization Act mandated that each judge who participated in the decision of the highest court must write his own opinion.[50] This requirement was incorporated in the Constitutional Court Act.[51] In the first six year term of the Constitutional Court, from September 15, 1989 to September 14, 1995, dissenting opinions flourished.

1987, Justice Lee emphasized that judges are not mere interpreters, but are creators of law. Hoe-Chang Lee, Judicial Activism and the Protection of Civil Rights, 28-1 SEOUL L.J. 147-61 (1987).

46) S. KOREA CONST. art. 41.

47) A recent incident is indicative of such activism. Immediately following the controversial railroading of labor laws on December 26, 1996, two district courts readily accepted the arguments of laborers and referred 'procedural defects' in the legislative process to constitutional review. The Hankyoreh Shinmun, Jan. 18, 1997; Jan.19, 1997; and Jan. 30, 1997. The Constitutional Court ruled in favor of the laborer-petitioners. Judgment of July 16, 1997. See infra note 227 and accompanying text.

48) In more than a thousand reported cases decided before 1962, no dissenting opinion could be found. HAHM, supra note 10, at 112.

49) Hahm argued that a general preference for unanimity was the prime reason why the Korean people prefer conciliation and mediation to adjudication. HAHM, supra note 10, at 113.

50) The present wording of Article 15 of the Court Organization Act, Law No. 3992 (1988), is the product of an amendment dated August 21, 1961.

51) CCA art. 36(2).

Justice Chung-Soo Byun accelerated this practice. This Justice, nominated to the bench by the opposition parties,[52] fully utilized his right to dissent. He was in the minority in over 80 percent of the decisions in which he participated.[53] In many cases which carried political overtones, he was the sole dissenter. One commentator bestowed the nickmname of "William Douglas of Korea"[54] on him, and many argue that he was the only 'liberal' judge on the bench.[55]

Although not always accompanied by keen logic and legal analysis, his opinions raised many important legal issues that would otherwise have never been publicly discussed. As was often the case with Douglas, this Korean judicial activist did not hesitate to offer personal attacks against his own colleagues,[56] and often reached the right conclusions via the wrong analysis.[57]

---

52) Each of the three branches of government has an equal voice in forming the Constitutional Court. Of nine justices, three are elected by the National Assembly, three are appointed by the Chief Justice of the Supreme Court and three are appointed by the President. The consent of the National Assembly is required for all the members, and the President holds the final authority of appointment. CCA art. 6. Justice Byun was one of the 3 elected by the National Assembly.

53) For a detailed analysis of his performance from 1989-92, see Sang-Hie Han, Empirical Study on Judicial Decision Making Behaviors 167-70 (1993) (unpublished S. J. D. dissertation, Seoul National University, 167-70 (1993) (on file at Seoul National University) (in Korean)).

54) William O. Douglas is one of the most well-known U. S. Supreme Court Justices in Korea, arguably exceeding the notoriety of John Marshall and Oliver Wendell Holmes, Jr. Douglas visited Korea during the war and made favorable comments on the Korean judiciary. William O. Douglas, North From Malay: Adventures on Five Fronts 290-315 (1953). Douglas' Points of Rebellion (1971), was translated into Korean in 1987, and a monograph analyzing his opinions was published in Korean by the author of this article in 1986.

55) "He has emerged as a human rights advocate. His dissenting opinions in several recent decisions are regarded by some observers as a significant development ⋯ in the history of judicial review in Korea." West & Yoon, supra note 23, at 212.

56) In a petition case where the President's failure to convene local elections was challenged, Justice Byun, a sole dissenter, criticized the majority's delay in ruling and its inconsistency, which he stated amounted to a 'self-denial of the Constitutional Court.' Aug. 31, 1992, HonMa 174, 6-2 KCCR 305-06 (Justice Byun, dissenting). The majority retorted in a similar tone. Id. 284-85.

57) James Simon, Independent Journey 252-53, 354 (1980); S. Duke, Mr. Justice Douglas, 11 HARV. C.R.-C.L. L. REV. 241-42 (1976).

Since his retirement in 1995, the reports of the Constitutional Court have been less exciting to read, both for the legal profession and the general public.[58]

(3) New Currents in the Bar

Third, a recent rapid growth of the size of the Korean bar has indirectly helped the blossoming of judicial activism. In the last two decades, the number of licensed lawyers in Korea has almost quadrupled, rising from 811 in 1977, to over 3,000 in 1996.[59] Every year, approximately 200 new lawyers join the bar. This increase was the result of both historical accident and persistent government efforts to reform the judiciary.

In 1981, the military junta elevated the yearly quota for new lawyers to 300.[60] In 1995-96, against the consolidated resistance of the bench, bar and prosecution, the Civilian Government succeeded in gradually raising the yearly quota from 300 in 1995, to 1,000 in the year 2002.

This sharp increase in the number of lawyers has necessarily changed the patterns of their practice.[61] Many have explored (or were forced to explore) new areas of law such as consumer, labor and civil rights law. The increase in consumer law practice is in concert with rising consumer activism. The current Constitution has a special provision guaranteeing consumer activities.[62] For a long time, labor law was largely a matter of academic principles. Labor laws were heavily criticized as having unrealistically high goals and standards. Passage of these advanced labor laws, however, was a political

---

58) In his recent memoirs, Justice Byun confessed that he pledged his mission as a Constitutional Court Justice to be a protector of human rights. BopJo YeoJeong 142-43 (1997) (in Korean).

59) An estimate for 1996. There were 2,820 licensed lawyers in 1994. Korean Bar Association, Lawyers in Korea, in "SONG," supra note 7, at 335.

60) The decision was made without any meaningful public discussion; ironically enough, it turned out to be one of the very few 'democratic' decisions made by the military junta.

61) For detailed discussions, see Kyong Whan Ahn, The Growth of the Bar and Changes in the Lawyer's Role, in Technology And Law in The Pacific Community 119-35 (C. Lewis ed., 1994).

62) Article 124 of the Constitution states: "In furtherance of inducing sound consumption and enhancing quality of products, the State shall guarantee consumer protection activities as provided by law." S. KOREA CONST. art. 124.

necessity.63) As Professor Hahm wrote three decades ago, until society had attained a certain degree of economic development and was ready to place a serious emphasis on the distributive aspect of affluence already attained, it was not be possible to implement such a public policy.64)

As economic progress made the provisions of labor law principles workable, labor conflicts have intensified. What was once only a collection of ideas found in Utopian novels has transformed into a serious battleground between labor, management and government.65) Although workers frequently expressed their claims through violent means, they did not totally disregard the authority of legal institutions. Lawyers played decisive roles in keeping labor claims within the boundaries of the law.

In Korea, the term "civil rights lawyer" originated in the 1970s to denote those lawyers who defended political dissidents persecuted by the authoritarian government. From this background, to Korean minds, the term carries an overtone of "righteous fighter." In May, 1988, fifty-one lawyers organized a group under the banner of "Lawyers' Group for the Achievement of Democratic Society" (commonly called as "MinByun"). Led by pioneer civil rights lawyers of the 1970s, this group launched systematic activities to achieve the 'full democratization' of Korea. It has emerged as one of the largest pressure groups in modern Korea. As of December, 1996, it has 245 lawyer members, and many of those have represented parties in constitutional cases.66)

The "Court Watch" movements also have put substantial pressure on judges who previously enjoyed seclusion from public view. Among many citizens' movement groups, "Solidarity for Participatory Democracy" (commonly known as "ChamYo YonDae"), organized in 1994, is most remarkable. Assisted

---

63) A basic framework for worker—protective Korean labor laws was set up by the American Military Government. See Jennifer L. Porges, The Development of Korean Labor and Impact of the American System, 12 COMP. LAB. L.J. 335, 339-41 (1991).

64) Pyong-choon Hahm, The Korean Political Tradition And Law 182-87 (1967).

65) Ross Gregory, Korean Labour Law: Tools for War? in SONG, supra note 7, at 1376.

66) Minbyun Leaflet 1996 (in Korean).

by its own staff attorneys, Solidarity has diligently engaged in many court watch programs, including hosting numerous debates and conferences on current political and legal issues of national importance, issuing public statements on illegal police and prosecutorial misconduct and doubtful court decisions, holding public hearings on the suitability of nominees to the two highest courts, and filing suits and constitutional petitions in cases involving public interests. Within a short period, Solidarity has become an influential pressure group, earning a nickname of "ferocious watchdog" of the police, prosecution, and the bench.[67]

(4) The Challenge of Globalization and the Agenda of Legal Reform

Fourth, the general tide of 'globalization' and its impact on Korea has also substantially contributed to the democratization of the court. During the military regimes, the Korean government intentionally avoided international attention to its domestic system of justice. Despite improved economic standards, Korea constantly remained on a list of countries to be watched for human rights violations.

Hosting the 1988 Summer Olympics may have provided a turning point in Korea's attitude toward the international legal community. Entry into the United Nations[68] (jointly with North Korea in 1991), and ratification of the International Covenant on Economic,Social and Cultural Rights (ICESCR),[69] the International Covenant on Civil and Political Rights (ICCPR)[70] and the Optional Protocol to the ICCPR,[71] compelled Korea to be more mindful of international norms. Furthermore, as Korea became a member of the International Labor Organization in 1991 and Organization of Economic Cooperation and Development (OECD) in 1996, the duty to observe interna-

---

67) 1-7 Judiciary Watch (1996) (in Korean).
68) Republic of Korea: Permanent Mission to the United Nations, (visited January 30, 1998) < http://www.undp.org/missions/koreap/korea.htm >.
69) G.A. Res. 2200, U.N. GAOR, 21st Sess., Supp. No. 16, at 49, U.N. Doc. A/6316 (1966).
70) G.A. Res. 2200, U.N. GAOR, 21st Sess., Supp. No. 16, at 52, U.N. Doc. A/6316 (1966).
71) G.A. Res. 2200, U.N. GAOR, 21st Sess., Supp. No. 16, at 59, U.N. Doc. A/6316 (1966).

tional rules has become more compelling.[72]

The trend toward globalization is irreversible. As the economy and politics have become globalized, so has the legal system. In an earlier stage, Kim's government declared its intention to expedite globalization in both the public and private sectors. The reformation of legal education and the judiciary were included in the original blueprints as one of the government's major goals. Establishing graduate-level law schools and a drastic increase in bar size, as well as other ambitious plans, were set as "demand-oriented" judicial policies. Confronted with consolidated, die-hard resistance from the entire legal profession (bench, bar and prosecution), the plan resulted in only one tangible final product-an increase in size of the bar. Yet jurists perceived the irreversible trend toward globalization, and the goal of reforming legal education and the judiciary will be inherited by succeeding governments.

(5) People Awakening to Their Rights

Finally, the most important factor contributing to increased judicial activism in Korea is the dramatic change in the attitudes of the Korean people toward litigation and the nature of the Constitution. Korea traditionally has been a non-litigious society. In a society based on Confucian ethics, Koreans historically preferred non-legal settlements to litigation.[73] That sentiment may still be valid among certain classes of people loyal to tradition. Such a generalization, however, may no longer be true. Lawsuits have skyrocketed in the past two decades, and judges constantly complain about a work overload.[74]

A recent survey shows the dramatic change in the daily life of the Korean people and their attitudes toward the law: nearly 30 percent of adults are involved in a court matter at least once during their lifetimes, 49.1 percent

---

72) See Suk Tae Lee, South Korea: Implementation and Application of Human Rights Covenants, 14 MICH. J.INT'L L. 705-40 (1993).

73) HAHM, supra note 10, at 95-97, 109-10.

74) AHN, supra note 61, at 133. Between 1982 and 1991 there was an increase of 47 percent in the total number of legal disputes recorded. Judiciary Almanac (1992) (in Korean). The record showed that almost one fourth of the total population was involved in legal disputes.

stated readiness to resort to legal methods as a prime means of resolving conflicts, over 80 percent frequently read news accounts of statutes and court decisions, and 62 percent declared an intention to challenge unjust laws rather than simply abide by them.[75] As Korea has transformed rapidly from a rural agricultural society to a highly urbanized industrial society,[76] it also has *85 transformed into a litigious society, perhaps irreversibly. As one commentator observed, lawsuits have become a feature of the Zeitgeist of modern Korea.[77]

Additionally, Korea is undergoing a silent revolution toward participatory democracy.[78] The newly-adopted method of constitutional adjudication, the constitutional petition, has served as an effective means to bridge gaps between the people and the Constitution. With the appearance of this handy means of access to the nation's highest court, the Korean people began to use this to beat the Big Drum.

Even apparently frivolous claims have been raised in these petitions. Examples include: a petition by a Korean War veteran claiming state compensation for an injury sustained nearly a half century ago;[79] a petition against decisions of the court;[80] a petition against an internal prosecution decision to conclude an investigation;[81] a petition to have an under-aged child admitted to grammar school;[82] and even a petition against the court's

---

75) Korean Legislation Research Institute, A Survey on the Korean People's Attitude Towards Law, in SONG, supra note 7, at 128-75. Q. 4, 18, 20a. 23.

76) Uurban population rose from 28 percent of the population in 1960 to 72 percent in 1989. Economic Planning Board, Population And Housing Census (1993) (in Korean). In 1995, six major cities comprised 48 percent of the total population. The Hankook Ilbo, Feb. 28, 1997.

77) Kyu Ho Youm, Libel Law and the Press: U. S. and South Korea Compared, 13 PACIF. BASIN L.J. 231, 260 (1995); Yang, supra note 26, at 6.

78) SONG, supra note 7, at 130.

79) July 28, 1989, 89 HonMa 61, 1 KCCR 166.

80) Aug. 20, 1993, HonMa 176, 5-2 KCCR 245; Sep. 6, 1989, 89 HonMa 194, 1 KCCR 197 (categorically excluded by Article 111 (1)(2) of the Constitution).

81) Dec. 26, 1990, 89 HonMa 227, 2 KCCR 474.

82) Feb. 24, 1994, 93 HonMa 192, 6-1 KCCR 173.

own dismissal of a petition.[83] As such, the "Constitutional Petition" has become a battle cry for ordinary citizens in their fight for justice, and cartoon slang for "an appeal to Heaven."

For better or for worse, the Korean public has begun to perceive the Constitution as a working document from which to gain redress for their personal daily grievances.

III. THE KOREAN SYSTEM OF JUDICIAL REVIEW

1. History(1949-1987)

The judicial review system, the backbone of American constitutionalism, only recently became prominent in Korea. The concept that a court may review the constitutionality of actions taken by the other two branches of government and declare such actions void has been difficult to transplant into the political and judicial soil of Korea. In many aspects, the Korean judiciary is regarded as inferior to the other two governmental branches. Lack of public confidence in the court also hinders the idea of judicial supremacy.

As a part of the community power process, courts have been able to affect only a small segment of community life.[84] There is no legendary judge in Korean folklore, much less in history. Literary works featuring the positive side of the law or the courts are virtually non-existent. Many intellectuals overtly boast of their ignorance of, and indifference to law.[85] An old adage is still pretty much alive in Korea: "The best man is one who can live without law." The decisions of the highest court are rarely reported in the press. Simply put, the court is the least influential body among the governmental

---

83) July 28, 1993, 93 HonMa 157, 5-2 KCCR 11.

84) HAHM, supra Note 10, at 112.

85) HAHM, supra note 64, at 19. "Contempt toward law as typified by the boast of Su Tung-p'o, a great poet intellectual of the Sung Dynasty, that he never bothered to know the law, was shared by the learned men of Korea." Id.

branches.

By all means, constitutional review by regular courts is against traditional Korean values. The European system of constitutional review has been more acceptable to Koreans. Under such a system, the Constitutional Court or Committee interprets fundamental laws and declares them void when they violate the constitution.

For the twelve years of the First Republic (1948-60), the Constitutional Committee possessed the power to adjudicate constitutional issues on an ad hoc basis. The Constitutional Court had the power to refer to the adjudication of the Committee when it suspected a constitutional violation in pending litigation. However, the Committee reviewed only seven incidents in its lifetime. Its performance does not merit substantive discussion.[86]

Under the Constitution of the Second Republic, when a German-style Constitutional Court was envisioned, where statutes violating the Constitution could be declared totally null. But the Second Republic did not live long enough to see the actual birth of such a court.

It was remarkable that an American-style judicial review system was implemented during the Third Republic (1962-71).[87] The adoption of this American product was the result of many factors, including indirect participation of American advisors in the amendment process,[88] the existence of ample numbers of domestic professionals well-versed in American constitutional principles, and a high expectation of an active judiciary inspired

---

86) In two cases the Committee struck down statutes which limited the right to appeal to the Supreme Court. Yang, supra note 26, at 1.

87) West and Yoon argue that the label "American-style" is a misnomer because Korea is not a federal state. They re-label it as "Japanese style." West & Yoon, supra note 23, at 80.

88) Two American law professors, Thomas Emerson of Yale Law School and a Msr. Frantz (first name unknown) of New York University Law School, were invited by the military junta to assist in its expressed efforts to democratize the system. Exactly what roles these two played, however, remains uncertain. Tscholsu Kim & Sang Don Lee, The Influence of U. S. Constitutional Law Doctrines in Korea, in Constitutional Systems in Late Twentieth Century Asia 312 (Lawrence W. Beer ed., 1992) (hereinafter Kim & Lee).

by the Warren Court.[89]

Korea, however, lacked the prerequisites for the success of this system. Judicial independence was more discussed than actual; judges were neither experienced nor brave enough to challenge unfavorable political environments, and the tradition of respecting court decisions had yet to be rooted. The final blow came in a controversial 1970 Supreme Court decision. In this decision, the Court struck down two statutes; a July revision of Article 59(1) of the Judiciary Organization Act, and Article 2(1) of the Government Tort Liability Act (1967).

New Article 59(1) elevated the quorum of the Supreme Court required to hold a statute unconstitutional from a simple majority to two thirds of the Justices. That provision had been hastily legislated through the concerted actions of the ruling party and the government, in an apparent attempt to overrule a lower court's decision against the state.[90] The Supreme Court held that such an exception to the well-established simple majority rule violated the principle of separation of powers and could be established only by the

---

89) Professor Paul K. Ryu, former Dean of the College of Law, Seoul National University, and later President, played a significant role in transplanting the seeds of the American system of justice in Korea. In 1962, he initiated the creation of the Graduate School of Judiciary Education, which was established at the Seoul National University for the training and education of those who have passed the state judiciary exam. Earl Warren, Chief Justice of the U. S. Supreme Court, delivered a congratulatory speech at the opening ceremony Interview with Paul K. Ryu, 6 July 17, 1997). Chief Justice Warren visited Korea again in 1967, and delivered a speech at the Supreme Court of Korea in which he advocated judicial activism. For the Korean version of his speech, see SaBop HangJeong, Vol. VIII-10 (Oct. 1967). This Graduate School was abolished in 1970, partially due to conflicts between the judiciary and academics, but mainly due to the exile of Ryu for his anti-government criticism. One professor of the same school recollects the incident: "A parochialism on the part of practitioners, particularly judges, had worked in favor of setting up the Institute under their umbrella." Dai-Kwon Choi, Legal Education in Korea: Problems and Reform Efforts, 29-2 SEOUL L.J. 118 (1988). For Professor Ryu's own account of his confrontation with the military regime, see Helen Silving And Paul K. Ryu, Helen Silving Memoirs 468-95 (1988); Paul K. Ryu, The World Revolution 7-19 (1997).

90) March 11, 1970, 69 Na 1631 (Seoul High Ct.). For a detailed account, see "Kim & Lee," supra note 88, at 314-15.

Constitution itself.

Article 2(1) imposed special limitations on the right of military servicemen and policemen to claim tort damages from the state. It also was struck down as violative of the equal protection clause of the Constitution.[91] This "audacious" and "unpatriotic" decision provoked the fury of the military government. Both legal and extra-legal measures aimed at the judiciary followed as a clear retaliation, and with the launch of the Fourth (YuShin) Republic, courts were deprived of the power of constitutional review.[92]

During the Fourth and Fifth Republics, the power of constitutional adjudication reverted to the Constitutional Committee. Again, courts were given limited powers to refer constitutional adjudications to the Committee. Unlike the Committee during the First Republic, however, the new one was made a standing institution. This difference does not merit any special mention, however, as for sixteen years, the courts did not make a single referral to this Committee.[93]

An astute American observer summarized the judicial climate in this period: "compulsory political indoctrination of young jurists, along with constant surveillance, contributed to an atmosphere of intimidation and self-censorship within the profession."[94] The Constitution had become a dormant document whose existence was neither felt nor questioned.

---

91) June 22, 1971, DaePan 70 Da 1010 (Sup. Ct).

92) President Park was given the power to renominate all judges nation-wide by the Constitution of 1972. The Judiciary Organization Act was radically amended. The shocking result of the renominating procedure was the exclusion of nine Justices of the Supreme Court who had all voted against the constitutionality of Article 2(1), from renomination. Kim & Lee, supra note 88, at 313-16.

93) In this period, many constitutional questions were noted by the lower courts. The Supreme Court, however, which possessed final authority for referral to the Committee, declined to refer these cases, holding that no constitutional defects were found.

94) West & Baker, supra note 16, at 168.

2. Constitutional Court(1988 to present)

The situation has dramatically changed since 1988. With the Sixth Republic, constitutional review has bloomed. The Constitutional Court has manifested its ambitious intention to "safeguard the constitution" and to "protect the fundamental rights of the people."[95] In doing so, the Constitutional Court has employed many new techniques which would have been almost unimaginable in the past. The Court has created some non-enumerated rights and expanded its own jurisdiction though liberal construction of "justiciability requirements." The Court's basic attitude may be transcribed from John Marshall's legendary opinion in Marbury v. Madison:[96] "The very essence of civil liberty certainly consists in the right of individual to claim the protection *89 of laws, whenever he receives injury. One of the first duties (of the court) is to afford that protection."[97]

(1) Creating Unenumerated Constitutional Rights

The Constitutional Court created at least two specific constitutional rights though the textual or structural reading of the Constitution. This is noteworthy considering that the Constitution is less than ten years old, and the textual meanings are relatively clear.

In a 1991 decision, the Constitutional Court created the "freedom of contract" from the broad and elusive "right to pursue happiness" found in Article 10 of the Constitution.[98] The Court was asked to rule on the constitutionality of Article 5(1) of the Law on Compensation of Fire Loss and Insurance, which imposed a legal duty on the owners of certain types of buildings to be covered by insurance. In a 7 to 2 decision, the Court struck down the provision as an infringement of a citizen's constitutional freedom of

---

95) Constitutional Justice in Korea, supra note 36, at 11.
96) 5 U.S. (1 Cranch) 137 (1803).
97) Id. at 163 (parentheses added).
98) June 3, 1991, 89 HonMa 204, 3 KCCR 268.

contract, which emanates from the general freedom of action included in the right to pursue happiness contained in Article 10.[99] The Court demonstrated a two-step creation of constitutional rights: First, it created a "general freedom of action" from Article 10's right to pursue happiness; and it then created the "freedom of contract" as a component of this general freedom of action.

The dissenting opinion also merits special mention, since a hint from U.S. v. Carolene Products Co.[100] may be found there. Two dissenting Justices openly discussed the structural reading of the Constitution and suggested the application of a double standard for judicial review of legislation. They argued that different standards of judicial scrutiny should be employed depending on the nature of the rights involved. In the areas of economic or property rights, they argued that greater deference should be given to the wisdom of the legislature. They contrasted this deferential test with a more strict test to be applied against laws restricting "personal rights," such as the freedom of bodily and spiritual integrity.[101]

In the 1989 term, the Constitutional Court created "the right to know" from several provisions of the Constitution. Here the petitioner had challenged *90 the refusal of a country government to grant him access to a real estate registry. In an 8-1 decision, the Court held that the refusal violated the petitioner's constitutional "right to know," namely the right to have access to information possessed by the government. The court held that this right is a logical derivative of several constitutional provisions, including the Preamble, Article 1(the Popular Sovereignty Clause), Article 4 (the Guarantee of Democratic Order Clause) and Article 21 (the Freedom of Speech and Press.)[102]

In a 1991 follow-up decision, the Constitutional Court embellished the

---

99) Id. The possibility of applying different levels of judicial review depending on the nature of the rights involved was first suggested in a footnote in United States v. Carolene Products Co., 304 U.S. 144, 152, N.4 (1938).
100) June 3, 1991, 89 HonMa 204, 3 KCCR 268, 276.
101) Id. at 286.
102) Sep. 4, 1989, 88 HonMa 22, 1 KCCR 176.

constitutional "right to know" by strengthening its sources. This case arose when a prosecutor's office refused to allow a petitioner in a defamation trial to copy the court records in his case.[103] In addition to the several constitutional provisions relied on in the 1989 decision, the Constitutional Court also referred to Article 10, which declares that the state has a duty to guarantee the fundamental rights of individuals.[104] The Constitutional Court also referred to Article 19 of the United Nations Declaration of Human Rights, as well as academic principles, for its conclusion that the right to know is "naturally included in the freedom of expression."[105]

In many respects, these two decisions resemble the seminal U. S. Supreme Court decision in Griswold v. Connecticut.[106] Both courts relied on multiple provisions of their respective Constitutions without delineating the territory of each, and created a hybrid.[107] In the decisions of both courts, the concept of "penumbra" was critical, and affirmative use of the provisions was decisive.[108]

The "right to know" has played a significant role in later decisions, where the court has used that right as a counterbalance against governmental claims of "national security."[109] As it turned out, the Court's intention was to bring this right within the sphere of the "the right of life" itself, as modern society changes to a high-information society, where the quality of life would have little meaning without access to information.[110]

---

103) May 13, 1991, 89 HonMa 133, 3 KCCR 234.
104) "[I]t shall be the duty of the State to verify and guarantee the fundamental and inviolable human rights of the individuals." S. KOREA CONST. art. 10.
105) May 13, 1991, 90 HonMa 133, 3 KCCR 247.
106) 381 U.S. 479 (1965).
107) In Griswold, the right to privacy was created from the penumbras of the First, Third, Fourth and Ninth Amendments. Id. at 483-92.
108) As the use of the Ninth Amendment was striking in Griswold, so also was the use of Article 10 by the Korean Court.
109) See infra, note 231 and accompanying text.
110) See Kyu Ho Youm, Press Freedom and Judicial Review in South Korea, 30 STAN. J. INT'L L. 1, 12-15 (1994).

(2) Lax Reading of "Justiciability" Requirements

The Constitutional Court Act specifies the procedure for filing a Constitutional Petition:

> Any person whose basic rights, guaranteed by the Constitution, are infringed upon due to exercise or non-exercise of the public power, may request to the Constitutional Court an adjudication on a constitutional petition excluding a trial of the court: Provided that if any procedure of relief is provided for by other laws, no request shall be made without passing through such procedure.111)

The Constitutional Court interpreted this clause to mean that two prerequisites must be met for the Constitutional Court to have jurisdiction over the merits of a case: (1) a present and direct harm to the petitioner; and (2) prior exhaustion of ordinary remedies.112) This interpretation is commensurate with traditional academic doctrines in both Germany and Korea.113)

Labeled in the loose academic term of "interests of adjudication," these requirements are substantially similar to the "justiciability" requirements under Article 3 of the U. S. Constitution.114) The Constitutional Court has taken a very liberal, almost expansive stand in applying these rules of justiciability and has taken many cases for review on the merits. The Court has held that the necessity of ruling on the merits persists even after the expiration of the "interests of adjudication," when the danger of repeated infringement of the constitutional rights remains, or when maintenance of the constitutional order calls for the resolution of such disputes.115)

---

111) CCA art. 111(1).

112) E.g., July 21, 1989, 89 HonMa 12, 1 KCCR 128.

113) Suk-Yon Lee, Constitutional Adjudication: Theories and Practice, SEOUL L.J. 104-08 (1992) (in Korean).

114) Issues of standing, ripeness, mootness, state action and political questions may be included in the phrase "present and direct harm to the petitioner."

115) May 25, 1995, 91 HonMa 44, 7-1 KCCR 687 (ruling on the constitutionality of the local elections law which allegedly imposed on candidates the requirement that they post an

The Constitutional Petition is available only against state action or state inaction, but any state action or inaction is subject to the petition. The only exception is a decision of the court. Therefore, the right to petition lies even against a statute passed by the legislature. It is almost "black letter" law in Korea that legal harm to a specific person does not arise until a specific decree enforcing the statute is in force.116) The Constitutional Court, however, clearly *92 indicated that certain exceptional situations exist when legal harm is done simultaneously with the promulgation of the statute.117) In those situations, the Court allows an immediate petition against the statute which allegedly infringes on the petitioner's constitutional right.118) The Constitutional Court has further held that a petition may also lie against a repealed or substituted statute, as long as the necessity for redressing the infringement remains.119)

The requirement that the petitioner exhaust all other remedies has also been relaxed. On at least two occasions, the Constitutional Court has held that this requirement may be dispensed with when it would be futile or impracticable to rely on such remedies.120)

(3) The Concept of State Action

A constitutional petition is available only against the exercise or non-exercise of governmental power. Existence of state action or its non-action (against an affirmative legal duty) is a prerequisite for the constitutional petition. In two cases, however, the Constitutional Court dramatically expanded

---

excessive deposit in order to run for office).

116) Lee, supra note 113, at 105.

117) "When a law, without a specific enforcement act, directly causes a restraint of liberty, the imposition of a duty, or the deprivation of a legal interest," the directness or simultaneity requirement is met. Nov. 12, 1992, 91 HonMa 192, 4 KCCR 813.

118) E.g., March 17, 1989, 88 HonMa 1, 1 KCCR 9; June 25, 1990, 89 HonMa 220, 2 KCCR 200; May 13, 1993, 91 HonMa 190, 5-1 KCCR 312.

119) Dec. 18, 1989, 89 HonMa 32, 33, 1 KCCR 343 (consolidated); July 14, 1989, 88 HonKa 5, 8, 89 HonKa 44, 1 KCCR 69 (consolidated).

120) June 25, 1990, 89 HonMa 220, 2 KCCR 200; Oct. 15, 1990, 89 HonMa 178, 2 KCCR 365.

the concept of the state action.

In 1992, a petition was filed against the Seoul National University by the parents of their high school sons, alleging that the sons' constitutional rights of equal protection had been infringed. The pertinent 'state action' was the University's tentative proposal to eliminate Japanese from the subjects of "Second Foreign Languages" that would be tested on future annual entrance exams. The Constitutional Court held that, although the tentative draft only amounted to a mere preparatory action short of the "exercise of public power," the gravity of its nation-wide influence made it a state action.[121]

In a 1993 case, the Constitutional Court announced a rather politically sensitive decision that again expanded the concept of state action. It held that the government's interference with a private bank in its loan activities constituted a state action.[122] In this case, the former owner of a business conglomerate (ChaeBol Group) filed a petition alleging that the government had illegally forced his group into bankruptcy by ordering the banks to stop loans. In this case, the existence of state action was inferred only from circumstantial evidence. Nevertheless, the Constitutional Court declared that the indirect involvement of the President and his cabinet members was enough to make the process a state action. The Constitutional Court seemed to have considered that "administrative guidance" over business or industry in Korea is seldom done in any visible form.[123]

Liberal reading of the justiciability doctrine can be found in decisions that

---

121) The Constitutional Court speedily proceeded on the review of the petition's merits and denied the violation of equal protection of law. Oct. 1, 1992, 92 HonMa 68, 76, 4 KCCR 659 (consolidated).

122) July 29, 1993, 89 HonMa 31, 5-2 KCCR 87.

123) See Sang-Hyun Song, Civil Service and Administrative Actions, in SONG, supra note 7, at 1246. "Korean government officials do not necessarily feel constrained by laws they are called upon to implement; rather the laws provide them with great latitude to make decisions independent of restraints other than those imposed by convention and their highly subjective sense of what is in the national interest." Id. In a 1996 case having a factually similar setting, however, the Constitutional Court retreated and declined to find the existence of a state action. June 26, 1996, 89 HonMa 30.

granted standing to political parties challenging election laws[124] as well as to private consumers.[125] In the former case, a minority party challenged Article 36 of the Local Council Election Law of 1990, arguing that it required candidates to deposit excessive amounts of money. The Constitutional Court here readily granted standing to the political party and further declared that Article 36 was unconstitutional as violative of the Equal Protection Clause. The Court elaborated that a political party has a legitimate interest in challenging local election laws where party candidacy is clearly envisioned.[126]

In the consumer case, a petition was filed against a decision of the Fair Trade Commission to not prosecute the complaint. Article 71 of the Anti-Monopoly and Fair Trade Regulation Act granted an exclusive right of prosecution to the Fair Trading Commission. The Court here held that the 'injured party' in a criminal statute is not limited to the substantive victim of the statute but also can be a party to the transaction alleged as violative of the statute.[127]

(4) No More Political Questions?

The Korean judiciary had been noted for its well-established tradition of judicial restraint in cases carrying even the slightest political overtones. Virtually any action taken by the president or his cabinet members had been given sanctuary from judicial intervention. The dubious concept of Regierungssakt (act of reigning)[128] had provided theoretic justification for both

---

124) March 11, 1991, 91 HonMa 21, 3 KCCR 91.

125) July 21, 1995, 94 HonMa 136, 7-2 KCCR 169.

126) Based on this rationale, the Court granted standing to a political party in a Provincial election or a Special City Council election, but denied standing when the election was to a County or City Council, where party—affiliation was not envisioned.

127) July 21, 1995, 94 HonMa 136, 7-2 KCCR 169, 174. (Concurring opinion relying on Article 124 of the Constitution, which guarantees consumer activities).

128) Adopted from the terminology of the German Staatsrecht, or State Law, which is generally understood in Korea to mean governmental action of a highly political nature which is categorically excluded from judicial review. This term has been heavily misused to put the president outside the realm of law.

the Court's "hands-off"policy and the president's "above-the-law" attitude.[129]
Heavily influenced by pre-World War II German theories of state, justifying
strong administrative powers, Korean courts had been content with self-
imposed detachment from "political questions."

Probably the most dramatic legal incident in the 1990's was the indictment
of two former presidents, Chun Doo-Hwan and Roh Tae-Woo. Both were
eventually convicted after lengthy, controversial trials, and were sentenced to
terms of seventeen and fifteen years imprisonment, respectively.

The decision of Kim's government to prosecute the two former presidents
and their cronies was largely accepted by the general public as a national
ritual of purifying the shameful past of brutal military regimes. The Kwangju
Incident of 1980, in which hundreds of civilian demonstrators were mercilessly
killed by the military, had remained an unsolved puzzle. Perfunctory
congressional hearings in 1989 failed to find any single individual responsible
for the incident. The civilian President's determination to render "historic
judgments" on those military bandits faced substantial legal hurdles.

The main obstacle was the statute of limitations as provided in the Code
of Criminal Procedures.[130] Strictly construed, the provision appeared to have
afforded the two former military generals the benefit of time.[131] There is no
mention of tolling the statute of limitations against the president, either in the
Constitution, or in any statute.[132]

When this issue was finally raised in the Constitutional Court, the Court
ruled that the statute of limitations is tolled against the president during his of

---

129) Even today, after almost 50 years under a republican form of government, Korean legal
     scholars and the press patronize the dynastic term, calling the power of the ruler/president
     as DaeKwon, connoting "royal prerogative," or TongChiKwon, meaning "power to reign"
130) Article 249 provides for a 15-year statute of limitations for capital crimes and shorter periods
     for less serious crimes.
131) Article 142 of the Korean Code of Criminal Procedure states: "The Statute of limitations shall
     run from the moment a criminal act has been consummated."
132) Article 84 of the Constitution provides: "Except for treason, or for waging a foreign war, the
     President shall not be criminally prosecuted while in office."

the national incumbency.133) The Court's decision contradicted its own earlier decision in which it emphatically stated that the statute of limitations is tolled only when specific statutory grounds have been provided.134) The court gave no explanation, and only the historic importance of the case itself sheltered the Constitutional Court from any open criticism.

In the follow-up case in 1995, the Constitutional Court also upheld special legislation135) extending the statute of limitations against those who were involved in the Kwangju Incident on May 18, 1980, and the military insurrection on December 12, 1979, which enabled Chun and Roh to assume power and eventually become presidents in succession.136)

Political twists had put the prosecution in an awkward position. Notwithstanding a strong public outcry, the prosecution dropped the charges against all of the accused. Now, with new legislation in effect, the prosecution reopened the case. The defendants challenged the statute on three grounds: 1) the statute was a 'private bill' aimed at specific individuals; 2) it was ex post facto legislation; and 3) it subjected the defendants to double jeopardy. All of these kinds of legislation are constitutionally prohibited.137)

The Constitutional Court rejected all these arguments, emphasizing that the "anti-human nature of the crimes committed in these incidents and strong requests for cleaning up the stains of the past for the establishment of a constitutional government" justified such extraordinary legislation.138)

A strong argument can be made that the uncharacteristic activism of the

---

133) Jan. 20, 1995, 94 HonMa 246.

134) Sep. 27, 1993, 92 HonMa 284.

135) Feb. 16, 1996, 96 HonKa 2, 8-1 KCCR 51 (upholding the Special Law for the May 18th Democratization Movement, Law No. 4992 (1995). For analysis of the constitutional faults of this legislation, and concerns related to the prosecution of the two former Presidents, see David M. Waters, Korean Constitutinalism and the Special Act to Prosecute Former Presidents Chun Doo-Hwan and Roh Tae-Woo, 10 COLUM. J. OF ASIAN L. 461 (1996).

136) Feb. 16, 1996, 96 HonKa 2, 8-1 KCCR 51.

137) S. KOREA CONST. art. 13(1)(2).

138) Feb. 16, 1996, 96 HonKa 2, 8-1 KCCR 51, 58-59.

Constitutional Court in these "political cases" is evidence that the court is dependent on, not independent of, the President's government. One may also speculate that, as these decisions involved matters occurring under former regimes, the decisions could hardly be viewed as true activism by an independent judiciary.

From a purely legal perspective, however, the Court's decision to rule on these 'political matters' seems phenomenal. Laying a precedent itself is a ground-breaking event for the Korean judiciary, and in the long run, it will benefit both the judiciary and the people.

(5) Constitutional Review of Enforcement Regulations

The Constitution distributes the power of constitutional review between the two highest courts of the nation. Article 107(1) grants the Constitutional Court the power to decide the constitutionality of statutes referred by the regular courts, when such a decision is a prerequisite to rendition of the trial court judgment. Under Article 107(2), the constitutionality of decrees and administrative regulations falls into the jurisdiction of the Supreme Court, which is at the top of the national court system.

In a controversial 1990 decision, the Constitutional Court held that, notwithstanding the provisions of Article 107(2), it possessed concurrent jurisdiction to review the constitutionality of enforcement regulations. It ruled that, for the purpose of maintaining consistency in interpreting the Constitution, its jurisdiction naturally encompasses the right to adjudicate enforcement regulations issued pursuant to statutes.[139] In this case, a petition was filed to challenge the constitutionality of the Judiciary Agent's Act Enforcement Regulation promulgated by the Supreme Court under the Act.[140]

The petitioner claimed that the Supreme Court, in its administration of licensing procedures for paralegal professionals, known as BopMuSa (judiciary

---

139) Oct. 15, 1990, 89 HonMa 178, 2 KCCR 365.
140) Law no. 1333 (April 25, 1963) (last amended by Law no. 3828, art. 4(2) (May 12, 1986)).

agent),141) gave discriminatory advantages to court clerks and employees of the public prosecutor's offices over individuals who gained their experience working for private lawyers. Naturally this decision provoked a hostile response from its rival institution. The Supreme Court immediately distributed to the lower court judges a statement asserting that "the Constitutional Court went beyond its domain in overruling an administrative regulation governing recruitment of judicial officials."142) This decision could have been construed as an open chastisement of the Supreme Court for its extreme past passivity.143)

The stand-off between the two high courts of Korea is not likely to be easily resolved, and there is no easily-discerned line of demarcation between them.144) One may legitimately argue that the Supreme Court is in a superior position to the Constitutional Court. The Chief Justice of the Supreme Court has constitutional power to nominate three of the nine justices of the Constitutional Court. And the Supreme Court has unchallengeable power to control and administrate the national judiciary.

On the other hand, the Constitutional Court is a peak without a visible pyramid to administer.145) Functionally, however, it has final say on the meaning of the "supreme" law of the land. Additionally, popular support for this new institution is much stronger than the other, older judicial body, with its unpopular history.

---

141) Formerly called SaBopSoSa (judicial scrivener).
142) Nation's High Courts Clash Over Jurisdictional Domain, The Korea Times, Nov. 11, 1990.
143) One Justice of the Constitutional Court made a pubic remark to this effect. West & Yoon, supra note 23, at 240.
144) It is no surprise that the Supreme Court subtly assisted the aborted attempt of the ruling party and government to curtail the jurisdiction of the Constitutional Court. See supra notes 21-36 and accompanying text.
145) West & Yoon, supra note 23, at 213.

Ⅳ. AMERICAN INFLUENCE IN SPECIFIC AREAS

1. Presidential Government-A Republic of Six Republics[146]

In its half-century lifetime of six republics, Korea hashad six constitutions and nine amendments. All of these constitutional revisions, except for those of 1960 and those in the present Constitution of 1988, established grounds for extending the term of an incumbent president or provided ex post facto justification for military coups d'etat. This history of undemocratic amendments has transformed the Constitution into an instrument to be wielded by the president or ruling party to maintain power.[147]

In all the amendment processes, there were no serious open debates, and amendments were mostly legitimized by popular referendum.[148] The extreme paucity of legislative history material confines constitutional interpretation to a matter of textual semantics or to a piscatorial expedition depending on how one fares.

A half century ago, a German-born American scholar warned that the presidential system would hardly work outside the United States.[149] His

---

146) It is common practice in Korea to divide constitutional history into periods paralleling the nation's 6 republics. The First Republic, from 1948-60, denotes the first twelve years of the Republic of Korea, which started with Syngman Rhee's inauguration and concluded with his collapse following the Students' Revolution. The Second Republic, 1960-61, denotes a brief nine months' period when a parliamentary cabinet system was adopted. The Third Republic, 1962-72, is the title awarded to the first ten years of President Park's regime. The Fourth Republic, 1972-80, is a label attached to Park's authoritarian last eight year regime, commonly called the "YuShin Period." The Fifth Republic, 1981-87, denotes the regime of President Chun Doo-Hwan who was indirectly elected by the electoral college. The current Sixth Republic is the product of the Civil Revolt of 1987 and started with the new Constitution of 1988. For succinct analytic descriptions of the constitutional characteristics of each period, see "Kim & Lee," supra note 88.

147) Lee, supra note 72, at 707 (quoting Report of Lawyers for a Democratic Society and National Churches).

148) Dae-Kyu Yoon, Constitutional Amendment in Korea, 16 KOREAN J. COMP. L.1-13 (1988) (reprinted in SONG, supra note 7, at 197-207).

149) Karl Loewenstein, The Presidency Outside the United States: A Study in Comparative Political

warning proved prophetic in Korea. As it turned out, the presidential system was the "kiss of death" for Korean democracy.

Except for a brief interruption during the Second Republic, in which a parliamentary cabinet system was adopted, presidentialism has been the rule throughout the entire period of the republican history of Korea. There have been several shifts, however, between the two methods of electing the President, namely, direct election and indirect election. Whether the president should be elected by a direct popular vote or by some indirect method has been the single most critical issue both in public view and in the political arena. On almost every occasion, a shift from one to the other has been followed by a public disturbance.

During the First Republic, Syngman Rhee was elected indirectly by the legislature. After the 1952 Amendments, however, Rhee was elected for his second and third terms, in 1952 and 1956, by a direct vote of the people. During the Third Republic, born under martial law, Park Chung-Hee was elected President three times, in 1963, 1967, and 1971. But in the Fourth Republic, an institution called the "Sovereign People's Council for the Unification of Korea," symbolically the highest body of the government, elected him twice more to the presidency (1972 and 1978).

Under the Constitution of the Fifth Republic, Chun Doo-Hwan, another former military general who came into power amidst confusion following the tragic death of President Park Chung-Hee, was indirectly elected by an electoral college for a single, seven-year term.

The current Constitution of 1988 returned to direct election of the President, reducing the term from seven to five years, and barring him from re-election. Presidents Roh Tae-Woo and Kim Young-Sam were elected under this system. The most plausible explanation for the odd, five-year term of the presidency, which does not match the terms of the National Assembly members, was that it

---

Institutions, J. POL., Aug. 1949, at 447-96.

resulted from a compromise between the political parties.150)

Initially, presidentialism was not the first preference of the Korean people. It is strongly suspected that it was the result of a strong recommendation of the United States Military Government in Korea and its Korean aids. As one constitutional scholar has pointed out, the adoption of an indirect, legislative election of the president is hardly commensurate with American presidentialism.151) It was probably caused by a misunderstanding of the American system.

Notwithstanding its appearance in the document, the true nature of the presidential election in America should be characterized as "direct election." For all practical purposes, the electoral college does not have independent power to elect a president of its own choice. This seemingly clear fact was not well known in Korea. Many Korean politicians were confused,152) and some distortions by a few pro-government academics provided false justification for that confusion. Those who feared a direct election tried to justify the electoral college by naming it an "American system."153) All the controversies surrounding the methods of presidential election were mainly caused by public suspicion that any change was a mere pretense for an ulterior motive to extend the incumbent president's or the ruling party's power.

The 1952 Amendments for direct elections were perfected at the initiation of Syngman Rhee, whose party held a decided minority in the legislature. Indirect elections under Park's Fourth Republic also carried a strong flavor of such political maneuvers. The Korean people were almost humiliated in 1981,

---

150) Kim & Lee, supra note 88, at 325.

151) Sag-Don Lee, The Influence of American Constitutional Systems in the Korean Constitutional System, 14 STUD.PUB. L. 55 (1986) (in Korean).

152) Sang-Il Suh, Chairman of the Drafting Committee of 1948 Constitution, is reported to have stated: "Even in the United States, where constitutional democracy is most developed, the president is selected through indirect election." Kim & Lee, supra note 88, at 307 (quoting 1 Constitutional History: Documents 107-08 (1967) (in Korean)).

153) One constitutional scholar claimed that the Korean system was basically "American style." Hong-Ju Moon, The Chungang Daily, Jan. 14. 1983.

as they had no voice when an unpopular army general, Chun Doo-Hwan was elected president by an almost unanimous vote of the electoral college. Because of this history, it is hardly surprising that the 1987 Uprising almost amounted to a fight for the direct election of the president.[154]

One important caveat is that although Korea has adopted the presidential system, symbolizing American constitutionalism, the legal powers vested with the president widely exceed the scope of his American counterpart, who is tightly limited under the United States Constitution. An essential attribute of American presidentialism is a system based on the separations of powers. The right of the Congress to present a bill, and the presidential right to veto, are symmetrical.[155] The right to conclude a treaty is held jointly by the Senate and President.[156] While the Congress retains the right to declare war, the President holds the right to execute war.[157] Furthermore, the judicial review system keeps the President within a tight constitutional framework.

In short, the U. S. Constitution is a document characterized by balance, and that "delicate balance" has been maintained throughout the constitutional history of America.[158] Presidentialism in Korea, on the other hand, has been a symbol of the supremacy of the President, and the Constitution has been a document of integrated powers.

The strong legal powers of the Korean president crystalized in the constitutional provisions of the Fourth Republic. Under that Constitution, the president was vested with almost omnipotent powers, including the right to dissolve the National Assembly, to declare martial law, and to take any measure suspending even the most fundamental constitutional rights of the

---

154) "The millions who demonstrated for direct election were animated not by an ideological yearning for democracy in abstract terms, but by a specific goal: they hoped to expel from politics military influence." West & Baker, supra note 16, at 142.

155) U.S. CONST. art. I, § 7, cls. 2, 3.

156) U.S. CONST. art. II, § 2, cl. 2.

157) U.S. CONST. art. II, § 2, cl. 1.

158) See George McKenna, The Constitution—that Delicate Balance: a Discussion Guide (1984).

people.159) Constitutions of other periods also granted the President powers that an American president could hardly expect to have.

Except for the appointment of the Prime Minister,160) the President has unbridled power to appoint and dismiss cabinet members at his will.161) The President's administration has been given the power to present bills to the National Assembly. Virtually all major bills are prepared by the administration and screened in the Party-Administration Coordination Committee before being presented to the National Assembly. This Committee, with dubious legislative grounds, consists of cabinet members and majority leaders of the National Assembly. The National Assembly itself is largely a place of confrontation between the rubber-stamping government party and antagonistic opposition parties.162)

The worse part of the story is that the actual power of the President has been even stronger than his strong legal powers. Invariably, the majority party of the legislature was under the direct control of the President, who often holds the title of party chairman. The President has exerted unlimited power to nominate party candidates for congressional elections.

The government party has been a mere voting machine for the President. The situation has not been dramatically changed even under the proud Kim's "Civilian Government." The controversial railroading of labor laws on December 26, 1996, was apparently under the direction of President Kim.163)

---

159) It is generally agreed that this Constitution was modeled after the French Constitution of the Fifth Republic, adopted in 1958, commonly called as "De Gaulle Constitution." RAK-IN SUNG, Droit Constitutionnel Francais, in BOPMUN-SA(1996) (in Korean).

160) Article 86(1) of the Constitution states: "The Prime Minister shall be appointed by the President with the consent of the National Assembly." It is unclear whether the removal of a prime minister is subject to the same consent requirement. The position of Prime Minister was originally introduced in Korea as a compromise between the American advisors and Korean intellectuals who favored European parliamentary system. Loewenstein, supra note 149, at 460.

161) In the first four years of his term, President Kim reshuffled his cabinet members 28 times, replacing 6 Prime Ministers and over 100 ministers. The Hankook Ilbo, March 8, 1997.

162) Even physical confrontations and "railroadings" are not rare in the Asssembly.

163) Ironically, President Kim was himself a member of the National Assembly for almost all his

The accumulation of a "slush fund" of astronomical figures and overt usurpation of powers as revealed in the trials of the two former Presidents in 1996,[164] also buttress the common sentiment that a Korean President is virtually above the law, at least during his incumbency.

This "Imperial Presidentialism" in Korea is hardly compatible with American presidentialism, which works within a system of separation of powers and checks and balances.

2. Equal Protection of Law

The Clause of "Equality before the Law" is one of the very few provisions that has survived virtually intact, despite the nine Constitutional amendments. "Every national of the Republic of Korea is equal before the law. No person shall be subjected to discriminatory treatment in any area of political, econo-mic or cultural life, or on account of sex, religion or any other social status."[165]

In its earlier decisions, the Supreme Court interpreted this clause to mean that "only arbitrary and unreasonable discrimination is prohibited"[166] or "fair discrimination which serves distributive justice is allowable."[167] The Constitu-tional Court elaborated in a recent decision: "treating the like equally, and the unlike unequally."[168]

So far, at least in their official texts, the courts have enunciated only one standard of review, i.e., a "reasonableness test." This test basically parallels the deferential, traditional American "rational basis test." The concept of

---

adult life. He served for a record number of years, and was the youngest ever member of the National Assembly.

164) In the first instance, Chun was sentenced to death for treason, and Roh was sentenced to life imprisonment. Judgment of the Seoul District Court, August 26, 1996. On appeal, their sentences were commuted to life imprisonment and to a 17 year term of imprisonment, respectively. Judgments of the Seoul High Court, Dec. 17, 1996, and the Supreme Court, Apr. 17, 1997.

165) S. KOREA CONST. art. 11(1).

166) Mar. 29, 1966, DaePan 65 Nu 69 (Sup. Ct.).

167) Sep. 7, 1954, DaePan 54 MiSang (Sup. Ct.).

168) May 13, 1991, 90 HonKa 97, 3 KCCR 217.

"classification" is not yet well developed in Korea. All legislative classifications are dealt with under a single standard. The concepts of "suspect" or "semi-suspect" classifications have yet to be imported.

A partial explanation for such lack of diversity in equal protection approaches may be found in the fact that Korea has historically been an extremely mono-cultural state. No race or place of origin issue has ever bothered the Korean judiciary. A better explanation may be the judicial tradition of not elaborating the ratio decidendi of decisions. In many opinions, the reasoning is based on a foregone conclusion. A typical ending may go something like this: "The discrimination here is not unconstitutional because it is not unreasonable."[169] By American standards, opinions of Korean courts fall short of full discussion on the legal arguments and issues raised and sometimes jump to hasty conclusions.[170] Further ambiguities arise from the new judicial fashion of incorporating several constitutional provisions without sorting out the core ingredients of each provision.[171]

With the Constitutional Court, the Equal Protection Clause has emerged as the most frequently used provision in constitutional adjudication. Many election laws were struck down by this clause. For example, in 1989, the court declared unconstitutional Article 33 of the National Assembly Members Election Act, which required an independent candidate to post a deposit twice as large as that required of a candidate affiliated with a political party.[172] By a 7-2 vote, the Constitutional Court declared that such a discriminatory election law cannot stand in a "democratic order which is founded on popular sovereignty."[173] In a lengthy discussion, the Constitutional Court emphasized

---

169) Here one is reminded of Justice Stewart's famous obscenity test: "I know it when I see it." Jacobellis v. Ohio, 378 U.S. 184, 197 (1964).

170) One sociologist argued that one characteristic of the Korean personality is a "lack of rational mind." Kyong-Dong Kim, Understanding Korean Mind and Behavior, in SONG, supra note 7, at 113.

171) See supra notes 99-110 and accompanying text. See also infra note 173.

172) Law no. 4003 (1988).

173) Sep. 8, 1989, 89 HonKa 6, 1 KCCR 199, 249.

that the core value of democratic elections lies in the constitutional guarantee of an equal opportunity to cast a vote, and to run for office.174)

In 1992, when several provisions of the National Assembly Members Election Act175) were challenged, the Constitutional Court reiterated its dedication to the fair and equal election process.176) The challenged provisions allowed party-affiliated candidates substantial advantages in the quotas of public speeches and campaign leaflets allowed, to the detriment of independent candidates. In a unanimous decision, striking down these provisions, the Constitutional Court warned that the modern idea of "politics through political party" should not prevail to the degree that fundamental fairness and equality in elections would be impaired.177)

In 1995, the Constitutional Court pronounced another aspect of the equality rule in elections.178) In this consolidated case, voters in various electoral precincts challenged a provision of the Public Elections and Prevention of Election Irregularities Act,179) which contained the geographical allocations for each precinct in the 1995 election for membership in the National Assembly. The voters argued that these allocations were so arbitrary and capricious that voting rights were unreasonably devalued.180)

The Constitutional Court here addressed the "one man, one vote rule."

---

174) Id., 1 KCCR at 212-31, 262. The other provision of the same Act which were struck down in this decision was Article 34, which provided mandatory forfeiture of the deposit from a candidate who failed to obtain at least one third of the total votes cast in the election. To invalidate both provisions, the Court relied on several provisions of the Constitution, such as Article 24 (Right to Vote), Article 25 (Right to Public Service), Article 41 (Principle of General, Equal, Direct and Secret Elections for the National Assembly), and Article 116 (Guarantee of Equal Campaign Opportunity), in addition to the Equal Protection Clause. Id. at 262. The Equal Protection Clause, however, seems to have played a predominant role in invalidating Article 34.

175) As amended by Law no. 4462, Dec. 31, 1991.

176) Mar. 13, 1992, 92 HonMa 37, 39, 4 KCCR 137 (consolidated).

177) Id., 4 KCCR 140-41.

178) Dec. 17, 1995, 95 HonMa 224, 239, 285, 373, 7-2 KCCR 760 (consolidated).

179) As amended by Law no. 4957, Aug. 8, 1995.

180) Nationally the disparity between the most and least populous precincts was as high as 5.87 to 1. Arguments of "gerrymandering" were also raised by some petitioners.

After referring to many foreign examples, including American ones, the Court struck down some of the apportionments. Although the Court failed to declare any mathematical formula, it nevertheless strongly hinted that it would not long tolerate inequality in voting power.[181] The attitude of the Constitutional Court is strongly reminiscence of the U. S. Supreme Court which, in effect, engineered the process of peaceful revolution through a series of decisions stretching from Baker v. Carr[182] to Reynolds v. Sims.[183]

The Equal Protection Clause has also been used to protect the economic rights of individuals. Many provisions bestowing privileges and priorities on the government or on public institutions, and overriding private economic interests, were declared unconstitutional. The rationale for relying on the equal protection clause in such cases seems to be that the court regards the state as being in no different a position than a private individual. Based on this logic, in a number of decisions, the Constitutional Court rejected the traditional "public / private" rights distinction which had justified impairing property rights of individuals for the sake of a broad concept of "public purpose."

In 1989, the Constitutional Court unanimously invalidated Article 6(1) of the Special Act for Expedited Litigation,[184] which prohibited preliminary attachment against the state but allowed it against private individuals. The Court ruled that the Act unreasonably discriminated against private individuals, in favor of the state.[185] In the 1990 term, a provision of the Basic National Tax Act[186] was also declared unconstitutional. The Court stated that it accorded discriminatory priority to national tax liens over pre-existing private security interests.[187] In 1991, the Constitutional Court held unconstitutional

---

181) Dec. 17, 1995, 95 HonMa 224, 7-2 KCCR 760, 773 (consolidated).
182) 396 U.S. 186 (1962).
183) 377 U.S. 533 (1964). "[The] legislature represents people, not trees or acres." Id. at 539.
184) Law no. 3361 (1981).
185) Jan. 25, 1989, 88 HonKa 7, 1 KCCR 1.
186) Law no. 2679 art. 35(1) (1974).
187) Sep. 3, 1990, 89 HonKa 95, 2 KCCR 245.

Article 5-2 of the National Property Act, which purported to exempt state-owned land from the general rules concerning acquisition of title through adverse possession as provided by the Civil Code.[188] Similarly, provisions of the Special Act on Debt Moratorium for Financial Institutions[189] were invalidated as they subordinated the claims of private creditors to those of quasi-public or state-owned financial institutions.[190]

Statutes discriminating against public officials were also struck down. Article 2(1) of the newly amended State Tort Liability Act,[191] which limited recovery from the State by a co-tortfeasor of a military serviceman, was declared unconstitutional. The Court ruled that it placed public officials in a disadvantageous position to that of civilians.[192] Similarly, Article 21(5) of the Military Pension Act[193] was invalidated, as it denied a pension to a recipient while he was employed by a state-funded institution.[194]

A new category of cases where the principle of equal protection of the law has been applied is the constitutional petition against a prosecutorial decision nolle prosequi. The Constitutional Court has constantly relied on, inter alia, the Equal Protection Clause, to grant a petitioner a remedy with an order to the prosecution to reactivate the procedure. The rationale seems to be based on the theory that the victim of a crime is entitled to present her case in the trial to the same degree as the suspect.[195] A legal fiction seems to have been invented that victims and suspects are similarly situated, as both have the same degree of interest in a fair criminal trial.

---

188) May 13, 1991, 89 HonKa 97, 3 KCCR 202.

189) Law no. 2153 (1970) (last amended by Law no. 2570 (Mar. 31, 1973)).

190) May 24, 1989, 89 HonKa 37, 36, 1 KCCR 48 (consolidated).

191) Law no. 1899 (1967) (last amended by Law no. 3464 (Dec. 17, 1981)). Interestingly, the predecessor to this provision had been declared unconstitutional in 1971. See supra note 91 and accompanying text.

192) Dec. 29, 1994, 93 HonKa 21, 6-2 KCCR 379.

193) Law no. 1260 (1963) (last amended by Law no. 4705 (Jan. 5, 1994)).

194) June 30, 1994, 92 HonKa 9, 6-1 KCCR 543.

195) Article 27(5) of the Constitution specifically provides: "The victim of a crime shall have the right to oral representation in the trial of matter concerned, as provided by law."

Although only one standard of review has been officially declared by the courts, there are clear signals that alternative approaches may be forthcoming. The most likely candidate is gender-based discrimination. Women's suffrage in Korea was a direct present of the American Military Government, and from the birth of the republic, women have been given equal political rights.[196] In almost all other areas of life, however, women have been subjected to substantial discrimination.

Despite the manifest constitutional provision of equality between the sexes, Korean family laws carry distinctive features of male dominance and female subordination. The unique system of male-line households was widely accepted as a traditional virtue.[197] It took almost a half century to clear up the remnants of the ancient patriarchy. In a series of legislative enactments and court decisions, many discriminatory provisions have been repealed or amended. Legal developments in the last decade demonstrate a rapid demise of the old patriarchal Korean system.

In 1987, a special statute[198] was passed to promote and guarantee equal employment opportunities for women. The Family Section of the Civil Code has experienced several revisions, each time in favor of women, and with the 1990 Family Law Reform in effect, the patriarchal character of Korean family law has been dramatically diminished.[199]

In July, 1997, the Constitutional Court rendered a landmark decision that dealt a critical blow to the traditional system of family law. By a 7 to 2 vote, the Court invalidated Section 1, Article 809 of the Civil Code, which banned

---

196) HAHM, supra note 10, at 150.
197) For the linkage of this system with the psychology of Korean ancestor worship, see A Study on the Korean Preference for Male Children, in Hahm, supra note 10, at 213.
198) The Equal Employment Opportunity Act of 1987, Law no. 3989 (1987) (last amended by Law no. 4976 (Aug. 4, 1995)).
199) See Mi-Kyung Cho, Korea: The 1990 Family Law Reform and Improvement of the Status of Women, 33 J. FAM. L. 431-44 (1994-95). One critic argues that despite this reform, women are not treated equally or equitably. Kay C. Lee, Confucian Ethics, Judges, and Women: Divorce Under the Revised Korean Family Law, 4 PACIF. RIM L. & P. J. 479, 481 (1995).

the marriage between men and women possessing a common family name of the same "roots" (BonKwan).[200] This provision, unprecedented in any civilized country, had been a true symbol of the Korean version of ancient Confucian ethics. Under this provision, millions of Koreans had to give up the right to freedom of marriage. Strenuous efforts by female activists to topple this ancien regime had failed to clear the staunch hurdle of "the traditional virtue." The law's sheer absurdity had been ameliorated by periodically-enacted sunset laws ratifying the status quo of such illegal marriages, but this centuries-old principle, like an old soldier, never died out. Because of this history, the decision of the Constitutional Court is truly a remarkable event in the process of liquidating the ancient, oppressive regime.

The crime of adultery was also traditionally integral to a system of female subordination. Before 1953, only a wife's adultery constituted grounds for divorce and for criminal sanctions. After adultery became common legal grounds for both spouses for purposes of divorce and criminal sanctions, it served as a useful means for the divorcing wife to secure alimony from the adulterous husband.[201] In 1990, the crime of adultery[202] survived constitutional challenges,[203] and it was a clear victory for the advocates of women's causes.[204]

Abortion also carries patriarchical overtones in Korea. The criminalization of abortion[205] has no public moral support[206] and has been virtually

---

200) Judgment of July 16, 1997.

201) When a wife files for divorce because of her husband's extramarital affairs, she first accuses him of criminal adultery. After his arrest and detention, the couple enters into negotiations for alimony. Keum Sook Choi, Rise in the Legal Right of Korean Women, in SONG, supra note 7, at 1431, 1434.

202) Criminal Code art. 241(1).

203) Sep. 10, 1990, 89 HonMa 82, 2 KCCR 306. Article 241(1) of the Criminal Code was challenged as violative of Article 10 (Guarantee of Human Dignity Clause), Article 12 (Freedom of Bodily Integrity Clause), and Article 36 (Dignity and Equality in Marriage Clause) of the Constitution.

204) Two surveys conducted by the Korean Gallup Research Institute in 1986 revealed that a majority of women were against the decriminalization of adultery. The main reason was the fear that abolition would jeopardize family stability. Choi, supra note 201, at 1435.

205) Criminal Code arts. 269(1), 270.

206) HAHM supra note 64, at 218-38. High percentages of Buddhists and Christians have proved

abolished by its expansive exceptions and the government's subtle encouragement in order to achieve nation-wide family planning.[207] Advances in medical science, however, have brought about a new problem. As judging the sex of the fetus became possible, abortions of female fetuses sharply increased, resulting in gender imbalance in the number of newborns.[208] New legislation had to be enacted banning the sex-test of the unborn fetus.[209]

Although the legal status of women has been greatly enhanced, and there are considerable efforts for affirmative actions in certain sections of social life, the deeply-rooted Korean sentiment of male preference necessarily hinders true equality of the sexes. In the wake of the Feminist Movement already underway, an argument has been presented that "a new system of law must be created" to address the problem of unjust treatment of women in Korea.[210]

It is fairly predictable that in the near future, the mere "reasonableness test" will not suffice as the sole standard in gender-based discrimination cases. Gradual development of the concepts of "fundamental liberty"[211] or "preferred position,"[212] as reflected in recent court decisions, may be a signal that the day is imminent. When the Korean courts have to employ more exacting and refined approaches in the equal protection of law, American experiences and lessons will be more valuable than ever.

3. Due Process of Law

In a non-democratic society, the title of a William Shakespeare comedy

---

to be of little effect on the permissive attitude towards abortion. Id.

207) Choi, supra note 201, at 1434.

208) The Hankook Ilbo, Feb. 11, 1997.

209) Medical Practice Act, arts. 19-2, 67 (enacted Nov. 28, 1987).

210) In-Ryong Shin, The Inequality of Women in the Korean Legal System, in SONG, supra note 10, 1419, 1429 (emphasis added).

211) July 29, 1994, 93 HonGa 4, 6, 6-2 KCCR 30 (consolidated). "Against political freedom, the room for legislative regulations is small." Id.

212) Apr. 2, 1990, 89 HonKa 113, 2 KCCR 63. "Freedom of speech occupies a preferred position among many constitutional rights." Id.

may be the rule of law: "All's Well That Ends Well." In his 1988 article, Dae-Kyu Yoon lamented the neglect of procedural justice in Korea: "In a totalitarian society, the end may justify the means, while in a democratic society, procedure (means) justifies the final effect (end)."213) By and large, Korea has not been a country of procedure. Roughly observed, the concept of procedural justice has been ignored in traditional Korean society.

The Constitution of 1988 incorporated specific provisions concerning due process of law. In its grammatical context, these clauses appear to be related only to the "right to bodily integrity" in conjunction with criminal proceedings.214) This clause was generally understood to mean that procedural requirements, as established by statutes, be met. Layman perceived the mandates to refer to the requirements of "probable cause," and a judge-issued warrant for arrest, search or seizure. Through a series of decisions, the Constitutional Court has manifested its bold intention to expand the scope of these clauses.

In a 1994 case, the Court declared that these clauses protect a criminal suspect from being fired from his job without a meaningful hearing to plead his case. In the underlying case, a teacher at a private high school was indicted for violation of the National Security Act and was released from his position before trial. The termination was mandatory by the provisions of the Private School Act.215) The Constitutional Court declared the mandatory release provision unconstitutional as violative of due process of law. The Court stated that the law did not provide any opportunity for self-exculpation such as a hearing.216) In this case, the Constitutional Court has officially accepted "the

---

213) YOON, supra note 39, at 197.
214) "Every citizen shall enjoy the freedom of bodily integrity. No person shall be subjected to arrest, detention, search or seizure without grounds of law, nor shall any person be subjected to criminal sanction, protective custody or involuntary servitude without the law and due process of law." S. KOREA CONST. art. 12(1) "A warrant, issued by a judge on the request of a prosecutor in accordance with due process of law, must be presented on arrest, detention, search or seizure." S. KOREA CONST. art. 12(3).
215) Law no. 1362 (1963) (last amended by Law no. 4226 (Apr. 1, 1990)).
216) July 29, 1994, 93 HonKa 3, 7, 6-2 KCCR 1 (consolidated).

right to be heard," an idea which had been hotly debated in academic circles. In an earlier decision, as recently as 1993, the Constitutional Court had addressed this issue only in a dissenting opinion.[217] Now, for the first time in the court's history, the 'right to be heard' has been officially declared as a component of due process.

Many criminal provisions were struck down for vagueness and over breadth, and failing to give adequate notice of the nature of the crime. As late as 1996, the Constitutional Court struck down several provisions of the Special Law for the Punishment of Un-Korean Activities[218] as an violative of procedural and substantive due process of law.[219] Here, a petition was filed on behalf of the deceased former KCIA Chief, who had defected to the United States and allegedly had engaged in "un-Korean" activities.

Article 2(1) of the Act defined an un-Korean activist as "one who commits any of the crimes concerned in Chapter I or crimes concerning foreign aggression in Chapter II of Book II of the Criminal Code, and who then defects to a foreign country and whose nature and circumstance is serious."[220] The Constitutional Court concluded that such a definition is so vague and overly broad that it fails to serve as adequate notice of the actus reus of the crime.[221]

In July, 1997, the Constitutional Court rendered another watershed decision guarding procedural justice. Ruling on the controversial railroading of labor laws in December of the previous year,[222] the Court declared that such a "stealth act" is unconstitutional as an infringement of the constitutional right to debate and vote guaranteed to members of the National Assembly by Article

---

217) Apr. 1, 1991, 89 HonMa 17, 85, 100, 109, 129, 167, 3 KCCR 124, at 138 (consolidated) (Justice Byun, dissenting).
218) Law no. 3045 (1977) (last amended by Law no. 4856 (Dec. 31, 1994)).
219) Jan. 25, 1996, 95 HonKa 5, 8-1 KCCR 1.
220) The Act also authorized the entry of a default judgment and sentence of imprisonment and confiscation of property, applicable to the deceased.
221) 8-1 KCCR 7.
222) See supra note 47 and accompanying text.

49 of the Constitution.[223]

In recent years, the Constitutional Court has shown a clear attempt to embrace the concept of "substantive due process." In a 1994 decision, the Court officially declared its own definition of due process of law:

Due Process is a unique constitutional principle, not limited to the criminal procedures, extending to all the governmental functions including those of legislative and administrative actions. The principle requires that not only the procedures be described by the law, but the law be reasonable and legitimate in its content.[224]

In that same year, the Constitutional Court stated that the integral value of the "rule of law" lies in substantive due process, which requires not only that the procedures, but also the content of law, must be in accord with the constitutional ideals guaranteeing basic rights.[225] On several occasions, the Constitutional Court expressly quoted the Fifth and Fourteenth Amendments of the United States Constitution, emphasizing that both fundamental fairness and substantive justice are guaranteed by Article12 of the Korean Constitution, just as they are guaranteed under the U. S. Constitution.[226] The Court made it clear that Article 12 of the Constitution is imported from Anglo-American concepts of justice.

Viewed from the decision of the Constitutional Court, the due process of law clauses have a great potential to be a constitutional magic box from which any imaginative right could be created. For the court's reference, there is no

---

223) Judgment of July 16, 1997.
224) Apr. 28, 1993, 93 HonBa 26, 6-1 KCCR 355-56. This statement is also repeated by the Court in later decisions. Dec. 29, 1994, 92 HonMa 201, 6-2 KCCR 528; Mar. 23, 1995, 94 HonMa 175, 7-1 KCCR 450.
225) June 30, 1993, 93 HonBa 9, 6-1 KCCR 631.
226) Dec. 24, 1992, 92 HonKa 8, 4 KCCR 853; Apr. 28, 1994, 93 HonBa 26, 6-1 KCCR 355-56; Nov. 19, 90 HonKa 48, 2 KCCR 393. "It is a general principle of the Constitution, applicable to all the functions of the State."

better place on the globe to look for these precedents than in the United States.[227)]

4. Freedom of Expression

Although it has been theoretically accepted that freedom of expression, especially freedom of speech, enjoys a preferred position among various constitutional rights,[228)] this very right had been subjected to the most intrusive governmental controls. The famous "clear and present danger rule," a Justice Holmes' invention, had been not infrequently cited by the Korean courts.[229)] It was, however, seldom applied as originally intended by Holmes.[230)]

The dominant and pervasive test had been the "bad tendency rule." This rule found its home most often in "national security" cases. Numerous statutes infringing the fundamental freedom of expression were held constitutional,[231)] including the notorious National Security Act and the Anti-Communist Act. In most cases, the court read legislative justifications into the laws and endorsed them. Only on a few, politically less significant occasions, has the court ruled in favor of an individual or press defendant.[232)]

In the area of freedom of expression, American influence on Korea was limited to her pre-War experience. Basic attitudes viewing the confrontation between North and South Korea as having a "quasi-war status" justified the

---

227) See generally Ronald D. Rotunda & John E. Nowak, Ii Treatise on Constitutional Law, Substance And Procedure 373 (1992).

228) E.g., March 30, 1965, DaePan 67 Do 1 (Sup. Ct.).

229) Oct. 28, 1967, 65 Ko 8762 (DaeGu Dist. Ct.).

230) One Constitutional Court Justice is said to have maintained that, in 1967, as a lower court judge, he faithfully honored the original intent of O. W. Holmes in a case involving the Anti-Communist Act. Youm, supra note 110, at 17.

231) These two statutes were heavily misused as a means to suppress political dissent. West & Baker supra note 16, at 166. For comprehensive studies of these two statutes, see the seminal three-volume work of Won-soon Park, Study of The National Security Act, [YokSaBiPyong-Sa] (1992) (in Korean).

232) E.g., Judgment of June 29, 1956. The Supreme Court stated: "There is no violation of the National Security Act if no substantial danger could reasonably be brought by."

suppression, and often, old American cases were indirectly used as dicta.

The situation has dramatically changed since 1988. The most notable textual improvement in civil liberties made by the new constitution is found in the freedoms of expression. Prior permits are no longer required for a public speech, publication, association or assembly.[233] Decisions of the Constitutional Court also show a clear tendency to abide by these new constitutional provisions. Several provisions of the Motion Picture Act that provided de facto censorship were struck down.[234] Similar provisions of the Law on Music Records and Videos met the same fate.[235] The Court seems determined to read these constitutional provision in their literal sense, as Justice Hugo Black once held: "no means no."[236]

Additionally, improvements have been made in cases involving national security. Both the press[237] and individuals have been awarded much greater protection than before. Governmental claims based on the broad concept of "national security" have declined from being an invincible defense to only a balancing factor.[238] The court is apparently attempting to curtail abuses of governmental power.

An exception to the general trend favoring individual freedoms is found in labor-related cases, where the Constitutional Court still remains extremely conservative. Traditionally, the Korean government had openly sympathized with industry and exhibited overt hostility toward labor forces, which often were condemned for harboring socialistic views. On almost every occasion that the government intervened in labor disputes, the result was the suppression of organized labor activities. As Professor Park argued in 1993, Korean industrial

---

233) S. KOREA CONST. art. 2(2).

234) Oct. 4, 1996, 95 HonKa 6, 8-2 KCCR 76.

235) Oct. 31, 1996, 94 HonKa 6.

236) Hugo Black, The Bill of Rights, 35 N. Y. U. L. REV. 865 (1960); Black & Cahn, Justice Black and First Amendment Absolutes: A Public Interview, 37 N. Y. U. L. REV. 549 (1962).

237) For a detailed account of the freedom of the press in Korea, see the excellent monograph of Kyu Ho Youm, Press Law in South Korea (1996) and his two articles, supra notes 77 & 110.

238) See YOUM, supra note 237, at 166-77.

relations reflected a system in which the philosophy of the power elite and their strategy for economic development determined the basic nature of the relationship.[239] The Court's attitudes toward organized labor activities basically reflect the government's position.

In 1990, the controversial Labor Dispute Adjustment Act[240] was challenged for its provision which made it a criminal offense for a third party to intervene in a labor dispute.[241] This provision had become more controversial in the wake of the 1987 democratization movement, and a majority of the National Assembly had voted to repeal it, only to be overruled by President Roh's veto.[242] The Constitutional Court overruled a district court's preliminary ruling that the provision was unconstitutional[243] and declared that the pertinent provision was justifiably related to preventing intervention for "political objects."[244] The sole dissenter, Justice Byun, countered that the provision had a severe "chilling effect" on union activities. He asserted that prosecution records under the Act showed deterrent effects on the union side only.[245]

239) Se-Il Park, The Role of the State in Industrial Relations: The Case of Korea, 14 COMP. LAB. L.J. 321 (1993). In this article, Park argued that the Korean government should "reorient its past authoritarian and paternalistic approach" and must play a dual role in the modernization process of labor law. He suggested that in cases of "rights" disputes (unfair labor practices), the government should exercise prompt and strong intervention, whereas in the cases of "interests" disputes (wage negotiation), it should adopt a neutral and non-interventionist position. Id. at 337.
240) Law no. 1327 art. 13-2 (1963) (last amended by Law no. 3926 (Dec. 31, 1980)).
241) Jan. 15, 1990, 89 HonKa 103, 2 KCCR 4.
242) At that time, the government party did not hold a majority in the National Assembly.
243) The ChungJu District Court had ruled the pertinent provision unconstitutional on two grounds: (1) it prevented labor organizations from obtaining assistance from a third party, such as lawyers, labor experts and other professionals; and (2) the penal provision was so vague as to contravene the principle of nulla poena sine lege. Judgment of July 31, 1989.
244) 2 KCCR 32-33.
245) 2 KCCR at 40. He further argued that the provision is a violation of due process of law, which mandates clarity and specific notice, expressed in the principle nulla poena sine lege. Id. 41-42. Moreover, he wrote that the statutory provisions were defective because they were not enacted by a regular legislative body, but by a special body formed under martial law in 1980. In his words, "[s]uch laws invite the distrust and resistance of the citizens against the entire constitutional order of the nation, and make peaceful settlement of labor and

In 1991, the Constitutional Court ruled on another legal issue of national importance: whether teachers employed by private schools could organize a labor union. The Private School Act[246] applied mutatis mutandis, an article of the National Civil Service Act. That article restricts the labor rights of civil servants. In multiple cases brought by members of the outlawed National Teachers' Union(ChonKyoJo), the Constitutional Court upheld the provisions.[247] The Court rejected the argument that teachers employed by private schools were entitled to organize unions based on the freedom of association guaranteed by Article 33(1) of the Constitution. The court distinguished the role of teachers from that of regular wage-earners, and declared that special responsibilities entrusted to teachers justified the restriction.[248]

5. Rights in Criminal Procedure

Traditionally, it was a widely accepted rule in Korean courts that 'prosecutors can do no wrong.' The presumption was almost insurmountable in the time that a standing order to crackdown on left-leaning elements was being implemented.[249] With strong tradition of an inquisitorial criminal system, the prosecution in Korea was regarded as more than a mere party to a criminal proceeding. Monopolizing both powers of investigation[250] and prosecution, Korean prosecutors wielded almost uncontested power. Suppressed by the authoritarian regimes, a judicial myth had been created in Korea: "Contempt the prosecution, and spoil your judicial career!" Challenges against illegal prosecutorial practice rarely succeeded under normal conditions,

---

management problems difficult." Id. 43.

246) Law no. 1362 (1963) (last amended by Law no. 4347 (Mar. 8, 1991)).

247) About 100 cases were referred by the lower courts.

248) 3 KCCR 447. Article 33(2) of the Constitution provides: "Public officials shall enjoy the right to organize a labor union, to engage in collective bargains, or to strike, only when specifically provided by law."

249) West & Baker, supra note 16, at 166.

250) Under the Korean system, the police force is merely a subsidiary organ of the prosecution, lacking an independent power of investigation.

and when they did, they served as critical blows to the regime itself.

In Korea, prosecutors share the same position as judges. The same rules and principles apply to both in promotions, transfers and salaries. The unique tradition of producing judges and prosecutors from the same 'farm' further solidifies the similarities between the two jobs.[251] In many political cases, the prosecution took the initiative throughout the entire process, and court opinions were almost identical to the prosecution briefs. With such a historical background, it is no surprise to see the bold claim that the prosecution is basically judicial in nature.[252]

The new Constitution has brought a significant change. As the constitutional petition has emerged as an effective means to supervise the abuse of prosecutorial discretion, the presumption of "prosecution, no evil" has substantially diminished. Since rulings on such petitions necessarily require the court's own review of the facts, the court is given the legal power to supervise the business of the prosecution.

In 1992, the Constitutional Court embarked on its project to relegate the prosecution to the position it should have held at the outset. Article 331 of the Code of Criminal Procedure contained a provision that said that a criminal defendant should remain in custody, despite a judgment of innocence by a court, in cases where the prosecution had asked for a penalty heavier than ten years imprisonment.[253] The Constitutional Court readily struck down this provision as a violation of the right to due process of law.

Article 19 of the National Security Act allowed an extra period of pre-trial

---

251) Both new judges and prosecutors are hired from new graduates of the Judicial Training Center.
252) Bae-Shik Shin, in SONG, supra note 7, at 308. Judges also regard themselves as civil servants. See supra notes 37-42 and accompanying text. The salaries of judges and prosecutors are determined according to the corresponding rank of civil servants. A panel-chief judge of a High Court is given the rank of Deputy Minister. In one case before the Constitutional Court, a former judge based his claim on "Deputy Minister Rank" treatment. Nov. 22, 1992, 91 HonKa 2, 4 KCCR 713.
253) Dec. 24, 1992, 92 HonKa 8, 4 KCCR 853.

detention for suspects of certain crimes. The Court also invalidated this Act.254) In a 1993 decision, the Constitutional Court struck down Article 97(3) of the Code of Criminal Procedures, which provided that a court's decision granting bail to a criminal defendant could be stayed by an immediate prosecution appeal.255) The Court declared that this provision violated the due process clause.

In a 1995 decision, the Court officially declared that Korean criminal pro-cedures are based on the "adversary system." In striking down Article 361 (1) and (2) of the Code of Criminal Procedure, another legacy of the "no evil" doctrine was eliminated. The laws required that trial court records must be channeled through the prosecution before being sent to a reviewing court. The court stated:

> As contrasted with the inquisitorial system under former law, the new Code of Criminal Procedures has adopted many ingredients of the adversary system ... It is fairly understood that we are under the adversary system.256) Now the prosecution has been declared to be only one party to the adversary criminal system. As far as the Constitutional Court is concerned, the prosecution is no longer a quasi-judicial office, nor the protector of human rights they claim themselves to be.257)

In addition, the right to counsel has been enhanced. The Constitution specifically guarantees the right to counsel immediately after arrest or detention,258) to have counsel appointed in case of indigence,259) and the right

---

254) Apr. 14, 1992, 90 HonMa 82, 4 KCCR 194.
255) Dec. 23, 1993, 93 HonKa 2, 5-2 KCCR 578.
256) Nov. 30, 1995, 92 HonMa 44, 7-2 KCCR 651, 657 (emphasis added).
257) The justification for not granting the police an independent power of investigation, it has been claimed, was to empower the prosecution, ostensibly a protector of human rights, to supervise police conduct.
258) S. KOREA CONST. art. 12 (4).
259) Id.

to be informed of the right to counsel, similar to the U.S. "Miranda warnings."[260] In 1991, the Constitutional Court declared that an individual's right to communicate with counsel is also protected by this provision.[261] Here the Court made it clear that the right to communicate with counsel is a constitutional right.[262] This decision is indicative of the court's determination to make the Constitution a working document.

The Constitutional Court went one step further in 1992, and declared that the "right to effective counsel assistance" is also a constitutional right. In this case, the Court granted redress on a constitutional petition filed against the practice of an intelligence agency of tape recording conversations between criminal suspects and their attorneys.[263] The Court was particularly mindful of the long tradition of patent violations of constitutional rights by this intelligence agency.[264]

In a 1995 case, the issue was whether justification existed for censoring letters sent by an attorney to his client, who was being held in pre-trial detention. The Constitutional Court held that censorship in this case was unconstitutional, but it did not ban censorship in toto. It left room for censorship in two kinds of factual situations: (1) where a reasonable suspicion exists that a dangerous object many be brought in, or (2) when there is reasonable risk that the suspect may escape or conceal evidence.[265]

---

260) S. KOREA CONST. art. 12 (5).

261) July 8, 1991, 89 HonMa 181, 3 KCCR 356.

262) On the other hand, counsel's right to meet his client is not a component of this constitutional right, but only a statutory right as provided by Article 34 of the Code of Criminal Procedure.

263) Jan. 28, 91 HonMa 11, 4 KCCR 51.

264) Id. at 56-57. One caveat to this concern, however, was that the issue of "effective assistance" in this case was limited to free consultation with the attorney. It did not address the quality of the assistance. Legal malpractice claims in Korea are extreme exceptions to the general rule.

265) July 21, 1995, HonMa 144, 7-2 KCCR 108-09.

V. CONCLUSION

Korea is undergoing a rapid transformation in many ways: from an authoritarian society to a democratic one, from a non-litigious society to a litigious one, and from a country with a decorative constitution to a country with a working constitution. With the launch of the 1988 Constitution and the Constitutional Court, the legal life of the Korean people has dramatically changed. The Constitution has become a living document, and constitutional adjudication has become a daily occurrence.

Judicial activism in Korea is something to be cherished, not to be frowned upon. Under a long tradition of a strong administration and an ineffective legislature, the Korean people have had no alternative to the judiciary to protect their fundamental rights. The activism of the recent Constitutional Court provides the Korean people with hope for a civil rights revolution through judicial processes.

The influence of American constitutionalism has been conspicuous in major civil rights law areas since 1988. Such influence will increase in the future as Korea continues its journey toward full democracy and the rule of law, where the major disputes of society are expected to be resolved through an open and neutral forum of law.

"The Influence of American Constitutionalism on South Korea"[1997]

해 제

이 우 영*

I. 감사한 학은(學恩)

헌법의 개념과 그 실현의 의의, 그리고 무엇보다도 헌법의 개념과 실현에 선재하며 그 중심에 있는 '인간에 대한 존중의 아름다움'을 보게 해 주신 스승이신 청운 안경환 선생님을 만난 것은 나에게 있어 공부하고 일하며 살아가는 일생에서 대학 이후 가장 감사한 학은(學恩)이다. 1990년에 대학에 입학한 나는 1990년대 초 서울대학교 법과대학 학부 재학중에 영미법 과목을 통해 선생님을 처음 뵙게 되었다. 이 수업에서 선생님께서는 법과 헌법의 개념에서 출발하여 보통법계의 여러 구체적 법제와 판례 및 관련 이론에 대해 공부해 가는 과정에서 풍부하고 깊이 있는 설명 그리고 다양한 관점에서의 질문을 통해 나를 포함한 수강생들로 하여금 헌법의 개념과 작동 원리 그리고 그 실현의 의미에 대해 스스로 생각하고 이해해갈 수 있도록 차근차근 이끌어주셨다. 이러한 가르침을 따라 조금씩 생각을 쌓아가던 순간순간이 무척이나 인상적이었기 때문에, 그러한 순간들의 교실의 모습이 오랜 시간이 지난 지금도 배경으로 눈에 선하다. 이 수업은 어린 학부생이던 나에게 헌법이란 무엇인가에 대해 그리고 헌법이 어떻게 실현되어야 하고 실현될 수 있을 것인가에 대해 무척 많이 그리고 진지하게 생각하고 배우게 해 주었고, 헌법에 대한 나의 평생의 애정의 실질적인 출발점이 되었다.

이후 학부과정을 마치고 서울대학교 법과대학원의 석사과정에 진학하여 선생님을 지도교수님으로 모시고 공부할 수 있었고, 미국에서 유학하던 동안 그리고 변호사로서 일하던 동안 그리고 2004년 이후 법과대학과 법학전문대학원에

*서울대학교 법과대학 및 법학전문대학원 교수

서 강의와 연구를 해 오는 동안, 나의 헌법에 대한 사랑의 바탕에 선생님의 가르침 그리고 선생님으로 인한 깨우침과 배움이 있음을 언제나 느껴 왔고, 늘 진심으로 감사드린다. 이제 선생님의 학교에서의 정년을 맞이하여 선생님의 가르침을 받으며 함께 공부해 온 선후배님들과 선생님 논문의 해제를 하게 된 것에도 감사드린다. 선생님의 연구와 가르침 그리고 학계와 보다 넓은 사회에서의 활동은 우리나라 헌법과 민주주의의 실현과 성숙에 큰 공헌을 해 왔다. 선생님의 학은을 입은 제자들이 선생님의 뜻과 업적을 기리고 선생님의 글을 모아 좋은 자료이자 지침이 되도록 하는 이번 과정에 나의 평생의 감사의 마음을 담는다.

Ⅱ. 논문의 구성과 내용: 미국의 헌법과 헌법재판이 우리나라 헌법, 헌법재판, 입헌민주주의에 미친 영향

1. 논문의 구성

해제대상논문은 ① 19세기 이후 1990년대까지의 기간 동안 법적 관점에서의 한국과 미국의 영향관계를 시대별로 소개한 후 본문의 내용을 압축적으로 제시하는 서론, ② 1988년 한국 현행헌법의 시행과 이에 의한 헌법재판소에 의한 위헌법률심판제도의 시행을 한국 헌정사의 중요한 분기점으로 하여 그 이후의 한국의 참여민주주의와 사법적극주의를 다양한 세부적 요소와 요인으로써 분석한 본문의 첫 장, ③ 한국 현행헌법하의 위헌법률심판이 1988년 이후 한국의 입헌주의와 민주주의의 성숙과 발전에 기여한 바를 몇 가지 큰 주제와 영역별로 분석한 본문의 둘째 장, ④ 한국의 헌법과 헌법재판에 미국 헌법과 헌법재판이 미친 영향을 구체적 영역별로 제시하고 분석한 본문의 셋째 장, 그리고 ⑤ 본문의 내용을 요약하며 마무리하는 결론으로 구성되어 있다.

2. 논문의 내용

(1) 1988년 현행헌법 이후 한국의 참여민주주의와 사법적극주의

1987년의 개정 과정을 거쳐 1988년 2월 시행된 현행 헌법으로의 개정기에 이르러 한국의 시민사회가 크게 성숙하였으며 민주주의와 법치주의가 정립되면서, 한국의 각종 정치과정에 참여민주주의가 도입되기 시작하였고, 사법부의 적극적 기능 수행과 함께 현행헌법에 의해 헌법상의 독립기관으로서 설치된 헌법재판소가 능동적으로 부여된 기능을 수행하였다. 국민의 요구에 의한 헌법개정을 통해 대통령직선제가 수용되었으며, 국가기관과 국민 공히 헌법을 의미 있게 인지하고 받아들이면서 헌법의 실현, 특히 헌법상의 기본권의 실질적 보장이 적극적으로 요구되기 시작하였다.

해제대상논문은 현행헌법으로의 개정 시기 이후 1990년대 후반에 이르기까지의 한국 헌정과 법치의 특징적 요소가 사법적극주의라고 분석한다. 헌법재판 제도에 대한 이용 접근성이 높아졌으며, 사법부의 독립성이 강화되었고, 법조인의 수가 크게 증가하였으며, 국제화를 통한 한국 경제의 세계 경제로의 편입을 통해 한국 사회의 구성원들의 다양한 판단 기준이 국제적 기준에 맞추어 제고되었고, 이러한 맥락에서 한국 사회의 구성원들이 헌법과 사법절차에 대해 가진 인식과 자세가 긍정적으로 변화한 것이 이 시기 한국의 사법적극주의의 원인이자 동력이 된 것으로 해제대상논문은 분석하고 있다.

헌법재판소는 위헌법률심판과 헌법소원을 주요 기제로 하여 이러한 기능을 적극적으로 행사함으로써 법률의 합헌성 확인 내지 법률을 통한 헌법의 실현을 통해 한국 민주주의, 법치주의와 입헌주의의 발전과 성숙에 크게 기여하였다. 이에 헌법재판소는 정의를 위한 전장(戰場)으로 기능하였다고 해제대상논문은 평가하고 있다. 또한 사법부 내부의 수직적 관계와 승진 개념의 법관 직위 및 임지 배정의 제도가 대체로 큰 변화 없이 존속하는 상황에서도 이 시기에 사법부의 독립성이 크게 신장되었다고 해제대상논문은 분석하고 있다. 해제대상논문은 그 요인으로서 이 시기 소장 판사들이 학생 시기에 민주화 과정을 체험하였고 사회 전반의 다원주의화를 바탕으로 연배가 높은 법관들 중심으로도 반대의견과 별개의견의 작성이 현실화되었으며 무엇보다도 사회가 사법부에 기대하는 공정성과 중립성의 기준이 제고되고 이를 감시하고 변화를 요구할 수 있을 만큼 성숙하였음을 제시하고 있다.

또한 특히 1990년대 중반 이후 법조인의 수가 급증하면서 (해제대상논문은 1995년에 사법고시 합격자 수를 300명으로 증대하고 이후 점차 그 수를 늘여간 점을 적시하고 있다), 이 점이 한국의 사법적극주의의 동력이 되었음을 적시하고 있다. 해제대상논문이 구체적으로 제시한 점들을 보면, 법조인의 공급이 늘어나면서 법조인력이 다양한 영역으로 진출하였고 다양한 가치관과 관점을 반영하고 대변하게 되었다. 노동법 영역에서의 법조인력 공급증대가 두드러졌으며 이에 따라 법제의 정비와 이용이 이루어졌다. 1970년대 인권의 실현과 신장을 위해 노

력한 일단의 변호사들의 노력을 승계하여 1988년 5월에는 민주사회를 위한 변
호사 모임('민변')이 결성되었다. 또한 1994년에는 참여연대가 발족되어 참여민주
주의를 지향하는 시민운동의 일환으로서 국가공권력의 기능 수행을 감시하는
활동을 사법부 감시를 통해 시작하게 되었다.

나아가 1988년의 올림픽 개최로 상징되는 개방과 국제화를 통해 한국의 정
치와 경제는 공·사 영역에서 공히 국제적 기준에 발맞추어 분석되고 평가되게
되었으며, 이에 관련 법제를 국제적 기준에 맞추어 상향된 기준에 따라 정비하
고 개선하게 되었다. 무엇보다도 이러한 맥락에서 시민들의 법치주의와 민주주
의에 관한 의식이 한층 더 성숙하게 되었고 또한 법과 법제도 및 그 기능을 긍
정적으로 받아들이면서 법적 제도와 절차를 이용한 권리의 요구와 실현에 적극
적인 입장을 보이기 시작하였다. 이러한 여러 요인들이 한국의 사법적극주의와
참여민주주의의 동력이 되었다고 해제대상논문은 분석하고 있다.

(2) 위헌법률심판과 1988년 이후 한국 입헌주의와 민주주의의 성숙과 발전

해제대상논문은 미국 헌법 및 헌법제도의 비교법적 관점에서의 가장 큰 특
징을 특유의 사법심사 내지 위헌법률심사 제도로 보고, 이러한 제도가 우리나라
의 헌법과 헌정에 미친 영향을 이 장에서 보다 심층적으로 분석한다. 한국의 제
헌헌법 이후 위헌법률심사제도의 역사를 개괄한 후, 1988년 현행헌법에 의해 도
입된 헌법재판소에 의한 헌법심판제도를 분석하고 있다. 미연방대법원의 1803년
Marbury v. Madison 판결이 제시한바, 개개의 사인(私人)이 자신의 자유가 침해
되었을 때 이에 대해 법에 의한 구제와 보호를 요구할 수 있는 권리가 곧 시민
적 자유의 핵심이라는 점을 적시하며, 해제대상논문은 이러한 개념에 기초한 미
연방대법원 중심의 관련 판례와 법리가 한국의 헌법재판소에 영향을 미쳐 온 속
에서 한국의 헌법재판소가 한국 헌정의 민주화와 헌법의 실현과 보장에 크게 기
여하였다고 평가하고 있다.

특히 한국 헌법재판소가 1991년과 1989년의 각각의 결정에서 계약의 자유와
알 권리와 같이 헌법에 명시적으로 열거되지 않은 기본권의 헌법적 보장을 판시
한 것을 관련 미연방대법원의 판례와의 비교를 통해 분석하였고, 이와 같은 결정
을 포함한 한국 헌법재판소의 위헌법률심판과 헌법소원심판이 한국에서의 기본권
보장의 확대 및 실질화에 공헌하였음을 보이고 있다. 또한 한국의 헌법재판소가

담당하는 헌법재판이 재판작용이자 입법적 작용이면서 관장하는 사안상 정치작용
인 점을 몇몇 결정을 통해 보이고, 이러한 기능을 수행하는 과정에서 헌법재판소
가 한국 입헌주의와 민주주의의 성숙과 발전에 기여하였다고 평가하고 있다.

(3) 한국의 헌법과 헌법재판에 미국 헌법과 헌법재판이 미친 영향

해제대상논문은 본문의 마지막 장에서 보다 구체적인 개별 영역에서 미국의
헌법과 헌법제도가 한국의 헌법과 헌정에 미친 영향을 분석하고 있다. 특히 한
국 헌법상의 대통령제 정부 형태에 미국연방헌법상의 대통령제가 미친 영향을
시대별로 분석하고, 평등권 그리고 형사절차에서의 기본권의 영역에서 우리 헌
법재판소의 심사의 기준에 미국의 관련법리가 미친 영향을 분석한다. 공직선거
에서의 평등 문제, 노사관계에서의 적법절차와 같은 구체적 심리 대상에 대한
분석과 함께 소송촉진법, 국세기본법, 군인연금법 등 구체적 법률에 대한 헌법
재판소의 위헌성 판단의 분석, 그리고 호주제 폐지 여부와 낙태의 형사처벌 여
부 등과 같이 가치관에 따른 입장의 차이와 가치의 변화 문제를 내포하는 주제
들에 관한 헌법재판소의 결정에 대한 분석이 제시되어 있다.

Ⅲ. 논문 해제: 해제대상논문이 한국의 헌법, 헌법재판, 헌법실현과 헌법학에서 갖는 의의

1. 문제의식, 관점과 방법론

해제대상논문은 1990년대 중반에 한국의 헌법, 헌법재판, 헌법의 실현에 미
국의 헌법과 입헌주의가 미친 영향을 포괄적, 입체적, 종합적으로 정리하고 분
석한 것이다. 1948년 대한민국의 수립 이후 1990년대 중반까지를 총체적으로 분
석하지만, 특히 1988년 2월 시행된 현행 헌법하에서의 한국 헌법의 실현 및 민
주주의의 성숙 과정, 그리고 이 과정에서 핵심적 기능을 한 사법적극주의와 헌
법재판소의 헌법재판을 중요한 연구 대상으로 하고 있다. 현행 헌법으로의 개헌
이 여야의 합의에 의해 이루어질 수 있었던 동인이자 현행 헌법의 시행 이후의
실현의 맥락이 된 한국 사회 전반의 시민의식, 민주주의, 법치주의의 성장과 성
숙을 여러 요소들을 통해 입체적이고 종합적으로 분석한 후, 다시 한 번 이러한
개별적 요소들을 전체적 맥락에서 분석하여, 한국에서 헌법이 기본권 보장을 위
한 살아 있는 규범으로 인식되고 작동하게 된 과정을 학문적으로 서술하고 있

다. 즉, 헌법재판제도에 대한 접근성 제고, 사법부의 독립성 강화, 법조인력의
증대, 국제화에 따른 정치·경제 제(諸)영역에서의 기준 제고 및 관련 법제 정비
와 같은 각각의 현상과 변화를 원인과 결과를 분석해 내어 한국의 참여민주주의
와 사법적극주의로의 인과관계를 적시하고, 이러한 점이 배경이자 동력으로서
현행 헌법의 헌법재판소에 의한 헌법재판제도의 역할을 주요 매개로 하여 한국
헌법을 기본권 보장의 살아있는 규범으로 만든 과정을 보인다.

　이와 같은 분석의 과정에서 한국의 헌정사 및 관련 제도의 변천사라고 하는
역사적 맥락을 전제로 하고 구체적 일차자료를 통해 이를 설명한 점이 이후의
분석의 설득력을 높인다. 논지를 뒷받침하는 다수의 헌법재판소의 판례 및 관련
법률과 통계자료 등을 구체적으로 인용하고 그 인과관계를 보임으로써 한국 헌
법이 실현되는 구체적 현실을 독자에게 제시하고 이렇게 시각화된 큰 흐름 속에
미국의 헌법과 헌법재판이 한국의 헌법, 헌법재판, 나아가 헌법의 실현에 미친
영향을 보이고 있다. 해제대상논문은 한국과 미국의 역사와 제도 및 현실의 차
이를 당연한 전제로 하고 이와 같은 차이를 뛰어넘어 헌법의 이념 그리고 헌법
의 제도적 실현과 보장을 담당하는 기관과 제도의 운용에 필요한 공통의 전제적
조건, 나아가 법치주의와 헌법의 실현에 있어서 국민의 민주의식·헌법의식·국
가공권력 특히 사법적 권력에 대한 신뢰의 중요성 등을 필요하고 적절한 방식과
정도 내에서 비교법적으로 분석하고 보여주는 점에서, 비교법적 관점과 연구방
법론의 적합하고 효율적인 예가 된다.

　2. 한국의 헌법학, 헌법재판, 헌법실현에서 갖는 의의

　비교의 과정을 통해 연구의 대상을 보다 명확히 그리고 종합적·입체적으로
이해할 수 있게 해 주는 데에 비교법적 연구의 필요성이 있을 것이다. 이러한
취지에 부합하는 비교법적 연구를 위해서는 비교의 대상 각각에 대한 구체적 자
료에 근거한 이해와 분석이 선재해야 하며, 당연한 전제인 존재 및 작동의 연원
과 배경의 차이를 초월하여 상관성을 가지거나 아니면 오히려 그러한 차이 때문
에 비교의 의의를 가지는 요소를 찾아내어 비교분석을 하여야 한다. 이러한 적
정성과 효율성을 가진 비교법적 연구를 위해서는 각각의 비교대상에 대한 정확
한 이해가 있어야 하고, 시사점을 얻고자 비교분석을 하는 목적과 의의가 구명
되어야 하며, 비교연구를 통해 얻어진 바가 본래의 주된 연구대상에 발전적으로

적용될 수 있어야 할 것이다. 해제대상논문은 이와 같은 모든 점에서 긍정적인 예라는 점에서, 연구방법론으로서의 비교법적 연구에 모범이 된다.

나아가 해제대상논문은 구체적 법리의 분석, 제도와 판례의 변화 과정의 인과관계 분석, 전체로서의 논지의 전개에 있어 헌법을 포함한 법이 진공에 존재하는 것이 아니라 구체적 현실이라는 맥락 속에 존재하며, 이와 같은 현실의 맥락은 변화한다는 점에서 인과관계에 기초한 지속적 변화과정이라는 것을 일관성 있게 보임으로써, 어떠한 법 내지 제도도 구체적이면서도 변화하는 맥락 속에서 이해하고 분석하여야 함을, 달리 표현하면 맥락과 역사에 바탕을 둔 법과 제도의 분석의 설득력을 잘 보여준다는 점에서, 법학자의 연구에 귀감이 된다.

3. 2013년의 시점에 미국 헌법, 헌법재판 및 관련 제도가 우리나라에 주는 시사점 - 대법원의 구성과 운용의 원리와 위헌법률심사기준의 면에서[1]

(1) 대법원의 구성과 운용의 원리 면에서

어느 한 국가에서 최고법원, 즉 사법권을 담당·행사하는 조직의 정점에 있는 법원이 심리·판결하는 사안의 수와 성격이 어떠해야 하는가라는 문제는 이러한 문제가 곧 최고법원이 그 국가의 권력분립구도와 전체 헌정에서 갖고 있는 상징적·실질적 위상과 기능의 문제라는 점에서 대단히 중요하고 의미 있는 문제이다. 우리나라의 대법원과 미국의 연방대법원을 포함하여 한 국가의 최고법원이 심리·판결하는 사안의 수는, 첫째, 그러한 최고법원의 업무역량 및 업무의 질(質)의 문제로서 그 업무량이 최고법원에서의 심리·판결의 과정과 결과의 질(質)을 최상의 기준에서 유지할 수 있는 범위 내에서 통제가능한 정도인지의 관점에서 볼 수 있으며, 둘째, 최고법원이 담당하고 처리하는 사건의 수 및 종류 내지 성질이 국법의 통일성과 예측가능성의 차원에서 최고법원이 그 국가의 하급심법원에 대해 갖는 상징적·실질적 통제 기능에 적합한 정도가 되는지의 관점에서 볼 수 있다. 어떠한 관점에서 이 문제를 인식하고 분석하든, 당해 국가공동체의 헌정에서 사법부가 공동체구성원의 사법부와 사법작용에 대한 신뢰에 기초하여 사법정의를 실현하고 나아가 헌법 및 헌법적 가치를 실현함에 기여할

---

1) 이하의 논의는 대체로 이우영, "최고법원으로서의 미연방대법원의 운용 ─특히 본안심리사건 수와 관련된 제도와 경험이 우리나라에 주는 시사점을 중심으로─," 미국학, 2009-1집, 2009 및 이우영, "미국의 위헌심사기준으로서의 '이중 기준(Double Standard)'," 서울대학교 법학, 제50권1호, 2009의 관련 부분을 전재 및 수정·보완한 것이다.

수 있는지가 관련 논의의 궁극적 목표이자 기준이 될 것이다.

  근래 우리나라에서도 대법원의 상고심 심리 대상 사건의 선정방식 및 심리·
처리하는 사건의 수와 관련하여, 심리할 사건을 선정하는 방식과 대상 사건 선정
에 허용할 대법원의 재량의 정도 그리고 그 결과로서 결정될 심리 사건 수에 대한
제도적 차원의 논의가 진행되어 왔다. 상고법원의 설치 가능성 논의, 고등법원 상
고부의 설치 논의, 그리고 심리불속행제도의 도입 및 그 이후의 현황에 관한 논의
등은 우리나라 대법원의 업무량이 대단히 많은 현실에서 비롯된 상황에 대한 제
도적 해결 노력의 일환이다. 미국연방대법원의 경험은 이러한 중차대한 제도적 개
선안을 논의하는 과정에 있는 우리나라에 우선 다음과 같은 시사점을 준다.

  첫째, 한 국가의 사법부의 조직상 정점에 있는 최고법원이 담당 내지 처리
할 적정한 사건 수를 모색하고 이러한 적정수를 달성하고 유지하기 위한 제도적
방안을 논의함에 있어서는 사건 수에 영향을 미치는 요인이 먼저 분석되어야 하
며, 이러한 원인의 분석을 위해서는 최고법원이 자신이 심리·판결할 대상을 선
정함에 있어 또는 선정하기 위해 어떠한 행태를 보이는지에 대한 내부적 및 외
부적 요인의 분석이 있어야 하고, 이러한 분석은 법제 차원, 사회학적·정치학적·
문화적 차원 등 여러 관점에서 이루어져야 한다. 둘째, 이에 더하여, 특정 당해
국가의 전체적 권력분립구도 속에서, 즉 헌정 전반 속에서 사법부 그리고 보다
구체적으로 최고법원이 가져야 할 위상과 기능을 상징적·실제적 차원에서 관념
적·경험적으로 분석·논의하여 이에 대한 공동체의 합의를 이끌어내야 한다. 셋
째, 법제적 개선의 논의는 위의 두 논의에 기초하여 이루어져야 할 것이다. 나아
가 이러한 법제적 개선 논의에서도 대의제적 또는 직접민주주의적 논의 및 의사
결정 방식 중 어떠한 것을 선택할 것인지까지도 이러한 문제의 해결에 있어 각
각의 논의 방식과 의사결정 방식이 가지는 상징적·실제적 의미와 영향이 있을
것임이 인식되어야 하겠다.

  관련하여 미국의 경험을 보면, 우선 지난 1세기 정도의 기간 동안 미연방대
법원에 접수된 사건 수는 꾸준히 증가되어 왔음을 알 수 있다. 즉, 미연방대법원
에 접수된 사건의 수는 1895년 회기(1895 Term)의 386건에서 1995년 회기에는
6,597건으로 증가했다.[2] 그러나 미연방대법원이 심리·판결한 사건의 수는 위와

---

  2) Lee Epstein, Jeffrey A. Segal, Harold J. Spaeth, Thomas G. Walker 공저, THE SUPREME
     COURT COMPENDIUM: DATA, DECISIONS, AND DEVELOPMENTS, CQ Press, 2007, p. 84, 표

같은 접수 사건 수의 증가 추세에 비례하여 증가하지 않았으며, 지난 반세기의
통계를 보면 최소 1999년 회기의 76건에서 최대 1972년 회기의 158건의 범위
내에 분포되어 있다.3) 그 결과 미연방대법원에의 상고 청구(certiorari) 건수 대비
상고 허가된 건수의 비율인 상고허가율이 지속적으로 낮아져 온바, 1940년 이전
에는 대략 20%였던 상고허가율은 오늘날에 이르기까지 계속적으로 감소하여 현
재 약 1% 내지 3%에 머물고 있다.4)

　　이러한 현상은 미연방대법원의 기능에 대한 수요는 심대하게 증가하여 온
데 비해 그 공급은 같은 기간 동안 실질적으로 동일하게 유지되어 온 데 기인한
다. 즉, 미연방대법원의 인적 자원이 실질적으로 동일하게 유지된다면, 미제사건
의 축적을 마다하지 않거나 심리·판결 절차의 파격적인 간소화를 추진하지 않
는 이상 미연방대법원의 심리·판결 방식과 일정은 그 자체가 매 회기 심리·판
결되는 사안의 수의 최대치를 정하는 제한요소로 작동한다. 이러한 상황에서는
기일의 지정 및 기일에서의 심리의 운용 방식 등이 미연방대법원의 심리·판결
사안 수에 영향을 미치게 된다. 예를 들어 1970년에 미연방대법원은 기일에서의
구술변론에 양 당사자에 각 한 시간씩을 부여하였던 것을 양측 각 30분씩으로
단축한바,5) 이러한 변경을 통해 처리대상 사안 수를 늘릴 수 있었다. 나아가
1970년대 이후에는, 기일을 늘리거나 구술변론에 부여되는 시간을 단축하는 등
의 제도 내 절차상의 변경을 뛰어넘어, 보다 큰 차원에서 미연방대법원의 업무
처리 능력을 단기간 내에 증대시키려는 제도 변화 시도 노력이 전개되었다.6) 예
를 들어, 마치 우리나라에서의 고등법원 상고부의 설치 논의와 흡사한 차원에서,

　　2-7.
　3) Id.
　4) Id., at 80-83, 표2-5와 표2-6; 미연방대법원 공식URL www.supremecourt.gov에 탑재된 통계
　　자료.
　5) David M. O'Brien, "Managing the Business of the Supreme Court," 45 Public Administrative
　　Review 667, 671 (1985).
　6) Erwin N. Griswold, "Rationing Justice − The Supreme Court's Caseload and What the Court
　　Does Not Do," 60 Cornell Law Review 335, 337-353 (1973) (연방 전체에 통일적으로 적용되
　　는 연방항소심의 기속력의 부재를 비판하며 연방항소심과 연방상고심 사이에 새로운 심급을
　　도입하자고 주창함); Philip B. Kurland, "Jurisdiction of the United States Supreme Court: Time
　　for a Change?," 59 Cornell Law Review 616, 617-633 (1974) (미연방대법원의 업무량을 경감
　　시키기 위한 다양한 제도적 개선안을 제시함); William H. Rehnquist, "The Changing Role of
　　the Supreme Court," 14 Florida State University Law Review 1, 12 (1986) (미연방대법원 판결
　　의 연방전체에 대한 기속력의 강화 및 새로운 심급의 도입 필요성을 주장함).

연방항소법원과 연방대법원의 중간심급으로서 연방전체에 대한 기속력을 갖는
판결의 권한을 가진 상소심을 창설하여 연방대법원의 업무부담을 경감시키고
연방법의 통일성을 제고하자는 주장이 심각하게 대두되었다.[7]

　이러한 새로운 연방 심급을 창설하려는 시도는 격론 끝에 결국 실현되지
는 않았으나, 연방대법원의 업무부담은 여전히 대단히 높은 상태로 남아 있었
다. 이에 앞에서 지적한 바와 같이 1988년에는 미연방의회의 입법을 통해 연
방대법원의 관할과 업무 중 권리 상고 영역이 거의 대부분 삭제되었다.[8] 이로
써 연방대법원은 심리·판결할 대상 사안의 선정에 있어 거의 전적으로 재량
을 갖게 되었다.[9] 그 결과 이전까지 대략 150건으로 고정되어 있던 연간 처리
사건 수가 감소하기 시작하여, 1988년 회기 중 145건이었던 처리 사건 수가
1989년 회기에는 132건으로 감소하였고, 1990년 회기에는 116건으로 감소하

---

7) 이러한 주장을 구체적으로 제도화하기 위한 안(案)은 여러 형태로 제시된 바 있다. 예를 들면,
　연방대법원의 하급심으로서 연방전체에 관할을 가진 심급을 창설하여 연방전체에 통일적으로
　적용되어야 할 내용을 포함하는 사안을 심리·판결하게 하고 이 심급에서의 판결은 연방대법
　원이 상급심으로서 심리하게 하자는 주장도 있었다(Charles L. Black, Jr., "The National Court
　of Appeals: An Unwise Proposal," 83 Yale Law Journal 883, 898-899 (1974)). 이러한 다양한
　안 중에서 가장 많은 지지를 얻은 대표적인 안으로서 소위 "Freund Report 방식"이라고 불리
　는 것이 있는데, 이는 Federal Judicial Center의 보고서 "Report of the Study Group on the
　Caseload of the Supreme Court"(57 F.R.D. 573 (1972), 특히 pp. 590-595)에서 제안된 방안이
　다. 이 안에서는 National Court of Appeals를 새로이 창설하여 연방대법원에의 상고청구 전체
　를 심의하게 하여, 이 중 연방대법원에 의한 본안심리의 가치가 가장 높은 연400건-500건 정
　도의 사안만 연방대법원에 보내고, 연방항소법원간 입장의 불일치 사안을 포함하여 나머지 사
　안은 이러한 National Court of Appeals에서 심리·판결하게 하자고 제안하였다. 이에 대해서는
　이러한 방식이 연방대법원의 핵심적 역할과 기능을 지나치게 제약·침해한다는 근거에서 반대
　의견이 제시되었다(Charles L. Black, Jr., "The National Court of Appeals: An Unwise
　Proposal," 83 Yale Law Journal 883, 888-891 (1974)). 이와 같은 새로운 상소심의 창설에 대
　해서는 연방대법관들 사이에서도 의견과 입장이 나뉘었는데, 예를 들어 Brennan 대법관은 연
　방전체 관할의 새로운 연방 상소심 심급 창설을 비판하며 심리대상사건의 선정 권한을 미연방
　대법원으로부터 분리시켜서는 안 된다고 주장한 데 비해(William J. Brennan, Jr., "The
　National Court of Appeals: Another Dissent," 40 University of Chicago Law Review 473,
　474-485 (1973)), Stevens 대법관은 연방전체 관할의 새로운 연방 상소심 심급의 창설이 필요
　하며 이 심급의 법원으로 하여금 미연방대법원의 심리대상사건을 결정할 수 있도록 해야 한다
　고 주장했다(John Paul Stevens, "Some Thoughts on Judicial Restraint," 66 Judicature 177,
　182-183 (1982)). 이와 같은 찬반의 논의과정을 거치면서 이러한 제안은 실현되지 않고 소멸
　되었다.

8) 28 U.S.C. §§ 1254, 1257-1258, 2104 (1994).

9) Bennett Boskey, Eugene Gressman 공저, "The Supreme Court Bids Farewell to Mandatory
　Appeals," 121 F.R.D. 81, 98-99 (1988).

였다.10) 이러한 감소추세는 계속 진행되어, 1993년 회기의 연간 처리 사건 수는 90건이었으며, 이후부터 현재에 이르기까지 미연방대법원의 본안 심리·판결 사건 수는 연간 90건 내외로 안정적으로 유지되고 있다(2012-2013회기의 경우 104건, 2010-2011년 회기의 경우 90건).11)

이 추세 자체에 대해서는 연방대법원이 미연방 헌정 전체에서 갖는 의의와 역할에 대한 관점에 따라 평가가 갈리고 있다. 우선 이하에서 미연방대법원의 본안심리사건수의 감소 원인으로 제기된 사항 내지 요소들을 살펴보면, 우선, 연방의회의 입법에 의한 연방대법원의 권리 상고 관할의 대폭적인 축소가 연방대법원의 본안심리사건수 감소의 주요 원인이 되었다는 분석이 있다. 위에서 간략히 소개한바, 1988년 연방의회는 연방대법원의 요청을 반영하여 연방대법원의 상고관할 중 권리 상고 관할을 실질적으로 전적으로 제거하는 입법을 하였으며, 이는 연방대법원의 재량에 의한 대상 사안의 선택을 허용하는 상고 허가 (certiorari) 방식에 의한 관할로 대체되었다.12) 또한, 위의 변화와 관련하여, 이전까지 연방대법원에서 특히 빈번하게 본안에 대한 심리·판결의 대상이 되었던 특정 영역의 사안들에서 연방대법원에의 상고가 감소하였다는 분석이 있다. 예를 들어, 근래에 은퇴한 수터(David Souter) 대법관은 근래 독점금지와 민권의 영역 등에서 연방대법원에의 상고가 감소하게 된 것이 연방대법원의 본안심리사안수의 감소의 주요 원인 중 하나가 되었다는 분석을 제시한 바 있다.13)

다음으로는 연방송무국장(Solicitor General)이 미연방의 이름으로 연방대법원에 제기하는 상고가 감소함으로써 연방대법원의 본안심리사안수가 감소하였다는 분석이 있다.14) 앞서 본문의 다른 장에서 설명한바, 연방송무국장은 연방대

---

10) Lee Epstein, Jeffrey A. Segal, Harold J. Spaeth, Thomas G. Walker 공저, THE SUPREME COURT COMPENDIUM: DATA, DECISIONS, AND DEVELOPMENTS (CQ Press, 2007), p. 85 표 2-7.

11) Id.; 미연방대법원 공식URL www.supremecourt.gov에 탑재된 통계자료. 또한 미연방대법원이 본안심리하여 판결한 사건수의 변화추이를 1925년 이후 다섯 시기로 나누어 법제적, 정치학적 요인을 상세하게 소개하고 분석한 글로서 Margaret Meriwether Cordray, Richard Cordray 공저, "The Supreme Court's Plenary Docket," 58 Washington and Lee Law Review 737, 743-793 (2001) 참조.

12) Pub. L. No. 100-352, 102 Stat. 662 (1988).

13) Margaret Meriwether Cordray, Richard Cordray 공저, "The Supreme Court's Plenary Docket," 58 Washington and Lee Law Review 737, 758 (2001) 참조.

14) Arthur D. Hellman, "The Shrunken Docket of the Rehnquist Court," 1996 Sup. Ct. Review 403,

법원에서 상고를 수행하는 당사자 중 가장 빈번하게 등장하는 행위자임과 동시에, 특히 연방대법원의 본안심리를 얻어내는 빈도상 가장 성공률이 높은 행위자이다. 상고 허가 방식에 의한 연방대법원의 본안심리를 볼 때, 연방송무국장을 제외한 당사자의 상고 청구에 대한 연방대법원의 상고허가율은 현재 약 3%인데 비해, 연방송무국장의 상고 청구에 대한 상고허가율은 50% 이상이다.15) 관련 통계를 보면, 미연방정부가 연방송무국장을 통해 연방대법원의 본안심리·판결을 구하는 사건 수는 근래 감소 경향을 보이고 있다. 1984-1987년의 기간 동안 연방송무국장이 연방대법원의 본안심리·판결을 구한 사건 수는 총 213건으로서 연간 평균 약 53건이었던 데 비해,16) 그 후 4년, 즉 1988-1991년의 기간 동안 연방송무국장이 연방대법원의 본안심리 판결을 구한 사건 수는 총 137건으로서 연간 평균 약 34건이었고,17) 이후 이러한 사건 수는 현재까지 연간 약 31건 정도에 머물러 있다. 연방송무국장을 통해 미연방정부가 미연방대법원에 제기하는 상고의 감소는 연방대법원의 본안심리사건수를 연간 약 15건 감소시키는 효과가 있다.18) 나아가 연방송무국장이 참고인 의견서의 제출 등의 방식으로 연방대법원의 본안심리에 미치는 영향에 있어서도 근래 지속적으로 소극적인 자세를 보임을 감안하면, 연방정부가 관련된 사안의 경우 연방정부는 연방대법원에서의 상대방 당사자의 상고허가율을 높이는 효과도 가져옴을 고려할 때, 연방대법원의 연간 본안심리건수를 더더욱 감소시키는 효과가 있음을 알 수 있다.

이와 같은 연방송무국장의 연방대법원에 대한 상고 청구 및 관련 활동의 소극화 현상이 비롯된 원인으로서는, ① 연방정부의 법무부(Department of Justice)

417-419 (1996).

15) Rebecca Mae Salokar, THE SOLICITOR GENERAL: THE POLITICS OF LAW (Temple University Press, 1994), p. 25 (1959-1989년의 기간 동안 연방송무국장의 상고에 대해서는 69.78%의 확률로 상고가 허가되었으나, 이외 사인(私人)인 당사자의 상고에 대해서는 4.9%의 확률로 상고가 허가되었음을 적시함).

16) 보다 구체적으로는, 1984년 회기(Term)에 51건, 1985년 회기에 57건, 1986년 회기에 56건, 1987년 회기에 49건이다. Id.

17) 구체적으로는, 1988년 회기(Term)에 37건, 1989년 회기에 30건, 1990년 회기에 35건, 1991년 회기에 35건이다. Id.

18) 연방송무국장의 상고에 대해 상고허가된 사건 수는 5년 단위로 비교하면 1985-1989년 회기 중 회기당 평균 28건에서 1994-1998년 회기 중 회기당 평균 14건으로 감소하였다. Margaret Meriwether Cordray, Richard Cordray 공저, "The Supreme Court's Plenary Docket," 58 Washington and Lee Law Review 737, 758 (2001).

가 내부 절차와 기준을 변경하여 비율상 보다 적은 수의 사안에서 연방대법원에 상고를 청구하게 되었거나, ② 상고 관련 법무부의 내부 절차와 기준은 동일하되 연방정부가 당사자로 관여하는 사건 수 자체가 이전보다 감소하였거나, 아니면 ③ 법무부의 상고 관련 내부 절차와 기준 내지 연방정부가 당사자인 사건 수 모두가 이전과 동일하더라도 연방과 주(州)의 하급심에서 연방정부가 승소하는 비율이 증가하고 있는 경우 등, 다양한 원인을 생각해 볼 수 있다.[19] 이에 대한 정밀한 분석은 그 자체로서 별도의 연구를 요하는 것으로서 이 글의 연구범위를 넘는 것이나, 지난 20여년에 걸쳐 미연방법원을 구성하는 법관의 성향이 전반적 · 상대적으로 보수화되고 보다 구체적으로 친(親)연방정부화된 점을 생각해 볼 수 있다.[20] 보다 정밀한 분석은 생략하더라도, 적어도 이러한 환경에서는 하급심에서 연방정부가 승소하는 비율이 증가할 것이며, 그렇다면 연방송무국장이 연방대법원에 상고 청구를 하는 사건수가 감소할 것이다. 연방대법원에 접수되는 상고허가건수 전체 중에서 송무국장이 제기하는 상고건수가 감소하면, 특히 이러한 감소된 건수가 상고허가율이 현저하게 낮은 다른 당사자의 상고청구건수로 대체되는 경우 더더욱, 연방대법원이 상고를 허가하여 본안에 대해 심리 · 판결하는 건수는 감소하게 된다.[21]

연방대법원의 본안심리사건수의 감소 원인으로는 또한 미국의 법원 전체를 관통하는 추세로서의 법관 성향의 동질화 경향이 제시되기도 한다.[22] 이는 연방대법원이 보다 명확한 향방을 제시함으로써 상하급심을 망라하는 법리의 통일을 제고한다는 통제력의 확보 개념과도 연관되어 있겠으나, 이와 동일한 개념은 아니다. 즉, 연방법원의 법관에 대한 임명권을 가진 연방대통령이 장기간의 여러 대에 걸쳐 동일 정당에서 배출된다면, 일정 기간이 지나면서 차츰 연방하급심 판결이 대체로 연방정부의 정책 및 입장과 일치하는 성향을 보이게 될 개연성이 높고, 그렇다면 연방송무국장이 연방대법원에 제기하는 상고건수도 감소하

---

19) Arthur D. Hellman, "The Shrunken Docket of the Rehnquist Court," 1996 Sup. Ct. Review 403, 418 (1996).
20) Margaret Meriwether Cordray, Richard Cordray 공저, "The Supreme Court's Plenary Docket," 58 Washington and Lee Law Review 737, 770 (2001).
21) Id.
22) Arthur D. Hellman, "The Shrunken Docket of the Rehnquist Court," 1996 Sup. Ct. Review 403, 414-417 (1996).

게 될 것이다.23) 이러한 상황이 전개되었던 시점의 통계를 보면, 연방정부가 연
방대법원에 상고 청구한 민사사건이 1983-1985년의 기간 동안 연간 평균 40건
이었던 데 비해 1993-1995년의 기간 동안에는 연간 평균 19건으로 감소했음을
알 수 있다.24) 또한 주(州)정부와 지방자치단체가 당사자인 연방민사사건의 예를
보면, 이러한 사건 중 연방정부가 본안에 대해 심리·판결한 사건 수는 1983-
1985년의 기간 동안 연간 평균 35건에서 1993-1995년의 기간 동안 연간 평균
11건으로 감소했음을 볼 수 있다.25)

　　마지막으로, 연방대법원의 구성원, 즉 연방대법관의 성향의 변화가 근래 연
방대법원의 본안심리건수의 감소를 설명하는 가장 설득력 있는 요소라는 입장
이 있다. 즉, 연방대법원의 연방 헌정 전체에서의 존재의의와 기능에 대한 인식
에 기초한 연방대법관들의 성향상 근래 상고허가율이 낮아져 왔고, 그 결과 연
방대법원의 본안심리건수가 감소하여 현재와 같은 적은 숫자에서 안정화되었다
는 것이다. 이러한 분석은 충분한 근거로써 뒷받침된다면 가장 직접적인 설명을
제시할 수 있겠으나, 연방대법원의 상고허가결정에 관련된 평의 등 회의 과정은
비공개이며, 따라서 연방대법관 개개인이 보이는 상고허가 자체에 대한 입장 그
리고 상고허가를 위한 표결에서 개별 사안별로 각각의 연방대법관이 취한 찬반
의 입장을 자료를 통해 분석하는 것은 거의 불가능하다. 다만 상고허가여부를
결정하기 위한 대법관 개개인의 표결은 대법관 각 개인이 갖고 있는 연방대법원
의 연방사법부 내지 연방정부 내지 연방 전체에서의 역할에 대한 인식, 그리고
나아가 각 개인의 사법철학, 정치철학 내지 사법행정에 대한 인식 등 관련된 수
많은 요소에 대한 입장에 따라 종합적인 영향을 받을 것임을 알 수 있다. 제한
된 자료에 의한 분석을 통해서일지언정 적어도 미연방대법원의 경우 각 연방대
법관의 상고허가율은 개인별로 매해 상당히 일정하게 유지됨을 볼 수 있으며,
또한 연방대법원의 구성원이 바뀜에 의해 즉 연방대법관의 교체에 의해 새로이
영입된 연방대법관의 성향을 반영하여 연방대법원의 상고허가율에 차이가 생겨

---

23) 이러한 분석을 실제의 통계를 통해 심도 있게 체계적으로 분석한 것으로서 Margaret
　　Meriwether Cordray, Richard Cordray 공저, "The Supreme Court's Plenary Docket," 58
　　Washington and Lee Law Review 737, 770-771, 773 (2001) 참조.
24) Harvard Law Review는 매년 회기마다 미연방대법원 관련 통계를 분석하여 기재한다. 각 해당
　　연도의 자료를 참조함.
25) Id.

왔음을 볼 수 있다.[26]

미연방대법원의 최고법원으로서의 운용과 관련된 여러 제도와 자료를 분석하고 이러한 맥락에서 근래 미연방대법원의 본안심리사건수의 감소 후 안정 추세를 미국 내에서 제시된 몇 가지 요인의 설명을 통해 보면, 이 점에서 한국의 대법원에 주는 시사점을 발견하게 된다. 한 국가의 최고법원의 운용과 관련한 각종의 제도와 그 실제는 무엇보다도 당해 국가에서의 사법정의 실현과 국가 헌정 전체에서 최고법원이 갖고 있는 위상과 기대되는 역할에 따라 결정된다. 미국의 연방대법원의 운용과 관련된 각종 제도와 그 운용실제를 알아보는 것은 무엇보다도 위와 같은 차원에서 우리나라에 주는 시사점이 있다. 대법원의 누적된 과중한 업무량의 문제를 해소하기 위해 최근 고등법원 상고부를 설치하고 또한 인적 자원 지원 증대와 함께 심리불속행 내지 상고허가 방식의 제도 도입 가능성을 진지하게 논의하고 있는 우리나라에서는 특히 미연방대법원의 근래의 본안심리사건수의 감소 원인에서 많은 시사점을 얻을 수 있다. 위에서 본 바와 같이 미연방에서는 상고 방식의 변화 그리고 본안심리대상 선정에 있어서 연방대법원이 갖는 재량의 증대가 입법을 통해 일부 이루어지기도 하였으며, 미연방에 고유한 사법부 구성 방식에 따른 연방사법부 전반의 인적 성향의 변화로 인한 하급심 판결 성향의 변화가 미연방대법원의 본안심리사건수에 궁극적으로 영향을 미침을 보았다. 그리고 가장 직접적으로는 본안심리·판결의 대상사건을 선정함에 있어 미연방대법원에 재량을 부여하는 법제와 더불어 미연방대법원의 인적 구성이 변화함에 따라 상고허가율이 변화하고 본안심리사건수가 궁극적으로 감소하였음을 알 수 있다.

한 국가의 최고법원이 본안에 대해 심리·판결하는 사안의 성질과 수는 이러한 대상사안을 선정함에 있어 최고법원 스스로가 재량을 가지는지의 여부와도 관련하여 한 국가의 최고법원이 사법부에 대해 그리고 국가의 헌정 전체에 대해 가지는 영향력과 역할에 상징적으로도 실질적으로도 대단히 큰 의미를 갖는다. 우리나라에서도 바로 이러한 점에서 미국의 연방대법원의 관련 제도와 실

---

26) Lee Epstein, Jeffrey A. Segal, Harold J. Spaeth, Thomas G. Walker 공저, THE SUPREME COURT COMPENDIUM: DATA, DECISIONS, AND DEVELOPMENTS (CQ Press, 2007); Jan Palmer, THE VINSON COURT ERA: THE SUPREME COURT'S CONFERENCE VOTES, DATA AND ANALYSIS (1990), 50-96면; Doris Marie Provine, CASE SELECTION IN THE UNITED STATES SUPREME COURT (University of Chicago Press, 1980), 114-115면 참조.

제 경험을 통해 비교법적 차원에서 시사점을 이끌어 낼 수 있겠다. 예를 들어, 만일 우리나라에서도 심리불속행제도 또는 상고허가제 등의 방식으로 우리나라 대법원의 업무의 과중 문제를 해소하기 위한 노력이 향후 보다 진지하게 시도된다면, 대법원의 인적 구성과 관련된 제도 및 방식과 대법원의 구성원에 요구되는 자격요건 등에 대해서도 이제까지보다도 더욱 진지한 인식 제고 및 공론화를 통한 공감대의 형성이 선행해야 할 것이다.

(2) 위헌법률심사기준의 면에서

다음, 위헌법률심사기준의 면을 보면, 오늘날 미국의 위헌심사의 기준은 '이중 기준' 방식을 기본으로 하여 합리성심사기준, 엄격심사기준, 중간심사기준으로 구성된 '다층적 심사기준 체계'로 설명될 수 있으나, 이중 기준 방식이 가질 수 있는 경직성에서 벗어나 보다 유연하고 실질적인 위헌심사의 기준을 모색하기 위한 법원 내외의 다양한 노력과 시도도 진행되고 있음을 알 수 있다. 뉴딜(New Deal) 시기의 긴급한 헌법적 정치 상황에서 비롯된 이중 기준 방식의 위헌심사기준 체계는 시대적 필요성에 부응하는 개념적 및 방법론적 가치를 십분 발휘하였다고 하겠으나, 거시적 관점에서 볼 때 그 정점기에도 헌법재판에 일관되게 충분한 설득력을 가진 정치한 이론적 틀을 제공했다고 평가하기는 어렵다. 위헌법률심사의 기준으로서 이중 기준 체계는 구조적 경직성으로 인해 구체적 사안의 심사대상에 대한 직접적·실질적 심사 대신 분석과 논리의 전개를 사전적으로 유형화된 경로에 따라 구성하게 유도함으로써 헌법적 분석과 논증을 희석시킬 우려가 있다. 이러한 결함으로 말미암아 미연방대법원은 이중 기준 체계를 유지하면서 문제 있는 입법을 합헌 판정하거나 또는 그러한 결론을 회피하기 위해 논리적 설득력을 희생하는 경우도 있었으며, 이러한 경우 경직된 이중 기준 체계는 미연방대법원의 일관성 있고 체계적인 헌법적 이론구성 및 법리제시의 능력을 제약해 온 점이 있다.

이중 기준 체계의 등장 이래 이제까지 중간심사기준의 도입을 포함하여 끊임없이 이중 기준 체계하에서의 구조적 변화를 추구하고 개별 심사기준을 변형시키는 시도가 있었음에도, 이러한 시도는 이중 기준 체계가 갖는 근본적인 문제점 내지 결함을 해결하지는 못하였고, 근래 특히 1980년대 이후 변형 내지 우회의 경향이 지속되고 있다. 일부 연방대법관의 경우 이중 기준 체계의 문제점을 반대의견 등을 통해 명시적으로 비판하기도 하였으며, 이중 기준 방식을 우회하거나 이중 기준 체계하의 기존의 기준을 변형하여 적용하는 미연방대법원의 판결례가 근래 점차 증가하고 있음을 볼 수 있다. 위헌심판의 이중 기준 체계에 대한 개선안 내지 대안 모색의 예로서 대표적인 것으로는 마샬(Thurgood Marshall) 대법관이 주창했던 보다 포괄적이고 유연한 심사기준을 들 수 있다. 즉, 이는 이중 기준 체계하에서의 각각의 심사기준을, 마샬대법관이 Mosley 판결[27]에서 제시했던 바와 같이, 모든 경우의 위헌심사에서 '심사대상이 된 정부의 행위에 의해 적절하게 증진되는 타당한 공익이 있는지의 여부'를 묻는 포괄적인 기준을 적용함을 말한다.

이중 기준 방식이 그러하듯이, 이러한 포괄적 심사기준 체계도 결국 관련된 공익과 사익의 판단과 그 상대적 평가를 위한 틀을 제시한다. 그러나 심사기준에서 심사강도에 따른 등급의 개념을 제거하고 나면 특정 정부 행위의 합헌성 판단이 특정 사안에 적용된 심사기준의 유형에 따라 결정되는 경직성은 소거되므로, 이러한 심사기준은 현행의 이중 기준 체계가 갖는 경직성을 극복할 수 있다. 그렇다면 이중 기준 체계를 유지하면서도 설득력 있는 결론을 얻기 위해 정형화된 심사기준을 변형적용하거나 우회할 필요가 없어지게 된다. 즉, 심사기준의 심사강도별 등급 구별이 없어진다면 Fullilove v. Klutznick[28] 판결이나 Rostker v. Goldberg[29] 판결에서처럼 미연방대법원이 이중 기준 체계하의 특정 등급의 심사기준의 적용을 거부하거나 다른 일련의 판결에서처럼 심사기준을 변형적용할 동기가 없게 되어, 이중 기준 체계하의 개별 심사기준으로부터의 일탈에서 비롯되는 일관성의 결여와 법리의 혼선은 극복될 수 있을 것이다.

또한 Mosley 판결에서 제시된 바와 같은 위헌성 심사의 기준은 공익과 사익의 판단과 평가에 있어 실제 사안의 본안에 기초하여 정확성을 제고할 가능성이 있으며, 우리가 시사점의 차원에서 주목할 점도 이러한 점일 것이다. 미국의 이중 기준하에서와 같이 위헌심사에서의 논의의 초점이 사전적(事前的)으로 유형화된 추상적 단계의 개념에 맞추어지지 않고 실제 사안의 본안에서의 구체적 사실과 법에 맞추어질 수 있는 그러한 위헌심사기준을 모색해 가는 것이 미국의 경험을 통해 우리에게 주어진 과제라고 하겠다. 심사강도에 따라 구별된 심사기

---

27) Police Department of Chicago v. Mosley, 408 U.S. 92 (1972).

28) 448 U.S. 448 (1980).

29) 453 U.S. 57 (1981).

준의 선택과 적용이라는 개념을 제거하면 어느 기준을 적용할 것인가에 관련된 추상적 차원의 질문이 무의미해지므로, 위헌성 심사에서 당해 사안의 본안에 분석을 집중할 수 있게 된다. 동시에 사전적(事前的)으로 유형화된 범주의 개념을 제거하고 나면 실제의 사안에 관련된 공익과 사익의 분석에 초점을 맞출 수 있고, 그럼으로써 범주화된 사고를 불식하고 실제 관련된 공익과 사익의 분석과 평가를 보다 정확하게 할 수 있다. 이로써 더욱 직접적이고 현실적이며 세부적인 위헌심사가 가능해질 수 있을 것이다.

　　이중 기준과 Mosley 기준에 따라 모든 사안에서 위헌심사의 결과가 달라지는 것은 아니다. 그러나 특히 이중 기준 체계하에서 최소 강도의 심사기준인 합리성심사기준이 적용되는 경우에는 일부 사안에서 중요한 결과의 차이가 있을 수 있다.[30] 적어도 Mosley 기준하에서는 사전적 유형화 혹은 범주 구별에 따라 합리성심사기준이 적용되면 심사대상인 법률은 거의 자동으로 합헌으로 판정되고 엄격심사기준이 적용되면 심사대상인 법률은 거의 자동으로 위헌으로 판정되는 경직된 상태보다는 구체적 사안의 심사대상인 법률에 대한 보다 유연하고 실질적인 심사가 가능하다. 이러한 위헌성 심사가 가능할 때 미연방사법부의 위헌법률심판에서 입법부에 대한 존중(deference)이 본래의 취지에 더욱 부합하는 의미를 가질 것이며, 미연방대법원을 포함하여 사법부가 경직된 각각의 위헌심사기준을 표면상 적용하면서도 이를 변형하는 등의 불필요한 작업에서 벗어날 수 있을 것이다. 이러한 경우 판결의 결론의 변경 여부는 차치하고, 사전적(事前的)으로 구분해 놓은 유형에 맞추어 분석하는 대신 관련된 이익을 구체적 사안에 따라 보다 정확하게 비교형량하여 위헌심사에서 보다 직접적이고 실질적인 논리전개를 통해 결론을 도출할 수 있게 된다.

　　법원 내외에서 지적된 바의 미국의 위헌심사기준으로서의 이중 기준 체계의 결함은 시간의 경과 혹은 미연방대법원의 인적 구성의 변화로 해소될 수 있는

---

30) 이중 기준 방식과 보다 포괄적인 Mosley식 심사기준간의 핵심적 차이점은 Plyler v. Doe 판결 (457 U.S. 202 (1982))의 다수의견과 반대의견을 비교해보면 분명히 나타난다. 이 사안에서 미연방대법원은 불법체류자의 자녀에게 무상공교육 제공을 금하는 주(州) 법률의 합헌성을 심사했는데, 반대의견은 이중 기준 방식의 전형을 보여주는 예로서, 범주화된 경로로 합리성심사기준을 적용하여 당해 법률을 위헌이 아니라고 한 데 비해(Id., at 244-248, 250), 다수의견은 사전적으로 범주화된 논증방식을 벗어나 당해 사안의 심사대상을 구체적으로 분석함으로써 보다 엄격한 기준에 따른 위헌성 심사를 통해 당해 법률을 위헌으로 판시하였다(Id., at 224).

성질의 것은 아니다. 위헌심판에서 미연방대법원의 위헌심사의 분석과 논증의 방법론 자체의 변화만이 이러한 결함을 치유할 수 있다. 미국의 위헌심사기준이 앞으로 어떠한 방향으로 진화해 갈 것인가의 논의는 거시적 관점에서의 위헌법률심판제도의 의의와 기능과 기제에 대한 이해를 바탕으로 하여 헌법과 헌법논리의 일관성과 안정성을 실현할 수 있는 방향으로 전개되어야 할 것이며,[31] 이 점이 미국의 경험이 우리에게 주는 가장 중요한 시사점이라 하겠다.

Ⅳ. 맺는 말

청운 안경환 선생님께서는 넓고 깊은 인문학의 바탕 그리고 무엇보다도 사람과 사람살이에 대한 애정, 연민과 존중이라는 따뜻한 바탕 위에서 법과 제도를 바라보시고 연구해 오셨다. 대학원생을 위한 연구공간이 지금보다는 부족하던 나의 서울대학교 대학원 석사과정 시절, 보직을 맡으셔서 교내에 다른 사무실이 있으셨을 때에는 선생님의 법대 17동 3층 교수연구실을 여러 제자들을 위해 모여서 함께 공부하라고 연구실로 내어주셨고, 수업 중에 추상같이 내 지식과 논리의 부족함과 결함을 지적하시기도 하셨지만 그 다음 날에는 교수명의의 대출은 대출기간이 길고 연장도 수월하다고 하시며 도서관에서 선생님 이름으로 직접 책을 몇 권 대출하셔서 이런 영역의 공부가 부족한 듯하니 당분간 이 책들을 열심히 읽어보라고 연구실의 내 책상에 올려놓아주시기도 하신, 엄정하면서도 따뜻한 가르침을 주신 스승이시다. 무엇보다도 선생님은 헌법의 개념과 역할 그리고 그 기반이 되는 인간존엄을 가슴으로부터 믿고 그 믿음 위에서 평생 공부하신 학자이시며, 그러한 믿음을 선생님의 말씀과 글과 활동을 통해 보고 듣고 배운 것은 이제 연구가 직업이 된 지 막 십 년이 되려 하는 나에게 지금까지 그러했듯이 앞으로도 소중한 귀감이 될 것이다.

해제대상논문은 위에서 소개하고 분석한 바와 같이 미국의 헌법, 헌법재판,

---

31) 이 점에서, 미국의 위헌법률심사제도의 의의와 기능을 의회입법형성권과 사법심사의 민주적 정당성의 관계에서 조명하는 석인선, "미국의 의회 입법권과 위헌법률심사제의 상호관계," 헌법학연구, 제10권 제3호, 2004, 그리고 윤명선, "사법심사제와 다수결주의 —Ely의 '과정'이론에 대한 비판적 접근—," 공법연구, 제18집,1990 참조, 또한 우리에의 시사점을 생각하는 데 기초가 되는 연구로서 이명구, "미국 헌법상 위헌법률심사제에 관한 연구 —미국의 위헌법률심사가 우리에게 미친 영향을 중심으로—," 헌법학연구, 제5권 제2호, 1999; 이명웅, "미국과 한국의 위헌심사제 비교 —헌법적 근거, 심사기준, 결정의 효력을 중심으로—," 인권과 정의, 제357호, 2006 참조.

헌법학이 우리나라의 헌법, 헌법재판과 헌법학에 그리고 나아가 헌법의 실현에 주어 온 영향을 분석한 글로서, 해제대상논문의 학술적 의의는 이에 일차적으로 비교법적 연구로서의 학술적 의의에서 찾을 수 있고, 이 면에서도 해제대상논문에서 선생님의 연구의 일관된 위와 같은 관점과 함께 논리성과 설득력을 분명하게 볼 수 있다. 해제대상논문은 연구의 대상을 역사와 사회라는 넓으면서도 현실적인 맥락에서 유기적으로 인지하고 있으며, 이론적 분석과 논리의 전개에서는 빈틈없는 명확성과 설득력을 보인다. 앞서 서술하였듯, 비교법적 연구의 필요성은 비교의 과정을 통해 연구의 대상을 보다 명확히 그리고 종합적·입체적으로 이해할 수 있게 해 주는 데에 있을 것이다. 이러한 취지에 부합하는 비교법적 연구를 위해서는 비교의 대상 각각에 대한 정확한 이해가 선재해야 하며, 당연한 전제인 연원과 역사와 현실맥락의 차이를 초월하여 상관성을 가지거나 아니면 오히려 그러한 차이 때문에 비교의 의의를 가지는 요소를 찾아내어 비교분석을 하여야 한다. 즉, 적실성과 효율성을 가진 비교법적 연구를 위해서는 각각의 비교대상에 대한 정확한 이해가 있어야 하고, 시사점을 얻고자 비교분석을 하는 목적과 의의가 구명되어야 하고, 비교연구를 통해 얻어진 바가 본래의 주된 연구대상에 발전적으로 적용될 수 있어야 할 것이다.

　　법과 제도에 관한 어떠한 학술적 연구이든지 맥락과 역사, 사람 사는 세상, 그리고 사람에 바탕을 둔 분석일 때에 설득력을 가질 수 있다. 역사와 맥락이라는 장(場) 자체도 확대되어가고 있으며 수많은 법제들이 민주성과 효율성 등의 다양한 관점과 기준에서 인간 존엄 실현을 위한 길로서의 설득력의 경쟁을 벌이고 있는 오늘날 이러한 학문연구의 자세가 더욱 필요하고 가치 있다고 믿는다. 헌법과 그 실현의 연구에서는 더더욱 그러하다. 해제대상논문은 해제대상논문이 발표된 시점까지의 한국 헌법 및 헌법학과 헌법현실에 대한 미국으로부터의 영향관계를 이해하고자 하는 사람들에게 앞으로도 지속적으로 큰 도움이 될 것이다. 헌법에 대한 사랑과 연구에 평생 귀감이 되어 주시는 선생님께 감사드리며, 건강하시기를 바라는 마음으로 글을 맺는다.

[색인어] 미국 헌법의 한국에의 영향, 입헌주의 (constitutionalism), 사법적극주의 (judicial activism), 사법소극주의 (judicial passivism)

미국헌법사상과 한국의 헌법개혁

I. 머 리 말

필자는 연전에 '수출상품으로서의 미국헌법'이라는 제목 아래 오늘날 국제사회에서 미국헌법이 지니는 보편성과 특수성의 문제를 약술한 적이 있다. 미국헌법이 제시한 보편성으로 국민주권의 원리, 자유주의 이념, 권력분립의 원리, 기본권조항(권리장전)의 제정을 들고, 타 국가의 헌법질서에 대해 보편적 설득력이 낮은 미국헌법의 특수성으로 연방주의, 대통령제, 사법심사제를 든 적이 있다. 그리고 배심제와 사회적 권리의 부재의 문제를 부기하였다. 이에 덧붙여서 이러한 보편성과 특수성의 근저에는 뿌리 깊고 광범한 헌법숭배의 전통과 사상이 자리하고 있음을 지적한 바 있다.[1]

보편적 원리로 제시된 이념은 굳이 수출국을 따질 필요가 없지만 원산지로서의 의미는 보유할 것이다. 미국헌법에 특수한 원리나 제도로 분류한 경우도 그 특수성에도 불구하고 우리의 토양 속에 어떻게, 어떤 조건과 변용 아래 수용할 수 있을 것인지, 논의의 대상이 될 수 있다. 그러나 보다 근본적으로는 보편성, 특수성의 구분 자체가 자의적이기 짝이 없다.

외국에서 통용되는 특정 제도나 이론이 한국에서 실현되기 위해서는 우선 한국헌법의 기본원리로 제시되는 여러 원리(평화통일주의, 문화국가주의, 국제평화주의, 복지국가주의, 사회적 시장경제주의 등)와 어떻게 조화될 수 있는지를 검토해야 한다.

미국의 제도와 경험이 한국에 주는 의미는 무엇인가? 그것은 수입법학의 방법론의 문제일 것이다. 앞서 정치적, 사회적 실험을 경험한 나라의 성과를 '수입'하는 나라의 입장에서는 무엇보다도 이러한 실험이 수출국에서 어떤 의미를 가

---

1) 안경환, "수출상품으로서의 미국헌법," 현대 공법학의 과제 : 청담 최송화 교수 화갑기념논문집, 박영사, 2002, 107-124면.

지는지 정확하게 파악하는 작업을 선행하여야 한다. 둘째, 수입국의 입장에서
그러한 성과가 수입국이 지향하는 헌법적 가치에 적합한 이론적 보편성을 가질
수 있는지 검토해야 한다. 셋째, 상기 두 단계의 작업이 완료된 경우에도 이러한
제도와 이론을 수입할 경우에 초래될 사회적 영향을 검토해야 한다. 많은 수입
국에서 이러한 검토 없이 조문의 형식으로 나타난 '완제품'을 전범(典範)으로 삼
았기에 헌법은 단지 입헌주의의 장식물이나 국민의 기도문에 불과하게 되었다.

　　미국의 헌법사상이 한국의 헌법개혁에 어떤 시사점을 주는가? 그것은 한국
에서 어떠한 내용의 개혁이 필요한가라는 문제에서 출발해야 한다. 역사는 영원
한 수출국도 수입국도 상정하지 않는다. 상품의 수출이 문화의 수출로 연결되고,
수출하는 상품과 문화와 함께 제도에 대한 관심이 생성된다. 우리의 현대사의
특수한 경험은 미국의 제품과 문화, 그리고 제도의 수입에 특별한 관심을 가질
수밖에 없게 만들었다.

　　이 글은 향후 헌법개정을 포함한 헌법개혁을 위하여 미국의 경험이 어떤 참
조자료가 될 수 있는지를 예비적으로 검토함을 목적으로 한다. 먼저 우리나라에
서 요구되는 헌법개혁의 주제를 설정하고 난 후에, 해당 주제에 관한 미국의 경
험을 참조자료로 소개하는 방법을 취한다.

　　본 도입부에 이어 Ⅱ.에서는 미국사회에서 헌법이 가지는 의미를 약술하고
미국헌법의 경험이 외국에 미친 영향에 대한 일반적 개관을 한다. Ⅲ.에서 한국
헌법의 개혁주제를 기본권과 권력구조로 대별하여 세부주제별로 미국의 경험을
소개한다.

Ⅱ. 미국사회와 헌법

1. 미국예외론과 미국헌법

　(1) 아메리카는 인류사에 여러 가지 새로운 정치적 실험의 예를 남겼다. 그 실
험의 결과를 종합한 문서가 주와 연방차원의 헌법이다. 미국에서의 민주주의는 곧
바로 헌법의 질서이고,[2] 미국인에게 "헌법은 모든 것"이라는 표현이 결코 과장으

---

2) Cass R. Sunstein, Designing Democracy: What Constitutions Do, Oxford University Press, 2001.

로 느껴지지 않는다. 헌법은 문자 그대로 나라의 최고규범인 동시에 모든 미국인의 생활규범이다.[3] 종교적 전통이 강한 미국에서 종교를 대체한 세속경전이 헌법이라고 말할 수 있다. 이렇듯 미국인의 헌법경배사상은 가히 사회학자 벨라(Robert Bellah)가 이론을 정립한 "시민종교"(civic religion)의 수준이라고 말할 수 있다.[4]

(2) 미국은 특수하고도 예외적인 나라이다. 한 예로 미국은 인류사 최초로 중산층이 건설한 나라다.[5] 여러 가지 관점에서 연구의 주제가 된 '미국예외론'(American Exceptionalism)은[6] 때로는 아메리카지상주의(Americanism)의 꿈에 도취하여 자신이 모든 것을 창조해야 한다는 "아담 콤플렉스"(Adam Complex)로 나타나기도 하고,[7] 아메리카의 자유와 헌법은 신의 선물이라는 류의 신학적 해석을 부추기기도 한다. 또한 건국의 과정에서 법률가의 과도한 역할 때문에 연방주의가 탄생했다는 주장[8]에서 보이듯, 미국의 경험은 특수하며, 그 특수한 경험은 미국의 특이한 역사 및 문화적 토양과 밀접하게 연관되어 있다.[9] 탄생과정에

---

3) 여기에서 '헌법'이란 형식적 의미의 헌법전에 한정된 것이 아니라 헌법전을 중심으로 헌법 사상, 절차, 제도 등을 통괄하는 개념으로 사용한다.

4) Robert N. Bellah, "Civil Religion in America" in Russell E. Richey & Donald G. Jones eds American Civil Religion, Harper & Row Publisher, 1974; Robert N. Bellah, The Broken Covenant: American Civil Religion in Time of Trial, University of Chicago Press, 1975, 1992. Bellah의 이론을 수용하여 시민종교로서의 헌법론을 전개한 시도를 보인 문헌은 Sanford Levinson, Constitutional Faith, Princeton University Press, 1988, p. 95; Morton J. Horwitz, The Transformation of American Law 1870-1960, Harvard University Press, 1993, p. 193; Kenneth L. Karst, Belonging To America: Equal Citizenship and the Constitution, Yale University Press, 1989, p. 182; 유럽인의 입장에서 이 문제를 다룬 저술로는 Helle Porsdam, Legally Speaking, Contemporary American Culture and the Law, University of Massachusetts Press, 1999, xi-xii(Preface).

5) Lawrence Friedman, A History of American Law (3rd.), Simon & Schuster, 2005, ch. 2.

6) Helle Porsdam, 앞의 책, xi-xii(Preface), Ch. 1; Kenneth L. Karst, 앞의 책, p. 182, 미국예외론에 관한 총체적인 평가 Michael Kammen, "The Problem of American Exceptionalism: A Reconsideration," American Quarterly 45, 1993, pp. 1-43; Byron E. Shafer, Is America Different? A New Look at American Exceptionalism, Oxford University Press, 1991.

7) Lewis, R. W. B. The American Adam: Innocence, Tragedy and Tradition in the Nineteenth Century, University of Chicago Press, 1955.

8) 대표적인 예를 1992년 Joyce Appelby의 미국역사학회 회장 취임강연에서 찾을 수 있다. Joyce Appelby, "Recovering America's Historic Diversity: Beyond Exceptionalism" Journal of American History 79, 1992, pp. 420-435.

9) Byron E. Schafer, ed. In America Different? A New Look at American Exceptionalism, Oxford University Press, 1991.

서의 미국헌법의 특수성은 아메리카의 선도적 성장과 더불어 더욱 강화되었다. 끊임없는 이민을 통해 타국의 인적자원을 흡수하면서 아메리카의 독자적인 문화와 제도를 발전시킨 것은 뿌리가 다르더라도 모두가 미국인이라는 자부심에 찬 신인류였다.[10]

2. 타국에 미친 미국헌법의 영향 개관

(1) 독립 이후 권리장전의 제정에 이르기까지의 1776-1791년 동안 6개의 중대문서, 즉 독립선언서(The Declaration of Independence),[11] 주 헌법전(state constitutions), 연방헌법전(The Constitution of the United States), 권리장전(The Bill of Rights), 연합헌장(The Articles of Confederation), 그리고 페더럴리스트 페이퍼(The Federalist Papers)는 유럽에 심대한 영향을 미쳤다. 아메리카 땅에서 이루어지는 새로운 정치적 실험이 당시 구대륙에 준 충격은 가히 혁명적이었다. 후일 토크빌(Tocqueville)은 아메리카의 민주주의는 법이 주도하는 민주주의임을 갈파하고 찬사를 보냈다.[12] 그러나 유럽에서의 미국헌법의 영향은 1848년을 전환점으로 하여 급격하게 감소되었다. 1848년에 유럽 전체를 휩쓸던 혁명의 본질은 민족주의적 성격을 띠었기에 인간의 생래적 권리를 핵심으로 하는 미국헌법의 이론이 도외시되었고, 또한 당시 유럽에 부상하던 사회주의에 대한 기대가 자유주의에 기초한 미국헌법의 직접적인 영향을 상대적으로 감소시켰기 때문이다.[13] 제2차 세계대전 후 유럽에는 미국헌법의 영향이 되살아났다. 전후 많은 유럽국가에서 채택한 헌법재판제도에 연방대법원을 비롯한 각급 미국법원의 판결이 미친 영

---

10) 어감의 차이는 있으나 "멜팅 포트(melting pot)"나 "샐러드 그릇(salad bowl)"과 같은 용어가 이를 대변한다고 볼 수 있다.

11) 국내의 주석으로는 안경환, "미국독립선언서주석," 국제지역연구, 제10권 제2호, 2001, 103-126면.

12) Alexis de Tocqueville의 Democracy in America, 1835. 이 저술에 관한 J. S. Mill의 평가(1840 Edinburgh Review)가 인상적이다. "저술의 가치는 그가 내린 결론이 아니라 그 결론에 이르는 과정에 있다." (The value of his works is less in the conclusions, than in the mode of arriving at them.) J. S. Mills, Democracy in America, Schocken Books, 1960에 재수록.

13) George A Billias, "American Constitutionalism and Europe, 1776-1848," in George A Billias, ed., American Constitutionalism Abroad—Selected Essays in Comparative Constitutional History, Greenwood Press, 1990, pp. 13-39. 이 저술은 문서(documents), 헌법적 절차 (procedure), 헌법적 기관(institution)의 3개 항목으로 분리하여 유럽에서의 미국헌법의 영향을 분석하고 있다.

향은 심대하다. 1990년대에 들어와 구소련의 붕괴로 인해 새로 탄생한 동구의 독립국들은 헌법전을 초안하는 과정에서 미국헌법에 크게 의지하였다.

(2) 아시아에서의 미국헌법의 직접적인 영향은 제2차 세계대전 이전까지는 필리핀 식민지에 한정되었다. 이 시기에는 아시아 대부분의 지역에서는 영국, 프랑스, 네덜란드, 독일 등의 헌법이론과 관행이 토착의 법사상과 함께 결합하여 국가와 국민의 관계에 관한 이론의 틀을 형성하고 있었다. 그러나 제2차 세계대전 후에는 상황이 달라졌다. 식민지 상태를 벗어난 신생국가의 헌정에 전승국이자 그들의 해방에 기여한 자유민주주의의 원조국 미국의 영향이 가볍지 않으리라는 가정은 충분히 근거가 있을 것이다. 특히 필리핀과 일본, 그리고 인도에서는 미국헌법의 영향이 현저하게 감지된다. 1989년 천안문 사태 당시 북경 학생들의 가두데모에서 미국의 독립선언서, 권리장전 등이 슬로건의 중요한 내용이었던 점이나, 최근 네팔의 왕정에 대한 항의의 목소리가 높아지면서 이러한 현상이 되풀이 되듯이 적어도 미국헌법의 정신은 단순한 수사적 표현을 넘어 하나의 민주적 이상의 상징으로 자리잡고 있다고 할 수 있다. 라틴 아메리카는 일찍부터 미국의 세력권에 속해왔고, 일부 지역에서 뿌리박힌 극심한 반미 정서에도 불구하고, 특히 권력구조의 측면에서 대부분의 이 지역 국가들이 대통령제를 채택하면서 '신대통령제'라는 별명의 미국헌법의 사생아를 양산하기도 했다.

(3) 최근에 들어와서 미국 헌법학계에서도 타국의 헌법을 관심과 연구의 대상으로 삼기 시작했다. 미국헌법은 타국에 대한 교육용이지 '비교'의 대상이 될 수 없다는 오만의 정체는 무지라는 자성의 기운도 전혀 없지는 않다. 근래에 들어와서 '비교헌법'이라는 분야의 수업교재도 출간되고 있다.[14] 이러한 태도의 변화는 일면 미국헌법학계의 지평의 확산이라는 관점에서도 논의할 수 있고, 또 한편으로는 수출자로서의 자신의 지위와 기여를 재확인하는 관점에서도 논의할 수 있을 것이다.

3. 한국의 수입상품으로서의 미국헌법

한국의 현대사에 미친 미국의 영향은 지대하다.[15] 국가사상과 헌법이념에

---

14) Norman Dorson et al., Comparative Constitutional Law, Thomson West, 2003 등을 참조.
15) 브루스 커밍스(Bruce Cummings) 저, 이동노 외 역, 브루스 커밍스의 한국현대사(Korea's place

미친 미국헌법의 이념적 영향의 편린은 적어도 19세기 말까지 소급할 수 있다.[16] 일제 식민지 기간 동안 국권회복에 대한 염원은 미국적 자유주의에 대한 동경과 찬미로 이어졌다. 일제로부터의 해방에서 제헌과 건국의 시점에 이르기까지 3년간(1945-1948)의 미군정기간 동안 미국법 전반의 수입과 함께 일본법의 잔재를 불식하기 위한 약간의 시도가 행해졌다. 그러나 미국적 민주주의의 전면적인 수입은 시민혁명을 경험하지 않았고 민권의식이 성숙하지 않은 나라에서는 불가능한 일이었으며, 더구나 국가의 존립 자체마저 위태로운 전쟁을 겪으면서 전면적인 민주주의의 논의는 유보될 수밖에 없었다.[17]

1987년 시민봉기의 결과로 탄생한 현행헌법은 헌법재판소의 설치로 헌법규범의 구체화, 현실화의 길에 초석을 놓았다. 이전에 강학상의 민주주의의 정착에 관한 논의에 한정되었던 미국헌법의 논의는 헌법재판소의 탄생과 더불어 일어난 사법적극주의의 정신에 편승하여 구체적 판결 속에 반영되기 시작하였다.[18] 뿐만 아니라 고위 공직자의 인사청문회, 특별검사제도의 도입 등 국정 전반에 걸쳐 미국의 선례가 광범위하게 검토되는 현상이 일반화되었다.[19]

미국헌법은 기본권의 체계상 필수적으로 인식되는 "사회적 권리"(social rights)의 명문규정이 없다. 따라서 미국 헌법의 기본권 이론을 우리나라에 수입할 경우 발생할 수 있는 이론적 결함을 검토해야만 한다. 이 작업은 방대한 연방대법원의 판결들의 체계적인 분석 없이는 힘들다. 이런 관점에 착안한 미국학자의 업적은 거의 없고, 따라서 고스란히 우리 헌법학의 과제로 남아있다.

---

in the sun: a modern history), 창작과비평사, 2001.

16) 김효전, 근대한국의 국가사상 －국권회복과 민권수호－, 철학과 현실사, 2000. 이 책에 대한 필자의 서평은 헌법학연구 제6권 2호, 2000, 232-33면 참조; 안경환, "미국헌법이 한국헌법에 미친 영향," 미국학, 제16집, 1993, 1-31면.

17) Lawrence W. Beer, "The Influence of American Constitutionalism in Asia" in George A Billias, ed., American Constitutionalism Abroad－Selected Essays in Comparative Constitutional History, Greenwood Press, 1990, pp. 127-130.

18) Kyong-Whan Ahn, "The Influence of the American Constitutionalism on South Korea," 22 Southern Illinois Law Journal, 1997, pp. 71-115.

19) 이러한 여건 아래 지난 14년 동안 연 1회 발간되어 온 미국헌법연구는 나름대로 일정한 기여를 하였다.

Ⅲ. 한국에서의 헌법개혁과제

세계사에 유례없는 최단 시일 내에 경제성장과 민주화를 동시에 이루었다는 평판을 등에 지고 한국사회는 정치, 사회, 경제 전 분야에서 21세기의 대전환기를 맞고 있다. 한때는 지극히 낙관적으로 비쳤던 선진국 진입은 그 진입 문턱에서 답보상태에 있다.[20] "성난 얼굴로 뒤돌아보기"[21]에 대한 찬반 논쟁이 치열한 가운데 이러한 정치적 의제가 초래할 부작용을 우려하는 목소리가 높다. 더구나 근래에 들어와서 국제정치의 관점에서 전통적인 한미관계에 일대변화가 일고 있는 상황에서는 미국의 정치적 실험에 대한 평가가 과거와 같을 수가 없다.

1. 헌법이념의 측면 – 자유와 평등의 동시 구현?

(1) 근대헌법의 양대 이념 – 자유와 평등

근대 헌법의 양대 이념은 자유와 평등이라는 데 대체의 합의가 존재한다. 전형적인 자유주의 헌법관은 자유와 평등을 양대 가치이자 목표로 설정하고 있다. 뿐만 아니라 자유와 평등이라는 개념 탄생의 유래에서부터 동일한 원천에 기초한 것으로 인식하고 있다.[22] 그러나 엄밀하게 말하자면 내재적 법칙성에 있어서 자유와 평등은 상호배제적 관계에 선다. 그러나 이러한 사실상의 대립과 구분에도 불구하고 자유주의는 자유와 평등, 양자를 동시에 포용하는 이념으로 표방하고, 양자의 관계가 대등한 것으로 인식한다. 자유주의는 "자유"의 이념 속에 "평등"이 흡수되어 있는 것으로, 다시 말하자면 자유를 유개념(類槪念, genius)으로, 평등을 종개념(種槪念, species)으로 상정한다.

(2) 한국 헌법의 이념적 지형

제헌 당시부터 우리의 헌법은 자유와 평등을 대등한 차원의 이념으로 표방하여 왔다. 오히려 북한과의 체제경쟁으로 인해 평등이념을 강조함으로써 자유주의 헌법의 규범력을 떨어뜨리기도 했다.[23] 그러나 대한민국의 탄생과 헌법의

20) 박세일, 대한민국 선진화전략, 21세기 북스, 2006.
21) 권태준, 한국의 세기 뛰어넘기, 나남출판, 2006, 에필로그.
22) 자세히는 안경환, "헌정 50년과 자유와 평등의 이념," 서울대학교 법학, 제39권 제4호, 1998.
23) 1948년 제헌헌법은 1919년 바이마르 헌법을 모델로 삼아 재산권의 사회화, 사회적 기본권의 보장, 중요산업의 공유화, 공동관리, 주요 천연자원의 국유화, 근로자의 이익균점권 보장 규정을 두는 등 가히 계획경제 수준의 강한 '통제경제' 체제의 경제조항을 두었다.

제정과정에서 이러한 양대 이념이 토착화된 것은 아니다. 이러한 이념은 우리 사회 스스로가 행한 정치적 실험의 결과가 아니라 장구한 시일에 걸쳐 서구사회가 행한 실험의 산물을 인류의 '보편적 가치'로 수용한 것이었다. 전후 신생공화국에 공통된 현상대로 제정 후 상당한 기간 동안 헌법은 권력구조의 문서에 불과했고 자유와 평등의 이념을 구체화시킨 기본권조항은 장식적 효력 이상을 보유하지 아니하였다.

그나마 민주의식의 성장과 함께 장식 헌법에 생명력을 부여하려는 노력이 지속적으로 이어져 왔고 이러한 노력은 제한적으로나마 법원의 판결에 의해 구체화되어왔다. 그러나 구체화의 작업은 1987년 이전에는 주로 개인적 자유, 정치적 자유의 영역에 한정되었다. 사회적 기본권을 구체적인 헌법상의 권리로 파악하고자 하는 노력은 1980년 헌법의 제정을 계기로 표출되기 시작했다. 1980년 헌법이 특히 사회적 권리에 관대한 태도를 보인 것은 정치적 자유를 제한하는 데 대한 보상적 의미가 컸다. 그러나 사회 전체의 관점에서 우리 사회가 정치적 자유와 동시에 사회적 권리를 논의할 수 있을 정도로 사회적, 경제적 기초를 갖추었다는 증거가 되기도 한다.

그리고, 현행 헌법체제하에서 모든 논의가 개방되었다. 짧은 시일에 걸쳐 이룬 경제적 성장이 그동안 만개하지 못했던 시민적 자유, 정치적 자유의 논의와 함께 경제적 자유와 실질적 평등의 문제를 나라의 중요한 의제로 등장시켰고 그중 일부는 법원의 판결로 나타났다. 헌정사상 초유의 평화적 정권교체가 시민적, 정치적 자유의 논의를 매듭짓고 주된 논제를 경제적 자유와 평등의 문제로 바꿀 수 있는 기회를 제공할 수 있었으나, 예기치 않은 외환위기와 뒤이은 경제위기는 보다 성숙된 논의의 진전을 막고 있는 상황이다.[24]

한국 헌법이 지향하는 바가 민주주의라는 점은 자명하다. 국민주권과 민주공화국을 선언하고 있는 헌법전문과 제1조, 그리고 여러 조문에서 반복되고 있는 "민주적 기본질서"에 대한 언급이 한국 헌법이 추구하는 바가 민주주의임을 나타내준다.

그러나 우리 헌법이 추구하는 민주주의의 성격에 관해서는 논의의 여지가 있는 듯하다. 헌법이 요구하고 있는 민주적 기본질서가 헌법 전문, 제4조가 언급

---

24) 안경환, "헌정 50년과 자유와 평등의 이념," 서울대학교 법학, 제39권 제4호, 1999.

하듯 "자유민주적 기본질서"라는 점을 강조하나, 헌법재판소의 견해와 학계의 통설은 또한 한국 헌법상 경제질서가 "사회적 시장경제질서"임을 명시하고 있기도 하다.[25] 그러나 좀 더 근원적인 측면에서 보면, 자유와 평등이 함께 추구될 수 있고, 함께 추구되어야 한다는 당위는 존재하지만, 실제로 당면하게 되는 자유와 평등의 상호충돌관계에 대한 구체적이고 확실한 규명은 존재하지 않는다.

한국 헌법의 정체성을 논함에 있어 자유와 평등의 관계를 구명함은 앞으로의 국가운영방향에 있어서 매우 중대하고도 매우 미묘한 문제라고 할 것이다. 물론 한국의 헌법에는 평등권도 사회적 권리도 존재하지만, 이들 권리와 자유와의 관계를 어떻게 설명할 것인가에 관해서는 당위론보다는 좀 더 세밀한 논리구조의 마련이 필요하고, 이를 위해 미국 헌법의 역사를 탐구하는 것이 유용할 수 있다.

(3) 미국 헌정사의 자유주의와 평등

미국의 헌정사에서는 이러한 자유주의의 본질적 속성을 발견할 수 있다. 최근에 이르기까지 미국을 지배한 헌법관은 미국헌법의 근본성격을 평등을 포함하는 위대한 '자유의 문서'로 규정했고, 평등의 문제는 위대한 자유의 사회가 당면한 하나의 문제로 인식할 뿐이었다. 미국에서 자유와 대등한 개념으로서의 평등의 문제가 심각하게 논의되기 시작한 것은 1960년대 이후의 일이라고 할 수 있다. 민권운동의 성과와 제헌 200주년의 해(1989)를 전후하여 새로운 지적 사조가 대두됨으로써 비로소 '자유'와 대등한 지위의 헌법이념으로서의 평등의 의미를 탐구하는 지적 작업이 가능하게 되었다. '민권운동'은 표면적으로는 정치적, 시민적 자유가 전면에 드러난 것이지만 이 논쟁은 주로 연방헌법의 기본적 이념을 전통적으로 '자유주의'(liberalism)에 덧붙여 '공화주의'(republicanism) 이념을 탐구하는 방식으로 전개되었다.[26]

미국에서 평등의 문제가 구체적인 법적 권리의 문제로 제기까지는 상당한 시일이 소요되었다. 이것은 단순한 시일의 문제가 아니라, 사회의 근본적 성격

---

25) 헌재 1996년 4월 25일 선고, 92헌바47 "우리헌법상의 경제질서는 사유재산제를 바탕으로 하고 자유경쟁을 존중하는 자유시장경제질서를 기본으로 하면서도 이에 수반되는 갖가지 모순을 제거하고 사회복지·사회정의를 실현하기 위하여 국가적 규제와 조정을 용인하는 사회적 시장경제질서로서의 성격을 띠고 있다."

26) 안경환, "미국헌법 이론사의 개관," 권영성교수 정년기념논문집, 법문사, 1999; 안경환, "미국헌법의 구도," 서울대학교 법학, 제31권 제1·2호, 1990, 113-132면.

이 변해야 하기 때문이었다. 미국 헌법에는 이른바 "사회적 권리"(social rights)가 존재하지 아니한다. 일차적인 이유는 미국 헌법이 제정된 1789년 당시에는 지구 상의 어느 곳에서도 사회적 권리의 개념이 탄생하지 아니하였기 때문이다. 19세기 중반 이래 유럽에서 사회적 권리가 여러 형태로 헌법과 법률에 등장하기 시작했을 때도 미국 헌법의 기본권 조항은 고전적인 자유권에 머물러 있었다. 새로운 시대조류가 대두할 때마다 새로운 헌법의 제정보다는 헌법 수정(Amendment)의 방법으로 헌법의 결함을 보충한 27개의 수정조항, 그 어느 곳에도 사회적 권리가 명시적인 권리로 규정되어 있지 아니한 것은 미국인이 사회적 불평등의 문제에 대해 전통적인 의미의 자유권의 범위를 확대해석함으로써 헌법적 해결을 시도해온 결과이기도 하다. 이는 곧 미국적 자유주의의 특성을 단적으로 드러내는 징표가 될 수 있다.[27)]

2. 기본권의 측면

(1) 인간의 존엄과 가치

현행 헌법은 제10조에서 '인간의 존엄과 가치' 그리고 '행복추구권'을 명시하고 있다.[28)] 구체적인 문구의 연원이 어떤 문서이든[29)] 그 정신은 추상적이고도 포괄적인 인권을 규정한 미국독립선언 및 미국 헌법과 연관된다고 평가하는 것이 상식적이다. 그리고 미국 연방헌법의 권리장전에서 행복추구권은 명시되지 않았으나, 수정 제9조의 "헌법에 어떤 종류의 권리가 열거되어 있다는 것을 인민이 향유하는 기타의 권리가 부인 또는 경시되는 것으로 해석하지 못한다"라는 표현과 수정 제10조의 "헌법에 의하여 합중국에 위임되지 아니하고 또 이 헌법이 각 주(州)에 대하여 금지하지 아니한 제(諸) 권리는 각 주 또는 인민에게 유보

---

27) 안경환, "미국 헌법과 자유주의," 자유주의란 무엇인가, 삼성경제연구소, 2001, 313-338면.

28) '인간의 존엄과 가치'는 5·16 쿠데타 이후의 제5차 개정헌법, '행복추구권'은 12·12 군사반란 이후의 제8차 개정헌법에서 채택되었다. 이와 같은 추상적인 권리규정이 다분히 군사쿠데타로 탄생한 정권의 정당성 흠결로 인하여 추가된 장식적 조항이라는 주장이나 헌법상 기본권 조항과 조화되지 못한다는 논의는 본고의 범위를 넘는 것으로서 여기서 논의하지 않는다.

29) 현행 헌법 제10조와 같은 '인간의 존엄과 가치'의 명문화가 독일 기본법의 예에 따른 것이라고 보는 견해로, 장영수, 기본권론, 홍문사, 2002, 212면. 또한 인간의 존엄을 명문화하는 작업은 제2차 세계대전 이후 전쟁기간 중에 자행된 비인간적 만행에 대한 반성에서 나온 각종 국제법 규범에서 나타났다는 견해로, 정종섭, 헌법학원론, 박영사, 2006, 317면. 이외에도 프랑스 인권 선언을 이념적 바탕에 포함시키기도 한다.

된다"라는 표현은 포괄적인 인권개념을 인정하는 헌법 제10조는 물론 제37조 제1항과 연관지을 수 있다.

문제는 헌법 제10조의 '인간의 존엄과 가치'와 '행복추구권'을 일체의 다른 기본권을 포괄하는 가장 본질적인 기본권으로 인정하면서도 은연중에 '인문'적 가치를 앞세우면서 은연중 과학, 기술에 대한 적대적 자세를 견지하고 있다는 점이다. '과학기술과 법'에 관한 논의는 '인문학적 접근'이나 '기술적 접근'으로 해결할 수 있는 것이 아니라 과학기술의 발전이 인간의 삶의 질적 수준의 제고에 기여한다는 신념에 기초해야 할 것이다.[30]

(2) 평 등 권[31]

미국 독립선언서는 자명한 진리의 하나로 모든 사람의 '평등'함을 선언하였다.[32] 그러나 '최초의 헌법'(original constitution)[33]에는 '평등'이라는 단어가 명시적으로 포함되지 않았다. 1791년에 추가된 권리장전에도 마찬가지였고, 수정 제5조의 '적법절차'라는 문구 속에 평등의 원리가 포함된 것으로 해석했다. 남북전쟁 직후 제정된 수정 제14조에 와서 비로소 평등보호조항(Equal Protection Clause)이 정면으로 등장했다. 이 조항이 제정된 직접적인 목적은 인종차별의 철폐였다. 그러나 헌법문구는 모든 사람에 대한 법의 평등한 보호로 개방되어 있었고 이러한 취지가 사법적으로 전면적으로 구현된 것은 제정된 지 1세기가 경과한 후의 일이었다. 1960년대 이후로 여러 차별영역에 대한 심사를 하게 되면서 연방대법원은 세분화된 차별판단기준을 세우게 된다. 동일한 법적 취급을 받아야 할 정도로 유사한 상황에 처해진 사람의 집단을 인위적으로 분류(classification)하여 다른 법적 취급을 하는 경우에 평등권의 문제가 발생한다. 차별의 대상이 되는 분류에 따라 사법심사의 기준과 강도가 달라져 "합리성심사"(rational basis test), "엄격심사"(strict scrutiny test), "중간심사"(intermediate test) 등으로 세부적 원칙이 정

---

30) 안경환, "21세기의 기본권과 인간상," 헌법학연구, 제5권 제2호, 1999, 5-16면.
31) 안경환, "평등권 -미국헌법을 중심으로-," 헌법재판연구, 제6권, 1995, 37-158면.
32) 안경환, "미국독립선언서주석," 국제지역연구, 제10권 제2호, 2001, 103-126면.
We hold these truths to be self-evident, that all men are created equal, that they are endowed by their Creator with certain inalienable Rights, that among these are Life, Liberty and the pursuit of Happiness. (우리는 다음과 같은 것을 자명한 진리라고 생각한다. 즉 모든 사람은 평등하게 태어났고, 조물주는 양도할 수 없는 일정한 권리를 부여하였으며, 그 권리 중에는 생명과 자유와 행복을 추구할 권리가 포함되어 있다.)
33) 1791년에 수정(Amendment)형식으로 추가된 기본권 조항(Bill of Rights)을 지칭함.

립되었다. 미국의 경우 이러한 세분화된 차별심사기준을 다듬어온 데 비해, 한
국의 경우는 차별심사기준이 다양화되고는 있지만 아직도 정치하지 못하고 확
립된 해석론으로는 자리잡고 있지 못하고 있는 상황이다. 헌법재판소의 견해 역
시 평등위반 여부를 초기에는 '자의(恣意)의 금지'만을 기준으로 하여 판단하였
는데, 차츰 '비례원칙'도 포함시켜 판단하는 방향34)으로 나아가고 있으나, '단계
화된 평등심사방식'에 따르는 경우도 있다.35) 기본권에 따라 좀 더 세밀하게 정
리된 기준이 필요하다.

(3) 적법절차

    적법절차 규정은 현행 헌법에서 최초로 이를 명문화하였다. 헌법 제12조 제
1항과 제3항에서 명시적으로 "적법한 절차"라는 표현을 쓰고 있으며, 제13조의
형벌불소급의 원칙, 소급입법에 의한 참정권과 재산권 박탈 금지, 연좌제 금지
역시 적법절차원리에 포함된다고 평가된다.36) 헌법이 정하는 적법절차가 명시적
으로는 인신의 자유를 보호하는 조항에 규정되어 있으나, 그 이념이나 원리가
법치주의원리의 내용을 이루고 있으므로 기본권을 제한하는 모든 절차와 입법
절차나 행정절차 등 공권력의 행사와 관련된 모든 절차에도 적용된다는 것이 학
계의 통설이고 헌법재판소의 견해이다.37)

    적법절차의 원리는 오랜 시일에 걸쳐 영국에서 발전시킨 제반원칙을 구체화
한 것이다. 연방헌법 수정 제5조(1791)와 수정 제14조(1868) 조항(Due Process of

---

34) 헌재 1999년 12월 23일 선고, 98헌마363 "평등위반 여부를 심사함에 있어 엄격한 심사척도에
    의할 것인지, 완화된 심사척도에 의할 것인지는 입법자에게 인정되는 입법형성권의 정도에 따
    라 달라지게 될 것이다 먼저 헌법에서 특별히 평등을 요구하고 있는 경우 엄격한 심사척도가
    적용될 수 있다. 헌법이 스스로 차별의 근거로 삼아서는 아니되는 기준을 제시하거나 차별을
    특히 금지하고 있는 영역을 제시하고 있다면 그러한 기준을 근거로 한 차별이나 그러한 영역
    에서의 차별에 대하여 엄격하게 심사하는 것이 정당화된다. 다음으로 차별적 취급으로 인하여
    관련 기본권에 대한 중대한 제한을 초래하게 된다면 입법형성권은 축소되어 보다 엄격한 심사
    척도가 적용되어야 할 것이다."

35) 정종섭, 앞의 책, 342-343면.

36) 헌재 1993년 7월 29일 선고 90헌바35 "헌법 제13조에 규정한 형벌법규불소급, 일사부재리 및
    연좌제금지의 원칙과 헌법 제12조 제3항에 규정한 영장주의의 원칙을 아울러 고려하면, 위 헌
    법조항이 규정하는 적법절차주의는 적어도 형사소송절차에 있어서는 그 법률의 내용이 정의
    에 합치되는 것이어야 한다는, 다시 말하자면 절차의 적법성뿐만 아니라 절차의 적정성까지
    보장되어야 한다는 뜻으로 이해하는 것이 마땅하다."

37) 정종섭, 앞의 책, 381-382면. 헌재 1989년 9월 8일 선고, 88헌가6, 1993년 7월 29일 선고, 90헌
    바35 등.

Law)은 미국 헌법의 기본권 체계에서 가장 기초가 되는 본질적인 조항이다. 이 조항은 단순히 절차의 적정, 정당성을 요구함에 그치지 아니하고 국가 대 개인의 관계에서 발생하는 모든 문제에 있어 국가권력을 제한함으로써 개인의 기본권을 보호하는 로크적 자유주의의 핵심적 무기가 되어왔다.[38]

독립선언서는 "모든 인간은 생명(life), 자유(liberty), 그리고 행복을 추구할 권리(pursuit of happiness)를 보유한다"고 천명하였고, 이는 헌법에 수용되면서 "법의 적정한 절차 없이 생명, 자유, 재산을 박탈하지 못한다"라고 자구가 바뀌었다. '재산'(property)이라는 개념이 '행복을 추구할 권리'를 대체함으로써 재산권을 신성한 천부인권의 중요한 내용으로 파악했던 로크적 자유주의의 핵심원리가 더욱 분명히 천명된 셈이다.

(4) 표현의 자유

언론의 자유(freedom of speech)는 초기 자유주의 사상가들이 가장 비중을 두었던 가치 중의 하나였다. 고전적 자유주의자들에게 언론의 자유는 무엇보다도 평화, 지적 진보 그리고 개인적 자유(peace and intellectual progress and personal freedom)라는 자유주의의 이상을 실현하는 데 필수불가결한 전제조건인 동시에 직접적인 수단이 되기 때문이다. 미국의 판사들은 이와 같은 언론의 자유의 고전적 가치관과 더불어 공리주의적 민주주의의 이상 그리고 낭만적 평등주의의 이상을 자신의 판결에 반영하여왔다.[39] 널리 인용되는 "명백하고도 현존하는 위험"(clear and present danger)[40] 기준이나 기본권심사에 관한 "이중기준"(double standard)의 원칙[41]이나 "우월적 지위"(preferred position) 이론 등이 기본권의 체계에 있어서 언론의 자유를 위시한 표현의 자유가 차지하는 특별한 의의를 보여주고 있다.

이와 같은 미국 판례상 정립된 기준은 한국의 헌법 해석론에도 영향을 미쳐, 미국 판례상 기준과 동일하다고 할 수는 없지만 한국 헌법재판소의 경우에도 언론의 자유를 제한하는 입법에 대하여 명백성의 원칙을 인정한 바[42] 있다.

---

38) 연방헌법의 권리장전 규정을 주의 절차에 확대 적용(이른바 '수용'(incorporation))시키는 과정을 통해 구체화되었다.

39) 안경환, 미국헌법과 자유주의, 자유주의란 무엇인가, 삼성경제연구소, 2001, 313-338면.

40) Schenk v. United States, 249 U.S. 47 (1919).

41) United States v. Carolene Products, 304 U.S. 144 (1938).

42) 헌재 1990년 4월 2일 선고, 89헌가113 "국가보안법 제7조 제1항 소정의 찬양·고무·동조 그리

이외에 명확성의 원칙이 특히 중요함을 인정한 예[43]가 있고, 일반적인 기본권제한입법의 한계원리인 "과잉금지의 원칙"에 더하여 명확성의 원칙을 함께 검토한 경우[44]도 존재한다.

현행 헌법상 언론의 자유도 다른 기본권과 마찬가지로 "국가안전보장·질서유지 또는 공공복리를 위하여 필요한 경우에 한하여 법률로써 제한"(헌법 제37조 제2항)할 수 있으며, "비상계엄이 선포된 때에는 법률이 정하는 바에 의하여 영장제도, 언론·출판·집회·결사의 자유, 정부나 법원의 권한에 관하여 특별한 조치"(헌법 제77조 제3항)를 할 수 있다.

현재 '명확성의 원칙'을 제외하면 한국 헌법의 해석론상 언론의 자유를 제한하는 기준이 확고하게 정립되어 있지는 않다.[45] 언론의 자유는 사회상황에 따라 가장 쉽게 침해될 수 있는 권리라는 점을 고려할 때,[46] 제한기준을 해석론으로나 입법적으로 명확히 하는 일이 시급하다. 특히 현행 헌법상 법률이 정하는 바에 의하여 제한이 가능하다고만 규정하고 제한의 한계를 규정하지 않아 이미 헌

───────────────

고 이롭게 하는 행위 모두가 곧바로 국가의 존립·안전을 위태롭게 하거나 또는 자유민주적 기본질서에 위해를 줄 위험이 있는 것이 아니므로 …(중략)… 국가의 존립·안전이나 자유민주적 기본질서에 무해한 행위는 처벌에서 배제하고, 이에 실질적 해악을 미칠 명백한 위험성이 있는 경우로 처벌을 축소제한하는 것이 헌법전문·제4조·제8조 제4항·제37조 제2항에 합치되는 해석일 것이다. 이러한 제한해석은 표현의 자유의 우월적 지위에 비추어 당연한 요청이라 하겠다."

43) 헌재 1998년 4월 30일 선고, 95헌가16 "법치국가원리의 한 표현인 명확성의 원칙은 기본적으로 모든 기본권제한입법에 대하여 요구된다. …(중략)… 표현의 자유를 규제하는 입법에 있어서 이러한 명확성의 원칙은 특별히 중요한 의미를 지닌다. 민주사회에서 표현의 자유가 수행하는 역할과 기능에 비추어 볼 때, 불명확한 규범에 의한 표현의 자유의 규제는 헌법상 보호받는 표현에 대한 위축적 효과를 수반하기 때문이다."

44) 헌재 2002년 6월 27일 선고, 99헌마480 "헌법 제37조 제2항에 근거한 과잉금지원칙은 모든 기본권제한입법의 한계원리이므로 표현의 자유를 제한하는 입법도 이 원칙을 준수하여야 함은 물론이나, 표현의 자유의 경우에 과잉금지원칙은 위에서 본 명확성의 원칙과 밀접한 관련성을 지니고 있다. 불명확한 규범에 의하여 표현의 자유를 규제하게 되면 헌법상 보호받아야 할 표현까지 망라하여 필요 이상으로 과도하게 규제하게 되므로 과잉금지원칙과 조화할 수 없게 되는 것이다."

45) 명백성의 원칙이 인정된 바(89헌가113) 있으나, 이는 종래 인권침해소지가 많았던 국가보안법 제7조 제1항의 해석론이라는 점에서 일반적인 원칙으로 정립되었다고 보기는 어려운 측면이 있다.

46) 홈즈 판사에 의해 정립된 "명백하고 현존하는 위험"의 원칙이 존재했던 미국조차도 냉전 등 안보상황이 악화된 경우에는 원칙을 후퇴시켰던 예가 있다. Dennis v, United States, 341 U.S. 494 (1951) 판결의 경우, 공산당은 국가안보에 심각한 위험을 초래하므로, 적용기준은 "명백하고 현존하는 위험"이 아니라 "중대하고 예측할만한 위험"(grave and probable danger)라고 판시하여, 12명의 공산당 최고 간부를 스미스 법(Smith Act) 위반으로 처벌했다.

법재판소도 인정한 언론의 자유의 특수한 지위가 결코 안전하다고 볼 수 없는 점을 고려하면 사안의 의미는 더욱 커진다고 할 것이다.

(5) 경제적 자유

독립선언서의 행복추구권이 연방헌법에서 재산(property)으로 대체된 것은 미국 헌법의 체계 속에서 재산권이 특수한 지위[47]를 가짐을 인정하는 것으로 이해된다. 재산권의 특수한 지위는 시장경제체제와 밀접하게 연관되어 개인이 가지는 계약의 자유를 극대화시키는 방향으로 발전하게 된다.[48] 1930년대의 뉴딜정책을 전후하여 공익을 전면에 내세워 개인의 경제적 활동의 자유를 지나치게 제한함으로써 본래의 헌법의 취지를 왜곡했다는 비판이 강하게 제기되어 왔다.[49]

우리 헌법 역시 개인의 재산권과 경제적 자유를 보장하는 방향으로 형성되어온바, 사회주의적, 통제경제적 성격을 일부 포함하고 있었던 제헌헌법의 경우를 제외하면, 자유주의적 시장경제에 비교적 충실해왔다고 할 것이다. 따라서 현행 헌법 제23조가 재산권의 내용과 한계는 법률로 정하도록 하고(제1항), 재산권의 행사는 공공복리에 적합하도록 하여야 한다(제2항)고 규정하고 있음에도, 법률에 의하지 않는 재산권의 제한은 금지되고, 기득권의 보호와 생활의 안정을 위하여 소급입법에 의해 재산권이 제한되거나 박탈될 수 없으며, 부득이하게 공공필요에 의해 재산권을 제한하는 경우에도 반드시 정당한 보상을 요구할 수 있는 권리가 발생한다.[50]

---

47) Lawrence Friedman, 앞의 책, 참조.

48) Lochner v. New York, 198 U.S. 45 (1905)
    Lochner 판결은 제빵업에 종사하는 노동자의 최고 근로시간을 규율한 뉴욕 주법(州法)을 미국 연방헌법 수정 제14조의 적법절차조항이 보장하는 '자유'(liberty)의 개념 속에 내포된 '계약을 체결할 본질적 자유'에 대한 침해로 무효라고 선언한 판결이다. 이 판결은 연방대법원이 적법절차조항을 근거로 위헌선언한 수많은 판결 중의 하나에 불과하지만 수정 제5조와 제14조가 헌법에 구체적으로 명시되지 아니한 경제적 자유를 절대적으로 보장한다는 상징으로 등장했다는 중요한 의미를 가진다. 안경환, "미국헌법 이론사의 개관," 권영성교수 정년기념논문집, 법문사, 1999.

49) Richard A. Epstein, How The Progressives Rewrote the Constitution, CATO Institute, 2006.

50) 정종섭, 앞의 책, 531면.

3. 권력구조

(1) 대통령제

한국 헌법은 권력의 공화보다는 견제와 균형의 원리에 충실한 대통령제를 채택함으로써 권력분립의 원리에 보다 충실하고자 하였고, 입법·행정·사법 3부의 권한을 헌법에 명시함으로써 권력분립의 원리를 확고히 천명하고 있다.

현행 헌법의 경우, 의원내각제의 경험이 일천하고, 권력의 공화보다는 권력의 상호분리, 상호견제에 충실할 수 있다는 점을 십분 고려하여 대통령제를 채택하되, 독재의 부활을 막는다는 측면에서 유신헌법에서 폐지된 직선제를 부활시키고 5년 단임제를 채택했다.

현행의 제도에 대한 주요한 비판은 첫째, 5년 단임제를 채택함으로써 책임의 원리에 부합하지 않고, 둘째, 대통령 선출 시기와 국회 구성 시기가 불일치하고 대통령과 국회의원의 임기가 다름으로 인하여 국정의 유기적 협조가 어려우며, 셋째, 대통령의 유고에 대비한 제도적 장치의 민주적 정당성이 문제가 있다는 점으로 요약할 수 있다.[51]

우선, 첫 번째 주장에 대해서는 반드시 재선을 통해 대통령이 정치적 책임을 져야 한다고 볼 수 없고, 정당국가의 흐름에 비추어 정권교체를 통한 책임의 확인 역시 유효한 평가방법이라고 볼 수 있다. 다만 정책의 일관성 측면에서 임기 5년이 적절한가의 측면, 독재의 재발방지라는 측면에 초점이 맞추어졌음에도 불구하고 대통령에게 많은 권한이 집중되어 있는 현행 헌법의 적실성의 관점에서 현행 헌법상 대통령제가 재고될 필요는 있다.

둘째, 국회의원의 임기와 대통령의 임기가 다르고, 대통령선거와는 별도의 시점에 국회의원 총선거를 하도록 되어있어 잦은 선거로 인한 사회적인 낭비의 소지가 크다는 점은 분명하다. 특히 4년마다 계속되는 지방선거까지 겹쳐 2006년에서 2008년의 경우에는 3년 동안 매해 전국규모의 선거를 치러야 하므로 거대 정당의 대립과 정치적 이슈에 사회전체가 휩쓸릴 경우 사회적 비용은 결코 적지 않다. 따라서 최소한 대통령과 국회의원의 임기를 일치시키고, 같은 선거에서 국회의원과 대통령 모두를 선출하도록 하는 것이 바람직할 것이다.

---

51) 이에 대한 지적으로, 정종섭, 앞의 책, 970면. 이 밖에도 정책의 연속적 추진의 측면에 있어서 5년 단임은 너무 짧다는 주장도 제기되어 왔다.

셋째, 현행 헌법상 대통령의 사고·궐위 시에는 권한대행이 일어나게 되는데, 해석론으로서 권한대행자의 직무범위에 대하여 논쟁이 있다. 권한대행자는 국무총리와 법률이 정한 국무위원인데, 국무총리의 경우만 국회의 동의라는 최소한의 민주적 정당성을 갖추었을 뿐, 국무위원의 경우 국민이 직접 선출한 대통령에 의해 임명되었다는 사실을 제외하면 어떤 민주적 정당성도 발견하기 어렵다.

사회에 위기가 상존하고, 권한대행의 발생 자체가 정상적인 상태일 수 없다는 점에서 권한대행자의 위기대처를 위한 결정권은 매우 중요하다. 지금과 같은 시스템에서 권한대행자가 어느 정도 책임 있는 결정을 할 수 있을지, 설령 권한대행자의 직무범위에 현상변경까지 포함시킬 수 있다고 하더라도, 민주적 정당성이 거의 없는 권한대행자의 결정에 어느 정도의 힘이 실릴 수 있을지는 미지수이다.

대통령의 사고·궐위가 헌법에 규정되어 있을 뿐, 그 구체적인 요건과 내용, 그리고 사고, 궐위의 선언기관에 대해서는 구체적인 헌법규정, 법률규정이 없는 상태이다. 이는 대통령의 사고와 궐위를 논하는 자체가 최고권력자에 대한 위협으로 간주되던 권위주의 시대의 잔재에서 비롯된 현상으로 반드시 시정되어야 할 것이다. 사고·궐위 자체가 정상적인 상황을 전제한 것이 아니고, 발생할 확률이 낮다고 하더라도 이와 같은 규정의 공백으로 인해 국가 전체가 혼란에 빠질 수 있는 가능성이 존재하는 이상 구체적인 법규정을 보완함으로써 차제에 위험을 방지하는 것이 타당하다.[52]

대통령제는 미국의 창안이다. "의회 내의 국왕"(King in Parliament)으로 상징되는 영국의 제도는 정치적 공동체의 운영에 결정적인 시민의식(civic virtue)을 고양하지 못하고 부패(corrupt)와 음모(conspiracy)를 조장하는 치유불능의 결함을 지니고 있다는 것이 독립혁명의 정치철학적 배경이었다.[53] 영국의 구체제와 결별을 선언함에 있어 무소불위의 "의회 내의 국왕" 체제를 탈피하여 의회의 권한 중 일부를 대통령이라는 새로이 창설된 기관에 부여하는 방법을 고안해낸 것이다. 이렇듯 탄생사적 배경에서 본 대통령제는 권력의 분산, 견제와 균형의 상징이다.

---

52) 이에 대한 시안적 논의로서, 정종섭, 앞의 책, 1041-1042면 참조.
53) 독립선언에 열기되어 있는 세부항목은 모두 King in Parliament 체제에서 유래한 것이다.

이러한 역사적 배경에서 탄생한 대통령제는 19세기부터 부통령을 러닝메이
트로 삼으면서 강력한 민주적 정당성을 보유한 부통령이 존재하기에 미국 헌정
은 대통령의 사고, 궐위, 심지어는 전쟁이나 탄핵위기에서도 안정적으로 운영될
수 있었음을 상기할 필요가 있다.

(2) 입법권과 의회제도

1) 미국 연방헌법 제1조 제1절(Art. 1.－Sec 1.)은 "이 헌법에 의하여 부여되는
모든 입법권한은 합중국연방의회에 속하며…"[54]라고 명시하여 입법권이 의회에
귀속됨을 명시하고 있다. 이는 권력분립의 원리에 따른 귀결이나, 다만 미국의
경우 연방과 주의 관계에서 연방의 권한을 제한하고 주의 독립성을 보장하기 위
하여 의회권한을 한정적으로 열거하고 있다.[55] 그리고 의회의 고유한 권한은 위
임할 수 없다는 원칙이 비교적 강하게 적용되어 왔다.

한국의 헌법 역시 제헌헌법(제31조) 이래로 의회의 입법권을 헌법에 명기하
여 권력분립의 원리를 확립하고 있다. 또한 현행 헌법 제75조, 제95조와 같이 대
통령령과 부령은 국회의 위임이 있어야만 가능하고, 위임은 구체적이고 한정적
이어야 하다는 헌법해석론이 확립[56]되어 행정부에 의한 입법권의 침해를 방지
하도록 하고 있다.

2) 현재 한국 헌법학계의 통설과 헌법재판소의 견해는 확고하게 법률유보이
론을 지지하고 있다. 즉, 기본권 제한은 의회가 제정한 법률로써만 가능하고, 법
률이 대통령령 등 행정입법에 위임을 하는 경우에는 법률에 미리 위임의 목적·
내용·범위와 그 위임에 다른 행정입법에서 준수하여야 할 목표·기준 등의 요소
가 규정되어야 하며,[57] 행정입법으로 규정될 내용 및 범위의 기본사항이 법률에
구체적으로 규정되어 있어서 누구라도 당해 법률로부터 대통령령에 규정될 내

---

54) "All legislative Powers herein granted shall be vested in a Congress of the United States."
55) 안경환, "미국헌법의 구도," 서울대학교 법학, 제31권 제1·2호, 1990, 113–132면.
56) 헌법 제75조의 "법률에서 구체적으로 범위를 정하여 위임받은 사항"이라 함은 법률에 미리 위
    임의 목적·내용·범위와 그 위임에 따른 행정입법에서 준수하여야 할 목표·기준 등의 요소가
    규정되어 있어야 함과 대통령령으로 규정될 내용 및 범위의 기본사항이 법률에 구체적으로 규
    정되어 있어서 누구라도 당해 법률로부터 대통령령에 규정될 내용의 대강을 예측할 수 있어야
    함을 의미한다. 이상, 정종섭, 앞의 책, 978면; 대법원 2000년 10월 19일 선고, 98두6265; 헌법
    재판소 1991년 7월 8일 선고, 91헌가4 등 참조.
57) 대법원 2000년 10월 19일 선고, 98두6265.

용의 대강을 예측할 수 있어야 한다.[58] 국회라는 기관의 특성상, 국민의 선출로 구성되는 기관이라는 점 그리고 의원정수가 고정되어 있다는 점에서 사회의 변화와 발전을 따라잡기 힘든 측면이 있다. 이는 국회의 인적구성 다양화 시도, 보좌진 확대로는 한계가 있어 근본적인 해결이 어렵다.

따라서 현 시점에서 행정부의 실질적인 입법기능을 인정해야 할 필요가 있다. 현재의 의회입법-위임명령의 구조에서는 헌법재판소의 견해와 통설이 주장하는 구체적인 위임과 예측가능성 요건의 판단이 쉽지 않을 뿐더러 구체적인 사안마다 다른 결론이 나올 수 있어 오히려 국민의 예측가능성을 저해하는 면이 없지 않다. 나치 독일의 비극의 시발점이 되었던 수권법만을 이야기할 것이 아니라, 고도의 전문성을 요하는 행정적 판단이 필요한 영역에서는 일시적, 한정적 입법기능의 수권 필요성을 인정해야 할 것이다.

또한 정부에 대한 입법 수권이 가능해질 경우, 법 규정의 세밀화가 가능해져 시행령, 시행규칙이 모법의 위임한계를 넘어 위헌이 되는 문제는 발생하기 어려울 것이라는 점을 고려해야 한다. 설령 행정부의 입법에 문제가 있을 경우에도, 의회는 의결을 통해 수권의 회수가 가능하고, 법 개정을 통한 대응도 가능하기 때문에 견제와 균형의 원리도 손상되지 않는다. 사회변화에 대한 적극적인 대처를 위하여 종래 법률유보이론에 대한 재고가 필요하다고 본다.

3) 의회제도의 개편

① 선거는 민주시민의 축제이다. 그러나 과도한 축제는 국민생활을 황폐화시킬 수 있다. 너무나 잦은 선거로 인한 정치적 분쟁과 사회적 손실을 줄이기 위하여 국회의원의 임기를 대통령의 임기와 일치시킬 필요가 있다. 다만 대통령제의 존치를 전제로, 미국의 경우와 같이 국회의원의 선거를 나누어 중간선거제를 도입함이 책임정치의 원리와 국민의 대정부견제 가능성에 비추어 타당할 것이다.

② 한국의 경우 정치에 대한 국민의 불신으로 인하여 인구대비 국회의원 정수가 적은 편[59]임에도 불구하고 의원정수 확대에 소극적이었다. 다양한 계층,

---

58) 헌재 1991년 7월 8일 선고, 91헌가4; 1995년 9월 28일 선고, 93헌바50; 1997년 11월 27일 선고, 96헌바12; 1999년 7월 22일 선고, 97헌바16.

59) 일본의 경우, 상원에 해당하는 참의원은 242석, 하원에 해당하는 중의원은 480석으로 구성되고, 프랑스의 경우, 국민의 직접선거로 선출되는 하원의원의 숫자는 577명에 달한다. 독일의

직업군에서 국회의원을 배출할 필요가 있으며, 대정부 견제의 실효성을 고려할 때 국회의원 정수를 늘려야 할 필요도 인정된다. 특히 비례대표의 확대 필요성이 있다. 사표를 줄이고, 다양한 정치세력이 의회에서 발언권을 얻을 수 있도록 하며, 지역감정이라는 한국적 특수상황을 극복하기 위해서는 현재와 같이 지역구 중심의 의회구도를 탈피할 필요가 있다는 점에서 더욱 그러하다. 그리고 현재 시행되고 있는 국회의원의 의정활동 지원제도를 대거 개편하여 정책개발과 행정부견제에 충실할 수 있는 의회가 되도록 해야 한다. 물론 개편과정에서 불필요한 비용, 권위주의적 허례허식에서 비롯되는 세금낭비요소는 확실하게 척결해야 함이 전제가 될 것이다.

미국의 경우는 연방의회의 규모는 상원 100석, 하원 435석으로 결코 크다고 할 수는 없으나, 시민의 일상적 생활의 대부분을 주 의회가 제정한 주 입법이 규율하고 있으므로 한국과는 차원이 다르다. 그리고 연방의회의 의원의 의정활동을 지원하는 각종 인적, 물적 제도가 갖추어져 있어 명실공히 의회가 주도하는 헌정체제를 뒷받침하고 있다는 점을 상기할 필요가 있다.

(3) 지방자치

1) 미국의 연방제(Federalism)는 주 정부와 연방정부 사이의 분립과 연방차원에서의 입법, 행정, 사법의 권한 분립이라는 이중적 의미(흔히 dual federalism)를 가진다. 세계 대부분의 나라의 국호가 단수의 형태를 취하는 반면, 미합중국(United States of America)이라는 미국의 국호가 상징하듯이 미국은 진정한 의미의 연방국가이다. 주와 연방의 관계에서는 주를 본질적인 단위로 인식하는 반면 연방이란 주 사이의 평화로운 존속을 위해서 주의 자발적인 의사결정에 의해 일정한 권력을 위양하여 창조한 보충적이고 2차적인 단위에 불과하다는 사상의 발로이다. 주의 독자성을 극대로 보장한 연합헌장(Articles of Confederation) 체제로 출발한 미국은 '보다 완전한 연방'(a more perfect union)을 위해 새로운 헌법을 제정한다. 그럼에도 불구하고 연방의 권한은 제한적이다. 미국 연방헌법 수정 제10조가 명시하듯이 연방헌법의 명시적인 수권이 없는 한 연방정부는 어떠한 권한도 행사하지 못한다.

경우에도, 하원은 598석으로 구성된다. 미국의 경우에는 상원의원 100명, 하원의원 435명이나, 연방국가적 특성과 주의회의 존재를 고려하면 역시 적지 않은 숫자라고 할 것이다.

한국의 경우 연방제를 채택하고 있지 않을 뿐더러, 지방자치의 역사가 일천
하다. 그러나 헌법상 지방자치단체에 (i) 자치사무기능, (ii) 자치재정기능, (iii)
자치입법기능을 인정함으로써 서로 여건과 환경이 다른 여러 지방의 특색을 살
림으로써 다원적인 정치질서를 안정적으로 유지하고, 국가와 지방자치단체 사이
에 권력을 분할하여 행사함으로써 국가권력의 집중을 방지, 해소할 수 있으며,
주민이 자신의 생활과 밀접한 영향을 미치는 자치사무에 참여할 수 있도록 하여
민주주의의 실현을 도모하고 있다. 현행법상 교육부문에서 지방자치를 이미 인
정[60]하고 있으며, 조세[61]·경찰 등의 영역에서도 지방자치의 활성화 논의가 이
어지고 있다. 또한 헌법상 보장된 권리는 아니지만 주민투표법이 제정됨으로써
지역주민이 지역의 사안을 스스로 결정할 수 있는 민주적 권리의 실현이 보다
가시화되고 있다.

2) 중앙정치와 관련된 헌법상의 국민투표제도가 정치적으로 오용, 악용될
소지가 많다는 것은 상식에 속한다. 국민투표를 지칭하는 '레퍼랜덤(referendum)'
이라는 고유한 단어 대신 '플레비지트(plebiscite)'라는 정치학적 변종어가 탄생한
것이 단적으로 이러한 위험을 인지케 한다.

미국의 경우, 국민투표는 주 이하의 단위에서 이루어진다. 연방 차원의 국민
투표는 헌법이 예정한 사항이 아니다. 주 헌법의 개정, 판사의 불신임, 조례의
제정 등 주민투표에 부쳐지는 사안도 다양하다.[62] 지방적 차원의 주민투표는 법
적, 현실적으로 실행이 용이하고, 지역주민이 자신의 생활에 밀접한 영향을 미
치는 사안에 직접 참여한다는 것은 민주주의의 원리에 합치된다는 점에서 활성
화되어야 할 필요가 있다.

다만 주민투표는 사회적으로 유력하고 부유한 개인 내지 집단에 의해 여론
형성이 왜곡될 수 있다는 우려[63]가 미국 등지의 예에 비추어 없지 않으나, 미국

---

60) 지방교육자치에관한법률 제3조, 제20조 등 참조.
61) 지방자치단체는 조세자치권에 의해서 법률이 정하는 바에 따라 주민에게 지방세를 부과할 수
    있고(지방자치법 제126조), 공공시설의 이용 또는 재산의 사용에 대한 사용료와 특정인을 위
    한 사무에 대한 수수료 그리고 공공시설의 설치로 인한 수익자로부터 분담금을 징수할 수 있
    다(지방자치법 제127조-129조).
62) Lawrence Friedman, 앞의 책, p. 522.
63) William N. Eskridge, Jr. et al., Legislation and Statutory Interpretation, Foundation Press, 2000,
    pp. 19-66.

과 달리 한국의 경우 지방자치단체가 지리적으로 광대하지 않고, 정보통신과 언
론매체의 발달로 인해 충분한 정보의 제공이 가능하다는 점에서 주민의사의 왜
곡을 우려할 만한 단계는 아니라고 판단된다.

　　현행 지방자치법, 주민투표법상 주민투표의 실시 여부는 지방자치단체의 장
의 재량[64]이나 지방자치단체의 조례[65]에 따르도록 되어 있으나, 일부 사안에 대
해서는 주민투표를 필수적으로 시행하는 것도 고려해야 하며, 사안에 따라 주민
투표에 대해 구속적 효력을 인정하는 것도 논의의 여지가 있다.[66]

　　3) 헌법재판소는 2003년의 결정[67]에서 기초의원 후보자의 정당표방금지를
위헌으로 판시한 바 있고, 이에 2004년에 (구)공직선거및선거부정방지법[68]이 개
정되어 기초의원 후보자도 정당공천을 받을 수 있게 되었다.

　　선거에서 정당이냐 인물이냐에 대한 선택은 헌법재판소가 언명한 대로 궁극
적으로 국민의 몫인 것은 당연하다. 그러나 정당공천금지가 국민의 선택권을 침
해하는지의 여부는 사회적, 사실적인 분석이 선행되어야 할 문제이다. 최근 실
시된 2006년 지방선거에서도 특정정당의 공천이 곧 당선과 유사한 결과를 낳는
지역이 적지 않은 정치현실에서 지방의원에 대한 정당공천이 곧 투표자인 국민
의 선택권을 침해하는 결과를 낳을 수 있음을 확인할 수 있었다.[69]

　　또한 지역의 현안을 맡아 처리할 인물을 선출하는 지방선거의 후보까지 정
당의 공천이 이루어진다면 지방선거는 지역의 중대 사안이 아닌 중앙정치의 극
히 정치적인 이슈에 매몰될 수밖에 없고, 이는 근본적으로 지역의 일꾼을 선택
할 지역민의 권리를 실질적으로 침해하는 것이다.

　　이러한 상황에서 기초의원 후보자의 정당공천금지가 기초자치단체장, 광역
의원 후보자에게도 확대되었어야 할 상황에서 헌법재판소가 국민의 선택권과
평등원칙을 들어 오히려 기초의원 후보자의 정당공천금지까지 폐지하는 결과를

---

64) 지방자치법 제13조의2 제1항.
65) 주민투표법 제7조 제1항.
66) 최근 2006년 5월 24일 지방자치법 개정으로 지방자치단체의 장 및 지방의원에 대한 주민소환
　　제가 실시될 예정인바, 이와 같이 지방단위의 직접민주주의요소 강화의 추세에 비추어 주민투
　　표의 의무적 실시, 결과에 대한 구속이 인정되는 범위도 넓어져야 할 것으로 본다.
67) 헌재 2003년 1월 30일 선고, 2001헌가4.
68) 2004년 3월 12일 개정, 법률 제7189호.
69) 2006년 5월 31일 실시된 지방선거결과에 대한 익일의 분석기사로, 서울신문, 2006년 6월 1일,
　　"중앙정치 예속화…지방정치 후퇴 우려."

야기한 것은 분명 지혜로운 결정은 아닌 듯하다. 2006년 선거결과에 대한 냉철한 분석과 그에 따른 보완책을 생각할 필요가 있다.

이와 같이 지방자치는 연방제와는 그 연원이나 제도의 구성에 있어서 많은 차이를 보이고 있지만, 수직적 권력분립 그리고 진정한 민주주의의 실현이라는 점에서 많은 공통점을 가지고 있고, 지방자치와 연방제의 융합현상에 비추어 연방제의 운영에 관한 올바른 이해가 요구된다고 할 것이다.

(4) 배심제도와 사법이론

미국의 배심제도[70]는 단순히 배심재판을 받을 국민의 기본적 권리에 그치지 아니하고 국민이 사법제도를 직접 운영할 권리를 포함한다. 배심제도는 정치적 자치공동체의 운영이라는 공화주의의 이념에 깊이 뿌리박고 있음은 물론이다. 미국 헌법이 수용한 배심제도는 영국제도의 계승인 동시에 새로운 제도의 창출이라는 이중적 의미를 가진다. 국가권력에 대한 견제의 수단이라는 점에서 배심은 미국에 전승된 영국 기원의 제도이다. 그러나 공화국의 탄생과 동시에 국왕의 신민(subject)이 주권자인 국민(people)으로 신분의 전환을 이루면서, 배심이 가지는 의미는 단순한 국가권력의 견제수단에 그치지 않고 국민주권의 원리를 사법의 영역에서 실현하는 주권자의 권리로 격상된 것이다. 형사배심은 물론 영국에서는 거의 사라진 민사배심까지도 미국의 민주주의와 헌정질서에 핵심적인 요소가 된 것은 배심제도가 갖는 국민의 일상적 사법제도 운영권으로서의 성격으로부터 기인하는 것이다.[71]

배심제를 통한 시민의 사법참여는 완전한 국민주권원리의 실현에 일차적 의미가 있으나 한국의 경우, 사법의 민주적 정당성 문제, 사법에 대한 신뢰도 문제, 재판에서의 법이론과 법현실의 간극 문제를 해결하기 위한 중요한 수단임이 사실이다. 현재 사법개혁위원회의 안으로는 2007년부터 약 5년간 '1단계 국민사법참여제도'가 실시될 예정이다.[72] 민주화·다원화·국제화의 커다란 흐름 속에서 시민의 성숙한 역량을 통해 그간 공급자 위주의 폐쇄성이 지적되어온 사법제도에 근본적인 변화가 시작될 것을 기대해본다. 그리고 그 변화의 핵심은 재판

---

70) 미국 헌법상 배심재판은 제3조, 수정 제5조, 제6조, 제7조를 통해 거듭 보장될 정도로 미국 헌정상의 핵심적 권리이다.
71) 안경환, "미국헌법의 배심조항," 미국헌법연구, 제12호, 2001, 77-101면.
72) 자세한 내용은, 안경환·한인섭, 배심제와 시민의 사법참여, 집문당, 2005를 참조.

의 공정성과 신뢰성의 회복과 제고라는 점도 다시 한 번 강조될 필요가 있다.

그러나 세계적인 추세로 볼 때 배심제도는 축소일로를 걷고 있다. 배심제도
는 본질적 속성상 정적인 사회, 동질적 사회를 전제로 하고 있었다. 사건에 구체
적인 이해관계가 없는 공동체의 구성원이 실제로 재판에 참여할 수 있기 위해서
는 이러한 사회적 조건이 확보되어야만 한다. 배심제도의 발상지인 영국을 포함
한 많은 나라에서 배심재판(특히 민사배심)이 현저하게 축소되고 있는 것도 이러
한 이유 때문이다. 배심제도를 사법운영에 참여할 권리의 측면에서만 파악할 수
는 없다. 오히려 공동체 구성원의 의무로서의 배심참여가 어느 정도 실효성 있
게 확보될 것인가가 중요한 논의점이 되어야 할 것이다.

사법심사(Judicial Review) 역시 권력의 분립과 견제라는 측면에서 중대한 기
여를 한다. 미국 연방헌법 제3조는 연방사법권의 대상과 범위를 규정하고 있지
만 위헌법률심사권에 대해서는 명문의 규정이 없다. 그러나 1803년 Marbury v.
Madison 판결이 대법원의 위헌심사권을 헌법의 해석으로 도출한 이래 정착된
지극히 미국적인 제도이다.[73] 우리나라의 헌법재판제도는 유럽형(型)의 제도임
에도 불구하고[74] 사법심사제도의 원류는 미국이고 미국의 경험이 후발국가 유
럽의 헌법재판에 미친 영향은 심대하다. 현행 헌법이 위헌법률심사권을 헌법재
판소라는 독립된 기관에 부여한 것은 과거의 법원에 대한 불신도 일부 원인이
있을 것이다. 많은 나라에서 기존의 법원 대신 새로 창설한 헌법재판소에 위헌
법률심사권을 부여한 배경에는 정치적 체제의 급격한 전환이 있었기 때문이었
다. 나치 치하의 독일의 예에서 보듯이 행정권 주도의 권위주의 시대에는 인권
수호기관으로서 사법부의 역할은 취약하기 십상이다. 그리하여 어두운 과거를
뒤로하고 새로운 정치적 체제를 출범하면서 '새 술은 새 부대에' 담으려는 국민
적 기대를 안은 사법기관이 탄생하였던 것이다.

미국의 법원사는 건국초기부터 안정된 사법체계를 유지했다. 유럽제국을 포
함한 다른 어느 나라와도 구분되는 '사법왕국'의 면모를 보여주었다. 그런 의미

---

73) 신생국가의 건설에 이 판결이 가지는 역사적 의미에 관한 종합적 연구서로는 Paul W. Kahn,
The Reign of Law—Mrabury v. Madison and the Construction of America, Yale University
Press, 1997.
74) 이는 독일의 헌법재판과 달리 우리 헌법이 재판에 대한 헌법소원을 원칙적으로 인정하지 않음
에 기인한 것이다. 독일과 달리 오스트리아의 경우 우리 헌법과 마찬가지로 재판에 대한 헌법
소원을 인정하지 않는다.

에서 미국의 법원은 평화 시의 분쟁을 해결하는 연속적인 지혜와 경험을 축적하였던 것이다.

4. 국제화 세계화의 문제

(1) 국제조약의 국내 이행

어떤 의미에서든지 미국의 국제협약 가입성적은 좋지 않다. 국내적으로는 법의 천국(天國)이라는 공인을 받고 있고, 자신이 성취한 중요한 가치로 인권과 법의 지배를 외국에 수출하는 나라의 아이러니이기도 하다. 국제질서를 주도해 온 국가의 입장에서는 개별 조약을 통해 자신의 입지를 강화하는 데 익숙한 반면 '협약'이라는 다자간의 대등한 지위를 전제로 하는 국제규약에 대해서는 유보적인 태도를 보이는 것은 납득할 수 있는 일이다. 또한 자족적인 법체계를 자랑하는 국수적인 태도는 국제법이 자국의 법보다 우수하고 보편적인 설득력이 있다고 인정함에 인색할 수 있다.

제국주의 팽창 시기에 국제법의 이름으로 강대국의 이익을 관철시키는 무기였던 '불평등조약'의 악몽으로부터 깨어나지 못한 나라에서는 국제법에 대한 유보와 경계의 태도를 가지는 것은 자연스러운 전통이었다. 그러나 한국의 현재 상황은 다르다. 수출 주도의 경제로 이룬 기적을 이룬 결과, 한국인은 (특히 젊은 세대를 중심으로) 구세대를 억누르고 있던 국제사회에서의 위축감을 탈피했다.

"세계는 평평하다"(The World is Flat)[75]라는 구호가 상징하듯이 특정국가의 문제는 더 이상 그 나라의 문제에 그치지 않는다. 어려운 상황에 처한 나라일수록 국제사회의 관심과 조력이 필요하다. 특히 북한을 포함한 동북아의 정치적, 군사적 긴장관계에 있는 우리의 경우는 국제사회의 일원이 됨으로써 지위를 강화할 수 있다. 한국사회 자체도 급속한 속도로 국제화의 길을 걷고 있다. 영토 내에 거주하는 외국인과 외국계 한국인의 숫자도 급격하게 늘어날 것이다. 한국의 방어적, 폐쇄적인 태도를 극복할 필요가 절실하다.

제헌헌법 이래로 현행헌법에 이르기까지 우리나라의 헌법은 국제조약의 효력을 명문으로 인정하고 있음에도 불구하고, 실제 재판에서는 각종 유보규정, 조약 미가입 등의 이유를 들어 여전히 국제법규를 재판규범으로 인정하지 않는

---

75) Thomas L. Friedman, The World Is Flat—A Brief History of the Twenty—First Century, Fasrrar, Straus, and Giroux, 2005.

위헌적 상황이 계속되고 있다. 더구나 한국 헌법상 기본권을 설명함에 있어서도, 외국 학계나 법원의 견해는 비중 있는 해석론으로서 소개하면서도 정작 한국이 가입하고 있는 인권조약(人權條約)은 고려의 대상조차도 되지 않는 현실은 명백히 현행 헌법 제6조를 무시하는 위헌적인 상황임에 틀림없다.

이제 단순히 국제조약, 국제법규의 국내법적 효력만 규정해서는 현실의 변화를 이끌어내기 어렵다. 재판규범으로서의 효력을 명시적으로 인정하고 국가기관의 국제법규 위반 시 개인에 대한 배상과 보상을 강제하는 규정이 필요하다.[76]

(2) 외국인의 권리보호

전통적으로 미국의 법과 사회제도는 영토 내에 거주하는 모든 사람은 종국에는 시민이 될 것이라는 가정에 서 있었다. 미국 사회는 탄생부터 세계 최강대국으로의 성장에 이르기까지 전 과정에 걸쳐 '이민'을 통해 발전했다. 시민권자, 영주권자, 장·단기체류자, 불법체류자 등 신분에 따라 주어지는 법적 보호와 규제의 차이가 있지만, 이들 모두가 종국적으로는 미국시민이 되기를 희망하고, 또 그렇게 될 것이라는 일종의 기대권을 보유한다고 여겨왔다. "미국의 국경은 낯선 자를 가로막는 방벽이다"라는 말이 있다. 이 말은 일단 몸이 미국 땅에 닿기만 하면 일정한 수준의 법적 보호가 주어졌다는 역사적 사실을 반증한다.

더 이상 '단일민족'의 신화는 한국 사회에서 살아남을 수 없다. 가격경쟁력의 확보라는 산업적 과제는 차치하더라도, 급격한 출산율의 저하와 노령화사회로의 전환은 필연적으로 인구감소로 이어지게 되어[77] 외국 인력의 수입을 크게 증가시킬 것이므로 다인종-다문화사회로의 변화는 명약관화한 상황이다. 다문화사회가 유지되기 위해서는 다음과 같은 법적 조치가 필요하다.

제헌헌법 이래 현행헌법까지 외국인은 국제법과 조약의 범위 내에서 보호를 받는다고 규정하고 있다. 국제교류가 활발해지고, 비록 한국의 '국민'은 아니더라도 한국을 생활터전으로 삼아 한국의 '주민'으로서 모든 국내법적 의무를 이행하고 있는 외국인에게 국제법과 조약의 범위 내에서만 보호를 제공하는 것은 법

---

76) 국가인권위원회는 2003년 12월 유엔인권협약에 따른 개인통보 결정을 이행하기 위한 특별법 입안을 국무총리, 외교통상부, 법무부에 권고했다. 자세한 것은 "유엔인권협약 개인통보제도에 따른 국내구제절차마련 특별법제정 및 고문방지협약 제21조와 제22조에 대한 수락선언권고"를 참조. http://www.humanrights.go.kr/

77) 박세일, 대한민국 선진화전략, 21세기 북스, 2006.

적인 형평에 맞지 않는다. 또한 실질적으로 국제조약을 재판규범으로 수용하지 않는 현실에서 국제법과 국제조약이 외국인에 대한 적절한 보호를 제공해줄 수 없음은 실로 당연한 것이다.

　우선 외국인에 대한 포괄적 차별금지조항이 필요하다. 헌법학계에서 논의되는 인간으로서의 권리, 국민으로서의 권리 이분론에 입각하더라도 인간으로서의 권리보장은 반드시 헌법으로 규정되어야 한다. 더구나 취업을 위해 한국으로 입국한 외국인노동자들의 열악한 지위를 고려할 때 하루 빨리 외국인에 대한 보호를 강화해야 한다. 혹여 상호주의를 들어 국제법과 조약 이상의 권리보장은 무리라는 주장이 있을 수 있으나, 국제법과 국제관계에서는 상호주의가 원칙이라고 하더라도 인권의 영역에서 상호주의가 관철될 수는 없다. 이 문제와 관련하여 국가인권위원회의 역할이 강조된다. 인권옹호를 통한 인간의 가치와 존엄의 실현이 유일한 목적인 유일한 국가기관[78]이다. 따라서 국가정책, 법적 안정성, 합목적성 등 여러 가지를 고려해야 하는 다른 국가기관과는 달리 국가인권위원회는 인권옹호의 측면에서만 사안을 판단하므로 당연히 다른 국가기관의 견해 또는 저간의 일반적 사회인식과 차이가 있을 수 있다. 이와 같은 당연한 이치에도 불구하고 국가인권위원회가 끊임없이 존폐논란에 시달리는 것은 국가인권기구의 의미에 대한 인식의 박약과 더불어 국가인권위원회가 헌법기관이 아닌 데서 비롯된 바 크다. 따라서 국가인권위원회의 헌법기관화와 더불어 그 기능을 명확히 하여 헌법에 규정하는 것이 필요하다. 국가인권위원회는 한국이 헌법이론을 수입하고 있는 어느 서구선진국에서도 그 예를 찾을 수 없는 훌륭한 인권옹호기관임을 인식하고 헌법체제 속에서 국제화·세계화시대에 걸맞는 위치를 찾아주어야 한다.

5. 국가긴급권제도의 개편

　미국헌법은 국가의 위기 상황에 대한 규정이 약하다. 미국헌법의 대외관계에 관련된 규정이 상세하지 않으므로 주로 헌법에 묵시적으로 인정된 권한(implied)을 해석해내거나 또는 별도의 입법을 통해 해결하는 전통이 축적되었

---

78) 국가인권위원회법 제1조 (목적) 이 법은 국가인권위원회를 설립하여 모든 개인이 가지는 불가침의 기본적 인권을 보호하고 그 수준을 향상시킴으로써 인간으로서의 존엄과 가치를 구현하고 민주적 기본질서의 확립에 이바지함을 목적으로 한다.

다. 대통령은 헌법이 규정한 대로 상원의 동의를 얻어 조약(treaty)을 체결한다.[79] 그러나, 헌법 조문에도 불구하고 대통령과 의회의 역할에 대해서는 논쟁이 이어지고 있다.[80] 제헌 당시의 자료도 의견의 통일을 보이지 않는다. 이를테면 페더럴리스트 페이퍼(Federalist Papers)의 양대 저자인 해밀턴(Hamilton)과 매디슨(Madison) 사이에도 견해의 일치를 보지 못하였다.[81] 그러나 헌법의 문언상 적어도 전쟁의 수행에 관한 한, 의회가 통제권을 행사하는 것을 예정하고 있었다.[82] 그러나 20세기 이후로 대통령은 조약의 위임이나 대통령 자신의 고유한 권한에 근거하여 행정협정(executive agreement)을 체결함으로써 대외관계에서 역할을 주도해 왔다. 연방대법원은 1936년의 판결에서 대외관계에 있어서 대통령의 고유한 권한을 인정했다.[83]

이른바 고도의 경성헌법을 가진 미국에서는 헌법의 개정 대신 의회의 특별입법을 통해 상황을 타개하는 전통이 세워졌다. 의회가 제정하는 법률의 형식을 가진 비상사태에 대한 기본법(emergency framework statute)을 통해 사태를 해결하는 방법을 발전시킨 것이다. 1976년의 국가비상사태법(The National Emergencies Act of 1976)이나 9·11 사태 이후에 제정된 애국법(The U.S. Patriot Act 2001, 2005)을 통한 대처가 그 예이다.[84]

국제사회에서 보는 우리나라의 상황은 매우 심각하고 절박하다. 북한의 핵이나 미사일 발사 문제에 대해 비교적 담담한 우리 자신과는 달리 국제사회는

---

79) Art Ⅱ, S. 2 He shall have Power, by and with the Advice and Consent of the Senate, to make Treaties….(c. 2).

80) 전반적인 개관은 Ronald Rotunda & John Nowak, Treatise on Constitutional Law—Substance and Procedure 3rd ed., 1999, Vol. 1 and its 2006 supplement S. 6.9- 6.13.

81) "Pacificus"라는 필명의 해밀턴(Alexander Hamilton)은 영국과 프랑스 사이의 전쟁에 대해 중립을 선언한 워싱턴(George Washington) 대통령을 지지하면서 대외문제에 관련된 대통령의 특권을 주장했다. E. Corwin, The President: Office and Powers, 4th Rev. 1957 pp. 179-181 citing A. Hamilton, Works 76 (Hamilton ed.). 한편 매디슨(James Madison)은 일련의 글에서 해밀턴의 입장은 영국의 국왕의 권한을 연상시킨다고 비판하면서 미국의 외교정책에 관한 최종결정권은 대통령이 아니라 의회가 보유한다고 주장했다. 6 J. Madison Writings 138 (Hunt, Ed).

82) Art I, S. 8 Congress shall have Power to provide for the common defence (c.1,)... to declare war, to make rules of war (c.11) … to raise, support an ary and a navy. (c.12, 13).

83) United States v Curtiss—Wright Export Corp, 299 U.S. 304 (1936).

84) 이 문제를 자세히 다룬 최근의 저술로는 Bruce Ackerman, Before the Next Attack, Yale University Press, 2006.

이를 중대한 논제로 삼고 있다. 북한이 어떤 행태로든 안정적인 발전이 가능할지 여부에 따라 우리의 위기상황도 달라질 것이다. 또는 북한의 운명과는 별도로 나라의 안정적인 발전을 추구해야 할 과제는 선진국의 진입에 꿈을 걸었던 나라 사람들의 숙명적 과제이기도 하다. 이렇듯 한국의 상황은 이중적이다.

또한 보다 안정된 선진사회를 위해서는 전통적인 국가안보의 문제를 넘어서서 인간안보(human security)를 정착시키는 데 주력해야 할 것이다. 즉 종래의 안보개념은 주권국가의 영토를 보전하기 위해서 군사력을 사용하는 것에 주로 초점이 맞추어졌다. 그러나 1990년대 초 반세기 가까이 지속되었던 냉전이 종식되면서 국제사회의 안보환경에도 많은 변화가 도래했으며, 안보의 보호대상으로 '국가'의 영토나 주권보다는 인간의 복지나 안전문제에 더 많은 비중을 두는 '인간안보'의 개념이 새롭게 부각되고 있다.[85]

현재 군대, 경찰, 정보기관 등 국가의 안보를 지키기 위한 시스템은 거의 완벽에 가까우나 자연재해, 질병, 테러와 같이 인간의 생명과 평온한 일상을 위협하는 예측불가능한 요소는 증대되고 있는 상황에 비추어 인간안보의 개념은 국내 사회과학계에서도 점차 설득력을 얻어가고 있다.[86]

이에 비추어 현행헌법상의 국가긴급권제도는 전쟁 이외의 발동요건을 상정하기 어렵고, 절차적 요건도 실현이 거의 불가능하여 국가질서의 수호보다 국민의 생명보호가 주된 목적에 포함된다고 보기 어렵다. 설령 발동된다고 하더라도 최소한의 효력기간도 부여되어 있지 않아 계엄을 제외하면 언제든지 국회에 의해 중지될 수 있다. 이에 반하여 남용의 위험성은 더욱 크다. 계엄의 경우, 해제를 제외하면 국회의 개입가능성이 전무한 점, 사법심사가 거의 불가능한 점, 앞에서 언급한 최소효력기간이 불명한 경우에는 긴급권의 행사기간이 장기화될 가능성을 열어두고 있다는 점에서 언제든지 악용의 가능성을 내포하고 있는 것이다. 그리고 이와 같은 우려는 다음에서 언급하듯 현실로 나타난 바 있다.

눈여겨 추적한 사람은 드물지만 현행 헌법 아래서도 긴급권이 행사된 예가 있었다. 1993년 8월 12일 발동된 "금융실명거래 및 비밀보장에 관한 긴급재정경제명령"이 바로 그것이다. 헌법재판소의 결정에 한 차례 언급이 있었을 뿐[87] 긴

---

85) 전웅, "국가안보와 인간안보," 국제정치논총, 제44집 제1호, 2004.
86) 김우상 외, 세계화와 인간안보, 집문당, 2005, 79면.
87) 헌재 1996년 2월 29일 선고, 93헌마186.

급재정경제명령 발동의 절차적, 실질적 요건을 체계적으로 분석한 저술은 주목
되지 않는다. 헌법학도로서 당혹스런 일은 이 긴급재정경제명령이 무려 4년 4개
월 이상 한국 사회를 지배하는 규범이었다는 점이다.[88] 이는 곧 4년 4개월 이상
헌법 제76조[89]가 부정되는 위헌적 상황이 한국 사회를 지배했을지도 모른다는
것을 의미한다.

　　따라서 발동요건을 구체화함으로써 남용은 막되, 필요한 상황에서는 즉각
발동될 수 있도록 새로운 형태의 긴급권에 대한 모색이 필요한 시점이다. 우선
사건의 예방이 아닌 수습과 복구에 초점을 둔 긴급권이어야 하며, 전국 단위가
아닌 지역 단위의 발동이 가능하고, 긴급권의 행사주체 역시 지방자치단체가 될
수 있도록 하여야 할 것이다. 그리고 긴급권이지만 그 행사내용에 대해서 입법
을 통해 미리 규정함으로써 국민의 예측가능성을 높이는 것도 새로운 긴급권의
모색에 있어 중요하다고 생각된다.

Ⅳ. 맺 음 말

　　1948년 이후 이제 한국 헌법도 반세기를 넘어 백년을 향해 나아가고 있는
지금, 우리가 수입자로서의 자세를 제대로 견지했는지 되돌아볼 필요가 있다.
외국제도와 이론 자체에만 관심을 기울인 나머지, 제도와 학설이 나온 역사·사
회적 배경을 무시한 것은 아닌지, 한국의 굴절된 정치사와 맞물려 우리가 지향
하고 했던 가치가 보편성을 상실했던 것은 아닌지, 수입된 이론과 제도가 사회
에 미칠 영향을 제대로 검토해보지 못했던 것은 아닌지 찬찬히 들여다볼 필요가
있다.

　　또한 과거를 되돌아봄과 아울러, 한국 헌법도, 한국 헌법학도 보는 눈을 넓
혀야 한다. 기본권 보호의 대상으로서 외국인을, 헌법해석의 준거로써 국제규범
을 고려해야만 한다. 또한 새로운 위협에 대처해야 한다. 기본권을 위협하는 새

---

88) 최근에 한 민법학자는 이러한 사실을 지적했다. 김재형, "금융거래의 당사자에 대한 판단기준,"
　　저스티스, 제93호, 2006, 5면을 참조.
89) 대한민국헌법 제76조 제1항: 대통령은 내우·외환·천재·지변 또는 중대한 재정·경제상의 위
　　기에 있어서 국가의 안전보장 또는 공공의 안녕질서를 유지하기 위하여 긴급한 조치가 필요하
　　고 국회의 집회를 기다릴 여유가 없을 때에 한하여 최소한으로 필요한 재정·경제상의 처분을
　　하거나 이에 관하여 법률의 효력을 가지는 명령을 발할 수 있다.

로운 요소들에 대한 헌법적 대처가 불가결한 시대가 되었다. 마지막으로 현실에 맞는 새로운 시각을 가져야 한다. 과거의 권력분립이론, 과거의 법률유보이론으로 대처할 수 없는 일들이 시시각각 다가오고 있고, 대처가 늦어지면 늦어질수록 국가와 사회의 경쟁력이 잠식되고 시민들의 삶은 고단해질 수밖에 없다는 사실을 하루빨리 인식해야 한다.

    과거에 대한 정확한 평가와 미래에 대한 충실한 대비만이 한국 헌법과 한국 헌법학의 장래를 약속할 수 있다. 헌법개혁은 이로부터 시작되어야 한다. 미국 헌법의 교훈은 시대적 상황에 맞추어 재조명되어야 한다. 탄생과정이나 발전과정에서도 극히 '예외'에 속하는 나라의 경험이 많은 나라의 헌정에 일응의 준거가 되어왔다는 역사적 사실에 과도한 경의를 표할 필요는 없다. 그러나 장구한 세월에 걸쳐 헌법이 지배하는 사회를 만들기 위해 쏟은 그들의 노력에 대한 충분한 탐구는 있어야 할 것이다.

수출상품으로서의 미국헌법

-미국헌법의 보편성과 특수성-

(American Constitutionalism As An Export Item)

I. 머 리 말

1. 미국사회와 헌법

아메리카는 인류사에 여러 가지 새로운 정치적 실험의 예를 남겼다. 그 실험의 결과를 종합한 문서가 연방헌법전이다. 미국에서의 민주주의는 곧 헌법의 질서이고[1] 미국인에게 "헌법은 모든 것"이라는 표현이 결코 과장으로 느껴지지 않는다. 헌법은 문자 그대로 나라의 최고규범인 동시에 모든 미국인의 생활규범이다.[2] 종교적 전통이 강한 미국에서 종교를 대체한 세속경전이 헌법이라고 말할 수 있다. 이렇듯 미국인의 헌법경배사상은 가히 사회학자 벨라(Robert Bellah)가 이론을 정립한 "시민종교"(civic religion)의 수준이라고 말할 수 있다.[3]

---

1) Cass R. Sunstein, Designing Democracy: What Constitutions Do, Oxford University Press, 2001.
2) 여기에서 '헌법'이란 형식적 의미의 헌법전에 한정된 것이 아니라 헌법전을 중심으로 헌법 사상, 절차, 제도 등을 통괄하는 개념으로 사용한다.
3) Robert N. Bellah, "Civil Religion in America" in Russell E. Richey & Donald G. Jones eds American Civil Religion, Harper & Row Publisher, 1974; Robert N. Bellah, The Broken Covenant: American Civil Religion in Time of Trial, University of Chicago Press, 1975, 1992. 이러한 시민종교이론과 헌법을 결합한 국내문헌으로는 안경환, "법으로 읽는 미국문화: Smith Goes to Washington의 경우," 문학과 영상학회 하계세미나 자료집, 1999, 7-25면. Bellah의 이론을 수용하여 시민종교로서의 헌법론을 전개한 시도를 보인 문헌은 Sanford Levinson, Constitutional Faith, Princeton University Press, 1988, p. 95; Morton J. Horwitz, The Transformation of American Law 1870-1960, Harvard University Press, 1993, p. 193; Kenneth L. Karst, Belonging To America: Equal Citizenship and the Constitution, Yale University Press, 1989. 유럽인의 입장에서 이 문제를 다룬 저술로는 Helle Porsdam, Legally Speaking, Contemporary American Culture and the Law, University of Massachusetts Press, 1999, xi-xii(Preface).

　미국헌법이 다른 나라에 미친 영향을 여러 가지 각도에서 분석할 수 있다. 그 영향(influence or impact)의 근본적인 물음은 미국헌법을 탄생시키고 헌법에 지속적인 생명력을 부여하는 아메리카인의 정치적 실험을 "인류의 공동유산"(common heritage of mankind)의 하나로 파악할 수 있는가에 귀착한다. 이 물음은 아메리카 독립혁명이 인류사에서 보편성을 지닐 수 있는가의 문제에서 출발한다. 그러나 이 물음은 탄생 당시 미국헌법에만 한정된 것이 아니다. 19세기 중반 이래 미국인의 삶의 행태는 지구 전체 인류의 삶에 중대한 변수의 하나로 작용해 왔다. 미국 국내의 변화가 타국과 국제사회의 변화에 중대한 요인을 제공해 주고 있기 때문이다. 자유주의 정치이념과 시장 경제의 원리의 결합을 특성으로 하는 미국사회의 주류 이념은 공동체의 갈등을 법 절차를 통해 해결하는 전통과 그 법 절차가 구비하는 민주성의 제고를 통해 끊임 없는 자기혁신의 과정을 밟아 왔다. 이러한 미국인의 자기혁신의 과정은 시대적 상황에 부응하는 헌법의 해석을 통해 계속되어 왔다.

　이 글은 한국헌법에 미친 미국헌법의 영향을 분석하는 전제 작업으로서 '수출상품'으로서의 미국 헌법의 특성을 규명함에 목적이 있다. 한 나라가 행한 정치적 실험의 결과가 토양이 다른 타국에 이식(transplant)되기 위한 전제로서 그 실험이 가지는 보편적 성격과 특수한 함의를 동시에 규명하는 작업이 선행되어야 할 것이기 때문이다. Ⅱ.에서 미국헌법이 지닌 보편성과 특수성을 논하는 역사적 연유를 밝히고 Ⅲ.과 Ⅳ.에서는 미국헌법의 보편성과 특수성의 내용을 요약한다. Ⅴ.에서는 우리나라의 수입상품으로서의 미국헌법의 문제를 거론하는 것으로 맺는다.

2. 타국에 미친 미국헌법의 영향 개관

　독립 이후 권리장전의 제정에 이르기까지의 1776-1791년 동안 6개의 중대 문서, 즉 독립선언서(The Declaration of Independence)[4] 주 헌법전(state constitutions) 연방헌법전(The Constitution of the United States), 권리장전(The Bill of Rights), 연합헌장(The Articles of Confederation), 그리고 페더럴리스트 페이퍼(The Federalist Papers)는 유럽에 심대한 영향을 미쳤다. 아메리카 땅에서 이루어지는

---

4) 국내의 주석으로는 안경환, "미국독립선언서주석," 국제지역연구, 제10권 제2호, 2001, 103-126면.

새로운 정치적 실험이 당시 구대륙에 준 충격은 가히 혁명적이었다. 후일 토크빌(Tocqueville)은 아메리카의 민주주의는 법이 주도하는 민주주의임을 갈파하고 찬사를 보냈다.[5] 그러나 유럽에서의 미국헌법의 영향은 1848년을 전환점으로 하여 급격하게 감소되었다. 1848년에 유럽 전체를 휩쓸던 혁명의 본질은 민족주의적 성격을 띠었기에 인간의 생래적 권리를 핵심으로 하는 미국헌법의 이론이 도외시되었고, 또한 당시 유럽에 부상하던 사회주의에 대한 기대가 자유주의에 기초한 미국헌법의 직접적인 영향을 상대적으로 감소시켰기 때문이다.[6] 제2차 세계대전 후의 유럽에는 미국헌법의 영향이 되살아났다. 전후 많은 유럽국가에서 채택한 헌법재판제도에 연방대법원을 비롯한 각급 미국법원의 판결이 미친 영향은 심대하다. 아시아에서의 미국헌법의 직접적인 영향은 제2차 세계대전 이전에는 필리핀 식민지에 한정되었다. 이 시기에는 아시아 대부분의 지역에서는 영국, 프랑스, 네덜란드, 독일 등의 헌법이론과 관행이 토착 법사상과 함께 결합하여 국가와 국민의 관계에 관한 이론의 틀을 형성하고 있었다. 그러나 제2차 세계대전 후에는 상황이 달라졌다. 식민지 상태를 벗어난 신생국가의 헌정에 전승국이자 그들의 해방에 기여한 자유민주주의의 원조국, 미국의 영향이 가볍지 않으리라는 가정은 충분히 근거가 있을 것이다. 특히 필리핀과 일본, 그리고 인도에서 미국헌법의 영향이 현저하게 감지된다. 1989년 천안문 사태 당시 북경 학생들의 가두데모에서 미국의 독립선언서, 권리장전 등이 슬로건의 중요한 내용이었음을 감안하면 적어도 미국헌법의 정신은 단순한 수사적 표현을 넘어 하나의 민주적 이상의 상징으로 자리잡고 있다고 할 수 있다.

Ⅱ. 미국헌법의 역사적 배경

고대 그리스 이래 서양의 모든 시대에 걸쳐 인류는 공동체의 목표를 달성함

---

5) Alexis de Tocqueville, Democracy in America (1835) 이 저술에 관한 밀(J. S. Mill)의 평가(1840 Edinburgh Review)가 인상적이다. "저술의 가치는 그가 내린 결론이 아니라 그 결론에 이르는 과정에 있다." "The value of his works is less in the conclusions, than in the mode of arriving at them." Democracy in America, Schocken Books, 1960에 재수록.

6) George A Billias, American Constitutionalism and Europe, 1776-1848, George A Billias, ed., American Constitutionalism Abroad – Selected Essays in Comparative Constitutional History, Greenwood Press, 1990, pp. 13-39. 이 저술은 문서(documents), 헌법적 절차(procedure), 헌법적 기관(institution)의 3개 항목으로 분리하여 유럽에서의 미국헌법의 영향을 분석하고 있다.

에 필요한 안정과 질서를 유지함에 적합한 권력구조가 무엇인가라는 문제와 함께 전제의 출현을 방지하도록 어떻게 권력의 배분제도를 정착시킬 것인가의 문제를 고심했다.[7] 미국의 경우, 이러한 제도를 국민주권(popular sovereignty)의 이념에 기초하여 창설한다는 것을 최초로 선언한 헌법이라는 점에서 역사적 가치를 지닌다. "우리들 국민"(We the people)으로 시작하는 연방헌법의 전문은 주권자인 국민이 직접 헌법을 제정한다는 취지를 천명한다.[8]

이러한 국민주권의 원리는 근대 국가의 헌법 체계에 일정한 근본원칙을 제공해준다. 즉 주권자인 국민이 헌법제정권력 보유자의 지위에서 제정한 헌법은 국가가 존재하는 근본 이유를 천명하는 것이다. 1789년, 권력구조에 관한 조항만으로 출발한 헌법전[9]에 2년 후 기본권조항(Bill of Rights)이 추가되어 헌법전[10]의 일부가 됨으로써 미국헌법은 국민주권을 선언하는 전문(또는 근거조항), 기본권조항, 권력구조 조항의 3대 요소로 구성되는 전형적인 현대 자유주의 헌법의 전범이 되었다.

미국헌법의 3대 요소는 상관관계를 갖는다. 주권의 소재와 헌법의 연원을 밝히는 헌법전문(또는 근거조항)을 정점으로 하여, 기본권조항은 국민주권의 세부적 내용을 규정한다. 이에 덧붙여서 기본권의 효과적인 보장을 위해 국가권력을 어떻게 배분할 것인가를 규정하는 권력구조(미국헌법학의 용어로는 권력분립

---

7) 플라톤의 국가론(Republic)이나 아리스토텔레스의 정치학(Politeia)에서 전개된 논의를 보면 "근대 서구의 정치사상은 플라톤·아리스토텔레스의 각주에 불과하다"라는 수사적 표현에 공감할 정도로 이미 국가구성의 원리에 관한 심도 있는 논의를 담고 있다.

8) "We the people of the United States … do ordain and establish this Constitution for the United States of America." 국민주권의 천명으로서의 의미를 강조하는 당시의 문헌으로는 Thomas Paine, ed. H. Fisher, The Rights of Man(1791-92), Penguin Classic, 1969, p. 527 "A constitution is not the act of a Government, but of a people constituting a Government … A Constitution is a thing antecedent to a Government, and a Government is only the creature of the Constitution."

9) 1789년 "본래의 헌법"(original constitution)으로 부른다.

10) 외형상 미국헌법은 1789년 탄생 당시에는 권력구조에 관한 7개 조문으로 출발했다. 그러나 비준 과정에서 기본권조항의 필요성이 강력하게 제기되어 2년 후인 1791년 헌법수정(amend-ment)의 형식으로 10개 조문이 추가되었다. 초안 당시에 기본권조항을 별도로 규정하지 않았던 이유는 국가의 존재 이유가 주권자인 국민(we the people)의 기본권을 보장함에 있다는 자명한 원리에 기인한다. 즉 개별적인 국민의 기본권을 헌법에 규정하는 것은 오히려 국가의 자의적인 권력발동에 의해 헌법에 규정되지 아니한 기본권이 침해될 우려가 크다는 인식 때문이었다. 이러한 우려가 헌법에 열거되지 아니한 권리의 보호 가능성을 명시한 수정 제9조의 동반 제정으로 나타난 것이다.

(separation of powers), 우리나라에 일반적으로 통용되는 용어로는 통치구조)에 관한 규정이 따른다. 일반적으로 인식되어 있듯이 국민주권의 국가에서는 기본권조항은 목적이며 권력구조에 관한 조항은 기본권을 보장하기 위한 수단의 성격을 보유한다. 양자의 관계는 주와 종의 관계에 선다. 헌법의 개정도 현행의 헌법으로는 국민의 기본권을 효과적으로 보장할 수 없다는 국민적 합의가 전제되어야 한다.

미국헌법의 논의의 핵심은 절대적으로 기본권에 관한 것이다.[11] 국가와 개인의 관계를 대립적인 관계로 파악하는 논리적 전제는 국가의 탄생연유와 존재이유를, 개인의 행복추구를 보장하는 사회계약에서 구하는 한 불가피한 귀결이다. 이러한 전제에 서면 헌법이 국민의 일상생활에 직접 개입하기 위해서는 '국가행위'(state action)라는 또 다른 전제를 요구하게 된다. 따라서 사적자치의 원칙이 적용되는 순수한 사인간의 행위에는 헌법이 직접 적용되지 않는다는 미국헌법의 원리는 필수적인 논리의 귀결이다.

Ⅲ. 미국헌법의 보편성

1. 국민주권의 원리

앞서 지적한 바와 같이 미국헌법이 최초로 천명한 국민주권(popular sovereignty)의 원리는 모든 현대 헌법에 공통된 필수적인 원리이다. "우리들 미합중국 인민(We the People of the United States)은 … 이 헌법을 제정한다.(do ordain and establish)." 1789년에 이 구절은 근대 시민혁명의 성과인 주권재민의 원리를 천명하는 것으로, 독립선언서에 제시된 자명한 진리대로 모든 사람이 평등하게 태어났고 조물주는 양도할 수 없는 일정한 권리를 부여하였다는 천부인권의 사상은 보편적인 지지를 받고 있다. 다시 말하자면 '공화국'(republic)은 국민주권국이라는 등식을 적용할 수 있을 정도로 보편적인 규범적 원리가 되었다. 전통에 따라 입헌 군주제를 채택하고 있는 나라들에서도 '신민'(subject) 내지는 '시민'(citizen)의 기본권 보장을 통해 사실상의 국민주권의 원리를 수용하는 경향이 농후하다.

---

11) 이러한 현상은 1960년대 이후 연방대법원의 기본권 판결을 중심으로 헌법학의 논의가 집중되면서 더욱 가속되었지만 헌법의 기본원리상 당연한 것으로 인식된다. 이러한 기본권 경도 현상에 대해 반론을 제기한 저술은 Martin H. Redish, The Constitution As Political Structure, Oxford University Press, 1995.

2. 자유주의의 이념[12]

미국헌법은 탄생 당시에 자유주의 이념, 특히 로크(John Locke)의 사상에 기초한 것이라는 것이 종래의 정설이었다. 미국의 자유주의는 무엇보다 재산권이 절대적 비중을 가진다. "생명, 자유, 행복추구권"(life, liberty, pursuit of happiness)이라는[13] 독립선언서의 구절의 정신을 헌법적으로 구체화한 조문이라는 평가를 받는 연방헌법의 적법절차 조항(Due Process Clause)에서 '행복추구'라는 단어를 재산(property)으로 대체한 것은 이렇듯 미국헌법 체계 속에서 재산권이 특수한 지위를 가짐을 인정하는 것으로 이해된다.

미국의 자유주의는 시장경제체제와 필수적으로 결합되어 있다.[14] 이러한 자유주의 질서는 국제법을 통한 세계평화의 달성에 주력하는 방향으로 나타나기도 한다.[15] 한때 미국적 제국주의의 당의(糖衣)로 매도되었던 위튼(Henry Wheaton)의 Elements of International Law(Philadelphia, 1836),[16] 더글라스(William Douglas) 판사의 법을 통한 세계평화론[17]에 이르기까지 미국인의 자유주의에 대한 신봉은 확고하다. 또한 20세기의 마감과 더불어 동반된 사회주의의 붕괴로 더욱더 미국적 자유주의의 시장이 확대되었다. 이를테면 구소련 연방에서 독립한 중앙아시아 국가에서도 미국적 자유주의가 헌정의 지도 이념이 되어[18] 마치 입헌자유주의만이 21세기의 인류의 보편적 지혜로 수용되는 듯한 인상마저 준다.[19] 그러나 엄청나게 광대한 자유주의의 스펙트럼[20]을 포괄하는 이론적 체계의 정립이 요구된다.

---

12) 안경환, "미국헌법과 자유주의," 이근식·황경식 편, 자유주의란 무엇인가, 삼성경제연구소, 2001, 313-338면; 안경환, "자유주의와 미국헌법" 미국학, 제13집, 1990, 15-26면 참조.

13) 안경환, 앞의 글(주 4) 참조.

14) Ellen Frankel Paul & Howard Dickman, Liberty, Property, and the Future of Constitutional Development, State University of New York Press, 1990.

15) Peter S Onuf and Nicholas G. Onuf, "American Constitutionalism and the Emergence of a Liberal World Order," Billias, 앞의 책, pp. 65-89.

16) Wheaton의 활동에 관한 상세한 기술은 Elizabeth Feaster Baker, Henry Wheaton, University of Pennsylvania Press, 1936.

17) 안경환, 미국법의 이론적 조명, -윌리암 다글라스 판사의 법사상, 고시계, 1986, 178-200면.

18) 이를테면 1995년 카자흐스탄 헌법 전문.

19) Carlos Santiago Nino, The Constitution of Deliberative Democracy, Yale University Press, 1996, Ch. 1.

20) 이근식, 자유주의 사회경제사상, 한길사, 1999.

3. 권력분립의 원리[21]

"삼권분립론"은 20세기 민주주의의 전범(典範)이었다. 한마디로 20세기는 몽테스키외의 사상이 만개한 시대였다. 건국 초기부터 미국은 몽테스키외의 삼권분립론을 헌정의 핵심적 요소로 채택하여 왔고 해를 거듭함에 따라 삼권 내에서의 세부적 분립의 세칙을 정립하여 왔다. 분립의 원리와 더불어 견제와 균형의 원리를 발전시킴으로써 2백여 년 동안 '미묘한 균형'을 유지할 수 있었던 것이다. 이러한 절대권력에 대한 불신과 경계는 타국의 정치에 대하여 미국적 가치를 주입하기도 한다. 흔히 '맥아더 헌법'이라는 이름으로 불리면서 사실상 미국이 제정하다시피 했다는 평가를 받고 있는 1946년 일본 헌법이나[22] 1949년 독일의 본(Bonn) 기본법에도 이러한 통합권력에 대한 불신과 경계라는 미국적 관념이 강하게 반영되어 있다. 일본에서의 재벌의 해체, 독일에서의 연방제의 관철 등의 일련의 조치는 단순히 패전국에 대한 승전국의 응징 내지는 강력한 국가체제의 등장을 예방함으로써 국제사회에서의 경쟁자를 제거한다는 국익 차원에서만 행해진 것은 아닐 것이다.

4. 기본권조항(권리장전)의 제정

현대헌법의 필수적 요소로 기본권조항을 포함시키는 것은 이미 범세계적으로 확립된 전통이다. 다만 헌법의 개정을 통한 개별적 기본권의 첨삭·가감이 행해지는 경우에 그 개정의 요건과 방법을 어떻게 규정하느냐에 따라 현격한 차이가 발생할 수 있다. 미국의 예는 경성헌법과 기본권 조항의 탄력적 해석이라는 제도와 그 운영방법을 통해 헌법의 흠결을 보충해 왔다.[23] 헌법의 제정 당시 기본권 조항을 헌법이 일부로 상정하지 않았던 이유는 조문의 열거가 초래할 위험에 대한 경계에서였다.[24] 권리장전(최초의 수정조항 10개)이 '본래의 헌법'에 추가

---

21) M. J. C. Vile, Constitutionalism and the Separation of Powers, 2nd ed. Liberty Fund, 1998.

22) 그러나 이러한 일반의 통념에 대해 강력한 반론이 있다. Koseki Shoichi, edited & translated by Ray A. Moore, The Birth of Japan's Post-War Constitution, Westview Press, 1998. 이 저술에서 저자는 이 헌법의 제정과정에 여러 가지 자격에서 참여하고 영향을 미친 일본인 자신의 노력을 강조한다.

23) Michael Foley, The Silence of Constitutions, Gaps, 'abeyances' and political temperament in the maintenance of government, Routledge, 1989.

24) 주 10 참조.

되어 헌법전의 일부가 됨으로써 이후 다른 나라의 헌법제정에 있어 모델이 되었다. 성문헌법을 가진 대부분의 나라에서 기본권 조항을 헌법전의 일부로 삼고 있다. 많은 경우 이들 국가의 권리장전의 모델 내지는 중요한 참조자료가 미국헌법이었음은 이론의 여지가 없다.

성문의 단일 헌법전이 존재하지 않는 영국에서도 1998년에 기본권 조항이 제정되었다.25) 중화인민공화국의 헌법은 국민의 의무만을 규정하던 과거의 관행을 탈피하여 1978년 헌법부터는 명시적으로 국민의 권리를 명시하기에 이르렀다.26)

Ⅳ. 미국헌법의 특수성

미국은 특수하고도 예외적인 나라이다. 신대륙에 건설한 새로운 나라는 자신이 인류사에서 유례없는 새로운 창조자라는 자부심으로 충만해 있다. 이렇듯 미국예외론(American Exceptionalism)27)은 때로는 아메리카지상주의(Americanism)의 꿈에 도취하여 자신이 모든 것을 창조해야 한다는 아담 컴플렉스(Adam Complex)로 나타나기도 하고,28) 아메리카의 자유와 헌법은 신의 선물이라는 류의 신학적 해석을 부추기기도 한다. 건국의 과정에서 법률가의 과도한 역할 때문에 연방주의가 탄생했다는 주장29)에서 보이듯, 미국의 경험은 특수하며 그 특수한 경험은 미국의 특이한 역사 및 문화적 토양과 밀접하게 연관되어 있다.30)

---

25) The Human Rights Act of 1998, 이 법의 효력에 대해서는 윤진수, "영국의 1998년 인권법이 사법관계에 미치는 영향," 서울대학교 법학, 제43권 제1호, 2002. 3. 125-158면.
26) The Constitution of People's Republic of China of 1978. Article 33-56 참조, 이에 관한 분석으로는 고병도, "중국헌법상 기본권 개념에 관한 일고찰," 통일문제연구, 제11호, 1997, 117-140면.
27) Helle Porsdam, Legally Speaking, Contemporary American Culture and the Law, University of Massachusetts Press, 1999, xi-xii(Preface), Ch. 1; Kenneth L. Karst, Belonging To America: Equal Citizenship and the Constitution, Yale University Press, 1989, 182, 31 미국예외론에 관한 총체적인 평가는 Michael Kammen, "The Problem of American Exceptionalism: A Reconsideration," American Quarterly 45, 1993, pp. 1-43. Byron E. Shafer, Is America Different? A New Look at American Exceptionalism, Oxford University Press, 1991.
28) Lewis, R. W. B. The American Adam: Innocence, Tragedy and Tradition in the Nineteenth Century, University of Chicago Press, 1955.
29) 대표적인 예를 1992년 Joyce Appelby의 미국역사학회 회장 취임강연에서 찾을 수 있다. Joyce Appelby, "Recovering America's Historic Diversity: Beyond Exceptionalism" Journal of American History 79, 1992, pp. 420-435.
30) Byron E. Schafer, ed. In America Different? A New Look at American Exceptionalism, Oxford

미국의 독립혁명은 혁명이다.[31] 초기 지도자 해밀턴의 말대로 "혁명이란 사람의 생각이 근본적으로 달라지는 것이다"[32] 혁명의 결과를 담은 문서가 헌법이다. 미국의 독립혁명은 식민지를 다스리는 영국의 정치사상과 제도를 근본적으로 탈피하기 위해 이룩한 식민지 영국인의 혁명임을 간과해서는 안 된다.[33] 구제도에 대한 이 혁명을 도덕혁명(moral revolution)으로 지칭할 수도 있다.[34] 그러므로 영국적 경험이 주는 한계를 인식하는 작업이 미국헌정의 기본원리와 특성을 파악하는 작업의 일차적 과제이다. 미국 헌법 권력구조상의 3대 특성으로 연방주의, 대통령제, 사법심사제도를 들 수 있다. 이러한 기관적 특성은 모두 미국인의 권력분립의 원칙과 연결된다. 반면 미국헌법 기본권조항의 현저한 특성으로 사회적 권리의 부재와 배심제도의 강화를 들 수 있다.

1. 연방주의

미국의 연방제(Federalism)는 주 정부와 연방정부 사이의 분립과 연방차원에서의 입법, 행정, 사법의 권한 분립이라는 이중적 의미를 가진다(흔히 dual federalism). 세계의 대부분의 나라의 국호가 단수의 형태를 취하는 반면[35] 아메리카

University Press, 1991.

31) Bernard Bailyn, The Ideological Origin of the American Constitution, Harvard University Press, 1992. 이 책에서는 영국제도의 부패부조를 척결한 도덕혁명이라는 관점이 강하게 부각되어 있다. 번역서로는 배영수 역, 미국헌법의 이데올로기적 기원, 새물결, 1999 참조. 이 번역서에 대한 필자의 서평은 헌법학연구, 제5권 제1호, 1999, 410-412면 및 조선일보 1999. 4. 20. 참조. 또한 더욱 구체적으로 미국의 독립혁명이 기독교 사상을 실현하는 청교도혁명의 연장이라는 주장이 있다. Paul K. Ryu, The World Revolution, American West Independent Publishing, 1997. 이 책에 대한 서평은 김철수, "한국의 재통일을 위해," 기독교사상, 468권, 1998. 12. 181-185면. 안경환 "세계혁명" 서울대학교 법학, 제38권 제2호, 1987, 149-153면. 번역서는 음선필 역, 세계혁명, 벽호, 1999.

32) John Adams(1815) as cited in Shannon C. Stimson, The American Revolution in the Law—Anglo-American Jurisprudence before John Marshall (1990) p. 69. "What do we mean by the Revolution? The War? That was no part of the Revolution. it was only an effect and consequence of it. The revolution was in the minds of the people…"

33) J.G.A. Pocock, ed. Three British Revolutions — 1641, 1688, and 1776, Princeton University Press, 1980.

34) 부패(corruption)로 상징되는 영국의 구체제는 공화적 덕성(republican virtue)의 반대어로서 공화국을 파멸로 이끄는 악이라는 것이 '헌법의 아버지들'의 믿음이었다. Bellah, 앞의 책, p. 184.

35) 연방제를 채택한 독일(Germany), 구소련(Union of Socialist Republics)과 해체 이후에 구소련을 축소 승계한 독립국가연합(Commonwealth of Independent States), 그리고 독립국가의 연합인 영연방(British Commonwealth) 조차도 단수 형태의 국호를 취한다.

합중국이라는 미국의 국호(United States of America)가 상징하듯이 미국은 진정한 의미의 연방국가라고 지칭된다. 주와 연방의 관계에서는 주를 본질적인 단위로 인식하는 반면 연방이란 주간의 평화로운 존속을 위해 주의 자발적인 의사결정에 의해 일정한 권력을 위양하여 창조한 보충적·2차적인 단위에 불과하다는 사상의 발로이다. 주의 독자성을 극대로 보장한 연합헌장(Articles of Confederation) 체제로 출발한 나라는 "보다 완전한 연방을"(a more perfect union)[36] 위해 새로운 헌법을 제정한다. 그럼에도 불구하고 연방의 권한은 어디까지나 제한된 권리에 불과하다. 수정 제10조가 명시하듯이 연방헌법의 명시적 수권이 없는 한 연방정부는 어떠한 권한도 행사하지 못한다.[37] 건국 이후 오늘에 이르기까지 논란이 계속되는, 미국의 헌정사에 가장 중요한 쟁점은 "보다 완전한 연방"의 의미를 구체화하는 것이었다. 남북전쟁의 헌법적 성격은 연방의 구성원의 지위에서 탈퇴(succession)하여 남부 주 연합(Confederate States)을 결성한 주들이 연방에의 재가입을 통해 원래의 지위를 되찾는 주의 재통합(reconstruction)으로 종결된 것이다.[38] 주와 연방의 헌법적 관계에 대한 논쟁은 남북전쟁(Civil War)시 주 연합(Confederate)과 연방(Union)의 관계에 비유할 수 있을 만큼 치열하며, 바로 그 치열함이 미국적 연방주의의 특색이다.[39]

2. 대통령제

대통령제(Presidentialism)는 미국의 창안이다. "의회 내의 국왕"(King in Parliament)으로 상징되는 영국의 제도는 정치적 공동체의 운영에 결정적인 시민의식(civic virtue)을 고양하지 못하고 부패(corrupt)와 음모(conspiracy)를 조장하는 치유불능의 결함을 지니고 있다는 것이 독립혁명의 정치철학적 배경이었다.[40] 영국의 구체제와 결별을 선언함에 있어 무소불위의 절대권력 체제였던 "의회 내의

---

36) 미국연방헌법 전문(Preface).
37) "The powers not delegated to the United States by the Constitution, nor prohibited it to the States, are reserved to the States respectively, or to the people." Amendment X.
38) 그 헌법적 산물이 수정 제13조−제15조이다.
39) 여러 가지 형태의 연방제에 관한 논의로는 K. C. Wheare, Modern Constitutions, Oxford University Press, 1960 참조. 특히 인도 연방제에 관해서는 G.S. Pandre, Constitutional Law in India, Seventh ed., Allahabad Law Center, 2000.; 강경선, "인도헌법의 형성과 전개−연방제도를 중심으로," 서울대학교 법학박사학위논문, 1999 참조.
40) 독립선언에 열거되어 있는 세부항목은 모두 King in Parliament 체제에서 유래한 것이다.

국왕" 체제를 탈피하여 의회의 권한 중 일부를 대통령이라는 새로이 창설된 기관에 부여하는 방법을 고안해 낸 것이다. 이렇듯 탄생사적 배경에서 본 대통령제는 권력의 분산, 견제와 균형의 상징이다. 그러나 20세기 세계사에서 미국이 군사력을 바탕으로 세계의 경찰 역할을 맡으면서 헌법상 의회와 함께 대외정책의 권한을 공유한 대통령이 사실상 이를 주도하는 "제왕적 대통령"(Imperial President)의 현상이 발생했고, 대통령의 권한은 제헌 당시보다 확대된 것은 사실이다.41) 그러나 대통령 소속 정당이 의회의 다수당이 되지 못하는 여소야대의 현상이 빈번하게 발생하고, 상하 양원의 이원적 구성 또한 의회 내에서의 권력 분립을 제도화한다.

선거에 의해 대통령이 선출되는 제도는 미국의 기여이다. 역사적으로 보아 자유선거가 행해지고 언론의 자유가 보장된 나라에서는 기아(famine)가 발생한 적이 없었다는 아마티아 센(Amartya Sen)의 중대한 발견이 미국의 민주주의와 헌정이 인류사에 남긴 공헌을 입증하는 자료가 될 수도 있다.42) 그러나 대통령제는 미국 땅을 벗어나서 성공하기 어렵다는 것은 일찍이 많은 학자와 실무가들에 의해 지적된 바 있다.

3. 사법심사제도

사법심사(Judicial Review) 또한 권력의 분립과 견제라는 측면에서 중대한 기여를 한다. 연방헌법 제3조는 연방사법권의 대상과 범위를 규정하고 있지만 위헌법률심사권(judicial review)에 대해서는 명문의 규정이 없다. 그러나 1803년 Marbury v. Madison 판결이 대법원의 위헌심사권을 헌법의 해석으로 도출한 이래 정착된 지극히 미국적인 제도이다.43)

국민의 직접선거에 의해 구성되고 재신임되는 '민주적 부처'(democratic branches)와는 달리 연방사법부는 그 구성과 운영에 있어 국민의 직접적인 간여가 인정되지 않는 약점이 있다. 이렇듯 "반다수적, 반민주적 제도"(anti-majoritarian,

---

41) Harold Hongju Koh, The National Security Constitution: Sharing Power After the Iran−Contra Affair, Yale University Press, 1990.

42) Amartya Sen, Poverty and Famines, Oxford University Press, 1983.

43) 신생국가의 건설에 이 판결이 가지는 역사적 의미에 관한 종합적 연구서로는 Paul W. Kahn, The Reign of Law−Marbury v. Madison and the Construction of America, Yale University Press, 1997.

anti-democratic)라는 원천적 약점에도 불구하고 사법심사는 권력의 분립과 견제라는 측면에서 강력한 효과를 발휘한다. 모든 권력은 남용될 소지를 안고 있다. 그러므로 국가기관 사이에 서로 견제하여 균형을 이루도록 하여야만 나라 전체의 질서가 유지될 수 있다. 사법권은 남용되는 경우에도 국민에게 미치는 피해가 가장 적다. 왜냐하면 입법, 행정의 경우와는 달리 사법은 본질적으로 수동적인 성격의 국가권력이다. 입법과 행정권은 사전에, 장래를 향해 적극적으로 발동되는 반면, 사법권은 사법은 이미 일어난 일의 시시비비를 가리기 위해 사후에 발동되는 것이다.[44] 법원을 "가장 덜 위험한 부처"고 부르는 이유도 여기에 있다.[45] 또는 미국에서 사법심사가 다른 나라에서보다도 더욱 활발하게 이루어진 것은 프리드만(Friedman)의 말을 빌리자면 연방대법원으로 상징되는 "No라고 말할 수 있는" 기관적 여건과 전통이 있기 때문이다.[46]

사법심사는 성문헌법의 해석이라는 기법을 통해 이루어진다. "외관이 내용을 속인다"[47]라는 셰익스피어의 구절처럼 성문의 규정 속에 담긴 내용이 실체를 정확하게 반영하는 것은 아니다. 개정의 절차가 지극히 엄한 경성헌법 제도 아래서는 시대정신을 호흡할 수 있는 유연한 제도적 장치가 마련되어야 한다. 연방법원에 주어진 위헌법률심사권이 "살아있는 헌법"(living Constitution) 또는 유기체이론(living organ theory)의 이름으로, 이렇듯 해묵은(old) 문구에서 새로운(new) 법을 만들어 낸다. 연방법원, 특히 연방대법원의 헌법 해석은 단순한, 때로는 해석의 차원을 넘은 창조적 왜곡이 가해지기도 한다. 제정당시의 "본래의 의도"(original intent)가 무엇인가를 둘러싼 치열한 논쟁은 법원도 의회 못지않은 공개적인 토론의 장(public forum)이 되도록 하는 데 크게 기여한다.

아무리 창조적 왜곡이 가해진다고 하더라도 법 해석의 출발점은 헌법문언이

---

44) 법원을 최후의 보루라고 부르는 이유도 여기에 있다. 사법부가 가장 덜 위험한 부처인 또 다른 이유는 엄밀한 의미에서 사법권이 남용되는 경우에 피해자는 소송 당사자에 한정된다는 점에 있다. 형사사건의 경우에는 해당사건의 피고인, 민사사건의 경우에는 소송의 직접 당사자만이 피해자가 된다. 물론 소송 당사자와 동일한 상황에 처한 불특정 다수의 사람도 간접적으로 잘못된 판결의 영향을 받게 되지만 이 경우에도 입법, 행정의 경우처럼 광범한 불특정 다수가 직접 피해를 받지는 아니한다. 국민의 입장에서 보면 사법부가 나머지 두 기관의 권한 남용을 막아줌으로써 인권의 수호자의 역할을 해 주는 것이 바람직하다.

45) Alexander Hamilton, The Federalist Papers No. 78.; Alexander Bickel, The Least Dangerous Branch: The Supreme Court at the bar of Politics, Yale University Press, 1962.

46) Friedman, 앞의 책, p. 16. "Supreme Court that Said No."

47) Shakespeare, The Merchant of Venice Act IV. SS.

다. 미국헌법을 둘러싼 모든 논쟁은 헌법규정의 해석문제에서 출발한다. 일련의
판결을 통해 정리되어 가는 헌법의 해석에는 정치적 가치와 구별되는 헌법규범
에 내재한 '중립적 원칙'[48]이 존재한다고 주장하는 자들도 있는가 하면 헌법이야
말로 정치적 가치의 판단이라고 믿는 일단의 이론가, 실무가도 있다. 어쨌든 사
법심사가 법의 발견인 동시에 법의 창조라는 이중적 성격을 보유하는 것이 미국
헌정의 특징으로 삼을 수 있다.[49]

4. 권력분립

1989년 미국헌법제정 200주년을 기념하여 미국 정부가 펴낸 공식 자료집의
제목은 "미묘한 균형의 문서"(U. S. Constitution – That Delicate Balance)[50]였다. 미
국정치의 특징을 안정성(stability)으로 요약하는 프리드만(Lawrence Friedman)[51]의
자부심대로 안정의 원천은 권력의 균형이다. 절대권력에 대한 불신과 경계, 그
것은 건국 이래 미국사를 관통하는 이념이다. 통합된 권력에 대한 경계의식은
인간의 본성에 대한 경계이기도 하다. 이러한 사상적 배경은 브랜다이스
(Brandeis) 판사가 말하는 '거대＝악'(curse of bigness)[52]이라는 추정의 법칙을 민
주주의의 핵심으로 파악한 것이다. 미국적 권력분립의 원칙은 국가기관의 구성
에 있어서 상호 견제와 균형의 원칙을 고집함과 동시에, 모든 기관의 구성과 운
영에 있어 필요한 경우에는 국민이 직접 참여할 여지를 남겨두는 것을 특징으로
한다.

연방차원의 권력분립은 주의 차원에서도 기본적인 룰로 되어 있다. 그리고
연방과 주 사이의 권한 분쟁을 다루는 특수한 기관으로서의 연방대법원이 존재
한다. 이러한 권한쟁송의 심사기관으로서의 헌법적 사법기관을 두는 것은 캐나
다, 오스트레일리아, 말레이시아, 독일 등 다른 연방국가의 모델이 되었다.

---

48) Herbert J. Wechsler, "Toward Neutral Principles of Constitutional Law," 73 Harvard L. Rev. 1, 19, 1959.
49) 자세히는 안경환, "미국헌법사의 이론적 개관," 헌법규범과 헌법현실 : 권영성 교수 정년기념논문집, 법문사, 1998, 495-508면.
50) Bicentennial Pamphlet, United States Information Service, 1989, p. 1.
51) Lawrence M. Friedman, American Law in the 20th Century, Yale University Press, 2002, p. 15.
52) 미국 독점규제법의 기본원리는 다른 나라들에 보편적으로 통용되는 다르다. 즉 독점 그 자체는 악이 아니나 독점력이 남용되는 경우에만 악이라는 'rule of reason' 대신 독점 자체가 악이라는 'per se rule'을 채택한다.

5. 사회적 권리의 부재

미국헌법에는 이른바 '사회적 권리'(social rights)에 관한 명문 규정이 없고, 이는 전형적인 현대 복지국가 헌법의 경우에 비하여 열등한 것으로 볼 수 있다. 사회적 권리의 부재의 원인으로 크게 두 가지를 들 수 있다. 첫째, 미국헌법이 제정될 당시에는 아직 사회적 권리의 의미가 존재하지 않았다. 자유(liberty)의 개념 속에 개인이 국가에 대해 주장할 수 있는 일체의 권리가 포함된 것으로 상정되었던 것이다. 둘째, 개정절차가 지극히 엄격한 경성헌법의 특성상 시대의 흐름에 따라 새로이 대두한 개념의 권리를 기존의 헌법전 속에서 도출하는 전통을 만들었기에 명문의 규정을 둘 필요를 덜 느꼈을 것이다.

어쨌든 사회적 권리는 자유권의 문서인 기존의 헌법으로부터 도출되어야만 했고,[53] 그러한 임무를 부여받은 연방대법원은 시대조류를 헌법문언 속에 담아야 했다. 주로 수정 제14조의 적법절차조항[54]과 평등권을 무기로 하여 수행한 이 작업은 상당한 성과를 거두었다.[55] 그럼에도 불구하고 문언해석을 통한 새로운 권리의 창출행위가 가지는 내재적 한계가 엄연히 존재했고 이러한 명문규정의 결여가 현대 헌법의 양대 이념인 자유와 평등을 "자유(적자), 평등(서자)"의 체제로 미국헌정의 근본성격을 규정짓는 데 상당한 요소로 작용했을 것이다.[56]

6. 배심제도

미국의 배심제도는 단순히 배심재판을 받을 국민의 기본적 권리[57]에 그치지 아니하고 국민이 사법제도를 직접 운영할 권리를 포함한다. 독립혁명 당시의 사상적 논쟁은 혁명과 새 국가의 건설이라는 양대 목표를 달성하기 위해 어떤 형식의 제도적 장치를 마련할 것인가에 대한 대립이었다. 17세기 이후 서구사회를 지배하던 세속화된 고차법사상(higher law)[58]에 의해 이러한 목적을 달성할

---

53) 미국헌법에서 해석을 통해 사회적 권리를 도출하는 근거를 탐구한 시론적 연구는, 김영진, "미국헌법에서 사회적 권리의 도출을 위한 근거," 서울대학교 석사학위논문, 2001. 참조.
54) 김종철, "미국헌법의 해석 - 적법절차 조항을 그 예로 -," 서울대학교 석사학위논문, 1988. 참조.
55) 러셀 갤로웨이(Russell W. Galloway) 저, 안경환 역, 법은 누구편인가(The Rich and the Poor in Supreme Court History), 고시계, 1986.
56) 안경환, "헌정 50년과 자유와 평등의 원리," 서울대학교 법학, 제39권 제4호, 1999.
57) 자세히는 안경환, "미국헌법의 배심조항," 미국헌법연구, 제12호, 2001, 77-101면 참조.
58) Edward Corwin, The Higher Law Background of American Constitution, Cornell University

수 있다면, 새로운 제도적 장치는 이 고차법의 핵심을 무엇으로 볼 것인가에 대한 정치 이데올로기의 차이에 의해 결정되었다고 할 수 있다. 양대 이념 중에 미국헌정의 지배적 이념으로 주도한 것은 연방주의, 대의민주주의론, 사법심사제와 친한 자유주의이다. 그러나 공화주의에 기원을 둔 국민주권주의, 참여민주주의, 사법자제론은 자유주의에 대한 대립 이데올로기로서의 지위를 굳게 지켜 왔다.59) 배심제도는 정치적 자치공동체의 운영이라는 공화주의의 이념에 깊이 뿌리박고 있음은 물론이다. 미국헌법이 수용한 배심제도는 영국제도의 계승인 동시에 새로운 제도의 창출이라는 이중적 의미를 가진다. 국가권력에 대한 견제의 수단이라는 점에서 배심은 미국에 전승된 영국 기원의 제도이다. 그러나 공화국의 탄생과 동시에 국왕의 신민(subject)이 주권자인 국민(people)으로 신분의 전환을 이루면서 배심이 가지는 의미는 단순한 국가권력의 견제수단에 그치지 않고 국민주권의 원리를 사법의 영역에서 실현하는 주권자의 권리로 격상된 것이다. 형사배심은 물론 영국에서는 거의 사라진 민사배심까지도 미국의 민주주의와 헌정질서에 핵심적인 요소가 된 것은 배심제도가 갖는 국민의 일상적 사법제도 운영권으로서의 성격 때문인 것이다.

V. 한국의 수입상품으로서의 미국헌법

1. 한국현대사와 미국헌법

한국의 현대사에 미친 미국의 영향은 지대하다.60) 국가사상과 헌법이념에 미친 미국헌법의 이념적 영향의 편린은 적어도 19세기 말까지 소급할 수 있다.61) 일제 식민지 기간 동안 국권회복에 대한 염원은 미국적 자유주의에 대한

Press, 1955.
59) 안경환, "미국헌법사의 이론적 개관," 헌법규범과 헌법현실 : 권영성 교수 정년기념논문집, 법문사, 1998, 495-508면.
60) 브루스 커밍스(Bruce Cummings), 이동노 외 역, 브루스 커밍스의 한국현대사(Korea's place in the sun: a modern history), 창작과비평사, 2001.
61) 김효전, 근대한국의 국가사상 -국권회복과 민권수호-, 철학과 현실사, 2000. 이 책에 대한 필자의 서평은 헌법학연구, 제6권 2호, 2000, 232-233면 참조; Kyong Whan Ahn, "The Influence of the American Constitutionalism on South Korea" 22 Southern Illinois Law Journal, 71-105, 1997; 안경환, "미국헌법이 한국헌법에 미친 영향," 미국학, 1993.

동경과 찬미로 이어졌다. 일제로부터의 해방에서 제헌과 건국의 시점에 이르기까지 3년간(1945-1948)의 미군정기간 동안 미국법 전반의 수입과 함께 일본법의 잔재를 불식하기 위한 약간의 시도가 행해졌다. 그러나 미국적 민주주의의 전면적인 수입은 시민혁명을 경험하지 않았고 민권의식이 성숙하지 않은 나라에서는 불가능한 일이었으며, 더구나 국가의 존립 자체마저 위태로운 전쟁을 겪으면서 전면적인 민주주의의 논의는 유보될 수밖에 없었다.[62] 다만 이 기간 동안 배태된 민권의식이 4·19라는 초유의 학생의거의 원동력이 되었다는 점은 부정할 수 없을 것이다.[63]

1987년 민중봉기의 결과로 탄생한 현행헌법은 헌법재판소의 설치로 헌법규범의 구체화, 현실화의 길에 초석을 놓았다. 이전에 강학상의 민주주의의 정착에 관한 논의에 한정되었던 미국헌법의 논의는 헌법재판소의 탄생과 더불어 일어난 사법적극주의의 정신에 편승하여 구체적 판결 속에 반영되기 시작하였다.[64] 뿐만 아니라 고위 공직자의 인사청문회, 특별검사제도의 도입 등 국정 전반에 걸쳐 미국의 선례가 광범위하게 검토되는 현상이 일반화되었다. 이제 미국헌법의 본격적이 연구가 절실하게 요청되는 시점이다.[65]

2. 유럽헌법 속의 미국헌법

유럽의 헌법이론, 그 중에서도 독일헌법 이론의 절대적인 영향권 아래에 있는 우리나라에서는 독일헌법의 발명품으로 알고 있는 많은 제도와 이론이 미국의 제도를 수입, 가공한 것에 불과하다는 사실에 대한 인식은 희박하다. 다시 말하자면 유럽을 통한 미국헌법의 간접적 수입 경로도 연구되어야 한다. 제2차 세계대전 후 독일기본법(Grundgesetz)의 탄생에 미국헌법이 미친 영향에 대해서는 이미 많은 연구가 축적되어 있다.[66] 연합국을 대표한 미국이 새 헌법에 반영되

---

62) Lawrence W. Beer, "The Influence of American Constitutionalism in Asia," Billias, 앞의 책, pp. 127-130.

63) 최원식, 임규찬 엮음, 4월 혁명과 한국문학, 창작과비평사, 2002, 18-67면.

64) Ahn, 앞의 논문, pp. 75-79.

65) 이러한 여건 아래 지난 12년 동안 연 1회 발간되어 온 미국헌법연구는 나름대로 일정한 기여를 하였다.

66) David P. Curie, The Constitution of Federal Republic of Germany, The University of Chicago Press, 1994; Donald P. Kommers, The Constitutional Jurisprudence of the Federal Republic of Germany, 2d ed., Duke University Press, 1997. 이 책의 초판 서문 (Forward)을 쓴 헤어초크

기를 요구한 3대 내용은 민주주의, 연방주의, 기본권조항이었다.[67] 특히 헌법재
판을 늦게 시작한 독일의 헌법재판에 미국 연방대법원의 판결이 지속적으로 미
쳐온 심대한 영향을 고려하면,[68] 독일헌법의 절대적인 영향 아래 있는 한국헌법
학의 입장에서는 한국 상황에서 '독일' 이론의 현실적합성의 검증과 함께 이론의
지적 뿌리를 캠으로써 학문의 엄정성을 강화할 수 있을 것이다.

3. 자유주의 편향의 시정

"사회적 권리"(social rights)의 명문규정이 없는 미국 헌법의 기본권 이론을
우리나라에 수입함에 발생할 수 있는 이론적 결함을 검토해야만 한다. 이 작업
은 방대한 연방대법원의 판결들의 체계적인 분석 없이는 힘들다. 이 문제에 관
련된 미국 법률가 스스로의 업적은 거의 없고, 따라서 고스란히 우리 헌법학의
과제로 남아있다.

4. 수입법학의 방법론 정립

앞서 정치적, 사회적 실험을 경험한 나라의 성과를 '수입'하는 나라의 입장
에서는 첫째, 수출국에서 그러한 실험이 가지는 의미를 정확하게 파악하는 작업
을 선행하여야 한다. 둘째, 수입국의 입장에서 그러한 성과가 수입국이 지향하
는 헌법적 가치에 적합한 이론적 보편성을 가질 수 있는지 검토해야 한다. 셋째,
상기 두 단계의 작업이 완료된 경우에도 이러한 제도와 이론을 수입할 경우에
초래될 사회적 영향(impact or influence)을 검토해야 한다. 미군정 당시에 한국에
소개된 미국적 민주주의의 문헌들[69]에 대해서도 이러한 진중한 학문적 검토가
이루어지지 않은 실정이다. 방법론상의 결함의 예는 많다. 예를 들어 1980년 헌

(Roman Herzog) 대통령(전 연방헌법재판소장)은 미국과 독일 사이에 공통의 가치관이 존재하
며 독일 헌법의 많은 요소가 미국에서 유래한 것임을 강조했다(xi). 이를테면 연방법과 주법의
관계에 대한 여러 가지 해석의 원칙은 '페더럴리스트 페이퍼' 없이는 불가능했을 것이라고 한다.

67) Curie, 앞의 책, p. 9.

68) 이를테면 '태아의 생명권'을 인정한 1975년의 독일 연방헌법재판소의 판결은 1973년 미국의
Roe v. Wade 판결에 대한 방어체제의 성격이 강하다는 주장이 있다. William Safran, "The
Influence of American Constitutionalism in Postwar Europe: The Bonn Basic Law and the
Constitution of the Fifth French Republic," Billias ed. 앞의 책, pp. 91-111.

69) 윌리엄 더글라스(William Douglas) 저, 박노춘 역, 민주주의와 공산주의(Democracy and
Communism), 국제문화협회 사상총서, 1948. 11. 이 책의 서문은 당시 미 공보원장 스튜어트
(James E. Stewart)가 썼다.

법에 편입된 '행복추구권'이라는 용어의 지적경로와 역사적 유래를 밝히는 작업
은[70] 그러한 사회적 맥락(이른바 text 대 context)에 대한 명확한 이해를 전제로 해
야 한다. 또 다른 예로 1980년 헌법에 규정된 간접선거에 의한 대통령선거제는
미국의 제도를 모델로 하였고 실제로 미국의 제도와 '대동소이'하다는 주장은 조
문의 평면적 비교를 통한 판단의 오류의 위험을 노정한 것이다.[71] 이렇듯 비교
적 안이한 방법론의 시대는 지나갔다. 이제는 보다 엄정한 새로운 방법의 지적
작업의 풍토를 조성할 때이다.

VI. 맺음말

지극히 당위론적인 주장으로 '국적 있는' 한국헌법학을 위해서는 여러 가지
측면에서 헌법학 연구의 풍토와 방법론에 대대적인 수정이 필요한 시점이다. 그
중에서 중요한 작업의 하나는 한국헌법에 자리잡은 서구 이론의 지적 뿌리를 밝
히는 작업이다.

---

70) Jibong Lim, "Pursuit of Happiness Clause in the Korean Constitution," Journal of Korean Law,
    Vol. 1. No. 2, 2001 pp. 71‐103. 이 글에서 임교수는 미국의 연방과 주의 법원이 내린 행복추
    구권의 해석을 근거로 우리나라 헌법재판소의 판결의 입장을 비판하는 결론을 도출하는 듯한
    인상을 준다. pp. 101‐102.
71) 문홍주, 대담 "나와 대한민국 헌법," 헌법학연구, 제8권 제1호, 2002, 68‐70면.

"미국 헌법사상과 한국의 헌법개혁"[2006, 이하 '해제논문 1']
"수출상품으로서의 미국헌법 —미국헌법의 보편성과
특수성—"[2002, 이하 '해제논문 2']

해 제

김 영 진*

I. 들어가며

개인의 삶의 행로를 결정함에 있어서 은사님의 영향은 동서고금을 통틀어 지대하다. 억만금을 주어도 다시 돌아갈래야 돌아갈 수 없는 나의 푸르렀던 대학 시절, 젊은 날부터 알았던 나의 은사님, 안경환 교수님이 벌써 퇴임을 맞이하게 되셨다. 정년이 다가옴은 한편으로 기념할 만한 일이면서도 한편으로 세월의 무심한 흐름이란 것이 야속하기 짝이 없게 느껴진다. 해제자는 개인적으로 학위 공부를 위해 외국에 오래 나가 있었고 따라서 안교수님의 후반기 여정을 지근거리에서 수행하지 못하였는지라 더더욱 아쉬움을 크게 느낀다. 그럼에도 불구하고 금번을 계기로 안교수님의 여러 지난 글들을 새로이 읽게 되면서 해제자 역시 교수님의 연구실을 지키던, 지나간 날들이 회상되어 감회가 너무나 새롭다. 누군가의 글을 다시 읽는 일은 요즘처럼 새로운 정보만을 추구하는 시대에 쉽지 않은 일이다. 금번 작업을 통해 재독(再讀)이 연구자로서의 각성과 학문적 문제 의식 제고에 도움이 됨을 새삼스레 느낀다. 안교수님의 정년을 기념하는 작은 사업이지만 해제자에게는 큰 자각의 기회가 되기도 하기에 감사하는 마음으로 참여함을 먼저 밝힌다.

굳이 외국에서 학위논문 등을 쓰기 위해 직접 체류하면서 공부를 하지 않았 더라도 해외 문헌을 읽을 때 누구나 한번쯤 느꼈으리라 개인적으로 추정하는 점 은 이러한 공부가 내 나라의 법문헌 내지 법제도 연구 또는 실제 계속적, 현재

* 인천대학교 법과대학 조교수

적으로 발생중인 우리의 법적 논의들에 어떠한 연관이 있을 수 있는가 하는 점
이다. [해제논문 1]은 이러한 문제의식에 대한 갈증이랄까, 우리 모두의 막연했
던 문제의식의 한 부분을 짚어주면서 잠시라도 해갈시킬 수 있는 내용 등을 담
고 있다고 생각한다. [해제논문 1]의 서두에서 저자도 언급하였듯이 이 논문은
시기적으로 선행한 논문인 [해제논문 2]의 증보판 내지는 속편으로서의 성격을
갖는다. 한편 [해제논문 2]보다 시기적으로 더 앞선 "미국헌법이 한국헌법에 미
친 영향"1)이란 논문도 궁극적으로는 이 논문과 유사한 테마를 다루고 있기에2)
굳이 명명하자면 상기 세 편의 논문을 저자의 한·미 비교헌법 삼부작(trilogy)으
로 묶을 수 있다고 생각한다.

Ⅱ. 비교헌법 주제와 저자의 헌법관

    미국헌법과 한국헌법, 이 주제는 필연적으로 상당히 넓은 분야를 망라적으
로 다루어야 할 소지가 있고 연구자에 따라 접근법 내지 방법론이 확연하게 다
를 여지도 있으며 관련분야의 방대함 때문에 세부 주제 선정이나 집필이 상당히
어려울 수 있는 영역으로 생각된다.3) 학계에서도 학자들의 관련 논문들을 모아
미국헌법과 한국헌법이란 제하의 단행본을 과거에 발간한 적이 있는 등 최소한
이 주제에 대한 정리 작업의 시도 내지 그에 상응하는 노력은 일찌감치 있었던
걸로 관측이 된다.4) 이러한 과거의 연구에 있어서 우리 헌법학계 원로이자 대표
적 헌법학자인 김철수 교수는 대한제국헌법, 상해임시정부헌법, 제헌헌법상의 각
제도에 미국헌법 제도가 미친 영향을 다루고 있는데 헌법을 형식적 의미의 헌법전

---

1) 안경환, "미국헌법이 한국헌법에 미친 영향" 미국학, 1993.
2) 엄밀하게 구분하자면 이 논문들의 제목에서 뜻하는 "영향"은 제도가 제도에 외부적으로 충격
   을 주었으므로 그 충격 받은 현상 내지 상태를 살펴만 보자는 관점일 수도 있고 "개혁"은 외부
   적 충격은 별론으로 하더라도, 앞으로 내재적, 자발적 동인으로라도 바뀔 수 있도록(통상적 언
   어 관습을 따르면 더 나은 방향으로 변화할 수 있도록) 움직여야 한다는 당위가 포함되어 있다
   고 할 수 있다. 그러면 "개혁"은 문제의식이 "영향"보다 진화된 것을 뜻하는 수사로도 볼 수
   있다. 그러나 "영향"이건 "개혁"이건 이 주제하에 저자가 두 제도를 동시에 다룬다면 두 제도
   가 은연중이라도 비교되고 있는 것이 최소한 논의의 공통적 전제가 되기에 같은 유형으로 범
   주화시킴이 무리는 아니라고 본다.
3) 최대권 교수는 안경환 교수의 "미국헌법이 한국헌법에 미친 영향"에 관한 약정토론에서 이러
   한 주제는 엄밀한 학문이 될 수 있겠느냐는 문제의식 때문에 항상 곤혹스럽다는 생각이 든다
   고도 논평하였다. 안경환, "미국헌법이 한국헌법에 미친 영향" 토론문, 미국학, 1993 참조.
4) 한국공법학회 편, 미국헌법이 한국헌법에 미친 영향, 대학출판사, 1989 참조.

으로 범위를 최대한 좁힌다면 이러한 방식이 일응 가장 적절하고 간명할 수 있다.

　　그러나 저자의 그간 미국헌법 관련 집필 문헌들의 궤적을 찬찬히 따라가다 보면 그의 미국헌법을 바라보는 헌법관은 가시적으로 파악되는 성문헌법전 이외에도 추가적으로 반드시 헌법사상, 제도 내지 관습, 절차 등도 아울러 포괄하는 보다 넓은 의미의 헌법으로 바라보고 있으며(그래서 미국헌법은 단순한 성문헌법의 일방적 선언에 그치는 것이 아니라 제정 이래 계속하여 미국의 헌법적 일상을 살고 있는 사람들의 규범관 내지 규범적 실생활에 융화가 되어 분명히 같이 숨쉬고 있는 것으로 파악되며, 따라서 시민종교처럼 헌법을 숭배하는 정신까지도 미국 국민에게 내재적으로 형성되어 있음을 감지할 수 있고) 이에 따라 우리 헌법 역시 광의의 의미로 그 외연을 상당히 넓게 확대시켜 조망할 수 있어야 바람직하고 그래야만 또 후속 헌법 논의들의 적실성 확보에 기여할 수 있다는 기본 태도를 취한다고 보인다.

　　그렇다면 이러한 거시적이자 광의의 의미의 헌법관을 전제로 생각해볼 때 우리는 서로 다른 국가의 헌법을 비교할 때 어떠한 시선으로 바라보아야 하는가 하는 질문에 대해서도 유의미한 일관성을 갖는 한 가지 답을 떠올릴 수 있다. 그것은 곧 단순히 두 국가의 헌법상 제도의 평면적 비교 내지 나열만으로는 결코 큰 의미가 없고 그 헌법상 제도가 현재 그 나라에서 어떻게 생명력을 획득하고 있고 나아가 그것이 우리 땅에서도 사람들의 삶과 밀착되어 제대로 생명력을 유지하고 있는지,[5] 그렇지 못한(또는 못할) 것이라면 우리는 헌법 제도와 그를 따르는 우리들의 헌법적 생활(constitutional life)간의 유기적 견련성 확보를 위해 앞으로 무엇을 할 수 있고 또 무엇을 해야만 하는지를 탐구해 나가자라는 것이다.[6] 한편 저자가 비교헌법을 연구함에 있어서 제시하는 구체적 방법론 역시 우리가 갖는 헌법적 가치를 먼저 생각해보고 이에 맞게 타국 제도의 세부 양상을 차용하자는 주체적 혹은 자기주도적 수용론을 피력하는데 비교법 주제를 다룰 때 가장 쉽사리 오류에 빠지기 쉬운 부분 -즉, 타국 제도의 소개에 초점을 맞추다가 그 제도가 우리 고유 틀 안에서 갖는 의미를 간과하게 되고 마는 일-을

---

　5) 만일 아직 도입되지 못한 제도라면 "도입된다면 생명력을 유지할 수 있는지"로 바꾸어 표현할 수 있다.

　6) 이러한 해석은 저자의 이 논문에서는 "수입법학 방법론" 3단계로 구체화된다. 즉 1단계는 당해 제도 실험이 수출국에서 갖는 의미 검토이고 2단계는 수입국이 지향하는 헌법적 가치에 적합한 이론적 보편성 검토이며 제3단계는 수입시 미치는 사회적 영향의 고려로 단계별로 나뉘어진다. [해제논문 1] 188면 참조.

연구자들은 유념해 두어야 한다는 점을 지적한 것으로 생각된다.

Ⅲ. [해제논문 1]에 대하여

1. 총칙적 방법론의 설계

[해제논문 1]은 도입부에서 미국사회에서 헌법이 가지는 의미와 미국헌법이 유럽 및 아시아에 미친 영향을 간략히 개관하면서 한국에 미친 영향과 한국에서의 헌법개혁 과제는 무엇인가를 차례대로 기술하고 있는데 이는 저자가 갖고 있는 헌법관과 비교헌법을 검토하는 방법론을 논문을 통해 실천적으로 구현하기 위한 서술의 순서로 추정이 된다. 저자가 집필한 다른 관련 논문들에도 언제나 문제시 되는 지점 중 하나이기도 한 '미국사회에서 헌법의 의미'는 미국헌법을 왜 눈여겨 지켜보아야 하고 왜 거기서부터 첫발을 내디디며 시작해야 하는가에 대한 화두 역할을 간결하지만 톡톡히 해낸다. 또 하나의 흥미로운 점은 미국 헌법학계 스스로가 예전과 달리 활발하게 타국의 헌법에 대한 연구를 시작하고 있는 현상도 이 논문은 언급을 하고 있는데[7] 최근 미국 학계 내에서도 특히 동아시아법에 관심 있는 학자 층이 어느 정도 형성되어 있어서 관련 학술세미나를 개최하거나 문헌을 발간하기도 하니 이 부분에 대한 서술은 학계의 최근 조류를 잘 반영한 정보제공 기능을 함의하였다고 할 것이다. 한편 근대 헌법의 양대 이념이자 헌법적 가치인 자유와 평등의 동시적 구현이 우리 한국헌법의 이념적 지형을 배경으로 과연 가능한가, 두 가치의 상호 충돌에 대한 구체적이고 확실한 규명과 이를 위한 정교한 논리구조의 마련은 어떻게 할 것인가라는 문제의식은 최근 우리 한국 사회에서 벌어지고 있는 분배, 성장, 정의, 형평 등에 관한 각종 패러다임에 관한 논의와도 충분히 연계가 되기에 이러한 양대 개념의 총론적 원리로서의 고안 및 제시는 시대를 미리 앞섰거나 예측했던 선구적 안목이었다고 평가를 하고 싶다.

---

7) 미국 내 비교법 연구와 관련하여 흥미로운 점은 요즘은 그들 특유의 자국 법 체계 완성도에 대한 오만에 가까운 국수적 태도를 버리고 독일, 프랑스 등 유럽국가의 법에 대해서도 영어로 번역을 통해 해당국가의 법자료를 수집 내지 소개하려는 활동도 하고 있다는 점이다. 하나의 예를 들면 University of Texas:Austin에서는 Institute of transnational Law 같은 기관을 만들어 인터넷상으로도 그들이 모은 상당한 자료들을 확인할 수 있다.
http://www.utexas.edu/law/academics/centers/transnational/work_new/german/ 참조.

2. 각칙적 세부 영역들의 고찰

[해제논문 1]은 기본권 영역에서 인간의 존엄과 가치, 평등권, 적법절차, 표현의 자유, 경제적 자유의 5개 영역을 간략히 다루고 있는데 특히 눈여겨 볼만한 지점으로 우리 헌법 제10조의 인간의 존엄과 가치 및 행복추구권에 대한 해석이 은연중에 과학기술에 대한 경시로 이어져서는 안 된다는 점과[8] 우리 헌법 재판소의 현행 평등심사방식이나 표현의 자유 제한 기준에 대해 보다 세분화되고 정교하게 확립된 심사 기준을 해석론이나 입법을 통해 명확히 구축하여야 한다고 주창하는 점을 들 수 있겠다. 한편 권력구조 영역에서는 대통령제, 의회제도, 지방자치제도, 배심제와 사법심사제를 다루고 있는데 현행대통령 임기제와 권한대행자의 민주적 정당성 문제 및 부통령제, 행정부에 대한 입법 수권 문제, 국회의원 제도 개선방안(선거제도 및 비례대표제), 주민투표제, 지방선거 후보자의 정당공천문제, 국민사법참여제도 등 많은 세부 토픽들에 대한, 저자의 한편으로는 상당히 탄력적이지만 또 한편으로는 자유와 실용을 동시에 고려하는, 일관성 있는 헌법을 보는 시선에 따른 일성(一聲)을 들을 수 있다. 또한 특별히 독립된 장을 만들어 국제화·세계화 시대임에도 국제 조약, 국제 법규를 재판 규범으로 인정하지 않고 있는 우리 법 현실에 대한 우려와 외국인에 대한 포괄적 차별금지 조항의 신설 및 국가인권위의 헌법기관화 등을 주창한다. 마지막으로 국가긴급권 제도의 개편에 관해서는 전통적 국가안보(National Security)의 개념을 넘어선 새로운 인간안보(Human Security)의 개념을 소개하고 있으며 입법을 통한 예측가능성 담보를 전제로 하여 기존의 사전적, 예방적 개념을 탈피한 사후적, 복구적 긴급권에 대해서 언급을 하고 있는 점도 주목할 만한 기술이다.

Ⅳ. [해제논문 2]에 대하여

[해제논문 2]는 논문의 부제에서도 시사하듯이 미국헌법의 보편성과 특수성을 나타내는 각종 법제도들을 조명하는 작업에 초점을 맞춘다. 즉 미국헌법 고유의 법제도들이 과연 수출상품으로서 미국헌법의 특성으로 해석될 수 있는 정도의 함의를 갖는지 규명하고 한 나라의 정치적 실험의 결과물들이 타국에 이식

---

[8] 최근 급격히 발전한 컴퓨터 및 IT 관련 영역에서 소위 인문학적 상상력이 결여될 경우 과학기술의 발전 역시 인간의 삶의 질적 수준의 제고에 기여하는 역할을 제대로 수행할 수 없다는 자성적 반성이 싹트고 있는 점을 보면 저자의 서술은 선구자적 혜안으로 볼 수 있다.

되기 위한 전제로서 충분히 기능하고 작용하는지를 중점적으로 살펴본다. 나아가 결국 우리의 입장에서 미국 헌법이 법제도 분야의 값어치 있는 수입상품으로서 적절성을 갖느냐하는 문제도 연계를 시키고 있다.

1789년 당시 권력구조에 관한 7개 조항만으로 출범한 미국헌법이 기본권조항(Bill of Rights)이 추가되면서 국민주권을 선언한 전문과 함께 전형적인 현대 자유주의 헌법의 전범이 되어간 과정에 대한 저자의 고찰은 상당히 흥미롭다. 국가의 존재 이유는 주권자인 국민의 기본권 보장에 있고 따라서 미국헌법 논의의 핵심은 절대적으로 기본권에 관한 것이라는 저자의 언급은 자유주의 헌법의 대표로서 미국헌법의 위상과 맞물리면서 우리가 쉽게 빠지기 쉬운 구조론 내지 조직론에의 매몰을 충분히 경계하게 만든다.

[해제논문 2]는 미국헌법의 보편성 요소로서 국민주권의 원리, 자유주의 이념, 권력분립의 원리, 기본권조항(권리장전)의 제정을 차례로 들고 미국헌법의 특수성 요소로서 연방주의, 대통령제, 사법심사제도, 권력분립, 사회적 권리의 부재, 배심제도를 기술한다. 미묘한 균형(Delicate Balance)으로도 불리워지는 미국헌법상의 권력분립이 저자의 시선에서는 미국헌법의 보편성 요소와 특수성 요소로 동시에 파악되는 점도 주목할 만하다. 이는 애초 몽테스키외의 사상에서 출발한 삼권분립론이 미국헌정의 핵심적 요소로서 채택되었지만 나름의 세부적 변용을 겪으면서 미국헌법의 특수성 요소로도 파악할 수 있을 정도로 이론이 정교하게 발전하였다는 측면에서 이해를 시도하면 충분히 수긍이 가는 지점이다.

[해제논문 2]의 학술적 가치는 이 논문이 본문과 각주를 통해 제공하는 다양한 2차적 참고 자료들의 소개에도 있다고 본다. 이미 저자의 선행 연구를 통해 알려진 갤러웨이(Galloway)나 프리드만(Friedmann) 혹은 타 저술가의 번역서 등을 통해 널리 알려진 베일린(Bailyn) 등은 별론으로 하더라도 벨라(Bellah), 빌리아스(Billias), 포콕(Pocock), 센(Sen), 칸(Kahn), 웩슬러(Wechsler), 쿠리에(Curie) 등등, 수많은 지성들의 참조 문헌들이 이 논문을 통해 소개됨으로써 후속되는 관련 연구로 충분히 확장시킬 수 있을 정도의 문헌 자료들을 재발견하게 만든다.

Ⅴ. 나 가 며

[해제논문 1]과 [해제논문 2]를 읽으면서 해제자가 개인적으로 되새기게 되는 질문들은 한국 헌법의 개혁에 있어서 미국의 헌법사상이란 어떠한 의미를 궁

극적으로 갖는가, 생성의 토양과 배경이 다른 두 법제가 교차될 때 우리가 우리 스스로의 (헌법적) 규범 체계의 완성과 자생적 헌법 실현을 위해 본질적으로 추출해 내야 할 바는 무엇인가와 같은 것들이었다. 구체적으로 뚜렷하게 형상화되지 않고 제대로 잘 보이지 않는 헌법(Invisible Constitution)이념과 정신, 그 본래의 취지를 우리 헌법 지형의 특수성을 고려하여 제대로 반영하고 나아가 만개시킬 수 있어야 헌법규범과 헌법현실의 괴리를 극복하면서 우리의 살아있는 헌법(Living Constitution)을 구축할 수 있지 않을까 하고 해제자는 생각한다. 그리고 이러한 시도와 작업이 곧 해제자를 포함하여 우리 헌법과 관련되는 모든 이들의 과제가 되어야 하지 않을까 하며 이것이 곧 저자의 본래의 뜻(original intent)이자 나아가 그의 한·미 비교헌법 삼부작(trilogy)의 최종 지향점이 아닐까 생각한다.

[색인어] 비교헌법(comparative constitutional law), 미국헌법과 한국헌법, 보편
        성과 특수성, 헌법사상, 헌법개혁

제6장

미국 독립선언서 주석*

I. 서 론

1. 미국 독립선언서(Declaration of Independence)의 법적 의미

(1) 미국 독립의 성격

1776년 7월 4일에 세상에 나온 독립선언서는 미국이 연방 정부 차원에서 공적으로 공표한 최초의 국가문서이다.[1] 이 문서를 바탕으로 연방헌법이 제정되었는바, 헌법은 이 문서에서 천명된 정치철학의 원리를 현실적 법규범으로 구체화시킨 것이다. 따라서 독립선언서에서는 사법적 결정의 근거로 삼을 수 있는 구체적인 권리나 의무가 도출되지는 않는다.[2] 즉, 구체적 사건에서 판결의 근거가 되는 직접적인 강제력을 보유하지는 않는 것이다. 그러나 그럼에도 불구하고

---

* 이 논문은 서울대학교 국제지역원 2000년 국제지역연구 지원사업 연구비에 의하여 지원되었음. 독립선언서 자체를 독립된 연구대상으로 한 국내 문헌은 거의 발견되지 않는다. 또한 대부분의 독립선언서의 번역문은 구체적 사실의 열거 부분을 생략한 채 전문과 결론만을 담고 있다. (예: 주한미국대사관 공보원 발행, 1987; 최대권, 1986: 384). 드물게 미국 독립선언서 전문을 번역한 시도는 미국사연구회 옮기고 엮음, 미국역사의 기본사료, 1992에 보인다. 이 글에서의 번역은 이 책에 실린 번역본을 기초로 하고 법적 용어와 함의를 전달하기 위해 필요한 범위 내에서 수정을 가했다.

1) 공식적 역사적 문서로서 '독립선언'으로 불려지는 문서에는 3개의 텍스트가 있다. 첫째는 초벌 (rough) 저널(Journal), 둘째는 첫째를 '교정한'(corrected) 저널이며, 마지막으로 대륙회의의 위원들이 서명한 양피지(parchment) 텍스트이다. 이 중에서 가장 '공적'인 문서는 두 번째 저널에 기록된 텍스트라고 할 수 있다. 초벌 저널 텍스트 위에 철자, 구두점, 쉼표 등 문법적 교정을 가했으며 이에 덧붙여서 2개의 단어를 삭제하였다. 이 글에서는 제2의 저널 텍스트를 사용하였다. 초벌 저널과 양피지 저널은 Carl L. Becker, The Declaration of Independence—A Study in the History of Political Ideas, Vintage Books, 1970, pp. 174-185에 실려 있다. 대륙회의에서 채택한 독립선언서 이외에도 1776년 4월과 7월 사이에 각급 행정단위에서 채택된 독립선언서가 버지니아 주의 독립선언서를 포함하여 적어도 90개의 '기타 독립선언서'('Other' Declarations of Independence)가 존재한다(Maier, 1997: 48).

2) 이 문제를 정식으로 다룬 판결은 없다. 그러나 헌법 전문(前文: Preface)의 법적 효력을 부정한 연방대법원의 판결(Jacobson v. Mass. 197 U.S. 11 (1905))에서 유추할 수 있다.

독립선언서는 미국 헌정을 규율하는 근본원칙을 제시하는 중요한 문서이다.

　미국의 독립은 영국으로부터 미국인의 독립인 동시에, 영국의 제도에 대한 식민지 영국인의 혁명이라는 이중적 성격을 지닌다(Bailyn, 1967, 1992[3])). 따라서 독립선언서는 독립인 동시에 혁명의 선언이다. 미국독립 혁명의 성격에 대해서는 많은 논의가 축적되어 왔다. 직접 독립혁명에 참여했던 1세대는 '대표 없는 과세(課稅)'의 부정(no taxation without representation)으로 상징되는 정치철학의 선언으로 이해했던(Ramsey, 1789). 종교적·신학적 의미에 주목하여 인간의 자유를 선사하기 위한 신의 뜻을 실현하기 위한 영웅적 투쟁으로 규정지은 사람도 있었다(Bancroft, 1834-75; Ryu, 1997[4])). 19세기 말에는 독립혁명 당시의 사회적·경제적 조건에 주목하여 경제적 이해관계를 독립의 주된 요인으로 파악한 소위 '진보적 학파'(Progressive School)가 등장하여 1950년대에 이르기까지 상당한 영향력을 발휘했다(Beard, 1913). 1950년대에 들어와서 '합의 이론'(consensus theory)이 등장하여 존 로크(John Locke)적 자유주의의 구현으로 성격을 규정지었다(Hartz, 1955). 그러나 1960년대부터 공화주의(republicanism) 이론이 등장하여 합의이론을 수정하였다(Bailyn, 1967, 1992; Pocock, 1975; Wood, 1969). 그리하여 현재에 이르기까지 사적 재산권의 보호를 핵심으로 하는 로크(Locke)적 자유주의와 공동체에 대한 덕목(virtue)을 중시하는 공화주의 이론이 함께 미국혁명의 이념적 배경으로 인식되고 있다(안경환·김종철, 1999: 152-181).

　(2) 배　　경

　영국인이 대서양을 항해하여 신대륙에 정착한 이유는 다양하다. 자신의 경제적 기획을 추구하기 위해 자발적으로 건너온 사람도 있고, 모국의 힘을 증강시키기 위한 식민지경영을 위해 이주한 사람도 있다. 그런가 하면 종교적 박해를 피해 이주한 '순례자들'(Pilgrims)도 있다. 어쨌든 식민지의 인구가 증가하고 상업적으로 번성하자 영국정부는 이들을 규제하는 법률을 대량으로 제정하였다. 7년전쟁(French and Indian War)이 종결된 1763년 이전까지 식민지에 대한 규제는 대체로 대외무역에 한정되었을 뿐, 대내문제에 있어서는 식민지에게 고도의 자율을 인정하였다. 그러나 7년전쟁의 종결 이후 본국정부는 막대한 전비로 인해

---

3) 이 번역서에 대한 필자의 서평은 안경환, "서평: Bernard Bailyn/ 배영수 역, 미국 혁명의 이데올로기적 기원," 헌법학연구 제5권 제1호, 한국헌법학회, 1999, 410-12면.

4) 이 책에 대한 서평은 김철수, "한국의 재통일을 위해," 기독교사상 제468권, 1988.

누적된 국가부채를 식민지로부터 충당하는 정책을 추진하였다. 식민지의 불만과 저항은 예상된 것이었다(Gerber, 1995: 19-20).

 1775년 4월 19일 보스턴 근교 도시 렉싱턴(Lexington)과 콩코드(Concord)에서 매사추세츠 식민지의 민병대(militia)와 영국 정규군(Standing Army) 사이에 무력 충돌이 일어난 후 식민지와 본국 사이에는 화해불능의 상황이 지속되었다.

 바로 전 해인 1774년 10월 제1차 대륙회의(Continental Congress)는 폐회에 앞서 만약 영국이 미국인의 민원(民怨)을 풀어 주지(redress the grievance) 않을 경우에는 1775년 5월 10일 필라델피아에서 새로운 회기를 개최할 것을 결의했다(Maier, 1997: 3). 이 당시만 해도 절대 다수의 식민지 주민은 식민지와 본국 사이의 마찰은 종국적으로 해결될 것이라고 믿었으며, 대륙회의도 지속적으로 선조 영국인들과 마찬가지로 '가장 신성한'(most sacred), 자유로운 영국인의 권리와 특권(rights and privileges of a free Englishmen)이 침해되는 것은 감내하지 않겠다는 의지를 천명하면서도, 영국에 대한 식민지의 충성을 견지한다고 선언했다. 제1차 대륙회의는 영국의회가 제정한 '참을 수 없는 법률'(Intolerable Acts)에 대해 매사추세츠 주민이 저항한 사실을 찬양하면서 만약 영국 정부가 이들 법률들을 강제로 시행하려고 시도할 경우에는 모든 미국인이 함께 저항해야 한다고 선언했다. 그러나 한편으로는 매사추세츠 주민은 '평화롭고 침착하게 방어적으로'(peaceably and firmly … on the defensive) 사태를 주시하여 국왕이 자신들의 청원에 답하기 이전에 '미국 전체가 내전의 소용돌이 속에' 휘말리는 불행이 발생하지 않도록 주의할 것을 촉구하였다. 구체적으로 대륙회의는 국왕에게 식민지가 1763년 이전의 상태로 복귀된다면 평화와 조화(peace and harmony)가 이루어질 것이라고 다짐했다(Records of the First Continental Congress, September 5-October 26, 1774; Morgan & Morgan, 1953; Maier, 1974). 그러나 1774년 겨울과 이듬해 봄에 이르도록 영국은 반응을 보이지 않았고, 예정된 제2차 대륙회의의 개회를 3주 앞둔 4월 19일 렉싱턴과 콩코드에서 무력 충돌이 발생한 것이다. 황급히 소집된 제2차 대륙회의(The Second Continental Congress)는 제1차 회의와는 본질적으로 다른 성격의 모임이었다. 제2차 대륙회의는 개시된 전쟁을 수행하고 새로 탄생할 국가의 유일한 정부 역할을 맡게 되었다. 이 기구는 전쟁이 종료된 1781년 연합헌장(Articles of Confederation)이 채택될 때까지 유일한 합법적인 과도정부의 역할을 수행했고, 이 정부가 발표한 최초의 국가 문서가 독립선언서인

것이다.[5]

(3) 초안 과정

제2차 대륙회의가 진행 중인 1776년 6월 7일, 버지니아 식민지의 대표 리처드 헨리 리(Richard Henry Lee, 1732-1794)는 연합식민지가 자유로운 독립국가임을 선언할 것(to declare the United Colonies free and independent)을 결의하는 동의안(resolution)을 제출하였다. 이 안은 근소한 차이로 통과되었고 6월 10일 독립선언서를 기초할 5인의 기초위원(Thomas Jefferson, John Adams, Benjamin Franklin, Roger Sherman, Robert R. Livingston)이 선출되었다. 위원회는 토머스 제퍼슨에게 초안의 작성을 위임하였고 6월 28일 그가 제출한 초안을 심의, 확정하였다(Boyd, 1845: 28-31).[6] 이에 대륙회의는 수정을 가한 후에 1776년 7월 4일, 미합중국 13개 주의 만장일치의 선언으로 독립을 선포했다.[7]

후일 제퍼슨이 술회했듯이 이 문서에 담긴 정치철학은 "새로운 원리를 고안해 낸 것이 아니고 기존의 특정 문서에서 모방한 것도 아니며, 미국인의 보편적인 생각(American mind)을 표현하려고 했을 뿐이다"(Ford 엮음, 1892-1899: 343; Boyd, 1945: 3).

제퍼슨은 당시 영국, 미국의 지식인에게 보편적으로 알려진 사상가들의 이론에서 아이디어를 원용했다.[8] 특히 존 로크의 "제2시민정부론"(Second Treatise of Civil Government, 1690)은 미국인의 입장에서 독립선언의 정당성을 주장하는데 강력한 이론적 무기가 되었다(Locke, 1952). 영국인의 입장에서는 로크의 저술이 자신들의 명예혁명(1688)의 정당성을 뒷받침하는 중대한 이론서로 알려져 있었기에 더욱 더 당혹스러운 일이기도 했다.

---

5) "In Congress, July 4, The Unanimous Declaration of the thirteen United States"라는 어구가 선언의 주체가 미합중국임을 명기하고 있다.

6) 5인 위원회의 수정은 지극히 미세한 자구 수정에 불과했다.

7) 의회는 3차에 걸쳐 수정을 가했고, 1차 16군데, 2차 31군데, 3차 39군데에 걸쳐 내용과 자구를 수정했다(Boyd, 1945: 31-36). 가장 중요한 수정은 영국 국왕에 대한 고발 중 노예제의 유지를 비판하는 부분이었다. 의회는 이 부분을 전면적으로 삭제하였고 후일 제퍼슨은 이 문제에 대한 강한 유감을 표시했다(Gerber, 1995: 21-22).

8) 아리스토텔레스(Aristotle), 키케로(Cicero) 등 고대 사상가에서 그로티우스(Grotius), 푸펜도르프(Pufendorf), 바텔(Vattel), 뷔를라마끼(Burlamaqui), 몽테스키외(Montesquieu) 등 대륙의 사상가, 그리고 호들리(Hoadley), 로크(Locke), 시드니(Sidney), 뷰캐넌(Buchanan)과 같은 "영국 자유사상가들"(English libertarians)의 저술에서 권위를 빌렸다(Mullett, 1933: 7; Boyd, 1945: 3).

독립선언은 반란의 이유를 논리적으로 제시하는 것보다, 이미 발생한 반란 행위가 불가피했음을 사후에 정당화시키는 데 주력하였다. 따라서 제퍼슨은 구체적인 불만 사실(grievances)을 열거하기 이전에 독립의 철학적 정당성을 천명하는 정치철학을 문서화하는 데 초점을 맞추었다.

그러나 모국과의 관계를 전면적으로 단절하는 선언을 천명하기에 이르기까지는 상당한 시일에 걸친 논의가 소요되었다. 많은 미국 식민지인들은 독립선언서가 발표된 후에도 여전히 타협을 통해 모국과의 관계를 개선할 것을 기대했다. '독립전쟁'이 대영제국 내에서의 모국과 식민지 사이의 무력 분쟁인 이상 외국이 군사적으로 개입할 수 없었다. 국제사회에서 기회가 닿는 대로 영국의 세력확대에 대한 견제에 나섰던 프랑스도 아메리카식민지에 대한 군사 지원에 앞서 영국과의 관계를 청산할 확고한 의지를 천명할 것을 요구했다. 독립선언은 세계에 대해 미국의 확고한 의지를 천명함과 동시에 무력의 지원을 요구하는 탄원서이기도 했다(Gerber, 1995: 19-20).

II. 독립선언서의 구성

1. 텍스트 구성

독립선언서를 텍스트로 분석할 때, (a) 전문(前文, preface) (b) 구체적 사실의 열거 (c) 결론(conclusion)의 3부분으로 나눌 수 있다. 제1부 전문 부분에서는 일반적인 용어로 민주주의의 정치철학의 원리를 제시한 두 번째 문단이 핵심을 이룬다. 제2부에서는 영국 국왕의 구체적인 압제의 예를 열거한다. 제3부에서는 영국으로부터의 독립과 영국과의 전쟁을 선언함으로써 문서를 종결한다.

제1-2부와 제3부의 결론은 근본적 성격이 다름에도 불구하고 문서가 지향하는 논리와 목표에 상호 긴밀하게 연결되어 있다. 외형적으로는 구체적인 불만을 근거로 한 혁명과 독립을 선언한 연유가 주된 내용으로 보이나, 기실 핵심의 내용은 영국제국의 정치체제를 유념하면서 천명한 정부론의 일반원칙이다. 일반적인 정부론은 명시적으로 제시되어 있지만 영국의 정부형태와 정치체제는 명시적으로 논의되지 않았다. 그러나 제2부에 열거된 사실들은 영국적 제도에 대한 위반임을 암시적으로 연결하고 있다(Becker, 1970: 18-19).

2. 이론적 함의

(1) 국왕 대 의회

독립선언서에는 '영국의회'(Parliament)에 대한 직접적인 언급은 없다. 이 사실은 최소한 두 가지 의미를 가진다.

첫째, 식민지인들의 헌법이론에 의하면 식민지는 국왕에 대한 충성의무만 부담할 뿐, 의회에 대해서는 부담하지 않는다는 것이었다. 영국에 대해 지는 일체의 권리와 의무는 국왕(King)을 매개체로 하여 이루어진 것이라는 논리였다. 영국의회는 식민지를 직접 규율하는 법률을 제정할 권한이 없다는 것이 이들의 주장이었다. 이러한 식민지의 헌법이론은 에드먼드 버크(Edmund Burke)를 수장으로 하는 전통적인 영국헌법이론과는 정면으로 배치한다. 소위 '사실상 대표'(virtual representation) 이론에 의하면 영국의회가 모든 속령(dominion)에 대해 법률을 제정할 권한을 보유한다(Encyclopedia Americana, Vol. IV, 1988: 793-795). 대영제국 정부에 대한 각종 항의는 인지(印紙)세법(the Stamp Act), 보스턴 항구법 (the Boston Port Bill) 등 각종 입법적 조치에 집중된 것이었다. 영국의회의 권한에 관한 이러한 논쟁이 가열되었음에도 불구하고 독립선언서 그 자체에는 '의회'라는 기관이 직접 언급되지 아니한다. 다만 국왕의 행위에 수동적으로 연관된 '기타 기관'(others)[9])이나 '영국 동포의 입법부'[10]로 간접적으로 묘사되었을 뿐이다.

둘째, 이렇듯 영국의회를 직접적인 공격의 표적으로 삼지 않았던 것은 정치적 고려에 기인한 것이기도 했다. 당시 영국의회 내에서 식민지의 주장에 대해 우호적인 태도를 가진 의원도 상당수 있었기에 인기가 없는 국왕 조지(George) 3세에 대해 공격의 표적을 집중함으로써 의회와 불필요한 마찰을 야기시키지 않으려는 의도적인 고려일 수도 있다(Peltason, 1997: 6).

(2) 신민(臣民)에서 국민(國民)으로

독립선언서에서 주목해야 할 또 다른 사항은 독립 이전에 끊임없이 논의되던 '영국신민(英國臣民)의 권리'(rights of British subjects)라는 개념이 등장하지 않

---

9) "He has combined with others to subject us to a jurisdiction foreign to …"(para. 16, The Declaration of Independence).

10) "We have warned them … of attempts by their legislature to extend an unwarrantable jurisdiction over us." (The Declaration of Independence 결론 부분).

는다는 것이다. '대표 없는 과세 없다'(No taxation without representation)라는 구호
가 상징하듯이 식민지인들은 영국의회가 제정한 법률의 효력을 자신들이 보유
한 영국신민의 권리를 근거로 다투었다. 즉 영국의회는 영국신민에 대해 그의
동의 없이 과세할 수 없으며, 영국의회에는 식민지 대표의 참여가 허용되지 않
았음을 비판하였다. 식민지가 10년 이상 '영국신민의 권리'를 두고 투쟁했음에도
불구하고 정작 독립선언서에서는 이 권리에 대해서 침묵하고 있다. 전통적으로
영국신민의 핵심적 권리로 인식되어 왔던 배심재판권(trial by jury)도 영국신민의
권리라는 핵심 수식어 없이 열거되어 있다.11) '자유로운 영국법제'(the system of
free English laws)도 언급되어 있지만12) 이들 법률의 효력이 영국의 법률(English
laws)이라는 사실에 근거를 둔 것이라는 명시적, 묵시적 주장이 없다.

이렇듯 독립선언서에 '영국신민의 권리'에 대한 언급이 결여된 것은 영국의
회에 대한 언급이 없는 이유와 유사한 이유 때문이었을 것이다. 즉 영국과의 관
계를 전면적으로 단절하고 국왕 대신 국민(people)이 주인이 되는 공화국이라는
새로운 정치체제의 출범을 선언하면서 영국신민의 권리의 침해를 이유로 내세
우는 것은 논리적으로 모순이기 때문이다.13)

이러한 국민주권의 원리는 후일 제정된 연방헌법의 전문에 분명하게 천명된
다. "우리들 미합중국 국민(We the People of the United States)은 … 이 헌법을 제
정한다"(do ordain and establish this Constitution of the United States)라는 선언은 바
로 군주주권에 복속하는 신민에서 주권자인 국민으로 개인의 지위가 바뀌었음
을 선언한 독립선언의 정신을 구체화한 것이다.

---

11) Para 21, The Declaration of Independence.
12) Para 23, The Declaration of Independence.
13) "만약 독립선언서가 '우리는 우리의 동의 없이 과세 받지 않을 영국신민의 권리가 있음을 자명
    한 진리로 신봉한다'라고 시작했다면 어떻게 인류의 보편적 양심에 호소할 수 있었겠는가?"
    (Becker, 1970: 21).

Ⅲ. 본문 주석

1. 전문(前文, Preface)

In CONGRESS, July 4, 1776.
The unanimous Declaration of the thirteen united States of America,

When in the Course of human events, it becomes necessary for one people to dissolve the political bands which have connected them with another, and to assume among the powers of the earth, the separate and equal station to which the Laws of Nature and of Nature's God entitle them, a decent respect to the opinions of mankind requires that they should declare the causes which impel them to the separation.

인류의 역사에서 한 민족이 다른 민족과의 정치적 결합을 해체하고 세계의 여러 나라 사이에서 자연법과 자연의 신의 법이 부여한 독립, 평등의 지위를 차지하는 것이 필요하게 되었을 때, 인류의 신념에 대한 엄정한 고려에서 우리는 독립을 요청하는 여러 가지 원인을 선언하지 않을 수 없다.

'민족'(people)[14]이라는 단어의 의미가 등장하는 최초의 예이다. 식민지인과 영국정부 사이에 벌어진 논쟁 중의 하나가 식민지인이 영국인과 동일한 민족인가, 별개의 민족인가였다. 미국인(Americans)의 주장에 따르면, 역사적으로는 영국인과는 연결되어 있었지만 '본질적인'(integral) 것이 아니었고, 식민지 스스로 별개의 주체를 형성하였다는 것이다.

독립국가 사이의 평등은 '자연법'(laws of nature)이라는 개념으로 등장했고 이후에는 국제법(international law)으로 발전했다. 미국에서 자연법적 의미의 '국제법' 관념은 남북전쟁 및 노예해방과 관련하여서도 논의의 배경이 되었다 (Farber & Sherry, 1990: Ch. 9).

---

14) 여기에서의 people은 헌법의 제정자인 people(국민)과는 다른 개념이다. 여기에서는 국가와 국가 사이의 갈등이 발생한 경우를 유념하여 특정 국가를 구성하는 인적 요소의 집적체를 말한다. 이러한 점을 감안하여 미국사연구회의 번역의 예에 따라 '민족'으로 번역한다(미대사관 공보원은 '한 인민'으로 번역하였으나 한국어의 어감에 적합하지 않다고 생각된다).

We hold these truths to be self-evident, that all men are created equal, that they are endowed by their Creator with certain unalienable Rights, that among these are Life, Liberty and the pursuit of Happiness.

우리들은 다음과 같은 것을 자명한 진리라고 생각한다. 즉 모든 사람은 평등하게 태어났고, 조물주는 양도할 수 없는 일정한 권리를 부여하였으며, 그 권리 중에는 생명과 자유와 행복을 추구할 권리가 포함되어 있다.

men(사람)의 현대적 용법은 persons이다. 모든 사람이 평등하다는 주장은 당시에 보편적으로 수용된 인식에 바탕을 둔 것은 아니다. 독립선언도 모든 사람이 모든 관점에서 평등하다고 주장하지는 않았다. 다만 모든 사람은 평등하게, 각각 일정한 불가양도의 권리를 부여받았으며, 그 권리 중에 생명, 자유, 행복추구권이 포함되어 있다고 선언한 것이다. 이들 권리는 생래적 권리(生來的 權利, birthrights)로, 국가로부터 받은 은전도 타인으로부터 받은 선물도 아니다. 한마디로 말하자면 모든 인간의 생래적 평등이 아니라 일정한 생래적 권리의 평등한 향유를 믿었을 뿐이다. 기초위원회의 멤버였던 존 애덤스(John Adams)의 글 속에서 당시의 보편적인 인식을 추정할 수 있다(Koch, 1965: 222).

생명, 자유, 그리고 행복을 추구할 모든 인간의 생래적 권리를 신봉한 사람들이 어떻게 노예제를 존치시킬 수 있는가? 독립선언서에서는 흑인과 백인의 구분을 두지 않는다. 당시의 대부분의 사람들은 노예제는 적어도 필요악임을 인식하였고, 따라서 조만간에 폐지될 것으로 예상하고 있었다는 주장이 있다(Peltason, 1997: 4). 제퍼슨의 최초의 초안에는 영국국왕의 폭정과 비행 중에 미국 식민지에 노예제를 정착시킴으로써 '생명과 자유의 가장 신성한 권리를 침해함으로써 인간의 본성에 대한 잔인한 전쟁을 수행한'[15] 것을 열거하였으나 노예주의 대표자들의 반대에 부딪쳐 삭제되었다.

생명(life), 자유(liberty)와 행복추구(pursuit of happiness)의 보장은 미국헌법의 중요한 지도원리가 된다. 이 문구는 로크의 3대 자연권(생명, 자유, 자산)의 부연일 수도, 변용일 수도 있다. 로크의 '자산'(estate)이 '행복추구'라는 어휘로 대체된

---

15) "waging cruel war against human nature itself, violating its most sacred rights of life & liberty, in the persons of a distant people who never offended him, captivating & carrying them into slavery in another hemisphere, or to incur miserable death in their transportation thither." (Becker, 1970: 166-167).

것은 제퍼슨의 기여라고 볼 수 있다.16) 새뮤얼 애덤스(Samuel Adams) 등 로크의
추종자들은 로크의 3대 자연권을 그대로 수용함에 만족했지만 제퍼슨은 이를 행
복추구라는 포괄적인 개념으로 대체함으로써 로크가 휘그주의적 영국중산층에
선사한 재산권이라는 고전적 자유권의 범주를 넘어선 개념을 설정하였다
(Parrington, 1920; Boyd, 1945: 3-4에서 재인용). 이러한 시도는 후일 사회적 권리
(social rights)라는 개념의 탄생을 위한 배아를 마련한 것으로 평가될 수 있다.

후일 연방헌법이 제정되면서 수정 제5조의 적법절차조항(due process)에서
'생명'과 '자유'와 함께, 독립선언서의 '행복추구' 대신 '재산'(property)이라는 로크
의 3대 자연권 개념이 회복되었다.17) 재산권의 중요성은 미국헌법이 천부인권
중에 재산이 중요한 내용임을 강조한 로크의 자유주의 사상을 전승한 것이라는
주장을 강력하게 뒷받침한다(Locke, 1952: 222, 225, 230).

독립선언은 영국으로부터의 독립인 동시에 공화국(republic)이라는 새로운
통치의 원리를 선언하는 혁명의 선언이다. 따라서 새로운 정치철학을 선언하고
이를 구체화하는 문언이 필요한 것이다. 그리하여 국가는 국민의 동의 아래 탄
생하였고(Locke, 1952: 104) 국민이 주인인 나라를 국민 스스로 다스린다는, '치자
(治者)와 피치자(被治者)의 자동성(自動性)'의 원리를 선언하였다. 독립선언에 6주
앞서 버지니아 주는 권리장전을 포함한 주 헌법을 제정하였는데, 여기에는 독립
선언에 담긴 내용과 거의 동일한 내용이 담겨 있다.18)

That to secure these rights, Governments are instituted among Men, deriving

---

16) (개인의) 행복이 국가의 목적이라는 사상은 연조가 깊고 애덤스(John Adams), 오티스(James
Otis), 해밀턴(Alexander Hamilton), 메이슨(George Mason) 등 독립혁명 당시의 지식인들에 의
해 보편적으로 수용된 것이다. 특히 홉스(Hobbes)의 친구인 홀(John Hall)은 1651년에 출판한
저술, The Grounds and Reason of Monarchy Considered에서 행복의 추구는 자연권이라는 주
장을 폈다. "My natural liberty, that is to say, to make my life as just happy and advantageous
as I can …" (Boyd, 1945: 4).

17) "nor be deprived of life, liberty, or property, without due process of law …" Amendment V;
Section 1, Amendment XIV, U.S. Constitution.

18) 다만 생명, 자유와 함께 재산권에 대한 조항과 행복과 안녕 추구권이 동시에 규정되어 있다.
"That all men are by nature equally free and independent, and have certain inherent rights,
of which, when they enter into a state of society, they cannot, by any compact, deprive or
divest their posterity; namely, the enjoyment of life and liberty, with the means of acquiring
and possessing property, and pursuing and obtaining happiness and safety." Section 1,
Virginia Declaration of Rights.

their just powers from the consent of the governed,

　이 권리를 확보하기 위해 인류는 정부를 조직했으며, 이 정부의 정당한 권력은 피치자의 동의에 유래하고 있는 것이다.

　사람은 이미 존재하는 자신들의 권리를 보호하기 위해 정부를 조직했다. 자연상태, 자연권, 자연법, 사회계약 등의 개념은 당시의 미국지성인에게 이미 익숙한 정치사상이다(Locke, 1952: 104).

That whenever any Form of Government becomes destructive of these ends, it is the Right of the People to alter or to abolish it, and to institute new Government, laying its foundation on such principles and organizing its powers in such form, as to them shall seem most likely to effect their Safety and Happiness.

　따라서 어떠한 형태의 정부이든 이러한 목적을 파괴할 때는 언제든지 정부를 변혁 내지는 폐지하여 인민의 안전과 행복을 가장 효과적으로 보장할 수 있는, 그러한 원칙에 기초를 두고 그러한 형태로 기구를 갖춘 새로운 정부를 조직하는 것은 인민의 권리인 것이다.

　피치자의 동의에 기초하여 성립된 정부는 피치자의 동의를 상실하면 존립의 근거를 상실한다. 정부 설립의 목적을 파괴한 정부를 국민이 전복할 수 있는 권한이라는 관념, 목적을 상실한 계약을 해제할 수 있는 권리라는 관념은 사회계약이론에 의해 쉽게 도출할 수 있다. 그러나 이 문서에 선언된 혁명권은 엄격한 의미의 법적 권리는 아니다. 어떤 헌법도 폭력에 의한 혁명의 권리를 인정하지 않는다. 혁명은 이미 실정법의 체계와 범주를 벗어난 일이다.[19]

Prudence, indeed, will dictate that Governments long established should not be changed for light and transient causes; and accordingly all experience hath shewn, that mankind are more disposed to suffer, while evils are sufferable, than to right themselves by abolishing the forms to which they are

---

19) 제2차 세계대전 후 1949년 제정된 서독헌법(본 기본법)의 예와 같이 제한된 범위 내에서라도 저항권(제20조 4항)을 명문의 실정법적 권리로 인정한 예는 몹시 드물다.

accustomed.

실로 인간사를 숙려해 볼 때 오랜 역사를 가진 정부는 경미하고도 일시적인 이유로 변경해서는 안 된다는 것, 인간에게는 자신에게 익숙한 제도를 폐지하기보다는 그 폐해를 최대한으로 감내하는 습성이 존재한다는 사실은 경험이 입증하는 바이다.

이는 혁명이라는 예외적이고 비상적인 상황에 이르기까지 거쳐야만 할 사전단계가 있음을 강조하는 구절이다. 비록 국민이 자신의 정부를 전복할 권리를 보유하지만 이러한 권리의 행사는 지극히 신중해야 한다는 "보수성"을 강조한다 (Becker, 1970: 16).

But when a long train of abuses and usurpations, pursuing invariably the same Object evinces a design to reduce them under absolute Despotism, it is their right, it is their duty, to throw off such Government, and to provide new Guards for their future security. Such has been the patient sufferance of these Colonies; and such is now the necessity which constrains them to alter their former Systems of Government. The history of the present King of Great Britain is a history of repeated injuries and usurpations, all having in direct object the establishment of an absolute Tyranny over these States.

그러나 오랜 시일에 걸친 학대와 착취가 변함없이 인민을 절대전제정체에 예속시키려는 동일한 목적을 위한 것임이 명백해진 때에는, 이러한 정부를 타도하고 미래의 안녕을 위해 새로운 보호자를 강구하는 것은 인민의 권리이자 의무이다. 작금에 이르기까지 식민지가 감내해 온 고통이 바로 이러한 것인즉 이제는 낡은 정부제도를 변혁해야 할 절박한 필요가 바로 여기에 있는 것이다. 대영국의 현왕의 역사는 악행과 착취의 연속이었으며, 그것은 이 땅에 절대전제체제를 수립하기 위한 노골적인 목적에서 비롯된 것이었다.

2. 구체적 사항의 열거

To prove this, let Facts be submitted to a candid world.

이 사실을 입증하기 위해 아래의 사실들을 만천하에 고발하여 공정한 판단을 구하는 바이다.

이 문서에 열거된 구체적인 폭정과 비행의 예는 오늘날 별로 중요한 의미를 지니지 않는다. 일부 고발사항은 아무런 구체적인 적시 없이 결론적인 사실의 언급에 그치고 있다. 국왕으로서 조지 3세는 당시의 기준으로 볼 때 결코 폭군이 아니었다는 것이 일반적인 평가이다. 따라서 고발은 특정 국왕에 대한 것이라기보다는 구체제와의 단절을 정당화하기 위한 형식적 요건의 제시에 불과한 것일지도 모른다.[20]

(1) He has refused his Assent to Laws, the most wholesome and necessary for the public good.[21] (2) He has forbidden his Governors to pass Laws of immediate and pressing importance, unless suspended in their operation till his Assent should be obtained; and when so suspended, he has utterly neglected to attend to them.

(1) 국왕은 공공의 선을 위해 긴요한 법률의 제정에 재가(裁可)를 거부하였다. (2) 국왕은 총독으로 하여금 법률을 제정할 절체절명의 필요가 있는 경우에도 자신의 동의 없이는 이를 제정하지 못하도록 금지했으며, 동의를 요청한 경우에도 성의 있는 관심을 보이지 아니하였다.

(3) He has refused to pass other Laws for the accommodation of large districts of people, unless those people would relinquish the right of Representation in the Legislature, a right inestimable to them and formidable to tyrants only. (4) He has called together legislative bodies at places unusual, uncomfortable, and distant from the depository of their public Records, for the sole purpose of fatiguing them into compliance with his measures.

(3) 국왕은 다수의 주민이 거주하는 지역의 선거구를 조정하는 법률에 대해 동의하는 조건으로 인민에게 더할 수 없이 소중한 권리이며 군주에게는 두려운 권리인 입법부에 대표자를 선출할 권리를 포기할 것을 요구하였다. (4) 국왕은 오로지 대표자를 괴롭힘으로써 자신의 정책에 복속하도록 만들 목적으로 지극히 비상식적이고 불편한, 공적 기록의 보관소로부터 원격지에 의회를 소집하였다.

---

20) "그들은 역사를 기록한 것이 아니라 역사를 창조했기 때문이다." (Becker, 1970: 6).

21) 원문에는 구체적 사항을 적시한 단락(paragraph)의 번호가 매겨져 있지 않았고 오늘날 일반적으로 통용되는 번호 매김의 관행도 보이지 않는다. 따라서 이 글에서는 지적된 행위마다 별개의 번호를 매기기로 한다.

(5) He has dissolved Representative Houses repeatedly, for opposing with manly firmness his invasions on the rights of the people. (6) He has refused for a long time, after such dissolutions, to cause others to be elected; whereby the Legislative powers, incapable of Annihilation, have returned to the People at large for their exercise; the State remaining in the mean time exposed to all the dangers of invasion from without, and convulsions within.

(5) 국왕은 민회가 인민의 권리를 침해한 데 대해 단호히 항의했다는 이유로 계속적으로 민회를 해산하였다.22) (6) 국왕은 이렇게 해산된 민회의 대의원의 선출을 허가하지 않았다. 입법권은 전면적으로 폐지할 수 있는 것이 아니므로 일반인민에게 되돌아 왔지만, 그 결과 식민지는 온갖 내우외환의 위험에 직면하였다.

(7) He has endeavoured to prevent the population of these States; (8) for that purpose obstructing the Laws for Naturalization of Foreigners; (9) refusing to pass others to encourage their migrations hither, and (10) raising the conditions of new Appropriations of Lands.

(7) 국왕은 식민지의 인구 성장을 억제하는 데 골몰했다. (8) 이러한 목적으로 외국인의 귀화법에 반대했고, (9) 식민지로의 이민을 권장하는 법에 반대했으며, (10) 토지의 새로운 취득에도 까다로운 조건을 부과하였다.

(11) He has obstructed the Administration of Justice, by refusing his Assent to Laws for establishing Judiciary powers. (12) He has made Judges dependent on his Will alone, for the tenure of their offices, and the amount and payment of their salaries.

(11) 국왕은 사법부의 설치에 관한 법률에 재가를 거부함으로써 사법정의의 수립을 방해하였다. (12) 국왕은 판사의 임기, 봉급의 액수와 지불에 관해 오로지 자신의 의사에 따라 자의적으로 결정하였다.

판사의 임기는 영국의 1701년 왕위계승법(Act of Settlement)에 의해 "특별한 비행(非行)이 없는 한 종신(終身)"이 보장되었다.23) 이러한 영국의 전통은 연방헌

---

22) 미국사연구회는 '민의원'으로 번역하였으나 '의원'은 의회의 구성원 개인을 지칭하는 용어로만 적합하다고 생각되어 '민회'로 번역한다.

23) An Act for the further Limitation of the Crown, and better securing the Rights and Liberties

법 제3조에 명문으로 계승된다.24)

(13) He has erected a multitude of New Offices, and sent hither swarms of Officers to harass our people, and eat out their substance. (14) He has kept among us, in times of peace, Standing Armies without the consent of our legislatures.

(13) 국왕은 수많은 새로운 관직을 창설하고 수많은 관리를 파견하여 이 땅의 인민을 괴롭히고 재산을 탕진케 하였다. (14) 국왕은 평화 시에도 우리의 입법기관의 동의 없이 상비군을 주둔시켰다.

국왕의 상비군(standing army)의 위험에 대한 식민지 미국인들의 경계가 후일 연방헌법에 민병대(militia)를 유지하고 무기를 소장할 국민의 권리(right to bear arms)를 규정하는 연유가 되었다(안경환, 1997: 123~131).25)

(15) He has affected to render the Military independent of and superior to the Civil power. (16) He has combined with others to subject us to a juris-diction foreign to our constitution and unacknowledged by our laws; giving his Assent to their Acts of pretended Legislation:

(15) 국왕은 군대를 민간정부의 통제로부터 독립시켜, 오히려 그 상위에 두려 시도하였다. (16) 국왕은 다른 기관과 결탁하여 우리의 헌정을 부정하고 우리의 법률이 승인하지 않은 사법권에 우리를 예속시키려 도모하였으며, 식민지에 대해 입법권을 참칭하는 여러 법률들을 재가하였다. 즉,

"우리의 헌정"(out constitution)이란 특정한 헌법을 의미하는 것이 아니라 식민지에 통용되고 있던 일반적인 규범의 총체를 의미한다.

식민지에 대한 영국의회의 입법권 논쟁이 독립선언에 이르게 된 핵심적인

___

of the Subject. "⋯ judges' commissions be made quamdiu se bene gesserint, and their salaries ascertained and established ⋯"

24) "⋯ The Judges, both of the supreme and inferior Courts, shall hold their Offices during good Behaviour and shall, at stated Times, receive for their Services, a Compensation, which shall not be diminished during their Continuance in Office." Section 1. Article III, U.S. Constitution.

25) "A well regulated Militia, being necessary to the security of a free State, the right of the people to keep and bear Arms, shall not be infringed." Amendment II, U.S. Constitution.

쟁점이었음은 앞서 기술한 바와 같다.[26] 영국헌법상 의회와 국왕, 양자가 입법기관을 구성하며 이는 "의회 내의 국왕"(King in Parliament)이라는 헌법적 용어로 상징된다. 구체적으로는 의회가 제정한 법률에 대해 국왕이 재가(royal assent)를 부여함으로써 효력이 발생한다. 따라서 여기에서 "다른 기관"은 의회를 암시한다.[27]

(17) For Quartering large bodies of armed troops among us: (18) For protecting them, by a mock Trial, from punishment for any Murders which they should commit on the Inhabitants of these States:
(17) 대규모의 군대를 이 땅에 주둔시켰고, (18) 이들이 이 땅의 주민들을 살육해도 처벌하기는커녕 오히려 기만적인 재판을 통해 이들을 비호하였고,

평화시에 민간 가옥에 대한 군대의 사영(舍營)을 금지하는 헌법 수정 제3조(Military Amendment)[28]는 이러한 취지를 반영한 것이다.

(19) For cutting off our Trade with all parts of the world: (20) For imposing Taxes on us without our Consent: (21) For depriving us, in many cases, of the benefits of Trial by Jury:
(19) 전세계와의 무역을 차단하였고 (20) 우리의 동의 없이 세금을 부과하였으며 (21) 많은 경우에 배심재판의 혜택을 박탈하였으며

배심재판은 영국법제의 핵심적 내용에 속한다. 국가권력에 대한 국민의 효과적인 견제책으로 인식되어 미국헌법에 채택되었고, 개별 국민의 개인적인 권리로서의 성격보다도 사법주권의 보유자인 국민이 국정을 운영할 권리로서의 성격이 더욱 중요하다(안경환, 2001: 77-101; Amar, 1998: Ch. 5).

(22) For transporting us beyond Seas to be tried for pretended offences:

---

26) 각주 9-11 해당 본문 참조.
27) 각주 9 참조.
28) "No Soldier shall, in time of peace be quartered in any house, without the consent of the Owner, nor in time of war, but in a manner to be prescribed by law"

(22) 허구적인 범죄를 재판하기 위해 우리를 바다 건너 소환하였으며

당시에도 범죄의 발생지에서 재판이 행해지는 것이 형사법의 기본원칙이었다. 특히 동료에 의한 배심재판(trial by peers)을 받을 권리는 영국신민의 핵심적 권리에 속했다.

(23) For abolishing the free System of English Laws in a neighbouring Province, establishing therein an Arbitrary government, and enlarging its Boundaries so as to render it at once an example and fit instrument for introducing the same absolute rule into these Colonies:
(23) 우리와 인접한 식민지에 자유로운 영국의 법제를 철폐하고, 전제적 정부를 수립한 연후에, 그 영토를 확대함으로써 본보기 식민지로 삼아 나머지 식민지에도 동일한 전제 통치를 도입하는 수단으로 삼았고,

여기에서 간접적으로 "영국신민의 권리"가 언급되어 있다.[29]

(24) For taking away our Charters, abolishing our most valuable Laws, and altering fundamentally the Forms of our Governments:
(24) 우리의 인허장(認許狀)을 박탈하고, 우리의 가장 소중한 법률을 폐지하고 우리의 정부형태를 근본적으로 변경하였고,

(25) For suspending our own Legislatures, and declaring themselves invested with power to legislate for us in all cases whatsoever.
(25) 우리의 입법부의 기능을 정지시키고 일체의 사항에 있어서 우리를 규율할 입법권을 그들이 보유한다고 참칭하는 법률에 동의한 것이다.

식민지에 대한 영국의회의 입법권의 유무 논쟁에 관한 식민지의 입장을 천명하는 것이다.[30]

---

29) 각주 11 해당 본문 참조.
30) 각주 9-11 해당 본문 참조.

(26) He has abdicated Government here, by declaring us out of his Protection and waging War against us. (27) He has plundered our seas, ravaged our Coasts, burnt our towns, and destroyed the lives of our people.

(26) 국왕은 우리를 자신의 보호에서 제외한다고 선언하고 우리를 상대로 전쟁 행위에 돌입함으로써 식민지에 대한 통치를 방기(放棄)하였다. (27) 국왕은 우리의 바다에서 노략질을 자행하고, 해안을 약탈하고, 도시를 불태우고, 우리들 동포의 생명을 유린하였다.

(28) He is at this time transporting large Armies of foreign Mercenaries to compleat the works of death, desolation and tyranny, already begun with circumstances of Cruelty & perfidy scarcely paralleled in the most barbarous ages, and totally unworthy the Head of a civilized nation.

(28) 국왕은 가장 야만의 시대에도 그 유례가 없었고 문명국의 원수로서는 도저히 양립불가한 잔학과 배신의 상황을 초래했을 뿐만 아니라, 이미 착수한 죽음과 황폐와 전제의 체제를 완성하기 위해 지금 이 시간에도 대규모의 외국의 용병부대를 수송하고 있다.

제퍼슨의 초안에는 "스코틀랜드인과 기타 외국의 용병부대(Scots and other foreign mercenaries)"(Boyd, 1945: 35)로 기재되어 있었으나 수정단계에서 스코틀랜드의 특정이 삭제되었다.

(29) He has constrained our fellow Citizens taken Captive on the high Seas to bear Arms against their Country, to become the executioners of their friends and Brethren, or to fall themselves by their Hands. (30) He has excited domestic insurrections amongst us, and has endeavoured to bring on the inhabitants of our frontiers, the merciless Indian Savages, whose known rule of warfare, is an undistinguished destruction of all ages, sexes and conditions.

(29) 국왕은 공해상에서 체포된 우리의 동포 시민들로 하여금 조국을 향한 무장 반역을 강요하였고, 동포 형제의 목숨을 뺏도록 강요하였으며, 만약 이에 응하지 않을 경우에는 이들의 손에 의해 죽도록 강요하였다. (30) 국왕은 우리들 내부에 반란을 선동하였고, 변경에 거주하는 우리들의 주민을 향해, 남녀노소, 신분에 무관하게 무차별 학살을 전쟁의 기본수칙으로 삼은 야만의 인디언을 동원하려 도모하였다.

이상에 열거된 30개 항목에 달하는 국왕의 행위는 모두 악의에 기초한 것이라는 주장이다. 그 악의는 열거된 매 행위의 악의가 아니라, 보다 근본적인 일반적 악의, 즉 식민지에 '절대적 전제정치'(absolute tyranny over the States)를 수립하려는 국왕의 악의라는 것이다. '만천하'(candid world)에 판단을 구하기 위해 제시된 '사실들'(facts)은 그 자체로 반란을 정당화하기 위해 제시된 것은 아니다. 보다 근본적인 국왕의 악의를 입증하기 위한 수단으로 제시되었을 뿐이다. 고발된 매 행위에 논리적으로 필요한 부연설명을 생략한 채, 악행을 열거하는 이유는 이와 같은 악행이 모두 원천적인 악의에 기초한 것이기 때문이다.[31]

3. 결   론

이와 같은 누적된 국왕의 악행에도 불구하고 식민지는 즉시 독립을 선언하지 않고 시정을 요구하면서 인내했다는 주장, 다시 말하자면 정치적 단절을 선언하기 앞서 요구되는 일종의 '정치적 적법절차'를 거쳤다는 주장으로 결론 부분이 시작된다.

In every stage of these Oppressions We have Petitioned for Redress in the most humble terms: Our repeated Petitions have been answered only by repeated injury. A Prince, whose character is thus marked by every act which may define a Tyrant, is unfit to be the ruler of a free people.

이러한 탄압을 받을 때마다 우리는 가장 겸허한 언사로 시정을 탄원하였다. 그러나 우리의 반복된 진정에 대한 응답은 반복된 박해뿐이었다. 이와 같이 그 본질이 모든 의미에서 전제군주임이 노정(露呈)된 국왕은 더 이상 자유로운 인민의 통치자로서는 부적합함이 밝혀졌다.

Nor have We been wanting in attentions to our British brethren. We have warned them from time to time of attempts by their legislature to extend an unwarrantable jurisdiction over us. We have reminded them of the circumstances of our emigration and settlement here. We have appealed to their native justice and magnanimity, and we have conjured them by the ties

---

31) 이러한 서술방식이 독립선언서의 설득력을 배가시켜 주었다는 주장이 있다(Becker, 1970: 13-14).

of our common kindred to disavow these usurpations, which, would inevitably interrupt our connections and correspondence. They too have been deaf to the voice of justice and of consanguinity. We must, therefore, acquiesce in the necessity, which denounces our Separation, and hold them, as we hold the rest of mankind, Enemies in War, in Peace Friends.

또한 우리는 영국의 형제자매에 대해서도 사정을 호소하는 데 게을리 하지 아니하였다. 우리는 영국의회에 대해서도 부당하게 우리를 규제하는 법률을 제정할 시도를 보일 때마다 수시로 경고를 보냈다. 우리는 우리가 이 땅으로 이주하여 정착하게 된 원유(原由)를 상기시켰다. 우리는 그들 생래의 정의감과 아량에 호소한 바 있다. 우리는 그들도 같은 피를 나눈 동포라는 사실을 유념하면서 필시 우리들 사이를 묶어 주었던 연결과 결속을 단절로 이끌게 되고 말 탄압을 중단해 줄 것을 호소하였다. 그러나 그들 또한 정의와 동포애의 소리에 귀를 기울이기를 거부하였다. 그러므로 이제 우리는 우리가 영국으로부터 독립해야 할 당위성을 받아들이면서 세계의 다른 국민에게 대하듯이 영국인에 대해서도 전시에는 적으로, 그리고 평화시에는 친구로 대하지 않을 수 없다는 것을 주장하는 바이다.

WE, THEREFORE, THE REPRESENTATIVES OF THE UNITED STATES, in General Congress, Assembled, appealing to the Supreme Judge of the world for the rectitude of our intentions, do, in the Name, and by the Authority of the good People of these Colonies, solemnly publish and declare, That these United Colonies are, and of Right ought to be FREE AND INDEPENDENT STATES; that they are Absolved from all Allegiance to the British Crown, and that all political connection between them and the State of Great Britain, is and ought to be totally dissolved; and that as Free and Independent States, they have full Power to levy War, conclude Peace, contract Alliances, establish Commerce, and to do all other Acts and Things which Independent States may of right do. And for the support of this Declaration, with a firm reliance on the protection of divine Providence, we mutually pledge to each other our Lives, our Fortunes and our sacred Honor.

이에 '미합중국' 제주의 대표들은 총회를 개최하여 우리의 진정한 의도를 전 세계의 지엄한 판단에 호소하는 바이며 이 식민지의 선량한 인민의 이름과 권능으로 엄숙히 공개 천명하는 바이다. 우리들 연합 식민지는 우리들 스스로의 권리로 '자유럽고도 독립된 국가(들)'이며, 영국 국왕에 대한 모든 충성의 의무를 벗으며, 대영제국과의 모든 정치적 관계는 전면적으로 단절되고, 또 당연히 단절되어야만 한다. 자유롭고도 독립된 국가로서 전쟁을 수행하고 평화협정을 체결하고, 외국과 동맹관계를 설정하며, 통상관계를 수립하여 독립국가로서 당연히 행할 수 있는 일체의 행위와 조치를 취할 수 있는 완전한 권리를 보유하고 있는 바이다. 이에 우리들은 신의 가호를 굳게 믿으며, 우리의 생명과 재산과 신성한 명예를 걸고 이 선언을 지지할 것을 서로 다짐하는 바이다.

이 문서에서 "미합중국"(United States)이라는 어구가 최초로 사용되었다. 이전까지는 "연합 식민지"(United Colonies)라는 용어를 사용했다.

독립을 선언한 주체가 미합중국인지 아니면 13개의 주권체인 주인지가 문언만으로는 불분명하다. 이 문제는 후일 연방정부의 성격과 권한에 관한 논쟁에서 제기된다. 특히 대외적 문제에 관련된 중앙정부의 권한의 원천을 둘러싸고 격렬한 논쟁이 벌어진다. 연방대법원의 공식견해는 1776년을 기점으로 대외적 문제에 관련된 일체의 권한은 영국국왕으로부터 미합중국 정부로 이전되었고, 따라서 개별 주는 독립된 주권체로서 외국을 상대로 전쟁을 수행하거나 평화협정을 체결하거나 또는 어떠한 협상도 수행할 수 없다고 선언했다. 그러나 주권론(州權論)자들은 개별 주가 합동으로 독립을 선언하였기에 독립 전에 영국국왕이 보유했던 일체의 권한의 개별 주에 승계되었다고 주장한다. 이들에 의하면 이렇듯 영국국왕의 권한을 승계한 개별 주가 연방정부를 창설한 것이다. 이렇게 창설된 연방정부의 구체적인 모습은 당초에는 묵시적 합의를 기초로 하였으나, 연합헌장(Articles of Confederations)과 연방헌법을 통해 형식을 갖추었다고 한다. 독립선언 당시의 본래의 의도가 무엇이든 상관없이 남북전쟁에서 북부주(Union)의 승리를 계기로 연방대법원의 견해가 미국 전체의 지지를 얻게 되었다.

독립선언서 말미에는 대륙회의의 의장인 매사추세츠 대표 존 핸콕(John Hancock)을 필두로 한 56명의 서명이 부기되어 있다.

New Hampshire: Josiah Bartlett, William Whipple, Matthew Thornton

Massachusetts: Samuel Adams, John Adams, John Hancock, Robert Treat Paine, Elbridge Gerry

Rhode Island: Stephen Hopkins, William Ellery

Connecticut: Roger Sherman, Samuel Huntington, William Williams, Oliver Wolcott

New York: William Floyd, Philip Livingston, Francis Lewis, Lewis Morris

New Jersey: Richard Stockton, John Witherspoon, Francis Hopkinson, John Hart, Abraham Clark

Pennsylvania: Robert Morris, Benjamin Rush, Benjamin Franklin, John Morton, George Clymer, James Smith, George Taylor, James Wilson, George Ross

Delaware: George Read, Caesar Rodney, Thomas McKean

Maryland: Samuel Chase, William Paca, Thomas Stone, Charles Carroll of Carrollton

Virginia: George Wythe, Richard Henry Lee, Thomas Jefferson, Benjamin Harrison, Thomas Nelson, Jr., Francis Lightfoot Lee, Carter Braxton

North Carolina: William Hooper, Joseph Hewes, John Penn

South Carolina: Edward Rutledge, Thomas Heyward, Jr., Thomas Lynch, Jr., Arthur Middleton

Georgia: Button Gwinnett, Lyman Hall, George Walton

Ⅳ. 맺 음 말

독립선언서는 권리장전을 포함하는 연방헌법, 페더럴리스트 페이퍼(The Federalist Papers)와 함께 미국인의 3대 경전의 하나이다. 독립선언서에 선언된 정치철학과 원리는 연방헌법과 각 주의 헌법에 의해 구체화되었고, 새로운 정치적 실험을 시행하는 세계의 여러 나라에 중요한 시사점을 제공하였다(Billias, 1990). 우리나라의 기미 독립선언과 상해임시정부의 헌법에 미국의 독립선언이 미친 영향에 대해서도 본격적인 연구가 행해져 있지 않다. 이 문서의 주해 작업은 단지 법학도에 의한 자구적 의미의 해석 작업에 그쳐서는 안 된다. 그런 의미에서 여전히 미국학도 전체의 공동과제로 남아 있다.

〈참고문헌〉

김철수, "한국의 재통일을 위해," 기독교사상 제468권, 1988.

미국사연구회 옮기고 엮음, 미국역사의 기본사료, 소나무, 1992.

안경환, "세계혁명," 서울대학교 법학 제38권 제2호, 서울대학교 법학연구소, 1997.

_____, "미연방헌법 수정 제2조 무기소장권의 의미," 서울대학교 법학 제38권 제3/4호, 서울대학교 법학연구소, 1997.

_____, "서평: Bernard Bailyn/ 배영수 역, 미국 혁명의 이데올로기적 기원," 헌법학연구 제5권 제1호, 한국헌법학회, 1999.

_____, "미국헌법의 배심조항," 미국헌법연구 제12호, 미국헌법학회, 2001.

안경환·김종철, "영국법과 미국법의 비교연구(V): 법이론 (2)," 서울대학교 법학 제40권 제2호, 서울대학교 법학연구소, 1999.

주한미국대사관 공보원, 살아있는 미국의 역사문서, 주한미국대사관 공보원, 1987.

최대권, 영미법, 박영사, 1986.

황혜성, "루이 하츠의 '美國의 자유주의 전통'에 관한 소고," 미국학 제13집, 서울대학교 미국학연구소, 1990.

Amar, Akhil Reed, The Bill of Rights: Creation and Reconstruction, Yale University Press, 1998.

Bailyn, Bernard, The Ideological Origins of the American Revolution, Belknap Press, 1992 (배영수 역, 미국 혁명의 이데올로기적 기원, 새물결, 1999).

Bancroft, George, History of the United States, from the discovery of the American continent, University of Michigan Library, 1856.

Beard, Charles, An Economic Interpretation of the Constitution of the Unites States, Macmillan, 1913 (양재열·정성일 역. 미국헌법의 경제적 해석, 신서원, 1998).

Becker, Carl, The Declaration of Independence: A Study in the History of Political Ideas, Vintage Books, 1970.

Billias, George A. ed., American Constitutionalism Abroad: Selected Essays in Comparative Constitutional History, Greenwood Press, 1990.

Boyd, Julian P., The Declaration of Independence: The Evolution of the text as shown in Facsimiles of Various Drafts by its Author, Thomas Jefferson, Princeton University Press, 1945.

Chase, Harold and Craig R. Ducat. ed. revised., Corwin's The Constitution and What It
    Means Today, 13th ed., Princeton University, 1973.

Farber, Daniel A. & Sherry, Suzanna, A History of the American Constitution. West
    Publishing Co., 1990.

Ford, Paul Leicester ed., The Writings of Thomas Jefferson. Vol. 10, G.P. Putnam's Sons,
    1899.

Gerber, Scott Douglas, To Secure These Rights: The Declaration of Independence and
    Constitutional Interpretation, New York University, 1995.

Hartz, Louis, The Liberal Tradition in America: An Interpretation of American Political
    Thought since the American Revolution, Hartcourt Brace Jovanovich, 1955.

Koch, Adriene, The American Enlightenment, George Brasiller, 1965.

Locke, John, The Second Treatise of Government, (ed.) by Thomas Pearson. Macmillan,
    1952.

Maier, Pauline, From Resistance to Revolution: Colonial Radicals and the Development
    of American Opposition to Britain, 1765-1776, Knopf, 1974.

_____, American Scripture: Making the Declaration of Independence, Random
    House, 1997.

Morgan, Edmund S. & Helen M. Morgan, The Stamp Act Crisis: Prologue to Revolution,
    University of North Carolina Press, 1953.

Mullett, Charles F., Fundamental Law and the American Revolution, 1760-1776,
    Columbia University Press, 1933.

Parrington, V.L., Main Currents in American Thought: an American literature from the
    beginning to 1920. Hartcourt, Brace and Company, 1920.

Peltason, J.W., Understanding Constitution, 14th ed., Harcourt Brace, 1997.

Perry, Ralph Parton, "The Declaration of Independence," Earl Latham ed., The
    Declaration of Independence and the Constitution, 3rd ed., D.C. Heath & Co.,
    1976.

Pocock, J.G.A., The Machiavellian Moment: Florentine Political Thought and the
    Republican Thought, Harvard University Press, 1975.

Ramsey, David, History of the American Revolution. 2 vol., Atkins & Son, 1789.

Ryu, Paul K., The World Revolution, American West Independent Publishing, 1997 (유
    선필 역, 세계혁명, 벽호, 1999).

Wood, Gordon, The Creation of American Republic, 1776-1787, University of North
    Carolina Press, 1969.
Encyclopedia Americana, Vol. IV, 1988.
Records of the First Continental Congress, Journals of the Continental Congress 1., 1774.
    September 5 - October 26.

"미국 독립선언서 주석"[2001]

해 제

이 동 민*

Ⅰ. 안경환 교수는 1997년에 "미국 연방헌법 수정 제9조의 의미"와 "미국 연방헌법 수정 제2조(무기소장권)의 의미"를 발표하면서 미국 헌법의 각 조문을 심층적으로 이해하기 위한 연구를 시도하였다(본서 제14장, 제19장 수록). 그리고 1998년 말 경에는 필자에게 미국 연방헌법의 번역을 위한 기초문헌 조사를 맡기기도 하였고, 이렇게 시작된 미국헌법 주해 작업에는 상당한 진척이 있었던 것으로 알고 있다. 그로부터 얼마 안 된 시점인 2001년이 이 글의 발표 시점인 것을 보면, 미국 독립선언서 주석은 당시 진행 중이던 미국헌법 주해 작업의 부산물이라고 여겨진다.

Ⅱ. 모든 학문에는 연구대상이 있다. 법학의 한 분야인 헌법학의 연구대상은 헌법(전)과 헌법현상들이고, 미국헌법을 연구한다면 그 대상은 미국헌법(전)과 미국의 헌법현상들일 것이다. 그런데 미국 헌법현상의 특징은 헌법 텍스트가 시민종교적인 경전의 성격을 띤다는 데 있으며, 거의 신성함에 가까운 미국 헌법의 아우라는 '독립선언서'라는 또 다른 경전을 빼놓고는 이해할 수 없다. 따라서 미국헌법 연구에서 '독립선언서'는 필수적이고 핵심적인 연구대상이다.

'독립선언서'는 미국이라는 정치체와 미국법의 주춧돌이다. 하지만 필자도 지적하고 있듯이, 헌법전이라는 기둥과 '독립선언서'라는 주춧돌 사이의 관계가 늘 조화로웠던 것은 아니다. 진보주의 시대에 스미스(J. Allen Smith)와 비어드(Charles A. Beard)가 주장한 바에 따르면, 연방헌법은 '독립선언서'가 상징하는 민주혁명을 유산시킨 유산계급의 쿠데타였다. 역사적으로도 참정권 확대, 노예제 폐지, 남녀 평등 실현, 흑인 민권운동 등의 과정에서 '독립선언서'는 헌법에 대한

---

* 서울대학교 법과대학 강사

개정 또는 새로운 해석을 추동하는 마르지 않는 영감의 원천이었다. 헌법전은 일반법률보다 상위에 있는 고차법(higher law)이지만, 그보다 더 고차적인 법에 해당하는 것, 헌법 문언(letter)의 배후에 있는 정신(spirit)을 천명하는 문서가 '독립선언서'였다고 해도 과언이 아닐 것이다.

Ⅲ. '독립선언서'의 우리말 번역은 여러 개가 있다. 안경환 교수는 "[미국사연구회(이보형 교수)]의 번역본을 기초로 하고 법적 용어와 함의를 전달하기 위해 필요한 범위 내에서 수정을 가했다"고 하고 있지만, 두 번역문을 비교해 보면 차이가 결코 적지 않음을 알 수 있다. '독립선언서'는 그 기초자인 제퍼슨의 유려한 문체가 잘 드러나 있는 것으로 유명하며, 따라서 번역에서도 그러한 유려함이 살아나야 할 텐데, 안경환 교수의 번역은 그런 점에서 장점을 보인다. 미국사연구회는 초판 이후 14년 만에 개정판을 내면서 여러 군데에서 문장을 현대화하고 다듬었는데,[1] 안경환 교수의 번역문이 이러한 변화를 촉진하였다고 보이기도 한다.

Ⅳ. 불만스러운 점 두 가지를 검토할 필요가 있다. 첫째, 각주 1에서 "이 글에서는 제2의 저널 텍스트를 사용하였다"고는 하였지만, 번역의 대본이 정확하게 밝혀져 있지 않다. 둘째, 텍스트의 전체 구도가 적절하게 파악되어 있는지에 의문이 없지 않다. 필자가 보건대 '독립선언서'의 구도는 다음과 같이 정리해 볼 수 있겠다: 1. 전문(정치적 결합의 해체 이유를 밝히겠다), 2.1. 자명한 정치원리와 혁명의 요건, 2.2. 식민지의 현상황이 혁명의 요건을 충족함, 2.3. 증명을 위한 사실 열거(국왕의 전체정치: 2.3.1. 국왕의 16가지 폭정, 2.3.2. 본국 입법부의 9가지 전횡 허용, 2.3.3. 국왕의 식민지에 대한 전쟁행위 3가지), 2.4. 식민지의 청원 노력(국왕과 영국국민에 대하여)과 그 무산, 3. 결론(독립선언). 2.3.에 열거되어 있는 사실을 30가지로 보는 것이 일반적이지만, 그 가운데 (1), (16), (26)은 그 이하에 열거되는 사실들을 총괄하여 적시하는 것이며, 전체적으로 보면 국왕의 전제정치는 3가지로 묶인다고 보는 것이 타당해 보인다.

---

1) 한국미국사학회 편, 사료로 읽는 미국사, 궁리, 2006 중 "독립선언서," 65-69면.

Ⅴ. 안경환 교수의 작업을 다시 음미하면서, 학문과 텍스트의 관계를 다시 생각하게 된다. 1999년에 Journal of American History 제85권 4호에서는 “Interpreting the Declaration of Independence by Translation: A Round Table”이라는 특집을 실었다. 여기에는 ‘번역자로서의 역사가’라는 문제를 다루는 일반적인 성격의 논문들과 함께 프랑스, 독일, 이탈리아, 멕시코, 스페인, 이스라엘, 폴란드, 러시아, 일본, 중국 등에서 이루어진 ‘독립선언서’ 번역의 역사를 논하는 각국 학자들의 논문들이 실려 있다. 2009년에는 한국의 한 일본어학 연구자가 일본에서 나온 白井厚・田中義一・原田譲治, “「アメリカ独立宣言」の邦訳について(1),” 三田学会雑誌, 77-3, 1984라는 논문에 기초를 두고, 메이지 시대부터 최근까지 일본에서 나온 9종의 ‘독립선언서’ 번역문들을 언어적인 관점에서 고찰하는 글을 발표하기도 하였다(박균철, “미국독립선언문의 역어,” 일본어문학 제43집). 그런데 우리의 경우에는 우선 지금까지 나온 ‘독립선언서’ 텍스트가 몇 종류인지도 알려져 있지 않다. 텍스트를 중시하지 않는 것이다. 법학이 텍스트를 중시하는 것과 역사학이 텍스트를 중시하는 것 사이에는 중대한 관련성이 있어 보인다. ‘법의 지배’(rule of law)를 어떻게 이해하든 간에, 텍스트를 중시하는 태도가 법이 지배하는 문화를 촉진한다는 점은 분명해 보인다. 미국법에서 ‘문언’보다 고차적인 ‘정신’의 상징인 ‘독립선언서’를 다루는 글에 해제를 달면서 이런 말을 하는 것이 역설적이라고 보일 수도 있겠다. 하지만 글의 맨 마지막에 “이 문서[=미국 독립선언서]의 주해 작업은 단지 법학도에 의한 자구적 의미의 해석 작업에 그쳐서는 안 된다. 그런 의미에서 여전히 미국학도 전체의 공동과제로 남아 있다”라고 하는 데서도 알 수 있듯이, 이 글에서 하는 작업은 ‘미국법 연구’와 ‘미국학’, 다시 말해 ‘법학’과 ‘문화연구’의 교차지점에서 이루어지는 것임을 안경환 교수는 분명히 의식하고 있다. 안경환 교수는 그 누구보다도 법과 문화 사이의 가교를 놓으려고 애를 쓰신 분이다. 법이 문화 속으로, 문화가 법 속으로 들어와서 생동하는 법의 지배가 구현되려면, 일차적으로 여러 학문들이 텍스트를 중시해서 텍스트를 엄밀하게 고찰하고 번역하고 거듭 재음미하면서 새로운 의미를 길어내는 작업을 꾸준히 축적해 가지 않으면 안 된다고 믿는다.

Ⅵ. 끝으로 안경환 교수의 작업을 계승하고 발전시킬 것을 다짐하고 촉구하는 의미에서, 이 글이 발표된 이후에 간행된 몇 가지 관련 서적을 적어 둔다.

스테파니 슈워츠 드라이버 저, 안효상 역, 세계를 뒤흔든 독립 선언서, 그린비, 2005.

Alexander Tsesis, For Liberty and Equality: the life and times of the Declaration of Independence, Oxford University Press, 2012.

David Armitage, The Declaration of Independence: a global history, Harvard University Press, 2007.

Garry Wills, Inventing America: Jefferson's Declaration of Independence, Houghton Mifflin Co., 2002.

Jack N. Rakove ed. The Annotated U.S. Constitution and Declaration of Independence, Belknap Press of Harvard University Press, 2009.

Jack P. Greene, The Constitutional Origins of the American Revolution, Cambridge University Press, 2011.

Richard Beeman, The Penguin Guide to the United States Constitution: A Fully Annotated Declaration of Independence, U.S. Constitution and Amendments, and Selections from the Federalist Papers, Penguin Books, 2010.

Scott Douglas Gerber ed. The Declaration of Independence: origins and impact, CQ Press, 2002.

[색인어] 독립선언서(Declaration of Independence), 학문과 텍스트의 관계 (relationship between scholarship and text), 헌법전(constitutional text)과 고차법(higher law), 시민종교로서의 헌법(constitution as civil religion)

제 7 장

미국의 연방주의

-통상조항을 중심으로-

I. 서

　지구상에 존재하는 거의 모든 나라의 국명은 단수형으로 표시되나 미국만은 예외로 정식국명은 "미합중국"(the United States of America)으로 번역된다.[1] 여기에는 정당하고도 충분한 역사적 이유가 존재한다. 즉 식민지시대에도 그랬듯이 독립혁명 후에도 상호분리독립된 단위의 분권이 병존하여 왔다. 영국의 통치하의 동북부 13개 식민지[2]는 독립 후에는 주로 변신했고 이들은 연합규약(Articles of Confederation)하에 약하게 결속되었었다.[3] 그러나 중앙정부의 권한을 극도로 제한했던 연합규약하에서는 신생합중국이 해결해야 했던 제반문제를 효과적으로 처리할 수 없었다.

　이러한 실패의 경험을 교훈삼아 지방과 중앙간의 권력의 균형을 갖춘 연방국가를 건설하려는 시도가 행해졌고 열띤 토론과 협의 끝에 1787년에 탄생한 작품이 현행 미합중국 헌법이다.[4] 신헌법의 제정 비준으로 주의 권한은 상당히 축소되었으나 기본적으로는 국민과 더불어 최종적이고도 포괄적인 권한의 보유자로서의 지위를 확보하게 되었다.[5] 즉 연방헌법은 제정 당시에 연방 대 주의 관계에 대하여 연방의 권한을 구체적으로 열거했을 뿐 주의 권한에 관해서는 침묵

---

1) George Mckenna, A Guide to the Constitution: That Delicate Balance, Random House, 1984, A Discussion Guide Program 13 (Federalism: The National Government versus the States) p. 7. 소련까지도 단수형의 국명(Union of Soviet Socialist Republics)으로 사용된다.
2) 13개 식민지는 본국으로부터의 자치의 정도에 따라 몇 가지 유형으로 세분될 수 있고 통상에 있어서의 자율권의 정도도 다소 차이가 있었다고 할 수 있다. 자세히는 L. Friedman, A History of American Law, 2nd. Simon & Schuster, 1984, pp. 31-72 참조.
3) 연합규약은 주의 권리를 최대한으로 인정한 반면 연방은 통상규제권 등이 결여된 약체였다.
4) 헌법 요건에 헌법의 효력발생요건인 전체주의 4분의 3 이상의 비준이 완료된 것은 1789년의 일이었다.
5) 후기 주 7 참조.

을 지켰었다.6) 4년 후인 1791년에 "권리장전"(Bill of Rights)으로 별칭되는 기본
권조항이 수정헌법(Amendments)의 형태로 제정되었고 동장전의 최후조항인 수
정 제10조에 "헌법에 의해 합중국에 위양되지 않고 각 주에 의한 보유가 금지되
지 않은 권한은 각주 또는 인민에 귀속된다"7)라고 선언했다.

　　200년의 미국헌정사를 통해 각주와 연방간에 전개되었던 권한분쟁은 상기
의 3대 조항(제1조 제8항 및 제3조 제2항 대(對) 수정 제10조)을 중심으로 행해졌다.
그 중에서 제3조 제2항은 연방사법권의 범위와 한계에 관한 문제로 별도의 고찰
이 가능하다.8) 본고에서는 이를 제외하고 제1조 제8항(Section), 그 중에서도 제3
절(Clause)의 통상조항(Commerce Clause)에 근거한 연방입법과 수정 제10조에 규
정된 주의 권한의 상관관계를 연방대법원의 판결을 중심으로 고찰한다.9)

Ⅱ. 연방의회의 통상규제권

1. 연　　혁

　　연방의회는 "대(對) 외국, 각주간 또는 대(對) 인디언 부족의 통상행위를 규
제할 권한을 보유한다"라는 통상조항의 제정을 둘러 싼 토의기록은 거의 없다.
동조항의 구체적 의미에 관한 직접적인 역사적 자료가 없으므로 제헌회의
(Constitutional Convention)의 소집 및 비준과정의 배경을 관찰해야 할 뿐만 아니
라 시대의 변천에 수반하여 발생했던 "통상행위" 개념의 확대·축소 또한 주의
깊게 분석해야 한다.

　　먼저 제헌회의소집의 배경이 된 동인에 관하여 관찰해 보자. 독립선언 이전
의 식민지에서는 통상을 둘러싼 법적문제가 심각하게 제기되지 않았다. 식민지
간의 통상을 포함한 일절의 대외통상은 영국의 직접통제의 대상이었기 때문이

---

6) Article I, Section 8 cl. 1-18 "Congress shall have power…" Article Ⅲ. Section 2 "The (federal) judicial power shall extend to…"
7) Amendment 10, U.S. Constitution.
8) 이에 관해서는 안경환 "미연방사법권의 범위와 한계," 고시계 제351권, 1986 참조.
9) 이론적으로 세분하자면 통상규제권 그 자체의 적극적 행사에 관한 측면과 연방의 통상규제권이 주의 규제권을 제한하는 기능의 측면으로 양분할 수 있으나 본고에서는 이를 세분하지 않는다.

다. 식민지 정부의 행위는 추밀원(Privy Council)의 심사대상이 되었으며 대영제
국무역위원회(British Board of Trade)가 식민지를 경유하는 통상행위 전반에 관한
감독권을 보유하고 있었다.[10] 또한 식민지 정부의 행위와 정부가 수행하고 있는
각종 형태의 무역행위는 적어도 형식적으로는 동지역을 관장하는 국무상
(Secretary of State for the Southern Department)의 권위에 복종하도록 되어 있었다.
그러나 식민지 시대 동안 식민지 간의 경제적 마찰이 거의 발생하지 않았던 가
장 큰 이유는 각 식민지에 있어서 비교적 재화와 용역의 공급이 순조롭도록 무
역위원회가 엄격하고도 효과적인 통제를 했기 때문이다.[11]

독립선언 이후에는 신생주에 있어서의 통상행위에 대한 중앙의 통제는 존재
하지 않았다. 각 주는 자주(自州)와 이익이 충돌하는 타주(他州)나 중앙정부에 의
해 차별적인 제재를 받을지 모른다는 위구심(危懼心)에 차 있었기에 연합규약으
로 구성한 중앙정부에게 일정한 범주(汎州)적 사항을 규율할 권한을 위양하면서
도 통상규제권을 제외시켰던 것이다.[12]

이와 같은 신생주 간에 발생하는 통상 및 경제적 마찰에 관한 중앙통제제도
의 결여로 인하여 경제적 혼란, 대영제국과의 거래의 단절, 국제거래량의 현저
한 감소가 초래한 통화의 부족, 제한된 시장 내에서의 자신의 지위를 보전하기
위해 형성한 지방경제 등의 각종 부작용이 발생했다.[13]

그리하여 각 주는 앞을 다투어 타주로부터 유입되는 경쟁상품에 대하여 경
제적 제재를 가하는가 하면 심지어는 자주를 통과함에 불과한 물품에 대해서도
관세를 부과시키기도 했다.[14] 이와 같은 치열한 경제적 전쟁이 종국에는 연방

---

10) 자세히는 A. Kelly & W. Harbison, The American Constitution: Its Origin and Development 14th ed., W. W. Norton & Company, 1970, pp. 50-54 참조.
11) R. Rotunda et al., Treatise on Constitutional Law Vol. 1, West Publishing Company, 1986, pp. 263-266.
12) 연합규약은 대륙의회에 이러한 권한을 부여하지 않았을 뿐만 아니라 "어떤 연방조약도 각 주의 통상 및 수출입에 대한 과세권을 제한하는 내용을 담을 수 없다"라고 명문으로 대륙의회의 대외적 권한을 제한했다. Articles of Confederation, art. Ⅸ, par. 1.
13) R. Rotunda et al., 앞의 책, p. 264.
14) 주요 항구를 장악하고 있던 뉴욕(New York)주와 같은 주는 타주소재의 목적지행 물품에 대하여 수입세(foreign commerce tax)를 부과했으며 이에 대한 보복으로 제주(諸州)는 타주의 제품에 대해 엄청난 고율의 세금을 부과함으로서 실질적으로 시장접근의 기회를 박탈하다시피 했다. A. Kelly & W. Harbison, 앞의 책, p. 109; F. Broderick, The Origins of the Constitution, 1776-1789, Macmillan, 1964, p. 18 참조.

(union)의 와해를 초래할지 모른다는 불안에 정치적 지도자들은 최소한 대륙의 회가 주간의 통상마찰을 규제할 권한을 확대시켜야 한다고 생각하게 되었다.[15] 이러한 배경하에 연방규약하의 중앙정부의 권한확대를 위한 의회가 소집되었고 규약의 개정을 위해 소집된 회의는 토의과정에서 범주적인 문제를 효과적으로 다루기 위해서는 단순한 규약의 개정으로는 불충분하며 완전히 새로운 정부형태의 창설이 필수불가결이라고 판단하게 되었다. 그리하여 이러한 목적으로 1787년 5월에 새로이 소집 개최된 회의가 바로 "제헌회의"이다.

제헌회의에서 몇몇 주는 연방의회의 대외통상규제권에 대해 적의를 표시했다. 남부의 주들은 연방의회가 이러한 권한을 근거로 노예수입을 금지하게 될지 모른다는 우려를 했다. 이러한 상황을 고려하여 통상조항을 제한적 문구로 규정하지 않는 대신에 1808년까지는 노예의 수입을 금지하지 않는다[16]는 별도의 조항을 규정한다는 타협이 이루어졌다. 또한 동북부의 제주(諸州)가 연방의회를 장악하여 농업경제체제인 남부의 희생 아래 상공업상의 이익을 향유할지 모른다는 우려 때문에 수출세의 금지조항[17] 및 모든 항구의 동등지위보장조항[18]이 명문으로 삽입되었다.

이와 같이 대(對) 외국통상에 관한 연방의회의 권한은 회의자체에서 구체적으로 정의되었으나[19] 대내통상에 관한 권한에 대해서는 그 중대성에도 불구하고 명확하게 정의된 바가 없다. 물론 연방주의자들을 연방의회로 하여금 이 분야에 관한 상당한 권한을 보유하게 할 의도였음이 분명하지만 상당수의 헌법의 기초자나 비준자들이 연방의회의 통상규제권이 확대되는 것에 반대했다는 기록이 있다.[20]

---

15) P. Hay & R. Rotunda, The United States Federal System: Legal Integration in the American Experience, Oceana Pubns, 1982, pp. 5-7.
16) 연방헌법 제1조 제9항 ① "현재 정당하다고 인정되는 이주 또는 입국에 관하여 합중국의회는 1808년 이전에는 이를 규율하지 못한다." 동 제5조 "단 1808년 이전에 행해질 헌법의 수정에 의해서는 제1조 제9항 제1절은 변경할 수 없다."
17) 동조 동항 ⑤ "어떤 주로부터도 수출하는 물품에 대해서 조세 또는 과세를 부과하지 못한다."
18) 동조 동항 ⑥ "통상 또는 과세에 관한 법률에 의하여 어느 주의 항구도 타주의 항구보다도 우월한 지위를 부여할 수 없다."
19) 다만 대(對) 인디언 부족의 통상에 관해서는 토의기록이 없다.
20) 그리하여 연방주의자들은 연방의 권한이 지나치게 비대하여 주의 자치를 유명무실하게 만들지 모른다는 비난에 대해 자신의 입장을 변호하였다. 예를 들면 페더럴리스트 페이퍼(The Federalist) No. 45 (Madison), No. 11 (Hamilton) 등 참조. 헌법제정에 영향을 미친 경제적 이

그리하여 후세법원이 가장 빈번하게 당면했던 문제였던 주간통상(interstate commerce)에 영향을 미치는 주의 규제권에 관해서는 법원의 판단에 자료로 공여될 이렇다 할 입법사를 추적하기 힘들다. 다만 헌법 그 자체 및 통상조항의 기초의 배경이 된 두 가지 요소는 원칙적 측면에서 법원의 참조가 되기에 충분하다. 그 첫째는 연방의회의 통상규제권은 동조항의 제정 직전의 경제적 파국의 원인이 되었던 무역 및 관세 장벽을 연방입법을 통해 제거하기 위해 부여되었다는 사실이고, 둘째로는 중앙정부의 권한은 전국을 하나의 단위로 하여 경제적 문제에 대한 해결책을 강구하기에 충분할 만큼 광범해야 한다는 상식적인 당위이다.[21] 연합규약 시절의 체험에서 개별적인 주단위에서는 범주적인 경제문제에 관한 해결책이 탄생할 수 없다는 것이 입증되었다. 그러나 지방적 성격의 행위(local activity)를 규율할 연방의 권한의 확대에 적대감을 보이는 입장에서는 어떻게 전국적인 경제문제 대 주의 자치권의 조화를 이룰 것인가라는 문제에 관해 역사적 문헌이 어느 방향으로든 답을 제시해 주지 않는다고 한다.[22]

이러한 역사적 배경이 법원의 통상조항의 해석적용 업무에 약간의 기본지침을 제공해 줄지 모르나 동시에 개개의 법관에게 연방제도하에서의 연방통상규제권의 목적과 의미에 관해 세부원칙을 정립할 기회도 함께 제공해 주고 있다.

2. 1888년 이전의 판결

법원에 의한 통상규제권의 해석의 역사를 검토한 프랑크푸르터(Frankfurter) 판사의 평가에 의하면 1888년의 와이트(Waite) 원장의 사망시까지는 주간통상을 적극적으로 증진시키는 수단으로써의 통상조항을 무기로 한 법원의 활동은 이렇다 할 주목의 가치가 없다고 한다.[23] 또한 동기간에 걸쳐 의회가 제정했던 통상관련법의 분량도 미미했고 그 중에서 소송의 대상이 된 것은 더더구나 희소했

익세력간의 갈등과 대립에 관한 고전적 저서로는 C. Beard, An Economic Interpretation of the Constitution of the United States, Dover Publications, 1960 참조.

21) R. Rotunda et al., 앞의 책, p. 266.

22) M. Borden, The Antifederalist Papers, Michigan State University Press, 1965; C. Kenyon, The Antifederalists, Northeastern, 1966; "Note, The United States and the Articles of Confederation: Drifting Toward Anarchy or Inching Toward Commonwealth?," 88 Yale L. J. 142 (1978) 등 참조.

23) F. Frankfurter, The Commerce Clause Under Marshall, Taney and Waite, Quadrangle Paperbacks, 1964, p. 7.

다. 남북전쟁 이전에 법원에 의해 위헌으로 선언된 연방법규는 단 2편[24]으로 그 어느 것도 통상에 관한 것이 아니었다.

    헌법 제1조 제8항의 연방의회의 권한에 대한 최초의 주된 심사는 너무나도 유명한 1819년의 McCulloch 판결[25]에서 행해졌다. 동판결의 직접적인 이슈는 "연방의회가 그 권한이 헌법에 명시적으로 열거되지 않은 채 설립한 연방은행 (Bank of the United States)에 대해 주가 과세할 수 있느냐"라는 문제였다. 그러나 근저에 깔려 있는 보다 근본적인 이슈는 헌법 제1조 제8항에 명시적으로 열거되지 않아도 그 목적의 달성을 위해 "필요하고도 적절한"(necessary and proper)[26] 법률을 제정할 권한의 범위 속에 은행설립권이 포함되느냐"라는 것이었다. 마샬 (Marshall)의 판결문은 이를 긍정적으로 선언함으로써 연방권의 확대에 대한 선례를 남겨 주었다.

    이어서 1824년의 Gibbons 판결[27]에서 마샬은 통상조항하에서의 연방 및 주의 권한의 범위에 관해 이론을 전개했는데 그의 주장은 연방의 통상규제권이라는 측면에서 볼 때 몹시도 중요한 지위를 점한다. 마샬의 판결문은 후세법원이 전국적인 영향을 미칠 경제적·사회적 문제를 통제할 연방의 권한을 인정함에 결정적인 자료가 된 것이다.

    Gibbons 판결의 사실적 배경은 다음과 같다. 뉴욕(New York)주는 주 내에서 증기선으로 여객운송업에 종사할 독점적 권리를 사기업에 부여했고 Ogden은 독점권의 양수인이 되었다. 주의 허가 없이 뉴저지(New Jersey)와 뉴욕(New York)간의 여객운송업을 개시한 Gibbons은 독점권 침해로 제소되자 주의 독점권 부여행위는 통상조항의 위반이라면서 항변했다. 법원은 통상조항 아래서의 주의 권한의 범위를 명백하게 분석하는 대신 독점부여행위는 이에 관련된 연방법규에 위배되는 것으로 무효라고 판시했다.[28] 방론(dictum)에서 마샬은 연방의

---

24) 즉 Marbury v. Madison, 5 U.S. (1 Cranch) 137, 2 L. Ed 60 (1803)(대법원에 원심 관할권을 부여하는 법원조직법의 일부조항) 및 Dred Scott v. Sanford, 60 U.S. (19 How.) 393, 15 L. Ed. 691 (1857)(특정지역에서의 노예제를 폐지한 Missouri협정)이다.

25) McCulloch v. Maryland, 17 U.S. (4 Wheat) 316, 4 L. Ed. 579 (1819).

26) "상기의 모든 권한과 헌법에 의하여 합중국의 성, 국 또는 그 공무원에게 부여된 권한의 행사에 필요하고도 적절한 일체의 법률을 제정하는 것." 미연방헌법 제1조 제8항 제18절.

27) Gibbons v. Ogden, 22 U.S. (9 Wheat.) 1, (1824).

28) 즉 해상여객운송법의 허가를 규율하는 연방법에 의하면 Gibbons은 문제의 업에 종사할 권리가 있으며 연방법은 나라의 최고법(supreme law of the land)이다. 22 U.S. (9 Wheat.) 1, 210

회의 권한을 광범하게 확대하는 방향으로 통상조항을 해석했다. 즉, 그는 통상
(commerce)의 의미를 "거래"(intercourse)로 정의하는 동시에 통상은 각 주에 확대
적용된다고 했다.29) 그리하여 연방의회는 복수의 주가 관련된 통상을 규제할 권
한을 보유하며 또한 이러한 주간통상이 관련된 이상 의회의 권한은 특정 주의
내부에서도 행사될 수 있다는 것이었다.30)

마샬은 생전에 통상조항을 해석할 기회를 2회 더 누렸는데 Gibbons 판결의
경우보다 더욱 깊게 주의 행위와 권한의 측면을 분석할 수 있었다. 1827년의
Brown v. Maryland 판결31)에서 마샬의 판결문을 통해 법원은 도매수입업자에게
세금 내지는 수수료를 부과한 주법을 무효라고 선언했다. 마샬이 제시한 판결이
유는 두 가지로, 첫째 수입품이 원산지에서 포장된 상태로 있고 또 주 내의 "혼
화된 재산"(common mass)의 일부가 되기 이전에 과세하는 것은 헌법 제1조 제1
항32)의 명문에 위반되며33) 둘째로 주의 과세행위는 수입품의 판매에 관해 규율할
연방의회의 권한을 침해했다는 것이었다. 여기에서 마샬은 의회의 권한은 주 내에
당도한 상거래행위에 미친다고 하면서 이러한 권한의 특정관점을 묘사했다.

이듬해인 1829년의 Willson 판결34)에서 법원은 주간항해를 방해할 우려가
있는 계곡에 댐의 건설을 허가한 델라웨어(Delaware)주의 행위를 합법으로 인정
했다. 이러한 댐의 건설로 연방으로부터 운항 허가를 받은 선박을 포함한 각종
선박의 항행에 상당한 장애를 초래함에도 불구하고 마샬 원장은 이 경우에 공익
을 보호할 주의 경찰권(police power)이 연방의 통상규제권에 우선한다고 판단한
것이다.35)

(1824).
29) 22 U.S. (9 Wheat.) 1, 194 (1824).
30) 22 U.S. (9 Wheat.) 1, 195 (1824). 주외로 이어지는 도로상의 특정지점간의 이동은 비록 양 지
    점이 동일 주 내에 위치한다고 하더라도 주간통상(interstate commerce)이다. Hanley v. Kansas
    City S. Ry., 187 U.S. 617 (1903); Western Union Tel. Co. v. Speight, 254 U.S. 17 (1920).
31) 25 U.S. (12 Wheat.) 419 (1827).
32) …"어떤 주든지 합중국의회의 동의 없이는 수입 또는 수출에 대하여 검사법의 집행을 위해 절
    대로 필요한 경우를 제외하고는 간접세 또는 관세를 부과하지 못한다…"
33) "원산지 포장"(original package) 기준은 최근에 와서는 채택되지 않는다. Michelin Tire Co. v.
    Wages, 423 U.S. 276 (1976).
34) Willson v. Black-Bird Creek Marsh Co., 27 U.S. (2 Pet.) 245 (1829).
35) 기술적으로는 연방의회는 이러한 위치의 계곡에 자유로운 통행을 허가할 권한을 보유하지 않
    는다고 판단했다. 27 U.S. (2 Pet.) 246.

프랑크푸르터 판사의 분석에 의하면 마샬의 의견에 제시된 통상행위의 개념
은 주·연방의 양 측면에서 공히 불투명하기 짝이 없이 혼란의 소지를 내포하고
있다고 한다.[36]

1835년 마샬의 사망 이후 1888년 와이트의 사망시까지 법원은 연방의 통상
규제권에 제동을 거는 행위를 거의 하지 않았다. 1837년 및 1851년의 기간 동
안 대법원은 주나 연방의 권한행사에 관하여 적용되는 명백한 원칙을 정립하지
않은 채 수 건의 주법을 심사했다. 그러나 제한적이나마 연방의회 또는 주의 통
상규제권의 대상이 되는 고유한 영역이 존재한다는 구분취급의 태도를 보이기
도 했다. 1851년의 Cooley 판결[37]에서 법원은 휴면중이던 통상조항하에서의 주
의 권한에 관해 기본적인 원칙을 선언했는데 그 내용인즉 전국적으로 통일적인
규율이 요청되는 통상영역에 관해서는 연방의회만이 규제권을 보유하는 반면 지
방적인 성격(local concern)을 띠는 영역에 대해서는 어느 정도 주에 의한 규제를
용납한다라는 소위 "선택적 전관사항"(selective exclusiveness)의 개념이다.[38]

테니(Taney, 1836-1864 재직) 원장의 영도하의 법원은 마샬 시대보다는 주법
에 대해 관용적이었으나 연방의 통상규제권을 제한하려는 시도는 전혀 보이지
않았다.[39]

남북전쟁의 종료 후 법원은 서서히 타 부처의 행위에 대한 연방의 통제권을
주장하기 시작했다. 체이스(Salmon Chase) 원장의 재직기간(1864-1873) 동안 8편
의 연방법률이 위헌선언되었다.[40] 그 대표적인 예가 1870년의 제1차 "법정통화
사건"(Legal Tender case)으로 법원은 기존채무를 금이 아닌 지폐로 지불할 수 있
게 하는 연방법정통화법(Legal Tender Acts)은 위헌이라고 선언했다.[41] 또한 동일

---

36) Frankfurter, 앞의 책, pp. 31-32, 61-62. 사실 이러한 혼란은 오랫동안 계속되었고 명백하게 법
    원이 일정한 원칙을 정립하기 시작한 것은 1937년 후의 일이었다. 주 96 이하 본문 참조.
37) 53 U.S. (12 How.) 299 (1851).
38) 53 U.S. (12 How.) 299, 303-304 (1851). 법원은 연방권한의 범위를 확정하지 아니했으나 전국
    적(national) 또는 지방적(local) 영역의 개념은 후세법원의 판결에 기준을 제시해 주었다.
39) 테니는 통상규제권 그 자체를 제한하려고 시도는 하지 않았으나 특정지역 내에서의 노예를 해
    방시키는 의회의 법률을 무효화시키는 판결문을 집필했다. Dred Scott v. Sanford, 60 U.S. (19
    How.) 393 (1857). 그러므로 노예거래에 관한 한 연방규제권을 제한하려고 했던 것 같다.
    Groves v. Slaughter, 40 U.S. (15 Pet.) 449 (1841) 참조.
40) C. Fairman, Oliver Wendell Holmes Devise: History of the Supreme Court of the United
    States—Reconstruction and Reunion 1864-88 Part 1, Macmillan Company, 1971, p. 1426.
41) Hepburn v. Griswold, 75 U.S. (8 Wall.) 603 (1870).

한 해에 Dewitt 판결[42]에서 법원은 연방의 통상법이 헌법에 인정된 통상규제권의 범위를 일탈했기에 무효라고 하는 최초의 판결을 내렸다. 즉 일정한 기준의 발화점 이하에서 발화될 가능성이 높은 나프타나 석유화학 제품의 판매를 금지한 연방법률은 어떤 연방의 권한의 범위도 일탈하므로 위헌이라는 것이 체이스 원장의 의견이었다.[43]

그러나 1871년을 분기점으로 하여 법원은 연방의 행위에 합헌추정의 효과를 부여하는 방향으로 태도를 전향하였다. 1870년에 발생했던 법원구성원의 변동 (Robert Grier → William Strong; James Wayne → Joseph Bradley)이 어느 정도 이를 설명해 준다. 새로운 인적구성의 법원은 신속하게 제1차 법정통화사건을 번복하였다.[44] 또한 The Daniel Ball 판결[45]에서는 통상조항을 넓게 해석하여 미시건 (Michigan)주 내의 하천에서만 운행하는 선박의 안전시설 및 기준을 규율하는 연방법의 합헌을 인정하는 비약을 보이기도 했다. 그 논리인즉 선박의 실제의 운행구간은 주 내이지만 그것은 "주간통상이라는 여정의 주 내 구간"(intrastate part of an interstate journey)일 뿐이라는 것, 즉 선박이 수송하는 상품은 타주로 반출되고 따라서 이러한 용도에 제공되는 선박은 주간통상의 "도구"(instrumentality)에 불과하다는 것이었다.[46]

이러한 추세는 간헐적인 예외를 제외하고 1887년까지 지속되었다고 할 수 있다. 법원은 계속하여 주간통상에 상당한 부담을 주는 주법을 무효로 선언했으며[47] 이미 연방의회의 권한으로 행사된 바 있는 교량건설[48] 법정통화제정[49] 및

---

42) United States v. Dewitt, 76 U.S. (9 Wall.) 41 (1870).
43) "통상조항은 독립된 주권의 보유자로서의 주의 대내적인 통상과 업무에 간섭할 어떠한 권한도 부정한다" 76 U.S. (9 Wall.) 41, 45 (1870).
44) Knox v. Lee, 79 U.S. (12 Wall.) 457 (1871).
45) 77 U.S. (10 Wall.) 557 (1871).
46) 77 U.S. (10 Wall.) 557, 563 (1871). 한편 이와는 대조적으로 연방의 과세권은 특정 주공무원 또는 특정수입에 대해서는 미치지 않는다는 내용의 친주권적 판결도 있다. Collector v. Day, 78 U.S. (11 Wall.) 113 (1871); United States v. Baltimore & O. Railroad Co., 84 U.S. (17 Wall) 322 (1873).
47) 예를 들면 Welton v. Missouri, 91 U.S.(1 Otto) 275 (1876) (차별적 과세는 위헌이라는 판결), Wabash, St. Louis & Pacific Ry. v. Illinois 118 U.S. 557 (1886) (주에 의한 주간운송의 운임결정은 위헌이라는 판결).
48) Newport & Cincinnati Bridge Co v. United States, 105 U.S. (15 Otto) 470 (1882).
49) Juilliard v. Greenman, 110 U.S. 421 (1884).

대 인디언 부족 통상50) 등에 관한 연방입법을 지지해 주었다.51)

이상에서 관찰해 본 바와 같이 1887년의 법원은 의회의 통상규제권에 관해 비교적 자유롭게 원칙을 정립할 재량을 보유하고 있었다고 해도 과언은 아니다. 법원이 어떤 방향으로 결론을 내리건 선판례상의 뒷받침이 가능했기 때문이다. 마샬 법원의 기본자세는 연방의회와 중앙정부의 권한확대에 호의적이었다. 테니 법원기 동안에는 주의 독자적인 통상규제를 후원해 주는 이론이 등장했고 이것이 바로 주간/주내통상(interstate/intrastate commerce)의 이원론이다. 남북전쟁 후의 체이스 법원기 동안 연방권의 범위에 관한 법원의 독자적인 통제권이 주장·행사되었고 사상 최초로 연방통상법이 위헌으로 선언되었다. 와이트 원장 재직기간 동안 대법원은 광범한 영역에 걸친 연방의회의 행위의 합헌성을 인정했지만 동시에 주내통상에 간섭하는 연방법률을 상당수 폐기시키기도 했다.

3. 1888년-1936년

이 시기는 "이원적 연방주의"(dual federalism)52)의 원리하에 주간 또는 주내통상행위의 대비를 법적으로 적용시킨 시기와 뉴딜(New Deal)입법에 대한 법원의 적극적 심사기로 양분해서 고찰해 봄이 유익하다.

(1) 1888년-1933년

테니 법원기에 출현한 주간통상, 주내통상의 구분취급의 법리는 풀러(Fuller) 법원(1888-1910)의 초기판결 2건에서 재생되었다. 풀러(Melville Fuller) 원장의 취임 첫해 판결인 Kidd v. Pearson 판결53)에서 법원은 자주 내에서의 주류의 제조를 금지하는 아이오와(Iowa) 주법의 합헌을 인정했는데 그 논거는 주가 규율한

---

50) Pensacola Telegraph Co v. Western Union Telegraph Co. 96 U.S. (6 Otto) 1 (1878).

51) 그러나 연방의 통상규제권에 대해 제동을 건 예외적인 판결도 있다. 대표적인 예가 1878년의 "상표판결"(The Trade Mark Case) (United States v. Steffens, 100 U.S. (10 Otto) 82 (1879)이다. 동판결에서 법원은 단일 주 내에서 발생하는 통상행위의 일부를 대상으로 하는 상표등록제도를 통상조항을 근거로 하여 실시하는 것은 위헌이라고 했다. 또한 법원은 동법이 헌법 제1조 제8항 제8절의 '특허 및 상표'에 관한 연방의회의 권한의 범위를 일탈한 것이라고 했다. 동판결은 1903년의 Bleistein v. Donaldson Lithographing 188 U.S. 239(1903) 판결에 의해 번복되었다.

52) 원리의 등장과 쇠퇴에 관해서는 Corwin, "The Passing of Dual Federalism," 36 Va. L. Rev. 1 (1950) 참조.

53) 128 U.S. 1 (1888).

행위는 "통상"(commerce)이 아니라 "제조"(manufacturing)이기 때문[54]이라고 했다. 또한 Leisy v. Hardin 판결[55]에서도 법원은 주류의 주내반입금지 조치는 상품이 주내의 일반재산(general property)의 일부가 되기 이전에 이를 규제대상으로 삼는 것이므로 통상조항의 위반이라고 판시했다.[56]

Leisy 판결에서 보여준 연방의회의 자발적인 권한분배의 가능성은 Field v. Clark 판결[57]에서도 재확인되었다. 동판결에서 법원은 대통령에게 일정한 조건하에 외국산 상품의 수입규제와 상계관세부과의 권한을 부여한 연방입법은 충분한 기준과 방침이 제시되었으므로 위헌적인 백지위임에 의한 사실상의 입법권의 위양이 아니라고 판시한 것이다.

20세기에 접근하면서 판사들은 통상행위에 대한 연방의회의 지나친 통제에 대해 적대감을 가지기 시작했다. 연방입법을 정면으로 폐기시킨 경우는 거의 없으나 경제입법의 대상 범위를 제한했다. 예를 들면 새로이 설치된 주간통상규제위원회(Interstate Commerce Commission)는 소환장(subpoena)을 발부하거나[58] 철도운임을 결정할 법적 권한이 없다[59]라고 한 판결 등이다. 이러한 판결은 입법으로 보완될 수 있는 성질의 것이었지만 이러한 추완을 용납하지 않는 치명타를 가한 예도 있다. 그 유명한 E. C. Knight 판결[60]이 그것이다.

Knight 판결에서 법원은 셔먼(Sherman) 반독점법은 정당(精糖)기업의 독점적 결합에는 적용될 수 없다는 결론을 내렸다. "제조"(manufacture) 행위에 대한 규제는 수정 제10조에 의해 주에 유보되었으므로 통상규제권의 범위 밖이라는 것

---

54) "통상과 제조의 구별만큼 일반인이 쉽게 인식할 수 있는 정치적·경제적 용어는 없다" 128 U.S. 1, 20 (1888).

55) 135 U.S. 100 (1890).

56) 이 판결은 일찍이 Brown v. Maryland, 25 U.S. (12 Wheat.) 419 (1827) 판결에서 마샬이 제시한 "원산지포장"(original package) 개념의 부활을 연상시킨다. 그러나 법원은 원산지 포장의 개념은 주간통상행위에는 적용되지 않는다고 판시했다. Woodruff v. Parham, 75 U.S. (8 Wall.) 123 (1869), 의회는 Leisy 판결이 미칠 효과를 우려하여 신법을 제정하여 주간통상의 경로에 수송 중인 주류에 대한 규제권을 운송목적지 주에 부여하였다. 이러한 법률이 연방권한의 위헌적인 위양이라고 하는 주장에 대해 법원은 의회가 단지 지방적인 통제수단을 보유한 전국적인 통상법이라고 판시했다.

57) 143 U.S. 649 (1892).

58) Counselman v. Hitchcock, 142 U.S. 547 (1892).

59) Cincinnati N.O. & T. P. R., Co. v. I.C.C. 162 U.S. 184 (1896); I.C.C. v. Alabama Midland R., 168 U.S. 144 (1897) 등.

60) United States v. E. C. Knight Co. (Sugar Trust Case) 156 U.S. 1 (1895).

이 판결이유였다. 그리하여 셔먼법 그 자체의 생명은 보지(保持)되었으나 제조업
은 명백하게 적용대상에서 제외되었기에 해석으로 이를 포함시킬 수가 없었다.

오래지 않아 법원은 반독점법의 적용에 관한 이렇게 경직된 태도를 완화하
기 시작했다. 즉 반독점법은 강관제조회사간의 가격동맹협정행위를 무효화[61]시
키거나 경쟁철도회사의 공동통제행위를 분쇄하기 위해 적용될 수 있다[62]라고
법원은 판시한 것이다. 이러한 관행은 통상과 밀접한 연관성이 있다는 것이 요
지였다.

1905년에 홈즈(Holmes)는 통상의 "하류"(current, stream 또는 flow)라는 개념
을 창조해 내었다. Swift & Co. v. United States 판결[63]에서 전원일치의 법원을
대표한 홈즈는 가축업자간의 입찰담합행위에 셔먼법이 적용된다고 판시하면서
"담합행위가 발생한 입찰장소는 일개 주내의 지점이지만 이는 주간가축매매의
일시적 정류소일 따름이다"라고 이유를 밝혔다. 다시 말하자면 홈즈에 따르면
"주간통상의 하류"(current of commerce)이며 가축의 구입은 이러한 통상행위의
일부에 불과한 것이었다.[64]

20세기의 최초 수년 동안 법원은 연방에 의한 규율이나 금지를 주로 통상규
제권이나 과세권에 근거하여 지원해 주었다. 착색된 동물성 마가린(colored
oleomargarine)의 판매[65]나 경정부(景晶附) 연초의 판매행위를 위축시키기 위해
부과된 특별세[66]를 합헌으로 판정했다. 그 유명한 "복권사건"(The Lottery Case,
Champion v. Ames)[67]에서 법원은 복권표의 타주반출을 금지하는 연방복권법을
합헌으로 판정했다. 할란(John Harlan, 1877-1911 재직) 판사가 집필한 판결문은
연방의회는 주간운송이나 반출입을 규제할(regulate) 권한과 함께 이를 전면금지

---

61) Addyston Pipe & Steel Co. v. United States, 175 U.S. 211 (1899); Anderson v. United States, 171 U.S. 604 (1898).
62) Northern Securities Co. v. United States, 193 U.S. 197 (1904). United States v. Trans−Missouri Freight Ass'n, 166 U.S. 290 (1897). Northern Securities 판결에서 홈즈는 이러한 다수의 이론에 입각하면 어떠한 의회의 입법에 대해서도 법원이 제한을 가할 수 없다는 이유로 반대의견을 저술했다. 이러한 홈즈의 태도에 그를 임명했던 루즈벨트(Theodore Roosevelt)는 몹시도 격노했다고 한다. C. Bowen, Yankee From Olympus, Book-of-the-Month Club, 1944, p. 370.
63) 196 U.S. 375 (1905).
64) 196 U.S. 375, 398-399 (1905).
65) In re Kollock, 165 U.S. 526 (1897).
66) Felsenheld v. United States, 186 U.S. 126 (1902).
67) 188 U.S. 321 (1903).

(prohibit)할 권한도 보유한다고 했다.[68]

　　1905년을 분기점으로 하여 판사들은 자신들이 판단하기에 사회의 기본적 경제질서에 대한 연방의 지나친 간섭행위에 대해 적극적으로 저항하기 시작했다.[69] 1905년 이후 약 10여 년 동안 수많은 연방 및 주레벨의 법률이 판사들에 의해 생명을 잃었다. 인디언부족에 대한 주류판매의 규율,[70] 동물의 검역,[71] 업무상 발생한 종업원의 부상에 대한 고용주의 책임부과[72] 또는 외국부녀자의 불법입국금지[73] 등등의 조치는 통상조항의 한계를 일탈한 것으로 위헌판결을 내렸던 것이다.

　　판사들은 특히 노사관계에 대한 국가의 간섭을 참지 못했다. 그 악명높은 1905년의 Lochner v. New York 판결[74]에서 법원은 최저임금을 규정한 주법을 적법절차조항(due process clause)을 근거로 위헌선언했으며 자유경쟁을 저해한다고 법원이 생각한 유사한 법률들이 사망선고를 받았다.[75] 1908년의 Adair v. United States 판결에서[76] 법원은 철도회사가 종업원이 노동조합의 회원임을 이유로 해고하는 것을 금지한 연방법률을 오로지 실체적 적법절차권(substantive due process right)을 이유로 무효화시켰는데 이러한 이론구성의 최초의 예가 된다. 노사관계에 관한 주법도 동일한 운명을 겪었으므로[77] 결국 소위 '황견계약'(yellow dog contract)은 개혁운동으로부터 헌법적 보호를 받았다는 결론이 난다.

　　같은 시기에 법원은 반독점법을 노동행위에 적용하기 시작하여[78] 노동조합

---

68) 복권표가 악(evil)이라는 데 다수가 견해의 일치를 보았으나(188 U.S. 321, 326 (1903)) 의회가 규제권을 아무런 제한 없이 행사할 수 있다고는 판시하지 않았다.

69) 1895년에 이미 연방소득세법을 위헌이라고 판결한 예가 있기는 했다. Pollock v. Farmers, Loan & Trust Co., 157 U.S. 429 (1895) 판결의 결과로 헌법 수정 제16조가 통과되었다.

70) Matter of Heff, 197 U.S. 488 (1905). 후속판례에 의해 번복됨. United States v. Nice, 241 U.S. 591(1916).

71) Illinois Central Railway v. Mckendree, 203 U.S. 514 (1906).

72) The Employer's Liability Cases, 207 U.S. 463 (1908).

73) Keller v. United States, 213 U.S. 138 (1909).

74) 198 U.S. 45 (1905).

75) 예를 들면 Hammer v. Dagenhart, 247 U.S. 251 (1918). (미성년노동) : Bailey v. Drexel Furniture Co. 259 U.S. 20 (1922). (미성년노동) : Adkins v. Children's Hospital, 261 U.S. 525 (1923). (부녀자노동) : Railroad Retirement Bd. v. Alton R. Co., 295 U.S. 330 (1935). (은퇴 철도노동자의 연금) : Southern Pacific Co. v. Jensen, 244 U.S. 205 (1917). (근로자 재해보상)

76) 208 U.S. 161 (1908)

77) Coppage v. Kansas, 236 U.S. 1 (1915). 그러나 반대되는 취지의 판결도 있다. Wilson v. New, 243 U.S. 332 (1917).

78) Loewe v. Lawlor (The Danbury Hatters Case), 208 U.S. 274 (1908).

의 활동에 결정적인 제동을 걸었고[79] 이에 대한 반동으로 마침내 노동쟁의행위
에 대한 연방법원의 관할권을 제한하는 Norris-LaGuardia 법이 제정되었다.[80]

그러나 1911년 이후로는 "경찰업무"(police)의 목적을 달성하기 위해, 주간통
상의 경로에 투입되는 상품의 종류나 품질을 규율하는 의회의 입법에 대해서는
호의를 보였다.[81]

1918년의 "미성년노동판결"(The Child Labor Case), Hammer v. Dagenhart 판
결[82]을 통해 다시 한 번 반전의 조짐이 보였으나 대세에 영향을 주지는 못한 채
"뉴딜 위기" 시기에 이르기까지 대체의 연방통상법률은 법원의 심사를 무난하게
통과했다고 볼 수 있다.

뉴딜기의 이전에 내려진 통상규제권에 관한 판결은 몇 가지 유형으로 나눌
수가 있다. 첫째, Shreveport 판결[83]에 입각하여 주간통상에 경제적 영향을 미치
는 행위를 규제할 수 있다. 다만 법원이 이러한 이론을 적용한 것은 철도사업에
한정되었다. 둘째, Swift 판결[84]에서의 홈즈의 창조물인 "하류"(current) 이론에
근거하여 단일주 내에서의 행위를 규율하는 것이 가능하며[85] 셋째로 여타의 통
상규제의 경우는 그 대상행위가 주간통상에 직접적인(direct) 영향을 미치는 경우
에만 법원의 심사를 통과할 수 있을 것이다.

---

79) 예를 들면 Duplex Printing Press Co. v. Deering, 254 U.S. 443 (1921) (인쇄업) Coronado Coal
   Co. v. United Mine Workers, 268 U.S. 295 (1925). (광산업) : United States v. Brims, 272 U.S.
   549 (1926)(목수) 등.

80) 29 U.S.C.A § 101~115. 금지가처분(injunction)의 명령권을 제한함. 후속판결에 의해 동법의 합
   헌이 인정됨. Lauf v. E.G. Skinner & Co. 303 U.S. 323 (1938).

81) 예를 들면 Hipolite Egg Co. v. United States, 220 U.S. 45 (1911) (불량식품 및 의약품의 주외유
   통금지); McDermott: v. Wisconsin, 228 U.S. 115 (1913)(주간통상에 공여되는 상품에 상표를
   부착시킬 것을 요구한 것); United States v. Nice 241 U.S. 591 (1916) (인디언에 대한 주류판매
   를 제한할 수 없다고 한 선판례(Matter of Heff. 197 U.S. 488 (1905))를 번복한 것; Hoke v.
   United States, 227 U.S. 308 (1913) (부도덕한 목적을 위해 부녀를 타주로 송출하는 행위를 금
   지한 Mann Act를 합헌이라고 함) 등이다.

82) 247 U.S. 251 (1918) 법정 최저 근로연령 이하의 미성년자의 노동으로 생산된 제품의 타주 수송
   을 금지하는 연방법률을 통상이 아니라 생산조건을 규율한다는 이유로 위헌 선언한 판결. 이와
   같은 내용의 규율은 헌법 수정 제10조에 의하여 주에 배타적으로 유보되었다는 이론이다.

83) The Shreveport Rate Case (Houston E. & W. Texas Ry Co. v. United States, 234 U.S. 342
   (1914)).

84) 앞의 주 63 참조.

85) 이 경우에는 규제대상이 된 행위가 주간통상과 논리적이고도 사실적인(tangible) 상관관계가
   존재해야 한다.

이 모든 경우에 수정 제10조가 연방의 통상규제권을 제약하는 무기가 된다. 즉 일정한 분야나 행위에 대한 규제는 주의 배타적인 권한에 속하기 때문에 연방의회가 이러한 분야나 행위에 관련된 제품이나 사람의 주간통상을 규율하는 경우에도 법원은 수정 제10조를 이유로 봉쇄할 수 있다는 것이다.

(2) 뉴딜(New Deal) 위기(1933-1936)

1932년 선거에서 승리한 루즈벨트(Franklin D. Roosevelt)는 국가를 경제적 파국에서 구출하기 위해 자신이 공약으로 내건 "뉴딜" 정책의 본격적인 시행에 착수했다. 의회도 이를 적극 지원하여 광범한 영역에 걸친 경제개혁입법을 제정하였다. 그러나 법원은 루즈벨트 방식의 연방의 개혁입법에 대해 상당한 제동을 가했다.

법원이 연방의회의 행위에 대한 제어책으로 사용한 법이론은 크게 둘로 나눌 수 있다. 그 첫째는 "입법권의 과도한 위임"(excessive delegation of legislative authority)이며 그 둘째는 "통상규제권의 범위일탈"(excess of commerce power)이다.

뉴딜법에 대한 최초의 사법심사에서 첫번째 무기가 사용되었다. 1935년의 Panama Refining Co. v. Ryan 판결[86])에서 대법원은 그 유명한 1933년의 전국산업부흥법(The National Industry Recovery Act of 1933)의 일부조항을 위헌선언했는데 문제된 동법의 내용인즉 대통령에게 산업에 적용될 기업거래의 기준을 정립·실시할 권한을 위양했다는 것이었다.[87]) 대법원의 판단에 의하면 의회가 헌법에 의해 부여된 그 자신의 고유한 권한인 입법권을 행정부에 위임함에 있어서 행정부가 준수해야 할 명백한 기준을 제시하지 않는 것은 위헌이라는 것이었다.

두 번째 무기는 보다 빈번하게 사용되었다. Railroad Retirement Board v. Alton R. R. Co. 판결[88]) Schechter Poultry Corp v. United States 판결[89]) United States v. Butler 판결[90]) 및 Carter v. Carter Coal Co.[91]) 판결 등이 그 예이다. Alton 판결에서 대법원은 철도종업원의 연금제도의 설치와 규제를 내용으로 하는

---

86) 293 U.S. 388 (1935).
87) 또한 동법은 동법에 위반하여 생산된 소위 불법석유제품(hot oil products)의 수송을 금지할 수 있는 권한을 대통령에게 부여하는 특별조항을 보유하고 있었다.
88) 295 U.S. 330 (1935).
89) 295 U.S. 495 (1935).
90) 297 U.S. 1 (1936).
91) 298 U.S. 238 (1936).

1934년의 철도종사원퇴직에 관한 법(Railroad Retirement Act)을 위헌이라고 판결했다. 이러한 입법은 연방의회에 부여된 통상규제권의 범위를 초과했다는 것이 그 이유였다.

"병든 닭 판결"(sick chicken case)로 알려진 Schecter 판결에서 전국산업부흥법(NIRA)의 또 다른 핵심조항이 위헌판결을 면치 못했다. 이번에 위헌판결을 받은 조항은 뉴욕시의 양계업의 근로조건에 관한 규제를 내용으로 하는 것이었는데 법원은 통상규제권의 범위초과를 이유로 위헌선언한 것이다.[92] 휴즈 원장이 집필한 다수의견은 양계업계의 영업 기타 활동은 주간통상과의 직접적(direct)인 관련이 부족하며 따라서 주의 내부적인(internal) 문제를 규제할 권한을 국가경제상의 위기를 이유로 연방에 부여하기를 거절했던 것이다.

법원이 태도를 바꾸어 공황극복을 위한 연방정부의 광범한 개입권을 인정해 주리라는 희망에 최후의 쐐기를 박는 2건의 판결이 1936년에 내려졌다. Butler 판결과 Carter 판결이 바로 그것이다.

Butler 판결에서 1933년의 농업조정법(Agricultural Adjustment Act of 1933)이 위헌선언을 받았다. 동법은 공황극복의 수단으로 생산량을 스스로 감축하는 농가에 대해 휴경보조금을 지급할 권한을 농산부장관에게 부여했는데 이에 필요한 재원은 통상규제의 대상이 되는 제품의 가공에 부과된 과세수입으로 충당되도록 되어 있었다. 정부는 동법의 합헌성을 과세권 및 국가의 '일반복지'(general welfare)를 위한 지출권을 근거로 옹호하려 했으나 법원은 과세권에 대한 판단을 유보한 채 농산물의 질과 양에 관한 규제권은 주정부에 배타적으로 속하는 권리로 헌법 제1조의 범위 밖이라고 판시했다.

4건의 판결 중 가장 중요한 Carter 판결에서 법원은 1935년의 역청탄보존법(Bituminous Coal Conservation Act of 1935)을 무효화시켰다. 동법은 광업자와 광부 간의 단체협약에 관해 최고근로시간 등에 관한 일정한 제약과 함께 탄가에 관해서도 상당한 규제를 하였던 것이다. 법원은 이번에도 통상규제권의 범위초과를 이유로 동법을 효력정지시켰다. 법원은 이제 전형적이다시피 된 수정 제10조의 분석을 동원하여 일체의 생산업에서의 고용주와 피고용자간에서 발생하는 제반 문제는 순수한 "지방적 성격"(purely local activity)을 보유하며 따라서 연방의 권

---

92) 이에 부수하여 과도한 입법권의 위임도 판결이유가 되었다.

한 밖에 속한다고 판시했다.93)

Carter 판결로 대법원이 연방정부의 경제조치에 대하여 스스로의 수정 제10
조관을 강제 적용할 것이라는 태도가 더욱 분명하게 천명되었다.

분노와 실망을 금하지 못한 루즈벨트(Roosevelt)는 법원조직법을 개정하여
변칙적인 법관의 정원확충을 통해 자신의 철학에 동조하는 법원을 구성하려는
이른바 "법원재구성계획"(court packing plan)을 입안하기에 이르렀다는 것은 잘
알려진 일이다.94)

4. 1937년 이후

(1) 요　약

루즈벨트의 법원개혁안은 비등하는 반대여론 때문에 실현되지 못했으나 그
가 원하던 성격의 법원은 보유하게 되었다. 분명한 논리로는 설명할 수 없는 이
유로 법원은 1937년에 방향전환을 했고95) 지극히 짧은 예외의 기간을 제하고는
오늘에 이르기까지 기본적으로 연방의 통상규제권을 거의 무제한한 권리로 인
정해 왔다. 수정 제10조는 더 이상 주에 유보된 독립된 권한의 보루로 간주되지
않고 있다고 해도 과언이 아니게 되었다. 법원은 수정 제10조 대신 통상조항을
독립된 권한의 시발점으로 정의하기 시작하였고 이에 수반하여 생산 대 통상의
대비나 직접·간접의 구분도 의미를 잃게 되었다. 그리하여 "통상의 하류"
(current of commerce)96) 이론이나 통상행위와의 물리적 관련성(physical connec-
tion) 등의 낡은 법리는 통상규제권에 대한 사법통제의 기준으로 채택되지 않았
다. 법원은 마샬의 정의에 입각한 통상개념, 즉 복수의 주간의 통상이라는 기본
개념으로 복귀하였다. 다만 그것이 복수의 주에 걸쳐 영향을 미치는 한 규제대
상으로 연방이 선택한 영역에 대해서 간섭을 자제하여 연방의회의 입법이 통상

---

93) Carter 판결에서도 "입법권의 과도한 위임" 이유가 제기되었으나 법원은 이를 간략하게 처리했다.
94) 루즈벨트는 10년 이상 재직했던 연방판사가 70세에 달하고도 은퇴하지 않는 경우에는 이러한
　　판사의 수만큼 새로운 판사를 임명할 수 있는 권한을 대통령에 부여하는 법률의 제정을 의회
　　에 요청했다. 이러한 법이 통과될 경우에 신규로 임명될 연방판사는 50명에 이르렀으며 대법
　　원은 15인의 판사가 재직 가능하게 되었다.
95) 명백하게 나타난 현상은 판사 한 사람이 종래의 입장을 바꾸어 연방의회의 입법을 지지함으로
　　써 5 대 4의 판결을 번복했다는 것이다. 자세히는 러셀 겔러웨이(R. Galloway) 저, 안경환 역,
　　법은 누구편인가, 고시계사, 1985, 153–160면 참조.
96) 앞의 주 63–64 본문참조.

과 합리적으로 관련(rational basis)되어 있다고 판단되면 합헌성을 인정하곤 한다.

1937년 이래 현재에 이르기까지의 판례를 통해 제시된 바를 종합해 보면 특정인이나 특정품목 또는 특정행위가 연방통상규제권의 대상이 되는 유형은 대체로 크게 세 가지로 나눌 수 있다.97) 첫째, 연방의회는 구체적인 헌법적 보장을 침해하지 않는 범위 내에서 주간통상의 허용여부 내지는 조건에 관해 규제할 수 있다. 둘째, 주간통상에 밀접하고도 실질적인(close and substantial) 관련이 있는 행위나 통상에 영향을 주는 행위는 비록 그것이 특정 주 내의 행위(single state activity)라고 할지라도 연방정부의 규제대상이 된다. 이때 주목할 것은 이러한 관련이나 영향이란 가시적인 요소를 사건으로 하는 것이 아니라 추상적인 경제적 관련이나 효과로도 충분하다고 인정되는 경향이 있다는 것이다.98) 셋째, 비록 주간통상에 영향을 미치지 않는 특정 주 내의 행위라 할지라도 주간통상의 규제를 위해 "필요하고도 적절"(necessary and proper)한 경우에는 연방의회의 규율대상이 된다.

이러한 통상규제권은 권리장전과 같은 구체적인 헌법적 제한에 복속하는 점에서는 여타의 연방권과 차이가 없다. 후술하는 바와 같이 1937-1976년의 기간 동안은 수정 제10조는 연방의 권한발동에 대한 사법적 제외책으로서 거의 활용되지 않았다. 1976년의 National League of Cities 판결99)에서 법원은 수정 제10조를 통해 주정부의 행위에 대한 연방의 통제에 제동을 걸었지만 1985년 Garcia 판결100)은 이를 명시적으로 번복하여 다시 연방권의 무제동(無制動)시대로 복귀했다고 할 수 있다.

(2) Jones & Laughlin 판결

흔히 "사법혁명"101)이라고 명명되는 1937년의 판결은 법원이 종래의 고전주의적 경제철학의 굴레를 벗어나 시대정신의 요청에 부응한다는 찬사를 받기에 충분하다. 동년 4월 대법원은 Jones & Laughlin 판결102)에서 5 : 4의 결정으로 전

---

97) Nowak et al., 앞의 책, pp. 291-292 참조.
98) 문제의 행위가 비록 직접 통상에 영향을 미치지 않는다고 할지라도 반복·집적되어 (cumulatively) 영향을 미친다면 규제의 대상이 된다.
99) National League of Cities v. Usery, 426 U.S. 833 (1976).
100) Garcia v. San Antonio Metropolitan Transit Authority, 469 U.S. 528 (1985).
101) 러셀 겔러웨이(R. Galloway) 저, 안경환 역, 앞의 책, 157-79면 참조.
102) 301 U.S. 1 (1937).

국노동관계법(National Labor Relations Act)의 합헌을 인정했고 아울러서 노조활동
에 대한 사용주의 부당한 간섭을 금지하는 노동위원회의 명령 또한 적법하다고
판시했다. 다수의 판사의 견해에 의하면 동법은 문자 그대로 "통상에 영향을 미
치는"(affecting commerce) 노동행위를 규율한 것으로 하등의 헌법적 하자가 없다
는 것이다.

　　동법의 정의에 따르면 통상이란 복수의 주간의 거래이며 "통상에 영향을 미
치는" 관행이란 통상을 위축시킬 우려가 있는 노동쟁의 내지는 관행을 의미했
다. 동사건은 제철산업이 관련된 것인데도 법원은 종래의 생산 내지 제조 대 통
상(production or manufacture versus commerce)의 구분을 무시했다. 이러한 관심의
중점 이동이 의미하는 것은 법원은 더 이상 수정 제10조의 주에 유보된 권한이
라는 측면에서 통상규제권의 분석을 시도하지 않겠다는 것이었다. 문제된 산업
이나 쟁의행위의 중요도를 감안해 볼 때 이러한 법원의 방향전환은 더욱 괄목할
만한 것이었다. 제철산업은 여러 주에 걸쳐 수직적으로 연합되어 있었고 일개
부품업체의 노동쟁의행위도 전국적인 규모의 통상에 미칠 영향이 심대할 가능
성이 상존하고 있었다. 그럼에도 불구하고 법원은 "통상의 하류" 이론에 의존하
는 대신 주간통상과 "밀접하고도 실질적인 관련"(close and substantial relationship)
이 있는 주내행위는 통상규제권의 대상이 된다는 이론을 채택한 것이다.[103]

　(3) Jones & Laughlin 판결 이후의 통상조항의 해석기준

　　Jones & Laughlin 판결 이후 수년간에 걸친 후속판결에서 법원은 연방권한
에 대한 제한으로서의 수정 제10조의 기능을 부정하는 태도를 더욱 분명히 했
다. 일련의 판결에서 법원은 노사관계나 주내행위에 대한 각종 연방의 규제를
합헌으로 인정했다. 법원의 이서(裏書)를 받은 법률의 예로는 생산쿼터의 준수여

---

103) 301 U.S. 1, 36-37 (1937). 그러나 법원은 직접·간접의 구분을 완전히 포기하지는 않았다. 범
　　주적 규모의 대기업이 관련되었기 때문에 이러한 구분의 필요성이 존재하지 않았기 때문이었
　　다. 곧이어 내려진 후속판결에서 (NLRB V. Friedman-Harry Marks Clothing Co., 301 U.S. 58
　　(1937)) 법원은 소규모의 의류제조업에 대해서도 동법의 적용을 확인했다. 이러한 Jones &
　　Laughlin 원칙의 확대는 주간통상에 미치는 경제적 영향만을 근거로 통상규제권의 행사를 승
　　인하겠다는 태도를 천명한 것으로 볼 수 있다. 또한 연방의회의 과세권(taxing power)과 예산
　　지출권(spending power)이 관련된 판결에서도 법원은 경제적 영향을 미치는 주 내 행위에 대
　　한 규제도 널리 용인하겠다는 태도를 보였다. C. Steward Machine Co. v. Davis, 301 U.S. 548
　　(1937) (사회보장(Social Security)법의 설립보조금 지급규정의 합헌판결). Helvering v. Davis,
　　301 U.S. 619 (1937) (동법의 노령자 수혜금 조항의 합헌판결).

부를 감독할 목적의 연초창고규제법,104) 제품가격통제법,105) 중소기업에 대한
전국노동관계법의 적용106) 등이 있다.

　　1941년의 Darby 판결107)에서 만장일치의 법원은 근로시간 및 임금에 대한
직접적인 규율도 합헌이라고 판시했다. 스톤(Stone) 판사108)가 집필한 판결문은
연방의회는 주간통상의 조건을 규정한 완전한(plenary) 권한을 보유한다는 것을
최초로 인정했다. 뿐만 아니라 주간통상을 규제하기 위해 의회가 선택한 방법에
대해서도 "헌법이 일절의 제한을 부과하지 않으므로 그 동기나 목적에 관해서
사법부가 심사할 성질의 것이 아니다"109)라면서 판단을 회피했다.

　　법원은 수정 제10조는 더 이상 통상규제권을 제약하는 근거가 될 수 없다는
요지를 다음과 같이 명시적으로 천명했다.

　　　우리의 결론은 수정 제10조에 의해 영향을 받지 아니한다. 동조는 단지 연방에
　　위양되지 아니한 권한은 주가 보유한다는 명백한 진리를 선언하고 있을 따름이다.

　　대법원은 또한 주내의 행위라도 주간통상에 대한 효과적인 연방의 규제에
필요하고도 적절한 경우에는 제한할 수 있다는 이론을 전개했다. 단일 주내에서
제조·판매되는 우유에 대한 연방법상의 기준적용을 합헌으로 인정한 Wrightwood
판결110)이 그 예이다. 순수한 주내의 제조 판매행위라도 이를 규제하지 않을 경
우에는 경쟁력이 높아질 것이며 결과적으로는 연방법에 의해 규율되는 우유 산
업에 영향을 미치므로 이를 규제할 수 있다는 이론이다.

　　1942년의 Wickard 판결111)에서 법원은 순수한 경제이론에 입각하여 완전한
(plenary) 통상규제권을 인정하는 판결의 행진을 완료했다. Wickard 판결에 의하
면 아무리 미세한 규모의 주내행위라 할지라도 반복·집적되는 경우에 주간통상

---

104) Mulford v. Smith, 307 U.S. 38 (1939).
105) United States v. Rock Royal Co-operative, Inc., 307 U.S. 533 (1939).
106) NLRB v. Friedman-Harry Marks Clothing Co. 301 U.S. 58 (1937).
107) United States v. Darby, 312 U.S. 100 (1941).
108) 할란 스톤(Harlan Stone: 1872-1946) - 후버(Hoover) 대통령에 의해 1925년에 임명되고 1941
　　　년 루즈벨트(Roosevelt) 대통령에 의해 원장 승진 임명.
109) 312 U.S. 100, 115 (1941).
110) United States v. Wrightwood, 315 U.S. 110 (1942).
111) Wickard v. Filburn, 317 U.S. 111 (1942).

에 영향을 미칠 가능성이 있으면 규제의 대상이 될 수 있다고 했다. 이러한 논거에 의해 법원은 대부분 자급자족에 충당할 뿐 시장에 판매하는 양이 극소치에 불과한 농민의 연간 밀 생산량에 대한 연방의 쿼터를 합헌으로 인정한 것이다.[112]

한마디로 말하자면 이제 법원은 주내행위와 주간통상간의 연관성이나 경제적 영향에 관해서는 입법부의 판단을 아무런 비판 없이 존중하겠다는 뜻을 표명함으로써 일찍이 Gibbons 판결[113]에서의 마샬 원장이 내린 광범하기 짝이 없는 통상의 개념으로 돌아가게 되었다.[114]

(4) 통상조항의 영역확대(1964년 이후) - 민권법, 연방형사법 및 주정부의 행위규제

1) 서

1964년 이후의 통상조항의 확대적용의 예는 상식의 수준을 훨씬 상회한다. 이미 전통적인 의미의 '통상'(commerce)의 개념이 과연 어떠한 최소한의 의미라도 보유하는가라는 의문이 정당하게 제기될 수 있을 정도로 연방의회는 제반 국가목적을 달성하기 위한 입법의 제정에 있어 헌법적 근거가 불명한 경우에 통상조항을 전가(傳家)의 보도(寶刀)로 사용했다.[115]

이러한 통상규제권의 적용영역 확대현상이 현저하게 표출된 3대 영역으로 민권입법(civil rights legislation), 전통적인 주법상의 범죄에 관한 연방의 형사입법, 그리고 주권보유자로서의 주정부의 행위에 대한 연방의 규율을 들 수 있다.

2) 민권입법

존슨(Johnson) 대통령의 위대한 업적일 뿐만 아니라 미합중국 사상 가장 중요한 입법의 하나로 평가받고 있는 너무나도 유명한 1964년 민권법(civil Rights Act of 1964)은 그 시행과 동시에 유효성에 대한 도전에 직면해야 했다. 동법 제2부(Title Ⅱ)는 누구든지 인종, 피부색, 종교 또는 출생지를 이유로 공중접객업소(public accommodation)를 동등한 조건으로 이용할 타인의 권리를 박탈 또는 제한하는 자에게 형벌을 부과했다. 동법의 적용대상은 몹시도 광범하여 소량이나마 타주에서 반입되었거나 기타의 방법으로 주간통상에 영향을 미칠 가능성이 있

---

112) 317 U.S. 111, 114 (1942).
113) 앞의 주 27 및 본문 참조.
114) Rotunda et al., 앞의 책, 299면.
115) 미연방헌법 제1조 제8항에 의해 연방의회의 입법권은 구체적으로 열거된 제한된 대상에 한정된다는 것을 상기할 필요가 있다.

는 제품이나 원료를 사용하는 일절의 식당과 숙박업소를 포함하고 있었다.116)
Heart of Atlanta Motel 판결117)에서 대법원은 동법의 대 호텔 적용의 합헌성을
인정했다. 동법의 제정사를 검토해 보아도 호텔의 인종차별행위가 주간통상에
영향을 미친다는 주장을 뒷받침할 만한 의회의 사실인정(Congressional finding)을
찾아볼 수 없었다. 그러나 법원은 스스로가 의회의 경제적 판단을 재심하기에
적합한 기관이 아니라는 사법자제의 태도에 입각하여 명시적인 의회의 사실인
정의 필요성을 부정했다.

    법원의 의견에 의하면 의회의 입법이 주간통상에 합리적으로 연결되어 있을
일말의 가능성(arguable connection between the regulation and the interstate com-
merce)이 존재하는 한 비록 의회의 의도가 상업적(commercial)이 아니더라도 그
유효성이 인정되어야 한다고 한다.

        당법원이 판단할 유일한 문제는 (1) 숙박업계의 인종차별행위가 주간통상에 영
    향을 미친다고 의회가 인정할 합리적 근거(rational basis)가 존재하는가, (2) 만약
    이러한 근거가 존재하는 경우에 의회가 선택한 수단이 이러한 악의 제거를 위해 합
    리적이고도 적절한지(reasonable and appropriate)에 관한 것뿐이다.118)

    "알리 바베큐"(Ollie's Barbecue) 판결로 알려진 Katzenbach v. McClung 판
결119)에서 대법원은 문제의 민권법조항이 주민 단골손님 상대의 소규모 시골
식당에도 적용된다고 판시했다. 문제된 식당은 앨라배마(Alabama)주 버밍험
(Birmingham)시 소재의 가족경영 식당으로 주간 고속도로(interstate freeway)에서
1마일 이상이나 떨어진 타주의 주민이나 여행객이 이용할 기회가 몹시도 희박한
업소였다. 그러나 대법원은 동업소가 전년도에 타주산의 육류를 구매한 사실이
통상조항과 동법의 적용대상으로 끌어들임에 충분하다고 판결한 것이다.

    여기에서도 마찬가지로 사법심사의 기준은 단순히 의회의 입법에 앞서 통상
의 보호를 위해 필요하다고 인정할 합리적인 근거가 존재했느냐 여부이다.

---

116) 동법의 한국서 번역본은 로렌스 프리드먼(Lawrence Friedman) 저, 서원우·안경환 역, 미국법
    입문, 대한교과서, 1987 부록 참조.
117) 379 U.S. 241 (1964).
118) 379 U.S. 241, 258-259 (1964).
119) 379 U.S. 241, 294 (1964).

3) 연방형사법

연방의회는 연방의 이익을 보호하기 위하여 범죄를 규정하고 형벌을 부과할 고유한 권한이 있음은 의문의 여지가 없다. 헌법의 '재산권'(property power) 조항에 의거하여[120] 연방의 토지상에 행해진 행위에 관련된 범죄를 규정할 수 있고 우정권(postal power)[121]을 근거로 주간통신에 관련된 행위를 벌할 수 있으며 과세권(taxing power)[122]에 의거하여 연방세의 포탈행위를 형사처벌하는 것이 가능하다.

이와는 별도로 통상규제권도 연방형사법 제정의 독립된 근거가 될 수 있다. 이러한 통상규제권에 근거한 형사법에 대한 사법심사의 기준도 여타의 경우와 동일하다. 통상조항에 근거한 형사법의 적합한 대상행위가 되기 위해서는 문제의 행위가 주간통상에 관련되거나 영향을 미치거나 주간통상을 보호하기 위하여 필요하고도 적절해야만 한다라는 것도 여타의 경우와 동일하다.

역사적으로 볼 때 가장 논리상의 무리가 따르는 연방형사법은 다른 범죄의 목적물이나 과실의 주간수송을 금지하는 형태로 나타났다. 부도덕한 목적으로 부녀자를 수송하는 행위를 범죄로 한 Mann법[123]이나 장물인 자동차를 타주로 반출하는 행위를 연방죄로 규정한 Dyer법,[124] 주간통상에 관련된 약취죄를 규정한 Lindbergh법[125] 등이 이미 대법원에 의해 합헌적인 통상규제권의 발동으로 인정받은 바 있었다.

입법부의 판단을 존중하는 이러한 대법원의 태도는 1971년의 Perez 판결[126]에서 재확인되었다. 동판결에서 법원은 고리대(loan sharking) 행위를 연방범죄로 규정한 소비자신용보호법 제2부(Title Ⅱ of the Consumer Credit Protection Act)를 합

---

120) Article Ⅳ, Section 3, Cl. 2. U.S. Constitution "Congress shall have power to dispose of and make all needful Rules and Regulations respecting the territory and other property belonging to the United States…."

121) Article Ⅰ, Section 8, Cl. 7; Ex parte Jackson, 96 U.S. (6 Otto) 727 (1878). (우편에 의한 복표 송부행위를 범죄로 규정); Roth v. United States, 354 U.S. 476 (1957) (음란물의 우송행위를 범죄로 규정).

122) Article Ⅰ, Section 8. Cl. 1; 18 U.S.C.A. §3045 et scq.

123) 18 U.S.C.A § 2421. Hoke v. United States, 227 U.S. 308 (1913) 참조.

124) 18 U.S.C.A § 2312. Brooks v. United States, 267 U.S. 432 (1925) 참조.

125) 18 U.S.C.A. § 1201. Gooch v. United States, 297 U.S. 124 (1936) 참조

126) Perez v. United States, 402 U.S. 146 (1971).

헌판결한 것이다. 동법은 해당죄의 구성요건으로 고리대부행위 또는 협박적인 방법의 채권추심행위와 주간통상간의 구체적인 연관관계를 요구하지 않았다. 그러나 동법의 서두 부분에 조직범죄는 그 근본성격이 범주(凡州)적이고 범죄단체의 운영자금의 상당부분이 고리대거래에서 조달된 것이며 비록 이러한 고리대 행위가 순전히 일주 내에서 행해진 경우에라도 주간통상이나 대외국통상에 직접적으로 영향을 미친다라는 의회의 사실인정(Congressional finding)이 서술되어 있었다.

뉴욕주 내에서 행해진 피고인 Perez의 유죄를 확인한 판결문의 집필자 더글러스(Douglas) 판사는 이와 같은 의회의 사실인정과 판단은 합리적이며 동법의 유효성을 방어하기 위해 구체적인 연관관계를 입증할 필요가 없다고 판시했다.[127]

다시 한 번 수정 제10조가 통상조항에 대한 제약이 될 수 없음이 1971년에 재확인된 셈이다.

4) 주정부 및 지방정부의 행위규제

1936년과 1976년 사이의 기간 동안 대법원은 수차례에 걸쳐 주정부의 행위를 규율하는 연방법규를 심사할 기회를 가졌다. 1968년 이전에 법원은 철도의 안전, 노사관계, 주정부소유기업의 사용자책임문제 등을 규율하는 연방법의 합헌성을 인정했다.[128] 비록 법원이 주정부는 일반국민이 보유하는 수준을 넘어 연방통상규제권의 행사를 봉쇄할 권한이 없다고 한 판결도 있지만[129] 순수한 주권보유자로서의 주정부의 종업원에 관해 연방법이 규율할 수 있느냐의 문제는 미지수로 남아 있었다.

1968년의 Wirtz 판결[130]에서 법원은 7 대 2의 표결로 주 및 지방정부의 병원이나 학교의 종업원에 대해 연방법상의 최저임금기준을 적용하도록 요구하는 것은 위헌이 아니라고 판시했다. 동판결에서 주간통상에 영향을 미치는 기업의 근로시간, 임금 기타 근로조건에 관해 규율할 연방의 권한이 존재한다는 점에 대해서는 어느 판사도 이의를 제기하지 않았다. 동판결에서 문제된 유일한 이슈는 헌법이 주정부와 지방정부에 대한 특별한 예외를 인정하여 이들을 통상규제

---

127) 402 U.S. 146, 155-156 (1971).
128) United States v. California, 297 U.S. 175 (1936), California v. Taylor, 353 U.S. 553 (1957).
129) 297 U.S. 175, 184-85 (1936).
130) Maryland v. Wirtz, 392 U.S. 183 (1968). Wirtz 판결은 후술할 National League of Cities 판결(1976)에 의해 일부 번복되었으나 Garcia 판결(1985)에 의해 다시 소생되었다.

권의 대상에서 제외했느냐 여부였다. 다수의견은 이를 부정적으로 해석하여 "의회는 독립된 주권보유자로서의 주의 지위를 전면부정하는 행위를 할 수는 없으나 헌법은 통상규제권에 대한 어떠한 구체적인 제약을 부과하지 않았다"[131]라고 판시했다.

1970년대에 들어와 법원의 인적구성에 상당한 변화가 발생했고 신임판사들의 사상과 철학을 감안해 볼 때 수정 제10조를 무기로 한 주권론이 전개될 조짐이 엿보였다.[132]

몇 건의 판결[133]을 통한 전주(前奏)를 보인 강력한 주권론은 1976년의 National League of Cities[134] 판결을 통해 새로운 장을 열었다. 현임 원장 렌퀴스트(Rehnquist) 판사의 대표작의 하나인 판결문은 선판례였던 Wirtz 판결을 5:4로 번복하면서 연방근로기준법(Fair Labor Standards Act)상의 최저임금 및 최고근로시간 관련조항은 주정부의 공무원에 대하여 적용할 수 없다고 판시했다. 렌퀴스트는 주정부가 자신의 종업원(employee)의 임금에 관해 자율적으로 규율할 권리는 주권체로서의 본질적인 속성으로 연방정부의 개입을 통해 연방화될 수 없다고 선언했다.[135]

National League of Cities 판결 이후의 일련의 후속판결에서 법원은 수정 제10조를 침해하지 않는 연방통상규제권의 범위와 한계에 관해 3단계의 심사기준을 정립했다. 즉 통상규제권에 근거한 연방법률이 수정 제10조의 항변을 극복하기 위해서는 ① '주를 주로서' 규율할 것(regulate "states as states") ② 명백하게 주권보유자로서의 주의 속성에 관련된 영역을 규율할 것 ③ 연방법을 준수하는 경우에 전통적으로 주의 영역에 속한 기능의 수행에 중대한 장애가 발생할 것[136]

---

131) 392 U.S. 183, 196 (1968).
132) 판사의 인적구성의 변동과 이들의 철학에 관하여는 러셀 갤러웨이 저, 안경환 역, 앞의 책, 191–203면 참조.
133) Employees of Dept. of Public Health and Welfare v. Missouri, 411 U.S. 279 (1973), Fry v. United States, 421 U.S. 542 (1975).
134) National League of Cities v. Usery, 426 U.S. 833 (1976).
135) 렌퀴스트, 버거, 오코너, 포웰의 보수주권론자에 동조하여 제5의 표를 던져 준 블랙먼은 이러한 수정 제10조 우선론 대신에 주 대 연방의 이익교량(balancing) 테스트를 근거로 삼아 이 경우에는 주의 이익이 우선한다고 했다. 426 U.S. 833, 856 (1976).
136) Hodel v. Virginia Surface Mining and Reclamation Association, 452 U.S. 264 (1981), E.E.O.C. v. Wyoming, 460 U.S. 226 (1983). 이와 같은 3단계 기준에 추가하여 관련된 연방의 이해관계가 필수불가결한 경우가 아닐 것이라는 요건을 부가시키는 듯한 판결도 있다. United

이라는 3대 요건이 충족되어야 한다는 것이다.

그러나 연방이 사적부문을 규제하는 경우에는 연방이 설정한 조건과 기준을 주가 동일한 부문을 규제하는 경우에 준수하도록 요구하는 것은 위헌은 아니라고 판시했다.[137] 또한 주립공원의 관리운영과 같이 전통적으로 주정부의 기능에 속하는 영역이라도 주정부의 고용정책이나 상업적 행위를 규율하는 것은 이로 인해 주의 경제적 부담이 증가하는 경우에도 주의 기능을 직접 침해한 것이 아니라고 했다.[138]

5) Garcia 판결

National League의 통치는 몹시도 단명한 것이 되었다. 1985년에 대법원은 세인의 놀라움 속에 5:4의 판결로 불과 9년 전에 자신이 내린 National League of Cities 판결을 명시적으로 번복했다. Garcia 판결[139]이 바로 그것이다. Garcia 판결의 다수의견은 National League of Cities 판결에서의 자신의 입장을 바꾼 블랙먼(Blackmun) 판사가 집필했다.[140] 역사적으로 관찰해보나 기능적인 측면에서 분석해보나 연방의 규제로부터 면제되는 주의 권한의 범위를 사법적으로 결정할 명백한 기준이 없다고 하면서 웨슬러(Wechsler), 차퍼(Choper) 두 교수의 주장을 인용하여 소위 연방제도하에서의 "정치적 과정"(political process)[141]이라는 개념을 강조했다. "정치적 과정"론의 내용인즉 연방의회의 구성 그 자체에 주가 중대한 역할을 하므로(즉 헌법에 의해 상원 2인과 인구비례의 하원을 선출하므로) 연방에 의한 주의 규율은 주권침해라는 적대적인 관계에서 파악할 것이 아니라 어느 정도 주의 자발적인 자기속박이라는 정치적 관점에서 이해해야 할 것이라는 주장이다. 블랙먼의 견해에 의하면 이와 같은 민주적 정치과정에 의해 산출된

Transportation v. Long Island R. R. Co., 455 U.S. 678, 684 n. 9. (1982); Federal Energy Regulatory Commission v. Mississippi, 456 U.S. 742, 763-4 n. 28 (1982).

137) Federal Energy Regulatory Commission v. Mississippi, 456 U.S. 742 (1982).

138) EEOC v. Wyoming, 460 U.S. 226 (1983).

139) Garcia v. San Antonio Metropolitan Transit Authority, 469 U.S. 528 (1985). Garcia 판결에서 직접 문제된 이유는 National League of Cities 판결에서나 마찬가지로 "연방공정근로기준법(Fair Labor Standards Act)상의 최저임금 및 최고근로시간 관련 조항이 지방정부가 소유 경영하는 대중교통사업에도 적용되느냐"라는 것이었다.

140) Harry Blackmun 판사의 사상적 전환에 관하여는 안경환, "해외법률가 평전, Harry Blackmun 편," 고시계 제352권, 1986 참조.

141) 469 U.S. 528 (1985) n. 11.

결과를 배척할 어떠한 사법원리도 성립될 수 없다는 것이었다.

　헌법의 아버지들은 주의 행위를 규제할 연방의 권한에 대한 제한은 연방정부 그 자신의 과제로 남게 두었다. 당법원은 1789년 이래 연방정부의 구조에 변화가 발생했으며 특히 1913년의 수정 제17조의 제정으로 주에 의한 연방상원의원의 선출로 연방제 정치과정에 있어서의 주의 영향력이 증대되었음을 인식하고 있다.142)

　렌퀴스트(Rehnquist), 버거(Burger), 오코너(O'connor) 및 포웰(Powell)은 블랙먼(Blackmun)의 배신에 분노하면서 National League of Cities 원칙을 고수하는 반대의견을 집필했고 특히 현 원장 렌퀴스트는 법원의 인적구성에 변동이 발생하여 Garcia 판결을 뒤집고 National League of Cities 원칙의 재통치가 이루어질 것이라고까지 공언했다.143)

Ⅲ. 결

　이상 미국헌정 200년사 동안의 연방제도의 전개과정을 연방의 통상규제권과 수정 제10조상의 주의 권한의 대비를 통해 관찰해 보았다.
　이에 나타난 결론은 지극히 짧은 예외의 시기를 제외하고는 미국헌정사는 연방권의 확대의 역사라고 해도 좋을 정도로 연방의 권한은 확대일로를 걸어 왔다는 것이며 그 권한의 확대는 헌법 제1조 제8항 제3절에 규정된 통상조항의 해석·적용을 통해 이룩되어 왔다는 것이다.
　이제 과연 수정 제10조에 의해 유보된 영역이 존재하느냐라는 근본적인 의문이 미합중국(United States of America)이 아니라 연합미국(A United State of America)이라는 반어적 표현과 함께144) 실감나게 느껴진다.
　연방권한의 확대에 논리적 정당성을 부여하는 제반요소(외교, 국방, 대외통상 등의 전통적인 연방고유권 이외에도 공해문제, 전국적인 차원의 노동자 문제, 교육문제, 전문직문제)는 급속한 문명의 발달에 비례하여 급증하고 있다. 이런 관점에서 볼

---

142) 469 U.S. 528, 542 (1985).
143) 469 U.S. 528, 545 (1985).
144) Potter Stewart, "Federalism: The National Government Versus The States," W. Friendly & M. Elliott, The Constitution: That Delicate Balance, Random House, 1984.

때 연방의 성립이나 수정 제10조의 비준 당시의 입법자들이 의도했던 연방주의
와 오늘날의 헌법질서로서의 연방주의 사이에는 상당한 차이가 발생하는 것은
필연적 귀결일지 모른다. 렌퀴스트 법원의 주권회복전쟁으로 어느 정도 연방권
의 확대에 대한 제동이 가해진 것이 예상되나 장기적 안목에서 볼 때 이도 일시
적인 현상일 뿐 연방의 권한확대는 돌이킬 수 없는 추세라고 해도 좋을 것 같다.

　　미국의 연방제도가 우리에게 던져주는 시사점은 다소 역설적이다. 미국의
연방제도의 중심이슈는 독립된 주권의 보유자로서의 각 주가 자신의 권한의 일
부를 위양한 형태로 성립된 연방에 의해 역으로 제약을 받게 되는 범위와 한계
의 문제이다. 한편 지방자치제도의 도입을 앞둔 우리나라의 형편은 강력한 중앙
정부를 정점으로 하여 하급 내지는 열위기관으로서의 지방정부에 대하여 어느
정도 권한을 위양할 것인가의 문제가 관건이므로 미국의 연방제도가 던져줄 교
훈은 간접적이고도 역설적이라고 할 수 있다. 이 문제에 관한 연구는 다음 기회
로 미룬다.

미국헌법의 경제조항

I. 머 리 말

지구상에 존재하는 거의 모든 나라의 국명은 단수형으로 표시되나 미국만은 예외로 정식국명은 "미합중국"(United States of America)으로 번역되는 복수형을 취한다.[1]

여기에는 정당하고도 충분한 역사적 이유가 존재한다. 한마디로 말하자면 미국이야말로 진정한 의미의 연방국가이기 때문이다.

미합중국은 탄생 과정에서부터 복수의 주권체를 전제로 하고 있다. "연합규약"(Articles of Confederation) 아래 비교적 완만한 결속을 유지하던 13개의 구(舊)식민지는 "보다 완전한 연맹을 창설하기 위하여"[2] 새로운 헌법을 채택하였다. 새 헌법의 구도에 의하면 중앙정부에 일정한 권한을 위양하면서 위양되지 않은 모든 권한을 주와 인민에 유보하는 이원적 주권체제를 지향한다.[3]

다시 말하자면, 연방헌법의 기본적 구도는, 연방의 권한은 주의 권한 중 일부를 위양받은 제한된 권한이라는 전제에 입각해 있다.

연방헌법의 경제조항도 마찬가지이다. 연방헌법상의 경제조항은 연방정부가 보다 원천적인 주의 권한을 침해하지 않는 범위 내에서 어떠한 내용의 입법을 제정할 수 있느냐의 문제로 귀착된다.

이 글은 연방헌법의 '경제조항'의 의미를 이 조항을 해석 적용한 연방대법원의 판결들을 중심으로 일별함에 목적이 있다. 보다 넓은 의미의 "경제 조항"에

---

1) George McKenna, A guide to the Constitution: That Delicate Balance, Random House, 1984의 A Discussion Guide Program 13 (Federalism: The National Government versus the States) p. 7. 미합중국의 주어는 "주들"(States)이다. 구 소련의 경우도 단수형의 국명(U.S.S.R., Union of Socialist Republics)을 취했고, 멸망 후에 이를 축소 승계한 독립국가연합(C.I.S., Confederation of Independent States)도 단수의 주어를 취한다.

2) 미연방헌법 전문의 "to form a more perfect Union"

3) 수정 제10조.

는 이 글에서 살펴보는 조항들 이외에도 헌법 제1조 제8항 제2절 및 제5절의 기
채권(起債權)과 통화규제권 등이 포함될 수 있지만, 이 글에서는 제1조 제8항 제
3절의 주간통상규제권(inter-state commerce, 속칭 통상조항 Commerce Clause), 제1
조 제8항 제1절과 수정 제16조를 포함한 이른바 조세권 조항들, 제1조 제8항 제
1절의 예산집행권 조항(Spending Clause), 그리고 제1조 제10항 등 수출 수입세
부과권 조항들에 한정하여 논의한다.4)

II. 통상조항(Commerce Clause)

1. 연   혁

(1) 연방헌법 제1조 제8항은 "합중국의회는 외국간, 각 주 상호간 및 인디언
과의 통상을 규율할 권한을 갖는다"고 규정하고 있다. 미국 연방헌법상의 통상
조항은 이렇듯 간결한 문구로 되어 있기 때문에, 미국 헌정사상 연방주의 개념
의 성립과 연방정부의 권한의 범위 결정에 있어서 이 조항의 '해석'이 역사상 중
요한 역할을 해왔다. 미국 연방헌법이 연방의 경찰권이나 미국민의 건강과 복지
증진을 위해 조처를 취할 수 있는 연방의 권한 등에 대해서는 규정하고 있지 않
으면서도 통상조항을 보유하고 있다는 데에 주목을 요한다.

(2) 헌법의 통상조항을 어떻게 해석하느냐에 따라 통상문제에 있어 개별 주
의 권한을 연방정부가 제한할 수 있는 범위가 협소하게도 방대하게도 규정될 수
있으므로, 통상조항의 해석 문제는 주와 연방의 세력균형이라는, 보다 근원적인
문제와 긴밀하게 연관되어 있다. 즉 통상조항 해석의 역사적 전개 과정에는 연
방주의의 역사적 발전 과정이 반영되어 있다. 미 연방대법원 역시 연방체제에서
의 연방정부와 주정부의 역할을 결정하는 도구로서 통상조항을 이용하여 이를
해석하여 왔다.

(3) 통상조항의 해석 기준 및 이에서 파생된 원리들을 이해하기 위해서는 다
음의 점들을 함께 생각해 보아야 한다.

---

4) 이 글의 논의는 Rotunda et al., Treatise on Constitutional Law, 2d. ed, West Publishing Co.,
   1991에 기초한 것임을 밝혀 둔다.

첫째, 연방과 주의 관계라는 주제와 직접적으로 관련된 주간통상에 대한 연방정부의 규제권한과 비교할 때, 외국과의 통상 또는 인디언과의 통상에 관해서는 연방정부는 전면적인 규제권한을 보유해 왔다.

둘째, 통상과 관련된 헌법 이전의 문제들이라든지 연방의회에게 통상에 대한 규제권한을 부여한 주권력의 성격을 이해하는 것은 통상조항 해석시 연방대법원이 선택할 수 있었던 해석의 범위와 연방헌법 제정자들의 의도를 파악하는 데에 도움이 될 것이다.

2. 대 외국 및 인디언 부족과의 통상에 관한 규제

(1) 오늘날에는 주간통상에 대한 연방의회의 규제권한이 외국과의 혹은 인디언과의 통상에 대한 연방의회의 규제권한과 동일한 권원을 가진 것임이 당연시되고 있으나, 이는 연방대법원이 판결을 통해 주간통상에 대한 규제권한의 문제에 있어서도 나머지 두 영역에서의 규제권한의 문제에서와 동일한 방식으로 의회에게 전권을 인정하는 결정을 내렸기 때문일 따름이다.

주간통상에 대한 규제권한의 문제에 있어서와는 달리, 외국과의 혹은 인디언과의 통상에 대한 규제 문제에 있어서는 연방의회의 규제권한을 제한해야 한다는 심각한 논의가 존재했던 바 없다. 이는 주간통상을 제외한 나머지 두 영역에서의 통상 문제에 있어서는 개별 주들의 중요하고도 정당한 독립된 이익을 인정할 계제가 없었기 때문에, 연방헌법 수정 제10조상 보장되는 각 주의 권한이라는 개념을 사용하여 연방정부의 권한을 제한하는 방법도 적용될 여지가 없었기 때문이다.

(2) 외국과의 통상: 연방헌법 제1조 제9항에 의하면 연방의회는 각 주의 수출품에 대하여 조세 또는 관세를 부과하지 못하며, 어느 주의 항구에도 다른 주의 항구보다 우월한 지위를 부여할 수 없다. 그러나 외국과의 통상 또는 국제무역의 영역에 있어서는 연방대법원은 연방의회의 규제권을 광범하게 인정해 왔다. 이는 연방정부는 명시적으로 열거된 근거 조항에 의해서만 자신의 행동을 정당화할 수 있다는 일반원칙에 대한 예외를 형성한다.

(3) 인디언(American Indian Tribes)과의 통상 : 연방대법원은 인디언 사회에 대해 준(準)주권체의 지위(quasi-sovereign status)를 인정하여, 이를 미합중국 영토 내에 존재하는 분리된 비독립 준주권체로서 규정하였다. 따라서 인디언과 관련

된 문제는 연방정부의 고유권한의 영역에 포함되는 것으로 인식되어 왔다.

(4) 인디언에 대한 처우와 평등보호조항 : 인디언에 대한 특별한 처우는 그것
이 인종적인 이유로 인해 불이익을 주는 것이라면 평등보호조항에의 위배 여부
에 대해 가장 엄격한 심사기준이 적용되겠지만, 인디언을 특별히 취급하는 것이
인디언에 대한 연방의회의 고유한 의무를 완수하기 위한 합리적인 이유에서 비
롯된 것이라면 그러한 처우는 연방헌법 수정 제5조에 내재적으로 보장하는 평등
보호에 위배되지 아니한다. 연방대법원은 통상문제에서의 인디언에 대한 차별화
는 인종적인 것이라기보다 정치적인 것이라는 이유로 평등조항에의 위배 여부
심사시에 합리성 심사기준만을 적용한다.

연방대법원은 준주권체로서의 지위를 이유로 인디언자치구역에 대하여는
연방헌법 수정 제1조에서 제10조의 기본권 보장 조항을 주에 대한 것과 동일한
방식으로 적용할 수는 없다고 판시하였다.

(5) 인디언에 대한 주법의 적용 문제 : 각 주는 연방의회가 위임한 범위 내에
서만 그 영역 내에 위치한 인디언자치구역 내의 행위에 대해 관할권을 갖는다.
인디언자치구역 외의 지역에서의 인디언의 행위에 대하여는 연방헌법, 조약, 기
타 연방입법에 위배되지 않는 한 개별 주의 입법이 적용된다.

3. 주간 통상의 규제[5]

Ⅲ. 연방의 과세권(Taxing Power)

1. 문언적 근거

헌법은 명문으로 연방의회에게 과세권을 부여하고 있다.[6]

---

5) 이 문제는 주간 통상규제권을 미국의 연방주의와 관련하여 정리한 다른 논문이 있으므로 이
   자리에서는 상론을 피한다. 안경환, "미국의 연방주의―통상조항을 중심으로," 한국공법학회
   편, 미국헌법과 한국헌법, 박영사, 1988, 393-424면 참조.
6) 연방정부에 과세권을 부여한 헌법조항으로는 아래의 구절들을 들 수 있다. (1) 제1조 제2항 제
   3절 ― "하원의원과 직접세는 합중국에 가입한 각 주의 인구수에 비례하여 이를 각 주에 배당
   한다…" (2) 제1조 제8항 제1절 ― "합중국 의회는 합중국의 채무를 지불하고 공동방위와 일반

이 권한은 특별히 부과한 2가지의 제한과 전면적인 금지의 경우 1가지를 제외하고는 절대적인 권한이다. 과세권이 제한되는 경우는 (1) 직접세와 인두세는 인구에 비례하여 각 주에 배분되어야 하며 (2) 관세 및 소비세는 합중국전역을 통해 동일해야 한다는 것이다. 과세권이 전면적으로 제한되는 경우는 주로부터 수출되는 물품에 대한 과세이다. 이 밖에도 수정 제5조의 적법절차조항에 의해 연방의회의 관세권이 일반적인 제한을 받게 됨은 물론이다.

1913년 수정 제16조의 제정에 의해 연방의회는 각주 간에 배분을 고려하지 않고도 연방소득세를 부과할 수 있게 되었다. 이 조항은 1885년의 Pollock v. Farmer's Loan & Trust Co. 판결을 번복하기 위한 헌법적 조치였다. 그로부터 42년 후에 New York ex rel. Cohn v. Graves 판결이 Pollock 판결을 번복함으로써 수정 제16조를 확인했다.

2. 직접세 대 간접세

헌법은 연방의회에 광범한 과세권을 부여하고 있지만 직접세와 간접세라는 이원적, 대립적 구조가 일관된 법원칙의 발전에 상당한 장애가 되었다.

Pollock 판결이 내려진 1895년에는 "직접세"란 토지에 대해 부과되는 세금과 인두세를 의미하는 한정된 개념이었다. 법원도 3건의 중요한 판결에서 이러한 정의를 확인한 바 있었다.[7]

이러한 선판례의 관점에서 볼 때 Pollock 판결은 몹시도 충격적인 것이었다. 수정 제16조의 제정을 통해 Pollock 판결이 번복된 것은 정치적으로 대중민주주의 이념이 새로운 시대정신으로 헌법에 반영된 것을 의미한다.[8] 이러한 대중민주주의의 이념이 1894년 소득세법(Income Tax Act of 1894), 1909년 기업소비세법(Corporate Excise Tax Act of 1909)의 제정으로 나타났다.

복리에 대비할 목적으로 조세, 관세, 간접세 및 소비세를 부과할 권한을 보유한다. 다만 모든 관세, 간접세 및 소비세는 합중국 전역을 통하여 획일적이어야만 한다." (3) 제1조 제9항 제4, 5절 ― "인두세 기타 직접세는 미리 실시한 국세조사 및 통계에 비례하지 아니하고는 이를 부과하지 못한다." "어떤 주로부터 수출되는 물품에 대하여 조세 또는 관세를 부과하지 못한다." (4) 수정 제16조 ― "합중국 의회는 재원을 불문하고 각 주에 분배하지 아니하고 또는 국세조사나 통계에 무관하게 소득에 대한 조세를 부과할 권한을 보유한다."

7) Hylton v. United States, 3 U.S. (3 Dali.) 171, 1 L.Ed. 556 (1796); Veazie Bank v. Fenno, 75 U.S. (8 Wall.) 533, 19 L.Ed. 482 (1869): Springer v. United States, 102 U.S. (12 Otto), 26 L.Ed. 253 (1880).

8) R. Paul, Taxation in the United States, Ch. I, Little, Brown, 1954.

이러한 대중민주주의 이념의 헌법침투에 대한 저항의 예를 1911년의 Flint 판결[9]에서 확인할 수 있다. 1909년 기업소비세법은 어떤 주(state)나 준주(territory) 내에서 영업활동을 하는 모든 기업에 대하여 연간 5천 달러를 초과하는 당기순이익에 대하여 1퍼센트의 특별세를 부과하도록 규정했다. 이 조항이 위헌임을 주장한 원고측은 Pollock 판결을 선판례로 원용하면서 기업 소득의 원천은 부동산과 동산이므로 이는 성격상 직접세에 해당하고, 따라서 인구수에 따라 각 주 간에 배분되지 않으면 위헌이라고 주장했다.[10]

그러나 Flint 판결은 이 법에 근거한 조세의 성격을 "기업의 자격에서 행한 영업활동에 대한 조세로…부과의 기준은 소득"이라고 개념을 정립했다.

이어서 법원은 각종 조세의 합헌을 인정한 선행판결들을 종합한 후에(적어도 법원의 관점에서는) 직접세와 간접세의 구분의 실익이 없다고 판시했다. 즉 과세의 대상이 의회의 권한 범위 내에 속하는 이상, 과세의 방법은 법원의 관심사가 아니라는 것이었다.

이러한 Flint 판결이 표명한 직접세-간접세 구별의 사실상 무용론이 후속판결들에서도 일관적으로 반복되었다. 즉 1898년에 제정된 법에 근거하여 부과된 연방상속세,[11] 연방연초세,[12] 및 정당(精糖)에 대한 특별소비세[13]는 헌법이 주간 배분을 요구한 직접세가 아니며, 1916년에 제정된 연방부동산상속세법[14] 및 1924년의 연방증여세[15] 또한 직접세가 아니라고 각각 판시했다.

3. 균일조항(Uniformity Clause)

조세의 성격이 간접세로 일단 선언되면 헌법 제1조 제8항 제1절의 균일성의 요건은 쉽게 충족될 수 있다. 균일조항의 목적은 연방정부가 과세를 통해 특정 주를 부당하게 차별하지 못하도록 연방의 통상규제권을 제한함에 있다.[16] 그러

---

9) Flint v. Stone Tracy Co., 220 U.S. 107 (1911).
10) Pollock 판결에서 다수의견은 소득을 발생시키는 재산에 대한 과세는 소득에 대한 과세와 마찬가지로 직접세에 해당한다고 판시한 바 있다.
11) Knowlton v. Moore, 178 U.S. 41 (1900).
12) Patton v. Brady, 184 U.S. 608 (1902).
13) Spreckles Sugar Refining Co. v. McClain, 192 U.S. 397 (1904).
14) New York Trust Co. v. Eisner, 256 U.S. 345 (1921).
15) Bromley v. McCaughn, 280 U.S. 124 (1929).
16) United States v. Ptasynski, 462 U.S. 74, 81 (1983).

므로 이 조항은 연방정부가 과세의 대상이 되는 세원을 창설할 권한을 제한하지 않으며,[17] 마찬가지로 누진세 제도를 도입하거나[18] 창설 준비단계에 있는 준주에 대해 과세할 연방의 권한을 제한하지 않는다.[19]

이렇듯 연방의회는 이 문제에 관한 한 광범한 재량을 누린다는 것이 대법원의 일관된 판단이었고, 이러한 원칙은 1983년의 Ptasynski 판결[20]에서 재천명되었다. 이 판결에서 합헌성이 다투어진 연방의 조세법(Crude Oil Windfall Profit Tax Act, 26 U.S.C.A. S. 4986 이하)은 Alaska 주를 포함한 일부 주에서 산출된 원유에 대해 면세 내지는 상대적으로 낮은 세율을 적용하였다. 연방지방법원은 이러한 차별조치에 대하여 균일조항의 위반으로 동법의 전면무효를 선언한 바 있었다. 대법원은 지방법원의 판결을 번복하면서 균일조항은 지역을 기준으로 한 차별과세를 전면적으로 금지하는 것은 아니고 다만 법원에 의한 엄격한 사법심사를 요구할 뿐이라고 해석했다. 지역을 기준으로 한 간접세의 차별과세에 대해서는 엄격한 사법심사를 행해야 한다는 공식입장과는 달리 실제로 법원은 의회의 판단에 대해 고도의 경의를 표한 채 사실상 무비판적으로 이를 수용해 주었다.[21]

결론적으로 말하자면 균일조항은 연방의회의 간접세 부과권에 대해 사실상 중대한 제약을 가하지 않는다고 볼 수 있다.

4. 연방의 과세권과 적법절차

연방의 과세권의 행사에 대해 적법절차를 근거로 한 도전이 간헐적으로 행해진 예가 있었지만 성공한 경우는 드물다. 수정 제16조의 비준에 이어 제정된 최초의 소득세법(1913년)에 대해 소급적용과 누진세를 부과한 것은 적법절차의 위반이라는 이유로 위헌 소송이 제기되었다.[22] 이러한 주장에 대해 법원은 지극히 광범한 언어로 수정 제5조의 적법절차 조항은 과세권에 대한 제약이 될 수 없다고 일축했다.

---

17) Regan v Taxation with Representation of Washington, 461 U.S. 540 (1983).
18) Knowlton v. Moore, 178 U.S. 41 (1900).
19) Downes v. Bidwell, 182 U.S. 244 (1901).
20) 462 U.S. 74 (1983).
21) 462 U.S. 74, 86 (1983).
22) Brushaber v. Union Pacific R.R. Co., 240 U.S. 1 (1916).

이러한 법원의 태도는 후속 판결들에서도 일관되게 유지되어 왔다.[23]

5. 규제수단으로서의 연방세

조세는 그 본질적 속성상 기업활동과 통상에 중대한 경제적 영향을 미친다. 아무리 중립 공평과세의 원칙을 표방하고 이를 준수하기 위한 제도적 장치가 구비된다고 하더라도 결과는 마찬가지일 것이다. 20세기 초에 이르기까지 관세는 연방재정의 중요한 재원의 하나로 인식되었으며, 외국 상품에 대한 미국 상품의 경쟁력을 보호하는 중요한 수단이 되었다는 점에서 규제적인 성격을 띠었다. 그러나 연방재정에 전혀 기여하지 아니하거나 또는 지극히 기여도가 낮은 보호관세가 합헌으로 인정된 것은 1928년의 일이었다. J.W. Hampton Jr., & Co. v. United States 판결에서 법원은 보호관세정책의 역사에 대한 개원 연방의회의 기록을 검토한 후에 결론을 내렸다.

> 법을 제정한 연방의회의 의도가 국가의 일반복리를 증진시키기 위해 재정을 확보함에 있고 해당 법이 이러한 목적의 달성에 기여하는 한, 과세의 대상을 선택함에 있어 다른 동기가 존재한다고 하더라도 의회의 행위를 제재할 수 없다.[24]

법원의 이러한 방관적 태도는 후속판결들에서도 지속적으로 확인되었다. 입법의 목적이 무엇이든 무관하게 의회의 숨은 의도를 법원이 심사한다는 것은 부적절하다는 것이다.

그러나 비록 연방의회의 과세권이 광범하고도 포괄적인 것이라고 할지라도 구체적인 헌법조항을 위반한 경우에는 효력을 보지(保持)할 수 없음은 물론이다. 과세권의 행사로 자기부죄의 금지의 원칙을 위반할 수 없다는 판결이 그 예이다.[25] 수정 제10조는 이러한 구체적인 제한규정으로 볼 수 없을 것이다. 1922년의 미성년노동 과세사건(Child Labor Tax Case)에서 반대 취지의 판결이 있었지만 오늘날에는 수정 제10조를 연방의 과세권에 대한 개별적이고도 구체적인 제한규정으로 파악하지 않는 것이 법원의 기본적인 태도이다.

---

23) Corliss v. Bowers, 281 U.S. 376 (1930): Burnet v. Wells, 289 U.S. 670 (1933).
24) 276 U.S. 394, 412 (1928).
25) Marchetti v. United States, 390 U.S. 39 (1968).

Ⅳ. 연방예산의 집행권(Power To Spend)

1. 법 원 칙

연방의회가 과세권의 행사로 조성한 재정예산을 집행할 권한을 보유한다는 것은 지극히 당연한 논리적 귀결이다. 헌법의 문언에도 예산집행권은 과세권과 함께 "공동의 방위와 공공복지를 도모할" 권한이라는 추상적인 문구로 결합되어 있으며[26] 예산은 배정(appropriation)이라는 절차를 통해서만 집행될 수 있다고 명확히 선언하고 있다.[27] 공동의 방위를 위해 예산을 집행할 권한이 문제된 판결은 아직 없다. 마찬가지로 '공공복지'(general welfare)를 도모하기 위한 예산집행권의 성격과 범위에 관련해서도 많은 판결이 축적되어 있지 아니하다.[28]

1936년의 Butler 판결[29]에서 최초로 공공복지를 도모하기 위한 예산집행권의 법리에 관한 법적지침이 정립되었다. 이 판결에서 법원은 건국시기까지 소급하여 이 조항에 관련된 논쟁의 역사를 검증하면서 해밀턴(Hamilton)과 매디슨(Madison)의 논쟁 중에 해밀턴의 주장을 채택하여 이 조항은 헌법에 열거된 연방의회의 여타의 권한과는 다른 보다 광범한 권한을 부여한 것이라고 결론을 내렸다. 그리하여 공공복지를 위한 예산의 집행권은 헌법에 직접 규정된 목적의 입법에 한정되지 않는다고 결론을 내렸다.[30]

2. 예산집행권의 제한 원칙

1987년 렌퀴스트(Rehnquist) 법원은 출범과 동시에 예산집행권의 제한에 관한 원칙을 선언했다. South Dakota v. Dole 판결[31]에서 21세 미만의 시민에게 주류의 구매나 공공소지를 허용한 주에 대해서는 연방의 보조금을 유보한 연방법률의 효력이 다루어졌다. South Dakota 주는 수정 제21조 제2항은 각 주에 대

---

26) 미연방헌법 제1조 제8항 제1절.
27) 미연방헌법 제1조 제9항 제7절.
28) 이 문제에 관해 판결이 희소한 이유의 하나는 연방 납세자의 자격에서 인정되는 원고적격(standing)을 보유하는 범위가 몹시도 축소되어 있기 때문이다.
29) United States v. Butler, 297 U.S. 1 (1936).
30) 297 U.S. 1, 65-66 (1936).
31) 483 U.S. 203 (1987).

해 자주의 영토 내에서는 주류의 수입과 판매를 허가할 완전한 권한을 부여했다
고 주장했다. 문제의 조항은 자주 내에서 주류의 수입과 판매를 '금지'(prohibit)
할 권한을 명문으로 인정할 뿐 '허용'할(allow) 권한에 관해서는 명시하지 않았
다. 금지의 권한 속에는 이를 허용할 권한이 당연히 포함된다는 것이 문언의 상
식적인 반대해석이겠지만 법원은 이 점을 명확히 선언하지 않은 채 보다 좁은
법리를 정립했다.

즉 공공복지의 도모를 위한 연방의 예산집행권은 그 행사에 있어서 준수해
야 할 4가지의 헌법적 원칙이 존재한다고 선언했다. 그 내용인즉 (1) 공공복지
의 개념은 연방의회의 경험을 통해 정립된 관행을 존중할 것이며 (2) 연방의회
가 예산집행의 대가로 주정부가 수용해야 할 조건을 부과할 의도라는 것을 "명
확한 언어로" 천명할 것이며 (3) 이러한 조건이 연방차원에서 추진하는 특정의
사업이나 계획에 연관되어 있어야 하며 (4) 여타의 헌법조항이 "연방재원의 조
건적 지급에 장애가 되는지 여부"를 점검해야 한다.

3. 수정 제10조의 문제

수정 제10조는 연방의회의 예산집행권에 대한 독립의 제약이 될 수 없다는
것이 현재의 대법원의 입장이다. 이 문제에 관련하여 주 정부의 배타적인 영역
에 속하는 부문이 존재한다는 것은 상정하기 힘들다. 따라서 연방대법원은 연방
의 예산집행 계획이 주 정부의 공공복리 증진권 내지는 경찰권(police power)을
침해하였다는 이유로 위헌으로 선언하지 않을 것이다.

주 정부가 연방의 재원을 수용할 경우에는 그 재원의 사용에 부과된 조건
또한 함께 수용해야만 한다는 것은 당연한 논리적 귀결이다.[32] 이러한 논리가
Butler 판결의 원칙과 함께 반영된 판결의 예로 Buckley v. Valeo 판결[33]과
Oklahoma v. United States Civil Service Commission 판결[34]을 들 수 있다.
Buckley 판결에서는 대통령선거의 입후보자에게 선거자금을 지원함에 있어 준
수해야 할 조건을 부과하는 규정을 합헌이라고 판결했으며, Civil Service
Commission 판결에서는 Oklahoma 주에 대해 연방 교통자금을 지원하는 조건

---

32) Bell v. New Jersey, 461 U.S. 773 (1983).
33) 424 U.S. 1 (1976).
34) 330 U.S. 127 (1947).

으로 연방법이 금지한 행위를 한 주의 공무원을 해고할 조건을 부과한 조치를 합헌이라고 판시한 것이다.

4. 수정 제21조 문제

수정 제21조는 연방재원의 조건부 배분에 대한 헌법적인 장애가 되지 못한다는 것은 Dole 판결이 천명한 바 있다. 이 판결에서 법원은 Butler 판결의 요지를 "연방의 예산집행권의 행사에 대한 헌법적 제한은 이를 직접 규제하는 권한보다는 덜 엄정하다"라고 해석하면서 비록 연방의 위협에 의해 South Dakota 주가 주류 구입의 최저연령을 21세로 인상한다고 하더라도 어느 누구의 헌법적 권리에 대해서도 침해가 발생하지 않을 것이라고 부연했다.

5. 연방예산의 집행권과 행정부

연방의회의 예산집행권은 주 정부에 대해서뿐만 아니라 연방의 행정부에 대해서도 마찬가지의 통제력을 행사한다. 또한 South Dakota v. Dole 판결의 기준은 연방행정부에 대한 예산집행의 경우에도 마찬가지로 적용된다. 물론 이 경우는 수정 제10조가 적용될 여지가 없지만 다른 헌법 규정에 위반될 여지는 있다.

사권박탈금지(Bill of Attainders)의 조항을 위반한 연방예산의 집행은 위헌이며[35] 헌법이 상정하는 권력분립의 원칙에 위반하여 행정부의 권한을 제약, 축소하는 방향으로 집행하는 경우에도 위헌이다.[36]

6. 예산배정조항(Appropriations Clause)

수정 제1조 제9항 제7절은 "법률에 근거한 배정을 거치지 아니하고는 재정의 인출을 할 수 없다"라고 규정하고 있다. 따라서 연방정부가 재산을 집행하는 경우에는 법령에 그 근거를 두지 않으면 안 된다.[37] 연방범죄를 범한 처벌을 전면적으로 무효화시킬 수 있는 대통령의 사면권에 근거해서도 범죄자로부터 몰수한 재산의 반환을 명할 수 없다.[38]

---

35) United States v. Lovett, 328 U.S. 303 (1946).
36) 예를 들어 연방대법원의 절차에서 법무성이 정부의 입장을 개진할 기회를 축소하는 방향으로 예산을 배정, 집행하는 경우는 위헌이다.
37) Reeside v. Walker, 52 U.S. (11 How.) 272, 291 (1850).
38) Knote v. United States, 95 U.S. 149 (1877).

7. 연방법규의 예

주 정부나 민간 기업 또는 일반국민에게 연방의 재원을 제공하면서 일정한 조건을 부착시키는 것이 전형적인 관행이다. 이를테면 연방의 재원으로 행하는 사업에 관련하여 인종차별을 금지하거나 소수인종에 대한 특별한 배려를 조건으로 부착하는 예가 많다. 1973년의 재활법(Rehabilitation Act of 1973)은 연방의 재원으로 시행하는 사업에서는 신체적 장애만을 이유로 차별하지 못한다는 조항을 규정하였다.[39]

1972년의 주 및 지방정부 부조사업법(The State and Local Act of 1972)은 동법에 의해 시행하는 주 정부의 사업에서는 인종, 출생지, 성별을 이유로 한 차별을 금지하는 조항을 담고 있으며,[40] 이 조항에 1975년의 노령자 차별금지법(Age Discrimination Act of 1975)의 차별금지조항[41]과 1964년의 민권법(Civil Rights Act of 1964)의 종교차별금지조항,[42] 그리고 1968년 민권법 제8부(Title Ⅷ of the Civil Rights Act of 1968)[43]가 수용되어 있다.

사립대학도 1964년 민권법의 적용을 받아 학생 중 1인이라도 원호처(Veteran's Administration)가 제공하는 전역자교육지원금의 수혜를 받는 이상 차별을 할 수 없다. 이 문제는 1975년 연방하급법원의 판결에 의해 명백하게 선언된 바 있다.[44] 사기업의 경우도 마찬가지이다. 연방정부가 지불보증한 재원으로부터 대출을 받은 사기업이 공공접객업 내지는 위락시설을 운영하는 경우에는 인종, 피부색, 출생지에 무관하게 고객을 수용해야 할 의무를 진다.[45]

이러한 통제수단 이외에도 연방의회는 예산을 집행함에 있어 소기의 목적이 달성될 수 있도록 많은 제도적 장치를 강구하기도 한다. 재원을 제공함에 있어 부착된 조건을 위반하는 기관에 대해 피해자가 손해배상과 금지명령을 청구할 수 있는 권리를 부여하기도 하고,[46] 재원의 적정한 배분을 감독하기 위한 특별

---

39) 29 U.S.C.A. 794.
40) 31 U.S.C.A. 1221.
41) 42 U.S.C.A. SS. 6101-6107.
42) 42 U.S.C.A. S. 1981 이하.
43) 18 U.S.C.A. S. 241 이하.
44) Bob Jones University v. Johnson, 396 F. Supp. 597 (D.S.C. 1974); 529 F.2d 514 (4th Cir. 1975).
45) Hawthorne v. Kenbridge Recreation Association, Inc., 341 F. Supp. 1382 (E.D. Va. 1972).
46) Maine v. Thiboutot, 448 U.S. 1 (1980).

한 기관을 창설하기도 하며,[47] 적극적 인종차별 해소정책(affirmative action)을 펴기 위해 시행사업의 일부를 소수인종에 대해 할당하기도 한다.[48]

V. 수입 수출세의 부과권(Import and Export Duties)

1. 헌법규정

연방헌법의 수입과 수출에 관련된 규정은 3개의 항에 걸쳐 나뉘어져 있다. 첫째, 제1조 제8항 제1절은 연방의회에 대하여 "조세, 부과세, 간접세를 부과할 권한"을 부여하고 있다. 이 조항을 제정함에 있어 기초자들은 연방의회가 권한을 행사하는 방법을 두 가지로 한정했다. (1) 의회의 징세권의 발동은 공익의 목적에 한정된다. (2) "모든 조세, 부과세, 간접세는 합중국 전역을 통해 균일해야만 한다."[49] 둘째, 헌법 제1조 제9항 제5절은 "한 주로부터 수출되는 물품에 대하여 조세나 관세를 부과하지 못한다"라고 규정한다. 세 번째로 헌법 제1조 제10항 제2절 및 제3절은 각 주는 자주로부터 수입 또는 수출 되는 물품에 대하여 톤세를 포함하여 일체의 조세나 관세를 부과하지 못한다고 규정한다.[50]

그러나 연방의회의 동의를 얻는 한, 주 정부는 어떠한 목적의 세금도 부과할 수 있다.[51]

수입세의 부과권을 연방의회에 부과하면서 주 정부에 대해서 이러한 권한을 부정한 것은 제1조 제8항이 연방의회에 부여한 과세권의 변용이다. 그러나 이 규정들은 통상조항(Commerce Clause)[52]에서 유래한 연방의회의 권한을 제한하지

---

47) 보건성(Department of Health and Human Service)의 재원이 적정하게 집행되는지 여부를 감독하기 위해 Institutional Review Board를 창설한 것이 전형적인 예이다. 42 U.S.C.A. S. 289.

48) The Public Works Employment Act of 1977에는 소수인종 사업자에게 최소한 10%의 사업자금을 배정할 것을 요구하는 조항이 담겨 있다(42 U.S.C.A. S 6705(f)(2)). 이 조항에 대한 헌법적 도전에 대하여 대법원은 이 조항은 과거의 차별을 구제하는 정치적, 사회적 목적에 부합되는 정책을 담은 것으로 평등권의 침해가 아니라고 선인했다. Fullilove v. Klutznick, 448 U.S. 448 (1980).

49) Prudential Insurance Co. v. Benjamin, 328 U.S. 408 (1946).

50) 그러나 각 주는 수입품에 대하여 지주의 검사법(inspection laws)의 집행을 위해 세금을 부과할 수가 있다. Currin v. Wallace, 306 U.S. 1 (1939).

51) Hamilton Co. v. Massachusetts, 73 U.S. (6 Wall.) 632 (1867).

52) 미연방헌법 제1조 제8항 제3절.

않는다. 이들 조항과 통상조항은 상호배척관계에 서지 않는다는 것이 법원의 판결이다.[53] 연방의회는 수출세를 부과할 수는 없지만 통상조항에 근거하여 수출금지조치를 내릴 수가 있다(금수조치는 기능적으로 기간이 불확정인 수출세로 성격을 정의할 수 있다).[54] 초기의 Gibbons v. Ogden 판결에서 이미 마샬(Marshall)은 헌법은 양자를 서로 독립된 규정으로 상정한다고 밝힌 바 있다.[55] 특정 입법이 위헌적인 과세를 부과하느냐, 아니면 통상조항에 근거를 둔 규제적 조치냐는 입법의 목적과 관련하여 판정할 수 있다. 금수조치의 일차적 목적은 세수의 증대로서 규제에 목적이 있는 것이므로 조세가 아니다.[56]

2. 입법취지

헌법 제1조 제8항 제1절과 제1조 제10항 제3절은 합하여 중앙정부에게 합중국 영토 내에 수입되는 물품에 대해 과세할 독점적인 권한을 부여한다.[57] 이 조항의 입법취지는 해안에 인접한 주가 자주 항구를 통과하여 내륙 주로 운송되는 화물에 대해 과세하는 것을 방지할 의도였다. 또한 대외통상에 관한 한 단일한 교섭권을 확보하고 전국적으로 동일한 기준을 정립하고자 했던 것이다. 뿐만 아니라 수입관세로 인한 재정수입을 연방정부의 독점적 재원으로 삼고자 했던 것이다.[58] 헌법 제1조 제10항 제2절은 각 주에는 수입세와 수출세를 부과할 권한이 없음을 규정하고 있다. 이 조항 또한 접안주(接岸州)가 내륙 주로부터 수출되는 상품에 대해 수출세를 부과하는 것을 금지하고 있다.[59]

헌법 제1조 제9항 제5절은 어떤 주의 희생 아래 다른 주가 항만이용과 통상에 특혜를 받는 것을 금지한다. 이 조항은 "수출품"(exports)의 의미와 밀접하게 관련되어 있다. "수출품"의 일반적인 의미는 합중국으로부터 외국으로 이동되는 물품이다.[60] 그러므로 한 주로부터 다른 주로 이동되는 상품에 대해 수출세를 부과하는 행위는 헌법의 명문으로 금지되어 있지 않다. 그렇지만 이러한 세금은

---

53) Richfield Oil Corp. v. State Bd. of Equalization, 329 U.S. 69 (1946).
54) Mulford v. Smith, 307 U.S. 38 (1939).
55) 22 U.S. (9 Wheat) 1, 6 (1824).
56) Pace v. Burgess, 92 U.S. (2 Otto) 372 (1875).
57) Youngstown Sheet and Tube Co. v. Bowers, 358 U.S. 534 (1959).
58) Michelin Tire Corp. v. Wages, 423 U.S. 276 (1976).
59) Farmers' Rice Co-op v. Yolo County, 14 Cal. 3d 616, 122 Cal. Rptr. 65 (1975).
60) Dooley v. United States, 183 U.S. 151 (1901).

모든 주에 걸쳐 균일하게 부과해야 한다는 제1조 제8항 제1절의 균일조항에 위반되는 것으로 위헌이다.

3. 연방의회의 수입, 수출세 부과권

(1) 수입품에 대한 과세권

헌법 제1조 제8항 제1절은 수입품에 대한 연방의회의 과세권에 관해 규정하고 있다. 수출품에 대해서는 연방의회는 세금을 부과하지 못한다. 전술한 바와 같이 이는 제1조 제9항 제5절에 의해 금지되어 있다. 수입품에 대한 연방의회의 과세권은 그 행사에 있어 두 가지 측면에서 제한되어 있다. 첫째, 세금은 어디까지나 재정수입의 목적을 위해 징수되어야 하며, 둘째, 합중국의 전역에 걸쳐 균일해야만 한다.

1) 일반복지를 위한 과제

연방의회는 채무를 변제하고 합중국의 공동 방위와 일반복지를 위해서만 세금을 징수할 수 있다.[61] 그러나 연방의회는 이러한 일반 목적에 부가하여 특정한 경제적 목적을 달성하기 위한 규제적 목적으로 세금을 부과할 수 있다. 최초의 연방의회가 제2번으로 제정한 법률이 관세법이었다는 역사적 사실이 이를 입증한다.

수입관세도 이와 같은 이중적 목적의 세금이다. 한때는 이러한 성격의 조세는 위헌이라는 주장이 있었으나 대법원은 1928년의 판결에서 보호관세는 합헌이라는 결론을 내렸다.[62]

2) 균일조항(Uniformity Clause)

앞서 논의한 바와 같이 간접세는 합중국 전역을 통해 균일해야만 한다. 그러나 균일조항 (제1조 제8항 제1절)은 연방의회의 과세권에 대한 엄격한 제한이라기보다는 과세권을 행사함에 있어 준수해야 할 절차적 원칙으로 파악하는 것이 옳다.[63] 즉, 이 조항의 의미는 연방의회는 과세의 대상품목을 모든 지역에 걸쳐 동일한 방법으로 선택하여야 한다는 의미로 해석할 수 있다.[64] "합중국 전역에

---

61) 미연방헌법 제1조 제8항 제1절.
62) J.W. Hampton, Jr. & Co. v. United States, 276 U.S. 394 (1928).
63) Veazie Bank v. Fenno, 75 U.S. 533 (1869).
64) Fernandez v. Wiener, 326 U.S. 340 (1945).

걸쳐"(throughout the United States)의 의미는 오로지 지리적인 의미이다.[65] 과세권
의 행사가 모든 주에 동일한 효과가 발생할 필요는 없으나 동일한 집행원칙에
의거해야만 한다. 특정 종류나 분류에 속하는 모든 품목에 대해 동일한 세금이
부과되는 한 균일조항의 요건은 충족된다.[66]

(2) 수출품에 대한 과세권(Exports Tax)

1) 수출세의 정의

수출품에 대한 과세를 금지한 헌법 제1조 제9항 제5절은 연방의회의 과세권
에 대한 제한일 뿐 통상규제권에 대한 제한이 아니라는 것은 앞서 말한 바와 같
다. 그러므로 연방의회가 수출품에 대해 경제적 부담을 지우는 조치를 취하더라
도 헌법의 위반이 아니다. 의회의 특정 입법조치가 과세에 해당하는지 아닌지는
해당입법의 일차적 목적이 무엇인가에 따라 판단할 수 있다. 재정수입의 증대에
주된 목적이 있으면 과세로 판단되어 제1조 제9항 제9절의 적용을 받는 반면,
경제적 규제에 주된 목적이 있으면 통상규제권의 정당한 행사로 인정되어 이 조
항의 적용을 받지 않는다.

2) 수출품의 정의

특정상품이 어느 시점부터 "수출품"(exports)으로 정의되느냐는 중요한 문제
이다. 왜냐하면 수출품으로 인정되면 헌법 제1조 제9항 제5절의 규정에 따라 연
방의 과세권의 범위 밖에 놓이기 때문이다. 뿐만 아니라 수출품은 헌법 제1조
제10항 제2절의 규정에 따라 주 정부의 과세권의 범위 밖에 놓인다. "수출품"의
정의는 두 조항에서 동일하다.[67]

4. 주 정부의 수입 수출 과세권

(1) 요   약

헌법 제1조 제10항 제2절은 주의 검사법의 집행을 위해 필수적인 경우, 또
는 연방의회의 동의를 얻은 경우를 제외하고는 수출품 및 수입품에 대해 세금을
부과하지 못한다고 규정하고 있다. 이 조항 역시 연방의 수출, 수입 과세권의 경

---

65) Knowlton v. Moore, 178 U.S. 41 (1900).
66) 22 Op. Att'y Gen. 192 (1898).
67) Eardley Fisheries Co. v. City of Seattle, 50 Wn. 2d 566, 314 P. 2d. 393 (1957).

우와 마찬가지로 주간의 통상보다 대 외국거래를 염두에 두고 있다. 한 주로부터 다른 주로 이동하는 물품은 헌법적 의미의 수출, 수입품이 아니다.[68]

(2) 과세대상에서 제외되는 시점

수입품(imports)에 대한 과세의 금지는 수입업자가 이를 판매하는 시점에 해제된다. 상품이 본래의 포장상태(original package)를 벗어나 의도된 용도에 제공되는 순간 수입품의 지위를 상실한다. 수입품이 형태를 바꾸어 주내의 다른 상품과 혼화(混和)의 상태에 이른 경우도 마찬가지이다.[69]

상품은 하적되어 생산지 주를 벗어나 외국으로의 수송을 위해 운송업자에게 인도되기 이전에는 수출품의 지위를 얻지 못한다.[70]

그러나 이 조항은 수출용 상품의 제조행위에 대한 과세[71]나 수출로 인해 발생한 소득에 대한 과세를 금지하지 아니한다.[72] 이 조항의 적용을 받는 수출품은 과세의 대상으로 특정된, 직접 수출행위에 제공된 상품에 한정된다.

연방대법원은 1827년의 Brown v. Maryland 판결[73]에서 수입품의 상태가 종료되는 시점을 본래의 포장상태를 벗어나는 시점으로 결정했다. 그러나 오늘날의 기준은 보다 복잡하다. 문제의 관건은 수입품에 대한 헌법적 면세와 자주의 영토 내에서 과세할 수 있는 주 정부의 권한과의 조화이다.

(3) 헌법조항에 위반한 과세

수입자로 하여금 수입상품의 판매를 위해 허가를 취득하도록 요구하는 주법은 위헌이다. 이는 수입품에 대한 간접적인 관세이기 때문이다.[74] 마찬가지로 외국상품을 본래의 포장상태에서 판매하는 경우에 면허세를 부과하는 것도 위헌이다.[75] 그러나 수입의 운송상태가 종료된 상품에 대해 판매세를 부과하거나 수입품의 판매로 발생한 이익에 대해 과세하는 것은 위헌이 아니다.

---

68) Hooven & Allison Co. v. Evatt, 324 U.S. 652 (1945).

69) Youngstown Sheet and Tube Co. v. Bowers, 358 U.S. 534 (1959).

70) Empresa Siderurgica, S.A. v. Merced County, 337 U.S. 154 (1949).

71) United States v. West Texas Cotton Oil Co., 155 F. 2d 463 (5th Cir. 1946).

72) National Paper & Type Co. v. Bowers, 266 U.S. 373 (1924).

73) 25 U.S. (12 Wheat) 419 (1827).

74) Brown v. Maryland, 25 U.S. (12 Wheat) 419 (1827).

75) Anglo-Chilean Nitrate Sales Corp. v. Alabama, 288 U.S. 218 (1933).

(4) 검사법(Inspection Laws)

각 주는 자신의 검사법에 근거하여 수출 상품이나 수입상품에 대해 세금을 부과할 수 있다. 이것은 헌법 자신이 인정한 예외이다. 검사법이란 구입자로 하여금 해당 상품이 소비에 적합한 규격과 안전도를 구비했다는 사실을 공적으로 확인해주는 입법을 말한다.[76]

(5) 톤(噸)세(Duty of Tonnage)

헌법 제1조 제10항 제3절은 주 정부로 하여금 톤세를 부과하지 못하도록 규정하고 있다. 톤세란 자주 내의 항구에 접근하는 선박에 대해 접근을 대가로 부과하는 세금을 말한다. 이 조항은 주 정부로 하여금 선박을 수단으로 하는 통상을 저해하지 못하도록 방지하기 위해 제정된 것이다. 그러나 각 주는 예인, 정박, 보관 등 선박에 대해 제공된 서비스에 대해서는 대가의 지불을 요구할 수 있고, 이들 경우에 그 요금을 선박의 톤수에 비례하여 책정하더라도 위헌이 아니다. 항만의 건설, 유지, 보수 등의 목적으로 부과하는 부담금도 마찬가지로 톤세 금지규정의 위반이 아니다.

---

76) Turner v. Maryland, 107 U.S. (17 Otto) 38 (1883).

"미국의 연방주의 -통상조항을 중심으로"[1989]
"미국헌법의 경제조항"[1996]

해 제

최 정 인*

I. 연방국가로서의 미국

'미국법'이라는 단어를 쓸 때 우리는 막연히 미국 전체에 적용되는 어떤 단일한 제도가 있으리라 생각한다. 그러나 미국은 50개의 헌법과 50개의 대법원을 가진 주들의 결합체이며, 이 주들은 선거제도와 형사처벌에서부터 혼인제도와 자동차면허제도에 이르기까지 시민의 권리의무에 관한 수많은 사항을 저마다 결정한다. 이러한 연방국가로서의 미국은 역사적 진화의 산물이다. 아메리카 대륙 동북부 13개 식민지 주들의 느슨한 집합으로 출발한 미국은 연방주의와 반연방주의의 치열한 논쟁을 거치며 단단한 화학적 결합으로 변화하여왔다. 그리고 그 논쟁을 거친 합의는 미국 헌법이라는 최고규범으로 존재한다. 미국 헌법은 연방의 권한과 주의 권한을 배분하고, 연방과 주의 권한에 한계를 설정하였다. 헌법이 해석되고 적용되며 나아가 수정되는 과정에서, 연방과 주 사이의 권한 배분은 다시 첨예한 논쟁의 대상이 되었다. 연방주의의 의미에 대한 동시대인의 문제의식과 고민은 미국 연방대법원의 헌법판결에 반영되어 있다.

위 두 논문은 이 점을 선명하게 지적하며 출발한다. 미합중국(United States of America)이라는 복수형의 공식명칭을 가진 미국이 복수의 주권체로 존재하게 된 역사적 이유, 연방헌법이 전제하는 이원적 주권체제가 그것이다. 두 논문은 미국헌법의 통상조항과 경제조항이 놓인 지점이 바로 미국이 가지는 연방국가로서의 정체성에 있다는 점을 명료하게 인식하고 있다.

---

* 변호사, 국회입법조사처 입법조사관

Ⅱ. 미국헌법과 연방주의

"미국의 연방주의-통상조항을 중심으로"에서는 연방헌법 제정을 전후한 역사적 배경과 연혁을 서술하면서 논의를 시작한다. 연방차원의 통일된 규제를 통해 경제적 효율을 달성하고자 하였던 시대적 요구, 연방권력 강화를 주장하는 입장과 주 권한의 보장을 지지하는 입장 사이의 갈등과 타협의 역학관계로부터 통상조항의 의미를 찾고 있다. 나아가, 이 논문은 200여 년의 미국 헌정사를 연방권한 확대의 역사로 파악하면서, 시대 변화에 따른 통상조항에 대한 연방대법원 판결의 관점 변화를 예민하게 포착하고 있다. 연방정부는 헌법상 열거된 권한만을 가지며 그 외의 권한은 주가 보유하고 있다는 연방헌법 문언상의 제약하에서 연방대법원은 사안마다의 해석을 통해 연방권력을 좁히거나 넓혀 왔다는 점을 보여준다. 통상조항에 따른 연방정부의 규제권한은 홈즈 대법관의 "통상의 하류(current of commerce)"와 같은 문학적 유비를 근거로 넓게 해석되기도 하였고, 주의 일반적 권한보유를 명시한 수정 제10조의 제한하에 국한된 것으로 좁게 해석되어 뉴딜 법의 위헌성을 선언하는 근거가 되기도 하였으나, 연방대법원 판결은 전반적으로 연방권한을 넓게 인정하는 방향으로 진행되어 왔다는 것이 이 논문의 입장이다.

"미국헌법의 경제조항"논문 역시 연방대법원의 주요 판결을 중심으로 미국헌법의 경제조항을 설명하고 있다. 미국헌법은 통상, 조세, 예산집행, 관세 부과에 관하여 연방과 주의 권한을 규정하고 있으며, 개별 경제조항에 대한 연방대법원 판결들은 연방과 주의 역학관계가 시대와 상황에 따라 변동해왔음을 보여준다. 처음 헌법이 설정한 연방과 주 사이의 균형은 연방의 권한이 강화되는 방향으로 변화하여 왔다. 새로운 경제주체와 산업분야가 등장하고 연방재정이 확대되면서 경제조항과 관련된 연방 차원의 개입은 필수적이거나 적어도 불가피한 것이었다. 특히, 연방 권한과 주 권한의 충돌 문제는 통상조항을 중심으로 전개되었는데, 통상조항 해석의 역사적 전개과정은 연방주의의 역사적 발전과정을 반영한다는 언급은 본 논문의 주제를 압축적으로 보여준다.

"미국의 연방주의-통상조항을 중심으로"는 지방자치제도의 본격적 도입을 앞둔 당시의 시점에서 연방주의가 우리에게 주는 "역설적 시사점"을 제시하며 글을 맺고 있다. 즉, 미국의 연방제도는 "독립된 主權의 보유자로서의 각 주가

자신의 권한의 일부를 위양한 형태로 성립된 연방에 의해 역으로 제약을 받게
되는 범위와 한계의 문제"라면, 우리의 경우에는 "강력한 중앙정부를 정점으로
하여 하급 내지는 열위기관으로서의 지방정부에 대하여 어느 정도 권한을 위양
할 것인가의 문제"가 관건이라는 것이다. 1988년 지방자치법 전면개정 이후 25
년이 경과한 현재 시점에서 우리 지방자치제도의 가장 큰 이슈는 중앙정부의 재
정적 지원이나 국책사업유치에 머무르고 있고 실질적 의미의 자치나 자율은 아
직은 본격화되지 않았다는 점에서 당시의 지적은 여전히 날카롭다.

Ⅲ. 역동적 균형으로서의 연방주의

미국 내에서 주 권한과 연방 권한의 경계가 확립되었다고 볼 수 있는 현재
의 시점에서 연방과 주 사이의 갈등 해결에 대한 역사적 접근은 어떤 의미가 있
는가하는 의문이 제기될 수도 있다. 그러나, 통상조항을 둘러싼 연방과 주 사이
의 권한 배분 문제는 현재진행형이다. 이 점은 이후 연방대법원의 판결들을 살
펴볼 때에도 분명하다. 위 논문들이 발간된 당시 미 연방대법원의 입장은 연방
권한의 확대를 인정하는 방향으로 굳어지는 것처럼 보였지만, 1990년대 이후 연
방대법원은 연방규제권한의 인정 내지 확대 방향의 해석을 수정한 것으로 보인
다. United States v. Lopez(1995) 판결은 학교보호구역에서의 총기류 휴대를 금
지하는 연방법에 대하여, United States v. Morrison(2000) 판결은 성범죄 피해자
가 가해자에 대하여 보상을 청구할 수 있는 연방법에 대하여, 통상조항으로 정
당화될 수 있는 연방권한의 범위를 넘는다고 보아 위헌결정을 내렸다. 또한,
최근 일명 '오바마케어'로 불리는 건강보험개혁법에 대하여 합헌성을 인정한
National Federation of Independent Business v. Sebelius(2012) 판결에서는 건강
보험 의무가입조항 및 주정부에 대한 비용분담 강제규정에 대하여 통상조항에
근거한 연방규제의 정당화 여부가 쟁점이 된 바 있다. 이처럼 통상조항에 대한
헌법논쟁은 미국헌정사의 박물관에 소장된 유물이 아니다. 연방과 개인 사이에
서, 연방과 주 사이에서 새로이 발생하는 갈등에 대한 해법은 통상조항에 대한
해석을 통해 발견되며, 해석은 그 시대와 상황에 따라 가장 적합한 균형을 향해
진동하며 변화하고 있다.

나아가, 통상조항은 연방정부의 권한행사에서는 일종의 정당화 과정이 필요
하며, 그 권력이 경계를 넘었을 때 언제라도 문제가 제기될 수 있다는 것을 일

깨운다. 반대로 연방은 주의 권력행사가 헌법에 부합하도록 조정할 수 있다는 점에서 이는 연방권력과 주권력 사이에 건강한 긴장관계를 만들 수 있다. 이는 연방의 재원을 제공하면서 일정한 조건을 부가하는 법률에서 나타난다. 연방의 회는 통상조항 및 경제조항을 근거로 민권법의 준수를 조건으로 주에 연방재원을 제공하는 내용의 연방법률을 제정하였고, 이는 연방 차원의 정책을 주로 집행할 수 있는 통로가 될 수 있었다.

또 하나의 중요한 의의는 미국 헌법사에서 연방주의가 하향식의 일방적 통합 과정이 아닌 헌법규정을 중심으로 하는 가치와 철학의 대결을 통해 사법영역에서의 토론으로 해법을 찾았다는 점이다. 이러한 점에서 뉴딜시기 근로조건에 관한 연방법상 규제에 대하여 통상조항이 부여한 연방권한의 범위를 벗어난다고 하여 위헌으로 결정한 연방대법원 판결들(Railroad Retirement Board v. Alton Railroad Company (1935), Schechter Poultry Corp. v. United States (1935), Carter v. Carter Coal Co. (1936))에 대하여도, 그 퇴행적 결론을 비판하는 동시에, 정치적 판단으로부터 자유로울 수 있는 사법 영역의 고유한 독자성을 보여주었다는 점에서는 일정한 긍정적 의미를 발견해낼 수 있을 것이다. 사법에서의 정의는 정치적 승패에 따른 단순 다수결이 아닌 이성과 설득을 통해서만 달성될 수 있으며, 헌법 원리 안에서의 진지하고 성실한 사고와 토론이 무엇보다 중요하다는 미국 헌법사의 함의는 시공간을 넘어 우리에게도 유효하다.

[색인어] 연방주의(Federalism), 통상조항 (Commerce Clause), 미국 헌법 제1조
        제8항, 미국 헌법 수정 제10조

제 8 장

표현의 자유와 사전제한 -미국 헌법이론을 중심으로-

표현의 자유와 사전제한

-미국 헌법이론을 중심으로-

I. 서 론

1. 표현의 자유 보장과 미국헌법이론

표현의 자유의 보장 정도는 그 나라의 "정치문화"와 "경제구조"에 따라 좌우된다는 명제가 법사회학적 시각에서 제시되고 있다. 즉, 권위주의적 정치문화 혹은 독점적 경제구조로 인한 언론기업의 독과점 현상하에서 거대한 언론기업이 정치권력과 결탁하여 표현의 자유는 "반대의 자유"에서 "찬성의 자유"로, 또한 "대다수 피치자"의 자유에서 "소수 정치권력과 언론 엘리트들"의 자유로 변질될 수밖에 없다는 것이다. 따라서 권위주의적 정치문화를 탈피하지 못한 나라에서 헌법의 규정은 장식적, 간판적인 것에 불과하고,[1] 표현의 자유는 법리만으로는 안 되고 밑에서부터의 시민운동(free-speech movement)에 의하여 뒷받침되어야 한다[2]는 것이 주장되고 있다.[3]

한편 표현의 자유의 획득을 위한 시민운동에 병행되어야 할 것은 법률가들이 표현의 자유의 제한에 대하여 권위 있고 공정한 기준을 정립하는 것이다. 특히 우리나라와 같이 이념이 다른 체제간의 대립이 심각한 상황에서는 사법부가 중립적·조정적 입장에서 사법심사기준을 확립하여 주어야만 소위 "안보이데올로기"에 의한 표현의 자유의 압살이나 반체제집단의 극한 투쟁을 미연에 방지할 수 있을 것이다.

---

1) 한상범, "표현의 자유," 월간고시, 1987. 3, 47-49면.
2) 양건, "표현의 자유," 한국에서의 미국 헌법의 영향과 교훈, 한국공법학회편, 1987, 91면.
3) 미국에서 표현의 자유를 획득하기 위한 시민들의 운동과 투쟁기록에 대하여는 제롬 배런(J. Barron), 김병국 역, 누구를 위한 언론 자유인가?(Freedom of the Press for Whom?), 고시계, 1987, 윌리엄 더글라스(W. Douglas), 안경환 역, 반대의 자유(Points of Rebellion), 대학출판사, 1988 참고.

이 글의 목적은 이러한 사법심사기준의 확립에 도움이 될 만한 미국헌법이
론을 소개하려는 것이다. 미국헌법은 우리 헌법과는 달리 대법원의 판례들에 의
하여 강력한 "현실 규제력"을 지니고 있다는 점, 그리고 구체적인 경우마다 개
별적으로 법리들이 유형화되어 있다는 점은 우리의 헌법현실에 시사해 주는 바
가 많다.

2. 미국헌법상 표현의 자유의 제한법리 개관[4]

(1) 역사적 배경

1791년 미국연방헌법에는 수정 제1조부터 제10조까지의 권리장전(Bill of
Rights)이 채택되었는데 표현의 자유는 종교의 자유, 청원권과 함께 수정 제1조
에 규정되었다. 본래 영국 커먼로상 표현의 자유는 "선동"(seditious libel)행위에
대한 사후적 처벌과 검열이나 허가제 등에 의한 "사전제한"(prior restraint)이라는
두 가지 방식으로 제한되었다. 미국헌법 기초자들의 의도는 이 두 가지 방식 중
에서 사전제한은 금지하되 사후적 처벌은 존속시키려는 것이라고 보는 견해가
일반적이고, 실제로 1798년의 선동행위방지법(Sedition Act)은 정부에 대한 허위
적, 모략적, 악의적 저술을 처벌하였다.

(2) 이론적 배경

미국헌법이 표현의 자유를 보장하는 이론적 근거로는 다음과 같은 것들이
주장되어 왔다.

첫째, "사상의 자유시장론"(marketplace of ideas)이다. 이 이론은 밀턴(J.
Milton),[5] 밀(J.S. Mill)[6]의 논리를 이어 받아 홈즈(Holmes) 대법관이 정리한 것인
데,[7] 어떠한 사상의 진실성은 정부가 결정할 수 있는 것이 아니고 오로지 "자유
시장"에서 다른 대립하는 사상들과의 경쟁을 통해서만 판단될 수 있다는 것이
다. 이 이론은 특히 사전제한 금지원칙의 근거로서 자주 주장되고 있다.

둘째, 개인의 자기실현(self-fulfillment)을 위한다는 주장이다. 자유로운 자기

---

4) 이하에서는 주로 Rotunda, Nowak & Young, Treatise on Constitutional Law, West Publ. Co.
   1986, Vol. 3, pp. 4-38을 참고하였음.
5) 밀턴(J. Milton)은 Areopagitica, 1644에서 영국의 검열제도에 강력히 반대하였음.
6) J.S. Mill, On Liberty, 1859, Ch. Ⅱ. J.S. Mill, Three Essays, Oxford University Press, 1975 참조.
7) Abrams v. United States, 250 U.S. 616 (1919) (Dissenting opinion).

의사의 표현을 통하여서만 개인의 자아실현이 가능하고, 또한 타인과의 의사교환을 통한 사회발전에의 공헌도 가능하여진다는 것이다.

셋째, 민주주의를 위한 국가권력의 통제라는 관점에서의 주장이다. 이는 주로 정치적 표현의 자유에 해당하는 것인데, 자유로운 반대와 비판의 자유가 보장되어야만 국가권력의 남용을 억제하고 민주주의를 실현할 수 있다는 것이다.

넷째, 사회의 '안전밸브'(safety valve)로서 표현의 자유를 보장해야 한다는 주장이다. 예컨대, 브랜다이스(Brandeis) 대법관은 "처벌에 대한 위협은 탄압을 낳고, 탄압은 증오를 낳고, 증오는 정부의 안전을 위협한다"고 하면서 표현의 규제보다는 표현의 자유를 사회의 안전밸브로서 강조하였다.[8] 침묵의 강제와 표현의 억압은 순교자들을 양산할 뿐이고, 불만이 체제 내에서 수용되지 못할 경우에는 근본적인 체제의 변혁을 요구하는 세력이 등장한다는 것이 이 주장의 주된 근거이다. 요컨대, 공공질서의 유지를 위한 싸움에서 표현의 자유는 적이 아니고 아군이라는 것이다.

(3) 표현의 자유의 우월적 지위

앞에서 살펴본 역사적·이론적 배경을 근거로 하여 미국 헌법상 표현의 자유는 경제적 자유 등에 비하여 "우월적 지위"(preferred position)를 향유한다. 그 구체적인 내용은 제한입법의 위헌성 추정과 엄격한 해석의 원칙, 사전제한의 금지와 사후처벌의 범위 한정, 원고적격의 완화, 정부에 대한 높은 수준의 적정절차 요구 등을 들 수 있다.

그런데, 표현의 자유 중에서 언론의 자유(right of free speech)의 보장 정도에 대하여 절대적 보장론(absolutist view)과 법익형량론(balancing view) 사이에 대립이 있다. 절대적 보장론은 블랙(Black) 대법관과 더글라스(Douglas) 대법관의 견해인데,[9] 언론의 자유에 대한 제한은 헌법상 허용되지 않는다는 입장을 펴고 있다. 이에 반해 연방대법원의 일관된 다수견해인 법익형량론에 의하면 언론의 자유도 합법적인 정부의 목적과 형량하여 경우에 따라서는 제한 가능하다는 것이다.

(4) 광범성이론(Overbreadth Doctrine)

광범성이론이란 헌법상 보호받지 못하는 행위를 규제, 처벌하는 법률이 또

---

8) Whitney v. California, 274 U.S. 357 (1927) (Concurring opinion).
9) 안경환, "Douglas 판사와 표현의 자유," 대한변호사협회지, 1986. 7, 37-52면 참고.

한 수정 제1조에 의하여 보호받는 행위까지도 포함하여 규제하고 있는 경우에 그 법률 "전부"를 위헌으로서 무효라고 보아야 한다는 이론이다. 즉, 표현의 자유가 관련된 경우에는 입법의 한정해석을 하여 합헌영역과 위헌영역을 구분하지 않고 법률 전부를 위헌시하는 것이다. 판례를 통하여 "광범성 법률"들은 첫째, 정부전복적인 선동·폭력·테러 등을 규제하는 검열적 법(censorial laws), 둘째, 명예훼손 등을 규제하는 금지적 법(inhibitory laws), 셋째, 방송 등을 규제하는 구제적 법(remedial laws)으로 유형화되었는데, 광범성이론은 검열적 법에 가장 엄격하게 적용된다.

(5) 막연하므로 무효이론(Void-for-Vagueness Doctrine)

막연하므로 무효이론은 표현의 자유를 규제하는 입법의 규정이 불확실하고 막연한 경우에 그 규정을 위헌·무효라고 하는 것인데, 이는 경찰이나 법원 등의 재량을 축소하여 자의적이고 차별적인 법집행을 방지함으로써 표현의 자유를 보장하기 위한 것이다.

(6) 최소한 제한수단 선택이론(Least Restrictive Means Test)

표현행위를 규제하는 데 있어서 보다 경미하고 관대한 제한수단이 있음에도 불구하고 강력하고 과중한 제한수단을 선택하는 경우에는 위헌이라는 것이다.

3. 이 글의 범위

미국헌법상 표현의 자유에 대한 제한법리는 크게 보아 "사전제한금지의 원칙"(Prior Restraint Doctrine)과 사후적 제한에 관한 "명백하고 현존하는 위험의 원칙"(Clear and Present Danger Doctrine)으로 나누어 볼 수 있다.[10] 이 중에서 이 글에서 다루고자 하는 것은 사전제한금지의 원칙인데, 이 원칙은 특히 정치적 언론(political speech)에 원칙적으로 적용되는 것이다. 한편, 이 원칙과 관련하여 언론매체와 관련된 권리들과 상업적 언론에 관한 권리, 음란성과 관련된 부분 등은 그 "예외"로서 다루어 보고자 한다. 그리고 끝으로 집회와 시위의 사전제한과 관련하여 문제가 되는 부분도 간략하게 살펴볼 것이다. 그러나 좁은 지면으

---

10) 미국헌법상 "명백하고 현존하는 위험의 원칙"은 "사후"제한에 관한 법리임에도 불구하고, 국내의 헌법학자 중에는 이를 마치 "사전"제한의 법리인 것처럼 소개하여 언론의 사전제한이 가능하다는 주장을 도출하고 있음은 유감스런 일이다.

로 이 많은 부분을 상세히 다루기는 불가능하여, 원칙 생성의 정치사회적 원인, 원칙에 대한 평가 등은 줄이고 여기서는 단지 법원리의 간단한 소개에 머무를 수밖에 없음을 밝혀둔다. 다만 이 "소개"를 통해서도 미국헌법의 이면에 흐르는 정신을 파악할 수 있다면 매우 의미 있는 일이다.

Ⅱ. 사전제한금지의 원칙 - 일반론[11]

1. 의   의

영미법상 표현의 자유에 대한 사전제한금지원칙은 이미 1695년 영국에서 사전검열과 허가제를 규정한 법률이 폐지되면서 확립되었고, 그 후 1791년 수정 제1조의 채택으로 성문화되었으며, 1981년의 유명한 Near v. Minnesota 판결 이래로 연방대법원의 확고한 판례법으로 성립되었다.[12] 이 원칙의 내용에 대하여 연방대법원의 확립된 견해는 다음과 같이 설명하고 있다: "사전제한이 절대적으로 금지되는 것은 아니지만 사전제한(prior restraint)이 헌법상 정당화되기 위해서는 사후처벌(subsequent punishment)의 경우보다 무거운 입증부담(heavy burden)을 거쳐야 한다."[13] 사전제한에서 사전(prior)의 의미에 대하여 판례는 두 가지 의미로 나누어 적용하고 있는데 하나는 표현을 전파하기 전이라는 의미이고, 다른 하나는 그 표현이 헌법에 의하여 보호받는가의 여부를 사법적으로 판단하기 전이라는 의미이다.

2. 사전제한금지원칙의 근거

(1) 사상의 자유시장론(Marketplace of Idea)

이 이론은 앞에서 살펴본 대로 언론의 사전제한을 금지하는 강력한 이론적

---

11) 이 부분은 주로 L. Tribe, American Constitutional Law 2nd ed., Foundation Press, 1988, pp. 1039-1054와 Rotunda, Nowak & Young, 앞의 책, pp. 66-73을 참고함.

12) 그러나 최근에는 사전제한과 사후처벌의 구별에 대하여 회의적인 시각도 등장하고 있다. Kinglsey Books, Inc. v. Brown, 354 U.S. 436 (1957)에서 Frankfurter 대법관의 의견 참조. G. Gunther, Constitutional Law 11th ed., West Publ. Co., 1985, pp. 1162-1163.

13) Near v. Minnesota, 283 U.S. 697 (1931); Bantam Book v. Sullivan, 372 U.S. 58 (1963); Organization for a Better Austin v. Keefe, 402 U.S. 415 (1971); New York Times Co. v. United States, 403 U.S. 713 (1971); Nebraska Press Ass'n. v. Stuart, 427 U.S. 539 (1976).

근거로 주장되어 온 것이다. 사후처벌의 경우도 표현을 억압하는 효과를 지닌 것이지만 일단 사상이나 관념이 공중 앞에 노출된다는 점에서, 아예 공중의 평가의 기회를 봉쇄해버리는 사전제한이 훨씬 가혹하고 무거운 제한이라는 것이 주요 내용이다.

(2) 절차적 관념에서의 문제점

첫째, 행정부에 의한 사전제한의 경우 법원에 의한 사후적 형사처벌의 경우에 보장되는 사법절차적 보호를 결여하고 있다는 점에서 제한이 남용될 소지가 크다.

둘째, 법원의 유지명령(injunction)에 의한 사전제한의 경우, 사후적인 형사소추(criminal prosecution)에 비하여 남용과 차별의 결과를 초래하기 쉽다. 왜냐하면 유지명령은 일종의 가처분으로서 신속성을 그 생명으로 하므로 배심제도의 생략, 증거법칙의 간소화 등 공정한 판단을 기대하기 어려운 사정이 존재하기 때문이다.

셋째, 시의성(timeliness)을 요하는 표현인 경우에는 비록 법원의 유지명령이 궁극적으로 부당한 것으로 판정되더라도 시간의 경과로 인하여 이미 사실상 표현의 자유가 침해되어 버리는 경우가 있다. 판례에 의하면 개인은 표현의 자유를 부당하게 침해하는 '위헌적인 법률'은 준수하지 않아도 되지만, '법원에 의한 유지명령'은 비록 그것이 아무리 부당한 것일지라도 일단 준수해야만 하기 때문이다.

3. 사전제한금지원칙의 예외

표현의 자유에 대한 사전제한은 그 주체에 따라서 법원의 유지명령(injunction)에 의한 경우와 정부의 명령(order)에 의한 경우로 나누어 볼 수 있는데, 대부분의 경우는 전자에 속하고 후자는 영화에 대한 검열, 집회와 시위에 대한 허가 등 예외적으로 인정되는 것이다.

판례상 사전제한금지원칙의 예외라고 분류될 수 있는 영역에 대하여서는 유동적이지만, 대개 음란한 표현물과 영화에 대한 검열, 허위광고 등을 규제하기 위한 상업적 언론의 검열, 엄격한 조건하에서의 집회나 시위에 대한 허가제 등을 들 수 있다. 이들에 대하여는 뒤에서 살펴보기로 한다.

Ⅲ. 언론·출판에 대한 사전제한

1. 원칙 : 정치적 언론(political speech)에 대한 사전제한 금지

연방대법원이 사전제한금지의 원칙을 적용하여 하급법원의 유지명령(injunc-tion)을 기각한 대표적인 판결이 Near v. Minnesota 판결과 New York Times Co. v. United States 판결이다. 전자에서 법원은 최초로 종래의 사전제한 금지의 원칙을 확고한 법이론으로 정립하였고, 후자에서 법원은 이 원칙을 국가안보(national security)라는 특수한 영역에 적용시켰다.

(1) Near v. Minnesota14)

미네소타(Minnesota) 주법에 의하면 "악의적이고 모략적이며 명예훼손적인 신문 또는 정기간행물"을 불법방해(nuisance)로서 주정부가 그 발행을 금지시킬 수 있도록 규정하였다. 피고는 신문의 발행인이었는데, 지방행정관들의 무능함을 강력히 비난하는 기사를 게재하였다가 지방법원에 의하여 유지명령을 받았다. 이에 피고는 연방대법원에 상고하였다. 대법원은 우선 미네소타 주법의 규정이 사후적 처벌의 차원을 벗어나서 출판에 있어서의 검열(censorship)을 도입하고 있다는 점을 확인한 다음, 미국 헌법 수정 제1조가 보장하는 표현의 자유는 본질적으로 사전제한을 금지하고 있는 것이라는 이유로 원심을 파기하였다. 한편 대법원은 사전제한금지원칙의 예외로서 전쟁시 군대의 주둔지나 출병일자 등, 음란출판물, 폭력행위에 의한 정부전복의 선동 등의 세 가지를 제시하고 있으나 이 예외적 사유들은 후속판례들에 대하여 구속력을 갖지 못하고 있다.15)

(2) New York Times v. United States(국방성 기밀문서 사건)16)

미국의 "월남전 개입정책 결정과정사"라는 극비 연구문서를 뉴욕 타임스(New York Times)가 연재하자, 법무장관은 방첩법(Espionage Act)의 위반을 이유로 신문사에 보도중지를 요구하였으나 거절당하자, 연방지방법원에 유지명령을 신청하였는데 기각되자 연방대법원에 상고하였다. 관여대법관들의 의견은 다양

---

14) 283 U.S. 697, 51 S. Ct. 625, 75 L. Ed. 1357 (1931).
15) 양건, 앞의 논문, 95-96면.
16) 403 U.S. 713, 91 S. Ct. 2140, 29 L. Ed. 2d 822 (1971).

하게 갈렸지만, 공통된 의견은 언론의 사전제한을 정당화하기 위하여 요구되는 무거운 입증부담을 정부가 충족시키지 못하였다는 것이었다. 즉 국가기밀의 누설방지라는 국가안보를 위한 목적만으로는 사전제한을 정당화시킬 수 없다는 것이다. 대법관 중에서 블랙(Black)과 더글라스(Douglas)는 언론은 통치자가 아닌 피치자를 위하여 존재한다는 이유 등으로 사전제한은 절대적으로 금지된다고 천명하였고, 브레넌(Brennan), 스튜어트(Stewart), 화이트(White), 마샬(Marshall) 대법관은 사전제한은 절대적으로 금지되는 것은 아니지만 핵폭발 따위에 필적할 만한 "직접적이고 불가피하고 회복불가능한 중대한 국가이익을 위험"이라는 무거운 입증책임을 정부가 부담한다고 판시하였다. 반면에 버거(Burger), 할란(Harlan), 블랙먼(Blackmun) 대법관은 다수의견에 반대하면서, 헌법상 표현의 자유 못지않게 행정부의 정책수행도 보장되고 있다는 점, 권력분립의 원칙 등을 이유로 제시하였다. 주의할 점은 이 판결에서 비록 언론의 사전제한은 금지되었지만, 사후적 형사처벌의 문제는 기밀문서를 불법 유출시킨 엘스버그(Elsberg)에 대하여 별개의 문제로 다루어졌다는 점이다. 즉 동일한 표현에 대하여 사후처벌과 사전제한의 합헌성심사 기준은 다르다는 것을 시사해 주는 것이다.

2. 예외 1 : 정치적 언론에 대한 사전제한

"국가안보"(national security)를 이유로 출판을 사전적으로 제한한 예외적인 판결로는 "United States v. Progressive, Inc.[17]"를 들 수 있다. 프로그레시브(Progressive) 잡지는 "수소폭탄의 비밀"이라는 제목하에 핵폭탄의 위험성을 공중에게 경고하기 위하여 어느 자유기고가가 연구한 수소폭탄 제조법에 관한 글을 실으려 하였다. 이 원고 가운데 국가기밀로 분류된 것은 없었음에도 불구하고 정부는 이 글이 국가안보를 해치는 것으로서 원자력에너지법에서 그 공표를 금지하고 있다는 이유로 예비적 유지명령(preliminary injunction)을 청구하였고, 연방지방법원은 이를 인용하였다. 연방지방법원은 그러한 자료의 종합화가 국가이익에 직접적이며 불가피하고 회복불가능한 침해를 초래한다고 하면서 국방성기밀문서사건(Pentagon Papers Case)과 이 사건을 구별하였다. 그리고 연방대법원은 지방법원의 판결을 존중하여 비약상고(expedited appeal)를 각하하여 사건을 종결

---

17) 467 F, Supp. 990 (W.D. Wis, 1979).

지었다. 그러나 이 판결에 대하여는 비판이 가하여지고 있다.[18] 그에 따르면 이 글은 핵폭탄이 얼마나 쉽게 제조가능하며 정부의 핵무기 보안체제가 어떠한 결함을 지니고 있는가를 공중에게 고발하여 경각심을 주려는 것으로서, 오히려 국가이익과 국민의 안전을 위해서라도 출판이 허가되어 공개적인 토론이 이루어져야 한다는 것이다.

3. 예외 2 : 언론매체와 사전제한

(1) 액세스(access)권에 대한 사전제한

언론의 사전적 제한이라는 동전의 다른 한 면은 언론기관에의 액세스(access)권이다.[19] 오늘날 언론매체의 거대화, 독과점화, 상업화 현상은 실제로 '표현의 독점' 현상을 초래하여 '못가진 자'의 표현의 자유는 사실상 봉쇄되어 있다고 할 수 있다. 이러한 상황하에서 언론매체를 누구나 자유로이 이용할 수 있는 권리라고 할 '액세스권'이 중요하게 부각되고 있는데, 이 권리의 사전제한문제도 여기서 같이 살펴보고자 한다.

1) 방송매체의 경우

미국헌법상 방송에 대하여는 원칙적으로 합리적인 규율이 가능하다. 그 이유는 방송에 있어서는 이용가능한 주파수가 한정되어 있으므로 법률에 의하여 방송국설립을 허가하는 것이 불가피하고 이에 따라서 방송기관의 독점적인 방송이 법률상 보장되어 있기 때문에, 대다수의 사람들에게 방송매체를 사용하도록 할 필요성이 존재하기 때문이다. 즉, 방송에 있어서는 "방송기관의 권리"보다는 "시청자들의 권리"가 우월하다는 것이 인정되어 있는 것이다. 이러한 이유로 Red Lion Broadcasting Co. v. FCC(연방통신위원회) 판결[20]에서 "공평의 원칙"(Fairness Doctrine)이 확립되었는데, 방송매체에서 개인에 대한 공격(personal attack)이나 정치적 평론(political editorials)과 관련된 방송을 한 경우에는 일반 공중에 대하여 방송을 통하여 반론할 시간(reply time)을 보장해주어야 한다는 것이다. 그러나 누구나 제한없이 방송매체에 접근할 수 있는 일반적인 액세스권을 헌법상의 권리로서 정립하려는 시도는 실패하였다. 즉 연방대법원은 CBS v.

---

18) Tribe, 앞의 책, p. 1054.
19) Rotunda, Nowak & Young, 앞의 책, pp. 81-104.
20) 395 U.S. 367 (1969).

Democratic National Committee 판결[21])에서 무제한적인 액세스권의 인정은 오히려 공중의 이익을 침해할 것이라고 주장하면서 공중의 이익과 방송기관의 이익을 비교형량하여 제한적인 경우에만 개별적으로 액세스권이 인정된다고 판시하였다.

2) 신문의 경우

방송매체에 대하여 개별적으로 액세스권이 인정되는 것과는 달리, 신문에 대하여는 액세스권이 거부되어 왔다. 연방대법원은 Miami Herald Publishing Co. v. Tornillo 판결[22])에서 신문사가 기사를 취사선택하는 편집권은 공중의 액세스권에 의하여 제한받지 않는다고 판시하였다. 이와 같이 방송매체와 신문을 구별하는 이유는 첫째, 방송은 허용되는 주파수의 한계 때문에 법률적 독점이 인정되는 반면에, 신문은 이러한 독점이 없으므로 전단, 소책자, 다른 신문 등을 이용하여 반박할 기회가 충분하다는 점, 둘째, 신문의 침투력과 영향력은 방송에 비하여 미약하다는 점을 들 수 있다.

(2) 방송에 대한 검열

일반적으로 언론의 여러 종류 중에서 헌법상 가장 적은 자유를 누리고 있는 것이 방송이다. 이와 같이 방송이 가장 제한적인 보호를 받고 있는 이유는 방송매체의 독점적인 성격과 함께 방송이 글을 읽을 줄 모르는 어린이 등을 포함한 가장 광범위한 독자층을 보유하고 있다는 점을 들 수 있다. 이러한 입장에서 연방대법원은 FCC v. Pacifica Foundation 판결[23])에서 "성인용 표현"(adult speech)에 대한 FCC의 검열권을 인정하였다. 본래 헌법상 "음란한"(obscene) 표현에 대하여는 사전제한이 가능하지만 방송의 경우에는 "불경스런"(indecent) 표현에까지 규제권을 확대시킨 것이다. 방송에 대한 검열에 적용되는 원칙을 브레넌(Brennan) 대법관이 정리한 것에 따르면 방송에 대한 제한은 "공중에 대하여 적당하고 균형 있는(appropriate and balanced) 정보를 제공한다는 실질적인 정부의 이익(substantial gov't interest)에 한정되는 경우에만 정당화"될 수 있다고 한다.[24])

---

21) 412 U.S. 94 (1973).
22) 418 U.S. 241 (1974).
23) 438 U.S. 726 (1978).
24) 이러한 이유로 FCC v. League of Women Voters, 468 U.S. 364 (1984)에서 법원은 교육방송국에 대하여 정치적 평론을 금지시킨 공영방송법의 규정이 부당한 사전검열로서 위헌이라고 선

4. 예외 3 : 상업적 언론(Commercial Speech)에 대한 사전제한

연방대법원은 Valentine v. Chrestensen 판결[25] 이래로 "상업적 언론원칙" (Commercial Speech Doctrine)을 확립시켰는데, 이에 의하면 "순수하게 상업적인" (purely commercial) 언론은 수정 제1조의 보호를 받지 못하는 것으로 다른 형태의 상업활동과 같은 정도로 통제를 받는다는 것이다. 여기서 "순수하게 상업적인" 언론이 무엇을 의미하는가에 대하여 오랜 논쟁이 있어 왔는데, 법원은 상업성 여부를 단순히 외관으로만 파악해서는 안 되고,[26] 이윤동기(profit motive)의 유무를 고려해야 하며,[27] 표현하고자 하는 주된 목적(primary purpose)이 무엇인가에 따라 판단해야 한다고 보고 있다.[28] 이러한 상업적인 언론에 대한 사전제한의 대표적인 예는 허위광고(false advertisement)에 대한 규제를 들 수 있다. 그러나 정치적 언론(political speech)과 상업적 언론(commercial speech)을 기계적으로 구분하여 후자에 대한 수정 제1조의 모든 보호를 박탈하는 것은 부당하다는 주장이 거세어져서, 오늘날의 판례의 경향은 문제의 언론행위가 어느 범주에 속하는가보다는 구체적인 행위의 합법성(legality)과 법익형량에 따라서 사건을 처리하는 것으로 보인다. 다만 이 판단에 있어서 상업성 여부에 대한 고려가 주된 요인이 됨은 물론이다.[29]

5. 예외 4 : 음란성(Obscenity)과 사전제한

(1) 음란성이론

연방대법원은 Chaplinsky v. New Hampshire 판결[30]에 이어서 유명한 Roth v. United States 판결[31]과 Miller v. California 판결[32]을 통하여 음란성에 대한

언하였다.

25) 316 U.S. 52 (1942).
26) Murdock v. Pennsylvania, 319 U.S. 105 (1943)에서 여호와의 증인 신도가 호별방문하면서 종교서적을 파는 것은 상업활동이 아닌 종교활동이라고 보았다.
27) Bread v. Alexandria, 341 U.S. 622 (1951).
28) New York Times v. Sullivan, 376 U.S. 254 (1964).
29) 오늘날의 Commercial Speech Doctrine에 대한 구체적인 판결들의 분석에 대해서는 Rotunda, Nowak & Young, supra note 4, pp. 138-162 참고.
30) 315 U.S. 568 (1942).
31) 354 U.S. 476 (1957).
32) 413 U.S. 15 (1973).

이론을 확립하였다. 이에 따르면 음란한 표현물은 수정 제1조에 의하여 표현의 자유로서 보호받지 못하는 것이다. 그리고 Miller 판결에서는 음란성 여부를 판단하는 세 가지 심사기준을 다음과 같이 정립하였다. 첫째, 특정시대 특정지역 공동체의 문화감각을 보유한 평균인(average person applying contemporary community standards)의 관점에서 볼 때, 그 작품이 전체적으로 외설적인(prurient) 흥미에 호소하고 있는가의 여부이다. 둘째, 그 작품이 법률이 금지하고 있는 유형의 성적 행위를 기술, 묘사하고 있는가의 여부인데 이에 대하여 대법원이 예시하고 있는 행위들은 "궁극적인 성행위"(ultimate sexual acts), 자위행위·배설행위·성기의 음탕한 노출 등이다. 셋째, 그 작품이 전체적으로 볼 때, 중요한(serious) 문학적·예술적·정치적·과학적 가치를 지니고 있는가의 여부이다.

  (2) 사전제한금지 원칙의 예외

  음란한 표현에 대하여는 예외적으로 사전제한이 허용된다. 그리고 사전제한의 방식도 법원의 유지명령(injunction)보다는 검열관위원회(Board of Censors)에 의한 허가제를 사용하고 있다. 그러나 대법원은 음란표현물에 대한 사전제한에 대하여 '절차적 보장'을 요구하고 있다. 이는 사전제한에 대한 법원의 뿌리 깊은 혐오를 나타내 주는 것인데, 주로 영화의 검열과 관련되어 나타나고 있다.[33] 예컨대 Freedman v. Maryland 판결[34]에서 연방대법원은 지역검열위원회에 대하여 사전제한을 하기 전에 피고에게 청문(hearing)의 기회를 신속하게 보장할 것, 음란성에 대한 입증책임은 위원회측에서 부담할 것, 가능하면 사법적 절차에 의존할 것 등을 요구하였다. 그리고 출판물의 경우에도 압수하기 위해서는 반드시 영장을 발부받도록 하고, 발부받기 전에는 중립적인 법관에 의하여 음란성 여부를 판단받을 기회를 제공해야 한다고 하였다.

---

33) G. Gunther, supra note 12, pp. 1160-1161.
34) 380 U.S. 51 (1965).

Ⅳ. 집회와 시위에 대한 사전제한

1. 집회의 자유와 공공의 광장(Public Forum) 개념

미국헌법상 언론(speech) · 집회(assembly) · 결사(association) · 청원(petition) 등은 모두 표현의 자유(freedom of expression)에 포함되어 수정 제1조에 의하여 헌법상 보호된다. 따라서 평화적인 집회를 개최하거나 이에 참가하는 권리는 판례상으로도 확고하게 보장하여 왔다. 즉, 일찍이 판례는 공산당의 정치집회에 참가하는 것이 폭력을 도발하지 않는 한 범죄가 아니고,[35] 행진, 시위, 피케팅을 위한 집회도 보호되며,[36] 노동조직의 회합도 합헌적인 집회로서 보호하는 태도를 취해 왔다.[37] 옥외집회나 시위와 관련되어 발전된 이론이 "공공의 광장"(public forum) 개념이다. 이 개념은 일반 공중이 그 의사표현을 위하여 공공장소를 사용할 권리를 가진다는 의미인데, '공공장소에서의 표현의 자유'와 '평화유지와 다른 시민의 권익보호를 위한 정부의 이익'이라는 두 가지 이익의 형량이 주된 문제이다. 공공의 광장은 첫째, 전통적으로 공공의 사용이 인정되어온 장소(공원, 보도 등), 둘째, 국가가 공공의 사용을 위하여 제공한 장소(학생들을 위한 주립대학교 등), 셋째, 공공의 사용이 금지되어온 장소(군사기지 등)로 분류되는 것이 일반적이다.[38]

2. 집회와 시위에 대한 사전제한

(1) 행정부에 의한 허가제도(licensing system)

언론이나 출판과는 달리 집회나 시위는 행정부에 의한 사전허가를 요하는 경우가 있다. 이에 대한 판례로는 Lovell v. Griffin 사건[39]을 들 수 있다. 이 사건에서는 유인물을 거리에서 배포하는 데 대하여 미리 시당국의 사전허가를 얻도록 규정한 시조례의 합헌성이 문제되었다. 대법원은 허가제도를 규정한 조례

---

35) Dejonge v. Oregon, 299 U.S. 353 (1937).

36) Hague v. CIO, 307 U.S. 496 (1939).

37) Tomas v. Colins, 323 U.S. 516 (1945).

38) 이러한 분류는 Perry Educational Ass'n v. Perry Local Educator's Ass'n, 460 U.S. 37 (1983)에서 최초로 행하여졌다.

39) 303 U.S. 444 (1938).

의 규정이 합리적인 요건 등을 전혀 정해놓지 않은 "막연한"(vague) 것으로서 문면상 무효(void on its face)라고 하면서, 이 경우 집회자는 조례를 무시하고 집회를 개최할 수 있다고 판시하였다. 한편 Poulos v. New Hampshire 사건[40]에서는 사전허가를 규정한 조례자체는 합헌이지만, 시당국이 불합리하게 자의적으로 허가신청을 거부한 경우가 문제되었다. 대법원은 허가를 규정한 조례가 문면상 유효인 한, 허가거부가 부당한 것이었더라도 이에 대한 구제는 주법원을 통해서 이루어져야 하며, 직접 허가거부를 무시하고 집회를 개최할 수는 없다고 판시하였다.

(2) 법원에 의한 사전제한

법원에 의한 유지명령(injunction)이나 금지명령(restraining order)으로 집회가 금지된 경우에는 명령자체가 문면상 무효이더라도 집회신청자는 일단 그 명령을 준수하고 항고로서 다투어야 한다. 한편, 법원의 유지명령은 일방적(ex parte)인 것이어서는 안 되고 반드시 집회신청자에게 소명의 기회를 주어야 한다.

3. 사전제한의 규제 - TPM원칙

TPM원칙이란 집회의 시간(Time), 장소(Place), 방법(Manner)을 합리적으로 규제하는 원칙인데, 이 원칙은 첫째, 집회나 시위의 사전제한이 남용되는 것을 방지하고, 둘째, 사법부가 독자적으로 정부의 사전제한에 대한 합헌성을 심사하는 기준으로서 기능한다. 이 원칙의 요소는 다음과 같다. 첫째, 시간, 장소, 방법의 규제는 "내용중립적"(content-neutral)인 것이어야 한다. 즉 집회에서 어떠한 내용을 표현하고자 하는가에 상관없이 모든 종류의 집회를 평등하게 규제하는 것이어야 한다는 것이다. 단, 극히 예외적으로 수정 제1조의 보호영역에 속하지 않는 내용(음란성 등)에 대하여는 "내용편향적"(content-biased)인 규제가 허용된다. 둘째, 시간, 장소, 방법의 규제는 '중대한 국가이익'(significant government interest)을 위하여 필요한 경우에만 행해져야 한다. 셋째, 시간, 장소, 방법을 규제하는 경우에는 반드시 충분한 대체 통신수단을 남겨두어야 한다. 왜냐하면 어떠한 표현을 공중에게 알릴 통로를 모두 봉쇄하는 것은 헌법상 용납될 수 없기 때문이다. 미국헌법상 집회나 시위에 대한 사전허가제는 이와 같은 엄격한 규제하에서 행

40) 345 U.S. 395 (1593).

해진다는 점을 유의해야 한다. 따라서 우리나라와 같이 광범위하고 모호하고 "내용편향적"(contaent-biased)이며 시간과 장소와 방법을 가리지 않는 무분별한 사전허가제는 강력한 위헌의 추정을 받는 것이다.

V. 맺음말 − 표현의 사전제한에 대한 기준정립을 위한 제언

서론에서 밝혔듯이 우리나라는 체제간, 계급간, 지역간에 서로 분열되어 대립이 심각한 상황이다. 그리고 이러한 대립이 노출되는 장이 표현의 자유의 영역이다. 이러한 상황에서 모두가 수긍할 수 있는 공정한 사법심사기준의 확립이 필요함은 물론이다. 이를 위하여 미국헌법상 확립된 원칙을 참고로 하여 사전제한의 기준에 대하여 두 가지 제언을 하고자 한다.

우선, 사회적으로 합의된 일정한 기준이 있는 영역에서는 사전제한이 인정되어야 한다. 예컨대, 음란한 출판물, 영화, 방송이나 허위광고 등은 '자유시장'에 맡기는 것보다는 정부나 법원이 적극적으로 '사전'에 개입하는 것이 헌법상 정당화된다고 볼 것이다.

다음으로, 문제는 사회적으로 합의된 일정한 기준이 존재하지 않는 영역이다. 이러한 영역의 대표적인 것이 정치적, 사상적인 표현인데 그 중에서도 현 정치권력에 대하여 비판적·반대적인 표현이 문제된다. 생각건대 이러한 영역에서는 사전제한이 금지되어야 할 것이다. 만약 어떠한 특정한 이데올로기의 유지나 특정한 정권의 안위를 위하여 이에 비판적인 표현들을 빛도 보기 전에 억압한다면 이는 첫째, 자신의 이데올로기나 정권이 열등함을 스스로 시인하는 것이거나, 둘째, 국민들을 스스로 판단할 능력도 없는 무능력자로 무시하는 것이며, 셋째, 표현의 자유는 기본적으로 피치자의 자유, 반대의 자유라는 헌법원칙을 침해하는 것이다.

그리고 이러한 영역에서 사법부는 공정한 사상들간의 경쟁이 이루어지도록 심판관이 되어 혹시 어느 한 편이 반칙을 하지 않는가를 감시하는 역할을 담당해야 한다. 예컨대 똑같이 평화적인 집회인데도 정부가 하나는 어용집회라고 하여 허가하고, 다른 하나는 반체제적이라고 하여 금지하는 것은 꼭 미국의 TPM 원칙을 인용하지 않더라도 위헌적인 것으로서 사법부가 개입해서 바로 잡아야 한다. 왜냐하면 정부가 반칙을 범하고 있기 때문이다.

"합법이라고 속이고 그 실은 합법이 아닌 것은 용납될 수 없다."

Praetextu liciti non debet admitti illicitum.

Under pretext of legality, what is illegal ought not to be admitted. [10 Coke, 88]

"표현의 자유와 사전제한"[1989]

해 제

김 재 원*

Ⅰ. 2001년 12월 초 안경환 교수님의 연구실을 방문한 해제자에게 교수님은 막 출간된 저서를 주셨다. 해제자가 서명을 부탁드리자, 교수님께서는 저서의 첫 장 여백에 해제자의 이름을 쓰시고 "함께 지낸 날과 함께 지낼 날을 위해"라고 적으신 후 서명하셨다. 해제자가 교수님을 처음 뵌 것이 1992년이니 그 책에 서명을 해 주신 날을 기점으로 전후 10년, 모두 20여 년을 교수님과 함께 할 수 있었다. 이러한 인연은 영미법을 전공한 해제자에게는 더 없이 큰 행운이었다. 소위 대륙법계의 영향이 지배적이었던 한국 법학 풍토에서 영미법연구를 개척하신 교수님의 존재는 해제자와 같은 후학에게는 필설로 다 표현할 수 없을 정도의 도움이었다. 또한 교수님께서 서울대 법대학장 재임시 당신의 영미법 강의를 해제자에게 맡겨주신 것을 해제자는 큰 영광으로 여겼다. 학문적인 도움뿐만 아니라, 항상 개인적 조언도 주셨기에 교수님은 해제자에게는 최고의 멘토이셨다. 안경환 교수님의 인문학적 소양과 인권 감수성, 그리고 몸소 보여주신 참여하고 실천하는 지성인의 자세는 해제자를 포함한 후학들에게 귀감이 되었다. 교수님의 정년퇴임을 앞두고, 이 글을 쓰는 기회를 통해 다시 한 번 교수님의 은혜에 깊이 감사드린다.

Ⅱ. 시대와 장소를 막론하고 표현의 자유에 관한 논란은 합의점을 찾기가 어렵다. 서양 고대에 아테네 시민들은 상당한 자유를 향유했다. 하지만 소크라테스의 사형선고는 표현의 자유에 관한 당시의 한계를 보여준다. 정치적 공동체의 여러 문제에 관해 자유롭게 주장하고 토론할 수 있었던 아테네 사회에서도 젊은이들을 타락시키고 신을 모독하는 발언을 했다는 이유로 소크라테스는 처

---

* 성균관대학교 법학전문대학원 교수

-345-

벌을 받았다. 동서양의 역사서에서도 권력자에게 직언이나 비판을 함으로써 극
형을 받은 이들을 쉽게 찾을 수 있다. 이러한 역사적 경험은 표현의 자유와 정
치공동체, 특히 민주적 시민사회와의 연관성을 명확히 보여준다.

한국에서 표현의 자유는 반체제 혹은 반정부적 비판이 소위 "안보 이데올로
기"[1]에 의해 극심한 탄압을 받아온 역사적 경험과 분리하여 생각할 수 없다. 이
논문이 출간된 1989년 한국 사회는 군인 출신 대통령 아래에서 "권위주의적 정
치문화"[2]가 지속되고 있던 시기였다. 표현의 자유에 관한 제한기준이 모호하고
무분별하게 남용되던 당시 한국의 관행을 시정하기 위해 저자는 미국 사법부가
확립해 온 기준에 주목했다. 미국의 기준을 참고하여 한국에서 "모두가 수긍할
수 있는 공정한 사법심사기준의 확립"[3]이 저자가 이 논문을 쓴 의도로 보인다.

저자는 이 논문에서 미국 연방대법원의 판결을 근거로 표현의 자유와 사전
제한의 법리를 종합적으로 소개하고 있다. 한국 사회에 시사하는 바가 큰 미국
법리를 소개하면서, 저자는 이러한 법리의 발전과 실현에 미국 사법부, 특히 연
방대법원 판사 개개인의 역할에 주목해 왔다. 저자는 이 논문을 발표하기 3년
전에 연방대법원 더글라스(William Douglas) 판사의 법사상을 조명한 책[4]을 출간
했다. 그 후에도 연방대법원의 비사(inside story)를 심층적으로 다룬 우드워드
(Bob Woodward)와 암스트롱(Scott Armstrong)의 『The Brethren』을 1995년과 이듬
해에 두 권의 번역서로 출간했다.[5] 저자가 평생 존경하고 사사(師事)해온 더글라
스 판사는 블랙(Hugo Black) 판사와 함께 미국 연방대법원 역사에서 가장 강력하
게 표현의 자유를 옹호해 온 인물이기에, 저자는 "미국법의 이론적 조명" 제2장
에서도 표현의 자유를 다루었다. 연방대법원의 역할에 주목한 저자는 제왕적 대
통령, 통법부인 국회, 권력의 시녀인 검찰과 경찰로부터 시민을 보호해 줄 역할
은 사법부에 기대했다.

저자는 표현의 사전제한과 사후처벌 문제를 구별하여 논의를 전개한다. 이

---

1) 해제대상논문 329면.
2) 해제대상논문 329면.
3) 해제대상논문 343면.
4) 안경환, 미국법의 이론적 조명, 고시계, 1986.
5) 이 책은 13년 후, 한 권의 번역서로 다시 출간 되었다. 밥 우드워드(Bob Woodward), 스콧 암
   스트롱(Scott Armstrong) 지음, 안경환 옮김, 지혜의 아홉 기둥(The brethren: inside the
   supreme court), 라이프맵, 2008.

점은 당시는 물론이고 이 논문 출간 이후에도 사전제한이 금지되면 사후에 처벌
도 불가능한 것으로 오해하는 많은 학자들에게 명확한 이해를 촉구한다. 미국
연방대법원이 사전제한(prior restraint)을 특히 경계하고, 위헌성을 추정하는 이유
는 영미법 초기에 시행된 많은 검열제도의 폐해와 "사상의 자유시장론"(Market-
place of Ideas) 때문임을 저자는 강조하고 있다. 즉, "어떠한 사상의 진실성은 정
부가 결정할 수 있는 것이 아니고 오로지 '자유시장'에서 다른 대립하는 사상들과
의 경쟁을 통해서만 판단될 수 있다"[6]는 신념이 연방대법원의 판례에 담겨 있다.

　미국에서 표현의 자유에 관한 연방차원의 법적 근거는 연방헌법 수정 제1조
이다. 이 조항은 의회가 표현의 자유를 침해하는 법을 제정하지 못한다("Con-
gress shall make no law [...] abridging the freedom of speech.")라는 매우 단정적인
규정이다. 연방대법원은 이러한 규정을 해석적용하는 과정에서 표현의 자유에
대해 "우월적 지위"(preferred position)[7]를 인정하는 이론을 확립했는데, 저자는
이러한 우월적 지위를 인정하는 판결들을 관련 법리들과 더불어 유기적으로 설
명하고 있다. 그리고 표현의 내용을 문제 삼아 제한을 가하는 경우(content-
based)와 내용에 상관없이 제한하는 경우를 나누어 다른 법리를 적용해온 연방
대법원의 관행도 소개한다. 흔히 시간, 장소, 방법을 규제하는 후자의 경우는 한
국에서 당시 무분별하게 시행되는 집회의 사전허가제를 비판하는 "강력한 위헌
의 추정"[8] 근거로 제시된다.

　이 논문에 기술되어 있듯이, 표현의 자유는 원래 정치적 표현(political
speech), 특히 반대와 비판의 자유[9]를 의미하는 것으로 좁게 이해되었다. 따라서
음란한 표현(obscenity)이나 명예훼손적 발언(defamation), 상업적 표현(commercial
speech)에는 이러한 헌법적 보호가 미치지 않았다. 하지만 표현의 자유의 외연은
사회변화에 맞춰 확장되었다. 음란한 표현도 보다 엄격히 정의되고 행정당국에
의한 자의적 검열이나 처벌이 아닌 사법적 판단을 받게 되었다. 명예훼손을 이
유로 한 손해배상청구도 '공인'(public figure)의 경우에는 표현의 자유를 위해 제
한되었다. 광고(advertisement)와 같은 상업적 표현도 단지 이윤추구라는 이유로

---

6) 해제대상논문 330면.
7) 해제대상논문 331면.
8) 해제대상논문 343면.
9) 해제대상논문 331면.

헌법적 보호를 못 받던 종래의 법리가 변경되었다.[10]

Ⅲ. 이 논문 출간 이후에 미국 연방대법원이 발전시켜온 법리와 실무관행 중에서 이 논문의 주제와 관련된 몇 가지를 첨언할 필요성을 느낀다. 하나는 소위 혐오 범죄(hate crime) 처벌과 표현의 자유 문제이다. 1980년대 말과 90년대 초, 미국 사회에서 신나치주의자, 인종차별주의자, 동성애혐오자 등에 의한 특정 인종이나 집단에 대한 범죄가 기승을 부렸다. 이러한 혐오 발언이나 시위를 처벌하는 법률에 대해 연방대법원은 연방헌법 수정 제1조 위반이라는 판결을 내렸다.[11] 이 경우에도 연방대법원은 '내용을 문제 삼아'(content-based) 표현을 제한하는 입법이나 정부의 행위를 용인하지 않았다.

또 하나는 인터넷의 보급에 따른 음란물의 유통 제한이었다. 아동, 청소년들이 인터넷을 통해 포르노그라피를 접하는 것을 막으려는 의도로 연방의회는 통신품위법(Communication Decency Act)을 1997년에 제정했다. 그러나 이 법은 과도한 제한을 이유로 위헌판결을 받았다.[12] 소위 상징적 행위(symbolic conduct)에 관한 이론을 '국기 소각'(flag burning) 사례에 적용한 일련의 판결도 이 논문 출간 이후의 중요한 사건이다. 정치적 항의의 표시로 국기를 소각한 행위를 주 형법상 국기훼손죄로 처벌하는 것은 위헌이라는 판결[13]이 있었다. 이 판결에 대항하여 연방의회는 국기보호법(Flag Protection Act of 1989)을 제정했으나, 이 연방법률 역시 위헌판정[14]을 피하지 못했다.

이 논문이 출판된 후 현재까지 약 25년이 경과했다. 그동안 미국과 한국 모두 적지 않은 사회적 변화를 겪었다. 두 나라 모두 이 시기에 국내외적인 요인으로 표현의 자유에 대한 보호가 후퇴하는 경험을 했다. 민주주의의 근간인 표현의 자유는 저절로 유지되지 않는다는 교훈을 얻기에 충분한 경험이었다. 이 논문 출판 당시에 저자가 가졌던 문제의식은 현 시점에서도 조금도 퇴색되지 않고 있다. 시민들은 늘 깨어 있으면서 정부가 "반칙을 범"[15]하지 않는지 감시해

---

10) 해제대상논문 339면.
11) R.A.V. v. City of St. Paul, 505 U.S. 377 (1992).
12) Reno v. ACLU, 521 U.S. 844 (1997).
13) Texas v. Johnson, 491 U.S. 397 (1989).
14) U.S. v. Eichman, 496 U.S. 310 (1990).
15) 해제대상논문 343면.

야 하고, 사법부는 심판관이 되어 표현의 자유는 곧 "반대의 자유"16)라는 헌법
원칙을 보장하며, "사상들간의 경쟁"17)이 공정하게 이루어지도록 해야 할 책무
를 진다. 이를 위해 미국 사법부가 오랜 세월 동안 발전시켜온 법리들은 변함없
이 유용하다.

[색인어] 표현의 자유(freedom of expression), 사전제한(prior restraint), 사상의
　　　　 자유시장(market place of ideas), 우월적 지위(preferred position)

---

16) 해제대상논문 343면.
17) 해제대상논문 343면.

미국헌법과 저작권

I. 글머리에

우리나라를 포함한 많은 현대국가의 헌법은 학문과 예술의 창달을 도모하는 문화국가의 이상을 천명하고 있다. 그리하여 저작권자는 지적 선구자로서의 그 명예와 재산상의 이익을 보장받는다. 이러한 현대 헌법의 필요적 공통요소인 문화국가의 이상을 실현하는 데 결정적으로 기여하는 것이 저작권의 보호이다. 저작권의 보호를 헌법의 명문으로 규정하는 경우도, 그러하지 아니하는 경우도 있지만 궁극적으로는 자유민주주의와 시장경제의 원리를 표방하는 모든 나라의 헌법이 저작권법의 근거를 내포하고 있다.

명문으로 저작권을 보호하는 대표적인 예가 미국헌법이다. 이는 미국헌법이 현존하는 세계 각국의 헌법 중 가장 오래된 성문헌법이라는 역사적 사실에서 유래하는 당연한 귀결이기도 하지만, 또 다른 관점에서 관찰하자면 미합중국의 건설이 영국으로부터의 정치적 독립이라는 과정을 거쳐 이루어진 것이고 보면 세계 최초의 저작권법을 제정한 바 있었던 영국의 법이 미국헌법에 승계되었다는 점에도 예상할 수 있는 바이다.

이 글은 저작권법 영역에 미치는 미국헌법의 역할을 조명한다. 미국헌법의 저작권 조항에 천명된 정책과 이상을 일별하고 본질적인 헌법적 기본권인 언론출판의 자유를 신장하는 수단으로서의 저작권의 기능에 관해서 논한다.

II. 미국헌법의 저작권 조항

1. 문언 및 연혁

미국 연방헌법 제1조 제8항은 연방의회의 권한을 열거의 형식으로 규정하면서 "제한된 기간 동안 저술과 발명품에 대한 독점적인 권한을 부여함으로써 과학과 유용한 학문의 발전을 도모한다"라고 정하고 있다. 이 조항의 직계선조는 1710년의 앤여왕법(Statute of Anne)[1]이라고 일반적으로 이해되고 있다. 그리하여 앤여왕법에서 선언한 입법목적과 보호의 대상이 그대로 전승되고 있다. 뿐만 아니라 앤여왕법은 최초의 미국 저작권법인 1790년법의 모델이 되었다. 그리하여 영국법상의 "저술자의 권리"(authors right)는 미국법의 문언에 복제되었다.

2. 저작권법조항의 이상

이 조항을 제정하면서 저작권의 보호대상과 범위에 관해 실제로 "헌법의 아버지"(Founding Fathers)가 의중에 둔 것이 무엇인지는 명백한 기록이 없다. 그러나 헌법 문언 그 자체에서 적어도 3가지의 저작권의 입법 목적 —즉 ① 학문의 증진(promotion of learning), ② 공적이용권의 보장(preservation of public domain), 및 ③ 저작자의 보호(protection of author)라는— 을 추출해 낼 수 있다.[2]

(1) 학문의 증진

저작권이 학문의 증진에 기여한다는 헌법의 확인 선언이 저작권자에게 일정 기간 독점적 이익을 인정하는 법률의 상위근거가 된다. 그러므로 저작권에 관한 일체의 입법은 이러한 헌법의 이념을 구현시키는 하부원칙일 따름이다. 1976년 저작권법의 제정 이전에는 저작물에 대한 독점적 권리를 부여하는 전제조건으로 저작물의 공표(publish)를 요구했다. 이러한 공표행위를 통해 공적 접근이 가능하고 결과적으로 학문의 증진이 이루어진다는 것이다.

이러한 기본목적이 확인되면 이에 부수적인 목적, 즉 공적 이용권의 보장과 저작권자의 보호는 이러한 기본목적에서 파생됨을 쉽게 알 수 있다.

(2) 공적 이용권의 보장

저작물에 대한 공적 이용권을 설명하기 위해 동원되는 "공적영역"(public domain)이라는 개념은 물리적인 장소가 아니라 일종의 추상적인 허구다. 대기나 태양빛과 같은 자연이 특정인의 소유물이 아니라 인류의 공동유산에 속하듯 문

---

1) 8 Anne. cap. 19.
2) 제1의 목적은 명문의 규정에서 확인되고, 제2의 목적은 제한된 기간의 보호가 만료된 후에는 공공의 자유로운 이용이 보장된다는 사실에서 간접적으로 도출된다. 제3의 목적은 제1의 목적의 달성을 위해서 필연적으로 달성되어야 할 세부목적으로 인식될 수 있다.

화적 창작물도 인류의 공동유산이므로 이에 대한 공공의 접근이 보장되어야 한다는 것이다.

저작권 그 자체가 공적영역을 축소·제한하는 제도다. 저작권의 보호대상이 되는 저작물이란 따지고 보면 저작자가 공적영역에 공개된 언어와 아이디어를 기초로 일정한 수준의 창조행위를 가미한 것이다. 공적영역을 축소하여 제한된 기간 동안 독점적 권리를 저작자에게 부여하는 전제조건이자 대가관계로 새로운 저작물을 "창조"(create)할 것을 요구한다. 이러한 대가관계의 존재는 2가지 의미를 내포한다.

첫째, 저작자는 이미 공적영역에 속하는 내용을 창조했다고 주장할 수 없으며, 둘째, 보호되는 제한된 기간이 도과한 후에는 저작물은 공공의 영역에 귀속된다는 것이다.

그리하여 저작권법의 이상은 공적영역의 보존뿐만 아니라 이의 확대에까지 두고 있는 것이다. 저작권법이 영구적인 형태로 저작물을 창조하는 행위를 권장, 촉진하는 한도에서 비록 그것이 현재의 지식의 저수지에 불과한 것이라고 할지라도 후세인의 문화의 창달에 기여하는 것이다.

(3) 저작자의 보호

미국헌법은 저작자에게 자신의 저작물에 대해 일정기간의 "독점적 권리"(exclusive right)를 부여한다. 핵심적인 문구인 "독점적 권리"가 "과학을 진흥"(Promotion of Science)하는 수단이다. 이러한 헌법조항의 모태가 된 앤여왕법 시점의 상황 아래서 독점권의 내용은 "독점적으로 출판할 권리"(exclusive right to publish)로 해석될 것이다. 1828년에 출판된 어문 저작권법에 관한 고전적인 영국의 전문서에도 "저작권이란 조각(engravings), 악보, 지도 등을 포함한 일체의 어문 저작물(literary performance)을 독점적으로 인쇄·출판할 권리를 말한다"라고 서술하고 있다.3)

뿐만 아니라 이와 같은 권리는 법률에 의해 인정된 권리이다. 앤여왕법에 의해 부여된 권리는 공표할(publish)권리이며 그 법의 적용대상은 표제 자체에서 명시되었듯이 "인쇄된"(printed) 서적에 한정된다. 이 문제에 관한 역사적인 판결

---

3) Robert Maugham, A Treatise of the Laws of Literary Property, Published by Longman, Rees, Orme, Brown, & Green, Paternoster Row, 1828, p. 1. 이 책의 저자는 이와 같은 자신의 결론을 정당화하기 위해 맨스필드 경(Lord Mansfield)이 집필한 판결문상의 "copy"의 정의를 인용한다.

인 1774년의 Donaldson v. Beckett 판결에서 영국귀족원(House of Lords)은 저작물의 공표와 동시에 보통법상의 저작자의 일체의 권리는 소멸되고 오로지 제정법에 의한 권리만이 잔존한다고 판시한 바 있다.

미국헌법이 제정되기 불과 13년 전에 내려진 이 판결의 내용을 헌법제정에 참가한 헌법의 아버지들이 숙지하고 있었다고 추정할 수 있다. 다시 말하자면 보통법상(common law)의 권리와 제정법상의 권리(statutory right)의 차이점을 인식하고 있었으며 의회는 단지 제정법상의 권리만을 부여할 수 있다는 법리에도 지실하고 있었을 것이다. 그렇다면 연방의회가 입법을 통해 보장할 수 있는 "독점적 권리"란 저작권자가 자신의 저작물을 공표할 권리에 한정된다는 결론에 이른다.

(4) 공공의 저작물 접근의 보호

이와 같은 3대 목적의 구조적 해석을 통해 제4의 저작권법의 목적을 도출해 낼 수 있다. 그것은 공공의 접근이용권(implied right to access)이다. 학문의 증진을 위해서는 저작자의 독점적 지배 아래에 있는 저작물에 대해 공공의 이용권이 보장되어야 한다. 저작자에게 보장된 독점적 권리의 내용인 '공표권' 그 자체가 공공의 접근을 보장하기 위해서 주어진 것이기도 하다. 이를테면 저작권의 본질은 어디까지나 "기능적인" 개념이다. 저작권을 보호하는 목적은 저작자로 하여금 자신이 창작한 저작물을 공표하는 것을 촉진하고 공표된 저작물에 대한 공공의 접근을 보장함으로써 궁극적으로 학문의 증진에 기여함에 있다. 이러한 기능은 저작물의 공표를 유도함으로써 달성된다. 헌법이 의회에 부여한 권한은 저작물의 자발적인 공표를 유도하는(induce) 입법을 제정할 권한이고 이를 강제하는(compell) 입법을 제정할 권한은 아니다.

그러므로 저작자는 자신의 저작물의 전부 또는 일부를 공표하지 않아도 상관없다. 카프카(Franz Kafka, 1883-1924)의 유언에 따라 브로드(Max Brod)가 카프카의 불후의 명작들을 소각하였더라도 미국의 저작권법 아래서는 속수무책이었을 것이다(이 점은 어느 자유민주주의 법제의 국가에서나 마찬가지일 것이다). 그러나 저작권법의 기본 이상이 학문의 증진에 있는 이상, 저작자는 자신의 저작물을 공개하여 후세의 학문발전에 기여할 일종의 도의적 의무가 있다고 할 것이다.

이러한 공표여부에 관한 저작자의 자유 선택권을 인정한 헌법조항에서 추출할 수 있는 사실은 헌법의 아버지들이 의도한 바는 미국 국민 전체의 이익을 위해 저작권자와 연방의회간에 일종의 타협을 권장하는 것이다. 이 조항에 근거하여 연방의회는 저작권을 둘러싼 협상의 조건을 설정할 수 있다. 그러나 헌법에 의해 의회가 부여받은 입법권은 그 자체에 일정한 조건이 부과된 제한적인 권리인 것과 마찬가지로 의회가 입법에 의해 저작자에게 부여한 권리도 일정한 조건이 부과된 제한적인 권리다. 저작자의 권리에 부착된 조건은 공공의 이용에 제공하여야 할 의무이다. 저작권자에 대한 보호는 저작물을 공공의 이용에 제공한 대가로 부여되는 것이다.

이 점은 미국헌법 성립 당시의 사회적·정치적 배경을 검토해 보면 더욱 분명해진다. 새로이 탄생되는 신생공화국의 중앙정부가 저작권자를 보호하는 조항을 헌법의 일부로 규정함에 있어서 공공의 이용을 통한 학문의 발전을 입법의도로 설정하지 않았으리라고 생각할 수 없다. 오로지 당시에 극소수에 불과한 저작권자의 이익을 보장하기 위해 이러한 조항을 규정했다는 해석은 전혀 설득력이 없다. 실제로 저작권자를 보호하는 헌법조항은 대부분의 자료를 외국에 의존하고 있는 신생공화국의 장래에 유해하다는 주장도 강력히 대두되었던 것이다.

저작권법의 속지적 성격 때문에 미국에 저작권법의 부재는 곧 외국 저작물의 자유로운 이용을 의미했다. 그리하여 외국 저작물을 미국 내에서 인쇄하는 행위에 대해서도 별도의 세금을 부과할 근거가 없었던 것이다. 미국 최초의 저작권법인 1790년 연방저작권법이 제정된 후에도 상황은 마찬가지였다. 동법은 미국시민과 미국 거주자의 저작물에 대해서만 보호를 부여했고 외국인의 저작물에 대해서도 법적 보호를 연장한 것은 1890년대 이후의 일이었다.

저작권조항이 헌법의 일부가 된 데에는 2인의 역사적 인물의 공로가 돋보인다. 먼저, 제임스 매디슨(James Madison)을 들 수 있다.[4] 매디슨은 해밀튼(Alexander Hamilton)과 더불어 연방헌법의 기초에 절대적인 기여를 한 인물이며 헌법이 제정된 후에도 헌법의 계몽을 위해 맹활약한 "건국의 아버지들" 중에 가장 지적으로 뛰어난 인물이었다. 그의 지적능력과 문화국가로서의 미국의 장래에 대한 예견능력이 저작권조항의 헌법화에 기여한 것이다.

두 번째 인물로 노아 웹스터(Noah Webster)를 들 수 있다. 그는 자신의 저작

---

4) L R. Patterson, "Free Speech. Copyright & and Fair Use," 40 Vanderbilt Law Review 1, 13-19 (1987).

물인 철자법교본에 저작권을 인정받기 위해 코네티컷 주의회로 하여금 1783년 저작권법을 제정하는 데 맹렬한 로비활동을 했다. 그는 창설 13개주 중 델라웨어를 제외한 12개주를 방문하면서 각 주에 저작권법을 제정할 것을 촉구하기도 했다. 이러한 웹스터의 활동 결과 대륙회의(Continental Congress)에서도 각 주로 하여금 저작권법의 제정을 촉구하는 결의문을 채택하기도 했다. 그런데 특기할 사항은 대륙회의의 결의문에는 저작자의 권리보호와 함께 출판자(publisher)의 권리도 보호할 것을 촉구하였다는 사실이다.

헌법의 저작권 조항의 최종문안에 출판자가 보호대상에서 제외된 것은 당시에 이미 출판업의 독점 가능성의 조짐이 보였고 18세기 영국의 경험에 비추어 보아 저작권을 둘러싼 출판사와 저작자간의 빈번한 분쟁이 예상되었기 때문이라고 풀이된다.

이유야 어쨌든 미국헌법의 저작권조항이 그 원조인 앤여왕법이 명문으로 보호한 출판자의 인쇄·공표권을 제외한 것은 상당한 변용이 아닐 수 없다.

그럼에도 불구하고 이러한 출판업자의 권리보호문언을 제외시키고 의회의 입법권에 상당한 제한을 가한 것은 결과적으로 성공적인 개혁이었다고 할 것이다. 미국과 같이 입법과정에 로비스트의 활동이 절대적인 비중을 차지하는 나라에서 독과점 출판업자의 출현을 예방하는 데 상당히 기여한 것으로 평가된다.

1790년 저작권법에 의해 출판자는 저작권을 양도받음으로써 저작권의 소유자가 될 수 있게 되었다.

Ⅲ. 저작권과 언론의 자유

1. 저작권과 언론의 자유간의 이념적 상관관계

저작권과 언론의 자유는 일견 서로 상충되는 관계에 선다. 다른 관점에서는 이들 두 권리는 동전의 양면의 관계에 있다고 할 수도 있다. 전자는 재산권의 문제이고 후자는 사회의 정치적 권리의 문제로 성격을 규정할 수 있다. 양자는 '정보의 흐름'에 관련된 법이라는 점에서 공통점을 보유한다.

양자가 충돌하는 경우에 미국의 법원은 주로 전자를 원칙으로, 후자를 예외적인 제한사유로 취급해온 경향이 농후하다. 이를테면 저작권의 보호를 전제로

이를 침해하는 행위가 언론의 자유라는 이름 아래 정당화될 수 있느냐의 문제로
취급된다.

　이와 같은 저작권 우선의 근본태도는 역사적으로 볼 때 저작권법이 언론 자
유의 법리의 역사보다 더욱 연조가 깊다는 사실에 일부 기인한다고 볼 수 있다.
연방대법원이 판결을 통해 언론 자유의 내용 속에 "말할 권리," "출판할 권리"
뿐만 아니라 "들을 권리"(right to hear)와 "읽을 권리"(right to read) 다시 말하자면
정보접근권(right of access)이 포함된다고 인정한 것은 극히 최근의 일이다.

　여기에서는 (1) 언론 자유의 발전에 있어서 저작권의 역할, (2) 언론의 자유
를 저해하는 요소로서의 저작권의 지위, (3) 언론의 자유와 재산권의 문제를 간
략하게 고찰한다.

2. 언론 자유의 발전에 있어서 저작권의 역할

　언론 자유의 법리의 발전에 저작권법이 미친 영향에 관해서는 깊은 연구가
없는 실정이다. 다만 앤여왕법이 제정되기 이전인 1662년에 이미 출판허가법
(Licensing Act of 1662)이 제정되었던 역사적 사실에서 간접적으로 많은 것을 추
출해 낼 수 있다.

　언론 자유의 법리나 저작권의 법리, 양자 모두 그 법리의 발전은 출판업자
의 적극적인 활동에 힘입은 바 크다. 출판업자의 행위에 대해서가 아니라면 저
작권을 부여할 필요도, 언론출판을 통제할 이유도 없었을 것이다.

　영국에서는 언론 출판의 자유의 문제는 정치적·종교적 양자에 걸쳐 국가의
통제문제와 연관되어 있었다. 이러한 정치적·종교적 박해의 역사를 극복하여
새로운 신생공화국을 건설하려는 미국민은 수정 제1조에 종교의 자유(freedom to
establish and exercise religion)와 언론, 출판의 자유(freedom of speech and of the
press)를 동시에 규정하고 있는 것이다.

　16－17세기의 영국은 정치적·종교적 분란으로 점철되어 있었고 출판업무는
왕립출판소(Stationer's Office)의 독점 아래 있었기에 저작권이란 개념도 왕립출판
소의 출판검열권과 필연적으로 연관되어 있었다. 저작권의 개념은 어디까지나
보충적, 기능적인 것 즉, 검열을 위한 수단에 불과했던 것이다. 그러나 저작권은
그 본질상 사적 재산권의 성격을 지니는 것이고 정치적 검열의 수단으로서의 기
능도 1662년 검열법의 폐지와 함께 종언을 고하였다.

　　왕립출판소 저작권의 사멸로 필연적으로 서적 유통에 관한 새로운 입법의
필요성이 대두되었다. 그러나 새로이 제정된 의회 입법도 근본적으로는 종래의
관행과 동일한 방법으로 저작권을 규율하도록 예정된 것이었다. 의회가 입법을
제정함에 있어 저작권이 독점의 수단으로서 뿐만 아니라 정치적 언론을 사전 검
열하는 수단으로 악용될 소지를 우려했다는 것을 감지할 수 있다.

　　저작권의 개념 자체에 공공의 접근권의 보장이라는 한계를 설정함과 동시에
3개의 별개조항으로 사전검열의 폐지와 공공의 접근의 보장을 선언하고 있다.
출판물의 가격통제를 규정한 제4조, 7개소와 도서관에 출판된 저작물을 납본할
의무를 부과한 제5조, 그리고 외국출판물의 수입, 배포권을 보장한 제7조에서
나타난 법리는 한마디로 요약하자면 출판업자의 독점방지와 공공의 알 권리를
보장함으로써 언론의 자유를 증진한다는 것이다.

　　미국헌법의 기초자들이 이와 같은 앤여왕법 규정의 의미를 어느 정도까지
깊이 인식했는지 분명히 단언할 수 없지만 동법의 표제를 직접 사용하였고 표제
에서 곧바로 언론의 자유가 도출된다는 사실에서 헌법의 초안자들도 저작권과
언론의 자유의 상관관계를 인식하고 있었다는 추정이 가능하다.

　　저작권법이 표방하는 3대 이상(즉 학문의 증진, 공공의 접근권의 보장 및 저작자
의 보호)도 본질적으로는 언론의 자유와 그 이상을 공유하는 것이다. 예를 들어
자유로운 학문의 연구가 억압되는 사회에서는 저작물은 출판자의 통제 아래 속
하게 되어 저작자의 권리는 보호되지 아니한다. 저작권이 출판권이라는 이름으
로 왕립출판소에 의해 독점되었던 관행이 앤여왕법에 의해 종식된 역사적 사실
이 이를 입증한다. 미국헌법의 저작권 조항은 원조법인 앤여왕법의 내용에 따라
언론의 자유의 이상을 자신의 것으로 승계한 것이다.

　　이러한 역사적 사실을 감안해 본다면 미국헌법의 저작권조항과 언론의 자유
조항은 양자 공히 "어문저작물"(writing)이라는 공동의 객체를 다루며 양자는 상
호 충돌 내지는 배척관계에 서는 것이 아니라 보완의 관계에 선다고 할 것이다.
연방의회는 언론, 출판의 자유를 침해하는 법률을 제정하지 못하나, 저작자에게
제한된 기간 동안 독점적인 권리를 보장함으로써 자신의 저작물을 배포할 것을
촉진하는 법률을 제정할 수 있다. 수정 제1조가 보장하는 언론의 자유의 본질적
인 내용인즉 말하고 쓸(출판할) 권리다. 저작권조항에 내포된 언론 자유의 내용
은 공공의 듣고 읽을 권리이다.

비록 저작권 조항이 언론 자유의 이상을 포함하고 있지만 언론의 자유를 창조하는 것은 아니다. 의회의 권한이라는 관점에서 본 수정 제1조와 저작권 조항 간의 차이는 전자는 규제권한을 부정하는 조항인 반면 후자는 일정한 제약의 범위 내에서의 재량적 규제권을 인정한 것이라는 점에서 확연하게 대조된다. 그런데 후자의 경우 규제권의 권한 행사에 부착된 일정한 제약이란 불확정 개념으로 실제로 규제권이 발동됨에 있어서 신축 또는 확장할 수 있다. 연방의회는 저작권의 규제권에 부착된 일정한 제약을 지극히 좁게 해석하여 광범한 규제권을 발동했고 이에 대한 헌법적 도전은 거의 시도되지 않았다. 그리하여 남은 문제는 오로지 의회가 제정한 법의 해석·적용의 문제일 따름이다.

예를 들어 헌법의 저작권 조항은 저작권의 소유자로 오로지 자연인 저작자(author)만을 염두에 두고 있으나 의회는 입법으로 기업저작권자(corporate copy-right)를 인정하고 있다. 만약 저작권법의 이상이 공공의 접근의 희생 아래 저작자의 권리를 보호하는 데 있다면 분명히 이러한 입법에 대한 위헌의 도전이 시도되었을 것이며 또한 분명히 위헌으로 선언되었을 것이다.

마찬가지로 만약 정부가 등록 신청된 저작물을 그 내용(content)을 문제 삼아 저작권의 등록을 거부한다면 이러한 조치는 분명히 수정 제1조의 위반이다. 한마디로 말하자면 수정 제1조는 의회가 발전하는 사회에 적합한 법률을 제정할 권한을 인정하면서도 그러한 권한의 한계를 설정함에 대단히 유익한 헌법원리이다.

3. 언론 자유의 저해요인으로서의 저작권법

저작권 조항에 내포된 언론 자유의 본질은 저작물에 대한 공공의 접근권에 있다. 19세기 동안의 저작권 법리의 중심 이슈는 의회와 법원이 어느 정도까지 이러한 권리에 대한 보호를 부여하느냐에 있었다. 의회가 택한 방법은 저작권 부여의 전제조건으로 저작물의 공표를 요구하는 것이었다. 한편 법원은 일련의 판결을 통해 저작권법의 본질적인 원칙들을 정립했다. 그 중 가장 핵심적인 내용은 제한적 보호의 원칙이다.

그러나 1909년 저작권법은 이러한 제한적 보호의 법원칙을 잠식하고 저작권자의 권리를 확대하는 2가지의 새로운 신종 권리를 추가했다. 저작자의 복제권(right to copy)과 이른바 업무상의 창작물의 법리(work for hire)가 그것이다. 전자는 이미 존재하는 저작자의 저작권과는 독립적이고도 절대적인 권리로서의 복제권의 창설을 안정한 것이고 후자는 기업저작권과 전자출판물의 저작권(electronic copyright)의 이론적 근거가 되었다.

저작권의 제한적 보호라는 기본원칙이 무너지는 데 결정적인 계기가 된 사건은 1914년의 미국음악저작인협회(American Society of Composers, Authors, and Publishers, ASCAP)의 결성이라고 해야 할 것이다. ASCAP는 상업적 목적으로 음악저작물을 공연하는 행위를 허가하고 저작권사용료를 징수했다. 허가와 사용료 징수는 매 공연단위로 행해졌기에 이러한 관행을 어문저작물에 유추한다면 저작물을 읽을 때마다 또는 개인적 목적으로 복사할 때마다 사용료를 물어야 한다는 결론이 된다. 1909년 저작권법이 새로 추가한 신종권리는 1976년 법에 의해서 본격적인 전성기를 누리게 되었다. 이 법의 제정 동기는 무엇보다도 전자복사기, 텔레비전, 컴퓨터 등 통신 정보수단의 급속한 발전에 따라 저작권법리의 재정비가 필요했기 때문이다. 웨스트로(Westlaw)나 렉시스(Lexis)의 예에서 보듯이 텔레비전과 컴퓨터의 결합으로 정보의 송신(transmission)이 가능해졌고 전자복사기의 발전으로 저작물의 사적이용이 용이해졌다. 이와 같은 새로운 현상은 필연적으로 저작권자의 확대보호를 요청하게 되는 것이다.

4. 언론의 자유와 재산적 권리

저작권은 정치적 권리와 재산적 권리라는 양면성을 보유한다. 양자간에는 우열이 존재하지 않는다. 재산적 권리란 자신의 저작물을 자신의 경제적 이익을 위해 사용할 권리를 말한다. 이는 개인적 권리이다. 반면 정치적 권리란 언론의 자유 등과 같이 본질적으로 공익을 위한 공적인 권리이다. 그렇다면 원론적으로 보아 정치적 권리가 재산적 권리에 선행하는 것이 옳다. 왜냐하면 재산적 권리는 종국적으로는 국가에 의해 인정되는 사적 권리임에 불과한 반면 국가의 존립과 운영은 정치적 권리의 행사에 의존하기 때문이다.

재산적 권리는 구체적인 성격을 가지지만 정치적 권리는 추상적인 경향이 농후하다. 그러므로 1 대 1로 양자가 대립하는 경우 대체로 구체적인 재산권이 승리한다. 예를 들어 저작권 소송에 있어 피고가 원고의 재산적 권리를 침해하였다는 주장에 대해 이러한 재산권의 침해행위가 언론의 자유라는 정치적 권리의 정당한 행사로 행해졌다는 피고의 항변은 대체로 인용되지 아니한다.

만약 저작권이 본질적으로 창조적인 저작행위를 보호하는 데 있다면 이러한 창작행위를 한 저작자의 재산적 이익을 보장해 주는 것에 주된 목적이 있다고 하는 것이 보다 정직한 태도일 것이다. 언론의 자유는 언론행위를 하는 당사자의 권리문제에 한정될 타인의 재산권을 전달하는 것이 아니다. 그러나 저작권이 법률에 의해 인정된 권리인 한 본질적으로 규제의 대상이 되는 권리로서의 성격을 가진다.

보다 근본적인 문제는 저작권의 대상과 언론 자유의 대상이 된 본질이 동일한, '정보'(information)라는 공동체적 가치인 경우에 발생한다. 해당되는 정보의 성격이 문화적인(창조적 저작물) 경우도 정치적인(공익적 저작) 경우도 있을 수 있다. 어느 경우에나 이렇게 접수된 정보를 자신의 의견과 행위의 기초로 삼게 되는 것이다. 그러므로 정보의 흐름을 규제하는 어떤 법률도 사전검열의 위험을 내포하고 있는 것이다.

저작권법은 두 가지 관점에서 재산적 가치의 한계를 설정한다. 첫째, 저작권의 세부 내용을 상세하게 규정하여 명시된 내용만을 보호하고 유추해석 등을 통한 확대보호를 금하며, 둘째, 제2차적 저작물과 편집저작물의 보호범위를 (원작의 경우에 비해) 지극히 축소한다.

결론적으로 말하자면 미국법상의 저작권이란 저작권자에 인정되는 포괄적인 권리가 아니라 특정 저작물에 대해 법이 인정한 일련의 특정한 권리의 총체에 불과한 것이다. 이러한 권리는 일차적으로 저작자의 이익을 위해서가 아니라 공공의 이익을 위해 부여된 것이다.[5]

---

5) H. R. Rep. No. 2222 60th Cong. 2nd Sess. 7 (1909).

수정헌법 제1조와 저작권 *

I. 글머리에

위대한 판사이자 미국법사상 슈퍼스타 이론가의 한 사람이기도 한 카도조 (Benjamin Cardozo, 1870-1938)는 역사의 발전에서 법이 담당하는 역할을 묘사하면서 "불가양립한 차이를 조정하고 대립명제를 통합하며 정(正)과 반(反)을 합(合)으로 승화시키는 것이 법의 중요한 임무"라고 표명한 바 있다.[1]

이러한 대립되는 가치의 조절을 위해서는 이에 앞서 우선 대립되는 내용을 확정하는 작업이 선행되어야 한다. 그런데 저작권법의 영역에 있어서 흔히 대립된다고 상정되는 두 가지 명제가 실제로는 대립이 아니라 공존하는 것으로 받아들여지고 있다는 사실 때문에 대립의 내용을 확정하는 작업은 이론적 준별만큼 명쾌한 것이 아니다.[2] 저작권과 수정 제1조의 표현의 자유는 본질적으로 개념상 양립할 수 없는 개념이다. 그럼에도 불구하고 미국법은 이를 공존시키는 모순의 법리를 헌법의 기본질서의 하나로 인식하고 있다.

저작자의 권리의 보호에 주력하든, 아니면 이른바 '이용자 그룹'의 이해를 대변하든 저작권법의 실무자들은 저작물에 대한 정부의 간섭을 반대한다. 이와 같이 저작권의 보호와 검열제의 반대라는 2대 근본적인 태도에서 갖가지 이론적 불명함과 충돌이 발생한다.

수정 제1조는 "연방의회는 언론이나 출판의 자유를 침해하는 어떤 법률도

---

* 이 글에서의 논의는 주로 Melville B. Nimmer & David Nimmer, Nimmer On Copyright, Vol. I, Matthew Bender & Co., Inc., 1987을 기초로 전개한다.

1) Benjamin N Cardozo, The Paradoxes of Legal Science, Columbia University Press, 1927.

2) "Court on Trial"의 저자로 1930년대의 법현실주의(Legal Realism) 운동을 주도한 제롬 프랭크 (Jerome Frank) 판사의 표현을 빌자면 "우리는 본질적으로 양립할 수 없는 두 가지 명제를 나란히 공존시키고 있다는 사실을 의도적으로 은폐하려고 한다 … 우리는 이러한 두 가지 대립명제를 '논리로 건축된 밀실'(Logic-light compartments) 속에 가두어 주려고 한다." Jerome Frank, Law and the Modern Mind, Transaction Publishers, 1949, p. 30.

제정하지 못한다"라고 규정하고 있다.3) 그렇다면 연방저작권법은 헌법이 제정을 금지한 언론의 자유를 제한하는 법률이 아닌가? 저작권법에 의해 보호된 내용을 언론이나 출판행위를 통해 표현하는 행위를 제한하고 처벌하는 저작권법이야말로 수정 제1조를 정면으로 위배하는 법률인 것처럼 보인다. 수정 제1조의 문언을 가장 충실하게 고집하는 블랙(Hugo Black, 1886-1971)과 같은 소위 '절대적 표현의 자유론자'의 입장에서 볼 때 저작권법은 당연히 위헌이라는 결론에 이를 것이다.4)

반면, 저작권법의 제정은 수정헌법 제1조의 보호를 제한하는 또 다른 헌법조항, 즉 저작권 조항(Copyright Clause)5)에 근거를 둔 것으로 위헌시비의 소지를 원천적으로 배제한다는 주장이 가능하다. 이 조항에 의하여 연방의회는 저작자의 '저작물'(writing)에 대해 '독점적인 권리'(exclusive right)를 부여할 권한을 명시적으로 보유하기 때문이다. 그러나 이와 같이 저작권법 제정의 정당성을 헌법의 문언에서만 구하는 주장은 몇 가지 문제점을 내포하고 있다. 첫째, 법리적으로 보아 저작권 조항과 수정 제1조의 문언이 상충되는 경우에는 '수정조항'이 우선한다. 시기적으로 보아 후일 시행된 수정조항은 이와 상충되는 선행의 헌법조항을 대체하는 것이다. 또한 제헌당시의 헌법조항(기본적으로는 통치구조에 관한 조항에 한정된)과 수년 후에 수정헌법의 형식으로 추가된 권리장전(Bill of Rights)을 단일의 문서로 간주한다고 할지라도 저작권 조항은 수정 제1조의 제약을 받지 않는 독립된 조항이라는 주장은 논리적 정당성이 없다. 연방의회가 특정분야에 관한 입법을 제정할 권한을 보유한다는 규정만으로 수정 제1조를 포함한 연방헌법의 권리장전의 제약으로부터 면책된다는 주장을 할 수는 없다.6)

---

3) Congress shall make no law … abridging the freedom of speech, or of the press.
4) 그에 의하면 'no law' means no law without any 'ifs' or 'buts' or 'whereas'라고 한다. 즉 수정 헌법 제1조의 표현의 자유는 어떠한 제한도 헌법은 용납하지 않는다고 주장한다. 자세히는 Cahn, "Justice Black and First Amendment 'Absolutes': A Public Interview," 37 N.Y.U.L. Rev., 549 (1962); Beauhamais v. Illinois, 343 U.S. 250, 275 (1952) (Black, dissent, ing); 안경환, "Hugo Black의 법사상-William Douglas와의 비교," 동서의 법철학과 사회철학(무애 서돈각교수 고희기념논문집), 법문사, 1990, 320-337면.
5) 미연방헌법 제1조 제8항 제8문.
6) 이 점은 판결에서도 명백히 선언되었다. "미합중국은 헌법의 소산이다. 헌법 이외의 그 무엇으로부터도 권위를 도출할 수 없다. 그러므로 합중국 정부의 권한 행사는 헌법이 부과한 일체의 제한 아래 행사될 뿐이다." Reid v. Covert, 353 U.S. 1, 5-6 (1957)이 판결의 판결문의 저자는 우연히도 Black 판사였다.

한편, 저작권 조항이 수정 제1조의 적용을 배제하지 않는다면 반대로 수정 제1조가 저작권 조항을 무효화시킨다는 결론은 가능한가? 바로 블레이드(Blade) 판사의 입장이 이러하다. 저작권 조항이 수정 제1조를 어느 정도 제약한다는 사실에는 이의가 없다. 그러나 오늘날의 그 누구도 언론의 자유를 제한하는 일체의 법이 수정 제1조에 의해 무효가 된다고 주장하는 사람은 없다. 특히 연방저작권법의 제정에 관련된 역사적 사실을 보더라도 수정 제1조는 저작권법의 존재를 어느 정도 용인하고 있다고 볼 수 있다.[7]

그러므로 양자의 충돌의 논리적 귀결은 '합리적'인 법익교량의 문제로 귀착한다. 전통적인 입장은 '개별적 법익교량'(balancing)의 방법이다. 그리하여 자유언론이라는 법익과 이와 충돌하는 반대법익을 교량하여 어느 쪽을 선행시킬 것인가를 결정짓는다는 것이다. 그러나 이러한 개별적 법익교량의 방법은 결과의 예측불가능이란 비판을 면치 못했다. 그리하여 일정한 유형의 법익간에 우선순위를 결정하는 '개념적 법익교량'(definitional balancing)[8]의 이론이 등장했다.

이 이론에 입각하면 '음란물'(obscenity)이나 '프라이버시'(privacy), '명예훼손'(libel) 등의 법익과 관련하여 연방대법원은 수정 제1조의 보호의 대상이 되는 행위의 태양을 구분, 정립하기 시작했다. 그리하여 수정 제1조의 보호 대상에서 제외되는 음란물의 개념과[9] 사생활의 범위를 정립하기도[10] 했고, 공무원에 대한 명예훼손의 성립의 요건을 일반인에 대한 명예훼손의 경우보다 강화하여 정립하기도 했다.[11] 그러나 '개념적 법익교량'의 원칙에 입각하여도 문제는 여전히 남는다. 법의 보호를 받는 '언론행위'의 범주를 확정하는 인위적인 기준의 결정의 작업이 남아 있다. 만약 이 원칙을 저작권법의 영역에 적용하기 위해서는 저작권법에 의해 금지되는 언론행위와 저작권의 보호를 받음에도 불구하고 수정

---

7) 수정 제1조는 1789년 제안되어 1791년에 비준되었다. 연방의회가 최초의 저작권법을 제정한 것은 1790년의 일이었다. 만약 수정 제1조가 저작권조항을 전면적으로 무효화할 의도였다면 연방의회가 이러한 법률을 제정하지 않았을 것이다. 또한 1802년의 개정법도 통과되지 않았을 것이다. 연방대법원도 1884년의 판결에서 이러한 취지를 분명히 했다. Burrow-Giles Lithographic Co. v. Sarony, 111 U.S. 53, 57 (1884).

8) Emerson, "Toward a General Theory of the First Amendment," 72 Yale L. J. 877, 912-14 (1963).

9) Roth v. United States, 354 U.S. 476 (1957), Miller v. California, 413 U.S. 15 (1973).

10) Time Inc. v. Hill, 385 U.S. 374 (1976).

11) New York Times v. Sullivan, 376 U.S. 254 (1964).

제1조에 의해 금지할 수 없는 언론 행위 사이에 구분을 지어야만 한다. 그리하여 현재의 저작권법은 전적으로 수정 제1조의 범위 밖에 있다고 개념규정이 가능한가 하면 또 한편으로는 정반대로 수정 제1조가 저작권법을 전면적으로 무효로 한다고 주장할 수도 있다. 그러나 일단 법익 교량의 입장을 취하는 한 어딘가에 분명한 분계선을 설정해 주어야만 한다. 그러나 현재에 이르기까지 연방대법원은 저작권법과 수정 제1조간의 분명한 경계선을 확정시켜 주지 않고 있다. 이 문제가 직접적으로 이슈가 된 판결에서도 대법원은 명백한 판단을 내리기를 회피하였다.[12] 그러나 이 문제는 조만간에 다시 제기될 것이며 언론의 자유를 유념하는 사람이라면 상호 충돌하는 양자간의 균형이라는 목표에 내재하는 정책에 주목해야 할 것이다.

II. 개념적 법익교량의 방법론

1. 교량될 법익의 성격의 확정

충돌하는 법익의 교량을 위한 제1차적 단계로 우선 저작권법과 언론의 자유가 추구하는 법익을 구체적으로 특정해야 한다.

저작권법은 헌법이 규정한 '과학과 유용한 예술의 증진'이라는 근본 목적에서 학술 및 예술저작물을 보호하는 이유를 찾을 수 있다. 다시 말하자면 창작물의 저작자에게 제한적인 독점권을 부여하는 이유는 저작자의 창의를 고취함과 동시에 이러한 창의의 산물을 공중의 이용에 제공한다는 이중적 목적이 있는 것이다. 이러한 경제적 이해라는 법익에 추가하여 저작자의 프라이버시 법익을 거론하는 사람도 있다. 프라이버시 법익은 주로 공표되지 않은 저작물, 따라서 과거의 (제정법인 연방저작권법의 보호대상이 아니라) 판례법(common law)의 보호대상이었던 저작물에 관련되는 법익이다. 저작자는 경제적 목적이 아니라 단순히 자기표현의 수단으로 저작물을 저작하여 자신만이 이를 알고 있거나 제한된 주변인물에게만 공개할 의도인 경우가 있을 수 있다. 이러한 프라이버시의 이익에

---

12) 작가 헨리 밀러(Henry Miller)의 대표작 북회귀선(Tropic of Cancer)을 주의 음란물 단속법에 위반하여 판매한 혐의로 기소된 이 사건에서 주정부는 저작권과 수정 제1조의 언론표현의 자유는 본질적으로 양립하지 못한다고 주장했다. Smith v. California, 375 U.S. 259 (1963).

착안하여 저작권법은 저작자에게 자신의 저작물의 핵심적 부분을 최초로 공표
할 권리를 부여한다.13)

반면 언론 (및 출판)의 자유가 보호하는 법익으로 브랜다이스(Louis Brandeis,
1856-1941) 판사는 Whitney v. Caliofornia 판결에서 3가지를 제시했다.14)

첫째, 언론의 자유는 자치적인 민주국가에서 불가결의 필수 요소라는 것이
다. 브랜다이스의 부연 설명을 빌자면, '자유롭게 사고하고 자신이 사고하는 바
를 자유롭게 개진할 수 있는 권리가 보장되지 않고서는 정치적 진실에 접근할
수 없다… 공개적인 토론을 통한 이성의 힘이야말로 헌법의 아버지들(Founding
Fathers)이 상정했던 미국헌정의 근본원칙이다. 메이클존(Meiklejohn) 교수는 이
점을 더욱 발전시켜 "현명한 자치정부의 운영을 위해서는 현명한 유권자의 존재
가 필수적이다 … 유권자의 현명한 판단을 위해서는 상호 대립적인 정보가 제공
되어야만 한다. 토론의 자유가 제한되어서는 안 되는 이유도 바로 여기에 있다"
라고 주장했다.15)

둘째, 언론의 자유는 민주적 사회를 성취함에 있어 필수적인 수단임에 그치
지 않고 그 자체로 중요한 목적이기도 하다. 브랜다이스 판사의 표현을 재차 빌
자면 "미국의 독립을 쟁취한 선조들은 이 나라의 인민은 자신들의 능력을 최대
한 발휘할 자유가 있다고 믿었다. … 자유야말로 목적이자 수단이다." 이렇듯 언
론의 자유야말로 자체가 목적이다. 왜냐하면 인간의 자아의 실현은 자유로운 자
신의 표현을 통해서만이 성취될 수 있기 때문이다.

셋째, 소위 폭력행위를 예방하는 '안전판'으로서의 기능이다. 브랜다이스는
"표현의 자유를 억압하는 것은 희망과 상상력을 억압하는 것이다. 공포는 억압
을, 억압은 증오를 초래하며 증오는 안정된 정부의 최대의 적이다 … 그러므로
불만과 불평을 자유롭게 개진하는 것이 안정된 정부를 확보하는 첩경이다"라고
말한다.16) 언론의 자유가 보장된다고 해서 폭력행위를 전면 예방할 수 있는 것

---

13) 우리의 법제 아래서는 저작인격권의 문제로 다룰 수 있을 것이다. 뉴욕주 최고법원은 (주의)
   커먼로에 근거한 프라이버시권과 (연방의) 제정법에 근거한 저작권법과 상호 충돌하기보다는
   보완 양립할 수 있다는 주장을 했다. Estate of Hemingway v. Random House Inc., 23 N.Y. 2d
   341, 348 (1968).
14) 274 U.S. 357 (1927).
15) Meiklejohn, Free Speech and Its Relation to Self-Government, The Lawbook Exchange, Ltd,
   1948, p. 25.
16) 274 U.S. 357 (1927).

은 아니지만 자신의 불만을 토로할 기회가 보장되는 경우 폭력행위를 자제하는 것이 인간에게 어느 정도 보편적인 심성이다.

이상이 법익교량시에 고려되어야 할 요소들이다. 다시 말하자면 저작권법의 측면에서는 저작자의 경제적 이익 및 미공표 저작물에 관한 프라이버시권이 보장되어야 하는 반면, 언론의 자유의 측면에서는 공개적인 토론의 자유가 보장되어 자치적 민주사회에 있어서의 목적과 수단으로서의 기능을 확보함과 동시에 폭력을 예방하는 안전판이 되도록 한다는 점이다.

2. '아이디어' 대 '아이디어의 표현'의 2분법에 입각한 법익교량

저작권법은 '아이디어' 그 자체를 보호하는 것이 아니라 '아이디어의 표현'을 보호한다.[17] 만약 아이디어 자체를 보호한다면 이는 수정 제1조가 보호하는 법익에 대한 중대한 침해가 발생할 것이다. '사상의 공개시장'(marketplace of ideas)은 개설되지 않을 것이며 공개적이고도 민주적 대화의 광장은 폐쇄될 것이다.

구체적으로 '아이디어의 표현'이 무엇인가를 판정하는 기준에 대해 두 가지 상반된 입장이 제시되어 있다. 핸드(Learned Hand) 판사에 의하면 저작권의 범위는 문언적 재생(文言的 再生, literal repetition)에 한정되지 않는 이상 기준이 자의적일 수밖에 없다고 한다.[18] 따라서 저작물의 저술과정에서 어느 정도의 일련의 '축약의 과정'(series of abstraction)을 거친 이후로는 법의 보호의 대상이 된다고 주장하는 한편, 그러나 (저작권과 표현의 자유 양대 법리에 비상한 관심을 표명해 온) 체피(Zechariah Chafee) 교수에 의하면 단순한 축약의 단계를 넘어서 사건의 진행, 등장인물 상호간의 접촉 등이 발생한 결과 작품의 일정한 '패턴'(pattern)이 갖추어진 경우에 비로소 법의 보호 대상이 된다고 한다. 핸드 판사가 전형적인 저작물의 예로 희곡을 들어 법리를 전개한 반면 체피 교수는 소설을 예로 들어 '아이디어의 표현' 시점을 결정했다. 이렇듯 '아이디어의 표현'도 저작물의 구체적 형식과 태양에 따라 다른 기준을 정립할 수밖에 없다.

어쨌든 개념적 법익교량론에 입각하면 아이디어 그 자체는 언론의 자유의 측면에 속하는 것인 반면 아이디어의 표현 문제는 표현의 형식, 아이디어의 선택 및 구현의 문제는 저작권의 측면에 속한다고 말할 수 있다. 또한 세부적 원칙의

17) 17 U. S. C. Sec. 102(b), Mazer v. Stein, 347 U.S. 201 (1954).
18) Nichols v. Universal Pictures Go., 45 F. 2d 119, 121 (2nd Cir. 1960).

부침에도 불구하고 아이디어 대 아이디어의 표현이라는 이중기준은 저작권과 언론의 자유간의 어떤 형태에서든 일정한 균형을 유지하고 있다고 할 수 있다.

그러나 특정 이슈에 따라서는 이러한 이분법이 양대 법익간의 적정한 균형을 이루지 못하는 경우가 발생할 수 있다. 주로 언론의 자유에 비중을 두는 이분법이 우세하지만 경우에 따라 반대의 입장도 있을 수 있다.

3. 언론의 자유 위주의 균형

(1) 저작권의 보호기간

주의 커먼로상 저작권의 보호기한은 무기한이다. 1976년 연방저작권법의 시행으로 인해 원칙적으로 저작권에 관한 주법의 적용이 배제되었지만[19] 아직도 제한적으로나마 커먼로의 적용 여지가 남아 있다. 저작자의 지적 노력에 대한 경제적 보상이라는 측면에서 이러한 저작권의 영구성이 정당화되는가? 저작자 자신의 입장에서 볼 때 일찍이 트웨인(Mark Twain)의 말대로 저작자 자신과 자녀의 생존기간을 충분히 포함하는 저작자의 '사후 50년'으로 충분할 것이다. 또한 저작자의 프라이버시 법익도 자신의 사망 후 상당한 기간이 경과한 이후에는 거의 무의미할 것이다.[20] 그러나 왜 저작권이 다른 유형의 재산권과 달리 수명이 제한되어야 하는가라는 근본적인 의문을 제기할지도 모른다. 부동산과 동산에 대한 소유권의 보호기간이 무한대인 것과 마찬가지로 저작권도 재산권의 일종으로 파악하고 있는 한 보호기간의 제한을 받지 말아야 한다는 주장도 가능하다. 이에 대한 가장 간단한 대답은 "수정 제1조의 제약"이다. 부동산이나 동산에는 언론의 자유라는 수정 제1조의 제약이 없다. 그러나 문예·학술저작물은 다르다. 개인의 창의적인 저작물에 대해 보호를 부여하는 이유는 궁극적으로는 공공의 이용을 통한 사회전체의 지적 수준의 향상에 있다. 저작권이 아이디어의 표현에 대한 보호인 이상 이미 수정 제1조의 요소를 지니게 되는 것이다. 또한 창의에 대한 경제적 보상이라는 의미도 일정기간이 경과한 후에는 공공의 표현의 자유의 휘장 뒤로 후퇴하게 된다.

---

19) 이 법은 저작권에 관한 연방법의 독점적용(federal preemption)을 규정하고 있다.

20) 일반적으로 프라이버시권은 일신전속적인 것으로 상속의 대상이 되지 않으며 상속인이 저작자를 대신하여 주장할 수도 없다. Samuel Harold Hofstadter & George Horowitz, The Right of Privacy, Central Book Company, 1964, Sec. 22. 2.

이런 의미에서 신법의 시행 당시 유효한 저작권의 기간을 연장했던 과거의 저작권법은 수정 제1조의 위반이라는 견해가 유력했다. 이 문제는 1976년 저작권법의 시행으로 논란의 여지가 해소될 때까지는 이론상의 부채로 남아 있었다.

(2) 표현과 아이디어의 결합

역사적으로 볼 때 저작권의 법리의 원조는 문예저작물을 중심으로 탄생되었음은 의심의 여지가 없다. 미국 헌법이 상정하고 있는 대화와 토론을 통한 자치적 민주공동체라는 이념은 '아이디어의 공개시장'을 통해 공통의 선이 창출된다고 가정하는 것이다. 문예저작물의 저작행위는 '표현' 속에 담긴 저작자의 '아이디어'를 공개시장에 내놓은 지적 산물이다. 그런데 작품에 담긴 '아이디어'가 대화와 토론을 통한 민주공동체의 건설에 별로 기여하지 못하는 유형의 저작물이 있다. 소위 '그래픽 작품'이 이러한 유형에 속한다. 레오나르도 다빈치의 모나리자를 감상하는 사람은 이 그림의 외형과 오묘한 웃음의 이면에 담긴 아이디어를 분리하여 감상하기 힘들다. 이와 같이 회화, 사진, 건축저작물 등의 '그래픽 저작물'은 시각을 통해 감지하는 아이디어의 표현 속에 아이디어 그 자체가 결합되어 있다. 이러한 관점에서, 표현의 자유의 법리에 집착하는 학자는 그래픽저작물의 보호는 수정 제1조의 정신과 상충한다는 주장을 펴기도 한다.

그러나 작품의 "시각적 효과" 그 자체가 아이디어의 전달에 결정적인 역할을 하기도 한다. 예를 들어 베트남 전쟁에서 마을 전체를 초토로 만든 장면을 찍은 사진저작물은 수천 권의 반전소설을 능가하는 강한 '아이디어'를 담고 있다. 그러므로 이러한 아이디어를 지닌 사진저작물을 이를 촬영한 사람의 의사에 의해 공중에의 공개가 금지된다면 '사상의 공개시장'이 폐쇄되는 결과가 발행한다. 이러한 경우는 저작권 관련 법익보다 언론의 자유의 법익이 선행되어야 할 것으로 생각된다. 케네디 대통령의 암살 장면을 담은 개인용 홈비디오 테이프를 공익을 위해 공개해야 한다는 1968년의 연방지방법원의 판결이 이러한 입장을 명백히 선언했다.[21]

그러나 이러한 경우에도 여전히 저작권의 문제가 남아 있다. 만약 이러한 유형의 '공익적 가치가 큰' 사진저작물이 저작권의 보호대상에서 제외된다면 뉴스사진 산업은 위축될 것이고 그 결과 언론의 자유 그 자체가 사실상 제한되는

---

21) Time, Inc. v. Bernard Geis Asociates, 293 F. Supp. 130 (S.D.N.Y. 1968).

결과를 초래할 것이다.

4. 소급효의 헌법적 제한과 재산권 수용의 보상 문제

현행 미국 저작권법은 발효일자인 1978년 1월 1일 이전에 발생한 소인(訴因, cause of action)에 대해서도 적용된다는 의미에서 소급효를 가진다.[22] 현재 계류 중인 분쟁의 해결이 현행법의 시행 이전에 발생 또는 소멸한 사실의 존재 여부에 달려 있을 때 소급법을 제정할 수 있다. 헌법도 이러한 입법의 제정을 금지하지 아니한다.[23] 그럼에도 불구하고 이러한 법률은 수정 제5조 내지 제14조의 적법절차 조항을 위반한 재산권의 박탈로 무효가 될 소지가 있다.[24] 그러나 모든 소급입법이 적법절차의 위반이 되는 것은 아니다. 법익교량의 결과 불합리하고도 균형을 벗어난 소급입법만이 위헌이다. 그리하여 스토리(Story) 판사의 고전적인 법리를 빌자면 단순히 A의 재산을 박탈하여 B에게 이전하기 위해 입법이 제정된다면 이는 명백한 위헌이다.[25]

연방의 법률이 소급효를 인정하는 경우에 적법절차조항 이외에도 또 다른 헌법조항의 제한을 받는다. 적법절차와 함께 수정 제5조가 규정한 재산권수용의 보상조항(Taking Clause)이다. "정당한 보상 없이 사유재산을 공공의 목적으로 수용(taking)하지 못한다"라는 규정이다. 이 조항은 공공목적의 재산권 수용에 한해 적용되고 저작권의 경우는 사인에게 재산권을 부여하는 것이므로 이에 해당하지 아니한다는 주장이 가능하다. 그러나 이 조항의 본지는 정당한 대가를 치르지 않은 수용(unjust compensation)을 금지하는 데 있고 수용의 목적이 공적사용에 있느냐는 부차적인 제한사유에 불과하다고 생각할 수 있다. 뿐만 아니라 공익의 개념 그 자체가 확대되어 왔다.[26] 그리하여 도시개발 관련사건에서 연방대

---

22) 17 U.S.C; Trans. Supp. Provisions, Sec; 112: Walter Disney Prods, v. Air Pirates, 581 f. 2d 751 (9th Cir. 1978).

23) 연방헌법의 법률불소급원칙조항(Ex Posto Facto Clause)은 형사사건에 대해서만 적용된다.

24) 수정 제14조의 적법절차조항은 "어떤 주도 적정한 법의 절차(due process of law)에 의하지 아니하고는 어떤 사람으로부터 생명, 자유 또는 재산을 박탈하지 못한다"라고 규정하고 있으며 연방정부에 대한 권리인 수정 제5조도 동일한 내용을 규정하고 있다.

25) Joseph Story, Commentaries On The Constitution Of The United States, Hilliard, Gray And Company, 1833, Sec. 1399. 조셉 스토리(Joseph Story: 1779-1845)는 1881-1845 기간 동안 연방대법원판사로 재직한 바 있는 미국 법조사상 가장 지적인 인물로 평가된다.

26) "Comment: The Public Use Limitation On Eminent Domain: An Advance Requiem," 58 Yale L. J. 599 (1949).

법원은 한 사업체에서 다른 사업체로 재산권을 이전시키는 조치는 이러한 조치가 공익의 증진에 도움이 된다고 의회가 판단하는 한 '공공의 사용을 위한' 조치에 해당한다고 판시한 바 있다.27) 이러한 판결의 요지에 비추어 볼 때 의회가 저작권에 대해 소급효를 부여함으로써 재산권의 이동을 발생시킨 것은 묵시적으로 이러한 조치가 공익의 증진에 도움이 된다고 판단했기 때문이라고 말할 수 있다. 이와 같이 '수용조항'이 적용된다면 소급효의 인정으로 재산권을 박탈당한 사람에 대한 정당한 보상의 문제가 미해결로 남아 있다. 저작권은 적법절차와 수용조항의 보호를 받는 법익이라고 명백하게 선언한 하급법원의 판결에도 불구하고28) 대법원은 아직도 이 문제에 대한 공적인 입장을 표명하지 않고 있다.

---

27) Berman v. Parker, 348 U.S. 26 (1954).
28) Roth v. Pritikin, 710 F. 2d. 934, 939 (2d Cir. 1983).

"미국헌법과 저작권"[1993, 이하 '해제논문 1']
"수정헌법 제1조와 저작권"[1993, 이하 '해제논문 2']

해 제

이　화*

I. 들어가며

　　한국에서의 유학생활 중 3년 넘게 안경환 교수님 수업조교를 하였고 교수님 연구실에서 공부하면서 교수님을 지근거리에서 수행하게 된 행운을 지니게 되었다. 개인적으로 철이 늦게 드는 편이라 심지어 좀 둔감하기도 한 나를 항상 너그러이 대하셨고 부족한 나에게 고무와 격려, 그리고 조언을 아끼시지 않으셨던 교수님, 유학생활 중 경제적인 어려움 때문에 학문의 꿈을 접는 걸 안타까워하시며 조교 장학금을 챙겨주셨던 교수님, 그리고 정말 헤아릴 수도 없이 많은, 마음 따뜻한 기억들이다. 마음 속 깊이 새겨둔 그 많은 고마움들을 되뇌일 때마다 눈물이 나오곤 한다. 교수님을 만나지 못하였더라면 오늘의 나는 있을 수도 없었을 것이다. 중국 고대 원곡의 4대 명가인 관한경의 "一日爲師, 終身爲父"라는 문구를 빌리면 교수님의 은혜는 교수님 옆에서 평생을 갚아도 다 못 갚을진대, 박사공부를 마치고 중국으로 귀국하게 되면서 가졌던 교수님과의 이별의 아픔은 4년이 지난 오늘까지도 생생히 기억된다.

　　내가 가장 존경하는 안경환 교수님이 벌써 퇴임을 맞이하게 된다. 교수님과의 인연을 하늘이 도우셨는지 교수님의 정년을 기념하는 행사기간 동안 한국에 머물 수 있게 되었고 더욱이 안경환 교수님의 정년기념논문집에 해제자로서 집필에 함께 참여할 수 있는 영광을 가지게 되었다. 이 소중한 기회를 주신 여러 선배님들과 교수님들께 진심을 갖추어 감사를 올린다.

　　안경환 교수님의 "미국헌법과 저작권(이하 [해제논문 1])"은 미국헌법적인 시

*베이징이공대학교(중국) 법과대학 전임강사

각에서 저작권의 입법목적을 검토하고 헌법상의 기본 권리인 언론출판의 자유가 저작권에 미치는 영향에 대하여 짚어 보았다. [해제논문 1]이 주로 전체적인 틀에서 헌법과 저작권의 상호 관계를 고찰하였다면 "수정헌법 제1조와 저작권(이하 [해제논문 2])"에서는 동전의 양면인 저작권자의 저작물에 대한 배타적인 권리보호와 헌법상 보장하고 있는 표현의 자유라는 두 법익 사이에서 균형을 어떻게 맞추어야 하는지 그 방법론에 대하여 구체적으로 논의하고 있다. 두 편의 논문이 궁극적으로 헌법과 저작권의 상호관계 및 법익의 평형이라는 일맥상통하는 테마를 다루고 있기에 두 편의 논문을 함께 본 해제문에 담고자 한다.

Ⅱ. 언론의 자유와 저작권의 관계 및 법익의 균형

저작권법은 일정한 조건하에서 언론의 자유를 규제하는 법률이다. 만약 언론이 저자의 독창적인 사상이 아니라 저작권의 보호를 받고 있는 작품을 복제하는 경우라면 동 언론은 저작권법에 따라 금지되어야 하며 만약 이를 지키지 못할 경우 민사, 심지어 형사상의 책임을 져야 한다. 바꾸어 말하면 저작권법은 저자의 독창적인 표현을 임의로 사용하는 것을 제한하는 방식으로 타인으로 하여금 언론의 자유를 남용하는 것을 금지한다. 이 점에 대해서 [해제논문 1]에서는 이들 두 권리가 동전의 양면에 있다고 보았으며 양자가 충돌하는 경우에 미국의 법원은 저작권 우선의 태도를 취하는 경향이 농후하다고 밝힌다. 즉 미국에서는 저작권의 보호를 전제로 이를 침해하는 행위가 언론의 자유 명목 하에 정당화될 수 있느냐의 문제로 귀결된다고 설명하였다.[1]

그러나 구체적인 사건에서 판사가 저작권 침해의 주장이 수정헌법 제1조의 표현의 자유를 제한하는 것은 아닌지에 대해 판단하기 위해서는 본질적으로는 미국헌법에서의 저작권의 지위와 저작권법에 미치는 미국헌법의 역할과 대하여 살펴봄이 마땅할 것이다. 저작권법은 국가가 입법을 통하여 저작권자의 독점적인 권리보호와 저작물에 대한 공적 이용, 두 법익 사이에서 균형을 이루고자 하였고 그 균형이 깨지는 경우 국가는 당사자로 하여금 사법구제조치를 취할 권리를 보장하고 있으므로 헌법 문언에서 저작권의 흔적을 찾고 저작권이 헌법에서 갖는 의미를 되새겨보는 것은 두 법익사이의 균형을 유지하는 데 있어서 필수불

---

1) 해제논문 1과 해제논문 2에서는 이에 대한 구체적 설명이나 판례해석을 수반하지 않고 있다. 해제자가 추정하기로는 아마 지면의 제한이 아닐까 싶다.

가결한 요건이다.

　언론의 자유와 저작권 사이의 관계에 대해서는 학술계에서 많은 논쟁이 존재한다. 대법원의 판결에서 취하여진 융통주의(Accommodationism)는 저작권의 원칙들이 언론의 자유 가치들을 포함하고 있다고 주장하고 있으며 언론의 자유, 공표의 권리와 공정사용 등은 수정헌법 제1조의 보호에 내재되어 있는 가치들이라고 주장한다.2) 이외에도 헌법상의 언론의 자유가 저작권법이 보호하는 저작자의 권리에 비하여 절대적 지배지위(Categorical Dominance)에 있다고 보는 견해도 있다.3) 그러나 [해제논문 1]은 헌법과 저작권법이 상호 공유하는 가치를 짚어보는 방식으로 헌법과 저작권법은 서로 다른 측면으로부터 공동의 가치들을 상호 보완하고 있다고 주장한다.

　즉, 학문의 증진, 공적이용권의 보장, 저작자의 보호라는 저작권법의 가장 핵심적인 가치에 대해 수정헌법 제1조의 문언에서 그 연원을 찾고 있는데 저작권법은 저작자에게 저작물에 대한 독점적 권리를 부여함으로써 학문에 대한 탐구를 격려하고 공중의 저작물에 대한 합리적인 사용을 허용하는 동시에 저작자의 저작물에 대한 재산권을 보장하는 기능을 수행한다. 이는 한편으로 헌법에서의 언론의 자유의 본질인 말하고 쓸 권리와 공공의 듣고 읽을 권리에 대한 전제조건으로 작용함으로써 민주화를 촉진하는 데 저작권법도 중요한 역할을 하였음을 부정할 수 없다. 즉, 저작자의 지적창조가 있어야만 학술의 자유, 예술의 자유 및 출판의 자유가 지속가능할 수 있으며 따라서 예를 들어 "세계인권선언" 제19조에서 규정하고 있는 "모든 사람은 … 간섭을 받지 않고 … 모든 수단을 통하여 … 정보와 사상을 추구하고 받고 전할 자유를 포함한다"라는 권리가 진정으로 실현될 수 있는 것이다. 그렇다면 모든 형식의 작품의 자유로운 이용과 전파를 격려함을 특징으로 하는 언론의 자유와 저작자의 작품에 대한 독점권을 보호하는 저작권법 사이의 상호보완의 관계를 최대화하는 길을 모색해야 할 것이다.

　저작권의 보호와 헌법상의 언론의 자유 사이의 균형을 어떻게 맞춰야 하는지는 줄곧 학계와 실무계의 논의의 쟁점으로 부각되고 있다. 그 중에서 가장 대표적인 방법론으로는 서로 대립되는 제 이익을 비교형량하여 언론의 자유를 제

---

2) 471 U.S. 539, 556-60 (1985).
3) Lionel S. Sobel, "Copyright and the First Amendment: A Gathering Storm?," 19 COPYRIGHT L. SYMP. 43, 63-67 (1973).

한하는 경우 얻어지는 이익과 그 제한에 의하여 잃게 되는 이익을 비교하여 판단하는 이익형량 방법론4)이다. 그러나 이익형량론은 법익의 충돌을 전제로 하기 때문에 동 방법론의 적용에 있어서 언론의 자유와 저작권 보호 사이의 관계는 상호 충돌과 보완이라는 점을 염두에 두어야 할 것이며 언론의 자유가 구체적으로 무엇을 의미하는지 확정하지 않고 광대한 사실관계를 바탕으로 사법적으로 서로 대립하는 제 이익의 형량을 객관적으로 공평하게 할 수 있는지의 의문이 들게 한다.5) 편향되지 않는 균형감각으로 사물이나 현상을 바라보는 저자의 학문적 태도는 [해제논문 2]에서 피력하고 있는 언론의 자유와 저작권법 사이의 법익교량에 대한 방법론을 제시하는 데에서 잘 드러나고 있다. 저자는 [해제논문 2]에서 저작권법은 저작자의 경제적 이익 및 미공표 저작물에 대한 프라이버시권을 보장하는 것이고 언론의 자유는 공개적인 토론의 자유를 보장하는 성격의 권리임을 파악하고 이 양자 사이의 균형은 언론의 자유에 속해 있는 아이디어와 저작권법에 속해 있는 아이디어의 표현을 구분하는 이분법적 방법으로 구체적인 사안에서 어느 것을 위주로 보호해야 하는지 살펴보아야 한다고 주장한다. [해제논문 2]에서는 저작권의 보호기간, 표현과 아이디어의 결합, 소급효의 적용에 대한 헌법의 제한과 재산권 수용의 보상 문제 등을 예로 들어 추상적인 이분법적 방법을 구체적으로 적용하고 있다.

Ⅲ. 디지털 시대 언론의 자유와 저작권

[해제논문 1]과 [해제논문 2]에서 제시한 저작권과 언론의 자유간의 이념적 상관관계 및 두 법익 사이의 균형에 관한 방법론 제시는 논문이 발표된 20여 년이 지난 오늘의 디지털 시대에서 그 가치가 더욱 빛을 발한다.

정보통신기술의 신속한 발전으로 인터넷은 어느새 저작물이 유통되는 가장 중요한 창구로 부상하였다. 인터넷을 통하여 넓혀진 표현의 자유의 무대 위에서 대중은 시간과 장소에 관계없이 인터넷을 통해 자유롭게 의견을 교환할 뿐만 아니라 적극적으로 정보를 생산하고 기존의 저작물을 이용하여 새로운 창조활동

---

4) 이익형량론의 의미는 Melville B. Nimmer, Nimmer on Freedom of Speech § 2.03 (1984)을 참조.
5) 이익형량론에 대한 비판의 논문은 Paul M. Schwartz & William Michael Treanor, Eldred and Lochner: Copyright Term Extension and Intellectual Property as Constitutional Property, 112 YALE L.J. 2331, (2003) 등 논문 참조.

을 하기도 한다. 다시 말하면 인터넷을 통해 만들어지는 새로운 공공영역은 다른 어떤 요소보다 사상과 표현의 자유에 입각해 있다. 저작권법의 근본적인 목적이 문화발전과 지적창작활동의 촉진에 있지만 저작권법에서 저작자의 권리만을 너무 강하게 보호하도록 규정하고 있으면 알 권리를 포함한 정보의 자유 및 표현의 자유를 저해할 수도 있다.

'민주적 문화' 형성을 중시하는 관점에서는 저작권으로 경제적 이윤을 창출하는 것보다 문화를 형성하는 것이 더 큰 의미를 지닐 수 있다. 이러한 '민주적 문화' 형성에 적합한 저작권을 구성하기 위하여, 온라인서비스제공자가 정보의 유통에 기여하는 중개자로서의 역할을 충실하도록 저작권법상 공정이용의 법리를 발전시켜야 하고 저작권법에서 표현의 자유를 제약하는 요소는 제거되어야 한다.

인터넷은 정보시장의 본질을 바꾸어 놓았기 때문에 오프라인 체제에서 유래된 저작권 법리가 온라인 체제에 그대로 연장될 수 있는지는 의문이 들며 민주주의의 기초인 사상과 표현의 자유가 네티즌들의 인터넷 접속을 통한 정보의 자유로운 교환과 표현에서 비롯됨은 항상 명심해야 한다.

이러한 시각에서 저자의 [해제논문 1]과 [해제논문 2]에서 다룬 논의는 현시점에서 헌법과 저작권이 공유하고 있는 가치는 무엇인지, 온라인상에서도 두 법익의 균형을 맞출 수 있는지 여부를 점검할 수 있는 중요한 문헌이다.

Ⅳ. 나 가 며

법학을 공부하는 법학도라면 추후 실무에 종사하게 되거나 업으로서 학문에 정진하거나를 불문하고 구체적인 사안에서 상호 연관 또는 충돌하는 가치들과 규범들(이익들, 목표들, 의무들) 사이를 비교·형량하여 그 중 어느 하나가 해당 사안에서 기타의 대안들보다 더 중요하다고 판단함과 동시에 그 최종 선택에 있어서 논리적인 근거를 갖고 제3자를 설득하는 것이 상당히 중요하다는 것을 잘 알 것이다.

여러 가치들의 서열을 어떻게 정할지 그 균형을 어디에 맞추어야 할지는 단지 법적인 문제만이 아닌, 개개인마다 지니고 있는 인생관과 가치관 등이 잠재적으로 작용할 것이다. [해제논문 1]과 [해제논문 2]에서는 미국헌법의 시각에서 이념적 상관관계를 조목조목 정리하고 두 권리의 연원을 짚어보면서 나아가 법

익형량의 방법론을 구체적으로 제시한다. 저자의 이러한 노력은 향후 헌법적인
문제만이 아닌 법학 전 분야에 거쳐 빈번하게 발생할 수 있는 문제들의 해결을
위해 의미심장한 학문적 열쇠를 제공하였다고 본다.

[색인어] 저작권(copy right), 표현의 자유(freedom of speech), 개별적 법익교량
        (ad hoc balancing), 개념적 법익교량(definitional balancing)

평 등 권 -미국헌법을 중심으로-

평 등 권
-미국헌법을 중심으로-[1]

I. 머 리 말

1. 본 논문의 고찰범위

평등권에 관한 우리나라 헌법재판소의 판례는 헌법에서 평등권이 차지하는 중요성을 반증하듯 수없이 많이 나오고 있다. 그리고 이에 관한 평석 및 참고자료 역시 이루 헤아릴 수 없을 정도여서 그 이론적 검토나 타당성 여부에 관해서 자세한 논의들이 많이 이루어진 상태이다. 그러므로 본 논문은 국내의 판례 및 평등권에 관한 중복된 논의를 피하고 선진외국의 오랜 사법심사의 역사를 검토해 봄으로써 헌법재판의 실제적 기능을 제고시키고자 한다. 그러한 취지에서 평등보호조항과 관련된 헌법적 분석을 중심으로 한 미국헌법의 평등권 논의를 자세히 소개하는 것을 목적으로 하였다. 200년 넘게 전통을 유지해 오고 있는 미국의 사법심사제도는 헌법재판의 이론적 원형이라 할 수 있으므로 미국에서 평등권에 관해 발전시킨 헌법판례 및 그 이론적 틀을 검토해 보는 것만으로도 우리의 헌법재판에 많은 도움이 될 것으로 생각했기 때문이다.

서론에서는 먼저 미국의 평등보호조항의 적용 및 해석과 관련한 분석을 다루었다. 다음으로 연방대법원이 평등권을 심사하는 헌법적 도구로 삼았던 심사

---

1) [해제주] 이 글은 '헌법재판연구'의 제6권 기본권의 개념과 범위에 관한 연구(1995)의 제2장에 소재한 것이다. 1995년까지의 미국헌법상 평등권에 관한 법리가 정리되어 소개되고 있다. 이후 일정한 변화가 있었겠으나 평등권의 심사기준과 그에 대한 정당화에 대한 논증은 여전히 유효하다고 판단되어 일부 오탈자를 수정하여 이 책에 수록하기로 하였다. 다만 원문에는 영국의 경우를 비교설명하는 부분이 있었으나 영국 평등권관련 입법 및 판례가 1998년 인권법(Human Rights Act 1998), 2010년 평등법(Equality Act 2010)의 제정 등 법체계에 근본적인 변화가 있어 일부 수정만으로는 독자의 이해에 혼란이 생길 수 있는 부분을 제거하더라도 현재적 의미를 담아내는 데 한계가 있어 결국 해당부분을 삭제하기로 하였다.

기준 및 그 적용경향을 살펴보고, 영역별 평등권 이론의 전개, 그리고 평등의 적
극적 실현을 위한 정책을 평등권에 대한 기본적 시각이라는 관점에서 분석하여
그 타당성에 관한 논의를 소개하였다.

2. 평등보호조항의 연혁과 헌법상 지위

건국 초부터 평등의 관념은 미국을 지배하는 중요한 헌법적 이념이었다.
1776년 독립 선언서(Declaration of Independence)에서 이미 "우리는, 모든 사람은
평등하게 창조되었으며 창조주에 의해 불가양의 기본권을 부여받았다는 사실,
또 그 중에 생명과 자유와 행복을 추구할 수 있는 권리가 포함되어 있음을 자명
한 진리로 간주하는 바이다"(We hold these truths to be self-evident, that all men
are created equal, …)라고 선언함으로써 평등을 건국의 이념으로 삼았던 것이다.
그러나 구체적으로 헌법에 평등이라는 단어가 명시적으로 제시된 것은 연방헌
법 수정 제14조에서였다. 비록 그 이전에 제정되었던 연방헌법 수정 제5조가 연
방차원에서의 평등보호를 실현시키는 기능을 해 오긴 하였으나 동조에는 평등
보호라는 말이 없었으므로 적법절차조항을 근거로 했었던 것이다.

남북전쟁을 전후로 하여 미국에서는 흑인의 민권보장이 첨예한 관심사로 떠
올랐다. 흑인의 시민권을 부정한 악명 높은 Dred Scott 판결 이후로 남부에서 횡
행해 오던 여러 종류의 흑인차별법률(black code), 남북전쟁을 치른 후 연방속으로
재편입되어야 하는 남부 주들의 사회경제적 이권, 흑인의 참정권 보장과 관련한
정치적 문제 등 어려운 문제들이 산재해 있었고 이를 해결하려는 노력 또한 특히
남북전쟁 이후에 여러 방면으로 시도되고 있었는데 그 중 법적인 노력의 결과로
이른바 '남북전쟁조항'[2])이 헌법의 수정조항으로 규정되었다. 연방헌법 수정 제13
조에서 노예제도와 강제노역을 명문으로 금지하고, 수정 제14조에서는 자유민으
로서의 면책과 특권 및 적법절차에 의한 권리보호, 그리고 법에 의한 평등보호를
규정하였으며, 수정 제15조에서 흑인의 참정권을 보장하기에 이르렀던 것이다.

그 중 연방헌법 수정 제14조[3])는 제정 초기의 의도, 즉 흑인의 민권을 보장

---

2) 수정헌법 제13조, 제14조, 제15조가 남북전쟁 이후에 연속적으로 규정되었고 이 내용들이 남북
전쟁 기간 중에 해방되었던 노예들을 포함한 흑인의 권리를 보장하기 위해서 제정되었으므로
이 세 조항을 '남북전쟁조항'이라고 부른다.

3) 수정헌법 제14조는 크게 네 부분으로 구성되어 있다. 흑인의 시민권을 통일적으로 규정한 부
분, 특권과 면책조항, 적법절차조항, 평등보호조항이 그것이다. 그리고 특권과 면책조항, 적법

하고 그러한 보장을 각 주에도 적용시키기 위한 의도와는 달리 연방헌법의 해석과 적용에 있어서 막대한 영향력을 행사하게 되었고 그 조문이 적용되는 영역도 확대되어 연방헌법의 기본권 조항의 운용에 있어서 절대적인 비중을 차지하게 되었다. 변호인의 조력을 받을 권리를 비롯한 형사피고인의 제반인권을 도출해 낸 절차적 적법절차이론과 1930년대 후반에 사라지긴 했지만 Lochner 판결을 위시하여 독특한 내용을 도출해 내었던 실체적 적법절차이론 등이 수정 제14조에서 나왔고, "equal protection of the laws"라는 문구를 해석적용하는 과정에서 내용이 형성되어 왔던 평등보호이론 역시 수정 제14조의 한 내용인 것이다.[4]

평등보호이론이 미국헌법해석의 핵심적 도구로 사용되기 시작한 것은 실체적 적법절차이론이 종언을 고하게 된 1937년 이후였다. 수많은 경제개혁입법을 계약자유의 원칙으로 좌절시켜 온 이른바 Lochner 시대에 평등보호조항은 헌법적 권리를 보호하는 데 있어서 보충적인 위치밖에는 차지하지 못하고 있었다.[5] 그러던 것이 이제는 실체적 적법절차이론을 대신하여 개인의 기본권을 제약하는 법률의 합리성을 판단하는 해석도구로 사용되게 된 것이다.[6] 개인의 기본권을 제약하는 법률이 합리적인가를 판단하는 데 있어서 적법절차조항을 이용하는 것과 평등보호조항을 이용하는 것 사이에는 분석방법상 차이가 있다. 기본권을 제약하는 법률이 개인을 차별하지 않은 상태라면 적법절차조항에 의해, 개인을 차별취급하고 있으면 평등보호조항에 의해 심사해야 하기 때문이다.[7] 예를 들면, 특정법률이 A라는 사람의 형사절차에 있어서의 기본권을 침해하고 있는가를 판단하는 것은 적법절차조항에 의해야 하는 반면, 그 법률이 A라는 사람과 B라는 사람의 형사절차적 기본권을 차별해서 취급하고 있는 경우는 평등보호조항

절차조항, 평등보호조항을 실현시키는 주체를 주(State)로 규정해 놓음으로써 적법절차조항을 통해서 권리장전이 주에 적용되게 하는 통로를 만들어 놓았다. 수정헌법 제14조의 제정과정과 그 당시의 헌법사적인 배경과 의미에 관하여는 Daniel A. Farter & Suzanna Sherry, A History of the American Constitution, 1990, pp. 247-319 참조.

4) 이 조항을 이해하는 것은 미국헌법사를 절반 이상 이해하는 것이라고 할 수 있을 정도이다. 안경환, "마법의 상자 적법절차조항," 사법행정, 1987. 9.; 안경환, 법은 사랑처럼, 대학출판사, 1988, 106면.

5) 홈즈(Holmes) 판사는 평등보호주장의 보충적 성격을 일러 "헌법적 논증에서 가장 마지막 방법으로 짐짓 주장해 보는 조항"(the [usual] last resort of constitutional arguments)이라고 표현하였다. Buck v. Bell, 274 U.S. 200 (1927).

6) Rotunda & Nowak, Treatise on Constitutional Law, West Publishing, 1994, Vol. 3, pp. 4-5.

7) Rotunda & Nowak, 앞의 책, Vol. 3, p. 6.

에 의해 위헌심사를 해야 하는 기본적인 차이점이 있는 것이다.

한편, 평등보호조항은 수정 제14조에만 규정되어 있고 수정 제14조는 각 주를 대상으로 하고 있음이 명백하여 연방의 경우에는 평등보호조항이 적용되지 않는 것처럼 보이지만, 평등보호조항은 연방의 경우에도 적용된다. 연방대법원도 이 점을 분명히 하고 있다.8) 그러므로 개인의 기본권을 침해하거나 의심스러운 차별을 하고 있는 경우 해당법률을 심사하는 경우에는 주에 적용되는 것과 똑같은 기준이 연방에도 적용되는 것이다. 더 나아가 사인의 경우에도 평등보호조항이 적용되는가 하는 문제가 생기는데 이와 관련된 문제가 소위 말하는 "국가행위이론"(State Action Doctrine)9)이다. 전통적으로 개인간의 문제는 사적자치의 원칙에 맡겨졌으므로 평등보호조항의 적용을 받지 않지만 주가 직접적이든 간접적이든 사인의 차별행위에 개입하였다면 그 개인의 행위는 국가행위가 되고 따라서 수정 제14조의 적용을 받게 된다는 것이 이 이론의 골자이다. 그러나 순수한 사인의 영역에서는 여전히 차별이 성행하고 있었으므로 연방의회는 평등보호조항의 실현을 위해 수정 제14조 제5항에 근거하여 일련의 민권법(Civil Rights Acts)10)을 제정하기에 이르렀고 이러한 특별법에 의해 이제는 사인의 행위

---

8) Bolling v. Sharpe, 347 U.S. 497 (1954). 이 결정은 연방에 적용되는 수정 제5조에는 equal protection이라는 문구가 없지만 due process, 즉, 적법절차조항이 평등보호의 의미를 포함하는 것으로 해석함으로써 연방에도 적법절차조항을 통하여 평등보호이론이 적용된다고 선언하였다.

9) 흑인의 차별과 관련하여 이 이론이 맹위를 떨쳤다. 평등보호조항이 주에만 적용됨을 이용하여 사인간에는 흑인에 대한 차별이 공공연하게 행해지고 있었고 이에 법원은 국가행위(State Action)의 범위를 확장하여 사인에 의한 흑인차별을 규제하였다. 그러나 이에도 한계가 있었으므로 결국에는 민권법에 의한 해결을 시도하게 되었다. 국가행위이론에 관한 자세한 설명으로는, Rotunda & Nowak, 앞의 책, Vol. 3, pp. 523-577.

10) 1866년의 민권법을 시작으로 1875년 민권법이 개정되고 나서 한동안 효과를 거두지 못했던 민권법은 Brown v. Board of Education 판결 이후 1957년, 1960년, 1964년에 걸쳐 다시 상세하게 개정되었다. 대표적인 1964년 민권법에 의하면 공공시설에 있어서는 인종·피부색·종교·국적 등을 이유로 그 용역이나 봉사·시설·특전을 차별해서는 안 됨을 명백히 하였다. 이 조항은 Heart of Atlanta Motel, Inc. v. United States, 379 U.S. 241 (1964), Katzenbach v. McClung, 379 U.S. 294 (1964), Katzenbach v. Morgan, 384 U.S. 641 (1966) 등 여러 판결에 의해 합헌성을 인정받았는데, 특히 의회가 민권법을 제정할 수 있는 헌법적 근거가 무엇이냐에 대해 통상조항(interstate commerce clause)이라고 판시했다. 이를 포함하여 민권법 전반에 관한 자세한 내용은 Theodore Eisenberg, Civil Rights Legislation, Michie Co., 1990 참조. 통상조항과 관련한 자세한 내용에 관해서는, 안경환, "미국의 연방주의 -통상조항을 중심으로-," 미국헌법과 한국헌법, 대학출판사, 1989, 393-424면 참조.

까지 차별금지의 대상이 되게 되었다.

평등보호조항의 적용을 받는 주체 면에서 이론의 확장이 진행됨과 동시에 차별이 금지되어야 할 대상영역에 있어서도 평등보호이론은 확장되어 나갔다. 전통적으로 평등보호조항이 적용되어오던 경제 관련 법률 외에 수정 제14조가 제정된 초기에는 흑인에 대한 차별을 금지하는 쪽으로만 그 목적이 해석되었으나[11] 흑인의 민권신장과 더불어 여성의 권리에 대한 관심이 사회적으로 높아짐에 따라 여성에 대한 차별을 심사하는 평등보호이론 및 사법심사기준이 발전하기 시작했고 소수민족 및 국적에 기하여 사람을 차별하는 경우까지 나름대로의 이론을 발전시켜 나갔다. 그러나 소위 본질적 권리(fundamental rights)라는 이름으로 투표권 등, 수정 제1조와 관련된 문제들까지 평등보호조항 아래 해석하려는 시도에 대해서는 많은 비판이 있다.[12]

3. 평등보호조항의 의미

일반적으로 평등권의 논의에서 평등이라는 개념은 그것이 개인의 능력이나 자질과는 무관하게 평등하다는 의미의 절대적 평등이 아니라 능력에 따라 우열이 생길 수 있는 상대적 평등을 의미한다는 것은 주지의 사실이다. 하지만 평등을 그 이상 적극적으로 정의하는 것이 가능한지에 대해서는 의문이다.[13] 오히려 '차별의 금지'라는 소극적인 개념으로 정의해 놓고 합리적인 차별이란 어떤 것인지를 구체적으로 밝혀내는 것이 좀 더 현실적이고 바람직한 접근일 것이다.

연방대법원 역시 합리적인 차별이란 어떤 것인지에 대해 여러 종류의 심사

---

11) Civil Rights Cases, 109 U.S. 3 (1883). 이 판결의 내용은 뒤에서 후술 Ⅲ. 2. (4) 참조. 한편 수정 제14조의 "면책과 특권조항"(privileges and immunities)을 엄격해석한 판례로는 Slaughter House Cases, 83 U.S. 36 (1873)가 있다. 여기서는 연방의 시민권에 기초한 면책과 특권은 주의 그것과 다르기 때문에 도살업에 관한 독점권을 부여해 준 루이지애나 주의 법률은 수정 제14조의 "면책과 특권조항" 위반이 아니라고 하였다. 만약 흑인들이 자신의 평등권 투쟁에서 면책과 특권조항을 이용하려 했다면 실패했었을 것임을 시사해 주는 판결이다.
12) 이 문제에 대한 연방대법원의 입장 역시 유동적이었는데 알맞은 심사기준이 무엇이냐에 대해서도 이견을 보이고 있다가, Anderson v. Celebrezze, 460 U.S. 7S0 (1983) 판결에서 투표권과 관련하여 적용되어 왔던 기왕의 평등보호조항에 의한 접근을 폐기하고 이를 수정 제1조의 문제로 해석하는 쪽으로 입장을 정리했다.
13) 국내교과서에도 평등에 관해서 적극적인 정의를 한다기보다는 정당한 이유나 합리적 근거가 있는 차별은 허용된다는 식으로 소극적인 개념정의를 한 다음 합리적 차별의 의미에 관해서 사유별로 그리고 영역별로 고찰하고 있다. 권영성, 헌법학원론, 법문사, 1994, 398-413면; 김철수, 헌법학신론, 박영사, 1994, 239-254면.

기준을 가지고 하나하나 판단해 왔고 치밀하고 타당한 심사기준의 확립을 위해 애써 왔던 것을 알 수 있다. 하지만 여러 판례에서 나타난 공통적인 요소들을 추출하여 평등보호의 개념을 구성해 본다면, "유사한(similar) 상황에 처해 있는 사람은 유사하게, 다른(different) 상황에 처해 있는 사람은 다르게 취급하는 것" 이라고 일응 말할 수 있겠다.[14] 여기에서의 '유사한'(similar)이란 의미는 신체적·생리학적인 유사함을 의미하는 것이 아니라 특정한 입법목적(또는 행정목적)에 비추어 보아 유사한 상황에 있다는 의미이다.[15] 즉, 여자와 남자는 생리학적으로는 다르지만 유언집행자가 된다거나,[16] 알코올을 섭취할 수 있는 연령에 다다른 정도[17] 등에 있어서는 유사한 상황에 처해 있는 것이다.

그러므로 법의 적용대상인 사람들이 유사한 상황에 처해 있는가를 알기 위해서는 입법목적(또는 행정목적)을 검토해 보아야 한다. 일단 입법(행정)목적이 헌법위반이 아니라고 인정되면 목적을 달성하기 위해서 사용한 차별이라는 수단이 합당한 것인지를 분석하게 되는 것이다. 수단으로서의 차별이 합리적인가는 개인의 능력에 관계없이 일정한 집단을 일반화시켜(as a whole) 차별하였는가 하는 것이 하나의 기준이 되어 있는 듯하다.[18] 이러한 "목적(ends) – 수단(means)"에 관하여 연방대법원은 3가지의 사법심사기준을 확립하여 왔다. 그리고 이러한 기준은 경제입법, 인종과 성, 국적, 본질적 권리 등에 대하여 제각기 다르게 적용되어 왔다.

---

14) Tussman and TenBroek, "The Equal Protection of the Laws," 37 Calif. L. Rev. 341 (1949); Rotunda & Nowak, 앞의 책, Vol. 3, p. 8, 각주 5에서 재인용.

15) Rotunda & Nowak, 앞의 책, Vol. 3, p. 9.

16) Reed v. Reed, 404 U.S. 71 (1971) 판결에서 문제가 된 것이다.

17) Craig v. Boren, 429 U.S. 190 (1976) 판결에서 문제된 것이다.

18) 예를 들어, 개개인의 능력에 상관없이 흑인 모두에게 학교 기타의 편의시설을 분리시켜 사용하게 한다든지, 정년퇴직에 있어서 여자를 남자와 달리 차별한다든지, 혼외자(婚外子)의 입양에 있어서 친모에게만 입양의 동의권을 주고 친부는 사실상 같이 살았는가라는 구체적인 사정을 고려할 여지도 없이 입양에 대한 동의권을 박탈하는 경우 등이 바로 어떤 한 사유(인종, 성, 혼외자)에 기해 전체적인 차별을 한 경우다. 이하의 여러 판례들에서 그런 경향을 볼 수 있다.

Ⅱ. 평등보호위반의 심사기준과 그 적용과정

1. 평등보호위반의 심사기준

(1) 서   론

법률[19]에 기한 차별이 평등보호조항을 만족시키는가 하는 것은 입법의 목적과 그 목적을 달성하기 위한 수단과의 실질적인 관련성 여부를 검토함으로써 판단된다. 이 판단은 사법부가 법률의 내용을 검토함으로써 얻어질 수 있는데 이 과정에서 필연적으로 제기되는 문제가 있었다. 첫째는 고유한 사법의 기능이 어디까지인가 하는 점이고, 둘째는 입법부의 정책적 판단을 어느 정도 존중해 주어야 하는가 하는 점이다.[20]

1937년까지 연방대법원은 이 점에 관하여 별다른 기준 없이 평등보호조항과 적법절차조항을 사용하여 차별의 합리성 여부를 따져 왔다. 그러던 것이 1937년에 실체적 적법절차이론이 종언을 고하게 되자[21] 기본권간에 우열이 생기기 시작했다. "이중기준의 원칙"(double standard doctrine)의 등장이 바로 그것이다. 1938년의 Carolene Products 판결[22]에서 스톤(Stone) 판사는 그의 유명한 각주 4번을 통하여 이중기준의 논리를 창설하였다.

---

19) 여기서 말하는 '법률'이란 의회가 제정하는 엄밀한 의미의 법률에 국한되는 것이 아니라 정부의 이익을 도모하기 위한 입법 및 행정조치들을 통틀어 일컫는 의미로 쓰고 있다. 즉, 사법심사의 대상이 되는 모든 국가행위를 통칭하는 것으로 이해하면 된다.

20) Rotunda & Nowak, 앞의 책, Vol. 3, pp. 12-13. 이 중 법원이 의회에 부여해야 하는 사법적 존중의 정도에 영향을 미치는 요인에 대한 학설과 판례를 정리한 것으로는, 양건, "법률의 위헌심사의 기준 -미국연방대법원 판례를 중심으로-," 헌법재판연구, 제1권, 1989, 80-84면.

21) 1937년 전까지 많은 사회경제입법이 적법절차조항에 의해 위헌선언을 받았다. 최저임금법이나 노동시간규제법, 소년노동규제법 등이 적법절차에 의하지 않고 개인의 자유와 재산을 박탈한 것이라는 이유로 위헌선언을 받았다. 그 대표적인 판결이 Lochner v. New York, 198 U.S. 45 (1905) 판결이었다. 빵 공장에서 일하는 노동자의 근로시간을 규제한 뉴욕주의 법률이 문제된 것이었는데 다수의견은 이를 적법절차조항에 근거한 계약자유의 침해라고 하여 위헌으로 판정하였다. 그래서 이 시기를 Lochner 시대라고 칭하는 것이다. 그런데 1937년의 West Coast Hotel Co. v. Parrish, 300 U.S. 379 (1937) 판결에서 여성 및 연소자노동에 관한 워싱턴 주의 최저임금법이 합헌판정을 받게 된 것을 계기로 실체적 적법절차이론은 사멸하고 이후의 경제규제 입법은 고도의 합헌추정을 받게 되었다. 이 당시의 법원의 인적 구성과 사법적 변동에 관해서는, 러셀 갤로웨이(Russell W. Galloway) 저, 안경환 역, 법은 누구편인가(The Rich and the Poor In Supreme Court History), 고시계, 1986, 153-160면 참조.

22) U.S. v. Carolene Products Co., 304 U.S. 144 (1938).

그는 여기에서 통상의 사법심사보다 엄격한 사법심사를 받아야 하는 3가지 분야들로 첫째, 헌법상 특수한 금지조항으로 되어 있는 최초의 수정헌법 10개 조항들, 둘째, 정치적 과정을 규제하는 법률들, 셋째, 소수자의 권리를 규제하는 법률들을 들었다. 이중기준의 원칙이란 이 3가지의 경우에는 좀 더 정밀하고 세심한 사법심사가 필요하다고 하였던 것이다.[23] 이를 기점으로 연방대법원은 경제규제의 영역에서는 의회와 정부의 판단에 대해 합헌성을 추정하는 입장을 취하고 비경제적 영역에 있어서는 좀 더 엄격한 사법심사를 하는 태도를 취했다. 그리고 이런 과정에서 평등보호조항과 관련해서는 엄격심사기준이 등장하게 되었다.

한편 평등보호의 영역이 확대되어 감에 따라 기존의 두 가지 기준만으로는 불충분한 영역이 등장하였다. 성(性)에 기한 차별과 적서(嫡庶)에 의한 차별의 경우였다. 합리적 근거 심사기준으로는 합헌추정이 너무 쉽게 되고 그렇다고 인종에 기한 차별이나 본질적 권리를 침해하는 법률보다는 덜 엄격한 기준을 적용해야 할 필요를 느끼게 된 것이다. 여기에서 중간심사기준이 나왔다. 결국 연방대법원은 3가지의 심사기준을 평등보호조항과 관련하여 적용시켜왔다고 할 수 있겠다.

(2) 합리적 근거 심사기준(rational basis test)

이 기준은 연방대법원이 경제입법분야에 대하여 전통적으로 취해오고 있는 입장이다. 법률이 추구하려는 적법한 목적(legitimate ends)을 이루는 데 사용된 차별이 합리적인 관련이 있는 것이라면(rationally-related means) 합헌으로 인정된다는 것이 그 주요 내용이다. 이 기준을 따른다면 법률에 기한 차별이 헌법상 허용되는 일정한 목적과 합리적인 관련만 갖고 있으면 합헌이라고 보게 되므로 심사의 정도가 가장 낮고, 명백한 차별(invidious discrimination)이 있는 경우가 아

---

23) 이중기준의 원칙을 정당화하는 근거 중 다음의 세 가지 근거가 유력한 지지를 얻고 있다. 첫째, 기본적 자유의 중요성, 둘째, 침해를 금지하고 있는 권리장전의 명확한 문구, 셋째, 사법부는 경제규제입법에 관해서는 그렇지 못하지만 기본적 자유의 보장에 관해서는 전문적 판단능력을 갖추고 있다는 점이 그것이다. 헨리 아브라함(Henry J. Abraham)은 이 중 세 번째 논거가 가장 명확한 정당화의 근거라고 하고 있다. 이중기준의 논의와 정당화 근거에 관하여는, 헨리 아브라함(Henry Julian Abraham) 저, 윤후정 역, 기본적 인권과 재판: 미국 대법원 판례(Freedom and the court :civil and liberties in the United States), 이화여자대학교 출판부, 1992, 17-41면 참조.

니면 위헌으로 선언되지 않게 된다. 실제로 연방대법원이 판례를 통해서 적용한 사례들을 보면 거의 입법부의 판단을 존중하는 방향으로 이 기준을 적용시켜 왔던 것을 알 수 있다.

경제규제의 영역에서 법원이 극도의 합헌추정적 입장을 취하는 것은, 경제분야에 있어서만큼은 입법부의 판단이 더 전문적이고 우월한 능력을 지니고 있으며 사법부가 이에 개입하여 그 합헌성을 심사한다면 초입법적 기능을 행사하게 되는 결과라는 사법자제론적 입장과, 권력분립적 차원에서 볼 때 의회에서 다수를 대표하여 민주주의 원칙에 의해 제정된 법률을 독립된 소수로 구성된 사법부가 무효화시키는 것은 민주주의에 어긋난다는 입장에 기초를 두고 있다. 하지만 이 심사기준에 대해서는 결과적으로 사법심사를 거의 포기하는 것이 아니냐는 비판이 제기될 수 있다.

(3) 엄격심사기준(strict scrutiny)

엄격심사기준은 입법목적이 차별을 정당화시키기에 충분한 정도에 그치지 않고 불가피하고(compelling) 우월한(overriding) 목적일 것을 요하며 그 목적을 이루기 위한 수단은 필수적(necessary)인 것이어야 하고 엄밀히 고안되어야 (narrowly tailored) 한다는 기준이다. 연방대법원은 이 기준을 인종과 국적에 기한 차별, 또 본질적 권리(fundamental rights)의 행사와 관련된 차별입법의 두 가지 영역에서 사용하여 왔다. 이 두 분야는 합헌성의 추정이 부적당한 영역으로서 스톤 판사에 의해 Carolene Products 판결에서 언급된 이래 줄곧 고도의 엄격한 심사를 받아 왔다. 인종과 타고난 국적24)에 기하여 사람을 차별하는 경우에는 일단 합헌성을 의심받게(suspect) 되었고 본질적인 권리를 행사함에 있어서 차별을 한 경우에도 불가피한 이익이 입증되지 않는 한 위헌판정을 받게 되었다.

(4) 중간심사기준(intermediate level of scrutiny)

평등보호에 대한 심사기준은 워렌(Warren) 법원 시대를 거치면서 경제영역에서의 입법과 본질적 권익에 대한 차별 및 인종을 기준으로 한 차별의 경우에 이원적으로만 적용되어 오다가, 워렌 법원이 끝난 후 얼마 안 되어 중간적인 영역에 대하여 새로운 내용의 심사기준을 확립하기에 이르렀다. 전통적인 합리적

---

24) 국적에 기한 차별에서 엄격심사기준이 일관되게 적용된 것은 아니었다. 국적에 기한 차별을 논할 때 후술한다.

근거 심사기준보다는 좀 더 엄격하나 엄격심사기준에 의하여 해결하기에는 정도가 약한 영역에 적용되는 중간적 심사기준인데 중요한(important) 입법목적, 그리고 그 목적과 실질적인 관련이 있는(substantially related) 차별일 것을 요구한다.[25]

연방대법원이 이 중간적 심사기준을 적용한 영역은 주로 성차별, 적서차별과 관련한 것이었다. 불법체류 외국인의 자녀를 교육의 기회 면에서 차별한 주법을 위헌으로 판정하는 데서도 사용한 것으로 보이고,[26] 유동적인 입장을 보이고 있긴 하지만 인종을 근거로 하는 적극적 평등실현정책에 관한 심사에 있어서도 적용한 판례가 있다.[27] 그러나 뒤에서 볼 수 있듯이 성차별, 적서차별에 관해서도 심사기준이 일관된 것은 아니었다.[28]

(5) 유동적 접근법(sliding scale approach)[29]

유동적 접근법이란 연방대법원이 인정한 평등보호심사의 기준은 아니나 써굿 마샬(Thurgood Marshall) 판사에 의해서 일관되게 주장되고 있는 것으로, 평등보호위반 여부를 판단하는 기준은 형식적으로 어떤 영역에는 어떤 사법심사기준을 적용한다는 식으로 고정되어 있는 것이 아니라 문제된 상황에서 첨예하게 대립되는 법익의 중요성을 실체적으로 교량하여 중요한 이익에는 엄격한 사법심사를, 그렇지 않은 경우에는 강도가 낮은 사법심사를 해야 한다는 내용의 기준이다.[30] 그는 워렌 법원의 이분법적 심사기준을 비판하면서 관련이익의 헌법적·사회적 중요성 및 차별기준의 비합리성(invidiousness)을 바탕으로 기준의 스

---

25) 중간적 심사기준은 Craig v. Boren, 429 U.S. 190 (1976) 판결에서 정립되었다. 구체적인 내용은 후술한다.

26) Plyler v. Doe, 457 U.S. 202 (1982). 이 판결에서 다수의견은 엄격심사를 적용하는 듯했으나 실제로는 중간심사기준의 내용으로 판정을 내렸으며 파웰(Powell) 판사는 그의 동조의견에서 중간심사기준을 적용해야 한다고 주장했다.

27) Metro Broadcasting, Inc. v. Federal Communications Commission, 497 U.S. 547 (1990)외 다수. 자세한 것은 Ⅳ. 적극적 평등실현정책에서 후술한다.

28) 중간심사의 적용영역에 관한 개관으로는, Rotunda & Nowak, 앞의 책, Vol. 3, pp. 16-21 참조. 이 책에서는 그 밖에 죄수(罪囚)의 권리에 관한 차별조치에 대해서도 중간심사영역에 속하는 것으로 소개하고 있다. 죄수의 권리에 관하여 연방대법원이 판단한 사법심사기준은 "적법한 행형목적에 합리적으로 관련된 수단"이라고 한다. Turner v. Safley, 482 U.S. 78 (1987).

29) San Antonio School Disc. v. Rodriguez, 411 U.S. 1 (1973)판결과 Dandridge v. Williams, 397 U.S. 471 (1970) 판결의 반대의견에서 마샬(Marshall) 판사에 의해 주장되고 있는 것으로 법원이 공식입장으로 적용하고 있지 않으므로 별도로 소개할 실익은 없지만, 본 논문의 결론과 관련이 있고 다른 심사기준에 대한 대비의 차원에서 따로 소개하였다.

30) San Antonio School Dist. v. Rodriguez, 411 U.S. 1 (1973), 마샬 판사의 반대의견 참조.

펙트럼(spectrum of standards)을 적용할 것을 주장하였다.

2. 심사기준의 법원별 적용경향

Lochner 시대를 비롯하여 워렌 법원 이전에는 평등보호조항이 단순히 최후에 적용될 수 있는 법적 기준에 불과했고 그 내용도 일반적인 합리성 여부를 판단하는 것 외에는 별다른 기준이 정립되어 있지 못했다. 그러던 것이 워렌 법원 시기에는 사법적극주의적 경향과 더불어, 경제적 입법에 대해서는 입법부의 정책적 판단을 존중하는 입장을 취하되 개인의 본질적 권리와 관련되는 부분, 그리고 인종을 기준으로 한 차별에 대해서는 엄격한 사법심사를 하는 이원적 접근(two-tier approach)을 행하게 되었다. 이러한 이원적 접근은 워렌 법원시기 민권의 신장과 더불어 개인의 기본권을 수호하고 헌법적 개혁을 이루는 중요한 수단으로 작용하였다. 주로 엄격심사의 두 번째 영역인 본질적 권리(fundamental rights)의 개념을 확대해 나가면서 수많은 민권판결과 제도적 원칙들을 탄생시켜 온 것이다. 그러나 버거(Burger) 법원에 이르러서 본질적 권리의 확장은 거부되었다.[31] 이원적 접근의 경직성에 대한 비판이 제기되고 급기야는 성차별에 관련된 Craig v. Boren 판결에서 중간적 심사기준을 정립하게 되었다. 하지만 이렇게 정립된 기준들이 명확한 경계선을 가지고 있지는 않았다. 때로는 합리적 근거 심사기준을 표방하면서 중간심사기준의 입장에서 판결한 것도 있으며,[32] 렌퀴스트(Rehnquist) 법원에서 내린 판결 중에는 외형적으로는 엄격심사를 표방하면서 내용상으로는 중간심사의 기준을 적용한 판결[33]도 있었다. 이처럼 버거 법원에서 렌퀴스트 법원에 이르기까지의 이른바 현대법원의 판결 형태를 보면 평등보호에 관한 심사기준이 단순한 사건별 이익형량(ad hoc intervention)의 차원에 머무르는 것이 아닌가 하는 의문을 가지게 할 정도이다.[34]

평등보호에 관한 심사기준을 적용하는 법원의 입장이 이렇게 개별적으로 될 수밖에 없는 이유는 평등보호조항을 통해서 그 가치를 측정받는 실체적 권리들

---

31) 하지만 워렌 법원 시대에 인정되었던 본질적 권리들(이를테면 투표권과 같은)은 버거 법원도 역시 본질적 권리로 인정하였다. 다만 그 이상으로 확대시키지 않았다는 것뿐이다. Gerald Gunther, Individual Rights in Constitutional Law, Foundation Press, 1992, p. 275.

32) Reed v. Reed, 404 U.S. 71 (1971) 판결이 그 대표적인 경우이다.

33) Plyler v. Doe, 457 U.S. 202 (1982).

34) Gunther, 앞의 책, p. 277.

이 다양하기 때문이다. 입법의 목적이 어떠한 기본권을 제한하는 것이라면 목적
의 중요도는 문제된 기본권의 중요도에 따라 판정되고 이러한 입법의 목적을 달
성하기 위한 수단으로 사용된 차별 역시 해당 기본권의 중요도에 따라 합헌성을
의심받는 정도가 다르기 때문이다. 그렇기 때문에 구체적인 사건을 판단해야 하
는 법원의 입장에서 볼 때 워렌 법원의 극단적인 두 가지 기준은 불충분한 것이
었고 세 가지 기준을 마련하고서도 일관된 판단을 내리지 못하고 있는 것이
다.35) 평등보호심사기준을 적용하는 데 있어서의 법원의 입장과 태도를 사례별
로 면밀히 검토해야 할 필요가 바로 여기에 있는 것이다.

Ⅲ. 평등보호의 적용영역과 판례의 전개36)

1. 경제입법분야

앞서 언급한 바 있듯이 이 분야에서 연방대법원은 극도로 사법자제적(de-
ference)인 자세를 보여 주었다. 그 대표적인 판결이 Railway Express Agency v.
New York37)이었다. 운전자들의 시선을 흩뜨릴 우려가 있다는 이유로 트럭의
바깥 면에 자기 회사의 홍보광고가 아닌 일체의 홍보광고를 붙이지 못하게 한
뉴욕 주의 한 지방 조례가 문제된 사건38)인데, 연방대법원은 주가 그러한 판단
을 내린 것은 허용할 만한 것이며 평등보호기준이 같은 종류의 모든 해악을 전
부 제거하거나 또는 제거하지 않을 것을 요구하는 것은 아니라고 하면서 평등보
호위반이 아니라고 판시했다.

워렌 법원에 들어서도 이러한 입장은 견지되었다. 안경제작에 있어 검안사
(optometrist)나 안과의사의 처방전이 없는 한 안경점(optician)이 렌즈를 제작하는

---

35) 최근의 논문에서는 렌퀴스트 법원의 판례분석을 통해 네 번째 심사기준을 이론화하려는 시도
    를 보였다. 자세히는 James A. Kushner, "Substantive Equal Protection: The Rehnquist Court
    and the Fourth Tier of Judicial Review," 53 Mo.L.Rev. 423, 424-463 (1988) 참조.
36) 이 장의 체제 및 소개된 판례내용은 군터(Gunther) 교수 판례교과서의 그것을 많이 따랐다. 여
    기에 최근의 판례와 필자 나름대로의 분석을 가미시켜 소개해 나가겠다.
37) 336 U.S. 106 (1949).
38) 차량에 부착된 광고가 기업체 자신의 것이든 타인의 것이든 운전자의 주의를 산만하게 하는
    것은 똑같기 때문에 유독 타인의 광고를 차량에 부착시키는 것만 규제하는 것은 교통문제와
    관련하여 차별적인 규제를 하고 있는 것이라 하여 평등보호위반이 주장되었다.

행위를 금지한 주법의 위헌여부가 문제된 Williamson v. Lee Optical Co.[39] 판결, 일요일휴무법(Sunday Closing Act)의 적용대상에서 몇 가지 물품을 제외시킨 것이 문제된 McGowan v. Maryland[40] 판결, 군(county)의 형무소에 수감되어 재판을 기다리고 있던 죄수들에게 부재자투표를 차별적으로 부여한 것이 문제된 McDonald v. Board of Election[41] 판결에서 대법원은 입법의 지혜를 지극히 존중하는 태도를 취하였던 것이다. 이 판결들에 나타났던 법원의 공식 입장은 "문제된 법률이 사용한 수단은 적법한 주의 목적을 이루기 위한 합리적인 수단이어야 하며 그 입법목적의 추구와 전혀 관계없는 이유에 기한 차별이라야만 위헌이 될 것이다. 그 법률을 적용한 결과 비록 약간의 불평등한 결과가 생길지라도 입법부는 합헌적 권한을 행사한 것으로 추정되어야 한다"라는 것이었다.[42]

워렌 법원의 이러한 입장은 버거 법원에 와서 더욱 강화되었고,[43] 보다 세부적인 원칙으로 이어져 갔다. New Orleans v. Dukes 판결[44]을 시발점으로, 경찰의 정년을 50세로 정한 주법이 문제된 Massachusettes Bd. of Retirement v. Murgia[45] 판결에서 비록 법률이 불완전(imperfect: 법률에 의해서 피해를 보는 사람이 없게끔 세밀하게 규율하지 듯했다는 의미)하더라도 입법부의 판단을 존중해야 한다는 입장을 취하였다.[46] 이어서 대법원은 U.S. Railroad Retirement Bd. v. Fritz 판결[47]에서 "우선 입법목적이 적법한가를 확인한 다음 그 수단이 독단적

---

39) 348 U.S. 483 (1955).

40) 366 U.S. 420 (1961).

41) 394 U.S. 802 (1969).

42) 군터 교수는 이를 '단계적 접근'(one step at a time approach)이라고 하면서 이론적으로는 최소한의 사법심사기준이지만 사실상은 심사를 포기하는 것이 아니냐는 의문을 제기했다. Gunther, 앞의 책, pp. 287-288.

43) 1970년대 초기에 합리성 심사를 엄격히 하는 듯한 인상을 주기도 했었으나(U.S. Dept, of Agriculture v. Moreno, 413 U.S. 528 (1973); Jimenez v. Weinberger, 417 U.S. 628 (1974)) 이내 사법자제적인 입장으로 되돌아갔다. Gunther, 앞의 책, pp. 293-296.

44) 427 U.S. 297 (1976). 이 사안에서는 뉴 올리언즈(New Orleans) 주에서, French Quarter 지역 내의 행상 음식업자들을 일정한 연수를 기준으로 차별하는 법률을 제정한 것이 문제되었는데 연방대법원은 경제입법분야에서 합헌성을 추정해야 한다며 합헌판결을 내렸다.

45) 427 U.S. 307 (1976).

46) 이런 입장은 그 후 Vance v. Bradley, 440 U.S. 93 (1979) 판결에서 다시 확인되었다.

47) 449 U.S. 166 (1980). 이 사건은 사회보장에 의한 연금 및 철도노동자로서의 연금혜택을 이중으로(dual benefit) 누리고 있던 근로자들이 연방 법률에 의해 철도노동자에 관한 퇴직연금이 10년 이상의 장기근속자에게만 주어지게 되자 평등보호위반이라며 제소한 사건이다.

(arbitrary)이고 비합리적(irrational)인가를 검토하여야 한다 … 차별입법에 일견 타
당한 이유를 제시할 수 있으면 실제로 이러한 이유가 입법적 결정의 근거가 되
었는가를 따질 필요도 없다"라고 하면서 극도의 합헌추정적 입장을 취했다.

　　하지만 사법부가 의회의 판단을 무조건 존중한 것으로 이해해서는 안 된다.
기본적으로 평등보호의 문제는 더글러스(Douglas) 판사가 얘기했듯이 이론적인
판단에 의해서가 아니라 그것이 바탕하고 있는 실체적인 문제를 고려함으로써
답해질 수 있기 때문이다.[48] 그런 경향을 뚜렷이 느낄 수 있는 곳은 Schweiker
v. Wilson[49] 판결에서 파웰(Powell) 판사가 제기한 반대의견에서였다. 의식주물
품을 구입할 수 있도록 노인이나 맹인, 장애인에게 지급하는 구호비용을 연방의
의료보장기금 지원을 받고 있는 수용시설에 속한 사람들에게만 주기로 한 것이
평등보호조항을 위반한 것이 아니냐는 것이 문제된 이 판결에서 다수의견은 여
전히 합리적 근거 심사기준을 적용하여 합헌이라고 하였으나 브레넌(Brennan),
마샬(Marshall), 스티븐스(Stevens)를 포함한 4명의 판사[50]는 강력한 반대의견을
통해서 차별이 입법목적과 실질적인 관련(fair and substantial relation)이 있을 것을
요구하였다. 이것은 중간심사기준의 척도였다. 그럼에도 좀 더 강도 높은 심사
를 요구한 이유는 문제된 상황이 사회복지와 관련된 분야였기 때문에 단순한 경
제규제입법의 경우와는 다른 실체적 교량을 했기 때문이라고 생각되는 것이다.
후속판결인 Logan v. Zimmerman Brush Co.[51] 판결 역시 형식적인 사법자제의
자세에서 벗어나 있다. 일리노이 주의 위원회가 심문 기일을 법정기간 도과 이
후로 지정하였기에 부당노동행위에 관한 구제신청이 받아들여지지 않은 것이
문제된 이 판결에서 연방대법원은 일리노이 주가 합리적 근거 심사기준에 비추
어 보더라도 불합리한 차별을 한 것이라고 판단하였던 것이다.[52]

　　1980년대에 조세분야의 차별입법에 대하여 합리적 근거 심사기준 아래 위헌

---

48) Railway Express Agency v. New York, 336 U.S. 106 (1949). 그리고 평등보호에 관한 여러 판
　　례에서 유동적 접근법을 주장한 마샬 판사가 일관되게 주장한 것이다.

49) 450 U.S. 221 (1981).

50) 이 사건은 5대 4의 판결이었다. Fritz 판결에서 다수의견에 가담했던 파웰이 브레넌, 마샬, 스티
　　븐스에 가세하여 반대의견을 냈다.

51) 455 U.S. 422 (1982).

52) 이 사건에서 법원이 위헌을 내린 법적 근거는 평등보호조항이 아니라 원래는 적법절차(due
　　process of law) 조항이었다. 고지(fair notice)와 청문의 기회(right to be heard)가 적법절차를
　　충족시키는 기본적인 조건이기 때문이다.

판결을 내리기도 하였지만,[53] 연방대법원은 그 이후에도 경제 및 사회복지분야의 입법(본질적 권리와 관련되지 않은)에 대해서는 대체로 합리적 근거 심사기준을 계속 적용하여 사법자제적인 입장을 유지해 나갔다.[54]

2. 인종(race)을 기준으로 한 차별[55]

(1) 서　론

Carolene Products 판결의 각주에서 제기한 바에 따라 인종을 기준으로 한 차별은 후속판결에서 특별한 취급을 받게 되어 합헌성을 인정받는 범위가 좁아졌다. 연방대법원은 일관되게 인종을 기준으로 한 차별에 대해 엄격심사기준을 적용시켜 왔다. 인종을 기준으로 한 차별 그 자체가 합헌성을 의심받는(suspect) 사유였으므로 이것이 정당화되려면 정부 측에서 불가피한 이익(overriding, com-pelling interest)이 있는 목적을 달성하기 위해 필수적인(necessary) 수단임을 증명해야 했다. 그러한 가운데 인종차별에 관하여 기념비적인 업적을 남긴 Brown v. Board of Education[56] 판결이 등장했다. 그리고 이 판결의 법리를 회피하려는 계속적인 시도가 있었지만 Brown 판결의 원칙을 집행하기 위한 적극적인 조치들이 뒤따랐다. 강제통학명령(busing)이 그 중의 하나다. 하지만 미국헌법의 역사만큼이나 뿌리가 깊은 흑인에 대한 사회적 차별은 법적 차별의 철폐선언으로 사라지는 것이 아니었다. 흑인에 대한 사실상의 인종분리(de-facto segregation)가 계속되었던 것이다. 그리고 법적으로 제재를 받지 않는 사적인 차별 영역에서도

---

53) Allegheny Pittsburgh Coal Co. v. County Commission, 488 U.S. 366 (1989); Metropolitan Life Insurance Co. v. Ward, 470 U.S. 869 (1985); Williams v. Vermont, 472 U.S. 14 (1985). 이 판결들에 대한 분석은 Rotunda & Nowak, 앞의 책, pp. 32-41 참조.

54) 이에 관한 최근의 판례로는 Burlington Northern Railroad Co. v. Ford, 504 U.S. (1992)가 있다. Gerald Gunther, Individual Rights in Constitutional Law, 1994 Supplement, Foundation Press, 1994, p. 149.

55) 인종에 관한 차별에 대해서는 이 논문에서 고찰하고 있는 헌법적 접근 외에도 많은 행정적, 법률적, 사회적 차원의 접근이 있다. 본 논문에서는 평등보호심사기준 중의 엄격심사기준과 관련되는 부분으로 논의를 좁히겠다. 인종차별의 역사와 그에 대한 법적 노력을 각 분야별로 조명한 문헌으로는, Derrick Bell, Race, Racism and American Law, Brown and co., 1980; 헨리 에이브라함 저, 윤후정 역, 앞의 책, 389-513면. 국내논문으로는, 서주실, "한국헌법에 있어서의 흑백인의 평등," 헌법연구, 제2권, 1972, 119-154면; 윤명선, "흑백평등의 전개과정," 경희법학, 제21권 제1호, 1986, 93-124면. 흑백차별에 관한 법률차원의 접근, 특히 민권법을 중심으로 한 평등에 관해서는 Theodore Eisenberg, Civil Rights Legislation, Michie Law Pub., 1991 참조.

56) 347 U.S. 483 (1954).

흑인에 대한 차별이 계속되었다. 수정 제14조는 사인간의 영역에는 적용되지 않는 것이기 때문이다.57) 이에 대한 법적인 대응으로 나온 것이 바로 "국가행위"(state action) 이론이다. 사인간의 영역이라도 거기에 어떤 식으로든 국가가 관여하고 있으면 그것은 헌법의 평등보호조항의 적용을 받는 것이라고 하면서 국가의 관여를 여러 가지 유형에서 확인해 나간 이론이다. 인종차별에 관한 또 하나의 중요한 법리가 투표권을 비롯한 참정권 문제와 관련하여 제기되었는데 이는 법률의 차원에서 더 많이 다루어지는 문제이므로 본질적 권익과 관련된 부분만 해당부분(Ⅲ. 4)에서 언급하고 상론하지는 않기로 한다.58)

(2) 엄격심사기준의 확립

인종을 기준으로 한 차별에 관해 법원이 비교적 엄격한 자세를 취한 것은 Strauder v. West Virginia59) 판결에서 이미 발견된다. 흑인을 배심에서 제외한 주법은 위헌이라고 판시하면서 스트롱(Strong) 판사는 "평등보호조항이 요구하는 것은 피부색을 이유로는 법률에 의한 어떤 차별도 해서는 안 된다는 것이다"라고 하였던 것이다. 그러나 인종을 이유로 한 차별을 합헌성이 의심스런(suspect) 사유라고 명백히 선언한 최초의 판결은 Korematsu v. United States60) 판결이었다. 제2차 세계대전 중 태평양 연안 지역에서 간첩행위의 위험이 있다는 이유로 일본계 미국시민을 분리수용한 조치가 문제된 이 사건에서 블랙(Black) 판사는 "특정 인종의 민권을 제약하는 일체의 법적 조치는 일단 위헌의 의심이 드는 것이다. 그러므로 … 법원은 가장 엄격한 심사를 해야 한다는 의미이다"라고 말하였던 것이다.61)

이러한 내용의 엄격심사기준이 수정 제14조의 목적과 관련하여 집중적으로 조명된 판결이 바로 Loving v. Virginia62) 판결이다. 버지니아 주법은 인종간의

---

57) Civil Rights Cases, 109 U.S. 3 (1883).
58) 흑인의 참정권은 우선 수정 제15조에 의해 헌법적 차원의 보장을 받고 있고, 이에 근거하여 개정된 1965년 선거권법, 1970년, 1975년, 1982년의 동 개정법이 구체적인 흑인참정권 문제를 규율하고 있다. 이 법률에 대한 자세한 것은, 헨리 에이브라함 저, 윤후정 역, 앞의 책, 447-464면 참조. 한편 1965년의 선거권법은 South Carolina v. Katzenbach, 383 U.S. 301 (1966) 판결에서 합헌성을 인정받았다.
59) 100 U.S. 303 (1880).
60) 329 U.S. 214 (1944).
61) 하지만 이 판결은 엄격심사기준이 적용되었음에도 불구하고 합헌판정을 받은 이례적인 판결 중의 하나이다. Gunther, 앞의 책, p. 309.
62) 388 U.S. 1 (1967).

결혼(interracial marriage)을 금하고 있었는데 흑인 여성과 백인 남성이 이 법을 위반하여 결혼하여 처벌된 사건이었다. 흑인뿐만 아니라 백인까지도 처벌하고 있으므로 평등보호위반이 아니라는 주의 주장을 배척하면서 대법원은 "수정 제14조의 명백하고도 핵심적인 목표는 인종차별에 관한 주 내의 제반 공적 요인들을 제거하는 것이다. … 인종을 기준으로 한 차별은 특히 형사 처벌과 관련된 법률에서는 가장 엄격한 심사를 받아야 한다"고 판시했다.63) 수정 제14조의 핵심 목적을 인종 차별의 철폐에 있다고 하면서 인종을 기준으로 한 차별에 대해 고도로 엄격한 사법심사를 적용한 것이다. 이어서 법원은 딸을 양육하고 있는 백인 여성이 흑인 남성과 재혼하게 되자 동거양육권을 이혼한 전 남편에게 부여한 주 법원의 판결에 대해 위헌으로 선언했고64) 인종이나 국적을 기준으로 부동산 거래에 관한 규칙을 제정할 때에는 투표권자 과반수이상의 찬성이 있어야 한다고 규정한 시 조례65) 역시 엄격심사를 통과하지 못하고 위헌판정을 받게 되었다.

(3) 인종차별과 Brown 판결

　　남북전쟁의 결과로 탄생한 3개의 수정조항의 목적이 노예제도를 폐지하고 흑인들에게 미국 시민으로서의 완전한 혜택을 부여하며 선거권을 행사할 수 있도록 하는 것이었음에도 불구하고 남부의 백인들은 진정한 자유를 흑인에게 허용하지 않았으며 예전처럼 흑인에 대한 차별이 여전히 행해지고 있었다. 연방대법원도 Slaughter House Cases,66) Civil Rights Cases,67) United States v. Harris68) 의 3건의 판결을 통해서 결과적으로 이런 차별을 조장해주었다. 그런 가운데 기차 내에서 흑인과 백인을 분리하여 앉도록 한 주법을 "분리하되 평등"(separate but equal)의 논리로 인정해 준 Plessy v. Ferguson69) 판결이 내려졌다. 이것은 기

---

63) 이 판결에서 동조의견을 집필한 스튜어트(Stewart) 판사는 "행위자의 인종에 기초하여 범죄행위를 규정한 주법이라면 우리 헌법하에서 합헌성을 인정받기란 불가능하다"고 하였다. 인종간의 결혼을 금지한 형법이 문제된 McLaughlin v. Florida, 379 U.S. 184 (1964) 사건에서도 역시 스튜어트 판사는 동조의견을 통해서 "그러한 차별은 그 자체가 불합리한(invidious) 것이다"고 하였다.

64) Palmore v. Sidoti, 466 U.S. 429 (1984).

65) Hunter v. Erickson, 393 U.S. 385 (1969).

66) 83 U.S. 36 (1873).

67) 109 U.S. 3 (1883).

68) 106 U.S. 629 (1883).

69) 163 U.S. 537 (1896).

존에 행해져 오던 흑백인 분리시설(학교를 포함하여)에 대해 헌법적 근거를 제공해 준 것이나 마찬가지였다.

　이러한 원칙은 1954년에 가서야 폐기되었다.[70] 그 유명한 Brown v. Board of Education[71] 판결은 Plessy 판결에서 "우리 (미국)헌법은 색맹(color-blind)"이라는 할란(Harlan) 판사의 반대의견에 따라 분리된 교육시설 그 자체가 불평등한 것이라고 선언했던 것으로 "오로지 인종을 근거로 하여 공립학교에서 아동들을 분리시키는 것이 비록 물적 시설과 기타 다른 '외적인' 조건들이 평등하다 할지라도 소수집단의 아이들에게 균등한 교육의 기회를 박탈하는 것이 되는가? 우리는 그렇다고 믿는다"고 판시하였다. 또 흑백분리 그 자체가 공교육에 미치는 영향에 대해 언급하면서 "백인 아동과 유색인종 아동을 분리하는 것은 유색인종 아동에게 치명적인 영향을 준다. 특히나 그것이 법에 의해 인가된 것일 때 영향은 더욱 커진다. 인종분리정책은 보통 흑인이 열등하다는 것을 나타내기 때문이다. 열등의식은 아동의 면학의욕을 위축시킨다"라고 하였다. 다른 사회분야에서도 흑인이 차별받아 왔지만 공립학교 교육에 있어서의 차별을 철폐한 Brown 판결이 특별한 의미를 갖는 것은 그것이 법적으로 선언한 법리의 상징성 때문이다.[72] 엄격심사에서 요구되는 입법의 목적이나 수단에 대한 판단을 할 필요도 없이 분리된 교육 그 자체를 위헌으로 규정함으로써 다른 영역에 있어서의 인종차별을 철폐하는 데 그 판단의 준거가 되었던 것이다.[73] 하지만 공적인 분야가 아닌 즉, 사적인 분야에서의 차별이라든지 법적으로는 중립적이나 적용단계에서

---

70) 물론 그 이전에도 "분리하되 평등"한 원칙을 뒤집으려는 시도는 있었다. 그 대표적인 예가 Missouri ex rel. Gaines v. Canada, 305 U.S. 337 (1938) 판결이다. 분리하되 평등이라는 원칙과 그것을 뒤집으려는 시도에 관한 상세한 전후 과정에 대해서는, 헨리 에이브라함 저, 윤후정 역, 앞의 책, 402-424면 참조.

71) 347 U.S. 483 (1954).

72) 이러한 상징적 의미를 고려해서인지 워렌 대법원장은 이 사건을 만장일치로 만들기 위해 매우 노력하였다. 원장 자신이 직접 판결문을 집필했고 반대의견을 집필하려던 판사들을 끈질기게 설득했으며 심리학자와 사회학자들의 의견까지 참고해 가면서 Brown 판결을 만들어 냈던 것이다. 여기에 대한 자세한 것은, 헨리 에이브라함 저, 윤후정 역, 앞의 책, 420-424면; 안경환, 법은 사랑처럼, 대학출판사, 1988, 108-114면 참조.

73) 이내 Brown 판결의 영향은 공공교통, 공공시설 등 다른 영역으로 파급되었다. 법정에서 흑인만을 위해 마련한 좌석에 앉으라는 주 법원 판사의 명령에 거부한 행위를 법정모욕죄로 선언한 판결이 문제된 사건에서 법원은 혐의를 파기하면서 "이제 주는 더 이상 공공시설에서 흑백차별을 할 수 없다는 것은 헌법적으로 의문의 여지가 없다"고 선언하였다. Johnson v. Virginia, 373 U.S. 61 (1963).

차별의 효과가 나타나는 사실상의 차별(de-facto segregation) 같은 경우에도 공립
학교나 법적인 차별이 있는 경우에서와 같은 구제를 받을 수 있는 것인지에 대
해서는 아직 분명치 않았다.[74]

　　Brown 판결을 통하여 인종간의 평등이 헌법적으로 확인되었지만 사실상의
인종차별은 계속 남아 있었다. Brown 판결이 선언한 법리를 구체적으로 실현하
기 위한 이행판결(Brown II 판결)이 뒤따랐지만 오히려 더 심한 반항을 불러일으
켰다.[75] 하지만 연방대법원의 입장 또한 Brown 판결의 이행에 대해 단호했다.
일반 국민의 극심한 반감을 우려하여 Brown 판결의 이행을 연기해 달라고 요구
한 Cooper v. Aaron[76] 판결에서 연방대법원은 "헌법상 피고에게 보장된 권리가
정부의 조치 뒤에 따를지도 모르는 폭력과 무질서의 위협 때문에 양보될 수는
없다"라고 판시하며 만장일치로 연기요구를 거부했던 것이다. 인종차별 지역에
서 일어난 또 다른 형태의 저항은 아예 공립학교 자체를 전면 폐교하고 사립학
교에 다니도록 하면서 수업료나 주의 보조금을 백인에게 차별적으로 지급하는
방식이었다. 이 역시 법원에 의해 제지당하게 되었다.[77] Brown 판결을 회피하
려는 각종의 편법적 시도가 계속되자 연방대법원은 1968년에 Green v. County
School Board of New Kent County[78] 판결을 통하여 "이원적 교육제도에 대한
즉각적이고도 효과적인 철폐노력을 할 가망이 보이지 않는 지역정책은 용납할
수 없다(intolerable)"고 하면서 인종분리의 이원적 교육제도를 철폐하는 조치
를 즉각 채택하여 실행하라고 쐐기를 박았다.[79] 그리고 이듬해 Alexander v.

---

74) Chandler, Enslen, Renstrom, The Constitutional Law Dictionary, Oxford, 1985, Vol. 1, p. 327.
75) 349 U.S. 294(1955), Brown II 판결에서는 공립학교에서의 인종차별을 철폐하는 데 필요하고
　　도 적절한 명령을 "매우 신중한 속도로"(with all deliberate speed) 마련해야 한다고 하였다. 그
　　럼에도 불구하고 저항은 격렬해져 간 것이다. Chandler, Enslen, Renstrom, 앞의 책, pp.
　　328-329.
76) 358 U.S. 1 (1958).
77) Griffin v. County School Board of Prince Edward County, 377 U.S. 218 (1964).
78) 391 U.S. 430 (1968).
79) Green 판결 당시 남부에는 "선택의 자유 안"(학생들에게 어느 학교에 갈 것인지 자유로이 선택
　　하고 전학도 할 수 있도록 한 정책)이 채택되어 있는 상태였다. Brown 판결을 회피하려는 여
　　러 노력들을 Rotunda, Nowak 교수는 다음의 6가지로 유형화하여 제시하였다: i)
　　Grade-A-Year Plan(1년에 한 학년씩 통합하는 안), ii) Freedom of Choice Plan(선택의 자유
　　안), iii) Closing Public Schools(공립학교 폐교조치), iv) Creation of New School Districts(신학
　　군창설: 통합명령을 교묘히 회피하도록 새로운 학군편성), v) Legislative Modifications of
　　Federal Desegregation Remedies(통합 명령을 회피하는 입법), vi) Modification of State

Holmes County Board of Education 판결에서 연방대법원은 판사 전원의 일치된 의견으로 Brown Ⅱ 판결에서 선언한 '신중한 속도' 원칙을 폐기하고 통합된 (unitary) 학군체제를 '즉시'(at once) 운영할 것을 명령하기에 이르렀다.[80] Green 판결에서와 마찬가지로 공립학교에서 인종통합조치를 해야 할 지역당국의 적극적 의무를 확인시켜 준 판결이었다.

한편 Brown 판결을 이행할 적극적 의무를 강조한 법원은 보다 적극적인 조치를 취하기 시작했다. 학군간에 흑백통합을 실현하기 위해 강제적인 버스통학 (busing)을 실시하라고 명령을 내린 것이다. 그 최초의 판결이 바로 Swann v. Charlotte-Mecklenburg Board of Education[81]이었다. 1965년에 지방정부의 교육위원회가 마련한 인종통합정책이 미진한 점이 있어 이원적 교육제도를 타파해야 할 적극적 의무를 확인한 연방대법원 판결에 근거하여 보다 효율적인 통합안을 제시하라고 명령했음에도 불구하고 적절한 안을 제시하지 못하자, 연방지방법원은 직접 전문가를 시켜 통합안을 마련하게 하였고, 이에 기하여 외곽지역에 거주하는 백인 아동들과 시내에 사는 흑인 아동들을 하나의 단위로 묶는 광역에 걸친 통합명령을 내렸다. 이러한 명령은 지방정부의 자율성에 대한 위헌적인 간섭이라며 학군측이 상고했던 것이다. 연방대법원은 다시 한 번 전원일치의 판결[82]을 통해서 "판단의 준거가 되는 기본 목적은 주가 조장한 인종분리의 잔영을 전면 제거하는 것이다. Brown 및 그 후속판결들에 의해 확인된 적극적 의무를 교육위원회가 다하지 못했다면 연방법원은 통합된 학군을 만들기 위한 대책을 마련할 수 있는 권한이 있다. 그러한 대책이 비록 행정적으로 볼 때 불합리, 불편한 점이 있고, 심지어는 비정상적인 것으로 비친다 할지라도 이원적 교육 제도를 타파하기 위한 정책을 형성하는 과도기에는 불가피한 것이다"라고 하였으며 자기가 다녀야 할 학교가 바뀐 학생들을 버스로 통학시키는 것은 필수적이라고 하여 버스통학(busing)을 인종차별철폐의 한 수단으로서 인정해 주었다.

　　　　Remedies(주정책에 의한 변용). 자세한 것은 Rotunda & Nowak, 앞의 책, Vol. 3, pp. 131-137
　　　　참조.
80) 396 U.S. 19 (1969). 한편 이 시기에 때를 맞추어 흑인의 민권운동도 활발하게 이루어져 1964년
　　　의 민권법이 이미 제정된 상태였다.
81) 402 U.S. 1 (1971).
82) 이 판결이 9명의 판사 모두가 인종문제에 대해 동일한 견해를 가진 마지막 작품이었다. 헨리
　　　에이브라함 저, 윤후정 역, 앞의 책, 430면.

그러나 이것으로 문제가 해결된 것은 아니었다. 남부의 전형적인 법률상의 차별(de-jure segregation)과는 다른 북부식 흑백차별이라는 문제를 다루어야 했으며, 나아가 차별이 이루어진 학군 외에 다른 학군까지도 포함하는 학군간 버스통학문제의 합헌성을 판단해야 했던 것이다. 북부식 흑백차별과 관련된 판결이 바로 콜로라도 주 덴버시에서 발생한 Keyes v. School District[83] 판결이었다. 법적으로 인정되는 차별은 없었음에도 불구하고 덴버시 교육위원회는 학군과 학교의 위치를 교묘히 조작하여 사실상 흑백차별을 조장하고 있었다. 다수의견을 집필한 브레넌 판사는 "첫째, 학교 당국의 체계적인 차별정책으로 인하여 그 지역의 상당수의 학생, 학교, 교사, 시설들이 영향을 받고 있다면 해당 학군 전체가 차별적인 학군이라고 할 수 있으며 … 둘째, 학군 내의 한 지역에서의 의도적 차별이 증명되었다면 다른 지역에서의 차별도 의도적일 개연성이 높은 것이다"라는 두 가지 이유를 들어 학군 내 일부 지역에서 법률상의 차별행위가 있을 때 학군 전체에 걸친 차별철폐조치를 내릴 수 있음을 선언했다.[84] 더 나아가 연방대법원은 한 학군의 차별행위를 해결하기 위하여 여러 학군에 걸친 차별철폐명령을 내릴 수 있는가 하는 점을 다루게 되었다.[85] Milliken v. Bradley[86] 판결이 바로 이 문제를 직접 다룬 판결이었다. 디트로이트 시에서만 법률상의 차별(de-jure segregation)이 있었음에도 불구하고 53개 학군을 하나의 단위로 묶어 버스통학명령을 내린 것이 문제된 이 판결에서 법원은 5대 4로 "주, 여러 학군, 또는 어느 한 학군의 인종차별행위가 학군간 차별(interdistrict segregation)의 실질적인 원인이 되는 경우에만 학군간 차별철폐명령을 내릴 수 있다"고 하여 한 지역의 차별이 다른 지역에서도 차별의 결과를 야기시킨다는 사실이 입증되지 않는 한, 군(county) 전체 혹은 도심과 교외를 연결하여 차별철폐명령을 내릴 수는 없다고 판시하였던 것이다.[87] 버스통

---

83) 413 U.S. 189 (1973).

84) 다른 지역에서의 사실상의 차별(de-facto segregation)을 조장하는 행위가 법률상의 차별과 동일한 평가를 받게 된 것이다. Chandler, Enslen, Renstrom, 앞의 책, Vol. 1, pp. 332-333. 다수 의견에서 받아들여지지는 않았지만 파월 판사는 더 나아가 사실상의 차별과 법률상의 차별간의 구별을 폐지해야 한다는 주장까지 했다. 7대 1의 이 판결에서 유일한 반대의견을 제출한 렌퀴스트는 한 지역의 차별의 효과를 다른 지역에도 똑같이 적용시키는 것은 과장(long leap)이라며 격렬히 반대했다.

85) 앞의 두 사건(Swann, Keyes)은 한 학군 내에서의 차별에 관한 것이었다.

86) 418 U.S. 717 (1974).

87) 5대 4로 내려진 이 판결의 반대의견도 만만치 않았다. "주 안에 인종차별이 있는 한 주는 이것을 해소할 의무가 있고 이것을 이루기 위해서는 도시 외곽에 있는 대도시학군들을 통합명령의

학명령(busing)의 확장에 제동이 걸린 셈이었다. 3년 후에 다시 이 사건이 올라
오자 연방대법원은 버스통학 그 자체를 피해 나갈 수 있는 접근방법을 받아들이
기에 이르렀지만[88] 그 이후로도 버스통학을 인정하는 많은 판결들이 계속 나왔
으며[89] 이를 둘러싼 연방지방법원과 주정부 및 교육위원회간의 대립은 계속되
어 갔다.

흑백이 분리된 교육제도는 단순한 평등의 문제가 아니라 정치·사회·경제의
여러 분야에 걸치는 중요한 문제이다. 하지만 이에 관련된 지금까지의 판례들을
보면 어떠한 것이 연방대법원의 입장이라고 단언하기가 어려운 면이 있다. 왜냐
하면 판사들마다 기본적인 사법철학이 다르기에 중도적인 인물들이 어느 쪽에
손을 들어 주느냐에 따라 그 결과가 달라졌기 때문이다. 버스통학이라는 새로운
통합수단을 둘러싸고 벌어지는 논쟁도 기본적으로는 사법철학의 문제라고 볼
수 있는 것이다.

(4) 국가행위이론(State Action)[90]

인종간의 평등을 성취하기 위한 지속적인 노력이 있어왔음은 위에서 본 바
대로이다. 하지만 그에 상응해서 인종간의 평등실현이 가능하면 이를 회피하려
는 시도들 역시 많이 있었다. 그 중에 수정 제14조, 제15조의 문언을 이용하여
흑백차별을 유지시켜 나가려는 시도에 제동을 건 이론으로 발전된 것이 이른바
"국가행위"이론이다.

범위 내로 끌어들이지 않으면 안 되었다"(마샬), "다수의견은 한 학군의 헌법위반행위에 대한
구제는 해당 학군의 경계선 내로 제한되어야 한다는 기괴한 룰을 만들어 내었다"(화이트)고 하
며 폭넓은 통합명령을 지지하였던 것이다.

88) Milliken v. Bradley II, 433 U.S. 267 (1977). 차별을 보상해 주기 위한 보충수업(remedial
reading), 학생에 대한 집중테스트 및 상담, 광범위한 교사 연수를 실시할 수 있다고 판결했다.
이 판결의 의의 및 그 이후의 버스통학과 관련한 법적 대응에 관해서는, 헨리 에이브라함 저,
윤후정 역, 앞의 책, 434-439면 참조.

89) Columbus Board of Education v. Penick, 443 U.S. 449 (1979); Dayton Board of Education v.
Brinkman, 443 U.S. 526 (1979). 이 판결들에서는 Brown I 판결이 나왔을 당시에 공식적으로
차별을 행하고 있었음을 근거로 전학군에 걸친 버스통학명령을 인정하였다. 한편 Milliken v.
Bradley 사건 이후에 이른바 차별의 의도(intent) 및 그 입증과 관련된 사건들이 많이 있는데
여기서는 자세히 언급하지 않기로 한다.

90) 국가행위(state action)이라는 말은 엄밀히 해석하면 주(州)의 행위만을 일컫지만 내용상으로는
주를 비롯한 여러 지방정부로부터 연방정부에 이르기까지 국가가 관여하는 행위라는 의미로
총괄하여 파악된다. 연방정부의 행위는 연방헌법의 적용대상임이 논리적으로 전제된 것이다.

　　원래 수정헌법 제14조, 제15조의 적용대상은 '주'였다.[91] 그러므로 사적인 영역에서 흑인을 차별하는 경우에는 수정 제14조의 평등보호조항 및 수정 제15조의 참정권 조항의 적용을 받지 못하고 방치되게 되는 불합리한 문제가 생겼다. 그래서 연방대법원은 이에 대해 사인이 국가의 공적인 기능을 수행하고 있거나 주가 사인의 차별행위에 직접적 혹은 간접적으로 개입하였을 경우에는 그 사인의 행위를 주의 행위로 간주하여 수정 제14조, 제15조를 적용시키는 입장을 취해 나갔다. 하지만 이러한 이론 역시 흑인의 민권신장과 관련되어 있는 만큼 워렌 법원 때 전성기를 이루었고 버거 법원 이후로는 현 상태의 유지 혹은 축소에 머무르는 듯한 태도를 보이고 있다.

　　국가행위이론은 두 가지 큰 줄기로 그 내용을 이해할 수 있다. 첫째 사인이 국가의 공적인 기능(public function)을 수행하는 경우에는 이를 주의 행위로 간주하는 것이고, 둘째 주와 개인의 행위간에 밀접한 관련이 존재하는 경우에 그 개인의 행위를 주의 행위로 간주하는 것이다.

　　국가의 공적기능을 수행하는 것으로 간주된 대표적인 것이 예비선거 및 예비선거인단 투표였다. 텍사스 주의 민주당이 주의 헌법 및 법률로 예비선거에서의 투표권의 자격을 백인 시민으로 한정한 것이 문제된 Smith v. Allwright[92] 판결에서 선거제도 및 투표권 확정행위는 누가 그 기능을 수행하든 공적기능이므로 수정 제15조 위반이라고 하였으며, 예비선거인단 투표에서 흑인을 배제한 것이 문제된 Terry v. Adams[93] 판결에서도 역시 동일한 취지로 판시했다.

　　공적기능의 개념은 Evans v. Newton[94] 판결에서 사설공원에까지 확대되었

---

91) 수정 제14조는 "No state shall…"로 시작하고, 수정 제15조도 "… by United States or by any State…"라고 되어 있으며, Civil Rights Cases에서도 수정 제14조의 금지영역은 주의 행위(state action)를 넘어 사적인 차별의 영역에까지 확장되지는 않는다고 하였다. 그러나 입법적으로 사적부문에까지 확대되도록 규정하고 있는 경우는 예외이다. 예를 들면, 1964년과 1968년의 민권법과 그 후속법들에서는 일부 규정이 사적 행위에까지 확대되도록 하고 있다. 1964년 민권법 제Ⅶ장에서는 여관, 모텔, 공사영의 식당, 주유소, 극장, 경기장, 기타 모든 공공시설에서는 인종이나 피부색, 종교, 전(前)국적을 이유로 차별되지 않도록 규정하고 있고 100명 이상(1968년까지 단계적으로 25명으로 내려갔다)의 종업원이 종사하는 사업장에서 고용주 또는 노동조합이 동일한 이유로 차별대우할 수 없도록 규정하고 있다.
92) 321 U.S. 649 (1944).
93) 345 U.S. 461 (1953).
94) 382 U.S. 296 (1966). 조지아 주의 메이컨시에 설립된 한 공원은 비컨(Augustus Bacon) 상원의원의 유언에 따라 오직 백인에게만 이용이 허락되었는데 유언집행자로 있던 메이컨시는 사인에게 그 자리를 넘겨주고 간접적으로 공원유지에 조력하고 있었다. 이 사건의 주요 쟁점은 시

다. 배심원기피신청(peremptory challenge) 역시 국가의 재판기능과 관련된 것으로 흑백차별이 금지되었다.[95] 이런 공적기능의 개념은 버거 법원 이후 축소되어 가는 경향에 있다.[96]

차별행위에 대한 주의 개입(involvement)[97] 혹은 주와 개인의 차별행위간의 견련관계(nexus)[98] 때문에 국가행위가 인정된 예로는 Shelley v. Kraemer[99] 판결이 대표적이다. 미주리 주 세인트 루이스에서 30인의 토지소유자가 흑인 또는 황인종에게는 50년간 토지의 매각, 임대를 하지 않는다는 내용의 제한약관(restrictive covenant)에 서명하였는데 그 중 일부가 흑인인 셸리(Shelley)에게 토지를 매각했기 때문에 다른 소유자들(Kramer 등)이 셸리(Shelley)의 토지소유를 금하고 그 권원을 반환하도록 요구하는 판결을 구하였다. 이에 주법원은 제한약관이 유효함을 근거로 토지소유를 금지하는 명령을 발하였는데 연방대법원은 "제한협정 그 자체는 수정 제14조에 의해 원고에게 보장된 권리를 침해하는 것이라고 볼 수 없으나 … 주법원의 판결이 제한협정의 사법적 집행을 강제함으로써 주는 원고에게 법에 의한 평등보호를 부정하였다"고 하였다. 판결이라는 공적 행위를 통해 국가가 인종차별을 명령한 것이라고 본 것이다. Reitman v. Mulkey[100] 판결에

가 간접적으로 공원의 차별적 경영에 간섭하였는지 여부, 주와 사설공원 경영과의 견련관계 인정여부였으나 혹시 견련관계가 없다 하더라도 공원의 운영은 필수적인 시의 공적기능이므로 흑백차별은 있을 수 없다고 하였던 것이다.

95) Edmonson v. Leesville Concrete Co., Inc., 111 S.Ct. 2077 (1991); Georgia v. McCollum, 112 S.Ct. 2348 (1992). 절대적 배심원기피(peremptory challenge)란 특정배심원에 대해 당사자가 이유를 밝히지 않고 할 수 있는 기피신청을 말한다. 법원은 그 이유를 심사할 수 없다.

96) 원래 공적기능이란 전통적으로 국가의 주권과 관련한 혹은 국가에 의해서만 행해지는 행위나 기능을 말했는데 현대의 법원으로 올수록 "주에 배타적으로 귀속된 권한"(exclusively reserved to the State)만을 공적기능으로 인정 하는 추세에 있다. Jackson v. Metropolitan Edison Co., 419 U.S. 345 (1974) 판결과 Flagg Bros., Inc., v. Brooks, 436 U.S. 149 (1978) 판결이 그 예이다. 자세한 것은, Gunther, 앞의 책, pp. 566-568 참조.

97) 상당한 정도의 개입(involvement to some significant extent)이 있을 때 국가의 개입이 인정되었다. Burton 판결에서도 "개인의 자유를 침해하는 사인의 행위는 주가 어떤 형태로든 상당한 정도로 거기에 관여했다는 점이 입증되지 않으면 평등보호위반행위를 구성하지 아니한다는 것이 Civil Rights Cases 이후로 본 법원이 취해 오고 있는 입장이다"고 하였다.

98) 사인과 국가간의 견련관계에 근거한 국가행위 판단은 연방대법원에 의하여 첫째, 정부로부터의 광범위한 규제를 받고 있는 경우, 둘째, 물질적·경제적으로 폭넓은 상호관계에 있을 때, 셋째, 정부로부터 직접적으로 보조금 기타의 도움을 받는 경우 등에서 인정되어 왔다.

99) 334 U.S. 1 (1948).

100) 387 U.S. 369 (1967).

서도 주의 관여로 인한 차별이 문제되었다. 공정주택법(open-housing legislation)을 폐지하고 그 유사법률이 다시 통과되지 못하도록 한 캘리포니아 주헌법의 수정조항이 연방헌법 수정 제14조에 위반되는 것인가라는 문제를 판단하면서 연방대법원은 "본 법률은 직접적 목적, 궁극적 효과, 법령 제정 전의 역사적 상황 등으로 보아 인종차별을 조장하며 적어도 차별행위의 공동정범의 역할을 한 것이다. 동 수정조항은 기존의 법을 폐지하는 수준에 그친 것이 아니라 인종차별을 허가해 주는 데까지 나아갔으므로 주의 관여가 있다고 할 수 있다"고 하여 동 조항을 위헌으로 선언한 캘리포니아 주 최고법원의 판결을 지지하였다. 한편 주와 차별행위를 한 개인간의 밀접한 관계를 다룬 대표적인 판결은 Burton v. Wilmington Parking Authority[101] 판결이다. 시유지의 공영주차장 건물의 일부를 임차[102]한 식당이 흑인에게 급식을 거절한 행위에 대하여 연방대법원은 "식당은 형태상으로나 재정상으로 시가 보유한 건물의 일부이고 건축 및 유지비용이 시의 공금으로 충당되며, 시공무원들의 주차장 이용 및 주차장에 대한 임대료의 징수라는 면에서 상호 이윤을 보고 있는 입장이므로 공생관계, 상호의존관계에 있다"고 하여 식당의 차별행위에 대해 수정 제14조를 적용하였던 것이다. 그러나 주로부터 중요한 특허권을 얻었거나 사업수행에 광범한 규제를 받는다는 사실만으로는 국가행위가 될 수 없다. 주로부터 주류판매업의 허가를 받은 사설클럽이 흑인에게 주류제공을 거절한 것이 문제된 Moose Lodge No. 107 v. Irvis[103] 판결에서 "허가를 통해 주로부터 혜택이나 서비스 혹은 규제를 받는다는 사실만으로 평등보호조항의 위배는 아니며 … 차별행위에 대해 중대한 관련이 있어야 한다"고 판시하였다.

국가행위가 존재하느냐에 대한 연방대법원의 판단기준은 한마디로 종합적이다. 일단 공권력에 근거한 사인의 행위임을 1단계로 파악하고 나서 2단계에서는 공적기능이론, 국가의 관여정도, 국가의 조장 및 직접적인 도움의 유무 등을 모두 고려하여 사안별로 종합적인 판단을 해나갔기 때문이다. 그러므로 이론적으로는 완전한 구조를 갖고 있는 것은 아니다. 오히려 중요한 것은 평등보호조

---

101) 365 U.S. 715 (1961).
102) 우리나라 교과서에서도 국가행위이론의 일내용으로서 국유재산임대의 경우를 다루고 있다. 권영성, 앞의 책, 355면; 김철수, 앞의 책, 199면.
103) 407 U.S. 163 (1972).

항에 의해 금지되는 차별을 사적인 영역에서 회피해 나가려는 시도에 대해서 국가행위이론이 수정 제14조를 확장해나가려는 목적으로 발전되어 온 이론이라는 사실이다. 즉, 평등보호조항이 사인간의 관계에서도 적용되는가라는 중요한 문제를 국가행위이론이 다루고 있다는 점에서 의미가 있다.[104]

3. 성별(sex)에 근거한 차별

(1) 중간심사기준의 확립과정

어느 나라에서나 마찬가지로 미국도 한동안은 여성에 대한 보호주의적 사고가 지배하고 있었다. 여성에 대한 차별이 헌법적으로 문제된 최초의 판결인 Bradwell v. Illinois 판결[105]에서 연방대법원은 변호사의 자격을 여성에게는 부여하지 않았던 일리노이 주의 법률이 위헌이라는 원고의 주장을 배척하면서, "여성의 가장 중요한 사명이자 운명은 아내와 어머니라는 숭고하고도 아름다운 역할을 충실히 수행하는 것이다"라고 판시한 바 있고, 남자의 경우는 특별한 경우를 제외하고는 배심원의 자격이 있는 것이 원칙이나 여자의 경우는 원칙적으로 자격이 없는 것으로 규정한 플로리다 주법이 문제된 Hoyt v. Florida 판결에서도 이러한 차별은 평등보호위반이 아니라고 판시하면서 명시적으로 "… 여성은 아직도 가정 및 가족의 중심역할을 담당한다"라고 하였던 것이다.[106]

그러나 이내 연방대법원은 성에 근거한 차별을 평등보호의 심사기준의 문제로 고찰하기 시작했다. 초기에는 1937년 이후 경제입법에 관해 그랬던 것과 같이 성에 근거한 차별도 합리적 근거 심사기준을 적용하는 합헌추정의 경향을 보

---

104) 하지만 이 이론의 중요성은 다소 약해졌다고 할 수 있다. 평등보호조항의 이념을 실현시켜 주는 1964년 민권법이 일정 분야에 대해서는 사인간에도 직접 적용됨을 분명히 했기 때문에 골치아픈 국가행위(state action) 문제를 다루지 않더라도 차별행위를 금지시킬 수 있기 때문이다. Rotunda & Nowak, 앞의 책, Vol. 3, p. 569.

105) 83 U.S. 130 (1873). 이 사건에서 Bradwell은 수정 제14조의 면책 및 특권조항(privileges and immunities)을 근거로 위헌임을 주장하였으므로 면책 및 특권조항의 엄격한 해석상(Slaughter House Cases가 보여주듯이) Bradwell의 주장은 받아들여질 수 없었다. 이 사건 이후 주가 여자를 변호사 자격 대상에서 제외하는 법률을 연방대법원이 위헌으로 판단하게 되었음은 물론이다. Rotunda & Nowak, 앞의 책, Vol. 3, p. 267.

106) 368 U.S. 57 (1961). 여성에 대한 보호주의적 경향이 얼마나 강했는가를 단적으로 나타내 주는 또 다른 예로는 Muller v. Oregon, 208 U.S. 412 (1908)을 들 수 있다. 이 판결에서 연방대법원은 여성의 노동을 1일 10시간 이하로 규제하는 법률을 지지함으로써, 수많은 사회경제입법을 좌절시켰던 이른바 'Lochner 시대'의 선두격인 Lochner 판결에서 선언했던 내용을 여성에 관해서만은 거부하였던 것이다.

였다. 바(bar) 주인의 아내나 딸의 경우를 제외한 여성은 바텐더가 될 수 없도록 한 미시간 주의 법률이 문제된 Goesaert v. Cleary[107] 판결에서 그러한 차별은 수용할 만한(entertainable) 것이라고 하면서 평등보호조항 위반이 아니라고 판시하였던 것이다. 차별이 수용할 만한 것인 한 그 차별은 평등보호조항 위반으로 되지 않는다는 태도였다. 이러한 경향은 위에서 언급한 Hoyt 판결에서도 유지되었다.

경제입법의 경우와 동일한 심사기준의 적용을 받았던 남녀차별이 보다 엄격한 심사를 받기 시작한 것은 1971년의 Reed v. Reed[108] 판결에서부터였다.

이 판결에서 연방대법원은 유언집행인으로 선임되기 위해 배우자와 친족이 동시에 신청하는 경우, 동순위에 있는 신청인이 경합할 경우에는 남자가 여자보다 우선한다는 내용의 아이다호 주 법률에 대해서, 목적은 적법하나 수단이 자의적(arbitrary)이라고 하여 위헌판단을 하였던 것이다. 당연히 합헌을 추정하는 태도에서 벗어난 것이긴 했지만 이 판결은 내용상 엄격한 심사를 받았을 뿐 형식적으로 합리적 근거 심사기준을 적용한 것에는 예전과 다름이 없었다.[109] 성차별을 인종차별과 유사한 차별(quasi-suspect)로 보고 심사기준 자체를 엄격심사 수준으로 끌어올려야 한다는 주장이 제기된 것은 Frontiero v. Richardson 판결[110]에 이르러서였다. 브레넌, 마샬, 더글러스, 화이트 4명의 판사는 "역사적으로 길고도 불행한 차별을 받아온" 여성의 지위를 노예의 그것에 비유하면서 "성에 근거한 차별은 인종, 국적에 기한 차별과 같이 본질적으로 의심스러운 차별(inherently suspect classification)이며 그러므로 엄격한 사법심사를 받아야 한다"고 주장하였던 것이다. 하지만 이러한 주장이 연방대법원의 공식입장으로 채택되지는 않았다.[111] 평등권에 관한 통상의 심사보다 높은 강도의 사법심사를 받아야 한다는 데까지는 이르렀지만 그렇다고 해서 인종이나 국적에 기한 차별의 경우

---

107) 335 U.S. 464 (1948).

108) 404 U.S. 71 (1971).

109) 군터 교수는 이를 "예전의 합리적 심사기준을 가장한 엄격심사"(heightened scrutiny under a deferential, old equal protection guise)라고 평가했다. Gunther, 앞의 책, p. 329.

110) 411 U.S. 677 (1973). 군인가족에게 숙소 및 의료적 혜택을 줌에 있어서 남성 군인의 가족은 자동적으로 배당을 받고 여성 군인의 경우는 남편이 자기의 부양을 받고 있음(dependent)을 증명해야 배당을 받을 수 있도록 한 조치에 대하여 행정적 편의라는 목적을 위해 여군을 차별한 것이라고 위헌판정한 사건이다.

111) 단지 이후의 사건에서 반대의견으로는 주장되고 있었다. Kahn v. Shevin, 416 U.S. 351 (1974)에서 브레넌, 마샬 판사의 반대의견 참조.

와 같은 엄격심사까지는 필요하지 않았기 때문이다.[112]

　　명시적인 선언 없이 실질적인 내용상으로는 고도화된 심사기준을 적용해 오던[113] 연방대법원은 Craig v. Boren[114] 판결에서 마침내 성차별에 적용될 새로운 심사기준으로 이른바 중간심사기준을 정립하게 되었다. 18세에서 20세까지의 남성이 동일 연령의 여성보다 음주운전과 사고의 위험성이 많다는 통계적 자료를 근거로 알코올농도 3.2%의 맥주판매를 불허한 아이다호 주법을 위헌으로 판정한 이 판결에서 다수의견을 대표한 브레넌 판사는 "성차별의 경우 입법목적은 중요한(important) 것이어야 하고 이를 달성하기 위한 수단은 이러한 목적과 실질적인 관련(substantially related)이 있어야 한다"고 하는 중간심사기준을 적용했던 것이다.

　　Craig 판결에서 선언된 이러한 중간심사기준은 그 이후 성차별을 판단하는 원칙적인 기준으로 여러 판례를 통하여 적용되어 왔다.[115]

(2) 중간심사기준의 구체적 적용

　　Craig 판결에 의해서 중간심사기준이 확립되었지만 그 구체적인 의미는 개별 사건에 따라 그때그때의 적용단계에서 성차별과 입법목적과의 관계를 파악해서 결론을 낼 수밖에 없었다. 그리고 Craig 이후의 판결들은 경제적 권리와 관련하여

---

112) 앞의 Frontiero 사건에서 파웰, 버거, 블랙먼 세 판사도 결과에 있어서는 찬성했지만 남녀차별을 의심스러운 차별의 수준까지 올릴 필요는 없다고 주장했었다.
113) Taylor v. Louisiana, 419 U.S. 522 (1975) (배심원 구성에서의 남녀차별을 인정한 Hoyt 판결을 뒤집은 판결); Weinberger v. Wiesenfeld, 420 U.S. 636 (1975) (남편이나 아버지가 사망한 경우의 유산은 망부(亡婦) 혹은 망모(亡母)와 자녀들에게 지급하는 데 반해 아내나 어머니가 사망한 경우에는 자녀들에게만 지급하도록 한 법률은 평등보호조항 위반이라고 한 판결); Stanton v. Stanton, 421 U.S. 7 (1975) (부양료를 지급하지 않아도 되는 성년의 나이가 남자의 경우는 21세인 데 반해 여자의 경우는 18세 밖에 되지 않게 한 법률은 평등보호조항 위반이라고 한 판결) 등.
114) 429 U.S. 190 (1976).
115) Craig 판결에서 렌퀴스트 판사는 중간심사기준의 '중요한' 입법목적과 '실질적인' 관련이라는 개념은 너무나 애매하고 유동적인 개념이기 때문에 사법적인 편견을 조장할 위험이 있다고 하면서 의회의 입법을 존중하는 합리적 근거 심사기준의 계속적인 적용을 주장하였다. 이러한 렌퀴스트의 견해(합리적 근거 심사기준, 내지는 내용상으로 약한 중간심사기준의 적용)는 중간심사기준하에서 성차별과 관련한 입법이 위헌선언을 받을 때에는 반대의견으로, 합헌판결을 받을 때에는 다수의견으로 어김없이 개진되었다. Mississippi University for Women v. Hogan, 458 U.S. 718 (1982)에서의 반대의견 및 Rostker v. Goldberg, 453 U.S. 57 (1981)의 다수의견 참조.

국가가 한 쪽의 성에 대해 일방적 차별을 하는 것에 판단의 중점이 주어졌다.[116]

Craig 판결이 정립한 중간심사기준은 후속판결들의 기본적인 지침이 되었다. 이혼위자료(alimony)와 관련해 내려진 Orr v. Orr[117] 판결에서 연방대법원은 중간심사기준을 적용하여 남편이 아내에게만 위자료를 지급할 수 있고 아내가 남편에게는 줄 수 없도록 규정한 앨라배마 주법을 위헌선언하였다. 또 같은 해에 내려진 가족에 관한 복지수혜금의 차별적 지급 문제를 심사[118]한 경우에도 역시 중간심사기준을 사용했으며, 남자 노동자가 사망한 경우에는 미망인에게 자동적으로 산재보상연금을 지급하나 여자 노동자가 사망했을 경우에는 남편이 아내의 부양을 받고 있다는 사실을 입증해야만 지급할 수 있도록 규정한 미주리 주 산재보상법을 위헌선언한 Wengler v. Druggists Mut. Ins. Co.[119] 판결 및 가장인 남편이 부부공동소유인 재산을 아내의 동의없이 일방적으로 처분할 수 있도록 한 루이지애나 주법을 위헌선언한 Kirchberg v. Feenstra[120] 판결에서도 중간심사기준을 적용하였다.

그러나 중간심사기준의 외형으로 엄격한 심사의 적용만을 고집한 것은 아니었다. 1981년에 내려진 두 판결은 중간심사기준을 적용하고서도 합리적인 차별로 인정되는 경우가 있음을 예증해주었다. 의제강간법(statutory rape)이 문제된 Michael M. v. Superior Court[121] 판결, 징병등록제도와 관련된 Rostker v.

---

116) Rotunda & Nowak, 앞의 책, Vol. 3, pp. 276-277. Craig 이후의 여러 판례들을 살펴보기 전에 미리 전제해 두어야 할 점은 기본적으로 평등보호에 관한 기준들은 이론으로서가 아니라 구체적인 사건을 담당하는 법원에 의해 선언된 판례에 의해 구축된 것이기 때문에 모든 판례를 어느 하나의 일관된 기준으로 꿸 수는 없다는 사실이다. 중요한 것은 사건 내에 담겨진 실체적 내용이지 어떤 형식적인 기준의 적용 문제가 아니기 때문이다. 성차별의 경우가 그 대표적인 경우라고 할 수 있다. 중간적 심사를 하면서도 위헌판정과 합헌판정이 함께 나올 수도 있고 나름대로 다른 기준을 적용할 것을 주장하는 판사들도 구체적 사건에 따라 유동적인 입장을 보이고 있다. 또 어떤 경우는 중간심사기준이나 합리성 심사기준에 꼭 들어맞는 용어(important, substantially related, legitimate, rational)를 사용하지 않고 결론을 낸 판례도 있다. Michael M. v. Superior Court, 450 U.S. 464 (1981)이 그 대표적인 것이다.
117) 440 U.S. 268 (1979).
118) Califano v. Westcott, 443 U.S. 76 (1979), 위헌으로 판정된 문제의 법률은 부모의 재정적 지원을 받지 못하는 자녀에게 지급하는 연금혜택을 부(父)가 실직한 경우에만 지급하도록 하였고 모(母)가 실직한 것을 이유로는 지급할 수 없도록 규정하고 있었다.
119) 446 U.S. 142 (1980). 이 판결과 앞에서 본 Orr v. Orr 판결은 뒤에서 볼 적극적 평등실현정책(Affirmative Action)과도 관련된다.
120) 450 U.S. 455 (1981).
121) 450 U.S. 464 (1981).

Goldberg[122]) 판결이 그것이다. 캘리포니아주 의제강간법은 "남자가 자신의 배우자 아닌 18세 이하의 여자와 간음한 경우"를 처벌하고 있었는데 이 경우 남자와 같이 간음한 18세 이하의 미성년 여자는 처벌하고 있지 않았으므로 이것이 성에 근거한 차별이 아닌가 하는 것이 문제된 Michael M. 판결에서 연방대법원은 "10대 여성의 임신이라는, 간음으로 인한 가시적이고 유해한 결과는 여성에게만 초래되는 부담"이라는 이유로 10대의 혼외임신(illegitimate pregnancy)을 규제하려는 정부의 입법목적과 남녀의 차별취급 사이에 실질적인 관련성을 인정하였다.[123]) 또 Rostker 판결에서 법원을 대표한 렌퀴스트는 우선 병역제도에 관해서는 입법부의 의견을 존중해야 한다는 입장을 전제한 후, 더 나아가 중간심사기준을 적용하더라도 위헌이 아니라고 하였다. "남자만이 전투에 참가할 수 있음을 고려한다면 전투병력을 구성하기 위한 등록 역시 이러한 취지에 맞춰서 남성에게만 허용되어야 함이 타당하고 여성이 필요한 경우에는 지원군을 모집하면 될 것이라고 입법부가 알아서 고려했을 것"이라고 하면서 "전투와 관련하여서는 여자와 남자가 유사한 상황에 있지 않다"고 판시하여[124]) 차별적인 징병등록제도를 합헌으로 판정하였다.

　　중간심사기준이 다소 약하게 적용된[125]) 위의 두 판례가 있긴 했지만 곧 연방대법원은 중간심사기준을 다시 명시적으로 적용하기 시작했다. 1982년 Mississippi University for Women v. Hogan[126]) 판결에서 이러한 취지가 명백히 나타났다. 미시시피의 4년제 대학 간호학과 학사과정(baccalaureate program)에 단지 남자이기 때문에 입학이 거절된 Hogan이 제기한 평등보호 위반 주장에 대해 판결하면서 오코너(O'Conner) 판사는 "적법하고 중요한 주의 입법목적을 확인했다면 다음으로 목적과 수단 간에 직접적이고 실질적인 관련이 존재하는지 판단해야 한다"고 하여 중간심사기준을 적용함을 명시하였던 것이다.[127])

---

122) 453 U.S. 57 (1981).
123) 이에는 브레넌, 화이트, 마샬 판사가 반대했다. 10대 여자가 남자보다 더 보호받아야 된다는 필요성은 분명치 않으며 오히려 이 법률은 성적 고정관념에 기초한 것으로 보아야 한다는 이유에서였다. Michael M. v. Superior Court, 450 U.S. 464, 488 (1981).
124) 이 판결에서도 역시 브레넌, 화이트, 마샬이 반대했다.
125) Gunther, 앞의 책, p. 342.
126) 458 U.S. 718 (1982).
127) "여자에게만 입학을 허가한 주의 정책은 과거에 여자에게 행해졌던 차별을 보상하기 위한 것이라기보다는 오히려 간호사는 여자의 배타적인 직업이라는 성적 고정관념을 영구화할 뿐"이

요컨대 중요한 정부의 목적에 실질적인 관련있는 수단을 요하는 중간심사기
준은 비록 일관되지는 않았지만 연방대법원이 성차별과 관련한 판결을 다루는
원칙적 기준으로 자리잡고 있다. 그 내용은 실체적 요소에 따라 위헌판정을 받
은 경우도 있었고 합헌 판정을 받은 경우도 있었지만 그것은 실질적인 적용에
있어서 개별적인 요소들을 고려한 데서 나오는 실체적 이유 때문이지[128] 기본
적인 틀만큼은 중간심사기준이 대종이 되었다.

(3) 성차별의 의미와 ERA 운동(Equal Rights Amendment)

성차별에 관한 연방대법원의 판례가 심사기준 면에서 일관성을 유지하지 못
하고 있을 뿐만 아니라 그 내용 면에서도 개별적이라는 데서 알 수 있듯이 어떠
한 것이 어떠한 경우에 성차별이 되는가 하는 것은 판단하기가 모호한 것이다.
남녀의 신체적·생리적 차이를 고려한 차별이 허용된다 하더라도 그 한계가 어
디까지인가? 여자간호학교에 남자의 입학을 거절하는 것은 남자를 차별한 것인
가?[129] 임산부의 경우에는 어느 정도가 차별인가?[130] 그리고 혼외자(illegitimate
child)를 입양시키는 데 있어서 친모에게만 동의권을 주는 것은 친부인 남성을
차별하는 것인가?[131] 이러한 차별의 개념상의 문제는 여성에 우호적인 차별
(benign discrimination)을 하는 경우에 더욱 모호해진다. 강간죄의 객체를 여성에

라는 이유로 이 정책은 위헌판결을 받았다. 이에 대해서는 반대의견이 더 설득력이 있다고 생
각한다. 파웰, 렌퀴스트 판사는 반대의견에서 "이 사건은 성차별 관련사건이라고 하기 힘들 정
도로 지극히 개인적인 소송이다. … 남녀학생간의 분리는 여성에게 전통적으로 존중되어 왔던
교육환경을 제공해 주려는 주의 정책에 기한 구분일 뿐, 차별은 아니다. … 다수의견은 중간심
사기준을 적용함으로써 평등보호조항의 자유정신(liberating spirit)을 왜곡시켰고 여학생들로부
터 자신이 선호하는 교육을 받을 수 있는 기회를 박탈했다"고 주장했다.

128) 그래서 Rotunda & Nowak은 중간심사기준이 합헌추정을 주로 하는 합리성 심사기준과 일단은
    합헌성을 의심하고 보는 엄격심사기준 사이에서 개별적심사의 원칙(ad hoc)이 되어 버린 감이
    있다고 지적했다. Rotunda & Nowak, 앞의 책, Vol. 3, pp. 286-287.
129) Mississippi University for Women v. Hogan, 458 U.S. 718 (1982).
130) Geduldig v. Aiello, 417 U.S. 484 (1974) 판결에서는 무능력(disability)으로 인한 보험급여에 있
    어서 임신을 그 사유에 넣지 않은 것은 위헌이 아니라고 판시하고 있다. 한편, 민권법에 관한
    것이기는 하지만 International Union, United Automobile, Aerospace and Agricultural
    Implement Workers of America v. Johnson Controls, Inc., 499 U.S. 187 (1991)에서는 태아의
    건강에 해로울 것이라는 이유로 특정 직업에서 여성을 제외한 것은 민권법 제VII장을 위반한
    것이라고 하였다.
131) Caban v. Mohammed, 441 U.S. 380 (1979) 판결에서 연방대법원은 남성을 차별하는 것이라고
    판시했다.

게만 국한시킨 법률, 여성에게 병역을 면제시켜 주는 법률, 홀아비보다는 과부
를 우대하는 연금제도 등은 합리화될 수 있는 차별인가?132) 역시 그 한계가 모
호하다.

　하지만 지금까지의 성차별에 관한 판례들에서 공통적으로 언급되고 있는 부
분들을 추출해 보면, i) 양성이 서로 유사한(similar) 상황에 있는데도 불구하고,
ii) 정당한 이유없이(invidiously, unjustifiable), iii) 한 성만을 일반화시켜(collec-
tively, as a whole) 차별하는 경우에, 대체적으로 평등보호조항에 위반된다는 판
정을 받았던 것을 알 수 있다. 한 성만을 "일반화시켜"(as a whole) 차별한다133)
는 의미는 개인적으로 조건을 따져서 차별하는 것이 아니라 여성(혹은 남성)들은
으레 그럴 것이라는 고정관념에 기초하여 모든 여성(혹은 남성)을 일반적으로 차
별해 놓은 경우를 의미한다고 보면 된다.134)

　한편, 연방대법원이 획일적 기준을 적용하지 못하고 성차별을 판단하는 기
준과 내용을 개별적으로 파악할 수밖에 없는 이런 문제점을 미리 파악하고, 성
차별에 관한 강도높은 차원의 심사가 이루어지기 시작한 1972년에 남녀평등조
항(The Equal Rights Amendment, 이하 ERA라 한다)을 헌법의 수정조항으로 채택하
려는 움직임이 있었다. 제안된 ERA135)의 내용은 "연방이나 주는 성을 근거로 법
앞의 평등한 권리를 거부하거나 침해하지 못한다"는 것이었다. 즉 성은 남성과
여성의 법적 권리를 결정하는 요소가 되어서는 안 된다는 취지이다.136)

---

132) 우호적인 차별과 관련해서는 뒤의 적극적 평등보호정책 부분에서 자세히 언급한다.

133) 이 말을 소박하게 이해한다면 '개인의 사정을 구체적으로 고려하지 않고'라는 의미로 볼 수 있
　　다. 고용인을 종교, 성, 인종에 기해 차별하는 것은 개인의 사정을 고려하지 않는 집단적 차별
　　로 전형적으로 취급된다. Los Angeles Dept. of Water & Power v. Manhart, 435 U.S. 702
　　(1978).

134) 그래서 성에 대한 고정관념(stereotyped view)에 기초한 차별은 위헌판정을 받은 것이 많다.
　　Mississippi University for Women v. Hogan, 458 U.S. 718 (1982); Orr v. Orr, 440 U.S. 268
　　(1979); Frontiero v. Richardson, 411 U.S. 677 (1973) 등이 바로 그런 예에 속한다.

135) ERA의 영향에 관한 자세한 내용은, Brown, Emerson, Falk and Freedman, "The Equal Rights
　　Amendment: A Constitutional Basis for Equal Rights for Women" 80 Yale L.J. 871 (1971);
　　Notes, "Sex Discrimination and Equal Protection: Do We Need A Constitutional Amendment?"
　　84 Harv. L. Rev. 1499 (1971) 참조. 이에 관한 국내문헌으로는 권영준, "미국헌법에서의 남녀
　　평등의 발전-판례와 ERA를 중심으로-," 서울대학교 석사학위논문, 1985, 71-117면; 이상돈,
　　미국의 헌법과 연방대법원, 학연사, 1983, 184-191면.

136) ERA에 대한 상원보고서의 한 내용이다. 이러한 상원보고서의 취지에 의하면, i) 여성에게 우호
　　적인 취급이나, ii) 개인의 사생활, 혹은 고유한 신체적 특징으로 인한 차이점에 직접적으로 관

말할 필요도 없이 ERA를 제안한 목적은 문언상으로도 명백한 것처럼 성을 인종(race)과 같이 의심스러운 차별의 분류(suspect classification)로 취급하려는 것이었다.137) 수정 제14조에 대한 해석론으로는 중간심사기준(또는 적어도 그 이하)을 적용하는 데 그쳤으므로 좀 더 적극적으로 남녀평등을 이루자는 의도인 것이다. 그러나 여성이 역사적으로 남성에 비하여 열등한 지위를 강요당하여 왔다는 사실에는 이론이 없지만 이러한 현상을 치유하는 데 꼭 ERA의 채택이 필요한가에 대해서는 많은 논란이 있었다.

먼저 ERA에 대한 반대론자들은, ERA가 채택된다면 남성과 여성이 사회에서 각기 다른 역할을 하고 있는 기존의 상황에 획일적인 동등기준을 부과하게 되어 결국은 교조적이고 경직적인 평등의 이념을 추구하는 결과가 될 것이므로 다원적인 사회에 큰 위협으로 작용하게 될 것이라는 점,138) 미국에서의 여성은 인종과는 달리 결코 소수집단이 아니며 그나마 있는 차별도 없어져 가고 있는 점에 비추어 볼 때139) 굳이 수정조항으로 채택할 필요가 없다고 주장한다. 이에 반하여 ERA를 채택하는 경우에는 연방헌법의 수정조항으로서 주법을 깊숙이 통제하게 되는 이점이 있다.140) 성차별이 특히 심각하게 문제되는 재산법이나 형법, 가족법 분야는 전통적으로 주의 소관사항이기 때문에 법률차원에서는 효과적인 통제가 힘들 것이기 때문이다. 또 Ginsburg는 ERA가 연방 및 주에 잔존하는 남녀차별법규를 폐지·청산하는 작업을 촉진할 것이며 사법부의 헌법해석과 판단에 명확한 지침으로 작용함으로써 여성을 위한 상징(symbol)이 될 것이라고 주장하였다.141)

연방대법원이 수정 제14조의 평등보호조항을 해석해 오면서 심사기준에 있

련되지 않은 모든 차별취급은 모두 금지된다. Herma H. Kay, Sex-Based Discrimination, West Pub. Co., 1981, p. 143.

137) Gunther, 앞의 책, p. 349.

138) Paul A. Freund, "The Equal Rights Amendment Is Not the Way," 6 Harv. Civ. Rights - Civ. Lib. L. Rev. 234, (1971). 여기에서 Freund 교수는 민권법 및 이와 유사한 주 법률들만으로 충분하고 별도로 헌법에 의지할 필요는 없다고 주장하였다. Herma H. Kay, 앞의 책, pp. 143-144에서 재인용.

139) Philip B. Kurland, "The Equal Rights Amendment: Some Problems of Construction," 6 Harv. Civ. Rights - Civ. Lib. L. Rev. 225, (1971), 이상돈, 앞의 책, 189면에서 재인용.

140) 이상돈, 앞의 책, 188면.

141) Ruth Bader Ginsburg, "Let's Have ERA as a Signal," 63 American Bar Association Journal 70 (1977), 권영준, 앞의 글, 81면에서 재인용.

어서의 혼란을 보여준 것에 비추어 보면 ERA의 채택이 명확한 지침이 되었을 것임에는 의문의 여지가 없다. 그러나 기준이 명확해진다고 성차별에 관한 문제가 모두 해결되는 것은 아니다. 지금까지 인정되어 왔던 남녀의 신체적·생리적 차이에 의한 분리시설 및 제도, 특히 여성에 대한 우호적인 차별이 문제될 경우에 더욱 그렇다. 인종을 기준으로 한 차별에서 이미 보았듯이 흑백차별이 수정 제14조에 의해서 획일적으로 금지되었다고 그것이 근원적인 해결을 보장해 주지는 않았다. 물론 채택의 상징적인 의미는 컸지만 사적인 영역에서 차별금지를 회피하려는 움직임이 생겼고 이에 대해 국가행위이론 및 민권법이 계속적으로 대응해 나갔으며, 결국 헌법의 평등보호조항과 민권법 및 판례의 입장이 종합적으로 인종차별을 금지시키고 있다고 볼 수 있는 것이다. 성차별에 대한 판단문제 역시 단순히 어떤 심사기준을 채택하느냐의 문제가 결코 아니며 많은 사회적·정책적 문제들에 대한 종합적인 고려가 뒷받침되어야 한다. ERA가 제안될 당시에 연방대법원의 입장이 합헌추정의 경향으로 흘렀기 때문에 좀 더 엄격한 평등을 보장하자는 노력의 일환으로는 상당한 의미가 있을지 모르나, 프로인트(Freund)가 지적한 바와 같이 새로운 수정조항이 채택되어 오히려 여성에게 불리할 지도 모르는 상황이 생긴다면 이야말로 교조적·획일적 평등이라고 밖에 할 수 없다.

평등보호조항에 기한 원칙적 해석을 바탕으로 구체적인 문제는 의회가 민권법을 통해 보완하도록 하는 것이 훨씬 유동적이고 탄력적인 해결을 추구할 수 있는 방법일 것이다. ERA에 대한 논의가 한창일 당시에 선언된 중간심사기준이 연방대법원에 의해 성차별에 대한 원칙적인 심사기준으로 계속 적용되어 오고 있는 것을 보더라도 평등보호조항에 기한 남녀평등의 보장만으로도 불합리한 차별을 해소하는 데 나름대로의 역할을 충분히 할 것으로 보이기 때문이다.

4. 본질적 권익(Fundamental Rights and Interests)

(1) 본질적 권익 논의의 등장배경

Carolene Products 판결에서의 스톤 판사의 유명한 각주 4번에는 이렇게 쓰여 있다: "1. 최초의 수정헌법 10개 조항들이 수정 제14조에 포함되는 것으로 판단될 때에는 특수한 금지조항으로 생각되는 것처럼, 법률이 일견 헌법상의 특수한 금지조항 내에 있는 것처럼 보일 경우에는 합헌적 추정의 범위가 더 좁아지게 될 것이다….” 처음 스톤 판사의 의도는 수정 제1조의 종교, 언론, 출판, 집회 및 청원의 자유라는 5가지를 중심으로 하여 합헌추정의 범위가 좁아지는 중요한 권리가 있음을 주장한 것이었는데[142] 이에 의거하여 연방대법원은 권리장전이 포함하는 각종 권리 중에서도 “우월적 지위”(preferred position)를 차지하는 기본권이란 영역을 인정해 왔다. 결과적으로 기본권 사이에 중요도의 우열이 생기게 된 것이다.

이러한 연장선상에서 워렌 법원은 엄격심사기준이 적용되는 또 다른 분야로서 본질적 권익(fundamental rights and interests)이란 개념을 발전시켜 나갔다. 본질적 권익의 영역에서 차별적인 취급을 했다면 평등보호조항의 적용상 합헌추정의 범위가 극도로 제한된다는 것이 그 요지이다. 또 본질적 권익을 침해하는 법률은 그 목적 자체가 평등보호조항에 위반되기 때문에 수단으로 쓴 차별이 필수적인 것인지 여부는 따질 필요도 없이 위헌으로 판단되기 쉬웠다. 하지만 엄격심사의 대상으로 논의된 기본권들이 모두 수정 제1조와 관련이 있는 것은 아니었다. 선거권 및 피선거권, 재판을 받을 권리, 주(州)간 이동의 자유 등이 엄격심사의 대상으로 논의되었을 뿐이다.[143] 그리고 그나마 워렌 법원 시절에 진보적 입장을 가지고 접근하려 했던 분야들이 후속법원에서 엄격심사를 거부당하게 되어 엄격심사가 적용되는 본질적 권리의 영역은 이미 확인되었던 분야 외에는 더 확장되지 못하고 있는 실정이다.[144]

(2) 선거권 및 피선거권(Voting and Access to the Ballot)

선거권을 제한하는 법률이 엄격심사를 받은 것은 워렌 법원 시절 Harper v. Virginia Board of Elections[145] 판결로부터 시작되었다. 버지니아 주는 21세 이상의 모든 주민들에게 연 1.5 달러의 인두세(poll tax)를 내게 하고는 이것을 투표권을 행사하기 위한 전제조건으로 삼았다.[146] 이에 연방대법원은 “투표권은

---

142) 헨리 에이브라함 저, 윤후정 역, 앞의 책, 28면.
143) 수정 제1조에 있는 대부분의 기본권들에 대한 평등보호 위반 여부는 당연히 그 실체적 권리의 위반여부의 문제로 취급되었기 때문에 두 영역이 다를 수밖에 없다. 즉, 표현의 자유를 제한하는 데 있어서 A를 B보다 불리하게 취급했다면 이는 A의 표현의 자유에 대한 위반문제로 취급되는 것이다.
144) “thus far and no further” 그 밖에 본질적 권리여부가 문제된 영역으로는 부(富), 의식주, 사회복지 등이 있다.
145) 383 U.S. 663 (1966).
146) 이 판결이 있은 후 1971년에 수정 제26조의 채택을 통하여 인두세에 의한 투표권 제약은 명백

부(富), 혹은 세금을 낼 수 있느냐, 없느냐 하는 것과는 무관하므로 그것은 투표
권의 자격요건으로서 허용될 수 없는 것이다"라고 평등보호위반을 선언한 다음,
"투표권은 부나 세금의 납부여부에 의해 제한되기에는 너무나 소중하고 본질적
인(too precious, too fundamental) 권리"라고 하여 투표권을 본질적인 권리의 하나
로 파악했다.[147) 이에 대해 이러한 차별은 합리적이라고 보았던 반대의견 측에
서는 재산이 많은 사람은 지역 일에 관심이 더 많을 것이므로 그런 사람들에게
로 투표권이 제한되어 있어야 공동체의 운영이 더 잘 이루어진다고 주장하였다.
부(富)가 투표권을 행사하는 자격요건으로 될 수 없다는 Harper 판결의 요지는
Kramer v. Union Free School District No. 15[148] 판결에서 다시 확인되었다. 이
판결에서는 동일 학군에 거주하는 사람들 중에 i) 학군 내에 과세 대상인 부동산
을 소유 혹은 임차하고 있는 사람들, ii) 학군 내의 공립학교 학생들의 학부형들
에게만 학군선거에서의 투표권을 부여해 준 뉴욕 주의 교육법이 문제되었다. 학
군선거에 특별한 이해관계를 가지고 있는 사람들을 선발한 것이라고 교육위원
회 측에서는 주장하였으나 다수의견을 대표한 워렌 원장은 다시 한 번 "투표권
이란 대의제의 근간을 이루는 중요한 요소이므로 … 주민들을 선별하여 투표권
을 주는 것은 자신의 생활에 중요한 영향을 미치는 공동체의 일에 자기 입장을
개진할 수 있는 기회를 박탈할 위험이 있다"고 하여 대의민주주의에서 투표권이
본질적인 위치를 차지하고 있음을 확인하였다.

　　이러한 연방대법원의 입장은 그 이후의 판결[149]에서도 유지되어 갔으나 버
거 법원 이후에 와서는 특별한 목적으로 혹은 특정 지역 내에서 이루어지는 선
거에서는 차별이 허용될 수 있음을 인정했고,[150] 급기야는 이에 대해 합리적 근

히 금지되었다.
147) 이처럼 헌법상 명시적인 단어가 없는 투표권(right to vote)이 본질적인 권리로 파악된 주요한
　　이유는 그것이 정치적 표현의 자유(수정 제1조)와 밀접한 관련이 있었기 때문이다. Harper 사
　　건에서도 이 점은 지적되었다.
148) 395 U.S. 621 (1969).
149) Cipriano v. Houma, 395 U.S. 701 (1969) (공채 발행(issuance of municipal utility bonds)에 관
　　한 주민투표에서 재산소유자만 투표할 수 있게 한 루이지애나 주 법률); Phoenix v.
　　Kolodziejski, 399 U.S. 204 (1970) (채무증서(general obligation bonds)발행에 관한 주민투표에
　　서 재산소유자만 투표할 수 있게 한 법률).
150) Salyer Land Co. v. Tulare Lake Basin Water Storage District, 410 U.S. 719 (1973) (수자원 보호
　　구역에서 토지소유자만 투표권을 행사할 수 있게 하고 투표권의 가치도 토지에 따라 차등을
　　둔 입법에 대해 합헌판정); Ball v. James, 451 U.S. 355 (1981) (매립지역의 이사회 선출에 있어

거 심사기준을 적용함으로써 매우 후퇴한 듯한 입장을 보이기도 했다.[151] 그러
나 부(富) 이외의 영역, 예를 들어 당에 소속해 있는가를 기준으로 예비선거에서
의 투표권을 제약한 경우에는 여전히 엄격심사기준을 적용해오고 있다.[152]

　　한편, 피선거권에 관한 영역에 있어서도 역시 투표권이나 정치적 결사의 자
유는 본질적 권리로 파악되었다. 의장선거에 입후보할 수 있는 자격에 있어서
기존의 정당과 새로이 결성하려는 신당을 차별한 것이 문제된 Williams v.
Rhodes[153] 판결에서 정치적 결사의 자유 및 투표권은 다시 '고귀한 기본권'(pre-
cious freedoms)이라고 표현되었던 것이다. 부재자 투표용지에 주요정당의 이름만
등재될 수 있도록 한 텍사스 주 법률을 위헌으로 판정한 American Party of
Texas v. White[154] 판결, 입후보의 조건으로 일정한 수수료를 내도록 한 조치를
위헌으로 판정한 Bullock v. Carter,[155] Lubin v. Panish[156] 판결에서도 이러한
입장은 유지되었다. 하지만 이런 입장 역시 버거 법원에 들어와서는 후퇴하는
경향을 보여 주고 있다. 피선거권에 관한 모든 제한이 엄격심사 적용의 대상이
되는 것은 아니라고 하면서 "부에 근거한 차별, 그리고 새로운 정당이나 독자
후보자에게 부담을 주는 법률에 대해서는 전통적인 합리적 근거 심사기준을 채
택해야 한다"고 말했던 것이다.

　　선거권 및 피선거권이 이처럼 본질적인 권리로 취급되었던 이유는 말할 필
요도 없이 그것이 대의민주주의 정치체제하에서의 국민의 정치적 표현의 자유

　　서 'one acre-one vote'원칙을 채택한 것을 합헌판정)

151) Quinn v. Millsap, 491 U.S. 95 (1989). 이 판결에서는 합리적 근거 심사기준을 택하긴 했으나,
　　지방정부조직의 개편을 제안할 수 있는 권한이 있는 위원회에 재산소유자만 회원으로 들어갈
　　수 있다고 한 것은 평등보호위반이라고 판정했다.

152) Tashjian v. Republican Party, 479 U.S. 208 (1986) (당 예비선거에서의 투표권은 미리 당에 가
　　입한 자만이 행사할 수 있다고 한 것은 결사의 자유를 제한하는 것); EU v. San Francisco
　　Democratic Comm., 489 U.S. 214 (1989) (당직선거에 출마한 특정후보를 당이 지지해서는 안
　　된다고 한 캘리포니아 주 선거법은 위헌). 부(富)에 기한 선거권의 차별과 당내선거에서의 제
　　약조건에 의한 차별이 이렇게 다른 취급을 받은 이유는, 부(富)의 경우 본질적 권리로 취급하
　　지 않으려는 버거 법원의 태도에 기인하여 심사기준이 완화된 것이고, 당내선거의 경우 그것
　　이 결사의 자유(수정 제1조가 보호하는)를 침해할 우려가 있기 때문에 엄격한 심사기준이 계
　　속 적용되게 한 것으로 이해할 수 있다.

153) 393 U.S. 23 (1968).
154) 415 U.S. 767 (1974).
155) 405 U.S. 134 (1952).
156) 415 U.S. 709 (1974).

와 관련되는 것이기 때문이다. 수정 제1조의 여러 권리들을 우선적으로 보호해
야 한다는 이중기준의 원칙과도 밀접한 관련이 있음은 물론이다. 단지 첨언해
둘 것은 선거권 및 피선거권과 관련한 차별에서 그 근거로 사용되었던 것은 평
등보호조항이었다기보다는 결사의 자유나 정치적 표현의 자유와 같은 다른 실
체적 권리였다는 사실이다. 즉, 평등보호조항을 침해하는 동시에 수정 제1조를
침해하는 법률이었던 것이다. 그러므로 보다 설득력 있는 논거는 평등보호조항
을 적용하는 엄격심사기준을 통한 차별의 합리성 판단이라기보다는 수정 제1조
라는 중요한 실체적 권리의 침해를 주장하는 것일 것이다. 그것이 좀더 사건의
실체적인 부분에 근접하는 접근이기 때문이다. 그래서 연방대법원도 수정 제1조
가 문제되는 선거권 영역에서 평등보호조항위반이 문제될 때 평등보호조항에
의하기보다는 침해되는 실체적 이익인 수정 제1조에 의해서 해결하자는 취지의
판결을 내렸던 것이다.[157]

(3) 재판을 받을 권리(사법접근권, Access to Courts)

재판을 받을 권리 역시 평등보호조항에 의해 해결하려는 입장 외에 적법절
차조항(due process clause)에 의해 해결하려는 입장이 있었다. 주로 극빈 형사피
고인과 관련하여 진전되었던 이 분야의 판례들에서 할란 판사는 줄곧 이 문제는
적법절차조항에 의해 해결해야 함을 반대의견을 통해 주장하였다.[158] 하지만 진
보적인 사법철학으로 가난한 자들을 차별하는 법률을 엄격히 배척해 온 워렌 법
원의 입장에서는 한때 각종 진보적인 사회경제 입법을 위헌으로 선언한 근거로
삼았던 적법절차조항에 의해서는 효과적인 구제가 힘들다고 판단했기에 평등보호
조항에 의해서 부(富)에 대한 엄격심사를 적용시키는 방향으로 문제를 해결했다.

Griffin v. Illinois[159] 판결에서는 항소심재판을 받기 위해 필요한 사실심 기록
을 정부는 가난한 사람에게 무료로 주어야 한다고 하였으며, 나아가 Douglas v.
California[160] 판결에서는 항소심재판에 필요한 변호인까지 선임해 주어야 한다

---

157) Anderson v. Celebrezze, 460 U.S. 780 (1983).
158) Griffin v. Illinois, 351 U.S. 12 (1956), Douglas v. California, 372 U.S. 353 (1963)의 반대의견
      참조. 여기에서 할란 판사는 상소를 거부당한 것이 자의적이었는가 하는 것이 관건이므로 적
      법절차의 준수여부가 논점이며 평등보호조항은 논의의 대상이 아니라고 주장했다. "주가 가난
      을 퇴치해야 하는 것은 도덕적 의무일 뿐 평등보호조항에 의해 강요되는 법적 의무는 아니다."
159) 351 U.S. 12 (1956).
160) 372 U.S. 353 (1983).

고 했다. 이 두 판결에서 대법원은 "종교, 인종, 피부색을 이유로 사람을 차별할
수 없듯이 주는 형사절차에서 가난을 이유로 차별할 수 없다. 일정한 비용을 지
불할 수 있는 능력과 피고의 유죄여부와는 아무 관련이 없으므로 피고에게 공정
한 재판절차를 거부할 사유로 될 수 없다"고 하여 가난을 이유로 한 형사절차상
의 권리의 박탈에 대해 엄격심사를 적용하였다. 그러나 버거 법원에 들어와서는
부(富)에 대한 엄격심사적용의 거부경향과 함께 이러한 입장에서 후퇴하였다.[161]

평등보호조항대신 적법절차조항만이 적용되어야 한다는 할란의 주장은 형
사절차에서는 받아들여지지 않았지만 민사절차에서의 부(富)에 근거한 차별영역
에서는 받아들여졌다. 50달러의 돈을 지불하지 못하여 이혼소송을 제기하지 못
하고 있는 것이 가난에 기하여 재판받을 권리를 거부당한 것인가 하는 점이 문
제된 Boddie v. Connecticut[162] 판결에서 할란은 다수의견을 대표하여 "적법절
차의 원리상, 월등히 중요한 주의 이익이 없는 한, 주는 사법절차를 통하여 권리
의무를 해결할 수 있는 기회를 거부해서는 안 된다"고 하여 적법절차 위반으로
판단하였다.[163] 그러나 이혼사건이 아닌 파산절차나 사회보장금 혜택을 거부당
한 데 대한 소송 등은 적법절차위반이 적용되지 않았다.[164]

민사절차와 형사절차 영역에 이처럼 차이가 생기는 것은 형사절차에서의 피
고인의 권리가 민사절차에서의 원고의 권리보다 헌법적으로 더 중요하다는 실
체적인 가치형량이 뒷받침되었기 때문이다. 하지만 민사절차나 형사절차나 지배
원리는 오히려 적법절차이론이다. 형사절차에서의 피고인의 권리가 중요했기 때
문에 진보사법의 대명사인 워렌 법원에서 가난에 근거한 차별을 좀 더 두텁게

---

161) Ross v. Moffitt, 417 U.S. 600 (1974). 이 판결에서는 Douglas 판결에서 적용되었던 무료변호인
　　 선임권은 항소(first appeal: 항소는 법에 의해 인정되는 상소권이다)의 경우에만 적용되는 것
　　 이고 상고심(discretionary appeal: 상고의 허가여부는 재량이다)의 경우에는 적용되지 않는다
　　 고 판시하였다. 주목할 것은 이러한 판결의 근거로 평등보호조항과 적법절차조항을 함께 원용
　　 했다는 것이다.

162) 401 U.S. 371 (1971).

163) 할란이 이렇게 판단한 근거는 이혼이란 기본적인 인간관계에 관련되는 중요한 문제이므로 적
　　 법절차상 좀 더 엄격한 보호를 받아야 한다는 것이었다. 한편 블랙 판사는 민사사건에는
　　 Griffin 판결의 원칙이 적용되지 않는다고 하면서 반대의견을 제출했다.

164) 파산절차와 관련해서는 United States v. Kras, 409 U.S. 434 (1973), 사회보장금과 관련해서는
　　 Ortwein v. Schwab, 410 U.S. 656 (1973). 이 판결들이 Boddie 사건의 판지를 적용시키지 않은
　　 이유는 파산절차나 사회복지는 가족관계보다 헌법적으로 훨씬 덜 중요한 권리라고 판단했기
　　 때문이었다.

보호하고자 평등보호조항의 엄격심사기준을 적용시키는 매개체로 재판을 받을 권리를 들었을 따름이다. 가난에 대해 후속법원이 엄격심사의 적용을 거부한 것과 민사절차에서 평등보호조항을 원용하지 않고 적법절차조항에 의했던 법원의 입장을 보면 이 점은 더욱 분명해진다.

(4) 주(州)간이동권(Interstate Migration : the Right to Travel)

주(州)간이동권은 연합규약(Articles of Confederation) 시대부터 본질적인 헌법적 권리로 보호되어 왔다.[165] 주간이동권이 헌법적으로 엄격심사와 관련하여 문제된 것은 가난한 사람들이 좀 더 나은 복지혜택을 찾아 다른 주로 이동하는 것에 대해 각 주가 거주 기간이라는 수단으로 이들을 차별한 데서 비롯되었다. 이 문제를 다루는 연방대법원의 입장을 보면 엄격심사를 적용하여야 한다는 기본적 입장이 있고 이에 대해 모든 헌법적인 권리를 본질적 권리로 취급할 수는 없다는 이유로 이에 반대하는 입장이 대립해오다가, 거주기간이라는 수단이 심한 제재(penalty)라고 볼 수 있을 정도에 이른 경우에만 위헌으로 판단하는 중도적 입장으로 발전되어 나간 것을 알 수 있다.

워렌 법원 시대에 내려진 이에 관한 대표적인 판결이 바로 Shapiro v. Thompson[166] 판결이었다. 적어도 1년 이상 거주한 자라야 해당 주의 사회복지금(welfare benefits)을 받을 수 있다고 한 법률들을 판단하면서 연방대법원은 거주기간이라는 수단에 의해 주간이동권이 제약받고 있다고 확인한 후 "제약받는 권리가 본질적인 헌법적 권리이므로 불가피한(compelling) 주의 이익을 위하여 필수적인(necessary) 수단이 아니라면 차별이 허용되지 않는다"고 판시했다. 본질적 권리를 행사하는 데 있어서 거주기간이 오래된 자와 그렇지 못한 자를 차별하는 것은 헌법적으로 허용될 수 없다(impermissible, invidious)고 한 것이다. 이에 대해 할란 판사는 반대의견을 통해 헌법에 있는 권리들은 수정 제14조를 통해 주에 적용될 수 있으므로 따로 엄격심사를 헌법적인 권리에 무분별하게 확대하는 것은 바람직하지 않으며 주 및 연방의회에 대한 지나친 간섭이 될 것이라고

---

165) 거주이전의 자유에 해당하는 주간이동권의 헌법적 근거는 연방헌법 제4조의 특권 및 면책(privileges and immunities)조항, 그리고 제1조 제8항 iii호의 통상조항이다. 주간이동권의 헌법적 위상과 그 전개과정에 관한 개괄적인 설명은, Rotunda & Nowak, 앞의 책, Vol. 3, pp. 471-475 참조.

166) 394 U.S. 618 (1969).

격렬히 비판했다.

Shapiro 판결은 두 가지 방향을 시사해 주었다고 볼 수 있다.[167] 그 하나는, 주간이동권을 제약하는 '거주기간'이라는 요건에 대해 엄격심사를 적용하게 된 것이고, 다른 하나는, 경제적인 불평등을 시정하기 위한 주의 적극적 의무[168]에 대한 논의를 불러 일으켰다는 것이다. 주간이동권에 대한 Shapiro 판결의 판시가 거주기간을 수단으로 하여 기존주민과 새로이 들어오는 이주민들을 차별한 여타의 여러 영역으로 확장되어 갔다[169]는 것이 전자의 결과라면, 의료보호영역에서의 거주기간이 문제된 Memorial Hospital v. Maricopa County[170] 판결에서 언급한 '기본적인 생존수단'(basic necessities of life)의 논리가 후자의 논쟁을 암시해 주는 것이었다. 동 판결에서 다수의견을 대표한 마샬 판사는 "가난한 사람들에게 기본적인 생존수단을 거절하는 것은 본질적인 권리를 침해하는 것이므로 엄격심사가 적용되어야 한다"고 주장했던 것이다.

또 하나 주목해야 할 것은, 선거권 및 피선거권 영역에서도 수정 제1조만을 적용해야 한다는 주장이 있었던 것처럼 주간이동권 영역에서도 연방헌법 제4조의 '특권 및 면책조항'을 근거로 해서 문제를 해결해야 한다는 주장이 나왔다는 점이다.[171] 이 역시 주간이동권이 헌법적으로 제4조의 '특권 및 면책조항'에서 연유한다는 점을 고려한 것이다.

(5) 버거 법원과 렌퀴스트 법원의 일반적 입장

워렌 법원 이후의 경향은 한마디로 말해서 "본질적 권리의 개념을 더 이상 확장하지 않는"(thus far and no further) 것이라고 할 수 있다. 특히 가난한 사람들의 권익을 본질적 권리로 파악하여 엄격심사를 적용시키는 '기본적인 생존수단'

---

167) Gunther, 앞의 책, p. 537.

168) 이 부분은 버거 법원 이후에 들어와서 거부당하게 된다.

169) Dunn v. Blumstein, 405 U.S. 330 (1972) (1년 3개월을 투표권의 취득 요건으로 삼은 것은 투표권과 주간이동권이라는 본질적인 권리들을 제한하는 것); Memorial Hospital v. Maricopa County, 415 U.S. 250 (1974) (극빈자 의료혜택을 받기 위해서 1년의 거주기간을 요구한 것은 기본적인 생존수단 영역에 있어서 차별을 한 것); Sosna v. Iowa, 419 U.S. 393 (1975) (이혼소송을 제기하기 위해서 1년의 거주기간을 요구한 것은 합헌. 사법구제의 기회가 지연된 것일 뿐 차단당한 것은 아니라고 하여 이례적으로 합헌판결을 내렸다.); Zobel v. Williams, 457 U.S. 55 (1982) (알라스카 주의 천연자원으로 인한 이익을 배분하는 데 있어서 거주기간에 차별을 둔 것은 적법한 주의 목적이 아니다.)

170) 415 U.S. 250 (1974).

171) Zobel v. Williams, 457 U.S. 55 (1982)에서의 오코너 판사의 동조의견 참조.

논리에는 찬성하지 않는다.[172] 또 진보적인 워렌 법원 때 그랬던 것처럼 엄격심
사기준을 명확히 적용하는 대신 일반적인 합리적 근거 심사기준의 테두리 내에
서 개별적으로 법익의 중요성을 따지는 입장으로 후퇴한 면도 있다.

　　본질적 권리개념의 확장에 대한 거부감은 San Antonio School Dist. v.
Rodriguez[173] 판결에서 대표적으로 느낄 수 있다. 이 판결에서는 전통적으로 워
렌 법원에서 강도 높게 보호해 온 교육문제와 부(富)의 영역에서 엄격심사를 정
면으로 거부했다. 텍사스 주가 공립학교 재정운영을 그 지역의 재산세 납부액을
기준으로 책정하자 학군간에 재산세의 다과에 따라 재정운영에 있어서 상당한
편차가 발생했다. 이것이 교육영역에서의 부에 근거한 차별이라 하여 다투어진
판결이었는데 다수의견을 대표한 파웰 판사는, 부에 근거한 차별이 의심스러운
차별이라는 주장과 교육이란 본질적인 권리라는 주장을 모두 배척하면서, "헌법
에 의해 명시적 혹은 묵시적으로 보장되고 있는 권리가 아니라면 사법부는 평등
보호라는 미명하에 실체적인 헌법적 권리를 만들어 낼 수 없다. 문제는 교육의
권리가 헌법에 의해 명시적 혹은 묵시적으로 보장되어 있느냐이다"라고 했고,
'교육이라는 것은 투표권을 비롯한 다른 중요한 수정 제1조의 권리들을 효과적
으로 행사하는 데 필수적인 역할을 하기 때문에 본질적인 권리다'라는 주장에
대해서는, "그 점은 인정하지만 가장 효과적인 표현의 자유의 보장 및 가장 효
과적인 투표권 행사에 대한 보장 및 판단은 사법적 간섭으로 해결될 성질의 것이
아니고 주 정부가 해결해야 할 영역이다. … 현재의 주 정책이 우수하다는 것은
아니나 그것은 정책적인 문제로 입법부에서 해결해야 할 문제이다"라고 하여 사
법부가 초입법부(super-legislature)의 역할을 해서는 안 됨을 분명히 했다.[174]

　　Plyler v. Doe[175] 판결에서도 역시 교육은 헌법이 인정한 본질적인 권리가
아니라고 하였다. 텍사스주에서 불법체류자(undocumented aliens)의 자녀에게는
무상교육의 혜택을 주지 않은 것이 평등보호위반인가 하는 점이 쟁점이 된 이

---

172) 대표적인 판결이 Dandridge v. Williams, 397 U.S. 471 (1970)와 Lindsey v. Normet, 405 U.S.
　　56 (1972)이다.
173) 411 U.S. 1 (1973).
174) 이에 대해 마샬 판사와 더글라스 판사는 반대의견을 통해 앞에서 언급한 바 있는 유동적 접근
　　법(sliding scale)을 주장하면서 "헌법에 의해서 명시적·묵시적으로 보장된 것만이 본질적 권
　　리"라는 논리는 성립하지 않으며 헌법에 언급은 없지만 헌법이 보호하는 권리와 밀접하게 관
　　련되어 있는 이익이라면 본질적 권리가 될 수 있다고 하였다.
175) 457 U.S. 202 (1982).

판결에서 연방대법원은 "공립학교의 교육은 헌법이 부여한 개인의 기본권은 아니나 중요한 권리다. … 읽고 쓸 줄 모르면 기본적인 교육을 받지 못하게 되어 평생 동안 사회적, 경제적, 지적, 심리적인 면에 있어서 너무나 큰 희생을 치르게 되고 개인의 자아성취에 장애가 되기 때문에 기본적인 교육을 자신의 사회적 위치 때문에 받을 수 없다는 것은 평등보호조항에 구현되어 있는 평등의 이념에 어긋난다"고 하면서 주의 정책은 위헌이라고 판시했다.176)

본질적 권리의 영역확장은 교육 외에 사회보장금 및 주거와 관련해서도 거부되었다. "제한된 사회보장금 재원을 가지고 어떻게 분배하느냐는 사회·경제·철학적 문제와 관련되는 것이므로 연방대법원이 할 일이 아니다,"177) "헌법상 명시적인 문구가 없는 한, 적당한 주거환경과 올바른 임대인―임차인 관계를 정립하는 일은 입법부의 일이지 사법부의 소관이 아니다"178)라는 사법자제적 견지에서 더 이상의 본질적 권리를 인정하려 하지 않았던 것이다.

본질적 권리의 영역에 대해서는 여러 가지 논의가 많다. 우선 어떠한 것이 '본질적'이며 그것을 판단하는 기준은 헌법의 명시적·묵시적 근거에 의해서인가 아니면 사회적 중요성을 지닌 권리로 족한가? 그리고 본질적 권리를 확장시킨다면 그 기준은 무엇인가? 가난, 혹은 '기본적인 생존수단'은 어느 정도로 헌법적 중요성을 가지는가? 하는 문제들이 제기된다. 더욱이 연방대법원이 사법자제적 입장을 취할 것이냐, 사법적극적 입장을 취할 것이냐 하는 것과 직결되어 있기 때문에 더욱 미묘한 문제다. 정부는 개인의 기본적인 생활수준을 보장해 주어야 할 적극적 의무가 있다는 주장은 헌법적 입장에서 설득력이 없다는 유력한 견해179)도 있다. 반면에 대의민주주의의 실현 및 인간다운 생활의 보장을 위해 필

---

176) 이 판결에서 주목할 만한 것은, 차별이 합리적이 아니라고 판단하게 된 결정적 이유로서 "부모님이 처한 불법체류자란 위치는 '아이들이 통제할 수 없는' 부모의 잘못이므로 이를 이유로 차별을 한다면 이는 부모의 잘못을 아이들에게 전가시키는 결과가 되기 때문"이라고 말한 점이다. 이 말(특히, 따옴표 내의 말)은 적서차별에 대한 헌법판단에서 많이 나타난 표현이었다. 그래서 동조의견을 낸 파웰 판사는 적서차별(illegitimacy)의 경우와 같이 중간심사기준을 적용하자고 주장하기도 했다. 한편 반대의견을 낸 버거, 화이트, 렌퀴스트, 오코너 4명의 판사는 합리적 근거 심사기준으로 족하다고 주장했다.
177) Dandridge v. Williams, 397 U.S. 471 (1970).
178) Lindsey v. Normet, 405 U.S. 56 (1972).
179) Note 교수의 주장이다. 그 근거로서 그는 3가지 이유를 들었다. 첫째, 그 개념에 대한 헌법적 근거를 찾기가 어렵다. 둘째, 무한한 수요에 대해 제한된 자원을 어떻게 배당할 것이며 그 최저기준을 어떻게 설정할 것인지는 매우 어려운 문제이다. 셋째, 입법부가 이미 사회보장제도나

수적인 기본권이 있음도 역시 부인할 수 없다.

이 문제를 판단하기 전에 먼저 연방대법원의 판례 전개 과정에서 유심히 보아야 할 부분이 있다. 그것은 본질적 권리와 관련된 판례에서 많은 경우, 평등보호조항에 의지하지 아니하고 실체적 권리 그 자체에 의하여 위헌심사를 해야 한다는 주장이 나왔다는 사실이다. 주간이동권을 평등보호조항에 의지하지 말고 연방헌법 제4조의 '특권 및 면책조항'에 의해서 보장하자는 주장도 있었고,[180] 투표권이 대의민주주의 하에서 중요한 실체적 권리이긴 하지만 여기에 대해서도 수정 제1조를 통해서 보호하자는 판결[181]까지 나왔던 것이다.

이러한 입장은 평등보호조항이라는 판단기준에 의하는 것보다는 헌법이 명시적으로 보장하고 있는 실체적 권리에 근거하여 문제를 판단하려 했던 것으로 분석할 수 있다. 헌법에 의해서 명시적 혹은 묵시적으로 보장되어 있는 것만이 본질적 권리로 인정받을 수 있다고 한 주장과 헌법이 보장하고 있지 않더라도 보장된 권리들을 실현하기 위해서 중요한 이익들은 본질적인 권리라고 볼 수 있다고 한 주장의 대립[182]도 이러한 연장선상에서 이해할 수 있을 것이다. 그러나 평등보호조항에서 도출되는 본질적 권리와 수정조항 혹은 연방헌법 본문에 있는 실체적 권리들이 똑같은 개념은 아니다. 문제는 헌법의 실체적 권리들과는 개념이 다른 이러한 '본질적 권리'라는 해석도구를 따로 만들어 낼 필요가 있느냐 하는 점이다.

우선 실체적 권리의 보호로도 접근이 가능한 부분에 대해서는 따로 평등보호조항에서 도출되는 본질적 권리라는 개념이 불필요하다. 그러므로 본질적 권리라는 개념으로 수정 제1조나 연방헌법 제4조의 면책 및 특권조항에 속하는 권리들을 해결하려는 것은 (판결에 미치는 결과는 일단 접어두고 헌법적 접근이라는 관점에서 볼 때) 바람직하지 못하다고 할 수 있다. 명백한 헌법적 근거가 따로 있으므로 굳이 '본질적 권리'라는 불확정한 개념을 이용하여 평등보호조항의 범주로 끌어들일 필요가 없기 때문이다. 그러면 헌법에 명시적 혹은 묵시적으로라도 언급이 되어 있지 않는 권리들을 보호하기 위해서는 어떻게 해야 하는가? 이 문제

복지제도를 통하여 일정한 사람들에게 생계에 필요한 수단을 제공해 주고 있기 때문이다. Gunther, 앞의 책, p. 543에서 재인용.
180) Zobel v. Williams 사건에서 오코너 판사의 동조의견.
181) Anderson v. Celebrezze, 460 U.S. 780 (1983).
182) Rodriguez 판결에서의 다수의견, 소수의견의 대립이 그 예이다.

에 대해서는 마샬 판사가 주장한 '유동성 기준'(sliding scale)이 어느 정도의 시사를 줄 것으로 생각된다. 본질적 권리라는 개념을 만들어서 그 영역에 속하는 것은 엄격심사기준을 적용해야 한다는 식으로 접근하기보다, 평등보호조항에 기한 합리적 차별여부를 판단할 때, 즉, 이익형량의 과정에서 헌법적으로 중요한 권리들에 (헌법상의 기본권에 상응하는) 우월한 가치를 부여해주면 되는 것이다. 그러므로 부(wealth)나 기본적 생존수단에 관련하여 본질적 권리라는 영역을 확대하지는 않는 대신 그 헌법적 중요성에 비추어 합리적 차별여부를 판단할 때 더욱 중요한 실체적 가치를 부여하는 방식으로 접근하는 것이 바람직하리라 생각된다.183)

5. 외국인(Alienage), 적서(Illegitimacy)에 근거한 차별 등

(1) 외국인에 대한 차별

평등보호조항의 적용에 있어서 강도 높은 사법심사를 받아온 인종(race)이나 성(sex)의 공통적인 특징을 하나 꼽는다면 헌법적인 분류상 전통적인 소수자의 문제라는 것이다. 판례에서 "다수로부터 분리되고 고립된(discreet and insular) 집단"이라는 표현으로 자주 등장한 이들 소수자의 속성은 다수자에 대한 관계에서 정치적·사회적으로 중심세력 밖에 위치한 국민의 집단이며, 역사적 맥락에서 전통적으로 차별의 대상이 된 집단이라는 점이다.184) 거기에 고도의 사법심사를 정당화시키는 근거가 있었던 것이다. 그러면 외국인의 경우에 합리적 근거 심사기준을 넘는 고도의 사법심사를 받을 수 있느냐 여부는 그들이 미국헌법상 어느 정도의 위상을 갖고 있느냐 하는 데 달려 있다고 할 수 있는데, 이에 대한 연방대법원의 입장은 일관되지는 못했다. 왜냐하면 누구든지 미국시민권만 있으면 미국시민이 되기 때문에 '외국인'이라는 지위는 변할 수 없는 고정적인 특징이 아니기 때문이다.185) 게다가 외국인을 차별하는 주법이 문제된 경우는 더욱 어

---

183) Rodriguez 판결에서 마샬 판사 역시 이런 취지의 반대의견을 제출했다. "가난하다(poor)는 것은 역사적으로 인종(race)에 대하여 가하여진 사회적 차별만큼 치명적인 요소는 아니다. 극복할 수 있는 것이기 때문이다. 그러나 재산은 인종이나 국적만큼 차별입법의 근거로 사용되어 왔다. … 그러므로 부(富)는 침해된 법익의 중요성 및 차별의 수단인 재산과 법익 사이의 관련성을 판단하는 데 일반적으로 참작되어 왔다."

184) 그러므로 소수집단의 구성원이 수적으로 많은가는 개념의 결정요소가 아니다. 소수자의 개념과 그 보호책에 관한 개론적인 글로는, 안경환, "법치주의와 소수자보호," 법치주의와 약자·소수자·피해자 보호(법과 사회 이론연구회 심포지엄 자료집), 1994, 1-7면 참조.

185) 이 문제에 관한 종합적인 글로는 Kyong Whan Ahn, "Alien's Basic Human Rights under the

려웠다. 외국인의 이민 및 귀화에 관한 사항은 전적으로 연방의 관할에 속하기 때문에(미 연방헌법 제1조 제8항 제iv호) 주가 외국인을 차별하는 것은 연방의 권한 침해 여부가 문제될 수 있었던 것이다. 그리고 외국인을 국내에서 어떻게 취급할 것이냐 하는 것은 정치적 영역에 속하는 문제이기 때문에 평등보호조항을 평면적으로 적용시키기에는 무리가 따랐다. 이 모든 문제가 연방대법원의 판례를 통하여 검토되었다.

애초에 버거 법원은 Graham v. Richardson[186] 판결에서 외국인에 대한 차별에 엄격심사기준을 적용하였었다.[187] '분리되고 고립된' 집단이므로 인종과 같이 의심스러운(suspect) 차별이라고 판단했기 때문이다. 그리고 연방과 주와의 관계에 대해서도 설명하면서 "주가 복지혜택에 관한 분야에서 외국인을 차별하는 것은 연방정부에 전속하는 권한을 침해하는 것이다"라고 하였다. 이러한 입장은 변호사 자격에서 외국인을 제한한 코네티컷 주의 법률,[188] 공무원의 공채대상(competitive classified civil service)을 미국시민으로만 제한한 뉴욕 주 법률을 위헌선언한 판결[189]에서 그대로 적용되었다. 하지만 후자의 판결에서 연방대법원은 하나의 예외를 탄생시켰다. 소위 'Dougall 예외'라고 불리는 이 규칙은 "공공에 관련되는 정책을 형성, 실행, 검토하며, 대의민주주의의 핵심과 직접적으로 관련되는 정치적 기능을 행사하는, 비선거직의 입법, 행정, 사법의 요직"에 대해서는 외국인을 차별할 수 있다는 내용으로서 정치적 영역에서의 외국인 차별을 예외적으로 허용하는 결과를 낳았다. 이 'Dougall 예외'를 적용하여 연방대법원은 주의 기동경찰(state troopers)이나[190] 초중등학교 교사[191]를 채용하는 데서 외국인

United States Law," 저스티스, 제19권, 1986, 153-182면.

186) 403 U.S. 365 (1971).

187) 렌퀴스트 판사는 인종 이외의 영역에 의심스러운 차별을 확대시키는 데 반대하였다. 외국인과 관련된 차별에 대해 엄격심사기준을 적용시키는 것에도 반대의견을 냈음은 물론이다. Graham v. Richardson, 403 U.S. 365 (1971); In Re Griffiths, 413 U.S. 717 (1973); Sugarman v. Dougall, 413 U.S. 634 (1973)의 반대의견 참조.

188) In Re Griffiths, 413 U.S. 717 (1973).

189) Sugarman v. Dougall, 413 U.S. 634 (1973).

190) Foley v. Connelie, 435 U.S. 291 (1978).

191) Ambach v. Norwick, 441 U.S. 68 (1979). 이 사건은 초·중등학교 교사는 학생의 정치적·사회적 책임감 형성에 중요한 역할을 담당하므로 공적 기능에 해당한다는 논리로, 시민권을 신청할 자격은 있으나 귀화하기를 거절한(eligible for citizenship but refused to seek naturalization) 외국인을 차별한 사건이었다.

을 차별한 주법을 지지하였다. 그러나 이 원칙에도 한계는 있었다. '정책형성의 책임'이나 '시민들에게 중요한 영향을 미치는 공공정책을 행사하는 데 있어서 광범위한 재량'을 갖는 직책이 아니라면 이 예외에 해당하지 않는다고 후속판결[192]에서 밝혔기 때문이다.

한편, 외국인에 대한 차별문제를 취급하는 데 있어서 엄격심사기준은 올바른 도구가 될 수 없다고 보면서, 연방법우월원칙(Federal Preemption)[193]에 근거하여 이민을 받아들이거나 내보내는 것은 연방의 관할사항이고 그들을 주 내의 정치적 공동체 내로 받아들이는 것은 주의 관할로 하여 연방과 주의 차별문제를 해결하자고 하는 주장[194]이 있다. 연방대법원도 1982년에 이러한 입장에 따라 외국인에 대한 차별을 평등보호조항이 아닌 연방법우월원칙을 근거로 판결한 것이 있다.[195]

앞에서도 여러 번 언급하였듯이 평등보호심사기준은 절대적인 것이 아니다. 판단의 지침이 될 경우에도 실체적인 요소가 걸린 문제에서는 항상 그 실체적 요소의 중요도에 따라 기준이 바뀔 수 있었다. 평등보호조항 대신에 연방법우월원칙을 근거로 외국인문제를 판단하려는 입장도 결국은 외국인에 대한 차별이 의심스러운 차별에 해당하느냐라는 형식적인 판단보다는 외국인의 법적 지위라는 실체적 면에 중점을 두어 그들을 규율하는 권한이 어디에 있느냐를 파악한 것이라고 할 수 있다. 그런 점에서 최고법 조항(supremacy clause)이 평등보호조항보다는 좀 더 무게있는 근거조항이 될 수 있었다고 판단된다.[196]

---

192) Bernal v. Painter, 467 U.S. 216 (1984). 여기서는 공증인(notaries public) 직책이 문제되었다.

193) 이 원칙은 연방과 주의 관계에서 적용되는 원리 중의 하나로, 주나 한 지방에 관련되는 것이 아니라 국가 전체에 관련되는(national) 문제(예를 들면, 주간통상권(interstate commerce)이나 이민이나 국적에 관한 문제)에 대해서는 연방법이 전속적으로 규율하거나, 또는 연방과 주가 똑같이 규율한다 하더라도 연방법이 주법에 대하여 상위의 효력을 가져야 한다는 원리이다. 미 연방헌법 제6조상의 최고법 조항(supremacy clause)과 관련이 있다. Black's Law Dictionary, West Publishing, 1990, p. 1177 참조.

194) NOTES, "The Equal Treatment of Aliens: Preemption or Equal Protection?" 31 Stan. L. Rev. 1069, (1979), Gunther, 앞의 책, p. 356에서 재인용.

195) Toil v. Moreno, 458 U.S. 1 (1932). 내국인 학생에게는 수업료나 회비에서 유리하게 하고 비이민체류자(nonimmigrant aliens)에게는 그런 특권을 주지 않은 것은 연방의회가 고려하지 못한 부담(burden)을 주가 부과한 것이라 하여 최고법 조항(supremacy clause) 위반이라고 판결하였다.

196) 그러나 연방차원의 외국인에 대한 차별 역시 그다지 일관된 입장이 있는 것은 아니었다. Hampton v. Mow Sun Wong, 426 U.S. 88 (1976) (연방 공무원 공채에서 국내거주 외국인을

(2) 적서차별(Illegitimacy)

적서차별 분야만큼 연방대법원이 어느 정도의 사법심사를 할 것인지, 그리고 그 근거는 무엇인지에 관해 유동적이었던 분야는 없었다.[197] 대체적으로 중간심사기준에 가까운, 꽤 엄격한 심사를 해 왔지만 1988년에 전원합의로 중간심사기준을 적용하기로 하기 전까지는[198] 판결결과를 예측하기가 힘들 정도로 입장이 구구했다. 워렌 법원 말기에, 인지받지 못한 혼외자(nonmarital children)는 어머니의 부당한 죽음에 대해 다툴 수 없다고 한 법률을 평등보호위반이라고 함으로써 다소 엄격한 심사를 했으나,[199] Labine v. Vincent[200] 판결에서, 유언 없이 죽은 경우에 인지한 혼외자를 부모의 친척보다 상속의 후순위로 한 법률을 지지함으로써 의회에 대한 사법자제의 태도를 보였고, Weber v. Aetna Casualty & Surety Co.[201] 판결에서 혼외자에게 산재보상청구의 주체성을 인정했는가 하면, 1976년의 Mathews v. Lucas[202] 판결에서는 혼외자에게 불리한 사회보장법을 다시 지지함으로써 후퇴하는 경향을 보였던 것이다. 판결에 확실히 나타난 것이라고는 Mathews 판결에서 법원이 명시적으로 '엄격심사'를 거부했다는 것뿐이었다.[203]

하지만 Mathews 판결의 입장 역시 완전한 것은 아니었다. Trimble v. Gordon[204] 판결에서 다시 유동을 보이기 시작했다. "유언 없이 부(父)가 사망했을 경우, 부자관계의 증명은 어려우므로 이에 기하여 혼외자의 상속을 전적으로 금지시킨 것은 정당하지 못하다"고 하면서 일리노이 주의 법률을 위헌 선언했던 것이다. 그런가 하면, 비슷한 사실관계에서 부친이 죽기 전에 부자관계에 대한 법원의 확인을 받지 못했으면 (설사 부자관계라는 강한 증명이 있더라도) 상속을 할

차별한 공무원 인사위원회(CLC)의 규칙은 위헌); Matthew v. Diaz, 426 U.S. 67 (1976) (영주권 취득 및 국내에 5년 이상의 계속적 거주를 연방의료보험 혜택의 조건으로 한 것은 합헌).
197) Gunther, 앞의 책, p. 359.
198) Clark v. Jeter, 486 U.S. 456 (1988).
199) Levy v. Louisiana, 391 U.S. 68 (1968).
200) 401 U.S. 532 (1971).
201) 406 U.S. 164 (1972).
202) 427 U.S. 164 (1972).
203) 문제의 사회보장법에 의하면 부양해 주어야 할 만한(dependent) 아이들만이 사회보장의 혜택을 받을 수 있었는데, 적자(嫡子)의 경우는 부양의 대상이라는 것이 법률상의 추정을 받았고 서자(庶子)의 경우는 입증책임을 지게 하였다.
204) 430 U.S. 762 (1977).

수 없도록 한 뉴욕 주의 법률을 지지하였다.[205]

유동적 입장을 보여왔던 연방대법원은 1988년에 이르러서야 드디어 적서차별에 대한 평등보호 판단기준으로 중간심사기준을 적용함을 명확히 하였다. Clark v. Jeter 판결[206]에서 적서에 의한 차별은 "중요한(important) 목적을 달성하기 위한 실질적인 관련있는(substantially related) 차별이어야 한다"고 선언하였던 것이다.

(3) 기타의 차별

그 밖에 전통적인 합리성 심사기준을 넘어선 엄격한 사법심사가 논의된 분야로는 장애인의 경우와 연령(age)에 의한 차별, 부(wealth)에 의한 차별 등이 있다.

연령에 기한 차별에는 엄격한 심사가 거부되었다. 일정한 나이 제한으로 인해 피해를 보는 사람들은 "역사적으로 불평등한 취급을 받아온 것도 아니고 그들의 능력과는 상관없는 고정관념에 의해 독특한 취급을 받아 오지도 않았기 때문에" 의심스런 차별의 대상이 아니라는 것이다.[207]

장애인의 경우 역시 합리적 근거 심사기준을 적용하는 선에 그치고 있다. 정신지체아들에 대한 시설임대를 거절한 것이 문제된 Cleburne v. Cleburne Living Center, Inc. 판결[208]에서 연방대법원은 상세한 이유를 들어 좀 더 강도 높은 심사기준의 적용을 거부했다. "첫째, 정신지체(mental retardation)의 취급은 전문적인 입법부가 해야지 사법부가 나서는 것은 바람직하지 않다. 둘째, 적당

---

205) Lalli v. Lalli, 439 U.S. 259 (1978).

206) 486 U.S. 456 (1988). 이 판결에서는 부양청구를 하기 위해 제기하는 부자관계 확인소송은 아이가 태어난 지 6년 이내에 제기해야 한다는 펜실베이니아주의 법률을 위헌이라고 판정했다.

207) Massachusettes Bd. of Retirement v. Murgia, 427 U.S. 307 (1976). 주 무장경관의 정년을 50세로 한 것이 평등보호위반으로 제기된 사건이었다. 1979년에 연방대법원은 다시 의무공무원의 정년문제를 다루게 되었는데(Vance v. Bradley, 440 U.S. 93 (1979)) 여기에서도 역시 합헌추정의 자세를 보였다. 합리적 근거가 있다고 본 이유는 특정 직업의 원활한 기능과 관련하여 전문적 직업역량을 보장하기 위해서는 정년의 제한이 바람직하기 때문이라고 한다. Chandler, Enslen, Renstrom, 앞의 책, Vol. 1, p. 357. 한편 Murgia 판결의 판지(holding)는 주법원판사의 정년을 70세로 정한 것이 문제된 Gregory v. Ashcroft, 501 U.S. 452 (1991) 판결에서도 유지되었다. Gunther, Individual Rights in Constitutional Law, 1994 Supplement, Foundation Press, p. 155.

208) 473 U.S. 432 (1985). 텍사스주 Cleburne시의 일정시설을 임대해 주는 데 있어서 아파트나 다가구주택, 하숙집, 학생사교클럽, 기숙사, 병원, 위생시설, 요양소 등에게는 자유로이 임대해 주었으나 정신지체아들을 수용하는 시설로 사용하려 하자 시의 특별허가를 요구하여 마침내는 시설임대가 이루어지지 못했다. 이에 평등보호위반으로 소송이 제기된 것이다.

한 처우, 시설 및 주거환경 제공 등을 보장받을 장애인들의 권리는 융성과 선택의 자유를 가지고 있는 정부가 담당해야 하며 그 대응책 마련 및 한계설정에 사법부가 간섭해서는 안 된다. 셋째, 정치적인 소수라고 무조건 엄격심사를 받아야 한다면 경제 및 사회복지와 관련된 분야에서도 엄격심사를 적용해야 할 경우가 생길 것이다. 넷째, 정신지체아들의 경우가 의심스러운 차별에 준하는(quasi suspect) 취급을 받는다면, 다른 사람들과 구별되는 고질적인 무능력사유(immutable disabilities)가 있고 입법에 대한 접근권이 크게 보장되어 있지 못한 사람들의 경우라면 다 그런 취급을 받을 수 있는 것이 되어 그 범위가 부당히 확대될 우려가 있다." 그러나 문언상으로 강도 높은 사법심사를 채택하지는 않았지만 이 판결에서는 장애아들을 차별한 텍사스 시의 조치가 부당한 차별이라고 하여 위헌으로 선언하였다.

한편, 워렌 법원 시절에 엄격한 심사를 받았던 부(富)에 기한 차별[209]은 이후 버거 법원에 이르러서 엄격심사를 거부당했음은 앞서 살핀 바와 같다.[210]

평등보호조항의 적용을 받아온 또 다른 영역으로 선거구 재조정(Reapportionment) 문제가 있다. 투표가치에 현격한 차이가 나게 구획되어 있는 선거구를 평등보호에 어긋난다고 주장하여 선거구를 다시 조정하게 할 수 있는가 하는 문제였다. 전통적으로 선거구 재조정 문제는 "정치적 문제"(political question)로 취급되어 사법심사의 대상이 아니라고 인식되어 왔는데,[211] 유명한 Baker v. Carr[212] 판결을 통해서 종전의 판결들을 뒤엎고 이를 사법심사의 대상영역으로 흡수하였다. 이 판결에서 연방대법원은 정치적인 영역에 속하는 것으로, i) 헌법이 명시적으로 행정부나 입법부에 위임하고 있는 것(공화제 조항[Guarantee Clause]과 외교 관련 문제), ii) 사법부가 해결할 만한 기준을 갖고 있지 못한 사건 혹은 사

---

209) Harper v. Virginia Bd. of Elections, 383 U.S. 663 (1966). 이 판결에서 더글러스 판사는 "부나 재산에 기한 구분은, 인종에 의한 것과 같이, 전통적으로 불리하게 그어져 왔다"고 하여 부(富)를 인종과 마찬가지의 의심스러운(suspect) 차별로 보았다.

210) James v. Valtierra, 402 U.S. 137 (1971). "저임대료 주택공급정책(low rent housing project)을 실시하기 위해서는 미리 지역주민들에게 찬반투표를 붙여야 한다는 캘리포니아 주 헌법은 인종과 관련된 차별이 아니고 민주주의의 실천의지를 나타낸 것이므로" 합리적인 근거가 있는 차별이라고 하였다.

211) Colegrove v. Green, 328 U.S. 549 (1946). "선거구 획정은 정치영역에 고유한 문제이므로 사법판단이 바람직하지 않다"며 불평등하게 책정된 선거구를 이유로 선거를 금지시키는 것은 사법부의 권한 밖이라고 하였다.

212) 369 U.S. 186 (1962).

법부의 영역을 벗어난 정책판단이 선재하지 않고서는 결정하기 불가능한 사건
의 두 가지 경우를 들었고 선거구 재조정 문제는 양자 중 어느 경우에도 해당하
지 않는다고 전제한 후, "이것은 주가 자의적이고 변칙적인 행위를 했는가라는
평등보호조항의 문제다"라고 선언하였던 것이다. Baker v. Carr 판결은 그 이후
Gray v. Sanders213) 판결에서 "1인 1표" 원칙을 정립하는 것으로 이어졌고,
Reynolds v. Sims214) 판결에 이르러서는 주의 양원선거절차에서도 "1인 1표" 원
칙을 지킬 것을 요구하는 데까지 나아갔다.

IV. 적극적 평등실현정책(Affirmative Action)

1. 서 론

앞에서 살펴보았듯이 미국에서 흑인 및 소수인종과 여성은 사회 여러 분야
에서 역사적으로 수많은 차별을 받아 왔다. 교육의 혜택을 제대로 받지 못하여
자아개발은 물론 정치적 주체로서 올바로 성장할 수 있는 기회를 박탈당해 늘
소수의 자리에 머물러 왔고, 일자리를 제대로 얻지 못하여 사회·경제적으로 불
리한 위치에 처해질 수밖에 없었다.

자신들의 권익을 신장하기 위하여 쏟았던 피의 대가로 연방대법원이 "차별
의 금지"라는 헌법적 대명제를 확인해 주기도 하였으나 이러한 기회의 평등만으
로는 아직 부족한 점이 많았다. 그래서 수정 제14조의 해석론으로, 또 1964년 민
권법의 제VII장을 위시한 하위법규에 의해 이전에 행해졌던 소수집단에 대한 차
별을 보상하고 실질적 평등을 이루기 위하여 시행하게 된 것이 바로 적극적 평
등실현정책이다.

적극적 평등실현정책(Affirmative Action)이란 "정치적 대표성이 소외되었던
(under-represented) 집단, 즉, 전통적으로 차별을 받아온 소수집단을 일정한 영역
에서 보다 많은 특혜를 누리도록 해 주려는 제반 시도"215)를 일컫는다. 그 내용

---

213) 373 U.S. 368 (1963).
214) 377 U.S. 533 (1964).
215) Greenwalt가 정의한 내용이다. Michael Rosenfeld, Affirmative Action and Justice: A Philo-
     sophical and Constitutional Inquiry, Yale University Press, 1991, p. 42에서 재인용.

은 우호적 처우(preferential treatment)를 하고 있는 것과 그렇지 않은 것, 그리고 할당제(quotas)나 목표(goal)를 규정하고 있는 것 등 다양하다.216) 학교에서 소수 인종의 정원을 할당하여 입학이나 교육에 있어서 특혜를 준다든지, 고용이나 해고에 있어서 소수집단을 유리하게 취급해 준다든지 연금이나 사회복지혜택에 있어서 여성에게 남성보다 유리한 조건을 부과한다든지 하는 것들이 다 여기에 속한다.

이 적극적 평등실현정책이 헌법적 논쟁의 대상이 되는 이유는 과연 이러한 차별이 평등보호조항에서 말하는 '평등'을 실현하기 위한 범위 내의 것인가 하는 점 때문이다. '소수집단에게 행해진 과거의 차별을 보상하기 위해서 다수에게 불리한 조치를 부과하는 것이 헌법적으로 허용될 수 있는가? 허용될 수 있다면 어떤 경우에, 어느 범위까지 그러한 취급이 가능할 것인가?' 하는 것이 근본적인 문제로 제기되는 것이다. 한편, '인종을 이유로 소수인종에게 불리한 취급을 할 때는 엄격심사기준을 적용하였는데 반대로 우호적인 취급을 해 줄 때 역시 엄격 심사기준을 적용하여야 할 것인가? 아니면 실질적 평등을 이루기 위하여 완화된 기준을 사용해야 하는가? 여성을 우호적으로 취급할 때는 어떻게 되는가?' 하는 심사기준(level of scrutiny)의 문제가 중요하게 등장한다.

이하에서 분야별로 대표적인 판례를 먼저 살펴보고 적극적 평등실현정책과 관련하여 제기되는 헌법적 쟁점 및 이 정책에 대한 찬반논의를 소개하기로 한다.

---

216) 한편, '적극적 평등실현정책'과 구별해야 하는 개념으로서 '역차별'(reverse discrimination)이 있다. 이 개념은 적극적 평등실현정책에 반대하는 사람들이 이 정책을 비난하기 위해서 지칭한 것으로 "백인이기 때문에 불리하게 취급하는 것"이라고 일응 말할 수 있다. 차이점을 지적한다면, 역차별은 개념상 백인을 불리하게 취급하기 위한 것이 목적이 되는 반면에 적극적 평등실현정책의 경우에는 과거에 행해진 소수집단에 대한 차별을 보상하고 배분적 정의를 이루려는 것이 목적이므로 보상적·배분적 개념이라는 점이다. 단순한 차별을 위한 차별이 아니고 결과의 평등을 추구하기 위한 차별이라고 볼 수 있는 것이다. 그리고 '호의적 차별', '우호적 차별'이라는 개념은 적극적 평등실현정책이라는 말과 상황에 따라서는 같은 의미로 쓰일 때가 많다. 본 논문에서도 호의적, 우호적 차별이라는 용어를 적극적 평등실현정책과 같은 의미로 썼다. 적극적 평등실현정책의 개념에 관해서 자세한 것은, M. Rosenfeld, 앞의 책, pp. 11-51 참조. 이에 관한 국내문헌으로는, 김영환, 적극적 평등실현조치에 관한 연구, 영남대학교 박사학위논문, 1991, 34-40면 참조.

2. 구체적 판결들

(1) 교   육

적극적 평등실현정책과 관련한 논의는 유명한 Regents of Univ. of Califor-
nia v. Bakke[217] 판결에서 비롯되었다.[218] 캘리포니아 주립대학 데이비스 의대
에서 정원 100명 중 16명을 소수인종에게 할당해 주기로 했는데 백인 지원자
Bakke는 경쟁대상이던 84명 중에 들지 못해 이 입학시험에서 두 번이나 떨어졌
다. 그러나 특별전형으로 입학한 소수인종 16명 전원이 자기보다 나쁜 점수를
받았었다. 이에 Bakke는 특별전형이 없었다면 입학할 수 있었을 것이라는 이유
로 소송을 제기하게 되었던 것이다. 이 문제를 판단한 연방대법원의 기본입
장[219]은 다음의 몇 가지로 요약할 수 있다.

첫째, 우호적인 차별을 할 경우에는 덜 엄격한 심사기준을 적용해야 한다는
학교 측의 주장을 배척하면서 "인종에 기한 구분은 종류를 불문하고 원천적으로
의심의 대상이 되는(suspect) 차별이며 그렇기 때문에 가장 엄격한 사법심사가
요구된다"고 하였다.

둘째, 우호적인 차별은 과거의 차별행위를 보상(remedial effects)해 줄 목적으
로 취해져야 하므로 국가기관의 헌법위반이나 법령위반이 증명되지 않는 한 우
호적인 차별은 승인되지 않는데, 이 사건의 경우 과거의 차별이나 헌법위반행위
를 보상하려는 것이 아니라 능동적으로 입학정책을 펴나가는 과정이었으므로

---

217) 438 U.S. 265 (1978).
218) 입학에 있어서의 우선정책은 Bakke 판결 이전에, Defunis v. Odegaard, 416 U.S. 312 (1974)
판결에서 논의될 수도 있었으나 원고가 소송이 진행 중에 이미 법대에 입학하여 졸업을 앞두
고 있었으므로 사건성이 결여되어(mootness) 소송이 각하되어 버렸다. 단 이 판결에서 더글러
스만이 자신의 입장을 밝혔다. "수정 제14조는 모든 법적용에 있어서 인종중립적인 방법으로
할 것을 요구한다"고 하여 인종을 우호적 차별의 사유로 삼는데 대해 반대하는 입장이었다.
219) 이 판결은 5대 4로 이루어졌다. 파웰 판사가 다수의견을 대표하였으며, 브레넌, 화이트, 마샬,
블랙먼이 일부동조, 일부반대의견을 제출했다. Bakke 판결의 쟁점은 두 가지였는데 특별전형
절차가 위헌인가라는 문제와 대학입학전형절차에서 인종을 고려할 수 있는가라는 문제가 그
것이다. 브레넌 외 3명은 데이비스 의대의 특별전형절차가 위헌이라고 판단한 데 대하여 반대
했고, 인종을 대학입학전형에서 고려할 수 있다(즉, 적극적 평등실현정책의 인정여부)는 점에
대해서는 동조의견을 제출했다. 즉, 파웰 판사만이 첫 번째 쟁점에 대해서는 위헌, 두 번째 쟁
점에 대해서는 반대의견 측을 지지하는 swing vote를 행사한 셈이었다. Alpheus T. Mason,
The Supreme Court From Taft to Burger, LSU Press, 1979, pp. 297-298, 김영환, 앞의 학위논
문, 115면에서 재인용.

이 과정에서의 우호적인 차별은 위헌이다.

　셋째, 소수인종에 대해 우호적인 조치는 오히려 그 소수집단은 자력으로는 성공할 수 없는 무력한 소수라는 고정관념을 심어줄 우려가 있으므로 진정한 의미의 '우호적'(benign)인 조치가 아니다.

　이러한 기본입장하에 파웰 판사는 다음으로 특별전형제도의 목적(purpose)이 엄격심사기준을 통과할 수 있을 정도로 필수불가결한(compelling, overriding) 목적인가를 판단하였다.

　대학 측이 제시한 특별전형의 목적은, ① 의료계에서 소수인종이 받아왔던 불이익을 줄이고, ② 역사적으로 받아왔던 사회적 차별(societal discrimination)을 보상해 주며, ③ 의사 인력이 부족한 소수인종 집중주거지역에 인력을 공급해 줄 수 있고, ④ 다양한 인적구성이 이루어진 학생집단을 형성할 수 있다는 4가지였다.

　파웰 판사는 이에 대해, "① 이것이 인종만을 이유로 소수집단을 우선적으로 처우해 주는 것이라면 이는 헌법이 명백히 금지하고 있는 인종차별이고, ② 사회적 차별이라는 개념은 모호하며, 과거의 차별행위가 확인되지 않는 한 무고한 다수를 차별하는 정책은 펼 수 없고, ③ 본 할당제가 부족한 의사인력을 보충해 준다는 아무런 증거도 없으며, ④ 다양한 인적구성이 이루어진 학생집단을 만드는 것은 중요한 목적이긴 하나 유일한 수단이라고는 절대 간주할 수 없다"고 하였다.

　또 인종적으로 다양한 인적구성은 일정 수를 범주화시키는 할당제(quota) 같은 수단으로만 반드시 획득되는 것이 아니고, 자격있는 사람들 중에서 인종을 고려하여 가산점(plus)을 주는 것과 같이 유연한(flexible) 특별전형만이 허용될 수 있다는 이유로 데이비스 의과대학의 할당제(quota)를 위헌이라고 판시하였다.

　네 번째 목적을 판단하면서 파웰 판사가 제한된 경우에는 유연한(flexible) 적극적 평등실현정책이 취해질 수 있음을 시사한 것은 이후에 전개될 판례에서 적극적 평등실현정책을 인정하는 판례가 많이 나올 수 있었던 배경 중의 하나였다.[220]

---

220) 왜냐하면, 뒤에서 판사개인별 입장을 언급할 때 잠시 살펴보겠지만 파웰 판사가 결정권을 행사한 경우가 많았기 때문이다. Bakke 판결에서는 위헌 쪽이었는데 Fullilove 판결에서는 합헌 쪽으로 표결했고, 자신이 참여한 적극적 평등실현정책과 관련한 모든 사건에서 항상 다수의견에 속해 있었던 유일한 판사였다. Herman Schwartz, "The 1986 and 1987 Affirmative Action Cases: It's All Over But The Shouting," 86 Michigan L. Rev. 524, 526 (1987).

한편, 반대의견을 낸 브레넌, 마샬 판사의 입장을 분명히 알아둘 필요가 있다. 적극적 평등실현정책이 합헌으로 인정될 때에는 항상 이들의 기본입장이 다수의견의 지위를 차지했기 때문이다.[221]

첫째, 적극적 평등실현정책에 의해 차별받게 되는 백인은 전통적으로 차별을 받아온 집단이 아니기 때문에 엄격심사기준을 적용시키는 것은 부적합하고, 성이나 적서(嫡庶)에 기한 차별과 마찬가지로 중간심사기준을 적용시켜 중요한 국가적 목적을 달성하기 위해 실질적인 관련이 있는 차별이면 허용되어야 한다.

둘째, 현재 미국에서 흑인이 차지하고 있는 사회적 지위는 역사적으로 받아온 불평등한 취급의 비극적이고도 불가피한 결과이다. 그리고 이러한 상태는 수정 제14조가 바라는 결과가 아니다. 인종을 고려한 보상책을 취하는 조건으로 차별사실에 대한 사법적 확인이 있어야 한다는 요구는 자발적으로 평등조치를 취하려는 노력에 치명적이므로, 제거될 폐해가 과거차별의 결과라고 믿을 만한 상당한 이유가 있으면 만성적인 소수인종의 소외상태(under-representativeness)를 극복하기 위하여 인종을 고려한(race-concious) 조치를 취할 수 있다.

셋째, 인종차별에 관여했던 기관이 단지 그 차별행위를 중지하고 인종중립적(race-neutral) 입장을 취하는 것만으로는 평등보호조항의 취지를 충족시키지 못한다.

이러한 근거하에서 브레넌은, 의학 분야에서의 소수의 소외 상태는 의학뿐만 아니라 교육·사회 등 일반 분야에서 받은 의도적인 차별의 결과가 빚은 현상이므로 그것을 치유하기 위해서 인종을 고려한 정책을 취할 수 있다고 주장하였다.

확실히, Bakke의 입학이 거절되었다고 Bakke의 열등함이 낙인찍힌 것은 아니며 평생에 걸쳐 Brown 판결에서 흑인 아동이 받는 정도의 심리적 영향을 받는 것도 아니다. 흑인이 역사적으로 받아왔던 사회적 차별과는 질이 다른 것이다. 하지만 그렇다고 무작정 무고한 다수를 차별하는 것은 허용될 수 없다. 그러면 어떤 경우에 적극적 평등실현정책이 인정될 수 있는가? 이것이 Bakke 판결이 제기한 문제였고 후속 판결들에서 연방대법원은 이 문제를 심리해 나갔다.

---

221) 적극적 평등실현정책과 관련된 일련의 판결들에서 브레넌, 블랙먼, 마샬은 거의 예외없이 입장을 같이해 왔다.

(2) **자금유보계획**(set – aside program in contracting and financing) **및 사업허가**
(licensing)

적극적 평등실현정책은 공공재원을 분배하거나 사업허가를 부여하는 데 있
어서 소수인종의 기업을 우선, 혹은 우대하여 취급하는 것이 어느 정도 허용되
는지에 대해서도 문제되었다.

그 시작은 1980년의 Fullilove v. Klutznick[222] 판결에서였다. 연방의회는
1977년에 공공사업법을 제정하여 주나 지방정부(local government)가 공공사업을
실시할 경우에 일정액의 연방보조금을 지급하도록 하고 보조금을 받은 공공사
업자는 그 보조금 중 10%를 소수인종에 의해 운영되는 기업에게 사용해야 한다
고 규정하였다. 소수인종이 당해 왔던 차별로 인한 불이익을 구제해 주기 위하
여 소수인종소유기업에게 공공사업계획에 참여할 수 있는 기회를 확보해 주자
는 취지였고, '10%'의 자금유보는 전체인구에서 소수인종이 차지하는 비율인
17%와 공공시설계약자 중에 소수인종이 차지하는 비율인 4%의 중간치로 결정
한 것이었다.[223]

복수의견(plurality opinion)을 대표한 버거는 다음의 이유를 들어 동조항을 합
헌선언하였다.[224]

첫째, 본 법률의 목적이 연방의회의 헌법적 권한 내의 것인가하는 점을 우
선 검토해야 하는데, 평등보호조항을 실행하기 위해 적절한 입법을 할 수 있는
권한(수정 제14조 제5항) 및 미합중국 전체의 복지를 증진시키기 위하여 입법을
할 수 있는 권한(연방헌법 제1조 제8항 i절)에 비추어 볼 때 문제의 MBE(minority

---

222) 448 U.S. 448 (1980).

223) 이런 비율의 수치는 차별의 결과를 징표하는 것으로서 중요하게 취급된다. 취업하고 있는 소수
인종의 비율이 노동인구의 비율보다 상당히 낮다는 것은 과거에 차별행위가 있었다는 사실을
추정하는 증거가 되고 그에 기해 적극적 평등실현정책이 합리화될 수 있었다는 것이다.
Wygant v. Jackson Board of Education, 106 S. Ct. 1842 (1986) 판결에서 오코너 판사의 동조의
견 참조.

224) 마샬은 동조의견을 통해 "흑인에게 닫혀 있던 장벽은 인종을 고려한(race-concious) 정책이 아
니고서는 완전히 열려지지 않는다"고 하였다. 적극적 평등실현정책에 대한 그의 일관된 신념
이다. 한편, 스티븐스와 렌퀴스트는 반대의견을 통해 "인종을 고려한 차별적인 법률에 의해 피
해를 보는 사람이 소수인종일 경우뿐만 아니라 다수일 경우에도 평등보호조항 위반이다. 인종
에 기한 특혜부여도 인종과 인종 사이를 분리시키기는 마찬가지이기 때문이다"며 정부는 정책
을 시행함에 있어 인종을 절대 고려할 수 없다는 의견을 피력했다. 엄격심사기준을 철저히 적
용한 것이다.

business enterprise)조항은 의회의 권한 내에 속한다. 둘째, 과거의 인종차별로 인한 현재의 불이익을 제거하려는 경우에 있어서 연방의회는 인종중립적 태도를 취할 필요가 없다. 셋째, 소수인종기업에 대한 자금유보조항으로 인하여 백인소유기업이 당하는 희생은 그들이 체결하는 전체 계약기회와 비교해 본다면 아주 작은 것이며, 백인기업은 이미 소수인종기업에 대한 차별로 인해 오랫동안 이익을 받아왔으므로 그 희생은 과도한 것이 아니다.

Fullilove 판결은 복수의견으로 제시되어 판례로서의 구속력을 가지지는 않았지만, 이 판결에 근거하여 많은 주정부와 지방정부는 소수인종기업이 과거의 차별로 인하여 현재 당하고 있는 피해를 구제해 주기 위하여 이러한 자금유보계획을 실시하기에 이르렀다. 하지만 Fullilove 판결이 선판례로서 한계를 갖고 있었다면 그것은 바로, 문제의 법률이 연방의회가 제정한 법률이었기 때문에 연방의회의 권한을 폭넓게 해석하고 의회에 대한 사법자제적 입장을 취하는 연방대법원의 기본적 입장에 바탕을 두고 합헌판결이 내려졌다는 것이다.[225] 그래서 주 차원에서 이러한 조치가 이루어졌을 때도 Fullilove와 같은 판결이 나올 수 있을 지는 아직 불확실했던 것이다.

이러한 우려는 현실로 나타났다. 1989년의 Richmond v. J. A. Croson Co.[226] 판결에서 주차원에서의 이러한 조치(시건설계약을 수주받은 주계약자는 건축예상비용의 30% 이상을 소수인종이 경영하는 기업에 하도급해 주어야 한다는 조치)가 위헌판정을 받았기 때문이다. 역시 복수의견[227]을 대표한 오코너 판사는, "연방의회는 수정 제14조 제5항에 의하여 사회적인 차별, 평등의 원칙을 해치는 상황을 찾아내고 그에 대해 예방적 조치를 취할 수 있는 특별한 헌법적 권한을 갖고 있지만, 주는 수정 제14조 제1항에 의거하여 모든 입법 활동 영역에 있어서 인종이라는

---

225) 버거 원장은 복수의견 첫머리에서 이 점을 밝히고 있다: "인종에 기하여 보상적인 계획을 실시하는 것은 엄밀한 심사를 받아야 한다. 그러나 이 문제를 접근함에 있어서 우리는 연방대법원과 동등한 위상에 있는 연방의회에 대하여 적절한 사법자제적 입장을 가지고 나가야 한다."
226) 488 U.S. 469 (1989).
227) 적극적 평등실현정책에 관해서는 판사들 사이에 구체적인 부분에서 의견이 일치하지 않는다. 평등보호심사기준 문제에서 어느 정도 엄격심사기준과 중간심사기준으로 의견이 갈리지만, 엄격심사기준을 주장하는 내부에서도 i) 입법부의 경우는 엄격한 조건하에 미래지향적인 (forward looking) 목적으로 사용될 수도 있다는 견해에서부터, ii) 과거의 차별행위가 확인되어야만 보상적인 정책을 취할 수 있다는 견해, 그리고 iii) 아예 인종을 고려한 정책은 전혀 취할 수 없다고 보는 견해까지 다양하게 나뉘어 있다. i)의 입장에 있는 판사가 스티븐스이며, ii)가 오코너, iii)이 케네디, 스칼리아, 렌퀴스트이다.

기준을 고려할 수 없게 되어 있다. 그러므로 연방대법원은 주정부가 채택한 구제책에 대한 합헌성 심사에 있어서 엄격심사기준을 적용해야 한다”고 하여 주나 지방정부는 확인된 차별에 대해서만 구제책을 취할 수 있다고 하였다. 그리고 본 사건에서는 주가 소수인종이 계약체결 분야에서 배제되어 왔다는 차별적 사실을 입증하지 못했으므로 위헌이라고 판단하였던 것이다.

과거의 차별사실이 확인되었는가, 혹은 통계적으로 어느 정도가 과거의 불합리한 차별을 반증하는가 하는 문제는 사실관계와 밀접한 관련이 있고 정책적 문제이므로 논외로 하고, 이 판결이 뚜렷이 제시했던 것은 연방의회가 취할 수 있는 구제책과 주의회나 지방의회가 취할 수 있는 구제책은 그 요건이나 범위에 있어서 차이가 있다고 본 것이었다.228) 3인(브레넌, 마샬, 블랙먼)의 판사는 반대의견을 통해 이 점에 대해, “수정 제14조 제1항이나 제5항은 주로 하여금 인종을 고려한(race-concious) 정책을 시행하지 못하도록 제한하거나 선점(preempt)하는 조항이 결코 아니다”라고 하면서 연방과 주 차원에서의 구제책이 다를 수 없다고 주장했다.229)

1990년에 또 다른 한 사건(Metro Broadcasting, Inc. v. Federal Communications Commission, 110 S.Ct. 2997 (1990))이 연방차원의 기관에 대하여 제기되었다. 여기서는 연방통신위원회(FCC)가 채택한 2가지 정책이 문제되었는데, 그 하나는 새로운 허가를 발부함에 있어서 소수인종의 소유기업을 우선적으로 고려하는 정책이었고, 둘째는 현재 사업허가자들이 허가를 잃게 될 상황(distress sale: 청산경매절차)에 놓여 있을 때 그 허가를 소수인종 소유의 방송사에 우선적으로 이전시켜 주는 정책이었다.

연방과 주의 경우를 달리 취급했다는 점을 감안하여 브레넌은 “문제된 FCC의 정책은 연방의회에 의해 승인을 받은 것”임을 강조하면서 다수의견을 이끌어내었다.230) 이 정책의 근거로 연방통신위원회가 제시한 ‘방송에 있어서 다양한

---

228) Chandler, Enslen, Renstrom, The Constitutional Law Dictionary, Oxford, 1985, Vol. 1 Supplement, p. 200.

229) Croson 판결에 대한 학자들의 반대입장과 그에 대한 논쟁에 관하여는, “Constitutional Scholars' Statement on Affirmative Action After City of Richmond v. J.A. Croson Co.,” 98 Yale L.J. 1711 (1989); Fried, “A Response to the Scholars' Statement,” 99 Yale L.J. 155 (1989); “Scholars, Reply to Professor Fried,” 99 Yale L.J. 163 (1989) 참조.

230) Fullilove 판결에 의하자면 연방차원의 적극적 평등실현정책만큼은 주와 지방정부의 그것과는 달리 엄격한 심사를 받을 필요가 없었기 때문이다. 그래서 브레넌 자신은 연방과 주의 경우에

정보와 관점을 접할 수 있는 국민의 권리'라는 것은 연방통신위원회가 수호해야
할 핵심적인 임무라고 강조한 후, 브레넌은 자신이 평소에 주장해 오던 중간심
사기준을 여기에 적용시켜, 이 정책을 합헌으로 판정해 주었다. Croson 판결의
복수의견을 형성했던 판사들이 모두 반대의견을 제출했으므로 엄밀히 말하면
판례의 입장이 바뀐 것으로는 볼 수 없으나, 앞의 판결들과 연결하여 결과적으
로 보면, "주 및 지방정부가 추진하는 적극적 평등실현정책에 있어서는 엄격심
사기준이 적용되고 확인된 과거의 차별행위에 대해서 보상을 해 주는 정책만이
허용되나, 연방정부의 차원에서 추진하는 적극적 평등실현정책에 있어서는 중간
심사기준이 적용되고 차별행위를 판단하거나 그것에 대하여 보상해 주는 정책
의 범위를 결정하는 데 있어서 연방정부나 연방의회는 광범위한 권한을 가진다"
는 이원적인 결론에 이르게 된다.231)

(3) 근로관계(employment)

　　적극적 평등실현정책에 대한 구체적 지침과 내용을 마련하려는 연방대법원
의 노력은 근로관계에 관한 판결들에서 세부적으로 논의되었다. 고용 및 근로에
관련된 많은 법률이나 행정적 조치들이 합헌판결을 받았으며 적극적 평등실현
정책이 허용되는 세부적인 요건들에 관해서 사안별로 검토해 나갈 수 있었다.
한편 이 분야에서는 1964년 민권법(Civil Rights Act) 제Ⅶ장232)에 이 같이 논의되었
는데 해당 조항은 차별을 철폐하기 위한 법원의 권한에 대하여 규정하고 있었고
이것이 평등보호조항과 어느 정도 조화되어 해석될 수 있겠는가 하는 것이 문제
되었다. 자발적인 평등실현정책을 취한 경우와 법원의 명령으로 평등실현정책을

　　취급이 다를 수 없다고 주장해 왔었지만, Croson 판결의 다수의견을 형성한 판사들이 주장한
　　연방의회의 광범위한 권한을 근거로 하여 보수진영(적극적 평등실현정책에 반대하는 판사들)
　　중에서 스티븐스의 동조를 얻어낸 것이다.
231) 반대의견을 낸 4인의 판사가 연방의 경우 엄격심사와는 다른 기준을 채택한 이러한 입장에 대
　　해 격렬히 반대했음은 물론이다. 그들의 기본입장은 인종을 차별하는 정책은 어떠한 경우에도
　　"목적이 불가피해야 하고 수단은 엄밀히 고안된 것이어야(narrowly tailored) 한다"는 것이다.
　　오코너 판사도 "수정 제14조는 주를 구속하는 것과 동일하게 연방도 구속한다"고 하였다. 이
　　말이 Croson 판결에서 연방과 주차원의 정책을 구별하여 달리 취급했던 장본인인 자신의 견해
　　와 일관되는지는 의문이다.
232) 이 중 차별에 대한 법원의 구제조치에 관한 조항을 보면, "피고가 근로관계에 있어서 불법적인
　　차별을 하고 있다고 판단할 경우에 … 법원은 그 행위의 중지와, 고용인의 복직 및 고용 등을
　　포함한, 적당하다고 생각되는 적극적 평등실현정책 기타 다른 공정한 구제조치의 실시를 명할
　　수 있고…"라고 규정하고 있다. 1954년 민권법 제706조 (g)항, 42 U.S.C. 2000e-5(g) (1982).

취하게 되었을 때 어떻게 취급이 달라졌는지도 주의해서 보아야 할 부분이다.

대표적인 판결은 해고에 있어서 인종을 고려하여 흑백을 차별할 수 있는지 여부가 문제된 Wygant v. Jackson Board of Education233) 판결이었다. "종전의 차별행위를 확인할 필요도 없이 우호적인 차별을 할 수 있으며 역할모델(role models)을 제시하여 줌으로써 사회적 차별(societal discrimination)을 보상해 주는 것은 평등보호조항에 의해서 허용된다"고 판시한 지방법원의 판결을 번복하면서, 연방대법원은 "유관기관의 차별행위에 대한 확인이 있어야 하며, 사회적 차별이라는 개념은 선한 다수를 차별하는 구제책을 취하는 근거가 되기에는 너무 모호하고 불충분한 개념"이라고 하면서 역할모델(role model)과 사회적 차별(societal discrimination)이라는 개념을 거부했다.234) 그러나 Local 28 of Sheet Metal Workers v. EEOC 판결에서 브레넌이 대표한 연방대법원의 다수의견은 민권법 제Ⅶ장을 넓게 해석하여 법원은 차별행위를 시정하기 위한 넓은 범위의 정책을 취할 수 있음을 확인하였고 차별을 효과적으로 종식시킬 수 있는 적극적 조치를 명하는 것도 가능하다고 판시했다.235) 연방대법원은 더 나아가 고용주와 고용인들간의 합의에 의한 자발적인(voluntary) 적극적 평등실현정책은 민권법 제Ⅶ장에서의 법원의 권한 범위를 따질 필요도 없이 허용되어야 한다고까지 하였다.236)

한편, 근로관계에 있어서 허용될 수 있는 적극적 평등실현정책의 세부적인 요건은 United States v. Paradise237) 판결에서 논의되었다. 알라바마 주립경찰이 해당지역 연방법원이 내린 흑인경관의 승진명령을 계속 무시하자 "주에서 적절

<hr>

233) 476 U.S. 267 (1986).
234) 여기서 파웰 판사는 엄격심사기준을 적용시켰다. 또 마샬은 반대의견에서 이 정책은 교육위원회가 자발적으로 고용인들과 타협하여 적극적 평등실현정책을 시행하였음을 강조하면서, "공립학교는 고용인들의 충분한 동의를 얻어서 감원에 있어서 적법한 적극적 평등실현정책을 실시할 수 있도록 허락되어야 한다"고 하였다.
235) 478 U.S. 421 (1986). 노동조합에서 29%의 소수집단을 회원으로 받으라는 지역법원의 명령(decree)을 거절하여 법원의 명령에 대해 소송이 제기된 사건이었다. 여기에서 브레넌은 '노동조합의 오랜 기간 동안의 인종차별', '법원의 명령에 끝까지 불복종'한 점을 강조하면서 지역법원의 명령을 필수적인(necessary) 조치였다고 판단했다. 반대의견을 낸 렌퀴스트와 버거는 "민권법 제Ⅶ장 706조 (g)호에 의해서는 차별의 피해자가 아닌 사람에게 인종을 고려한 우호적인 취급을 할 수 없다"고 주장했다.
236) Local 93 of International Association of Firefighters v. City of Cleveland, 478 U.S. 501 (1986).
237) 480 U.S. 149 (1987).

한 승진대책을 세울 때까지 '적당한 기간 동안' 1대 1로 흑·백인을 승진시키라"
는 명령을 내렸다. 복수의견을 대표한 브레넌 판사는 이 명령은 주가 적절한 승
진대책을 세우지 않았기 때문에 불가피하게 내린 임시적 조치이므로 엄격심사
기준도 통과할 수 있을 만큼 엄밀하게 고안된(narrowly tailored) 정책이라고 하였
다. '엄밀히 고안된(narrowly tailored) 것이어야 한다'는 전제 아래 이 판결에서 인
정된 적극적 평등실현정책의 요건은 유효성(effectiveness), 임시성(temporariness),
융통성(flexibility)이었다.[238) 이러한 요건은 여성의 우선고용을 자발적으로 추진
한 산타클라라 자문회의의 정책이 문제된 Johnson v. Transportation Agency[239)
판결에서도 적용되어 나타났다. 연방대법원은 "① 해당 기관의 정책이 '전통적
으로 여성이 차별받아온 직종'에서의 '명백한 불균형'(manifest imbalance)을 시정
하기 위한 것이므로 허용할 만하고(acceptable), ② 그 직종에서의 남녀비율의 균
형을 달성하기 위한(attain) 정책이지 균형을 유지시키는(maintain) 정책은 아니므
로 임시적이며(temporary), ③ 숫자를 고정시켜 놓은 것이 아니라 개인에 따라 다
르게 적용될 수 있게 하였으므로 융통성이 있다(flexible)"고 판시했던 것이다.

　　다른 분야에서와는 달리 근로관계의 영역에서 이처럼 적극적 평등실현정책
이 허용된다는 전제하에 그것이 허용될 수 있는 구체적인 요건을 찾는 데 판례
의 방향이 맞추어졌던 이유는 헌법의 평등보호조항 외에 민권법 제Ⅶ장 제706
조 (g)항이라는 또다른 법원(法源)이 있었기 때문이다. 공사(公私)를 불문하고 차
별행위가 있었을 경우에는 광범위한 적극적 평등실현정책을 행사할 수 있도록
연방의회가 각급법원에 명시적으로 권한을 부여해 놓았으므로 적극적 평등실현
정책의 허용여부에 대해서보다는 법원에 부여된 권한의 범위가 어느 정도인가
를 둘러싸고 논의가 전개되기 쉬웠던 것이다. 민권법 제Ⅶ장하에서의 고용주의
의무와 헌법의 평등보호조항 하에서의 그것이 어떠한 차이가 있는가 하는 점에
대해서, 오코너 판사는 이 두 의무는 범위가 동일한 것이라는 견해를 보였고,[240)

---

238) Chandler, Enslen, Renstrom, The Constitutional Law Dictionary, Oxford, 1985, Vol. 1
　　Supplement, pp. 196-197.

239) 480 U.S. 616 (1987).

240) Johnson v. Transportation Agency, 480 U.S. 616 (1987)에서의 오코너 판사의 동조의견 참조.
　　이 말을, 확인된 과거의 차별에 대해서만 적극적 평등보호정책을 취할 수 있다는 그녀의 일관
　　된 입장에 조화시켜 해석한다면, 사기업의 고용주들도 과거의 차별사실이 확인되지 않는 한
　　자발적인(voluntary) 적극적 평등실현정책을 펼 수 없다고 해석하게 된다.

브레넌을 비롯한 5명 정도의 판사는 민권법 제Ⅶ장의 기준보다는 평등보호조항
의 그것이 더 엄격하다는 견해를 보였다.241) 그러나 공기업의 경우는 평등보호
조항의 적용을 받고(앞서 살펴본 국가행위이론상 수정 제14조의 적용대상은 주 및 공
적 기능을 행사하거나 주와 밀접한 관련을 맺고 있는 주체이며 사기업은 제외되기 때문)
사기업의 경우는 그보다 덜 엄격한 민권법의 적용을 받는다는 것은, 평등보호조
항의 취지를 근로관계 전반에 적용시켜 평등을 실현시키려는 민권법의 취지에
도 어긋나고 사기업과 공기업의 경우에 평등실현정책을 펼 수 있는 범위가 다르
게 되어 불합리하다. 그러므로 민권법 제Ⅶ장의 기준은 사기업이나 공기업 모두
에 공히 적용되는 것으로 평등보호조항에 있어서와 동일한 기준을 적용시켜야
한다.242)

　　전체적으로 볼 때 근로관계에서는 적극적 평등실현정책을 취하기가 용이했고
연방대법원의 입장도 이에 대해 관대한 입장을 보여 왔다고 이해할 수 있겠다.

3. 헌법적 쟁점

　　적극적 평등실현정책과 관련하여 연방대법원의 판결에서 제기된 헌법적 쟁
점은 다음의 세 가지로 요약할 수 있다: 첫째, 어떠한 심사기준을 적용하여야 하
는가 하는 심사기준의 문제(the level of scrutiny), 둘째, 어떤 경우에 적극적 평등
실현정책이 정당화되는가 하는 정당화요건의 문제, 특히 불가피한 이익(com-
pelling interest) 및 '과거의 차별'의 본질(the nature of the prior discrimination), 셋
째, 적극적 평등실현정책이 내용상 갖추어야 할 구체적인 요건과 범위(the nar-
rowness of the tailoring)의 문제이다.243)

---

241) 5대 4의 이러한 입장대립은 Johnson 판결을 기초로 해서 Schwartz 교수가 분석한 것이다.
　　Herman Schwartz, "The 1986 and 1987 Affirmative Action Cases: It's All Over But The
　　Shouting," 86 Michigan L.Rev. 524, 538-542 (1987). 그리고 브레넌이 평등보호조항의 기준이
　　민권법의 그것보다 더 엄격하다고 주장한 것은, 자신이 해석한 평등보호조항의 기준 자체가
　　범위가 넓은 것이기 때문에(즉, 넓은 범위의 적극적 평등실현정책을 펼칠 수 있다는 의미) 사
　　기업까지 규제하는 민권법의 경우는 덜 엄격하다고 할 수밖에 없었던 것이다. 민권법 제706조
　　(g)항의 해석 및 입법목적에 관하여 자세한 것은, 김영환, 앞의 학위논문, 159-172면 참조.
242) Herman Schwartz, 앞의 글, pp. 541-542.
243) Herman Schwartz, 앞의 글, p. 543. 이하의 분석은 Herman Schwartz의 이러한 3가지 틀을 기본
　　적 구도로 삼았다.

(1) 심사기준의 문제

연방대법원이 각 판례마다 맨 먼저 언급하였던 문제는, 인종에 기한 적극적 평등실현정책의 심사에 적용되는 심사기준은 소수인종에 대한 차별을 심사할 때와 마찬가지의 엄격심사기준(strict scrutiny)이어야 하는가라는 것이었다. 이에 대해서는 판사들간에도 견해가 뚜렷이 나누어져 있다. 렌퀴스트, 파웰, 오코너, 스칼리아 판사는 소수인종에 우호적인 차별에도 엄격심사기준을 사용해야 한다는 입장이고, 브레넌, 마샬, 블랙먼, 화이트는 중간심사가준(intermediate level of scrutiny)을 주장하고 있으며, 스티븐스 판사는 대체로 중도적인 입장244)을 취하고 있는 것이다.

엄격한 심사기준을 주장하는 근거는, 수정 제14조의 평등보호조항은 인종을 기준으로 한 차별을 금지하고 있고 우호적인 차별도 역시 인종을 기준으로 한 차별에 해당하므로 소수인종을 차별하는 경우나 다수를 차별하는 경우나 동일한 기준이 적용되어야 한다는 것이다. 인종중립적인(racially neutral) 정책만이 평등보호조항의 유일한 목적이라는 취지이다.245) 반면에 중간심사기준을 주장하는 판사들은, 새로이 차별받게 되는 다수는 소수인종의 경우와는 달리 과거에 집단적으로 차별받아 온 적이 없기 때문에 그들을 차별하는 것은 '의심스러운 차별'이 아니며 과거의 차별이 현재에까지 영향을 미치고 있는 상황에서는 인종중립적인 정책만으로는 부족하다는 이유로 엄격심사보다는 낮은 중간심사기준을 적용할 것을 주장하였다.246)

우선, 엄격심사기준이 적용되는 '의심스러운 차별의 대상이 되는 집단'(suspect class)이란 무엇인가를 살펴볼 필요가 있다. 백인(혹은, 남성)이 그러한 집단의 속성을 갖고 있다면 적극적 평등실현정책에 의해서 다수인 백인(혹은, 남성)을 차별하는 것은 당연히 엄격심사기준의 적용을 받아야 되기 때문이다. 판례에 의하면, "무능력사유가 있거나, 역사적으로 의도적인 불평등한 취급을 받아 왔거나, 정치적으로 열등한 지위에 놓여 있어, 다수결의 정치적 과정으로부터 특

---

244) Schwartz 교수는 스티븐스의 입장을 '유동적인 합리성 심사기준(rational-basis-with-bite test)'이라고 명명하였다. Herman Schwartz, 앞의 글, p. 544.

245) Fullilove v. Klutznick, 448 U.S. 448 (1980) 판결에서 렌퀴스트의 반대의견에 잘 나타나 있다.

246) Regents of Univ. of California v. Bakke, 438 U.S. 265 (1978) 판결에서 브레넌의 반대의견에 잘 나타나 있다.

별한 보호를 받아야만 하는(saddled with such disabilities, or subjected to such a history of purposeful unequal treatment, or relegated to such a position of political powerlessness as to command extraordinary protection from the majoritarian political process) 집단"[247])을 차별한 경우에는 엄격심사의 적용을 받는다고 한다. 이렇게 본다면 과거 정치적 다수였던 백인(혹은, 남성)은 여기에 속한다고 보기 힘들다. 소수인종에게 우호적인 대우를 해 준다고 바로 다수의 지위가 소수로 바뀌면서 정치적으로 열등한 지위에 놓이게 되지도 않는다. 게다가 백인(혹은, 남성)은 역사적으로 차별을 받기는커녕 오히려 소수인종에 대한 차별로 인해 특혜를 누리고 있었으므로 적극적 평등실현정책으로 인하여 그들이 받게 되는 해악은 그다지 큰 것이 아니며 소수인종에게 불평등취급이 행해질 때의 그것과 근본적으로 다른 것이다. 그러므로 수많은 인종차별법률과 관행에 의해 철저히 사회적 차별(societal discrimination)을 받아온 소수인종에 대한 차별대우와 그러한 차별을 보상해 주려는 우호적 조치를 동일선상에 놓고 볼 수는 없다. "유사한 상황에 처해 있는 사람은 유사하게 취급하라"는 평등의 원칙에 비추어 볼 때, 소수인종으로 태어났다는 이유만으로 취업이나 대학에 입학하는 데 있어서 심하게 차별받아온 사람들에게는 애초부터 '유사한 상황'이 존재하지 않았기 때문이다.

게다가 적극적 평등실현정책의 목적은 다수에게 해악을 가하려는 데 중점이 있는 것이 아니라 차별받아왔던 소수로 하여금 그 질곡을 극복할 수 있도록 돕는데 중점이 있다. 그러므로 연방대법원이 소수인종을 차별할 때와 동일하게 엄격심사기준을 채택해야 할 이유는 없다고 할 것이며, 다수에게 미칠 해악을 줄이도록 그 내용을 마련하는 데 오히려 논의의 초점이 주어져야 한다.[248]

한편, 소수인종을 차별할 때나 우대할 때나 같은 엄격심사기준을 사용한다면 또 다른 미묘한 문제가 생긴다. 같은 엄격심사기준이므로 그 내용이나 범위도 같아야 하겠으나, 앞의 여러 판례를 검토해 볼 때 적극적 평등실현정책에 관한 연방대법원의 엄격심사기준은 소수인종을 차별하는 입법에 대한 엄격심사기준에 비하여 그 내용이 조금은 완화되었다고 할 수 있기 때문이다. 첫째, 근로관계에 관한 여러 판결들을 보면 엄격심사기준을 주장하는 판사들도 어느 정도 적

---

247) San Antonio School Dist. v. Rodriguez, 411 U.S. 1, 28 (1973).
248) Herman Schwartz, 앞의 글, pp. 545-552.

극적 평등실현정책이 허용되는 범위를 인정하고 있다고 볼 수 있다.[249] 둘째, 엄격심사기준의 적극적 주창자였던 파웰 판사조차도 합헌판정을 받은 거의 모든 적극적 평등실현정책 관련판결에서 다수의견(혹은 복수의견)에 참여했었다는 사실을 생각하면 더욱 그렇다.[250] 흑인차별의 경우에는 문자 그대로 엄격하게 적용되었던 엄격심사기준이 적극적 평등실현정책의 경우에는 이렇게 약하게 적용된다면, 흑인차별의 경우에 적용되는 엄격심사기준의 내용이 오히려 희석될 가능성도 있고 더 나아가 적극적 평등실현정책의 영역에서 중간심사기준을 적용하는 것과 내용적으로 뚜렷한 구분을 지을 수 있는지조차 의심스러워진다.

물론 평등보호조항의 심사기준은 어디까지나 개별사건에서 문제되는 실체적 권리나 요소들을 보다 쉽게 범주화하기 위하여 사용되는 도구에 불과하므로 평등보호위반의 심사에 있어서 그것이 절대적으로 어떤 의미를 가지는 것은 아니다. 하지만 적극적 평등실현정책의 경우에 적용되는 기준이 원래의 엄격심사기준보다 약한 것이라고 본다면, 적극적 평등실현정책이 일정한 범위에서 허용될 수 있다는 점에 대해서는 연방대법원 판사들간에 원칙적인 합의가 존재한다고도 볼 수 있는 것이다.

오히려 주목해야 할 것은 어느 정도 적극적 평등실현정책에 관한 입장이 판사들의 합의를 얻어갈 때쯤에 이 정책의 적극적 지지자였던 브레넌과 마샬이 은퇴하였기 때문에 향후 연방 대법원의 입장이 어떻게 변할 것인가 하는 점이다.[251]

---

249) 위의 2.(3) 근로관계 부분 참조. 특히 장기간의 의무불이행으로 인하여 법원이 적극적 평등실현정책을 강제할 때와 자발적으로 적극적 평등실현정책을 실시할 경우에는 합헌으로 인정되는 경우가 더욱 흔했다. Herman Schwartz, 앞의 글, pp. 546-547.

250) 중간심사기준을 주장하는 브레넌, 마샬 등과 다수의견을 이루는 경우도 많았다. 특히 Fullilove 판결에서 파웰은 엄밀히 고안되지(narrowly tailored) 않았던 정책이었음에도 불구하고 의회의 판단을 존중하는 사법자제적 입장을 취하여 합헌판결을 한 복수의견(plurality opinion)에 동참했었다. 워렌 법원 시기 인종차별에 적용되었던 엄격심사기준은 의회에 대한 사법자제적 입장을 취하는 데 매우 인색했던 점을 감안하면 적극적 평등실현정책에 관한 파웰 판사의 엄격심사기준은 흑인차별에 적용되는 그것보다 덜 엄격한 것이라고 판단할 수 있다. 파웰 판사의 엄격심사기준이 덜 엄격하다는 데 대해서 자세한 것은, Herman Schwartz, 앞의 글, pp. 547-549 참조.

251) 사실 지금까지의 판례들은 적극적 평등보호정책에 대한 변함없는 지지자였던 브레넌, 마샬, 블랙먼 세 판사와 거기에 인색했던 렌퀴스트, 스칼리아, 오코너 세 판사의 사이에서 화이트, 파웰(케네디), 스티븐스가 어느 쪽을 편들어주느냐에 따라 합헌, 위헌이 가려져 왔다. 그런데 브레넌(1990)과 마샬(1991)이 은퇴하고 수터와 토마스가 뒤를 잇게 되어 적극적 평등보호정책의 지지자는 이제 블랙먼만 남게 되었던 것이다.

1993년에 그 추이를 짐작케 하는 사건이 연방대법원에 올라왔다.[252] 선거구민의 20%가 흑인인 점을 감안하여 노스캐롤라이나 주에서 선거구 중의 하나를 흑인이 선출되기 유리하도록 조정한 선거구편성(gerrymandering)이 시험대에 오르게 된 것이다. 이 판결에서 블랙먼, 화이트, 스티븐스를 제외한 나머지 6인의 판사들은 "평등보호조항에 따르면, 특정 인종을 유리 또는 불리하게 하는 정책은 시행할 수 없다"고 하여 문제의 적극적 평등실현정책을 위헌으로 선언했다. 이러한 정책은 소수인종에 대한 고정관념을 더욱 심화시킬 뿐이라는 이유에서였다. 선거구 및 투표권과 관련한 판례일 뿐이므로 아직 그 추이를 확실히 알 수는 없으나 소수인종에 대한 고정관념을 강화시킨다는 논거(이 논거에 대해서는 마샬 판사가 그렇게도 반대했었다)를 든 점, 그리고 이 판결에서의 소수의견이 다수의견이 될 가능성이 당분간은 없다고 볼 수 있을 정도로 불리하게 편성된 연방대법원의 인적 구성에 비추어 볼 때 이 판결은 적극적 평등실현정책의 상당한 후퇴를 의미한다고도 일응 볼 수 있을 것이다.[253]

(2) 정당화요건 – 필수적인 이익(compelling interest)[254]

적극적 평등실현정책은 전통적으로 차별받아 왔던 소수인종 혹은 여성에게 기회의 평등을 보상한다는 차원에서 취해진 것이므로 필연적으로 다수집단(백인 또는 남성)을 차별하는 결과를 가져왔다. 자기와는 아무 관련이 없는 이유(흑인이나 여성이 전통적으로 사회 여러 분야에서 차별받아 왔다는 역사적 사실)로 무고한 다수가 역으로 차별을 받게 되었던 것이다. 하지만 연방대법원은 많은 판결을 통하여 무고한 다수를 차별하는 적극적 평등 실현정책을 인용하여 왔다. 그러면 무고한 다수가 차별을 받게 되는 이러한 적극적 평등실현정책이 허용되는 내용적 근거는 도대체 무엇일까?

여기에 대해서 마샬 판사는 다음과 같이 얘기하고 있다. "오늘날 미국에서

---

252) Shaw v. Reno, 113 S. Ct. 2816 (1993).

253) 김영환, 앞의 학위논문, 242면에서도 동일한 취지의 전망을 하고 있다. 아울러 이 논문에서는 미국의 산업계가 적극적 평등실현정책을 경영이익의 확보를 위한 우수한 정책으로 평가하고 있다는 사실 및 연방의회에서의 노력 등으로 적극적 평등실현정책의 미래가 어두운 것만은 아니라고 한다. 위 논문, 242-243면 참조.

254) 중간심사기준을 적용하는 입장에서는 중요한(important) 이익이 정당화 요건이 되겠지만 여기서는 완화된 엄격심사기준(위에서 보았듯이 중간심사기준과 내용상 차이가 많이 나지 않으므로)에 따라 필수적인 이익(compelling interest)이라는 전제하에 검토한다.

의 흑인의 지위는 수세기 동안의 불평등한 취급을 받아온 비극적이고도 불가피
한 결과이다. 안락한 생활, 사회적인 성공, 어느 면에서 보아도 진정한 평등은
흑인에게 있어서 먼 이상에 불과했으며 … 수백년 동안 흑인은 개인의 능력에
따른 차별이 아닌, 오로지 피부색이 검다는 이유로 집단적인 차별을 받아왔다.
그런 흑인들에게 자신이 인종차별의 피해자임을 개개인이 증명하라고 요구하는
것은 불필요한 것이다. 우리 사회에서 인종차별의 영향은 부유한 사람이건, 가
난한 사람이건 간에 헤어나올 수 없을 정도로 광범위했다. … 그리고 모든 흑인
이 법에 의해 열등하다는 낙인이 찍혔고 그들은 이것을 감내하고 살아야 했다.
… 사회적으로 영향력 있고, 풍요롭고, 명망 있는 지위에 오를 사람을 결정함에
있어서 인종을 고려하는 사회제도를 허용해야하는 이유는 바로 이러한 불평등
한 취급의 사회적 유산 때문이다.”255) 즉, 그에 의해 파악된 적극적 평등실현정
책의 당위성은 소수인종이 받아왔던 사회적 차별에 대한 보상이라는 데 있었다.
‘사회적 차별’을 강조하는 마샬 판사의 입장256)은 개별적인 판결에서 두 가지 내
용으로 나타났다. 그 첫째는, 소수인종에 대한 사회적 차별을 제거하기 위해서
는 인종중립적인 정책만으로는 효과적인 구제책이 되지 못하므로 인종을 고려
한(race concious) 정책을 취해야 한다257)는 점이고, 둘째는, 적극적 평등실현정책
에 대한 반대 입장에 있는 판사들이 요구했던 ‘과거에 자신이 (개별사건에서의 상
대방, 즉 국가나 고용인 측으로부터) 차별받았다는 데 대한 증명’까지는 필요 없다
는 점이었다. 즉, 현재의 불평등이 과거의 차별적 제도 및 관행의 결과라는 점만
증명하면 된다는 것이다.258)

이에 반해 연방대법원의 다수의 판사들은 소수인종에 가해진 차별 및 그 영
향을 해소하는 것이 적극적 평등실현정책이 취해질 수 있는 필수적인 이익
(compelling interest)이라는 데는 어느 정도 찬성하나 ‘사회적 차별의 결과를 제거
하기 위해서’라는 마샬 판사의 논리에 대해서는 거부하는 입장을 보이고 있
다.259) 이런 입장에 의하면, 일정한 영역에서 자신이 차별받았다는 사실을 확인

255) Bakke 판결에서의 마샬 판사의 반대의견.
256) 브레넌, 블랙먼 판사의 견해도 기본적으로 동일하다.
257) Fullilove 판결에서 마샬 판사의 동조의견.
258) Croson 판결에서 마샬 판사의 반대의견.
259) Herman Schwartz, 앞의 글, p. 553. 이러한 입장은 위에서 언급한 거의 모든 판례에서 언급되
고 있다. Bakke, Wygant, Croson 사건에서는 다수의견(복수의견 포함)으로, Fullilove, Metro

(a finding of prior discrimination)할 수 있어야 그 차별을 보상하기 위한 적극적 평등실현정책이 허용될 수 있고 그러한 구체적 확인이 없으면 허용될 수 없다는 결과가 된다. Wygant 사건에서 파웰 판사는 "사회적 차별 그 자체만으로는 차별적인 결과에 대한 구제책을 취하는 근거로서 너무 막연하다. 사회적 차별이 있었다는 사실을 모르는 사람은 이 나라에 아무도 없기 때문이다. 무고한 다수를 차별하는 법적인 구제책을 취함에 있어서 사회적 차별이라는 개념은 불충분(insufficient)하고 너무 광범위하다(overexpansive)"라고 하면서 관련 국가기관의 차별 행위에 대한 증명이 없는 한 차별에 대한 보상으로서의 평등실현정책을 쓸 수는 없다고 판시했었다.

그러나 과거의 차별행위에 대한 증명을 요구하는 입장에 따르면 적극적 평등실현정책을 취하는 범위가 매우 제한된다. 특히 대학의 입학에 관련되는 정책을 펴거나,[260] 소수기업에 대한 자금지원을 해 주는 경우와 같이,[261] 과거에 차별받은 소수를 개별적으로 보상해주는(remedial effect) 차원을 넘어 새로운 정책을 통하여 소수인종에게 유리한 지위를 확보해 주려는 미래지향적인 정책은 거의 허용될 수가 없기 때문이다. 한편, 연방대법원이 적극적 평등실현정책을 허용한 몇몇 판결들을 보면 과거의 차별행위에 대한 증명이 없이도 허용된 적이 있음을 알 수가 있다.[262]

특히 민권법 제Ⅶ장하에서의 자발적인 적극적 평등실현정책에 대해서는 과거의 차별사실에 대한 증명이 없었고 심지어 차별 행위가 있었는가에 대해 다툼이 있었는데도 연방대법원이 이를 허용하였던 것을 알 수 있다.[263] 즉 과거의 차별행위에 대한 구체적 확인을 요하는 것은 연방대법원이 취하고 있는 입장에도 맞지 않는 것이다.[264]

Broadcasting 판결에서는 소수의견으로 제시되었다.

260) Regents of Univ. of California v. Bakke, 438 U.S. 265 (1978).

261) Richmond v. J.A. Croson Co., 488 U.S. 469 (1989).

262) 그 대표적인 예가 Fullilove v. Klutznick, 448 U.S. 448 (1980) 판결이다. 과거에 차별을 받은 소수인종기업인가를 따지지 아니하고 일정비율의 소수인종기업에 자금을 유보시킨 것에 대해 연방의회에 대한 사법자제적 태도를 취하면서 합헌판결을 내린 것이다. 이 판결의 복수의견을 집필한 판사는 바로 '사회적 차별' 개념을 앞장서서 거부한 파웰이었다.

263) Weber 판결과 Johnson 판결이 그 예이다.

264) Herman Schwartz, "The 1986 and 1987 Affirmative Action Cases: It's All Over But The Shouting," 86 Michigan L. Rev. 524, 555-557 (1987).

또한 특정인의 차별행위에 대하여 무고한 다수가 함께 불이익을 받는 것은 일견 불합리해 보이기도 하나 소수인종이 과거에 받아왔던 사회적 차별에 의하여 무고한 다수집단 모두가 직접 혹은 간접적으로 이익을 받았었다고 할 수 있으므로 전체 다수집단이 과거의 사회적 차별에 책임이 있는 것이 된다. 그리고 그들이 당하는 희생도 과거에 소수인종이 받았던 것에 비하면 비교가 될 수 없을 정도로 미미하다. 그러므로 현재의 적극적 평등실현정책으로 인하여 무고한 다수가 희생을 당하는 것이 부당하다고 할 수만은 없게 된다.[265] 소수인종이 받아왔던 사회적 차별을 보상하기 위해서 감수해야 할 부분이기 때문이다.

(3) 정책의 구체적 요건

적극적 평등실현정책과 관련된 많은 판례들은 이 정책이 '엄밀히 고안될 것'(narrowly tailored)을 요구하고 있다. 무고한 다수에게 불이익을 주면서 소수인종(혹은 여성)에게 특혜를 주는 정책이므로 그 정당성과는 별도로 무고한 다수에게 주는 해악을 최대한 줄이는 방향으로 정책이 마련되어야 함을 요구한 것이다. 소수인종의 사회적 차별을 제거한다는 정당한 목적이 있더라도 그것을 이루는 수단이 적절한 범위를 넘어선다면 역시 합리적인 정책이라고 볼 수 없기 때문이다. 그런 의미에서 적극적 평등실현정책을 실시할 경우에 고려해야 할 요소들을 정리해 보면 다음과 같다.[266] : i) 유효한 대안의 존재여부(보충성), ii) 정책의 시행기간(한시성), iii) 전체 인구에서 소수인종이 차지하는 비율과 특혜를 받는 소수인종의 비율 사이의 균형(비례성), iv) 무고한 제3자에게 미치는 영향(최소침해성). v) 정책을 실시할 때의 상황이나 정책으로 생길 수 있는 기타의 문제들을 적절히 고려하여 수정하거나 연기할 수 있도록 하는 것(융통성) 등이 그것이다.

그러나 이런 요소들이 정책에 요구되는 정도는 제각기 다르다. 우선 보충성에 관해서 보면, 유효한 대안이 존재할 경우에는 적극적 평등실현정책을 실시할 수 없다는 정도의 엄격한 의미로 해석해서는 안 된다. 헌법과 법률이 허용하는 범위 내에서 사실심법원 혹은 정책당국의 합리적인 재량의 범위에 속하는 것이라면 인종차별을 구제하기 위한 정책을 실시할 수 있다[267]고 해야 하기 때문이

---

265) Myri L. Duncan, "The Future of Affirmative Action: A Jurisprudential/Legal Critique," 17 Harv. Civ. Rights-Civ. Lib. L. Rev. 503 (1982), 김영환, 앞의 학위논문, 209면에서 재인용.

266) Herman Schwartz, 앞의 글, pp. 568-569.

267) Fullilove v. Klutznick, 448 U.S. 448, 508 (1980) (파웰 판사의 다수 의견). 한편, 이 판결 내에서

다. 정책의 기간이 한시적이어야 한다는 것은 적극적 평등 실현정책이 실현되어
소수인종(혹은 여성)이 과거의 차별로부터 어느 정도 기회의 평등을 회복할 수
있을 때까지 시행되어야 한다는 의미이다.[268] 무고한 제3자에 미치는 영향도 가
능하면 줄여야 하겠으나 적극적 평등실현정책을 실시함으로써 다수가 공정한
기회(fair share)를 박탈당하지 않는 한 이러한 조건은 만족시켰다고 보아야 한
다.[269] 더 나아가 제3자가 받는 손해는 과거에 소수인종이 차별받음으로써 직접
혹은 간접적으로 누리게 된 이익에 근거하는 것이라는 점에서 보면 무고한 제3
자가 받는 손해라는 것은 그렇게 큰 비중을 차지하는 문제가 아니다.

한편, 적극적 평등실현정책이 소수인종(및 여성)에게 가해진 사회적 차별을
보상해 주고 실질적인 평등을 이룰 수 있는 효과적인 수단임을 고려한다면 여기
서 언급된 구체적 요건들은 너무 엄격히 해석되어서는 안 될 것이다.

4. 적극적 평등실현정책에 대한 찬반(贊反)논쟁[270]

적극적 평등실현정책은 그 실제적인 목표나 법적 근거뿐만 아니라 평등의
개념과도 밀접한 관련이 있는 문제이다. 그렇기 때문에 적극적 평등실현정책에
대한 찬반논쟁은 비단 헌법적 차원에서만 논의되는 것이 아니라 사회·경제적,
나아가서는 철학적 차원으로까지 확대될 수 있다.[271] 여기서는 연방대법원 판례
에서 자주 언급되었던 요소를 중심으로 헌법적 차원과 관련 있는 범위 내에서
적극적 평등실현정책에 대한 찬반론을 검토하기로 한다.

(1) 반대론의 논거

첫째, 적극적 평등실현정책은 실적이나 개인의 능력, 노력 등이 아닌 인종·

인용된 한 보고서에는 "차별을 해소하고 구제하려는 덜 극단적인 여러 방법들을 수십년 동안
시도해 보았지만 모두 실패였다"라는 내용도 있었다. Herman Schwartz, 앞의 글, p. 273.
268) 이 부분은 특히 고용이나 승진과 관련해서 많이 논의된 부분이다. Ⅳ. 2. (3) 근로관계 부분 참조.
269) United Steelworkers of America v. Weber, 444 U.S. 193 (1979) 판결에서 흑인에게 정원의 50%
를 유보한 훈련계획은 백인에게 나머지 50%의 기회를 주고 있으므로 백인 노동자의 이익을 불
필요하게 제한한 것이 아니라고 하였고, Fullilove 판결에서도 소수인종에 대한 10%의 자금유
보계획에 의하여 백인기업이 입은 손실은 상대적으로 경미한 것이라고 하였으며, Johnson 판
결에서 산타클라라 카운티의 고용우선정책으로 인하여 남성 노동자에게 과중한 부담을 주지
는 않는다고 함으로써 이러한 입장을 뒷받침하고 있다.
270) 이 부분에 대해 자세한 것은 김영환, 앞의 학위논문, 189-218면; M. Rosenfeld, 앞의 책을 참조
하라.
271) M. Rosenfeld, 앞의 책, pp. 135-136.

성과 같은 객관적이고 생래적인 요소를 근거로 차별을 하고 있으므로 평등한
조건에서 자유경쟁으로 사회의 정의를 확보하려는 기회의 평등 원칙에 위반된
다고 한다.

둘째, 모든 소수인종이나 여성이 개인적으로 차별받은 것은 아니며, 소수인
종이나 여성이 아닌 자도 차별의 피해자일 수 있으므로 소수인종이나 여성을 집
단으로서 우대할 것이 아니라 우선적 처우를 개별화하여[272] 인종이나 성에 관계
없이 차별의 실제 피해자라면 누구든지 우선적 처우를 받아야 한다고 주장한다.

셋째, 인종이나 성을 이유로 차별을 받아온 사람들뿐만 아니라 소수집단 내
에서 이익을 받아온 자들까지도 우선적 처우의 혜택을 입을 것이므로 수혜자가
과다포함(overinclusive)되었다고 한다.

넷째, 과거에 소수가 차별받은 사실 때문에 사회적 차별을 야기시키지도 않
은 무고한 다수가 희생되어서는 안 되며, 차별받은 소수를 위해 반사적인 이익
을 받았을 뿐인 다수를 차별하는 것은 역차별이라는 주장이다.[273] 기회의 평등
이라는 개념을 엄격해석하는 입장과 맞물려 가장 주된 반대논거이다.

다섯째, 적극적 평등실현정책은 소수인종이나 여성에게 능력이 부족하고 열
등한 집단이라는 낙인을 찍어 주며 나아가 소수집단의 사기나 의욕을 저하시키
게 될 것이라고 주장한다.[274]

(2) 찬성론의 논거

첫째, 소수인종이나 여성은 현재까지 부당하게 차별을 받아왔고 이로 인해

---

272) 앞에서 보았듯이 소수인종이나 여성에게 집단적인 차별을 했을 경우는 평등보호조항 위반으로
　　 되는 경우가 많았다. 그러므로 이 문제는 소수인종이나 여성을 차별하는 경우나 우대하는 경
　　 우나 동일한 기준을 적용해야 한다는 입장이 전제되어 있음을 알 수 있다.

273) A. Goldman, "Limits to Justification of Reverse Discrimination," 3 Social Theory & Practice,
　　 289, 293 (1975), 김영환, 앞의 학위논문, 198-199면에서 재인용. M. Rosenfeld, 앞의 책, pp.
　　 52-60도 아울러 참조할 것.

274) 이 점은 Bakke 사건에서 주장된 이래 많은 판결에서 그 근거로 인용되었다. 한편 이와 관련하
　　 여 비켈(Bickel) 교수는 "할당제는 그 적용을 받는 모든 사람의 인간적 존엄과 개성을 비하시
　　 킨다. 실제적으로뿐만 아니라 원칙적으로도 옳지 못하기 때문이다. 게다가, 이 제도는 유익을
　　 주려고 했던 사람들에게 오히려 불리하게 작용하기 쉽다. 지금까지의 소수인종 할당제는 강압
　　 적인 것이지 우호적인 것이 결코 아니었다. 그 해악은 할당제라는 명칭에 있지 않고 그 효과에
　　 있다. 할당제는 사회를 분열시키고 특권층을 만드는 제도이며, 그것이 인종에 기초한 것이기에
　　 더욱 유해하다"고 비판했다. Bickel, The Morality of Consent, Yale University Press, 1975,
　　 Gunther, 앞의 책, p. 473에서 재인용.

다수(및 남성)는 부당한 이익을 얻었으므로 소수집단은 과거의 차별에 대하여 보상을 받을 자격이 있고 다수는 소수에게 보상해 주어야 할 의무가 있다고 한다.275)

둘째, 반대론이 강조한 기회의 평등 대신 배분에 있어서의 평등을 강조한다. 과거의 차별에 대하여 보상을 요구하기보다는 과거의 차별로 인해 공정한 경쟁에 참가할 기회를 박탈당했으므로 앞으로 사회적 자원에 대하여 더 큰 분배를 받을 가치가 있다는 데에 중점을 두는 것이다. 이것이 적극적 평등실현정책에 대한 가장 강력한 지지논거이다. 마샬 판사가 주장했던 '사회적 차별'이란 개념도 단순히 과거의 사회적 차별을 보상해 주어야 한다는 차원이 아니라 기회가 공평하게 분배되어야 한다는 배분적 정의를 포함한 개념이었고, 또 이러한 주장은 과거의 차별사실에 대한 인과관계를 요구할 필요가 없으므로276) 과거의 차별을 구체적으로 확인해야 적극적 평등실현정책을 실시할 수 있다는 견해를 효과적으로 논박할 수 있게 된다.

셋째, 사회적 효용론의 입장에서 적극적 평등실현정책이 사회의 요구를 만족시켜 공익을 극대화할 수 있다는 주장이 있다. 즉, 소수집단 중에 사회적으로 명망 있는 지위에 있는 사람이 그 소수집단에 역할모델(role model)이 됨으로써 열등인이라는 낙인을 지우고 잠재력을 발휘하는 동기를 부여할 수 있으며, 사회의 여러 분야에 다양한 인종·배경 등을 가진 사람들이 속하게 됨으로써 사회의 다양성을 촉진시키며, 소수집단 내에서도 향상된 서비스를 공급받을 수 있게 되므로, 사회전체의 이익을 증진시키는 효율적인 정책이라는 것이다.277)

(3) 찬반론의 검토

위에서 살펴본 적극적 평등실현정책에 대한 반대론은 기본적으로, 능력에 따른 기회의 평등을 엄격하게 해석하고, 무고한 희생자에 대한 역차별이 될 가능성에 중점을 두고 있다. 이에 대하여 적극적 평등실현정책에 대한 찬성론은, 기회의 평등보다는 배분의 평등을 주장하고 정책을 실시함으로써 다수가 받는

---

275) P. Taylor, "Reverse Discrimination and Compensatory Justice," Analysis, Jun.1973, p. 177, 김영환, 앞의 학위논문, 208면에서 재인용. M. Rosenfeld, 앞의 책, pp. 74-79도 아울러 참조할 것.
276) 김영환, 앞의 학위논문, 210면.
277) 김영환, 앞의 학위논문, 212-213면. 공리적 정의(Utilitarian Justice)와 적극적 평등실현정책과의 관계에 대해서는, M. Rosenfeld, 앞의 책, pp. 94-115도 아울러 참조할 것.

차별은 그들이 져야 할 책임 중의 하나라거나,[278] 지나친 것이 아니므로 허용할
만한 것이라는[279] 입장에 기초하고 있다. 이렇게 본다면 적극적 평등실현정책에
대한 찬반론의 대립은 기본적으로 '평등'의 개념요소(기회의 평등과 배분의 평등)
중 어느 것을 더 강조하느냐에 관련된 문제라고 하겠다. 과거에 다수에게만 허
용되고 소수에게는 제한되었던 사회적 기회를 평등하게 보장하는 선에서, 즉 기
존의 차별적 제도를 제거하는 선에서 그쳐야 한다면 새로이 다수를 차별하는 적
극적 평등실현정책은 불필요한 것이나, 차별을 받아왔던 소수에게 그들이 지금
까지 누리지 못했던 부분을 효과적으로 배분하기 위해서는 무고한 다수에게 약
간의 부담이 있더라도 실질적 평등을 보장한다는 취지에서 적극적 평등실현정
책이 정당화될 수 있는 것이다.

우선, 기회의 평등을 엄격하게 해석하는 반대론의 입장에 문제가 있다. 기회
의 평등이란 말 그대로 사회적 재화 및 서비스를 획득하고 사회적 지위를 확보
하는 데 있어서 누구에게나 평등한 기회가 주어져야 한다는 것을 의미한다. 하
지만 기회의 평등에서 '평등'이란 물리적이고 형식적인 조건이 똑같아야 한다는
의미의 형식적 평등이 결코 아니다. 실질적인, 즉 '공정한'(fair) 평등을 의미한다.
그러므로 과거의 사회적 차별로 인하여 소수인종이 박탈당했던 기회의 평등을
보상하기 위해서는 차별적 관행을 제거하는 인종중립적(race neutral)인 정책을
시행하는 것만으로는 안 된다.[280] 실질적이고 '공정한 기회의 평등'을 보장해 줄
수 있어야 하기 때문이다. 적극적 평등실현정책은 이런 '공정한 기회의 평등'을
보장해 주기 위한 조치이다. 우선적 처우를 통해서야 비로소 과거차별의 피해를
극복하고 진정한 기회의 균등에 이를 수 있다는 정책적 고려가 들어 있기 때문
이다. 결국 적극적 평등실현정책은 기회의 평등 원칙에 어긋나는 것이 아니라
기회의 평등을 더 효과적으로 보장해 주기 위한 수단이 되는 셈이다.

또한 소수인종이 겪었던 과거의 차별은 개인적으로 사유가 있어서 차별받은
것이 아니라 소수인종이라는 '집단'에 속했기 때문에 차별을 받은 것이었다. 당
연히 다수의 구성원들은 집단적으로 반사적인 이익을 누리게 되었다. 그렇다면

---

278) 김영환, 앞의 학위논문, 199면.
279) Fullilove 판결에서의 다수의견.
280) Fullilove 판결의 동조의견에서, "인종을 고려한 정책이 아니고서는 흑인에게 닫혀져 있던 장벽
이 완전히 제거되지 않는다"고 주장한 마샬 판사의 주장도 이러한 의미에서 이해할 수 있다.

소수인종에게 '공정한 기회의 평등'을 복원해 주는 정책을 실시할 경우에 과거에 차별받았던 개인을 일일이 가려내는 것은 무의미한 것이다. 개개인의 능력과는 상관없이 소수인종에 속해 있다는 것 자체가 차별을 의미하였기 때문이다. 이러한 차원에서 볼 때 무고한 다수를 선별해 내는 것 자체도 어쩌면 정당성을 잃은 것이 된다. 다수집단에 속했다는 자체만으로 소수에게 공정한 기회의 평등을 보장해 줄 위치에 있기 때문이다. 한편, 다수집단에 불이익을 가하려는 것이 적극적 평등보호정책의 직접적 목표는 아니므로 설사 무고한 다수가 피해를 입었다 하더라도 이것은 본래의 의도가 아니며 부수적인 결과에 불과하다[281]는 점도 유의할 필요가 있다.

요컨대 적극적 평등실현정책의 목표는 과거에 단지 소수인종에 속한다는 이유로 차별받았던 소수에게 공정한 기회의 평등을 보장하고 실질적인 의미의 평등을 확보해 주기 위한 것이다. 수정 제14조의 평등보호조항은 인종적 예속상태를 타파하고, 누구도 단지 어떤 인종에 속해 있다는 이유만으로 열등한 시민의 위치로 전락해서는 안 된다는 것을 헌법적으로 보장하고 있다.[282]

그러므로 소외된 집단을 사회의 중심으로 끌어들여 실질적인 평등을 보장해 주려는 적극적 평등실현정책은 평등보호조항의 목적을 달성하는 유효한 수단으로서 허용된다고 볼 것이며, 그 결과 다수가 차별받게 되었다는 이유만으로 헌법에 반하는 것으로 판단될 수는 없다고 하겠다.

V. 맺 음 말

이상에서 살펴보았듯이 미국 연방대법원은 여러 영역에서 합리적인 차별의 내용을 개별적으로 심사하여 왔다. 적극적으로 평등을 개념 정의할 수는 없었으

---

281) "적극적 평등실현정책은 백인에 대한 '편견이나 반감'에서 나온 정책이 아니기 때문에 그들이 입는 피해는 고의적이 아닌 부수적인 것이다. '부당한 차별의 의도'가 없는 것이다. 참전용사를 우대해 주는 경우와 같이, 과거에 차별받았던 집단을 우대하는 정책은 다수의 피해에도 불구하고(in spite of) 취해지는 정책이지 다수에게 피해를 주기 위해서(because of) 취해지는 정책이 아니다. 왜냐하면 동정책의 목적은 차별을 받았던 소수인종이 그 차별을 극복할 수 있도록 도와주는 데 있지, 누구에게 불이익을 주는 데 있지 않기 때문이다." Herman Schwartz, 앞의 글, p. 549.

282) "Constitutional Scholar's Statement on Affirmative Action After City of Richmond v. J.A. Croson Co.," 98 Yale L.J 1710, 1711 (1989).

나 차별의 합리성 여부를 개별적으로 검토함으로써 소극적으로 평등보호조항이
의미하는 평등이 무엇인지 규명하려고 하였다.

이 과정에서 연방대법원이 헌법해석의 도구로 사용한 것이 바로 '심사기
준'(level of scrutiny)이었다. 합리적 근거 심사기준, 중간심사기준, 엄격심사기준
이라는 3가지 기준을 대종으로 하여 여러 영역에서 평등보호조항의 내용과 범위
를 정립해 왔다.283) 하지만 심사기준이라는 헌법적 해석 도구는 모든 상황에서
예외 없이 적용되는 명확한 경계를 가지고 있는 것은 아니었다. 소수인종과 비
슷한 사유이긴 하나 국적을 이유로 차별하는 경우에는 엄격심사기준이 항상 적
용된 것은 아니었고 성별에 기한 차별의 영역에서 확립된 중간심사기준도 적서
차별의 경우에만 비슷하게 적용되었을 뿐 다른 영역에서도 합당한 심사기준인
지는 여전히 논란의 대상이었다. 또한 적극적 평등실현정책의 경우에도 엄격심
사기준을 적용해야 한다는 견해와 중간심사기준을 적용해야 한다는 견해간의
대립이 있었던 것을 보면 심사기준이라는 틀이 어느 경우에나 꼭 들어맞는 명확
한 지침을 제공해 줄 수는 없었던 것으로 보인다.

이처럼 심사기준이 절대적 의미를 가지지 못하는 것은 당연한 것이다. 왜냐
하면 평등보호조항은 헌법에서 보장되고 있는 '실체적 가치'를 투영시키고 헌법
이 처해 있는 시대와 상황을 반영시키는 실체적 기능을 하고 있기 때문이다.284)
다시 말해서 평등권의 내용은 개인이 헌법상의 여러 권리들을 실현하는 데 있어
서 합리성이 결여된 사유에 기하여 차별받는 것을 금지하는 것이므로 평등보호
조항은 다른 기본권을 실현하는 데 있어서 방법적 기초 역할을 한다. 그러므로
평등보호조항에 의해 판단받게 되는 실체적 기본권 혹은 실체적 요소가 어떤 것
이냐에 따라 그것이 보호받는 정도는 다르게 되고 그 실체적 기본권, 실체적 요
소의 중요도에 따라 위헌심사의 엄격성도 제각기 다르게 된다. 예를 들어, 인종
을 기준으로 한 차별에 있어서는 과거에 소수인종이 여러 영역에서 차별을 받아

---

283) Schwartz 교수는 이 기준들을 5가지로 정리하고 해당되는 영역을 다음과 같이 대응시켰다: 첫
　　째로 인종과 국적에 기한 차별에 적용되는 엄격심사기준, 둘째로 적극적 평등실현정책에 적용
　　되는 엄격심사기준(인종에 적용되는 그것보다 덜 엄격하다), 셋째로 성별에 기한 차별, 적서차
　　별의 경우에 적용되는 중간심사기준, 넷째로 정신지체, 정신박약 기타의 특별한 범주에 적용되
　　는 비교적 엄격한 합리적 근거 심사기준, 다섯째로 경제 및 사회복지입법에 적용되어 왔던 전
　　통적인 합리적 근거 심사기준(Herman Schwartz, 앞의 글, p. 550).
284) 황도수, "헌법상 평등개념의 이해," 헌법재판논총, 제4집, 1993, 262-263면도 이런 취지의 언급
　　을 하고 있다.

왔고 그 영향은 현재에까지 미치고 있을 정도로 매우 큰 것이므로 이를 이유로 차별하는 것은 엄밀히 금지되어야 한다는 실체적 판단이 헌법적 차원에서 이미 내려졌기에 엄격심사기준을 적용하여 차별의 허용범위를 엄격히 제한하게 되는 것이고, 중간심사기준이 적용되는 영역(성별에 기한 차별, 적서차별)의 경우도 인종을 기준으로 한 차별처럼 계속적이고 치명적인 차별을 받아 온 것은 아니나 그에 못지않은 차별을 받아 왔고 개인이 통제할 수 없는 생래적인 사유로 차별을 받는 경우이므로 엄격심사기준보다 덜 엄격한 중간심사기준이 적응된 것이며, 합리적 근거 심사기준이 적용되는 영역(경제 및 사회복지 입법 및 엄격·중간심사기준이 적용되지 않는 기타의 영역) 역시 해당문제에 대해서는 의회의 판단이 더 전문적이고 정확하기 때문에 법원이 간섭하기에는 부적합하다는 실체적 판단이 있었기에 합헌을 추정하는 범위가 넓어질 수밖에 없다는 것이다.285) 그렇기 때문에 연방대법원이 어떤 심사기준을 적용해야 할 것인지를 맨 먼저 고려한 이유는 심사기준이라는 형식이 본질적인 중요성을 가지기 때문이 아니라 심사기준이 담아내고 있는 실체적 요소가 어느 정도의 헌법적 비중을 가지는지 파악하기 위한 것으로 보아야 한다.

특정 심사기준이 절대적인 의미를 가지는 것은 아니며 실체적 기본권 혹은 실체적 요소가 무엇이냐에 따라 엄격성의 정도도 달라질 수 있고 나아가 똑같은 기준을 적용하더라도 판결결과가 달라질 수 있다는 이런 취지는 연방대법원 판례의 여러 곳에서 확인할 수 있다. 형식적으로는 합리적 근거 심사기준을 취하였으나 성별에 기한 차별을 다루는 것이었으므로 내용상으로는 좀 더 엄격한 심사를 한 것이라든지,286) 똑같은 심사기준을 가지고도 가족관계라는 기본적 권리가 문제되는 영역에서는 좀 더 엄격한 심사를 하였다든지,287) 가난을 이유로 민

---

285) Herman Schwartz, 앞의 글, p. 550의 각주 145에도 이와 비슷한 취지의 분석이 있다 : "적극적 평등실현정책의 경우를 제외하면, 여러 영역에 적용되는 평등보호심사기준은 해당 집단에 대한 편견 및 (정책에의) 관련성의 정도에 따라 차등있게 적용되었던 것으로 보인다. 이렇게 볼 때 인종이라는 요소는 집단적 편견이 제일 크고 정책에의 관련성은 제일 낮은 영역이 되고, 반면에 경제입법분야는 그 반대쪽 영역이 된다. 성별, 서출, 정신지체라는 사유에 기한 차별은 상당한(significant) 집단적 편견을 받고 있긴 하지만 성별, 서출, 정신지체라는 사유를 고려한 정책은 관련성이 인정되는 경우가 있다." 평등보호심사기준이 영역별로 다르게 적용되는 이유를 이해함에 있어서 좋은 참고가 된다.

286) Reed v. Reed, 404 U.S. 71 (1971).

287) Levy v. Louisiana, 391 U.S. 68 (1968) (친모의 부당한 죽음에 대하여 보상받을 수 없도록 하는 것은 평등보호위반); Boddie v. Connecticut, 401 U.S. 371(1971) (이혼소송을 제기함에 있어서

사절차에서 차별받는 것은 허용되지만 형사절차에서 상소권이나 변호인선임권을 박탈당하는 것은 허용되지 않는 것[288] 등이 이러한 예에 속한다.

　한편, 실체적 고려 때문에 헌법적 근거조항의 혼동을 보였던 예도 있다. 대표적인 것이 바로 본질적 권익과 관련한 영역이었다. 예를 들어, 선거 및 피선거권은 대의민주주의의 핵심을 이루는 본질적 권리이므로 이를 침해하는 법률은 엄격심사기준에 의하여 판단되어야 한다는 논리를 전개함에 있어서 평등보호조항도 문제될 수 있겠지만 그보다는 실체적 권리인 정치적 표현의 자유의 침해를 문제삼는 것이 훨씬 효과적이라는 지적[289]이 있었다. 평등보호조항은 실체적 요소를 투영하는 헌법적 도구에 불과하므로 실체적 권리와 직접적으로 관련된 부분은 평등보호위반을 심사하는 기준 중 제일 엄격한 심사기준을 적용하는 식으로 해결할 것이 아니라 차라리 그 실체적 권리의 문제로 파악하는 것이 더 직접적이라고 볼 수 있기 때문이다. 또한 본질적 권익을 근거로 엄격심사기준을 적용하자는 주장이 투표권과 관련된 영역을 넘어 부(富)나 기본적인 생활의 수요(necessities of life)를 채우기 위한 경우에서도 논의되었다가 실패했던 이유 역시 실체적인 문제들을 무리하게 평등보호심사기준이라는 형식적 틀 속으로 끌어넣으려고 시도했기 때문으로 이해할 수 있다. 다른 식으로 실체적 권리들이 보장받을 수 있는 헌법적 해석 도구가 있다면[290] 굳이 평등보호조항을 원용하지 않더라도 충분히 보호받을 수 있기 때문이다.

　이러한 의미에서 볼 때 형식적인 심사기준에 지나치게 얽매이지 않고 평등보호조항을 통과하는 실체적 권리나 실체적 요소를 그때그때 적절히 비교형량하여 합리성을 판단할 수 있는 유용한 심사기준은 바로 마샬 판사의 유동적 접근법(sliding scale approach)이라 생각된다.

　돈을 이유로 차별하는 것은 허용될 수 없다).

288) Griffin v. Illinois, 351 U.S. 12 (1956), Douglas v. California, 372 U.S. 353 (1963)는 형사절차에 관한 판결이고, Ross v. Moffitt, 417 U.S. 600 (1974)는 민사절차에 관한 판결이다.

289) Anderson v. Celebrezze, 460 U.S. 780 (1983) 판결에서 스티븐스 판사의 다수의견. 이 판결에서 다수의견은 "침해되는 실체적인 이익을 먼저 파악한 후에 주의 이익을 고려해야 한다"고 하면서 피선거권의 문제를 수정 제1조의 문제로 접근하자고 하였다.

290) 가난하기 때문에 상소심에서 변호인선임권을 행사하지 못한다는 것은 가난을 이유로 차별받았다는 의미에서 평등보호조항으로 접근할 것이 아니라 적법 절차에 의하지 아니 하고는 구금되지 아니한다는 절차적 적법절차조항으로 접근해야 한다는 할란 판사의 주장도 그러한 예에 속한다. Douglas v. California, 372 U.S. 353 (1963) 판결에서의 반대의견 참조. 이러한 할란의 주장은 그 후 Boddie v. Connecticut, 401 U.S. 371 (1971) 판결에서 다수의견으로 자리하게 된다.

　우선 마샬 판사는 워렌 법원이 엄격심사기준과 합리적 근거 심사기준의 양
자를 너무 형식적으로 적용하는 것에 대해 반대하면서, "엄격심사기준의 적용을
함부로 하지 않으려는 점은 이해가 가지만 그렇다고 엄격심사기준 이외의 모든
영역을 단순한 합리적 근거 심사기준의 차원으로 떨어뜨려서는 안 된다"[291]고
하였다. 두 가지의 심사기준으로는 해결되지 않는 실체적 영역들이 있음을 염두
에 둔 것이었다.

　그리고 San Antonio School Dist. v. Rodriguez[292] 판결의 반대의견에서 자
신의 유동적 접근법을 상세히 설명하였다. "본 법원이 내린 판결들에서 취한 입
장을 살펴보면, 평등보호에 위반하는 차별을 심사함에 있어서 여러 기준을 스펙
트럼식으로 적용하여 왔던 것을 알 수 있다. 이 기준의 스펙트럼은, 본 법원이 특
정 차별입법을 심사함에 있어서, 침해된 이익의 헌법적·사회적 중요성 및 차별
의 원인이 된 사유의 비합리성(invidiousness)에 따라 위헌판단의 엄격성에 차등을
두었다는 점을 명확히 고려하고 있다. 본 법원이 법익의 중요성이나 특정 차별
행위의 비합리성이라는 견지에서 사법심사의 정도를 조율해 왔다는 점은 명백
한 것 같다." 이러한 그의 견해는 사회복지와 관련된 Dandridge v. Williams[293]
판결에서도 반대의견으로 제시되었다.[294]

　구체적인 사건에서 문제되는 실체적 권리에 따라 신축성 있고 탄력적인 해
석을 가능케 하는 마샬의 유동적 접근법(sliding scale approach)이 시사하는 바는
크게 두 가지이다. 첫째, 어떤 심사기준이 적용되느냐 하는 것은 형식적인 문제
이므로 판결의 실제결과를 좌우할 정도로 절대적인 의미를 가져서는 안 된다는
점이고, 둘째, 평등보호위반이 문제되는 영역이나 침해된 개인의 기본권은 헌법
에서 차지하는 비중이 제각기 다르므로 이러한 '실체적 요소들에 대한 헌법적

---

291) 주의 경찰관의 경우 50세의 정년을 규정한 것은 엄격심사기준에 해당하는 사항이 아니므로 불
　　완전한 입법일지라도 의회에 대하여 사법자제적 자세를 보여야 한다고 판시했던 Massachu-
　　settes Bd. of Retirement v. Murgia, 427 U.S. 307 (1976) 판결에서 마샬 판사의 반대의견 참조.
292) 411 U.S. 1 (1973).
293) 397 U.S. 471 (1970).
294) 그는 "다수의견은 두 가지의 심사기준을 추상적으로 양분시켜 놓고 있다. 본 사건은 이 기준
　　아니면 저 기준 하는 식의 분류를 통해서 쉽게 범주화될 수 있는 부분이 아니다"라고 하면서
　　심사기준의 형식성을 탈피하여 실체적 권리에 따라 차등이 생길 수 있고 이러한 것까지 고려
　　할 수 있어야 한다는 주장을 펼쳤다. 그러나 이 유동적 접근법에 기초한 마샬의 노력이 엄격심
　　사기준의 적용을 받는 본질적 권익(fundamental rights and interests)의 영역을 부(富)에 기한
　　차별에까지 확장시키는 데는 성공하지 못했다.

평가'가 평등권에 관한 사법심사의 본질적인 부분이라는 점이다. 하지만 이 유동적 접근법을 원칙이 없이 구체적·개별적인 이익형량만을 요구하고 있는 것으로 보아서는 안 될 것이다.[295] 유동적 접근법을 주장하였던 마샬 판사도 엄격심사기준과 중간심사기준 및 전통적인 합리적 근거 심사기준을 그대로 인정하였고 나아가 적극적 평등보호정책에서도 인종에 기하여 소수인종을 차별하는 경우와 다수를 차별하는 경우를 구별하여 엄격심사기준보다 덜 엄격한 중간심사기준의 적용을 적극 주장하였다. 즉 기존의 사법심사기준을 무의미한 것으로 보는 것이 아니라 오히려 다양한 기준이 생길 수밖에 없는 이유를 합리적으로 설명할 수 있기 때문에 기존의 기준들을 수용하는 기준이라고 볼 수 있는 것이다.

   요컨대 평등권에 관한 사법심사는 평등의 개념에 대한 올바른 이해와 불가분의 관련을 가진다. 그리고 평등의 개념을 단순한 형식적 평등이 아닌 실질적 평등, 공정한 기회의 평등, 또는 분배의 평등으로 이해하는 한, 평등권 위반여부를 판단하기 이전에 먼저 평등권이 적용되는 대상, 즉 분배받는 자와 분배의 대상 및 분배의 영역이 무엇인지를 명확히 인식해야 한다. 수단으로서의 차별이 합리적인가 하는 문제는 이러한 인식이 전제된 후에야 비로소 판단이 가능하기 때문이다. 또 평등권의 본질적 기능은 헌법상의 제반 실체적인 요소들을 투영시키는 방법적 기초로서의 역할이라고 볼 수 있으므로 평등권 위반 여부의 심사에 있어서 맨 먼저 이루어져야 하는 것은 모든 실체적 요소들에 대한 헌법적 가치부여 작업이다. 스톤 판사에 의해서 이중기준이론이 등장한 이래 미국헌법에서는 여러 모양으로 이러한 헌법적 가치부여 작업이 계속되어 왔다. 평등보호영역의 확장에 이어 적극적 평등실현정책이라는 새로운 분야에까지 헌법의 실체적 요소들에 대한 규범적 평가 작업은 진행되고 있다. 우리나라의 경우도 평등권 위반이 문제되는 사건에서 우선 그 실체적 요소들의 헌법적 비중이 어떠한지를 비교, 검토하는 작업이 체계적으로 이루어져야 하겠다. 그에 의해 일반화시킬 수 있는 기준이 있다면 이론적으로 정립해 나가야 하고 정립된 이론이 있다 할지라도 개별 사건에 적용하는 데 있어서는 문제되는, 실체적인 상황에 따라 신축적인 운용을 할 수 있어야 한다. 헌법재판의 핵심은 그것이 헌법적 가치를 판단

---

295) Rotunda & Nowak, 앞의 책, Vol. 3, p. 20의 각주 25에서는 마샬 판사의 접근법을 '개별적 이익형량론'(balancing test)이라고 하였다. 하지만 그 내용은 맺음말에서 제시된 것과 비슷한 취지였다.

하는 정책재판이라는 데 있다. 한 나라의 정책을 헌법적인 판단에 따라 계도하는 매우 중요한 기능을 담당하고 있는 것이다. 거기에는 민사재판이나 경제분쟁을 해결하는 재판과는 달리 필연적으로 헌법적인 가치판단이 수반된다. 어려운 작업이긴 하나 헌법에서 선언된 국민의 기본권을 좀 더 효과적으로 보장하고 기본권을 침해당한 국민에게 최후의 기본권 수호기관으로서의 역할을 다하기 위해서는 불가피한 것이고 이러한 점에서 실체적인 요소들에 대한 헌법적인 가치평가 작업의 당위성은 다시 확인된다고 할 것이다.

"평등권 – 미국헌법을 중심으로"[1995]

해 제

김 종 철*

I. 운 명

해제자가 안경환 교수님을 은사로 모시고 헌법공부를 시작한 지 어느덧 스물 다섯 해를 맞았다. 사반세기의 인연을 엮으면서 진부하지만 '운명'을 떠올리게 되는 것은 안 교수님의 각별한 보살핌이 없었다면 해제자의 오늘의 모습은 어떠했을지 짐작이 가지 않기 때문이다. 평범함을 가장한 해제자의 무모하기만 한 학문에의 도전이 오늘까지 이어온 것은 말 그대로 안 교수님께서 '물심양면'(物心兩面)으로 뒷받침하고 끌어주신 덕분이다. 몸을 누일 거처를 의탁하기도 했고 용돈이나 생활비, 연수비는 물론이고 외상술값까지 신세를 지기도 하였다. 그나마 해제자의 삶의 지표가 되고 있는 정신적인 뒷받침에 미치지 못할 것이다. 차이를 차별로 인식하지 않으려는 노력, 약자에 대한 지속적인 관심, 원칙을 지향하면서도 실용의 끈을 놓지 않으려는 균형감 등 미처 제대로 실천하지 못하지만 삶의 양식이 되는 것들은 상당 부분이 안 교수님과 함께 한 도정(道程)에서 얻은 것이다. 은사의 글을 두고 감히 해제의 붓을 드는 용기도 만사(萬事)를 선해(善解)의 눈길로 바라보는 안 교수님께서 마땅히 품어주시리라는 믿음이 있기에 가능할 것이다. 더구나 그 대상이 초심(初心)의 해제자에게 미국헌법의 묘미를 보여주었던, 미국 헌법의 시각에서 바라본 평등권에 대한 글이기에.

II. 해제대상논문의 성격과 의의

"평등권 –미국헌법을 중심으로"는 헌법재판소가 매년 헌법재판제도에 관한 연구과제를 선정하여 외부전문가에게 연구용역을 의뢰한 결과물을 묶어내는 '헌

---

* 연세대학교 법학전문대학원 교수

법재판연구'의 제6권인 『기본권의 개념과 범위에 관한 연구』(1995)의 제2장에 소
재한다. 이 논문의 내용을 보면 일견 주어진 연구과제의 틀에 크게 얽매이고 있
지는 않음을 알 수 있다. 우선 전체 연구과제의 주제가 기본권의 '개념'과 '범위'
로 한정되어 있으나 평등권의 '개념'에 관한 논의는 심도있게 다루어지지 않는
다. 다만 통상 헌법상 평등의 개념으로 회자되는 '상대적 평등'의 개념을 전제하
면서 '차별의 금지'라는 소극적 개념을 넘어서는 적극적 정의는 불가능하다는 견
해를 피력하고 있을 뿐이다(pp. 387-388). 또한 평등권의 '범위'에 대한 논의를 접
근하는 방식도 글의 부제에서 드러나듯이 미국헌법, 정확하게는 미국 연방대법
원의 판례들을 통해서 정립된 3단계 심사기준의 발전과정을 비판적으로 소개하
면서 그 적용례를 일목요연하게 정리하는 간접적인 것이다.

　　저자는 이러한 일탈이 의도적인 것임을 머리말에서 밝히고 있다. 다른 기본
권 영역과는 달리 평등권의 경우 그 개념과 범위에 관한 전문적 연구가 상당부
분 축적된 상황에서 논의의 중복을 피하고 오히려 이러한 축적에 대한 비판적
검토의 여지를 두기 위해 "선진외국의 오랜 사법심사의 역사를 검토해 봄으로써
헌법재판의 실제적 기능을 제고시키고자 하는 취지"(p. 383)에서 미국헌법의 평
등권 논의를 자세히 소개하고자 하는 뜻을 밝히고 있다. 또한 미국헌법을 대상
범주로 삼은 것을 미국의 사법심사제가 "헌법재판의 이론적 원형"이라 할 수 있
기 때문임도 강조하고 있다(p. 383).

　　저자가 스스로 설정한 연구범위와 방법론은 나름 충분한 이유를 가진 것이
다. 무엇보다도 미국 연방대법원을 중심으로 발전한 헌법적 법리가 미국의 경계
를 넘어 보편적 가치로 수용된 여러 영역 중 대표적인 것이 평등권의 심사기준
과 범위라고 할 수 있기 때문이다.[1] 프랑스 혁명으로 상징되는 근대 입헌주의의
전지구적(全地球的) 발전 이후 인류사회의 보편적 가치로 평등이 인정되었지만 그
구체적 실현은 정치적 재량에 맡겨져 있었던 것이 사실이다. 저자가 적절히 강조
(pp. 385-387)하고 있듯이 미국은 헌법적 권리 보호에 있어 보충적 지위에 머물
던 평등보호조항을 1938년 이후 적극적으로 활용하기 시작하여 워렌(Warren) 법

---

　　1) 평등권에 필적할 만한 또 다른 미국입헌주의의 성취로는 표현의 자유와 적법절차의 원칙을 들
　　　수 있다. 그러나 이처럼 편중된 헌법이론의 발전은 가장 일찍이 성문헌법주의를 발전시켰음에
　　　도 기본권에 관한 한 매우 제한된 자유권 중심의 목록을 가졌을 뿐인 미국연방헌법의 특성에
　　　기인한 바가 크다고 할 것이다. 이러한 미국헌법하의 기본권론의 제한적 특성에 대해서는 함재
　　　학, 미국헌법학에서의 기본권론의 전개, 법과사회, 제20호, 2001 참조.

원기를 거치면서 인종과 국적에 대한 차별, 본질적 권리(fundamental rights)의 행사와 관련하여 차별입법에 대한 엄격한 심사의 원칙을 정립하였다. 이러한 차별입법에 대한 헌법적 통제의 강화는 정치적 재량에 의존하던 평등의 가치가 사법통제를 매개로 실질화하는 데 중요한 계기를 제공하였고 독일을 비롯한 많은 국가들이 평등권보호와 관련한 헌법상 법리를 재정립하는 토대가 되었다.2) 특히 미국의 평등보호조항은 다인종국가이자 노예제의 원죄를 가진 정치공동체의 성격에 따른 특수성에도 불구하고 사법심사제(judicial review)의 본질상 매우 다양한 판례를 축적함으로써 다른 나라들에서 평등권 보호 법리를 발전시키는 데 참조할 만한 풍부한 사례를 제공하고 있는 장점이 있다. 이 논문은 이러한 장점을 충분히 활용하여 한국의 연구자들에게 미국에서 평등권의 보장범위에 대한 대표적 사례를 시간적 흐름에 따라 개괄하여 평등권의 범위와 심사척도에 대한 연구에 중요한 시사점을 제공하였다. 특히 이 논문의 간행시점이 1987년 헌법체제에서 갓 출범한 헌법재판소가 각 기본권 영역에서의 심사기준의 정립에 골몰하고 있던 시기라는 점에서 그 시사점이 가지는 의의는 현 시점에서 느끼는 것과는 사뭇 다를 수밖에 없다. 후술하듯이 평등권 심사기준에 대한 우리 헌법재판소의 공식적 법리가 본격적으로 출현한 것이 1999년 제대군인 가산점 결정인 점을 고려하면 이 논문이 발표된 시점인 1995년은 학계에서의 비교적 활발한 논의에도 불구하고 헌법재판실무에서 권위있는 평등권 관련 법리의 발전이 있기 전임을 알 수 있다.

Ⅲ. 해제대상논문의 핵심 논지와 한국 헌재 판례와의 상관성

해제대상논문은 새로운 주제에 대한 독창적 연구논문은 아니다. 앞서 설명되었듯 미국헌법사와 법리의 소개에 주안점이 있다. 이러한 성격상 판례의 선별이나 이론적 체계도 새로운 인식을 추구하기보다 미국의 주요 교과서나 연구서

---

2) 독일 연방헌법재판소가 소위 '새로운 공식'(neue Fornel)의 이름하에 기존의 자의금지원칙에 의해 처리되던 평등권 위반심사의 척도를 비례원칙을 적용하는 영역을 확대하는 방향으로 다변화(제1재판부의 경우)하거나 자의금지원칙을 적극적으로 사용하고 있는 것(제2재판부의 경우)은 그 심사기준의 구체적 내용과 방법상의 차이에도 불구하고 미국 연방대법원의 다층적 평등심사기준에 영향받은 것임을 익히 짐작할 수 있다. 이와 관련한 독일에서의 평등원칙의 일반론에 관하여는 콘라드 헷세 저, 계희열 역, 통일 독일헌법론, 박영사, 2001, 272-273면; 박진완, "불평등대우의 헌법적 정당화심사기준으로서 일반적 평등원칙 —독일의 경우를 참조해서—," 세계헌법연구, 제15권 제3호, 2009 참조.

의 것을 차용하고 있다. 서론부(pp. 384-388)는 Rotunda & Nowak의 전문서3)를, 평등보호의 적용영역과 판례의 전개(pp. 394-433)는 Gunther의 기본권 관련 판례 교과서4) 체제에 상당부분 의존하고 있음을 각주에서 확인할 수 있다.

그러나 비판적 요소가 부재한 것은 아니다. 권위있는 개별 연구서나 논문을 적재적소에서 활용하고 있을 뿐만 아니라 저자 자신의 입장에서 비평적 평가를 내리고 있기 때문이다. 특히 평등권 심사기준 등 미국 헌법상 평등조항에 대한 판례의 전개과정을 통해 정립된 법리와 관련하여 저자의 핵심 논지는 평등권의 심사척도는 평등권논의가 이루어지는 관련 권익의 실체적 요소에 의해 결정되어야 한다는 것이다. 즉, 평등권이 그 자체로 "'실체적 가치'를 투영시키고 헌법이 처해 있는 시대와 상황을 반영시키는 실체적 기능을 하고 있기 때문에 심사기준은 절대적 의미를 가지지 못한다는 것이다"(p. 457). 평등권이 다른 기본권 실현의 방법적 기초로서의 역할을 하므로 그 보호정도 역시 관련된 실체적 기본권·실체적 요소의 중요도에 따라 달라질 수밖에 없고 결국 평등권의 위헌심사의 엄격성도 제각각 다를 수 있다는 점이 강조된다(p. 457). 이러한 저자의 결론은 소위 제대군인 가산점 결정 이후 평등권과 관련하여 다단계 위헌심사척도5)를 발전시켜온 우리 헌법재판소의 태도와 일맥상통하는 점이 있다. 헌법재판소는 평등권의 합리성 판단척도로 자의금지원칙과 비례원칙을 제시한 다음 후자가 적용되는 영역으로 헌법이 스스로 차별의 근거로 삼아서는 아니되는 기준을 제시하거나 차별을 특히 금지하고 있는 영역을 제시하고 있는 경우나 차별적 취급으로 인하여 관련 기본권에 대한 중대한 제한을 초래하게 되는 경우6)로 특정하고 있다. 이처럼 합리성의 심사척도를 자의금지원칙과 비례원칙으로 다원화하는 것이 직접적으로는 독일 연방헌법재판소의 태도에 영향을 받은 것이라고 할 수 있지만 독일에서의 법리발전 자체가 연원적으로는 미국 평등보호조항의 법리에 관한 연구에 영향을 받았음은 쉽게 부인하기 힘들 것이므로 우리 헌법재판소가 후발적으로 이러한 법리를 발전시키는 데 해제대상논문과 같은 선연구들이 최소한 간접적인 영향을 미친 것으로 보더라도 큰 무리는 없을 것이다. 특히

---

3) Rotunda & Nowak, Treatise on Constitutional Law, 2ed, West Publishing, 1994, Vol. 3.
4) Gunther, Individual Rights in Constitutional Law, 5ed, Foundation Press, 1992.
5) 헌재 1999. 12. 23. 98헌마363 결정 (제대군인가산점사건); 헌재 2001. 02. 22, 2000헌마25 결정 (국가유공자가산점사건 I); 헌재 2006. 2. 23. 2004헌마675등 결정 (국가유공자가산점사건 II).
6) 헌재 1999. 12. 23. 98헌마363 결정 (제대군인가산점사건).

엄격한 비례심사가 적용되는 평등권 심사척도의 영역인 관련 기본권에 중대한 제한을 초래하는 경우를 유형화한 것은 평등권의 심사척도가 관련된 실체적 요소와 상관관계를 가져야 한다고 주장했던 해제대상논문과 같은 맥락에 있다고 보지 않을 수 없다.[7] 사실 미국의 판례이론을 토대로 한국 헌법상 평등가치의 실현과 관련된 변화를 조망한 저자의 후속논문 "평등권 50년 -자유에서 평등의 논쟁으로"[8]는 평등권심사에 있어 법익과 분류에 따른 세부적 기준 제시의 필요성을 제시하는 한편 평등권 심사의 척도로서 분류(classification)의 다원화가 중요함을 역설[9]하고 있다.

한편 저자가 실체적 요소에 따른 평등권 심사척도의 다양화론을 강조하면서 전제하고 있는 것은 미국의 3단계 평등권 심사척도가 과도하게 형식적으로 적용될 수 있는 위험성을 경계하여 마샬(Thurgood Marshall) 대법관이 주창한 유동적 접근법(sliding scale approach)이라는 점을 주목할 필요가 있다(pp. 459-461). 미국의 3단계 심사척도인 합리적 근거 심사기준(rational basis test), 엄격심사기준(strict scrutiny), 중간심사기준(intermediary level of scrutiny)은 유형화의 과도한 형식화라는 문제를 안고 있다. 이 3단계 심사기준은 차별 자체가 합리적 의심의 영역(suspect classification)의 범주에 속하는지 여부에 따른 차별수단에 대한 비례적 심사의 차등적용을 전제로 한다. 그런데 유형화된 의심영역에 포함되거나 포함되지 않거나 여부에 지나치게 형식적으로 집착하지 아니하고 평등보호조항을 통과해야 할 "실체적 권리나 실체적 요소를 그때그때 적절히 비교형량하여 합리성을 판단할 수 있는 유용한 심사기준"으로 마샬 대법관이 주창한 것이 유동적 접근법이다. 물론 저자가 적절히 지적하고 있듯이 이 접근법은 무조건적인 개별적·구체적 이익형량론이 아니라 3단계 심사척도를 전제로 이 척도를 보완하는 기제로서 의미를 가져야 한다(pp. 460-461). 이 유동적 접근법의 필연적 결과는

---

7) 그러나 저자가 이중기준의 원칙(double standard doctrine)을 통해 본질적 권리와의 상관관계와 같은 차별과 관련된 실체적 요소가 심사기준의 엄격성을 정하는 기준이 될 수 있다는 점을 강조한 점을 우리 헌법재판소가 효과적으로 반영하고 있는지는 의문이다. 우리 헌법이 명문으로 재산권에 대한 광범위한 법률유보를 규정하고 있고, 사회권의 보장이나 헌법 제119조 등 경제영역에 대한 국가의 조정역할을 광범위하게 규정하고 있음에도 불구하고 경제영역에도 과잉금지원칙을 엄격하게 적용하는 예를 어렵지 않게 찾아볼 수 있기 때문이다. 예컨대, 헌재 1998. 12. 24. 89헌마214 등 결정 (도시계획법 제21조 개발제한구역사건) 참조.
8) 헌법학연구, 제4집 제1호, 1998. 6., 44-56면 소재.
9) 위의 글, 54-55면.

평등보호가 논의되는 대상입법과 관련된 "모든 실체적 요소들에 대한 헌법적 가
치부여 작업"(p. 461)이다. 이런 결론에 따라 저자가 우리 헌법재판실무에 요청하
고 있는 것은 "평등권위반이 문제되는 사건에서 우선 그 실체적 요소들의 헌법
적 비중이 어떠한지를 비교, 검토하는 작업이 체계적으로 이루어져야 하겠다"는
것이다(p. 461). 이 같은 저자의 결론은 이후 헌법재판소가 엄격한 비례심사에 의
한 평등권 심사척도를 발전시키면서 "관련 기본권의 중대한 제한"이란 침해정도
의 중대성이 있어야만 엄격한 비례심사를 한다는 것이 아니라 관련 기본권의 침해
정도에 따라 비례심사의 정도가 달라질 수 있음을 의미하는 것이라고 새겨야 한다
고 설명한 법리10)를 연상시킨다.11)

Ⅳ. 사족 – 변화된 상황에 따른 유보와 평등 개념에 대한 이견

해제대상논문이 발표된 지 이제 17여 년이 흘렀다. 세월의 흐름과 함께 저
자가 미국의 판례에 기초한 평등권 보호 법리를 시사적으로 소개한 것이 무색할
정도로 우리 헌법재판소의 평등권 관련 판례는 상당한 발전을 이루었다. 앞서
언급하였듯이 심사기준이 다원화되었다. 미국에서도 평등보호조항의 해석 및 적
용과 관련하여 일정한 변화가 있었을 것으로 추정된다.

후학으로서, 해제자가 특히 반론을 제기하고 싶은 것은 평등의 개념과 관련
한 것이다. 저자는 평등의 개념과 관련하여 상대적 평등 이상의 적극적 정의가
불가능하다고 전제하면서 평등을 '차별의 금지'라는 소극적 개념으로 정의하고
그 차별의 합리성을 구체적으로 밝혀내는 것이 현실적 대안임을 강조하고 있다
(pp. 387-388). 이 견해는 평등개념에 대한 미국헌법학이나 한국헌법학의 전통적
견해를 반영하는 것으로 볼 수 있지만 이론적으로 새로운 검토가 필요하다. 무

---

10) "헌법재판소는 제대군인 가산점 사건에서 "차별적 취급으로 인하여 관련 기본권에 대한 중대
한 제한을 초래하게 된다면 입법형성권은 축소되어 보다 엄격한 심사척도가 적용되어야 할 것
이다"고 한 바 있는데(헌재 1999. 12. 23. 98헌마363, 판례집 11-2, 770, 787), 이러한 판시는
차별적 취급으로 인하여 기본권에 중대한 제한을 초래할수록 보다 엄격한 심사척도가 적용되
어야 한다는 취지이며, 기본권에 대한 제한이기는 하나 중대하지 않은 경우에는 엄격한 심사
척도가 적용되지 않는다는 취지는 아니라고 볼 것이다."(헌재 2003. 9. 25. 2003헌마30, 판례집
15-2상, 501, 510-510)[강조부분표시는 해제자 삽입].
11) 독일의 경우에도 자의금지원칙에 의한 심사와 비례원칙에 의한 심사를 통합하려는 이론적 경
향이 발전하고 있는 것도 같은 맥락이라고 할 수 있다. 이에 대하여는 정문식, "평등위반 심사
기준으로서 비례원칙," 부산대학교 법학연구, 제51권 제1호, 2010, 37면(특히 각주 146) 참조.

해   제   469

엇보다 평등에 관한 미국헌법과 한국헌법상의 수용체계의 차이를 고려할 필요
가 있다. 미국헌법의 경우 사회권적 기본권에 관한 규정이 없는 강한 자유주의
적 헌법으로서의 성격12) 때문에 소극적 평등개념이 문제가 없을 수 있다. 그러
나 한국 헌법은 제헌헌법이래 형식적 평등을 넘어 실질적 평등을 지향하는 강한
수정자본주의적 사회복지국가헌법의 성격을 유지하여 왔으며, 무엇보다 사회권
을 명문의 기본적 인권으로 규정하고 있다는 점에서 평등개념을 소극적 차원에
만 묶어두는 것은 그 적실성에 한계를 보일 수 있다.13) 평등을 단순히 "유사한
(similar) 상황에 처해있는 사람은 유사하게, 다른(different) 상황에 처해있는 사람
은 다르게 취급하는 것"이라는 소극적, 형식적 개념으로 이해할 때, 사회적 조건
에 따른 구조적 불평등을 실질적으로 해소할 수 있는 입법정책, 특히 적극적 평
등실현정책(affirmative action)을 헌법적으로 정당화하는 데 난점이 있을 수 있기
때문이다. 예컨대 경제민주화를 위한 조정과 규제권을 국가에 명문으로 부여한
규정(제119조 제2항), 국가로 하여금 최저임금제를 실시하도록 한 규정(제32조 제1
항), 여자의 근로는 특별한 보호를 받아야 함을 명문으로 선언하고, 여자의 근로
에 있어 고용·임금 및 근로조건상의 부당한 차별을 금지하는 명문 규정(제31조
제4항), 국가유공자·상이군경 및 전몰군경의 유가족은 법률이 정하는 바에 의하
여 우선적으로 근로의 기회를 부여받도록 명문화한 규정(제31조 제6항)이 있는
한국헌법과 그렇지 않은 미국 연방헌법간에 구조적 집단적 차별을 적극적으로
해소하기 위한 불평등해소정책을 실현할 국가의 입법의무를 정당화하는 헌법(이
론)적 메커니즘은 다를 수밖에 없기 때문이다. 저자가 평등 개념을 소극적으로
이해해야 한다고 전제하면서도 적극적 평등실현정책의 정당화과정에서 평등이
단순한 기회의 평등이 아니라 '공정한' 기회의 평등이라는 논지(pp. 455-456)를
펴면서 '공정성'을 평등개념에 내재된 가치요소로 인정하게 되는 것도 결국은 평
등 개념 자체에 대해 명확하게 정의하지 못하고 혼동을 보이는 것이 된다.

　　그러나 이러한 개념상의 이견이나 혼동을 침소봉대할 필요는 없다. 유감스
럽게도 그처럼 지극히 자유주의적인 헌법하에서도 적극적 평등실현정책을 헌법
이론은 물론 입법과 판례를 통해 활발하게 정당화해온 나라가 미국이며, 이에

---

12) 미국 헌법의 자유주의적 성격에 관해서는 함재학, 앞의 논문 참조.
13) 이런 관점에서 한국 헌법상 적극적 평등개념을 모색하는 시론적 접근으로는 김종철, "공화적
　　공존의 전제로서의 평등," 헌법학연구, 제19권 제3호, 2013 참조.

대하여 효과적으로 정리14)하고 있는 저자의 논문은 헌법상의 화려한 문구에도
불구하고 실질적 평등의 실현에 인색해 온 우리의 헌법이론, 입법, 판례의 한계
를 여실히 보여주는 데 부족함이 없기 때문이다.15) 차별금지 혹은 기회의 균등
이라는 단순하고도 소극적인 개념하에서도 평등의 가치를 적극적으로 실현할
수 있는 가능성을 보여주는 미국 연방대법원과 차별금지를 넘어 사회적 평등을
포섭할 수 있는 명문의 규정과 체계를 가진 헌법하에서도 평등을 소극적 기회의
균등 수준에서 실현하는 데 그치는 경향이 강한 우리 사법부의 차이를 무엇으로
설명할 수 있을까? 저자의 평생의 지론으로 이 논문에서도 어김없이 강조되고
있는 명제, "헌법재판의 핵심은 그것이 헌법적 가치를 판단하는 정책재판이라는
데 있다"(pp. 461-462)는 점을 한국의 사법부가 제대로 자각하지 못하고 있기 때
문이 아닐까?

[색인어] 평등, 평등권, 평등보호조항, 적법절차, 면책 및 특권, 엄격심사기준
(strict scrutiny), 중간심사기준(intermediate level of scrutiny), 합리적
근거 심사기준(rational basis test), 유동적 접근법(sliding scale ap-
proach), 적극적 평등실현정책(affirmative action)

---

14) 특히 pp. 433-456.
15) 예컨대 우리의 거주이전의 자유에 해당하는 주간이동권을 근거로 사회복지적 정책의 균등한
적용을 헌법적 가치로 인정한 워렌 법원기의 결정들이 우리에게 시사하는 바는 적지 않다. 대
표적으로 저자가 인용하고 있는 것으로 사회복지수급권을 거주기간의 불충족을 이유로 인정
하지 않는 것이 본질적 권리위반임을 인정한 Shapiro v. Thompson, 394 U.S. 618 (1969)이나
의료수급권과 같은 가난한 이주민의 기본적인 생활권(the basic necessities of life)을 거주기간
요건의 불충족을 이유로 부정할 수 없다는 Memorial Hospital v. Maricopa County, 415 U.S.
250 (1974).

마법의 상자 적법절차조항
(Due Process Clause)

"…각주(各州)는 적법한 절차에 의하지 아니하고는 어떤 사람으로부터도 생명, 자유 또는 재산을 박탈할 수 없다.…" -미연방헌법 수정 제14조 1항-

"…권리장전에 열거된 권리 중 미국이 지향하는 자유민주주의 질서의 유지에 본 질적이고도 필수불가결한 권리는 수정 제14조에 의해 주(州)에도 적용된다.…" -Powell v. Alabama, 287 U.S. 45 (1932); Palko v. Connecticut, 302 U.S. 319 (1937); Duncan v. Louisiana, 391 U.S. 145 (1968) 판결문 중에서-

"과잉충성이나 개인적 영웅심의 발로에 의한 것이라 할지라도 증거물을 확보하기 위해 강제로 위액(胃液)을 검출해 내는 경찰관의 행위는 인류의 양심에 충격을 주는 것으로 헌법 수정 제14조에 위반한다." -Rochin v. California, 342 U.S. 165 (1952) 판결문 중에서-

미국헌법은 이해하기 어렵다. 지구상에 현존하는 최고(最古)의 성문헌법으로 200여 년이나 해묵은 문서이기에 문장도 난삽, 모호하며 구성도 엉성하기 짝이 없다. 미국인들은 "헌법의 기초자"(Founding Fathers)들의 지혜로움을 신격화(神格化)시키려 하지만 아무리 탁월한 선각자(先覺者)라 할지라도 2세기전의 농장주들이 후세에 길이 전승될 완벽한 정치문서를 고안(考案)해 냈을 리가 없다. 엉성하기 짝이 없는 골격의 헌법에다 탐스러운 근육과 사랑스러운 얼굴을 붙여 준 것은 다름 아닌 판사들이었다. 미국헌법은 조문(條文)을 읽어서는 알 수가 없다. 200여 년간에 걸쳐 누적된 판례에 의해 법조문의 구체적 의미가 확장, 축소 또는 변화되었고, 그 변질의 폭은 상식의 수준을 훨씬 상회(上廻)하기 때문이다.

남북전쟁(Civil War)의 산물인 헌법 수정 제14조 제1항의 적법절차조항(Due

Process Clause)이야말로 조문을 통해 그 적용현상(適用現狀)을 알 수 없는 대표적인 예에 속한다. "각주(各州)는 적법한 절차(due process of law)에 의하지 아니하고는 어떤 사람으로부터도 생명(life), 자유(liberty) 또는 재산(property)을 박탈할 수 없다"라는 지극히 추상적인 규정에서 연방대법원이 창출했던 법적 권리는 다양하기 짝이 없다. 형사피의자나 피고인의 절차적 권리의 경우와 같이 상식으로도 납득이 가는 경우도 있으나, 법에 의해 근로조건의 규율을 받지 않고 자유롭게 계약할 권리[1] 등 소위 "실체적 적법절차"(substantive due process)에 관한 권리들은 그 역사적 배경이 된 사실 및 판결 하나하나를 이해하지 않고는 도저히 상상조차 할 수 없는 경우도 많다.

적법절차조항의 적용범위 및 그 과정을 ① 절차적 적법절차(procedural due process), ② 실체적 적법절차(substantive due process), ③ 본질적인 공정성(公正性)의 상실(denial of fundamental fairness)이라는 적법절차조항 그 자체에 고유한 세 가지 이슈와 '권리장전'(權利章典, Bill of Rights, 수정 제1조 내지 제10조의 별칭)에 규정된 기본권을 수용(受容, incorporate)하여 주(州)에 적용하는 매개체(媒介體)로서의 기능으로 나누어 고찰해 보는 것이 유익하다. 이해의 편의를 위해 매개체로서의 수정 제14조의 기능을 앞서 다루어 본다.

1787년에 성립된 연방헌법은 제정 당시에는 권력구조에 관한 조항을 포함할 뿐 기본권에 관한 조항은 수정헌법(amendment)의 형식으로 추가되어 왔다. 1791년에 효력이 발효된 수정 제1조 내지 제10조는 표현의 자유 등 일단(一團)의 기본권을 법제화했다. 그런데 언론·출판의 자유, 종교의 자유 등을 규정한 수정 제1조(1st Amendment)의 경우와 같이 각주(各州)에 적용된다는 것을 분명히 명시한 조항도 있지만 대부분의 조항은 주(州)에 대한 적용 여부를 명시하지 않아 후세에 분쟁의 소지를 남겼다. 남북전쟁의 결과로 헌법에 추가된 3개 조항 중의 하나가 수정 제14조인바 그 적법절차조항은 특별히 주정부를 겨냥해서 제정된 것이다(연방에 대해서는 이미 수정 제5조에 동일한 내용의 조항이 존재하고 있었다).

초기의 판례는 '권리장전'의 규정은 문언(文言) 자체가 명시하지 않는 한 주(州)에 적용되지 않는다는 태도[2]였다. 그러나 점차적으로 인권조항은 기본적으로 연방은 물론 주에도 적용되어야 한다는 것이 수정 제14조의 입법취지였다는

---

1) Lochner v. New York, 198 U.S. 45 (1905) 참조.
2) Barron v. The Mayor of Baltimore, 7 Pet. 243, 8 L. Ed 672 (1833) 참조.

데에 의견의 합치를 보기 시작했다. 구체적인 논리는 수정 제14조의 적법절차조항은 제정 당시에 권리장전을 '수용'(受容, incorporate)했다는 것인데 다만 그 수용의 범위에 관해서는 전면적 적용설(total incorporation), 개별적 적용설(selective incorporation)이 치열한 공방전을 벌였다. 전면적 적용설은 수정 제14조는 그 제정의 본래 목적이 국민의 신분자격(연방의 시민이냐 아니면 주의 시민이냐)에 관계없이 기본적 인권의 주체로서의 확고한 지위를 부여함에 있으므로 권리장전의 모든 조항이 유보없이 주에 적용된다는 입장으로, 휴고 블랙(Hugo Black: 1937-1971 재직)판사 및 윌리엄 더글라스(William Douglas: 1939-1974 재직) 판사가 주창한 이론이다. 이에 대해 개별적 적용설은 권리장전의 조항 중에서도 보다 중요한 조항들, 다시 말하자면 "미국이 지향하는 자유민주주의 질서의 유지에 본질적이고도 필수불가결한 권리"만이 주에 적용될 뿐이라는 주장으로 펠릭스 프랑크퍼터(Felix Frankfurter) 판사를 위시한 다수 판사들의 입장이었다. 양측의 논쟁은 개별적 수용설의 승리로 끝났고, 그리하여 구체적으로 어떤 조항이 주에도 적용되느냐는 개별적인 판례를 통해서 해결되어야 한다.

그런데 주지하는 바와 같이 인류평등주의에 입각한 진보적 사법적극주의의 기치아래 민권혁명을 주도했던 워렌(Warren)법원기(1953-1969) 동안 거의 대부분의 권리장전상의 권리들이 대주적용판결(對州適用判決)을 받았다. 자기부죄금지조항(自己負罪禁止條項, 수정 제5조 'self-incrimination'조항),[3] 불법수색 및 압수금지조항(수정 제4조 'search and seizure'조항),[4] 변호인의 조력을 받을 권리(수정 제6조 'counsel assistance'조항)[5] 등이 그 예에 속한다. 오늘날에 이르기까지 최소한 형사사법절차상의 적법절차와 관련하여 대주적용(對州適用)이 명시적으로 부정(否定)된 조항은 수정 제8조의 과도한 보석금(excessive bail)의 금지조항과 수정 제5조의 대배심(grand jury)에 관련된 조항뿐이다.

이와 같이 수정 제14조의 적법절차조항은 권리장전이 주정부의 공권력 발동으로 인한 민권침해에 대한 방벽으로서의 기능을 수행할 수 있도록 법리적 교량의 역할을 해왔다. 이러한 타조항(他條項)의 적용을 위한 매개체 내지는 교량적역할 이외에도 적법절차조항에는 그 자신에 고유한 기능이 있음은 앞서 말한 바

---

3) Miranda v. Arizona, 384 U.S. 436 (1966) 참조.
4) Mapp v. Ohio, 367 U.S. 643 (1961) 참조.
5) Gideon v. Wainwright, 372 U.S. 335 (1963) 참조.

와 같다.

첫째, 적법절차(due process)조항은 "적법절차"라는 어휘가 암시해 주듯이 절차적 내용을 담고 있다. 법이 정한 정당한 절차에 의하지 아니하고는 생명(life), 자유(liberty) 또는 재산(property)에 관한 권리와 이익을 박탈당하지 않는다는 것이다. 수정 제5조 및 제14조의 적법절차조항이 요구하는 절차상의 공정성 내지는 적법성이란 결국 정부가 생명, 자유, 재산의 개인적 법익을 손상시키는 조치를 취하기 전에 일정한 의사결정과정을 거쳐야만 한다는 것이다. 예를 들자면 공무원을 파면조치 하기 전에 해당 공무원으로 하여금 변명 등 자신의 입장을 개진(開陳)할 기회를 부여하여야 한다. 그러나 정당한 절차가 부여된 이상 국가의 행위가 아무리 가혹한 것이라도 절차적 적법절차를 근거로 다툴 수가 없다는 점에서 그 효과는 실효성이 약하다. 예를 들자면 경미한 교통법규의 위반행위에 대해서 사형이 선고되었다고 해도 배심에 의한 일심절차(一審節次: trial by jury)와 상급심에 의한 심사(appellate review)가 행해진 이상 적법절차의 절차적 요건은 충족된 것이고 범죄와 형벌간의 불균형을 다투려면 잔인하고도 비정상적인 형벌(cruel and unusual punishment)을 금지한 수정헌법 제8조를 근거로 ─이 조항 또한 수정 제14조를 통해 주에 적용된다고 판시되었다─ 적법절차조항의 실체적 보장을 위반했다고 주장할 수 있을 뿐이다.

둘째, 법의 내용을 심사할 수 있는 권한을 "실체적 심사"(substantive review)라고 하는데 한마디로 이는 입법부나 행정부의 행위가 헌법과 비례적 균형을 갖추었느냐의 문제이다. 이때 법원은 국가행위의 대상이 된 개인이 입은 피해보다는 그 행위의 기초가 된 법원칙의 합헌성에 관심이 있는 것이다. 역사적으로 볼 때 실체적 적법절차의 개념은 헌법 제정직후부터 자연법 사상에 근거를 둔 판사들 간에 논의되었으나 본격적인 발전은 남북전쟁(Civil War) 이후에 비롯된 일이다. 이론의 핵심은 만일 입법부가 국민의 기득권(vested right)을 침해하거나 또는 자연법을 위반하는 내용의 법률을 제정한다면 이는 곧바로 개인의 권리를 존중하겠다는 사회계약(social contract)을 전면적으로 불이행한 결과가 된다는 것이다. 그리하여 이러한 법률로 인해 자유나 권리를 침해당한 국민에 대해 사회는 사회계약의 의무를 불이행한 것이므로 적법절차의 보장을 박탈한 결과가 된다는 것이다.

이러한 이론적 배경을 가진 실체적 적법절차권은 20세기에 들어오자마자 전성기를 누렸는데 그 악명높은 Lochner판결6)이 동 조항의 위력을 상징해 준다. 이 사안에서 뉴욕주가 작업장의 위생환경이 몹시 나쁜 제과공장 종업원의 최장 근로시간에 대해 1일 10시간, 1주 60시간으로 제한한 것이 문제가 되었는데 대법원은 이러한 입법이 고용주와 피고용자간에 자유의사에 의한 근로조건에 따라 계약을 체결할 자유(freedom of contract) ─수정 제14조의 자유(liberty)의 개념 속에 내포된─ 에 대한 자의적(恣意的)이고도 불필요한 간섭(arbitrary and unnecessary interference)으로 위헌이라고 선언했던 것이다. 물론 이러한 판결은 오늘날의 현대복지국가의 이념에 비추어 볼 때 시대착오적임이 분명하고 이미 번복을 면치 못했다. 다만 수정 제14조의 적법절차라는 것이 얼마나 포괄적인 개념인가를 예시해 준다.

마지막으로 또 하나의 간과할 수 없는 수정 제14조의 적법절차조항의 기능은 국가의 행위가 비록 특정한 헌법조항에 위반되지 않았다 할지라도 그 행위의 발전과정, 정도, 범위, 방법 등에 있어 현저하게 균형을 상실한 경우에는 본질적인 공정성(fundamental fairness)이 부정된 것으로 무효를 선언할 수 있다는 것이다.

Rochin 판결7)에서의 프랑크퍼터 판사의 격노(激怒)어린 표현, 즉 "양심에 충격을 주는 행위"라는 기준은 너무나 자주 인용되는 본질적인 공정성 부정의 심사기준이다. 이 사건의 개요는 다음과 같다. Rochin이 마약 밀매에 관여하고 있다는 정보를 접한 경찰은 그가 노모, 형제 및 사실혼 관계의 처(common law wife)와 함께 동거하고 있는 집에 밀어닥쳤다. 열려있는 바깥문을 통해 들어간 3인의 경찰은 Rochin이 기거하고 있는 2층 방문을 강제로 열었다. 이때 Rochin은 반라(半裸)의 모습으로 아내와 함께 침대에 앉아 있었고 경찰은 침대 머리맡 탁자위에서 캡슐 2정(二錠)을 발견했다. '저게 뭐냐'는 물음에 Rochin은 잽싸게 캡슐을 삼켜버렸다. 입속으로부터 문제의 캡슐을 제거하려는 노력이 실패하자 경찰은 Rochin을 수갑 채워 인근 병원으로 강제 호송했다. 경찰은 의사를 동원하여 Rochin의 위장 속으로 튜브를 집어넣어 펌프질을 했다. 펌프질의 결과로 Rochin의 위장속에 있던 각종 음식물찌꺼기와 함께 문제의 캡슐이 토해져 나왔다. 캡슐 속에서 모르핀이 검출되었고 이것이 물적 증거가 되어 Rochin은 원심에서 모르핀소지의 유죄판결을 받았다. 연방대법원은 프랑크퍼터 판사의 준엄한

---

6) Lochner v. New York, 198 U.S. 45 (1905).
7) Rochin v. California, 342 U.S. 165 (1952).

경고를 통해 이와 같은 경찰관의 행위는 자백을 강요하기 위한 고문행위에 버금가는 것으로 본질적 공정성과 인류의 양심을 유린하는 행위로 수정 제14조의 위반이라고 선언했다.

이상에서 개관한 바와 같이 수정 제14조의 적법절차조항은 한마디로 말해서 전지전능한 마법상자에 비유할 수 있다. 실제로 그 속에 저장되어 있는 물체의 정체가 무엇인지에 관계없이 마법사의 주문에 따라 무엇이든 인출할 수 있는 마법상자 말이다. 미국헌법의 기본권 조항의 발전과 운용에 있어 적법절차조항의 비중은 절대적이며 또 한편으로는 적법절차조항을 이해하는 것은 미국헌법사를 절반 이상 이해하는 것이다. 외형적으로 보아 엉성하기 짝이 없는 몇 구절의 문자를 마법상자로 삼아 쉴새 없이 '인권'이란 주문을 통해 인간의 존엄과 가치의 실현을 주도해 온 마술사는 물론 법원과 개개 법관이었다. 이들의 양심과 사명감 없이는 미란다(Ernesto A. Miranda), 매프(Dollree Mapp), 기데온(Clarence Gideon)의 신화도 탄생했을 리 없다. 헌법의 규정이 어쨌든 판사는 언제나 자신이 원하는 철학을 판결에 반영할 수가 있고 그리하여 자신이 바람직하다고 믿는 사회의 건설에 기여할 수 있다는 것을 수정 제14조 적법절차조항을 통해서도 알 수가 있다. 미국에서만 가능한 '남의 이야기'에 그칠 뿐일까?

민주법치주의의 실질화를 위한 적법절차

Ⅰ. 머 리 말

우리는 대내외적으로 일대 변환기에 서 있다. 인류사의 한 페이지를 장식해온 이데올로기 논쟁이 역사의 장 저편으로 이동하면서 세계사의 조류는 전환기적 징후를 곳곳에 드러내고 있다. 구소련의 혼란, 유럽통합을 둘러싼 우여곡절, 일본의 정치적·군사적 부상, 지역분쟁의 심화, 경제전쟁의 가속화 등등. 그러나 이러한 세계사적 지각변동도 제도론적 시각으로 보면 서두에 어떤 수식어를 달든 '법치주의' 혹은 '법의 지배'가 시대적 요청임을 부인할 수 없게 되었다. 기존의 자유민주주의국가에서는 법의 지배가 당연한 요청이었고 공산권의 몰락도 사회적 법치주의의 건설이라는 명분하에 추진되었다. 물론 주류에서 이탈해 있는 일부에서 후기산업사회의 대두와 함께 근대적 의미의 법의 지배가 형식화하고 그 물적 토대인 민주주의가 발전하기 보다는 오히려 형해화하면서 새로운 법의 지배의 개념을 재구성할 것을 요구하고 있기도 하다. 그러나 이러한 주장들 또한 현대적 혹은 포스트 모던적이라는 수식어를 달기는 하지만 법의 지배를 완전히 부정하는 것은 아니라는 점에서는 예외가 아니다.

우리의 헌정사 또한 세계사의 흐름에서 그리 벗어나 있지 않다. 해방 후 민주주의의 정착과정은 한국적 특수성의 그림자를 짙게 드리우는 것이기도 하지만 세계사가 보편적으로 걸어 온 시행착오를 축소시켜 놓은 것에 불과하다. 하지만 근대적 법치주의의 기초도 제대로 마련하지 못한 상황에서 법이 정치의 시녀의 지위에서 벗어나지 못하고 온갖 모욕을 감내해야 하는 딱한 지경인 것은 세계화·국제화·인간화를 소리 높여 외치는 현실을 감안할 때 자괴가 앞서는 점이 없지 않다. 더구나 갈수록 공동체의 분해현상은 가속화 되어 가고 그 주요한 원인으로 규범의 상대화 혹은 무시화가 운위되는 현실은 규범학을 업으로 삼는 이들에게 반성의 기회를 제공한다. 이 글은 이와 같은 대내외적 요청에 직면하여 법치주의의 의미를 적법절차의 실현이라는 측면에서 살핌에 목적이 있다.

강학상 '국가권력은 국민의 의사를 대표하는 의회가 제정한 법률에 따라 발동되어야 한다'는 원리로 설명되는 법치주의는 역사상 피의 혁명으로 세계사에 등장한 시민국가의 산물이다. '인'(人)에 의한 지배 혹은 '힘'(力)에 의한 지배로 설명되는 구체제를 전복하고 개인의 자유와 권리를 불가양의 자연권으로 상정한 가운데 주권자 스스로의 의사에 의해서만 스스로를 속박할 수 있다는, 문명화된 관념의 제도적 표현이 법치주의이다. 법치주의 실현의 제도적 요체는 국가권력의 분립이며 분립된 권력들은 궁극적으로 주권체의 의사결정인 법에 의거해서 그 법에 따라 실현되는 것이다. 즉, 법치주의는 국가권력 발동의 근거로서의 기능과 국가권력을 제한하고 통제하는 기능을 가지는 것으로 일반적으로 설명된다. 제2차 세계대전 이전까지의 세계사는 국가권력 발동의 근거로서의 법치주의가 형식적 법치주의로서 불법적 법률에 의한 합법적 지배를 용인하는 상황을 인류가 경험하게 한바, 그 이후의 세계사는 국가권력을 제한하고 통제하여 국민의 기본권을 보장하는 것을 임무로 하여 법률의 목적과 내용까지도 문제 삼는 실질적 법치주의를 지향하였다. 그런데 실질적 법치주의는 적법절차를 그 기본강령으로 하는바 민주법치국가의 실현을 요망하는 우리는 적법절차의 전통을 수립하는 것이 당면한 과제라 할 수 있다.

Ⅱ. 적법절차원칙의 개관

1. 개념과 연혁

현행 헌법인 제6공화국 헌법은 제12조 제1항 제2문에 "누구든지 … 법률과 적법한 절차에 의하지 아니하고는 처벌, 보안처분 또는 강제노역을 받지 아니한다," 동조 제3항 제1문에 "체포, 구속, 압수 또는 수색을 할 때에는 적법한 절차에 따라 검사의 신청에 의하여 법관이 발부한 영장을 제시하여야 한다"라고 규정하여 헌정사상 처음으로 적법한 절차라는 개념을 사용하고 있다. 그러나 후술하듯이 이 조항의 해석은 여러 면에서 논란을 낳고 있는바 결론부터 말해서 실질적 법치주의의 기본강령으로서의 적법절차의 관념은 이 규정으로부터 억지로 유추할 필요 없는, 헌법상의 기본정신 내지 기본권보장과 관련한 일반조항으로부터 도출되는 헌법규범으로 파악하여야 할 것이다.

　그 이유는 적법절차의 관념은 단순히 문자 그대로의 의미만으로 파악되는 것이 아니고 역사적 고찰하에서만 그 정확한 실체를 알 수 있기 때문이다. 사실 적법절차를 "마법의 상자"로 사용하여 인권의 보루로서의 지위를 유감없이 구가한 선구자격인 미 연방대법원의 태도는 공식적인 논리적 추론의 결과라고 보기는 어렵다. 그보다는 미국헌법이 가진 특수성, 즉, 경성헌법(硬性憲法)의 대표적인 예로서 18세기에 채택된 문언의 테두리 내에서 기본권을 보장해야 하는 헌법의 흠결을 법원이 해석을 통해 치유하는 과정에서 적법절차의 개념을 이용한 것이다.

　적법절차 개념의 원조로 일반적으로 인정되는 마그나 카르타(Magna Carta)상의 '나라의 법'(the law of the land)조항1)은 이후 시대의 법학자들에 의해 단순히 '법의 적정한 절차와 과정에 의한'(by due course and process of law)이라는 의미로 파악되었고 그 주요한 성질도 사법절차상의 원칙을 의미하는 것으로 인식되었다. 이런 해석은 대헌장의 이 조항을 계승한 에드워드 3세 치하의 법률과 권리청원(Petition of Rights)의 조항에서 '나라의 법에 의한'이라는 문구를 대체한 '적정한 법의 절차에 의한'(due process of law)이라는 문구의 해석에도 그대로 적용되었다.2) 따라서 여러 문헌을 통해 추론하건대 애초에 적법절차의 관념은 오늘날 미국 연방대법원이 확립시켜온 것과 같은 실체적 내용까지 포함하는 것이 아닌 순수한 절차적인 개념이었을 개연성이 크다.3) 우선 대헌장상의 규정이 형사절차에 관한 규정이었으며 미국법이 이를 수용하는 형태도 형사절차상의 규정에

---

1) "자유인은 동료의 적법한 판결에 의하거나 나라의 법(per legem terrae)에 의하지 아니하고는 체포·구금되지 아니하며, 재산과 법익을 박탈당하지 아니하고 추방되지 아니하며, 또한 기타 방법으로 침해되지 아니한다"는 조항. 대헌장이 라틴어로 최초로 제정되었을 때는 이 조항은 제39장에 자리하고 있었다. 그러나 1225년 헨리 3세 때 전문 63장이 37장으로 줄면서 제29장에 자리하게 되었고 그 후 1354년 에드워드 3세 때 영문으로 공포되었다. 이 조항이 유명해지기 시작한 것은 코크 경을 비롯한 17세기의 법률가들이 왕당파가 왕권신수설을 기초로 국왕의 재판통제권을 주장하는 것을 역사적 전통을 들어 반대하면서 그 예증으로 인용하여 주석을 달기 시작하면서부터이다. C. Miller, "The Forest of Due Process of Law; The American Constitutional Tradition," R. Rennock et al. ed. Nomos XVIII: Due Process, N.Y.: New York Univ. Press, 1977, pp. 4-6.

2) R. Smith, Liberalism and American Constitutional Law, Cambridge: Harvard Univ. Press, 1985, pp. 71-72.

3) 이와 같은 해석에 강한 집착을 보이는 문헌은 R. Berger, Government by Judiciary, Cambridge: Harvard Univ. Press, 1977, p. 195.

포함된 형태였기 때문이다.

　그러나 이와 같은 적법절차의 관념을 계수한 미국은 신생국의 활력으로 새로운 법관념을 발전시켰다. 애초 미국 연방헌법의 소위 권리장전 속에 포함되기 이전에도 적법절차조항은 적정한 법의 절차 혹은 "나라의 법" 조항의 형태로 주헌법들에 포함되어 있었다. 드디어 1791년 우여곡절 끝에 권리장전이 미합중국 헌법의 명문으로 등장하였고 그 제5조는 "누구든지 적정한 법의 절차에 의하지 아니하고는 그의 생명(life)·자유(liberty)·재산(property)을 박탈당하지 아니 한다"고 규정하였다.

　남북전쟁이라는 전환기적 상황을 극복하고 주의 재통합(Reconstruction)을 통한 연방재건의 기운이 드높을 때 통과된 수정헌법 제14조는 "어떠한 주도 적정한 법의 절차에 의하지 아니하고는 어떠한 사람으로부터도 생명·자유 또는 재산을 박탈할 수 없다"고 규정하여 연방정부뿐만 아니라 주정부도 예외가 될 수 없음을 명문으로 명확히 하였다. 미국에서 헌법규범으로 화려하게 재등장한 적법절차의 관념은 (연방대법원이 주도한) 그 역사적 발전과정을 통하여 과거 영국법에 뿌리를 둔 절차적 정의의 관념과는 또 다른 관념으로 발전하였다.

　코크(Edward Coke)와 블랙스톤(William Blackstone) 등이 정도의 차이는 있으나 절차적 정의의 관념에 초점을 둔 데 비하여 미국 연방대법원의 대법관들은 실체적 정의를 포섭하는 관념으로 적법절차를 파악하였던 것이다. 그 대표적인 예로 두 가지를 들 수 있다. 그 첫째는 Lochner시대라고 통칭되는 1937년의 이른바 "헌법 혁명" 이전의 시기에 연방대법원이 적법절차조항을 근거로 일련의 사회경제입법을 무효화시킨 예다.[4] 그 둘째는 1960년대 사회개혁의 바람을 타고 연방대법원이 앞장서서 프라이버시권, 여성의 자율적 낙태권 등의 권리를 헌법의 구조와 정신 속에서 도출해 낸 예이다.[5] 이러한 제2의 경향은 1980년대에

---

4) Lochner v. New York, 198 U.S. 45 (1905)[근로자의 1일 최장 노동시간을 10시간으로 제한한 뉴욕주의 법률을 실체적 적법절차(substantive due process)위반으로 위헌 선언한 판결]로 대표되는 이 시기에 미국의 연방대법원은 각종 경제, 사회입법에 대해 적법절차조항으로부터 도출되는 계약의 자유를 침해하였다는 이유로 위헌선언하였다. 자세히는 러셀 갤로웨이, 안경환 역, 개정판 법은 누구편인가, 교육과학사, 1992, 132-143면 : 안경환, "마법의 상자, 적법절차조항," 법은 사랑처럼, 대학출판사, 1988, 100-106면 참조.

5) 미국의 조야에 가장 격렬한 논쟁을 불러 일으켰고 오늘날까지도 그 정당성 논쟁이 계속되고 있는 1973년의 미연방대법원판결 Roe v. Wade, 410 U.S. 113 (1973)는 주지하다시피 여성의 낙태권을 헌법상의 적법절차 조항 또는 암묵적으로 인정된 헌법정신에서 찾고 있다. 이 판결은

미국헌법학계를 풍미한 헌법해석논쟁의 실마리가 되었다.[6] 이 논쟁의 주요쟁점
은 적법절차가 실체적 내용을 가질 수 있느냐 혹은 법원이 적법절차조항(내지는
평등보호조항)의 확대해석을 통해 의회의 입법을 무효화할 수 있느냐 하는 것이
었다.

　　이른바 역사적 연구방법론에 기초한 원래의 의도(original intent)의 파악을 통
해 법원의 헌법해석권을 제한하려는 원전주의(textualism)적 입장에 선 논자들은
적법절차를 영국법적 기원으로부터 유추하여 절차적 개념(극단적인 경우 사법절차
에만 해당하는)으로 파악하고 연방대법원의 일련의 판결을 비난하였다. 이에 대
항하여 주로 진보진영을 대변하는 보충주의(supplementalism)적 입장에 선 논자
들은 기능주의적 정책론에 입각하여 적법절차를 창조적으로 재해석하는 시도를
통해 실체적 적법절차의 관념을 수용하여야 한다는 반론을 폈다.

　　그런데 최근의 보수화된 법원은 보충주의적 입장이 추구하는 실체적 적법절
차 관념의 확대를 제한하면서도 연방주의(연방과 주의 권한배분문제)의 문제로 이
슈를 전환시켜 문제의 본질을 우회하려는 경향을 보이고 있다. 여하튼 아직까지는
적법절차조항이 실체적 내용을 포섭하는 것이라는 입장이 포기된 것은 아니다.

　　그리고 원전주의자들도 거부하지 않고 있는 절차적 개념의 적법절차도 1970
년 이른바 복지수급권 관련 판결[Goldberg v. Kelly, 397 U.S. 254 (1970)]을 통해 새
로운 전개를 보이고 있다. 즉, 고전적으로 단순한 사법절차적 권한으로 파악하
는 것이 아니라 행정절차적으로 적법절차문제를 사고하는 경향이 강화되어 소
위 "적법절차의 혁명"(modern procedural due process revolution)이 일어났다.

　　기존에는 적법절차조항을 둘러싼 논의가 적정한 법의 절차가 무엇이냐에 초
점이 주어졌다면 새로운 논쟁의 축은 적법절차의 대상인 생명·자유·재산이 무
엇을 의미하느냐로 전환되었다. 따라서 단순히 특권(privilege)으로 인식되었던
복지수급권(welfare right)을 철회하는 경우에 청문(hearing)·고지(notice) 등의 절

　　이후 헌법해석논쟁의 이면으로서의 본질적 권리논쟁을 촉발시켰다. 적법절차조항 등 일반조항
　　을 통한 기본권 인정의 범위와 관련한 분석을 내포하고 있는 본질적 권리논쟁에 대하여는 P.
　　Brest, "The Fundamental Rights Controversy: The Essential Contradictions of Normative
　　Constitutional Scholarship," 90 Yale L. J. 1063, 1981 참조.
　6) 상세히는 블랙(Black)대법관과 더글라스(Douglas)대법관의 사법철학 비교를 헌법해석관의 차
　　이를 통해 구명해 본 안경환, "Hugo Black의 사법철학 – William Douglas와의 대비," 동서의
　　법철학과 사회철학(무애 서돈각 박사 고희기념논문집), 법문사, 1990, 320–337면과 김종철, 미
　　국의 헌법해석논쟁 –적법절차조항을 그 예로–, 서울대학교 석사학위논문, 1990 참조.

차를 거치지 않을 경우 그 처분은 무효인 것으로 선언되었다. 이른바 새로운 자
유, 새로운 재산의 개념이 적법절차조항의 내용으로 등장하였다.[7]

이상에서 적법절차의 관념에 대해 구체적으로 역사적 발전과정을 통해 살펴
보았다. 다음에는 적법절차의 관념을 우리 법질서내로 포섭하기에 앞서 적법절
차의 관념이 법사상사적으로 어떤 당위성을 가지고 있는가를 간단히 살피고 그
외연의 확대가능성을 살펴보도록 하자.

2. 적법절차개념의 법발전론적 고찰

최근 미국의 법사회학계에서는 새로운 법진화론에 관한 논의가 활발하게 진
행되고 있다. 필자는 이 논의 과정이 법의 절차적 합리성을 결론으로 하고 있다
고 보고 적법절차 관념의 현대적 변화가능성을 시사해 줄 수 있는 것으로 생각
하여 간단히 살펴보고자 한다.

인류가 법이라는 규범을 통해 자신들의 사회조직을 발전시키기 시작하여 오
늘날에 이르기까지 법관념에는 수많은 변화가 있었다. 그런데 이 변화를 발전
내지 진보의 과정으로 파악할 것인가에 대하여는 논의가 있을 수 있다. 변화가
보다 낮은 단계에서 보다 높은 단계로 진행된다 하더라도 규범적 가치판단적 요
청에 의하면 보다 낮은 단계가 더 소망스러운 것일 수 있기 때문이다. 그러나
베버식의 형식적 합리성을 법의 최고단계로 파악하는 고전적 관념이 근대적 법
의 지배의 토대를 이루고 그 성격파악에 유용한 도구로 되어 왔으며 실질적 법
치주의도 이 개념과 불가분의 관계에 있음은 두말할 필요가 없다. 그러나 최근
의 법진화론적 논의는 후기산업사회 혹은 후기자유사회로 전환되면서 법을 근
대적 관념으로서의 형식적 합리성개념으로만 파악해서는 복잡·다양해진 사회문
제 해결의 기준이 될 수 없게 되어 새로운 법관념이 형성되어야 할 필요성이 대

---

7) 이 개념은 복지국가화 경향에 따라 국가가 사회계약설에 따른 개인의 집합체의 합의에 의한
   피조적 존재 내지는 개인과 동격일 뿐인 지위에서 국민의 후견인적 지위로 변모한 이상 개인
   이 국가에 대하여 가지는 의존성(예를 들어 복지혜택수급)을 기존의 '재산'(property)과 같은
   성질의 것으로 파악하고 그 박탈에는 일정한 제한을 가하여야 한다는 주장을 법원이 수용함으
   로써 법적 논의의 장속으로 포섭되었다. 그 최초의 저술은 C. Reich, "The New Property," 73
   Yale L. J. 733, 1964이다. 그 의의와 한계에 대하여 자세히는 H. Monaghan, "Of 'Liberty' and
   'Property'," 62 Cornell L. Rev. 405, 1977; Van Alstyne, "Cracks in 'The New Property' :
   Adjudicative Due Process in the Administrative State," 62 Cornell L. Rev. 445, 1977; E. Rubin,
   "Due Process and the Administrative State," 72 Cal. L. Rev. 1044, 1984 참조.

두되었다고 진단한다.

　그 대표적인 논객이 비판법학의 중추에 있는 웅거(R. Unger)[8]이다. 그는 근
대사회에서 지배의 근간을 이루던 '법의 지배'의 원칙이 후기산업사회로 들어서
면서 복지국가적 양상과 조합국가적 양상이 지배적으로 됨으로써 붕괴된다고
파악한다. 웅거가 파악하는 법의 지배의 개념은 특정의 법주체에 예외를 인정하
지 않는, 즉, 일반적이고 통일적인 효력을 가지는 법을 상정한다. 즉, 베버식의
형식적 합리성이 근대법의 기본이다. 동시에 근대법은 법주체들의 동의를 요구
한다는 의미에서 자율성을 가진다.

　그러나 후기산업사회의 양상은 일반성 · 자율성을 저해하는 방향으로 전개되
는데 일반조항(open-ended clause)에의 의존도의 증가라는 현상을 띤 실질적 정
의의 추구에로 나아간다. 이는 베버식의 법진화론에서 보면 후진단계로 복귀하
는 것을 의미할 수도 있다. 그런데 웅거는 여기서 그치지 않고 이와 같은 후기
산업사회의 법의 관념, 즉, 실질적 정의로의 추구 - 절차적, 실체적 정의의 모
색- 는 실패가 예정된 것이므로 그 이론적 토대가 되는 민주주의의 기본개념을
변화시켜 상부구조와 하부구조가 긴밀하게 유기적 관계를 유지하는 "권능화된
민주주의"(empowered democracy)와 새로운 권리체계를 창출할 것을 주장한다.

　적법절차 관념의 발전과정을 예로 하면 이해는 용이해진다. 미국 연방대법
원에서 실체적 적법절차의 재등장에 의한 본질적 권리논쟁의 촉발, 절차적 적법
절차의 혁명이 이룬 복지수급권의 재산권성 인정 등은 단순한 합법적 · 민주적
과정에 의해 선출된 의회나 행정부의 행위라도 그 행위의 내용에 대한 정당성을
문제 삼을 수 있게 하였다. 즉, 형식적 합리성이 아닌 구체적 · 실질적 합리성과
정의를 추구하고 있는 것이다.

　그러나 지나치다시피 진행될 일반조항의 기본권수권규범화는 법제도의 일
반적 운용을 해쳐 법적 안정성에 위협을 가함으로써 안정을 추구하는 보수세력
의 끊임없는 비판의 대상이 된다. 또한 안정된 법질서내에서 기득권의 아성을
붕괴시키고 나눠 가지는 것을 목표로 하는 진보세력의 일단으로부터도 비난을
받게 된다. 이 점에서 근대사회의 유지를 인정하는 선에서 새로운 절차주의적
관념을 재구성하려는 사상적 · 실천적 요구가 제기된다.

---

8) R. Unger, Law in Modern Society, N.Y. : Free Press, 1976; R. Unger, "The Critical Legal Studies
　Movement," 96 Harv. L. Rev. 611, 1983; 양건, 법사회학, 민음사, 1986, 186-195면.

　　헌법해석논쟁에서 중립적 위치에서 참여강화적 대표유지적 이론을 표방하였던 일리 교수의 주장9)은 정치과정에서 소외된 집단에 참여의 가능성을 최대한 보장하고 이 참여가능성을 저해할 수 있는 절차적 흠결에 대해서만 일반조항을 통한 엄격한 통제를 인정하려는 태도이다. 이 태도는 베버와 웅거의 법진화관을 비판적으로 재구성한 토이프너의 반영적 법이론(reflexive law theory)10)이 주창하는 절차적 합리성의 개념과 상통한다. 이로써 절차적 합리성은 근대적 개념과 현대적 개념의 두 가지 뉘앙스를 가지는 것으로 파악됨을 알 수 있다. 근대적 절차적 합리성은 절차는 법의 핵심이라는 자연적 정의관에 뿌리를 둔 개념으로 기존의 적법절차가 가지던 형식적인 절차적 공정성의 의미이고 현대적 절차적 합리성은 토이프너식의 반영적 법이론이 추구하는 합리성이다. 즉, 현대사회처럼 기능적 분화가 고도로 전개된 사회에서는 일반성을 내용으로 하는 근대법은 변화에 적응할 수 없고 그렇다고 도덕 내지 일반조항을 원용하여 자의성이 강한 실질적 정의를 추구하는 것도 보수세력의 반발을 무마할 수 없어 갈등이 증폭되고 법이 사회통합의 기능을 수행할 수 없게 된다. 따라서 기능적으로 분화된 사회구성체의 하위조직들에 자율성을 강조하는 구조체계를 인정하고 이 하위조직들이 사회체계 전체와 다른 하위조직들에 대하여 가지는 관계를 권리와 능력의 배분의 측면에서 규율하는 절차규범을 본질로 하는 것이 법이라는 시각이 토이프너식의 법관념이다. 이른바 새로운 절차주의가 현대적 절차적 합리성의 내용과 특질이라 할 것이다.

　　그러나 선진화된 국가들의 경우 근대법의 한계를 넘기 위해 '현대적' 절차적 합리성에 규범의 본질을 둘 것이나 근대법을 계수하여 전근대적 법체계가 여전히 실효성을 발휘하며 권위주의적 정치형태로 말미암아 형식적 법치의 개념에서 한 치도 벗어나지 못하고 있는 것이 한국의 법현실인 이상 '근대적' 의미의 절차적 합리성이 우선적으로 요청된다는 사실을 강조하지 않을 수 없다. 선진화된 국가들에서는 근대적 의미의 절차적 합리성이 오랜 기간을 거쳐 정착되다보니 오히려 지나치게 고착화되어 변화하는 사회의 새로운 요청에 제대로 대응하

---

9) J. H. Ely, Democracy and Distrust, Cambridge: Harvard Univ. Press, 1980과 그 유사이론을 편 J. Choper, Judicial Review and the National Political Process, Chicago: Chicago Univ. Press, 1980.

10) 양건, 앞의 책, 200-206면; G. Teubner, "Substantive and Reflexive Elements in Modern Law," 17 Law & Society Rev. 239, 1983.

지 못하는 부작용의 폐해가 커졌는데 이에 대한 처방으로 현대적 절차적 합리성을 모색하는 것이다.

따라서 서양법을 계수한 처지로, 공동체의 현실적 형태(전통)가 가지는 전근대적 법관념의 폐해로 인해 법무시주의의 상처가 깊은 우리에게는 근대적 절차적 합리성의 개념을 통한 법형식주의의 장점을 최대한 발현하는 것이 최대현안임은 당연하다. 근대화와 현대화의 문제를 동시에 해결해야만 하는 우리에게 법의 근대적 인식, 그리고 그 내용으로서의 적법절차는 소위 포스트 모던적 법해체주의보다 더 절박한 과제이고 현대적 적법절차보다는 근대적 적법절차가 더 가까워 보일 수밖에 없다.

3. 제6공화국 헌법에서의 적법절차의 관념과 그 해석

그렇다면 우리나라에서 적법절차의 관념은 법적으로 어떤 위치에 있는가를 간단히 살필 차례가 왔다. 앞서 언급하였듯이 제6공화국헌법은 여야의 합의에 의해서 헌법을 개정하면서 헌정사상 처음으로 신체의 자유와 관련한 기본권 규정 속에 적법절차에 관한 규정을 두고 있다. 이의 해석을 두고 헌법학자들간에 다소간의 논란이 있다. 현행 헌법 제12조의 적법절차에 관한 규정들이 영미법상 인정되어 왔던 적법절차의 원리를 그대로 도입한 것으로 해석할 수 있는가의 문제에서부터 그 적용대상을 명문의 규정에 한정할 것인가 아니면 해석상 확대할 것인가, 적용범위에 행정절차를 포함시킬 것인가 아닌가가 문제된다.

우선 기본권규정이 잘 정비되어 있는 우리의 경우와 이의 불비를 헌법해석의 과정을 통해 구체적 재판에서 해소해 온 영미의 경우는 헌법구조상 동일시하기 어려운 점이 있다. 즉 영미의 헌법판례를 통해서 인정되어 온 여러 기본권들은 우리 헌법이 거의 명문으로 규정하고 있어 적법절차를 마법상자로 원용할 필요성은 적다고 할 수 있다. 따라서 우리 헌법상 새로 신체의 자유와 관련된 규정에 삽입된 적법절차조항을 영미의 그것과 동일시할 필요는 없다. 그러나 기본권보장의 내용으로서의 적법절차관념은 자유민주적 기본질서를 기본이념으로 하고 있는 우리 헌법의 정신상 당연히 헌법규정 속에 내포된 것으로 파악하여야 할 것이다. 그리고 명문상의 근거규정은 모든 기본권의 근거규범으로서의 지위에 있는 제10조 '인간으로서의 존엄과 가치'규정과 그 구체적 보완규정으로서의 제37조 제1항의 일반규정을 들면 된다. 따라서 제12조상의 적법절차개념은 이와 같이 일반적 규정들에 내포된 내용을 우리 헌정사의 인권유린의 경험을 되새겨 누구도 어떤 근거에서건 부정할 수 없도록 예시적으로 규정한 것으로 볼 수 있다.

그리고 그 적용범위에 있어서도, 적법절차를 궁극적으로는 일반규정에 의해 인정되고 신체의 자유규정에 포함된 것은 그 예시로 파악하는 이상 굳이 형사절차에만 국한시킬 것은 아니다. 행정절차뿐만 아니라 최근 미국 일부에서 논의되고 있는 것처럼 입법에서의 적법절차문제,11) 나아가 사인간의 관계에서도 절차적 합리성을 무시하는 경우 최소한 사법에 의한 구제의 길을 보장하는 것으로 보아야 할 것이다. 그리고 그 보호의 정도에 있어서도 단순한 절차의 적정성뿐만 아니라 실체의 적정성까지 담보하고 있는 것으로 파악하여야 할 것이다. 다만 행정절차와 입법절차, 그리고 사인간의 관계에서의 적법절차는 합목적적 고려를 충분히 고려하여 침해된 이익의 보장과 공익간의 충분한 비교형량을 통해 이루어질 필요성이 사법절차의 경우보다 더 두드러질 가능성을 배제할 수 없고 이를 위해서 세분화된 기준의 정립이 어느 정도 요청된다.

Ⅲ. 우리 사회에서 통념화된 사실12)과 적법절차의 적용

이상에서 민주법치국가에서의 기본강령으로서의 적법절차의 보장이 가지는 당위성을 언급하고 우리 헌법상으로도 그 관념은 인정되고 있는 것임을 살폈다. 이제 우리의 현실에서 절차적 합리성이 이른바 통념화된 사실의 고리에 얽매여 무시되고 있는 예들을 살핌으로써 민주법치국가의 실질화를 위해 구체적으로 어떤 대응이 필요한지를 각론적으로 살펴보자.

1. 사법행위와 관련한 문제

사법행위에 대한 적법절차는 명문규정으로 예시되어 있으므로 그 존재에 대한 해석의 필요성 없이 철저히 보장되어야 한다. 또 과거의 인권유린의 경험에 대한 철저한 보장의 의미에서 형사절차에 대한 기본권은 헌법에 세세하게 규정

---

11) L. Sager, "Insular Majorities Unabated: Warth v. Seldin and City of Eastlake v. Forest City Enterprises, Inc.," 91 Harv. L. Rev. 1373, 1978; M. Miller, "The Justiciability of legislative rules and "political" political question doctrine," 78 Cal. L. Rev. 1341, 1990.

12) [해제주] 여기서 거론되고 있는 사례들은 이 논문이 최초로 집필된 1992년 시점의 것이지만 현재적 의미도 여전하다고 보아 그대로 두었음을 유의할 것.

되어 있다. 하지만 국가최고규범인 헌법이 그 헌법에 의해 존재 의의를 가지는 공권력에 의해 노골적으로 무시되고 있는 것이 우리 사회의 관행이다.

(1) 사법절차상 적법절차 위반의 제도적 토양

필자는 사법제도의 운영과정에 있어서 적법절차의 원리가 무시되는 관행은 그 원초적 이유가 사법조직상의 결함에서 유래한다고 믿는다. 행정관료적 성격을 가지는 검찰의 경우는 특수성을 인정하더라도 그 독립성이 강조되는 법원의 판사 임명·승진·전보제도는 생각해 볼 점이 많다. 판사의 직급이 지나치게 세분화·단계화되어 상급법원에의 승진을 목표로 판사들이 업무를 수행할 때 시민적 권리의 최후 보루로서의 제몫을 해내기는 어려우리라는 생각을 하지 않을 수 없다.

또 법조인의 등용문인 사법시험의 과정과 그 연수과정이 지나치게 기계적이고 법 자체의 자기 논리에의 집착성만을 요구하다보니 특히 헌법 문제 등에 관해 등한시하게 되고 절차적 합리성의 요구보다는 행정적 편의성에 경도될 수 있는 토양이 생성된다고 본다. 이 점과 관련하여 과거 법조전문지에 사견을 토로한 내용을 문제 삼아 새로 발령된 임지에서 하루만에 다른 임지로 재차 발령을 낸 것이라든지 최근 지방법원 지원에 근무 중인 한 판사를 그 관례에 어긋나게 다른 임지로 전보시킨 것은 일반적인 상식을 가진 사람이라면 전후사정을 감안하건대 누구나가 보복적 인사로 볼 수 있고 이와 같은 절차적 합리성을 무시하는 관행이 그 보호에 누구보다도 앞장서야 할 법원에서 행해지고 있는 것은 우리 사회에서 적법절차 무시의 현주소가 어디쯤인가를 알 수 있게 한다.

또한 이와 관련하여 사법부처가 법에 명시된 재결기간을 어기는 태도도 문제 삼지 않을 수 없다. 최근 지방자치단체장 선거와 관련한 헌법소원 등에서 보듯 헌법재판소가 법이 정해놓은 기일을 의도적으로 어기는 등의 행위는 기본권 침해를 주장하는 원고 측에 대한 불공정한 처사로 법집행기관이 스스로 적법한 절차를 어기고 있음을 보여주는 예가 되기에 충분하다.

(2) 형사절차상의 적법절차 위반

고문을 받지 않고 불리한 진술을 거부할 권리, 변호인의 조력을 받을 권리, 체포 또는 구속시 헌법상의 기본적 권리를 고지 받을 권리, 구속이유 등을 고지 받을 권리, 구속적부심사청구권 등은 수사기관의 자의와 편의에 의해 무시되기 일쑤다. 특히 소위 '시국사건'의 경우는 헌법상 명시적으로 보장된 변호인의 조

력을 받을 권리 등을 노골적으로 무시하는가 하면 헌법정신을 구현한 형사소송
법상의 필요적 구금시간에 대한 제한도 사실상 사문화되다시피한 실정이었다.

    이러한 관점에서 볼 때, 피의자를 연행한 뒤 48시간 이내에 긴급구속영장이
아닌 통상의 영장을 발급 받아 왔던 지금까지의 수사관행이 영장주의에 어긋나
는 불법구금에 해당하므로 국가가 이에 대한 손해를 배상하여야 한다는 내용의
최근의 지방법원 판결13)은 대단히 고무적인 일이다. 그러나 역설적으로 보면 이
와 같은 헌법무시의 경지에 대한 공권력의 기본권침해사례가 버젓이 적법한 관
행인 것처럼 통용되어 오고 있다는 점을 시사한다고도 할 수 있다.

    이 점과 관련하여 통칭 '별건수사'의 위헌성을 생각하지 않을 수 없다. 행정
편의주의적 발상에 젖어 구성요건해당성을 갖추기 쉬운 경미한 사건의 증거는
손쉽게 확보할 수 있는 점을 악용하여 시국사건 등 중요한 사건에 대한 증거의
부족을 별건수사를 통해 시간을 확보함으로써 해결하려하는 관행이 만연해 있
다. 이는 법관의 사전심사를 회피하는 결과가 될 뿐만 아니라 체포, 구속사유의
고지제도에도 위반된다.

    또한 "도주 또는 증거인멸의 우려가 있는" 예외적인 경우로 규정되어 있는
구속제도를 너무나 '원칙적인' 경우로 사용하는 것도 피의자의 무죄추정의 원칙
을 무시하고 신체의 자유를 부당하게 침해하는 것으로 법치주의의 실질화를 위
하여 시급히 시정되어야 할 사항이다. 최근 사회적 물의를 일으키고 있는 마광
수 교수 구속사건도 구속제도가 사실상의 처벌로 악용되고 있는 관행의 한 징표
라 할 수 있다. 사안이 외설물에 관한 문제인 이상 증거인멸의 위험은 없는 것
이고 문제는 도주 가능성인데 그가 자진출두한 점, 또 그가 국내 유수의 사립대
학 교수로 1,000여 명에 이르는 학생들이 이번 학기에 그의 강의를 수강하고 있
는 점을 고려할 때 그를 구속한 것은 구속제도의 남용이라 볼 수 있다. 또한 최
근 광주지법 목포지원의 한 판사가 겪은 경우처럼 헌법상의 영장주의를 의도적
으로 무시하여 판사에 의해 기각된 영장을 그대로 재청구하거나 다른 판사에게
재차 청구하는 것도 적법절차를 위반한 대표적 사례로 지적될 수 있다.

    형사절차상의 기본권을 침해하는 수사기관의 관행을 종식시킬 수 있는 첩경
은 이러한 불법적인 방법으로 취득한 증거, 즉 적법절차를 위반한 증거의 증거

---

13) 중앙일보 1992. 10. 15. 23면.

능력을 전면적으로 부정하는 방법이나, 지난날의 우리 법원의 관행은 절차상의 하자는 실체적 판단에 거의 영향을 미치지 않는 태도라고 할 수 있다. 근자에 들어와서 헌법재판소와 일반법원이 수사기관의 불법적 관행에 대해 제동을 거는 일련의 판결을 한 것은 중대한 변화로 주목된다.[14)

2. 입법의 영역에서 제기되는 문제

입법의 영역에서 특히 문제 삼을 수 있는 것은 우선 입법부의 구성과 관련된 문제들이다. 국회가 진정한 의미에서 국민의 대의기관이 되기 위해서는 각계각층의 국민의 정치적 신조와 경제적 이익이 대변될 수 있는 체제를 구비하여야만 한다. 조직과 금력이 뒤지는 소수정당도 실질적으로 균등한 기회가 보장되는 선거에 참여할 수 있어야 한다.

국회의원 선거에서 무소속 후보에게는 정당추천입후보자의 경우보다 많은 금액의 기탁금을 규정하는 것은 평등권의 침해라고 선언한 헌법재판소의 결정[15)은 이러한 정신을 간접적으로 천명한 것으로 해석된다. 금품수수 등 선거법을 공공연히 위반하는 사례에 대해서도 강력한 행정적·사법적 조치를 취하지 못한 것은 궁극적으로는 우리나라 국민의 정치적 의식 수준과도 연관이 있지만 은연중에 기존정당에 대한 불법적인 특전을 인정하는 과거의 관행을 답습하는 결과가 되었다.

전국구의원제도의 폐해도 심각하다. 통상의 선거절차를 통해서 충분히 대표되기 힘든 직능집단의 이익을 대변함과 동시에 지역구 주민이 아닌 전 국민의 이익을 총체적으로 대변함에 목적이 있는 전국구의원제도는 본래의 취지는 전면적으로 망각되고 오로지 특정정권에 대한 충성을 매개로 한 논공행상 내지는 공공연한 매관매직의 수단으로 전락했다. 현실이 어떠했든 전국구의원은 정당투표의 결과로 선출된 의원이기에 당선 후에 임의로 탈당하거나 소속정당을 변경하는 것은 의원자격 보유의 전제조건을 위반한 것이다. 따라서 이러한 경우에는 의원자격을 상실하도록 하여야 할 것이다.[16)

---

14) [해제주] 2007. 6. 1. 형사소송법 개정을 통해 위법수집증거를 배제하기 위한 제308조의2가 신설되어 적법한 절차에 따르지 아니하고 수집한 증거는 증거로 할 수 없게 법제화되었다.

15) 1988. 9. 8 헌가 6.

16) [해제주] 필자의 이와 같은 주장은 1994. 3. 16. 「공직선거 및 선거부정방지법」이 제정되면서 그 제192조 제4항에 "전국구국회의원이 소속정당의 합당·해산 또는 제명외의 사유로 당적을

　　정당간의 합당은 또 다른 적법절차의 문제를 제기한다. 강학상의 정당국가
화 운운의 표현을 빌지 않더라도 오늘날의 선거는 특정인물에 대한 투표에 그치
지 않고 그 인물이 소속된 정당에 대한 투표의 성격이 강하다. 투표의 결과 다
수당과 소수당이 탄생하고 각각의 정당에 대해 국민이 부여한 임무가 다르다.
그런데 민자당의 탄생의 예에서 보듯이 인위적인 3당의 합당을 통하여, 여·야의
역할을 스스로 변경하는 것은 구체적인 실정법의 조문에는 저촉되지 않을지 모
르나, 보다 근본적인 의미의 적법절차에 위반되는 행위임에 분명하다. 이렇듯
자의적이고도 편의적인 정당의 이합집산을 막아 진정한 의미의 정당정치가 확
립되도록 유도하는 제도적 장치가 요청된다.

　　또한 불가피한 과도기적 상황에서 정정의 불안을 틈타 정상적인 헌정질서가
파괴된 상태에서 국민에 의해 구성되지 않은 "비상입법기구"에서 제정한 각종
입법은 그 실체적 정당성은 물론 절차적 정당성에 대해서도 정상의 헌정질서가
회복된 후에는 일단 헌법재판의 대상으로 삼아야 할 것이다.

　　입법과정상의 적법절차도 준수되어야 한다. 적정한 입법예고와 이해관계인
의 실질적인 참여의 기회가 보장된 공청회가 보장되어야 한다. 특히 소위 '날치
기 입법'은 아무리 헌법이 국회의 자율권을 존중하는 태도를 취하고 있더라도
적법절차에 위반한 것으로서 정당화될 수 없다.[17] 적법절차에 위반하여 통과된
법률이 국민의 권리와 의무를 규율한다는 관념이 일반 국민들에게 접해질 때 사
회관념은 절차적 합리성을 요구를 조소(嘲笑)하는 방향으로 전개되고 이는 사회
전체에 법을 무시하고 회의하는 분위기를 만연시키게 되어 법치주의를 위협하
는 간접적 원인이 된다.

　　또한 논란이 되었던 남북합의서의 국회 동의 여부를 둘러싼 논쟁에서 보듯
이 입헌민주주의국가에서 국민의 권리의무에 관련되고 국가 정책에 중대한 사
안으로 설명될 수 있는 것을 행정부의 독자적 판단에만 맡긴 것은 입법과 관련
한 적법절차위반이라 볼 수 있는 여지가 많다.

　　이탈·변경하거나 2이상의 당적을 가지고 있는 때에는 국회법 제136조(退職)의 규정에 불구하
　　고 퇴직된다"고 규정함으로써 입법화되었고 그 취지는 선거법의 개정에도 불구하고 현재까지
　　기본골격이 유지되고 있다.
17) 정종섭, "우리나라 입법과정의 문제상황과 그 대책," 법과 사회 제6호, 창작과 비평사, 1992,
　　6-32면; 정재황, "국회의 날치기 통과 등 졸속입법에 대한 통제," 법과 사회 제6호, 창작과 비
　　평사, 1992, 33-57면 참조.

3. 행정의 영역

현대복지국가에서 행정의 역할은 그 어느 시대보다 비대해져 법치주의에 대한 전면적 재검토론까지 문제되고 있음은 살핀 바와 같다. 우리에게 있어서도 권력구조가 대통령중심제(강력한 대통령제)로 계속되어 온 특수성에 비추어 보더라도 행정부에 의한 법집행이 민주법치국가 실현에서 중요한 부분을 차지함은 중언을 요하지 않는다. 특히 앞서 적법절차의 연혁에서 살핀 바와 같이 법치선진국에서도 행정절차의 중요성이 인정된 것은 그리 오래되지 않았음을 감안할 때 행정절차의 적정성을 담보하기 위한 노력을 게을리하고 있음을 인식조차 하지 못할 가능성이 많다는 점은 우려하지 않을 수 없다. 일반적으로 행정처분은 국민의 권리·의무와 직접적으로 맞닿아 있다는 점에서 행정의 합목적성에 입각한 편의성을 일견 인정하더라도 최소한의 절차적 요구인 사전통지, 청문, 결정이유의 개시, 관련정보의 공개 등을 준수하는 것이 실질적 법치의 요체가 될 것이다.

최근에 전교조 가입교사의 해직사태 등과 관련하여 직위해제처분 등이 본인에게 소명권마저 인정하지 않은 채 결정되는 것은 적법절차에 대한 중대한 위반이라 할 것이다. 그리고 헌법상 인정된 총리의 내각임명제청권이 무시되어 온 관행이 중립내각의 출범을 계기로 어느 정도 제 절차를 밟고 있는 것은 다행스런 일이다.

4. 사인에 의한 적법절차 위반의 문제

현대 국가에서는 공권력뿐만 아니라 사적 영역도 공권력 못지않게 실질적인 권력기관화하여 국민의 기본권을 침해하는 것이 가능하기 때문에 이에 대한 법적 규제에 관한 이론이 제시되고 실현되기도 한다. 특히 소위 정보화 사회를 맞아 개인정보가 컴퓨터 처리됨으로써 개인의 프라이버시권이 사기업들에 의해 침해되는 일 또한 무시할 수 없는 수준에 이르러 이에 대한 적절한 규제가 요청된다.

구체적으로 증명된 바는 없으나 일반 사기업들이 일반 행정기관이 보유한 개인정보를 입수하여 입사기준이나 기타 사기업활동에 이용하는 경우가 많은 것으로 추정되는바 이는 사기업활동에서 최소한 요구되는 적법절차를 위반하는 것으로 생각해 볼 수 있겠다.[18]

---

18) [해제주] 이와 같은 필자의 문제의식은 이 글이 집필된 지 이십여 년이 지난 2011. 3. 29. 제정되고 같은 해 9. 30.부터 시행된 「개인정보보호법」에 의해 구현되고 있다.

"마법의 상자 적법절차조항"[1987, 이하 '해제논문 1']
"민주법치주의의 실질화를 위한 적법절차"[1992, 이하 '해제논문 2']

해   제

이 상 경*

I. 해제대상논문의 선정 이유

영미법계 전통에서 유래한 적법절차의 원리는 물경 800년이나 묵은 가장 오래된 원리 중의 하나이다.1) 그럼에도 불구하고 여전히 논란거리가 있고 규명되어야 할 부분들이 존재하여 헌법학자들의 지적 호기심을 자극한다. 이러한 연유로 안경환 교수님이 쓰신 두 편의 논문 중 적법절차와 관련한 글들에 이끌리게 되었고 해제문을 쓸 수 있는 과분한 기회를 얻게 되었다. 당연히 해제대상논문을 펼쳐 놓고 이리저리 훑어보는 일은 즐겁고 행복한 작업인 반면에 얼마나 유의미한 해제를 할 수 있을 것인가라는 무게감이 짐짓 어깨를 짓누르는 것도 부인할 수 없다. 그런 까닭에 빈 그릇이야말로 채워질 수 있는 여지가 있다는 생각으로, 즉 공심(空心)으로 해제논문의 해제작업에 다가서기로 했다.

해제논문 1이 적확하게 지적하고 있다시피 사실 적법절차와 같은 일반적인 규정들의 발전은 다름 아닌 판사들에 의한 것이다. 그렇기 때문에 안교수님께서 쓰신 적법절차에 관한 두 글도 미국 판례를 풍성하게 소개하고 있고 따라서 매우 유익한 공부가 되었음은 물론이다. 특히 "탐스러운 근육과 사랑스러운 얼굴을 붙여 준" 판사들에 의한 것이라는 문학적 표현을 대할 때마다 대학원 시절의

---

* 서울시립대 법학전문대학원 교수

1) 적법절차 개념은 영국에서 오랜 시일에 걸쳐 발전시킨 자연적 정의(natural justice)의 법리를 구체화한 것이다. 다시 말하자면 1215년의 마그나 카르타(Magna Carta)에서 'law of the land' 라는 표현으로 처음 성문화된 이 법리는 미국연방헌법 수정헌법 제5조에 의해 최초로 실정헌법에 규정되었고 수정헌법 제14조에 의해 주정부에도 적용되게 된 것이다.

교수님의 모습이 선연히 떠올라 미소 짓곤 하였다. 고루한 법학자의 모습을 기대하며 신촌에서 온 낯선 법학도에게 문학청년과도 같은 교수님의 모습은 예상 밖의 일대 반전과도 같은 사건이었다. 그때나 지금이나 교수님의 문학적·수사적 표현은 늘 유혹적이다. 돌이켜 보건대 대학원 입학 당시 학생담당 학장보를 맡고 계셨던 교수님은 새로운 학문세계를 찾아 날아 온 작은 새에게까지 자상한 보살핌을 베풀어 주시며 대학원 생활을 이끌어 주셨다. 온후한 표정으로 필요한 것이 있으면 언제든 찾아오라 하시던 교수님의 따뜻한 도닥거림을 평생 잊을 수 없다. 그런 인연으로 만난 교수님께 보은할 기회가 없었던 터에 마침 교수님의 정년퇴임을 맞아 두 글에 대한 해제를 쓰면서 크신 은혜에 조금이나마 보답하고자 한다.

II. 두 글의 핵심 내용과 문제의식

1. 해제논문 1

해제논문 1은 특히 적법절차조항의 적용범위 혹은 내용과 적용과정에 대해 짧지만 압축적으로 많은 것을 소개하고 있다. 적법절차에 관한 문제의식은 그 추상성에서부터 시작됨을 해제논문 1은 다음과 같이 적절히 언급하고 있다: "남북전쟁의 산물인 헌법 수정 제14조 제1항의 적법절차조항이야말로 조문을 통해 그 적용현상을 알 수 없는 대표적인 예에 속한다. "각 주는 적법한 절차에 의하지 아니하고는 어떤 사람으로부터도 생명, 자유 또는 재산을 박탈할 수 없다"라는 지극히 추상적인 규정에서 연방대법원이 창출했던 권리는 다양하기 짝이 없다."[2] 해제논문 1의 표현처럼 "200여 년간에 걸쳐 누적된 판례에 의해 법조문의 구체적 의미가 확장, 축소 또는 변화되었고, 그 변질의 폭은 상식의 수준을 훨씬 상회하기 때문에" 무엇인가를 발굴하는 데는 많은 어려움이 있고 지금도 마찬가지다. 미국헌법이 특히 적법절차조항과 평등보호조항 등 이른바 일반조항(open-ended clause)에 의존하기 때문에 판례의 이론도 이를 매개로 발전하였다. 따라서 판례를 통해 투영된 적법절차의 실천적인 의미를 해제논문은 체계적으로 잘 보여주고 있다. 절차중심의 적법성을 담보하려는 역사·기원적 의미에 더하여 실체적인 혹은 자연적인 정의를 담아내려는 실체적 적법절차원리의 발전은 신

---

2) 해제논문 1, 473-474면.

기원에 가까운 실천적 의미를 지닌다고 본다. 연방대법원도 적법절차를 단순히 절차에 관한 원리로만 보지 않고 실체적 내용을 가진 정의개념의 근거로도 파악하기 때문에 미국에서 적법절차의 원리는 실체적 적법절차와 절차적 적법절차로 나뉘어 발전하였다는 점을 해제논문 1은 잘 언급하고 있다.

또한 해제논문 1은 수정헌법 제14조의 적법절차조항이 연방헌법의 권리장전을 주정부에도 적용하는 매개체 역할을 수행한 점을 지적하고 그에 관한 논의를 소개하고 있다. 구체적인 논리는 수정헌법 제14조의 적법절차조항이 제정 당시에 연방헌법의 수정헌법 제1조부터 제8조까지의 권리장전을 '수용(편입)'(incorporation)했다는 것이다. 적법절차이론하에 미국 연방대법원은 처음 8개의 수정증보조항에서 보장된 몇몇의 자유를 수정 제14조에 수용(incorporation)하기 시작하였다.3) 여기에는 대립되는 두 입장이 존재하였음을 해제문은 정확히 설명하고 있다. 첫째, 전면적 수용론은 수정헌법 제14조는 그 제정의 본래 목적이 국민의 신분자격, 즉 연방의 국민(citizens of the United States)이냐 혹은 주(州)의 시민(citizens of the State wherein they reside)4)이냐의 여부에 관계없이 기본적 인권의 주체로서의 확고한 법적 지위를 부여하는 데 있으므로 권리장전의 모든 조항은 유보 없이 주(州)정부에 적용되어야 한다는 입장으로, 휴고 블랙(Hugo Black) 대법관과 윌리엄 더글라스(William Douglas) 대법관에 의해 대표된다.5) 둘째, 개별적 수용론은 권리장전의 조항 중에서도 보다 중요한 조항, 즉 미국이 지향하는 자유민주주의 질서의 유지에 본질적이고도 필수불가결한 권리들만이 주정부에 적용된다는 입장으로 프랑크푸터(Frankfurter) 대법관을 필두로 하는 다수의 대법관들의 입장이었다. 연방대법관 다수가 적법절차조항이 권리장전의 모든 권리를 편입하여 주정부에 적용할 수 있게 한다는 전면적 수용론(total incorporation)을 배척하고 권리장전 중 미국법질서에 근본적인(fundamental) 일부 조항만이 적법절차에 편입되어 주정부에 적용된다는 개별적 적용론(selective incorporation)에 따름으로써 수용의 범위에 대한 양측의 논쟁은 개별적 적용론의 승리로 끝났다. 구체적으로 어떤 조항이 주정부에 대해서도 적용되느냐의 문제는 개별적인 사건을 통해서 확인되었다. 가장 최근까지 발달한 기준은 Duncan v.

---

3) Nowak & Rotunda, Constitutional Law, West Group, 2004, p. 414.
4) 미국 연방헌법 수정헌법 제14조 1문 참조.
5) 해제논문 1, 475면 참조.

Louisiana 사건6)을 통해서 확인할 수 있다. 연방대법원은 인류평등주의에 입각한 진보적 사법적극주의의 기치아래 민권혁명을 주도했던 Warren 법원시기(1953-1969)에 거의 대부분의 권리장전의 권리를 적법절차조항에 수용하는 해석을 하여 주(州)정부에 대한 적용을 허용하였다.7) 다만, 아직까지 적법절차조항에 편입되지 않아서 주(州)정부에 적용되지 않는 권리들로는 수정헌법 제2조 무기를 보유할 권리, 제3조 군대숙영을 거부할 권리, 제5조 형사사건에서 대배심에 의한 기소를 받을 권리, 제7조 민사사건에서 배심재판을 받을 권리, 제8조 과다한 보석금과 벌금을 부과당하지 않을 권리 등이 있다.

더불어 해제논문 1은 적법절차의 조항의 적용범위 혹은 내용과 적용과정에 있어서 고유한 쟁점으로서 ① 절차적 적법절차(procedural due process), ② 실체적 적법절차(substantive due process), ③ 본질적인 공정성의 상실(denial of fundamental fairness)을 언급하며 그 구체적 의미와 내용을 소개하고 있다. 절차의 적법성 외에 법의 내용을 심사할 수 있는 권한을 실체적 심사(substantive review)라고 하는데 한마디로 이는 입법부나 행정부의 행위가 헌법과 비례적 균형을 갖추었느냐의 문제라고 한다. 만일 입법부가 국민의 기득권(vested right)을 침해하거나 또는 자연법을 위반하는 내용의 법률을 제정한다면 이는 곧바로 개인의 권리를 존중하겠다는 사회계약을 전면적으로 불이행한 결과가 된다. 그리하여 이러한 법률로 인해 자유나 권리를 침해당한 국민에 대해 사회는 사회계약의 의무를 불이행한 것이므로 적법절차의 보장을 박탈한 결과가 된다는 것이다. Lochner 판결이 그 정점이다. 동 판결은 뉴욕주의 위생환경이 나쁜 작업장에서 근로하는 작업자에 대해 최장 1일 10시간, 1주 60시간의 제한을 부과한 주법이, 고용주와 피고용자간에 계약을 체결할 수정 제14조의 자유(liberty)의 개념 속에 내포된 자유(freedom of contract)에 대한 자의적이고도 불필요한 간섭이어서 위헌이라고 판단한 사건이다.8) 더 나아가 미국연방헌법상의 실체적 적법절차원리는

---

6) 391 U.S. 145 (1968).
7) 해제논문 1, 475면.
8) 해제논문 1에 따르면 이러한 판결은 현대 복지국가적의 이념에 비추어 볼 때 시대착오적임이 분명하며, 이미 번복을 면치 못한 것임은 물론이라고 한다. 즉, West Coast Hotel 사건(300 U.S. 379 (1937))에서 연방대법원이 여성을 위한 최저임금법을 지지하는 반전을 보임으로서 그 종막을 고하였다. 이후 연방대법원은 경제규제입법과 사회복지입법에 대한 엄격심사를 지양하고, 합헌성 추정의 원칙을 적용함으로써 위헌 선언을 자제하였다. 나아가 1937년 이후 대부분의 '근본적인 권리'에 관한 사건들은 적법절차원칙보다는 평등보호에 근거하여 판결하였다. 그

피임권, 낙태권, 가족관계형성권, 결혼의 자유, 교육권 등등 새로운 권리들의 헌법적 근거로서 작용하고 있다. 더불어 본질적 공정성의 상실의 문제 또한 적법절차원리의 이슈인바, ① 국가의 행위가 비록 특정한 헌법조항에 위반되지 않았다 할지라도 그 행위의 발동과정, 정도, 범위, 방법 등에 있어 현저하게 균형을 상실한 경우에는 본질적인 공정성이 부정된 것으로 무효를 선언할 수 있다는 것이고, ② Rochin 판결의 프랑크퍼터 판사의 격노어린 표현 "양심에 충격을 주는 행위"라는 기준은 너무나 자주 인용되는 본질적인 공정성의 부정의 심사기준임을 잘 설명하고 있다.

해제논문 1에서 저자는 미국헌법의 기본권 조항의 발전과 운용에 있어 적법절차조항의 비중은 절대적이며 또 한편으로는 동조를 이해하는 것은 미국헌법사를 절반 이상 이해하는 것이라고 한다. 그러면서 "외형적으로 보아 엉성하기 짝이 없는 몇 구절의 문자를 마법상자로 삼아 쉴 새 없이 '인권'이란 주문을 통해 인간의 존엄과 가치의 실현을 주도해 온 마술사는 물론 법원과 개개의 법관"이라며 특히 양심과 사명감으로 사법부가 중무장하여 미국의 적벌절차운용의 역사를 우리나라도 써내려 갈 수 있었으면 하는 바람을 피력하고 있다.

2. 해제논문 2

이어 "민주법치주의의 실질화를 위한 적법절차"라는 제하의 해제논문 2는 적법절차가 절차적 적법절차와 실체적 적법절차로 나뉘어 발전하게 된 근거 혹은 배경을 잘 설명하면서 우리나라에 어떤 의미를 시사하는가를 엄밀하게 분석하고 있다. 두 개의 해제대상 논문이 상호 의미 있는 접목이 이루어지는 지점이 바로 우리나라에서의 적법절차의 실현과 발전에 관한 분석에 관한 부분이다.

국가권력 발동의 근거로서의 법치주의는 제2차 세계대전 이전엔 형식적 법치주의로서 불법적 법률에 의한 합법적 지배를 용인하는 상황이었고 그 이후 국가권력을 제한하고 통제하여 국민의 기본권을 보장하기 위하여 법률의 목적과 내용까지도 문제 삼는 실질적 법치주의를 지향하였음은 주지의 사실이다. 해제논문 2는 이러한 점에서 "실질적 법치주의는 적법절차를 그 기본강령으로 하는 바 민주법치국가의 실현을 요망하는 우리는 적법절차의 전통을 수립하는 것이

이유는 사실상 근본적인 권리를 규율하는 모든 법률이 차별조항을 내포하고 있었기 때문이다. 동지, Nowak Rotunda, 앞의 책, p. 452; 박종보, 미국헌법이 한국헌법에 미친 영향 –적법절차와 평등보호를 중심으로, 법학논집 제24집 제2호, 63면, 각주 18번.

당면과제라 할 수 있다"고 지적하고 있다. 더불어 해제논문 2는 적법절차의 연
혁적인 고찰에 더하여 법발전론적인 고찰9)을 통해 법의 절차적 합리성을 결론
으로 하고 있는 논의과정을 소개하고 적법절차 관념의 현대적 변화가능성을 시
사해 줄 수 있을 것으로 보고 있다. 먼저 베버식의 형식적 합리성을 법의 최고
단계로 파악하는 고전적 관념이 근대적 법의 지배의 토대를 이루고 그 성격파악
에 유용한 도구였으며 실질적 법치주의도 이 개념과 불가분의 관계가 있으나 후
기산업사회 혹은 후기자유사회로 전환되면서 법을 근대적 관념으로서의 형식적
합리성 개념으로 파악해서는 복잡·다양해진 사회문제 해결의 기준이 될 수 없
어 새로운 법관념의 필요성이 대두되었다고 한다. 특히 비판법학의 중추 학자인
웅거(R. Unger)가 근대사회의 지배근간을 이루던 '법의 지배'의 원칙이 후기산업
사회로 들어서면서 복지국가적 양상과 조합국가적 양상이 지배적으로 되면서
붕괴된다고 파악하는 이론을 간략히 소개하고 결국 후기산업사회의 양상은 일
반성·자율성을 저해하는 방향으로 전개되는데 이는 일반조항에의 의존도의 증
가라는 현상을 띤 실질적 정의의 추구로 나가간다는 점을 언급하고 있다. 그런
데 해제논문 2에 따르면 웅거는 여기에 그치지 않고 이와 같은 후기산업사회의
"절차적, 실체적 정의의 모색은 실패가 예정된 것이므로 그 이론적 토대가 되는
민주주의 기본개념을 변화시켜 상부구조와 하부구조가 긴밀하게 유기적 관계를
유지하는 '권능화된 민주주의'의 새로운 권리관계를 창출할 것을 주장한다"는 것
이다. 참여강화적 이론10)을 표방하였던 일리(Ely)는 정치과정에서 소외된 집단에
참여의 가능성을 최대한 보장하고 이 참여가능성을 저해할 수 있는 절차적 흠결
에 대해서만 일반조항을 통한 엄격한 통제를 인정하려는 태도를 보였는바 이는
베버·웅거의 법진화관을 비판적으로 재구성한 토이프너(Teubner)의 반영적 법이
론(reflexive law theory)의 절차적 합리성개념과 일맥상통한다고 할 수 있다. 이로
써 절차적 합리성은 근대적 개념과 현대적 개념의 두 가지 뉘앙스를 가지는 것
으로 파악되며, 근대적 절차적 합리성은 절차는 법의 핵심이라는 자연적 정의관
에 뿌리를 둔 개념으로 기존의 적법절차가 가지던 형식적인 절차적 공정성의 의
미이고 현대적 절차적 합리성은 토이프너식의 반영적 법이론이 추구하는 합리

---

9) 해제논문 2, 484면 이하 참조. 법진화론의 논의과정이 법의 절차적 합리성을 결론으로 하고 있
   다고 보고 적법절차의 관념의 현대적 변화가능성을 시사해 줄 수 있는 것으로 생각하고 있다.
10) 일반적으로 process theory로 불린다.

성이라고 할 수 있다. 다만, 해제논문 2는 서양법을 계수한 우리 상황에서 근대
적 절차적 합리성의 개념을 통한 법형식주의의 장점을 최대한 발현토록 하는 것
이 당면 현안이라는 관점을 다음과 같이 제시하고 있다: "근대화와 현대화의 문
제를 동시에 해결해야만 하는 우리에게 법의 근대적 인식, 그리고 그 내용으로
서의 적법절차는 소위 포스트 모던적 법해체주의보다 더 절박한 과제이고 현대
적 적법절차보다는 근대적 적법절차가 더 가까워 보일 수밖에 없다."11)

　　이제 적법절차의 원용에 관해 해제논문 2에서 언급된 우리의 경우를 보다 구
체적으로 살펴보면 다음과 같다: "기본권규정이 잘 정비되어 있는 우리의 경우와
이의 불비를 헌법해석의 과정을 통해 구체적 재판에서 해소해 온 영미의 경우는
헌법구조상 동일시하기 어려운 점이 있다. 즉 영미의 헌법판례를 통해서 인정되어
온 여러 기본권들을 우리 헌법이 거의 명문으로 규정하고 있어 적법절차를 마법
상자로 원용할 필요성은 적다. 따라서 우리 헌법상 새로 신체의 자유와 관련된 규
정에 삽입된 적법절차조항을 영미의 그것과 동일시할 필요는 없다. 그러나 기본권
보장의 내용으로서의 적법절차관념은 자유민주적 기본질서를 기본이념으로 하고
있는 우리 헌법의 정신상 당연히 헌법규정 속에 내포된 것으로 파악하여야 할 것
이다. 그리고 명문상의 근거규정은 모든 기본권의 근거규범으로서의 지위에 있는
제10조 '인간으로서의 존엄과 가치'규정과 그 구체적 보완규정으로서의 제37조 제
1항의 일반규정을 들면 된다. 따라서 제12조상의 적법절차개념은 이와 같이 일반
적 규정들에 내포된 내용을 우리 헌정사의 인권유린의 경험을 되새겨 누구도 어
떤 근거에서건 부정할 수 없도록 예시적으로 규정한 것으로 볼 수 있다."12)

　　헌법재판소는 ① 절차를 규율하는 법이 형식적 의미의 법률이어야 한다는
'절차의 적법성', ② 그 법률의 절차에 관한 내용이 정의에 합치되어야 한다는
'절차의 적정성' 및 ③ 나아가 그 절차만이 아니라 실체적으로도 법률내용이 합
리성과 정당성을 갖추어야 한다는 의미로 확대 해석하고 있다.13)

---

11) 해제논문 2, 486면.

12) 해제논문 2, 487~488면. 문제는 이러한 입장은 결국 명문의 규정을 두고 있는 현행 헌법 하에
　　서조차 적법절차원칙의 근거규정을 불분명한 일반 규정에 두어야 한다는 것이다. 저자의 표현
　　에 따르면 "그리고 그 적용범위에 있어서도 적법절차를 궁극적으로는 일반규정에 의해 인정되
　　고 신체의 자유규정에 포함된 것은 그 예시로 파악하는 이상 굳이 형사절차에만 국한 시킬 것
　　은 아니다"라고 하는 점에서도 이러한 비판에 노출된다.

13) 헌재 1992. 12. 24. 92헌가8. 결국 헌법재판소의 태도를 절차 및 실체에 있어서 적성성을 갖추
　　어야 한다는 것으로 보는 견해가 일반적이다. 그러나 헌법재판소 판례가 적법절차의 보장을

Ⅲ. 적법절차의 또 다른 함의와 평등보호 및 새로운 근본적인 권리들 과의 관계

저자의 두 글을 해제하면서 적법절차란 결국 기본권 제한의 또 다른 한계를 의미한다는 관점도 고려의 대상이 되어야할 것으로 생각되었다.[14] 이는 기본권 제한의 기술적인 부분으로서의 순수절차 -예컨대, 영장제도, 청문절차 등- 외에도 국가공권력작용의 행사는 정의의 실현에 적합한 것이어야 한다는 것을 의미하기 때문이다.[15] 다른 의미로 적법절차는 법치주의원리의 내용을 이루는 일

형사소송절차 등 신체의 자유에 관한 사항만이 아니라 모든 국가작용에 적용하고 나아가 그 내용에 있어서도 절차적 정당성만이 아니라 실체적 적정성(법률내용의 합리성과 정당성)까지 포함하는 것으로 넓게 해석하고 있는 점을 비판하면서 그 결과 적법절차의 의미를 실질적 법치주의와 거의 동일한 것으로 확대하고 있다고 비판하는 관점에 관해서는 양건, 헌법강의, 제3판, 법문사, 2011, 385면 참조: "적법절차의 '의미와 내용'을 실체적 법률내용의 합리성과 정당성, 즉 실체적 적정성까지 포함하는 것으로 해석하는 것은 불필요하며 타당하지 않다. 미국 판례에서 적법절차의 의미를 '실체적 적법절차'로 확대 해석한 것은 헌법에 명시되지 않은 권리의 근거를 적법절차 조항에서 찾기 위한 것이었다. 예컨대 헌법에 규정되지 않은 사생활의 권리의 헌법적 근거를 적법절차조항에서 찾았던 것이다. 그러나 우리 헌법에는 제10조와 같은 포괄적 기본권 조항이 있고, 제37조 제항과 같은 기본권제한입법의 일반적 한계를 정한 조항이 있다. 따라서 적법절차의 의미를 실체적 적정성의 의미로 확대할 필요가 있는 의문이다." 같은 견해로는 정종섭, 헌법학원론, 제7판, 박영사, 2012, 490면 이하 참조: "법률 내용의 합리성이나 정당성은 내용의 문제이지 절차의 문제가 아니기 때문에 적법절차원리에 해당하지 않는다고 할 것이다. 절차에 관하여 정하고 있는 법률조항의 경우에는 그 내용이 합리성과 정당성을 갖추지 못하면 헌법상의 적법절차원리에 위반된다고 할 것이다." 그 예로는 헌재 2008. 1. 17. 2006헌바38을 들고 있다.

[14] 목적상의 한계: 국가안전보장, 질서유지, 공공복리 / 형식상의 한계: 법률 혹은 법률대위명령 이상의 규범 / 내용상의 한계: 본질적 내용 침해 금지 / 절차상의 한계: 과잉금지(비례)원칙 - 적법절차준수.

[15] "적법절차에서 말하는 「적법」이라 함은 실정법만이 아니라 넓은 의미에서의 법규범의 원리나 이념에 적합하여야 하고, 절차가 정당하고 적정하여야 한다는 것을 말한다. 헌법재판소는 헌법 제12조 제1항 및 제3항에 규정된 적법절차의 원칙은 절차의 적법성뿐만 아니라 절차의 적정성까지 보장되어야 한다는 뜻(예: 헌재 1993. 7. 29. 90헌바35; 헌재2007. 4. 26. 2006헌마10) 즉 형식적인 절차뿐만 아니라 실체적 법률내용이 합리성과 정당성을 갖춘 것이어야 한다는 실질적인 의미로 확대 해석되는 것으로 본다(예: 헌재 1992. 12. 24. 92헌가8). 그러나 법률 내용의 합리성이나 정당성은 내용의 문제이지 절차의 문제가 아니기 때문에 적법절차원리에 해당하지 않는다고 할 것이다. 절차에 관하여 정하고 있는 법률조항의 경우에는 그 내용이 합리성과 정당성을 갖추지 못하면 헌법상의 적법절차원리에 위반된다고 할 것이다(예: 헌재 2008. 1. 17. 2006헌바38)." 정종섭, 앞의 책, 463면.
1. 헌법재판소가 적법절차에 반한다고 본 경우, (1)절차적 적법절차: 1)법원의 재판이 아닌 검사의 구형에 의하여 구속영장의 효력이 좌우되도록 한 형소법 제331조 단서 규정(무죄 등의

판결이 선고되었음에도 검사로부터 사형, 무기 또는 10년 이상의 징역이나 금고형에 해당하는
진술이 있는 사건의 경우 구속영장의 효력을 잃지 않는다고 하는 규정)은 적법절차원리를 어
긴 위헌법률(92헌가8): 공권력의 작용에는 절차상의 적법성뿐만 아니라 법률의 구체적 내용도
합리성과 정당성을 갖춘 실체적인 적법성이 있어야 한다는 적법절차의 원칙을 헌법의 기본원
리로 명시하고 있는 것이므로 헌법 제12조 제3항에 규정된 영장주의는 구속의 개시시점에 한
하지 않고 구속영장의 효력을 계속 유지할 것인지 아니면 취소 또는 실효시킬 것인지의 여부
도 사법권독립의 원칙에 의하여 신분이 보장되고 있는 법관의 판단에 의하여 결정되어야 한다
는 것을 의미하고, 따라서 형사소송법 제331조 단서 규정과 같이 구속영장의 실효 여부를 검사
의 의견에 좌우되도록 하는 것은 헌법상의 적법절차의 원칙에 위배된다. 2) 반국가행위자에 대
해서 필요적 궐석재판과 필요적 재산몰수를 규정한 반국가행위자처벌특별조치법은 위헌(95헌
가5): 특조법 제7조 제5항은 검사의 청구에 의하여 법원으로 하여금 처음부터 의무적으로 궐
석재판을 행하도록 하고 있으며, 재판의 연기도 전혀 허용하지 않고 있어, 중형에 해당하는 사
건에 대하여 피고인의 방어권이 일절 행사될 수 없는 상태에서 재판이 진행되도록 규정한 것
이므로 그 입법목적의 달성에 필요한 최소한의 범위를 넘어서 피고인의 공정한 재판을 받을
권리를 과도하게 침해한 것이다. 또한 중형에 해당되는 사건에 대하여 피고인에게 출석 기회
조차 주지 아니하여 답변과 입증 및 반증 등 공격·방어의 기회를 부여하지 않고, 피고인에게
불출석에 대한 개인적 책임을 전혀 물을 수 없는 경우까지 궐석재판을 행할 수 있다는 것은
절차의 내용이 심히 적정하지 못하여 적법절차의 원칙에도 반한다. (2) 실체적 적법절차: 1) 노
동위원회의 미확정의 구제명령을 위반한 사용자를 형벌로 제재하는 노조법규정 제46조는 위
헌(92헌가14): 노동조합법(勞動組合法) 제46조 중 "제42조의 규정에 의한 구제명령(救濟命令)
에 위반하거나" 부분은, 노동위원회의 확정되지 아니한 구제명령(救濟命令)을 그 취소 전에 이
행하지 아니한 행위를 동법 제43조 제4항 위반의 확정된 구제명령(救濟命令)을 위반한 경우와
차별함이 없이 똑같이 2년 이하의 징역과 3,000만 원 이하의 벌금이라는 형벌을 그 제재방법
과 이행확보수단으로 선택함으로써, 국민의 기본권 제한방법에 있어 형평을 심히 잃어 위 법
률규정의 실제적 내용에 있어 그 합리성과 정당성을 더욱 결여하였다고 할 것이므로 헌법상의
적법절차의 원리에 반하고 과잉금지의 원칙에도 저촉된다고 할 것이다. 제청신청인들은 제주
지방노동위원회로부터 구제명령을 받았으나 재심 결과 취소되었는데도 제주지방법원에 위 법
원 91고약7428 근로기준법위반 및 노동조합법위반죄로 약식기소되어 위 법원으로부터 1991.
12. 13. 각 벌금 1,000,000원에 처한다는 약식명령을 고지 받고 이에 대하여 정식재판을 청구하
여 위 법원 91고단1506 사건으로 공판진행 중에 있는 자 등이다. 제청신청인들에 대한 공소사
실 중 노동조합법위반죄의 내용은 ① 제청신청인 김○천은 ○○축산업협동조합의 대표자인 조
합장으로서 위 조합의 종업원인 근로자 84명의 사용자의 지위에 있는 자인바, 제주지방노동위
원회로부터 1991. 8. 17. 근로자 박○욱 등 8명에 대한 부당해고 및 부당정직에 대하여 즉시
원직에 복직시키고 해고기간과 정직기간에 받을 수 있었던 임금 상당액을 지급하라는 구제명
령을 받고도 이를 이행하지 않았다는 것이고, ② 제청신청인 제주축산업협동조합은 그 대표자
가 법인인 위 조합의 업무에 관하여 위 ①과 같은 위반행위를 하였다는 것으로서, 각 노동조합
법 제46조의 죄에 해당된다는 것이다. 2) 검사가 법원의 증인으로 채택된 수감자를 그 증언에
이르기까지 거의 매일 검사실로 하루 종일 소환하여 피고인측 변호인이 접근하는 것을 차단하
고, 검찰에서의 진술을 번복하는 증언을 하지 않도록 회유, 압박하는 것은 적법절차에 위배(99
헌마496).
2. 헌법재판소가 적법절차에 반하지 않는다고 본 경우, 1) 실체적 적법절차: 음주측정불응행위
를 음주운전행위와 동일한 형벌로 처벌하는 것은 합리성과 정당성을 갖춘 입법이므로 적법절

반적인 인권보호를 위한 헌법원리로 간주되어야 한다는 것이다. 그런 점에서 해
제논문에서 마법의 상자로 표현된 전지전능한 적법절차의 내용은 우리나라에서
는 동일하게 적용될 수 없을 것이지만 그 적법절차의 이념만큼은 최대한 실현되
고 보장되는 방향으로 법이론을 발전시켜가야 할 것이다.

　또한 연방대법원이 계약의 자유를 옹호하고 경제규제 법률들에 엄격한 심사
기준을 적용하여 수많은 주(州)법률들을 파기한 'Lochner 시대'는 1937년 West
Coast Hotel 사건16)에서 연방대법원이 여성근로자의 건강을 보호하고 열등한 교
섭력을 조정하기 위한 입법은 계약의 자유에 대한 정당한 제한이라고 판시하고
여성을 위한 최저임금법을 지지하는 반전을 보임으로써 종막을 고하였다는 것
은 주지의 사실이다. 이후 연방대법원은 경제규제입법과 사회복지입법에 대한
엄격한 심사를 지양하고 합헌성추정의 원칙을 적용함으로써 위헌선언을 자제하
였다. 특히 1937년 이후 연방대법원은 "경제규제입법·사회복지입법"분야에서의
정부의 규율에 대해 다투는 사건에 대하여 실체적 적법절차가 아니라 평등보호
의 관점에 오히려 더 초점을 맞추고 있다. 대부분의 법은 모든 사람을 완전하게
공평하게 규율하지 못하고 오히려 사람의 차별분류(classifications of persons)를 포
함하기 때문이다. 만일 어떤 법이 경제적 혹은 사회복지적 사안과 관련하여 차
별분류를 포함하고 있다면 법원은 역시 마찬가지로 그러한 차별분류가 정부의
정당한 이익의 추구에 합리적으로 연관되어 있는 한 이를 지지할 것이다.17)
1937년 이후 미국 연방대법원은 대부분의 '근본적인 권리'에 관한 사건들에서 적
법절차원칙보다는 평등보호에 근거하여 판결하였다.18) 그 이유는 사실상 근본적

　차 위배 아님(96헌가11):음주운전 혐의자가 음주측정에 불응하는 경우, 강제적으로 직접 채혈
　을 실시하는 방법을 취하지 아니하는 한 다른 불이익을 부과함으로써 심리적·간접적 강제방
　법을 도모할 수밖에 없고 그 수단으로는 형벌을 채택함이 통상적 방법이며(오스트리아, 스위
　스, 영국, 일본의 경우 등) 음주측정불응행위를 음주운전행위와 동일한 형벌로 처벌하는 것은
　형사정책적 측면에서도 합목적성을 지니고 있다. 즉 혈중알콜농도 0.05퍼센트 이상의 상태에
　서 자동차를 운전한 사람 중 음주측정에 응한 사람은 도로교통법상의 주취운전죄 내지 교통사
　고처리특례법(제3조 제2항 제8호)으로 처벌받게 되는 데 비하여 음주측정에 불응한 사람은 그
　로부터 면책되거나 보다 가벼운 처벌을 받는다고 한다면 이는 형사사법상의 형평성에 심히 어
　긋날 뿐만 아니라, 심리적·간접적 강제효과도 기대할 수 없어 음주측정제도의 실효성을 살릴
　수 없을 것이므로 음주측정불응행위와 음주운전행위를 동일한 형벌로 처벌하는 것은 합목적
　성을 지니고 있다 할 것이다.
16) West Coast Hotel v. Parrish, 300 U.S. 379 (1937).
17) Nowak & Rotunda, 앞의 책, p. 415.
18) 소위 근본적인 권리(fundamental rights)들은 다음과 같다: "미국의 역사와 전통 및 국민의 양

인 권리를 규율하는 모든 법률이 차별조항을 내포하고 있었기 때문이다.[19]

더불어 해제논문에서도 적확히 지적되고 있다시피, 1960년대 중반 이래 미국 연방대법원은 실체적 적법절차를 프라이버시권과 개인의 자율권 혹은 비경제적자유(non-economic liberty)를 보호하기 위하여 사용해오고 있다. 연방대법원은 경제규제 대신에 다양한 영역에서 연방헌법의 권리장전에 명시되어있지 않은 권리를 근본적 권리로 인정하기 시작한 것이다. 미국연방헌법상의 실체적 적법절차원리는 피임권, 낙태권, 가족관계형성권, 결혼의 자유, 교육권 등등 새로운 권리들의 헌법적 근거로서 작용하고 있다.[20] 이러한 점에서 적법절차원리는 더더욱 그 내용과 실체를 구체적으로 형상화하거나 예측할 수 없는 "마법의 상자"라고 불릴 만한 것이다.

[색인어] 적법절차(due process of law), 절차적 적법절차(procedural due process), 실체적 적법절차(substantive due process), 근본적인 권리(fundamental rights), 평등보호(equal protection)

심에 깊이 뿌리내린(deeply rooted in this Nation's history and tradition, conscience of our people as to be ranked as fundamental)" 권리만을 지칭[Palko v. Connecticut, 302 U.S. 479 (1937)]하는 것으로 연설의 자유, 언론·출판의 자유, 집회·결사의 자유, 사생활권(1989년 이전)[Griswold v. Connecticut, 381 U.S. 479 (1965)], 종교의 자유, 주간여행권(Interstate Travel), 투표권 등으로 수정헌법 제1조에서 제10조까지 규정된 권리장전의 내용들과 수정 제14조에 의해 1960년대 이후 새로이 인정된 프라이버시권 등이다.

19) Nowak & Rotunda, 앞의 책, p. 422.
20) 이러한 실체적 적법절차적용의 가장 유명한 사례는 낙태를 합법화한 Roe v. Wade, 410 U.S. 113 (1973) 사건임은 물론이다.

제 12 장

미국헌법과 낙태

-역사적 배경과 사회적 문제점-

Ⅰ. 글머리에

1969년 어느 여름날 멕코비(Norma McCorvey)라는 텍사스(Texas)주의 어느 행실이 불량한 미혼 여공이 오로지 뱃속에 든 아이를 "조용히 지워버릴" 욕심으로 만들어낸 거짓말이 이날에 이르기까지 사반세기 동안 미국의 전 영토를 유린해 왔다. 그동안 달라진 게 있다면 미혼녀가 낙태를 하기 위해서는 강간을 당했다는 거짓말이 필요했던 시대에서 이제는 이러한 변명이 필요하지 않는 시대가 되었다는 것뿐이다.

로우(Jane Roe)라는 가명으로 제기한 텍사스주의 낙태규제법의 위헌소송은 1973년 연방대법원의 Roe v. Wade 판결[1]로 발전했고 Roe 판결은 거짓말이 또 다른 거짓말을 생산하듯 수많은 후속 Roe 판결을 생산해 내었다. 가명의 로우(Roe)에 의해 죽은 무수한 무명의 태아의 수는 이 시기 동안 살아 출생한 미국인의 몇 십 배에 이른다는 통계가 입증하듯이 실로 Roe 판결은 미국의 현재와 장래에 절대적인 영향을 미친 판결이다.

이 글은 이 시점에서 Roe 판결의 법리적 현주소를 확인함과 동시에 미국에서 이러한 "선구적"인 판결이 탄생하게 된 역사적 배경과 그 후유증을 조명함에 목적이 있다.

---

1) 410 U.S. 113 (1973). 사실심을 포함한 전 재판과정을 비롯한 이 사건의 상세한 배경과 영향에 관한 종합적인 연구자로 Marian Faux, Roe v. Wade—the Untold Story of the Landmark Supreme Court Decision That Made Abortion Legal, Macmillan Publishing Company, 1988 참조. 사회과학적 배경과 함께 법리적 측면에서 이 문제를 종합적으로 분석한 저서로는 Laurence H. Tribe, Abortion: The Clash of Absolutes, W. W. Norton & Company, 1990 참조. 이 글은 주로 이 두 권의 저술에 담긴 내용을 발췌, 정리하였다.

Ⅱ. Roe에서 Casey까지(연방대법원의 판결 요약)

1. Roe 판결

블랙먼(Blackmum) 판사가 집필한 다수의견은 낙태여부를 결정할 여성의 선택권을 Griswold 판결 등 선판례가 인정한 "프라이버시권"의 하나로 본질적인 헌법적 권리로 인정했다. 법원이 정립한 소위 "삼분기법"(trimester)은 의학적 지식의 헌법적 적용으로 오늘에 이르기까지 부녀자의 낙태와 국가의 규율권 한계라는 문제에 관한 기본원칙으로 남아 있다. 임신기간의 제1분기 동안 낙태여부를 결정할 부녀의 자율적인 낙태권은 제한받지 않는 본질적인 권리이며 이 기간 동안 국가가 규제할 수 있는 내용은 오로지 "면허의(免許醫)"에 의해 낙태가 행해질 것을 요구하는 것뿐이다. 제2분기 동안 국가는 "부녀의 건강"을 보호하기 위한 목적으로만 낙태를 규제할 수 있으며, 태아가 태반을 떠나서 독립하여 생존할 가능성이 높은(viability) 제3분기의 개시점 이후로는 국가는 낙태의 절차는 물론 낙태여부의 결정 그 자체에 관여할 수 있다는 것이다.

2. 후속판결

일련의 후속판결에서 대법원은 Roe 판결의 원칙을 재확인하면서 구체적인 사안에 확대 적용해 나갔다. 다만 반대의견의 숫자와 강도가 점차적으로 높아지는 양상을 띠게 되었다.

1976년의 Planned Parenthood v. Danforth 판결[2]에서 대법원은 임신의 원인이나 계속에 공동의 책임과 이해관계가 있는 남성의 동의권을 부정함으로써 자율적 낙태권은 임신부의 독자적인 프라이버시권임을 선인했다.

한편 법원은 임신부가 미성년자인 경우는 국가의 특별한 이익을 인정하여 낙태에 부모의 동의를 요하는 주법을 합헌으로 인정해 왔다. 그러나 1983년의 City of Arkon v. Arkon Center for Reproductive Health, Inc. 판결[3]에서 이러한 부모의 동의에 갈음하는 다른 형태의 동의(이를테면 판사에 의한 동의)를 선택적으로 인정하여야만 한다고 판시했다.

---

2) 428 U.S. 52 (1976).
3) 462 U.S. 416, 439-440 (1983).

임신부 자신의 자율적 낙태권과 관련하여 국가는 부녀의 낙태 결정이 강제에 의해서가 아니라 자신의 자유로운 판단에 기초한 것임을 문서로 확인할 것을 요구할 수 있다.[4] 그러나 부녀의 결정을 위해 제공되어야 할 구체적인 정보(예를 들어 태아의 성장에 따른 신체적 변화 등)를 상세하게 규정하려는 입법적 시도는 "낙태와 출산간의 자유로운 선택을 저해하기 위해" 고안된 것으로 무효 선언되었다.[5]

그러나 제2·3분기 이후로는 안전한 낙태시술을 위해 국가는 합리적인 요건을 규정할 수 있다. 다만 종합병원에서 행할 것을 요구하거나 부녀의 주치의의 동의 외에 제2의 동의(다른 의사나 위원회)를 요구하는 규정, 또는 일반적으로 통용되지 않는 특수한 의학적 방법의 낙태를 요구하는 규정은 위헌으로 선언되었다.[6]

낙태에 관한 의료문제가 또 다른 논란의 대상이 되어 왔다. 1977년의 Maher v. Roe 판결[7]에서 법원은 출산시에는 의료보조금을 지급하나 "비치료적(non-therapeutic)" 낙태의 경우는 이를 지급하지 아니하는 주법을 합헌으로 인정했으며 자매사건인 Poelker v. Doe 판결[8]에서도 같은 요지를 반복 확인했다. 1980년의 Harris v. Mcrae 판결에서는 이러한 원칙이 확대 적용되어 일부의 의학상 필요한 낙태의 경우도 의료보조금의 지원대상에서 제외되었다.[9]

대법원의 새로운 인적 구성과 함께 절정에 달한 미국의 낙태논쟁은 1980년대의 마지막 판결인 Webster[10] 판결로 일단락이 지어진 셈이다. 새로운 법원이 Roe 판결을 명시적으로 번복할 것이라는 "친생명(親生命, pro-life)" 보수·전통주의자의 기대와는 달리 삼분오열의 법원은 기본적으로 Roe 판결의 "친선택(親選擇, pro-choice)" 법리를 다치게 하지 않은 채로 사건을 종결했다. 다만 렌퀴스트(Rehnquist) 원장이 집필한 복수의견(plurality)이 "태동" 이후뿐만 아니라 "전(全)

---

4) Planned Parenthood v. Danforth, 428 U.S. 52, 65-67 (1976).
5) Arkon, 444; Thornburgh v. American College of Obstetricians and Gynecologists, 476 U.S. 747, 765-68 (1986).
6) Doe v. Bolton, 410 U.S. 179. 194-95, 195-98, 198-200 (1973); Danforth, 75-79. 다만 태아의 독립생존가능성이 확정적으로 인식된 때(when fetus is viable)는 태아의 생명의 안전을 위해 제2의 의사의 참가를 요구할 수 있다. Planned Parenthood v. Ashcroft, 462 U.S. 476, 482-86 (1983).
7) 432 U.S. 464 (1977).
8) 432 U.S. 519 (1977).
9) 448 U.S. 297 (1980).
10) William Wesbter v. Reproductive Health Services, 409 U.S. 490 (1989).

임신기간(throughout pregnancy)"을 통해 국가의 규제권을 주장했다는 점은 이 문제가 아직도 미결의 과제임을 알려주고 있다.

3. 1990년대 판결

5대 4로 결정된 1991년의 Rust v. Sullivan[11] 판결에서 대법원은 연방법규에 근거한(Title X) 연방의 "가족계획 서비스" 기금의 수혜를 받는 개업의는 이러한 기금의 수혜자인 부녀에게, 임신을 계속하는 경우에 생명에 중대한 위협이 제기될 위험이 큰 경우를 제외하고는, 낙태에 관한 정보를 제공할 수 없도록 한 보건성(Department of Health and Human Services)의 부령이 합헌이라고 선언했다. 렌퀴스트의 판결문은 Maher, McRae, Webster 등의 선판결에 입각하여 정부는 어떤 행위가 헌법상 보장되었다는 이유만으로 이러한 행위를 재정적으로 보조할 의무를 부담하지 아니한다고 판결했다.

또한 1992년의 Planned Parenthood v. Casey[12] 판결에서 블랙먼을 제외한 8인의 판사는 18세 이하의 부녀의 낙태의 경우에 임신부의 명확한 동의를 포함하여 부모 중 일방의 동의를 요구토록 한 주법을 합헌으로 선언했다.

4. 결   론

이러한 일련의 판결에서 도출해 낼 수 있는 공통분모는 최초 3분기 동안의 부녀의 자율적인 낙태권을 "직접적"으로 제한하는 조치는 위헌이지만 부녀의 건강을 위한 또는 독립생존 가능성이 확인 내지는 합리적으로 예상되는 시점 이후의 국가의 개입과 규제는 "간접적인" 제한으로서 헌법의 범위 내에 속한다는 것이다. 낙태시술에 대해 의료보조금의 지급을 거절하는 것도 이러한 간접적인 제한의 예로 인정되어 효력이 부정되지 않는다는 것이다.

Ⅲ. 미국법상 낙태의 역사

오늘날의 낙태논쟁은 태아의 생존권과 임신한 부녀가 자신의 운명을 결정할 권리라는 두 개의 본질적으로 대립하는 권리간의 선택의 문제이다. 이것은 20세

---

11) 500 U.S. 173. 111 S. Ct. 1759 (1991).
12) 505 U.S. 833. 112 S. Ct. 2791 (1992).

기 후반에 이르러 처음으로 돌출한 문제가 아니고 미합중국의 탄생에서부터 연면하게 계속되어 온 가치선택의 논쟁이다.

1. 독립초기

미국독립 직후에는 각주의 낙태규제는 영국 커먼로에 근거해서 행해졌다. 제정법에 의한 낙태규제의 최초의 예는 1821년의 코네티컷 주법이다.[13] 커먼로 상 "태동(胎動, quickening)"이 감지된 시점 이전에는 낙태가 허용되었다. 따라서 임신의 최초 4분기 내지는 5분기 동안의 낙태는 법의 규제대상에서 제외되었던 것이다. 이러한 "태동기준설(胎動基準說)"은 당시의 윤리적 통념과 의학적 상식을 기초로 한 것이었다. 즉, 태동은 태아가 영혼을 보유한다는 증거인 동시에 임신 사실을 확인할 수 있는 최초의 증거이기도 했기 때문이다.

18세기 말에서 19세기 초의 미국은 너대니얼 호손의 작품이 전하는 메시지와는 달리 성적으로 개방적이었고, 한 역사학자의 주장에 의하면 뉴잉글랜드의 신부의 30퍼센트 이상이 임신한 몸으로 결혼했다고 한다.[14] 이 시기의 미국은 농업중심 사회였고 자녀의 숫자는 곧 경제력과 연결된다는 인식이 지배하고 있었다. 따라서 낙태는 주로 혼외정사의 결과 임신한 독신녀에 의해 시도되었다. 혼외정사에 대한 사회의 응징은 호손의 작품에서 보듯 때로는 가혹한 양상을 보였지만[15] 낙태 그 자체는 중요한 이슈는 아니었다.

미국 최초의 낙태법인 1821년 코네티컷주 낙태법은 태동 후의 낙태에 관해서만 규율했는데 임신부의 건강을 주된 보호법익으로 삼았다. 이는 19세기 초의 뉴욕의 병원에서 행해진 낙태시술의 경우도 수술후유증으로 인한 부녀사망률이 30퍼센트를 상회한 점을 감안해 볼 때 현실적으로 적절한 입법이 되지 못했다.[16]

---

13) James Mohr, Abortion in A America: The Origins and Evolution of National Policy, 1800-1900, 1978, pp. 4-6.

14) Michael Gordon, The American Family: Past, Present and Future, 1978, p. 173. 이러한 비율은 1세기 이전에 비해 3배나 증가한 것이라고 한다.

15) 대표작 주홍글씨(The Scarlet Letter, 1850)를 위시한 너대니얼 호손(Nathaniel Hawthorne, 1804-64)의 많은 작품에서 여성의 정조문제가 청교도식의 죄의식과 관련하여 다루어지고 있다. 호손의 작품에 나타나는 법에 대한 고찰로는 Brook Thomas, Crosss Examination of Law and Literature-Cooper, Hawthorne, Stowe, and Melville, Cambridge University Press, 1987, pp. 45-92 참조.

16) 반면 출산중 영아사망률은 3퍼센트 미만이었다. Mohr, 앞의 책, p. 72.

어쨌든 1840년까지 8개 주에서만 낙태규제법이 제정되었다.17)

2. 19세기의 법

1840-1860년의 기간 동안 미국 전역에서 제정된 낙태규제법의 총수는 40편
에 달했다. 이러한 낙태규제의 법제화는 의사협회의 적극적인 캠페인의 결과라
고 할 수 있다. 낙태규제법의 전형적인 내용은 다음과 같다. 첫째, 태동을 기준
으로 한 규제상의 차별을 철폐했다. 둘째, 의학적인 판단을 근거로 부녀의 생명
의 유지를 위해 필요한 경우에 낙태는 허용된다. 셋째, 낙태의 허용사유로서의
"치료의 목적"(therapeutic) 등을 추상적인 개념으로 규정함으로써 의사의 재량적
판단의 범위를 넓혀 주었다.18)

3. 20세기 전반의 법

낙태규제법이 미국에 정착된 후인 20세기 초에는 낙태규제 그 자체의 타당
성에 대한 논란은 거의 존재하지 않았다. 규제법의 존재유무나 그 내용과는 무
관하게 미국의 여성들 사이에는 계속적으로 낙태가 성행한 사실이 이미 규제법
그 자체의 논의의 실익을 상실시켰기 때문이다. 한 통계에 의하면 총 임신 중의
3분의 1이 낙태로 결말지워졌다고 한다.19) 부유층의 부녀는 "치료목적"의 범위
를 최대한 넓게 해석하는 의사의 도움으로 손쉽게 낙태를 할 수 있었다.20)

낙태를 범죄로 규정한 시기 동안 "치료목적"이라는 위법성 조각사유로서의
법리가 발전했던 것이다. 1930년대에는 "빈곤"이라는 경제적 자유도 치료목적으
로 수용되었고 1940년, 50년대에 들어와서는 정신병리학적 이유도 추가적으로
수용되기 시작했다.21)

낙태의 범죄화와 엄청난 낙태의 성행에도 불구하고 실제로 낙태죄로 처벌된
경우는 드물었다. 1911년부터 1930년의 기간 동안 미네소타주에서 총 100건의

---

17) Mohr, 앞의 책, p. 79.
18) Tribe, 앞의 책, pp. 30-35 참조.
19) Kristin Luckcr, Abortion and the Politics of Motherhood, University of California Press, 1984,
    p. 49.
20) 치료목적의 낙태가 허용되는 상황을 구체적으로 명시하려는 입법부의 시도는 의사집단의 조직
    적인 반대로 거의 성공을 거두지 못했다.
21) Faye Ginsburg, Contested Lives: The Abortion Debate in an American Community, University
    of California Press, 1989, p. 37.

낙태죄의 기소가 있었고 이 중 31건의 유죄판결이 내려졌다. 미시건주의 경우는 1893년부터 1932년의 기간 동안 156건의 기소 중 40건에 대해 유죄판결이 내려졌다.[22] 그리하여 이 시기 동안 미국은 낙태라는 지극히 일상적인 현상을 범죄로 규정하는 대신 그 처벌은 극소수의 사회적·강제적 약자에게만 과하는 이중기준의 위선 속에 살고 있었다.

4. 1950년대 이후

중요한 헌법문제의 하나로서의 낙태논쟁은 1950년대 초에 비롯된 것이라고 할 수 있다. 의학의 급속한 발전으로 안전한 낙태시술이 일반적으로 가능하게 되었고[23] 따라서 "합법적인" 낙태의 현실적 필요성이 격감했다. 반면 낙태의 허용여부에 대한 의학적 기준이 더욱 엄격하게 정립되기 시작했다. 의학계 그 자체가 날로 관료적이 되고 각 병원에는 매 건마다 낙태의 필요성 여부를 심사하는 위원회가 설치되기 시작했다.[24] 위원회마다 구구한 결정을 내리자 각종 낙태법이 규정하는 "치료목적의 낙태"와 "부녀의 생명의 보전을 위해 필요한 경우"에 관한 명확한 기준을 정립할 필요성이 주창되기에 이르렀다.

이에 대한 반응으로 미국법학원(美國法學院, American Law Institute)은 모범형법전(模範刑法典, Model Penal Code)의 개정조항을 제안하여 보다 구체적인 정의를 수용함과 동시에 2인의 의사의 확인이라는 요건을 부과시켰다.

1960년대의 낙태법의 변화는 어떤 단일한 사건의 결과로 이루어진 것이 아니다. 낙태를 범죄화하기 위해 조직적인 운동을 벌였던 의사집단은 이제 낙태 또는 분만의 경우에 부녀의 건강에 미칠 위험에 대해 보다 정밀한 의학적인 기준을 제시하기 시작했다. 또한 "부녀의 건강"의 개념 속에 정신적 상태를 포함시켜, 강간이나 근친상간으로 임신한 경우에도 낙태를 허용하게 되었다.

---

22) Ginsburg, 앞의 책, p. 53.

23) 1955년에는 매 10만 건의 낙태 중 100건의 부녀사망이 일어났으나 1972년에는 10만 명당 3명으로 격감했다. Emily Moore-Cavar, International Inventory of Information on Induced Abortions, Division of Social and Administrative Sciences, International Institute for the Study of Human Reproduction, 1974, p. 502 (Table 7. 9).

24) Ginsburg, 앞의 책, p. 34.

Ⅳ. 낙태의 사회적 동인

1. 여성운동

낙태의 합법화 현상은 일부 사회생활에서 여성의 역할에 일어난 변화의 결과이기도 하다. 이 기간 동안 엄청나게 빠른 속도로 여성의 교육과 사회활동의 기회가 확대되었다. 1950년에서 1970년의 기간 동안 기혼백인여성의 취업률이 거의 두 배로 증가했고 1970년대에는 여성진학률이 급증하여 백인 57퍼센트, 흑인 117퍼센트의 상승률을 각각 기록했다.[25] 1970년을 기준으로 노동연령 여성의 43퍼센트가 직장을 가지게 되었다. 전통적으로 남성의 활동영역으로 간주되었던 많은 직종에 여성이 진출하게 되었다. 또한 출산시 영아사망률도 격감하게 되었다. 게다가 여성의 혼인과 임신 시기도 늦어졌다. 피임법의 발전도 여성의 직업활동에 상당한 기여를 했다. 피임에 의한 자율적인 출산 조절의 관행은 낙태를 포함한 일체의 출산조절권을 요구하기에 이른 것이다.

물론 낙태법에 관한 전면적 비판을 제기한 사람들은 페미니즘 또는 자유주의 등의 이념에 의해 무장한 것은 아니고 단지 낙태관련 형사법의 잔인하고도 비현실적인 규정을 개선하는 것이 주된 관심사였을 뿐이다. 그러나 이러한 낙태법으로 인해 여성이 겪는 특수한 고충에 대한 인식이 "여성운동"의 조류와 결합하게 된 것이다.[26] 또한 인도주의적 견지에서 이에 동조한 진보적인 언론[27]과 교회세력의 지지 또한 중대한 기여를 했다.[28]

---

25) Rosalind P. Petchesky, Abortion and Women's Choice: The State. Sexuality and Reproductive Freedom, Northeastern, 1984, p. 107, 115.

26) 대표적인 여성운동가인 언론인 브라운밀러(Susan Brownmiller)나 여성잡지 미즈(Ms.)의 발행인 스티넴(Gloria Steinem)도 자신의 낙태경험을 생생한 언어로 고백하면서 낙태법의 비인도성을 고발했다. Susan Brownmiller, Against Our Own Will, Simon &. Schuster, 1975; Feminity, A Faucett Columbine Book, 1984; Gloria Steinem, Outrageous Acts and Everyday Rebellions, Holt Paperbacks, 1983, p. 17.

27) Clayton Knowles, "Clergymen Offer Advice," New York Times, May 22, 1969, 1.

28) 이를테면 '낙태에 관한 사제대책 위원회'(The Clergy Consulation Service)는 잇달은 성명서와 공개광고를 통해 미국 낙태법의 비근대성을 비난함과 동시에 Puerto Rico, 영국 등지에서의 낙태를 주선하기도 했다. Tribe, 앞의 책, pp. 40-41.

2. 빈곤, 인종, 인구문제

1960년대에 낙태가 비교적 광범한 사회적 지지를 얻게 된 것은 여성운동의 조류 이외에 빈곤, 인종, 그리고 인구문제에 관한 위기의식도 중요한 동인으로 작용했다.

한 통계에 의하면 1960년대 말 미국에서 연간 120만 이상 여성이 불법적인 낙태를 시술했는데 낙태비용도 천차만별로 1백달러 이하의 무면허의(無免許醫)에서부터 최신의술과 시설을 이용한 수천 달러짜리 시술도 있었다.29) 빈곤층의 낙태는 일종의 경제적 긴급조치로 인식되었고 흑인을 위시한 소수인종의 수적 성장이 미국사회에 미칠 부정적 요소에 대한 과장된 위기의식이 소수인종의 낙태를 단순히 용인하는 단계를 넘어 권장하기까지 하는 분위기이기도 했다.

또한 제2차 세계대전 이후에 탄생한 신생 저개발국가들과의 긴밀한 접촉을 통해 "인구폭발"현상에 대한 위기의식이 미국민에게도 심리적 부담을 안겨주기에 충분했고 이러한 위기의식이 낙태에 대한 인식을 전환하는 계기가 된 것도 부정할 수 없다.30)

V. 헌법과 낙태의 권리

1. 문제의 제기(Roe 판결의 정당성)

기존의 윤리관을 근본적으로 전복하는 강력한 메시지에도 불구하고 Roe 판결 그 자체는 일종의 타협의 산물이다. 법원의 답을 요구한 문제는 언제 어떠한 상황에서든 임신부는 스스로의 결정으로 낙태할 권리가 있는지 여부였다. 여기에 대해 법원은 명백하게 부정적으로 답했다.31) 그리하여 Roe 판결과 후속판결

---

29) Nanette Davis, From Crime To Choice: Transformation of Abortion in America, Praeger, 1985, p. 102.

30) 1954년 생물학자 에리히(Paul Erlich)는 "인구폭탄"(The Population Bomb)이라는 팜플릿에서 "세계인구의 폭발은 핵의 폭발에 못지않게 파괴적이고도 위험한 결과를 초래한다"고 경고했고 이러한 위기의식 속에 1965년에는 트루만(Harry Truman)과 아이젠하워(Dwight Eisenhower)의 두 전직대통령을 공동위원장으로 하는 가족계획 및 인구문제대책협회(Planned Parent-hood/World Population)가 발족되기에 이르렀다. Tribe, 앞의 책, p. 41.

31) 410 U.S. 113, 153 (1973), "With this we do not agree."

들은 일체의 낙태는 면허의(免許醫)에 의해 행해져야 하며, 제2·3분기 이후의 낙태를 규율할 수 있다는 등의 정부규제권을 인정했다.

그럼에도 불구하고 1954년의 Brown v. Board of Education 판결32) 이래 어떤 연방대법원의 판결도 이 판결만큼 세론의 관심이 된 판결은 없다. 이 판결에 대한 비판은 미국헌법에 있어서 새로운 혁명으로 이어지고 있다. 단순히 프라이버시권이라는 하나의 헌법적 권리에 국한된 것이 아니라 전체 기본권체계에 결정적인 영향을 미치고 있다. 동시에 미국 사법부의 역할에 관한 철학의 논쟁에 새로운 점화제가 되고 있다.

2. 비판론의 근거

Roe 판결에 대한 비판은 사법철학적 비판과 해석론적 비판으로 양분하여 정리할 수 있다.

(1) 사법자제론적 비판

1950년대, 60년대의 미국연방대법원의 상징어인 "사법적극주의(司法積極主義, judicial activism)"는 진보성향의 워렌(Warren) 대법원장의 영도 아래 수행되었으나 Roe 판결은 보수철학이 지배하는 버거(Burger) 법원이 유례없는 사법적극주의 태도로 내린 것이라는 점을 특기할 수 있다. 판결문의 저자는 닉슨(Nixon) 행정부 판사들 중 하나인 블랙먼(Blackmun)이고33) 스튜어트(Stewart), 포웰(Powell) 등 보수주의자가 찬동했다. 무엇보다도 연방사법부의 사법적극주의적 태도를 불식시키기 위해 닉슨이 임명했던 버거(Burger) 원장이 합세했다.

Roe 판결의 비판자는 우선 "불법적인"(또는 "정당성 없는," illegitimate) 사법적극주의의 태도를 비난한다. 이 문제는 1950년대 후반 이래 끊임없이 전개되어 온 고전적인 논쟁의 하나이므로 이 글에서는 상론을 피한다.34) 다만 한 가지 지

---

32) 381 U.S. 437 (1954).

33) 블랙먼은 1980년대 이후로는 중도 내지는 진보 성향으로 변신했고 현임법원에서 가장 진보적인 인물로 분류되고 있다. 자세히는 갤로웨이(Russell W. Galloway) 저, 안경환 역, 법은 누구 것인가(Justice For All?—The Rich and The Poor In Supreme Court History 1790-1990), 교육과학사, 1992, 제15-17장 참조.

34) 민주국가에 있어서의 사법심사의 정당성에 관한 논쟁은 사법심사가 본질적으로 반민주적 (anti-democratic), 반다수적(anti-majoriatrian)인 제도라는 비켈(Alexander Bickel), 프랑크퍼터 (Felix Frankfurter), 초퍼(Jesse Choper) 등의 사법자제주의자와 헌법의 수호자로서의 법원의 특별한 임무를 강조하는 핸드(Learned Hand), 더글라스(William Douglas) 등의 사법적극주의

적할 것은 사법심사가 반민주적이고 반다수적인 제도라고 할지라도 유독 낙태
문제에 관하여 더욱 강한 반민주성을 띨 이유는 없다는 사실이다.

(2) 해석론적 비판

1) 프라이버시권

더글라스(William Douglas)가 Griswold 판결35)에서 그 유명한 "반영이론(半影
理論, penunmbra theory)"으로 프라이버시권을 창출해 낸 이래 이러한 "무원칙하
고도 예견불능의" 헌법해석은 찬사와 동시에 비난의 대상이 되어왔다. 기혼부부
의 가족계획에 있어서의 자율적 결정권이라는 비교적 좁은 내용의 프라이버시
권이 모든 여성의 자율적 낙태권이라는 엄청난 결과로 확대되자 헌법적 권리로
서의 프라이버시권 그 자체에 대한 원초적 의문을 제기하는 사람이 많아졌다.
특히 보크(Robert Bork) 판사는 1989년의 자신의 저서 "아메리카의 유혹"(The
Tempting of America)에서 미국헌법에는 Roe 판결을 정당화시킬 수 있는 한 구절
의 문언도 없다라고 강력하게 주장하고 있다.36) 그러나 보크 판사의 주장은 미
국의 절대다수의 신념에 배치되는 극단적인 주장이다. Webster 판결에서 "법원
의 조언자"(amicus curiae)의 의견으로 885명의 미국법학교수는 Roe 판결이 확인
한 프라이버시권이 미국헌법의 핵심임을 확인했고37) 전미변호사협회(ABA)도
1990년의 결의문을 통해 "연방헌법에 보장된 본질적인 권리로서의 프라이버시
권에 '임신중절을 결정할 권리'가 포함된다"고 선언했다.38)

물론 헌법에는 "프라이버시"라는 어휘가 등장하지 아니한다. 그러나 성문헌
법 2백년의 역사를 통해 미국의 헌법은 단지 4천단어의 문서 그 자체뿐만 아니
라 무수한 판결을 통해 법원이 창출, 도출, 부가시킨 일련의 법원칙이 포함된 것

자의 오랜 시일에 걸친 논쟁의 역사다. 이에 관한 자세한 국내문헌으로는 이상돈, 미국의 헌법
과 연방대법원, 학연사, 1933 참조.

35) Griswold v. Connecticut, 381 U.S. 479 (1965).

36) Robert H. Bork, The Tempting of America, Free Press, 1997, p. 112 "낙태찬성론자 그 누구도
Roe 판결을 헌법판결로서 간접적으로라도 이론적으로 정당화하려는 노력을 추호도 보이지 않
았다. … 이 판결은 명백히 불법적인 사법권의 행사이며 미국시민의 민주적 권위에 대한 찬탈
이다." pp. 115-116.

37) Webster v. Reproductive Health Services, 492 U.S. 490 (1989)에서의 Brief for a Group of
American Law Professor as Amicus Curiae Supporting Appellant 참조.

38) "ABA Policy Group Backs Right of Women to Decide on Abortion," New York Times, Feb.
14. 1990.

이다. 이 점은 특히 수정 제14조의 "생명," "자유," "재산"의 의미와 관련하여 법원이 내린 무수한 판결을 통해 확인할 수 있는, 다시 도전받을 수 없는 역사적 사실일 것이다.[39)

2) "수용"이론과 "열거적 권리"의 문제

연방헌법의 기본권 규정인 권리장전(權利章典, Bill of Rights)상에 규정된 제반 권리가 주정부에 대해서도 주장할 수 있는 권리인가는 이른바 수정 제14조의 적법절차조항, 그 중에서도 특히 "자유조항"(liberty clause)을 매개로 한 "수용이론 (受容理論, incorporation theory)"으로 해결되었다.[40) 이 조항을 매개로 하여 주의 절차에도 "수용"된 권리에는 단순한 절차적인 권리뿐만 아니라[41) 실체적 권리도 포함된다는 사실도 일련의 역사적 판결을 통해 입증되었다.

수정 제14조를 통한 권리장전상의 권리의 수용을 인정하면서도 판결의 비판자들은 수정 제14조에 의해 보장된 권리의 외연(外延)은 바로 권리장전 그 자체라는 주장을 편다. 다시 말하자면 언론의 자유, 종교의 자유, 집회의 자유 등 "특별히 명시적으로 열거된(specifically enumerated)" 권리만이 주정부의 행위에 적용되어, 주는 이러한 자유를 제한하는 법률을 제정하지 못할 뿐이라고 한다. 이러한 원칙에 비추어 볼 때 Roe 판결은 헌법이 특별히 명시적으로 열거하지 아니한 프라이버시권을 인정한 오류임을 면치 못한다는 주장이다. 이러한 주장 또한 대법원의 역사를 관찰해 볼 때 특별한 경청의 필요를 느끼지 아니한다. 미국헌법에서의 프라이버시권은 트라이브(Tribe) 교수가 지적한 바와 같이 아버지 제우스의 머리를 깨고 태어난 아테나 여신처럼 어느 날 갑자기 탄생한 것이 아니다.

---

39) 헌법적 권리로서의 프라이버시권의 역사는 적어도 1923년까지 소급할 수 있다. Meyer v. Nebraska, 262 U.S. 402 (1923) 판결에서 연방대법원은 독일어 수업을 금지시킨 주법을 위헌 선언했고 2년 후의 Pierce v. Society of Sister 268 U.S. 510 (1925) 판결에서도 소수종교인 카톨릭계 학교를 사실상 폐쇄하도록 한 주법상의 교과과정을 무효화시켰다. 두 판결에서 연방대법원은 국가는 "자녀를 규격화"(Pierce, 268 U.S. 510, 535)하여 "동질사회를 조장"(Meyer, 262 U.S 402, 402)할 권한이 없고 "부모는 자신의 보호를 받는 자녀를 양육, 교육함에 있어 자율적인 권리를 가진다"(Pierce, 268 U.S. 510, 534-35)라고 선언한 바 있다. 물론 보다 분명한 프라이버시권의 직계조상으로는, "반영(半影: penumbra)"이론의 창시자로 유명한 더글라스 판사의 Griswold v. Connecticut, 381 U.S. 479 (1965) 판결의 판결문을 들 수도 있다.
40) 이 조항을 매개체로 한 헌법해석의 유형과 변천사에 관한 논쟁을 체계적으로 정리한 국내 문헌으로는 김종철, "미국의 헌법해석논쟁 -적법절차조항을 그 예로-," 서울대학교 법학석사 학위논문, 1990 참조.
41) 보크 판사는 이러한 주입장에 서는 극소수 중의 한 사람이다. Bork, 앞의 책, p. 236 참조.

브랜다이스(Brandeis) 판사의 유명한 말처럼 문명사회의 시민에게 있어서 가장 종합적이고도 귀중한 권리인 "간섭받지 않을 권리(right to be let alone)"[42]인 프라이버시권의 헌법적 원조는 적어도 1923년까지 소급할 수 있음은 앞서 지적한 바와 같다.

3. 낙태와 평등보호의 법리

비록 Roe 판결은 수정 제14조의 '자유조항'에만 그 근거를 두었지만 기본권의 제한에 관한 헌법의 일반원칙에 의해 "본질적인 권리"를 제한하는 법률은 "긴절한 주의 이익"(compelling state interest)을 입증하지 않으며 위헌선언을 면치 못한다. 그런데 한 가지 주목할 법리는 이와 같은 "긴절한" 국가의 이익을 입증하지 못한 채 부녀의 낙태권을 제한하는 것은 동시에 "평등권조항"의 침해도 된다는 것이다. 이러한 주장은 아직 소수의 입장에 불과하지만 경청할 가치가 충분히 있다.[43] 이러한 주장은 선판례에서 어느 정도의 근거를 구할 수 있다. 일찍이 1942년의 Skinner v. Oklahoma 판결에서 대법원은 더글라스 판사의 입을 통해 "재생산권(right to reproduction)"이라는 본질적인 권리를 인정했다. 그리하여 3회 이상 "비도덕적 중죄(felony involving moral turpitude)"를 범하는 범죄인은 거세(去勢)할 것을 규정한 주법은 이러한 본질적인 권리를 침해하는 것으로 위헌이라고 선언했다. 그런데 위헌판결의 근거의 일부는 거세형의 적용대상이 주로 경제적 약자에 의해 범해지는 범죄였기 때문이었다. 더글라스의 입을 빌자면 "다 같은 도둑질인데도" 횡령, 배임, 탈세 등 "화이트 컬러 도둑질"은 대상에서 제외되는 반면 절도죄는 거세의 대상으로 삼는 것은 명백한 차별이라고 선언했던 것이다.[44]

낙태규제법은 여성의 생활에 중대한 영향을 미친다. 남성의 성적 자율권과 자율적 재생산권은 전혀 제한받지 않는 반면 임신의 유일한 주체인 여성의 자율적 낙태권을 제한하는 것은 여성의 사회참여에 실질적이고도 중대한 장애를 초

---

42) Omstead v. U.S. 277 U.S., 438, 478 (1928) (Brandeis, J. dissenting).

43) 트라이브 교수가 명시적으로 이런 견해를 천명하고 있으며(Tribe, 앞의 책, p. 105) 로툰다(Rotunda)와 노왁(Nowak) 교수도 이런 전제에 입각해 있는 듯하다. (R. Rotunda & J. Nowak, Treatise On Constitutional Law—Substance and Procedure—2nd ed. Vol. 3, Ch. 18. 여기에서 이 두 교수들은 평등보호(Equal Protection)의 장 아래서 프라이버시권을 설명하고 있다.)

44) 316 U.S. 535, 541 (1942).

래하고 나아가 법의 평등한 보호를 거부하는 위헌적인 조치라는 것이 이 주장의
핵심이다.[45] 물론 이러한 주장은 법리상 무리가 많다. 전통적인 견해에 의하면
평등권 조항이 적용되기 위한 전제조건으로 "동일한 상황에 처한 국민을 법이
차별할 것"이 요구된다. 결코 임신하지 않는 남자와, 임신할 수 있는 유일한 성
별인 여자를 동일한 상황에 처한 같은 범주의 국민으로 간주해야 하는 논리적
난점이 엄연히 남아 있다. 임신을 위하여는 남자와 여자의 동시적 행위가 요구되
기에 남녀는 평등권조항의 목적에 비추어 동일한 상황에 처했다고 간주한다는
논리는 결과적 타당성의 여부에 무관하게 중대한 법리적 결함을 내포하고 있다.

그럼에도 불구하고 이러한 주장은 낙태법이 여성의 사회적 평등에 미치는
심대한 영향에 대해 최대한의 헌법적 구제를 보호하려는 진보적인 학자들의 시
도로 인정해 줄 필요가 있다.

VI. 맺 음 말

미국헌법의 낙태논쟁은 아직도 완결된 것이 아니다. 어쩌면 영원한 완결이
불가능한지도 모른다. 남성과 여성의 협동과 공조에 의해서만 가능한 생명재창
조행위에 대한 책임을 여성에게만 전가시키는 생리적 분업과 사회적 차별이 존
속하는 한 이에 대한 시시비비는 불가피한 일이다. Roe 판결의 메시지는 자신의
신체로부터의 방출이라는 지극히 가벼운 생리적 행위의 완료와 동시에 이로 인
한 사회적 책임을 완료한 것으로 치부하여 여성의 희생 위에 각종 제도적 특권
을 누리는 남성의 일반 도덕률에 대해 헌법이 발부하는 경고장이라고 보아야 할
것이다. 성별간에 존재하는 물리적·생리적 차이점을 헌법이 어떻게 수용하여
사회적 메시지로 변환시키느냐가 연방대법원에 주어진 임무이고 낙태에 관련된
헌법판결은 남·녀간에 완전한 사회적 평등이 이루어지는 그 날에는 또 다른 성
숙한 형태로 정착이 될 것이다. 그때까지 혼란은 불가피한 것이다.

---

45) Tribe, 앞의 책, p. 105.

"미국헌법과 낙태 - 역사적 배경과 사회적 문제점 -"[1993]

해 제

이 동 민*

Ⅰ. 이 논문은 1973년 Roe v. Wade 판결에서 여성의 낙태권을 헌법적 권리로 인정한 이후 당시로서는 최신의 판결인 1992년 Planned Parenthood of Southeastern Pennsylvania v. Casey 판결에 이르기까지 20년 동안 미국 연방대법원이 내린 낙태판결들과 그 배경을 개관하고 있다. 저자도 처음에 밝히고 있듯이, 이 주제에 관한 필독문헌에 속하는 포부(Marian Faux)의 "로 대 웨이드"(Roe v. Wade: The Untold Story of the Landmark Supreme Court Decision That Made Abortion Legal)와 트라이브(Laurence H. Tribe)의 "낙태"(Abortion: The Clash of Absolutes)를 "발췌 정리"하였다.1) 하지만 논문의 얼개를 살펴보면 저자의 기본적인 연구 태도가 잘 드러난다.

Ⅱ. 포부의 책과 트라이브의 책을 "발췌 정리"의 대상으로 삼았다는 사실부터가 주목을 받을 필요가 있다. 전자는 출산권 전문가가 Roe 판결의 전 과정을 세밀하게 묘사하는 책이고, 후자는 대표적인 헌법학자가 역사적, 사회과학적, 법학적 분석틀을 총동원하여 낙태 문제를 "종합적으로 분석한" 책이다. 저자는 먼저 판례의 흐름을 요약하고(제Ⅱ절) 미국법상 낙태의 역사를 개관한(제Ⅲ절) 후 여성운동, 빈곤, 인종, 인구문제 등의 "사회적 동인"을 확인한(제Ⅳ절) 다음에 가서야 사법적극주의, 프라이버시권, 평등보호 법리 등의 헌법적 쟁점을 살핀다(제Ⅴ절). 낙태논쟁은 남성과 여성간의 "생리적 분업과 사회적 차별이 존속하는 한 이에 대한 시시비비는 불가피한 일"이고, 낙태에 관련된 헌법판결이 정착되는

---

* 서울대학교 법과대학 강사
1) 포부의 책은 2001년에 개정판이 출간되었다.

과정에서 "남·녀간에 완전한 사회적 평등이 이루어지는 그날[…]까지는 혼란은 불가피한 것"이라는 맺음말이 독자에게 '불가피한 결론'이라는 느낌을 주는 것은 아마도 저자의 넓은 시야 때문일 것이다.

Ⅲ. 이 논문에서 상론되지는 않았지만, 연방대법원은 Casey 판결(1992)에서 펜실베이니아 주법에서 낙태 이전에 배우자에게 통지하도록 하는 요건 부분은 위헌이지만, 기타 정보에 기초한 동의(informed consent) 요건, 24시간 대기기간, 부모 동의, 보고 및 기록비치 요건 등의 부분은 합헌이라고 선언하였다. 그리고 Roe 판결 이래의 삼분기 규준을 폐기하고 "부당한[과중한] 부담"(undue burden) 규준을 전면에 내세웠지만 Roe 판결의 선례성을 기본적으로 유지하는 결정을 내렸다. 이러한 판결이 과연 Roe 판결의 핵심적 선례사항을 유지하는 것으로 볼 수 있는지 여부를 놓고는 논란이 있지만, "super precedent"나 "jurisprudential regime"이라는 용어들이 새로이 등장하는 것을 보면 미국사회의 전반적인 보수화와 연방대법원 구성원의 보수화, 사법적극주의적 판결이 불러일으킨 이른바 보수의 "반격"(backlash)과 "문화전쟁(culture war)에도 불구하고 Roe 판결은 생명을 유지하고 있다고 볼 수 있다.

이후 임신 제2분기에서 염수 양수천자(鹽水 羊水穿刺: saline amniocentesis) 시술 대신에 주로 사용되는 확장방출 시술(D&E procedure: dilation and evacuation) 또는 이 시술의 변형인 확장적출 시술(D&X procedure: dilation and extraction)을 금지하는 '부분출산 낙태'(partial birth abortion) 금지법의 합헌성 여부가 가장 큰 쟁점이 되었다. Stenberg v. Carhart, 530 U.S. 914 (2000) 판결은 네브래스카주의 금지법이 산모의 건강상 이유라는 금지의 예외를 인정치 않고 모호한 문언으로 인해 낙태권에 과중한 부담을 야기한다는 이유로 위헌이라고 선언하였다. 한편 부시 정권하의 연방의회에서 통과된 "부분출산낙태 금지법"(Partial-Brith Abortion Ban Act, 2003)에서는 대개 임신 21주 이후에 사용되는, 태아의 다리부터 끄집어내는 D&X 시술(IDX or intact D&X: intact dilation and extraction)을 전면금지하였다. Gonzales v. Carhart, 550 U.S. 124 (2007) 판결은 이 법률이 합헌이라고 선언하였다.

Ⅳ. Roe 판결을 둘러싼 연방대법원의 비화는 안경환 교수가 1995년에 처음

번역출간하였다가 제목을 바꾸어 다시 간행한 밥 우드워드, 스콧 암스트롱, 지혜
의 아홉 기둥, 라이프맵, 2008에서 볼 수 있고, Casey 판결과 관련해서는 안경환
교수가 감수한 제프리 투빈/ 강건우 역, 더 나인, 라이프맵, 2010을 참고할 수 있
다. 그리고 Jack M. Balkin, What Roe v. Wade Should Have Said를 안경환 교수
의 제자인 박종현 교수가 번역하여 헌법재판소에서 2011년에 간행한 바 있다.

[색인어] 낙태(abortion), 로 대 웨이드 판결(Roe v. Wade), "부당한[과중한] 부
　　　　담"(undue burden) 규준, 프라이버시권(Privacy)

미국의 프라이버시 보호법제에 관한 연구

I. 서   론

현대과학기술의 급속한 발달은 새로운 사회적·법적 대응을 요구하는 사회, 경제적 변화를 가져왔다. 그 변화의 핵은 컴퓨터로 대표되는 정보통신기술의 발달을 매개로 하여 정보를 대량적으로 신속하게 저장, 유통시킴으로써 정보가 하나의 중요한 자산으로서의 역할을 담당하여 정보중심의 사회경제 구조를 이루는 것이라 할 수 있다. 이러한 상황은 흔히 과거 기계화로 인한 대량생산이 인류역사에 끼쳤던 변화, 즉, 산업혁명과 대비되어 정보혁명으로 묘사되며 이러한 혁명적 변화가 이루어지는 사회는 정보화사회라 일컬어지고 있다. 이 정보화사회에서 새로이 제기되는 법적·사회적 이슈중에서 가장 중요한 것 중의 하나가 프라이버시의 보호문제이다. 컴퓨터는 개인관련정보의 수집, 유통을 용이하게 하므로 과거 수작업에 의한 정보처리와는 비교가 되지 않을 정도로 개인에 대한 사소한 정보까지도 다룰 수 있게 하여 독립된 인격을 가진 인간이 하나의 관리대상으로까지 취급될 수 있는 여건을 마련하고 있기 때문이다. 로마(Rome) 대학의 비토리오 프로시니(Vittorio Frosini) 교수는 컴퓨터 프로그램 안에 저장되어 파일화된 정보데이터는 정신적 본질(intellectual kind)을 가진 새로운 자산을 구성하게 되어 데이터를 운용하는 자에게 정신적 지배권력(intellectual power) 및 정보권력(information power)을 부여하고 나아가 자료은행(data bank)을 소유하는 자에게 경제적·사회적 그리고 경우에 따라서는 정치적 권력까지 획득하게 한다고 경고하고 있다.[1] 따라서 세계 각국은 이에 대한 법적·사회적 대응을 강구해오고 있으며 미국도 예외는 아니다. 이하에서는 미국을 중심으로 한 프라이버시권의 개념과 연혁을 간단히 살펴서 보호영역을 간추린 후에 미국의 독특한 법체제

---

1) Vittorio Frosini, "The European Convention on data protection," Computer Law & Practice, January/February 1987, p. 84.

하에서 프라이버시가 어떻게 보호되고 있는 지를 커먼로상의 대응, 헌법적 권리
로서의 대응, 입법적 대응의 분야에서 살펴보도록 한다.

II. 소극적 프라이버시에서 적극적 프라이버시로

프라이버시권은 역사적으로는 재산권의 일종으로 또는 신탁의 일부분으로
출현한 것이나 20세기에 들어와서는 불법행위법과 헌법분야에서 독립적으로 발
전되었다고 볼 수 있다.[2] 하지만 그 정확한 개념이 어떠해야 할지에는 아직 확
실한 결론이 내려져 있지 않으며 프라이버시에 대한 탐구는 무대책의 혼란
(hopeless disarray)이 야기되고 있다고까지 묘사되고 있다.[3] 이는 기존의 정의,
즉, 토마스 쿨리(Thomas. M Cooley)의 언급에서 유래하는 '홀로 두어질 권리'(right
to be let alone)가[4] 정보화 사회에서 야기되는 새로운 프라이버시 침해를 명쾌하
게 설명해 줄 수 없는 데 유래한다고 할 수 있다. 하지만 프라이버시권의 본질
이 타인으로부터의 간섭 배제인 것만은 어느 누구도 부정하지 못한다 할 것이고
또 프라이버시라는 것이 시대의 상황에 따라 유동적인, 그리고 주체의 주관적
상황에 따라 가변적이고 상대적인 개념형상을 가진다는 것을 인정하는 입장에
서는 프라이버시권의 일반성 자체가 부정되어서는 곤란하고 그 실체는 인정되
어야 할 것이다. 다만 현재의 상황에서는 컴퓨터를 이용한 기술의 발달로 정보
처리가 전반적으로 이루어짐에 따라 프라이버시문제가 더 이상 특정개인의 문
제가 아니라 일반 공중의 문제로 되었으며 정보관리가 아주 세세한 부분까지 가
능하게 되어 침해가능성이 높아졌다는 점, 또 개인정보가 행위판단의 기준으로
서 사용되고 있다는 점 등을[5] 고려할 때 과거의 단순한 소극적 간섭배제의 부분
보다는 적극적으로 자신에 관한 정보의 흐름을 통제할 수 있는 권리로 개념의
중심을 변화시키는 것이 필요하다 하겠다. 이런 맥락에서 "프라이버시는 개인,
집단, 기관들이 그들 자신에 관한 정보를 언제, 어떻게, 어느 정도까지 타인에게

---

[2] 안경환, 미국법의 이론적 조명―윌리암 더글라스 판사의 법사상, 고시계, 1986, 77면.

[3] Spiros Simitis, "Reviewing In An information Society," 135 University of Pennsylvania Law Review 707, 1987, p. 708.

[4] Thomas. M. Cooley, A Treatise on the Law of Torts, Callaghan and Company, 2nd ed., 1888, p. 29.

[5] Spiros Simitis, 앞의 논문, pp. 709-710.

유통시키느냐를 그 스스로 결정하고자 하는 요구이다"라는[6] 앨런 웨스틴(Alan. F. Westin) 교수의 정의가 정보화사회에서 법적대응을 모색하는 데 적절한 것으로 인정되고 있다.

Ⅲ. 미국에서의 프라이버시보호

미국에서는 워렌(S. Warren)과 브랜다이스(L. Brandeis)가 불법행위법상의 일반적 권리로서의 프라이버시권을 주장한 이래 인정근거와 범위에는 차이가 존재하나 헌법적 권리로서 프라이버시를 인정해오고 있으며 60년대 중반부터 특히 컴퓨터의 도입과 관련하여 입법에 의한 프라이버시권보호를 위한 노력을 경주해 오고 있다. 이하에서 각 부문별로 살펴보자.

1. 불법행위상의 프라이버시

워렌(S. Warren)과 브랜다이스(L. Brandeis)는 그들의 고전적 논문 '프라이버시권'(The Right to Privacy)에서 "저술이나 회화를 통해 나타난 사상, 정서 또는 감성에 부여한 법적보호는 사생활을 간섭받지 않을 권리라는 보다 광범한 일반적인 권리의 분권에 불과하다"[7]고 하여 미국사회에 프라이버시권에 관한 첫 인식을 심었는데 그 이후의 일련의 판례[8]들이 이 이론을 따르게 됨으로써 오늘날 거의 대부분의 주가 커먼로상의 프라이버시권을 확고하게 인정하게 하는 데 기여했다. 그 후 현대의 커먼로상의 불법행위로서의 프라이버시권침해는 네 가지 유형으로 분류된다. 첫째로 개인의 한거나 은거에 대한 침입 또는 사사로운 문제(private affairs)에 대한 침입, 둘째로 개인에 대한 사사로운 사실(private facts)의 공개, 셋째로 어떤 사실의 공개로 타인에 대한 잘못된 인상을 가지게 하는 경우, 넷째로 이름이나 초상과 같이 사적인 사항을 이익을 위해 도용하는 경우 등이다.[9] 하지만 첫째 유형은 주로 과거의 불법침해(trespass)나 불법방해(nuisance)의

---

6) Alan F. Westin, Privacy and Freedom, Atheneum, 1st ed., 1967, p. 7.

7) Samuel D. Warren & Louis D. Brandeis, "The Right to Privacy," 4 Havard Law Review 193, 1890, p. 205.

8) Marks v. Jaffa, 6 Mis. 290, 26 N. Y. S. 908, 909 (Super. Ct. 1893)이나 Pavesich v. New England Life Ins. Co. 122 Ga. 190, 50 S. E. 68 (1985).

9) William Prosser, "Privacy," 48 California Law Review 383, 1960, p. 392.

범위를 확대시키는 것, 도청(eavesdropping)에 의한 침해, 전자장치에 의한 감시 (surveillance)에 대한 구제의 일면을 구성하는 데 그치므로 정보통제권적 의미의 프라이버시권과는 어느 정도 소원한 부분이다. 두 번째 영역과 세 번째, 네 번째 유형이 적극적의미의 프라이버시권에 대한 구제를 인정하는 데 적절한 역할을 수행할 수 있을 것으로 보인다. 그런데 이들 양식들은 정보의 공개를 주대상으로 하고 있으므로 정보를 정보기관 내에서나 여타 정보이용자들간의 이전, 제공행위를 적극적으로 제한하는 데는 한계가 없지 않아 그 적용범위는 상당히 제한적이다. 게다가 불법행위상의 프라이버시권에 대한 침해는 프라이버시권의 침해 자체에 대한 요건외에 침해양식상의 요건을 아울러 충족시켜야 하므로[10] 구제의 인정에 있어서 피해자에게 불리한 증명의 부담이 있게 된다.

이와 관련하여 미국 연방대법원에서는 보수주의의 물결을 타고 헌법상의 권리로서의 프라이버시권의 인정범위를 축소하려는 시도가 있다고 분석되는데 그 대표적 경우로 들 수 있는 것이 렌퀴스트(Rehnquist) 판사에 의해 집필된 Paul v. Davis 판결[11]이다. 이 판결은 Louisville 경찰국이 원고에 대한 유죄판결이 확정되기 전에 "현역 소매치기 명단(Active Shoplifters)"이라는 표제하에 원고의 이름과 사진을 실은 전단을 상인들에게 살포한 사건에 대한 것으로, 이 판결에서 렌퀴스트(Rehnquist)는 개인이 그 자신의 평판(reputation)에 대하여 가지는 이익은 헌법적 인정을 받지 못한다고 판시함으로써 기존의 선판례들이 인정해 온 프라이버시권의 두 영역 −i) 개인적 문제가 공개되지 않는 데 대한 개인적 이익과 관련된 프라이버시의 영역(zone of privacy)과 ii) 중요한 결정을 하는 데 있어서 독립성을 유지하는 데 대한 개인의 이익과 관련된 프라이버시의 영역 − 중에서 첫 번째 영역을 제거해버리는 결과를 낳았고 프라이버시권을 각주의 커먼로상의 불법행위의 영역으로 몰아내어 프라이버시권의 범위를 대폭 줄여 놓았다.

---

10) 이들 양식은 주로 매스 미디어에 의한 침해에 대한 보상의 측면이 강한데 이들 청구의 인용에는 내밀한 사실의 공공에 대한 폭로가 증명되어야만 한다. Hedy Gordon, "The Interface of Living Systems and Computers: The Legal Issues of Privacy," 3 Computer/Law Journal 877, 1981, p. 887; R. L. Rabin et al., Cases and Materials on Tort Law and Alternatives 4th ed., Mineola, NY: Foundation Press, 1987, pp. 1015-1017 참조.

11) 424 U.S. 693 (1976).

2. 헌법적 권리로서의 프라이버시권

미국은 동일법계의 영국이 커먼로상 프라이버시권을 일반적 권리로 파악하지 않고 있음에도 연방대법원의 헌법 해석을 통해 헌법적 권리로서 프라이버시권을 인정하고 있다. 그 공식적 시작은 Griswold v. Connecticut 판결[12]인데 이 판결은 피임기구의 판매나 배포를 금지하는 Connecticut 주법을 헌법위반으로 판정한 것으로 이 판결에서 더글라스(W. Douglas) 판사는 미국헌법상의 권리장전의 반영부(半影部, penumbras)에서 헌법적 권리로서의 프라이버시권이 방출된다는 견해를 밝혔다. 그러나 프라이버시권을 인정하면서도 그 근거에 있어서는 더글라스(Douglas)의 견해에 모두가 따른 것은 아니었고 수정헌법 제9조에서 찾는 견해, 수정헌법 제14조의 적법절차에서 찾는 견해 등으로 나누어져 있다. 그 이후 여성에게 자신의 신체에 대한 결정권의 하나로 일정 기간 동안에는 낙태에 대한 결정권이 절대적으로 존재함을 인정한 Roe v. Wade 판결[13] 등이 헌법적 권리로서의 프라이버시권에 대한 절정기에 내려진 판결이었다. 하지만 이들 판결들은 결론에 있어서는 어떨지 몰라도 명문의 규정에 근거하지 않은 무리한 해석을 한 경향이 없지 않아, 앞서 언급하였듯이 보수주의 판사의 득세로 상당한 위축을 받고 있으며 원래의 판결들도 프라이버시권의 인정범위를 출산, 결혼, 가족생활 등 특정영역의 근본적 문제를 넘어 인정하려 하지는 않았다는 인상을 준다.[14] 이러한 한계 때문에 연방 대법원에 의해서도 정보통제권적 프라이버시권의 개념인정에는 미흡한 점이 없지 않다.

정보통제권적 프라이버시권에 관련되는 연방대법원의 대표적 판결들은 정보수집과 관련한 판결, 정보공개와 관련한 판결로 분류될 수 있고 정보수집과 관련하여서는 수정헌법 제4조와의 관련성이, 정보공개와 관련하여서는 수정헌법 제1조와의 관계가 따로 논의의 대상이 될 수 있다.

정부기관에 의한 정보수집과 관련한 판결로는 우선 Laird v. Tatum 판결[15]을 들 수 있다. 적법하고 평화적인 민간인의 행동거지에 대한 군대의 감시에 의해 그들의 권리가 침해되었다는 원고의 주장에 연방고등법원이 원고의 수정헌법

---

12) 381 U.S. 479 (1965).
13) 410 U.S. 113 (1973).
14) Kelly v. Johnson, 425 U.S. 238, 244 (1976).
15) 408 U.S. 1 (1972).

제1조상의 권리행사를 방해하는 효과를 가진다는 판시를 한 데 대해 연방대법원
은 원고가 그들이 보유하고 있거나 정부의 행위의 결과로서 당장 직접적인 침해
를 당할 위험에 직면하였다는 증명을 하지 못하였다는 이유로 원심을 파기하는
판결을 하였다. 버거(Burger) 대법원장이 집필한 판결문에 따르면 원고가 주장할
수 있는 유일한 침해는 군대의 정보수집시스템이 합중국의 통치구조에 부적절
하다는 그들의 인식을 받아들이지 않는 데 따른 것이든지 아니면 머지 않은 장
래에 원고에게 직법적인 침해를 가할 수 있는 정도로 수집한 자료를 오용할 수
있다는 것 뿐이라고 하면서 정부기관이 수정헌법 제1조상의 행위나 정치적 행위
에 대해서 단순히 정보를 수집할 뿐인 경우에는 시민은 어떠한 헌법적 권리침해
도 주장할 수 없다고 판시하였다.

　　뒤이어 정보공개와 관련하여 자세히 살필 Whalen v. Roe 판결[16])에서 연방
대법원은 정부기관에 의한 감시는 수정헌법 제4조가 금하는 불법적 압수, 수색,
체포의 경우가 아니면 헌법위반이 되지 않는다고 하면서 헌법에 의하여 보호되
는 프라이버시권 가운데 정부기관에 의한 사적정보의 수집이 허용되지 않는 이
익을 명세화하기를 거부하였다. 그런데 이 수정헌법 제4조의 적용을 받는 프라
이버시의 범위에 관해서 연방대법원은 Katz v. United States 판결[17])과 Terry v.
Ohio 판결[18]) 등을 통해 프라이버시영역이 개인의 물질적인(physical) 재산적 권리
에 대한 침해의 양태뿐 아니라 그 개인이 객관적으로 가질 수 있는 프라이버시
에 대한 합리적인 기대(reasonable expectation of privacy)에도 미친다는 태도를 취
해 이 부분에 관한한 프라이버시 영역이 어느 정도 확장될 여지를 보이는 듯했
으나 United States v. Miller 판결[19])에서는 은행의 계좌장부의 정보에 대해서,
California Bankers Ass' n v. Shultz 판결[20])에서는 상사거래에 있어서 프라이버
시에의 기대를 인정하지 않음으로써 여전히 새로운 프라이버시권에 대한 요구
를 외면하였다.

　　최근 United States v. Karo 사건[21])에서 대법원은 여러 가지 입장으로 갈렸

---

16) 429 U.S. 589, 599 (1977).
17) 389 U.S. 347 (1967).
18) 392 U.S. 1, 9 (1968).
19) 425 U.S. 435 (1976).
20) 416 U.S. 21 (1974).
21) 104 S. Ct. 3296 (1984).

는데 기본적으로는 여기서도 프라이버시에 관한한 기존의 태도를 벗어나지 못
하였다. 이상에서 보듯 정보수집에 관한한 연방대법원은 정보통제권적 프라이버
시를 독립된 영역으로서 인정하기를 거부하는 듯하며 그나마 수정 헌법 제4조에
의한 보장의 여지도 상당히 축소해석하고 있다.

정보공개권과 관련한 대표적 판결로는 Whalen v. Roe 판결[22]과 Nixon v.
Administrator of General Services 판결[23]을 들 수 있는데 이 판결들은 정보수집
에 있어서와는 달리 정부기관에의 한 개인정보의 무제한적 공개로부터 보호되
는 정보통제권적 프라이버시권은 인정하면서도 보호받을 수 있는 이익의 범위
를 명확히 확정하지 않아 많은 문제점을 남기면서 프라이버시권을 축소해석하
려는 보수판사들의 활동공간을 확보해 주고 있다. 먼저 스티븐스(Stevens) 판사
가 집필한 Whalen v. Roe 판결은 의사의 처방전에 따른 일정품목의약품을 구입
한 사람들의 주소와 이름을 컴퓨터처리하여 파일화할 의무를 주정부에 부과하
는 뉴욕(New York) 주법의 합헌성을 심사하는 것이었는데 하급심은 그 법률이
헌법상 보호되는 프라이버시권의 영역 내에 속하는 의사와 환자간의 관계를 침
해하였으며 그 주가 침해의 필요성을 충분히 증명하지 못하였다고 판시하였다.
연방대법원은 그 법률이 프라이버시권에 대한 충분하고도 심각한 위협을 구성
하지는 않는다는 이유로 그 판결을 파기하고 그 법률의 합헌성을 인정하였다.
연방대법원은 컴퓨터 파일화된 정보가 공중에게 노출될 가능성은 담당공무원이
고의 또는 과실로 보안유지에 실패한 경우, 의사나 환자가 형사절차에서 정보의
누설을 가져올 수 있는 범죄로 기소되는 경우, 의사나 환자, 약사가 자발적으로
공개하는 경우의 세 가지뿐인데 세 번째 경우는 그 법률의 해당사항이 아니며
첫째, 둘째의 경우는 프라이버시권 침해의 주요한 문제가 아니라고 하였다. 또
한 연방대법원은 개인 관련정보가 컴퓨터파일에서 쉽게 이용 가능하게 되어 있
다는 사실을 알게 되면 필요한 의학적 약물치료의 사용률이 저하될 것이라는 주
장도 받아들이지 않았다. 연방대법원은 대량의 개인 정보를 컴퓨터화된 자료은
행이나 정부기관의 파일에 저장함으로 인해 프라이버시권이 침해될 우려가 많
다는 것과 그러한 정보의 수집권에는 그 권리와 더불어 부당한 공개를 방지할
헌법적 의무가 수반된다는 사실을 지적하면서도 뉴욕 주법이 개인의 프라이버

---

22) 429 U.S. 589, 599 (1977).
23) 433 U.S. 425 (1977).

시로서 보호되는 이익에 대한 적절한 조치를 구비하고 있다고 판시했다.

　　이상의 요지에서 보듯 연방대법원은 프라이버시로서 보호되는 이익의 특성
이나 그 이익에 대한 침해에의 심사기준을 명확히 제시하지 않은 채로 프라이버
시권을 인정하고 있는 것이다. 다음으로 Nixon v. Administrator of General
Services에서 다시 정보통제권적 프라이버시권이 연방대법원의 심사대상으로 등
장했다. 이 판결은 대통령 관련기록보관법[24](Presidential Records and Materials
Preservation Act)에 따라 총무성행정관(Administrator of General Services)은 닉슨
(Nixon) 대통령에 대한 기록을 보관하고 정부에 의해 보관되어야 할 부분과 대
통령에게 되돌려질 부분 등으로 분류할 의무, 그리고 이와 더불어 그 기록에 대
해 공중의 접근을 관리하는 규칙을 공표할 의무를 부담하게 되었는데 이에 닉슨
대통령이 그 법률의 위헌을 주장한 사건에 대한 것이다. 연방대법원은 닉슨 대
통령은 자신이 자발적으로 공적 생활에 뛰어들고 공중의 관심영역에 자신을 위
치시킴으로써 자신의 프라이버시의 상당부분을 포기한 것으로 보아야 하며 공
중의 접근을 이슈로서 고려하는 것은 관계규칙이 공표되지 않았으므로 시기상
조라고 판단하여 침해로서 고려되어야 할 것은 분류심사과정상에 발생되는 것
뿐이라고 논점을 정리한 후 분류심사가 수정헌법 제4조에 의해 금지된 일반적
수색과 유사한 것이라는 주장을 배척하면서 그 법률은 프라이버시권에 대한 침
해를 최소화하도록 신중을 다하여 기안되어졌으며 의회가 생각하는 중요한 국
가이익에 기여하도록 구성되어졌다고 판시하였다.

　　연방대법원은 그 법률이 정당한 정부활동과는 무관한 사적인 의사교환의 일
정부분에 대해 어쩔 수 없이 침해를 초래한다는 사실을 조심스럽게 인정하면서
도 그 정도의 기록은 공익적 중요성을 고려한다면 최소한의 것이라고 하고 나아
가 더 제한된 수단으로 공적 중요성을 가지는 기록들과 혼재되어 있는 사적기록
을 분리한다는 것은 불가능하다고 보았다. 그리고 정치적 성격의 기록에 대한
심사가 닉슨 대통령의 자율적 직무집행권이나 정치적 표현의 권리를 침해하는
것이 아닌가하는 이슈와 관련하여서는 이 경우 더 제한된 수단으로는 달성할 수
없는 필수불가결성이 존재한다고 판단하였다. 이 판결도 정보통제권적 프라이버
시권을 인정하면서도 프라이버시권이 적용되기 위해서 어떤 이익이 대상으로

---

24) 77 U. S. C. §. 2107 (1982).

되는 지를 명확히 하지 않고 있다. 이 판결은 프라이버시권의 인정에 매정하기
만 했던 버거 대법원장조차도 반대표를 던질 정도로 문제점을 내포한 판결인데
이러한 일련의 판결들로 해서 미국의 프라이버시권 옹호자들은 불안감을 감추
지 않고 있으며 최근 미국 내의 기류가 보수화로 더욱 흘러가고 연방대법원 내
에서도 보수세력이 강화되고 있음에 앞날은 더욱 어둡다 할 것이다. 일말의 희
망이라면 프라이버시권에 관한 판결들이 프라이버시권침해 문제를 자치권에 대
한 판결들에서처럼 의회의 판단권에 전적으로 내맡기고 있지는 않다는 점일 것
이다. 진보판사로 분류될 수 있는 브레넌(Brennan) 판사가 Whalen v. Roe 판결
에 동조의견을 제시하면서도 토로한 다음의 말이 그 새로운 정보통제권적 프라
이버시권에 대한 애매한 입장을 잘 묘사해 주고 있다.

  "합중국헌법은 주가 수집하는 정보의 형태뿐만 아니라 수집을 위하여 사용하는
  수단에 대해서도 제한을 둔다. 중앙집중식 저장방식과 컴퓨터화된 정보자료에 쉽게
  접근가능하다는 사실은 그 정보에 대한 잠재적 남용가능성을 상당히 증가시키며
  장래의 발전이 그런 기술장치들에 적절한 통제를 가할 수 있을지 자신있게 말할 수
  없다."[25]

  그리고 미국에서 정보통제권의 의미에서 프라이버시권을 논함에 있어 많은
논란을 일으키는 부문은 수정헌법 제1조에 의해 보장되는 표현의 자유와의 조화
문제이다. 미국 헌법사는 표현의 자유를 여느 기본권보다도 우선적 권리로 취급
하여 왔는데 프라이버시 보호는 이 표현의 자유를 제한하는 부분으로 적용될 여
지가 많기 때문이다. 수정헌법 제1조와 관련하여 뉴욕주의 프라이버시법의 적용
문제를 다룬 Time, Inc. v. Hill 판결은[26] 공공의 이익과 관련되는 문제에 관하여
뉴욕주의 법률이 구제를 인정하는 경우는 보도행위가 허위의 사실임을 알았거
나 인식있는 과실로 이루어진 경우에 한정된다고 판단하여 원고패소판결을 내
렸으며 강간피해자의 아버지가 강간사건에 관한 재판을 텔레비전으로 방영함에
있어서 피해자의 이름을 적시함으로써 입은 프라이버시침해로 인한 손해 배상
을 청구한 Cox Broadcasting Corp. v. Cohn 판결[27]에서 연방대법원은 공적장부,

---

25) 429 U.S. 589, 607 (1977) (Brennan, J., dissenting).
26) 385 U.S. 374 (1967).
27) 420 U.S. 469 (1975).

특히 그 자체가 공중에게 공개된 공개재판과 관련되는 법원의 장부에 기록된 정보를 공중에 알릴 보도의 자유는 인정되어야 한다고 판시하였다. 이상에서 보듯 표현의 자유와의 관계에 의해서도 프라이버시권은 상당한 제한을 받고 있다.

　　프라이버시권의 존재를 헌법적 권리로 일찍부터 인정하여 왔으며 그 일반적 권리성에 대해서는 거의 의문시하지 않으며 또한 정보화사회에 어느 나라보다도 일찍 진입한 미국이 이렇듯 새로운 정보통제권적 프라이버시권에 대해 소극적 태도를 보이는 추세에 대해서 미국내에서는 브레닌 판사가 Paul v. Davis 판결의 반대의견에서 강변한[28] "자유를 표방하는 우리사회에서 정부의 침해로부터 인간본연의 존엄과 가치에 관한 모든 인민의 정당한 기대를 보장하는 헌법적 장치(safeguards)에 대한 최후의 보루"로서의 연방대법원의 역할에 우려의 눈길을 보내고 있다.

3. 프라이버시보호입법

　　연방대법원이 정보통제권적 프라이버시권에 대하여 소극적 태도를 보이면서 주의 커먼로나 의회의 입법에 의존하는 경향을 보이고 있음은 살핀 바와 같다. 그러나 의회가 스웨덴을 제외한 유럽의 어느 나라보다도 먼저 프라이버시보호법률을 제정하였음에도 그 정도는 상당히 제한적이며 정보의 자유로운 유통에 대한 제한으로서의 성격밖에 가지지 않음으로써 유럽의 여러 나라보다도 미흡한 보호를 제공하고 있다는 비판을 받고 있다. 이하에서 입법에 의한 보호책을 강구하게 된 과정을 살피고 연방과 주의 입법으로 나누어 살펴보도록 하자.

　　1965년 미국의 사회과학연구자문 회의(Social Science Research Council)의 한 위원회는 경제분야의 연구에 사용되는 정보자료의 유지와 개발을 위해 국립자료센터(National Data Center)의 설립을 제안하였다. 이 제안에 대해 하원정부활동위원회의 프라이버시침해에 대한 특별소위원회(Special Subcommittee on the Invasion of Privacy of the House Committee on Government)는 컴퓨터와 프라이버시침해에 대한 청문회를 개최하여 "현재의 컴퓨터기술로는 국립자료센터의 설치로 인하여 발생할 수 있는 프라이버시에 대한 중대한 침해에 대처할 수 없다"는 결론을 내리고 "프라이버시보호를 위한 완전한 조사연구가 이루어지고 자신에

---

28) 424 U.S. 693, 734 (1976) (Brennan, J., dissenting).

대한 기록이 정보 베이스를 형성하게 되는 시민에게 가능한한 최대한의 보장책을 마련하기까지는 국립자료센터를 설립하기 위한 어떠한 작업도 있어서는 안 된다"고 권고하였다. 이로써 국립자료센터의 설립은 포기되어졌다. 그러나 그 이후 행정업무의 폭주 등은 컴퓨터를 이용한 정보처리를 외면할 수만은 없게 하여 의회와 정부가 각각 정보의 컴퓨터처리로 인한 프라이버시보호를 위한 대책을 마련해 나갔는데 그 최초의 결과물은 1970년 '공정신용조사보고법'(The Fair Credit Reporting Act)이다. 사실 이전의 1966년 '정보의 자유에 관한 법'(The Freedom of Information Act) 등에 의한 프라이버시보호의 여지는 있었으나 정면으로 컴퓨터처리와 관련하여 입법이 있었던 것은 이 법이 처음이었다.

그러나 이 법은 적용범위가 아주 제한되어 있는 까닭으로 새로운 프라이버시권에 걸맞는 입법의 논의가 계속되었는데 같은 해 연방과학기술자문위원회의 과학기술정보에 관한 위원회(Committee on Scientific and Technical Information of the Federal Council of Science and Technology)는 정보시스템에 대한 법적대응책 마련을 위한 패널(panel)을 구성하고 1973년 워싱턴 심포지움에서 ① 정보수집의 목적을 해당 개인에게 밝힐 것, ② 정보의 용도를 밝히고 그 이외의 용도로 사용될 경우에는 해당인의 동의를 얻을 것, ③ 정보에 접근하는 자를 밝힐 것, ④ 정보에 사람의 이름이나 기타 특정인을 식별가능한 방법을 포함하는지의 여부, ⑤ 정보보유가 가능한 기간의 규정 등 컴퓨터로 인한 프라이버시침해에 관한 연방의 다섯 가지 기준을 천명하였다. 그리고 1972년 개인관련정보시스템에 대한 보건교육후생성 장관자문위원회(Secretary's Advisory Committee on Personal Data Systems)가 구성되어 공정한 정보처리를 위한 법률이 제정되어야 한다는 등의 내용을 담은 보고서가 제출되었고 드디어 1974년 연방프라이버시법(Privacy Act)이 포드(Ford) 대통령의 비준으로 성립되었다.[29] 그러나 이 법은 여러 분야에서 미흡하다는 비판을 받고 있다. 그리고 이외에도 여러 연방법들이 프라이버시보호를 위한 규정을 마련하고 있으나 정보통제권적 프라이버시권에 대한 기본법은 1974년 연방프라이버시법이다. 프라이버시보호를 위한 연방법들을 구체적으로 살펴보면 다음과 같다.

---

29) 이상 Pat Washburn, "Electronic Journalism, Computers and Privacy," 3 Computer Law Journal 193, 1981, pp. 193-197 참조.

(1) 정보의 자유에 관한 법률(The Freedom of Information Act)[30]

1966년 제정된 이 법은 연방기관이 열 명 이상의 개인으로부터 동일한 주제
에 관한 정보를 수집할 경우 그 이전에 예산국(Office of Management and Budget)
으로부터 동의를 얻을 것을 규정한 법으로 그 수집된 정보의 중복을 막아서 업
무부담과 수집비용을 줄이는 것을 목적으로 하지만 그 이면에는 연방기관이 타
부처에서 모집한 정보에 대한 관계기관의 알 권리를 보장하기 위한 것으로 풀이
되고 있다. 이러한 성격은 이 법의 시행에 따른 조문설명을 통해 법무장관이 요
약한 법제정의 정책적 원칙들에서 드러나는데 그 원칙은 ① 공개는 일반적 원칙
이며 예외가 아니다. ② 모든 개인은 평등하게 정보에 대한 접근권을 가진다. ③
자료 공개의 거부에 대한 정당성을 입증할 책임은 정부가 지며 공개를 청구하는
개인의 책임이 아니다. ④ 자료에 대한 접근을 부당하게 거부당한 개인은 법원
에 가처분명령에 의한 구제를 받을 권리를 당연히 가진다. ⑤ 책임있는 지위에
있는 자에 대한 정부의 정보에 관한 정책이나 방침에 근본적인 전환이 필요하다
등의 것이다.[31] 여기서 보듯 이 법은 또한 연방정부의 자료에 대한 공개를 원칙
으로 하여 공중의 알 권리도 보장하고 있는데 개인의 프라이버시에 대하여는 직
접적으로 보장을 하는 것이 아니라 정보의 공개가 프라이버시에 대한 명백하게
부당한 침해(a clearly unwarranted invasion of privacy)를 구성하는 경우 연방기관
이 공개대상에서 제외할 수 있는 권한을 가지는 것으로 하여[32] 간접적으로 보장
하고 있다. 따라서 프라이버시 보호는 연방기관의 광범한 재량에 좌우되게끔 되
어 있는데 국민의 알 권리와 더불어 민주사회에서 기본적으로 요청되어진다고
인정되는 개인의 프라이버시에 영향을 줄 수 있는 연방기관의 정보공개행위에
대해 영향력을 가할 수 있는 정보주체로서의 개인의 어떠한 권리도 보장하지 않
았다는 비판을 받고 있다. 1974년 11월에 공개를 더욱 촉진시키려는 목적으로
공시에 관한 기간제한 등 주로 공시절차에 관한 규정을 대폭 개정하였고 1976년
에 다시 소폭의 개정을 하였다.

---

30) 5 U. S. C , §. 552 (1982).
31) Phillip J. Cooper, "Acquisition, Use and Dissemination of Information: A Consideration and
    Critique of the Public Law Perspective', Administrative Law Review Vol. 33: 81, winter, 1981,
    pp. 94-95.
32) Hedy Gordon, 앞의 논문, pp. 884-885.

(2) 범죄규제 및 가두안전에 과한 총괄법(Omnibus Crime Control and Safe Streets Act)33)

1934년의 연방통신법(Federal Communication Act)에서는 도청의 일반적 금지 규정을 두었을 뿐 수사상 필요한 도청에 관해서는 아무 규정도 설치하지 않아서 해석적용상 문제가 많음이 지적되어 왔으나 1968년 집단범죄 및 가두안전법을 제정하여 국가안보를 위하여 대통령의 특권의 행사로서 행하는 경우나 반역, 사보타지, 살인, 강도 등 일정한 범죄의 경우에 법관의 영장을 발부받아 행하는 경우 외에는 도청을 금하는 것으로 하여 도청과 관련하여 프라이버시보호법으로서의 기능을 하고 있다. 이 법은 또 예외규정의 남용을 방지하기 위해 도청의 결과를 연방법원에 보고하고 연방법원은 연방의회에 보고하도록 규정하고 있다. 그런데 이 법이 도청에 대해서는 어느 정도 규율하고 있으나 통신을 무단으로 이용하는 경우에 대해서는 무용하므로 1986년 이를 보충, 개정하여 전자통신프라이버시법(Electronic Communications Privacy Act)으로 불리워지는 법률이 삽입되었는데 이 법은 정부기관은 연방형사소송법의 규정에 의하여 발부된 영장이 있는 경우 등 제한된 경우에만 정보의 제공을 요구할 수 있는 것으로 하고 있다.34)

(3) 공정신용조사보고법(The Fair Credit Reporting Act)35)

1970년에 제정된 이 법은 컴퓨터로 인한 프라이버시보호문제에 대해 직접적인 규제를 가하는 최초의 연방법인데 컴퓨터는 기억사항을 잊어버리는 일이 없으며 거짓정보와 참정보를 구별할 수 없기 때문에 정확한 명령법을 알고 있는 모든 자에 의해 조작가능하다는 사실을 인정하고 소비자신용조사기관이 소비자의 프라이버시를 가능한한 존중하면서 업무를 수행하도록 각 개인에게 그들 자신의 신용조사파일을 심사하고 정보의 적정성(fairness), 정확성(adequacy), 현재성(timeless)을 요구할 수 있는 권리를 부여하고 있다. 이 법은 또 소비자의 신용정보에 대한 정부의 운용(handling)과 관리(management)를 규제하면서 소비자신용조사보고기관은 당해 소비자의 서면지시(instruction)에 의하지 않으면 정부 기관에 자료를 제출할 수 없다고 하고 있다. 그런데 위 규정에도 불구하고 소비자

---

33) 이경호, 정보화사회에 있어서의 프라이버시권의 보호 －개인정보처리에 관한 법적보호를 중심으로－, 동국대학교 박사학위논문, 1986. 117면 참조.
34) 법제처, 최근외국입법동향, 제77호, 1987. 5, 1-18면.
35) 15 U. S. C. §. 1681 (1982).

신용조사기관은 소비자에 관한 개인식별정보(identifying information)를 구비할 수
있는데 하지만 이 정보는 이름, 주소, 근무지, 전주소 혹은 전근무지 등에만 한
정되며 또 정부기관에 한해서만 공개할 수 있다.

(4) 가족교육권과 프라이버시법(The Family Educational Rights and Privacy Act)[36]

1974년에 제정된 이 법은 주나 자치제의 관리가 그들에게 순종하도록 하는
수단으로 연방의 교육후원금을 미끼로 투척하지 못하도록 하기 위해 제정된 법
으로 법원의 명령, 소환장(subponea)이나 관계된 개인의 서면동의가 있는 경우나
정당한 교육목적을 달성하기 위한 경우가 아니면 교육기록에 포함된 개인정보
에 대한 정부의 접근을 금한다. 그러나 주소성명에 관한 정보(directory infor-
mation)의 경우에는 동의나 법원의 개입이 없이도 공개될 수 있다고 규정하고
있다.

(5) 재정에 관한 프라이버시권에 관한 법(The Right of Financial Privacy Act)[37]

1978년에 제정된 이 법은 1976년 United States v. Miller 판결[38]이 수정헌법
제4조에 의한 프라이버시권을 은행장부상의 정보에는 인정하지 않자 이에 대한
대응으로 제정된 법으로 개인의 재정에 관한 정보와 관련한 프라이버시를 보호
하는 것이다. 이 법은 시민이 그 공개에 대한 권한을 부여하거나 사법적 혹은
행정적 명령장(subpoena), 수색영장, 공식적 서면요청(formal written request)에 따
른 공개의 경우가 아니면 연방기관이 시민의 재정기록에 접근하지 못하도록 하
는 법이다.

(6) 서류업무감축법(The Paperwork Reduction Act)[39]

1980년에 제정된 이 법은 정부의 기록보관업무의 효용성을 위해 개인관련정
보를 보관하는 장소를 축소하기 위한 법률들 중의 하나로 연방기관의 정보시스
템이 중복되는 것을 방지하기 위하여 정보수집 등을 감독하기 위한 정보업무규
제국(Office of Information and Regulatory Affairs)을 설치할 것 등을 규정한 법률로
서 간접적으로 정보통제권적 프라이버시를 보호하는 법률이다.

---

36) 20 U. S. C. A. §. 1232g (West. Supp. 1984).
37) 12 U. S. C. A. §§. 3401-3422 (1982).
38) 425 U.S. 435 (1976).
39) 44 U. S. C. A. §§. 3501-3528 (West. Supp. 1984).

(7) 연방프라이버시법(Privacy Act)[40]

위에서 간단히 일별한 법률들 외에도 세금신고서와 관련한 정보에 관한 법률들, 후생관계 연구나 통계조사를 통한 정보에 관한 법률들이 많지만 역시 정보통제권으로서의 적극적 프라이버시권을 정면으로 보장하기 위한 법률은 1974년 제정된 연방프라이버시법이다. 이 법의 입법과정은 앞에서 살핀 바와 같고 이 법의 기본특색은 정보의 처리자체에는 특별한 제한을 두지 않고 절차규정과 정보당사자인 개인에게 정보의 처리과정상에 나타날 수 있는 불이익을 방지하기 위한 여러 권리들을 세세하게 명시함으로써 정보처리의 적정화를 도모하는 방식을 택하고 있다는 점이다.

이 법의 기본골격을 살펴보면 다음과 같다.

1) 공개의 조건 – 프라이버시법은 정보당사자의 열람요청이나 공개에 대한 동의가 없으면 파일화된 정보를 공개할 수 없다.[41] 그러나 이 원칙에는 명문으로 12가지의 예외가 인정되는데[42] 예를 들면 다른 법률이 정보의 공개를 허용하는 경우라든지 정부기관의 업무 수행을 위해 정보를 이용하는 것이 불가피한 경우에는 본인의 동의가 없어도 공개가 가능하다. 이 예외 규정은 생각보다 광범한 부분을 프라이버시법의 보호대상으로부터 제외하고 마는 결과를 낳는데 실제로 1976년 대폭 개정된 정보의 자유에 관한 법률이나 1974년 연방자문위원회법[43](The Federal Advisory Committee Act), 1976년의 선샤인법[44](The Sunshine Act) 등에 의해 정보공개가 허용되는 범위가 상당하게 되기 때문이다. 이에 대해 정보의 유통에만 지나치게 치중한 입법태도라는 비판이 많은데 이 비판들 중에는 연방대법원이 헌법적으로 새로운 프라이버시권의 인정에 소극적인 태도를 보이는 근거로 의회의 역할을 강조하는 보수판사들의 주장이 어느 정도 허구적인가를 보여주는 주된 징표라는 견해를 제시하는 이들도 있다.[45]

---

40) 5 U. S. C. 552a (1982).
41) 5 U. S. C. 552a (b).
42) 5 U. S. C. 552a (b)(1)-(12).
43) Phillip J. Cooper, 앞의 논문, pp. 95-96.
44) Phillip J. Cooper, 앞의 논문, p. 95.
45) Michael P. Seng, "The Constitution and Informational Privacy, or How So-called Conservatives Countenance Governmental Intrusion into A Person's Private Affairs," 18 The John Marshall Law Review 847, 1985, pp. 892-893.

2) 개인의 권리- 이 법은 개인에게 자신에 관한 정보통제권의 일종으로 갖
가지의 권리들을 인정하고 있는데 그 중 대표적인 것이 정부기관에 그 기관이
보유하고 있는 정보의 열람 및 사본청구권과46) 부적절하거나 무관계한, 혹은 현
재성을 상실하였거나 불완전한 정보에 대한 정정청구권을 들 수 있다.47) 그리고
정부기관이 이들 신청을 수락하지 아니하는 경우에는 재심사와 사법심사를 청
구할 수 있는 권리를 인정하고 있다.48)

3) 정보유지의 절차- 이 법은 또 프라이버시보호를 위해 다양한 관리절차
를 규정하고 있는데 그 중 대표적인 것은 목적과 관련되면서 그 목적달성을 위
해 필요한 정보만이 보유되어야 한다는 일반원칙적 규정을 두고 있는 것이다.49)
여기에 덧붙여 개인이 정보가 사용되어지는 목적과 정보수집을 할 수 있는 정부
기관의 권한이 어디에 기초한 것인지에 대해 알 권리를 보장하고 있다.50) 그리
고 정부기관은 이 법에 의하여 개인정보를 취합함에는 필요한 주의를 다하여야
하며 정보처리의 공정성을 확보하기 위해 정확하고 목적과 관련성을 가지는 정
보만을 보유하고 제공하여야 한다고 규정하고 있다.51)

4) 프라이버시보호 연구위원회(Privacy Protection Study Commission)의 설립-
프라이버시법에 따라 대통령이 임명하는 3인과 상·하 양원의장이 각각 2인씩
임명하는 7인의 위원으로 구성되는 프라이버시보호 연구위원회가 설치되어 연
방정부기관뿐 아니라 주나 자치체, 민간부문에 대해서까지 프라이버시보호를 위
해 필요한 조사연구를 행하도록 하였는데 1977년, 대통령과 의회에 컴퓨터관련
입법은 침해를 최소화하고 공정성을 최대한 확보하며 기대와 근거가 있다면 정
당하고 청구가능한 비밀성에의 기대를 충족시키기 위한 조치를 하여야 한다는
최종보고서를 제출하고 시한부임무를 완료하고 해체되었다.52) 이 위원회는 연방
프라이버시법이 연방기관만을 규제대상으로 함으로써 가뜩이나 정보공개법 등
에 의해 적용대상이 좁혀진 이 법의 효용을 감소시킨 데 대해 대상을 확대함으

---

46) 5 U. S. C. §. 552a (d)(1).
47) 5 U. S. C. §. 552a (d)(2)(B).
48) 5 U. S. C. §. 552a (d)3.
49) 5 U. S. C. §. 552a (e)(1).
50) 5 U. S C , §. 552a (e) (3) (A)-(D).
51) 5 U. S. C §. 552a (e)(5).
52) Pat Washburn, 앞의 논문, pp. 195-196.

로써 간접적 통제를 가능하게 하였다는 평가를 받았으나 그 시한성을 감안할 때 전체적 평가에 별다른 영향을 주지는 못하였다.

　　이상에서 미국의 프라이버시보호에 관한 연방법률들을 살펴보았다. 미국의 프라이버시보호 입법의 특색은 연방대법원의 프라이버시권에 대한 태도와 크게 다름이 없이 정보의 자유로운 유통을 보호하기 위해 정보통제권적 프라이버시권에 대해서는 상당히 소극적 태도를 견지하고 있다는 점이 될 것이다. 이는 정보통제권적 프라이버시권의 보호를 위한 기본법이라 할 수 있는 1974년 연방프라이버시법이 적용대상의 범위를 제한하고 있다는 점이나 광범위한 예외를 인정하고 있는 점에서 단적으로 드러나며 기타의 특별법들에 의한 보호 역시 정보유통에 대한 제한적 성격이 농후하다는 점도 이런 견해를 뒷받침한다.

　　한편 미국에서는 연방 헌법이나 법률에 의하지 않더라도 주의 헌법과 법률에 의하여 프라이버시보호를 위한 움직임들이 있는데 주의 헌법상의 명문규정으로 프라이버시권을 규정하고 있는 주만도 1985년까지 10여 개 주에 이른다. 그리고 헌법상의 규정에 의하지 않더라도 연방법과 유사한 법률을 가진 주들도 상당수[53]에 이르고 있다. 그러나 이들 주도 연방차원의 논의수준에서 크게 벗어나지 않고 있어 주헌법으로 프라이버시권을 인정하고 있는 각 주의 대법원들도 그 해석을 아주 제한적으로 하고 있어 정보통제권적 프라이버시권의 인정에는 상당히 인색한 태도를 보이고 있다. 그런데 캘리포니아주 대법원은 White v. Davis 판결[54]에서 "캘리포니아헌법이 프라이버시보호를 위해 수정조항을 채택한 이면의 원동력은 현대사회에서 점증하고 있는 정보수집 행위나 감시행위에 의해 야기되는 개인의 자유와 안전에 대한 침해가 가속화되는 것을 고려한 데 있다"고 하여 사적인 정보를 공개하지 않을 권리뿐만 아니라 정보의 수집이나 감시 행위자체에 대해서 까지 프라이버시권을 인정하는 판결을 하여 주목을 끌고 있는데 이는 어떻게 보면 예외적인 판례이라고 볼 수 있다.

Ⅳ. 결　　론

　　우리나라에서도 최근 국가사회전산화사업이 현실화되는 단계를 맞이하여

---

53) 1981년까지 적어도 40개 주가 제정. Pat Washburn, 앞의 논문, p. 197.
54) 13 Cal. 3d 757, 533 P. 2d 222, 120 Cal. Rptr. 94 (1975).

개인관련 정보의 적절한 보호를 통해 정보통제권적 프라이버시의 보호필요성이
대두되고 있는데 계획을 추진하는 정부가 이에 대한 국민적 합의를 도출하기 위
한 노력이 부족한 듯하여 아쉬움을 남기고 있다. 이에 미국의 프라이버시보호에
대한 법적 대응을 살피는 것이 도움이 될 수 있을 것이다. 그러나 미국에서 프
라이버시권이 헌법상 보호되는 본질적 권리임은 분명하지만 프라이버시권 개념
자체가 가지는 상대성에 대한 고려가 없다면 새로운 사회변화에 대응하여 적절
한 프라이버시권의 보호는 요원해질 것이 틀림없다. 이 점을 고려하는 측면에서
보면 미국의 법제도가 새로운 정보화사회에 적합한 정보통제권적 프라이버시에
대해 흡족하지 못한 배려를 하고 있음이 드러나는 듯하여 아쉬움이 남는다. 정
보의 자유로운 유통을 통한 국민의 알 권리의 충족도 민주사회에서 중요한 위치
를 차지하겠으나, 자신에 관한 정보를 통제할 수 있는 권리에 대해서도 민주사
회가 인간의 존엄성 보장을 본질적 요건으로 함을 고려하여 우리 실정에 적합한
입법노력이 있었으면 한다. 마지막으로 정보처리에 대한 적절한 대응을 마련하
지 않으면 정보를 관리하는 소수의 자에 의한 독재체제가 탄생할 우려가 있음을
염두에 두면서 정보통제권적 프라이버시에 대한 보호노력이 민주사회의 근간을
이루는 개인의 참여와 의사전달능력을 보장하기 위해 지출해야만 하는 기회비
용55)이라는 스피로스 시미티스(Spiros Simitis) 교수의 말을 상기시켜 본다.

---

55) Spiros Simitis, 앞의 논문, p. 746.

"미국의 프라이버시 보호법제에 관한 연구"[1988]

해 제

김 장 한*

I. 짧은 만남, 긴 인연

안경환 교수님께서 이제 법과대학의 교직을 떠나는 정년이라는 시점이 되어, 제자의 일원이 되어 논문의 해제를 맡게 되었다. 의과대학에 근무하고 있는 해제자가 법과대학 교수님의 헌법상의 기본권 논문 해제를 맡게 된 것은 학문적 일탈로 보이는 흔치 않은 일일 수도 있는데 그 원인을 논문 해제의 도입부에 아래와 같이 서술하는 이유는, 그것이 아마도 정년을 맞으신 교수님의 학자적 삶을 조명하는 또 다른 거울이 될 수 있을 것이라고 생각하기 때문이다.

1988년은 의과대학 4학년이었던 해제자가 졸업 여행을 떠난 해였다. 동기들과 함께 철도여행을 하면서 남도를 길게 돌아다녔던 나는 돌아오던 길에 고향인 김해에 들러 어머님을 뵙고 혼자 상경하던 길이었다. 교수님은 고향인 밀양에서 경부선 열차를 타셨고, 우연하게도 옆 자리에서 앉게 된 시골 촌놈은 법학자로서 교수님께서 가지고 있던 많은 문제의식에 대하여 상경하는 내내 이야기를 듣게 되었다. 83년도에 대학에 입학한 이후부터 졸업하는 시점까지 당시 학창 시절은 민주화 운동과 관련하여 한마디로 제정신으로 살기에는 어려웠던, 참으로 잔인했던 시간들이었다. 하지만 홀로 가족을 부양하셨던 어머님의 노고를 생각하면서, 애써 주변에 무관심한 척 살기를 선택하였던 감수성 예민하던 학생은 아마도 교수님을 통해서 작은 실마리를 보았는지도 모르겠다. 법학과 의학이 만나는 곳에서 우리 사회가 가지고 있는 소통 부재의 문제를 한 번 공부해 보는 것은 어떨까? 그렇게 삶은 궤적은 틀어졌고, 다음해에 나는 서울대학교 병원 인턴이 아니라 서울대학교 법과대학의 3학년이 되어 있었다. 법과대학에서의 생활

---

* 울산대학교 의과대학 교수

은 녹녹치 않았고, 정신적 성숙만큼 현실적 대가도 치러야 했다. 10년이 흘러서 다시 병원으로 돌아와야 했고, 못다 한 의사로서의 경력을 쌓았다. 해제자는 그렇게 해서 법학을 접한 의과대학 교수가 되었다.

Ⅱ. 논문 구성과 내용

이 논문은 "미국의 프라이버시 보호법제에 관한 연구"로서 그 대상이 "미국," "프라이버시," "보호법제"에 한정되어 있다. 서론에서 정보화 사회라는 현상에 비추어 컴퓨터를 통한 개인정보 수집이 자료은행을 통하여, 정보권력 획득이라는 현상을 가져온다는 점을 경고하면서 이를 견제하기 위한 각 나라의 법적, 사회적 대응의 하나로서 미국의 프라이버시권을 살펴보는 것으로 하였다. 또한 다음 장에서는 프라이버시권의 역사와 발전 과정을 설명하고 있는데, 소극적 프라이버시권으로부터 정보화 사회와 관련된 정보통제권에 이르기까지, 적극적 프라이버시권으로의 내용 변화를 설명하면서 이후에 진행될 논의의 방향을 제시하고 있다. 구체적으로 논문은 내용상 크게 두 부분으로 나누어진다. 첫째는 프라이버시와 관련된 연방대법원의 판례를 기본권 보호의 측면에서 설명하는 것이고, 둘째는, 프라이버시법(Privacy Act)을 중심으로 공적 영역에서 개인 정보를 수집하는 경우에 연방입법에서 개인의 정보통제권이 어떻게 적용되고 있는가 하는 점을 설명하고 있다.

첫째, 1890년 워렌(S. Warren)과 브랜다이스(L. Brandeis)가 도입한 프라이버시권에 대한 설명을 하면서 많은 판례들이 불법행위법의 일환으로서 프라이버시권을 보호하였던 1960년대 일련의 사건들에 대하여 설명하고 있다. 프라이버시권에 대한 불법행위법 원리에 의한 보호는 법 원리의 한계로서 프라이버시권 침해 자체 외에도 침해양식상의 요건 입증 책임 문제가 원고에게 있다는 점이 문제라는 것, 이후 렌퀴스트(Rehnquist) 법원의 Paul v. Davis 판결을 설명하면서, 보수적 판결들로 인하여 개인적 문제가 공개되는 것을 원치 않는다는 프라이버시권 영역이 보호 영역에서 없어지게 되었다는 점을 설명하고, 결국 불법행위법에 의한 접근은 이 문제를 각 주의 커먼로에 의하여 규율되게 하는 것으로서 프라이버시권을 줄여 놓은 것이라고 평가하고 있다.

헌법적 권리로서의 프라이버시권이 나타나는 과정을 설명하고 있는데, 초기의 핵심 두 판례는 의료와 관련한 것이다. 처음 프라이버시권을 설명하는 판결은 Griswold v. Connecticut[1] 판결로서 피임기구 판매·배포를 금지한 주법을 위헌으로 판결하면서, 더글라스(W. Douglas) 판사가 방론으로 설시한 권리의 반영부(penumbra)를 언급하고 있다. 이후 일정 기간 동안 산모의 낙태권을 보호하여야 하는 근거를 프라이버시권에서 찾은 Roe v. Wade 판결을 헌법적 권리로서 프라이버시권의 절정기라고 설명하고 있다. 이후 판례 분석을 통하여 연방대법원의 정보통제적 프라이버시권에 대한 소극적인 태도를 설명하면서, 이를 보완하는 연방 의회 입법 과정을 설명하고 있다. 1965년의 사회과학연구자문회의로부터 시작하여, 정보의 자유에 관한 법률, 범죄 규제 및 가두안전에 관한 법률, 공정신용조사보고법, 가족교육권과 프라이버시법, 재정에 관한 프라이버시에 관한 법, 서류업무감축법 그리고 적극적 정부통제권을 인정하게된 연방입법으로서 1974년에 제정된 연방프라이버시법을 설명하고 있다. 그러나 결론은 프라이버시법에서 공개의 조건에서 12가지의 예외를 인정함으로써, 연방대법원과 마찬가지로 연방 입법 역시 정보통제권에 대하여 소극적 입장이라는 비판을 함께 하고 있다.

Ⅲ. 논문에 대한 해제

1. 이 논문은 "통신정책연구"에 1988년 기고되었던 것으로서, 미국 연방법원이 프라이버시를 다루었던 판례들과 연방 입법의 내용을 전체적으로 조망하면서 핵심적 내용을 언급한 것이 특징이다. 개별 사안들과 쟁점들에 대한 구체적인 논의가 부족하다는 점을 지적할 수도 있으나, 방대한 내용을 정리한 것이기도 하고, 기고 잡지가 전문 학술지가 아닌 통신 관련 정책지라는 것을 감안하면 도리어 그 내용이 넘친다는 느낌이 든다. 하지만 그럼에도 불구하고 굳이 논문에 대한 해제를 하자면, 프라이버시권의 발달 단계에 있어서 연방대법원 판례의 전개 방향에 대한 이해하기 쉬운 정리와 의료 분야에서 개인 정보가 어떻게 처리되고 있는지에 대한 추가 분석이 필요하다.

해제대상논문은 전통적으로 헌법적 권리로서의 프라이버시권의 발달 과정에서 교과서적으로 언급되고 있는 Olmstead v. U.S.[2]와 이 사건 이후 Katz v. U.S.[3]에 대한 언급을 생략하고 있다. Katz 판결에 의하여 프라이버시권의 보호

---

1) 381 U.S. 479 (1965).
2) 277 U.S. 438 (1928).
3) 389 U.S. 347 (1967).

가 물리적인 영역에 국한되지 않고, 프라이버시 영역(zone of privacy)까지 확장되었음이 설명되지 않았고, Paul v. Davis[4])에 의하여 프라이버시 영역이 축소되었다고 설명하는 부분이 불법행위법 영역의 설명에 자리 잡고 있어서 읽는 이들이 체계적인 이해를 하는 데 어려움이 있었을 것 같다.

　　Olmstead 판결의 사실관계는 다음과 같다. 연방수사관은 주류 밀매업자인 로이 옴스테드(Roy Olmstead)의 전화를 도청하여 얻은 기록을 증거로 제출하였다. 당시 금주법(National Prohibition Act)[5) 위반이었다. 기록에 의하면 당시 매출이 낮은 달 거래액이 176,000달러 정도였다고 한다. 옴스테드 외에 72명이 동일한 범죄 혐의로 기소되었는데, 옴스테드가 헌법 위반을 이유로 소를 제기한 것이다. 그는 검찰이 제시한 증거가 미연방 헌법 수정 제4조가 제시한 적법절차를 지키지 않은 압수, 수색으로서 위법 수집 증거임을 이유로 증거능력을 상실하였다고 주장하였다. 대법원장이었던 태프트(Taft) 판사가 다수 의견을 집필하였는데, 선판례로서 Weeks v. U.S.[6)를 분석하면서, 전화 도청은 사무실 근처 빌딩의 지하층에서 이루어졌기 때문에, 당시 어떠한 법을 위반한 것도 아니었고, 피고인의 집이나 사무실과 같은 공간을 침범한 것도 아니었다. 그러므로 원고가 판사의 영장을 발부받아 정당한 절차에 따라 증거를 수집하지 않은 것을 문제 삼

---

4) 424 U.S. 693 (1976).

5) 1919년 미연방헌법 수정 제18조가 각 주에서 비준되어 1920년에 발효되었다. 본 조는 3개의 section으로 구성되어 있는데, section 1에 의하면 중독성 음료(intoxing liquors)의 생산, 판매, 수송을 금지하고, 미국으로의 수입과 수출 역시 금지하였다. National Prohibition Act는 일명 볼스테드법(Volstead Act)이라고 하는데, 수정 제18조에 규정된 중독성 음료를 구체적으로 정의하였고, 알코올을 마시는 사람을 처벌하지 않았지만, 생산, 판매 등의 행위를 처벌하였다. 이 법의 시행결과, 전국적인 밀매 조직이 발생하였고, 시카고의 알카포네 같은 갱단이 발생하는 등 부작용이 많았다. 1933년 수정 제21조에 의하여 수정 제18조는 효력을 잃게 된다.

6) 232 U.S. 383 (1914). 1911년 12월 21일 프레몬트 위크(Fremont Weeks)는 미주리주 캔사스시 유니온역(기차역)에서 체포되었다. 그는 당시 특급배달회사(express company)에 고용되어 있었다. 당시 다른 경찰은 원고가 사는 곳으로 가서 이웃에게 물어서 집 열쇠를 발견하고 문을 열고 들어갔다. 그곳에서 여러 종류의 문서들과 잡지들을 가지고 왔다. 이 서류들은 연방수사국에 넘겨졌고, 연방 수사국 지시하에 재차 원고의 방으로 들어가(이번에는 안내를 받아서, 아마도 숙박집 주인으로 생각됨) 서랍장 안에서 여러 개의 편지들과 봉투를 가지고 오게 된다. 원고는 우편을 통하여 복권 판매를 하고 있다는 혐의를 받고 기소되는데, 연방수사국이나 경찰은 수사과정에서 법관이 발부한 압수수색 영장을 가지고 있지 않았다. 연방대법원은 개인의 사적 공간을 영장 없이 침입하는 것은 불법이라고 보고, 불법 수집 증거를 연방법원에서 사용하는 것을 인정하지 않았다. http://supreme.justia.com/cases/federal/us/232/383/case.html[확인일: 2013.3.18] 참조.

아 프라이버시 침해를 주장하였지만, 물리적인 침입이 없으므로 프라이버시 침해가 아니라고 판결하였다. 5 : 4로 다수 의견이 승리하였지만, 소수 의견을 내었던 브랜다이스(Brandeis) 판사는 Boyd v. U.S.[7]를 분석하면서, 연방헌법 수정 제4조의 적용 범위가 단순한 문어적 해석을 넘어 적용되었음을 지적한 후에, 봉함된 편지에 대한 침해와 전화에 대한 침해가 다르지 않다고 하였다. 이러한 판례 이후에 Katz 사건에 이르러서, 연방헌법 수정 제4조 위반에 반드시 물리적 침입(physical trespass)만 요구하는 것이 아니며, 영장없는 도청 역시 위법이며 그 근거는 프라이버시권 침해라는 판결이 나오게 된다.

이 논문에서는 정보통신산업의 발달과 함께 대두한 중요한 프라이버시권의 영역으로 정보통제권이 미국 연방대법원 판례와 입법에서 어떻게 발달하고 있는가에 많은 지면을 할애하고 있다. 그런 측면에서 본다면, 의료관련 정보에 대한 판례로 언급한 Whalen v. Roe[8]의 자세한 내용을 살펴볼 가치가 있다. 사실관계는 다음과 같다.[9] 1970년 뉴욕주 의회는 특별위원회를 구성하여, 주 약물규제법(drug-control laws)들이 특정 처방약물(대상 약물은 Schedule II 약물로 분류되는 것으로서 마약(opium)이나 마약 유도체를 포함하는 것)의 불법적 유통과 오남용을 적절하게 조절하고 있는지를 조사하였는데, 조사 결과는 위조 또는 절취된 처방전을 사용하거나 기한을 넘겨서 처방전을 이용하는 행위, 다수의 의사로부터 동일한 처방전으로 각각 취득하여 사용하는 행위, 의사가 과다 처방하는 행위 등에 대하여 유효하게 대처하지 못하는 것으로 조사되었다. 이러한 문제점을 고치

---

7) 116 U.S. 616 (1886). 1874년 6월 22일 관세수익법(custom revenue laws), 여섯 번째 section에 의하면 법원은 정부측 변호사의 청구에 의하여, 피고 또는 청구인에게 개인이 작성한 문서, 송장 등의 제출을 명령할 수 있다. 제출하지 않는 경우에는 피고 또는 청구인이 정부측 주장에 대하여 인정한 것으로 간주한다. 피고 보이드(Boyd)는 관세법 위반으로 판유리를 압류 당했는데, 법원의 제출 명령에 의하여 판유리 구입대장을 제출한 것이 나중에 법원에 증거로 제출되었다. 이에 대하여 피고는 개인의 사문서 제출 명령을 내린 경우에, 그 문서가 형벌이나 압류를 피하기 위하여 제기한 동일 사건에 대하여 증거로 제출되는 것은 형식적으로는 압수·수색을 한 것은 아니지만, 강제적 문서 지출이라는 면에서는 비합리적 수색과 압수(unreasonable search and seizure) 금지라는 연방헌법 수정 제4조를 위반한 것이며, 또한 자기 자신에 대한 불리한 증언을 강요하는 것으로서 수정 제5조를 위반한 것이라고 주장하였고, 판결에서 이를 인정하였다. https://supreme.justia.com/cases/federal/us/116/616/case.html[확인일: 2013.3.18] 참조.

8) 429 U.S. 589 (1976).

9) Jessica C. Wilson. Protecting privacy absent a constitutional right: A plausible solution to safeguarding medical records, 85 Wash. U. L. Rev. 653, 2008, pp. 653-680.

기 위하여 1972년 뉴욕주 통제약물법(New York Controlled Substances Act of 1972)
을 제정하여, 의사로 하여금 처방전으로 3매로 구성된, 공식적으로 인정된 문서
형식으로 발급할 것을 요구하면서, 처방전에 의사의 이름, 조제 약국, 약품명과
용량, 환자의 이름, 주소, 연령을 기재하도록 하고, 완성된 처방전 중 한 장은 의
사, 다른 한 장은 약사, 나머지 한 장을 뉴욕주 보건국으로 보내도록 하였다. 보
건국에서는 해당 정보를 전산화하여 5년간 보관하도록 하였고, 공적인 공개를
엄격하게 막고, 데이터의 안전을 위한 장치도 하였다. 이에 대하여 몇몇 환자들
과 의사들이 이 법이 환자의 프라이버시와 의사-환자관계를 침해하였고, 이 법
의 시행으로 인하여 정작 해당 약물이 필요한 환자들이 사회적 낙인(stigma)이
두려워 의료를 기피할 가능성이 있다는 주장을 하면서, 이 법의 위헌성을 다투
었다. 이에 대하여 뉴욕연방지방법원(District Court of New York)은 위헌성을 인정
하였고, 이에 대하여 연방대법원에 상고하였다. 버거(Burger) 시대의 연방대법원
은 하급심 판결을 뒤집으면서 스티븐스(Stevens) 대법관 주심으로 다수 의견을
집필하였다. 다수 의견은 프라이버시에 관련된 여러 가지 위험이 있지만 뉴욕주
법은 적절한 조치를 취하고 있기 때문에 합헌이라고 하였고, 이에 대하여는 해
제 논문에 설명된 바와 같다. 이 사례에서 브레넌(Brennan) 대법관은 동조 의견
을 내면서, 그 이론을 사안보다 더 확장하고 있다. 그는 많은 정보가 주정부의
컴퓨터를 이용한 중앙처리장치에 집중되는 것에 우려를 표현하면서, 비록 그러
한 우려만으로 주입법이 위헌이 되는 것은 아니지만, 이러한 정보 수집에는 수정
헌법 제4조에 의한 한계가 있어야 한다는 내용을 설시하였다. 물론 해당 사건에
서 뉴욕주가 적절한 프라이버시 안전장치를 구비하였고, 절차적으로 프라이버시
권 보호에 문제가 있다는 점이 증명되지 않는다면, 뉴욕주가 정보 수집을 통하여
불법적 약물 거래를 막는다는 점에 대한 절대적 증명을 요구하지는 않는다고 하
였다. Whalen 판결은 프라이버시권에 대하여 "사적인 문제가 공개되는 것을 피
하려는 개인의 이익"과 "중요한 결정을 할 때 독립적으로 할 수 있어야 한다"는
두 가지 문제를 다루었다. 후자의 내용에 대하여는 Roe v. Wade 판결과 Paul v.
Davis 판결이 선판례로서 논쟁이 되고 있었지만, 전자의 내용에 대한 명확한 선판
례를 찾기 어려웠고, 후속 판결인 Nixon v. Administrator of General Services[10]

---

10) 433 U.S. 425 (1977).

에서 사적인 문제들이 공개되지 않아야 한다는 내용이 프라이버시권의 내용이
된다. Whalen 판결에서 브레넌 판사의 지적은 이후에 기술의 발전과 함께 나타
나게 될 의료정보 수집에 있어서 적절한 우려를 표현한 것이었고, 이러한 우려
가 반영되어 의회에서는 1996년에 HIPAA(the Health Insurance Portability and
Accountability Act)을 제정하여, 의료관련 종사자와 의료기관들에 대하여 환자의
의료 정보를 어떻게 취급하여야 하는지에 대한 자세한 규정을 마련하게 된다.

해제대상논문은 미국의 프라이버시 관련 입법에 관하여도 설명하고 있으며,
공공부문의 정보처리와 절차규정, 당사자 권리 등에 대하여 비판하고 있다. 대
표적인 비판이 미연방입법인 프라이버시법인데, 정보당사자의 공개 동의가 없으
면 공개할 수 없지만, 법 자체에 12개의 예외를 인정하고 있고, 그 개별 사유로
서 인정되고 있는 근거인 법률들인 1976년 정보자유에 관한 법률, 1974년 연방
자문회의법, 1976년 선샤인법 등이 개정되면서 정보공개 허용 범위를 상당히 넓
게 보기 때문에 정보 유통에 치중한 입법이라는 비판과 프라이버시법이 적용대
상의 범위를 한정하고 있다는 비판11)을 하고 있다. 미국은 컴퓨터를 이용한 정
보 수집에 대한 정보 통제권 관련 입법을 하면서, 공적인 부분과 사적인 부분을
분리하여 규율하고 있는데, 연방입법인 프라이버시법은 정부 부문의 정보 수집
에 관한 가장 폭 넓은 공적 규범 영역을 가지고 개인의 정보통제권을 다루고 있
다. 이에 반하여 유럽은 유럽연합정보보호위원회(Council of Europe's Convention
on Data Protection)가 구성되어 있고, EU 정보지침(Data Directive)을 통하여 사적
영역과 공적 영역을 함께 규율하고 있다. 이러한 차이를 두고 미국이 프라이버
시권의 보호 입법에 뒤쳐졌다고 비판하지만, 미국은 사적 영역에 대한 프라이버
시권 입법을 좁고 특정하게 하고 있고, 유럽은 EU 지침을 각국이 국내 입법으로
받아들이는 과정에서, 각국 사정에 따라 그 내용의 변경이 가능하다는 점을 고
려하면, 미국의 입법 태도를 비난하기보다는 구체적인 분야에서의 내용을 파악
하는 것이 좀 더 필요하다고 생각한다.

2. 미국의 의료 정보에 관한 중요한 연방입법은 앞서 언급한 HIPAA이다.
1996년에 제정된 이 법은 연방 의회가 제정 이후 3년 이내에 의료정보와 관련된

11) 해제대상논문 537면.

프라이버시 규정을 만들어야 했는데, 의회에서 합의 도출에 실패하여, 2003년 보건복지부(DHHS, Department of Health and Human Service)가 프라이버시 규정 (the HIPAA final Privacy Rule, Privacy Rule)과 안전규정(the HIPAA Security Rule, Security Rule)[12]을 만들었다. 프라이버시 규정에 의한 수범 대상(covered entities) 은 의료보험플랜(health care plans), 의료공급자(health care providers), 정보센터 (clearinghouses)와 같은 의료 정보를 주로 취급하는 곳이며, 대상은 보호의료정보 (PHI, protected health information)였다. 2009년, HITECH(the Health Information Technology for Economic and Clinical Health Act)으로 개정되면서, HIPAA의 프라이 버시 보호 및 안전 규정을 연방입법으로 하고, 수범 대상[13]과 대상정보[14]를 확 대하고, 벌금(monetary civil penalties)에 의하여 처벌하는 경우를 넓혔다. 이에 비 교되는 EU 규율로 가장 중요한 것은 1995년 정보 지침[15]과 2002년 지침[16]이고, 이와 함께 1995년 정보지침에 의하여 제29조 위원회(The Data Directive created the Article 29 Working Party, or the Article 29 Board)가 독립자문기구로 만들어졌고, 이 위원회에 의하여 "Working Document on the Processing of Personal Data Relating to Health in Electronic Health Records(이하 EHR Report)[17]가 발표되었

---

12) 수범대상들이 의료정보를 취급할 때 갖추어야 할 행정적, 물리적, 기술적인 안전 기준.

13) 45 C.F.R. § 160.103 (2009); "Business associate functions or activities … include claims processing, data analysis, utilization review, and billing. Business associate services … are limited to legal, actuarial, accounting, consulting, data aggregation, management, admini- strative, accreditation, or financial services." 관련 업체(business associate)란 단순하게 의료정 보를 처리하여 전달(conduit)하는 역할을 하는 업체로서, 이들이 HIPAA의 범위에 해당하는 지 가 문제가 되었다. HIPAA의 수범대상에 포함되면, 이러한 업체들에게 의료 정보의 처리를 맡 기는 의료 관련 기관은 해당 정보의 처리에 대하여 관련 업체와 법의 요구하는 기본적 합의를 문서로 작성하여 받아야 하는 의무가 있었는데, 이에 대한 해석에 어려움이 있었고, HITEC에 서는 이를 포함하는 것으로 명확하게 하였다.

14) 전자의무기록(EHR, Electric Health Record) 외에 교환의무기록(HIE, health information exchange)과 개인의무기록(PHR, personal health records)을 포함하도록 하였다.

15) The 1995 Directive on protection of individuals with regard to the processing of personal data and on the free movement of such data (Data Directive), Council Directive 95/46/EC art. 1, 1995 O.J. (L 281) 10, 11 (EC).

16) The 2002 Directive concerning the processing of personal data and the protection of privacy in the electronic communications sector. Council Directive 2002/58/EC art. 5, 6, 9, 2002 O.J. (L 201) 11, 12, 14 (EC).

17) Article 29 Data Protection Working Party, Working Document on the Processing of Personal Data Relating to Health in Electronic Health Records 2 (Article 29 Working Party, Working Paper No. 131, 2007).

다. EHR Report에는 일반적인 정보보호와 관련된 법적 체계를 제안하면서, 주제를 11개[18])에 걸쳐 설명하고 있다. 이 내용들을 분석하면서, 미국에 비하여 유럽의 프라이버시권 보호가 더 충실하다는 설명을 하고 있다.[19])

해제자는 의료정보와 관련된 정보통제권의 인정 범위에 관한 논의가 기본적으로 정보통제권을 넓게 인정할 것인가 아니면 공공의 이익 또는 정보 주체에게 발생할지 모르는 상황에 대처하기 위한 이익 등을 고려하여 좀 더 제한 가능하다고 볼 것인가라는 이념적 입장 차이가 크다고 본다. 구체적인 내용에서 차이가 있을 수는 있지만, 실제 해당 분야에서 인정되고 있는 정보 수집, 정보이용, 정보 접근권, 정보 통제권 보장 규정들의 내용에는 큰 차이가 없다는 것이 해제자의 생각이다. 기술적인 면에서 의료 정보는 기본적으로 익명화를 통하여 개인정보를 제거한 상태에서 외부로 의료정보가 전달된다. 익명화되기 이전의 의료정보는 정보 주체의 동의가 있어야 수집 및 이전이 가능하다. 진료를 통하여 얻어진 의무기록 같은 것들은 구체적인 동의가 없더라도 의료기관 내에 수집, 저장되며, 진료와 관련된 보험 청구를 위하여 사용하는 것이 가능하다. 익명화는 정보로부터 개인을 식별할 수 있는 정보를 제거한 것이기 때문에 익명화 여부에 대하여 정보 주체의 동의를 받으면, 익명화 이후의 정보를 사용하는 것에 대한 제한은 기술적으로 불가능하다. 의료정보를 이용한 연구의 경우에는 전 세계적으로 서로 다른 용어를 정의하고 사용하는 것이 문제가 되고 있다.[20]) 예를 들어 유럽의 문서에서 익명화를 의미하는 것은 개인정보와 단절되거나, 연결된 익명화(linked anonymized, coded)를 의미하지만, 미국, 캐나다에서는 익명화는 단절화

---

http://ec.europa.eu/justice/policies/privacy/docs/wpdocs/2007/wp131_en.pdf 참조.

18) 주제는 다음과 같다. 1. Respecting self determination,, 2. Identification and authentication of patients and health care professionals, 3. Authorization for accessing EHR in order to read and write in EHR, 4. Use of EHR for other purposes, 5. Organisational structure of an EHR system, 6. Categories of data stored in EHR and modes of their presentation, 7. International transfer of medical records, 8. Data security, 9. Transparency, 10. Liability issues, 11. Control mechanisms for processing data in EHR.

19) Hiller, J., McMullen, M. S., Chumney, W. M., & Baumer, D. L., Privacy and Security in the Implementation of Health Information Technology (Electronic Health Records): US and EU Compared. BUJ Sci. & Tech. L., 2011;17:1.

20) Bernice S Elger, Arthur L Caplan. Consent and anonymization in research involving biobanks: Differing terms and norms present serious barriers to an international framework. EMBO Rep. 2006;7(7):661–666.

된 익명화만을 의미하는 측면에서 미국의 시각이 더 엄격하다. 차이점은 의료정
보에 접근하는 방식이 미국은 이념적으로 프라이버시 보호보다는 정보의 활용
에 중점을 두고 있었고, 유럽은 역사적으로 의료정보를 민감한 정보로 보고, 개
인의 동의나 접근권을 보호하는 선언적 규정들을 지속적으로 발표해왔다는 점
이 될 것이다.

　　유럽과 달리 미국은 시장경제체계에 기반한 의료보험제도를 가지고 있기 때
문에, 미국에서 의료정보는 정보통제권의 영역을 넘어 정보주체의 생존에 밀접
하게 관련되어 있다. 의료보험을 제공하는 보험회사는 시장 경제 원칙에 입각하
기 때문에, 수요자인 개인의 기존 건강 상태나, 질병에 걸릴 가능성이 높은 유전
적 요인과 같은 의료 정보에 매우 민감하게 반응한다. 이러한 사람들은 자신이
낸 보험료에 비하여 많은 보험재정을 사용할 수 있기 때문에, 보험에 가입하게
위해서는 많은 보험료를 내거나, 경우에 따라서는 보험 가입 자체를 거부당하게
된다. 이 문제는 직업을 구하는데도 영향을 미치는데, 고용주가 고용기간 또는
퇴직 후에 피고용자의 의료 보험료를 지불하는 경우라면, 보험료를 많이 지불하
여야 할 것으로 예견되는 사람에 대해서는 채용 자체를 꺼리게 된다. 결국 의료
와 관련된 개인 정보는 정보주체의 생존에 중대한 침해를 발생시킬 염려가 매우
높게 된다. 이러한 구체적 실생활의 모습을 고려한다면, 미국에서의 의료정보보
호 및 안전 수준은 우리가 걱정할 정도의 수준은 아닌 것으로 판단 가능하다.
의료 정보 보호와 관련된 우리나라의 법 내용을 살펴보자. 의료법 제21조 제1
항21)은 환자의 의무기록열람에 관련된 비밀 보호 의무를 규정하고 있는데, 제2
항22)에서 예외 규정을 두고 있고, 그 사유가 14가지이며, 그 중에 친족과 대리
인, 본인이 의식이 없는 경우를 제외하고 국민건강보험법을 포함한 개별 법령에
의한 예외가 11개 열거되어 있다. 이 조항은 원래는 "… 다른 법령에 따로 규정
된 경우 외에는"23) 이라고 하여 예외인정을 다른 법령에 위임하였던 것을 법률

---

21) 제21조(기록 열람 등) ① 의료인이나 의료기관 종사자는 환자가 아닌 다른 사람에게 환자에 관
　　한 기록을 열람하게 하거나 그 사본을 내주는 등 내용을 확인할 수 있게 하여서는 아니 된다.
22) ② 제1항에도 불구하고 의료인이나 의료기관 종사자는 다음 각 호의 어느 하나에 해당하면 그
　　기록을 열람하게 하거나 그 사본을 교부하는 등 그 내용을 확인할 수 있게 하여야 한다. 다만,
　　의사·치과의사 또는 한의사가 환자의 진료를 위하여 불가피하다고 인정한 경우에는 그러하지
　　아니하다.
23) 제21조 (기록 열람 등) ① 의료인이나 의료기관 종사자는 이 법이나 다른 법령에 따로 규정된
　　경우 외에는 환자에 관한 기록을 열람하게 하거나 그 사본을 내주는 등 내용을 확인할 수 있게

제9386호 개정을 통하여 9개의 개별 법령에 의한 예외를 제한적으로 인정하였
다. 개정이유는 "1) 환자의 기록정보는 가장 엄밀하게 보호되어야 할 개인정보
임에도 현행 「의료법」은 환자진료기록의 열람·사본 교부 등 내용확인을 요구하
는 자의 범위가 환자 본인 외에도 환자의 배우자, 직계 존속·비속으로 광범위하
고, 「의료법」 외의 다른 법령에 의한 경우에도 가능하여 엄격히 보호되어야 할
환자의 진료관련 정보가 환자 본인의 동의 없이 누출될 우려가 있음. 2) 환자 본
인이 아닌 경우 환자진료기록 열람을 엄격히 제한하고, 「형사소송법」·「민사소
송법」 등 이 법에서 열거한 법률에 열람근거가 있는 경우에만 환자기록의 열람
및 사본 교부가 가능하도록 함"24)이다. 포괄적으로 예외를 인정하던 부분을 제
한적으로 예외 사유를 열거하였고, 법률 제10565호로서 제13호 의료사고 피해구
제 및 의료분쟁 조정 등에 관한 법률과 법률 제11252호로서 제14호에 국민연금
법에 의한 예외를 추가하였다. 개정 전의 조항이 포괄적, 선언적이었다면, 개정
후의 조항은 구체적이다. 본 조항의 개정 이유는 포괄적이고 선언적 조항으로
인하여 의료정보보호에 문제가 발생하였다는 것이다. 각 나라별로 의료정보가
가지는 중요성과 프라이버시 침해의 문제는 공통으로 가지고 있는 고민이다. 단
순하게 선언적 규정이나 이념적 방향성의 문제를 가지고 각국 입법의 장단점을
논하는 것은 맞지 않고, 현실 상황에 대입을 하는 과정이 필요하다는 것이 해제
자의 생각이다. 우리나라의 개인정보, 특히 의료정보 보호와 안전에 관한 개별
입법이 지연되고 있는 현황, 의약분업 시행 이후, 처방전과 관련되어 일어나는
많은 문제들을 해결하기 위해서는 뉴욕주와 같은 약물 처방 정보 관련 입법이 도
리어 필요하다는 점을 생각해보면, 미국의 입법 태도에 대한 비난이 우리나라의
개별법 분야에 얼마나 정합적으로 적용될지에 대하여 의문이 드는 것도 사실
이다.

        하여서는 아니 된다. 다만, 환자, 환자의 배우자, 환자의 직계존비속 또는 배우자의 직계존속
    (배우자, 직계존비속 및 배우자의 직계존속이 없는 경우에는 환자가 지정하는 대리인)이 환자
    에 관한 기록의 열람이나 사본 교부 등 그 내용 확인을 요구하는 경우에는 환자의 치료를 위하
    여 불가피한 경우가 아니면 확인할 수 있게 하여야 한다.
 24) http://www.law.go.kr 국가법령센터 홈페이지에서 "의료법" 검색 후 법령 제·개정의 연혁 조사.

Ⅳ. 여　운

이상이 부족하고 깊지도 않은 해제이다. 안경환 교수님의 도움으로 법학을 공부하면서 개인적으로는 세상을 좀 더 균형잡힌 눈으로 바라보는 능력을 가지게 되었다. 또 그것이 밀알이 되었는지는 모르지만, 의학을 전공한 많은 후배들이 법학을 다시 공부하고 법조계로도 진출하고 있다. 비록 험한 길이었고, 가지 못한 곳도 있지만, 그것이 가치가 있었음을 알고 있으며, 그곳에서 교수님과 공감할 수 있었음을 진심으로 감사하게 생각한다.

[색인어] 프라이버시(privacy), 프라이버시권(the right to privacy), 개인정보(personal information), 의료정보

제 14 장

미국 헌법상 "정치적 행위"

미국 헌법상 "정치적 행위"(political question)

I. 글머리에

　　특정한 국가기관의 특정한 행위가 고도의 "정치적" 성격을 띠는 결과 그 행위의 효력에 관한 사법심사가 금지된다는 의미의 정치적 행위란 미국헌법상 존재하지 않는다. 흔히 "정치적 문제" 또는 "정치적 행위"로 번역, 사용되는 "political question"이라는 범주에 속하는 행위의 헌법적 실체는 연방헌법 제3조의 사법판단적격(justiciability)을 충족시키지 못한 행위를 말한다. 다시 말하자면 개념적으로 사법심사가 금지되는, 사법권보다 상위에 위치하는 정치적 성격의 행위가 존재하는 것이 아니라 헌법이 권력분립의 원칙에 입각하여 타기관의 판단에 위임했거나 또는 법원의 자율적 자제에 의해 자신이 판단하기 적절하지 아니한 타 기관의 행위가 존재함을 인정한 행위를 지칭한다. 이는 당사자 적격(standing), 쟁송의 성숙(ripeness), 판단실익의 불소멸(mootness)등의 여타 사법판단적격의 전제요건과 동렬에 속하는 요건의 하나이다.[1] 이런 의미에서 헌법의 규정 여부와는 무관하게 "고도의 정치적 성격을 가지는 국가행위 내지는 국가적 이해에 관계되는 사항을 대상으로 하는 국가행위"로서 개념적으로 사법심사에서 제외된다고 이해되는 독일헌법학의 통치행위와는 구별되는 개념이다.[2]

　　미국의 연방법원 (특히 대법원)이 판단한 많은 사건이 정치적 성격이 농후하고 잭슨(Robert Jackson) 판사의 말을 빌자면 "정치적 결과를 초래하지 않은 헌법

---

1) 사법판단적격 (justiciability)에 관해 간단히 소개하는 글로는 안경환, "미국 연방사법권의 범위와 한계," 고시계, 1986. 7. 참조.

2) 이 문제에 관한 전반적인 고찰로는 Rotunda & Nowak, Treatise on Constitutional Law－Substance and Procedure, 2nd ed. West Pub. Co. (1992), Vol. I. SS. 2.16; L. Tribe, American Constitutional Law, 2nd ed. Foundation Press (1987), pp. 96－107; G. Gnuthur, Constitutional Law, 12th ed., West Pub. Co (1991), pp. 1651－1675; Lockhart et al., Constitutional Law, 7th ed. West Pub. Co. (1991), pp. 26－50; G. Stone et al., Constitutional Law, Little Brown Co. (1986), pp. 95－109 참조. 이 글에서의 논의는 Rotunda & Nowak의 책에 나타난 자료를 중심으로 가능한 범위 내에서 일차적 문헌의 검증을 거친 후에 정리한 것이다.

재판은 존재하지 않는다."3)

　　이 글은 2백년 미국헌정사를 통해 사법판단적격의 결여로 인해 법원이 판단을 회피한 "정치적 행위"의 전모를 검토하여 그 법원칙을 정리하여 소개함에 목적이 있다.

Ⅱ. 정치적 행위와 법원의 의무

　　법원에 제기된 분쟁에 대해 법원이 그 심사를 회피할 수 있느냐라는 문제가 사법심사의 범위와 관련하여 1960년을 전후하여 열띤 논쟁의 초점이 되었었다. 웩슬러(Herbert Wechsler) 교수에 의해 대표되는 "전통설"(classical theory), 핸드(Learned Hand) 판사의 "자율적 자제설"(prudential discretion theory)이 그것이다.

1. 전 통 설

　　일명 "헌법적 강제설"로 명명할 수 있는 전통설4)은 권력분립의 원칙에 근거를 두고 있다. 이 입장은 "법이 무엇인가를 선언하는 것이 법원의 의무(duty)"라는 Marbury 판결에서의 마샬(Marshall) 대법원장의 의견에서 정당성을 구한다. 이 견해에 입각하면 적법하게 제기된 문제를 "정치적 문제"라는 이유로 판단하지 아니할 재량을 법원에 인정하는 것은 곧 이러한 헌법적 의무를 위반케 하는 결과가 된다는 것이다. 그러나 한편으로 이 견해에 의하면 어떤 문제에 관해 헌법이 법원 이외의 국가기관의 판단에 맡길 것을 강제했다고 인정하게 된다면 법원의 판단의무는 물론 판단할 권한 자체가 존재하지 않게 되는 결론에 이른다.

　　이러한 주장은 이전에도 널리 수용되고 있었지만 1958년의 핸드 판사의 주

---

3) R. Jackson, The Supreme Court In the American History, Happer & Row, 1955, p. 56. 남북전쟁도 헌법의 원칙을 두고 벌어진 것이다. 단순히 노예제의 존폐에 관한 다툼 때문이 아니라 새로 창설될 주에 노예제가 확산됨을 규제할 수 있는 연방정부의 권한, 그리고 연방협약의 강제적 성격 여부에 관한 다툼이었다. 토끄빌(Alexis Tocqueville)도 그 유명한 저서 "미국의 민주주의"에서 "미국에서는 조만간에 사법적 문제가 되지 아니하는 '정치적 문제'(political question)란 존재하지 아니한다"라고 언급한 바 있다. A. Tocqueville, Democracy In America (J.P. Mayer ed., 1969) at 270. "정치적 문제"와 사법심사의 법리 일반에 관한 논의로는 Redish, "Judicial Review and the "Political Question"," 79 New U.L. 1031 (1985) 참조.

4) 전통설이란 이름은 Scharpf 교수의 명명이다. Fritz W. Scharpf, "Judicial Review and Political Question : A Functional Analysis," 75 Yale L.J. 518 (1966), p. 538 이하 참조.

장5)에 대한 반론으로 이듬해 웩슬러 교수가 구체화시킨 것이다.6) 또한 후술하는 Blaker 판결의 브레넌(Brennan) 판사의 다수의견과 더글라스(Douglas) 판사의 동조의견에서도 확인될 수 있다.7)

2. 자율적 자제설

핸드 판사는 권력분립의 원칙에 입각한 헌법해석을 통해서 정치적 행위의 법리를 도출하는 전통적인 입장에서 벗어난 법원의 자율적 판단권에서 구하려고 한다. 즉 법원은 자신의 앞에 주어진 모든 사건을 재판할 의무도, 필요도 없고 다만 정치적 부처(political branch)8)의 결정을 수용하는 것이 바람직하다고 판단되는 경우에는 자신의 판단을 자제할 수 있다고 한다.

비켈(Alexander Bickel)은 양자의 입장을 모두 편면적이라고 비판하였고9) 오늘날에는 이와 같은 이론적 논쟁은 거의 빛을 잃고 개별적인 판결에서 그 부침을 단편적으로 추적할 수 있을 뿐이다.

III. 판　　례

1. 맹아 : Marbury v. Madison10) 판결

위헌법률심사의 원조가 된 1803년의 Marbury 판결은 사법판단이 적절하지 않은 정치적 행위의 영역이 존재할 가능성이 있음을 암시한 점에서 중요한 의미

---

5) L. Hand, The Bill of Rights, Harvard University Press (1958), pp. 15-18.
6) H. Wechsler, "Toward Neutral Principles of Constitutional Law," 73 Harv. L. Rev. 1(1959), pp. 1-7.
7) 헌법이 특정한 기능을 총체적으로 그리고 불가분하게 다른 부처에 배분한 경우에 연방의 사법부는 개입할 수 없다. 369 U.S. 186, 246(1962).
8) 미국법 아래서 정치적 부서란 일반적으로 국민의 정치적 의사의 표현인 선거에 의해 구성되어 국민에 대해 정치적 책임을 부담하는 의회(연방헌법 제1조)와 대통령(연방헌법 제2조)을 의미한다.
9) A. Bickel, The Least Dangerous Branch, Bobbs-Merrill (1962), p. 129. "만약 모든 헌법판단이 엄격한 원칙에 입각해야 한다면 현명한 판단이 불가능한 경우가 필연적으로 발생한다… 원칙 그 자체가 발전하는 것이며… 정치적 사회에는 원칙과 시의성(principle and expediency)이 공생한다. 원칙에 충실한다고 할지라도 '신속한 해결'을 위해 일시적 타협의 여지를 남겨 두어야 한다."
10) 1 Cranch (5 U.S.) 137, 2 L.Ed. 60 (1803).

가 있다. 여기에서 마샬 대법원장은 어떤 정치적 성격의 문제에 관해서는 헌법
이 대통령의 자율적 재량에 위임하였기에 대통령(행정부)의 결정이 최종적인 구
속력을 가진다고 선언했다.[11]

이 판결에서 마샬 대법원장의 방론(dictum)은 판결 자체의 신화적 권위와 함
께 일련의 후속판결에서 인정한 정치적 행위의 모태가 되었다.

2. '공화정체 보장조항'의 문제 : Luther v. Borden 판결(1849)[12]

이 판결의 외형적 사실관계는 단순한 불법주거침입이다. 원고 루터(Luther)
는 피고 보덴(Borden) 일행을 상대로 불법주거침입(trespass)의 소를 제기했는데
피고의 항변은 자신들의 행위는 로드 아일랜드 주정부의 대리인으로서의 정당
한 업무집행이라는 것이다. 즉 자신들은 군당국의 명령에 근거하여 주정부에 대
한 반란행위에 가담한 원고의 집을 수색했다는 것이다. 이에 대한 원고의 반론
은 피고의 침입행위를 허가한 로드 아일랜드 주정부는 이미 국민의 의사에 의해
해체된 것이며, 오히려 원고가 지지한 합법적인 주정부에 대해 피고인들이 반란
행위를 했다는 것이다. 이에 연방대법원은 원·피고 중 어느 쪽이 지지하는 정부
가 합법적인 로드 아일랜드 주정부였던가를 결정해야 했다.[13] 판결문을 집필한
태니(Taney) 대법원장은 헌법 제4조 제4항의 소위 "보장조항"(Guarantee Clause)
에 관한 해석은 법원이 판단할 문제가 아니라고 선언했다. 즉 해당 헌법조문은
"합중국은 연방의 각 주에 대하여 공화정체를 보장하고 (Guarantee … a
Republican From of Government)…"라고 규정하고 있는데 헌법은 각 주의 내부적
정치문제에 대해 간섭할 권한을 오로지 "일반정부"(general government) 즉 의회
의 수중에 맡겨두었고, 따라서 이에 관한 사법부의 판단은 배제된다고 판결했다.[14]

---

11) 5 U.S. 139.

12) 48 U.S.(7 How.) 1, 12 L. Ed. 581 (1849).

13) 1841-42의 기간 동안 발생했던 Rhod Island주의 "Dorr 반란사건"에 관한 재판이다. 대법원이
   "불행한 정치적 입장의 차이"(48 U.S.(7 How.) 1)라고 말한 이 사건의 사실적 배경에 관한 상
   세한 문헌으로는 C. Warren, The Supreme Court in United States History, Little, Brown, and
   Company (1926), pp. 185-195 참조.

14) 48 U.S.(7 How.) at 42-43. 그러나 그는 방론에서 만약 의회가 법원으로 하여금 이에 관해 심
   사케 하는 것이 바람직하다고 판단한다면 그렇게 할 수 있다고 했다. Id., at 43.

3. Luther 판결의 확인: Pacific States Tel. & Tel. Co. v. Oregon 판결 (1912)[15]

1902년 오레곤주는 주헌법을 개정하여 주민발안(initiative)을 통한 입법제도를 도입했고 이러한 방법을 통해 1906년 일정한 부류의 기업에 대해 과세하는 법률을 통과시켰다. 그 결과 과세의 대상이 된 원고는 이러한 국민발안제도는 "공화정체"를 보장한 헌법 제4조 제4항에 위반되는 "민주정체"(democratic government)의 시도라고 주장하여 소를 제기했다.[16]

화이트(White) 대법원장이 집필한 다수의견은 Luther 판결을 "절대적인 선판례"로 인용하면서 "연방의회가 주를 연방의 일원으로 받아들이기에 앞서 먼저 주내에 합법적인 정부가 존재하느냐를 판단하여야 하며, 그 주의 대표인 상, 하원을 자신의 동료로 받아들일 때는 해당 주가 공화정체가 설립된 것을 인정한 것이다. 이러한 의회의 판단은 모든 국가기관을 구속하고 법원은 이에 관해 재차 심사할 수 없다고 판결했다.[17]

---

15) 223 U.S. 118.

16) 이 주장과 함께 수정 제14조의 평등권과 적법절차의 주장도 제기되었다. 국민발안과 헌법 제4조 제4항의 관계에 관한 심도 있는 고찰로는 Linde, "When Is Initiative Lawmaking Not "Republican Government"?," 17 Has. Con. L. Q. 159 (1989) 참조. Hamilton, Madison등 헌법제정자의 주류를 이루는 연방주의자들은 공화주의(republicanism)와 민주주의(Democracy)의 개념을 상호 구분하였다. 공화주의란 전체주의와 직접민주주의도 아닌 정체를 의미했다. 그들이 이해한 "공화정체"란 피치자의 동의(consent)를 기초로 한 "책임정체"였지 피치자의 직접운영에 의한 정체가 아니었다. The Federalist No. 14 at 132 (Madison, Hamilton ed. 1904). 공화정체(the republican form of government)가 헌법에서 차지하는 중요한 비중을 강조하는 논문으로는 Michelman, "Law's Republic," 97 Yale L.J. 1493 (1988); "Forward : Traces of Self-Government," 100 Harv. L. Rev. 4, 16 (1986). 또한 매디슨(Madison)식 공화주의에 입각하여 헌법을 해석하여야 한다는 주장의 논문으로는 Sunstein, "Beyond the Republican Revival," 97 Yale L. J. 1539(1988); "Interest Groups in American Public Law," 38 Stan, L. Rev. 29 (1985).

17) 이 판결에서의 법원이 제시한 논리의 정당성과 지혜에 대해 헨킨(Henkin) 교수는 강한 의문을 제기하고 있다. Luther 판결과 이 판결 사이에 내려진 수건의 "보장조항"을 근거로 한 청구관련판결에서 법원은 비록 신청인의 주장을 배척하기는 했지만 사법판단 적격을 인정했었다고 그는 지적한다. 또한 연방헌법은 각주의 요구가 있는 경우에 공화정체를 "보장"할 뿐 이로부터 이탈하고자 하는 경우에 "강요할"(impose)의무를 지지 않는다는 논리로 판결할 수 도 있었다고 지적하고 있다. L. Henkin, "Is There a "Political Question" Doctrine?," 85 Yale L. J. 597, 609-610. 미국헌법의 양대 지도이념으로서의 자유주의(liberalism)와 공화주의(republicanism)에 관한 수많은 문헌 중에 비교적 균형 있는 분석을 담은 최근의 논문으로는 Horwitz,

4. 헌법개정의 경우 : Coleman v. Miller 판결(1939)[18]

원고인 캔사스주 상원의원들은 자신들이 반대한 연방헌법 개정안이 재결의를 통해 비준되자 비준절차상의 하자를 이유로 연방헌법의 개정안 비준의 무효선언을 구하는 소를 제기했다. 원고가 열거한 하자란 (1) 캐스팅 보트(casting vote)를 던진 부지사는 헌법 제5조의 "입법부"(Legislature)의 구성원이 아니므로 무자격자였고, (2) 캔사스주는 동 개정안의 비준을 거부한 적이 있으므로 재차 이를 비준할 수 없으며, (3) 동 개정안은 상당한 기간 내에 4분의 3의 주의 비준을 얻지 못한, 비준의 실익이 없는 안이므로 캔사스주는 이를 비준할 수 없다는 요지였다.

법원은 원고의 주장에서 제기된 비준절차와 비준의 실익에 관한 정책적 결정문제는 연방의회가 최종적으로 판단할 사항이며 의회가 기준을 제시하지 않은 경우에는 주의 정치적 과정을 통해 해결되어야 할 문제라고 판결했다.[19]

5. 사법심사원칙의 정립: Baker v. Carr 판결(1962)[20]

정치적 문제에 관한 판단기준의 법원칙을 직접 정립한 선구적인 판결은 선거구의 확정에 관련된 판결인 Baker v. Carr 판결이다. 이 판결에서 원고 테네시주 시민은 테네시주법상의 선거구 확정이 자신들의 "투표권의 가치를 평가절하시킴으로써" 헌법의 평등권조항을 위반했다고 주장했다.[21]

법원은 이 문제에 대해 사법판단적격을 인정하였다. Luther 판결을 선판례

"Republicanism and Liberalism in American Constitutional Thought," 29 Wm & Mary L. Rev. 57 (1989).

18) 307 U.S. 433

19) 307 U.S. 454. 이 경우와는 달리 헌법개정안의 비준개정안에 관해서는 의회가 법률로 규정하는 것이 상례이다. 1970년대의 최대의 이슈였던 ERA 개정안과 관련하여 비준기간에 관한 다툼은 정치적 문제라는 주장으로는 Rotunda, "Running Out of Time: Can E.R.A. Be Saved," 64 A.B.A.J. 1507(1978), 반대의 주장으로는 Almond, Id., at 1504.

20) 369 U.S. 186, 82 S. Ct. 691 (1962).

21) 주의 헌법은 인구에 비례한 선거구의 책정을 규정하고 있지만 1901년 이래 한차례도 인구를 기준한 선거구의 재조정이 없었기에 결과적으로 인구비례가 반영되지 못했던 것이다. 이 소송에서 원고는 해당 주법의 무효를 선언하는 선언적 판결(declaratory judgment)과 함께 인구에 비례한 새로운 선거구의 조정이 있을 때까지 총선을 금지하는 내용의 가처분(injunction)을 소구했다.

로 인용할 수 없음을 확인하면서, 법원은 이 사건은 "보장조항"관련 사건이나 여타 유형의 정치적 사건과는 달리 연방차원에서의 사법부와 타부처간의 관계라고 했다. 부연하여 말하자면 정치적 문제가 제기되는 연방사법부와 주정부와의 관계의 문제가 아니라는 것이었다.[22]

이 판결에서 법원은 외교행위 등 선판례가 취급한 몇 가지 유형의 정치적 행위를 검토한 후 이들에게 포괄적으로 적용될 수 있는 세부적인 심사원칙을 정립했다. 이를 요약하자면 (1) 헌법의 가시적인 문언에 의해(texturally demon-strable) 공조하는 타 부처의 소관으로 결정되었거나, (2) 문제의 해결에 필요한 사법적 기준의 정립과 적용이 불가능하거나, (3) 명백히 비사법적인 재량에 기한 정책결정이 선행되지 않고는 결정할 수 없거나, (4) 공조관계에 있는 타부처의 권위를 손상시키지 않고서는 독립적인 결정이 불가능하거나, (5) 이미 행해진 정치적 결정을 존중해야 할 필연적인 사정이 존재하거나, (6) 동일한 문제에 관해 공조부처간에 불필요하게 충돌되는 입장이 표명될 가능성이 농후한 경우에 법원은 정치적 문제를 이유로 사법판단을 거부할 수 있다는 것이다.[23]

Baker 법원은 공화정체 보장에 관한 문제는 상기 원칙에 비추어 볼 때 정치적 문제이지만 선거구의 획정문제가 헌법의 평등권조항의 침해를 이유로 제기된 경우는 사법심사가 가능하다고 판시했다. 이 판결은 동일한 이슈인 입법에 의한 선거구 획정문제는 사법판단적격이 없다는 이전의 Colegrove 판결[24]을 번복한 것이다.[25]

6. 의원자격심사의 경우 : Powell v. McCormick 판결(1969)[26]

이 판결은 연방의회의 의원의 자경에 관한 의회의 자율적 심사권의 문제가 관련된 것으로 이 경우에도 법원은 Baker 판결의 원칙을 적용하여 본안판결을 내렸다. 과거에 독직사실로 물의를 빚은 원고가 연방하원의원에 선출되자 의회

---

22) 369 U.S. at 210.
23) 369 U.S. at 217.
24) Colegrove v. Grreen, 328 U.S. 549 (1946).
25) Baker 판결의 결과 각 주에서는 선거구 획정에 관한 소송이 이어졌고 2년 후의 Reynold v. Sims 판결 (377 U.S. 533)(1964)을 계기로 "일인 일표의 원칙"(one man, one vote rule)이 확립되었다.
26) 395 U.S. 486.

는 결의로 그의 자격인준을 "거부"(exclude)했는데 법원은 이러한 의회의 조치는 헌법이 부여한 권한의 범위를 초과하는 것으로 무효라고 선언한 것이다.27) 정치적 기관으로서의 의회의 자율권의 행사도 헌법의 범위 내에서 행해져야 한다는 판결이다.

7. 대통령 특권의 경우 : U.S. v. Nixon 판결(1974)28)

흔히 "Watergate 판결"로 불리는 이 판결에서 법원은 만장일치의 의견으로 "대통령의 특권"문제도 사법판단적격을 보유하며 사법심사에서 제외되는 "정치적 행위"가 될 수 없다고 판시하였다. 워싱턴 소재 연방지방법원은 특별검사의 요청을 받아들여 백악관에 보존되어 있는 녹음테이프의 일부를 판사실에서 검증하기 위해 제출하라는 명령을 발부했고 이에 대해 닉슨대통령은 대통령의 헌법상 특권과 정치적 행위의 항변을 제기한 것이었다.

연방대법원은 증거의 제출여부 문제는 전통적으로 법원이 취급해 온 유형의 사건으로 명백히 헌법 제3조의 사법판단적격이 존재한다고 판시했다. 물증제출명령 영장(subpoena duces tecum)의 발부는 사실심법원의 재량에 속하는 것이며, 헌법 제3조에 관한 사법부의 권한은 대통령의 거부권과 마찬가지로 타 부처와 공유할 수 없는 전속적인 권한이라고 덧붙였다.

8. 정당내부의 의사결정의 경우 : Cousins v. Wigoda 판결(1975)29)

이 판결은 정당내부의 의사결정과정에 관해서도 적극적인 사법심사를 실시하겠다는 법원의 의지를 표명한 것으로 해석된다. 불과 3년 전의 O'Brien 판결30)에서는 1972년도 민주당 전당대회에서 대표자의 자격이 거부된 당원의 소송을 정당의 자율적 권한에 속하는 내부문제에 법원이 관여하는 것은 바람직하지 않다는 입장이었는데 이 판결에서 태도를 변경한 것이다. 이 판결에서 법원은 문제된 행위는 주법에 근거를 둔 전당대회에의 대의원 선출에 관한 규정이 수정

---

27) 헌법은 소속의원의 "제명"에 관해서는 제1조 제5항 제2문에서 "각 원의 재적 3분의 2의 결의로 제명(expel)할 수 있다"고 규정하고 있다. 법원은 이 조항은 의원자격을 취득한 후 "제명"에 관한 것이고 자격의 인준거부(exclude)의 경우에 적용할 수 없다고 했다.
28) 418 U.S. 683.
29) 419 U.S. 477.
30) 409 U.S. 1.

헌법 제1조와 제14조의 결사의 자유를 침해한다는 이유로 위헌선언을 했다.[31]

9. 국교단절결정의 경우 : Goldwater v. Carter 판결(1979)[32]

대통령이 의회의 동의 없이 Taiwan 과의 국교를 단절한 조치는 국회의원(상원)의 표결권을 침해한 것으로 위헌이라고 제소했다. 법원은 렌퀴스트의 의견을 통해 이 문제는 정치적 성격의 분쟁으로 사법판단적격을 보유하지 않는다고 판시했다. 헌법은 조약의 체결에 관해서는 명시적으로 상원의 조언과 동의(advice and consent)를 요구하고 있지만(제2조 제2항 제2절), 조약의 폐기에 관해서는 규정한 바가 없다. 조약의 성격에 따라 다른 폐기절차가 필요할 것이고 이에 관한 판단은 "정치적 기준에 의하는" 것이 바람직하다고 법원은 판시했다.[33]

10. 기타 판결

(1) 학생시위의 진압과 군대의 동원

1973년의 Gilligan v. Morgan, 413 U.S. 1 (1973)에서는 학생시위의 진압을 위해 주의 방위군을 동원한 행위의 필연성 여부의 결정은 사법심사의 대상이 아니라고 판결했으나, 이듬 해의 Scheuer v. Rhodes, 416 U.S. 232 (1974) 판결에서는 학생시위를 진압하는 주의 방위군이 직무의 집행에 있어 주법을 위반한 경우 사법심사의 대상이 되며 수정 제11조의 주의 피소면책권과 상호 양립불가능하지 않는다고 판결한 바 있다.

(2) 의회의 의사규칙과 제정권 문제

헌법 제1조 제5항에 근거하여 제정된 의회의 의사규칙에 관한 판결은 일관성을 유지하지 못하나 제3자의 본질적 기본권을 침해하거나 수단과 목적 간에 합리적 관계가 존재하지 않는다고 인정되는 경우에는 사법심사의 대상이 된다

---

31) 만약 동일한 조치가 연방법에 근거해서 행해졌더라면 사법판단적격이 부정되었을 가능성이 크다는 것을 다수의견이 암시하고 있다. 419 U.S. 477. 483-84 n. 4. 마찬가지로 정당의 행위가 순수한 정치적 자율적인 행사에 기한 것이 아니고 인종차별 기타 위헌적인 목적으로 행해진 것이라면 사법심사의 대상이 될 것이다. 419 U.S. at 491.

32) 444 U.S. 996.

33) Brennan의 반대의견은 "어떤 국가기관이 결정을 내릴 권한을 보유하느냐의 문제는 정치적인 문제가 아니라 헌법의 문제일 따름이다"라면서 사법판단적격을 인정했다. Powell의 동조의견은 의회와 행정부간의 권한분쟁은 해당 부처의 명시적인 판단의 요청이 선행되어야만 사법판단적격을 충족시키는 바, 이 경우에는 의회의 요청이 없었으므로 적격이 결여된 것이라고 했다.

고 한다.[34)]

(3) 인디언조약 문제

헌법 제1조 제3항 제6문은 명시적으로 인디언 문제에 관한 권한을 의회에 부여하고 있다. 그러나 모든 인디언에 관한 법률의 문제와 인디언과 연방정부간에 체결된 조약의 문제가 사법판단적격이 결여된 것은 아니라고 한다.[35)]

Ⅳ. 학   설

이상에서 개관한 판결에서 선언된 원칙을 의식하면서 이에 추가적 또는 보충적으로 심사기준을 제시하는 학자들이 있다. 이들의 입장을 통틀어 "기능적 어프로치"(functional approach)로 명명되기도 하는바, 대표적인 예로 비켈(Alexander Bickel)과 헨킨(Henkin), 그리고 샤프(Scharpf)를 들 수 있다.

1. 비   켈

자신의 저서 "가장 덜 위험한 부처"(The Least Dangerous Branch)에서 예일(Yale) 대학의 비켈 교수는 정치적 문제임을 이유로 사법심사에서 제외되는 사유로 법원의 능력부족과 함께, (1) 쟁점의 신규성 때문에 논리 정연한 결론이 도출이 지극히 어려운 경우, (2) 균형 있는 사법적 판단을 곤란케 하는 돌출적인 중요 사건의 경우, (3) 성숙한 민주사회에서 선거를 통해 책임을 지지 아니하는 기관의 내부적 취약성이나 자기 확신이 결여의 위험 때문에 추진력을 상실한 경우를 들고 있다.[36)]

이와 같은 비켈의 주장은 웩슬러의 소위 "헌법의 중립적 원칙"(neutral principle of constitution)이론에 대한 비판으로 제시된 것으로 오늘날에 이르기까지 헌법학계의 중요한 토의자료의 하나로 남아있다.

---

34) U.S. v. Smith, 286 U.S. 6 (1932); Christoffel v. U.S 84(1948) 참조. 사법판단적격을 부정한 예로는 U.S. v.Ballin, 144 U.S. 1 (1982)(헌법에 규정이 없는 하원 정족수의 문제)판결이 있다. 이 문제에 관한 자세한 논의로는 M.B. Miller, "The Justiciability of Legislative Rules and the "Political" Political Question Doctrine," 78 Cal. L. Rev. 1341-1374(1990) 참조.

35) Delaware Tribal Business Commitee v. Weeks, 430 U.S. 73 (1977); U.S. v. Sious Nation, 448 U.S. 371 (1980).

36) Bickel, 앞의 책, p. 184.

2. 헨   킨

국제법학자로 명성을 떨치는 컬럼비아(Columbia)대학의 헨킨 교수는 비켈의
이론을 비판하면서 한 단계 더 나아가 "정치적 문제"라는 개념 자체가 불필요하
다고 주장했다. 그는 이 개념은 이미 확립된 일단의 헌법원리를 하나로 포장한
것에 불과하다며 그 실체를 아래의 다섯 가지 제안으로 요약할 수 있다고 한다.

(1) 법원은 정치적 부처가 헌법상의 권한에 근거하여 내린 결정에 구속된다.

(2) 법원은 헌법이 침묵하고 있는 정치적 부처의 권한을 제한하거나 금지할
수 없다.

(3) 사인에 대한 모든 헌법상의 금지 내지는 제한조치에 대해 원고적격과
소인이 인정되는 것은 아니다.

(4) 법원은 일정한 (또는 모든) 구제에 대해 형평의 상실을 이유로 거절할 수
있다.

(5) 헌법에는 일정한 "자기감시적"(self-monitoring)조항이 존재하며 이에 대
해서는 사법심사가 금지된다.37)

3. 샤   프

예일대학의 샤프 교수는 1964년의 논문에서 "정치적 행위"는 포괄적으로 적
용될 법리를 정립하기 위한 무리한 법리적 접근법보다는 "기능적 접근법"으로 해
결해야 한다고 주장했다. 기능적 접근법의 내용으로 다음의 3가지를 제시했다.38)

첫째, 경우에 따라 법원은 필요한 정보에의 접근이 봉쇄되어 있기 때문에
정확한 판단이 불가능한 상황이 발생하고 이런 경우에는 판단을 회피할 정당한
사유가 된다고 한다. 외교에 관한 문제가 대표적인 예다. 반면 국내문제에 관해
서는 사유의 정당성이 보다 약화될 것이나 헌법개정안의 비준, 남북전쟁 중의
입법 등이 해당될 것이라고 한다.

둘째, 타 국가기관의 특별책임에 속하는 문제로 그 기관의 선행결정이 있는
경우 이를 최대한으로 존중해야 한다. 이것은 국정의 통일성의 유지라는 실용적
필요에 의해 정당화된다는 것이다.

---

37) Henkin, 앞의 논문, pp. 622-23.
38) Scharpf, 앞의 논문, pp. 518-597.

셋째, 법원은 정치적 부서가 부담하는 보다 광범한 책임을 고려하여 그 책임의 수행을 저해할 우려가 있는 경우 판단을 피해야 한다는 것이다. 이러한 관점에서 볼 때 U.S. v. Pink 판결39)에서 소련정부의 보험업 국유화조치와 1933년 소련정부의 승인에 관련된 Litvinov Assignment의 효력에 관한 분쟁을 사법심사에서 제외한 것은 타당한 결정이라는 것이다.40)

4. 학설에 의해 정리된 영역 - 탄핵절차

실제로 판결은 없었지만 학자들의 논의에 의해 대체로 사법심사의 범위에서 제외되는 정치적 행위의 대상으로 헌법 제1조 제2항 및 제3항의 탄핵절차(특히 대통령에 대한 탄핵)를 들 수 있다. 헌법 제1조 제2항은 탄핵의 소추는 "하원의 배타적 권한"으로, 제3항에서는 "상원은 모든 탄핵사건을 심판할 배타적인 권한을 보유한다"라고 명시하고 있어 논란의 여지를 봉쇄하고 있다. 그러나 대상이 되는 범죄에 관해서는 헌법 제2조 제4항에서 "반역, 뇌물수수, 기타 중죄 및 경죄"로 대상범죄를 일부 특정함과 동시에 광범한 불확정개념으로 규정하고 있다. "기타 중죄 및 경죄"(other high Crimes and Misdemeanors)가 무엇인지에 관해서 법률이 정의한 바 없다. 이러한 상황에서는 탄핵의 사유와 판정에 관해 사법적으로 적용할 기준이 모호하며 무엇보다도 탄핵의 소추와 심판을 의회의 전권사항으로 규정한 헌법의 취지에서 본다면 이에 대한 사법심사는 배제된다고 하는 데 대체로 합의를 본다.41)

V. 결   론

이상의 판결 및 학설을 종합하면 대체로 아래와 같은 결론을 도출할 수 있다. 첫째, "정치적 행위"라는 헌법문제는 통치구조(권력분립)의 영역에 한해서 발생하는 것이다. 학설과 판례는 이를 전제로 하고 있다. 따라서 기본권, 그 중에서도, 특히 "본질적(근본적) 권리"42)(fundamental rights)의 침해 내지는 제한이 수

---

39) 315 U.S. 203 (1942).
40) Scharpf, 앞의 논문, p. 583.
41) 예를 들어 Wechsler, 앞의 논문, p. 8; Rotuna & Nowak, 앞의 책, p. 291면; Lockhart, 앞의 책, p. 45.
42) "본질적 권리"란 헌법상 개별 기본권이 차지하는 구조적 가치에 관한 일련의 판결을 통해 도

반되는 국가기관의 행위는 정치적 행위의 문제를 발생시키지 아니한다. 이러한 경우 법원은 여타의 사법판단적격이 충족되는 한 사법심사의 의무를 진다.[43] 이러한 원칙은 헌법의 구조적 원리 그 자체에서도 도출되는바, 통치구조에 관한 조항은 기본권 조항에 종속적 지위를 진다. 역사적으로 연방대법원이 정치적 문제에 속하므로 사법판단적격의 결의를 이유로 판단을 거부한 사건 중에 대국가적 기본권(미국헌법상의 기본권은 개념상 모두 여기에 속한다고 할 수 있다)의 침해에 대한 구제를 배척한 판결은 없다.[44]

둘째, 비록 권력분립상의 문제라 하더라도 헌법이 원칙을 정립해 둔 연방정부의 기관 간, 또는 연방정부와 주정부간의 권한의 배분에 관한 문제는 정치적 문제가 될 수 없다.[45]

셋째, 정치적 행위는 헌법의 명시적 규정 또는 헌법의 기능론적 해석에 입각한 법원의 자율적 자제에 의해 타기관의 정치적 판단에 위임된 문제에 한정된다. 전자의 전형적인 예로는 탄핵을, 후자의 예로는 외교문제를 들 수 있는 것이다.[46]

넷째, 헌법, 법률 기타 가시적인 규범에 의해 적법성을 판단할 기준이 존재하는 경우에는 사법판단적격이 존재하며 법원은 원칙적으로 이에 관해 판단하여야 한다.[47]

출된 권리들로 이를 제한하는 국가행위에 대해서는 엄격한 사법심사를 적용한다. 본질적 권리의 대표적인 예로 투표권(right to vote), 거주 이전의 자유(right to interstate travel)등을 들 수 있다. 자세히는 Rotunda & Nowak, 앞의 책, Vol. 2, pp. 344-372 참조.

43) 이 점을 강조한 수많은 학자와 판사 중에 가장 선명한 주장을 한 사람은 더글라스(William Douglas) 판사였다. 더글라스 판사의 사상을 분석한 글로는 안경환, 미국법의 이론적 조명 - 윌리암 다글라스 판사의 법사상-, 고시계, 1986 및 같은 책 부록의 문헌 참조.

44) 동지: Scharpf, 앞의 논문, p. 584.

45) Baker 판결, 특히 (1) 및 (4)의 반대해석에서 이런 결론을 도출할 수 있다.

46) 조약의 비준, 체결, 전쟁의 선포 및 군대의 파견, 국교의 수립과 단절 등의 외교문제에 관해 헌법은 의회 (특히 상원)와 대통령의 공조와 견제의 원칙을 규정하고 있으나 특히 베트남 전쟁 이래 대통령의 주도적 역할의 관행이 확립되다시피 하고 있다. 양자 간의 권한배분 문제는 대체로 법원이 판단하기에 부적절한 영역으로 인식되고 있다. 자세히는 Rotunda & Nowak, 앞의 책, Vol. 1, pp. 484-558 참조.

47) Baker 판결.

"미국헌법상 '정치적 행위'(political question)"[1993]

해 제

고 일 광*

I. 판사경력 2년과 바꾼 교수님과의 2년

특별히 교수가 되겠다는 생각도, 미국유학을 가겠다는 생각도 없었고, 그저 무료한 해석법학의 늪에 빠져 법공부를 하는 데 싫증을 느끼던 3학년 시절 수강하게 되었던 안경환 교수님의 「영미법개론」 수업에서 숨통이 트이는 느낌을 받았던 게 계기가 되어, 졸업 무렵 교수님께 무작정 찾아가 제자로 받아달라고 졸랐던 게 교수님과의 2년의 시작이었다. 다음 해에 대학원 입학과 동시에 사법시험에도 합격하게 되어 사법연수원에 들어가야 했지만, 동기들과 함께 법원 내부에서 빨리 승진하는 따위는 아예 관심도 없었기에 교수님께 석사논문을 가르침 받기까지 2년 동안 미국헌법을 공부하는 데 흠뻑 빠지기로 선택하게 되었다. 판사생활을 하면서 영어라든가 미국법을 공부할 기회가 흔치 않기 때문에 온전히 미국헌법 공부에만 몰두한 위 2년의 생활은 교수님의 가르침과 더불어 시간이 지날수록 소중한 경험으로 남게 되었고, 2010년부터 2012년까지 헌법재판소에 헌법연구관으로 파견근무하는 3년의 기간동안 다양한 헌법재판사건을 연구하고 헌법재판관님들을 보좌하여 중요한 사건들을 결정하는 데 큰 학문적 계기를 만들어 주었다.

II. 해제에 들어가며

교수님의 글을 읽어본 사람들은 누구나 공감하는 것이겠지만,[1] 특히 교수님의 초기논문들의 가장 큰 특징은, 본문에서 주제의 핵심적 내용을 평이하고 이

---

* 춘천지방법원 영월지원장
1) 해제자의 개인적 소감일 수도 있다.

해하기 쉬운 어조로 간결히 정리한 후 부분부분에 관한 자세한 공부를 하고 싶
은 독자들을 위해 해당 소주제에 관한 대표적인 문헌을 각주에 소개하는 방식으
로 지적 욕구를 자극하는 데 있다. 이는 기존의 법학 교과서나 논문에서는 볼
수 없는 독특한 스타일로서, 마치 요즘 인터넷포털에서 대표적인 헤드라인들을
엄선·정리하여 메인화면에 표시한 후 관심 있는 각 배너들을 클릭하면 그에 관
한 자세한 내용으로 안내되도록 하는 구조와 흡사하다.

　　이 논문 역시 마찬가지다. 본문의 내용은 미국헌법상 '정치적 행위'에 관한
개념과 논의의 핵심을 이해하기 쉽게 정리해 놓았고, 파생되는 쟁점들에 관한
대표적 문헌들을 각주 여기저기서 자세히 소개하여 더 깊은 연구를 권유하고 있
는 것이다.2)

Ⅲ. 미국헌법상 '정치적 행위'에 관한 판례와 학설 논의의 요약평가

1. 정치적 행위의 개념

　　'정치적 행위' 내지 '정치적 문제'라는 헌법적 개념을 파악함에 있어 가장 중
요한 부분은, 이를 초헌법적인, 다시 말하자면 사법심사가 당초부터 불가능한
영역을 의미하는 것이냐 아니면 사법심사가 이론적으로는 가능한데 여하한 사
유로 사법심사를 자제하는 영역을 의미하는 것이냐 하는 점이다. 만약 전자라면
이는 이미 현대 입헌주의국가에서 이론적으로 극복한 '통치행위론'에 가까운 것
으로서 논의의 의미가 현저히 떨어진다. 이에 저자는 글머리에서부터 미국헌법
상 'political question' 개념은 독일헌법학상 '통치행위' 등의 과거적인 그런 의미
가 아니라며 분명히 선을 긋고 출발하고 있는 것이다.3)

　　사법심사가 가능하되 이를 자제한다는 뜻이라면 헌법재판을 함에 있어 심사
의 강도를 낮추거나 입법재량의 영역 등을 인정하는 것과 크게 다르지 않으므
로, 어떤 의미에서는 '정치적 행위'라는 개념적 틀을 만드는 것 자체 역시 무의
미한지도 모른다. 하지만 '정치적 행위'의 개념요소들을 추출하여 헌법재판의 다
양한 심사기준을 마련하고 사안마다 적용되는 사법자제의 이론적 근거들을 정
립해 가는 작업은 헌법재판실무상 큰 중요성을 가진다. 그러므로 이 논문에서
저자가 취한 입장처럼, "정치적 행위에 대하여 법원이 사법심사를 할 의무가 있

---

2) 해제대상논문 주 1, 2, 3, 13, 16, 17, 19, 34, 42, 43, 46 참조.
3) 해제대상논문 559-560면.

느냐 없느냐라는 이론적 논쟁은 빛을 잃은 것"으로 보고,[4] 미국 연방대법원 판례나 학자들의 견해를 토대로 사법심사를 자제하거나 완화해야 할 경우를 사안별로 추출해서 종합하는 작업이 앞으로 우리 헌법재판소의 헌법재판실무를 위해서도 유의미한 일이 될 것이다.

2. 정치적 행위의 인정근거

'정치적 행위'의 인정근거에 대한 이론적 대립을 자세히 분석하고 각 이론의 장단점을 비교한 국내논문으로는, 김선화, "미국헌법상 정치문제법리에 관한 이론,"「미국헌법연구」(2004)가 대표적이다. 이 글에서는 정치문제법리에 관한 이론을 ① 고전이론(Classical Theory : 헌법 텍스트에서 다른 정부기관에 관한 분쟁에 대하여 사법부의 개입을 보류시킨 경우에만 정치적 행위를 인정해야 한다며, 헌법 자체에 근거가 있어야만 사법심사자제가 정당화된다는 논리), ② 신중이론(Prudential Theory : 반드시 헌법 텍스트에 근거하지 않아도, 사법심사가 결과적으로 신중하지 못하였다고 판명될 것으로 예상되거나 적용될 사법심사기준이 결여된 경우 등에는 정치적 행위를 인정해야 한다는 논리), ③ 기능이론(Functional Theory : 사법심사는 사법부의 의무이지만 그 사안을 판단하기에 사법기능적 한계가 있는 경우에는 예외적으로 사법심사를 거부하는 것이 정당화된다는 논리), 3가지로 유형화시켜 분석한 후, 고전이론의 기본틀을 토대로 신중이론이나 기능이론의 논리적 근거들을 보완해 나가는 방향을 제시하고 있다.

사법심사의 대상에서 제외되는 영역으로서의 '정치적 행위'라는 개념은 서두에서부터 배제시켰으므로, 우리 헌법해석상 '정치적 행위'를 인정하기 위한 첫걸음은 당연히 헌법 텍스트여야 할 것이다. 헌법상 조문화되어 있는 권력분립원리에 엄격히 기초하고 그 해석에서부터 사법심사의 연결고리를 찾아내야 한다. 헌법 자체에서 사법부가 아닌 다른 정부기관에게 최종판단을 위임하였거나 해당 기관 스스로의 자율권을 일정 범위에서 보장하고 있다면 이에 대한 사법심사는 일단 신중해야 할 수밖에 없다.[5] 반면 헌법 문언이나 그 해석으로부터 전거를

---

4) 해제대상논문 561면.

5) 우리 헌법재판소가 소위 '법률안 날치기 통과'에 관하여 헌법상 보장된 국회의원의 심의표결권이 침해되었음을 인정하면서도 나아가 문제된 법률의 효력을 무효화시키는 것만큼은 자제하는 결정을 내린 것도 어쩌면 권력분립의 헌법적 정신을 고려한 사법자제라고 할 수 있겠다. 헌재 2009. 10. 29. 2009헌라8, 판례집 21-2하, 14(이른바 방송법날치기 사건), 헌재 2011. 8. 30. 2009헌라7, 판례집 23-2상, 220 참조.

발견할 수 없는 것이라면 어떠한 국가기관의 특권 주장이라도 사법심사의 강도를 약화시킬 정당한 명분이 되지 못한다.[6] 특히 해당 국가기관의 행위로부터 국민의 기본권이 침해될 것이 예견되는 상황이라면, 헌법 제10조상의 '국민의 기본권을 보호할 국가의 의무' 조항으로부터 오히려 사법심사의 당위성을 도출해내야 할 것이다.[7] 국민의 기본권침해가 관련되는 상황은 '정치적 행위'가 논의될 수 있는 국면이 아니기 때문이다.[8]

헌법 텍스트 외에 보충적으로 '정치적 행위'를 인정하기 위한 이론적 근거를 찾는다면 저자가 적확하게 지적하고 있는 바와 같이 Baker v. Carr 판결이 그 모델이 될 수 있다. 저자가 요약한 부분[9]의 원문을 참고로 소개한다:

ⅰ) a textually demonstrable constitutional commitment of the issue to a coordinate political department

ⅱ) a lack of judicially discoverable and manageable standards for resolv-ing it

ⅲ) the impossibility of deciding without an initial policy determination of a kind clearly for nonjudicial discretion

ⅳ) the impossibility of a court's undertaking independent resolution without expressing lack of the respect due coordinate branches of government

ⅴ) an unusual need for unquestioning adherence to a political decision already made

ⅵ) the potentiality of embarrassment from multifarious pronouncements by various departments on one question

---

6) 해제대상논문에서 인용한 연방대법원 판결 7번 U.S. v. Nixon, 418 U.S. 683(1974)이 대표적이다.

7) 인용된 연방대법원 판결 8번 Cousins v. Wigoda, 419 U.S. 477(1975)은 정당내부의 의사결정과정에 관한 것임에도 결사의 자유라는 기본권 침해가 연계될 수 있는 상황이므로 사법심사가 적극적으로 이루어졌던 경우라고 볼 수 있다.

8) 저자 역시 이 논문의 결론부분에서 "정치적 행위라는 헌법문제는 통치구조의 영역에 한해서 발생하는 것이다. 따라서 기본권, 특히 본질적 권리의 침해 내지는 제한이 수반되는 국가기관의 행위는 정치적 행위의 문제를 발생시키지 아니한다. 이러한 경우 법원은 여타의 사법판단적격이 충족되는 한 사법심사의 의무를 진다"고 역설하고 있다.

9) 해제대상논문 565면.

3. 한국 헌법재판소 결정 소개

헌법재판소가 창설된 이후, 통치행위라는 취지로 사법심사 자제를 요구하는 국가기관의 각종 행위에 대해서 다양한 내용의 사법심사를 해 왔고, 특히 국민의 기본권과 관련되는 영역에서는 사법적극주의적인 자세를 취한 결정을 하여 왔다는 것은 주지의 사실이다.

그 중 '정치적 행위'에 관하여 비록 정면으로는 아니지만 별개의견 차원에서 다루어진 결정이 있어, 소개할 가치가 있다고 생각된다. 2003년 미국, 영국을 비롯한 다국적군의 공습으로 시작된 이라크전쟁에 우리 대통령이 국군을 파병하기로 결정하고 국회가 이를 동의의결해 준 것에 대하여 시민단체를 비롯한 일반 국민이 청구인이 되어 헌법소원심판을 청구한 사건(헌재 2003. 12. 18. 2003헌마255 등)이었는데, 헌법재판소의 법정의견은 청구인들의 기본권침해가 간접적이라는 이유로 '각하'결정을 하였고, 4인의 재판관이 별개의견으로 '정치적 행위'에 해당한다는 이유로 '각하'결정할 것을 주장한 바 있다. 별개의견의 해당 부분은 다음과 같다.

헌법은 대통령에게 다른 나라와의 외교관계에 대한 권한과 함께 선전포고와 강화를 할 수 있는 권한을 부여하고 있고(제73조) 헌법과 법률이 정하는 바에 따라 국군을 통수하는 권한을 부여하면서도(제74조 제1항) 선전포고, 국군의 해외파견을 결정하는 경우 국회의 동의를 받도록 하여(제60조 제2항) 대통령과 국회가 상호 견제하고 협력하게 함으로써 자의적인 전쟁수행이나 해외파병을 방지하도록 하고 있다. [*I 단락*]

이 사건과 같은 해외분쟁지역에 대한 국군의 파견결정은 파견국군의 생명과 신체의 안전뿐만 아니라 국제사회에서의 우리나라의 지위와 역할, 안보문제 등에도 영향을 미칠 수 있는 복잡하고도 중요한 문제로서 국제정치관계 등 관계되는 제반 상황들에 대한 당시의 종합적 분석과 함께 향후의 국제관계의 변화와 그 속에서의 우리나라의 바람직한 위치, 앞으로 나아가야 할 방향 등 미래를 예측하고 목표를 설정하는 시각과 판단이 절실히 필요하다. 따라서 그 결정은 관계분야의 전문가들과 이러한 문제에 대해 정치적 책임을 질 수 있는 국민의 대의기관에 의해 광범위하고 심도 있는 검토와 논의를 거쳐서 신중히 이루어지는 것이 바람직하며 우리 헌법이 국민으로부터 직접 선출되고 국민에게 직접 책임을 지는 대통령과 국회에게 이 문제를 맡겨서 상호 견제하는 가운데 토론과 숙고를 통해 결정하도록 하고 있는

것도 이러한 이유 때문이다. [*2단락*]

또한 이 사건과 같은 파병결정이 헌법에 위반되는지의 여부 즉 이른바 이라크전쟁이 국제규범에 어긋나는 침략전쟁인지 여부, 이라크전쟁에 국군을 파견하는 것이 국가안전보장 및 공공복리에 이바지함으로써 궁극적으로는 국민의 기본권을 실질적으로 보장하는 것이 될 것인지의 여부 등에 대하여, 성질상 한정된 자료만을 가지고 있는, 우리 재판소가 내리는 판단이 대통령과 국회의 그것보다 더 정확하다고 단언하기가 어려움은 물론 재판결과에 대하여 국민들의 신뢰를 확보하기도 어렵다고 하지 않을 수 없다. [*3단락*]

기록에 의하면 이 사건 파견결정은 정부와 국회에서 그 정당성뿐 아니라 국제적 상황, 예상되는 전쟁 전개상황, 파병의 시기와 파병부대의 성격, 대외 동맹관계, 우리나라의 안보문제 등 여러 가지 사정을 검토하고 논의한 다음 헌법과 법률에서 정하고 있는 위와 같은 의사결정과정을 거쳐 이루어졌음을 알 수 있다. [*4단락*]

따라서 이 사건 파견결정은 그 성격상 국방 및 외교에 관련된 고도의 정치적 결단을 요하는 문제로서, 헌법과 법률이 정한 절차를 지켜 이루어진 것임이 명백한 이 사건에 있어서는, 대통령과 국회의 판단은 존중되어야 하고 우리 재판소가 사법적 기준만으로 이를 심판하는 것은 자제되어야 한다. 오랜 민주주의 전통을 가진 외국에서도 외교 및 국방에 관련된 것으로서 고도의 정치적 결단을 요하는 사안에 대하여는 줄곧 사법심사를 자제하고 있는 것도 바로 이러한 취지에서 나온 것이라 할 것이다. 이에 대하여는 설혹 사법적 심사의 회피로 자의적 결정이 방치될 수도 있다는 우려가 있을 수 있으나 그러한 대통령과 국회의 판단은 궁극적으로는 선거를 통해 국민에 의한 평가와 심판을 받게 될 것이다. [*5단락*] (굵은 이탤릭체는 해제자가 첨가한 것이다)

1단락은 Baker v. Carr 판결의 ①기준을 적용한 부분이고, 2단락은 ③, ④기준을, 3단락은 ②기준, 5단락은 ⑤기준을 그대로 적용한 부분이다.

아울러 위와 같이 '정치적 행위'를 인정하는 이론적 설시를 한 후, 그렇지만 '정치적 행위'에 대한 최종적 헌법적 책임은 선거를 통해 국민이 심판하게 될 것이라는 내용을 부가한 부분 역시 의미있다고 생각된다.[10] 헌법재판소가 사법심사를 자제하기는 하지만 궁극적으로 그 책임은 국민한테 져야 한다는 국민주권의 정신을 선언함으로써 어디까지나 '정치적 행위'라는 것도 헌법적 테두리 내에

---

10) 김선화, 앞의 글, 244.

서 행해지는 영역임을 명확히 한 것이기 때문이다.

Ⅳ. 해제를 마치며

사실 미국헌법에 있어서의 논의를 대륙법계 법학에서 보는, 소위 '학설'의 개념으로 접근하기 시작하면 분석의 오류를 범하기 십상이다. 영미법계의 논의는 '학설대립'보다는 '문제해결'에 주안점을 두고 진행되는 것이기 때문이다. 해제대상인 이 논문은 그런 의미에서 보면, 철저히 미국헌법상 정치적 행위를 이해함에 있어 '학설대립' 차원으로 생각하는 것은 무의미하고 '문제해결'에 주안점을 두어야 한다는 논조를 간결하게 제시하고 있다는 점에서 저자의 학문적 스타일이 그대로 반영되어 있다고 평가할 수 있겠다.

개인적으로 접한 교수님의 가르침 역시 이러한 학문적 스타일과 많이 연결되어 있다. "학자는 자신의 아이디어를 제도화시키는 데 목표를 두지 않으면 아무런 의미가 없다"고 기회가 있을 때마다 말씀해 주셨던 것이다. 판사로서 어느덧 16년째 재판실무를 해 오면서 그 말씀의 뜻을 조금이나마 실감하고 있지만 아직도 멀었다 싶다. 자식이 부모의 마음을 알 때쯤 부모는 기다려주지 않는다는 것처럼, 제자는 더 배우려 하나 스승은 어느덧 은퇴를 앞두고 계시니, 제자의 부족함과 자책만 커져갈 따름이다.

[색인어] 정치적 행위(political question), 사법판단적격(justiciability), 전통설
        (classical theory), 자율적 자제설(prudential discretion theory), 베이커
        판결(선거구획정관련판결)(Baker v. Carr)

제15장

미국 연방헌법 수정 제2조(무기소장권)의 의미*

Ⅰ. 머 리 말

"질서정연하게 규율된(well-regulated) 민병대는 자유국가(free State)의 안전을 위해 필요한고로 무기를 보유하고 휴대할 국민의 권리는 이를 침해하지 못한다."[1] 1791년에 제정된 미국연방헌법 수정 제2조는 이와 같이 번역할 수 있다. 헌법전에 담긴 많은 여타 불확정 조항과 마찬가지로 이 조항도 명확하게 정의되지 않은 많은 문구들을 담고 있다. "질서정연하게 규율된"(well-regulated)[2] "민병대"(militia),[3]

---

* 이 논문은 필자가 Southern Illinois University Law School의 방문교수로 재직하던 기간 (1996-97) 중에 착수하여 귀국 후에 저술한 것이다. 이 글에서는 미국의 Law Journal에 통용되는 문헌인용법을 원칙으로 하되, 국내 독자의 편의를 위해 필요하다고 판단되는 경우에는 인용법을 변형하거나 단행본의 출판사 등 보조정보를 부기하였다.

1) "A well regulated Militia, being necessary to the security of a free State, the right of the people to keep and bear Arms, shall not be infringed." 미국헌법이 기초한 연방주의의 관점에 집착하여 이 조항의 "state"를 주(州)로 해석하기 쉽고, 특히 수정 제2조 논쟁의 핵심 주제가 무기소장권이 개인적 권리이냐 아니면 주정부의 민병대 규율권이냐인 점을 감안한다면 이러한 해석도 어느 정도 "이유 있는 착오"라고 할 수 있다(일본 학자들의 초기의 오류가 우리나라에도 답습되고 있는 점은 특히 반성을 요한다. 미국헌법제정 200주년 기념으로 주한미국대사관 공보원이 발행한 살아 있는 미국 역사문서(1987)에도 이러한 오류가 담겨 있다. 22면). 그러나 여기의 "free State"란 전제국가(tyrannical State)에 대응하는 용어임은 입법사를 통해 명확하게 확인할 수 있다. 상비군을 통치의 수단으로 하여 국민을 탄압하는 전제국가에 대응하는 의미의 자유국가에서는 민병대의 무장을 통해 국민의 자유가 보장된다는 이상의 반영이다. 자세히는 David E. Young ed., The Origin of the Second Amendment: A Documentary History of the Bill of Rights 1787-1792(2nd ed. 1995), pp. xxvi-xxvii 참조. "to keep and bear arms"의 번역에 관해서는 후기 주 5 참조.

2) 이 조항이 개인의 무장권이 아니라 주정부의 민병대 규율권을 보장한다라고 해석하는 입장에서는 well-regulated의 의미는 '조직화된'(organized)의 뜻이라고 한다. Rahph J. Rohner, The Right To Bear Arms: A Phenomenon of Constitutional History, 16 Cath. U. L. Rev. 53, 66 n. 69 (1966); 후기 주 43 참조.

3) 민병대라는 단어는 "정규군대"(troop)나 "상비군"(standing army)에 대응하는 어휘라는 주장이 있으며, 헌법의 아버지들이 사용한 "민병대"의 의미는 예외 없이 "전체 국민의"(the whole body of people)이라는 수식어와 결부되어 있다는 주장도 있다. Don B. Kates Jr., "Handgun Prohibition and the Original Meaning of the Second Amendment," 82 Mich. L. Rev. 204,

"무기"(Arms)[4]를 "보유"(keep), "휴대"(bear)할 권리,[5] "자유국가"(free State)를 위해 "필요한"(necessary) 등등의 용어의 구체적 의미는 헌법의 최종해석권자인 연방대법원의 판결을 통해서만 확정될 수 있다. 그러나 창설 이래 2세기 이상에 이르는 이날에 이르기까지 연방대법원은 수정 제2조의 문구에 대해 적절한 유권적 해석을 내리기를 소홀히 했다.

외국의 헌법학도가 이 조항을 특히 주목해야 할 이유는 이 조항의 의미를 정확하게 파악하는 것이 미국 헌법이 탄생할 당시의 정치적 상황을 이해하는 데 유익할 뿐만 아니라, 오늘날 미국 사회가 당면한 가장 중대한 문제의 하나인 강력범죄와 관련하여 다른 나라의 상황과는 근본적으로 다른 미국 사회에서의 일상적 총기 소지의 문제를 이해하는 데 첩경이 되기 때문이다.

굳이 통계치를 동원하지 않더라도 미국에는 강력범죄도, 민간에 통용되는 살상무기도 많다. 다른 어느 나라보다도 용이하게 이동할 수 있는 광대한 국토, 거의 신성불가침에 가까운 주거의 자유와 사생활의 자유의 보장 등의 이유가 총기의 단속을 현실적으로 어렵게 만든다. 또 한편으로는 강력범죄에 대한 자력구제의 현실적 필요성이 일반 국민의 총기 소지를 용인하게 된다는 상식인의 설명도 가능하다.

그러나 보다 근본적으로 살펴보면 미국인의 총기 소지의 전통은 헌법적 근거에서 뿌리를 찾을 수 있다. "민병대"(Militia)와 "무기를 소장할"(keep and bear Arms), "국민의 권리"(right of the people)라는 헌법의 문언이 바로 일반국민의 총기 소장의 제도적 연원이 된다.

이 글은 흔히 "무기소장권"(right to bear arms)으로 통칭되는 연방헌법 수정 제2조의 내용을 정확히 파악하고, 현재 미국법체계와 미국사회에서 수정 제2조가 지니는 의미를 정리하여 소개함에 목적이 있다.

수정 제2조의 제정 배경을 간략하게 살펴본 후에 연방의 총기규제법의 제정 과정, 법원의 판결을 학술적 논의의 핵심인 개인적 권리 대 주의 집단적 권리의 논쟁을 중심으로 정리한다. 마지막으로 이 조항을 통해 미국사회와 미국헌법 전

213-217 (1983).

4) 이 조항에 의해 소지, 휴대가 보장되는 무기의 종류는 민병대의 목적을 달성함에 적절한 성격의 것에 한정될 것이다.

5) 이 조항이 규정하는 "보유"(keep)와 "휴대"(bear)의 행위는 법적으로 분리되어 사용되는 용어가 아니라 결합되어 사용되는 용어이기에 양자를 포괄하여 "소장(所藏)"으로 번역한다.

반에 관한 보다 심도 있는 논의에 관심을 촉구하기 위해 부록으로 문헌을 정리
하여 첨부한다.

Ⅱ. 문제의 부상

"이러한 권리를 확보하기 위해 인간들 사이에 정부가 설립되며, 정부의 정
당한 권력은 피치자의 동의에 기초한다는 것, 여하한 형태의 정부도 이러한 목
적을 파괴할 때는 그 정부를 '변경하거나 폐지'(alter or abolish)하는 것이 … 국민
의 권리이다."6)

연방헌법과 더불어 미국 민주주의의 "신성한 경전"(sacred codes)의 일부로
인식 되는 1776년 독립선언(Declaration of Independence)의 한 구절이다. 제퍼슨
(Thomas Jefferson)의 필치를 빌려 탄생한 이 문구는 개인과 정부의 관계에 대한
로크(John Locke)의 정치사상을 구현한 것이라는 것이 정설이다.7)

연방헌법 수정 제2조가 규정하는 "무기를 보유, 소지할 권리"(the right to
keep and bear arms)는 이러한 독립선언의 정신을 구체적인 헌법조문에 담아, 폭
압적인 정부를 전복할 국민의 권리를 구체화시킨 역사적인 산물이다.

이와 같은 역사적 연유에도 불구하고 이 조문은 20세기 후반에 이르기까지
거의 망각되다시피 했다. 대중의 지속적인 관심에도 불구하고 법원과 법학계의
입장에서는 수정 제2조는 단지 부록 내지는 장식물에 불과했다.8) 헌법학에 관한
Hornbook형 저서 내지는 전문서(treatise)의 저자들 중에서 극히 간략하게나마
헌법학의 토의 과제로 수정 제2조의 존재를 인정한 학자는 하버드(Harvard)의 트
라이브(Laurence Tribe)9)와 세칭 "일리노이(Illinois) 팀"으로 불리는 노왁(Nowak),

6) 미국 독립선언 제2조(1776).

7) Terrence J. Moore, "The Ninth Amendment: Its Origins and Meaning," 7 New England L. Rev.
215(1972). 무어 교수는 이 글에서 로크의 정치철학이 미국 연방헌법의 사상적 기초가 되었다
고 주장하는 대표적인 저술들을 열거하고 있다. Id. at 237-246. 그중 일부를 옮기면 Carl
Becker, The Declaration of Independence (1922); Huntington Cairns, Legal Philosophy From
Plato to Hegel (1949); Charles Pelham Curtis, Law As Large As Life: A Natural Law For Today
In the Supreme Court As Its Prophet (1959); Edward S. Corwin, The Higher Law Background
of American Constitutional Law (1961).

8) Sanford Levinson, "The Embarrassing Amendment," 99 Yale L. J. 637, 639 (1989); Andrew J.
McClurg, "The Rhetoric of Gun Control," 42 American Univ. L. Rev. 53 (1992).

9) L. Tribe, American Constitutional Law(2nd ed. 1988), p. 299 n. 6.

로툰다(Rotunda)와 영(Young)의 공저[10] 정도에 불과하다.

이 조문이 본격적인 헌법 논의의 중심으로 부상된 것은 극히 최근의 일이
다. 1989년 레빈슨(Sanford Levinson) 교수의 논문이 이 조항의 역사적 근거를 시
민공화주의(civic republicanism)에서 구하면서 개인의 무장권을 주장한 때부터 본
격적인 논의의 장이 열렸다.[11] 레빈슨의 이론에 대해 브라운(Wendy Brown) 교수
는 즉시 시민공화주의 이론의 현실적 허구성을 지적하는 반론을 제기하였고[12]
많은 학자들이 논쟁에 참가함으로써 논의의 폭과 심도를 더하였다.[13]

이러한 학계의 논쟁은 1994년, "살상용 무기"(assault weapons)의 구매를 금
지한 연방법률의 제정을 계기로 일반국민의 일상적인 논제로 정착하였다. 또한
1995년 5월의 충격적인 Oklahoma시 소재 연방정부 건물의 폭파사건이 "민병
대"(militia)라는 헌법 용어를 원용한 테러집단과 연관된 인물에 의해 자행되자
더욱 수정 제2조의 논의가 가속화되었다.[14]

실무자와 법원의 관심의 초점은 총기의 소지를 규율하는 법률이 어떤 범위

---

10) Nowak, Rotunda & Young, Constitutional Law(4th ed. 1988), p. 316 n. 4; Nowak & Rotunda,
    Treatise on Constitutional Law(2nd ed. 1992), S. 14.2, n. 4.

11) Levinson, 앞의 논문, 주 8). 이 논문에서 레빈슨 교수는 수정 제2조의 입법목적은 시민적공화
    주의의 실현을 위해 보장된 시민의 혁명권을 구현하는 수단으로서의 개개 국민의무장권을 보
    장함에 있다고 주장한다. 이 논문에서 레빈슨 교수가 논증을 위해 동원한 헌법해석의 6대 원칙
    (textual, historical, structural, doctrinal, prudential & ethical argument)은 Philip Bobbit가 1982
    년의 저서, Constitutional Fate에서 제시한 것으로 주목할 가치가 있다.

12) Wendy Brown, "Guns, Cowboys, Philadelphia Mayors, and Civic Republicanism! On Sanford
    Levinson's The Embarrassing Second Amendment," 99 Yale L. J. 661 (1989). 이 글에서 브라운
    교수는 설령 시민적 공화주의의 이상을 구현함이 제정 당시의 수정 제2조의 입법 목적이었음
    을 인정한다고 치더라도 이를 근거로 현재 국민의 무기소장권을 인정하는 것은 무리라고 주장
    한다. 시민공화주의의 윤리적 전제조건이 되는 "공덕심(公德心)을 가진 소수국민"이 다중민주
    주의 현세에는 결여되어 있기 때문이라는 것이 주된 논지이다. Id. at 667-680.

13) 이를테면 David C. Williams, "Civic Republicanism and the Citizen Militia: The Terrifying
    Second Amendment," 101 Yale L. J. 551 (1991). 이 논문에서 윌리암스 교수는 레빈슨과 브라
    운 양자의 이론을 종합하여 제3의 주장을 편다.

14) 168명의 인명을 앗아간 이 사건은 극우파 백인의 과격한 단체인 "민병대"의 행동강령을 반영
    한 것이라는 추측이 강하다. 주로 중서부의 농촌지역을 중심으로 활동하는 이 단체는 건국 당
    시의 아메리카 공화국의 원형을 보존하기를 열망하는 반연방주의, 반민주당, 인종분리주의자
    들로 수정 제2조의 "무기소장권"이 개인적 권리라고 믿는다. 이주영 외, 미국현대사, 비봉출판
    사(1996), 425-426면 참조. 1997년 6월, 피고인 티모시 맥베이(Timothy McVeigh)에 대한 사실
    심 재판이 Denver시 소재 연방지방법원에서 종결되고 검찰 측의 주장대로 8개 항목에 대한 유
    죄의 평결이 내려졌다. 상세한 사건의 전말은 Time, June 24, 1997, pp. 24-26.

내에서 헌법에 합치하는가에 국한되어 있지만 헌법학계의 논의는 보다 근본적인 차원에서 전개되고 있다.

Ⅲ. 논쟁의 핵심: 개인적 권리인가 아니면 주의 집단적 권리인가?

수정 제2조가 연방정부의 권한을 제한하기 위한 목적으로 탄생했다는 사실에 대해서는 다툼이 없다. 그러나 수정 제2조가 예상하는 연방의 권력에 대한 견제와 제한을 주도하는 주체가 주정부인가 아니면 개개 국민인가에 관해서는 첨예한 설전이 전개되고 있다.

수정 제2조는 주의 권리, 즉 "집단적 권리"(collective right)라는 입장에서는 일차적 근거로 연방의회에 대해 민병대를 조직할 권한을 부여한 헌법 제1조 제8항 제15-16절의 "민병대 규정"(Militia Clause)을 근거로 든다.[15] 그리하여 수정 제2조가 제정된 이유는 바로 이 규정에 의해 권한을 부여받은 연방의회가 이 권한에 의거하여 주의 민병대를 해체하게 되면, 결과적으로 연방의 전제에 대해 주가 저항할 수단이 박탈될 우려를 방지하기 위해 제정된 것이라고 한다.[16]

한편 수정 제2조를 개인의 무장권으로 파악하는 견해는 또 다른 역사적 사실들을 근거로 든다.[17] 비록 집단적 권리론자의 주장대로 수정 제2조의 제정목적이 주정부의 민병대를 보호하기 위한 것이었다고 하더라도 이러한 목적은 개개 시민이 무장함으로써 가장 효과적으로 달성될 것이므로 개인적 권리를 인정함이 설득력이 있다고 주장한다.[18]

헌법의 문언도 일응 개인적 권리론에 유리한 것으로 보인다. "무기를 보유하고 휴대할 권리"라는 문언의 일차적 의미가 바로 개인의 권리를 의미하며, "질서정연한 민병대는 자유국가의 수호를 위해 필요한고로"라는 헌법전문은 정부에 의한 전제를 방지하기 위해 국민이 무장할 필요가 있다는 사실을 재확인하는 의미라고 한다. 이 견해에 의하면 수정 제2조의 "국민"(the people)은 권리장

---

15) 연방의회는 … "합중국의 법률을 집행하고 반란을 진압하며 외침을 격퇴하기 위해 민병대의 소집에 관한 법률을 제정하며"(15절) "민병대의 조직, 무장 및 훈련에 관한 법률을 제정하고…"(16절).
16) Kates, 앞의 주 3, p. 212.
17) 앞의 주 6-7, 뒤의 주 43-50 및 본문 참조.
18) Id. at 213.

전 전반을 통해서 동일한 의미, 즉 개개 국민을 의미한다고 한다?19)

　만약 수정 제2조가 개인의 무장권을 보장한다면, 이어서 제기되는 의문은 주정부에 대해서 이 권리를 주장할 수 있는가(다른 말로 하면 수정 제2조가 수정 제14조를 통해 "수용"(incorporate)되었는가) 하는 문제이다.

　수용을 부정하는 입장에서는 이 조항이 연방의 행위에 대해서만 적용된다고 판시한 1875년의 United States v. Cruikshank판결20)과 1886년의 Presser v. Illinois 판결21)을 강력한 무기로 든다. 그러나 이 판결들은 "수용이론"이 연방대법원의 판결에 반영되기 시작하기 이전에 내려진 것으로 전면적인 구속력을 보유하는 것으로 보기 어렵다는 난점이 있다.22) 그러나 이 문제는 적어도 현재까지의 대법원의 판결에 관한 한 별도로 주목할 필요가 제기되지 않았다. 왜냐하면 이날에 이르기까지 연방대법원은 연방의 법률만을 심사의 대상으로 삼았을 뿐, 2천 편 이상에 달하는 주차원의 법률들은 심사의 대상으로 삼지 않았기 때문이다.23)

Ⅳ. 수정 제2조의 역사적 배경

1. 영국 커먼로(Common Law)의 전통

　대부분의 미국헌법 조항이 그러하듯이 이 조항의 연원 또한 영국법에서 찾

---

19) 1990년의 대법원 판결에서 렌퀴스트(Rehnquist) 원장은 "국민"(the people)의 개념은 수정 제1, 2, 4, 9, 10조를 통틀어서 "개인"(individual)을 의미한다고 해석했다. United States v. Verdugo-Urquidez, 494 U.S. 259, 265(1990). 그러나 수정 제2조의 "국민"은 "집합적으로 조직된 주권의 보유자인 국민의 총체"(sovereign citizenry collectively organized)라는 해석이 있다. Lawrence Cress, "An Armed Community: The Origins and Meaning of the Right to Bear Arms," 71 J. Am. His. 22, 31 (1984).

20) 92 U.S. 542, 553(수정 제2조상의 권리는 연방의회에 의해서 침해받지 않는다는 것을 의미할 뿐이다. 이 조항은 중앙정부의 권한을 제한하는 이상의 의미가 없다.…).

21) 116 U.S. 252, 267(주정부가 조직한 정규민병대 이외의 사적 집단의 군사훈련을 제한하는 주법은 수정 제2조의 위반이라는 주장을 배척함).

22) 권리장전의 "수용이론"이 정식으로 판결에 반영된 것은 1937년 Palko v. Conneticut판결(302 U.S. 319) 이후의 일이라는 것이 정설이다. 그러나 레빈슨 교수는 Presser 판결 11년 후에 내려진 Chicago, B & Q. R. Co. v. Chicago 판결(166 U.S. 226 1897)을 수용이론의 효시로 본다(전게논문 주 8, 653면 참조).

23) 뒤의 주 94-95 및 본문 참조.

을 수 있다.[24] 식민지 시대의 기본권조항에 해당하며, 후일 연방헌법의 권리장
전에 심대한 영향을 미친 "인허장"(認許狀, Colonial Charters)들은 주로 영국의
1679년 권리장전을 모태로 하여 식민지 미국인은 영국신민이 향유하는 일체의
권리를 보유한다고 선언했다.[25]

　18세기 영국 커먼로의 거성, 블랙스톤(William Blackstone)은 전통적으로 영국에
서는 상비군(standing army)에 대한 국민적 불신이 팽배해 있었음을 기록하고 있다.
상비군의 설치는 곧 국왕에 의해 일반 국민의 권리가 유린될 위험을 가중시키는
것으로 일반국민은 이해하였다.[26] 이러한 국민 정서를 감안하여 노르만의 정복 이
전의 영국왕 알프레드(Alfred, 871-899)는 영국의 방어는 국민의 군대의 의무라고
서약했다.[27] 그리하여 무기를 사용할 능력이 있는 영국의 성인남자는 모두 왕국의
방어를 위해 무기를 구입 소장할 의무를 부담하였다. 이러한 국민의 군대를 엘리자
베스(Elizabeth) 1세(1558-1603) 시대에 "민병대"(Militia)로 명명하게 되었다.[28]

　왕권신수설의 신봉자 찰스(Charles) 2세(1660-1685)는 의회를 장악하여 1661
년 민병대법(Militia Act of 1661)을 제정하였고 이 법에 근거하여 자신에 대한 충성
이 의심스러운 민병대원을 축출, 무장해제시켰다. 무기의 수입은 금지되었고 국
내의 무기제조업자는 일체의 제조 판매행위를 당국에 보고하도록 강제되었다.[29]
의회는 이어서 1671년 수렵행위법(Game Act of 1671)을 제정하여 일정 금액 이상

---

24) 자세히는 Stephen P. Halbrook, "Encroachments of the Crown on the Liberty of the Subject:
　　Pre-Revolutionary Origins of the Second Amendment," 15 U. of Daton L. Rev. 91 (1989).

25) 이를테면 1606년 버지니아 인허장(Virginia Charter)은 "The people of Virginia possess all the
　　Liberties, Privileges, Franchises and Immunities that have at any Time been held, enjoyed and
　　possessed by the people of the Great Britain."라고 선언했고 the New England Charter of
　　1620, the Massachusetts Bay Charter of 1629, the Maryland Charter of 1632, the Connecticut
　　Charter of 1662, the Rhode Island Charter of 1632, the Carolina Charter of 1663 및 the
　　Georgia Charter of 1732에도 유사한 조항이 담겨 있다. Bernard Schwartz, The Roots of the
　　Bill of Rights (1980), p. 49에서 재인용.

26) William Blackstone, Commentaries (St. George Tucker ed., 1803), pp. 408-410. "자유의 나라
　　에서는 "군인"(arms)이라는 별도의 직업을 창설하는 것은 지극히 위험한 일이다."

27) 1 the New Encyclopedia Britannica 259(Robert McHenry ed., 15th ed., 1992); Stephen
　　Halbrook, That Every Man Be Armed, The Evolution of A Constitutional Right 37 (1984); Earl
　　R. Kruscheke, The Right To Keep and Bear Arms, A Continuing American Dilemma 12 (1985).

28) 자세히는 David E. Vandercoy, "The History of the Second Amendment," 28 Val. U. L. Rev.
　　1007 (1994) 참조.

29) David T. Hardy, The Origins and Development of the Second Amendment 30-31 (1986)에서
　　재인용.

의 지대(地代)를 수령하는 지주에 한하여 무기의 소지를 허용하는 반면 일반 국민의 무기 소장을 엄격하게 통제하였다. 찰스(Charles) 2세로부터 왕위를 계수한, 더욱 강력한 왕권신수설의 신봉자 제임스(James) 2세(1685-1688)는 의회에 대한 더욱 강력한 통제와 일반 국민에 대한 탄압에 나섰다. 공공연히 의회의 법을 위반하여 자신의 군대를 사인의 주거지에 주둔시켰으며 인신보호영장을 정지하고 자신의 왕권신수설을 지지할 인물로 법원을 구성했다.30)

제임스(James) 2세의 폭정은 의회의 반란으로 주도된 명예혁명으로 무너지고, 이어서 의회의 초청에 의해 왕위를 계승한 윌리엄 3세와 메어리 부처(夫妻)(William & Mary)의 왕권은 통상 "권리장전"(Bill of Rights)으로 불리는 1689년 권리선언(Declaration of Rights)에 의해 상당한 제약을 받게 되었다.

권리선언은 의회의 동의 없이 상비군을 징모 또는 보유함을 금지하는 한편 프로테스탄트 교도인 영국민의 전통적 권리 중에 자신의 방어를 위해 적합한 무기를 소장할 권리가 포함되어 있음을 인정했다.31) 이어서 의회는 수렵법을 개정하여 개인의 무기 소장을 원칙적으로 인정하면서도 다만 불법적인 사용에 대해서만 제재를 가하도록 하였다.32) 이러한 역사적 사실에 비추어 볼 때, 영국에서의 무기소지권은 국왕의 폭정으로부터 자신의 자유를 보장하기 위한 국민의 권리로 생성되었음이 분명하다.33)

한편 블랙스톤은 개인 자격에서 영국신민이 향유하는 권리를 절대적 권리(absolute rights)와 상대적 권리(relative rights)로 구분했다. 절대적 권리는 신분에 무관하게 모든 신민에게 주어진 권리로 신분 또는 소속된 사회에 따라 차별적인 대우를 받는 상대적 권리와 대조된다. 블랙스톤은 무기를 소장할 권리는 절대적 권리로, 폭압적인 정부에 대한 저항이라는 공적인 목적을 위한 수단으로서는 물

---

30) Id. at 35.

31) Hardy, Id. at 35; Swartz, 전게서 주 25, 41면; David B. Kopel, "It Isn't About Duck Hunting: The British Origins of the Right to Bear Arms," 93 Mich. L. Rev. 133 (1995)(reviewing Joyce L. Malcolm, To Keep and Bear Arms: The Origins of An Anglo-American Right, Harvard University Press(1994)).

32) Hardy, 전기 주 29, 38면(Games Act, 4 & 5 Wm. & Mary, ch. 23 (1692)(Eng.)).

33) Schwartz, 전게서 주 25, 42면. 그러나 자유의 보장(defense of liberty)이 영국민의 무기소장권의 유일한 존재이유는 아니었다. 판례와 학설을 통해 자기방어(personal defense), 법의 집행(enforcement of local law) 및 외적에 대한 방어(defense of foreign invaders)의 적어도 3가지의 추가적 목적이 인정되고 있다. Hardy, 전게논문 주 29, 39-40.

론, 자위(self-preservation), 수렵(hunting), 사격(marksmanship) 등 순수한 사적 목
적으로도 이를 행사할 수 있다고 해설했다.[34]

2. 공화주의 정치이론

17세기 영국의 "공화주의"(republicanism) 정치이론의 선구자로 인식되는 해
링톤(James Harrington)[35]은 "무장한 국민"(armed populace)이야말로 대내외 적으
로부터 공화정부를 수호할 수 있는 최적의 무기라고 주장한 바 있다.[36] 18세기
의 영국 정치사상가 넬빌(Henry Nelville)은 해링톤의 이론을 더욱 발전시켜 국민
의 무장은 민주 정체의 유지에 중요한 기여를 한다고 주장했다.[37] 흔히 미국헌
법에 미친 자유주의 사상의 원조로 불리는 John Locke 또한 무장을 통한 국민의
자위권을 주장했다.[38]

블랙스톤과 영국 공화주의 정치이론가들의 국민무장론은 신생 미국의 정치
사상에 심대한 영향을 미쳤다.[39] 자유주의와 함께 신생 미합중국이 헌법의 이
념으로 채택한 공화주의의 이념은[40] 영국의 역사적 선례와 이론에 기초한 것으
로, "공화주의형태의 정부"(republican form of government)[41]와 개인의 자유의 보

---

34) Blackstone, 전게서 주 26, 140-144.
35) 전기 주 27, 7 Encyclopedia Britannica 718-719. Harrington의 정치철학에 관해서는 The Political Works of James Harrington(John G. A. Pocock ed., 1977).
36) Vandercoy, 전게논문 주 28, 1020-1021; Levinson, 전기 주 8, at 639(Harrington의 주장을 요약하면 "independent yeoman should also bear arms"). Harrington은 상비군의 필요성을 부정했을 뿐만 아니라 전제의 위험을 가중시킨다고 주장했다. at 647.
37) Vandercoy, 전기 주 28, 1021. Neville은 한 걸음 더 나아가 국민의 무장을 두려워하는 정부는 정당성이 없는 정부라고 주장했다.
38) Stephen P. Halbrook, That Every Man Be Armed: The Evolution of a Constitutionalism, University of New Mexico Press(1984) 72(citing Locke, Second Treatise on Civil Government.) "It being reasonable and just that I should have the right to destroy that which threatens me with destruction." 자세히는 제19장, pp. 232-242 참조.
39) Wendy Brown, Guns, Cowboys, "Philadelphia Mayors and Civic Republicanism: On Sanford Levinson's The Embarrassing Second Amendment," 99 Yale L. J. 661 (1989).
40) 종래의 지배적인 견해는 자유주의가 미국 건국의 기본이 된 정치철학이라는 것이었다. 그러나 1960년 이래 공화주의의 주장이 대두되었고 오늘날에는 양자의 병합이 통설이라고 할 수 있다. 자세히는 Daniel Farber & Suzanna Sherry, A History of American Constitution, West Publishing Co.(1990), 3-19; Paul Craig, Public Law and Democracy in United Kingdom and United States of America, Oxford University Press (1990), Ch. 8.
41) 연방헌법 제4조 3항 참조.

장에 필수불가결한 요소 중의 하나가 일반 민중의 무장이라는 신념을 내포하고 있었다.[42]

3. 제헌회의

연방헌법의 제정과정에서 격렬하게 전개된 연방주의자(Federalists)와 반연방주의자(Anti-Federalists)의 대립은 잘 알려져 있다. 그러나 강력한 중앙정부를 선호한 연방주의자나 주의 자치와 자율적 규제를 선호한 반연방주의자나 공히 개인의 자유와 국가의 안전이라는 양대 이념을 동시에 성취하는 제도적 장치를 고안함에 골몰했다. 이러한 관점에서 제헌회의의 주된 의제 중의 하나는 연방의회에게 민병대의 소집권을 부여할 것인가의 여부였다.[43]

그러나 일반 국민의 무기 소장은 자유의 수호를 위해서 필수적인 조건이라는 점에 합의를 이루었다. 연방주의자의 지적 대변인 매디슨(James Madison)은 네빌(Neville)의 주장에 동조하여 국민 무장의 이점과 효용을 역설했고[44] 동조자 아담스(John Adams)는 물론 반연방주의자의 거두, 제퍼슨(Thomas Jefferson)과 헨리(Patrick Henry)조차도 이러한 매디슨의 주장에 동조하였다.[45] 반연방주의자의 공식의견은 "연방농부"(Federal Farmer)라는 필명의 논자에 의해 발표되었다. 권리장전이 헌법전 속에 포함되어야 한다는 주장을 펴면서 그는 "자유를 수호하기 위해 전 국민이 상시 무장해야 한다"고 강조했다.[46] 다른 조항에 비해 수정 제2조에 관한 토의기록이 부족한 이유도 양대 세력간에 대립보다는 이러한 공감대가 존재했기 때문이라고 이해할 수 있다.[47] 정부 차원의 상비군의 창설에 반대한 헌법의 아버지들의 정서는 개인의 무장이 공화정체의 수호를 위한 필수적 전

---

42) Vandercoy, 전게논문 주 28, 1022 n. 122.

43) James Madison, Journal of the Constitutional Convention 590-592(E. H. Scott ed. 1893).

44) "미국 국민이 무장하고 있다는 이점이 다른 어느 나라의 경우보다도…정부의 야심에 대한 효과적인 방어책이 된다." The Federalist Papers No. 46, 331(Benjamin Wright ed., Barns and Noble, 1996).

45) Andrew d. Hertz, "Gun Crazy: Constitutitional False Consciousness and Dereliction of Dialogue Responsibility," 75 Boston Univ. L. Rev. 57, 64 n. 17 (1995).

46) Letters From the Federal Farmers to the Republicans 124(Walter H. Bennett ed., University of Alabama Press 1978).

47) 수정 제2조에 관한 근소한 토의 기록 중에 주목할 사실은 "누구든지 종교적 이유에 기한 경우에는 무장을 강요당하지 아니한다"라는 조항을 삽입하자는 주장을 매디슨이 제기했다는 정도이다. Vandercoy, 전게논문 주 28, 1022.

제조건이라는 결론에 기여했다.[48]

헌법의 아버지들은 무장한 다중이 대내적으로 정치권력의 남용을 방지함에 기여할 것이라는 확신에 차 있었지만 외적의 침입에 대한 위협에 대해서는 동일한 확신을 가지지 못했다. 이들은 해링톤의 상비군 불신론에 대해 원론적인 공감을 표하면서도 국방을 위해서는 군대를 보유할 필요가 있다는 결론에 이르렀다. 특히 건국 초기에 훈련된 민병대의 부재가 국가의 존립 자체에 대한 위협이 되기에 충분했기 때문이다. 이러한 배경에서 내려진 결론은 의회에게는 전쟁선포권과 육·해군을 보유할 권한을 부여하고[49] 대통령에게 육·해군의 통수권을 부여하되,[50] 상·하 양원의 구성원을 국민이 직접 선출한다[51]는 헌법적 구도였다. 의회가 배타적인 예산편성권을 보유하므로 국민은 자신이 구성하는 의회를 통해 간접적으로 연방의 군대를 통제할(폐지를 포함한) 수 있다는 논리이다.

이러한 타협의 논리에서 민병대야말로 연방정부의 권력 남용에 대한 효과적인 견제책이 되며, 개개인의 무장권을 보장함으로써 전제정치를 막을 수 있다고 믿었던 것이다.[52]

4. 비준과정

진통 끝에 신생 13개 주 모두가 헌법의 비준에 동참했다. 이 과정에서 8개 주는 자주(自州)가 입안한 수정조항을 제출했고, 이들 중 5개 주는 무기소장권을 수정조항의 일부로 포함시켰다.[53]

연방헌법의 권리장전의 대상으로 채택된 무기소장권에 관한 격렬한 논의는 버지니아 주의 비준절차 과정에서 벌어졌다. 연방주의자 매디슨과 반연방주의자

---

48) Laurence H. Tribe, American Constitutional Law, Foundation Press(2nd ed. 1988), p. 299, n. 6 ("헌법의 아버지들의 유일한 관심사는 상비군의 창설로 종국에는 주의 자치가 유린 되는 것을 방지함에 있었다.").

49) 연방헌법 제1조 제8항 11절.

50) 연방헌법 제2조 제2항 1절.

51) 연방헌법 제1조 제2항 1절 및(수정 제17조 제1항 참조).

52) David C. Williams, "Civic Republicanism and the Citizen Militia: The Terrifying Second Amendment," 101 Yale L. J. 551, 552 (1991). 독립 직전의 미국의 상황과 영국법의 충돌에 관한 자세한 관찰한 글로 Stephen P. Halbrook, "Encroachments of the Crown on the Liberty of the Subject: Pre-Revolutionary Origins of the Second Amendment," 15 U. of Daton L. Rev. 91 (1989) 참조.

53) 5 Schwartz, 전게서 주 25, 983. New Hampshire, New York, North Carolina, Rhode Island 및 Virginia의 5개 주이다.

메이슨(George Mason), 두 사람이 주도한 버지니아의 비준대회에서 수정 제2조
에 관한 논의 중 상당 부분은 헌법 제1조 제8항 제16절의 "민병대 소집권" 조항
과 관련하여 전개되었다. 제헌회의에서 이 조항을 지지한 바 있는 메이슨은, 그
럼에도 불구하고, 민병대에 관련된 연방의회의 권한에 대해 제약을 부과해야 한
다고 강력하게 주장했다.[54] 메이슨은 제1조의 민병대조항이 연방의회에 대하여
민병대에 관한 독점적인 권한을 부여하는 것으로 해석될 우려가 있으므로, 주정
부에 대하여 민병대에 관련된 권한을 부여하는 조항이 필요하다고 주장했다. 그
의 우려의 요지는 연방의회가 제1조의 규정에 근거하여 민병대의 무장과 소집을
해태함으로써 민병대를 해체할 가능성이 농후하고, 그렇게 되면 곧 상비군을 창
설하는 구실을 제공할 가능성이 크다는 것이다. 이러한 불행을 막기 위해 연방의
회가 민병대의 소집을 해태하는 경우에는 주정부가 민병대를 무장시킬 명시적인
권한을 부여하는 헌법의 수정조항이 필요하다는 것이 메이슨의 주장이었다.[55]

　　버지니아 비준대회의 토의기록은 수정 제2조가 주정부의 권한을 규정한 것
이라는 주정부의 무기규제권론에 대해 어느 정도 논거를 제공해 준다. 이들 "집
단적 권리론자"는 이 조항이 의미하는 무기소장권은 자주의 민병대를 무장할 권
리에 불과하다고 한다.[56] 사실인즉 반연방주의자의 거두인 메이슨과 헨리, 두
사람 모두 연방정부에 의한 민병대의 무장해제를 방지하기 위해 민병대를 무장
시킬 명시적인 권한을 주정부에 부여할 것을 주장했다.[57]

　　일부 집단적 권리론자들은 수정 제2조의 무기소지권의 내용은 조직된 군대
(organized military forces)를 무장시킬 권한에 한정된다고 주장한다.[58] 그러나 버
지니아 비준회의의 토의기록은 이러한 주장을 뒷받침하지 않는다. 왜냐하면 메이
슨이 이해한 민병대는 각 주의 주민을 포함한, 전체국민으로 구성된 병력을 의미
한 것이며, 민병대에 의한 방어란 "시민의 방금(防禁)"(civic defense)을 의미한 것
이지 주정부의 통제 아래 조직된 병력을 의미한 것이 아니기 때문이다. 그러므로

54) 3 Elliot's Debates on Federal Constitution 425(Jonathan Elliot ed., 1859).
55) Virginia Debates, in 3 Elliot's Debates 전기 주 54, 380.
56) George L. Shelton, "In Search of the Lost Amendment: Challenging Federal Firearms Regulation Through 'the State Right's Interpretation of the Second Amendment," 23 Florida State U. L. Rev. 105, 109 (1996).
57) Virginia Debates, 전기 주 54, 384-393, 395-399.
58) Perer Buck Feller& Karl L. Gotting, The Second Amendment: A Second Look, 61 Nw. U. L. Rev. 46, 64 (1966).

비록 수정 제2조상의 무장권의 보유자가 주정부에 한정된다고 할지라도 이 권리는 '국민'을 무장할 권리이지 조직된 군대를 무장할 권리가 아니기 때문이다.[59]

V. 연방의회의 태도

헌법의 아버지들의 낙관과는 달리 연방의회는 국민의 통제에서 벗어났다. 무기소장권을 보장하는 헌법의 명문규정에도 불구하고 기회가 닿는 대로 의회는 국민의무장권을 제한하는 입법을 제정하였다. 특히 주간 통상규제권 조항(Commerce Clause)[60]이 연방의회의 전가의 보도가 된 이래, 많은 총기규제입법권이 이 조항을 근거로 제정되었다.[61]

1934년 최초의 연방 총기규제법(the National Firearms Act of 1934)이 제정되었는데 헌법적 근거는 흥미롭게도 제1조 제8항의 과세권 조항(Taxing Power Clause)이었다.[62] 이 법에 대한 여론의 반향에 어느 정도 자신을 얻은 의회는 1938년 통상규제권을 근거로 하여 본격적인 총기규제법(The Federal Firearms Act of 1938)을 제정하였다. 이 법에 의해 모든 총기 제조업자나 판매업자는 연방정부의 사전 허가를 얻지 아니하고는 일체의 무기나 탄약을 타주에 반출, 반입할 수 없었으며, 사인에게도 유사한 제약이 부과되었다.[63]

대공황, 2차대전, 전후 냉전 등 보다 중요한 사안에 골몰한 이후 30년 동안 연방의회는 총기규제에 관해 새로운 시도를 하지 않았다. 그러나 1963-1968의 기간동안 연속적인 폭동과 정치적 암살이 나라 전체에 암운을 드리우자 또 다시 총기규제 문제가 전면에 부각되었다.[64] 1968년 의회는 1938년 총기규제법을

---

59) Virginia Debates, 전기 주 54, 425.
60) 연방헌법 제1조 8항.
61) 통상규제권에 근거하여 주 내에서의 무기소장행위를 규율하는 연방법률의 위헌성을 논한 논문으로는 James M. Malony, Shoooting for an Omnipotent Congress: the Constitutionality of Federal Regulation of Intrastate Firearms Possession, 62 Fordham L. Rev. 1795 (1994) 참조. 1995년의 United States v. Lopez(115S. Ct. 1624) 판결에서 연방대법원은 과세권과 통상규제권에 기초하여 무기의 소장을 규율하는 법률의 위헌을 선언했다. 후술 주 98 및 본문 참조.
62) 이 법은 일정 규격 총기의 판매, 거래에 대해 유통세(exercise tax)를 부과함과 동시에 총기 거래업자의 등록을 강제하는 수준에 그쳤다. National Firearms Act of 1934, 26 U.S.C. 5801-5872 (1994).
63) Federal Firearms Act of 1938, 15 U.S.C. 901-910 (1968년 폐지).
64) 연방의회의 토의 내용에 관해서 114 CONG. REC. 14773 (1968) 참조. 이 법을 제안한 Louisiana 출신 Huey Long 의원은 의회의 입장을 요약하여, "모든 시민이 총기를 소지할 수 있으나, 일

폐지하는 대신, 보다 포괄적인 규제를 가능하게 한 속칭 "종합범죄대책법"
(Omnibus Crime Control and Safe Streets Act of 1968)[65]을 제정하였다.

그러나 이 법의 규정도 강력하지 못하다는 여론에 밀려 불과 4개월 후에 또
다시 의회는 종합범죄대책법의 규정에 상당한 수정을 가한 1968년 총기규제법
(The Gun Control Act of 1968)을 제정하여 새로운 유형의 연방범죄를 창설하고,
단순한 사적 목적의 총기수집에 대해서도 상당한 규제를 가하였다.[66] 1980-
1990년대에 들어와서 연방의회에는 총기규제법의 홍수가 일어났다. 포드(Gerald
Ford), 레이건(Ronald Reagan) 두 대통령에 대한 암살 시도, 빈번한 항공기 납치사
건, 학교에서의 총기 범죄, 총기밀무역 등등의 사태에 대응하여 의회는 일련의
법을 제정하였다. 1986년 총기소지자보호법(The Firearms Owner's Protection Act of
1986),[67] 1988년의 비밀무기규제법(The Undetectable Firearms Act)[68] 및 마약규제
법 (The Anti-Drug Abuse Amendment),[69] 1990년 범죄통제법(The Crime Control Act
of 1990)[70] 및 학교 환경안전법(The Gun-Free School Zone Act of 1990) 등 일련의
법이 제정되었고, 1993년에는 유명한 "제 1 Brady법"(the Brady Handgun Violence
Prevention Act, "Brady 1")이 제정되었다.[71]

수정 제2조와 관련하여 가장 큰 논란의 대상이 되고 있는 총기규제법은
1994년 공공안전 및 오락성 총기사용보호법(The Public Safety and Recreational
Firearms Use Protection Act of 1994)[72]이다. 이 법은 시행 당시 연방법에 의해 적
법하게 소지한 경우를 제외하고는 일체의 "반자동 살상무기"(semiautomatic as-
sault weapon)의 제조, 양도, 소지, 일체의 행위를 금지하였다.[73]

단 범죄를 범한 후에는 일체 소지할 수 없도록 함"이 목적이라고 설명했다.

65) 18 U.S.C. 921-928 (1994).
66) 18 U.S.C. 921-930 (1994).
67) 18 U.S.C. 922(d) (1994).
68) 18 U.S.C. 922(p) (1994).
69) 18 U.S.C. 924(h) (1994).
70) 18 U.S.C. 921-930 (1994).
71) 18 U.S.C. 922(s) (1994).이 법은 1981년 Reagan 대통령 저격사건으로 장애인이 된 백악관 공보
    비서 James Brady의 이름을 딴 것으로, 권총을 구입하고자 하는 자는 신청서를 제출한 후 신원
    에 대한 조회가 완료될 시점까지 대기할 것을 골자로 한다. "제 1 Brady법"의 제정에 이어 1994
    년 "제 2 Brady법"안(the Gun Violence Prevention Bill)이 상·하 양원에 제안되었으나 통과되
    지 않았다.
72) 18 U.S.C. 921-922 (1994).
73) 이 법에 대한 논평과 함께 총기규제법의 제정의 역사와 향후의 전망을 로비 그룹의 활동과 관

Ⅵ. 법원의 태도

의회가 지속적으로 총기 규제 입법을 제정한 것과는 대조적으로 연방대법원
은 이 문제에 관해 거의 관심을 표하지 않았다. 2세기 이상의 역사를 통해 연방
대법원이 어떤 의미에서든지 수정 제2조를 다룬 판결은 단 4건에 불과하며[74] 본
안에 관해 결정한 1939년의 Miller v. United States판결[75] 이후에는 이날에 이르
기까지 침묵을 지키고 있다.[76]

권리장전상의 개개 기본권의 의미를 누구보다도 깊이 천착한 "초사법적극주
의"(super activist) 더글라스(Willaim Douglas) 판사까지도[77] 수정 제2조에 대해서
는 냉담하리만치 무심했고[78] 가장 강력한 민권단체인 미국 민권연맹(American
Civil Rights Union)조차도 수정 제2조의 개인적 권리성을 부인하고 사실상 정부의
규제에 대해 전혀 이의를 제기하지 않아 왔다.[79] 현실적 여건과 무관하게 이상
을 논하는 학자들도 이 문제에 관해서는 거의 논의를 전개하지 않았다.[80]

련하여 4단계 내용으로 분석한 글로는 Michael G. Lennett, "Note, Violent Crime Control and
Law Enforcement Act of 1994: Taking a Bite Out of Violent Crime," 20 U. Dayton L. Rev. 573,
614-615 (1995).

74) 이 밖에도 유명한 1853년의 Dred Scott 판결(Dred Scott v. Sanford, 60 U.S.(19 How.) 393)에서
"흑인을 합중국의 시민으로 인정하는 것은 이들을 경찰 규제로부터 해방시키며 자유로운 여행
과 '무기의 보유와 소장'을 용인하는 결과가 될 것이다"라고 간접적으로 수정 제2조를 언급했
다. Id. at 416-417. 이 판결의 배경에 관한 서술형 연구논문으로는 安京煥, "Dred Scott의 현장
에서," 人權과 正義, 대한변호사협회, 1997/6, 123-131면 참조. [해제자주: 이 글이 원래 집필
되던 1997년 시점의 통계이며 뒤이은 해제에서 지적하듯이 근래 총기에 의한 사고가 빈발하면
서 연방대법원도 총기규제에 대한 중요한 사건을 다루고 있다.]

75) 307 U.S. 174.

76) 그 동안 이 문제에 관련된 "상고허가신청"(petition for certiorari)은 빈번하게 제기되었으나 연
방대법원은 지속적으로 본안 심사를 거부했다. 대법원에 제출된 허가상고신청 사건의 부분적
List는 Roland Docal, "The Second, Fifth and Ninth Amendments—The Precarious Protectors of
the American Gun Collector," 23 Florida State U. L. Rev, 1101(1996), 1121 n. 160 참조.

77) 더글라스 판사의 법사상에 관한 분석서로는 安京煥, 美國法의 理論的 照明 —윌리암 다글라스
判事의 法思想—, 고시계(1986) 참조.

78) Adams v. Williams, 407 U.S. 143, 151 (1972) (Douglas, J. dissenting)(수정 제4조의 중요성을
강조하기 위해 덜 중요한 수정 제2조를 언급하여) "주지하는 바와 같이 수정 제2조는 민병대
를 유지하기 위해 제정된 것이다. 그러나 이 조항의 의미를 희석시키는(watering down) 것이
오늘의 원칙이라면 나는 수정 제4조 대신 차라리 수정 제2조를 외면하겠다."

79) Nelson Lund, "The Second Amendment, Political Law and the Right to Self—Preservation," 39
Alabama L. Rev. 103, 121 n. 45 (1987).

80) 수정 제2조에 관한 법학자들의 논의가 희소한 이유는 이 주제는 자신들의 영향력을 확대시키

수정 제2조에 관련된 최초의 연방대법원 판결은 1875의 Cruikshank 판결이다.[81] 이 판결의 배경이 된 사건에서 피고인들은 과거 노예 신분이었던 시민을 강제로 무장해제시킴으로써 국민의 헌법적 권리를 박탈할 목적의 음모 행위를 금지한 연방법률의 위반으로 기소되었다. 대법원은 수정 제2조는 오로지 정부의 행위에 대해서만 적용될 뿐, 사인의 행위에 대한 구제를 청구할 권리를 발생시키지 아니한다고 판시했으며,[82] 이어서 19세기말에 내린 2건의 후속판결에서 이 조항은 정부의 행위 중에서도 연방정부의 행위에 대해서만 적용될 뿐, 주정부의 행위에 대해서는 적용되지 아니한다고 판시했다.[83] 그러나 이 판결들은 연방헌법의 권리장전의 조항들은 수정 제14조를 매개체로 하여 주정부의 행위에 대해서도 적용된다는 이른바 "수용이론"(incorporation theory)이 탄생하기 이전의 판결들로서 오늘날에는 선판례로서의 의미를 거의 인정받지 못한다. 또한 이들 판결은 무기소장권이라는 헌법적 권리가 적용되는 주체 내지는 대상에 대해서만 다루었을 뿐, 그 권리의 범위에 관해서는 전혀 다루지 않았다.

헌법적 권리로서의 무기소장권의 범위를 다룬 최초의 연방대법원 판결은 1939년의 U. S. v. Miller 판결[84]이다.

피고인 밀러(Miller)는 1934년 총기규제법(National Firearms Act of 1934)에 위반하여 총기를 타주로 반출한 혐의로 기소되었다. 하급심은 밀러에 대한 기소는 수정 제2조의 위반이라고 판시했으나 대법원은 이 조항은 "국토의 방위를 상비군에 의존할 필요가 없도록 민병대를 "존치"(continuation)하고 그 "효과적인 운영(effectiveness)"을 확보함에 그 목적이 있으므로 "질서정연하게 규율된 민병대의" 육성에 합리적으로 연관되지 아니한 무기의 소지는 이 조항의 보호를 받지

고자 하는 지식인의 자연적 성향에 비추어 볼 때 가치가 떨어지는 것이기 때문이라는 Robert Bork 판사의 지적(Bork, The Antitrust Paradox(197S) 423-24) 이나, 집단적 권리 문제의 논의에 대한 지식인의 본능적인 기피현상 때문이라는 Johnson 교수의 분석(Nicholas Johnson, "Beyond the Second Amendment: An Individual Right to Arms Viewed Through the Ninth Amendment," 24 Rutgers L. J. 1, 72(1992))이 흥미롭다.

81) United States v. Cruikshank, 92 U.S. 542 (1875).

82) 이 판결에서 대법원은 무기소지권의 존재를 인정했으나 이러한 권리는 수정 제2조와 무관하게 존재한다고 판시했다. 92 U.S. 549.

83) Miller v. Texas, 153 U.S. 535 (1894)(텍사스 주 총기규제법을 관할권의 부재를 이유로 각하); Presser v. Illinois, 116 U.S. 252 (1886)(수정 제2조는 연방에 대한 제한일뿐 주정부의 권한에 대한 제한을 부과하지 아니한다고 판시함).

84) 307 U.S. 174 (1939).

못한다"면서 밀러의 유죄를 인정했다.[85] 법원은 제한된 범위에서나마 수정 제2조의 제정에 관련된 입법사적 배경에 관해 언급하면서, 무기소장권은 동시에 국가의 공동방위에 참가할 신체적 능력을 보유한 성인남자의 "커먼로상의 의무"이기도 했다고 부연했다.[86]

Miller 판결의 구체적 의미를 두고 해석의 대립이 있다. 다수의 해석은 이 판결은 무기의 소장권은 주정부의 공적인 권리일 뿐, 개개 국민의 권리가 아님을 판시했다고 한다. Miller 판결 이후에 내려진 하급법원의 판결들은 Miller 판결보다 더욱 더 수정 제2조의 적용범위를 제한적으로 해석하여, Miller 판결의 문언을 존중하여 수정 제2조의 목적이 단지 민병대의 존치와 효용을 담보함에 있다면, 주정부 차원의 민병대의 자율적인 운영에 관해 연방의 간섭을 받지 아니할 권리를 보호할 뿐 어떠한 개인적 권리도 보호하지 아니한다는 입장을 유지했다.[87]

반면, 이 판결이 개인의 무기소장권을 인정했다고 주장하는 입장에서는 판결문이 미국 민병대의 역사에 관한 상세한 배경을 담고 있으며, 사건의 당사자에서 개인의 무기소장권을 인정한 결과가 된 점을 근거로 내세운다.[88] 또한 "민병대"의 정의와 목적에 관해 법원이 내린 해석이 이러한 주장을 간접적으로 보강해 준다.[89]

---

85) Id. at 178. "to assure the continuation and render possible the effectiveness of (militia) forces so that the government would not rely on standing army." 법원은 명시하지는 않았지만 "a well regulated militia, being necessary to the security of a free state"라는 수정 제2조의 첫 구절을 근거로 사용한 것이 분명하다. 그러나 이 구절에 관한 법원의 분석은 논리정연하지 못하다. 먼저 법원은 헌법 제1조에 의해 연방의회가 연방 법률의 집행, 반란의 진압, 또는 외적의 퇴치를 위해 민병대를 소집할 권한이 있음을 지적한 후, 수정 제2조의 선언과 보장은 이러한 병력(forces, 민병대를 의미)을 존치(continuation)하고 그 효과적인 운영을 담보하기 위함에 있다고 판시했다. 이러한 판결문은 연방의회의 민병대 소집권의 보조적 기능으로 수정 제2조의 무기소장권이 보장되는 것, 다시 말하자면 민병대의 운영에 연방이 헌법적인 이해관계를 가지는 것으로 인식될 오해를 유발한다.
86) Id. at 179-180. 이 판결이 무기소장권을 "커먼로"와 결부시킴으로써 수정 제9조의 적용가능성을 제기했다고 주장하는 견해가 있다. Docal, 전게논문 주 76, 1120; Johnson, 전게논문 주 80 참조.
87) 이를테면, Quilici v. Village of Morton Grove, 695 F. 2d 261, 270(7th Cir. 1982); United States v. Oakes, 564F. 2d 384, 387(10th Cir. 1977); Stevens v. United States, 440 F. 2d 144, 149(6th Cir. 1971); Laurence H. Tribe, American Constitutional Law(2nd ed. 1988), p. 299, n. 6.
88) Kates, 전게논문 주 3, 248-250.
89) "각 주가 유지, 훈련할 것으로 기대되는 "민병대"(Militia)는 의회의 동의없이 보유할 수 없는 "군대"(Troops)와 대비된다.… 상비군의 보유를 극히 경계했던 건국 당시의 보편적 정서, 국가

거의 반세기에 걸쳐 지속적으로 전개되어 온 논란과 추측에도 불구하고 대법원은 이날에 이르기까지 Miller 판결을 석명하거나 재고할 기미를 전혀 보이지 않고 있다. 대법원의 침묵에 대해 두 가지 상반된 해석이 제기되어 있다. 총기규제를 찬성하는 입장에서는 대법원이 의회의 규제를 용인했다고 주장하는 반면,90) 총기거래상과 수집자들은 대법원의 침묵은 헌법과 커먼로상의 무기소장권을 묵시적으로 인정한 증거라고 주장한다.91)

이 문제에 대해 언급한 몇 건의 판결에서도 연방대법원은 태도를 명백하게 천명하지 않았기에 갖가지 추측을 낳고 있다.92) 한 가지 특히 유념할 사항은 Miller 판결은 연방의 법률을 심사 대상으로 하였다는 점이다. 이날에 이르기까지 연방대법원은 적어도 2천 편 이상에 달하는 주정부 차원의 무기규제법을 심사의 대상으로 삼지 않았다.93) 1990년의 Verdugo-Urquidez 판결은94) 비록 수정 제2조의 본안에 관한 사건은 아니지만 이 조항에 담긴 "국민"(people)이라는 단어의 의미에 관해 유권해석을 내린 점에서 의의가 크다. 이 판결에서 법원은 "수정 제1조, 제2조, 제4조, 그리고 제9조 및 제10조의 보호의 대상이 되는 국민은 국가공동체의 일원이 된 사람의 총체"를 의미한다고 해석을 내렸다.95)

1995년 연방대법원은 무기의 소장에 관한 또 하나의 판결을 내렸다.96) 이 판결은 수정 제2조 그 자체에 대한 선판례로 볼 수는 없으나 대법원은 연방의회

와 법은 민병대는 공동의 방위에 동참할 신체적 능력을 보유한 남성 전원으로 구성되며 … 통상의 경우 국가의 방위를 위해 소집에 응할 의무가 있다." 307 U.S. 178-179. 이러한 판결문이 집단적 주권론을 부정한 명백한 증거라는 주장이 있다. Lund, 전게논문 주 79, 110.

90) Jay Wagner, "Gun Control and the Intent of the Second Amendment: To What Extent Is There an Individual Right To Bear and Keep Arms," 37 Villanova. L, Rev. 1407 (1992).

91) Docal, 전게논문 주 76, 1117; Hertz, 전게논문 주 45, 77; Andrew Jay McClurg, "The Rethoric of Gun Control," 42 American U. L. Rev. 53, 100 (1992).

92) 가장 본질적인 해석은 정치적 기관으로 하여금 이 문제를 해결하도록 하는 전형적인 사법자제의 태도라고 하는 해석이다. Docal, 전게논문 주 76, 1117면.

93) G. Newton & F. Zimring, Firearms and Violence in American Life (1969). Lund, 전게 논문 주 79, 110에서 재인용.

94) United States v. Verdugo-Urquidez, 110 S. Ct. 1056, 1060-1061 (1990).

95) "a class of persons who are part of a national community or who have otherwise developed sufficient connection with this country to be considered part of that community." 반대의견을 집필한 Brennan은 "국민"은 "정부"(government)에 대립되는 개념으로 "피치자"(governed)의 뜻이라고 주장했다. Id. at 1071-1072.

96) United States v. Lopez, 115 S. Ct. 1624 (1995).

의 주간통상권과 과세권에 근거하여 무기의 소장을 금지하는 입법을 심사하였다. 렌퀴스트(Rehnquist) 원장의 다수의견은 학교로부터 직경 1,000피트 이내의 거리에서는 총기의 단순한 소지조차 금지한 연방법률[97]은 통상규제권의 남용이라고 판시했다.

대법원이 수정 제2조에 대한 명쾌한 입장을 표명하지 않았기에 하급법원 사이에 상당한 혼란이 발생하고 있다.[98] 연방대법원이 최종적으로 유권해석을 내려 주어야 할 이슈는 대체로 3가지로 요약될 수 있다. 첫째, 개인이 수정 제2조의 침해를 이유로 소송을 제기할 수 있는 원고적격(standing)을 가지는가, 둘째, 만약 개인이 아닌 주만이 원고적격을 보유한다면 주가 개인에게 어떠한 보호를 부여하는가, 그리고 셋째, 수정 제2조가 어떤 특정 종류의 무기의 소장을 보호하는가이다.[99]

Ⅶ. 결   론

연방대법원을 포함한 연방법원의 기본입장은 수정 제2조는 주정부에 대해서 자주의 민병대를 무장할 권리만을 부여한다는 것이다. 이러한 원칙에 입각하여 법원은 대체로 개인의 무기 소지를 규제하는 법률에 대한 심사를 거부하다시피 했다.

그러나 이러한 해석은 수정 제2조의 제정에 관련된 문헌과 토의의 기록을 살펴보면 반론의 여지가 크다. 문헌과 기록의 균형잡힌 분석을 통해 최소한 2가지의 수정 제2조의 제정목적을 추출해 낼 수 있다. 첫째, 국민 스스로의 무장을 통해 국가를 방위함으로써 상비군의 위험과 해악을 피하고, 둘째, 무기를 소장한 국민은 조직된 군대의 압제에 대해 대항할 수 있도록 한다는 것이다. 조직된 연방의 군대가 국방을 담당하는 현재의 상황에서는 첫째의 목적은 논의의 실익이 적다. 그러나 군대에 의한 압제에 대해 국민이 저항할 최후의 수단을 제공한

---

97) The Gun-Free School Act of 1990.

98) 이를테면 Cases v. United States, 131F. 2d 916(1st Cir. 1942), cert denied, 319 U.S. 770 (1943); Stevens v. United States, 440 F. 2d 144(6th Cir. 1971); United States v. Hales, 978 F. 2d. 1016(8th Cir. 1992) cert, denied 113 S. Ct. 1614 (1993). 자세한 분석은 Shelton, 전게논문 주 56, 118-129 참조.

99) Id. at 130.

다는 두 번째 목적은 아직도 유념할 여지가 있다. 이러한 관점에서 볼 때 수정 제2조를 근거로 개인의 무장권을 주장하는 것은 아직도 경청의 소지가 충분하다. "개인적 권리론"의 현실적 효용성은 구체적으로 무기의 개인적 소장을 규율하는 법률에 대한 사법심사 기준의 정립 문제와 관련되어 있다. 다시 말하자면 수정 헌법 제2조에 위반하느냐 여부를 심사하는 기준은 입법에 의해 제한되는 국민의 기본권이 "본질적인 권리"(fundamental rights)이냐 여부에 의해 결정된다.100) 수정 제2조상의 무기소장권은 국민의 자위권으로 탄생한 것이라는 그 생성 과정을 고려하면 본질적 권리로 분류함에 무리가 없을 것이다. 따라서 "필수불가결한 이익"(compelling governmental interest) 등의 요건을 요구하는 엄격사법심사의 대상이 되어야 할 것이다.101)

수정 제2조의 성격에 관해 연방대법원이 최종적으로 어떠한 유권적 해석을 내릴지 현재로서는 예측할 수 없다. 200세 이상의 연륜 동안 제도와 시대초류의 변화를 몇 구절의 문자 속에 담아내야 하는 연방헌법의 수많은 여타 조항과 마찬가지로 수정 제2조 또한 "역사와 의미의 변천"을 27개의 단어 속에 용해시켜 수용해야 할 것이다. 제정 당시의 "원래의 의도"(original intent)가 무엇이며, 이러한 헌법의 본래의 의도가 변화된 상황에 어떻게, 어떤 범위 내에서 적용되는가 하는 근본적인 문제에 대한 답은 연방대법원의 몫이다.

---

100) 자세히는 Gerald Gunther, Constitutional Law(l2th ed., 1991), 433-439; 819-859.
101) 자세히는 J. Wagner의 Comments, 전기 주 90, 1451-1460.

[관련자료]102)

1. 종   합

David E. Young ed., The Origin of the Second Amendment: A Documentary
        History of the Bill of Rights 1787-1792, 2nd ed. Golden Oaks
        Books(1995).

2. 무기소장권은 개인적 권리라는 주장

Andrew Jay McClurg, The Rethoric of Gun Control, 42 American U. L. Rev.
        53(1992).

David Kopel, It Isn't About Duck Hunting: The British Origins of the Right To
        Arms, 93 Mich. L. Rev. 1333 (1995)(Book Review of Malcolm)

Don B. Kates Jr., Handgun Prohibition and the Original Meaning of the Second
        Amendment 82 Mich. L. Rev. 204(1983).

Joyce Malcolm, To Keep and Bear Arms: The Origins of An Anglo-American
        Right, Harvard University Press(1994).

Nelson Lund, The Second Amendment, Political Law and the Right to
        Self-Preservation, 39 Alabama L. Rev. 103(1987).

Nicholas Johnson, Beyond the Second Amendment: An Individual Right to Arms
        Viewed Through the Ninth Amendment, 24 Rutgers L. J. 1(1992).

Robert E. Shahope, The Ideological Origins of the Second Amendment, 69 J. Am.
        Hist. 599(1982).

Roland Docal, The Second, Fifth and Ninth Amendments- The Precarious
        Protectors of the American Gun Collector, 23 Florida State IL L.
        Rev.1101(1996).

Sanford Levinson, The Embarrassing Second Amendment, 99 Yale L. J. 637(1989).

---

102) 이 자료는 필자의 임의적인 판단에 의해 수록하는 것으로 수정 제2조에 관한 대표적인 저술이
     라고 단정해서는 안 된다.

Stephen Halbrook, That Every Man Be Armed: The Evolution of a Constitution-
          alism, University of New Mexico Press(1984).
William Van Alstyne, The Second Amendment and the Personal Right to Arms 43
          Duke L. J. 1236(1994).

  3. 수정 제2조는 주의 집단적 권리라는 주장

David Vandercoy, The History of the Second Amendment 28 Valpariso. U. L.
          Rev. 1007(1994).
David Williams, Civic Republicanism and the Citizen Militia: The Terrifying
          Second Amendment, 101 Yale L. J. 551(1991).
Gregory L. Shelton, In Search of the Lost Amendment: Challenging Federal
          Firearms Regulation Through the "State's Right" Interpretation of the
          Second Amendment, 23 Florida State IL L. Rev. 105(1996).
Jay Wagner, Gun Control and the Intent of the Second Amendment: To What
          Extent Is there an Individual Right To Bear and Keep Arms, 37 Villanova,
          L. Rev. 1407(1992).
Stephen P. Halbroook, Encroachments of the Crown on the Liberty of the
          Subject: Pre-Revolutionary Origins of the Second Amendment, 15, Univ.
          of Dayton L. Rev.(1989).
Thomas M. Moncure, Second Amend Ain't About Hunting, 34 Howard L. J.
          589(1991).
Wendy Brown, Guns, Cowboys, Philadelphia Mayors and Civic Rebublicanism:
          On Sanford Levinson's The Embarassing Second Amendment, 99 Yale L,
          J. 661(1989).

"미국 연방헌법 수정 제2조의 의미"[1997]

해 제

박 종 현*

Ⅰ. 총기사건들과 미연방헌법 수정 제2조

로스쿨에서 헌법 강의를 하였고 인권운동가로 활동하였던 오바마(Obama) 미 대통령은 집권 2기를 헌법적 난제와 씨름하며 시작하고 있다. 미국에서 대통령의 직무행위는 항상 헌법적 논의의 대상이 되어왔지만 오바마 행정부에서 적극적으로 추진하고 있는 총기규제정책은 미연방헌법 수정 제2조에서 명시하고 있는 '무기소장권'[1]과 정면으로 충돌할 수 있는 사안인 관계로 미국 전역이 들썩이고 있다. 2012년 12월 14일 코네티컷 주 뉴타운의 샌디 훅(Sandy Hook) 초등학교에서 한 청년이 복면을 한 채 무차별 총기를 난사하여 어린이 18여명을 비롯하여 27여명을 사살한 사건이 발생하자 오바마 정부는 군용 공격 무기와 대용량 탄창의 거래 및 소유를 금지하고 총기 구매자들에게 신원조회를 요구하는 총기규제안을 내놓았다. 게다가 2013년 1월 19일에는 뉴멕시코 주 앨버커키에서 10대 소년이 군용 돌격소총으로 어린이 3명을 포함해 5명을 사살하는 사건까지 발생하였다. 일련의 비극적 사건에도 불구하고 오바마 정부의 규제안에 대한 반

---

* 국민대학교 법과대학 조교수

1) 해제대상논문에서는 'the right of the people to keep and bear arms'를 '무기소장권'이라 번역한다. 무기를 '보유'하고 '휴대'하는 것을 통틀어 '소장'이라는 단어로 표현한다(해제대상논문 130면 각주 5번 설명 참조). 표준국어대사전에서 '소장(所藏)'이라 함은 '자기의 것으로 지니어 간직함'을 의미한다. 그 외에 본 권리를 '무기소지권'이라 번역하는 경우도 있는데(해제대상논문에서도 136면에서 -영국의 경우이지만- 무기소지권이라는 용어를 사용한다) 동 사전에서 '소지(所持)'라 함은 '가지고 있는 일' 그리고 법률적으로는 민법에서 '사회 통념으로 보아 물건이 사실적으로 지배되어 있다고 보이는 객관적 상태'를 이르는 말이라 한다. 보유 외에 휴대까지 포함하는 의미의 단어로 '소장'과 '소지' 중 어느 것이 타당할지에 대해서는 보다 생각해 볼 필요가 있을 것이다. 한편 해제대상논문에서는 일반적으로 'bear'를 '휴대'라고 번역하지만 131면에서는 '소지'라고 번역하기도 한다.

발은 상당히 거세다. 특히 수정헌법 제2조의 무기소장권 보장 규정은 총기규제
안에 반대하는 무기제조판매업자들을 포함한 미 전역의 총기 소지 지지자들과
그들의 정치적 지지를 받는 공화당 의원들의 주장에 있어 정당화 근거로 작동하
며 논쟁에 불을 지피고 있는 실정이다.

Ⅱ. 수정헌법 제2조에 대한 해석논쟁 : 주와 국민, 누구의 권리인가?

미연방헌법 수정 제2조는 "질서정연하게 규율된 민병대는 자유국가의 안전
을 위해 필요한고로 무기를 보유하고 휴대할 국민의 권리는 이를 침해당하지 아
니한다(A well regulated militia, being necessary to the security of a free state, the right
of the people to keep and bear arms, shall not be infringed)"[2]고 규정하고 있다. 권
리장전에 있어 표현의 자유 등을 규정한 수정헌법 제1조에 이어 등장하는 이 문
법적으로 정확하지 않은 짧은 문장은 분명히 정확한 해석이 필요한 중요한 헌법
조문임에도 불구하고 강학상에서는 큰 관심을 얻지 못하여왔다.[3] 하지만 총기
에 의하여 불특정 다수가 무고하게 희생되는 사건들이 발생할 때마다 총기규제
에 찬반의 입장을 가지고 있는 일련의 학자 집단에서는 그들의 주장의 타당성을
입증하기 위하여 동조에 대한 나름의 해석론을 펼쳐왔다.[4] 이러한 해석논쟁은
미국독립의 역사와 연방과 주의 관계에 대한 이해 등 미국헌법의 핵심적 이슈들
을 관통하고 있는 관계로 그에 대한 정리는 미국헌법 전반을 이해하는데 있어
상당한 도움이 될 수 있는데, 해제대상논문은 그러한 맥락에서 진행된 저자의
수정헌법 각 조에 대한 연속적 주해 작업 중 하나라고 볼 수 있다.

해제대상논문의 영문초록 제목[5]에서 드러나듯이 핵심적 논의 주제는 무기
소장권이 누구의 권리인가 하는 점이다. 이는 바로 수정헌법 제2조를 둘러싼 논
쟁사의 핵심이다. 수정헌법 제2조가 거대하고 폭압적인 권력을 전복시키기 위하

---

2) 이 번역문은 해제대상논문에서 저자의 번역을 옮겨온 것이다.
3) 해제대상논문에서도 1989년 Sanford Levinson 교수의 논문이 발표되면서 본격적인 논의가 시
   작되었다고 밝히고 있다.
4) 해제대상논문은 저자가 1996년에서 1997년 사이 미국에서 방문교수를 하시던 시기에 작성되었
   는데 이 시기에는 1995년의 오클라호마 시 소재 연방정부 폭파사건으로 수정헌법 제2조에 대
   한 논의가 가속화된 시기였다. 이처럼 수정헌법 제2조를 둘러싼 논의의 폭과 깊이는 일반적으
   로 처참한 희생을 경험하면서 넓어지고 깊어져 왔다.
5) Whose Right to Bear Arms? —True Meaning of the Second Amendment of the U. S.
   Constitution—.

여, 나아가 새로 출범한 연방정부의 전횡을 막기 위하여 영국 커먼로(common law) 상의 국민의 저항권, 방어권을 구체화한 것이라는 점에는 이견이 없다. 하지만 연방의 권력에 대한 견제를 주도하는 주체가 연방에 가입한 각 주(정부)인 것인지 아니면 국민 개개인인 것인지에 있어 첨예한 학설 대립이 존재한다. 수정헌법 제2조에 의하여 보호받는 권리가 '주의 집단적 권리'라는 측에서는 연방헌법 제1조 제8항 제15절 및 제16절에 의하여 연방의회에 대하여 부여된 민병대 조직권에 주목하며 이로부터 주를 보호하기 위하여 주가 공식적으로 조직된 민병대를 보유할 수 있는 권한이 보호되는 것이라 주장한다. 하지만 수정헌법 제2조의 권리를 '개인적 권리'라고 주장하는 학자들은 문언자체에서 드러나듯이 국민 개개인이 총기를 소유, 점유, 운반할 수 있는 권리가 동조에 의해 보호된다고 확신한다.

Ⅲ. 개인적 권리로서의 수정헌법 제2조

해제대상논문은 대립하는 주장의 내용과 그 근거 및 이 문제에 대한 의회와 법원의 입장을 충실하게 소개하며 나아가 부록에서는 관련된 논의의 주요 문헌들까지 정리하여 쟁점에 대한 종합적이고 체계적인 기술을 모범적으로 전개하고 있다. 쟁점에 대한 단순한 소개 글이며 결국 문제에 대한 근본적 해결은 연방대법원이 보다 직접적인 답변을 내놓는 것이라고 겸허히 밝히고는 있지만, 해제대상논문에서 저자는 예일 로 저널(Yale Law Journal)에 실린 레빈슨(Levinson) 교수의 논문[6]에 상당히 영향을 받아 '개인적 권리론'의 가치를 강조하고 있는 인상을 강하게 남긴다.[7] 저자는 진작부터 미국헌법 제정의 사상적 기초로 전통적인 의미의 자유주의 외에 시민공화주의에 주목해 왔는데, 공화주의적 맥락에서 수정헌법 제2조의 의미를 역사적·정치철학적으로 풀어낸 레빈슨의 입장은 저자에게 상당히 매력적이었던 것으로 보인다. 게다가 레빈슨 교수는 문헌적,

---

6) Sanford Levinson, "The Embarrassing Amendment," 99 Yale L.J. 637 (1989).

7) 본고 첫 장에서 제시되고 있는 수정헌법 제2조에 대한 번역에 있어 저자는 'free state'를 '자유로운 주(정부)'가 아닌 '자유국가'라고 해석하고 있는데, 이는 그 번역 자체로 무기소장권이 주가 아닌 자유국가의 국민 개개인의 권리임을 드러냈다는 점에서 큰 의의를 가진다고 하겠다. '자유국가'라는 번역은 'free state'라는 용어가 미국의 제헌기 전후에 사용된 의미를 저자가 조사하며 선택한 것으로 보이며 특히 블랙스톤 경의 주석서에서 힌트를 얻은 듯하다(해제대상논문 587면 각주 26 참조).

역사적, 구조적(체계적), 법리적 해석 등과 같은 다양한 헌법해석을 동원하여 종합적인 시각에서 수정헌법 제2조의 진의를 파악하려고 시도하였는데, 이는 저자가 항상 강조해 온 통합적인 헌법방법론의 적용례인 관계로 저자의 관심을 끌었을 것이 분명하다.

그러한 맥락에서 볼 때 해제대상논문의 중반부에서 진행되는 역사적 검토, 즉 국왕과 상비군의 폭정으로부터 국민이 스스로의 자유를 보장하고 민주정체를 유지하기 위하여 무기소장권이 필수적이었다는 주장들이 커먼로에서 제시되어 헌법 비준시까지 반복되었다는 역사적 검토는 상당히 큰 의미를 가진다. 이는 무기소장권이 주의 민병대를 무장할 권리에 불과하다는 주장을 약화시키며 시민의 방어권(자위권)으로서의 무기소장권의 가치를 제고하기 때문이다. 이어서 저자는 이러한 수정헌법 제2조의 본래적 가치를 완전히 무시하며 통상조항 등에 기대어 손쉽게 이루어지고 있는 연방의회의 각종 총기규제 입법행위와 이에 대한 연방대법원의 침묵 혹은 소극적 승인에 학자로서 순수한 안타까움까지 내비치고 있다. 난제라는 이유로 직접적인 헌법적 논의를 불편해하며 사회상황에 부응하여 논의를 회피하고 있는 헌정실태에 실망하며 해제대상논문은 연방대법원이 수정헌법 제2조의 의미를 명확하게 밝히는 유권해석을 내놓기를 촉구하면서 마무리된다.

다만 독해에 있어 오해를 해서는 안 될 점은 해제대상논문이 무기소장권의 절대적 보호를 요청하는 것은 아니라는 점이다. 해제대상논문에서는 무기소장권의 가치를 임의적으로 절하하는 일련의 주장들의 문제점을 지적하면서 소위 '본질적(근본적)인 권리(fundamental rights)'로서의 무기소장권의 의의를 환기시킨다. 다만 이러한 무기소장권도 제한될 수 있는데 이는 기타 근본적 권리들에 대한 제한입법의 심사에서와 마찬가지로 엄격심사기준에 따라 규제가 이루어져야 한다는 것이 해제대상논문의 핵심적인 주장이다. 즉 무기소장권에 대한 규제가 필요한 사회적 상황에서 입법자들은 수정헌법 제2조의 헌법적 가치를 직시하며 섬세하게 재단된 입법을 통하여 무기소장권의 본질적 의의를 형해화하지 않도록 해야 한다는 것이다.

Ⅳ. 논문 이후의 상황

해제대상논문 이후에도 미국에서는 각종 총기사건이 끊이지 않고 있고 연간

약 3만 명이 이러한 사건들로 사망한다고 알려져 있다. 그에 따라 총기소지 및
거래 등을 규제하는 입법이 계속되어 왔고 이에 대한 사법심사 요청이 있어왔는
데 해제대상논문에서 중요하게 다룬 U.S. v. Miller, 307 U.S. 174(1939) 판결 이
후 약 70년 만에 의미 있는 연방대법원 판결이 2008년 6월 26일에 내려졌다.
2008년 이전까지는 밀러(Miller) 판결에서 민병대의 육성에 합리적으로 연관되지
아니한 무기 소지가 보호받지 못한다고 판시되며 이는 간접적으로 무기소장권
이 주정부의 공적인 권리에 불과하다는 점을 인정한 것이라는 해석론이 다수를
점한 상황이었다. 다만 해제대상논문에서 저자는 이것이 결론적인 유권해석이
아님을 지적하며 개인적 권리론의 가치를 설파하였는데 이러한 저자의 주장해
제대상논문집필 10여년 만에 District of Columbia v. Heller, 554 U.S. 570(2008)
이라는 연방대법원 판결에서 현실화 되었다.[8]

　　Heller 판결에서 연방대법원은 수정헌법 제2조에 대하여, 특히 무기소장권이
누구의 권리인가라는 핵심적인 쟁점에 대하여 수정헌법 제2조의 비준·발효 이
후 처음으로 직접적이고 결론적인 유권해석을 내렸다. 사안은 가정에서 총기 소
유를 금지한 워싱턴 D.C.의 규제조치에 대한 사법심사였다. 워싱턴 당국은 수정
헌법 제2조의 권리를 집단적 권리로 보았기 때문에 이에 대한 규제는 문제없다
는 입장이었다. 하지만 연방대법원은 5:4로 D.C.의 조치가 위헌적이라 하였다.[9]
원의주의적(originalism) 해석을 동원하여 수정헌법 제2조의 본래적 의의를 추적
한 스칼리아(Scalia) 대법관은 다수의견을 집필하며 헌법이 개인이 가정에서 정
당방위를 위한 총기 소지나 총기 사용을 절대적으로 금지하도록 허용하지 않는
다고 하며 수정헌법 제2조의 무기소장권이 개인적 권리임을 분명히 하였다. 그
렇다고 이 판결이 정신이상자들이나 범죄자들의 총기소유를 허용하는 것은 아
니라고 하며, 주 정부들이 규제입법을 마련하는 경우에는 입법이 헌법에 합치되
게 노력해야 한다는 점을 강조하였다.

　　총기 규제입법을 실시하던 각 주에서는 이 판결에 반발하였지만 당시 대통

---

8) 동 판결에 대한 자세한 소개는 해제대상논문의 저자가 감수한 강건우, 「더 나인(The Nine)」,
　　라이프 맵, 2010을 참조해도 좋다.
9) 다수의견은 스칼리아(Scalia) 대법관이 작성하였는데 로버츠(Roberts) 대법원장과 케네디
　　(Kennedy), 토마스(Thomas), 알리토(Alito) 대법관이 참여하였다. 그리고 반대의견은 스티븐스
　　(Stevens0 대법관이 작성하였는데 이에는 수터(Souter), 긴즈버그(Ginsburg), 브레이어(Breyer)
　　대법관이 참여하였다.

령인 조지 W 부시 대통령과 2008년 대선에 출마한 공화당의 존 매케인과 민주
당의 버락 오바마 후보 모두 대법원의 판결에 찬성 표시를 하였다. 오바마의 경
우 총기규제를 허용하자는 민주당의 당론과 상충되는 입장을 밝혔는데 이는 상
당한 숫자의 총기소지자들과 정계에 강력한 영향력을 행사하고 있는 총기제조
업자들의 표를 의식한 입장 표명이었다. 하지만 결국 집권 후부터 지금에 이르
기까지 오바마 행정부는 강력한 반발에 부딪힐 것을 알면서도 지속적으로 규제
입법 마련에 힘을 쓰고 있는 실정이다. Heller 판결로부터 제시된 수정헌법 제2
조의 가치를 존중하면서도 총기 폭력으로 인한 무고한 인명 피해를 최대한 막아
야 한다는 난제 앞에서 오바마 정부가 어떠한 해결책을 내놓을지 궁금하다.[10]

[색인어] 무기소장권(the right to keep and bear arms), 밀러 판결(U.S. v.
        Miller), 헬러 판결(District of Columbia v. Heller), 공화주의(republi-
        canism), 총기규제(Gun Control)

---

10) 향후 기회가 된다면 연작으로서 해제대상논문의 후속 논문을 작성해보고 싶다. 특히 해제대상
   논문에서 집중한 수정헌법 제2조의 기본권의 역사적 의의에 대한 고찰과 더불어 민주주의와
   인간의 존엄성이라는 목적적 가치에 보다 집중하며 수정헌법 제2조의 의미를 살펴보고 싶다.
   무엇보다도 누구의 권리인가라는 질문보다는 누구를 위한 권리인가라는 질문에 답을 구하는
   측면에서 수정헌법 제2조에 접근해보고 싶다.

제 16 장

Miranda 판결의 현대적 의의

I. 머 리 말

"한 나라의 문명수준은 대체로 그 나라의 형사사법의 수준과 일치한다"는 윈스턴 처칠의 말을 받아들인다면, 1960년대의 미국은 그야말로 최고수준의 문명을 구가하고 있었다고 말할 수 있을 것이다. 워렌(Warren) 대법원장이 이끄는 미연방대법원은, "형사절차의 혁명(revolution in criminal procedure)"이라고 불리울 정도의 과감한 판결을 잇달아 내림으로써, 미국의 형사사법체계에 근본적인 변혁을 시도하였다. 그 중에서도 워렌 법원의 사법적극주의(judicial activism)적 노선의 최정점에 서 있다고 평가되는 판결이 이 논문의 출발점이 되는 1966년의 Miranda v. Arizona 판결(384 U.S. 436)이다.

Miranda 판결은 사법부의 진보적 경향을 반영하면서, 동시에 1960년대의 미국이 겪고 있던 근본적인 변화의 물결을 타고 있었다.[1] Miranda 판결이 내려지고 있던 당시 남부를 중심으로 한 미국 전역은 인종차별에 반대하는 민권운동가들의 시위와 도시소요에 휩싸여 있었다. 역사적으로 뿌리 깊은 인종차별의 관행은 특히 형사법 집행의 최전선에 선 경찰의 위법행위에서 극심하였다. 이러한 경찰의 위법행위로 인해 가장 피해를 많이 입은 계층은 대부분 무지하고 가난한 소수인종이었다. 그리하여 인종차별과 빈곤이 당시 미국이 겪고 있던 폭풍의 원인이었다면, 차별받고 가난한 흑인들의 분노가 사법체계, 특히 경찰에게로 향해진 것은 당연한 일이었다.

경찰의 위법행위가 소수인종에게만 가해진 것은 아니었다. 연방대법원이 일찍이 1930년대부터 경찰의 가혹행위로 얻은 자백의 증거능력을 부인해 왔음에도 불구하고, 식사를 제공하지 않는다든가 잠을 재우지 않는 것으로부터 갖가지

---

1) Cox, The Warren Court: Constitutional Decision as an Instrument of Reform, Havard Univ. Press, 1968, pp. 83-89.

신체적 고문에 이르는 경찰의 가혹행위는 그칠 줄 몰랐다.[2] 연방대법원은 가장 권한남용의 가능성이 높은 경찰 수사단계에서의 규제수단은 없으면서도 미국 국민은 누구나 스스로에게 불리한 증언을 강요당하지 아니하는 법정에서의 헌법적 특권을 누린다는 공허한 위선에서 벗어나, 위법한 경찰수사를 통제할 강력하고도 획일적인 처방의 필요성을 절감하게 되었다.

민권운동으로 광범하게 고양된 만민평등주의(egalitarianism)의 분위기는 이러한 대법원의 반성을 뒷받침하였고, 경찰의 가혹행위로 가장 피해 받은 빈곤하고 무지한 사람들의 취약한 조건을 악용하는 폐해의 금지를 요구하게 되었다. 무자력자에 대한 국선변호인의 무료선임,[3] 항소에 필요한 소송기록의 무료제공[4]등의 대법원 판결은 이러한 분위기의 헌법적 수용이라 할 수 있으며, Miranda 판결 역시 이런 맥락에서 이해할 수 있다.

Miranda판결이 내려진 지 20여년이 지났다.[5] 이 글에서는 연방대법원이 후속 판결들을 통하여 Miranda 원칙을 보완해 온 과정에서 변한 것과 변하지 않은 것을 살펴봄으로써, 판결이 내려진 직후부터 격렬한 논쟁의 대상이 되고 수많은 지지자와 비판자를 낳았던 이 판결이 지금은 어떤 모습으로 남아 있는지 조명해 보고자 한다.[6]

II. Miranda 원칙

1. 경찰서(police station)에서의 특권

미연방헌법 수정 제5조는 다음과 같이 규정하고 있다. 모든 사람은 "어떤 형사사건에서도 자기에게 불리한 증인이 될 것을 강요당하지 아니한다(no person

---

2) Caplan, "Miranda Revisited (Book Review)," 93 Yale L.J. 1375 (1984), 1383면의 주 37).

3) Gideon v. Wainwright, 372 U.S. 335 (1963).

4) Griffin v. Illinois, 351 U.S. 12 (1956).

5) 버거(Burger) 법원의 이른바 "반혁명(counterrevolution)"에 대해서는 Israel, "Criminal Proce-dure, The Burger Court, and the Legacy of the Warren Court," 75 Mich.L.Rev. 1319 (1977)을 참조. 그러나 버거 법원이 보수주의자들의 기대만큼 후퇴하지는 않았다고 평가하는 것이 일반적이다.

6) 이하의 논지전개는 기본적으로 LaFave & Israel, Criminal Procedure, Vol. I, West Pub. Co., 1984, pp. 479-547에서 제시한 분석틀에 입각하였다.

shall be compelled in any criminal case to be a witness against himself)." 문언에 충실하게 해석한다면 이른바 자기부죄금지의 특권은 법정에서의 증언과는 달리 경찰수사 과정에서 얻은 진술에는 적용되지 않는 것이 되고, 이러한 견해가 Miranda 판결 이전의 일반적인 인식이었다.[7] 경찰수사에서 얻은 자백의 임의성 문제는 수정 제14조[8]의 "임의성심사(voluntariness test)"에 의해 결정되었다.[9] 그러나 1964년의 Malloy v. Hogan 판결[10]은 경찰수사 단계에서의 자유의 임의성을 판단하는 기준은 수정 제5조라고 판시하였다. 그로부터 2년후, 연방대법원은 Miranda 판결에서 "수정 제5조는 경찰의 구인신문(拘引訊問,custodial interrogation) 단계에도 제한없이 적용된다"고 판시함으로써 이를 다시 확인하였다.

2. Miranda 판결[11]

연방대법원은 우선 경찰수사의 관행을 비판적으로 검토한 후, "굳이 물리적 강제력을 동반하지 않더라도 구인수사라는 사실 자체가 개인의 자유를 크게 훼손하고 악용할 여지를 만든다" 라고 전제하고, 다음으로 심리대상이 된 4건[12]의 사실관계를 살핀 후, "비록 전통적인 기준에 의하면 피고인들의 자백이 강요된

---

7) 그러나 일찍이 1897년, 연방대법원은 Brown v. United States 판결(168 U.S. 532)에서 형사재판 (criminal trial)에서 자백의 임의성이 문제될 때에는 연방헌법 수정 제5조가 그 판단의 기준이 된다고 판시하였다. 그러나 이 판단은 계속 무시되어 왔다.

8) 미연방헌법 수정 제14조는 다음과 같이 규정하고 있다. "어느 주도 법위 적정한 절차에 의하지 아니하고는 사람의 생명, 자유, 재산을 박탈하지 못한다.(nor shall any State deprive any person on life, liberty, or property, without due process of law)."

9) 적법절차조항 (수정 제14조)에 따른 임의성심사란, 경찰이 자백을 얻기 위해 사용한 방법이 적법절차의 허용범위 밖이어서 그 자백의 증거로서의 진실성을 의심할 정도라면 법정에서 증거능력을 부인한다는 것이다. 즉 강요된(coerced) 자백은 진실이 아닐뿐더러 "우리 사회의 공정성(fairness)의 관념에 반한다." Watts v. Indiana, 338 U.S. 49 (1949).

10) 378 U.S. 1. 의 판결은 또한 연방헌법 수정 제5조가 각주에도 적용된다고 판시한 점에서 그 의의가 있다.

11) Miranda 판결의 사실관계, 소송진행과정, 그에 얽힌 뒷이야기 등에 대해서는 안경환, "위대한 이름, 추악한 생애," 사법행정, 1987, 99-100면; Liva Baker, Miranda: Crime, Law and Politice, Atheneum, 1983을 참조.

12) 흔히 Miranda판결로 통칭되는 판결은 동일한 법적 이슈가 걸린 병합심리로 된 4건의 판결을 포함한다. 이 4건의 판결은 각각 Miranda v. Arizona, Vignera v. New York, Westover v. United States, California v. Stewart이다. 이들 4건의 사건의 공통점은 중죄(felony) 혐의자들이 강제로 낯선 상황에 놓여져, 위협적인 경찰수사 절차를 거쳤고, 이 과정에서 경찰은 각 혐의자의 진술이 진실로 자유로운 선택의 결과였다고 확신할 만한 적절한 보호 수단을 제공하지 않았다는 사실이다.

것이라고 할 수는 없지만," 이들 자백은 "강요의 가능성(possibility of compulsion)
이 매우 높은" 상황에서 얻어진 것이라고 보았다. 그리고 나서 연방대법원은
"구인상황에 필연적인 강제성을 배제하기 위한 적절한 조치가 없는 한, 피의자
로부터 얻은 어떠한 진술도 그의 자유로운 선택(free choice)에 의한 것이라고 보
기는 어렵다"고 선언하면서, "Miranda 경고"를 모든 구인신문 전에 고지하여야
한다고 판시하였다.

　　Miranda 원칙을 세분하여 설명하면 다음과 같다.

　　(가) 이 원칙은 자기에게 불리한 진술을 강요당하지 않을 권리를 보장하기
위한 것으로, "피의자에게 권리가 있음을 알리거나 권리를 행사할 수 있는 계속
적인 기회를 확인시켜 줄 다른 절차"가 없는 한 반드시 준수되어야 한다.

　　(나) 이 원칙은 "어떤 사람이 경찰서에서의 구인상태에서 또는 기타 상당한
정도로(in any significant way) 행동의 자유를 박탈당한 상태에서 처음 경찰의 신
문을 받을 때" 적용된다.

　　(다) 구인신문에 처한 사람은 "우선 명확한 용어로 묵비권(right to remain
silent)이 있음을 고지받아야 한다."

　　(라) 위의 고지를 할 때 "피의자의 진술은 어떤 것이든지 법정에서 피의자
자신에게 불리하게(against himself) 사용될 수 있고 사용될 것이다(can and will be
used)"라는 경고를 덧붙여야 한다. 이것은 피의자가 자기의 특권을 포기할 경우
의 결과를 충분히 이해하도록 하기 위한 것이다.

　　(마) 또한 피의자는 "변호인의 조력을 받을 권리(right to comsult with a law-
yer)와 신문중에 변호인을 입회시킬 권리(right to have a lawyer with him during
interrogation)"를 가지고 있음을 명확히 고지받아야 한다.

　　(바) 피의자는 또한 "무자력(indigent)일 경우에는 국선변호인이 선임될 것"
이라는 점도 고지받아야 한다. 그렇지 않을 경우에는 위의 경고는 변호인을 선
임할 자력이 있는 사람에게만 변호인의 조력을 받을 권리가 있다는 뜻으로 이해
될 수 있기 때문이다.

　　(사) 피의자가 어떤 방법으로든, 신문 전이든, 신문 중이든 언제라도 진술을
거부하겠다는 뜻을 보이면, 신문은 중지되어야 한다. 마찬가지로, 변호인을 원한
다는 뜻을 밝히면 신문은 변호인이 입회할 때까지 중지되어야 한다.

　　(아) 만약 피의자의 진술이 변호인의 입회 없이 이루어진 것이라면, 피의자

의 자기부죄금지의 특권과 변호인의 조력을 받을 권리의 포기가 인식 있고 지각 있는(knowing and intelligent) 것이었다는 사실은 검찰측이 입증하여야 한다.

(자) 위의 원칙을 위반하여 얻어낸 진술은 어떠한 성격의 것이라도 증거로서 인정할 수 없다.

(차) 피의자는 이 특권의 행사로 처벌을 받지 아니하고, 검찰 측은 "사실심에서 피고인이 묵비권을 행사하거나 특권을 주장하였다는 사실"을 증거로 제출하지 못한다.

3. Miranda 판결에 대한 찬반론

Miranda 판결은 경찰수사의 관행에 관련된 기존의 문제점들을 얼마나 해결하였는가? 이 문제에 대해서는 견해가 대립하고 있다.

우선 Miranda 판결의 장점으로는

첫째, 비록 Miranda 판결 이후에도 피의자가 자백을 하는 비율이 크게 변하지 않았다는 연구결과[13]에도 불구하고 "Miranda 판결은 분명 중요한 상징적 기능을 한다"는 점이다. 이 상징적 기능이란 "빈곤하거나 순진한 사람들이 특히 경찰에 이용당하기 쉬운 현실을 개선"하는 등의 기능을 말한다.[14]

둘째, Miranda 판결은 경찰수사의 허용범위를 명확히 함으로써 계도의 역할을 한다는 것도 장점으로 들 수 있다. 신문을 둘러싼 "전체 상황(totality circum-stance)"과 경찰의 강제에 대해 특정 피의자가 어떻게 반응하는가의 평가에 근거한 "임의성심사(voluntariness test)"의 모호함을 극복하였다는 것이다.[15]

---

13) Madalie, Zeitz & Alexander, "Custodial Police Interrogation in Our Nation's Capital: The Attempt to Implement Miranda," 66 Mich L.Rev. 1347 (1968); 반면에 자백률이 크게 떨어졌다는 통계연구도 있다. Project, "Interrogations in New Haven: The Impact of Miranda," 76 Yale L.J. 1519 (1967); Seeburger & Wettick, "Miranda in Pittsburg−A Statistical Study," 29 U. Pitt. L. Rev.1 (1967). 그러나 이들 통계연구는 Miranda판결이 내려진 직후의 것들로, 그 어느 것도 Miranda판결의 진정한 영향에 대해 결정적인 연구하고 할 수는 없다.

14) Welsh W. White, "Defending Miranda: A Reply to Professor Caplan," 39 Van. L.Rev. 17 (1986); Stephen J. Schulhofer, "Confessions and the Court, (Book Review)" 79 Mich. L.Rev 865, 883 (1981).

15) 임의성심사에 대한 비판은 Schulhofer, 앞의 논문; James G. Scotti, "In re John. C.−An Opportunity for the New York Courts to save Miranda from the Public Safety Exception," 62 St. John's L. Rev. 143 (1987)을 참조. 그러나 Miranda 판결이 내려진 후에도 임의성심사를 자백의 임의성 판단의 기준으로 삼는 경향이 사라진 것은 아니다. 자세한 것은 Schulhofer, 앞의 논문, p. 887; Grand, "Voluntariness, Free Will, and the Law of Confessions," 65 Vol. L. Rev. 859

셋째, Miranda 판결은 경찰신문실행에 대한 사법심사(judicial review)의 단순화에도 기여하였다. 즉 자백의 임의성 문제에서 고려되는 여러 가지 요소의 비중에 대한 판단을 법관의 개인적 선호에 맡기지 않고, 피의자가 처했던 상황이 "구인신문(custodial interrogation)"이었는지 적절한 경고(proper warning)가 주어졌는지의 여부의 판단에만 초점을 맞출 수 있게 되었다.

그러나 Miranda 판결의 다수의견의 분석에는 매우 근본적인 모순이 존재한다.[16]

대법원은 구인신문에 필연적인 강제성에 비추어, 변호인의 조력이 없이 한 구인신문에서의 진술은 진실로 임의적인 것이었다고 할 수 없다는 논지를 강조한다. 그러나 피의자가 구인신문에 처했을 때 변호인 없이 신문에 응할 것인가에 대한 결정이 임의성이 없다고 한다면, 동일한 조건에서 변호인의 도움을 받지 않겠다는 결정은 어떻게 임의성이 있다고 할 수 있겠는가? 이 논리를 관철한다면 경찰의 구인상태에 있는 피의자는 변호인의 조력을 받을 권리를 포기할 수 없다는 결론이 불가피할 것이다.[17] 이 모순점은 찬반론 양측에서 지적되었다. 그러나 Miranda 판결이 그렇게 엄격한 해석을 의도한 것 같지는 않다. 신문 시에 변호인을 반드시 입회시킬 것을 요구한 것도 아니며, 변호인의 조력을 받을 권리를 포기할 수 없는 것도 아니다.

두 번째의 비판은 외부와 차단된 밀실에서 신문이 행해지므로 자백의 증거능력은 법정에서의 "선서싸움(swearing contest)"의 결과에 좌우된다는 것이다.[18] 즉, 피의자가 적절한 경고를 신문 전에 받았는지, 피의자가 자유로운 선택에 따라 그의 권리를 포기하고 자백하였는지 등의 여부는 결국 법정에서 경찰관과 피의자가 진술하는 증언의 결과에 따라 결정될 것이고, 양측의 증언이 상반될 경우에 법원은 양측의 증언 중 하나를 택해야 하는 곤경에 처하게 된다. 그러나

(1979)를 참조.

16) 카미잘 교수를 비롯한 다수의 학자들은 Miranda 판결에 내재하는 근본 모순으로 "임무에 충실한 경찰관이라면 누구나 혐의자로 하여금 말하도록 부추기거나 침묵하도록 충고하지는 않을 것"이라는 점을 지적하고 있다. Kamisar, Police Interrogation and Confessions, Michigan Press, 1980, p. 85.

17) 이 점은 이미 Miranda 판결의 구두변론(oral argument)에서 Stewart 대법관이 지적한 바 있다. 또한 다음 문헌을 참조. Commentary to Model Pre-Arraignment Code, Study Draft No. 1, 1968, pp. 39-40; Kamisar, 앞의 책, p. 49.

18) Schulhofer, 앞의 논문, p. 882.

신문 전 경찰의 고지가 중립적인 인사에 의할 필요도 없고, 대법원은 경찰이 적
절한 경고를 고지했음을 입증할 객관적인 증거의 제시를 요구하지도 않았다. 권
리의 포기에 대해서도 마찬가지다.19) 밀실상황은 "포기의 유효성에 의문을 제기
할 뿐 아니라, 포기 후 절차의 적정성도 의심하게 된다."20) 그러므로 최소한 수
사상황의 객관적인 녹음이 검찰 측의 입증자료로 제시되어야 한다는 주장이 제
기되고 있다.

4. Miranda 원칙의 폐기 시도

1968년 연방의회는 범죄통제법(Crime Control Act)21)을 개정하여 연방형사사
건에서의 자백의 임의성 판단 기준을 정하였다. 이 법에 의하면, 연방형사사건
에서 자백은 "임의성이 인정되면 증거로 인정된다." 임의성판단에는 여러 가지
요소들이 고려되며, "경찰이 Miranda에서 정한 원칙에 따랐는지의 여부가 임의
성 판단에 결정적인 요소는 아니다."

이 법에 대해서는 합헌론과 위헌론의 견해대립이 있다. 일부 학자들은 이
법이 Miranda 원칙을 폐기하려는 시도로 보고 위헌이라고 주장하였다.22)

합헌론은 Michigan v. Tucker 판결23)에서 연방대법원이 "Miranda 판결에서
도 인정하였듯이 이 절차적 보장책은 그 자체가 헌법적 요구가 아니라 헌법상
권리의 보장을 확실하게 하기 위한 사법적 수단일 뿐"이라고 판시한 것을 그 한
가지 근거로 삼는다. 그러나 Miranda가 헌법적 요구가 아니라 헌법을 보충하고
수행하기 위해 법관이 만든 규칙이라는 주장을 받아들인다고 해도, Miranda 원
칙이 헌법상 아무런 지위도 갖지 않는다고 말할 수는 없다.24)

---

19) Miranda에서 연방대법원은 변호인이 동석하지 않은 상황에서 피의자로부터 진술을 받아낸 경
　　우에는, 피의자가 인식 있고 지각 있는 포기를 하였다는 사실을 입증할 무거운 책임이 검찰 측
　　에 있다고 판시하였다. 또한 다수 학자들은 적어도 음성녹음이나 비디오녹음을 증거로서 제출
　　하여야 한다고 본다. 그러나 대부분의 법원은 관여 경찰관의 증언만으로 족하다고 한다.
20) Kamisar, 앞의 책, p. 87.
21) Title Ⅱ of the Omnibus Crime Control Act of 1968, Chapter 223, title 18, United States Code.
22) Pye, "The Warren Court and Criminal Procedure," 67 Mich. L. Rev. 249, 264-65 (1968);
　　Schrock, Welsh & Collins, "Interrogational Right-Reflection on Miranda v. Arizona," 52 So.
　　Cal. L.Rev.1 (1978).
23) 417 U.S. 433 (1974).
24) "Miranda 원칙은 각 주에도 적용되므로, 비록 헌법 자체가 아니고 의회의 입법에 따르게 될 수
　　도 있지만, 그렇다고 해서 최소한의 헌법적 강제력을 가지지 않는다고 볼 수는 없다는 것이 연

합헌론의 또 하나의 근거는, 대법원은 입법의 배경이 된 사실적 상황에 관한 의회의 판단을 우선적으로 존중하여야 한다는 것이 이미 인정된 원칙이라는 것이다.25) 즉 대법원은 구인신문이 필연적으로 강제성을 띤다고 판단한 반면, 의회는 그와 반대로 판단했기 때문에 이 법을 개정했다는 주장이다. 그러나 이 주장은 Miranda 판결을 오해한 데서 비롯된다. Miranda가 모든 경우의 구인신문이 강제성을 띤다고 단언한 것은 아니며, 오히려 "다른 예방수단이 없는 한, 밀실에서 받아낸 자백이 자기부죄금지의 특권에 반하여 강요에 의한 것이 아니라고 충분히 보장할 수 없다"는 견해에 근거한 것이다.

마지막으로, 의회는 Miranda 판결의 초대에 응한 것뿐이므로 위헌이 아니라는 주장도 있다. Miranda에서 연방대법원은 "우리는 연방 및 각 주의회가 형사법의 효율적인 집행을 촉진하면서도 개인의 권리를 보장할 보다 더 효과적인 수단을 계속해서 강구해 나갈 것을 촉구한다"고 하였다. 이러한 "초대"는 "피고인에게 자신의 묵비권을 알려주는" 기타의 수단을 강구하는 데 한정된다고 보아야 한다. 따라서 이 법은 초대받지 않은 손님으로, Miranda에서 연방대법원이 다루었던 핵심문제에 대한 합헌적 대안이 되지 못한다.

그러나 실제 이 법의 적용에 있어서는 법원은 Miranda 원칙을 탄력적으로 적용함으로써 이 법과의 충돌을 피하려는 태도를 보인다. 앞에 든 Michigan v. Tucker 판결이 그러한 해석의 본보기를 보였다고 하겠다. 또한 검찰 측에서도 Miranda 원칙에서 크게 벗어나면 이 법을 따르지 않으려는 경향을 보인다.26)

방대법원의 입장이다." Cox, "The Role of Congress in Constitutional Determinations," 40 U. Cin. L. Rev. 199, 251 (1971).

25) Schrock, Welsh & Collins, 앞의 논문.

26) Friendly, The Constitution, U.S.Dep't. Justice Bicentennial Lecture Series, 1976, pp. 24-5. 1975년 연방항소법원은 이 법을 합헌이라고 판시한 바 있다. United States v. Crocker, 510 F. 2d 1129 (10th Cir. 1975).

Ⅲ. Miranda 세칙

1. "구인성" 신문

(1) "구인"(custody)과 "초점"(focus)

연방대법원은 Miranda 경고를 필요로 하는 "구인신문"(custodial interrogation)을 "어떤 사람이 구인상황에 처하든가 기타 상당한 정도로 행동의 자유를 박탈당한 뒤 사법경찰관이 시작한 질문"이라고 정의하였다. 이 문구의 정확한 뜻을 두고 법원은 수 년동안 상당한 곤란을 겪었다.

첫 번째 문제는 "구인"과 수사의 "초점"이 동일한 의미인가였다.[27] 여기서 "초점"은 아직 충분한 증거를 확보하지 못하였지만 어떤 사람에게 특히 혐의를 두고 수사를 집중하는 것을 말한다. 이 문제는 Beckwith v. United States 판결[28]에서 종국적으로 해결되었다. 연방대법원은 "이 사건 피의자가 자택에서 미 국세청(IRS) 직원과의 면담 당시 수사의 초점이 되었던 것은 인정되나, 이 사실이 Miranda가 적용되는 데 필요한 구인상황의 요소가 되는 것은 아니다"라고 판시함으로써 양자가 동일한 개념이 아님을 명백히 하였다.

(2) 구인의 목적

구인의 목적과 신문의 목적이 상호 무관한 경우에도 Miranda가 적용되는가?

Mathis v. United States 판결[29]은 이를 긍정하였다. 이 사건에서 피의자는 다른 범죄로 주 형무소에 복역중 이전의 소득납세신고에 관해 미 국세청 직원으로부터 조사를 받으면서 Miranda 경고를 받지 못하였다. 대법원은 이 경우에도 Miranda 경고가 고지되어야 한다고 판시하였다.

---

27) 이 문제는 Miranda판결의 주석에서 비롯되었다. 연방대법원의 다수의견은 "구인"개념을 정의하면서 다음과 같은 주석을 달았다. "이것은 우리가 Escobedo에서 수사의 초점이 되었다고 말한 바와 같은 의미이다." 그러나 정작 Escobedo판결에서는 양자를 서로 다른 것으로 명백히 구별하였다. Escobedo v. Illinois, 378 U.S. 478 (1964). 또한 Hoffa v. United States에서도 "체포의 상당한 이유를 뒷받침할 아주 작은 증거를 확보하였다고 해서 경찰이 수사를 중단하여야 할 의무는 없다"고 선언하였다. 385 U.S. 293 (1966). Graham, "What Is Custodial Interrogation?," 14 U.C.L.A.Rev. 59 (1966)을 참조.

28) 425 U.S. 347 (1976).

29) 391 U.S. 1 (1968).

(3) 구인성의 기준

어떠한 상황이 구인상황인가를 결정하는 것은 Miranda를 적용할 때 핵심적인 문제이다. 그 기준으로 크게 두 가지가 있다.

1) 주관적 기준

주관적 기준은 다시 두 가지로 나뉜다.

첫째는 피의자의 내심을 기준으로 하는 것이다. 이 기준에 따르면 피의자가 스스로 구인되어 있다고 믿는다면 그는 Miranda 경고를 받아야 하는 구인 상태에 있는 것이다. 이 기준의 문제점은 피의자의 내심에 따른 기준으로 경찰을 계도할 규칙을 만든다는 것이 불합리하다는 것이다. 이 기준을 배척한 법원이 지적한대로, 이 기준은 "경찰에게 모든 피의자의 의지박약이나 이상기질을 기대해야 하는 부담을 지우게 된다."[30]

두번째의 주관적 기준은 경찰관의 의도에 의존하는 것으로, 피의자에게 그 의도가 전달되었는가의 여부는 묻지 않는다. 연방대법원은 Orozco v. Texas 판결[31]과 Oregon v. Mathiason 판결[32]에서 이 기준을 적용하였다. 이 기준은 경찰관의 입장에서는 이해하기 쉬우나, Miranda의 "강제의 가능성"에 비추어 볼 때 거의 무의미하다. 경찰관의 숨겨진 의도는 피의자의 입장에서 본 상황에 아무런 변화를 주지 못하기 때문이다

위의 두 가지 주관적 기준은 법원의 사실관계 확정을 극히 어렵게 한다는 공통된 단점을 지닌다. United States v. Hall 판결[33]에서 지적한 바와 같이, Miranda의 구인요소를 경찰관과 피고인의 "선서싸움(swearing contest)"으로 결정하는 것은 난센스이다. 경찰관은 누구나 피고인에게 강제력을 사용할 의도가 없었다고 주장할 것이고, 피고인 또한 예외 없이 경찰관이 신문을 시작한 순간부터 자유를 상당한 정도로 박탈당했다고 믿었다고 주장할 것이기 때문이다.

2) 객관적 기준

다수의 하급법원은 이 기준을 적용한다. 이 기준에 따르면, 합리적인 평등권

---

30) People v. P. (Anonymous), 21 N.Y. 2d 1 (1967).
31) 394 U.S. 324 (1969).
32) 429 U.S. 492 (1977).
33) 421 F. 2d 540 (2d Cir. 1969).

이라면 그 사건의 상황에서 스스로가 구인되었다고 생각할 것인가가 문제된다.

Hunter v. States 판결[34]은 다음의 세 가지 요소를 고려하여야 한다고 판시하였다.

첫째, 신문에 수반된 사실관계, 즉 신문시기, 시간, 신문경관의 수, 경찰관과 피의자의 언행, 물리적인 강제력 또는 그에 상응하는 것의 사용 여부, 피의자가 혐의자로서 신문을 받았는지 아니면 증인으로서 신문을 받았는지의 여부 등이 고려된다.

둘째, 신문 전의 사실관계. 특히 피의자가 신문장소에 자진해서 갔는지, 경찰의 출석요구에 따른 것인지, 아니면 경찰의 동행요구가 따랐는지가 고려된다.

셋째, 신문 후의 사실관계. 피의자가 신문 후 자유롭게 신문장소를 떠났는지 아니면 구금되거나 체포되었는지가 고려된다.[35]

(4) 경찰서에의 출두

경찰서에의 출두가 모두 구인이 되는 것이 아니다. 피의자가 자진해서 경찰서에 출두한 경우는 구인이 아니다. 또한 경찰의 출두요구에 응한 경우에도 구인이 아니라고 할 것이다. 이 경우에는 관련사실관계를 면밀히 살펴볼 필요가 있다.[36]

경찰에의 출두가 경찰관의 동행에 의한 것이면 구인성을 인정하기가 쉬워진다.[37] 그러나 비록 경찰관이 동행하였다고 하더라도 만약 피의자가 체포된 것이

---

34) 590 P. 2d 888 (Alaska 1979).

35) 이 세 번째 요소에 대하여는 신문 후의 사실이 신문 당시의 상황을 평가하는 합리적 평등인에게 어떤 의미가 있겠는가 하는 비판이 제기된다. 그러나 연방대법원과 주법원들은 혐의자가 신문 후 자유로이 신문장소를 떠났다는 사실을, 신문이 구인성을 갖추지 않았다는 주장이 강력한 증거로 인정한다. Oregon v. Mathiason, 429 U.S. 492 (1977), Common-wealth v. O'Toole, 351 Mass. 627 (1967), State v. Seefeldt, 51 N. J. 472 (1968), Weedon v. State, 501 S. W. 2d 336 (1973).

36) Oregon v. Mathiason, 429 U.S. 492 (1977). 보호관찰대상인 피의자의 집에 경찰이 남겨놓은 "의논할 것이 있다"는 메모를 보고 피의자가 전화를 걸어 가까이 있는 경찰서에서 만나기로 하고 갔다. 경찰서에서 경찰관은 "당신은 체포된 것이 아니며, 어떤 강도사건에 관해 이야기하고 싶다"고 말하였다. 곧이어 경찰관은 거짓으로 피의자의 지문이 범행현장에서 발견되었다고 말하였고, 피의자가 자백하였다. 그 뒤 그는 자유롭게 경찰서를 나갔다. 연방대법원은 피의자가 자발적으로 경찰서에 들어왔으므로 구인성이 없다고 판시하였다. 그러나 과연 보호관찰대상인 피의자가 지문이 발견되었다는 말을 듣고도 아직 행동의 자유가 박탈당하지 않으리라고 생각할 수 있을지는 의문이다.

37) Dunaway v. New York, 442 U.S. 200 (1977).

아니라면 언제라도 떠나고 싶을 때 떠날 수 있다는 충고를 들은 경우에는 사정
이 다르다.[38]

(5) 경찰서의 이외의 장소에서의 신문

경찰서가 아닌 장소, 즉 체포된 장소나 경찰차 안에서 신문을 받을 때에도
Miranda가 적용된다. 그러나 신문장소가 피의자에게 친숙하거나 적어도 중립적
인 조건인 경우에는 구인성을 인정하지 않는 경향이 있다. 이 경우에도 개별 사
건의 정황을 자세히 분석해야 한다.

통상적인 경우 자택에서의 신문은 구인성이 없다.[39] 자택에서 신문할 때 혐
의자의 친구나 가족이 동석하고 있었다면 구인이 아니라는 주장이 더욱 강력해
진다. 이와는 대조적으로, 4명의 경찰관이 새벽 4시에 혐의자의 집 침실에 들어
가 신문을 한 경우, 대법원은 경찰서에서의 신문에 버금가는 "강제의 가능성"이
있다고 보고 Miranda를 적용하였다.[40]

자택 이외에 친구나 친척집, 직장, 공동장소, 또는 병원 등에서의 신문은 구
인성이 없다고 한다.[41] 그러나 특별한 사정이 있는 경우에는 다르게 판단을 내
릴 것이다.[42]

범죄현장 부근이나 교통사고 현장 부근에서 의심스럽게 어슬렁거리던 사람
들에 대한 질문에는 구인성이 없다. 사소한 교통규칙 위반으로 차를 세우거나
운전면허증을 보기 위해 차를 세운 경우도 마찬가지이다. 이들 경우는 수정 제4
조[43]의 "체포(seizure)"[44]에 해당될 수 있는 상황이지만 적어도 제한된 체포의 경

---

38) California v. Beheler, 463 U.S. 1121 (1983).

39) Beckwith v. United States, 425 U.S. 341 (1969).

40) Orozco v. Texas, 394 U.S. 324 (1969).

41) Minnesota v. Murphy, 465 U.S. 420 (1984).

42) 경찰에 의해 병원에 호송된 환자에 대하여 병원을 벗어날 수 없도록 통제한 다음 경찰관이 녹
음기를 들고 병실을 "방문"한 경우, 기타 경찰이 지배하는 상황에 처해진 혐의자에 대한 신문
은 구인성을 인정한다. People v. Layton, 29 Cal. App. 3d 349 (1972), Shedrick v. State, 10
Md. App. 579(1970), DeConingh v. State, 433 So. 2d 501 (Fla. 1983).

43) 미연방헌법 수정 제4조는 다음과 같다. "불합리한 수색 및 압수로부터 신체, 주택, 문서, 동산
을 보전할 인민의 권리는 침해할 수 없다 (the right of the people to be secure in their
persons, houses, papers, and effects, against unresonable searches and seizures, shall not
violated) …"

44) 여기서 말하는 체포는 수정 제4조의 조문에서는 신체의 "압수(seizure)"라고 표현된, 전통적인
의미의 체포(arrest)와는 다른 개념이다. 전통적인 "체포"개념은 혐의자의 경찰서에의 구금과
형사소추에 이르게 되는 신체의 구속을 의미한다. 이에 대하여 수정 제4조의 신체에 대한 "압

우[45])에는 Miranda 판결에 의하여도 "상당한 정도로 행동의 자유를 박탈당하지 않았다"고 말할 수 있기 때문이다.[46])

(6) 기타 고려할 점

행동의 자유를 "상당한 정도로(in any significant way)" 박탈당하였는가, 즉 피의자의 저항의지에 실질적으로 영향을 미쳐 진술케 할 정도였는가도 고려할 점이다. 경찰관이 혐의자를 신체적으로 붙잡을만한 거리에 있지 않았을 경우에는 구인성이 부정된다. 그러나 수갑을 채우거나 총을 빼들거나 팔을 붙잡거나 경찰차 안에 밀어 넣는 등 물리적 강제를 가한 경우에는 구인성을 인정한다.[47]) 이 경우 혐의자가 자유로이 떠날 수 있다는 말을 들었는지, 그리고 신문이 경찰차 안에서 일어난 경우 피체포인기록절차(booking)[48])가 있었는지의 여부도 관련시켜 검토하여야 한다. 이밖에도 신문 당시의 경찰관의 태도(호의적이었는가, 적대적이었는가), 질문의 성격 등도 무관하다 할 수 없다.

2. "신문"(interrogation)

(1) 기능적 등가물(functional equivalent) 기준

Miranda의 적용 범위로서의 "신문(interrogation)"의 의미에 대해서는 크게 두 가지 견해가 대립하였다. 하나는 Miranda 판결의 문언에 충실하여 물음표로 끝나는 명시적인 질문(express questioning)만이 신문이라는 견해이다.[49]) 다른 견해는 보다 넓은 해석을 주장하였다. 연방대법원은 Rhode Island v. Innis 판결[50])에

수"는 그보다 넓은 개념이다. "합리적인 사람이라면 마음대로 떠날 수 없다고 생각할 때, 그는 수정 제4조의 의미에서 "압수"된 것이다." United States v. Mendelhall, 446 U.S. 544 (1980).

45) 이른바 "Terry stop"을 말한다. 범죄행위 직전 또는 직후에 어떤 사람이 그 범죄행위와 관련되어 있다고 판단한 경찰관은 영장 없이도 그 혐의자를 정지시키고 필요한 질문을 하거나, 무기를 가지고 있다고 판단되면 간단한 몸수색도 할 수 있다. Terry v. Ohio, 392 U.S. 1 (1968).

46) Berkemer v. McCarty, 468 U.S. 420 (1984).

47) New York v. Quarles, 467 U.S. 649 (1984).

48) 혐의자가 구인장소에 연행되면 담당경찰관은 체포된 사람의 성명, 경찰서에 도착한 시간, 체포의 이유가 된 죄명 등을 기록부에 적고, 사진을 찍고 지문을 채취하게 된다. 이 행정절차를 'booking'이라고 한다.

49) Combs v. Commonwealth, 438 S. W. 2d 82 (Ky. 1969).

50) 446 U.S. 291 (1980). 피의자가 살인강도 혐의를 받고 체포되어 경찰관들과 함께 경찰차로 경찰서에 가던 중 경찰관들이 자기들끼리 수색중인 무기가 부근 장애자학교 어린이들을 다치게 할지도 모른다는 대화를 나누는 것을 듣고 무기가 숨겨진 곳으로 안내한 사건이다. 여기서 경찰관들끼리 나눈 대화가 신문인가가 문제되었고, 연방대법원은 기능적 등가물 기준으로도 이것

서 광의로 해석하였다. Innis 판결에 따르면 신문개념은 "명시적인 질문뿐만 아
니라 그 기능적인 등가물(functional equivalent), 즉 경찰이 혐의자로부터 유죄의
반응을 유도할 합리적 가능성이 있다고 생각했을 것이 확실한 경찰 측의 언
동"51)도 포함한다. 이 판결로 반드시 명시적인 질문이 아니라고 하여도 신문이
될 수 있다는 견해가 일반적인 것이 되었고, 문제는 Innis 판결의 합리적인 해석
에로 초점이 모아졌다.52)

(2) 명시적인 질문(express questioning)

명시적인 질문 역시 유죄의 반응을 유도할 합리적 가능성이 있다고 경찰이
생각했음이 확실한 경우에만 신문의 범위에 들어갈 것이다.53) 그 예의 하나로서

은 신문이라고 볼 수 없다고 판시하였다.

51) Miranda-Innis의 이 기준과 Williams-Massiah의 "의도적 유도(deliberate eliciting)" 기준이 동일
한 내용인가가 문제되었다. Brewer v. Williams (Williams Ⅰ), 430 U.S. 387 (1977), Massiah v.
United States, 337 U.S. 201 (1964). 이 두 판결은 연방헌법 수정 제6조의 변호인의 조력을 받
을 권리의 문제를 다룬 것들이다. Williams-Massiah의 의도적 유도기준은 다음과 같다. "일단
대립당사자적 절차(adversary proceeding)가 시작되면, 피의자는 경찰이 그로부터 유죄의 정보
를 의도적으로 유도할 때 연방헌법 수정 제6조의 변호인의 조력을 받을 권리를 가진다."
Massiah v. United States. Williams Ⅰ 판결의 판결문을 집필한 Stewart대법관은 헌법 수정 제6
조의 변호인의 조력을 받을 권리는 Miranda의 "신문(interrogation)"이 없으면 발동되지 않는다
고 판시하였다. 그러나 3년 후의 Innis판결에서는 수정 제5조의 "interrogation"과 수정 제6조의
그것은 필연적으로 같은 개념은 아니라고 하여 입장을 수정하였다. 양자가 동일한 개념은 아
니라는 것이 일반적인 견해이다. 양자의 차이점은 우선 Williams-Massiah의 "의도적 계도" 기
준은 경찰의 주관적 의도에 초점을 두는 반면 Innis의 기능적 등가물 기준은 경찰의 주관적 의
도를 크게 고려하지 않는다는 것이다. 그러나 Innis의 다수의견은 판결문에서 경찰관의 의도가
전혀 무관한 것은 아니라는 주석을 달아 논란의 여지를 남겨 놓았다.

52) Innis 판결의 정의가 유죄의 반응을 유도할 "명백한 개연성(apparent probability)"으로 해석될
경우, 피의자의 저항가능성에 관련된 요소는 얼마나 비중을 두어야 하는지, "합리적 가능성"은
어느 정도의 가능성인지 등을 우선 판단해야 하는 번거로움이 생긴다. 이에 대하여 White교수
는 다음과 같은 해석을 제시하였다. "Innis 판결의 다수의견이 주장하는 객관적 기준과 경찰관
의 주관적 목적을 함께 고려한 기준은, 경찰이 명시한 객관적 목적에 따라 신문인지의 여부를
판단하는 것이다. 다시 말하면 혐의자에 대해 경찰관과 동일한 지식을 갖고 있는 객관적인 관
찰자가 경찰관이 피의자에게 한 말만 듣고서, 그 말이 유죄의 반응을 유도하려고 계획되었다
고 결론을 내린다면, 경찰관이 한 말은 "신문"이 되는 것이다." W.White, "Interrogation
without Questions : Rhode Island v. Innis and United States v. Henry," 78 Mich. L. Rev. 1209
(1980), 1231면의 주 146.

53) 그러나 Harryman v. Estelle 판결에서는 검찰의 질문이 유죄의 반응을 유도하도록 의도된 것이
아니라 단지 놀라움의 표현이었다는 검찰 측의 주장을 인정하지 않고, "Miranda 판결은 바로
사실관계의 확정을 둘러싼 그러한 곤란함을 피하고자 했던 것이다 … Miranda 판결의 가장 큰
강점은 그 원칙의 엄격함이다"라고 판시하였다. 616 F. 2d 870 (5th Cir. 1980, en banc).

피체포인 기록절차에서의 일상적인 질문(즉 주소, 성명 등을 묻는 질문)은 Miranda 경고 없이도 합법적이다. 그러한 질문은 체포, 구금에 의해 발생한 압박감과 근심을 강화시키지 않기 때문이다.

시간적으로 밀접한 범죄현장 부근이나 기타 의심스러운 상황에서 발견한 사람에 대해 신원확인의 목적으로 질문하는 것은 Miranda 경고 없이도 허용된다.54)

인사치레로 하는 무해한(innocuous)질문에 대한 "예측불가능한 반응에 대해서는 경찰에 책임이 있다고 할 수 없으므로" Miranda는 적용이 없다.55)

일반적인 성질의 질문, 특정인을 지목하지 않은 질문, 혐의자와 목격자를 구분하기 위한 것임이 명백한 질문, 피의자의 입장에 있는 사람에게 누구라도 했을 자연스런 질문들은 신문이라고 할 수 없다.

체포 또는 수색영장 집행 과정에서 경찰관 자신이나 공동의 안전을 위해 혐의자에게 무기의 소지 여부, 무기의 위치를 묻는 질문은 일반적으로 사전에 Miranda 경고가 없었더라도 이를 허용한다. 연방대법원은 New York v. Quarles 판결56)에서 공동의 안전이라는 이익과 피의자의 권리보호라는 이익을 형량하여 전자가 더 큰 상황에서는 Miranda 경고의무 위반은 허용될 수 있다고 하여 이른바 "공공의 안전(public safety)" 예외를 인정하였다.57)

이와 유사한 것으로 "구조원칙(rescue doctrine)"이 있다. People v. Dean 판결은 약취·유인죄의 혐의자에게 피해자의 생사여부, 현재의 위치 등에 관한 질문을 사전경고 없이 하였고 이에 대해 유죄의 답변을 얻어낸 사건에 대하여, 납

---

54) California v. Byers, 402 U.S. 424 (1971).
55) People v. Ashford, 265 Cal. App. 2d 673 (1968).
56) 467 U.S. 649 (1984).
57) State v. Lane 판결은 경찰관 스스로의 보호를 위한 정당한 필요가 절박한 경우에 예외를 인정하였다. 77 Wn. 2d 860 (1970). 그러나 이익형량의 방법으로 수정 제5조의 권리를 인정할 것인가를 결정한다는 점은 의문이다. 만약 이 예외의 근거를 Innis 판결이 인정한 "체포 및 구인에 일반적으로 따르는 (normally attendant to arrest and custody)" 경찰 측의 언동에 해당된다는 데서 찾는다면 그 적용범위는 좁게 인정하여야 할 것이다. "공동의 안전" 예외에 대해서는 다음과 같은 비판이 제기된다. 첫째, 명확한 적용기준을 제시하지 못한다. 둘째, 주의상황을 모두 고려하여 이 예외의 인정여부를 결정한다면 그 적용에 있어서 자의성을 배제할 수 없다. 셋째, Miranda원칙은 사전 경고 없이 피의자를 조사하는 것을 금하는 것이 아니라 그러한 조사로 얻은 진술을 재판상 피의자에게 불리하게 사용할 수 없다는 것이다. Scotti, 앞의 논문, pp. 151-52.

치피해자의 생명을 구조해야 할 필요가 피의자의 권리를 보장할 필요가 크므로 예외를 인정할 수 있다고 판시하였다.[58]

(3) 기타 언동

피의자에게 구체적 증거(사진, 지문 등)를 제시하거나 이미 자백한 공범과 대질시키는 것도 역시 신문의 일종으로 인정된다.

또한 범인인지절차(line-up)[59]에서 범인으로 지목된 후, 또는 경찰이 증거물을 찾아내는 것을 본 후 자백하는 경우에는 객관적으로 보아 경찰이 피의자로부터 유죄의 반응을 얻어내려 계획한 것이라 할 수 없으므로 신문이 있었다고 할 수 없다.

보다 면밀한 분석이 필요한 경우는 피의자의 가청거리 내에서 피의자에게 질문하는 것이 아니라 경찰들끼리 대화나 코멘트를 나누는 사실을 모른 상태에서 "즉석에서 나눈 잡담(a few off-hand remarks)"은 신문이 아니라고 판시하였다. 그러나 Brewer v. Willams 판결[60]에서는 피의자가 신앙심이 깊다는 사실을 미리 아는 경찰이 피의자에게 유괴 살해된 어린이의 "기독교식 장례" 이야기 (Christian burial speech)를 한 것은 신문이라고 보았다.[61]

이른바 "감옥에 놓은 덫(jail-plant)"의 경우 즉 경찰의 정보원이 구금 상태의 피의자와 함께 있으면서 피의자의 말을 듣거나 피의자로 하여금 범죄에 관해 말

---

58) 39 Cal. App. 3d 875 (1974). 체포현장에서 검찰 측이 피의자를 폭행, 협박하여 납치된 피해자의 위치를 확인한 경우에도 "이 경우 경찰 측의 물리력 사용은 그 이후의 자백을 무효로 하지 않는다"는 판결도 있다. Leon v. State, 410 So. 2d 201 (Fla. App. 1982). 구조원칙에 대한 비판으로는 역시 이익형량의 문제점을 든다. 자세한 것은 Graham, 앞의 논문, p. 121을 참조.

59) 공판전인지절차의 하나로서, 피해자 또는 목격자에게 범인혐의자를 보여 확인케하는 절차이다. 혐의자와 혐의자 아닌 사람 여럿을 일렬로 세워놓고 피해자 또는 목격자에게 범인을 지적하도록 한다. 다음 판결들을 참조. United States v. Wade, 388 U.S. 218 (1967), Gilbert v. California, 388 U.S. 263 (1967).

60) 430 U.S. 387 (1977). 피의자는 10세 여아의 유괴살해 혐의로 체포되고 변호사가 선임되었다. 경찰서로 가는 경찰차 안에서 한 경관이 피의자에게 "죽은 어린이의 시신을 찾아 기독교식 장례를 지내주어야 한다"는 이야기를 하였고 피의자가 피해자의 시신이 묻혀있는 곳으로 경찰을 인도하였다. 이야기를 할 당시 경찰관은 피의자가 신앙심이 깊다는 것을 알고 있었다. 연방대법원의 판시는 수정 제6조의 변호인의 조력을 받을 권리에 관한 것이었으나 논의의 핵심은 경찰의 이와 같은 이야기기 신문에 해당하는가의 문제였다.

61) 그러나 경찰관이 "피해자의 여자 친구를 조사하게 되었으니 참 안됐다"는 대화를 피의자가 듣고 있다는 사실을 알고서 한 경우에 신문에 해당하지 않는다는 판결이 있다. United States v. Thierman, 678 F. 2d 1331 (9th Cir. 1982).

하도록 부추겼을 때, 이를 구인신문으로 볼 것인가에 대해서는 견해의 대립이 있다.[62] "피의자가 비밀을 털어놓을 사람을 택할 능력은 전적으로 경찰의 통제 하에 있으므로 경찰은 이 경우 피의자의 취약점을 이용할 수 있는 유일한 지위에 있다"는 근거에서 신문을 인정하는 견해가 있다.[63] 이에 대하여, "Miranda의 주안점은 경찰의 구인과 신문의 상호작용이 피의자의 심리에 미치는 영향인데, 이른바 "감옥의 덫" 상황은 적어도 피의자의 생각으로는 그러한 상호작용이 있다고 할 수 없으므로 피의자가 자기와 대화하는 사람이 동료 죄수가 아닌 경찰의 정보원이라는 사실을 깨닫기 전에는, 유죄의 진술을 받아내려는 경찰의 시도는 신문이라고 할 수 없다"는 반론이 있다.[64]

(4) 임의의 진술과 추급질문(follow-up questioning)

피의자가 자진해서 경찰서에 가서 범죄사실을 자백하거나 범죄현장 근처에 있는 경찰관에게 자백하는 경우에는 수정 제5조의 권리가 침해될 여지가 없다. 구인상태에 있더라도 "임의"로 한 진술은 사전에 경고가 고지되지 않았다고 해도 증거능력이 인정된다.

명백히 임의성이 인정되는 진술을 할 때, 경찰이 그 진술을 따라가면서 질문하는 "추급질문"(follow-up questioning)은 신문인가? 경찰의 그러한 질문이 피의자의 진술의 범위를 확장하려는 시도가 아니라, 피의자가 이미 말한 바를 좀더 명확히 하려는 중립적인 시도일 경우에만 피의자의 추급질문에 대한 대답은 "임의적"이라고 할 수 있다.[65]

3. Miranda 경고의 내용

(1) 내   용

Miranda에서 법원이 요구한 경고는 다음과 같다.

---

62) Hoffa v. United States 판결은 구금되지 않은 상태의 피의자에게 비밀정보원이 덫을 놓은 경우인데, 이 때 연방대법원은 "수정 제5조의 불리한 진술은 강요당하지 않을 권리의 필수요서는 강제성 (compulsion)인데, 이 사건에서 피의자의 진술은 강요된 것이 아니다"라고 판시하였다. 385 U.S. 293 (1966).

63) White, "Police Trickery in Inducing Confessions," 127, U. Pa. L. Rev. 581, 605 (1979).

64) Kamisar, 앞의 책, pp. 195-96.

65) 그러나 Innis 판결의 기준인 "유죄의 반응을 유도할 가능성"을 충실히 따른다면, 애매한 대답을 명확히 하려는 질문까지 금지되는 것으로 볼 수 있다.

첫째, 명확한 용어로 묵비권(right to silence)이 있음을 고지하여야 한다.[66]

둘째, 묵비권의 고지는 피의자가 한 어떤 진술도 법정에서 그에게 불리하게 (against him)[67] 사용될 수 있고 사용될 것이라(can and will be used)[68]는 설명을 덧붙여야 한다.

셋째, 신문에 처한 피의자는 명확하게 변호인의 조력을 받을 수 있는 권리가 있고 신문중에 변호인을 입회시킬 수 있다는 것을 고지받아야 한다.

넷째, 변호인의 조력을 받을 권리가 있을 뿐 아니라 무자력(indigent)일 때에는 그를 변호할 변호인이 선임될 것이라는 것도 경고하여야 한다.

경찰관은 반드시 법원이 제시한 경고문을 그대로 따라야 하는 것은 아니며 "실질적으로 피의자에게 Miranda에서 요구하는 바의 권리를 충분히 알려줄 수 있으면" 약간의 변형은 허용된다.[69]

특히 문제가 되는 변형은 세 번째와 네 번째 경고에서 빈번하다. 세 번째의 경고문에 "조사 전에 변호인을 선임할 수 있다"고 명시하여야 하는가가 문제된다. 연방대법원은 부정적인 태도를 취하였다.[70] 그러나 국선변호인이 당분간은 선임될 수 없다고 말한 경우, 그 경고는 무효이다. 그것은 피의자로 하여금 당황하게 하여 변호인의 조력을 받을 권리를 포기하도록 유인할 수 있기 때문이다.[71]

불완전하고 부적절한 경고 후, 검찰 측은 피의자가 실제로 경고에서 언급되지 않은 권리에 대해 알고 있었음을 입증하여 경고가 유효함을 주장할 수는 없다. 대부분의 법원은 Miranda 권리를 알고 있는 변호사 등의 피의자에게도 역시 정확한 경고를 요구하였다.[72]

피의자가 경고 도중에 권리를 알고 있음을 주장하며 경고를 중단시킨 경우에는 Miranda의 요건이 충족되었다고 하여 검찰 측에 유리하게 판단한다.[73]

---

66) "아무 말도 하지 않아도 좋다"는 변형은 허용된다.
67) "유리하게 그리고 불리하게(for and against)"라는 변형은 유효하지 않다고 보는 것이 타당하다. 법원은 견해가 나뉘고 있다.
68) "사용될 수 있다," "사용될 수도 있다" 정도의 변형은 허용된다.
69) California v. Prysock, 453 U.S. 355 (1981).
70) California v. Prysock, 453 U.S. 355 (1981).
71) United States ex rel Williams v. Towmey, 467 F. 2d 1248(7th Cir. 1972).
72) 그러나 피의자가 경고의 내용을 이해하였는가가 문제될 때는 특정 피의자의 지식이 고려될 수 있다.
73) 피의자가 말할 부분이 사실상 경찰이 말하지 못한 부분일 때 (예를 들어 "나는 묵비권이 있음을 알고 있습니다"라고 말한 경우)에는 더욱 그러한다. Kear v. United States, 369 F. 2d 78

네 번째의 경고문을 말하지 않았을 때, 검찰 측은 피의자가 무자력이 아니고 따라서 국선변호인을 선임 받을 자격이 없음을 보임으로써 Miranda 경고의 불완전함을 변명할 수 있는가? Miranda는 이런 경우 변명의 여지를 남겨둔 것으로 보인다. 법원은 경찰이 피의자의 변호인 고용능력이 있었음을 증명함으로써 족하다고 한다.

신문 당시에 변호인이 피의자의 대리인으로서 입회하고 있었을 때에는 경고의 필요가 없다는 것이 일반적인 견해이다.

피의자가 영어를 모를 경우에는 그가 이해하는 언어로 경고를 고지하여야 한다. 또한 문맹이거나 지능이 낮은 피의자의 경우에는 그가 권리를 이해하였는지 상당한 주의를 기울여야 한다.

(2) 시기와 빈도

매 질문시마다 질문 전에 경고가 주어져야 하는 것은 아니고, 일상적인 간단한 대화나 질문 후에 경고하는 것은 허용된다.

적절한 시기에 경고를 주었다고 한다면, 시간이 지나면 그 경고는 효력을 잃게 되는가? 몇 시간 정도 경과한 후에 새로 경고할 필요는 없다는 것이 일반적인 견해이다. 구인상태가 며칠간 지속된 경우는 법원이 견해가 갈라진다. 수주 내지 수개월은 분명히 지나치게 길다고 할 것이다.

시간의 경과뿐만 아니라 다른 조건의 변화도 고려하여야 한다. 법원은 일반적으로 신문장소, 신문조사관, 신문의 주제가 변하였다고 해서 새로운 경고를 요구하지는 않는다.[74] 그러나 경찰 측이 "최초의 경고 후에 생긴 강제성을 없애기 위해서는" 새로운 경고가 필요할 것이다.

(3) 경고고지의 방법과 그 입증

피의자에게 경고를 한 방법, 그리고 피의자가 인식 있고 지각 있는 포기를

(9th Cir. 1966). 그러나 권리의 특정 없이 "나는 권리가 있음을 알고 있습니다"라고 말하였다고 해도 경찰은 권리를 특정하여 고지하여야 한다. States v. Perez, 182 Neb. 680 (1968).

74) United States v. Hopkins, 433 F. 2d 1041(5th Cir. 1970). 이 사건에서는 주경찰이 주범죄에 대하여 신문한 뒤 새로운 경고 없이 연방경찰이 연방범죄에 대하여 신문하였다. 연방대법원은 새로운 경고를 요구하지 않았다. 이들 판결의 입장은 새로운 경고가 단지 형식적인 관례에 지나지 않는다는 생각에 근거한 듯하다. 그러나 Miranda 판결은 "피의자의 권리행사 기회는 신문과정 전체에 걸쳐 부여되어야 한다"고 가르친다. 새로운 경고는 "피의자가 특권을 행사하면 경찰관이 이를 존중할 것이라는 생각을 갖도록"하는 것이다.

하였다는 사실의 입증책임은 검찰 측에 있다. 대부분의 법원은 신문경찰관이 경고를 하였다는 자세한 내용을 증언하면 족하다고 한다.[75]

경고는 구두 또는 서면으로 할 수 있다. 가장 좋은 방법은 이 두 가지를 병행하는 것이다. 서면으로 경고한 경우에는 피의자가 경고문을 읽을 수 있고, 읽었다며 이해했다고 말했다는 사실이 입증되어야 한다. 보다 일반적인 방법은 "Miranda카드"에 적힌 경고문을 구두로 읽어주는 것이다.[76]

경고를 구두 및 서면으로 하였는데 둘 중 하나가 부정확하거나 부적절한 경우는 나머지 하나가 정확하고 적절하면 경고는 유효하다, 그러나 피의자가 양 경고의 불일치로 인하여 혼동될 정도였다면 경고는 무효이다.

(4) 추가적 경고

위의 네 가지 경고 외에 "침묵 내지 특권의 주장은 법정에서 불리하게 사용되지 않을 것이다"라는 제5의 경고가 필요한가? 대법원 및 하급법원판결은 그러한 추가적 경고를 요구하지 않는다.[77]

경찰이 신문하고자 하는 범죄의 종류, 내용을 알 권리가 피의자에게 있는가? 일반적으로 부정하는 견해이다. 피의자의 착오가 "자발적이고 인식 있고 지각 있는"(voluntary, knowing and intelligent) 포기의 성립을 방해할 수는 없다는 이유에서이다.[78]

---

75) 그러나 Stephan v. State, 711 P.2d 1156 (Alaska 1985) 판결은 음성녹음을 요구하였다.
76) 법정에서 경고의 방법을 입증할 때 이 카드를 제출할 수 있다.
77) 그러나 제5조의 경고가 없었다는 사실은 피의자가 권리를 유효하게 포기하였는가의 판단에 중요한 요소로 작용할 것이다. United States v. DiGiacomo, 579 F 2d 1211 (10th Cir. 1978).
78) 이와 반대되는 입장을 취하는 판례도 있다. United States v. McCrary, 643 F. 2d 323 (5th Cir. 1981). 경찰관이 마약을 찾는 수색을 중지하고 피의자에게 "어떤 범죄와 관련된" 혐의를 받고 있다고 말한 뒤 피의자는 경고를 받고 권리를 포기하였다. 경찰관은 수색도중에 찾은 장총 몇 자루에 대해 피의자에게 질문하였고 피의자가 대답하였다. 법원은 피의자의 권리포기가 무효라고 판시하면서 "피의자는 장총과 관련된 범죄에 대해 질문 받고 있다는 생각을 할 까닭이 없었다"고 보았다. 그러나 McCrary 판결이 그 반대의 입장을 취하고 있다고 한 판결들과 모순되는 것은 아니다. McCrary의 경우는 단순히 수사대상이 된 범죄를 알려주지 않은 부작위가 아니라, 작위적으로 다른 범죄에 대해 질문하려 한다는 말을 한 경우이기 때문이다. 그러나 작위-부작위의 구별보다 더 중요한 것은 McCrary 판결에서 피의자의 무죄의 성질이다. 피의자가 자기에게 불리할지도 모르는 어떤 사실(예; 피해자의 사망)에 대해 알지 못한 채 어떤 범죄(예; 강도, 폭행)에 대해 경찰관에게 말하기로 하고 권리를 포기한 것이 유효하다고 하는 것과, 피의자가 생각하는 어떤 범죄에 대한 신문과정에서 얻은 권리의 포기가 무제한의 것이므로 전혀 다른 범죄에 대해서도 포기가 유효하다고 보는 것은 전혀 별개의 판단이다.

Ⅳ. Miranda 권리의 주장

경고를 받은 피의자는 신문 전이나 신문 도중 언제라도 자신의 권리를 주장할 수 있다. 이 주장은 묵시적으로도 가능하다.

묵비권의 주장은 대화를 중지하고 질문에 답하지 않겠다는 뜻의 선언으로 족하다. 한편 특정 질문에 답하기 싫다거나 답할 수 없다는 뜻을 보이는 것이 곧 일반적인 질문에 대한 진술거부권을 주장한 것은 아니다. 개별 사건의 상황에 따라 결정될 것이다.

변호인의 조력을 받을 권리를 주장할 경우, 이 권리의 주장은 애매하지 않아야 한다. 권리의 주장이 명백하였는가를 판단할 때 권리 주장 후의 경찰조사에 대한 응답이 모호하다고 해서 앞서의 권리의 주장이 불명확하므로 무효라고 할 수는 없다.[79]

변호인이 아닌 사람과의 접견을 요구하는 것이 변호인의 조력을 받을 권리를 주장한 것은 아니며, 후속되는 권리의 포기의 임의성을 판단할 때는 고려되는 "전체상황(totality of circumstance)"의 한 요소일 뿐이다.[80]

Ⅴ. Miranda 권리의 포기

1. 명시적 포기와 묵시적 포기

Miranda경고를 고지받은 피의자는 "임의로 인식하고 지각 있게(voluntarily, knowingly and intelligently)" 자기의 권리를 포기할 수 있다. Miranda의 판결문은 명시적인 포기만을 언급하고 있다. 그러나 대부분의 하급법원은 포기가 반드시 명시적일 필요는 없다고 보았고, North Carolina v. Butler 판결[81]에서 연방대법

---

79) Smith v. Illinois, 469 U.S. 91 (1984).

80) Fare v. Michael C., 442 U.S. 707 (1979)에서 연방대법원은 변호인 특유의 역할을 강조하여 위와 같이 판시하였다. 그러나 미성년자가 부모와의 접견을 요구한 경우에는 신문이 중지되어야 한다는 판결이 있다. United States ex rel Riley v. Franzen, 653 F. 2d 1153 (7th Cir. 1981). 문제의 핵심은 미성년자인 피의자가 접견하기를 요구한 사람이 피의자의 이익을 옹호하고 대변할 사람인가에 있는 것으로 보인다.

81) 441 U.S. 369 (1979).

원도 묵시적인 포기를 인정하였다. 이 사건에서 피의자는 경고를 받은 뒤 명확히 권리를 포기함을 명시하지 않고 "권리포기서면에 서명은 하지 않겠지만 말은 하겠다"고 진술한 뒤 유죄의 진술을 하였다. 대법원은 피의자가 묵시적으로 권리를 포기한 것으로 보았다.

2. 포기능력

피의자가 "인식 있고 지각 있는" 포기를 하였는가는 우선 피의자에게 포기능력이 있었는가의 여부에 달려 있다. 이것의 입증책임은 검찰 측에 있다.[82]

포기능력의 결정에 있어서는 우선 연령이 고려된다. 그러나 미성년자의 포기라고 해도 "전체상황"을 고려하여 유효성을 판단하게 되므로 연령이 절대적인 기준이 되지는 않는다.[83]

학력이 낮거나 지능지수가 낮다는 사실도 고려된다. 심각한 상처를 입어 매우 고통스러운 상태에서의 포기는 무효의 가능성이 높다. 그러나 취중이거나 약물중독상태에서 권리를 포기하였으므로 무효라는 주장은 일반적으로 인정되지 않는다.

3. 경찰 측의 행위

피의자의 권리 포기가 강요된 것이 아니라 임의에 따른 것이었는가의 판단은 경찰측의 행위를 고려하여야 한다.

이익을 제공하겠다는 약속이나 해로운 결과가 있을 것이라는 위협에 의한 포기는 임의성이 없다.[84]

경고 전에 필요이상 긴 시간 구인상태에 둔 사실도 포기를 무효로 한다.

피의자로 하여금 자기가 행사할 수 있는 권리의 존재나 범위에 관해 오해하도록 만드는 경찰의 속임수는 절대적으로 포기를 무효로 한다. 또한 다른 사람에 의해 선임된 변호인이 피의자와 접견하고자 한다는 뜻을 피의자에게 전하지 않고 권리포기서면에 서명을 받은 경우에도 피의자의 포기는 무효이다.[85]

---

82) Tague v. Louisiana, 444 U.S. 469 (1980).
83) Fare v. Michael C., 442 U.S. 707 (1979).
84) Fare v. Michael C., 442 U.S. 707 (1979).
85) Burbine v. Moran, 753 F. 2d 178 (1st Cir. 1985).

4. 피의자 측의 행위

(1) 묵시적 포기

완전한 Miranda 경고를 고지받은 뒤 불리한 진술을 했다는 사실을 입증한다고 해서 곧 포기가 입증되는 것은 아니다.[86) 권리를 이해했다는 것과 권리의 포기를 의도했다는 것은 별개의 문제이므로, 피의자가 자기의 권리를 이해했다는 사실을 증명한다고 해서 피의자가 권리를 포기할 의사였다고 추론할 수는 없다.

묵시의 포기를 판단할 때는 경고 후 먼저 대화를 시작한 사람이 피의자였다거나 신문에 응한 것이 피의자의 협조에 의한 것이었다는 사실 등이 고려된다. 명시적인 포기선언에 조금 못 미치는 행위, 즉 협조하겠다고 말하거나 고개를 끄덕이거나 어깨를 움츠리는 정도로도 묵시의 포기를 인정할 수 있다고 한다.

(2) 조건부 포기

피의자가 녹음이나 서면기록을 하지 않는 조건으로 구두로 권리를 포기하고 진술한 경우에도 법원은 권리의 포기가 유효하다고 한다.[87) 구두의 권리 포기, 구두의 진술은 피의자가 구두의 포기나 진술은 법정에서 자기에게 불리하게 사용되지 않을 것이라고 잘못 생각한 데 그 원인이 있다.[88) 그러나 법원은 이러한 사정까지 고려하지는 않는다.

(3) 권리주장 후의 포기

피의자가 묵비권 또는 변호인의 조력을 받을 권리를 주장하면 즉시 신문을 중지하여야 한다. 신문은 피의자가 권리를 포기하거나 변호인이 입회한 후가 아니면 재개되지 못한다. 그러나 Miranda 판결은 이 점을 명확히 하지 않아서 "권리 주장 후 약간의 시간이 경과한 후에는 신문을 재개할 수 있다"는 해석과 "권리 주장 후에는 더 이상의 신문으로부터 면제되고, 임의의 진술도 할 수 없다"는 해석이 가능하였다. 그러나 연방대법원은 Michigan v. Mosley 판결[89)에서 위의 두 가지 해석을 배척하고 "구금 중인 피의자가 묵비권을 주장한 후 얻은 유

---

86) Tague v. United States, 444 U.S. 469 (1980).

87) United States v. Frazier, 476 F. 2d 891 (D. C. Cir. 1973).

88) 한 조사연구에 따르면 Miranda판결 이후의 전체 피고인 중 45%가 구두의 진술이 법정에서 불리하게 사용되지 않을 것이라고 잘못 생각하였다. Leiken, "Police Interrogation in Coloranda: The Implementation of Miranda," 47 Denver L.J. 1 (1970), pp. 15-16, 33.

89) 423 U.S. 96 (1975).

죄의 진술을 증거로 인정할 것인가의 문제는 그의 묵비권이 "성실히 존중되었는 가(scrupulously honored)"에 달려 있다"고 판시하였다.

이 기준을 적용하여 연방대법원은 "이 사건에서 경찰은 피의자의 권리 주장 후 즉시 신문을 중지하였고, 상당한 시간이 지난 뒤 앞서의 신문주제가 아닌 다른 범죄에 한정하여 새로운 경고를 하고 두 번째 신문을 하였으므로" 이 기준을 충족한다고 보았다. 첫 번째 신문과 두 번째 신문의 주제가 다르다는 사실이 권리의 성실한 존중 판단에 핵심적인 요소로 보는가는 법원에 따라 견해가 다르다. 그러나 어쨌든, 경찰이 최초의 묵비권행사 주장을 존중하지 않고 무시하거나, 일시중지 후 다시 질문하거나 포기를 받아 내려고 재차 시도하는 경우에는 "성실한 존중"이 있었다고 할 수 없다.

Mosley의 성실한 존중 기준은 피의자가 묵비권을 주장한 경우로 그 적용 범위가 제한되었다고 할 수 있다. 연밥대법원은 Edwards v. Arizona 판결[90]에서 피의자가 변호인의 조력을 받을 권리를 주장한 경우에는 "피의자 스스로 경찰과 대화를 시작하지 않는 한, 변호인이 선임되기까지는 신문을 받지 않는다"고 판시하였다.

피의자가 변호인의 조력을 받을 권리를 주장한 후에 한 자백의 증거능력은 2단계 분석을 통해 결정된다. 연방대법원은 Oregon v. Bradshaw 판결[91]에서 이 분석을 채용하였다. 1단계로 피의자가 경찰과의 대화를 "개시(initiate)"하였는가를 검토하여야 한다.

신문재개의 "개시(initiation)"의 내용에 대해서는 여러 가지 견해가 있다. Bradshaw 판결의 다수의견은 개시를 "구인상황에 부수됨이 관례인 질문이나 진술이 아닌, 수사에 관한 종합적인 논의를 하고자 하는 의사와 욕구를 분명히 나타내는 질문"이라고 보았다. 이에 반하여 소수의견은 개시의 개념을 보다 협의로, "범죄수사의 주된 내용에 관한 의사의 전달이나 대화"라고 정의하였다. 어느 견해에 의해서건 구인상황의 피의자에게 당연히 발생하는 근심, 두려움, 궁금함의 호소임이 명백한 진술을 신문재개의 "개시"라고 볼 수는 없을 것이다.[92]

---

90) 451 U.S. 477 (1981).
91) 462 U.S. 1039 (1983).
92) 다수의 학자들이 Bradshaw판결의 구체적 타당성에 대해 의문을 표시하고 있다. 이 사건에서 피의자는 경고를 받고 조사 도중 변호인의 조력을 받을 권리를 조장하였고 조사는 즉시 중지 되었다. 중지 후 몇 분이 경과한 뒤 피의자는 경찰관에게 "이제 나는 어떻게 되는 겁니까?" 라

Ⅵ. Miranda 판결의 적용범위

1. 범죄의 종류

다수의 하급법원은 경고 및 권리의 포기에 관한 Miranda 판결의 적용범위가 중한 범죄에 한정된다고 보고, 경범죄(misdemeanor) 또는 적어도 교통규칙 위반 사건에는 Miranda가 적용되지 않는다고 판시하였다. 그 근거로서는 이들 가벼운 범죄는 그 수가 많다는 점, 가벼운 범죄에 대하여는 헌법적 권리의 보장이 완전할 필요는 없다는 점, 가벼운 범죄와 중한 범죄의 실제적이고 역사적인 차이를 등을 들고 있다.

이들 판결의 실질적인 문제점은 Miranda가 적용되는 범죄와 그렇지 않은 범죄의 구별 기준이다. 구금의 가능성, 상당한 형벌의 가능성, 또는 형법상 중죄(felony)의 경우 등의 기준이 있으나 "헌법 및 커먼로의 목적에 비추어 합리적인 기대를 충족할 수 있는 기준"[93]만큼이나 애매하기는 마찬가지이다.

그러나 보다 심각한 문제점은, 위의 판결들이 Miranda의 논거와는 전혀 맞지 않는다는 것이다. Miranda가 근거하고 있는 수정 5조의 특권은 "모든 형사사건(any criminal case)"에 적용된다. 또한 Miranda에서 대법원이 경고를 필요로 하는 강제적 분위기를 만든다고 본 것은 조사대상 범죄의 성격이 아니라 신문의 성격(즉 "구인성")이었다. 더구나 대법원이 피의자에게 제공한 것은 변호인의 조력을 받을 권리가 아니라 경찰이 변호인의 조력을 받을 권리를 존중하지 않을 때 진술하지 않을 권리이다. 이렇게 본다면, 문제가 살인이든 난폭운전이든 간에 모든 구인신문에 Miranda 경고가 선행되어야 함은 명백하다.

연방대법원은 Berkemer v. McCarty 판결[94]에서 "구인신문을 받는 피의자는 그가 혐의를 받거나 체포의 사유가 된 범죄의 종류나 경중에 무관하게 Miranda

---

고 물었고 이로부터 피의자는 경찰과 혐의사건에 관한 대화를 나누게 되어 다음날 거짓말탐지기 검사를 받기로 하였다. 이튿날 피의자는 경고를 받고 테스트를 한 결과가 부정적임을 듣고 자백하였다. "이제 나는 어떻게 되는 겁니까?"라는 피의자의 질문은 체포, 이송 등에 따르는 당연한 공포감, 불안함의 표현이므로 이 질문을 신문에 대한 대화의 시작이라고 보아서는 안된다는 카미잘(Kamisar) 교수의 주장은 설득력이 있다. Choper, Kamisar & Tribe, The Supreme Court: Trends and Developments 1982-1983, 1984, pp. 165-66.

93) State v. Zucconi, 93 N. J. Super. 380 (1967).

94) 468 U.S. 420 (1984).

경고를 받을 권리가 있다"고 이를 확인하였다.

2. 사인의 신문

Miranda 판결에서 연방대법원은 신문을 "법을 집행할 의무를 가지고 있는 관리(law enforcement officer)에 의한 질문"이라고 정의하였다. 대법원의 위와 같은 정의와, 헌법적 보장의 적용에는 "국가행위(state action)"가 전제조건이라는 일반원칙에 비추어, 자기책임 아래 행위하는 사인에 의한 조사에는 Miranda 원칙이 적용되지 않음이 명백하다. 피해자, 체포한 사인, 친구, 친척, 또는 신문기자의 질문 등이 이에 해당한다. 설사 사인이 경찰임을 가장하거나 사인의 신문이 경찰의 그것에 버금갈 정도로 강압적이었다고 해도, 국가행위가 있었다고 할 수 없으므로 Miranda는 적용되지 않는다.

피의자가 백화점 경비원과 같이, 직업상 사법적 성격의 의무가 있는 사람에게 조사를 받는 경우는 위와는 조금 다르다. 이들 경비원들은 피의자를 밀폐된 방에 가두고, 경찰의 외양을 띠며, 원하는 대답을 얻기 위해서 심리적인 압박을 가한다는 점에서 Miranda의 적용이 가능한 듯 보인다. 또한 국가행위의 문제도 "본질적으로 정부기능과 유사한 기능을 수행하는 사람은 헌법적 제한에 구속된다"는 공적기능분석(public function analysis)[95]에 따르면 해결된다고 생각할 수도 있다. 그러나 법원은 일관되게 경비원, 보험회사조사원, 사설탐정 등은 Miranda 경고의 절차에 따를 필요가 없다고 판시하였다.

사인으로 보이는 사람이 행위 시에 경찰에 협력하는 중이었다고 한다면 이 "사인열외(私人列外)"는 적용되지 않는다는 판결도 있다. 따라서 피해자, 사설 경비원, 피의자의 부모, 또는 피해자의 변호사가 경찰의 부탁을 받고 피의자를 신문한 경우에는 Miranda가 적용되었다.[96]

---

95) 국가행위(state action)에 관한 일반적 고찰로는 Gunther, Constitutional Law, 11th ed., Foundation Press, 1986, pp. 860-902 참조.

96) 그러나 "경찰에 의한 구인과 경찰에 의한 신문의 상호작용이 피의자의 내심에 미치는 영향, 즉 압박감과 불안감의 증대가 Miranda적 의미에서의 "구인신문"을 만들기 때문에" 사인의 조사에는 일관되게 Miranda 원칙이 적용되지 않는다는 주장도 제기되고 있다. Kamisar, "Brewer v. Williams, Massiah and Miranda, What Is "Interrogation"? When Does It Matter?," 67 Geo. L.J. 1 (1978) pp. 50-53, 63-69.

3. 경찰서 아닌 공무원의 신문

조사관이 공무원일 때에는 "국가행위"의 요건은 충족되지만, 법집행의 일차적 책임이 있는 경찰관의 신문과는 구별되어야 한다. 법원은 경찰권이 부여되어 있지 않은 학교관리나 사회복지국 조사관, 집행유예관찰관, 보호관찰관 등의 질문에는 Miranda의 적용이 없다고 판시하였다.

그러나 연방대법원은 Mathis v. United States 판결[97)]에서 민사-형사의 구별이 절대적인 것은 아니라고 보고, 형사소추로 귀결될 가능성이 있음을 알고 있는 민사수사관(civil investigator)의 질문에는 Miranda 경고가 선행되어야 한다고 판시하였다.

또한 연방대법원은 Estelle v. Smith 판결[98)]에서 정신감정에도 Miranda를 적용하였다. 대법원은 피의자가 중립적인 증인능력검사를 위해 경찰관이나 검사가 아니라 사실심 법관이 지명한 정신과 의사에게서 조사를 받았다는 사실은 "중요하지 않다"고 보았다.

위의 두 판결은 Miranda의 기본명제에 비추어 보아 타당하다고 본다. 그러나 구금상태에 있는 피의자에 대한 "모든" 공무원의 조사가 Miranda의 적용을 받는다는 원칙이 확립되었다고 말할 수는 없다.

4. 외국경찰의 신문

외국경찰의 조사를 받은 미국인이 Miranda 경고를 받지 않았다고 해서 그가 한 자백의 임의성이 부정되는 것은 아니다. 증거능력의 배제는 외국경찰에 대해서는 아무런 위법행위 억제효과(deterrence effect)가 없기 때문이다.

그러나 외국에서 활동하는 미국의 사법경찰관은 Miranda를 따라야 한다. 또한 외국경찰이라도 미국사법기관의 대리인(agent)으로서 활동할 때는 Miranda의 적용을 받는다고 인정된다. 그러나 이 경우에는 경찰이 미국 내에서 일반시민의 협조를 구하는 경우보다 더 필수적인 위임관계의 입증에 힘써야 한다. 적어도 외국경찰이 자국의 사법이익에도 봉사하고 있는 한, 미국경찰이 체포에 이르기까지의 과정에서 중요한 역할을 했다거나 수사협조가 양국의 합작품이었다는

---

97) 391 U.S. 1 (1968).
98) 451 U.S. 454 (1981).

사실의 주장만으로는 충분하지 않다.

5. 자백이 증거로서 제시되는 절차

　미국연방헌법 수정 5조는 "모든 사람은 모든 형사사건에서 스스로에게 불리한 증인이 될 것을 강요당하지 아니한다"라고 선언하였다. 수정 제5조의 문언은 분명히 Miranda에서 그러하였던 것처럼, 부적절하게 얻은 자백은 피고인의 유죄를 입증하는 증거로서 형사재판에서 제출되었을 때 배제된다는 의미이다.[99]

　자백이 유죄확정절차 후의 형확정절차(sentencing proceeding)에만 증거로서 제출된 경우에도 위와 같다. 연방대법원은 Estelle v. Smith 판결[100]에서 헌법수정 5조가 유죄확정절차뿐만 아니라 형확정절차에도 똑같이 적용된다고 판시하였다. 그러나 형사사건에 관련된 모든 절차에서 Miranda가 원용될 수 있는 것은 아니다. Smith 판결에서는 증인능력판정절차에는 Miranda를 원용할 수 없음을 인정하였다. 마찬가지로, 집행유예나 보호관찰의 취소절차에도 Miranda는 적용이 없다.. 또한 연방대법원은 Baxter v. Palmigiano 판결[101]에서 "감옥 내의 징역절차는 수정 5조의 형사절차가 아니므로 Miranda는 관련이 없다"고 판시하였다.

　소년범의 처분절차에도 Miranda가 적용된다. 연방대법원은 일찍이 In re Gault 판결[102]에서 소년범 절차에 편의상 붙여진 "민사"절차라는 형식보다는 자유를 박탈당할 가능성이 있다는 실질을 중시하여 소년법원의 절차에도 수정 제5조의 특권이 적용된다고 판시하였다.

　그러나 자유를 박탈당할 가능성이 있는 모든 절차에 수정 제5조의 특권이 적용되는 것은 아니다. 민사구금절차에는 수정 제5조의 특권 일반이든 Miranda든 적용이 없다. 추방절차(deportation proceeding)나 운전면허 취소절차에도 Miranda를 원용할 수 없다.

---

99) Loewy, "Police-obtained Evidence and the Constitution: Distinguishing Unconstitutionally Obtained Evidence from Unconstitutionally Used Evidence," 87 Mich. L. Rev. 907 (1989).

100) 451 U.S. 454 (1981). "형확정절차에서 피고인으로 하여금 의사에 반하여 증언하도록 강요하려는 검찰측의 시도는 분명히 수정 5조에 위배된다. 이와 마찬가지로, 사전경고 없이 정신감정의에게 한 진술에 근거하여 피고인의 장래의 위험성을 입증하려는 시도도 수정 제5조의 가치를 침해한다."

101) 425 U.S. 308 (1976).

102) 387 U.S. 1 (1967).

VII. 맺 음 말

이상 Miranda 판결과 그 이후의 판결들을 통해서 Miranda 판결 원칙이 어떻게 구체화되고 보완되었는지 살펴보았다.[103] 절차적 혁명의 기수였던 워렌(Warren) 대법원장이 물러나고 버거(Burger) 법원이 출범하였을 당시 사람들은 곧 Miranda 판결이 번복될 수 있으리라 생각했다. 처음에는 그러한 기대가 충족되는 듯 보였다.

연방대법원은 증인탄핵(impeachment)의 경우에 최초의 예외를 인정하고,[104] 피의자가 묵비권을 행사하면 자동적으로 더 이상의 신문이 금지되는 것이 아니라 일정한 사정이 있으면 허용된다고 판시하였다.[105] 연방대법원은 이어서 "구인"의 개념을 좁게 인정하였다.[106]

반면에 1980년대 초반 연방대법원은 "신문"의 개념을 넓게 인정하고[107] 변호인의 조력을 받을 권리를 주장한 후에는 신문할 수 없다는 엄격한 해석을 주장하였다.[108]

그러나 다시 연방대법원은 "공공의 안전" 예외를 인정하고[109] 권리주장 후 신문이 허용될 수 있는 여지를 넓혔다.[110]

대체로 연방대법원의 후속판례들은 Miranda를 그렇게 엄격하게 적용하지는 않는 듯 보인다. 의회 역시 1968년의 법률개정을 통해 Miranda 판결의 적용범위를 제한하였다. 그러나 연방대법원이 Miranda 판결에서 염두에 두었던 "법 앞의 평등"사상과 경찰수사에도 헌법적 권리의 제한이 가해진다는 기본전제는 변함이 없다. 모두 국민의 기본권에 대한 존중이 미국사회를 받치는 지주 가운데 하나임을 인정하고 있는 것이다.

---

103) Miranda판결과 관련된 논점은 이 밖에도 "독과수의 과실(fruit of poisonous tree)" 원칙과의 관계, 수정 6조의 변호인의 조력을 받을 권리와의 관계 등이 있으나 이 글에서는 다루지 못하였다.
104) Harris v. New York (1971); Oregon v. Hass (1975).
105) Michigan v. Mosley (1975).
106) Oregon v. Mathiason (1977); California v. Beheler (1983).
107) Rhodes Island v. Innis (1980).
108) Edwards v. Arizona (1981).
109) New York v. Quarles (1984).
110) Oregon v. Elstad (1985).

미국연방헌법 수정 제4조의 본래의 의미

부당한 수색 및 압수로부터 신체, 가택, 서류 및 재산의 안전을 보장받는 인민의 권리를 침해할 수 없다. 수색 및 압수의 영장은 정당한 이유에 근거하여 선서 또는 확약에 의해 확인되고 특히 수색할 장소와 압수할 사람 또는 물건을 특정하여 기재하지 아니하고는 발할 수 없다.[1]

The right of the people to be secure in their persons, houses papers, and effects, against unreasonable searches and seizures, shall not be violated, and no Warrants shall issue, but upon probable cause, supported by oath or af-firmation, and particularly describing the place to be searched, and the per-sons or things to be seized.

I. 머 리 말

헌법조항의 의미는 시대에 따라 변한다. 헌법이라는 '세속적 경전'(secular scriptures)은 지속적인 해석 작업을 통해 그 시대적 의미가 확정된다. 경성헌법의 대표적인 예인 미국연방헌법의 경우는 더욱더 이러한 해석을 통한 시대적 의미의 확정을 요구한다. 헌법의 해석을 통해 새로운 상황에 대한 유연한 적용만이 헌법의 영속적 가치를 살리고 유기체로서의 '살아 있는 헌법'(living Constitution)을 유지하는 방안이기 때문이다.

헌법 해석의 출발점은 자구 이면에 담긴 제정 당시의 '본래의 의미'(original intent)를 파악하는 작업이다. 제정 당시의 본래의 의미가 현재의 헌법 해석에 어떤 범위 내에서 구속력을 가지는가는 끊임없는 논쟁의 주제가 되고 있다.[2] 200

---

1) 이 번역은 원문의 '자구적' 의미를 존중하는 원칙에 의거하였다. 따라서 해석상 '수색'(search) 속에 당연히 포함되는 '체포'(arrest)의 개념은 번역문에는 별도로 열거하지 아니하였다. 문서의 역사성을 존중한다는 번역의 원칙을 지켰기 때문이다.

2) 이 논쟁은 1960년대 이후의 '프라이버시' 관련 판결들을 계기로 더욱 가속화되었다. 특히 1973

여년의 헌정사를 통해 비교적 일관된 의미를 유지해 온 조문도 많지만 제정 당시와는 판이하게 달라진 해석의 예도 많다. 수정 제4조의 경우는 후자에 속한다. 수정 제4조의 의미는 문언대로가 아니다.[3] 인류평등주의의 기치 아래 워렌(Warren)법원이 내린 수많은 '민권판결들'은 세계 모든 나라의 법제도에 심대한 영향을 미쳤다. 이들 '민권판결'들 중에서도 모든 나라에 공통된 문제를 다룬 형사절차에 있어서의 인권보장을 다룬 판결들은 대외적 영향력이 크다.

수정 제4조는 모든 압수와 수색에 있어 영장(warrant)과 정당한 이유(probable cause)를 요구하며, 위법으로 수집된 증거는 그 효력이 실효된다는 이른바 영장요건과 증거배제법칙(exclusionary rule)을 핵심으로 하는 수정 제4조의 법리는 많은 나라의 형사사법절차에 큰 영향을 미쳤다. 이러한 '미국법원'의 '인권 판결'들은 찬사와 동시에 비판의 대상이 되어 왔다.

이 글은 제정 당시의 수정 제4조의 '본래의 의미'를 정리하여 소개함에 주력한다. 수정 제4조의 법리의 3대 구성요소를 순차적으로 분석하여 정리함과 동시에 헌법해석의 한계의 문제에 대한 간접적인 토론의 자료를 제공하고자 한다.[4]

이하에서는 20세기 후반 연방대법원에 의하여 정립된 수정 제4조의 법리를 개별 논점별로 검토하면서 '본래의 의도'가 어떻게 변질·왜곡되었는가를 조명한다.

II. 수정 제4조의 구성요소

1. 영장요건

20세기 중반 이래로 연방대법원은 무수한 판결에서 수정 제4조는 영장을 요구한다고 판시해 왔다.[5] 영장을 요구하는 경우에도 일체의 압수, 수색에 영장을

년의 Roe v. Wade 판결과 1987년의 Robert Bork 판사의 대법원 판사 임명 인준청문회를 계기로 본격적인 학술논쟁으로 비화되었다.

3) Richard A. Posner, "Rethinking the Fourth Amendment," Supreme Court Review, 1981. pp. 49-58.

4) 이 문제에 대한 종합적인 연구는 Akhil Reed Amar, "Fourth Amendment First Principles," 107 Harvard L. Rev., 757 (1994). 이 글에서의 논의는 아마르의 주장 중 일부를 축약하여 정리하고 보충자료를 부기하는 방식으로 전개한다. 아마르의 논문에 대한 비판은 Carol Steiker, "Second Thoughts About First Principles," 107 Harvard L Rev., 820 (1994).

5) Johnson v. United States, 333 U.S. 10, 14-15 (1946); Coolidge v. New Hampshire, 403 U.S.

요구한다는 주장과 일정한 예외를 인정하는 입장으로 나뉜다. 또한 영장을 요구하는 경우에 영장 없는 압수, 수색의 효력은 전면적으로 무효라는 주장과 일부 효력을 인정한다는 입장으로 나누어진다.

(1) 당연무효설(per se rule)

영장 없는 압수, 수색은 일체 무효라는 입장이다. 수정 제4조의 문언은 2가지 조건을 부여한다. 첫째, 모든 압수, 수색이 '합리적'(reasonable)일 것, 둘째, 각종 압수, 수색영장의 발부에 앞서 일정한 요건을 충족시켜야 한다(정당한 사유(probable cause), 대상의 특정 등등)는 것인데 이들 양자 문언은 어떤 관계에 서는가? 당연무효설에 의하면 양자의 요건은 영장 없는 어떠한 압수, 수색도 불가능하다는 제3의 요건을 묵시적으로 요구한다는 것이다. 이하 대법원이 정립한 영장요건의 예외적 상황에 대해 검토한다.

1) 영장 없는 체포

커먼로(common law)상에서는 영장 없는 체포(즉, 사람의 압수; seizure of person)가 널리 인정되었다고 당시의 대가 블랙스톤(Blackstone)은 말한다.[6] 수정 제4조가 비준된 바로 이듬해인 1792년 연방의회(Second Congress)는 명문으로 이러한 영장 없는 체포의 권한을 연방집행관(marshal)에게 부여하는 법률을 제정하였다.[7] 이러한 선례를 포함한 역사적 자료를 근거로 연방대법원은 1976년의 U.S. V. Watson[8]에서 '영장요건'에 대한 '체포의 예외'를 인정했다. 그러나 이러한 개념 설정은 사람의 체포야말로 가장 법익의 침해가 큰 '수색'임에도 불구하고 이를 수색의 개념에서 제외하는 논리적 난점을 가지고 있다.

2) 체포에 수반된 수색(search pursuant to arrests)

적어도 17세기의 커먼로는 비록 영장 없이 이루어진 체포의 경우에도 체포자의 신체와 인접지역을 수색할 광범한 권한을 부여하였다.[9] 특히 다른 유형의

443, 454-55 (1971); Mincey v. Arizona, 437 U.S. 385, 390 (1978).

6) William Blackstone, Commentaries cf English Law Vol. 4 SS, 286-92; Mathew Hale, The History of the Pleas of the Crown, Professional Books Ltd.,1987, SS. 85, pp. 88-92.

7) Act of May 2. 1792 Ch. 28. SS 9, 1 Stat. 264, 265 (repealed 1795).

8) 423 U.S. 411 (1976).

9) 이 점에 관한 탁월한 연구서는 Telford Taylor, Two Studies in Constitutional Interpretation, Ohio State University Press, 1969, pp. 28-29 참조.

'단순 증거'(mere evidence)[10])에 대한 수색이 허용되지 아니한 경우에도 피체포자의 신체에 대한 수색은 인정되었다고 한다.[11]) 이러한 선례와 역사적 사실에 근거하여 연방대법원은 모든 수색에 있어서 영장요건에 대한 예외로서의 '체포에 수반된 수색'이라는 법리를 만들어냈다.[12]) 여기에서도 마찬가지로 개념적 문제점이 발생한다. 즉, 보다 인권침해가 덜한 각종 유형의 수색에 대해서는 왜 여전히 영장을 요구하는지를 설명하지 못하는 난점이 있다.

체포수색의 경우 '단순 증거'(mere evidence)에 대해서는 영장이 불필요했을 뿐만 아니라, 역사적으로 볼 때 특정 형태의 '단순증거'에 대해서는 비록 영장을 발부받는다고 할지라도 수색이 불가능했기 때문이다. 영장구절이 의미하는 커먼로상의 수색의 대상은 도품(盜品, stolen goods)에 한정되었다.[13]) 그리하여 초기 미국의 각종 연방법률은 영장요건을 밀수품이나 범죄행위에 공여된 물품, 그리고 각종 위험물(화약, 부패물 등)에 확장하는 시도를 했던 것이다.[14])

3) 1789년 법에 의한 선박의 수색

수정 제4조가 제정된 바로 그 해, 제1기 연방의회(First Congress)는 연방해군에게 영장 없이 관세법의 위반을 적발하기 위해 선박을 수색할 수 있는 권한을 부여하는 법률을 제정하였다.[15]) 유사한 조항이 1790년, 1793년, 1797년 제정법에서도 반복하여 발견된다. 건국 초기의 의원들이 수정 제4조를 근거로 이러한 영장 없는 수색에 대해 반대했다는 기록은 발견할 수 없다.

4) 실체적 정당성과 수색(successful searches and seizures)

커먼로상에서는 결과가 과정의 정당성을 제공했다. 비록 관헌(官憲)이 영장을 소지하지 않더라도 자신의 책임 아래 행한 수색의 결과 도품이 발견된 경우에는 영장 미소지라는 법적 하자가 치유되었다. 그 반대의 경우 관헌은 불법행

---

10) "mere evidence rule"에서 유래한 개념. 합법적인 수색을 행하는 관리는 범죄에 관련된 물건을 압수할 권한이 있으나, 다른 품목(이를테면 혐의자의 옷)의 '단순증거'(mere evidence)는 압수할 수 없다는 원칙이다.

11) Taylor, 앞의 책, p. 57.

12) 예를 들어 Chimel v. California, 385 U.S. 752, 762-763 (1869).

13) Tayolr, 앞의 책, pp. 24-25; Eric Schnapper, "Unreasonable Searches and Seizures of Paper," 71 Va L Rev., 869, 903 (1985).

14) Entick v. Carrington, 19 Howell's State Trials, 1029, 1073 (C.P. 1765) 참조.

15) Act of July 1789 Ch.5. SS 24. 1 stat 29, 43 (repealed 1790).

위의 책임을 부담하였다. 다시 말하자면, 합리적인 의심 없이 순수한 육감에 의
존하였다고 하더라도 혐의자가 실제로 중죄의 범인(felon)임이 확인되거나, 수색
의 결과 도품 또는 범죄에 관련된 물품(contraband)이 발견된 경우에는 일체의
책임이 면제되었다.16) 이러한 법리는 당시 영국의 판결에서 반복하여 확인되었
고, 이들 판결의 법리가 수정 제4조의 제정에 중대한 영향을 미쳤다고 볼 수 있
는 충분한 근거가 된다. 이 점은 1818년의 Gelston v. Hoyt 판결에서 스토리
(Story) 판사의 판결문에 선명하게 부각되어 있다.17)

5) 긴급상황에서의 수색(exigent circumstance)

현행범의 체포를 위한 범죄현장으로부터의 추적 등 급박한 상황에서는 영장
을 요구한 것은 지극히 비상식적이다. 커먼로는 일찌감치 부터 이러한 내용을
법리로 정립시켰고, 일체의 예외를 허용하지 않는 것처럼 비치는 수정 제4조의
문면에도 불구하고 현대법원은 이러한 '상식적 예외'를 판결로 설정하였다.18)

6) 동의와 수색(consent)

자발적인 동의에 기초한 수색이 영장요건에 예외가 된다는 것은 '처분할 수
있는 법익'의 법리에 의하면 별다른 문제를 제기하지 않는다. 문제는 동의권자와
동의의 범위에 관한 것이다. 우선 '동의'와 '포기' 사이에 개념의 정립 문제가 발
생한다. 수색 당할 장소의 소유자나 점유자의 동의는 영장요건의 '포기'(waiver)
라고 법적 성격을 규정한다. 그러므로 동의에 기초한 수색은 영장요건의 '예외'
가 아니라 영장요건의 포기라고 규정한다. 그러나 이러한 논리에 입각하면 부부
중 일방이 수정 제4조의 권리를 포기한 결과, 타방의 소유나 점유물에 대한 수
색이 정당화되는 법리를 설명하기에는 난점이 있다.19)

현대의 법원은 동의의 효력을 확장하여 수색 당할 부동산의 정당한 소유주의
동의는 물론, 표견 소유자라도 경찰이 정당한 소유자로 오인할 만한 합리적인 사유
가 존재하는 경우에는 그의 동의에 기초한 수색의 효력을 전면적으로 인정했다.20)

---

16) 예를 들어 Gelston v. Hoyt. 16 U.S. (3 Wheat) 246, 310 (1818) (Story J.).
17) 16 U.S. (3 Wheat) 246 (1818) 실체적 정당성이 절차적 하자를 치유한다는 요지의 다른 판결의
   예로는 Aamar, 앞의 논문, n. 33 참조.
18) Warden v. Hayden. 387 U.S. 294, 298-300 (1967).
19) U.S. V. Matlock, 415 U.S. 164 (1974).
20) Illinois v. Rodriguez, 497 U.S. 177 (1990).

법원의 논리인즉 비록 영장 없는 수색에 대한 명확한 동의가 없었지만 이 경우에 경찰의 행위는 '합리적'(reasonable)이었다는 것이다.[21] 이것은 모든 압수, 수색에 있어 궁극적인 판단 기준은 영장(warrant)이 아니라 합리성(reasonableness)이라는 것을 간접적으로 인정하는 결과가 된다.

7) 직무수행 중의 조우물(遭遇物)에 대한 수색(plain view searches)

정당한 직무집행 중에 조우한 증거는 영장의 유무와 무관하게 효력을 인정한다는 이른바 '조우물의 법리'(plain view doctrine)는 여러 가지 문제점을 제기한다. 단순한 육안이 아닌 과학기술에 의존한 '조우물'을 조우물로 볼 수 있느냐, 연방대법원은 사실적 상황에 따라 다른 법리의 가능성을 암시하였다.[22] 그러나 조우물의 법리가 적용되거나 적용이 안 되거나 하는 사실적 상황을 구별하는 최종의 기준은 '합리적'(reasonable)이냐 아니냐일 것이다. 연방대법원의 획기적 판결인 U.S. v. Katz[23] 판결에 제시한 '프라이버시에 대한 합리적인 기대'(reasonable expectation of privacy)의 기준도 종국적으로는 '합리성'만이 기준이고 그 합리성을 배심의 판단영역이라는 전제에 입각하고 있는 것처럼 보인다.

8) 기타 '비형사적' 압수, 수색

이상의 경우 이외에 일상적으로 일어나는 불특정 다수에 대한, 전형적인 의미의 사생활 침해를 수반하지 않는 수색을 상정할 수 있다. 예를 들어 공항, 국경에서의 통상적인 수색이다. 이러한 수색은 영장을 요구하지 아니한다. 연방대법원은 여러 유형의 사건에서 이러한 유형의 수색은 수정 제4조의 의미의 수색이 아니라고 선언해 왔다.[24] 그러나 이러한 영장 없는 수색이 수정 제4조의 영장요건과 상충되지 않는가에 대해서는 대법원은 명쾌한 논리를 제기하지 못하고 있다.

---

21) Id 183, 186.

22) 육안이나 선글라스에 의한 수색은 수정 제4조의 수색이 아니나 Arizona v. Hicks, 480 U.S. 321, 328 (1987) 고성능 쌍안경이나 X-Ray를 이용한 수색은 영장을 요하는 수색이라고 했다. Dow Chem. co. v. United States, 476 U.S. 227, 238 (1S66); United States v. Karo, 468 U.S. 705. 716 (1984).

23) 389 U.S. 347. 360 (1967).

24) National Treasury Employment Union v. Von Raab, 349 U.S. 656 (1989) (항공기 수색); New Jersey v. T.L. O., 469 U.S. 325. 337-43 (1985) (공립학교 수색); Delaware v. Prouse, 440 U.S. 648. 660 (1979) (자동차 정기 안전검사); United States v. Martinez-Fuerte, 428 U.S. 543. 564-66 (1976) (국경에서의 수색).

이러한 유형의 수색이 '형사적'(criminal) 수색이 아니라 안전기준, 공해방지 등 '민사적'(civil) 수색이라는 논리도 성립하지 아니한다. 왜냐하면 수정 제4조의 자구는 양자의 구분을 전제로 하지 아니하기 때문이다.[25] 수정 제4조의 '핵심'이 형사법의 적용에 관한 것이라는 주장도 엄격한 의미에서는 본래의 의미에 충실한 것은 아니다. 만약 민사적 수색이 형사적 수색과 마찬가지 정도와 수준으로 사생활의 침해를 수반하는 것이라면 민사와 형사를 구분해야 할 절실한 필요성이 존재하지 않는다.[26] 증거를 인정하는 형사와 민사의 법적 기준이 다르기 때문에, 즉, 형사의 '합리적 의심'(beyond reasonable doubt)과 민사의 '증거의 우세'(preponderence of evidence)에는 다른 법리가 적용되어야 한다는 주장도 설득력이 약하다. 형사피고인의 절차적 권리를 특별하게 보호하는 법리는 기소(accused) 당하기 이전에는 등장하지 아니하나 대부분의 압수, 수색은 기소 이전의 단계에서 이루어지기 때문이다.[27]

(2) 당연무효설의 변용

당연실효의 원칙 대신 이의 변용을 주장하는 견해가 주류의 입장이다. 그리하여 영장 없는 수색, 압수는 당연무효(per se unreasonable)이나 다만 역사적 전통과 상식에 입각한 일정한 예의를 인정할 뿐이라고 한다. 수정 제4조의 제정자가 이러한 문언을 제정할 때 가졌던 본래의 의도는 문언의 일차적 의미에도 불구하고 일정한 내재적 예외를 인정한 것이라는 입장이다. 그러나 이 입장도 논리적으로 무리가 있다. 문언에 존재하지 아니한 예외의 범주를 설정하는 것 자체가 논리적 체계에 중대한 흠결이다. 그것은 문언의 해석이라기보다는 문언의 개정이다. 또한 이러한 입장은 수정 제4조의 기본원칙은 영장주의가 아니라 '합리성'이라는 결론을 간접적으로 인정하는 결과가 된다.

(3) 영장주의와 배심의 기능 - 수정 제4조의 핵심

그렇다면 수정 제4조의 대원칙으로 영장주의를 고집할 이유가 어디에 있는가? 왜 현대법원은 광범한 예외를 인정한 결과, 사실상 유명무실해진 명목상의 영장주의 원칙을 내세울 근거가 어디에 있는가? 영장주의의 목적은 무엇이며,

---

25) 주 1의 문언 참조.
26) 특히 수색의 대상이 된 사람이 혐의자가 아니고 우연히 증거물을 보관한 자인 경우에는 더욱 더 그러하다.
27) Amar, 앞의 논문, p. 770.

합리성의 원칙과는 어떤 상관관계에 서는가? 이 문제는 미국의 형사 정의체계의 운영자인 배심의 기능과 관련하여 설명해야 할 것이다. 수정 제4조의 제정자들은 수정 제4조의 운영의 주역으로 판사가 아니라 배심을 상정하고 있었던 것이다. 제정자들은 판사와 판사가 주도하는 사법절차에 대해 불신하고 있었다.[28] 수정 제4조의 영장구절은 영장을 권장하는 것이 아니라 오히려 '제한'한다. 영장이 엄격한 요건을 충족시키지 못하면 당연무효라는 것이다. 문언도 "No Warrant shall issue, but"으로 시작된다. 다시 말하자면 영장조항은 영장이 발부되어서는 안 되는 상황을 원칙으로 규정하고 예외적으로 영장이 발부될 수 있는 경우에 그 전제조건을 규정하는 것이다. 비록 영장조항에 규정된 제반 전제조건이 충족된 경우에도 그 압수, 수색이 불합리한 경우에는 영장을 발부해서는 안 된다는 것이다.

수정 제4조의 제정 당시의 상황을 재구성해 보자. 영장은 관헌의 일방적인 청구에 의해 발부되는 것이고, 이는 지역주민으로 구성된 배심에 의해 민사상의 구제(common law trespass 등)를 위한 재판을 받을 기회를 박탈하는 결과가 된다. 관리에 의한 영장발부절차는 사법적 성격의 절차로 규정하지만 그 실체는 사법적 성격이 취약했고, 영장 없는 압수, 수색에 대한(배심이 주도하는) 사후적 사법구제의 기회를 박탈하는 제도인 것이다. 대부분의 경우 영장의 발부를 담당하는 '치안판사'(magistrate)[29]란 변호사도 판사도 아닌 법률서기에 불과했다. 비록 판사가 영장을 발부하는 경우에도 판사의 지위의 독립성이 보장되지 않았다. 영국 본국과는 달리[30] 혁명 전 미국에서의 판사는 임기가 보장되지 않는 사실상의 행정직에 불과했다. 헌법이 판사의 독립과 종신제를 보장한[31]후에도 독립혁명 이전의 관행과 인식이 팽배했다.

수정 제4조는 민사배심을 규정한 수정 제7조와 결합하여 의미를 찾아야한다. 수정 제4조의 제정에 영향을 미친 영국의 선판례들은 모두 관헌의 행위에 대한 민사배심에 의한 손해의 배상이라는 법적 이슈를 담고 있으며 관헌은 영장

---

28) Taylor, 앞의 책, pp. 44-46.
29) '치안판사'(magistrate)란 특정한 직업을 의미하는 것이 아니라, 정식재판 이전의(pre-trial) 일정한 절차를 담당하는 직책을 의미한다.
30) 영국의 경우는 명예혁명의 결과로 사법과 판사의 독립성이 확보되었다고 보는 것이 정설이다. Bernard Baylin, The Origins of American Politics, Random House, 1967, p. 68.
31) Article Ⅲ.

발부를 항변으로 제출한 사건들이다.[32] Wilks v. Wood 판결에서도 원고측의 변
호인은 배심재판이야말로 연면하게 향유해 온 '영국민의 권리'임을 강조했고[33]
당대 최대의 법률가 맨스필드(Mansfield) 판사도 정부관리에 의한 불법적인 수색
에 대한 구제방법으로서의 민사배심의 중요성을 강조한 기록이 있다.[34] 미국에
서도 민사배심제도는 일반의 강한 지지를 받고 있었다. 펜실베니아(Pennsylvania)
주의 헌법비준대회의 기록[35]과 반연방주의자(Anti-Federalist) 문서[36]에서 충분히
확인할 수 있다.

이상의 역사적 기록의 의미를 감안해 볼 때 수정 제4조의 영장조항은 합리
성의 요구가 핵심이며, 그 합리성(reasonableness)의 판단자는 판사가 아니라 배
심이라는 형사사법의 운영에 관한 근본원리에 구현하는 조항으로 볼 수 있다.

2. 정당한 사유(probable cause)의 요건

수정 제4조의 문언을 다시 한 번 음미해 보자. '합리적인 의심'(probable
cause) 기준은 '영장'에만 적용되고 모든 '수색, 압수'에 적용되는 것이 아니다. 영
장에 관련된 다른 요건(즉 선서 또는 확약, 대상물의 특정기재)도 모든 수색, 압수에
적용되는 것이 아니다. 연방대법원도 문언과 상식에 근거하여 이러한 요지의 판
결을 내렸다.[37]

그렇다면 왜 군이 문언적으로 연결되지 않는 두 구절을 '정당한 사유'라는
매개체를 이용하여 강제로 결합시키려는 시도를 할 필요가 있는가? 법원과 주석
가들이 내세운 이유는 "보다 덜 엄격한 영장 없는 체포와 수색의 기준을 허용하

---

32) 자세히는 Amar. 앞의 논문, p. 775, n.67 참조.

33) Wilkes, 19 Howell's State Trials, 1154-1155. 98 Eng. Rep. 490.

34) Bernard Bailyn, The Ideological Origins of the American Revolution, 2d ed. Harvard University
Press. 1993, p. 123(배영수 역, 미국헌법의 이데올로기적 기원, 새물결, 1999); Gordon Wood,
The Creation of the American Republic 1776-1787, University of North Carolina Press, 1967,
p. 10.

35) Merrill Jensen ed., Documentary History of the Ratification of the Constitution, Wisconsin
Historical Society Press, 1976, p. 526.

36) John McMaster & Frederic Stone eds., Pennsylvania and the Federal Constitution 1787-1788,
Da Capo Press, 1883, p. 154 (Herbert Storing ed, The Complete And-Federalist Papers, 1981,
p. 58. 61.)

37) Taylor, 앞의 책, pp. 49-50 (핸드와 프랑크퍼터 판사는 영장 없는 수색의 범위를 영장 있는 수
색의 경우와 일치시키려는 노력을 했다고 주장한다).

는 경우에는 영장을 회피할 위험”이 크다거나[38] 경찰이 치안판사가 부여한 권한 보다 큰 수색의 권한을 가진다는 것은 비상식적이라는[39] 것이다.

그러나 이러한 논리는 수정 제4조의 입법취지를 경시하는 것이다. 수정 제4 조의 제정자들은 영장을 회피할 위험을 개의치 않았다. 앞서 살펴본 바와 같이 수정 제4조의 근본취지는 이와 같은 ‘국왕의 관헌에 의한 일방적 절차’(Imperial ex parte)를 제한하는 데 있었던 것이다.

입법사적 고려는 차치하고서 상식의 차원에서 논의를 전개해 보자. 법원의 해석대로 ‘정당한 사유’(probable cause)를 “도품이나 범죄에 관련된 물품이 발견 될 높은 개연성이 있는 경우”로 해석한다면 모든 압수, 수색의 경우에 이 기준 을 적용하기 어렵다. 만약 다른 품목에 대해 수색을 하려면 어떤가? 그렇다면 ‘정당한 사유’란 수정 제4조의 핵심 개념인 ‘합리성’(reasonableness)으로 대체할 수 있는 것은 아닌가? 이 문제 또한 형사사법의 운용의 주체를 누구로 할 것인 가(즉 배심인가, 아니면 판사인가)라는 본질적인 선택의 문제와 연관되어 있다.

3. 위법증거 배제법칙의 문제

(1) 불법행위의 구제문제

현대 법원이 고안한 위법증거 배제법칙은 수정 제4조의 의미를 확장 내지는 왜곡했다고 볼 수 있다. 이 조항이 규정하는 권리의 내용을 오도했을 뿐만 아니 라 구제(remedy)의 내용도 변질시켰다. 수정 제4조가 예상한 본래의 구제수단 중 에 중요한 지위를 점하는 것이 불법행위(tort)에 대한 구제이다.[40] 앞서 언급한 바와 같이 모든 수색과 압수가 정당해야 한다는 수정 제4조의 요건은 민·형사 에 구별 없이 적용된다. “부당한 수색 및 압수로부터 신체, 가택, 서류 및 재산의 안전을 보장받는” 인민의 권리란 신체, 사생활, 재산 등 개인적 자유에 관련된 커먼로상의 원칙, 즉 일체의 불법행위(tort)를 의미했다. 당시의 불법행위(tort)의 개념은 trespass, assault, trover 등 계약(contract)을 제외한 여러 형태의 민사적 구 제를 포괄했고 가택, 문서, 또는 물품을 부당하게 침해당한(trespass) 사람은 가해

---

38) Whiteley v. Warden. 401 U.S. 560. 566 (1971).

39) Albert W. Alschuler, “Bright Line Fever and the Fourth Amendment,” 45 U. Pitt L, Rev., 227, 243 (1984).

40) Silas Wasserstorm & William J. Mertens, “The Exclusionary Rule on che Scaffold: But Was It a Fair Trial?” 22 American Criminal Review 86 (1984).

자에 대해 민사소송을 제기할 수 있었다.

혁명 이전의 영국법원은 이러한 법원칙을 거듭하여 선언했다. 대표적인 판결이 Wilkes v. Wood이다. 이 판결에서 광범한 수색과 압수를 허용하는 일반 영장을 발부하거나 집행한 관리에 대해 제기된 민사적 불법침해(trespass) 사건에서 이러한 영장의 효력을 실효시킨 바 있다.[41]

미국에서도 독립 전에는 물론 독립 이후에도 세관공무원, 수세공무원, 치안관 등의 관리에 의한 불법침해에 대해 민사 배심재판이 전형적인 구제방법이었다.[42] 이런 역사적 사실을 감안하면 수정 제4조와 상응하는 주 헌법의 조항을 제정한 헌법의 아버지들의 의도는 불법행위의 구제를 유념하고 있었다는 추론이 설득력을 가진다. 수정 제4조의 비준과정에서 형사사건에서 위법수집증거를 실효시켜야 한다고 주장하는 단 한 건의 기록을 발견할 수 없다. 당대 최대의 석학 판사로 공인받던 연방대법원의 스토리(Joseph Story) 판사도 1822년의 순회판결에서 증거의 수집과정에서의 불법이 증거능력에 영향을 미칠 수 없다는 요지의 의견을 강하게 강조했다.[43] 남북전쟁 이후의 재통합시대에도 마찬가지였다. 1883년에 발행된 당시의 최대의 증거법전 문서에도 불법으로 수집된 증거도 효력을 보유한다고 기록하고 있다.[44] '증거법의 황제' 위그모어(Wigmore)의 연구에 의하면 1886년 이전에는 증거배제법칙은 미국의 땅에서 전혀 거론조차 되지 않은 생소한 법리였다.[45]

(2) 증거배제법칙과 로크너(Lochner)철학

증거배제법칙은 일면 "로크너(Lochner)"시대의 논리의 소산으로 볼 수도 있다.[46]

---

41) Wilkes, 19 Howell's State Trials 1154-55, 98 Eng. Rep. 490.

42) Bradford P. Wilson, Enforcing the Fourth Amendment: A Jurisprudential History Garland Publishing Co., 1986, pp. 9-19.

43) United States v. La Jeune Eugenie. 25 F. Cas. 832, 843-44(C.C.D. Mass. 1822)(No. 15, 531)

44) Simon Greenleaf, A Treatise On the Law of Evidence, SS 254 a (Simons G. Croswell ed., 14th. rev. Ed 1883).

45) John H. Wigmore, Wigmore On Evidence, Aspen Publishers, 1904, pp. 626-639. 1886년의 연방대법원 판결(Boyd v. United States, 116 U.S. 616) 이후에 비로소 '위법수집증거'의 실체적 효력에 대한 의문이 제기되었고 몇몇 주에서 해묵은 법리가 잠식되기 시작했다. 같은 요지. Potter Stewart, "The Road To Mapp v. Ohio and Beyond: The Origins, Development and Future of the Exclusionary Rule in Search and Seizure Cases," 83 Columbia L Rev., 1365, 1372-1377 (1983).

46) 로크너(Lochner)시대의 철학과 배제법칙의 관련에 대한 일반적 서술은 Cass R. Sunstein,

1886년의 Boyd 판결은 수정 제4조와 수정 제5조의 자기부죄금지조항(Self-Incrimination Clause)을 상충되는 조항으로 파악했다.[47] Boyd판결은 증거제출명령(subpoena)에 기재된 내용의 각종 문서증거를 그 수집과정에서의 하자를 이유로 준 형사적 사건에 사용하는 것을 금지시켰다. 이러한 법리를 확장한 후속판결들은 강제된 자기부죄의 상황이 결여된 상황에서의 수집된 증거의 효력을 배제했다.[48]

　　Boyd 판결과 후속판결들은 주로 폭력성 범죄보다는 기업활동에 관한 규제적 법규의 위반에 관한 범죄에 관한 것들이었다. 이러한 판결들은 이른바 "로크너(Lochner)"시대의 정신을 반영하는 것이기도 했다. 이 판결들의 배경이 된 핵심적인 논리는 사유재산에 대한 권리는 형사사건에서 자신의 재산이 자신에 대해 불리하게 사용되지 아니할 권리를 포함한다는 것이다.[49] 이러한 형식논리의 극대화는 일기, 서류는 물론 피묻은 셔츠도 수정 제5조의 사람(person)의 연장이 된다는 결론에 이른다. 그러나 이러한 극도의 '사유재산 숭배'의 사상의 허구는 1930년대에 들어와서 와해되기 시작한다. 만약 동의 없이 채취한 혈액은 '증언적 성격'(testimonial)이 결여되었으므로 증거로 사용할 수 있다면[50] 이 같은 사람의 피묻은 셔츠가 더욱 강력한 법적 보호를 받아야 할 이유가 없다.

(3) 수정 제5조와 증거배제법칙

　'재산권의 논리'가 배척되면 Boyd 판결의 정당성은 더욱 약화된다. Boyd 판결은 그 정당성을 영국의 Wilkes v. Wood 판결에서 구했다고 주장했으나[51] 테일러(Taylor) 교수의 연구에서 밝혀졌듯이 Wilkes 판결의 오독 내지는 무리한 확장이었다.[52] 어떤 의미에서든 당시 영국에서 증거배제법칙이 확립된 법리가 결코 아니었다.[53] 당시 미국의 법리도 마찬가지였다. "자신에게 불리한 진술을 강요

"Lochners Legacy," 87 Columbia L Rev. 873 (1987) 참조.
47) 수정 제4조와 수정 제5조는 "거의 정면으로 서로 충돌하고" "서로에 대해 밝은 빛을 조명해준다." 116 U.S. 616, 630, 633 (1886).
48) Weeks v. United States, 232 U.S. 383, 393, (1914); Silverthome Lumber Co. v. United States. 251 U.S. 385, 392 (1920); Goueled v. United States. 255 U.S. 298, 311 (1921).
49) 자세히는 Amar, 앞의 논문, p. 788.
50) Schmerber v. California 384 U.S. 757. 760-962 (1966).
51) 앞의 주 48 참조.
52) Taylor, 앞의 책, pp. 52-53.
53) 자세히는 Gordon Van Kessel, "The Suspect as a Source of Testimonial Evidence: A

당하지 아니할 권리"의 내용은 지극히 협소한 것으로 정치적, 사상적 범죄에 한
정되다시피 하였다.54) 그리하여 Boyd 이전에는 재판 전 증거조사절차에서 강요
된 피고인의 자백에 기초하여 수집된 증거의 효력도 부정되지 아니하였다. 1861
년의 뉴욕주 판결은 수정 제5조의 문구와 자구까지 동일한 주의 헌법조항에도
불구하고 피의자는 대배심에서 시체의 매장장소를 밝힐 것을 강요당했고, 피고
인은 "어떤 형사사건에서도 자신에 대한 증인이 되기를 강제 당하지 아니할 권
리"를 향유하지 못했다. 이러한 권리는 오직 피고인 자신의 증언을 재판에서 자
신에게 불리하게 제시할 경우에만 적용되었다.55)

　　수정 제4조와 구정 제5조의 결합을 시도한 Boyd판결은 당시의 법리에 기초
를 두지 못했을 뿐만 아니라 결과적으로 이론의 혼란을 가중시켰다. 수정 제4조
와 수정 제5조, 각각의 조문의 제정배경과 이유에 대한 성찰이 부족했다. 양 조
문은 본질적으로 다른 기능을 유념한 것이다. 수정 제5조는 형사사건에만 적용
되는 것임에 반해, 수정 제4조는 민사사건에도 공히 적용되는 것이다. 그러므로
Boyd 판결의 주장대로 '정면으로 충돌하는' 것이 아니다. 수정 제5조의 적용범
위를 강요된 증언의 범위를 넘어 수정 제4조의 압수, 수색을 포함시키는 무리한
법리의 결합이다.56) 수정 제4조와 제5조는 법리의 적용단계에서부터 다르며 그
주안점도 다르다. 수정 제5조는 '형사사건에서'(in a criminal case), '사실심 재판의
단계'에 비로소 적용되는 것이다. 조문이 '형사' 사건을 특정하고 있는 만큼 민사
사건에는 적용되지 않는다.57) 이러한 민사·형사의 준별을 수정 제4조는 용납하
지 않는다. 민사·형사를 불문하고 수색, 압수가 정당할 것을 요구하는 것은 공
통된 헌법적 요구이기 때문이다.58)

　　수정 제5조에 위반된 수사의 결과 피고인의 즉시 석방이 강제되는 것은 아

　　　Comparison of the English and American Approaches" 38 Hastings L J. 1. 29 (1986).

54) Leonard W. Levy, The Origins cf the Fifth Amendment, MacMillan Publishing Co., 1968, pp.
　　331-332.

55) 다시 말하자면 재판 이전에는 '증언적 성격'(testimonial)의 증거에 대해서는 면책권이 부여되었
　　고 "use fruit" 또는 transactional 면책권은 보장되지 아니하였다.

56) 수정 제4조를 헌법의 종합적인 가치와 구조와 결합시키려면 수정 제4조는 수정 제5조보다는
　　언론의 자유, 사생활의 자유, 평등권, 적법절차 등의 조항과 연관하여 법리를 정립하는 작업이
　　더욱 설득력과 효용이 클 것이다.

57) United States v. Janis, 428 U.S. 433 (1976).

58) 앞의 주 40 및 본문 참조.

니다. 이 점은 수정 제4조에 위반된 압수, 수색의 결과 취득한 증거의 법적 실효가 강제되는 것과 다르다. 수정 제4조만으로는 A의 가택을 불법적으로 수색한 결과 A와 B의 범죄혐의를 입증할 증거가 취득되었다면 A의 형사재판에서는 이를 사용할 수 없고 B의 형사재판에서는 사용할 수 있는 법리를 설명하지 못한다. 이 점은 수정 제5조를 통해 설명이 가능하다. A는 자신의 증인으로 강제 소환될 수는 없지만 B에게 불리한 증언을 위해서는 강제로 소환될 수 있기 때문이다. 수정 제4조와 제5조의 결합은 한 사람의 재산을 그 사람 자신으로 취급하는 로크너(Lochner)시대의 재산권 물신주의 사상을 반영한 법적 허구였던 것이다.

(4) 기타 이론

마지막으로 위법수집증거의 배제법칙을 정당화시키기 위해 제시된 여타의 이론(내지는 슬로건)들을 음미해 보자. 연방대법원이 제시한 "사법의 공정과 공평성의 확보"(judicial integrity and fairness), "정부가 자신이 범한 악행으로 인하여 득을 취하는 것을 방지함," "위하에 의한 억지"(deterrence)[59] 등등의 슬로건들 중 그 어느 것도 증거배제법칙을 정당화시킬 수 있는 설득력을 보유하지 아니한다.

'사법의 공정과 공평성의 확보'는 미국의 형사절차에만 한정된 이상이 아니며, 형사절차에서 더욱 강조되어야 할 필연적인 이유도 없다. 민사사건에서는 배제법칙이 전혀 거론되지 않는다는 사실이 민사사법의 공정과 공평에 치명적인 약점이 있기 때문은 아닐 것이다. 또한 영국을 비롯하여 배제법칙을 부정하는 여러 나라의 사법절차는 공정성과 공평성이 결여되었다고 말할 수 없다.[60]

뿐만 아니라 본질적으로는 실체적 진실 발견에 도움이 되는 증거를 절차적 위법을 이유로 배제하는 것이 과연 사법의 공정과 공평성의 확보에 도움이 되는가라는 근본적인 의문을 제기한다. 사법의 공정성과 공평성을 확보하는 정당하고도 보다 효과적인 방안은 일체의 증거를 법정에 제출하도록 하는 것이 아닌가? 자신의 악행으로 이득을 취해서는 안된다라는 이상은 정부의 행위에 대해서만 아니라 모든 상황에 대하여 적용될 수 있다. 살인범, 강간범 또한 자신의 악행으로 인하여 이득을 취해서는 안될 것이다.

---

59) Randy E. Barnett, "Resolving the Dilemma of the Exclusionary Rule: An Application of Restitutive Principles of Justice" 32 Emory L. J., 937, 938-39 (1983).

60) 배제법칙의 미국 이외의 나라의 영향의 한계에 대해서는 John Kaplan, "The Limits of the Exclusionary Rule," 26 Stanford L. Rev., 1027, 1031 (1974).

마지막으로 위하에 의한 억지(deterrence)의 문제이다. 정부는 수정 제14조의 권리를 침해해서는 안 된다. 그러나 이러한 이상을 실현하는 방안 중에 배제법칙은 최선의 방법이 아닐지 모른다. 배제법칙으로 이득을 보는 사람은 형사범인이다. 죄가 중하면 중할수록 더욱 큰 이득을 본다. 경찰에 대해 손해 배상을 부담시키거나 기타의 방법으로 해결하는 것이 더욱 바람직할 것이며, 수정 제4조의 제정자들은 이러한 방안을 유념했을지도 모른다.

Ⅲ. 맺음말

헌법은 시대정신의 산물이다. 헌법해석은 단순한 법률의 해석과는 다르다.61) 수정 제4조의 본래의 의미가 무엇이든 대법원의 해석을 통해 시대적 의미가 결정되어 왔다. 워렌법원 이래 현대 미국법원은 수정 제4조의 권리의 본질과 본래의 의미를 제정 당시의 그것과는 판이하게 다른 것으로 확장시켰다. 제정 당시의 헌법의 '본래의 의미'가 어떤 구속력을 가지느냐의 논의나, 헌법의 의미가 변질된 경우 헌법개정이 필요한가의 문제는 한 나라의 민주주의에서 정치적 기관에게 어떤 신뢰와 역할을 맡길 것인가의 문제와 밀접하게 관련되어 있다.62) 수정 제4조의 의미를 극적으로 변질시킨 워렌법원의 공과는 시대가 평가할 일이다. 이 글에서는 수정 제4조의 본래의 의미는 당시 법원에 대한 불신과 민사배심에 대한 국민적 기대와 합의가 존재했다는 추론이 가능한 자료를 정리하여 소개했을 뿐이다. 흔히 영장주의와 위법수집 증거배제법칙으로 핵심적 내용이 알려진 수정 제4조의 제정 당시의 본래의 의도는 배심을 형사사법의 운영의 주체로 삼아, 최종적인 판단기준인 '합리성'의 판단을 배심의 몫으로 상정했다는 '민중주권론'의 주장도 경청할 가치가 충분하다.63)

---

61) Chester J. Antieau, Adjudicating Constitutional Issues, Oceana Publications. 1985; Kyong-Whan Ahn, "Should The Constitutional Court Judges Be Different?," Law Asia 99, 1989.

62) Akhil Reed Amar, "Constitutional Amendment Outside Article V," 94 Columbia L. Rev. 457 (1994).

63) "장기적으로는 민중의 법감정이 법정에서 승리할 날이 올 것이다. 민중이 대통령을 선출하고 이렇게 선출된 대통령이 연방판사를 임명한다. 장기적인 안정과 실현가능성을 유념하는 판사라면 국민과 헌법을 서로 분리시키는 제도가 아니라 이를 서로 연결시켜주는 제도를 선호할 것이다." Amar, 앞(주 3)의 논문, p. 800. 아마르의 대안은 p. 801 이하 참조.

"Miranda 판결의 현대적 의의"[1989, 이하 '해제논문 1']
"미국 연방헌법 수정 제4조의 본래의 의미"[2000, 이하 '해제논문 2']

해 제

조 국*

Ⅰ. 안경환 교수님이 서울대 법대에 부임한 1987년 3월, 해제자는 동 대학원 석사과정에 입학하였다. 안 교수님은 당시 만 39세의 '젊은' 교수셨는데, 영미 (헌)법 이론에 무지하거나 무관심한 한국 법학계에 영미(헌)법 이론을 소개하는 데 앞장 서셨다. 덕은 부족하고 재주는 얕고 성미는 급한 제자의 언동(言動)을 언제나 잘 받아주셨다. 해제자가 형사법 공부를 더 하기 위하여 독일이 아니라 미국으로 유학을 가게 된 배경에는 교수님의 영향이 컸다. 2001년 12월 모교 교수로 부임한 이후에는 가까운 거리에서 교수님을 뵈며 학문 안팎의 일에 대하여 더 많은 가르침을 받을 수 있었다. 2006년 10월 국가인권위원장이 되셨는데, 해제자는 2007년 12월 국가인권위원으로 임명되어 교수님을 보좌하는 기회도 가졌다. 그런데 2012년 대선 시기, 정년을 앞둔 교수님을 '전쟁터'에 끌고 들어가 수많은 고생을 안겨드렸다. 죄송한 마음뿐이다. '65 years young'인 교수님의 정년퇴임을 맞아 교수님의 두 논문에 대한 해제를 쓰면서 은혜에 조금이나마 보답하고자 한다. 교수님의 추천서를 받아 유학을 가서 취득했던 박사학위 논문의 일부가 미국 연방헌법 수정 제4조 위법수집증거배제법칙과 수정 제5조 미란다 법칙을 다루고 있음을 밝힌다.[1]

---

* 서울대 법학전문대학원 교수

[1] Kuk Cho, Exclusion of Illegally Obtained Evidence in Search-and-Seizure and Interrogation, J.S.D. Dissertation, University of California at Berkeley School of Law, 1997. 필자의 관련 한글 논문으로는 "미란다 규칙의 실천적 함의에 관한 소고 -미국 연방대법원의 입장변화를 중심으로," 형사법연구 제10호, 1998; "미국 위법수집증거배제법칙에 관한 일고," 형사정책연구 제9권 제4호, 1998 등을 참조하라.

Ⅱ. 미국 연방헌법 수정 제4조는 '비합리적인 수색과 압수'(unreasonable searches and seizures)를 금지하고 '상당한 이유'(probable cause)에 기초한 영장발부를 규정하고 있다. 이후 워렌 대법원장이 이끄는 연방대법원은 1914년 'Weeks v. United States 판결'[2]에서 동 조항에 기초하여 형사사건에서 위법수집증거를 배제하였고, 1961년 'Mapp v. Ohio 판결'[3]에서는 이러한 위법수집증거배제법칙은 수정 제14조를 통하여 주(州) 사건에도 적용된다고 판결함으로써 강력한 위법수집증거배제법칙을 정초(定礎)하였다. 특히 'Mapp 판결'은 위법수집증거배제법칙의 근거로 '사법의 염결성(廉潔性)'(judicial integrity) 유지와 위법한 경찰행위 '억지'(deterrence)라는 두 가지 근거를 제시하였다. 한편 1966년 'Miranda v. Arizona 판결'[4]은 수정 제5조의 자기부죄금지의 특권에 기초하여 재판 전(前)단계의 모든 '인신구속 하의 신문'(custodial interrogation)을 받는 모든 피의자를 보호하기 위한 획기적 법칙을 수립하였고, 이 규칙을 위반하여 획득한 자백의 증거능력은 증거능력이 상실된다고 판결했다.

수정 제4조 위법수집증거배제법칙과 수정 제5조 미란다 법칙은 워렌 대법원이 추동한 '형사절차혁명'의 상징물로, 대물적 강제처분과 피의자신문 과정에 절차적 합리성을 부여하려는 사법적극주의(judicial activism)의 산물이었다. 이후 두 법칙은 버거/렌퀴스트 대법원에 의해 적용범위가 일정하게 축소되고 여러 예외도 창설되었다. 그러나 그 기본틀은 바뀌지 않았다. 여러 찬반양론에도 불구하고 두 법칙은 미국 사회에서 하나의 '제도'(institution)로 확고히 자리 잡았으며, 일반 대중 또한 이를 숙지하고 있다.

수정 제4조 위법수집증거배제법칙과 수정 제5조 미란다 규칙은 강력한 비판의 십자포화를 맞게 된다. 그 요지는 이 법칙이 실체적 진실발견이라는 형사소송의 근본기능을 방해하고 명백히 유죄인 범죄인을 풀어준다는 것이다. 물론 이에 대한 반박은 다음과 같이 정리될 수 있다. 형사절차에서 실체적 진실발견은 절대적 가치가 아니며 절차적 정의라는 다른 목적과 타협 속에서 제한되는 것이므로, 설사 진실발견이 왜곡된다 할지라도 이것은 진실을 "자기의식적"으로 희

---

2) 232 U.S. 383 (1914).

3) 367 U.S. 643 (1961).

4) 384 U.S. 436 (1966). 이 판결의 사실관계, 소송과정 및 관련 에피소드에 대해서는 안경환, "위대한 이름, 추악한 생애," 사법행정, 1987을 참조하라.

생하는 것에 다름 아니다.[5] 범죄인에게 떨어지는 횡재가 큰 경우가 발생하지만, "그 손실은 바로 헌법이 기꺼이 감수하려는 손실"이며,[6] 손실이 크다는 이유로 위법수집증거배제법칙을 적용하지 않는다면 헌법적 보장의 의미 자체가 파괴된다는 것이다.

1980년대에 접어들어서는 헌법제정시 입법의도와 문언에 부합하지 않는다는 비판이 추가되었다. 이는 미국 헌법학계의 이른바 '원의(原意)주의'(originalism)적 해석방법론에 기초하고 있다. '원의주의'론자들은 수정 제4조의 문언에서 위법수집증거배제의 근거를 발견할 수 없고 수정 제4조는 범죄인이 자신들의 범죄의 대가로 처벌받지 않는 권리까지 갖도록 의도된 것은 아니라고 주장하면서, 위법수집증거배제가 아니라 민사배상이 헌법기초자들의 의도였다고 결론짓고 있다.[7] 이들은 입법자가 설정한 수정 제4조의 핵심은 영장주의가 아니라 '합리성' 요건에 있으며 그것의 판단은 판사가 아니라 배심의 몫이었다고 보았다. 한편 이들은 미란다 법칙도 같은 맥락에서 비판하였다. 즉, 연방헌법 및 권리장전(Bill of Rights)의 '본래적'(original) 이해는 자기부죄금지의 특권을 커먼로(common law)의 경계를 넘어서까지 연장시키려는 것은 아니었으며, 수정 제5조는 인신구금 하 피의자에 대한 비강제적 심문을 금지하도록 의도된 것이 아니며 미란다 규칙이 설정한 여러 가지 제약은 헌법상의 기초가 없다는 것이다.[8]

---

5) Olmstead v. United States, 277 U.S. 438, 485 (1928) (Brandeis, J., dissenting); Donald A. Dripps, "Beyond the Warren Court and Its Conservative Critics: Toward a Unified Theory of Constitutional Criminal Procedure," 23 U. Mich. J. L. Ref. 593 (1990); Monroe H. Freeman, "Judge Frankel's Search for Truth," 123 U. Pa. L. Rev. 1060, 1065 (1975); Donald A. Dripps, "Beyond the Warren Court and Its Conservative Critics: Towards a Unified Theory of Constitutional Criminal Procedure," 23 U. Mich. J. L. Ref. 591, 593 (1990).

6) Arthur G. LeFrancois, "On Excorcising the Exclusionary Rule: An Essay on Rhetoric, Principle, and the Exclusionary Rule," 53 U. Cin. L. Rev. 49, 102 (1984).

7) 대표적으로 이하의 두 논문이 있다. Richard A. Posner, "Rethinking the Fourth Amendment," 1981 Sup. Ct. Rev. 49, 51-52; Akhil Reed Amar, "Fourth Amendment First Principles," 107 Harv. L. Rev. 757, 761, 771-772, 785-787 (1994).

8) Stephen J. Markman, "Miranda v. Arizona: A Historical Perspective," 24 Am. Crim. L. Rev. 193, 196, 948 (1987); Office of Legal Policy, U.S. Department of Justice, 'Truth in Criminal Justice' Series Report (1986) No. 1 (reprinted in 22 U. Mich. J. L. Ref. 437, 453-462 (1989)); Akhil Reed Amar & Rene B. Lettow, "Fifth Amendment First Principles: The Self-Incrimination Clause," 93 Mich. L. Rev. 857, 858 (1995).

Ⅲ. [해제논문 1]이 발표되었던 1980년대 말 미란다 판결에 대한 우리나라
법학계 및 법조실무계의 의미는 초보적 수준이었다. 미란다 법칙은 기껏해야 묵
비권을 불고지하고 획득한 자백의 증거능력은 배제된다 정도로 이해되었다. 이
논문은 미란다 판결이 정립한 미란다 고지의 네 가지 내용과 그 의미를 꼼꼼히
소개하고, 미란다 법칙에 대한 찬반론, 동 규칙의 작동요건과 예외 등을 개괄하
고 있다. 1990년대 들어서 미란다 법칙은 시차를 두고 한국 형사절차에 계수되
었는바, 이 논문을 이를 위한 이론적 정지작업으로 평가할 수 있다.

대법원은 1992년 세칭 '신20세기파 조직원 안용섭 판결'9)에서 진술거부권의
불고지는 명백한 법률위반이기에 피의자신문시 진술거부권을 고지하지 아니하
고 얻은 자백의 증거능력을 부정해야 한다고 판시했다. 1990년의 일련의 대법원
판결, 즉 세칭 '국회의원 서경원 입북 사건 판결',10) '화가 홍성담 판결'11), '임수
경양 입북사건 판결'12)은 변호인의 접견교통권을 침해하고 획득한 자백이 기록
된 피의자신문조서의 증거능력을 부정하였다. 그리고 2003년 '송두율 교수 결정'
에서 대법원은 피의자신문시 변호인참여권을 헌법상 변호인의 조력을 받을 권
리의 내용이라고 판시하였다.13) 이어 헌법재판소도 2004년 '총선시민연대 사건'
결정에서 피의자신문시 변호인참여 요청에 대하여 수사기관은 "특별한 사정이
없는 한 이를 거부할 수 없다"라고 밝혔다.14) 이후 사법개혁추진위원회 논의를
거쳐 2007년 개정된 형사소송법은 피의자신문시 변호인참여권을 명문화하였다
(제243조의 2).15) 한국 사법부는 장기간 권위주의 체제의 존속의 산물로 취약해
진 피의자의 절차적 권리를 강화하기 위하여 미란다 법칙을 수용하기로 판단했
고, 이는 법률에까지 반영된 것이다.

이상에서 볼 때 미란다 법칙의 내용은 - 피의자가 변호인접견·참여를 요청

---

9) 대법원 1992. 6. 23. 선고 92도682 판결.
10) 대법원 1990. 8. 24. 선고 90도1285 판결.
11) 대법원 1990. 9. 25. 선고 90도1586 판결.
12) 대법원 1990. 9. 25. 선고 90도1613 판결.
13) 대법원 2003. 11. 11. 선고 2003모402 결정. 동 결정은 "신문을 방해하거나 수사기밀을 누설하
   는 등의 염려가 있다고 의심할 만한 상당한 이유가 있는 특별한 사정이 있음이 객관적으로 명
   백"한 경우 변호인참여가 제한될 수 있다고 밝혔다.
14) 헌법재판소 2004. 9. 23. 선고 2000헌마138 결정.
15) 이후 대법원은 동 조항의 변호인 참여가 제한되는 '정당한 사유'란 "변호인이 피의자신문을 방
   해하거나 수사기밀을 누설할 염려가 있음이 객관적으로 명백한 경우"라고 밝혔다(대법원
   2008. 9. 12. 2008모793 결정).

하면 신문이 중단되어야 한다는 점을 제외하고는[16] - 거의 한국에 수용되었다. 이는 단지 미국 법리의 '수입'으로 볼 것은 아니다. 적어도 형사절차상의 권리에 관해서는 미국 법리가 가장 첨단이며 정밀한 체계를 갖고 있다. 규문주의가 관철되던 권위주의 체제 하의 형사절차를 극복하고 헌법정신이 관철되는 수사절차를 정착시키기 위해서는 미란다 법칙이 필요하다는 것에 대하여 학계와 실무계가 의견일치를 보았던 결과이다.

Ⅳ.

1. [해제논문 2]는 예일대 로스쿨 아마르(Akhil Reed Amar) 교수의 논지를 중심으로 하여 미국 헌법 수정 제4조의 '원의'를 소개하고 있다. 미국(헌)법의 역사에 대하여 깊은 관심을 가지고 있었던 안 교수님이 '원의주의'에 대한 검토를 놓칠 리가 없었다.

해제자는 수정 제4조의 '원의'가 이런 것이었다는 주장에 대하여 반박할 연구가 부족하다. 그렇지만 '원의주의'적 해석으로 기초로 위법수집증거배제법칙을 부정하는 것에는 동의할 수 없기에 반대논변인 '동태적 헌법해석주의'(constitutional dynamism)[17]의 입장을 정리해두고자 한다. 이 입장은 "헌법해석은 각 역사적 시대의 요구에 적응하기 위하여 변화하며 또 변화해야만 한다는 원칙"[18]으로서, "헌법의 기초자들의 총괄적인 목적을 그들 시대의 특정한 관행이 아니라 현 사회의 현실과 연결시키는 해석방법"[19]이다. 이 입장은 '원의주의'가 현재를 200

---

16) 1981년 'Edward v. Arizona 판결'[451 U.S. 477 (1981)에서 미국 연방대법원은 미란다 판결에서 불명료하였던 부분, 즉 형사피의자가 묵비권과 변호인입회권을 행사하였을 경우 신문은 언제 다시 시작할 수 있는가하는 문제를 분명히 정리한다. 동 판결은 피의자가 변호인접견을 요구한 경우 피의자 스스로가 경찰관과의 대화를 먼저 개시하지 않는 한 경찰관은 신문을 계속할 수 없으며, 그리고 피의자에게 미란다 고지가 있었다 할지라도, 피의자가 경찰관이 개시한 신문에 대응하였다는 사실만으로는 미란다 권리의 포기가 있었다고 볼 수 없다고 판시한다. 이어 1988년 'Arizona v. Roberson 판결'[486 U.S. 675 (1988)]은 피의자가 미란다 고지를 받고 변호인접견을 요청한 이상 어떠한 범죄에 대해서도 신문이 금지된다는 것, 즉 경찰관은 다시 한번 미란다 고지를 행하였다 하더라도 다른 새로운 범죄에 대해서도 신문할 수 없다고 판시한다.

17) Morton J. Horwitz, "The Supreme Court, 1992 Term - Foreword: the Constitution of Change: Legal Fundamentality Without Fundamentalism," 107 Harv. L. Rev. 32, 32- 41, 98- 117 (1993). 브레넌 대법관의 이하의 글은 이 입장을 잘 정리하고 있다. William J. Brennan, Jr., "Constitutional Adjudication," 40 Notre Dame L. Rev. 559, 563, 568-569 (1965).

18) Carol S. Steiker, "Second Though About First Principles," 107 Harv. L. Rev. 820, 825- 26 (1994).

19) Tracey Maclin, "When the Cure for the Fourth Amendment Is Worse than the Disease," 68 S.

년 전의 과거에 묶어 두는 우를 범하고 있다고 비판하면서 현재의 문제와 현재
의 필요를 해결하는 헌법 원리의 해석이 필요하다고 강조한다. 그리고 '원의주
의'가 식민지 시대와 현재 사이의 200년간의 일어난 중대한 사회변화, 특히 준
(準)군사조직을 갖춘 직업경찰조직의 존재, 현대 경찰의 부패, 폭력성, 인종주의
적 편견을 무시하고 있다고 비판한다.[20]

　　한편 수정 제4조 제정 당시 영장발부를 담당하는 사람은 '치안판사'(magis-
trate)로 법률가가 아닌 법률서기 정도였지만, 이후 영장발부는 판사의 몫이 되었
다. 현대 형사사법에서 판사가 담당하는 영장 발부권한을 배심으로 돌리는 것이
필요한 것인지는 속단하기 어려운 주제이다. 그리고 위법수집증거배제법칙의 대
안으로 민사배상(tort remedy)이 제 역할을 할 수 있다고 보기 힘들다. 미국 연방
정부 및 주 정부가 정부의 책임면제(sovereign immunity)를 폐지하고 경찰관의 부
당행위에 대해서는 추정적 책임(assumed liability)을 인정하였지만,[21] 많은 경우
당해 경찰관에게 '선의의 신뢰' 및 '합리적 믿음'(reasonable belief)의 방어가 사용
가능하며, 그리고 많은 주에서는 유죄판결을 받고 감금 중인 자에 대해서는 민
사배상에 의한 지원이 허용되지 않는다.[22] 그리고 배심원들은 -특히 민사배상
소송의 원고가 형사피고인 또는 전과자일 경우- 경찰관에 대하여 중대한 책임
을 물으려 하는데 적극적이지 않다는 것이 보고되고 있다.[23] 1986년 DOJ 보고
서에 따르더라도 헌법 수정 4조 위반에 대한 연방공무원에 대한 연방법원에서의
소송(통칭 이를 인정한 판결의 이름을 따서 'Bivens 소송'[24]이라 부른다)의 경우 극히 적
은 수의 피고만이 손해배상을 하였을 뿐이었다.[25] 그리고 위법수집증거를 사용하

　　Cal. L. Rev. 1, 46-48 (1994).
20) Steiker(주 18), at 824, 834, 840.
21) 예를 들어 1972 Amendment of the Federal Torts Claim Act, 28 U.S.C. §2680 (h).
22) Barry F. Shanks, Comment, "Comparative Analysis of the Exclusionary Rule and Its Alternative," 57 Tul. L. Rev. 648, 654-655 (1983).
23) Jerome H. Skolnick & James J, Fyfe, Above the Law: Police and the Excessive Use of Power 203 (1993); Anthony Amsterdam, "The Supreme Court and the Rights of Suspects in Criminal Cases," 45 N.Y.U. L. Rev. 785, 787 (1970); Dallin H. Oaks, "Studying the Exclusionary Rule in Search and Seizure," 37 U. Chi. L. Rev. 665, 673 (1970); John L. Roche, "A Viable Substitute for the Exclusionary Rule: A Civil Rights Appeals Board," 30 Wash. & Lee L. Rev. 223, 227-228 (1973); William A. Schroeder, "Deterring Fourth Amendment Violations: Alternatives the Exclusionary Rule," 69 Geo. L. J. 1361, 1389 (1981).
24) Bivens v. Six Unknown Named Agents, 403 U.S. 388 (1971).
25) Office of Legal Policy, U.S. Department of Justice, 'Truth in Criminal Justice' Series Report,

는 이득이 민사배상이라는 손실보다 클 경우 이 대안은 경찰관에 대해서 "헌법적 요청을 회피하라는 공개초청장"으로 작용할 수도 있음이 지적된다.[26)]

2. 미국 헌법 수정 제4조에 해당하는 한국 헌법 조문은 제12조 제3항이다. 동조는 영장주의와 그 예외를 규정하고 영장발부 주체를 법관으로 규정하고 있다. 이 점에서 제12조 제3항의 '원의'는 미국과 달리 분명하다. 동조 해석에서 '원의'가 검토되어야 할 부분은 영장주의의 예외 부분이다. 영장주의의 예외가 법률 제·개정이나 해석을 통하여 헌법상 규정된 범위를 넘어 확장되는 것을 조심해야 한다.

한편 위법수집증거배제법칙은 형사소송법에 규정되어 있다. 2007년 형사소송법 개정 이전까지는 헌법 제12조 제7항, 형사소송법 제309조와 제317조는 위법수집자백의 증거능력배제를, 통신비밀보호법 제4조는 불법검열로 취득한 우편물이나 그 내용 및 불법감청에 의하여 취득 또는 채록된 전기통신의 내용의 증거사용금지를 규정하고 있었다. 그러나 압수·수색·검증 등의 절차에서 영장주의의 원칙을 위반하고 수집된 비진술증거의 증거능력에 대해서는 입법의 공백이 있었다. 이에 대하여 학계는 비진술증거에 대해서도 위법수집증거배제법칙을 채택할 것을 계속 주장해왔다. 사법개혁추진위원회에서의 논의 결과 성안된 형사소송법 개정안이 위법수집증거배제법칙을 포함하게 되었고, 이 법안이 2007년 4월 30일 국회를 통과하였다. 그리하여 2008년 1월 1일부터 시행되는 개정 형사소송법 제308조의2는 "적법한 절차에 따르지 아니하고 수집한 증거"의 증거능력 배제를 명문화하였다. 그리고 2007년 11월 15일 대법원은 1968년 이후 약 40년간 고집스럽게 유지해온 '성질·형상 불변론'[27)]에 따른 위법하게 수집한 비진술증거의 증거능력 인정입장을 변경했다.[28)]

이러한 변화는 진술증거와 불법감청으로 획득한 증거에 제한되어 적용되고 있던 위법수집증거배제법칙의 외연을 크게 넓힌 것이다. 이 판결에서 다수의견과 별개의견은 증거배제의 기준에서는 일정한 차이를 보였지만 이 법칙의 채택

1986 (reprinted in 22 U. Mich. K. L. Ref. 437, 626-627 (1989).

26) William A. Schroeder, "Deterring Fourth Amendment Violations: Alternatives the Exclusionary Rule," 69 Geo. L. J. 1361, 1389 (1981); Harvey R. Levin, "An Alternative to the Exclusionary Rule for Fourth Amendment Violations," 58 Judicature 75, 79-80 (1974).

27) 대법원 1968. 9. 17. 선고 68도932 판결.

28) 대법원 2007. 11. 15. 선고 2007도3061 판결.

에 대해서는 이견이 없었다. 미국의 경우 위법수집증거배제법칙이 공격의 대상이었지만, 한국에서 이 법칙은 상찬의 대상이었고 마침내 법률과 판례를 통하여 한국 형사사법체제에 착근한 것이다. 그런데 다수의견이건 별개의견이건 미국식의 '자동적·의무적 위법수집증거배제법칙'을 채택하지 않고 영국이나 캐나다식의 '재량적 위법수집증거배제법칙'을 채택하였다. 이는 자동적 증거배제는 수사기관의 경미한 위법이 발생한 경우도 증거배제의 결과를 낳아 오히려 형사정의에 대한 불신이 조장될 수 있음을 고려한 것이다.

[색인어] 미란다 법칙, 위법수집증거배제법칙, 원의주의(originalism), 동태적 헌
         법해석주의(constitutional dynamism)

미국 연방헌법의 배심조항

I. 머리말

미국인에게 헌법은 가히 '시민종교'(civil religion)라고 부를 수 있다.[1] 미국 국민의 일상에서 발생하는 모든 크고 작은 차이와 다툼의 해결에 최종적 기준이 되는 전범(典範)이 바로 헌법전이다. 헌법전을 단순히 국가권력의 발동(發動)의 조건을 규정하는 문서에 그치지 아니하고 명실공히 국민주권의 원리를 실현하는 문서로 자리잡게 만듦으로써 가히 종교적 경전의 수준으로 끌어올리는 데 결정적으로 기여한 것이 배심이다.

이 글은 배심제도가 미국헌법에서 차지하는 의미를 규명하고 연방헌법에 규정된 배심조항의 구체적 의미와 여타 조항과의 상관관계를 정리함에 목적이 있다. 먼저 미국의 독립혁명 당시에 단절을 선언했던 '부패(腐敗)와 음모(陰謀)' (corruption & conspiracy)[2]가 창궐한 영국 구제도의 핵심내용인 배심제도가 가감 없이 신생공화국 미국에 전승된 배경을 개관한다. 이어 연방헌법의 배심조항의 개별적 의미를 간략하게 살핀 후에 배심조항 이외의 다른 헌법조항과 배심제도와의 상관관계를 조망한다. 마지막으로 이 제도가 향후 미국헌법에서 차지할 전망으로 결론을 대신한다.

---

1) Robert Bellah, "Civil Religion in America," 96 Daeduls 1 (1967); Russell E. Richey & Donald G. Jones eds. American Civil Religion (Harper & Row, 1974); Robert N. Bellah & Phillip E. Hammond, Varieties of Civil Religion (Harper & Row, 1980); Robert N. Bellah, The Broken Covenant: American Civil Religion in Time of Trial (The Seabury Press, 1975).

2) "국왕과 의회의 담합" (헌법적 용어로는 '의회 내의 국왕' (King in Parliament))으로 상징되는 영국의 제도는 필연적으로 음모와 부패로 이어지게 마련이고 따라서 진정한 자치공동체의 시민의 미덕 (civic virtue)을 배양할 수 없으므로 단절해야 한다는 것이 혁명의 동인이라고 성격 규정할 수 있다. Bernard Bailyn, The Ideological Origin of the American Constitution (Harvard University Press, 1992); Paul K Ryu, The World Revolution(Westview Press, 1997); 음선필 역, 세계혁명, 벽호 (1998) (유기천 교수는 이 저술에서 미국혁명의 본질은 미완으로 마감한 크롬웰 혁명의 완성이라는 독특한 주장을 편다).

II. 미국의 독립혁명과 배심제도

미국의 독립혁명은 영국으로부터의 독립인 동시에 과거로부터의 단절을 선언한 혁명이다.[3] 식민 모국의 법제도를 원용해온 식민지 시대 미국의 법이론이 혁명이라는 급박한 사회상황을 겪으면서 새로운 양상을 띠게 된 것은 지극히 당연한 일이다.[4] 그러나 모든 혁명의 역사에서 보듯이 혁명은 과거와의 단절과 연속의 복합과정이다. 미국의 역사는 헌법의 역사라고 할만큼 정치 이데올로기의 제도화인 성문헌법의 탄생에 주안점을 둠으로써 구질서, 즉 영국법 질서와의 단절에 논의의 초점을 맞추어왔다. 무엇보다도 영국의 구질서와의 단절을 공개 천명한 문서는 권리장전(權利章典, Bill of Rights)이다. 권리장전은 제퍼슨(Jefferson)이 초안한 독립선언서에서 이미 천부자연권으로 선언된 권리들을 성문법의 형태로 제도화하였다. 기본권의 성문화는 정부권력의 행사를 제한함으로써 인권의 신장을 도모한다는 점에서 의의가 크다.[5]

혁명 당시의 사상적 논쟁은 혁명과 새 국가의 건설이라는 양대 목표를 달성하기 위해 어떤 형식의 제도적 장치를 마련할 것인가에 대한 대립이었다. 17세기 이후 서구사회를 지배하던 세속화된 고차법사상(高次法思想, higher law)[6]에 의해 이러한 목적을 달성할 수 있다면, 새로운 제도적 장치는 이 고차법의 핵심을 무엇으로 볼 것인가에 대한 정치 이데올로기의 차이에 의해 결정되었다고 할 수 있다. 양대 이념 중에 미국헌정의 지배적 이념으로 주도한 것은 연방주의, 대의민주주의론, 사법심사제와 친한 자유주의이다. 그러나 공화주의에 기원을 둔 국민주권주의, 참여민주주의, 사법자제론은 자유주의에 대한 대립 이데올로기로서의 지위를 굳게 지켜왔다.[7] 배심제도는 정치적 자치공동체의 운영이라는 공화주의의 이념에 깊이 뿌리박고 있음은 물론이다.

3) Bailyn, 전게서 주 2; J.G.A. Pocock, Machiavellian Moments: Florentine Political Thought and the Atlantic Republican Tradition (Princeton University Press, 1975).
4) Grant Gilmore, The Ages of American Law (Yale University Press,1977), pp. 8-11 참조.
5) 안경환, 김종철, "영국법과 미국법의 비교연구 - V-(2) 법이론," 서울대학교 법학, 제40권 제2호 (1999), pp. 152-178.
6) Edward Corwin, The Higher Law Background of American Constitution (Cornell University Press, 1955); 42 Harvard L. Rev 149-185 (1928).
7) 안경환, "미국헌법사의 이론적 개관," 헌법규범과 헌법현실, 권영성 교수 정년기념논문집 (1998), pp. 495-508.

　　미국헌법이 수용한 배심제도는 영국제도의 계승인 동시에 새로운 제도의 창출이라는 이중적 의미를 가진다. 국가권력에 대한 견제의 수단이라는 점에서 배심은 미국에 전승된 영국 기원의 제도이다. 그러나 공화국의 탄생과 동시에 국왕의 신민(臣民, subject)이 주권자인 국민(people)으로 신분의 전환을 이루면서 배심이 가지는 의미는 단순한 국가권력의 견제수단에 그치지 않고 국민주권의 원리를 사법의 영역에서 실현하는 주권자의 권리로 격상시킨 것이다.

　　가장 원초적인 시기에 배심은 형사사건에서 국왕의 소추(訴追)를 위한 정보수집의 목적으로 활용되었으나 후일 민, 형사 사건의 판단자로 기능이 바뀌었다. 국왕의 보조수에서 민권의 수호자로 기능을 전환하여 국가권력에 대한 일반국민의 견제수단으로 활용되었다. 식민지 시대부터 미국에서는 배심은 자치공동체의 운영에 필수불가결한 시민의 권리이자 의무로 인식되었다. 연방헌법의 규정 속에 배심을 핵심적 내용으로 규정한 것도 바로 이러한 역사적 경험의 소산이다.8)

　　그러나 미국이 독자적인 성장의 길을 밟으면서 점차 배심제도에 대한 인식의 변화가 생겼다. 사법제도가 확립된 19세기 후반 이후부터는 자치정부의 통치를 위한 사법주권의 행사로서의 의미보다는 판사의 힘을 견제하여 사법제도 내에서의 균형을 이루는 수단으로서의 의미가 더욱 강해졌다. 어떤 경우에나 본질적 기본권으로서의 배심의 속성은 조금도 손상되지 않았다.

Ⅲ. 미국헌법의 배심조항

1. 헌법의 배심조항9) 개관

1789년 제정된 '원래의 헌법'(original constitution)은 탄핵재판을 제외한 모든

---

8) Leonard W. Levy, The Palladium of Justice — Origins of Trial by Jury (Ivan R. Dee, 1999), ch. 1; Frederick G. Kempin, Historical Introduction to Anglo-American Law (West Publishing Co., 1973), ch. 3; J. H. Baker, An Introduction to English Legal History (Butterworths, 1990), pp. 84-101.

9) Akhil Reed Amar & Alan Hirsch, For the People, What the Constitution Really Says About Your Rights (The Free Press, 1998), chs. 4-8, pp. 51-119; Akhil Reed Amar, The Bill of Rights-Creation and Reconstruction(Yale University Press,1998), ch.5, pp. 81-118; Akhil Reed Amar, The Constitution and Criminal Procedure, First Principles (Yale University Press, 1997); 이우영, 미국민사 배심제도에 관한 한 연구, 서울대학교 법학석사논문(1996) 참조.

형사 재판은 배심에 의해 행할 것을 규정한다(헌법 제3조 2항). 이어서 1791년에
제정된 권리장전(Bill of Rights)의 3개 조문이 배심에 대해 규정한다. 수정 제5조
는 형사사건에서의 대배심(grand jury)에 의한 기소(起訴)를, 수정 제6조는 형사사
건에서의 배심에 의한 재판을, 제7조는 민사배심(civil jury)에 관해 규정한다.

수정 제6조는 "형사범죄로 소추된 사람은 범죄가 행해진 주(州)와 지구(地區)
의 공정한 배심에 의한 신속한 공개재판을 받을 권리가 있다"라고 규정함으로써
원래의 헌법 제3조의 규정을 구체화시켰다. 수정 제7조는 민사배심에 관하여
"커먼로(common law)사건에서 소송물 가액이 20달러를 초과하는 경우에는 배심
에 의한 재판이 보장된다"라고 규정하였다. 또한 수정 제5조는 "누구든지 대배
심에 의한 고발 또는 기소 없이는 사형에 해당하는 죄 또는 기타 파렴치죄(破廉
恥罪)에 관해 심리를 받지 아니한다"라고 규정한다.

원래의 헌법과 더불어 권리장전의 3개 조문이 배심이라는 단일제도에 관해
규정하고 있는 것만 보더라도 미국의 헌정체계에서 이 제도가 차지하는 비중을
감지할 수 있다. 연방헌법의 예에 따라 초기의 13개 각 주의 헌법도 배심재판을
보장하는 규정을 담았고, 후일 연방의 구성원이 된 신생주도 예외 없이 전례를
따랐다.

연방헌법상의 조항은 명시적인 규정이 없는 경우에 자체로서는 주의 절차에
는 강제적으로 적용되지 아니한다. 헌법의 어느 배심조항도 주 절차에 적용할
것을 규정하지 않았다. 뿐만 아니라 연방에 가입되지 아니한 준주(準州, terri-
tories)의 절차에는 적용되지 아니한다는 판결이 있었다. 연방헌법상의 조항은 주
정부의 절차에서 배심을 제한·폐지할 권한을 제한하지 않는다. 이는 비록 연방
법을 적용하는 경우에도 마찬가지이며 주법의 해석이 분명한 오류인 경우에도
마찬가지이다.[10]

그러나 수정 제14조의 적법절차 조항(Due Process Clause)을 통해 권리장전의
내용 중에 '본질적인 권리'는 주의 절차에도 적용된다.[11] 연방헌법의 권리장전의
규정 중에 구체적으로 어떤 권리가 미국의 모든 사법절차에 적용될 본질적인 권

---

10) Dimick v Schiedt, 293 U.S. 474 (1934); Southern R. Co. v. Durham, 266 U.S. 178 (1924);
    Chicago R.I & P.R. Co. v. Gainey, 251 U.S. (1919).
11) 누적된 판례에 의해 "ordered liberty" 등 여러 가지 용어로 묘사된, 연방의 권리 장전에 규정된
    권리 중에 '본질적인 권리'가 주의 절차에 수용되는, 소위 수용이론("incorporation" theory)이
    다. 수정 제14조 조문에 주(state)라는 명문의 규정이 있기 때문이다.

리인가는 개별 판결을 통해 결정되었다. 일찌감치 수정 제6조의 형사사건에서의 배심재판의 권리는 주의 절차에도 예외 없이 적용된다는 판결이 내려졌다. 그러나 수정 제5조의 대배심(grand jury)조항과 수정 제7조의 민사배심(civil jury)조항은 이날에 이르기까지 주 절차에 적용이 강제된다는 판결이 내려지지 않았다.

2. 배심제도의 본질적 기능

(1) 국민주권의 구체적 실현기구

배심조항을 개인적인 기본권의 관점에서만 논의하는 것은 미국헌법의 본질을 이해하는 데 장애사유가 된다. 20세기 유럽헌법학(특히 제2차대전 후의)의 일반적 방법론에 따라 이른바 "통치구조"(미국적 용어는 권력분립(權力分立, separa-tion of powers) 대 "기본권"으로 양분하여 논의하면서 배심조항을 '권리장전' 속에 규정된 기본권 조항일 뿐이라는 분석은 지극히 위험스런 시도이다. 미국헌법이 세계의 주목을 끌게 된 것은 연방대법원(聯邦大法院)이 판결을 통해 '민권(民權)의 수호자(守護者)'의 이미지를 강하게 제시했기 때문이다. 이론보다 판결을 중심으로 발전되어온 미국헌법은 1954년의 브라운(Brown v. Board of Education) 판결 이래로 권리 중심의 논의가 헌법 무대의 전면을 장식해 왔다.[12] 이러한 기본권 중심의 헌법이론의 영향으로 인해 배심제도도 단순히 권리장전 상 규정된 개인적 권리의 문제로 파악하는 경향이 농후하다. 그러나 배심제도의 본질은 개인적인 권리보다 정치적 자치공동체의 운영을 위한 공적제도(公的制度, public institution)라는 점에 있다. 앞서 언급한 바와 같이 이 제도는 헌법의 핵심적 내용이다. 이 제도는 개인이 배심 재판을 받을 권리라는 사적 차원의 권리보다도 국민이 자치 정부를 운영하는데 필수적인 제도라는 관점에 주목하여야 한다. 이 제도가 헌법에 규정된 본래의 의도(original intent)는 각종 형태의 국가의 독선, 부패, 압박으로부터 일반시민이 방어할 수 있는 자위체제(自衛體制)를 확보함에 있었다. 이러한 헌법 제정자의 의도는 헌법의 여러 문언 속에 반영되어 있다.

헌법전문에 표시된 헌법을 "제정"(do ordain and establish)한 "우리들 미합중국 국민"(We the people of the United States)은 구체적으로 누구를 지칭하는가? '국민'이란 단어는 전문과 함께 헌법 제1조 제2항에 하원을 선출하는 기관으로 명

---

12) 이러한 기본권 중심의 논의에 대한 반론은 Martin H. Redish, The Constitution As Political Structure (Oxford University Press, 1995) 참조.

시되어 있다.13) 원래의 헌법에 두 곳에 사용된 '국민'이란 단어의 의미는 주권자의 총체로서의 국민과 그 주권의 행사기관으로서의 국민을 의미한다.14)

배심제도는 정부권력에 대한 견제책으로 국민의, 특히 반연방주의자(Anti-Federalist)들은, '국민'을 대표하는 배심의 기능에 대해 강한 집착을 가지고 있었다. 대표적인 팜플렛은 "일반 국민이 입법부는 물론 사법부의 구성과 운영에 참여하고 영향력을 행사하는 것은 모든 자유국가에 공통된 원리다"15)라고 주장했고 이는 당시의 대표적 사상과 일반적 정서를 대변한다.

(2) 정치적 구성의 원리

이러한 입법부의 구성의 원리에서 사법권의 구성과 배분의 원리를 유추해 낼수 있다. 연방의 입법권을 보유하는 연방의회를 상, 하 양원으로 구성하는 것과 마찬가지로 사법권을 판사와 배심으로 나누어 상호 견제와 균형을 유지한다. 상원의 경우는 선거와 재임 기간이 길기 때문에(6년) 국민과의 거리가 멀다. 그만큼 민주적 정당성이 약한 것이다. 그래서 2년마다 선출하는 하원으로 하여금 상원에 대한 적절한 견제의 역할을 하도록 한 것이 "헌법의 아버지들"의 제정의도였다. 이 점은 제정 당시에 간접 선거의 형식으로 선출하던 상원을 1913년부터 직접 선거로 전환함으로써16) 다소 약화된 감이 있으나 본래의 취지는 마찬가지이다.

판사와 배심으로 구성되는 사법부에서도 마찬가지의 이론구성이 가능하다. 즉 민주적 정당성이 강한 기관으로 하여금 상대적으로 약한 다른 기관을 견제하도록 한다는 원리이다. 판사와 배심으로 구성되는 사법기관 중에 배심이 국민과 더욱 가까이 서 있고 그만큼 민주적 원칙이 충실하다. 판사는 일반 정부공무원에 비해 국민으로부터 유리되어 있다. 연방 판사의 경우에는 국민으로부터의 유리는 극대화되어 있다. 판사 전원이 선거를 통하지 아니하고 임명되며 헌법 제3조에 의해 종신의 임기17)가 보장된다. 또한 거의 예외 없이 모든 판사가 법률가

---

13) "The House of Representatives shall be composed by Members chosen every second Year by the People of the several states, …"

14) 권리장전의 다른 조문에 언급된 '시민'(citizen)이라는 용어 또한 국민과 대체 사용할 수 있는 용어로 인식된다. 양자 공히 집합적 속성과 개별적 속성을 함께 지니고 있고 전자의 관점에서 '통치구조론적' 분석이, 후자의 관점에서 '기본권론적' 분석이 가능할 것이다.

15) Herbert Storing (ed.), The Complete Anti-Federalist (University of Chicago Press, 1981), Vol. 2, p. 249 (Letters From the Federal Farmer).

16) Art. I, Sec. 2. cl. 3 & Art. I. Sec. 9. Cl. 4; Amendment XVII.

17) Art III, Sec. 1, "Judges … shall hold their offices during good behavior."

이다. 판사 또한 일반 공무원과 마찬가지로 정치적 이해관계에 결부되어 부패할 소지가 크다. 사법의 기능을 "영구직 판사에게 맡기는 것은 어떤 의미에서든 판사의 편견이 결과를 좌우할 위험이 존재하기에 (정의의 실현을 위해) 배심에게 권한을 부여한 것이다"라는 제퍼슨(Jefferson)의 우려가 이 문제의 본질을 가르친다.[18]

연방판사의 종신제는 분명히 장점이 크다. 매디슨(Madison)의 유명한 논설(Federalist Paper 10)에서 제기되어 있듯이 판사직을 정치적 압력으로부터 방어하는 방법으로 판사직의 종신제를 들었다. 헌법 제3조상 "중대한 비행이 없는 한"(during good behavior)이란 용어는 영국의 1701년 왕위계승법(Act of Settlement)의 조항에서 유래한 것이다. 그러나 종신제도가 주는 문제점도 적지 않다. "헌법의 아버지들"이 의도한 제2의 사법부로서의 배심의 견제 기능은 단순히 개별 사안에서 공정한 재판을 확보한다는 차원을 넘어선 것이다. 판사는 대통령에 의해 임명되며(상원의 동의와 인준을 얻어), 의회가 제정한 법률에 의해 봉급을 수령한다. 비록 법적으로 규정된 것은 아니나 관행적으로 판사는 승진을 통해 상급법원에 임명된다. 이 모든 경우에 정치적 판단이 중요한 요인으로 작용한다. 연방법원 판사의 임명 과정은 '정치적'인 색채가 농후하다. 대통령과 의회, 양대 '정치적 기관'이 판사와 결탁하여 지속적인 전제체제를 유지하는 것을 방지하는 권한을 배심에게 부여한 것이다. 특히 다수의 이름으로 행사하는 민주주의의 횡포에 대하여 정치적, 종교적 소수자 기타 사회적 약자를 박해하는 것을 방지하는 데 의미가 있다.[19] 주의 사법제도도 연방사법에 비해서는 상대적으로 관료화의 정도가 약화되었지만 국민의 입장에서는 직접 참여를 통한 견제의 필요성은 여전히 남아 있다.

(3) 공적 기관으로서의 배심

개별적 사건에서 배심의 평결은 때때로 정치적 공동체에 중요한 의미와 결과를 초래한다. 토크빌(Tocqueville)의 관찰대로 배심은 단순한 사법기관이 아니라 정치적 기관(political institution)이다.[20] 대배심(grand jury)에 대해서도 마찬가

---

18) Julian Boyd (ed.), The Papers of Thomas Jefferson, 1788−89 (1898), pp. 282-83(Letter to l'Abbe Arnoux).

19) Akhi Reed Amar, "The Bill of Rights As a Constitution," 100 Yale L. J. 1131, 1183-85 (1991).

20) Alexis de Tocqueville, Democracy in America (Harper & Row, 1966), p. 250 (배심을 단순한 사법기관으로 인식하는 것은 사건을 지나치게 협소하게 파악하는 것이다. …소송사건의 결과 사회 전체의 운명에 심대한 영향을 미친다. 그러므로 무엇보다도 배심은 정치적 기관이다

지 원리를 적용할 수 있다. "헌법의 아버지들"(Founding Fathers)중의 한 사람인 윌슨(James Wilson)은 대배심의 본질적 기능은 사회적·정치적 토론을 '공적체계로 만드는' 데 있다고 강조하면서[21] 모든 국가 작용이 대배심의 관심과 연구 대상이라고까지 극언했다.[22]

이러한 공적 제도로서의 배심이야말로 헌법의 기본골격을 이룬다. 수정 제6조는 단순한 배심재판을 요구할 뿐만 아니라 공적인(public, 다른 의미로 공개적인) 재판을 요구한다. 일반 국민이 배심을 통해 형사재판에 참여할 권리는 헌법 제4조 제4항이 명시적으로 보장하는 각 주에 공화정체(republican form of government)를 구현하는 조항인 것이다.[23] 배심이 정치적 원리에 의해 구성되는 공적인 기관인 이상 배심의 판단은 정치적 공동체의 정의감을 대변할 수 있다. 대표적인 예가 징벌적 손해배상(punitive damage)제도이다. 불법행위(tort)로 인하여 피해자에게 발생한 법적 손해로는 가해자의 사악한 행위를 벌하기에 불충분하다고 생각되는 경우에 민중정의(community justice)의 이름으로 부과하는 것이다. 이러한 유형의 손해배상은 다른 나라에 거의 존재하지 않는 미국에 특유한 제도라고 해도 과언이 아니다.[24] 징벌적 손해배상을 산정하는 것은 배심의 전권에 속한다. 이를테면 징벌적 손해는 지역사회의 윤리감(倫理感)을 기준으로 내리는 민중정의의 선언인 것이다.[25]

(4) 민주시민의 교육기관으로서의 배심

마지막으로 주목할 점은 민주시민을 교육, 배양하는 체계로서의 배심이다. 토크빌은 배심을 일러 "상시 개방되어 있어 모든 배심원이 서로가 서로에게서

(… The jury is therefore above all a political institution).

21) Robert McCloskey (ed.), The Work of James Wilson, (Harvard University Press, 1967), Vol. 2, p. 537(대배심의 기능은 공적인 개선을 도모하고 공적 불편을 제거함에 있다. 공적 조사와 공적 처벌을 통해 악인과 사악한 조치를 공적으로 규정함에 크게 기여한다.).

22) 같은 책, 같은 곳("all the operations of government are within the compass of the (grand jury's) view and research").

23) 대배심은 연방법원과 절반 가량의 주법원의 절차에 유지되고 있다. 연방의 경우는 헌법의 규정이 이를 강제하나, 주의 경우는 점차 폐지하는 경향이 있다. 영국에서는 1948년에 폐지되었다. 대배심의 대안으로 이용되는 것이 검사에 의한 "약식기소"(information)이다.

24) 흔히 눈물이 찔끔 날 정도로 따갑게 한다는 뜻으로 "따끔배상"(smart money)이라고 부르기도 한다.

25) Alan Howard Scheiner, Note, "Judicial Assessment of Punitive Damages, The Seventh Amendment, and the Politics of the Jury Power," 91 Columbia L. Rev. 142 (1991).

자신의 권리를 배우고 가르칠 수 있는 무료학교"라고 묘사하면서,[26] 배심제도가 소송 당사자에게 유용한지는 확신할 수 없지만 배심원 자신에게는 더없이 유용한 제도이며, 사회가 유지할 수 있는 가장 효과적인 대중교육의 수단이다라고 극찬했다.[27] 배심은 다양한 계층의 시민이 "지역사회의 보편적 집단(cross-section of community)"이란 범주 속에서 동등한 지위에 서서 상호 교육과 토론을 통해 공동의 선을 추구하는 특수한 형식의 모임이다. 오늘날 복잡다단한 생활 속에서 사람은 대체로 대립적인 관계에 서는 경우가 많다. 사용자와 근로자, 상인과 소비자와 가해자와 피해자 등등 다양한 형태의 대립관계를 이룬다. 그러나 배심은 집단적 지혜를 창출하는 과정이다. 배심 영화의 고전, 12명의 성난 사람들(Twelve Angry Men)에서 생생하게 묘사되어 있듯이 배심의 토의 과정은 참여와 공개 토론의 과정을 거쳐 진지를 발견한다는 밀(J.S. Mill) 류의 자유주의의 이상을 구체화하는 것이며[28] 이에 그치지 아니하고 토의민주주의 또는 숙려민주주의(deliberative democracy)의 정신을 구현하는 가장 기초적인 수단이 된다.[29]

IV. 기타 헌법조문과의 관계

배심에 관한 명시적인 헌법규정은 본래의 헌법 제3조와 수정 제5, 6, 7조의 4개 조문에 불과하지만 헌법의 여타의 규정도 배심제도와 밀접하게 연관되어 있다. 이하 간략하게 일별한다.

1. 헌법전문과의 관계

헌법 전문(Preface)은 그 자체로서는 재판의 근거로 삼을 수 있는 구체적인 규범력을 보유하지는 않지만[30] 여타 조항의 기초가 되는 국민주권의 원리를 선언한다.

헌법 전문은 "우리들 미합중국 국민은"(We the People of the United States)으로 시작하여 "이 헌법을 제정한다"(ordain and establish)로 마감함으로써 국민주

---

26) Tocqueville, 전게서 주 21, p. 252.
27) 같은 책, p. 253.
28) 이 영화에 관한 해설로는 안경환, "법과 영화 사이" (44), 동아일보 2001. 3. 12. 참조.
29) John Elster (ed.), Deliberative Democracy (Cambridge University Press, 1998).
30) Jacobson v. Massachusetts, 197 U.S. 11 (1905).

권의 원칙을 천명한다. 국민주권의 원칙 중에 가장 핵심을 차지하는 것이 배심
이다.

헌법 제정에 이른 역사적 과정을 검토해 보면 이 점이 더욱 선명하게 드러
난다. 독립선언(Declaration of Independence)에 열거된 조지(George) 3세와 영국의
회, 즉, 영국 헌정의 용어로 "의회 내의 국왕(King in Parliament)"의 죄상 중에 하
나가 "많은 경우에 배심재판의 혜택을 박탈한"[31] 것이었다. 헌법의 구상단계에
서부터 배심은 가장 핵심적인 내용이었다. 독립의 기운이 무르익기 이전에 9개
식민지의 대표 명의로 발행된 결의(Resolutions of the Stamp Act Congress October
19 1765)[32]에서 1765년 영국의회의 인지세법(印紙稅法)을 거부하면서 영국 신민
의 고유한 권리로서의 배심재판권이 강조된 바 있었다. 또한 1774년 제1차 대륙
회의의 권리선언(Declaration of Rights of the First Continental Congress)[33]과 1775년
무장투쟁의 선언 (Declaration of the Causes and Necessity of Taking Arms)[34]에서 되
풀이하여 주장된 바 있었으며 1776년 독립선언(Declaration of Independence)에서
'고발한' 영국국왕의 죄상 중의 하나가 "배심재판의 혜택을 박탈한" 죄였다.

권리장전의 내용 중 가장 핵심적인 요소는 배심재판의 보장이었다. 링컨의
게티스버그 연설 구절이 상징하는 "인민의, 인민에 의한, 인민을 위한 공화 정
부"를 구현하는데 필수불가결하고도 가장 효과적인 수단으로 1776년 독립혁명
직후부터 1787년 사이에 제정된 각 주의 법에 예외 없이 보장된 것이 형사사건
에서 배심재판을 받을 권리였다.[35]

또한 앞서 언급한 바와 같이 이 권리야말로 권리장전(Bill of Rights)에 앞서
제정된 본래의 헌법(original constitution)에 명시적으로 보장된 극소수의 권리 중
의 하나였다. 권리장전이 제정된 주된 이유는 기본권에 관한 보장을 보다 명확
하게 천명함에 있었다. 제헌회의의 기록[36]에 나타난 이러한 논의는 민사배심재

---

31) Para 20. "for depriving us, in many cases, of the benefits of trial by jury."
32) Para. 7. 배심원에 의한 재판은 식민지에 거주하는 모든 영국 신민의 고귀하고도 고유한 권리
이다.
33) "the respective colonies are entitled to ⋯ the great and inestimable privilege of being tried
by their peers of the vicinage."
34) Para 3. "inestimable privilege of trial by jury."
35) Leonard W. Levy, The Emergence of Free Press (IVAN R. DEE, 1985), p. 227.
36) Max Farrand (ed.), The Records of The Federal Convention of 1787 (Yale University Press,
1937), Vol. 2, pp. 587-588.

판의 보장에 대한 요구에서 촉발된 것임을 입증한다. 헌법에 민사배심재판권이 명시되지 않음에 대해 불만을 품은 반연방주의자들이 비판의 목소리를 높였고 헌법의 비준 자체가 위기에 처했다. 그 결과 배심 조항은 주의 비준과정에서 핵심적인 요구사항이었다. 연방헌법의 수정 논의를 위해 소집된 6개 주의 주회의 중 5개 회의에서 명시적인 배심 규정이 제안된 것이다.[37]

2. 수정 제1조와의 관계

수정 제1조의 언론의 자유를 살펴보자. 언론, 출판의 자유의 핵심적인 내용 중의 하나는 사전제한(prior restrains)의 금지이다. 언론의 내용이 아무리 중대한 해악을 담고 있다고 할지라도 그 해악에 대해 책임을 추궁하는 방법은 사후처벌의 방법에 한정되고 사전 제한을 원칙적으로 용납하지 않는 것이 밀턴(John Milton)의 아레오파기티카(Areopagitica, 1644)[38] 이래 보편적으로 확립된 이론이다. 지극히 예외적인 상황에서 언론행위에 대한 사전 제한이 인정될 때 그 사전 제한은 판사가 발부한 금지명령(injunction)의 형식을 띠고, 명령을 위반할 때는 법정모욕(contempt)의 민, 형사 책임을 부과할 수 있다. 금지 명령의 발부와 법정 모욕의 부과 과정에 배심의 관여는 배제된다. 이와 대조적으로 사후처벌의 경우에는 필연적으로 배심이 관여한다. 출판물에 의해 공표된 내용에 대한 명예훼손(libel) 책임의 추궁은 배심을 설득해야만 처벌이 가능하다. 이렇듯 비록 사전제한이라는 예외적인 상황에 관해서는 배심이 관여하지 않더라도 사후처벌이라는 통상적, 원칙적 상황에서 배심재판을 강제하는 것은 배심제도와 언론의 자유 사이에 본질적인 연관관계가 있음을 입증하는 증거가 된다. 배심 재판과 출판의 자유 사이의 밀접한 관계는 독립 전인 1730년대의 유명한 젱거(John Peter Zenger)의 재판[39]이나 독립 후 1790년대 후반의 외국인 및 선동행위 처벌법(Alien

---

37) Edward Dumhard, The Bill of Rights and What It Means Today (University of Oklahoma Press, 1957), pp. 176, 181-184, 188, 190-191, 200, 204.

38) 임상원, 박상일 번역. 안경환 서평, "아레오파지티카 - 존 밀턴의 언론 출판 자유에 대한 선언," 헌법학연구 제5권 제1호 (1999), pp. 406-409.

39) 당시 뉴욕식민지 대배심은 정부를 비판하는 글을 쓴 John Peter Zenger에 대해 두 차례나 불기소 결정을 내렸고, 이에 식민지 정부가 관헌에 의한 기소(information)를 제기하자 심리배심은 무죄평결을 내렸다. Zenger 재판에 관해서는 Letters of Centinel(I), reprinted in 2 The Complete Anti-Federalist 136 (Herbert Storing ed., 1981); Essays of Cincinnatus(I) reprinted in 6, 같은 책.

and Sedition Acts)에 의한 출판인에 대한 재판에서도 확인할 수 있다.[40]

이러한 제정 당시의 에피소드는 오늘날의 수정 제1조의 법리와는 상당한 차이가 있다. 오늘날에는 수정 제1조는 "지역 기준"(community standard)을 고집하는 배심의 편견이 초래할지 모르는 해악을 연방 판사로 하여금 시정케 하는 중요한 수단으로 이용되고 있다. 그러나 제정 당시에는 연방권력의 횡포에 대한 견제책으로서의 의미가 중요하게 고려되었던 것이다. 이러한 인식의 변화의 근저에는 물론 주와 연방 사이의 권력의 분립과 견제라는 미국적 연방주의의 시대조류가 관련되어 있다. 어쨌든 이러한 관념과 인식의 변화에도 불구하고 수정 제1조는 배심제도와 밀접하게 연관되어 있음은 명백한 전제이다. 수정 제1의 규정 중 언론, 출판의 자유 이외의 자유인 집회의 자유, 종교의 자유에 대해서도 유사한 논거를 발견할 수 있다.[41]

3. 군사조항(Military Amendments)

수정 제2조와 제3조는 속칭 "군사조항"으로 불린다.[42] 이들 군사조항이 제정된 주된 목적은 중앙정부에 대한 견제의 수단이다. 수정 제2조의 무기소장권(right to bear arms) 조항은 "질서 정연하게 규율된 민병대는 자유국가(free State)의 안전을 위해 필요한고로 무기를 보유하고 휴대할 국민의 권리는 이를 침해하지 못한다"라고 규정한다. 배심의 경우와 마찬가지로 수정 제2조의 민병대(民兵隊, Militia) 규정도 국민의 자치정부 운영권을 보장한 것이다. 민병대와 배심은 기능상 유사할 뿐만 아니라 그 구성원 사이에도 공통분모가 존재한다. 양자 모두 자유민 성인남자만이 자격 요건을 충족시켰고, 한 쪽 자격을 충족시킨 사람은 거의 예외 없이 다른 쪽 자격도 충족시켰다. 양자 모두 일반시민으로 구성되

---

40) Henry P. Monaghan, "First Amendment Due Process," 83 Harvard L. Rev. 518, 526-32(1970); Frederick Schauer, "The Role of the People in First Amendment Theory," 74 Calif. L. Rev. 761, 765 (1986). 선동죄로 기소된 피고인들은 배심을 상대로 직접 최근에 제정된 수정 제1조의 항변을 호소했던 사실을 기억할 수 있다. 이 재판을 담당한 판사들은 피고인들이 비판하던 바로 그 대상인 연방주의자 행정부에 (Federalists)의해 임명된 관리들이었던 것이다.

41) Akhil Reed Amar, The Bill of Rights —Creation and Reconstruction (Yale University Press, 1998), ch. 1.

42) 이 조항의 역사적 의미에 관해서는 안경환, "미국 연방헌법 수정 제2조의 의미," 서울대학교 법학 제38권 3·4호(서울대 법학연구소, 1997), pp. 129-149; Joyce Lee Malcolm, To Keep and Bear Arms—The Origins of an Anglo—American Right (Harvard University Press, 1994).

어 지역적 정치공동체의 운영에 대해 집단적 책임을 부담하는 기관이다. 공동체
의 운영에서 시민이 부담하는 중대한 양대 의무를 수행하는 기관인 점에서 공통
점이 존재한다.

　또한 두 기관 모두 유급의 상설직 국가기관에 대한 불신에 그 존재 의미를
가진다. 민병대는 국왕의 상비군의 위험을 견제하기 위해 탄생, 유지된 제도임
은 역사가 증명한다. 마찬가지로 판사, 검사, 기타 사법관리에 대한 불신에서 배
심제도의 본질적인 존재의의가 있다고 할 수 있다. 두 기관 모두 자치공동체의
구성원인 시민을 교육, 배양하는 유익하고도 중대한 제도이다. 평화시에 소유자
의 승낙 없는 민간주택에 대한 군대의 사영(舍營)을 금지하는 수정 제3조에도[43]
연방정부의 군대에 의한 잠정적 위협을 경계하는 취지가 담겨 있다.

4. 수정 제4조와의 관계[44]

　압수, 수색에 '정당한 사유'(probable cause)와 영장의 발부(warrant)를 요구하
는 수정 제4조는 배심제도와 밀접하게 연관되어 있다.[45] 마찬가지로 이 조항은
사전검열을 제한하는 수정 제1조의 원리와도 밀접하게 연관되어 있다. 수정 제4
조는 수색할 장소와 압수할 품목을 특정한 영장을 요구한다. "일반영장"(general
warrant)에 대한 혐오는 이러한 유형의 영장은 언론의 자유에 대한 중대한 침해
가 된다는 사실에서 유래한다. 실제로 영국에서는 언론, 출판 행위를 규제, 탄압
하는 용도로 일반영장을 널리 사용했던 것이다. 1763년의 악명 높은 Wilkes v.
Wood판결[46]의 폐해가 헌법의 아버지들로 하여금 일반영장제도에 대한 경각심
을 강화하는데 기여했다는 연구가 있다.[47]

---

43)　수정 제3조는 "평화시에 군대는 어떠한 주택도 그 소유자의 승낙을 받지 아니하고는 사영(舍
　　營)할 수 없으며, 전시에도 법률이 정하는 방법에 의하지 아니하고는 사영(舍營)할 수 없다"라
　　고 규정한다.
44)　이 점에 대해서는 안경환, "미연방헌법 수정 제4조의 본래의 의미," 우범 이수성선생 화갑기념
　　논문집 (동성사, 2000), pp. 235-252.
45)　Akhil Reed Amar, "First Principles of the Fourth Amendment," 107 Harvard L. Rev., 757 (1994).
46)　19 Howell's State Trials 1153 (C.P.1763), 98 Eng. Rep. 489. 방약무인(傍若無人)으로 활동한 하
　　원의원 John Wilkes는 국왕 조지 3세와 그의 내각을 비방하는 내용의 익명의 팜플렛을 제작,
　　배포하였다. 이에 대해 주무장관은 팜플렛을 제작한 출판사와 인쇄소에 대해 일반영장을 발부
　　하는 과잉의 조치를 취했다. 영장에는 이름조차 혐의자의 기재되어 있지 않아 사실상 관헌의
　　자의적인 판단에 따라 누구나 체포 수색할 수 있는 권한을 부여한 것이다.
47)　Amar, 전게논문 주 46, p. 775, n. 67 참조.

관헌(官憲)이 발부한 영장에 대한 불신 때문에, 영장 없이 불합리한(unrea-
sonable) 수색을 할 경우에 시민은 관헌을 상대로 소송을 제기할 수 있었던 것이
다. 이런 소송의 경우에 수정 제7조의 민사배심 조항이 의미를 갖는 것이다. 이
경우에 배심이 판단할 내용은 압수, 수색이 "합리적"(reasonable)이었느냐 여부이
다.[48] "No warrant shall issue, but"으로 시작되는 영장조항은 영장이 발부되어
서는 안 되는 상황을 원칙적으로 규정하고, 예외적으로 영장이 발부될 수 있는
경우에 그 전제조건을 규정하고 있는 것이다. 따라서 본래의 의도에 비쳐볼 때
수정 제4조의 영장조항은 합리성의 요구가 핵심이며, 그 합리성(reasonableness)
의 판단자는 판사가 아니라 배심이라는 형사사법의 운영에 관한 근본원리를 구
현하는 조항이다.

5. 수정 제5조, 제7조

수정 제5조의 이중위험금지(double jeopardy)조항도 배심의 평결에 대한 항소
심사를 금지하는 취지를 담겨 있다. 또한 수정 제5조의 "적법절차"(due process
of law)조항도 그 근간에 배심제도가 깔려 있다. 영국 커먼로(common law)의 대
가, 코크(Edward Coke)의 정의에 의하면 적법절차란 "선량하고 합법적인 사람의
집단에 의한 기소"(indictment or presentment of good and lawful men), 다시 말하자
면 대배심에 의한 기소를 의미한다.[49]

마찬가지 원리에 의해 "배심에 의해 확정된 사실은 어떤 법원에 의해서도
재심사를 받지 아니한다"라는 수정 제7조도 배심과 판사와의 권한 배분을 규정
하고 있다.

6. 수정 제8조와의 관계

수정 제8조의 "과도한 보석금과 가혹하고도 비정상적인 형벌의 금지"(pro-
hibition against excessive bail and cruel and unusual punishment) 조항도 배심제도와
간접적으로 연결되어 있다. 물론 보석 결정을 위한 청문재판은 배심 없이 판사

---

48) 현재에는 이러한 소송이 인정되지 않는다.
49) Edward Coke, The Second Part of the Institutes of laws of England, pp. 50-51. Coke의 생애와
   사상에 관한 대표적인 저술은 Catherine Drinker Bowen, The Lion and The Throne- the Life
   and Times of Sir Edward Coke 1552-1634(Little Brown and Company, 1956, 1985).

의 단독 결정으로 행해진다. 바로 이러한 이유 때문에 판사가 처리할 수 있는 상한을 제한한 것이다. 이 점은 사전검열을 금지하는 수정 제1조나, 압수, 수색을 제한하는 수정 제4조의 원리와 동일한 선상에 서 있다.

가혹하고도 비정상적인 형벌의 금지 조항은 후일 실체법적인 내용이 추가되어 한 때는 사형제도 그 자체가 위헌임을 선언하는 데 이용되었지만[50] 원래의 내용은 행형 내지는 절차적인 의미가 컸다. 배심의 참여 없이 야만적, 비정상적인 처벌을 행하는 관헌에 의한 형벌군의 남용을 방지하기 위한 제도적 배려로서의 의미가 더욱 컸다.

7. 수정 제9조 및 수정 제10조

수정 제9조와 제10조는 배심제도에 정당성을 제공하는 국민주권의 원리(popular sovereignty)를 선언하고 구체화하는 조항이다. 이 조항들은 전문이 헌법 제정권자로 천명하는 "우리들 국민"(we the people)과 관련되어 배심과 직접적인 연관을 가진다.[51] 1789년 제퍼슨(Thomas Jefferson)이 찬사를 아끼지 않았듯이 배심제도야말로 "국민 자신에 의한 재판"이다.[52]

수정 제10조의 문언은 그 자체로서 분명하다. "이 헌법에 의해 명시적으로 주에 위양(委讓)되지 아니하고, 주에 의한 보유(保有)가 금지되지 아니한 일체의 권리는 주와 '국민'에게 유보된다."

수정 제9조는 "헌법에 특정한 권리가 명기된 사실을 이유로 국민에 유보된 여타의 권리를 부정하거나 제한하는 의미로 해석할 수 없다"라고 규정한다. 이 조항 또한 집단적 권리의 성격이 강하다. 즉 수정 제9조에 의해 국민에 유보된 권리 중에 가장 본질적인 불가양도의 권리는 독립선언(Declaration of Independence)이 천명한, 정부를 변경하거나 폐지할 권리이다.[53]

---

50) Ferman v. Georgia, 428 U.S. 175 (1976).

51) 이 두 조항을 일러 흔히 "국민주권조항"(Popular Sovereignty Amendments)으로 불리는 이유도 여기에 있다.

52) The Papers of Thomas Jefferson(Julien P. Boyd ed., 1958), Vol. 15, p. 23 (letter to David Humphreys).

53) "That whenever any form of Government becomes destructive of these ends, it is the Right of the People to alter or to abolish it…"

8. 배심재판제도를 운영할 일반국민의 권리

수정 제6조는 배심재판을 받을 형사피고인의 권리를 규정하고 있다. 만약 피고인이 이 권리를 포기하는 경우에는 어떤 문제가 발생하는가? 이 권리가 순수한 개인적 권리라면 일반 국민의 입장에서는 아무런 이의를 제기할 수가 없다. 그러나 앞서 관찰한 바와 같이, 그리고 토크빌의 관찰처럼 배심재판에 결정적인 이해를 보유하는 자가 당사자가 아닌 배심원이라면 문제는 다르다. 12인의 배심원은 국민의 대표자일 따름이다. 국민전체의 이익이 12인의 배심원의 이해를 초월함은 물론이다. 일반국민의 입장에서는 자신의 동료이자 대표자인 배심으로 하여금 경찰, 검찰과 판사를 감시하도록 할 권한이 있다. 1979년의 연방 대법원 판결에서 블랙먼(Blackmun) 판사는 이러한 취지에 부응하는 언급을 했다. 일반국민(public)의 입장에서는 형사사법제도가 운용되는 태양에 관해 '교육받을' (educated) 필요가 있다는 것이다.[54] 블랙먼의 방론(傍論, dictum)은 공개(public)재판을 방청할 일반국민의 권리라는 관점에서 논의를 전개했다. 그러나 그의 논지는 배심재판을, 그 자체에 대한 공공의 권리에까지 확장시킬 수 있다.

이러한 논지를 확인시켜주는 사례를 구체적인 법률에서 발견할 수 있다. 1968년 배심원 선정 및 서비스에 관한 법률(The Jury Selection and Service Act)[55]은 연방법원의 소송 당사자는 지역사회의 평균인에 근접한 배심후보자군(jury pool)으로부터 무작위로 선정된 배심에 의한 재판을 받을 권리가 있다고 규정하면서 인종, 피부색, 종교, 출생지, 성별 또는 경제력을 이유로 하여 배심원이 될 권리를 제한하지 못한다고 규정한다. 이 법이 제시한 배심의 자격 요건은 연령(18세 이상), 문자 해독능력, 중대한 정신적·육체적 장애의 부재, 그리고 전과(前科) 사실의 부재에 한정되었다. 이 법이 제정된 지 7년 후인 1975년 연방대법원은 Taylor v. Louisiana 판결[56]에서 주법원의 배심선정 절차에도 공정한 배심의 재판을 받을 권리가 적용된다고 판시하면서 배심 후보자군은 지역사회 전체의 보편성이 확보되어야 한다고 부연했다. 그러나 1968년 법과 Taylor 판결은 배심

---

54) Gannett Co. v. De Pasquale, 443 U.S. 368, 428-29 (1979) (Blackmun, J. concurring in part and dissenting in part).
55) 이 법률은 종전의 'keyman'제도를 폐지함으로써 연방의 배심선정절차에 중대한 변화가 발생했다. 28 U.S.C Sec.1863(b)(4) (1968).
56) 419 U.S. 522 (1975).

후보자군의 선정절차에 대해서만 적용된다. 의회나 법원의 일관된 입장은 특정 사안에서 실제로 평결을 내릴 배심원은 제척될 정당한 사유가 있거나 상대방의 이유를 명시하지 않은 전단적 이의 신청(peremptory challenge)에 의해 기피될 수 있다는 것이다. 배심석에서는 모든 시민이 얼굴을 맞대고 (경우에 따라서는 침식(寢息)을 함께 하고) 서로의 의견과 소신을 교환하면서 자치 공동체의 운영을 위한 합의점의 모색을 위해 진력한다. 이렇듯 대화를 통한 민주주의의 정신이 구현되는 공적제도는 다른 영역에서는 찾아보기 드물다.

V. 맺는 말

이상에서 개략적으로 검토한 바와 같이 배심제도야말로 미국헌법의 핵심적 내용의 일부이다. 자유민주주의 헌정을 표방하는 모든 나라의 사법제도에 공통된 문제는 이른바 민주성과 전문성의 조화의 문제이다. 미국의 배심제도는 탄생 당시부터 국정운영에 있어 국민주권의 원리를 실현하는 가장 핵심적인 내용으로 인식되어 사법에서의 민주성의 확보에 절대적으로 기여했다. 19세기 후반 이래 전문법관을 중심으로 하는 사법제도가 틀을 갖추면서 배심의 기능은 관료사법에 대한 견제제도로 기능을 더욱 강조하게 되었다. 배심재판을 받을 권리는 개인적 권리의 성격이 강하나 배심재판에 참여할 권리는 주권자인 자격에서 국민이 보유하는 집단적 권리이다. 형사배심에 관해서는 헌법 제정 당시의 이념이 유지되고 있으나 민사배심에 대해서는 갖가지 변용과 수정이 가해지고 있다. 그러나 세부적인 제도와 원리의 변용에도 불구하고 형사, 민사를 통틀어 배심제도는 미국의 사법제도의 근간으로서의 지위를 유지할 것이다. 적어도 "우리들 국민"(We the People)이 제정한 현재의 헌법과 근본적으로 다른 새로운 헌법이 제정되기 이전에는.

"미국 연방헌법의 배심조항"[2001]

해 제

한 상 훈*

Ⅰ. 안경환 교수님을 처음 뵌 것은 해제자의 학창시절, 2학년 때쯤이었던 것으로 기억된다. 당시 권위주의적인 권력하에서 대학캠퍼스에도 예외 없이 서슬 퍼런 권력이 할퀴고 다닐 무렵이었다. 나름대로 민주화에 기여하겠다고 정의감만으로 철없이 뛰어다니던 필자를 자상하고도 너그러이 대해주셨던 선생님이다. 법대의 보직을 맡고 계신 상황에서도 학생들의 편의를 봐주려고 노력하셨던 선생님의 고민을 이제 대학에 있으니 조금이나마 이해가 될 것도 같다.

이후 어느 정도 사회가 민주화되고 나서 학부 때 못다 한 법 공부를 해보겠다고 대학원에 진학하였을 때에는 미국법과 문학은 물론 인생에 대한 더없는 스승이 되어 주셨다. 800페이지도 넘었던 영어교과서를 한 학기에 소규모의 학생들이 번역, 발제, 토론할 때에는 참으로 힘들었지만, 결국 그런 땀방울이 모여서 오늘을 만든 것이 아닌가 회상한다.

예로부터 내리사랑이라고 했던가. 항상 받은 만큼 드리지 못하고 자주 찾아뵙지도 못한다는 마음의 빚을 지고 산다. 나의 제자들에게 지금보다 더 잘해주어야겠다고 다짐해 본다.

Ⅱ. 해제대상논문은 미국에서 연방헌법상 배심제도가 가지는 법적 지위 및 의미를 상세하게 설명하고 있다. 논문에서도 지적하듯이, 미국헌법 제3조를 비롯하여 수정헌법 제5조, 제6조, 제7조 등 총 4개 조항에 배심제도에 대한 규정이 있다. 이를 통하여 우리는 당시 미국 건국의 아버지들이 배심제도에 대하여 갖고 있던 신뢰와 애정, 의미를 확인할 수 있다.

해제대상논문이 발표된 때는 2001년이다. 당시에는 김대중정부 시절로서 국

---

* 연세대학교 법학전문대학원 교수

민의 사법참여, 배심제의 논의가 아직 그렇게 많지는 않았던 시기이다. 하지만, 얼마 지나지 않아 2004년 1월 12일 대법원자문기구인 사법개혁위원회는 많은 논의를 거쳐서 사법개혁안을 당시 노무현대통령에게 보고하였는데, 이때에는 이미 국민의 사법참여가 중요한 의제로 포함되어 있다.[1] 2005년 1월 대통령자문기구로 출범한 사법제도개혁추진위원회[2]는 배심제와 참심제를 혼용한 한국형 국민의 사법참여제도의 구체적 형태와 법안을 성안하여, 법무부를 통해 국회에 제출하였다.[3] 이 법안은 우여곡절 끝에 국회를 통과하여 2008년부터 우리나라에서도 배심원의 평결이 권고적 효력을 갖는 국민참여재판이 시행되고 있고,[4] 현재 최종형태에 관한 개정논의가 진행중이다.

　　해제대상논문은 국민참여재판의 도입여부와 구체적 형태가 한참 논의되기 이전의 시기에 출판되어 학문적 연구에 기여하였고, 이후 2004년 출간된 배심제와 관한 저서의 기초가 되었다.[5] 해제대상논문이 학술적 가치뿐 아니라 우리나라 국민참여재판이라는 새로운 제도의 도입에 실질적 의미를 갖는 이유이다.

　　Ⅲ. 영국에서 배심은 초기인 11세기에는 왕이 파견한 법관의 자문기관이었다. 변화의 계기는 1215년 신성재판(trial by ordeal)의 승인폐지가 결정적이었다고 한다. 피고인을 묶은 채 물에 빠뜨리고 떠오르면 유죄라는 물의 신성재판, 불에 손을 집어넣어 상처가 나면 유죄로 판단하는 방식과 같이 지금은 비합리적으로 보이는 재판형태가 당시에 존재하였다. 결투를 통하여 유무죄를 정하기도 하였는데, 그 배경에는 신이 선하고 억울한 사람을 보호해줄 것이라는 종교적 신념이 있었다. 하지만 이러한 신성재판이 종교에 반한다는 인식이 생겨 결국 교회는 성직자가 이러한 신성재판에 관여하는 것을 금지하였고, 결국 배심원이 신성재판의 자리를 대체하여 심판기관으로 발전한 것이다.

　　미국에도 영국의 배심제도를 계승하여 식민지초기부터 배심재판을 시행하였다. 특히 영국과 식민지미국 간의 갈등이 고조되는 18세기 초에는 영국판사가

---

1) 법률신문, 사법 개혁안 노무현대통령에 보고, 2005. 1. 14.
2) 법률신문, 사개추위 출범...현판식 갖고 첫 회의, 2005. 1. 18.
3) 법률신문, 사개추위, 사법개혁법안 조속처리 국회에 촉구, 2006. 11. 22.
4) 「국민의 형사재판 참여에 관한 법률」(법률 제8495호, 2007. 6. 1. 공포)는 2008. 1. 1. 시행되었다. 법률신문, 국민참여재판 운영 어떻게, 2007. 5. 3.
5) 안경환/한인섭 공저, 배심제와 시민의 사법참여, 집문당, 2004.

식민지의 독립운동을 재판으로 탄압하려 할 때 이를 막고 정치적 의사표현의 자유를 보장하는 최후의 보루로서 기능하였다. 1735년 젱거(Zenger)사건은 대표적이다. 식민지미국에서 독립운동을 탄압하기 위하여 영국정부는 미국인이 배심재판을 받을 권리를 박탈하고 법관재판을 받게 하거나, 영국으로 이송하여 영국에서 처벌하기도 하였다. 이에 대한 미국인의 분노가 어느 정도였을지는 가히 상상할 수 있겠다. 독립선언서에서 독립선언의 이유 중 하나로 이러한 배심재판을 받을 권리가 침해, 박탈되었다는 주장이 있음은 우연이 아니다.

해제대상논문은 이러한 역사적 배경에서 배심제는 본래 국가권력의 견제라고 하는 공화주의에 기원을 두고 있다고 한다. 그러나, 영국 식민통치하에서 영국왕의 신민(臣民)이 미국공화국의 건국과 함께 주권자인 국민(國民)으로 신분의 전환을 이루면서 배심의 의미는 단순한 국가권력의 견제가 아니라 "주권자(主權者)의 권리로 격상"되었다는 해석은 미국에서 배심제가 가지는 성격의 변화를 의미있게 지적하고 있다고 생각된다. 19세기 이후 배심제의 의미는 또 진화하는 중이다.

연방 입법부가 상원과 양원으로 구별되어 상호견제하는 것과 마찬가지로, 연방 사법부도 종신직인 판사와 배심원으로 구별하여 상호견제하도록 한 것이다. 종신직 판사는 부패와 국민으로부터의 괴리라는 우려는 있지만 정치권력으로부터의 독립성을 보장하기에는 적절하다. 따라서 일반국민이 선정되는 배심원을 통하여 판사의 권력을 견제하도록 한 것이다. 이는 입법부, 행정부, 사법부의 삼권분립을 넘어서는 사법부 내의 "작은 권력분립"(mini separation of powers in the judiciary)이라고도 할 수 있지 않을까 생각한다.6)

미국의 배심제에 대하여 사법적 기관이라기보다는 정치적 기관(political institution)이라는 토크빌(Tocqueville)의 진술의 의미는 잘 새길 필요가 있다. 배심의 평결이 정치공동체에 커다란 의미와 영향을 미칠 수 있다는 의미에서 정치적 기관인 것이다. 자칫 배심원이 정치적 경향에 따라 평결해도 좋다는 의미로 오해되지 않아야 할 것이다. 미국에서나 우리나라에서나 배심원의 정치적, 종교적,

---

6) 미국연방의 상원, 하원을 입법부 내의 작은 권력분립이라고 평가하는 견해도 있고(Ronald J. Pestritto, Alphabet of Political Freedom ⟨http://www.founding.com/issues/pageid.2470/default.asp⟩ 참조), 행정부 내의 작은 권력분립을 언급하는 문헌(Cornelia T.L. Pillard, "THE UNFULFILLED PROMISE OF THE CONSTITUTION IN EXECUTIVE HANDS," 103 Mich. L. Rev. 676)도 있다. 이러한 관점은 사법부 내에서 법관과 배심원의 관계에도 어느 정도 적용될 수 있다고 본다.

개인적 편견이나 편향을 제거하기 위하여 엄격한 배심원선정절차가 마련되어 있음을 이해할 필요가 있다.

Ⅳ. 해제대상논문이 강조하고 있는바, 배심제도는 국민주권의 원리와 권력분립, 견제와 균형을 실현하는 공적 제도이며, 민주시민의 생생한 교육기관이라는 것이다. 이는 사실은 18세기 미국헌법에만 의미 있는 것이 아니라, 21세기 대한민국에서 더 소중할 지도 모른다.

우리나라에는 아직도 건강하고 자유로운 토론문화가 부족하다는 인식이 많다. 2006년 사법제도개혁추진위원회에서 배심제도의 구체적 방안을 검토할 때에도 우리국민의 감성, 학연, 지연 등에 대한 경향성으로 인하여 과연 공정하고 합리적인 배심원평결이 가능할 것인지 우려의 목소리가 적지 않았다. 배심제도는 이러한 국민적 토론수준의 완성된 형태라기보다는 그러한 이상적 수준에 이르기 위한 과정으로 보는 것이 적절할 것이다.

미국의 배심제에서는 평결에 이르기 위해 배심원이 만장일치에 이를 것을 원칙으로 한다. 통상 12명의 배심원이 합의에 도달하기에는 많은 토론과 평의를 필요로 하며, 이 과정에서 열띤 논쟁이 벌어지기도 한다. 논문에서 언급한 "12명의 성난 사람들"이라는 고전영화도 한 예일 것이다. 이러한 배심제도의 특성을 토의민주주의(deliberative democracy)와 연결하여 설명한 부분은 대단히 선구적이다. 1987년 이후 민주화가 진행 중이지만 아직도 우리에게는 표현의 자유, 언론의 자유, 집회결사의 자유 등이 위협을 받고 사법에 대한 신뢰도 기대에 미치지 못한다. 아직도 선진민주주의가 정착되었다고 보기 어려운 우리나라에서는 그렇기 때문에 더욱더 배심제와 참여민주주의가 필요하지 않은가 싶다.

[색인어] 국민참여재판, 배심제(Jury system), 정치적 기관(political institution), 토의민주주의(deliberative democracy)

미국법상 계약의 해석과 배심의 역할

-Parole Evidence Rule을 중심으로- *

I. 머 리 말

1. 배심제도와 미국의 민사소송[1]

이 지구상의 어느 나라에서보다도 미국에서 민사소송에 배심이 널리 사용된다. 민사배심의 원조인 영국에서도 오늘날 배심재판은 지극히 예외적인 현상이 되어버렸다.[2] 이렇듯 민사배심에 대한 미국 국민의 정서는 헌법전이 보장하는 참여민주주의를 구현하는 제도라는 데 의미가 크다.[3] 연방헌법이 보장한 민사배심[4]은 주(州)의 차원에도 보장되어 있다.[5]

---

* 이 글을 William C. Whitford, "The Role of Civil Jury(And Fact/Law Distinction) in the Contract Interpretation," 2001 Wisconsin L. Rev. 931, 2001, pp. 931-969에서 시도한 분석을 보충한 것임을 밝혀둔다.

1) 민사배심에 관한 일반적 연구로는 "Development in the Law— The Civil Jury," 110 Harv. L. Rev. 1408, 1997, pp. 1408-1536 참조. 국내 문헌으로는 안경환, "미국헌법과 배심조항," 미국헌법 연구 제12권, 2001, 77-101면; 권영설, "민사배심의 권리에 관한 몇 가지 헌법문제," 미국헌법연구 제12권, 2001, 45-76면; 이우영, 미국 민사배심제도에 관한 연구, 서울대학교 법학석사논문, 1996 참조.

2) 영국에서는 명예훼손(libel) 등 손해액수의 산정에 지역사회의 판단(community judgment)과 직결되어 있는 경우에 한정하여 민사배심이 인정된다. S. H. Bailey & M. J. Gunn, Smith and Bailey on the Modern English Legal System, Sweet & Maxwell:2nd ed., 1991, pp. 703-706.

3) Akhil Reed Amar & Alan Hirsch, For the People, What the Constitution Really Says About your Rights, The Free Press, 1998, pp. 51-119; Akhil Reed Amar, The Bill of Rights—Creation and Reconstruction, Yale University Press, 1998, pp. 81-118.

4) Amendment VII: "In suits at common law, where the value of controversy shall exceed twenty dollars, the right of jury trial shall be preserved, and no fact tried by a jury shall be otherwise re-examined in any Court of the United States, than according to the rules of the common law."

5) 그러나 연방의 권리 장전의 효력이 수정 제14조를 통해 주의 차원에도 확장되는 이른바 "수용"(incorporation)의 결과가 아니라, 연방헌법의 규정과는 독립적으로 주 차원의 결정으로 이

그러나 민사배심에 대한 비판 또한 꾸준히 제기되어 왔다. 배심제도가 미국의 건국과 동시에 정식으로 수용된 이래 연방과 주의 차원에서 배심재판을 운영하는 세부적 기준이 많이 달라졌다. 한때는 배심이 사실문제와 더불어 법률의 문제까지도 '발견할(find)' 판단 권한이 있다고[6] 믿은 적도 있었다. 또한 일반적으로 수용되어온 사실문제/법률문제(fact v. law)의 구분은 헌법적인 요구사항이라고 인식되었다. 그러나 6인의 배심이나 만장일치에 미달하는 평결의 합헌성을 인정했듯이[7] 언젠가는 사실문제/법률문제의 구분도 헌법적 요구사항에서 제외될 지도 모른다.

2. 계약사건과 민사배심에 대한 비판

근래에 들어와서 민사배심에 대한 비판이 더욱 강력하게 제기되고 있다. 계약법 사건을 배심재판의 대상으로 삼는 데에 대한 비판은 네 가지 논점으로 요약될 수 있다. 첫째, 배심은 상거래[8]의 관행을 잘 이해하지 못하므로 흔히 계약의 당사자가 의도했던 계약조건을 잘 이해하지 못한다. 따라서 소송의 결과를 예측 불가능하게 만들 위험이 있다.[9] 둘째, 배심원은 증인의 위증에 의해 쉽게 영향을 받는다.[10] 셋째, 배심은 경제적 지위가 약한 당사자에 대해 우호적인 편

루어진 것이다. 이날에 이르기까지 수정 제7조가 수정 제14조를 통해 주의 절차에도 적용된다
는 요지의 연방대법원의 판결은 내려지지 않았다.

6) 위 주2) 110 Harv. L. Rev. 1408, pp. 1411-21 참조, David Millon, The Ideology of Jury
   Autonomy in the Early Common Law, http://www.ssrn.com, Nov 14, 2000, Washington & Lee
   UnIversity; Joseph M. Perillo, "Comments on William Whitford's Paper on the Role of
   Jury(and the FAct/Law Distinction) in Interpretation of Written Contracts," 2001 Wisconsin L.
   Rev. 965, 2001, p. 966.
7) Andres v United States, 333 U.S. 740, 748 (1948): "수정 제 6조와 제 7조가 적용되는 사건에는
   전원합의의 평결이 요구된다." 그러나 이 조항들은 주의 절차에 수용되지 아니하였다. 또한 연
   방사건에서도 6인의 배심과 만장일치에 미달하는 배심이 가능한 경우가 있다. 위 주2) 110
   Harv. L. Rev. 1408, 1997, pp. 1484-88.
8) 미국의 계약법은 common law와 U.C.C. 양자를 포함한다. common law는 물론 일반인 사이의
   관행을 기초로 발전되었고, 흔히 '통일상법전'으로 번역되는 U.C.C.상의 계약은 일반인에게도
   적용되며 계약당사자가 상인인 경우에는 특칙이 있을 뿐이다.
9) 1930년대 법현실주의(Legal Reaslism)운동을 주도했던 칼 르웰린(Karl Lewellyn)이 이러한 입장
   을 대표한다. Zipporah Wiseman, "The Limits of Vision: Karl Lewellyn and the Merchant
   Rules," 100 Harv. L. Rev. 465, 1987.
10) 배심원이 판사보다 더욱 쉽게 위증의 희생자가 될 수 있다는 위험이 Parole Evidence Rule의
    등장의 배경이 된다. John Calamari & Joseph Perillo, "A Plea For a Uniform Parole Evidence

견이 있다. 넷째, 배심재판은 판사재판(bench trial)에 비해 소송이 지연되고 고액의 비용이 소요된다. 다섯째, 배심재판 때문에 법률심인 상급심의 재판이 효용이 떨어지고 비경제적이 된다.[11]

그러나 이러한 비판에 대한 반론 또한 강하다. 배심재판은 국민주권의 표현인 동시에 민주시민으로서의 자질과 능력을 배양시키는 중요한 민주주의 교육제도라는 원론적 관점에서 보면[12] 이러한 비판들은 그야말로 지엽적인 것이다. 배심이 위증에 의해 영향받는다는 주장을 뒷받침하는 실증적 연구도 미약하다. 배심이 경제적 지위가 약한 당사자에 우호적인 편견을 가진다면, 마찬가지로 법률규정과 판사가 경제적 강자에 대해 우호적이라는 편견을 상쇄할 수 있다.[13] 소송지연과 고액 비용의 주된 원인이 배심재판에 있는 것이 아니다. 대부분의 사건이 화해로 종결되기에 배심재판으로 인한 소송지연과 비용의 증가는 정책적인 차원에서 배심재판의 존속여부를 논의할 정도로 비중 있는 논점은 아니다. 상급심의 문제는 법리적으로는 경청할 가치가 있지만 이 또한 본질적인 이유는 아니다.[14]

배심재판이 오히려 재판의 질을 제고시키는데 결정적으로 기여한다는 주장도 강하게 제기되어 있다. 이를테면 마크 갈란터(Marc Galanter)는 불법행위 사건의 경우 배심은 당사자가 아닌 제3자적인 중립적 관점에서 접근함으로써 한 쪽다리의 절단이나 혼인공동체(marriage consortium)의 상실이 초래한 고통(pain and suffering) 등의 산정에 중요한 기준을 제시한다고 주장한다.[15] 불법행위 사건의 경우 원, 피고의 대리인이 반복적인 성향을 띤다. 원고측 변호사는 전문적인 원고 변호사의 집단 중에서 선임되며, 피고측 변호사는 대기업이나 보험회사의 대리인이다. 이들은 각자의 입장에서 개별적 사건의 정당성과 설득력과 무관하게 주어진 입장을 고수하는 임무를 부여받았을 뿐이다. 따라서 중립적인 입장에 선 배심의 평가가 재판의 질적 제고에 크게 기여한다. 정형화된 일부 전형계약에

and Principles of Contract Interpretation," 42 Ind. L. J. 333, 1967, pp. 341-342.

11) 이상은 Whitford, 앞의 논문, pp. 943-946의 요약임.

12) Amar, 앞의 책, pp. 99-108.

13) Alan Schwarz & Robert E. Scott, "The Political Economy for Private Legislature," 143 U. Pa. L. Rev. 595, 1995, p. 597; Robert E. Scott "The Politics of Article 9," 80 VA. L. Rev. 1783, 1994.

14) 후술 주 29)-30) 및 본문 참조.

15) Marc Galanter, "The Civil Jury as Regulator of the Litigation Process," 1990 U. Chi. Legal F. 201, 1990, p. 206.

관해서도 유사한 이야기를 할 수 있지만 개별성을 원칙으로 하는 계약사건 일반에 관한 한 이러한 논리는 심하게 약화된다.

3. 연구의 범위

이 글에서는 문언계약서(written contract)의 해석에 있어서 배심의 역할을 다룬다. 배심재판은 커먼로(common law) 사건, 즉, 금전배상을 소구하는 사건에 한정되므로 계약의 특정이행(specific performance), 선언적 구제 (declaratory relief) 등 형평적 구제를 소구하는 에퀴티(equity)사건은 제외된다. 문언의 해석에 관련된 여러 가지 문제 중에서 특히 문제가 되는 Parole Evidence Rule과 관련된 배심재판의 문제를 집중적으로 다룬다. 계약법의 이념과 Parole Evidence Rule의 관련을 논한 후에 법의 문언계약 중에서 Parole Evidence Rule의 문제와 이에 수반되는 "일차적 의미의 원칙"(plain meaning rule)에 있어서 배심의 역할에 관한 종래의 논의를 요약하고, Posner 판사의 최근의 새로운 시도를 소개한다.

Ⅱ. 계약법의 이념과 Parole Evidence Rule

1. Parole Evidence Rule의 의미

Parole Evidence Rule(이하 PER)이란 문서로 계약을 체결한 당사자가 계약체결 이전 또는 체결 당시의 구술의 증거를 근거로 문언의 내용을 다투지 못하게 함으로써 문언계약의 완결성(integrity)을 존중하는 실체법상의 원칙이다.[16] 모든 PER 논의의 출발점은 문언내용이 계약내용을 판단하는 자료로서의 '특권성'(privileged)이다. 문언이 특권을 인정받게 되면(privileged), 계약조건에 관한 다른 증거는 문언의 내용을 다투기 위해 제출할 수 없게 된다. 특권이 인정된 문언은 부분적(partial) 또는 전면적(final)으로 '통합'(integration)되었다고 부른다. 이는 당사자의 최종적 의사의 표현으로 인정하는 것이다. 따라서 대부분의 문언계약은 통합된 것으로 간주된다.

---

16) evidence라는 단어 때문에 이 세칙(rule)을 절차법의 문제로 오해하는 국내 문헌도 있다.

2. 계약법의 이념과 PER

PER과 관련하여 논의되는 계약법의 지도원리가 되는 법이념으로 자율성, 계약 이행상의 효용, 그리고 부의 재분배, 이상 3요소를 들 수 있다.[17]

(1) 자율성(autonomy)

자율성의 이념은 개인의 자율적 의사결정권을 존중하고 따라서 계약의 자유를 신장하는 미국법의 전통을 반영한 것이다. 미국에서 근대입헌주의헌법의 양대 이념인 자유와 평등 중 전자가[18] 적자로, 후자가 서자로 취급되어 온 것은 사실이다. 그만큼 미국적 정의의 시스템 아래서 자유와 자율의 이념이 최고의 가치를 지니는 것이다. 계약법의 지도원리로서의 자유와 자율의 이념은 20세기에 들어와서는 제3자의 "합리적인 신뢰와 기대"(reasonable expectation and reliance)의 보호라는 측면을 강조하여 왔다.[19] 한편 자율성은 사전적 (ex ante) 효용의 이론으로 옹호되기도 한다. 즉 계약외적 요소(extrinsic)에 대한 고려를 제외한다면 계약 당사자 쌍방이 자유의사에 기해 자신에게 가장 유리한 조건을 제시하고 그 결과로 체결된 계약은 사회적 효용을 극대화하는 것이다. 그러므로 법원과 같은 제3자가 계약 내용을 변경하거나 새로운 조건을 부과할 권한이 주어진다면 바람직하지 않을 것이라는 것이다.

이러한 이념에서 보면 칼 르웰린(Karl Llewellyn)의 주장처럼 계약의 해석으로서 당사자가 합의한 조건을 결정함에 있어 문언에 대해 최종적인 권위를 인정해서는 안 된다. 왜냐하면 자유의사의 표현 방법이 문언의 형식으로 한정되어야 할 이유가 없기 때문이다.[20] 이와 같은 르웰린의 입장에 서면 모든 계약의 해석은 사실의 문제로 귀착되어 배심의 판단 대상이 되는 것이다. 왜냐하면 모든 외부적 증거(extrinsic evidence)가 배심의 종합적인 판단의 기초 자료가 되어야 하기 때문이다. 그러나 르웰린 자신도 상업적 거래에 있어 배심의 판단능력을 불

---

17) Whitford, 앞의 논문, pp. 947-955.

18) 안경환, "헌정 50년과 자유와 평등의 이념," 서울대학교 법학 제39권 제4호, 1999, 17-32면.

19) P. S. Atiyah, The Rise and Fall of Freedom of Contract, Butterworth, 1979.

20) Dennis Patterson, "Good Faith, Lender Liability and Discretionary Acceleration: Of Llewellyn, Wittgenstein, and the Uniform Commercial Code," 68 Tex L. Rev. 169, 1989, pp. 191-98; Zipporah Wiseman. the Limits of Vision: Karl Llewellyn and the Merchant Rules, 100 Harv. L. Rev. 465, 1987.

신하여 한때 상인배심을 주장한 적이 있듯이[21] 일반인으로 구성된 배심과 전문
가 법관 사이에 적절한 업무의 배분의 필요성을 인정했다. 전문가 배심이 없는
경우에 계약의 자율성을 강조하는 개인이라면 문언을 특권화함으로써 배심이 오
류의 판단을 내릴 위험을 극소화할 수 있다. 이 때 당사자는 법원이 정립한 해석
의 원칙에 부합하도록 의사표시를 해야만 한다. 일부에게는 이러한 비용이 배심
이 당사자의 의사를 잘못 해석할 위험을 감내하는 비용보다 낮을지 모른다. 이러
한 당사자에게는 특권화로, 통합된 문서는 일차적 의미의 원칙(plain meaning rule)
과 결합하면 자율의 이면을 성취하는 효과적인 방법이 될 것이다.[22]

　　계약 당사자의 의사의 해석의 문제를 이렇게 보면 일차적 의미의 원칙(plain
meaning rule)은 정형화·도식화를 초래한다. 특정한 표현을 — 예를 들어, Time is
of the essence — 정형화하여 해석함으로써 법원이나 배심이 자의적인 판단을
내릴 위험을 제거하고 계약 당사자가 서로 기도한 목적을 달성할 수 있는 공로
(公路)를 건설할 수 있다.[23]

　　20세기 후반에 들어와서 많은 학자들은 형식을 강제하는 것을 반대했다. 계
약의 형식을 강제하는 것은 개인의 창의와 자율의 폭을 본질적으로 부정하는 결
과가 된다는 것이다. 또한 효용의 측면에서 분석하여도 이러한 강제의 비용이
법원의 오판이나 배심의 그릇된 평결의 위험을 초과한다는 것이다.[24]

　　(2) 계약 이행상의 효용(efficiency in contract performance)

　　자율성과 결합한 사전적 효용의 문제는 계약당사자가 최선의 판단을 통해
최적의 투자를 할 수 있다는 전제에 선다. 그 결과 사회 전체의 효용도 증가된
다는 가설에 충실하다. 그러므로 투자자는 투자에 앞서 여러 가지 대안에 대한
비교 검토가 이루어진다.

　　이러한 검토된 상호 투자의 결과로 성립된 계약이 이행되는 과정에서 발생

---

21) Wiseman, 앞의 논문, pp. 512-515.

22) Omri Ben-Shahar, "The Tentative Case Against Flexibility in Commercial Law," 66 U. Chi. L.
　　Rev. 781, 1999.

23) Lon Fuller, "Consideration and Form," 41 Colum. L. Rev. 799, 1941. 정형화의 사회적 효용을
　　다룬 고전적인 글에서 풀러(Fuller)는 계약의 정형화 기능은 주의적(cautionary)기능, 증거적 기
　　능(evidentiary)과 함께 공로(公路, channel)를 만드는 기능이 있다고 주장했다.

24) G. H.L. Fridman, "The Necessity for Writing in Contracts Within the Statute of Frauds," 35 U.
　　Toronto L.J. 43, 1985, pp. 46-48; Calamari & Perillo, 앞의 논문, p. 342.

하는 문제 또한 사회적 효용의 문제로 귀착된다. 계약 이행에 있어서의 효용을 사후적 효용(ex post efficiency)으로 파악할 수 있다. 계약에 근거한 당사자 각각의 의무의 내용과 범위에 관해 다툼이 발생하는 경우에 생기는 사회적 비용의 문제이기도 하다.

계약 이행과정에서의 효용의 문제는 이러한 분쟁의 해결 비용을 최소화시키는 데 집중되어 있다. (특히, 합리성과 효용을 강조하는 신고전주의 경제학의) 계약의 원리에 의하면 계약 이행상의 분쟁은 분쟁 당사자 사이에 신뢰관계에 기초한 거래관행을 유지하려는 쌍방의 욕망이 작용하여 합리적인 선에서 타협이 이루어지기 마련인 것이다.[25]

그러나 이행상의 분쟁의 해결을 위한 협상이 "법의 그림자 속에서"(in the shadow of law) 일어나는 경우도 적지 않다. 당사자는 신뢰관계의 파괴에도 불구하고 분쟁의 해결을 소송을 통해 해결하려는 시도를 보일 수 있다. 이런 경우에는 소송의 결과가 합리적으로 예측될 수 있을수록 협상의 가능성이 높을 것이다. 전형적인 법경제학(law and economics)적 분석은 법의 예견가능성이 높을수록 소송은 최종의 (배심)재판(trial) 이전에 화해로 종결될 가능성이 높다는 것이다.[26] 물론 이러한 법경제학적 분석이 적용되지 않는 상황이 있을 수 있다. 그러나 계약 이행상의 효용 또한 계약의 체결과 이행과정에서의 자율성 못지않게 중요한 이념이라는 것이다.

문제는 어떻게 계약의 해석에 관련하여 예견가능한 법을 확보하는가의 문제로 귀착된다. 지극히 상식적인 가정은 문언계약의 해석에서 일차적 의미의 원칙(plain meaning rule)을 강조하고 강한 PER을 적용할수록 판결의 결과에 대한 예측가능성이 높다는 것이다. 그 이유는 계약 체결을 위한 협상의 과정, 거래의 관행 중에 계약의 핵심과는 무관한 외부적 증거는 걸러지며, 배심의 비합리적인 평결을 피할 수가 있기 때문일 것이다.

그러나 후술하는 바와 같이[27] 계약의 해석 문제가 법의 문제임에도 불구하고 많은 계약사건이 배심의 대상이 된다. 그리고 배심이 계약의 의미에 관해 판

---

25) Ian R. MaCneil, "Contracts: Adjustment of Long-Term Economic Relations Under Classical, Neoclassical and Relational Contract Law," 72 NW. U. L. Rev. 854, 1978.

26) George Priest & Benjamin Klein, "The Selection of Disputes for Litigation," 13 J. Legal Stud. 1, 1984.

27) 본문 Ⅲ. 계약문언의 해석과 배심의 기능 이하 참조.

사가 내리는 설시(instruction)를 항상 성실하게 준수하는지도 의문이다. 이 문제는 배심의 기관성(jury as an institution)이라는 관점에서 논의해야 할 문제이다. 미국적 정의의 시스템 아래서 기관으로서의 배심의 지위와 역할은 무엇인가?

현재의 계약 해석에 관한 법리는 배심의 참여를 배제할 수 없기에 법률심인 상급심(appellate review)은 심사에서 계약의 해석에 관련한 사실심 판사의 배심 설시(jury instruction)[28]의 오류를 발견하면 전형적인 경우 새로운 사실심(new trial)을 개시하기 위해 사건을 환송할 것이다. 새로운 배심이 구성되어 사건을 다루더라도 근본적인 문제점은 개선되지 않는다.

3. 부의 재배분(redistribution)

계약은 부를 축적하는 합법적인 수단이다. 따라서 계약 당사자 사이에 협상력의 우열이나 정보의 불균형이 존재하면 계약의 결과 더욱더 부의 불균형이 초래되기 십상이다. 흔히 시장 경쟁을 통해 자원과 정보력이 우세한 당사자의 부당한 이득을 감소시킬 수 있을 것이다.[29] 그러나 모든 거래의 상황에 시장 경쟁이 확보될 수 있는 것은 아니다. 사기(fraud)나 강박(duress)의 법리가 존재하는 이유가 여기에 있다. 자유로운 계약행위에 대해 어느 정도의 규제가 바람직하며, 또한 가능한지에 관해 논쟁이 이어지고 있다. 부의 재분배 문제는 계약의 해석 문제와 연관되어 있다. 계약 거래를 통해 부당한 이익을 취득한 당사자가 있다면 이를 피해자에게 반환시키는 것이 정의의 출발점이다. 아리스토텔레스의 교정적 정의(remedial, corrective, rectificatory justice)의[30] 도해에서 거래 이전의 선, 거래 이후의 선과 함께 판사가 유념해야 할 기준이 되는 제3의 선, 중용의 선이 존재하는 이유도 여기에 있다.

---

28) Richard Danzig, The Capability Problem in Contract Law, Mineola, N.Y.: Foundation Press, 1978, pp. 15-41.

29) Jenny B. Wahl. ed., Economic Analysis of Contract Law, Antitrust Law, and Safety Regulations, Garland Publishing Co.1988.

30) Aristotle, Nichomachean Ethics, Book V, Ch. 4.

Ⅲ. 계약문언의 해석과 배심의 기능

1. 사실/법의 구분론

　　문언계약의 해석은 사실의 문제가 아닌 법의 문제이고 따라서 그것은 법관의 몫이라는 것이 대원칙이다. 문제된 쟁점에 대한 판단의 효력이 해당 사건에 한정되는 경우에 그 쟁점을 '사실' 문제로 규정한다. 그러나 모든 이분법이 그러하듯이 이렇듯 명쾌한 대원칙에도 불구하고 현실적으로는 모호한 회색지대가 존재한다. 많은 경우 사실의 문제와 법의 문제가 분리 불가능할 정도로 얽혀져 있다. 법적용의 문제는 많은 경우 일반적인 법원칙을 구체적 사안에 적용하는 문제이다. 과실의 불법행위(negligence)가 전형적인 경우이다. 과실의 일반적인 원칙을 더욱 정교하게 정립하기 위해 선판례의 원칙(doctrine of precedent)을 원용하기도 한다. 이러한 상황에서는 사실/법의 문제는 법의 문제로 귀착될 수 있다.[31] 반면에 모든 법 적용 문제를 (과실의 기준을 적용하는 경우와 같이) 그 사안에 고유한 것으로(sui generis) 볼 수 있고 이 경우에는 상당한 재량이 부여됨에도 불구하고 사실의 문제로 파악할 수 있다.

　　법/사실의 구분에서 대체로 연역적인 방법이 이용된다.[32] 그러나 귀납적인 방법으로 결론에 이르면, 비록 그 결론이 특정한 사안에 한정되는 것일지라도 그 결론을 내리는 주체는 언제나 법원이 된다. 이따금씩 특정 사안에 한정되었다는 의미에서 사실의 문제로 부르기도 하지만 법원의 입장에서 볼 때는 단일한 결론에 이를 수밖에 없는 (다시 말하자면 연역적으로 옳은) 법의 문제가 되는 것이다.

2. 계약 해석의 일반원칙

　　원칙(principle)은 세칙과 구분된다. 세칙(rules)이란 흔히 "Black letter law"라고 부르는 구체적 법리이다. 원칙이란 이러한 세칙들의 이면에 내재하면서 이들을 통괄하는 사회적 규범의 천명이다. 또 한편으로는 원칙은 그 원칙과 세칙에

---

31) Henry Hart & Albert Sacks, The Legal Process: Basic Problems in the Making and Application of Law (William Eskridge, Jr. & Philip Frickey eds. 1994), pp. 349-60.

32) 모든 역사적 사건의 확정은 증거에서 결론이 추론되듯이 귀납적인 방법으로 결정된다. 그러나 귀납적인 방법으로 발견되는 '입법의 의도'(legislative intent)는 법의 문제로 분류된다.

대한 사회적 정당성인 정책(policies)과 구분된다. 따라서 원칙은 법이되 그 정책적인 차원에서의 논쟁의 여지는 여전히 남겨져 있는 것이다.

계약의 해석에 있어 가장 빈번하게 이용되는 '원칙'은 언어(words)나 행위(acts)가 행위자의 입장에서가 아니라 행위의 상대방의 관점을 기준으로 해석되어야 한다는 것이다. 이른바 객관적 기준(objective approach)이다. 이 기준은 대체로 실제의 행위대상자가 아니라 동일한 상황에 처했을 합리적인 제3자(이른바 reasonable person)이다.[33]

객관적 기준은 역사적 근거나 통계적 자료로 검증된 것이 아니지만 법의 문제로 이해된다. 법 문제의 일반원칙에 따라 구체적인 사안에 적용하는 것은 과실의 불법행위의 경우처럼 전형적인 법적 판단인 것이다. 일반적인 법적용의 경우와 마찬가지로 계약의 해석이 당해 계약에 한정된 문제일 경우 다툼의 여지가 있는 문언계약의 해석문제도 배심의 영역으로 이해할 수 있다.

그러나 보험계약과 같은 전형적인 약관계약(Standard Form Contracts, 속칭 SFK)의 경우는 다르다. 왜냐하면 이러한 계약은 동일한 문언조건에 의해 계약을 체결한 당사자가 불특정 다수일 뿐만 아니라, 계약 조항의 해석이 후일 잠재적인 계약 당사자의 지위에 결정적인 영향을 미칠 것이기 때문이다. 이행기의 특정 조항(예를 들어 "time is of the essence")과 같은 전형적인 조항이 담긴 계약의 경우도 마찬가지의 원리가 적용될 것이다. 다시 말하자면 이러한 일반적, 보편적인 적용범위를 가진 계약의 문제는 법의 문제가 될 것이다.

객관적 해석의 기본 원칙에 대한 비판이 없는 것은 아니다. 아직도 모든 해석의 출발점이 행위자의 주관적 의사의 합치 여부라고 주장하는 학자도 더러 있다.[34] 주관적 의도를 파악하는 작업은 언제나 고유한 사실의 발견이므로 배심의 영역이 될 것이다.

3. 일차적 의미의 원칙(Plain Meaning Rule)

언어가 자연적, 일차적 의미를 보유한다면 문언의 해석은 법의 문제라고 규

---

33) 윌리스톤(Williston)과 홈즈(Holmes)에 의해 주창되었고 칼 르웰린(Karl Llewellyn)에 의해 비판적으로 계승되었다고 이해된다. Joseph M. Perillo, "The Origins of the Objective Theory of Contract Formation and Interpretation," 69 Fordham. L. Rev. 427, 2000.

34) 5 Corbin On Contracts SS 24.5, 24.6 & 24.7 (1993); Randy E. Barnett, "A Consent Theory of Contract," 86 Colum. L. Rev. 269, 1986, pp. 305-07.

정할 수 있다. 왜냐하면 그 과정은 연역적인 방법에 의한 것이고 단 하나의 의미를 보유하기 때문이다. 비록 언어에 자연적인 의미가 있다고 법원이 단정하지 않는다고 할지라도 계약서 상에 특수한 의미로 사용된 경우에 (예를 들어 "time is of the essence")는 그러한 의미를 부여할 수 있을 것이다. 이러한 법원의 판단은 법적 판단이 된다.

문언 해석의 출발점은 "일차적 의미"(plain meaning)의 파악이다. 만약 언어가 자연적인 (즉, 유일한) 의미를 보유한다면 그 의미를 파악하는 작업은 법의 문제일 것이다. 계약당사자가 언어의 일차적 의미에 합의하고 사용하였다면 그 언어의 법적 의미를 확정하는 작업은 당연히 법의 문제이다. 어쨌든 문언의 의미를 해석하는 작업은 대체의 경우 연역적 방법에 의존하고, 추론의 방법 때문이라도 그것은 법의 문제로 볼 것이다.

Ⅳ. 원칙과 현실 - 배심이 계약문언을 해석하는 이유

이러한 계약 해석의 기본적인 법리에도 불구하고 배심이 계약문언을 해석하는 경우가 많다. Parole Evidence Rule의 경우 앞서 언급한 바와 같이 계약 문언이 특권을 인정받게 되면(privileged), 특권이 인정된 문언은 부분적(partial)또는 전면적(final)으로 '통합'(integration)되어 당사자의 최종적 의사의 표현으로 인정된다. 따라서 대부분의 문언계약은 통합된 것으로 간주된다.

이러한 전통적 법리에 대해 강한 이의를 제기한 사람은 칼 르웰린(Karl Llewellyn)이다. 그는 대부분의 계약에서 문언과 더불어 기타의 외부적 증거(extrinsic evidence)도 허용되어야 하며, 법원은 모든 증거를 고려하여 계약 당사자의 최종적 의사를 파악해야 한다는 것이다.35) 르웰린에 의하면 계약의 체결 단계에서 문서의 작성이 최종적인 단계라는 단순한 사실만으로 당사자가 합의한 계약조건을 확인하는 유일한 수단이 될 수는 없다는 것이다. 르웰린은 자신의 주장을 U.C.C.의 기본적인 개념 중의 하나인 "합의"(agreement)의 정의에 반영하는 데 성공했다.36)

---

35) 이 때 법원이 당사자의 최종적인 의사를 확인하는 기준은 동일한 상황에 처해진 합리적인 제3자의 판단이 중요한 기준이 될 것이다.

36) U.C.C. Section 1- 201(3); Dennis Patterson, "Good Faith, Lender Liability, and Discretionary Acceleration: Of Llewellyn, Witgenstein and the Uniform Code," 68 Tex L. Rev. 169, 1989, pp. 191-98: Zipporah Wiseman, "The Limit of Vision: Karl Llewellyn and the Merchant Rules,"

700 제18장

그러나 이러한 U.C.C.의 입장은 거의 대부분의 법원에 의해 배척되었다.[37]

문언에 통합되지 아니한 외적 증거는 오로지 두 가지 경우에만 사용될 수 있다. 첫째, 문언의 내용이 불분명한(ambiguous) 경우에 그 불명한 부분을 명확하게 할 목적으로 사용될 수 있으며, 둘째 문언이 불완전(incomplete)한 경우에 이를 보충할 목적으로 사용될 수 있다. PER에 관한 지난 논의의 핵심은 무슨 기준으로 법원이 문서의 불명함 또는 불완전성을 판단하는 가에 있다.[38] 윌리스톤(Williston)을 위시하여 강한(hard) PER을 주장하는 학자는 문서의 불명 또는 불완전성은 문서 그 자체를 기준으로 하여 판단하고 일체의 외부적 증거를 고려해서는 안 된다고 한다. 이에 반해 코빈(Corbin)을 필두로 하는, 약한(soft) PER을 주장하는 학자들은 불명 또는 불완전성을 최종적으로 판정하기 이전에 계약의 협상과정을 포함한 일체의 외부적 증거를 참조하여 고려하여야 한다고 주장한다. 약한 PER을 주장하는 학자들도 불명성 또는 불완전성을 일차적으로 판단하는 일("provisional review")은 법원의 일이라는 점에는 동의한다. 따라서 계약 조항의 해석 문제는 법의 문제라는 대전제는 충족되는 것이다.[39]

V. 해결방법

이렇듯 혼란스럽기 짝이 없는 계약 문언의 해석에 있어서의 배심의 역할에 관한 원칙을 어떻게 적정하게 책정하고 배분할 것인가의 문제는 여전히 난제로 남아있다.

우선 극단적인 두 가지 방법을 생각할 수 있다. 첫번째 해결방법은 계약사건에서 배심재판을 전면적으로 폐지하는 방법이다. 이러한 조치는 거의 모든 주에서 헌법의 개정이 필요하다. 마찬가지로 극단적인 두번째 해결방법은 모든 계약의 해석 문제를 사실문제로 파악하여 배심의 영역으로 삼는 방법이다. 이것은

---

100 Harv. L. Rev. 465, 1987.

37) Llewellyn의 주장은 U.C.C. 제2부(Article 2)의 PER.

38) 자세히는 John Calamari and Joseph Perillo, "A Plea For a Uniform Parole Evidence Rule and Principles of Contract Interpretation," 42 Ind. L. J. 333, 1967; Eric Posner, "The Parole Evidence Rule, the Plain Meaning Rule, and the Principles of Contractual Interpretation," 146 U. Pa. L. Rev. 533, 1998, pp. 534-40 참조.

39) E. Alan Farnsworth, Contracts (3d ed, 1999), pp. 480-483.

르웰린(Llewellyn)의 주장대로 PER에서 문언의 특권을 전면적으로 배제하는 것이다. 결과적으로 PER을 무의미하게 만들게 되는 것이다. U.C.C. 제2부의 개정을 위한 위원회가 이러한 입장을 표방한 바가 있다.

　이렇듯 극단적인 양자의 입장을 절충한 제7지구 연방항소법원의 판결에서 포즈너(Posner)판사가 제시한 방안이 검토의 가치가 있다. AM International v. Graphic Management[40] 판결에서 Posner는 외부적 증거(extrinsic evidence)를 객관적인 외부적 증거와 주관적인 외부적 증거로 양분하여 전자에 대해서만 증거로 인정하는 방안을 제시했다. 이 판결에서 특정 기일에 걸쳐 주문, 납품된 기계에 대한 특허권 사용료의 지급에 관련된 계약문건의 해석이 쟁점이 되었다. 주된 쟁점이 기일의 문제였으므로 문면상의 기일은 분명했다. 그러나 원고는 당사자가 다른 내용을 합의한 증거를 제시하고자 한 것이다. 이 때 객관적인 외부적 증거란 "이해 관계 없는 제3자에 의해 제공될 수 있는 증거"를 의미하는 반면, 주관적 외부적 증거란 당사자 자신이 제공하는 "자족적 증거"(invariably self-serving)를 말한다. 계약 체결이전의 협상의 과정에 관한 대부분의 증거가 주관적인 증거에 속할 것이다.

　포즈너(Posner)의 제안에 의하면 외부적 증거의 제출을 인정한다고 해서 곧바로 배심의 판단 영역이 되는 것은 아니다. 증거는 일차적으로 판사가 심사하여 "계약 조건이 명백하게 불명하다"(genuine ambiguity)고 판단되는 경우에 한하여 그 해석의 문제가 배심에게 이관되는 것이다. 이때 판사에 의한 예비적 심사는 통상의 증거 판단보다 더욱 강도 높은 증거를 요구한다.[41] 포즈너(Posner)판사의 방법은 종래의 강한(hard) PER과 약한(soft) PER을 절충한 것으로, 보다 거시적인 관점에서는 미국사회에서의 배심의 역할과 법원의 역할을 적절하게 절충하려는 시도의 일부라고도 볼 수 있다. 그러나 현재까지는 제7지구 연방항소법원의 관할지역과 동 법원이 소재하는 일리노이(Illiois)주 법원에 한해 영향을 미치고 있을 뿐, 심각한 파급효과는 없는 편이다.

---

40) 44 F.3d 572 (7th Cir. 1995). 이 판결에 이어 불과 몇 개월 시차로 내려진 판결의 방론(dictum)에서 포즈너(Posner)는 이러한 구분법을 되풀이하여 제시하였다. Cole Taylor Bank v. Truck Insurance Exchange, 52 F.3d 736 (7t Cir. 1995).

41) "clear and convincing evidence"를 요구한다.

VI. 맺 음 말

민사배심에 대한 논쟁은 오래된 것이다. 특히 계약사건에 대한 배심재판에 관해서도 많은 학자들은 1950, 60년대에는 PER이 약하게 적용되었고 이러한 태도가 제2차 계약법 재록(Restatement 2nd of Contracts)[42]에 반영되었다고 믿는다. 현재는 Parole Evidence Rule의 강화와 동시에 일차적 의미의 원칙(plain meaning rule)의 강화 현상이 일어나고 있다고 보인다.

결론적으로 말하자면 계약사건을 배심재판의 대상에서 제외하자는 주장은 미국의 재판제도를 다른 나라의 재판과 거의 유사하게 만들게 된다. 그러나 전통은 쉽게 무너지지 않는 법이다. 민사사건에서 배심재판을 보장한 헌법조항은 이러한 전통에 기초한 것이다. 국민주권의 원리와 참여민주주의라는 헌법조항의 신축적 해석을 통한 시대 상황의 적응에도 한계가 있다. 그것은 전통으로부터의 단절을 원하며, 새로운 시대정신이 구질서를 전면적으로 대체하는 혁명과 같은 상황에서나 생각해 볼 수 있는 것이다.

---

42) Restatement(Second) of Contracts, SS 209-17 (1979).

"미국법상 계약의 해석과 배심의 역할 -Parol Evidence Rule을 중심으로-"[2002]

해 제

이 연 갑*

Ⅰ. 영원한 청년

안경환 교수님이 서울대학교에 부임하고 며칠 되지 않아서, 당시 법과대학에서 Fides의 편집장으로 있던 해제자는 교수님께 Fides에 실릴 논문의 기고를 부탁드리러 연구실을 방문하였다. 아직 짐도 채 풀리지 않은 상태여서 경황이 없었을 법도 한데, 교수님은 기고의 부탁을 흔쾌히 들어주셨고, 놀랍게도 학생들과의 식사자리를 마련해 주면 저녁을 사겠다고 말씀해 주셨다. 그것이 해제자와 교수님 사이의 오랜 인연의 시작이었다. 그로부터 해제자가 사법연수원으로 가기 위해 대학원을 떠날 때까지는 교수님 연구실을 내 공부방처럼 드나들었고, 그 뒤에도 이런저런 기회에 수시로 뵈었다. 언제나 청년같은 미소가 교수님의 가장 큰 매력이라고 하겠는데, 그 미소에 매혹된 학생이 해제자만은 아니었으리라. 주름살은 늘고 피부의 탄력은 줄었지만 지금도 그 매력은 여전하다.

Ⅱ. 미국법의 현황

1. 이 글은 저자도 밝히고 있는 바와 같이 William C. Whitford, "The Role of Civil Jury(And Fact/Law Distinction) in the Contract Interpretation"[1]에서 전개된 논의를 토대로 하여, 서술의 순서를 바꾸고 내용을 보완한 것이다. 위 글의 요지는 계약의 해석이 법률문제라고는 하지만 실무상 배심이 계약해석에 관여해 왔으므로 배심의 관여를 배제하는 방향이 아니라 계약 이행의 효율성보다는 계약

---

* 연세대학교 법학전문대학원 부교수
1) 2001 Wiscon. L. Rev. 931.

당사자의 자율성에 보다 중점을 두는 방향, 즉 계약 해석에서 배심의 역할을 강화하는 방향으로 법리를 구성해야 한다는 것이다(해제대상논문 Ⅱ.2.(1), Ⅵ. 참조).

2. 구술증거 배제법리(Parol Evidence Rule)는 미국 계약법상 가장 견해의 대립이 심한 문제이면서, 실무상 가장 자주 쟁점으로 등장하는 것이기도 하다. 대개 일방 당사자가 계약서에 기재된 대로 계약의 이행을 구하거나 그 불이행을 이유로 손해배상을 구하는 데 대하여, 상대방 당사자가 계약서에 기재된 문언이 그런 뜻이 아니라 다른 뜻이라고 주장하는 경우, 그에 관한 증거를 배심원에게 주어 판단하게 할 것인가 아니면 판사가 약식재판(summary judgment)에 의해 판단할 것인가의 형태로 나타난다. 우선 당해 서면이 당해 계약조건에 관한 최종적이고 완전한 합의를 반영한 때(이른바 integrated된 때)에는 그 서면의 기재와 모순되는 다른 증거의 제출은 허용되지 않는다. 다만 판사가 계약서의 문언이 다의적이라고 판단하는 때에는 배심이 당해 계약서 외의 다른 증거(extrinsic evidence)를 통해 그 문언의 의미를 확정한다. 문제는 판사가 계약서의 문언이 다의적이라는 판단을 어떤 방법으로 할 것인가이다. 이에 관하여 판례와 학설은 크게 나뉘어 있다. 계약서의 문언 자체만으로 판단하여야 한다는 견해와 관련된 모든 증거(당사자의 진술을 포함하여)를 함께 보아야 한다는 견해가 그것이다(해제대상논문 Ⅳ. 참조). 이 논문에서 소개되고 있는 포즈너(Posner) 판사의 견해는 절충설이라고 할 수 있다(해제대상논문 V. 참조). 그에 따르면, 판사가 문언의 다의성 여부를 판단할 때 문언 자체만으로 판단할 수는 없고, 객관적인 증거도 고려하여야 하고, 판사가 객관적인 증거(관습이나 거래관행)에 비추어 문언이 다의적이라고 판단하면 그 증거를 배심이 검토하여 문언의 의미를 확정하여야 한다. 이 견해에 의하면 주관적 증거(당사자의 진술)는 다의성 판단에서 배제된다.

3. 해제대상 논문에서는 포즈너의 견해가 미치는 영향에 관하여 "심각한 파급효과는 없는 편"이라고 언급하고 있다(해제대상논문 V. 참조). 그런데 포즈너 판사 자신의 주장에 의하면 다른 연방법원도 자신의 견해와 유사한 법리에 따른다고 한다.[2] 제2지구 연방항소법원은 명시적으로 그러한 태도를 보였다.[3] 제3지

---

[2] Richard Posner, The Law and Economics of Contract Interpretation, 83 Tex. L. Rev. 1581 2004, p. 1598, n. 39.

[3] Kerin v. U.S. Postal Service, 116 F.3d 988, 992 n. 2 (2d Cir. 1997).

구 연방항소법원도 "객관적 증거"(objective evidence)를 언급하고 있는 것으로 보아 대체로 그러하다.[4] 콜럼비아특별구 연방항소법원의 판결도 "법원은 당해 거래의 경과(course of dealing)나 그 밖에 당사자의 이해에 관한 내부적 증거(internal evidence)가 아니라 객관적 사정에 비추어 당사자의 해석이 타당한지 판단하여야 한다"고 하여 유사한 태도라고 할 수 있다.[5] 그러나 이들 판결이 포즈너 견해의 영향이라고 단정할 수는 없다. 아직 대다수의 법원은 종래의 판례(어느 쪽이든)에 따라 판단하고 있는 것으로 보인다. 또 정작 일리노이 주의 상황은 여전히 혼란스럽다.[6] 학계의 반응도 긍정적인 것이 있는가 하면,[7] 부정적인 반응도 있다.[8] 포즈너 견해의 문제점을 지적한다면, 아마도 객관적/주관적 증거의 구별이 언제나 명확한 것만은 아니라는 점, 그리고 당사자 자신의 진술이라고 하더라도 신뢰할 수 있는 증거가 있을 수 있다는 점을 들 수 있을 것이다.

III. 우리 민법상 계약해석의 원칙

1. 우리 법은 영미에서와 같이 서면이 있는 경우 그 서면 외의 다른 증거를 배제하는 법리는 가지고 있지 않다. 법원은 당해 법률행위를 통하여 당사자가 달성하려는 목적, 관습(민법 제106조), 기타 제반 사정을 들어 법률행위를 해석한다. 예컨대 서면의 문언이 일견 명백해 보이는 경우에도 그 서면의 작성경위나

---

4) Mellon Bank, N.A. v. Aetna Business Credit, Inc., 619 F.2d 1001, 1009-13 (3d Cir. 1980); Duquesne Light Co. v. Westinghouse Elect. Corp., 66 F.3d 604, 614 (3d Cir. 1995).

5) Carey Canada, Inc. V. Columbia Cas. Co., 940 F.2d 1548, 1557-58 (D.C. Cir. 1991).

6) Marie Adornetto Monahan, Survey of Illinois Law: Contracts – The Disagreement over Agreements: The Conflict in Illinois Law Regarding the Parol Evidence Rule and Contract Interpretation, 27 S. Ill. U. L.J. 687, 2002. 참조.

7) Lawrence A. Cunningham, Toward a Prudential and Credibility – Centered Parol Evidence Rule, 68 U. Cin. L. Rev. 269, 2000, p. 309; Yuval Feldman & Doron Teichman, Are All Contractual Obligations Created Equal?, 100 Geo. L.J. 5, 2011, p. 34.

8) Peter Linzer, The Comfort of Certainty: Plain Meaning and The Parol Evidence Rule, 71 Fordham L. Rev. 799, 2002, pp. 836-37("While Posner's system is much more sophisticated than the ordinary plain meaning rule, it still carries with it a distrust of those who try to vary the written word."); Jeffrey W. Stempel, An Inconsistently Sensitive Mind: Richard Posner's Cerebration of Insurance Law and Continuing Blind Spots of Economicalis, 7 Conn. Ins. L.J. 7, 2000, p. 19, n. 44("Posner's objective/subjective distinction could be interpreted to provide too high a barrier to useful extrinsic evidence of meaning or could needlessly raise the transaction costs of litigating insurance coverage disputes.").

당사자의 의사를 고려하여 문언과 다른 합의가 있었던 것으로 인정할 수 있다.[9] 즉, 당사자는 서면의 문언이 문자 그대로의 해석과 다른 의미라는 것을 증명하기 위해 당해 서면의 작성경위나 그 서면 작성시 당사자가 생각하였던 바에 관한 증거를 제출할 수 있다. 그러한 증거 즉, 서증(書證)이나 인증(人證)을 믿을 수 있는가의 판단은 법원의 자유심증에 맡겨져 있다. 나아가 법원은 문언에 명백히 기재되어 있는 합의도 당해 서면의 작성경위, 제반 사정에 비추어 예문(例文)에 불과하다고 하여 그 효력을 인정하지 않는 판결을 내리기도 한다.[10] 이는 법원의 법률행위 해석이 단순하게 문언의 의미를 명확히 하는 데 그치지 않고, 조리(條理)나 신의칙(信義則)과 같은 법의 근본이념 또는 행동원리에 따라야 함을 보여준다.

2. 법률문제(法律問題)와 사실문제(事實問題)의 구별은 민사배심을 가지지 않은 우리나라에서도 일정한 의미를 가진다. 사실문제는 상고이유가 되지 않기 때문이다.(민사소송법 제432조)[11] 그러나 법률문제와 사실문제의 구별이 간단하지는 않다. 법률행위의 해석이 법률문제인가 사실문제인가에 관해서도 견해의 대립이 있다. 해석은 당사자의 내심의 의사에 대한 법률적인 가치판단이므로 법률문제라는 견해,[12] 당사자의 진의를 탐구하는 것이므로 사실문제라는 견해,[13] 자연적 해석은 표의자의 진의를 밝히는 것이므로 사실문제이지만 규범적 해석이나 보충적 해석은 법적 가치판단의 문제이므로 법률문제라는 견해[14] 등이 있다. 판례는 "의사표시와 관련하여, 당사자에 의하여 무엇이 표시되었는가 하는 점과 그것으로써 의도하려는 목적을 확정하는 것은 사실인정의 문제이고, 인정된 사실을 토대로 그것이 가지는 법률적 의미를 탐구 확정하는 것은 이른바 의사표시의 해석으로서, 이는 사실인정과는 구별되는 법률적 판단의 영역에 속하는 것이다. 그리고 어떤 목적을 위하여 한 당사자의 일련의 행위가 법률적으로 다듬어지지

---

9) 예컨대 大判 1991. 4. 9. 90다카16372.
10) 예컨대 大判 1999. 3. 23. 98다64301.
11) 다만 당사자가 사실인정을 다투면서 사실인정이 경험칙에 위반된다는 이유로 다투는 경우 대법원이 실질적으로 사실심리를 해야 하는 부담이 있다. 이 문제에 대처하기 위해 신설된 제도가 상고심절차에 관한 특례법이 정한 심리불속행 판결이다.
12) 곽윤직, 민법총칙(신정판), 박영사, 1990, 396면.
13) 이영준, 한국민법론(총칙편), 박영사, 2003, 296면.
14) 지원림, 민법강의(제9판), 홍문사, 2011, 225면.

아니한 탓으로 그것이 가지는 법률적 의미가 명확하지 아니한 경우에는 그것을
법률적인 관점에서 음미, 평가하여 그 법률적 의미가 무엇인가를 밝히는 것 역
시 의사표시의 해석에 속한다"15)고 하여, 법률행위의 해석은 법률문제라는 일반
원칙을 밝히고 있다.

　　법률행위의 해석이 당사자의 의사를 명확히 함에 있는 것은 당연하다. 그러
나 법원이 신이 아닌 다음에야, 당사자의 머릿속에 들어가 그가 법률행위 당시
어떤 생각을 하고 있었는지 알 수 있는 방법은 없다. 법률행위 해석의 일관성,
그리고 예측가능성을 담보하기 위해, 법원은 내심의 의사가 아니라 의사표시의
객관적 의미를 탐구하는 것이다. 이러한 의미에서 계약의 해석은 법률문제라고
하겠다.

[색인어] 계약해석(construction of contract), 배심(jury), 구두증거배제법리(Parol
　　　　　Evidence Rule), 사실문제와 법률문제(fact and law in civil litigation)

---

15) 大判(全) 2001. 3. 15. 99다48948.

제 19 장

미국 연방헌법 수정 제9조의 의미*

I. 문제의 제기

"헌법에 특정한 권리가 열거되었다고 하여 이를 국민에게 귀속된 여타의 권리를 부인하거나 제한하는 의미로 해석해서는 아니된다."[1] 미국 연방헌법 수정 제9조는 대체로 이와 같이 직역할 수 있다. 외국의 헌법학도가 이 조항에 특히 주목해야 하는 이유는 이른바 성문헌법상에 "열거되지 아니한 권리"의 존재와 범위에 관한 논쟁에 중대한 시사점을 제공해 주기 때문이다.[2] 수정 제9조를 우리말로 옮김에 있어 "국민의 권리는 헌법에 열거되지 아니한 이유로 부인되거나 경시되지 아니한다"라고 의역하는 시도도 이러한 관점에 착안한 것이라고 할 수 있다.[3]

---

* 이 논문은 필자가 Southern Illinois University Law School의 방문교수로 체류하던 동안(1996. 8.-1997. 6.) 저술에 착수하여 귀국 후에 완성한 것이다. 이 글에서는 대체로 미국 Law Journal 의 문헌인용 원칙을 준수하되, 국내 독자의 편의를 위해 유익하다고 판단되는 경우에는 단행 본의 출판사명과 약어로 사용된 학술지의 정식 명칭을 밝혔다.

1) "The enumeration in Constitution, of certain rights, shall not be construed to deny or disparage others retained by the people"(Amendment Ⅸ, Constitution of the United States). "retained by the people"의 구절을 종래에는 "국민에 유보된"으로 번역하는 것이 일반적인 관 행이었으나, 이 용어는 수정 제10조의 "reserved by the states and people"(각 주와 국민에 유 보된)의 용어와 혼동될 가능성이 크기에 두 용어가 가지는 의미의 중대한 차이를 유념하여 "귀 속된"으로 번역한다.

2) 한국 헌법 아래서의 논쟁은 헌법 제10조(인간의 존엄과 가치 조항)와 일반적으로 미연방헌법 의 수정 제9조와 유사한 기능을 하는 것으로 이해되는 제37조 1항("국민의자유와 권리는 헌법 에 열거되지 아니한 이유로 경시되지 아니한다")을 중심으로 전개되고 있다. 학설과 관례의 요 약은 成樂寅, 基本權의 槪念과 範圍에 관한 硏究, 헌법재판연구, 제6권, 헌법재판소(1995), 23-35면 참조. 한국 헌법 아래서 헌법에 열거되지 아니한 권리를 인정할 수 있다는 점에 학설 과 판례의 합의가 이루어졌고 '알 권리'가 그 예라고 성 교수는 요약한다. 같은 곳 26면.
한 단계 더 나아가 기본권 조항 이외의 헌법규정으로부터 기본권을 도출할 가능성이 존재한다 는 주장도 제시되어 있다. 鄭宗燮, 基本權條項 이외의 憲法規定으로부터의 基本權 導出에 관 한 硏究, 憲法論叢, 제5집, 헌법재판소(1994), 239-287면.

3) 필자가 미국 헌법을 국내에 소개하던 초기에 이러한 시도를 한 적이 있다. Russell Galloway

그렇다면 이 조항이 연방헌법 전체에서 차지하는 위치는 무엇이며, 구체적
으로 어떤 기능을 하는가? 보다 구체적으로 (1) 다른 헌법 조항의 내용과 중복된
조항인가, 아니면 독자적인 기능을 가지는 조항인가 하는 가장 본질적인 문제를
포함하여, (2) 만약 독자적인 의미를 보유하는 조항이라면, 헌법해석을 위한 일
반적인 조항(rule of interpretation)인가,[4] 아니면 또 다른 의미를 가지는 조항인
가? (3) 연방 정부가 간여할 수 없는 영역을 "선언"(declare)할 뿐인가, 아니면
"자연권"(natural right)이라는 개인적 권리를 도출하는 근거가 되는가? 만약 그렇
다면 어떤 논리적 과정을 통해 자연권을 도출할 수 있는가? (4) 연방에 대해서뿐
만 아니라 주정부에 대해서도 수정 제9조가 적용되는가? 등등의 문제가 제기되
고, 그 어느 문제도 쉽게 답할 수 있는 것이 아니다.

　　이 글은 지난 30여 년간 미국 헌법학계에서 전개된 수정 제9조 논쟁의 내용
을 정리하여 소개함에 목적이 있다. 본 서론에 이어 제2절에서 수정 제9조의 제
정과정을 약술한다. 제3절에서는 수정 제9조의 문제가 헌법논의의 중심으로 부
상하게 된 계기를 마련한 1965년의 Griswold 판결[5]을 전후로 한 논의의 과정을
약술한다. 이어서 Griswold 판결이 제기 내지는 암시한 쟁점을 수정 제9조의 성
격(제4절), "자연권"의 근거 여부(제5절), 비성문헌법의 가능성(제6절), 수정 제14
조와의 관계(제7절) 등의 순으로 정리하고 이 문제에 관한 연방대법원의 입장을
요약하는 맺음말로 결론을 대신한다. 마지막으로 이 문제에 관한 본격적인 연구
와 토론을 촉구하는 의미에서 부록으로 자료목록을 첨부한다.

II. 수정 제9조 제정의 역사

　　창설 이래 미국 연방대법원의 판사직을 거쳐간 100여 명의 판사들 중에 제
일의 수사가로 인식되고 있는 홈즈(Oliver Wendell Holmes, Jr.) 판사의 표현대로

　　저, 安京煥 역, 법은 누구 편인가, 고시계(1985), 부록 B, 233면. 이러한 번역은 한국 헌법전상
　　의 구성과 용어를 기준으로 한 시도이지만, 이 조문이 주와 연방간의 권력배분의 문제와 결부
　　된 기본권 조항이라는 특성을 함축할 수 없는 것이므로 바람직하지 않다는 것이 필자의 결론
　　이다.

4) "해석해서는 아니된다"(shall not be construed)라는 문언이 이러한 입장의 일차적 근거가 된다.
　　Laurence H. Tribe, American Constitutional Law, Foundation Press(2nd ed., 1988), pp. 74-77,
　　962-963.

5) Griswold v. Connecticut, 381 U.S. 479(1965).

"역사의 한 페이지는 한 권의 논리를 대신한다."6) 그러나 수정 제9조의 제정사에 관련된 기록과 문헌에서 구구한 논리와 토론을 일축할 정도로 특정 방향으로 향하는 뚜렷한 역사적 족적을 확인할 수는 없다.

미국 연방헌법의 기본권 조항 중에 영국 헌법이나 커먼로, 선행 연방헌법인 연합규약(Articles of Confederation), 또는 주의 헌법의 영향을 전혀 받지 않고 헌법전의 일부가 된 유일한 조항이 바로 수정 제9조이다.7) 이 조항은 헌법의 비준 과정에서 추가된 순수한 '미국제품'이다. 다시 말해 이 조항은 필라델피아 헌법회의가 기초한 헌법안 속에 포함되지 아니한 권리장전(Bill of Rights)에 관한 논의가 헌법안 그 자체의 비준을 지연시키고 있던 중에 비준을 주도하던 연방주의자와 비준을 반대하던 반(反)연방주의자간의 타협의 산물로 등장한 것이다.8)

1788년, 헌법 비준을 위한 각 주의 비준회의가 진행되면서 몇몇 주에서는 권리장전의 결여를 이유로 헌법의 비준을 거부하거나, 비준의 전제조건으로 권리장전을 추가할 것을 요구했다.9) 특히 New York주와 Virginia주는 스스로 초안한 권리장전안을 제안하기도 했다. 1789년 6월 8일, 매디슨(James Madison)은 후일 수정 제9조가 된 조문을 포함한 12개 조문으로 구성된 권리장전의 초안을 의회에 제출하였다.10) 매디슨 자신이 포함된 하원 특별위원회는 매디슨의 초안

---

6) "[A] page in history is worth a volume of logic." New York Trust Co. v. Eisner, 256 U.S. 345, 349 (1921).

7) B. Schwartz, The Great Rights of Mankind: A History of American Bill of Rights, Oxford University Press (1977), pp. 198-199. 여기에서 저자는 권리장전에 포함된 개별 권리의 역사적 연원을 도표로 제시하면서, 수정 제9조는 버지니아 주의 비준 과정에서 최초로 제시된 것으로 밝히고 있다. 그러나 이러한 주장에 대하여 이 조항 또한 영국의 커먼로상의 "자유 영국민의 권리"(rights of Englishmen)에 연원을 둔 "본질적 권리"(fundamental rights)의 법제화라는 반론이 더욱 강하다. Russell L. Caplan, "The History and Meaning of the Ninth Amendment," 69 Virginia L. Rev. 228-237 (1983).

8) 최초의 헌법은 기본권 조항 없이 권력구조에 관한 7개 조항으로 1789년 제정되었고, 수정 제9조를 포함한 10개 조문으로 구성된 권리장전은 1791년에 비준이 완료되었다.

9) 자세히는 Leonard W. Levy, Original Intent and the Framers Constitution, MacMillan (1988), pp. 163-167. 권리장전의 제정을 요구한 반연방주의자의 주장의 요지는 명시적인 권리의 보장이나 유보의 천명 없이는 연방정부에 의해 국민의 기본권이 침해될 경우에 대책이 없다는 것이다. 이에 대한 연방주의자의 반론은 첫째, 연방정부에 위양되지 아니한 국민의 권리를 전부 열거하는 것이 기술적으로 불가능하며, 둘째, 불완전한 열거의 결과로 헌법이 명시적으로 보장하거나 국민의 권리로 유보하지 않은 권리는 전혀 보장되지 않는다는 반대해석의 우려가 있다는 것이었다.

10) 매디슨(Madison)의 수정 제9조 초안은 다음과 같다: "The exceptions here or elsewhere in the

에 상당한 첨삭을 가했다. 수정 제9조의 안이 하원에서 토의되는 과정에서 제리(Elbridge Gerry)는 "부인"(disparage)이라는 단어를 "침해"(impair)로 대체할 것을 주장했으나 재청을 얻지 못하였다.[11] 하원의 최종 의사록(Annals of Congress)에는 단지 수정 제9조가 "통과되었다"라고만 기록되어 있다. 당시의 관행에 따라 비공개로 진행된 상원의 토의기록은 현존하지 않는다.[12]

Ⅲ. 수정 제9조 논의의 역사

1. Griswold 판결 이전

1983년의 논문에서 법무성의 카프란(Caplan)은 수정 제9조에 관한 논쟁의 역사를 3단계로 분석하였다: (1) 1965년 이전에는 방기의 상태, (2) Griswold 판결이 내려진 1965년부터 Warren 법원의 퇴조 현상이 확연해진 1970년대 초까지는 추상적인 관심의 시대, (3) 1970년대 초 이후 1983년 당시에 이르기까지는 수정 제9조가 구체적인 권리의 연원이 되는 조항인가 여부를 둘러싼 논쟁의 시대.[13] 카프란의 논의를 더욱 확대하면 1988년의 보크(Robert Bork), 케네디(Anthony Kennedy), 두 사람의 연방대법원 판사 임명에 관련된 논쟁을 계기로 하여 오늘에 이르기까지는 헌법전에서 수정 제9조가 차지하는 지위와 기능에 관한 전면적 논쟁이 전개되고 있는 제4의 시기로 분류할 수 있을 것이다.

이렇듯이 Griswold 판결을 계기로 수정 제9조의 기능에 대한 새로운 시각의 가능성이 제공되기 이전까지는 이 조항은 거의 "망각된 조항"[14] 내지는 기껏해

Constitution, made in favor of particular rights, shall not be construed as to diminish the just importance of other rights retained by the people, or as to enlarge the powers delegated by the Constitution; but either as actual limitations of such powers, or as inserted merely for greater caution." 1 Annals of Congress 456(Joseph Gales ed., 1789). 이 초안과 수정 제9조의 최종 문언을 비교해보면 정부의 "권한"(power) 문제로부터 국민에게 "귀속된"(retained) 권리의 문제로 초점이 이동하였음을 알 수 있다. 이 사실은 수정 제9조는 수정 제10조와는 별도의 기능을 보유하는 것임을 알게 해주는 간접적인 증거가 된다.

11) "침해"라는 어휘는 권리가 이미 존재함을 전제로 한다는 것이 주장의 요지였다.

12) 상세한 토의 과정과 내용에 관해서는 Leslie W. Dunbar, "James Madison and the Ninth Amendment," 42 Virginia L. Rev. 627, 632-633 (1956) 참조.

13) Caplan, 전게논문(주 7), pp. 223-226.

14) B. Patterson, The Forgotten Ninth Amendment, Bobbs-Meril Publisher (1955), pp. 1-3. 이 저

야 "헌법전의 서자"15)에 불과했다. 대체로 연방대법원은 이 조항의 독자적인 기능을 인정하지 않았고, 기껏해야 보충적인 역할을 인정함에 그쳤으며 하급법원도 이러한 입장을 견지했다.16) Griswold 이전에 연방대법원이 어떤 관점에서든지 수정 제9조를 다룬 판결은 단 7건에 불과하며17) 이들 판결 중에서 비교적 정면으로 수정 제9조를 본안에서 다룬 1947년의 United Public Workers v. Mitchell 판결18)도 다수의견의 집필자 리드(Reed) 판사의 입을 빌려 수정 제9조는 수정 제10조와 함께 연방에 위양된(granted) 권한의 잔여분(residuum) 문제로 파악하여, 일단 연방정부에 권한이 부여된 것으로 결론이 내려진 경우에는 수정 제9조, 10조는 더 이상 거론의 대상이 아니라고 판시한 바 있다. 이 판결은 연방정부의 "권한"(power)과 국민의 "권리"(rights)를 상호 대립, 배척되는 개념으로 파악하는 이론 구성에 입각한 것으로 최근에 이르기까지 많은 주석가들이 따르고 있다.

　이와 같이 수정 제9조와 10조를 함께 묶어 "잔여적 권리"(residuum)로 파악하는 리드 판사의 입장은 후일 Griswold 판결에서의 블랙(Black)-스튜어트(Stewart) 판사의 입장과 상통한다.

술은 수정 제9조에 관한 최초의 단행본이다. 그러나 이 책은 수정 제9조에 대한 지적 관심을 촉구하는 수준에 그쳤을 뿐 본격적인 논의를 담지 못했다. 이 문제에 관한 최초의 학술논문은 1936년의 Kelsey, "The Ninth Amendment of the Federal Constitution," 11 Indiana L. J. 309이고, 보다 이전에는 이 조항에 관해 산발적인 언급이 있었을 뿐이다. 자세히는 Calvin M. Massey, "Federalism and Fundamental Rights: The Ninth Amendment," 38 Hastings L. J. 305, n. 2 (1987).

15) Sanford Levinson, "Constitutional Rhetoric and the Ninth Amendment," 64 Chi.-Kent. L. Rev. 131, 134 (1988): "the stepchild of the Constitution … though, like Cinderella, it seems on the verge of taking center stage."

16) 1980년 이전에 수정 제9조가 구체적인 판결에 어떻게 적용되었나에 관한 기록으로는 Redlich, "The Ninth Amendment," in 3 Encyclopedia of American Constitution, 1316-1320(L. Levy ed., 1982).

17) Roth v. United States, 354 U.S. 476, 492-493(1957); Woods v. Cloyd W. Miller Co., 330 U.S. 138, 144(1948); United Pub. Workers v. Mitchell, 330 U.S. 75, 94-96 (1947); Tennessee Elec. Power Co. v. Tennessee Valley Auth., 306 U.S. 118, 143-144 (1939); Ashwander v. Tennessee Valley Auth., 297 U.S. 288, 330-331 (1936); Dred Scott v. Sanford, 60 U.S. (19 How.) 393, 551 (1857) (Campell, concurring); Lessee of Livingston v. Moore, 32 U.S. (7 Pet.) 469, 551 (1933) (수정 제9조의 의미는 불명확하므로 수정 제7조(원안 상의 제9조)를 참조해야 한다는 내용). Massey, 전게논문(주 14), p. 305, n. 1.

18) 330 U.S. 75 (1947).

2. Griswold 판결

Griswold 판결은 헌법의 구체적인 문언에 근거하지 않고 헌법의 구조와 정신으로부터 새로운 권리를 창출해 내는 헌법해석의 방법론에 가히 혁명을 일으키다시피 했다. 낙태, 사생활의 자유, 동성애 등 20세기 후반 미국사회의 헌법논쟁에서 핵심적 지위를 점유하고 있는 "프라이버시권"의 논쟁의 효시는 바로 Griswold 판결이다. 이 판결의 직접 대상은 기혼부부의 피임약 사용을 규제하는 주법의 합헌성 여부 문제이지만 1973년의 Roe v. Wade 판결[19]이 Griswold의 범위를 확장하여 여성의 낙태권을 인정한 것을 계기로 프라이버시 판결의 원조(元祖)의 지위를 누리고 있다.

널리 알려진 바대로 Griswold 판결에서 다수의견을 집필한 더글라스 (Douglas) 판사는 프라이버시권은 권리장전의 '반영(半影)'(penumbra)에서 '분출 (噴出)'(또는 방출(放出) emanate)되는 권리라고 결론을 내리면서 그 반영의 일부로 수정 제9조를 열거한 바 있다.[20] 동조의견을 집필한 골드버그(Goldberg) 판사 — 워렌(Warren) 원장과 브레넌(Brennan) 판사가 동참 - 는 보다 적극적인 수정 제9조의 역할을 강조하였다. 골드버그에 의하면 수정 제9조는 권리장전을 포함한 헌법의 문언에 명시되지 아니한 본질적인 권리를 헌법적 권리로 인정하는 독자적인 근거가 될 수도 있다는 것이다.[21]

그러나 반대의견을 집필한 블랙과 스튜어트 판사(이하 양자를 묶어 "블랙"으로 인용)는 골드버그의 수정 제9조론은 문제의 핵심에 대한 오해에서 비롯된 것으로, 연방 권한의 확대라는 관점에서 볼 때 이 조항이 가지는 본래의 의미와 중

---

19) 410 U.S. 113 (1973).

20) 381 U.S. at 484. 헌법적 권리로서의 프라이버시권을 정립하기 위한 Douglas 판사의 노력에 대해서는 安京煥, 美國法의 理論的 照明 — 윌리암 다글라스 判事의 法思想, 考試界 (1986), 77-92면 참조.

21) 410 U.S. 113 (1973), at 486-488(Goldberg, J., concurring). "The language and history of the Ninth Amendment reveal that the Framers of the Constitution believed that there are additional rights, protected from governmental infringement, which exist alongside those fundamental rights specifically mentioned in the first eight constitutional amendments." 이어서 Goldberg는 헌법전에 열거되지 아니한 권리의 연원으로 "전통과 국민의 양심"(traditions and conscience of our people), "자유의 본질적 원리"(fundamental principles of liberty) 및 "자유사회의 요구에 부응한 경험"(experience with the requirements of a free society)의 3자를 들었다. Id. 492.

요성을 전도시킨 결과가 되었다고 비판했다.[22] 즉 수정 제9조는 국민의 권리 (people's rights) 보장이라는 목적을 달성하기 위해 연방의 권한을 제한하는 것을 근간으로 하는 헌법의 연방주의 구도를 보전하기 위해 제정된 조항이라는 것이다. 따라서 이 조항을 권력구조에 관한 헌법해석의 원칙을 파악하는 이상으로 확대하는 것은 본래의 의도를 일탈하는 것이라고 주장한다.

블랙의 결론이 옳다면 "본질적인 권리"(fundamental rights)의 원천으로 수정 제9조를 들 수 없을 것이며, 수정 제9조가 의미하는 "권리"의 내용은 제1조에 의해 연방의회에 부여된 "열거된 권한"(enumerated powers)의 내용을 정립한 후에야 비로소 정의될 수 있을 것이다. 뿐만 아니라 수정 제9조를 개인을 상대로 한 (주정부는 물론) 연방정부의 권한을 제약하는 별도의 근거로 삼을 수 없을 것이다.

반면 골드버그의 결론을 택한다면 수정 제9조는 연방정부의 권력에 대한 헌법적 제약으로 수정 제1-8조와 수정 제10조가 예정한 내용과는 별도로 추가적인 제약의 근거로 삼을 수 있을 것이다.[23]

사법적극주의를 선호하는 학자들은 골드버그의 입장을 지지하며, 반대로 사법자제의 입장에 선 학자들은 대체로 블랙의 입장에 우호적이다. 또한 수정 제9조의 자연법성을 인정하는 견해는 골드버그의 해석에서 그 근거를 구하며 이를 부정하는 실정법주의자들은 블랙의 입장을 고수하는 경향이 짙다.

3. Griswold 판결 이후

Griswold 판결이 내려진 직후에 많은 헌법학자들이 수정 제9조의 논의에 참가했다. 스탠포드의 일리(John Hart Ely) 교수는 1980년의 주목받는 저술에서 블랙의 입장이 "정설"(received account)로 수용되었다면서, 수정 제9조에 근거하여

---

22) Id. at 519-520(Black, J. dissenting) (수정 제9조가 주 의회나 연방의회의 입법에 대해 거부할 권한을 법원에 부여한다는 해석은 문언의 의미를 크게 일탈한 것이다); Id. 529-531(Stewart, J. dissenting)(수정 제9조를 연방의 권한에 대한 명시적인 제한과 달리 적용하는 것은 '역사의 왜곡'(somersaults with history)이다. 수정 제9조는 연방의 권력으로부터 주를 보호함에 목적이 있다). Black 판사의 수정 제9조관(觀)은 Griswold 판결 이전에 이미 논문을 통해 천명되어 있었다. H. Black, "Bill of Rights," 35N. Y. U. L. Rev. 865, 871 (1960). (수정 제9조, 제10조는 "연방정부의 제한적 성격"(limited nature of the Federal Government)을 강조하는 것이다).

23) 그러나 Goldberg의 결론을 택하는 학자들 간에도 이 조항이 주 정부의 권력에 대한 근거가 될 수 있느냐에 관해서는 논란이 있으며, 회의론자가 다수이다. Earl M. Maltz, "Unenumerated Rights and Originalist Methodology: A Comment on the Ninth Amendment Symposium," 64 Chi-Kent L. Rev. 981, 982 (1988).

헌법적 주장을 펴는 것은 학계에서는 하나의 농담으로 받아들인다고 주장했다.[24] 그에 의하면 수정 제9조를 통해 달성하려는 목적은 대체로 수정 제10조를 통해 달성할 수가 있다는 것이다.[25]

한편 하버드의 트라이브(Laurence Tribe) 교수는 수정 제9조는 어떤 이슈에 대해서나 헌법의 '해석' 과정에서 핵심적인 토론의 장을 제공해 준다고 주장한다.[26] 그에 의하면 수정 제9조의 본질적 기능은 헌법의 해석자로 하여금 해석하지 않을 것을 '지시'(prescriptive)하는 것이 아니라, 그러한 해석을 '금지'(proscribe)하는 것이다.[27]

수정 제9조를 둘러싼 논쟁은 1987년 퇴임하는 연방대법원 파웰(Lewis Powell) 판사의 후임 후보로 레이건(Reagan) 대통령이 지명한 보크(Robert Bork)의 상원 인준 청문회를 계기로 의회 내부에까지 확산되었다.

보크가 인준에 실패한 가장 큰 이유 가운데 하나는 수정 제9조의 기능에 대한 부정적 입장을 강하게 천명했기 때문이었다는 주장도 강력하게 제기되어 있다.[28] 일찍이 보크는 골드버그류의 해석에 대해 강력한 비판을 제기한 바 있

---

24) John H. Ely, Democracy and Distrust: A Theory of Judicial Review, Harvard University Press (1980), p. 34. "새로운 해석과 주장은 환영할 일이다. 그러나 지식 법률가의 세계에서 수정 제9조를 거론하는 것은 웃음거리가 되기에 충분하다." "What are you going to rely on to support that argument, Lester, the Ninth Amendment?" Id.

25) Id. 34-34. 그러면서도 Ely 교수는 수정 제9조의 기능을 완전히 "무시"하는 Black의 입장에 대해서도 비판을 가하는 인상을 풍긴다. Id. 38-41. 수정 제9조에 대한 Ely의 최종 입장은 Black 또는 Goldberg 그 어느 쪽도 아니라고 해야 할 것이다. Ely가 이 저술에서 주장한 헌법해석의 원칙과 법원의 자세에 대한 국내 연구논문으로는 음선필, "위헌법률심사의 어프로치에 관한 연구," 서울대학교 석사학위논문 (1987) 참조.

26) Laurence H. Tribe, "Contrasting Constitutional Visions: Of Real and Unreal Differences," 22 Harv. C. R.-C. L. L. Rev. 95, 100 (1987).

27) Laurence H. Tribe & Michael C. Dorf, On Reading the Constitution, Harvard University Press(1991), pp. 54, 111. 또한 Tribe 교수는 자신이 직접 변론을 담당한 1980년의 사건 (Richmond Newspaper v. Virginia, 448 U.S. 555 (1980))에서 이런 식으로 수정 제9조를 헌법 해석의 원칙으로 이용하였고, 대법원의 복수의견(plurality)은 Griswold 판결 이후 최초로 수정 제9조를 판결의 근거로 삼기도 했다. 448 U.S. 579-580 & n. 15. 형사사건의 기록에 접근할 공중의 권리를 인정한 이 판결에서 복수의견은 헌법에 명시적으로 언급된 문언 속에는 일정한 "명시되지 않은 권리"(unarticulated rights)가 내재되어있으며, 수정 제9조는 이렇듯 명시된 여타의 헌법적 권리를 향유함에 있어 (명시되지 아니한) "본질적인 권리"를 보장하는 수단으로 이용될 수 있다고 판시했다.

28) Sanford Levinson, "Constitutional Rhetoric and the Ninth Amendment," 64 Chi-Kent L. Rev. 131, 133-134. (헌법 명문에 열거되지 아니한 프라이버시의 권리를 인정하기를 거부한 헌법관

고[29] 자신의 대법관 임명 청문회에서도 거침없이 자신의 수정 제9조관을 피력했다.[30] 그는 "자연권"(natural right)이나, "열거되지 아니한 헌법적 권리"(unenumerated constitutional right)라는 개념이 허구에 불과한 것이며 헌법의 해석자로서 법원은 결코 헌법 제정자들의 "본래의 의도"(original intent)를 벗어나서는 안된다는 주장을 폈다.[31]

연방대법원도 계속적으로 수정 제9조를 논의의 대상으로 삼고 있다. 1986년 Hardwick v. Bowers 판결[32]의 반대의견에서 블랙먼(Blackmun) 판사는 Griswold

---

이 인준에 실패한 이유 중의 하나이다). 반면 Anthony Kennedy가 쉽게 인준된 것은 수정 제9조의 기능에 관한 "온건한" 태도 때문이었다. Id. 135. 상원의 공식 자료에도 이러한 취지가 담겨 있다. SENATE COMM. ON THE JUDICIARY, NOMINATION OF ANTHONY M. KENNEDY TO BE AN ASSOCIATE JUSTICE OF THE UNITED STATES SUPREME COURT, S. EXEC. REP. NO. 113, 100th Cong., 2nd Sess. 20-21. 이 부분의 기록은 "JUDGE KENNEDY HAS A REASONED AND BALANCED APPROACH TO THE NINTH AMENDMENT, ONE THAT IS FULLY CONSISTENT WITH HIS UNDERSTANDING OF "LIBERTY" IN THE DUE PROCESS CLAUSE"라고 대문자로 소제목이 달려 있다.

드워킨(Ronald Dworkin)은 케네디(Edward Kennedy) 상원의원을 좌장으로 하는 상원의 진보주의자들의 조직적인 (다분히 형평에 어긋난) 반대운동 때문에 인준이 거부되었다고 평하면서도 보크(Bork)의 수정 제9조관은 결함이 있다고 평한다. Dworkin, Freedoms Law─The Moral Readings of the American Constitution, Harvard University Press(1996), pp. 276-305.

29) Bork, "The Impossibility of Finding Welfare Rights in the Constitution," 179 Wash. U. L. Q. 699 (1979).

30) "I do not think you can use the Ninth Amendment unless you know something of what it means. For example, if you had an amendment that says, "Congress shall make no" and then there is an inkblot, and you cannot read the rest of it, and that is the only copy you have, I do not think the court can make up what might be under the inkblot." Testimony of Robert Bork, Wall. St. J., Oct 5, 1987, at 22 col. 1. Randy E. Barnett, "Reconceiving the Ninth Amendment," 74 Cornell L. Rev. 1(1988) 에서 재인용. 상원청문회의 공식자료는 SENATE COMM. ON THE JUDICIARY, NOMINATION OF ROBERT H. BORK TO BE AN ASSOCIATE JUSTICE OF THE UNITED STATES SUPREME COURT, S. EXEC. REP. No. 7, 100th Congress 1st Sess. 참조. 상원의 인준 과정과 자신의 술회로는 Bork, The Tempting of America: The Political Seduction of the Law, Simon & Schuster (1990), Chs. 14-15 참조.

31) Robert Bork, 전게서(주 30), pp. 143-160. (같은 책에 담긴 추천의 평에서 Reagan 대통령은 자신이 Bork를 후보자로 지명한 이유를 웅변하는 지적 노작이라고 했다). 같은 요지의 주장을 편 논문은 Bork, "The Constitution, Original Intent, and the Economic Rights," 23 San Diego L. Rev. 823, 829(1980). 큰 반향을 불러 일으킨 최근의 저술에서 Bork는 1960년대 이후 미국의 문화와 제도는 급격한 사양길을 걷고 있으며 이러한 몰락의 가장 큰 이유는 지식층에 만연한 무분별한 진보주의(liberalism) 성향 때문이라고 비판했다. Bork, Slouching Towards Gomorrah─Modern Liberalism and American Decline, Harper Collins Publishers(1996).

32) 478 U.S. 186 (1986).

판결 이후에 발전된 "프라이버시권"의 내용을 구체화시키는 것이 수정 제9조의 주된 기능이라고 주장한 바 있고,[33] 1990년 Hodgson v. Minnesota 판결[34]의 다수의견은 가족 간의 인격적 결속(integrity)의 권리를 보장하는 헌법적 근거의 하나로 수정 제9조를 언급하였다.[35]

한 마디로 말해서 일리 교수의 성급한 결론과는 반대로 수정 제9조의 논의는 끊임없이 계속되고 있다. 1988년 이 문제에 관한 전국적 규모의 학술대회가 열렸고 이 대회에 참가한 한 학자는 수정 제9조 논의를 요약하여, '이제 진정한 쟁점은 헌법에 열거되지 아니한 권리가 존재하느냐의 문제가 아니라, 어떻게 이러한 권리의 존재를 확인하는가의 문제'라고 결론을 내린 바 있다.[36]

Ⅳ. 수정 제9조의 성격

수정 제9조에 관한 모든 논의의 출발점은 이 조항이 헌법전에서 차지하는 위치가 무엇인가, 다른 말로 바꾸자면 수정 제9조의 근본 성격이 무엇인가 하는 점이다.

1. 연방 권력 제한설

가장 전통적인 견해는 Griswold 판결에서 블랙 판사가 취한 입장을 반영한다. 이 견해에 의하면 수정 제9조는 어디까지나 주와 연방의 대립구도를 근간으로 하는 헌법의 기본적 권력구도 내에서 연방정부의 권한을 제약하는 기본적 원리를 천명한 것이라고 한다.

이 견해는 헌법에 의해 연방정부에 위양된 "권한"(power)과 위양되지 아니한 채 국민에 "귀속된 권리"(retained rights)를 대립된 개념으로 파악한다.[37] 다시 말하자면 연방정부의 권한을 제한하는 방법으로 헌법의 아버지들이 택한 수단은 연방정부의 권한을 헌법에 구체적으로 열거하는 것이고, 수정 제9조는 연방

---

33) Id. 201.

34) 497 U.S. 417 (1990).

35) Id. 447-448.

36) Suzanna Sherry, "The Ninth Amendment: Righting an Unwritten Constitution," 64 Chi-Kent L. Rev. 1001 (1988).

37) 전기 주 18 및 본문 참조.

정부에 위양하지 아니하고 국민에게 귀속시킨 권리 – 매디슨의 말을 빌자면 "위
대한 잔여권리"(the great residuum)[38] – 를 보호함에 그친다고 한다.

이런 관점에서 보면 수정 제9조의 목적은 이러한 잔여적 권리를 보호함에
한정될 뿐, 연방정부의 권한을 제한하는 또 다른 "열거되지 아니한 헌법적 권리"
를 도출하는 근거가 될 수는 없다.

2. 권리 창조 기능설

골드버그 계통의 학자들은 수정 제9조야말로 영원히 마르지 않는 권리의 샘
이라고 파악한다.[39] 그리하여 어떤 형태와 내용의 권리도 이 샘으로부터 도출되
어 나올 수 있다고 한다. 이러한 입장에 선 주석가의 법철학 내지는 법사상적
배경은 대체로 두 부류로 나눌 수 있다. 첫째 부류는 전통적인 자연법론자이고,
둘째 부류는 헌법의 현실 적합성을 강조하는 진보적 평등주의자들이다.[40]

이들은 수정 제9조를 단순히 연방권력의 구도적 측면에서만 파악하려는 블
랙의 입장을 다음과 같이 비판한다.

첫째, 명시적인 헌법 문언과 상충된다는 것이다. 수정 제9조의 문언은 분명
히 열거되지 아니한 개인의 "권리"(rights)에 관한 것일 뿐, 연방주의라는 정치적
구도에 관해 규정한 것이 아니라는 것이다.[41] 개인의 권리에 관한 규정을 두고 정
치적 구도에 관한 해석을 내린다는 것은 개념적 오류를 범한 것이라고 주장한다.

둘째, 블랙류의 해석은 헌법의 비준과정에 관한 역사적 사실에 어긋난다는
것이다. 수정 제9조가 제정된 근본적인 이유는 당시 비준을 위해 제안된 권리장
전이 명시되지 아니한 권리를 배제하는 뜻으로 해석될 위협을 느끼는 세력들에
대한 일종의 약속의 의미였다는 것이다.[42]

셋째, 블랙의 해석에 입각하면 수정 제10조가 무의미해진다는 것이다. "연방
에 위양되지 아니한 권한은 주와 국민에 유보(reserved)된다"라고 규정한 수정 제

---

38) 1 Annals of Congress(전기 주 10), 438.
39) Patterson, 전게서(주 14); Massey, 전게논문(주 14), p. 312("a bottomless well from which can
   be extracted any hitherto unarticulated private right").
40) 이런 분류에 따른 헌법학자들의 성향 분류는 Massey, 전게논문(주 14), p. 312, n. 33. 전자가
   헌법 성립 당시의 시대적·사상적 배경과 문헌에 비중을 둔다면, 후자는 현실에 서 헌법을 통
   한 배분적 평등의 실현에 상대적으로 더욱 큰 비중을 둔다고 할 수 있을 것이다.
41) 전기 주 10 참조.
42) 전기 주 8-11 및 본문 참조.

10조의 문언이 바로 이러한 해석을 반영한 것이므로 결국 수정 제9조와 제10조
는 동일한 내용을 반복하여 규정한, 의미 없는 역사적 사실이 된다.[43]

3. 정치적 원리 선언설

이와 같은 양대 입장의 설전에 대해, 수정 제9조는 연방정부의 권력 남용을
견제하기 위해 국민주권의 원리(popular democracy)와 "다수정치의 원리"에 근거
한 "국민의 권리"(majoritarian rights of the people)를 "선언"(declare)한 조항이라는
제3의 주장이 제기되어 있다.[44]

예일 대학의 아마르(Amar) 교수와 버클리 대학의 유(Yoo) 교수에 의해 주도
되는 이 견해에 의하면, 권리장전에 규정된 여타의 기본권과는 달리 수정 제9조
는 연방의 권한에 대한 제한으로서의 기능만을 보유하는 것이 아니며, 새로운 권
리를 창출하는 근거가 될 수도 없고, 오로지 제정 당시에 이미 헌법 내적 외적으
로 존재했던 다수 민주주의의 원리에 근거한 국민의 권리를 선언했을 뿐이다.

앞의 두 입장이 수정 제9조를 헌법해석의 원칙(rule of construction)에 관한
조항으로 파악하는 반면 이 견해는 정치적 권리를 "선언"하는 조항으로 파악한
다는 점에서 근본적인 차이가 있다.

유 교수의 주장에 의하면 수정 제9조 문언상의 "권리"(rights)의 일차적 의미
는 개인적인 권리가 아니라 공화정체(republican government)의 본질적 기능을 유
지하기 위한 집합적 다수(collective majority), 즉 국민(people)의 정치적 권리
(political rights)를 선언함에 있다.[45] 그는 수정 제9조를 제정 당시에 이미 존재하
던 권리를 선언함과 동시에 헌법을 "개정"할 후세인이 헌법적 권리에 대한 새로
운 해석을 가미할 여지를 남긴 동적인 개념으로 파악하는 점[46]에서 아마르와 입
장을 달리하나 이 조항이 본질적으로 헌법해석의 원칙보다는 정치적 권리를 선
언하는 의미를 가진다고 주장하는 점에서는 궤를 같이한다. 또한 수정 제9조를

---

43) 후기 주 60-69 및 본문 참조.

44) John Choon Yoo, "Our Declaratory Ninth Amendment," 42 Emory L. Rev. 967 (1993); Akhil
    Reed Amar, "The Bill of Rights as a Constitution," 100 Yale L. J. 1131 (1991).

45) Yoo, 전게논문(주 44), 972.

46) Id. 968. 이러한 해석에 입각하여 수정 제14조의 기초자들은 제1항의 특권 및 면책권조항
    (Privileges and Immunities Clause)을 제정함에 있어 "국민에 유보된" 권리를 재해석하여 추가
    할 수 있었다고 한다. Id. 969. 후기 주 79-82 및 본문 참조.

유기체적인 동적 조항으로 파악하는 점에서 골드버그 계열의 범주에 넣을 수도 있으나 단순한 헌법 해석의 원칙을 넘어선 정치적 원리를 선언한 조항으로 파악하는 점에서 별도의 분류가 가능하다.

한편 아마르 교수는 1991년의 논문에서 수정 제9조를 포함한 권리장전의 모든 조항은 개인의 권리뿐만 아니라 권력구조와 함께 "다수의 지배"라는 정치적 원리를 천명한 것이라는 주장을 폈다. 그는 20세기 후반에 들어와서 권리장전(Bill of Rights)에 관한 논의의 중심이 소수자(minority)의 권리 보호라는 관점에서 전개되어 왔지만 본래의 제정 의도는 연방에 대한 주의 권리라는 권력구조적 고려와 "다수자"의 정치적 권리를 보장함에 있었다는 주장을 전개했다.[47] 수정 제9조는 수정 제10조와 더불어 헌법전문에서 선언한 "우리들 국민"(We the People)의 집단적 국민주권(popular sovereignty)을 구현하기 위한 반복적, 각론적 선언조항이라는 것이다. 이러한 입장에서는 수정 제9조를 헌법에 열거되지 아니한 자연법적 권리를 창출하는 근거로 삼을 수는 없다.[48]

이상의 3자(내지는 4자)의 입장에 모두 공통된 한 가지 사실은 각자 자신들의 입장이야말로 "헌법의 아버지들"이 견지했던 입장이라고 주장한다는 것이다. 그러나 2세기 이전에 탄생하여 현재의 상황을 규율하는 경전의 문구가 지닌 "본래의 의도"(original intent)를 파악한다는 작업의 성격상, (1) 제정 당시의 문헌과 기록을 객관적으로 해석하는 과제와 (2) 어떤 범위내에서 제정 당시 헌법의 아버지들이 예상하지 못했던 상황에 적용되어야 하는가라는 궁극적 과제가 남게 된다.

---

47) Amar, 전게논문(주 44), 1131.
48) Amar 교수는 수정 제9조를 프라이버시권과 같은 반다수적 권리의 원천으로 파악하는 것은 anachronism이라고 극언을 한다. Id. 1200. 이러한 해석은 최근의 연방대법원 판결 내용과 어느 정도 부합된다. "수정 제1조, 제2조, 제4조, 그리고 제9조 및 10조의 보호 대상이 되는 '국민'은 국가공동체의 일원이 된 사람의 총체를 의미한다"고 판시한 United States v. Verdugo-Urquidez, 110 S. Ct. 1056, 1060-1061 (1990) 참조.

V. 수정 제9조와 자연권(natural rights)

1. 논쟁의 내용

블랙 계통의 학자들은 수정 제9조의 자연법성을 강력하게 부정한다.[49] 이들은 블랙스톤(Blackstone)과 로크(Locke)로 대표되는 영국 이론가의 자연법 사상이 미국의 독립과 헌법의 제정 과정에 미친 영향을 인정하면서도, 미국헌법에 반영된 이들의 정치사상은 "자연권의 실정화"라는 측면에 한정된다고 한다.[50] 블랙스톤과 로크는 사회계약과 국민주권을 실현하는 현실적 방안으로 "의회 우월주의"(doctrine of legislative supremacy)의 원칙에 근거한 헌법제도를 주창하였고[51] 미국의 독립에 영향을 미친 "실정적 개념의 주권론"과 "자연법에 의해 제약을 받는 정부"라는 양자의 개념을 조화시키는 헌정구도는 국민(people)에게 직접 주권을 부여하는 길뿐이었다. 이러한 배경 아래 탄생한 것이 수정 제9조이며 따라서 수정 제9조는 정체가 불명한 유동적인 권리의 산실이 될 수가 없다는 것이다.[52]

한편 골드버그 계열에서는 수정 제9조는 초국가적인 자연권을 규정한 근거가 된다고 주장한다. 대표적인 자연법론자인 매시(Calvin Massey) 교수에 의하면 헌법의 기초자들은 수정 제9조로 하여금 자연법을 반영할 것을 의도하였으며[53] 이러한 헌법의 아버지들의 의도는 식민지 시대와 독립혁명의 전후 과정에 미국 헌법이 처해 있었던 지적 배경을 고려하면 지극히 당연한 귀결이라는 것이다.[54] 매시 교수는 구체적인 법원(法源)으로서의 수정 제9조는 주 헌법들과 자연법이

---

49) 전기 주 22 참조.

50) 이를테면 Thomas McAffee, "The Bill of Rights, Social Contract Theory, And the Rights "Retained" by the People", 16 Southern Illinois U. L. J. 267, 275-290 (1992).

51) 예를 들어 Walter Berns, Taking the Constitution Seriously, Simon & Schuster Trade (1987), pp. 27-28; Daniel Farber & Suzanna Sherry, A History of American Constitution(West Pub. Co., 1990), p. 67 등(이러한 법질서 내에서는 의회의 권한에 대한 견제장치가 존재하지 아니한다).

52) McAffee, 전게논문(주 49), pp. 275-276.

53) Calvin M. Massey, "Federalsim and Fundamental Rights: The Ninth Amendment," 38 Hastings L. J. 305, 343, 330-331, 337-343 (1987).

54) Calvin R. Massey, "The Natural Law Component of the Ninth Amendment," 61 Cincinnatti L. Rev. 49, 52-61 (1992). 북아메리카의 식민지에 정착한 이들은 "영국민의 권리"(rights of the Englishmen)의 개념에 충실했으며 코크(Coke), 볼링브로크(Bolingbroke), 로크(Locke), 그리고 17세기 말 내지 18세기 초 영국 지방파(Country Party)의 급진적 사상에 크게 영향을 받았다.

라는 두 가지 다른 성격의 역사적 사실에 기초를 두고 있다고 한다. 전자는 각 주로 하여금 연방 또는 주 정부로부터 인간의 기본권을 지키게 함으로써 연방주의의 구도를 유지하기 위한 방책으로 탄생한[55] 반면, 후자는 헌법의 문언과 기초자의 의도에서 근거를 확인할 수 있으며, 설령 문언과 기초자의 의도에서 확인할 수 없다고 하더라도 사실상 무소불위에 가까운 연방의회의 강력한 권한과 지위를 고려하면 수정 제9조에 이러한 기능을 부여할 현실적 필요성이 충분하다고 주장한다.[56]

수정 제9조를 정치적 권리를 선언한 조항으로 파악하는 제3의 입장에서는 다수의 정치적 권리가 창출되는 범위내에서 불가양의 자연권성을 인정할 수 있을 것이다.[57] 헌법의 문언이 지니는 의미에 비중을 두어, 헌법의 아버지들의 용어 선택을 검토해 보면 양도 가능한 권리를 논의하는 경우에는 "유보"(reserve)라는 용어를 사용한 반면, 양도 불가능의 권리(inalienable right)에 대해서는 "귀속"(retained)이라는 단어를 사용했다는 사실을 논거의 하나로 들기도 한다.[58]

2. 수정 제9조와 수정 제2조의 상관관계

수정 제9조의 자연법성을 인정하는 입장 중 일부 학자는 수정 제2조의 "무기소장권"(right to bear arms)[59]은 수정 제9조의 일부 내용을 구체화한 것이라는 주장을 제기하고 있다.[60]

이 견해의 요지는 수정 제9조에 의해 국민에게 귀속된 권리란 그 성질상 국가에 이양할 수 없는 "불가양의 자연권"(inalienable natural rights)이며, 이 자연권 속에는 폭압적인 정부를 전복할 권리가 포함되어 있고, 수정 제2조는 바로 국민

---

55) Massey, 전기 주 20, pp. 32-23. "수정 제9조는 주법에서 유래하는 '실정적 권리'(positive rights)와 불가양도의 인권 개념에 기초한 '자연법'(natural law)의 두 개의 상이한 범주를 포함한다." 본격적인 논의는 Calvin R. Massey, "The Anti-Federalist Ninth Amendment and Its Implications for State Constitutional Law," 1990 Wisconsin L. Rev. 1229 참조.

56) Massey, 전게논문(주 54), p. 52.

57) Yoo, 전게논문(주 44), p. 985; Amar, 전게논문(주 44).

58) Yoo, Id.

59) "A well-regulated Militia, being necessary for the security of a free State, the right of the people to keep and bear arms shall not be infringed," Amendment II, Constitution of the United States.

60) Roland Docal, "The Second, Fifth and Ninth Amendments – The Precarious Protectors of the American Gun Collector," 23 Florida State U. L. Rev. 1101, 1109 (1996).

이 무력으로 정부를 전복할 이러한 권리를 구체화한 것이라는 것이다.[61]

3. 수정 제9조와 수정 제10조의 상관관계

(1) 수정 제9조에 관한 논의 중 가장 많은 혼란을 야기하는 부분은 수정 제10조와의 상관관계이다. 블랙 계통의 입장은 수정 제9조와 10조를 동일한 기능의 중복조항으로 파악한다.[62]

이러한 주장에 대해 제기되는 비판은 두 조항의 기능상의 차이를 바로 인식하지 못했다는 것과 두 조항 모두 연방정부의 권한에 대한 실체적인 제약을 강화하는 기능을 한다는 점을 간과했다는 것이다.

또한 블랙의 입장을 수용하게 되면 수정 제10조와 별도로 수정 제9조가 존재할 이유와 실익이 없다는 것이다. 왜냐하면 수정 제10조가 "헌법에 명시적으로 열거되지 아니한 권한은 주와 국민에 유보된다"고 선언하고 있는 이상,[63] 또 다른 비열거 잔여 권리의 존재 가능성을 선언하는 별도의 조항이 필요하지 않다는 것이다. 왜냐 하면 헌법해석의 대원칙의 하나가 모든 헌법 조항이 독립된 존재의 의미를 가진다는 것이기 때문이다.[64]

이러한 주장은 버지니아 수정안의 초안에 참가한 위원회의 토의 기록과 일치하지 아니하는 난점이 있다. 매디슨, 헨리(Patrick Henry), 메이슨(George Mason, 버지니아 권리선언의 저자) 등이 참가한 위원회는 "연방에 위양되지 아니한 권리는 주와 인민에 유보된다"는 조항(수정 제10조)과 함께 "헌법전에 권리를 열거한 의미는 연방의 권한을 확대하는 것이 아니다"는 뜻의 조항(수정 제9조)을 초안한

---

61) Nicholas J. Johnson, "Beyond the Second Amendment: An Individual Right to Arms Viewed Through the Ninth Amendment," 24 Rutgers L. Rev, 1, 3 (1992). "만약 수정 제9조를 근거로 무장권이 인정될 수 없다면 헌법과 정부는 존재할 의의조차 없다." Marshall L. Derosa, The Ninth Amendment and Politics of Creative Jurisprudence: Disparaging the Fundamental Right of Popular Control, Transaction Publisher (1996), 125-146.

62) 예를 들어 전기 주 18, 22 및 본문 참조. 이러한 입장에 선 학자로는 Michael J. Perry, The Constitution in the Court: Law or Politics? Oxford University Press(1994), p. 65(수정 제9조의 문제를 "잔여권리"의 문제로 파악하는 이상, 수정 제10조와 기능이 중복된다).

63) "The powers not delegated to the United States by this Constitution, nor prohibited by it Lo the States, are reserved to the States respectively, or to the people." Amendment X, Constitution of the United States.

64) Marbury v. Madison 판결에서 마샬(Marshall) 원장이 주장한 이래 오늘에 이르기까지 널리 수용되고 있는 전형적인 주장이다. 5 U.S.(1 Cranch) 137, 174 (1803).

것이다. 열띤 토론과 비준 과정을 거쳐 두 조항이 모두 헌법의 일부로 채택된 것은 각각의 조항에 특유한 기능과 의미가 인정되었기 때문이라고 보아야 할 것이다.

두 조항 모두 연방의 권한을 제한하는 제도적 장치로 고안된 것이라는 공통점이 있다. 그럼에도 불구하고 각각은 제정의 역사적 배경이 다르고 기능도 다르다. 한 마디로 수정 제9조와 10조의 기능은 상호 보완적이다. 수정 제10조가 제정된 배경은 연합규약의 선례에서 보듯이 헌법에 보장된 특정의 권리를 열거하는 것이 오히려 열거되지 아니한 권리를 배제하는 제한적 열거의 의미로 반대해석될 우려가 있어 이를 방지하기 위한 조치로, 다시 말하자면 연방 권한의 확대에 따르는 우려에서 그 견제책으로 채택된 것이다.65) 한편 수정 제9조는 또 다른 측면의 견제책, 즉 중앙정부의 권한에 대한 제한을 열거함으로써 발생하는 위험을 대비하기 위한 것이다.66)

블랙 계통의 최대의 약점은 이 조항을 단순히 연방 권력을 제한하는 권력구조에 관한 규정으로만 파악함으로써 기본권의 도출 근거로서의 기능을 전적으로 외면했다는 것이다. 그런데 최근에 제기된 또 다른 흥미로운 비판에서는, 블랙의 입장이 결과적으로 자신이 배척하고자 시도하는 '수정 제9조 자연법설'과 동일한 결론에 이르게 된다고 한다. 즉 비록 수정 제9조에 의해 귀속된 국민의 권리의 구체적 내용(즉 잔여적 권리)은 헌법의 여타 조항에 규정된 정부의 권한(power)의 내용을 확정함으로써 비로소 명확하게 된다고 할지라도, 헌법에 열거되지 아니한 자연적 내지는 전통적 권리 또한 이를 보장하는 것이 기초자들의 의도였을 것이기 때문이다. 그러므로 국민에게 귀속된 권리를 위양된 권한의 잔여물로 파악하든 아니면 정부의 권한에 대한 열거되지 않은 제약으로 파악하든 마찬가지의 결과에 이르게 되는 것이다.67)

(2) 수정 제9조는 정치적 선언에 불과하다는 제3의 입장 중에서 유(Yoo) 교수는 수정 제9조가 연방의 권한을 제한한다는 결론에 대해서는 이의가 없지만, 제한하는 방법에 있어서 해석을 달리한다. 즉 헌법에 열거된 권리를 엄격하게

---

65) 전기 주 8-12 및 본문 참조.
66) Thomas C. McAffee, "The Original Meaning of the Ninth Amendment," 90 Columbia L. Rev. 1215, 1307 (1989).
67) Suzanna Sherry, "Natural Law in the State," 61 University of Cincinnati L. Rev. 171, 180 (1992).

해석함으로써 연방의 권한을 제한하는 방법 대신, 헌법에 열거되지 아니한 국민의 권리가 존재함을 선언함으로써 연방의 권한을 제한한다는 것이다. 다시 말하자면 수정 제1-8조에 열거된 권리가 연방의 권한을 제한하는 것과 마찬가지로 수정 제9조 또한 연방의 권한 전반에 대한 제약을 묵시적으로 담고 있다는 것이다. 이 해석에 입각하면 설령 수정 제9조라는 구체적인 조항이 존재하지 않는다고 하더라도, 수정 제1-8조에 열거된 권리가 국민주권 원리에서 본질적으로 유래하는 권리인 이상 연방정부의 권한에 대한 제약으로 작용할 것이다.[68]

한편 유사한 입장에 선 아마르(Amar) 교수는 수정 제9조와 10조는 양자가 결합하여 국민주권(popular sovereignty)을 천명하는 선언적 조항이며[69] 각각의 조문에 등장하는 "국민"(people)이라는 단어는 개개인 국민을 의미하는 것이 아니라 집합적(collective) 주권자로서의 국민을 의미한다고 주장한다. 이 견해에 입각하면 수정 제9조를 프라이버시권과 같은 개인적(반다수적) 권리의 연원으로 파악하는 것은 "시대착오적 발상"에 불과할 것이다.[70]

VI. 수정 제9조와 비성문헌법의 가능성

수정 제9조의 자연법성을 둘러싼 논쟁은 한 걸음 더 나아가 헌법 문언과 별도로 국가권력을 제한하는 비성문법적 한계가 존재하는가, 다른 말로 표현하자면 성문헌법을 보유한 미국의 헌정질서 아래 비성문 헌법이 존재할 수 있는가의 문제로까지 발전하였다.

일단의 학자들의 주장에 의하면 제헌 세대는 초실정법적 상위법(고차법; higher law)을 신봉했으며, 국가의 권력을 제한하는 것이 사회계약에 내재한 전제조건임을 확신했을 뿐만 아니라 성문헌법전에는 기껏해야 고차법의 일부만을 담을 수 있을 뿐이라고 믿었다.[71] 수정 제9조는 이러한 제헌 세대의 헌법관을

---

68) Yoo, 전게논문(주 44), 989.

69) Amar, 전게논문(주 44), 1199.

70) Id. 1200.

71) Thomas C. Grey, "Do We Have an Unwritten Constitution?," 27 Stanford L. Rev. 703, 716 (1975)(제헌 세대는 불문의 자연법은 성문의 문서 속에 담을 수 없다고 생각했다); Suzanna Sherry, "The Founders' Unwritten Constitution," 54 U. of Chicago L. Rev. 1127, 1129-1130, 1176-1177 (1980)(식민지 미국인들은 영국의 불문법 전통에 친숙해 있었고, 헌법의 아버지들은 성문, 비성문 여부를 불문하고 자연권을 보장할 의도였다).

구체화한 것으로 비성문헌법의 이상이 성문헌법 그 자체 속에 반영되어 있다는 것이다.72) 또한 이들은 연방 및 주 법원의 초기 판결들 속에서 불문의 "고차법"이 반영되어 있음을 지적하기도 한다.73)

이러한 불문헌법 인정론에 대해 반대의 입장에서는 제헌회의와 비준의 과정에 나타난 기록을 보면 헌법의 아버지들은 헌법 해석의 대상을 성문헌법전에 한정했음을 알 수 있다고 주장한다.74)

"비성문헌법" 논쟁은 단순히 수정 제9조의 본래의 입법의도를 규명함으로써 해결될 문제가 아니다. 이는 "본래의 의도"(original intent)의 규명이라는 사실확정의 문제가 아니라, 미국 헌법이 기초한 근본적 질서가 무엇인가 하는 가치규범의 문제에 속한다고 보아야 할 것이다.

수정 제9조의 확대해석을 반대하는 입장에서는 적어도 제헌 세대들이 자연법에 기초한 불가양의 권리가 정당하고도 필수적인 헌법규범의 일부이며 이러한 자연법이 일체의 실정적 권리에 선행한다는 소신을 지녔음을 의심치 않는다. 가장 본질적인 권리는 국민 자신의 선택에 의해서가 아니라 신(또는 자연)의 명령 또는 사회계약의 본질적 속성에 의해 국민 자신에게 유보되었다고 한다. 그러므로 미국 헌법이 기초한 근본질서는 자연권이라는 것이 이러한 입장의 요체이다.75) 이 입장이 이해하는 바에 의하면 법원은 사법심사라는 제도를 통해 자

---

72) Calvin R. Massey, 'Silent Rights': The Ninth Amendment and the Constitution's Unenumerated Rights, Temple University Press (1995), pp. 21-52, 175(제헌 세대의 정치적 신조); Grey, 전기 주 71, p. 709 (수정 제9조는 수정 제1-8조 속에 열거되지 아니한 권리를 보장한다); Sherry, 전기 주 71, pp. 1163, 1166.

73) 이를테면 Thomas C. Grey, "The Original Understanding and the Unwritten Constitution," in Neil L. York ed., Toward a More Perfect Union: Six Essays on the Constitution, State Univ. of New York Press (1988), pp. 145, 157-159; Sherry, 전기 주 71, pp. 1134-1136. 연방대법원의 초기 판결 (Calder v. Bull, 3 U.S.(3 Dali.) 386 (1798))에서 성문헌법의 배타적 효력에 관하여 체이스(Chase) 판사와 이러델(Iredell) 판사가 벌인 논쟁이 이 문제에 관해 대립되는 사법적 어프로치를 예증한다.

74) Thomas B. McAffee, "The Bill of Rights, Social Contract Theory, and the Rights "Retained" by the People," 16 Southern Illinois U. L. J. 167, 276-289; McAfee, "The Original Meaning of the Ninth Amendment," 90 Columbia Law Review 1215 (1990), pp. 1230-1231; Philip A Hamburger, "Natural Rights, Natural Law and American Constitutions," 102 Yale L. J. 907, 909 (1993).

75) Massey, 전게서(주 72), p. 177; Grey, 전게논문(주 71), p. 1168; Sherry, 전게논문(주 71), pp. 1170-1174.

연권을 구체화시킬 의무를 부담한다.

한편 마샬(Marshall) 대법원장의 Marbury v. Madison 판결 이래 미국 헌법의 해석과 판결을 주도한 입장은 헌법전 그 자체가 주권자인 국민에 의해 채택된 "최고의 법"인 이상 헌법전 이외의 상위규범을 인정하지 않는다는 태도이다. Federalist Papers의 No. 78에 제시된 해밀턴의 사법심사제론이 이러한 주장에 근거가 된다.[76] 그래서 법원이 헌법의 권위에 의존하여 의회의 행위를 심사할 권한을 부여받은 것은 대중의 선출로 구성된 의회라는 정치적 대의기관보다 진정한 주권자에 대해 의무를 지기 때문이라는 이론의 구성을 취하게 된다.

VII. 수정 제9조와 수정 제14조의 상관관계

1. 주의 행위

20세기에 들어와서 헌법전에 명시되지 않은 새로운 헌법적 권리들이 연방대법원의 판결을 통해 창조되었다. 대법원이 이러한 권리의 산실로 지정한 구체적인 조항은 수정 제14조의 특권 및 면책권 조항(Privileges and Immunities Clause)[77]이나 수정 제9조 등 다양하다.[78]

그러나 비열거적 권리를 탄생시킨 가장 전형적인 산실이 된 것은 수정 제5조와 수정 제14조(특히 후자)의 적법절차 조항(Due Process Clause)이었다. 연방의회와 연방대법원이 주도한 민권혁명이 주로 주 정부의 행위로부터 국민의 권리를 보호하는 데 있었던 역사적 사실을 감안하면 수정 제14조의 역할이 절대적임은 당연한 귀결이다.[79]

수정 제9조가 주 정부의 행위에 적용되는가에 관해서는 논란이 있을 수 있다. 이를 부정하는 입장에서는 개별적 권리를 명시한 수정 제1-8조의 경우와는

---

76) The Federalist Papers, Barns and Noble Press(Benjamin F. Wright, ed., 1996), "The Judges as Guardian of the Constitution," p. 494.
77) Doe v. Bolton, 410 U.S. 179, 200 (1973).
78) Stevens, "The Third Branch of Liberty," 41 Miami L. Rev. 277 참조.
79) 연방헌법 권리장전의 기본권 조항을 개별적 판결을 통해 주의 행위에 적용시켜 온 "수용이론"(incorporation theory)은 수정 제14조의 적법절차 조항을 매개체로 삼았다. "… nor shall any State deprive any person of life, liberty, or property, without due process of law." Section 1, Amendment XIV, Constitution of the United States.

달리, 수정 제9조는 명시적인 권리의 내용을 적시한 것이 아니므로 수정 제14조를 매개로하는 수용이론의 적용 대상이 아니라고 한다.[80]

그러나 일찍이 미국 헌법 이론의 원조 스토리(Joseph Story) 판사가 지적한 바와 같이 권리장전이 구체적으로 명시할 수 없는 일단의 권리를 포함하고 있음은[81] Griswold 판결에서 확인된 바와 같다.

또한 수정 제9조가 내포하는 권리는 자연권뿐만 아니라 당시 주 헌법에 의해 인정되던 실정적 권리라는 주장이 있고[82] 이 견해에 의하면 수정 제9조는 당연히 주의 행위에도 적용되어야 하는 것이다.[83]

2. 수정 제14조는 수정 제9조의 재선언?

1923년의 Meyer v. Nebraska 판결[84] 이래 연방대법원이 수정 제14조의 적법절차조항을 근거로 헌법에 명시되지 아니한 권리(특히 프라이버시권)를 발전시켜 온 것은 오류라는 주장이 제기되어 있다.[85]

수정 제9조를 국민주권에 입각한 다수의 정치적 권리를 선언한 조항으로 파악하는 입장에서도 이 조항과 수정 제14조의 관계가 중요하게 설정된다. 이 견해에 입각하면 수정 제14조의 입법 목적인 주 정부에 의한 권리 침해의 방지와 수정 제9조가 의도하는 열거되지 아니한 권리의 보장은 상호 보완 관계에 선다는 것이다. 다시 말하자면 제39차 연방의회 —흔히 "재통합 의회"(Reconstruction Congress)라고 한다— 는 수정 제14조의 제정을 발의함에 있어 이를 통해 열거되지 아니한 권리를 보장한 수정 제9조를 "재선언"(redeclare)했다는 것이다.

남북전쟁 중 많은 주에서 수정 제9조에 상응하는 조항 —속칭 "유아 수정 제9조들"(the Baby Ninths)— 이 제정되었으며, 재통합 의회는 이들 유아 수정 제9조

---

80) 전기 주 23 참조.

81) "Bill of Rights presumes the existence of a substantial body of rights not specifically enumerated but easily perceived in the broad concept of liberty and so numerous and so obvious as to preclude listing them." 3 Story, Commentaries the United States, 715-716 (1833).

82) Massey, 전게논문(주 14), pp. 343-44.

83) 그러나 권리장전 그 자체가 연방의 권리장전으로 출발하였다는 모순된다. 이러한 모순은 1788년 이전의 주법에 한하여 효력을 미친다고 해석하면 극복된다고 한다. Id.

84) 262 U.S. 39.

85) Yoo, 전게논문(주 44), 1020.

의 내용을 기존의 수정 제9조 속에 재선언함과 동시에, 새로 제정되는 수정 제14조의 "특권 및 면책권 조항" 속에 담았다는 것이다.[86]

이 견해는 수정 제14조 "특권 및 면책권 조항"의 해석상 이것이 기존의 수정 제1-8조의 내용을 주 정부의 행위에 대해 적용할 의도였는지 여부에 초점이 집중된 사실에서,[87] 수정 제9조 및 10조는 헌법체계상 별도의 조항으로 주 정부에 대해 적용할 것을 의도하지 않은 연방주의 구조상 특수한 의미를 가지는 조항이라고 주장한다.[88]

이러한 관점에서 보면 새로운 헌법적 권리를 창출하는 근거 조항으로 수정 제9조 대신 수정 제5조와 14조의 적법절차 조항에 의존한 연방대법원의 어프로치는 바람직하지 못할 것이다.[89] 수정 제9조 자연법론의 주창자 매시 교수 또한 적법절차 조항보다는 수정 제9조가 명시되지 아니한 권리를 인정하기에 유용한 조항이라고 주장한다.[90]

수정 제9조와 14조의 관계에 대해서는 보다 심도 있는 논의가 전개될 것으로 기대되나 연방대법원의 판결을 통해 관찰하자면 적어도 현재까지는 수정 제14조가 사실상 수정 제9조의 역할을 대행해 왔고[91] 수정 제9조가 본격적인 역할을 하기 위해서는 새로운 패러다임의 탄생과 판사의 구성이 필요할 것이라는 단기적인 전망을 내릴 수 있다.

Ⅷ. 결   론

크게 보면 수정 제9조의 최종 해석은 정치적 기관에 맡겨야 한다는 것이 연방대법원의 기본적 자세였다고 보아야 냉정한 관찰이 될 것이다. 어떤 의미에서

---

86) Id. 1022.

87) 1950-60년에 연방대법원의 Black 판사와 Frankfurter 판사 사이에 벌어진 "전면적 수용설"(total incorporation theory) 대 "선택적 수용설"(selective incorporation theory)의 논쟁도 구체적으로 이 조항의 해석을 두고 전개되었다. Duncan v. Louisiana, 391 U.S. 145, 166 (1968) (Black, concurring); Adamson v. California, 332 U.S. 46, 89 (1947) (Black, dissenting).

88) 자세히는 Yoo, 전게논문(주 44), 1035.

89) Id. 1035-1043.

90) Massey, 전기 주 72, 114.

91) 하급법원이 수정 제9조를 본질적인 권리의 원천으로 보는 데 인색하기에 대법원이 수정 제14조에 의존하는 경향이 높다는 주장이 있다. Thomas McAffee, "The Original Meaning of the Ninth Amendment," 90 Columbia L. Rev. 1215 (1990), 1216, n. 7.

든지 연방대법원이 수정 제9조에 대하여 역동적인 기능을 부여하려는 적극적인 시도를 보이지는 않았다. 민권의 수호자로서의 역할을 자처한 Warren 법원의 사법적극주의를 상징하는 판결 중의 하나인 Griswold 판결이 수정 제9조의 잠재적 역할의 가능성을 조심스럽게 제기한 이후로 간헐적으로 후속 판결들이 이 조항을 언급하고 나서고 있다. 그러나 오늘에 이르기까지 아직도 연방대법원이 정면으로 수정 제9조를 독립적인 근거로 삼아 새로운 권리를 창출한 예는 없다.

미국 연방대법원이 수정 제9조에 대해 어떠한 기능을 부여하느냐의 문제와는 별도로 자연법과 비성문헌법의 논의의 실익은 계속 존재한다. 왜냐하면 헌법은 나라의 최고규범이자 기본권의 최후보루이기 때문이다. 헌법 규정의 결여를 이유로 침해된 국민의 권리를 보호하지 못하는 일은 있을 수 없다. 헌법의 한계는 민주주의 그 자체의 한계이다. 독립혁명을 통해 군주주권에서 국민주권으로 향하는 역사의 발전을 문서로 담아낸 미국 연방헌법은 성문 헌법전 속에 구체적으로 명시할 수 없는 불가양의 자연권이 존재한다는 인식 위에 탄생한 것이기 때문이다.

[부록] 수정 제9조 관련 문헌자료 요약 *

1. 수정 제9조의 의미에 관한 자료

(1) 종   합

Marshall L. DeRosa, The Ninth Amendment and Politics of Creative Jurisprudence: Disparaging the Fundamental Right of Popupular Control, Transaction Publishers(1996).

Randy E. Barnett ed., The Rights Retained by the People, George Mason University Press(1989, 1993).

(2) Black의 입장을 지지하는 견해(자연법 부정론)

Arthur Wilmarth, The Original Purpose of the Bill of Rights: James Madison and the Founders' Search for a Workable Balance Between Federal and State Power, 26 American. Criminal L. Rev. 1261, 1287-1289, 1297-1298(1989).

James H. Houston, The Bill of Rights and the American Revolutionary Experience, in A Culture of Rights: The Bill of Rights in Philosophy, Politics and the Law-1791 and 1991, Cambridge University Press (Michael J. Lacey & Ned Haakonssen eds., 1991).

Michael C. McConnell, A Moral Realist Defense of Constitutional Democracy, 64 Chi-Kent L. Rev. 89(1988).

Raoul Berger, Government by Judiciary, The Transformation of the Fourteenth Amendment, Harvard University Press(1977).

---

* Thomas B. McAfee, "A Critical Guide to the Ninth Amendment," 69 Temple L. Rev. 60(1996) at 93-94의 자료를 근거로 하여 필자 자신의 조사를 통해 일부 문헌을 추가하였다. 여기에 수록된 문헌이 수정 제9조에 관한 논의를 망라한 것도, 대표한 것도 아님을 밝혀 둔다.

Raoul Berger, The Ninth Amendment, 66 Cornell L. Rev. 1(1980).

Richard S. Kay, Adherence to the Original Intentions in Constitutional Adjudication: Three Objections and Responses,82 Northwestern U. L. Rev. 226, 269-273(1987).

Russell L. Caplan, The History and Meaning of the Ninth Amendment, 69 Virginia L. Rev. 223(1983).

Thomas B. McAffee, The Original Meaning of the Ninth Amendment, 90 Columbia L. Rev. 1215(1989).

(3) Goldberg의 입장을 지지하는 견해(자연법 인정론)

Calvin R. Massy, Federalism and Fundamental Rights: The Ninth Amendment, 38 Hastings L. J. 305(1987).

Calvin R. Massy, The Natural Component of the Ninth Amendment, 61 U. of Cincinnatti L. Rev. 49(1992).

David A. J. Richards, Foundations of American Constitutionalism, Oxford University Press, 220-226(1989).

John P. Kaminski, Restoring the Declaration of Independence: Natural Rights and the Ninth Amendment, in The Bill of Rights: A Lively Heritage 141, Virginia State Library(J. Kukla ed., 1987).

Leonard W. Levy, Original Intent and the Framers' Constitution, MacMillan(1988).

Randy E. Barnett, Reconceiving the Ninth Amendment, 74 Cornell L. Rev, 1 (1988).

Sotirios Barber, The Ninth Amendment: Inkblot of Another Hard Nut To Crack, 64 Chi-Kent L. Rev 67(1988).

(4) 제3의 입장

Akhil R. Amar, The Bill of Rights as a Constitution, 100 Yale L. J. 1131, 1146-1157(1991).

John Choon Yoo, Our Declaratory Ninth Amendment, 42 Emory L. Rev. 967 (1993).

2. 비성문헌법(Unwritten Constitution) 논쟁

(1) 헌법의 기초자들이 "비성문헌법"을 의도하였다는 주장

David N. Mayer, The Natural Rights Basis of the Ninth Amendment; A Reply to Professor McAffee, 16 Southern Illinois University L. J. 313(1992).

Stephen Macedo, Morality and the Constitution: Toward a Synthesis for Earthbound Interpreters, 61 U. of Cincinnati L. Rev. 29(1992).

Suzanna Sherry, The Founders' Unwritten Constitution, 54 U. of Chic. L. Rev. 1127(1987).

Thomas C. Grey, Origins of the Unwritten Constitution; Fundamental Law in American Revolutionary Thoughts, 30 Stanford L. Rev. 843(1978).

Thomas C. Grey, The Original Understanding and the Unwritten Constitution, in Toward a More Perfect Union: Six Essays on the Constitution 145, Brigham Young University Press (Neil L. York ed., 1988).

(2) 헌법의 기초자들이 "비성문헌법"의 가능성을 염두에 두지 않았다는 주장

Edward A. Purcell, Jr., The Crisis of Democratic Theory: Scientific Naturalism and the Problem of Value, University Press of Kentucky(1987), 1-30.

Helen K. Michael, The Role of Natural Law in Early American Constitutionalism: Did the Founders Contemplate Judicial Enforcement of "Unwritten" Individual Rights, 69 N Carolina L. Rev. 421(1991).

Lane v. Sunderland, Popular Government and the Supreme Court: Securing the Public Good and Private Right, University Press of Kansas(1990), Chs. 1 (constitutional antecedents; the doctrine of natural law, and separation of powers) & 4(concept of rights and natural law as fundamental constitutional principles).

Leslie F. Goldstein, In Defense of the Text: Democracy and Constitutional Theory, Rowan & Littlefield(1991).

Philip A. Hamburger, Natural Rights, Natural Law, and American Constitutions, 102 Yale L. J. 907(1993).

Thomas B. McAffee, Prolegomena to A Meaningful Debate of the "Unwritten Constitution" Thesis, 61 U. of Cincinnatti L. Rev. 1201‒1263(1992).

Thomas B. McAffee, The Bill of Rights, Social Contract Theory and the Rights 'Retained' by the People, 16 Southern Illinois L. J. 267‒305(1992).

"미국 연방헌법 수정 제9조의 의미"[1997]

해 제

박 종 현*

I. 통합적 법률가로서의 교수님의 모습

해제자가 학부 강의에서 안경환 교수님을 처음 뵈었을 때 받은 인상은 상당히 강렬했다. 신문 기고나 교양서 등을 통하여 상상해 오던 자유분방한 인문학자의 모습과 더불어 엄밀함을 추구하는 전형적인 법률가의 모습을 보았기 때문이다. 특히 미연방대법원의 주요판례들에 대한 독해를 중심으로 한 강의에서 교수님은 헌법 조문 및 판례의 문구 하나하나에 대한 엄정한 해석을 강조하셨는데 이러한 경험을 공유한 학부 동기들은 교수님의 다양한 인상을 여전히 회상하고 있다.

그 때가 1998년도였는데, 교수님께서 1년간 미국 남 일리노이대학 로스쿨(Southern Illinois University Law School)에 방문교수로 다녀오신 이듬해였다. 대학에 부임하신 이후 미국법 전반에 대한 소개와 더불어 주로 국내의 사회문제에 대한 법학적 연구를 수행해 오시던 교수님께서는 1997년 귀국 이후 미국헌법의 각 조문에 대한 주해작업을 진행하셨는데, 이러한 연구에서의 관심이 그대로 당시 강의에도 이어졌던 것으로 추정된다. 어쨌든 교수님의 문학과 정치에 대한 탁월한 식견 및 세상에 대한 비판적이면서 관용적인 시선과 더불어 법률가적 엄밀함을 가까이서 접할 수 있던 기회는 상당히 신선하였다. 훗날 교수님과 많은 얘기를 나누면서 알게 되었지만 교수님 스스로 통합적인 인문학자 혹은 법률가로서의 모습을 추구하셨는데 그것이 해제자와 같은 교수님 주변인들에게 다양한 모습으로 비추어졌던 것으로 생각된다.

---

* 국민대학교 법과대학 조교수

Ⅱ. 통합적 헌법방법론을 통한 연구

그러한 맥락에서 귀국 후 1997년에 서울대학교 '법학'에 발표하신 이 논문은 엄밀한 법률가로서의 저자의 모습을 잘 보여주면서 동시에 저자 특유의 학문을 넘나드는 거시적인 안목 또한 드러내는, 저자의 통합적인 모습을 잘 보여주는 의미 깊은 연구물이라 생각된다. 기본적으로 미국의 역사, 정치에 대한 심도 깊은 이해를 바탕으로 헌법이론에 대한 큰 그림을 제시하던 저자는 미연방헌법 조문들을 중심으로 조문의 역사적 유래, 그를 둘러싼 해석 논쟁, 현대적 의의 등을 미시적으로 세심하게 보여주는 연구물을 제시하였는데, 이는 저자의 미연방헌법 전체에 대한 주해작업의 일환이었다.

무엇보다도 이 논문은 헌법해석에 대한 통합적인 방법론을 활용하는 헌법연구의 좋은 모델을 제시하였다는 점에서 의미가 크다. 해제자는 이를 시선의 교차를 통하여 어느 하나의 방법론에 치우치지 않고 궁극적으로 통합적인 진리를 구하는 저자 특유의 균형적 연구모델이라 지칭하고 싶다. 이 논문은 기본적으로 수정헌법 제9조의 문구에 대한 정확한 해석을 위하여 미국 건국의 아버지들의 의도와 지금까지의 연방대법원의 유권해석, 관련된 학자들의 해석논쟁 등을 소개하며 다양한 해석방법론에 근거한 결론들을 종합적으로 보여준다. 특히 이 논문 집필 당시 비교적 젊은 교수들이었던 아킬 아마르(Akhil Amar) 교수나 존 유(John Yoo) 교수의 수정헌법 제9조에 대한 역사적 해석논의의 정리 및 소개는 지금까지도 상당히 가치를 갖는 연구업적이라 하겠다.

물론 방법론적인 다양성을 제시하고 관련된 다양한 결론(학설)에 대한 소개는 그 자체로 의미 있는 과정이나 자칫하면 논의의 평면적 소개에 그칠 뿐 연구자만의 특유한 주장을 담아내지 못하고 학술적 가치를 상실할 수 있다. 하지만 이 논문은 관련 논의의 단순열거에 그치지 않고, 마치 연방의회의 의원에 대한 자격심사권한을 다룬 Powell v. McCormack 사건의 얼 워렌(Earl Warren) 대법원장의 판결문과 같이, 저자의 헌법관의 틀 내에서 다양한 주장들에 대한 치열한 논박을 통하여 수용가능한 결론을 도출해내고 있다. 인권 개념의 외연적 확장과 이의 법적 실천이라는 저자 평소의 신조는 결국 이 논문에서 자연법사상에 근거하여 수정헌법 제9조의 가치와 그 실현가능성을 인정하는 방향으로 논의를 귀결시킨다.

당시 미국 사법부에서는 Griswold v. Connecticut 판결로 수정헌법 제9조에
서의 권리도출 가능성에 대한 논의가 촉발되었지만, 연방대법원은 새로운 권리
를 인정하는 근거 조문으로 이를 적극적으로 활용하지 않고 있었다. 주 법원과
연방하급법원에서는 수정헌법 제9조를 상당히 자주 인용하였지만 연방대법원에
서는 언론의 재판방청권을 인정하는 판결(Richmond Newspapers, Inc. v. Virginia)
정도에서만 수정헌법 제9조를 활용하였다. 이러한 연방대법원의 소극적 태도에
개탄하며 저자는 새로운 권리를 도출할 수 있는 근거 조항으로 수정헌법 제14조
가 아닌 수정헌법 제9조를 활용하자는 주장을 하는데 이는 미국헌법 근저에 놓
이는 자연법 및 인권 사상에 대한 저자의 견고한 통찰에 바탕을 두고 있기 때문
에 다른 여러 주장들에 비하여 훨씬 설득력 있게 다가온다.

Ⅲ. 지속적인 문제제기를 통한 통합적 방법론 구축

시선의 교차는 균형 잡힌 학문을 하기 위한 방법론인데 저자는 다양한 논의
에 대한 깊은 연구에서뿐만 아니라 이전 연구에 대한 지속적인 반성과 문제 제
기를 통하여도 이러한 방법론을 완성시키고 있다. 이 논문의 논의의 출발은 결
국 미국헌법에 대한 저자의 초기 연구, 즉 러셀 겔로웨이의「법은 누구 편인가」
번역본에 제시된 수정헌법 제9조 의역에 대한 세심한 수정에서 비롯된다. 한국
헌법상 비슷한 내용의 조문(헌법 제37조 제1항) 표현에 맞추어 수정헌법 제9조를
의역하는 것은 수정헌법 제9조에 담겨져 있는 연방과 주의 권한 대립의 문제를
충분히 살리지 못하여 수정헌법 제9조를 오역할 가능성이 높다는 것이 본고의
문제 제기이다. 수정헌법 제9조를 둘러싼 작금의 해석논쟁의 핵심을 동조의 번
역문 자체에서 드러날 수 있도록 세심하게 가다듬을 필요가 있다는 저자의 지적
은 논문 생산에 급급하여 자기 연구에 대한 반성의 기회를 갖지 못하는 해제자
와 같은 후학들에게 상당한 귀감이 된다.

특히 비교법적인 연구에 있어 유사한 내용이 발견되었을 때 각각의 진의,
혹은 맥락에 대한 고려 없이 그저 동일한 것으로 취급하여 한 쪽의 논의를 다른
쪽에 적용하려는 성급한 태도를 경계하라는 지적 또한 이 논문의 중요한 문제
제기라 할 수 있다. 비교법적인 연구에 있어 흔하게 범할 수 있는 오류이자 유
혹을 경계하는 저자의 태도는 비교법 연구가들에게 있어 비교법 연구라는 것이
상당한 노력이 필요한 지난한 과정이라는 준엄한 교훈으로 다가선다.

Ⅳ. 통합적 헌법방법론의 목적으로서의 인권보호

이 논문에서 저자가 정확하게 지적하였듯이 수정헌법 제9조를 둘러싼 해석 논쟁은 연방과 주의 정치적 대립의 문제로 귀결된다. 통상조항(Commerce Clause) 을 둘러싸고 90년대 다시 부활해버린 연방과 주의 권한 분쟁이라는 이 케케묵은 논쟁은 결국 헌법관의 대립이라 할 수 있는데, 현재에도 미국의 주요한 사회적 이슈에 대한 연방대법원의 판단에 결정적인 영향력을 행사하고 있다.

이 분쟁은 정치적 권한 다툼의 외양을 지니고 있지만 인민의 권리의 범위를 확정하고 실천하는 논의에 있어서도 큰 영향을 미치고 있다. 실험적인 연방제의 역사적 배경으로 인하여 수정헌법상 권리장전의 해석문제를 주의 권한의 보호 문제로 한정시키는 흐름이 존재하는 반면, 인권보호를 위한 연방정부의 권한강 화를 지지하며 수정헌법 조항들에 대한 적극적인 의미부여와 이의 주에 있어서 관철을 강조하는 새로운 활력을 불어넣으려는 흐름이 공존하고 있는 것이 현실 이다. 200년이 넘은 고문(古文)에 생동감을 불러일으키고 이를 현실과 호흡하는 진정한 인민의 문서로 만들기 위한 적극적이며 창의적인 노력에 대하여 한편으 로는 공화주의적 자치정부의 이상에 반한다고, 혹은 다른 한편으로는, 엄밀함을 추구하는 법률가적 태도가 아니라고 비판하지만, 저자는 여러 논문들을 통하여 그러한 노력에 애정을 표현하며 권리보호를 최우선으로 하는 헌법관의 타당성 을 피력해왔다. 실천력을 담보하기 위하여 헌법을 살아 숨 쉬게 만드는 노력, 특 히 인민의 권리 보장을 위하여 헌법문구를 목적론적으로 유연하게 해석하는 모 습은 이 논문에서도 여실히 드러난다.

무엇보다도 이 논문에서는 목적론적·자연법적 논의가 정치적 메니페스토에 그치지 않고 법리적으로 엄밀하게 전개 가능하다는 점을 드러냈다는 점에서 큰 의의를 갖는다고 하겠다. 이 논문에 내포되어 있는 저자의 학문적 태도, 즉 헌법 학에 있어 거대담론의 유혹을 경계하며 동시에 지나치게 세부적인 논증에 천착 하여 숲을 보지 못하는 우를 범하지 말라는 지적은 학문의 길에 들어선 제자에 게 평생의 숙제로 다가선다.

[색인어] 수정헌법 제9조(the Ninth Amendment), 그리스올드 판결(Griswold v. Con-
           necticut), 열거되지 않은 권리(unenumerated rights), 연방주의(federalism)

해제자 약력(가나다 순)

강건우(수원지방법원 판사)

고일광(수원지방법원 부장판사)

김도균(서울대학교 법학전문대학원 교수)

김영진(인천대학교 법과대학 조교수)

김장한(울산대학교 의과대학 교수)

김재원(성균관대학교 법학전문대학원 교수)

김종철(연세대학교 법학전문대학원 교수)

박종현(국민대학교 법과대학 조교수)

이동민(서울대학교 법과대학 강사)

이상경(서울시립대학교 법학전문대학원 교수)

이연갑(연세대학교 법학전문대학원 교수)

이우영(서울대학교 법과대학 및 법학전문대학원 교수)

이 화(베이징이공대학교(중국) 법과대학 전임강사)

조 국(서울대학교 법학전문대학원 교수)

최정인(국회입법조사처 입법조사관)

한상훈(연세대학교 법학전문대학원 교수)

안경환(安京煥)

1948년 생으로 밀양과 부산에서 초·중·고를 마치고 1970년 서울대학교 법학과를 졸업하였다. 미국 펜실베니아 대학 로스쿨에서 LL.M.을, 산타 클라라 대학 로스쿨에서 J.D.를 취득하고 워싱턴 D.C. 및 캘리포니아 주 변호사로 활동하다 귀국하여 1987년부터 서울대학교 법과대학의 교수로 재직하였다. 교내에서는 서울대학교 기획실장 및 법과대학 학장을 역임하였으며 교외에서는 한국헌법학회 회장, 전국법과대학학장연합회 회장 그리고 아름다운 재단 및 예술의 전당 이사를 역임하였고 2006년부터 2009년까지 국가인권위원회 위원장으로 재직하였다. 한국여성단체연합회 여성권익향상 '디딤돌'상과 대한민국 법률대상(인권부문)을 수상하였으며 하버드 로스쿨, 스탠포드 로스쿨 등 미국의 로스쿨과 중국, 일본, 대만, 필리핀, 인도네시아, 멕시코, 포르투갈의 유수한 대학들에서 특강을 하였다. '미국법의 이론적 조명' '미국법 입문', '미국법 역사', '헌법학 입문', '법은 누구 편인가', '지혜의 아홉기둥', '윌리엄 더글라스 평전', '법과 사회와 인권' 등과 같이 헌법, 영국법, 미국법, 인권법에 관한 많은 저술을 쓰고 옮겼다. 이에 더하여 '법과 문학 사이', '조영래 평전', '법, 영화를 캐스팅하다' '법, 셰익스피어를 입다', '남자란 무엇인가' 등 다양한 교양서를 펴내고 '동물농장', '두 도시 이야기', '필경사 바틀비' 등과 같은 문학작품을 옮겨냈다. 수십 편의 학술논문을 저술하였으며 30여 년 동안 다양한 언론매체에 기고했다. 2013년 8월에 서울대학교 법학전문대학원 교수직에서 정년 퇴직하여 같은 대학의 명예교수로, 2014년 8월부터 국제인권법률가위원회 (International Commission of Jurists)의 위원으로 활동하고 있다.

미국헌법의 이해

초판발행	2014년 5월 10일
중판발행	2017년 2월 10일
지은이	안경환 저 영미헌법연구회 해제
펴낸이	안종만
편 집	전채린
기획/마케팅	조성호
표지디자인	최은정
제 작	우인도·고철민
펴낸곳	(주) **박영사** 서울특별시 종로구 새문안로3길 36, 1601 등록 1959. 3. 11. 제300-1959-1호(倫)
전 화	02)733-6771
f a x	02)736-4818
e-mail	pys@pybook.co.kr
homepage	www.pybook.co.kr
ISBN	979-11-303-2607-8 93360

copyright©안경환, 2014, Printed in Korea

* 잘못된 책은 바꿔드립니다. 본서의 무단복제행위를 금합니다.
* 저자와 협의하여 인지첩부를 생략합니다.

정 가   38,000원